Handbuch der Gesetzgebung
in
Preußen und dem Deutschen Reiche.

Unter Mitwirkung
von

Geh. Oberregierungsrat **Altmann**, Geh. Oberpostrat **Aschenborn**, Geh. Oberregierungsrat **Bredow**, Geh. Regierungsrat **Fritsch**, Oberverwaltungsgerichtsrat **Genzmer**, Geh. Oberregierungsrat **Hoffmann**, Landrichter Dr. **Hornemann**, Oberbergrat **Kreisel**, Geh. Oberregierungsrat **Küster**, Geh. Oberregierungsrat **Lusensky**, Geh. Regierungsrat Dr. **Münchgesang**, Geh. Oberregierungsrat Dr. **Traugott Müller**, Regierungsassessor Dr. **Rintelen**, Reichsmilitärgerichtsrat Dr. **Schlayer**, Landforstmeister a. D. **Schultz**, Regierungspräsident Freiherr **v. Seherr-Thoss**

herausgegeben
von

Graf Hue de Grais,
Wirkl. Geh. Oberregierungsrat, Regierungspräsidenten a. D.

IV.
Der Preußische Staat.

Dritter Band.
Kommunalverbände.

Springer-Verlag Berlin Heidelberg
1905

Der Preußische Staat.

III.

Kommunalverbände.

Gemeinsame Bestimmungen — Landgemeinden und Gutsbezirke — Städte — Kreise — Provinzen.

Von

Graf Hue de Grais,
Wirkl. Geh. Oberregierungsrat, Regierungspräsident a. D.

Springer-Verlag Berlin Heidelberg
1905

ISBN 978-3-642-52542-1 ISBN 978-3-642-52596-4 (eBook)

DOI 10.1007/978-3-642-52596-4

Vorwort.

Unsere Gesetze und die zu ihrer Ausführung erlassenen Vorschriften finden sich in zahlreiche Sammlungen zerstreut, deren jede wieder eine lange Reihe von Bänden umfaßt. Wird schon dadurch das Auffinden der einzelnen Bestimmungen erheblich erschwert, so bieten diese, auch wenn sie gefunden, meist nicht die gewünschte Auskunft, weil sie durch spätere Vorschriften ergänzt oder abgeändert sind, oder erst durch besondere Ausführungsvorschriften verständlich und anwendbar werden. Die Bestimmungen sind dadurch schon den Beamten schwer zugänglich geworden; den Laien sind sie fast ganz verschlossen, obwohl sie auch für die Laien erhebliche Bedeutung haben, zumal seitdem diese sich in stets wachsendem Umfange zu den Geschäften des öffentlichen Dienstes in Staat und Gemeinde herangezogen sehen. Hier möchte das vorliegende Werk Abhilfe schaffen und die Reichs- und die Landesgesetzgebung allen Beteiligten näher bringen.

Der umfangreiche Stoff ist zu diesem Zweck in eine Reihe von Einzelgebieten zerlegt, wie sie den einzelnen Kreisen der beteiligten Beamten und Laien entsprechen. Die Einteilung[1]) ist so getroffen, daß mit dem Deutschen Reiche in seinen staatsrechtlichen Verhältnissen begonnen wird, die zuerst allgemein (Teil I) und dann bezüglich der auswärtigen Angelegenheiten (Teil II) und des Heeres und der Kriegsflotte (Teil III in zwei Bänden für die allgemeinen Verhältnisse und das Militärstrafrecht) dargestellt werden. — Daran schließen sich der preußische Staat in seinen staatsrechtlichen Verhältnissen (Teil IV in drei Bänden für Verfassung und Behörden, für Beamte und für Kommunalverbände) und die Finanzen (Teil V in

[1]) Die Einteilung folgt im allgemeinen den Grundsätzen, die in des Herausgebers Handbuch der Verfassung und Verwaltung in Preußen und dem Deutschen Reiche (16. Aufl. Berl. 04) und in dessen in wesentlich kürzerer Fassung bearbeitetem gleichnamigen Grundrisse (8. Aufl. Berl. 05) beobachtet worden sind. Beide Werke enthalten systematische Darstellungen, während das vorliegende Werk die Gesetze und Ausführungsbestimmungen in ihrem Wortlaute darstellt und erläutert.

fünf Bänden für Finanzverwaltung, direkte Steuern, Stempel, Zölle und Verbrauchssteuern). — Die folgenden Teile behandeln die Aufgaben des Staates und betreffen den Schutz der Personen und des Eigentums und die Pflege der geistigen und wirtschaftlichen Interessen der Staatsangehörigen. — Den Schutz bietet die Rechtspflege (Teil VI), die in fünf Bänden das Bürgerliche Gesetzbuch, das Handels- und Gewerberecht, die Gerichtsverfassung und das Verfahren, die freiwillige Gerichtsbarkeit und das Strafrecht umfaßt, und die Polizei (Teil VII) nebst Gesundheitswesen (Teil VIII), Bauwesen (Teil IX), Personenstand und Armenwesen (Teil X). Die geistigen Interessen finden ihre Pflege in der Kirche (Teil XI) und dem Unterricht (Teil XII), der in vier Bände für das Volksschulwesen, die höheren Schulen, die Universitäten und für Kunst und Wissenschaft zerlegt ist. — Für die wirtschaftliche Pflege kommen die verschiedenen Gebiete des Erwerbslebens in Betracht, das Bergwesen (Teil XIII), die Land- und Forstwirtschaft im weiteren Sinne (Teil XIV), die in sechs Bänden für Landwirtschaft, Forstwirtschaft, Agrargesetzgebung, Viehzucht, Jagd und Fischerei zur Darstellung gelangt, der Handel und das Gewerbe (Teil XV) in zwei Bänden, die Arbeiterfürsorge und Arbeiterversicherung (Teil XVI) und die den Verkehr betreffenden Gebiete der Schiffahrt (Teil XVII), Wege (Teil XVIII), Eisenbahnen (Teil XIX), der Post und Telegraphie (Teil XX).

Die **Einzelgebiete** sind in Abschnitte geteilt, die mit römischen Zahlen bezeichnet sind und eine Mehrzahl zusammenhängender Gesetze umfassen. Die Hauptgesetze werden unter fortlaufenden deutschen Ziffern aufgeführt. Die den Abschnitten vorangestellten Einleitungen bieten eine Übersicht der aufgenommenen Gesetze. Die nur zu ihrer Abänderung, Ergänzung oder Ausführung ergangenen Bestimmungen (Nebengesetze, Verordnungen, Anweisungen) sind entweder in Anmerkungen — die minder wichtigen nur dem Inhalt nach — aufgeführt, oder bei größerem Umfange als Anlagen unter lateinischen Buchstaben den Hauptgesetzen in der Reihenfolge angefügt, in der in diesen auf sie hingewiesen wird[2]).

Die gesetzlichen Bestimmungen sind durch stärkeren **Druck** hervorgehoben und alle Bestimmungen streng nach dem Wortlaut ihrer

---

[2]) **Örtliche Bestimmungen**, die nicht mindestens für den Bezirk einer Provinz Geltung haben, sind in der Regel nicht aufgenommen, aber überall nachrichtlich angeführt.

amtlichen Veröffentlichung wiedergegeben[3]). Die späteren Änderungen sind zwar eingefügt, aber als solche deutlich bezeichnet. Veraltete oder aufgehobene Bestimmungen sind demgemäß fortgelassen, oder wo sie des Zusammenhangs wegen nicht zu entbehren waren, durch lateinischen Druck gekennzeichnet, während abgeänderte oder neu hinzugetretene Bestimmungen durch gesperrten Druck kenntlich gemacht sind. In beiden Fällen wird in den Anmerkungen nachgewiesen, wodurch die Aufhebung oder die Abänderung veranlaßt ist.

Die den Gesetzen angefügten Anmerkungen sollen außer diesen Angaben (Abs. 4) auch alle sonstigen für das Verständnis und die Handhabung erforderlichen Erläuterungen geben. Sie enthalten demgemäß neben der Darlegung der Entstehung, Bedeutung und Einteilung der Gesetze auch Hinweise auf andere Vorschriften, die mit den behandelten Bestimmungen in Zusammenhang stehen, ferner alle bezüglich ihrer ergangenen grundlegenden Entscheidungen der höchsten Gerichte und Verwaltungsbehörden, endlich die Hauptergebnisse, die Wissenschaft und praktische Handhabung darüber gefördert haben.

Jedem Teile oder Bande ist ein (chronologisches) Verzeichnis der Bestimmungen und ein (alphabetisches) Sachverzeichnis beigegeben.

Die Bedeutung des Werkes läßt sich hiernach dahin zusammenfassen, daß es:

1. die einzelnen zerstreuten Bestimmungen nach den Verwaltungsgebieten zusammenfaßt und nach ihrem inneren Zusammenhange übersichtlich ordnet;
2. die Bestimmungen nach dem amtlichen Texte, doch unter Hervorhebung aller Änderungen wiedergibt, die sie im Laufe der Zeit erfahren haben;

[3]) Fortgelassen sind die regelmäßig wiederkehrenden Eingangs- und Schlußformeln der Gesetze, erstere, soweit sie nicht mit gesetzlichen Bestimmungen verbunden sind. Die Eingangsformel lautet bei Reichsgesetzen: „Wir Wilhelm, von Gottes Gnaden, Deutscher Kaiser, König von Preußen 2c. verordnen im Namen des Reichs nach erfolgter Zustimmung des Bundesrats und des Reichstags was folgt:", bei Landesgesetzen: „Wir Wilhelm, von Gottes Gnaden König von Preußen 2c. verordnen unter Zustimmung beider Häuser des Landtags der Monarchie, was folgt:" Die Schlußformel lautet: „Urkundlich unter Unserer Höchsteigenhändigen Unterschrift und beigedrucktem Kaiserlichen (bei Landesgesetzen: Königlichen) Insiegel. Gegeben (Datum u. Unterschriften). — Die in den Sammlungen enthaltenen laufenden Nummern der Gesetze sind fortgelassen; dafür sind die für das Auffinden in den Sammlungen wichtigeren Seitenzahlen der letzteren den Gesetzesüberschriften hinzugefügt. Fortgelassen sind ferner die den Bestimmungen beigefügten Formulare, die denen, die sie anzuwenden haben, in der Regel ohnehin zur Hand sein werden.

3. die Bestimmungen mit Erläuterungen versieht, wie sie für deren Verständnis und Anwendung erforderlich sind.

Die Verwendung des Werkes ist hiernach eine zwiefache. Das Gesamtwerk ersetzt im Handgebrauch die Gesetz- und sonstigen Sammlungen und empfiehlt sich damit nicht nur für die Büchereien aller größeren Behörden und Verwaltungen, sondern auch zur Aufstellung in deren zu Sitzungen und Vorträgen bestimmten Räumen. Dadurch kann das rasche Auffinden der nötigen Vorschriften ermöglicht und dem jetzt herrschenden Mißstande abgeholfen werden, daß diese Bestimmungen entweder im Drange der Geschäfte überhaupt nicht eingesehen werden können, oder daß ihr Aufsuchen empfindliche Störungen und Verzögerungen im Geschäftsbetriebe veranlaßt. Wenn dabei auf den Mangel hingewiesen ist, daß das Gesamtwerk bei seinem Umfange erst nach Verlauf mehrerer Jahre vollständig vorliegen werde, so wird sich dieser Mangel bei stetigem Fortschreiten des Werkes zusehends vermindern. Jedenfalls bietet das Werk aber gegenüber dem bisherigen Zustande den wesentlichen Fortschritt, daß es ganze Gesetzgebungsgebiete in zusammenhängender einheitlicher Bearbeitung bringt, während die seitherigen Werke sich fast ausnahmslos auf die Bearbeitung einzelner herausgegriffener Gesetze beschränkten, manche Gesetze auch ganz unbearbeitet blieben. — Dann hat das Werk aber auch vor seiner endgültigen Fertigstellung dadurch eine selbständige Bedeutung, daß die Einzelwerke — unbeschadet der gleichmäßigen Bearbeitung — doch in jedem Teile und Bande in sich abgeschlossene Werke bilden und einzeln käuflich sind. Zahlreiche Beteiligte finden damit in einem Bande alle Vorschriften vereinigt, deren sie für das sie unmittelbar berührende Einzelgebiet bedürfen[4]). Ihnen bietet das Einzelwerk eine

[4]) In bezug auf die seither erschienenen und jetzt erscheinenden Einzelwerke sei bemerkt: In Teil I finden die Mitglieder der höheren Reichsbehörden und des Reichstags die grundlegenden Bestimmungen für ihre Tätigkeit und alle mit dem Reichsstaatsrecht sich Befassenden die Quellen für ihre Studien. Teil III ist für Militär- und Marinebehörden, Truppenstäbe, Offiziersbüchereien usw. von Bedeutung, Band 1 daneben für die mit den Ersatz- oder sonstigen Militär- und Marineangelegenheiten befaßten Behörden sowie für die Bezirkskommandos und Band 2 für Mitglieder und Beamte der Militärgerichte, für Offiziere, die als Beisitzer oder Untersuchungsführer, und für Rechtsanwälte, die als Verteidiger bei diesen Gerichten tätig sind. Von Teil IV, Band 1 gilt das zu Teil I Gesagte in bezug auf Mitglieder der Staatsbehörden und des Landtags und die sich mit dem preußischen Staatsrecht Befassenden, während Band 3 ebenso wie Teil VII besonders für alle Behörden und Beamte der allgemeinen, der Polizei- und der Kommunalverwaltung bestimmt ist. Teil IX ist zunächst für Baubeamte, die mit Bausachen befaßten Verwaltungsbeamten, Bauunternehmer und für das bauende Publikum bestimmt.

Sammlung, die nicht nur am Arbeitstische die Einsichtnahme aller maßgebenden Vorschriften ohne Zeitverlust und Mühe ermöglicht, sondern auch bei örtlichen Verhandlungen und Dienstreisen leicht mitgeführt und mit Vorteil benutzt werden kann.

Das vorliegende Werk (Teil III Band 3) betrifft die Kommunalverbände. Diese haben zuerst ihre gesetzliche Regelung in einer größeren Zahl von Kommunalordnungen gefunden, die nicht nur für die einzelnen Arten dieser Verbände (Landgemeinden, Städte, Kreise und Provinzen), sondern auch für die 7 östlichen und für die einzelnen übrigen Provinzen gesondert ergingen[5]). Im Laufe der Zeit hat sich eine Annäherung zwischen diesen Vorschriften vollzogen, indem nicht nur viele Einzelbestimmungen wörtlich oder nahezu wörtlich aus einer Ordnung in die andere übernommen wurden, sondern in neuester Zeit auch einige wichtige Gebiete, insbesondere die Kommunalabgaben und die vermögensrechtlichen Verhältnisse der Kommunalbeamten, unter Aufhebung der einschlägigen Bestimmungen der Kommunalordnungen für das ganze Staatsgebiet einheitlich geregelt wurden.

Dieser Entwickelung entsprechend sind in Abschnitt I die gemeinsamen Bestimmungen aufgenommen, die für alle Kommunalverbände und alle Landesteile maßgebend sind, während die einzelnen Kommunalordnungen, soweit sie daneben noch in Geltung stehen, für Landgemeinden und Gutsbezirke in Abschnitt II, für Städte in Abschnitt III, für Kreise in Abschnitt IV und für Provinzen in Abschnitt V folgen. Diese letzten vier Abschnitte mußten auf die 7 östlichen Provinzen beschränkt werden unter Einschluß der Sonderbestimmungen, die für die Städte in Neuvorpommern und Rügen und für die Kreise und die Provinz in Posen ergangen sind.

Von Teil XIV, der in seiner Gesamtheit für Landwirtschaftskammern, landwirtschaftliche Vereine, Lehranstalten und Behörden in Betracht kommt, dient Band 2 insbesondere den Forstbesitzern und Forstbeamten, Band 5 den Jägern und Jagdfreunden. Teil XV, Band 1, der alle öffentlich rechtlichen Bestimmungen über den Handel enthält, hat für Handeltreibende, Handelskammern, Handelsschulen usw. besonderes Interesse.

[5]) Nr. I 1 Abs. 2 u. Anl. B d. W. — Literatur: Eine zusammenhängende (systematische) Darstellung enthält Schön, das Recht der Kommunalverbände (Leipzig 97). Vielfache Beiträge bringt das Preußische Verwaltungsblatt, das allwöchentlich (zurzeit im 26. Jahrgange) erscheint (Berlin bei Heymann). — Die sonstigen Bearbeitungen betreffen die einzelnen Gesetze und sind bei diesen nachgewiesen.

Die Aufnahme der für die Provinzen Schleswig-Holstein, Hannover, Westfalen, Hessen-Nassau, die Rheinprovinz und für Hohenzollern ergangenen Kommunalordnungen erschien ausgeschlossen, da durch diese das Werk nicht nur einen unverhältnismäßigen Umfang angenommen hätte, sondern auch die Übersicht und Handhabung erheblich erschwert und damit ein wesentlicher Zweck des Werkes vereitelt worden wäre. Diese Ordnungen werden deshalb nur in der Form besonderer Ergänzungen des Werkes für die einzelnen Provinzen zur Darstellung gelangen können.

Berlin, im Dezember 1904.

Der Verfasser.

Inhalt.

I. Gemeinsame Bestimmungen.

II. Landgemeinden und Gutsbezirke.

III. Städte.

IV. Kreise.

V. Provinzen.

Berichtigungen und Nachträge.

S. 1 Anm. 3 Z. 4 ist hinter Oberlausitz einzufügen: , die Altmark.
S. 58 Anm. 243 Z. 3 v. u. ist hinter „berührt" zu setzen: Ortsstatuten über das Feuerlöschwesen sind an § 68 nicht gebunden G. 21. Dez. 04 (GS. 291) Abs. 4.
S. 179 Anm. 18 Z. 8 lies: Ebenso, statt: Nicht dazu gehören.
S. 218 Ziffer 2 Z. 3 lies: besondere, statt: gesondere.
S. 302 Anm. 188 Spalte 2 Z. 3 v. u. lies: Nr. 1 Anl. A, insbes. unter II 2 e, i u. 3 statt: Anl. B, insbes. Nr. 2 e.
S. 377 Anm. 145 Z. 1 ist hinter „Grundstücken" einzufügen: durch juristische Personen.
S. 381 Anm. 169 vorletzte Z. ist das „Nr." zu streichen.
S. 420 Z. 9 u. 10 lies: Personen mit Einkommen von nicht mehr als 900 Mark, statt: nach Maßgabe des § 10 Absatz 3 die erste Stufe der Klassensteuer
u. S. 420 Anm. 55 Z. 1 lies: der in der ersten Stufe der Klassensteuer steuernden, statt: dieser Steuerpflichtigen.

Abkürzungen.

Abs. = Absatz.
Absch. = Abschnitt (hierunter sind die mit römischen Ziffern bezeichneten Teile dieses Bandes zu verstehen).
AE. = Allerhöchster Erlaß.
AG. = Ausführungsgesetz (dieses bezieht sich, wo kein anderer Hinweis gegeben ist, auf das vorangegangene Hauptgesetz, BGB., HGB. usw.).
AH. = Haus der Abgeordneten.
Anl. = Anlage.
Anm. = Anmerkung.
Anw. = Anweisung.
Art. = Artikel.
Ausf. = Ausführung.
Bearb. = Bearbeitung (Kommentar).
Begr. = Begründung (Motive).
Bek. = Bekanntmachung.
Best. = Bestimmung.
BG. = Bundesgesetz.
BGB. = Bürgerliches Gesetzbuch 18. Aug. 96 (RGB. 195).
BGBl. = Bundesgesetzblatt.
CB. = Centralblatt für das deutsche Reich.
CPO. = Civilprozeßordnung (Neufassung 98 RGB. 410).
das. = daselbst.
Dekl. = Deklaration.
Drucks. = Drucksachen.
EG. = Einführungsgesetz (Beziehung wie bei Ausführungsgesetz).
Entw. = Entwurf.
Erg. = Ergänzung.
G. = Gesetz.
GeschO. = Geschäftsordnung.
GewO. = Gewerbeordnung (Neufassung 00 RGB. 871).
GS. = Gesetzsammlung.
GVG. = Gerichtsverfassungsgesetz (Neufassung 98 RGB. 371).
HH. = Herrenhaus.
Instr. = Instruktion.
JMB. = Justizministerialblatt.
KA. = Kamptz Annalen.
KAG. = Kommunalabgabengesetz 14. Juli 93 (GS. 152).
KB. = Kommissionsbericht.
KBG. = Kommunalbeamtengesetz 30. Juli 99 (GS. 141).
KGer. = Kammergericht.
KO. = Kabinettsorder.
KonkO. = Konkursordnung (Neufassung 98 RGB. 612).
Konv. = Konvention.
KrO. = Kreisordnung (S. 3), ohne Zusatz die für die östlichen Provinzen.
LGO. = Landgemeindeordnung desgl.
LR. = Allgemeines Landrecht.
LVG. = Landesverwaltungsgesetz 30. Juli 83 (GS. 195).
M. = Mark.
MB. = Ministerialblatt der innern Verwaltung.
Mitt. = Mitteilungen aus der Verwaltung der direkten Steuern.
O. = Ordnung.
OV. = Urteil des Oberverwaltungsgerichts.
PrO. = Provinzialordnung (S. 3), ohne Zusatz die für die östlichen Provinzen.
Regl. = Reglement.
RG. = Reichsgesetz.
RGB. = Reichsgesetzblatt.
RGer. = Reichsgericht.
S. = Seite.
StB. = stenographische Berichte.
StGB. = Strafgesetzbuch (Neufassung 76, RGB. 39).
StMB. = Staatsministerialbeschluß.
StO. = Städteordnung (S. 3), ohne Zusatz die für die östlichen Provinzen.
StPO. = Strafprozeßordnung 1. Feb. 77 (RGB. 253).
Straff. = Entscheidungen in Straffachen (beim RGer.).
U. = Urteil (Erkenntnis).
V. = Verordnung.
VB. = Preußisches Verwaltungsblatt.
Verb. = Verbände.
Verh. = Verhandlungen.
Verw. = Verwaltung.
Vf. = Verfügung (Ministerialerlaß, Reskript, Zirkular).
v. H. = vom Hundert.
Vtr. = Vertrag.
VU. = preußische Verfassungsurkunde 31. Jan. 50 (GS. 17).
d. W. = des Werkes.
Zus. = Zusatz.
ZustG. = Zuständigkeitsgesetz 1. Aug. 83 (GS. 237).

Bemerkung.

Die den Sammlungen (RGB., GS., MB. usw.) angefügte Ziffer bedeutet die Seitenzahl und bezieht sich, wo eine besondere Jahreszahl nicht hinzugefügt ist, auf den Jahrgang, aus dem das Gesetz usw. ist. Wo die Sammlungen nicht nach Jahrgängen, sondern nach Bänden eingeteilt sind, weist die römische Ziffer den Band, die deutsche die Seite nach. Die Entscheidungen des RGer. sind, wo sie nicht durch den Zusatz Straff. als Entscheidungen in Straffachen gekennzeichnet sind, Entscheidungen in Civilsachen.

I. Gemeinsame Bestimmungen.

1. Einleitung.

Der Staat gliedert sich in Kommunalverbände, die nicht nur eigene wirtschaftliche Zwecke, sondern auch staatliche Aufgaben zu erfüllen haben. Sie erscheinen in dreifacher Abstufung als Gemeinden (Landgemeinden und Städte), Kreise und Provinzen. Die beiden letzteren werden unter der Bezeichnung weitere oder Kommunalverbände höherer Ordnung zusammengefaßt. Die größeren Städte bilden Stadtkreise[1]), in denen somit Gemeinde und Kreis zusammenfallen. Die Stadtgemeinde Berlin bildet außerdem noch einen Provinzialverband[2]) und vereinigt somit alle drei Verbandsarten in sich. Diese Dreiteilung in Gemeinden, Kreise und Provinzen gestattet die Erfüllung aller Staats- und Verbandszwecke, sodaß es weiterer Zwischenglieder nicht bedarf. Die Beseitigung der zwischen Provinzen und Kreisen noch bestehenden kommunalständischen Verbände ist hiernach nur eine Frage der Zeit[3]).

Die Verfassungsurkunde Art. 105 bestimmt:

> Die Vertretung und Verwaltung der Gemeinden, Kreise und Provinzen des Preußischen Staates wird durch besondere Gesetze näher bestimmt[4]).

Die Kommunalordnungen sind demgemäß getrennt ergangen, sowohl — mit Ausnahme von Hohenzollern — für Stadt und Land, als für die 7 östlichen und die einzelnen übrigen Provinzen[5]). Die größten Verschiedenheiten zeigen die Gemeindegesetze. Hier hat namentlich Hannover seine frühere Gesetzgebung bewahrt, während die in Schleswig-Holstein, Hessen-Nassau und Hohenzollern neu eingeführten Ordnungen dem Vorbild der altländischen Vorschriften gefolgt sind. Die Kreis- und die Provinzialordnungen zeigen in allen Provinzen eine größere Übereinstimmung und weichen nur in Einzelheiten voneinander ab[6]).

---

[1]) § 4 der Kreisordnungen. — Übersicht der Kommunalverbände Anlage A.

[2]) ProvO. § 2.

[3]) Kommunalständische Verbände für Verwaltung von Kredit- u. ähnlichen Anstalten u. Stiftungen bilden die Niederlausitz, die Oberlausitz u. die 7 Provinziallandschaften in Hannover f. die Fürstentümer Kalenberg, Göttingen und Grubenhagen, d. Fürstent. Lüneburg, die Grafschaften Hoya-Diepholz, das Herzogt. Bremen u. Verden, das Fürstent. Osnabrück, das Fürstent. Ostfriesland u. das Fürstent. Hildesheim V. 22. Sept. 67 (GS. 1635). Aufgehoben sind dagegen die Verbände für die Kurmark G. 22. Mai 02 (GS. 149), die Neumark 19. Jan. 81 (GS. 10) u. für Hinter-, Alt- und Neuvorpommern 18. Jan. 81 (GS. 7).

[4]) G. 24. Mai 53 (GS. 228). Die frühere Fassung berücksichtigte auch die Bezirke u. stellte für die Regelung allgemeine Grundsätze auf, die in der GemO. u. der Kreis-, Bezirks- u. ProvinzialO. 11. März 50 (GS. 213 u. 251) weiter ausgeführt wurden. Mit Aufhebung dieser Bestimmungen (G. 24. Mai 53, GS. 238) ist die Gesetzgebung zu dem Grundsatze gesonderter Regelung für die einzelnen Landesteile und für Stadt und Land zurückgekehrt.

[5]) Übersicht der Kommunalordnungen Anlage B.

[6]) Die Kommunalordnungen für die 7 östlichen Provinzen sind unter II—V aufgenommen. Trotz der Verschiedenheiten stimmen viele ihrer Grundsätze mit denen der entsprechenden Ordnungen für die übrigen Provinzen überein; auch untereinander zeigen sie — insbes.

Die neuere Kommunalgesetzgebung strebt überhaupt einer einheitlichen Gestaltung zu und hat mehrere größere Gebiete in Abänderung der einzelnen Kommunalordnungen (Abs. 3) gemeinsam geregelt. Die Regelung betrifft zunächst die Gemeinden, berührt aber mittelbar auch die Kreise und die Provinzen. In diesem Sinne sind ergangen das G. betr. die Bildung der Wählerabteilungen bei den Gemeindewahlen (Dreiklassenwahl) vom 30. Juni 1900 (Nr. 2), das KommunalabgabenG. vom 14. Juli 1893 (Nr. 3) und das KommunalbeamtenG. vom 30. Juli 1899 (Nr. 4). Die Aufsicht über die Gemeindeforsten ist Gegenstand einer eigenen Gesetzgebung, die zwar gleichfalls für die einzelnen Landesteile verschieden ist, jedoch — abweichend von den Kommunalordnungen (Abs. 3) — Stadt und Land und die Provinzen Westfalen und Rheinprovinz zusammenfaßt und dieserhalb und weil sie inbetreff der Gemeindeforstbeamten durch das KBG. (Nr. 4) einheitlich ergänzt worden ist, in den die gemeinsamen Bestimmungen behandelnden Abschnitt I aufzunehmen war (Nr. 5).

Anlagen zur Einleitung.

Anlage A (zu Anmerkung 1).

Übersicht der Kommunalverbände.

Provinzen	Kreise: Überhaupt	Kreise: Davon Stadtkreise	Städte: Überhaupt	Städte: Davon Städte über 10 000 Einw.	Landgemeinden (am 1. Dezember 1900)	Gutsbezirke (am 1. Dezember 1900)
Ostpreußen . . .	38	3	67	10	5 065	2 430
Westpreußen . . .	29	4	55	8	1 985	1 300
Stadtkreis Berlin .	1	1	1	1	—	—
Brandenburg . . .	42	11	137	24	3 114	1 957
Pommern	32	4	72	13	2 078	2 459
Posen	42	2	131	9	3 122	1 909
Schlesien	71	10	150	32	5 133	3 756
Sachsen	48	9	142	31	2 959	1 157
Schleswig-Holstein .	25	5	55	9	1 701	354
Hannover	78	9	113	17	4 015	325
Westfalen	47	9	105	30	1 499	21 [1])
Hessen-Nassau . .	42	4	104	10	2 218	278 [1])
Rheinprovinz . . .	78	17	132	56	3 151	— [2])
Hohenzollern . . .	4	—	2	—	122	9
Staat	577	88	1 266	250	36 162	15 955

die LGO. u. die StO. — vielfach Übereinstimmung. In diesen Fällen ist bei ihrer Erläuterung auf die unter gleichen Voraussetzungen zu anderen Ordnungen ergangenen Entscheidungen Bezug genommen worden. Ebenso ist bei den Kommunalordnungen — wie auch bei dem KAG. (Nr. I 3 d. W.) — auf früher ergangene Entscheidungen verwiesen, soweit diese sich auf gleichlautende ältere, durch die neuen Ordnungen ersetzte Vorschriften bezogen.

[1]) In den Regierungsbezirken Münster und Wiesbaden fehlen Gutsbezirke ganz.

[2]) In der Rheinprov. bewendet es hinsichtlich der Bestellung der Vorsteher für die aus den Besitzungen der Fürsten zu Wied, zu Solms-Braunfels und zu Solms-Hohensolms-Lich (Kreise Neuwied und Wetzlar) gebildeten Kommunalverbände bei den mit der Staatsregierung abgeschlossenen Rezessen, rhein. KrO. § 99[3]. Sonst fehlen auch in der Rheinprov. Gutsbezirke ganz.

Anlage B (zu Anmerkung 5).
Übersicht der Kommunalordnungen.

Landesteil	Landgemeindeordnungen: Datum	Seite der GS.	Städteordnungen: Datum	Seite der GS.	Kreisordnungen: Datum	Seite der GS.	Provinzialordnungen: Datum	Seite der GS.
Östliche Provinzen	3. Juli 91	233	30. Mai 53, Neuvorpommern u. Rügen 31. Mai 53	261 291	13. Dez. 72, neue Fassung 81	180	29. Juni 75, neue Fassung 81	234
					Posen G. 19. Mai 89 Art. IV u. V			108
Westfalen	19. März 56	265	19. März 56	237	21. Juli 86	217	1. Aug. 86 (Neufassung)	256
Rheinprovinz	GemO. 23. Juli 45, erg. GemVerfG. 15. Mai 56	523 435	15. Mai 56	406	30. Mai 87	209	1. Juni 87 (Neufassung)	252
Schleswig-Holstein	Einf. der LGO. f. d. östl. Prov. G. 4. Juli 92, Neufassung 92	154	14. Mai 69	589	26. Mai 88	139	27. Mai 88 (Neufassung)	194
Hannover	28. Mai 59	Han. I 393	24. Juni 58	Han. I 141	6. Mai 84	181	7. Mai 84 (Neufassung)	243
Hessen-Nassau	4. Aug. 97	301	4. Aug. 97, Frankfurt a. M. 23. März 67	254 401	7. Juni 85	193	8. Juni 85 (Neufassung)	247
Hohenzollern	GemO. 2. Juli 00			189	Amts- u. LandesO. 2. Juli 00, Neufassung 00			324

2. Gesetz, betreffend die Bildung der Wählerabtheilungen bei den Gemeindewahlen. Vom 30. Juni 1900 (GS. 185)[1].

§. 1. In den Gemeinden, in welchen die Bildung der Wählerabtheilungen für die Wahlen zur Gemeindevertretung nach dem Maßstabe direkter Steuern

[1]) Die durch die neuere Steuergesetzgebung hervorgerufenen Verschiebungen in der Besteuerung haben zu wiederholten Änderungen der Vorschriften üb. die Wahlen nach Steuerabteilungen (Dreiklassenwahl) geführt, die insbes. dem übermäßigen Einfluß einzelner besonders hoch besteuerter Wähler (Plutokratie) Schranken ziehen sollen. Das dieserhalb für die Landtagswahlen erlassene G. 29. Juni 93 (GS. 103) galt vordem auch für die in den Gemeindegesetzen (Anm. 2) vorgesehene Dreiklassenwahl. Das vorliegende G. hat diese Gemeindewahlen besonders geregelt, indem es a) zwar im allgemeinen den Rechtszustand des G. 29. Juli 99 mit der alleinigen Änderung wiedergibt, daß die Abteilungen in den mehrere Urwahlbezirke umfassenden Gemeinden für diese (nicht für die Urwahlbezirke) gebildet werden § 1 u. 5, dagegen b) in Gemeinden üb. 10 000 Einwohnern die Drittelung durch Berücksichtigung des Durchschnittssteuerbetrages einschränkt § 2; c) die Einführung einer weiteren Einschränkung, insbes. die Zwölftelung statt der Drittelung durch Ortsstatut zuläßt § 3 u. 4; d) die Städteordnungen durch Zulassung von Abstimmungsbezirken ergänzt § 6. Zur Ausführung ergingen die Best.

stattfindet[2]), werden die Wähler nach den von ihnen zu entrichtenden direkten Staats-, Gemeinde-, Kreis-, Bezirks- und Provinzialsteuern[3]) in drei Abtheilungen getheilt und zwar in der Art, daß auf jede Abtheilung ein Drittheil der Gesammtsumme der Steuerbeträge aller Wähler fällt[4]).

Für jede nicht zur Staatseinkommensteuer veranlagte Person ist an Stelle dieser Steuer ein Betrag von drei Mark zum Ansatze zu bringen[5]).

Steuern, die für Grundbesitz oder Gewerbebetrieb in einer anderen Gemeinde entrichtet werden, sowie Steuern für die im Umherziehen betriebenen Gewerbe sind bei Bildung der Abtheilungen nicht anzurechnen[6]).

Wo direkte Gemeindesteuern nicht erhoben werden, tritt an deren Stelle die vom Staate veranlagte Grund-, Gebäude- und Gewerbesteuer[7]).

Personen, welche vom Staate zu einer Steuer nicht veranlagt sind, wählen stets in der dritten Abtheilung.

Verringert sich in Folge dessen die auf die erste und zweite Abtheilung entfallende Gesammtsteuersumme, so findet die Bildung dieser Abtheilungen in der Art statt, daß von der verbleibenden Summe auf die erste und zweite Abtheilung je die Hälfte entfällt[8]).

§. 2. In denjenigen Gemeinden, die nach der jedesmaligen letzten Volkszählung[9]) mehr als 10000 Einwohner zählen, wird die nach §. 1 erfolgte Drittelung derart verändert, daß jeder Wähler, dessen Steuerbetrag den Durchschnitt der auf den einzelnen Wähler treffenden Steuerbeträge übersteigt, stets der zweiten oder ersten Abtheilung zugewiesen wird[10]). Im Uebrigen wählen Personen, welche vom Staate zu einer Steuer nicht veranlagt sind, stets in der dritten Abtheilung[11]). Bei Berechnung des durchschnittlichen Steuerbetrags sind die Wähler, welche zur Staatseinkommensteuer nicht veranlagt sind, und, wo das Wahlrecht an einen Einkommensteuersatz von sechs Mark geknüpft ist[12]), auch die zu diesem Satze veranlagten Wähler, sowie die Steuer, mit welcher dieselben in die Wählerliste eingetragen sind, außer Betracht zu lassen[13]).

---

14. Sept. 00 Anlage A. — Quellen: AH. 00 Anl. Nr. 51 (Entw. u. Begr.), 142 (KB.), StB. S. 1822, 4062, 4193; HH. S. 169, 214. — Bearbeitung von Evert (Berl. 01); Aufsatz von Jebens (VB. XXI 437).

[2]) Gebiet des Dreiklassenwahlrechts AusfBest. (zu § 1 u. 5) Nr. I.

[3]) Anzurechnende Steuern das. Nr. III.

[4]) Bildung der Abteilungen das. Nr. IV.

[5]) Bei Forensen, die in ihren Wohnort zur Staatseinkommensteuer veranlagt sind, ist der Teil dieser Steuer anzusetzen, der auf das in der Forensalgemeinde belegene Grundeigentum entfällt OV. 7. Juli 99 (XXXVI 184). — AusfBest. (zu § 1 u. 5) Nr. III 2.

[6]) Abs. 3 stimmt wörtlich mit StO. § 13 Abs. 4 überein und bringt nur für die rhein. GemO. 23. Juli 45 neues Recht. — AusfBest. (§ 1 u. 5) Nr. III 3.

[7]) Das. Nr. III 4.

[8]) Das. Nr. IV 1 Abs. 6.

[9]) Dies ist nach herrschender Verwaltungsübung die Zivilbevölkerung Vf. 16. Feb. 72 (MB. 75) u. ZustG. § 162.

[10]) AusfBest. (zu § 2) Nr. I u. II u. (Beispiel) V.

[11]) Das. Nr. III. — Das „im Übrigen" besagt: soweit sie den Durchschnitt nicht übersteigen.

[12]) Betrifft nur die rhein. StO.

[13]) Dieser den Durchschnittsgrundsatz abschwächende Satz wurde vom AH.

Erhöht oder verringert sich in Folge dessen die auf die erste oder zweite Abtheilung entfallende Gesammtsteuersumme, so findet die Bildung dieser beiden Abtheilungen in der Art statt, daß von jener Summe auf die erste und zweite Abtheilung je die Hälfte fällt[14]). Eine höhere Abtheilung darf niemals mehr Wähler zählen als eine niedere[15]).

§. 3. In den unter §. 2 fallenden Gemeinden kann durch Ortsstatut[16]) bestimmt werden

1. daß bei der nach §. 2 erfolgenden Bildung der Wählerabtheilungen an Stelle des auf einen Wähler entfallenden durchschnittlichen Steuerbetrags ein den Durchschnitt bis zur Hälfte desselben übersteigender Betrag tritt,
2. daß auf die erste Wählerabtheilung $^5/_{12}$, auf die zweite $^4/_{12}$ und auf die dritte $^3/_{12}$ der Gesammtsumme der in §. 1 bezeichneten Steuerbeträge aller Wähler fallen[17]), eine höhere Abtheilung aber nicht mehr Wähler zählen darf als eine niedere[15]).

§. 4. Zur Beschlußfassung über die Einführung, Abänderung oder Aufhebung der Ortsstatute (§. 3) bedarf es der Mehrheit von $^2/_3$ der abstimmenden Gemeindevertreter[18]).

Der Beschluß unterliegt der Bestätigung[16]) und zwar in Landgemeinden durch den Kreisausschuß, in Stadtgemeinden durch den Bezirksausschuß[19]). Gegen die in erster Instanz ergehenden Beschlüsse dieser Behörden ist die Beschwerde an den Provinzialrath zulässig[19]). Auf die Beschwerde finden in allen Fällen die §§. 122 und 123 des Gesetzes über die allgemeine Landesverwaltung vom 30. Juli 1883 (Gesetz-Samml. S. 195) Anwendung.

§. 5. Der §. 5 des Gesetzes, betreffend Aenderung des Wahlverfahrens, vom 29. Juni 1893 (Gesetz-Samml. S. 103) wird aufgehoben. Die bestehenden gesetzlichen Vorschriften über das Gemeindewahlrecht bleiben im Uebrigen unberührt; insbesondere gilt dies von den Bestimmungen der Gemeindeverfassungsgesetze, nach denen die Ausübung des Wahlrechts an die Entrichtung bestimmter Steuersätze geknüpft ist oder geknüpft werden kann[20]),

---

eingefügt, um den Durchschnitt vor zu großen Schwankungen zu bewahren.

[14]) AusfBest. (zu § 2) Nr. IV.

[15]) Der Fall ist bei Anwendung des Durchschnittsgrundsatzes denkbar, wenn auch nicht wahrscheinlich.

[16]) AusfBest. (zu § 3 u. 4) Nr. I.

[17]) Die Zwölftelung ist — wie die Drittelung (Anm. 4) — derart vorzunehmen, daß nach Abschichtung der 1. Abt. für Bildung der 2. u. 3. Abt. nur derjenige Teil der Gesamtsteuersumme zugrunde gelegt wird, der nicht von den in der 1. Abt. Wahlberechtigten aufgebracht wird, dergestalt, daß die Wahlberechtigten, welche die ersten $^4/_7$ dieses Restes der Gesamtsteuersumme aufbringen, die 2. und die übrigen die 3. Abt. bilden Vf. 14. Juli 02 (MB. 156).

[18]) AusfBest. (zu § 3 u. 4) Nr. I u. II.

[19]) Für Berlin ist der OPr. zuständig; die Beschwerde geht an den Minister LVG. § 43. — Der Provinzialrat entscheidet im Interesse der Einheitlichkeit hier auch auf Beschwerden in Landgemeinden.

[20]) Das. (zu § 1—5) Nr. II. — Das G. hat keiner Person ein Wahlrecht gegeben, das sie nach den bestehenden Best. noch nicht hatte. Es läßt das

sowie von den im §. 15 Abs. 1 beziehungsweise §. 21 Abs. 1 der Städte- beziehungsweise Landgemeindeordnung für die Provinz Hessen-Nassau vom 4. August 1897 (Gesetz-Samml. S. 254, 301) hinsichtlich des Wahlrechts der juristischen Personen und sofort getroffenen Bestimmungen[21]).

§. 6[22]). I. Im Bereiche der Städteordnung für die östlichen Provinzen der Monarchie vom 30. Mai 1853 (Gesetz-Samml. S. 261), der Städteordnung für die Provinz Westfalen vom 19. März 1856 (Gesetz-Samml. S. 237), der Städteordnung für die Rheinprovinz vom 15. Mai 1856 (Gesetz-Samml. S. 406), der Städteordnung für die Provinz Hessen-Nassau vom 4. August 1897 (Gesetz-Samml. S. 254) und des Gemeindeverfassungsgesetzes für die Stadt Frankfurt am Main vom 25. März 1867 (Gesetz-Samml. S. 401)[23]) ist der Magistrat (Bürgermeister) befugt, an Stelle oder innerhalb der Wahlbezirke, in denen je eine bestimmte Anzahl Stadtverordneter zu wählen ist, Bezirke zum Zwecke der Stimmenabgabe (Abstimmungsbezirke) zu bilden oder die Wähler in anderer Weise[24]) in Gruppen zu theilen und für jeden Abstimmungsbezirk beziehungsweise jede Gruppe einen eigenen Wahlvorstand zu bestellen. Soweit er von dieser Befugniß Gebrauch macht, hat er zugleich die für die Feststellung des Gesammtergebnisses der Wahl sowie für das Verfahren bei notwendig werdenden engeren Wahlen erforderlichen Anordnungen zu treffen.

II. Im Bereiche der unter I genannten Städteordnungen besteht der Wahlvorstand in den einzelnen Wahl-, Abstimmungsbezirken oder Gruppen aus dem Bürgermeister und aus zwei von der Stadtverordnetenversammlung gewählten Beisitzern; für den Vorsitzenden werden von dem Bürgermeister und für die Beisitzer von der Stadtverordnetenversammlung je ein oder mehrere Vertreter aus der Zahl der stimmfähigen Bürger bestellt[25]).

§. 7. Dieses Gesetz tritt am 1. Januar 1901 in Kraft[26]).

Erfordernis der Veranlagung zu einem Steuersatze von 4 M. u. die Best. über das Bürgerrechtsgeld unberührt. Eine Berücksichtigung der geringer eingeschätzten Personen kommt nur für die Berechnung bei Bildung der Wählerabteilungen in Betracht OV. 19. Sept. 02 (VB. XXIV 210).

[21]) Hiernach (H.-Nass. StO. § 10 Abs. 2, 3 u. § 15 Abs. 1, LGO. § 16 Abs. 2, 3 u. § 21 Abs. 1) werden die Steuerbeträge der wahlberechtigten juristischen Personen usw. bei der Abteilungsbildung nicht angerechnet.

[22]) Die Zulassung von *Abstimmungsbezirken* soll der Erschwerung des Wahlgeschäfts in größeren Städten vorbeugen, nachdem durch OV. 3. Okt. 99 (XXXVI 117) deren Einführung als mit StO. § 24 unvereinbar erachtet war.

[23]) Auf dieses findet das G. sonst keine Anwendung Anm. 2.

[24]) Z. B. alphabetisch.

[25]) Die *vollständige Besetzung des Wahlvorstandes* ist ein wesentliches Erfordernis der Wahl; eine unvollständige Besetzung ist aber bei vorübergehender Abwesenheit einzelner Mitglieder nur anzunehmen, wenn sie so lange gewährt hat, daß das Wahlergebnis dadurch beeinflußt ist OV. 14. Sept. 88 (XVII 117). Für die mechanische Schreibarbeit kann ein *Protokollführer* zugezogen werden; verantwortliche Urkundsperson ist dieser nicht 11. Mai 95 (XXVIII 18). Bei Bestellung mehrerer Stellvertreter ist eine bestimmte Reihenfolge für ihren Eintritt festzusetzen 14. März 02 (XLI 21).

[26]) AusfBest. (zu § 7).

Anlage A (zu Anmerkung 1).

Ausführungs-Bestimmungen vom 14. September 1900 (MB. 226)[1].

Zu §§ 1 und 5.

I. Die Vorschriften des § 1 haben bei der Bildung der Wählerabtheilungen für die Wahlen zur Gemeindevertretung in dem gesammten Geltungsbereiche des kommunalen Dreiklassenwahlrechts Anwendung zu finden. Dieses umfaßt das ganze Staatsgebiet mit Ausnahme der Städte und Landgemeinden der Provinz Hannover, der Städte in den Regierungsbezirken Stralsund und Schleswig, der Stadt Frankfurt a. M. und der Landgemeinde Helgoland. Ausgenommen von dem Geltungsbereiche des Gesetzes überhaupt sind ferner die Hohenzollernschen Lande.

II. Das Gesetz, betr. die Aenderung des Wahlverfahrens vom 29. Juni 1893 (GS. S. 103) wird für die Wahlen zur Gemeindevertretung im Gebiete des kommunalen Dreiklassenwahlrechts aufgehoben.

Alle übrigen gesetzlichen Bestimmungen über das Gemeindewahlrecht bleiben, sofern sie durch das vorliegende Gesetz nicht abgeändert sind, in Kraft.

Unberührt bleiben insbesondere die Bestimmungen der Gemeindeverfassungsgesetze über das aktive Gemeindewahlrecht. Bezüglich des letzteren sind folgende Punkte besonders zu beachten:

1. Wahlberechtigt sind, soweit das Wahlrecht abgesehen von den übrigen Voraussetzungen durch einen bestimmten Einkommensteuersatz bezw. ein bestimmtes Einkommen begründet wird,

a) in denjenigen Städten der Rheinprovinz, in denen vor Inkrafttreten des Einkommensteuergesetzes vom 24. Juni 1891 das Gemeindewahlrecht durch Ortsstatut an einen 6 Mark übersteigenden Klassensteuersatz geknüpft war und in denen eine Herabsetzung des Census gemäß § 77 Abs. 3 a. a. O. nicht erfolgt ist, nur die zu einem Staatseinkommensteuersatze von mindestens 6 Mark veranlagten Personen;

b) in dem gesammten übrigen Geltungsgebiete des kommunalen Dreiklassenwahlrechts auch alle gemäß § 74 des Einkommensteuergesetzes (§ 38 des Kommunalabgabengesetzes vom 14. Juni 1893) zu einem fingirten Satze von 4 Mark veranlagten Personen. Wo eine Veranlagung gemäß § 74 Einkommensteuergesetzes (§ 38 Kommunalabgabengesetz) nicht stattgefunden hat, tritt als Erforderniß der Wahlberechtigung an die Stelle der Veranlagung zum Satze von 4 Mark der Bezug eines Einkommens von mehr als 660 Mark. Ausgenommen hiervon sind die Landgemeinden der sieben östlichen Provinzen und der Provinz Schleswig-Holstein; in diesen sind Personen auf Grund eines Einkommens von 660 bis 900 Mark nur dann wahlberechtigt, wenn sie nach diesem Einkommen zu den Gemeindelasten thatsächlich herangezogen werden.

2. Nicht wahlberechtigt sind nach der Rechtsprechung des Königlichen Oberverwaltungsgerichts Schlafstellenmiether, da sie keinen eigenen Hausstand haben und demgemäß die in den Gemeindeverfassungsgesetzen allgemein vorgeschriebene „Selbständigkeit“[2]) nicht besitzen.

3. Die Frage der Wahlberechtigung der juristischen Personen bestimmt sich im einzelnen nach den Vorschriften der einzelnen Gemeindeverfassungsgesetze[3]).

---

[1]) Mitgeteilt durch Vf. 20. Sept. 00 (MB. 225), nach der die Gemeindewählerlisten gelegentlich der Revision der Kommunalverwaltungen auf die genaue Beobachtung der erlassenen Bestimmungen hin geprüft werden sollen.

[2]) Nr. III 2 d. W. Anm. 33.

[3]) LGO. § 41 Abs. 1, StO. § 5 Abs. 2.

Was speziell das Wahlrecht des Staatsfiskus betrifft, so steht demselben, da er Staatssteuern nicht entrichtet, in den Stadtgemeinden der sieben östlichen Provinzen, sowie in den Stadt- und Landgemeinden der Provinz Westfalen ein Wahlrecht nicht zu. Dagegen ist er wahlberechtigt in den Städten der Provinz Hessen-Nassau, falls er seit einem Jahre an direkten Gemeindesteuern allein mehr entrichtet, als einer der drei höchstbesteuerten physischen Censiten an Staats- und Gemeindesteuern zusammen, und ferner in den Landgemeinden der sieben östlichen Provinzen, der Provinz Schleswig-Holstein und der Provinz Hessen-Nassau, falls er seit bestimmter Zeit in der Gemeinde Grundstücke von dem gesetzlich näher bezeichneten Umfange besitzt.

III. Bezüglich der dem einzelnen Wahlberechtigten bei Bildung der Wählerabteilungen anzurechnenden Steuern ist namentlich Folgendes zu beachten:

1. Jedem Wähler sind anzurechnen die von ihm zu entrichtenden direkten Staats-, Gemeinde-, Kreis- (in Hessen-Nassau noch: Bezirks-) und Provinzialsteuern[4]).

Als direkte Staatssteuern sind anzurechnen die Einkommensteuer und die Ergänzungssteuer.

Als direkte Gemeindesteuern sind anzurechnen die von den Gemeinden erhobenen Zuschläge zur Einkommensteuer bezw. zu den nach § 74 des Einkommensteuergesetzes (§ 38 des Kommunalabgabengesetzes) veranlagten Sätzen, sowie die Zuschläge zur staatlich veranlagten Grund-, Gebäude-, Gewerbe- und Betriebssteuer. Als Gemeindesteuer ist auch die Waarenhaussteuer anzurechnen. Wo an Stelle der Zuschläge zur Einkommensteuer oder zu einer der Realsteuern besondere kommunale Steuern vom Einkommen, vom Grundbesitz oder vom Gewerbebetrieb oder sonst gemäß § 23 des Kommunalabgabengesetzes entrichtet werden, sind diese besonderen Steuern in Ansatz zu bringen.

Als direkte Kreis- (Bezirks-) und Provinzialsteuern sind anzurechnen die an die Kreise zu entrichtende Betriebssteuer, sowie die von den Kreisen erhobenen Zuschläge zur Einkommensteuer und zu den staatlich veranlagten Realsteuern einschließlich der Kreiszuschläge zur Betriebssteuer. Die (Bezirks- und) Provinzialsteuern kommen nicht besonders zur Anrechnung, insofern sie in den an die Kreise zu entrichtenden Beträgen schon mit enthalten sind. Auch kommen selbstverständlich Kreissteuern — abgesehen von der den Kreisen überwiesenen Betriebssteuer — dort nicht besonders zur Anrechnung, wo die Kreisabgaben auf den Gemeindeetat übernommen sind.

Abgaben, welche von anderen öffentlich-rechtlichen Verbänden als den Gemeinde-, Kreis- (Bezirks-) und Provinzialverbänden erhoben werden — z. B. von Schul-, Kirchen- oder Wegeverbänden ꝛc., werden nicht angerechnet.

2. Für jeden nicht zur Staatseinkommensteuer veranlagten Wahlberechtigten ist an Stelle dieser Steuer ein Betrag von drei Mark zum Ansatz zu bringen — und zwar neben etwaigen anderen Steuerbeträgen, die von ihm an den Staat, die Gemeinde usf. zu entrichten und ihm gemäß III Nr. 1 anzurechnen sind.

3. Nicht anzurechnen sind den Wahlberechtigten in einer Gemeinde Steuern, die von ihnen für Grundbesitz oder Gewerbebetrieb in einer anderen Gemeinde entrichtet werden, sowie Steuern für die im Umherziehen betriebenen Gewerbe.

Unter Steuern für Grundbesitz und Gewerbebetrieb in einer anderen Gemeinde sind nach der Rechtsprechung des Königlichen Oberverwaltungsgerichts[5]) zu ver-

---

[4]) Die auf die Liegenschaften einer offenen Handelsgesellschaft entfallenden Staats- und Gemeindesteuern sind den Gesellschaftern anteilsweise anzurechnen OV. 6. Juli 86 (XIII 69) u. dasselbe gilt für einfache Kommanditgesellschaften 16. Juni 94 (VB. XV 555).

[5]) OV. 11. Okt. 95 (XXVIII 97).

stehen nicht nur die vom auswärtigen Grundbesitz und Gewerbebetrieb an Gemeinde oder Kreis zu entrichtenden Realsteuern, sondern auch die vom Einkommen aus diesen Quellen zu entrichtenden persönlichen Abgaben. Insbesondere ist also die Staatseinkommensteuer und die derselben folgende Kommunaleinkommensteuer insoweit außer Ansatz zu lassen, als sie auf das Einkommen aus jenem auswärtigen Grundbesitze oder Gewerbebetriebe entfällt.

4. Wo direkte Gemeindesteuern nicht erhoben werden, sind an deren Stelle den einzelnen Wahlberechtigten die Sätze der vom Staat veranlagten Grund-, Gebäude- und Gewerbesteuer anzurechnen. Dies hat nur dann zu geschehen, wenn eine Gemeinde weder Zuschläge zur Einkommensteuer, noch solche zu einer staatlich veranlagten Realsteuer, noch irgend eine besondere kommunale direkte Steuer erhebt. Dagegen ist es für die Anrechnung der vorerwähnten Steuersätze unerheblich, ob in der Gemeinde Waarenhaussteuern oder Abgaben in Gemäßheit des Gesetzes betr. die Heranziehung von Militärpersonen zu Abgaben für Gemeindezwecke vom 29. Juni 1886 (GS. S. 181)[6]) entrichtet werden.

IV. Für die Bildung der Wählerabtheilungen kommen insbesondere folgende Gesichtspunkte in Betracht:

1. Zunächst ist eine Zusammenstellung aller Wahlberechtigten und der von ihnen zu entrichtenden, gemäß Nr. III anrechnungsfähigen Steuern und zwar in der Reihenfolge der Höhe der den einzelnen Wahlberechtigten angerechneten Steuersummen aufzustellen[7]).

Nicht aufzunehmen in diese Zusammenstellung sind in den Stadt- und Landgemeinden der Provinz Hessen-Nassau die wahlberechtigten juristischen Personen ꝛc. einschließlich des Fiskus[8]).

Alsdann ist die Gesammtsumme der in die Zusammenstellung aufgenommenen Steuerbeträge zu ermitteln und durch drei zu theilen.

Die Wahlberechtigten, welche das erste Drittel der Gesammtsteuersumme aufbringen, gehören zur ersten, die Wahlberechtigten, welche das zweite Drittel aufbringen, zur zweiten, die übrigen Wahlberechtigten zur dritten Wählerabtheilung. Zur ersten bezw. zweiten Wählerabtheilung gehört auch derjenige, dessen Steuerbetrag nur theilweise in das erste bezw. zweite Drittel der Gesammtsteuersumme entfällt. Wird bei der Bildung der ersten Wählerabtheilung hierdurch das erste Drittel der Gesammtsteuersumme überschritten, so wird bei der Bildung der beiden unteren Wählerabtheilungen nur derjenige Theil der Gesammtsteuersumme zu Grunde gelegt, welcher nicht von den in der ersten Abtheilung Wahlberechtigten aufgebracht wird, dergestalt, daß die Wahlberechtigten, welche die erste Hälfte dieses Restes der Gesammtsteuersumme aufbringen, die zweite und die übrigen Wahlberechtigten die dritte Abtheilung bilden.

Unter mehreren Wahlberechtigten mit gleichen Steuerbeträgen entscheiden über die eventuelle Frage, wer von ihnen einer höheren und wer einer unteren Ab-

---

[6]) Nr. 3 Anl. E d. W.

[7]) Die Einsichtnahme der Wählerlisten insbes. der einzelnen maßgebenden Steuern darf keinem Stimmberechtigten vorenthalten werden; Abschriften od. Überlassung zur Abschriftnahme können nicht verlangt werden, doch dürfen, soweit die Rechte der übrigen Beteiligten genügend gewahrt bleiben u. nicht der Verdacht mißbräuchlicher Benutzung od. Verbreitung vorliegt, üb. das Ergebnis der Einsichtnahme Vermerke gemacht werden; Versagung bildet einen wesentlichen Mangel OV. 8. Dez. 94 u. 6. März 95 (XXVII 21 u. 16) u. 2. Juli 01 (VB. XXIII 276). Ähnlich Vf. 1. Sept. 02 (MB. 175), nach der jedoch in den Wählerlisten nur der Gesamtbetrag der von jedem Wähler zu entrichtenden Steuern aufzunehmen ist.

[8]) Dies ergibt sich aus der zu Nr. 2 d. W. Anm. 21 aufgeführten Bestimmung.

theilung zuzuweisen ist, die in den Gemeindeverfassungsgesetzen bezeichneten Momente[9]).

Sind nach dem Vorstehenden Wahlberechtigte, welche vom Staate zu einer Steuer (Einkommen-, Ergäazungssteuer, Grund-, Gebäude- und Gewerbesteuer) nicht veranlagt sind, in die erste oder zweite Abtheilung gelangt, so findet ihre Rückversetzung in die dritte Abtheilung und eine anderweite Abgrenzung der ersten und zweiten Abtheilung nach Maßgabe des letzten Absatzes in § 1 des Gesetzes statt.

2. Die Bestimmung des § 50 Abs. 4 der Landgemeindeordnung für die Rheinprovinz vom 23. Juli 1845 ist als aufgehoben zu erachten.

3. Nach solchergestalt erfolgter Bildung der Wählerabtheilungen sind in den Stadt- und Landgemeinden der Provinz Hessen-Nassau die wahlberechtigten juristischen Personen 2c. einschließlich des Fiskus derjenigen Wählerabtheilung zuzutheilen, welcher sie nach der Höhe der ihnen anzurechnenden Steuerbeträge angehören.

Zu § 2.

I. Der § 2 schreibt vor, daß innerhalb des Rechtsgebietes des kommunalen Dreiklassenwahlrechts (vgl. oben zu § 1 Nr. I) in denjenigen Stadt- und Landgemeinden, welche nach der jedesmaligen letzten Volkszählung mehr als 10000 Einwohner zählen[10]), die Vorschriften des § 1 eine Modifikation erfahren sollen. Diese Modifikation besteht darin:

1. daß jeder Wähler, welcher mit einem höheren Steuerbetrage in der Wählerliste verzeichnet steht, als der auf einen Wähler in der Gemeinde entfallende durchschnittliche Steuerbetrag sich beläuft, aus der dritten Abtheilung ausscheidet und in eine der oberen Abtheilungen versetzt wird — wobei indessen nach näherer Erläuterung unter Nr. II bei Berechnung des „durchschnittlichen Steuerbetrages" gewisse Wähler mit ihren Steuersummen außer Betracht bleiben —,

2. daß die nach dieser Ausscheidung für die beiden oberen Wählerabtheilungen sich ergebende Gesammtsteuersumme halbirt wird und auf jede dieser oberen Abtheilungen eine Hälfte entfällt,

3. daß eine höhere Abtheilung niemals mehr Wähler zählen darf als eine niedere.

II. Hieraus folgt zunächst, daß die vorerwähnten Modifikationen nur dann Platz greifen, wenn bei der nach § 1 vorzunehmenden Drittelung Wähler, auf welche mehr als der Durchschnitt der Steuerbeträge entfällt, in die dritte Abtheilung gelangen würden. Ist das nicht der Fall, so verbleibt es auch in den hier fraglichen Stadt- und Landgemeinden bei der Drittelung gemäß § 1 des Gesetzes.

Was die Berechnung des durchschnittlichen Steuerbetrages anbelangt, so ergiebt sich derselbe durch eine Theilung, bei welcher gebildet wird:

a) der Dividendus durch die Summe der in der Wählerliste der Gemeinde verzeichneten Gesammtsteuerbeträge — abzüglich der Steuern der nicht zur Staatseinkommensteuer veranlagten Wähler und, sofern in der Gemeinde das Wahlrecht an einen Einkommensteuersatz von 6 Mark geknüpft ist, auch der zu diesem Satze veranlagten Wähler;

b) der Divisor durch die Gesammtzahl der in der Liste verzeichneten Wähler — abzüglich auch hier derjenigen Wahlberechtigten, welche nicht zur Staatseinkommensteuer bezw. auch derjenigen, welche zu einem Einkommensteuersatze von 6 Mark veranlagt sind.

---

[9]) LGO. § 50 Abs. 2 u. StO. § 13 Abs. 6.

[10]) Nr. 2 d. W. Anm. 9.

III. Vermöge des in § 2 aufgestellten Durchschnittsprinzips steigt jeder mit überdurchschnittlichem Steuerbetrage in die Wählerliste eingetragene Wähler aus der dritten Abtheilung empor, selbst wenn er vom Staate zu einer Steuer (Staatseinkommensteuer, Ergänzungssteuer, Grund-, Gebäude-, Gewerbesteuer) nicht veranlagt ist. Dies besagt der zweite Satz in Abs. 1 des § 2.

IV. Der zweite Absatz des § 2 behandelt die Abschichtung der beiden oberen Wählerabtheilungen nach Hälften der vergrößerten Gesammtsteuersumme, welche sich aus der Versetzung der Wähler mit überdurchschnittlichen Steuersätzen aus der dritten in die oberen Abtheilungen ergiebt.

V. Ein möglichst vereinfachtes praktisches Beispiel soll das über § 2 des Gesetzes Gesagte erläutern.

In der Gemeinde-Wählerliste einer (nicht rheinischen) Stadt mit dem Gemeindewahlcensus von mehr als 660 Mark Einkommen (4 Mark fingirte Einkommensteuer) stehen 20 Wähler mit 1050 Mark Steuern verzeichnet. Die reine Drittelung dieser Steuern ergäbe z. B. für

die erste Abtheilung	3 Wähler	mit je 350 Mark.
„ zweite „	5 „	
„ dritte „	12 „	

Die zwölf Wähler der dritten Klasse stehen mit folgenden Steuersätzen in der Liste verzeichnet:

	Einkommensteuer bezw. fingirter Satz (§ 1 al. 2 des Ges.) M	Ergänzungssteuer	Gemeinde-Einkommensteuer M	Grund- und Gebäudesteuer (einschließlich Provinzial- und Kreisabgaben) M	Gewerbesteuer (einschließlich Provinzial- und Kreisabgaben) M	Summe M
1) A.	12	—	24	22	14	72
2) B.	9	—	18	20	24	71
3) C.	3	—	8	40	15	66
4) D.	6	—	12	32	—	50
5) E.	6	—	12	10	—	28
6) F.	6	—	12	—	7	25
7) G.	6	—	12	2	—	20
8) H.	3	—	—	3	—	6
9) I.	3	—	—	—	—	3
10) K.	3	—	—	—	—	3
11) L.	3	—	—	—	—	3
12) M.	3	—	—	—	—	3
	—	—	—	—	—	350

Da von der Wählerzahl (20) die zu 3, 8, 9, 10, 11 und 12 verzeichneten, zur Staatseinkommensteuer nicht veranlagten Wähler (6) abgehen und von der in der Wählerliste nachgewiesenen Steuersumme (1050 Mark) die Steuern derselben ($66 + 6 + 3 + 3 + 3 + 3 = 84$ Mark) abzuziehen sind, ergiebt sich die Durchschnittssumme aus der Division:

$$(1050 - 84 =)\ 966 : (20 - 6 =)\ 14 = 69 \text{ Mark.}$$

Demnach würden die zu 1. und 2. verzeichneten Wähler aus der dritten Abteilung ausscheiden und ihre Steuerbeträge ($72 + 71 = 143$ Mark) würden die auf die oberen Wählerabtheilungen entfallende Gesammtsteuersumme auf $350 + 350 + 143 = 843$ Mark erhöhen, so daß auf diese Abtheilungen je 421,50 Mark entfielen.

Für diejenigen rheinischen Städte, in welchen ein Wahlcensus von 6 Mark gilt, bestimmen sich die in Divisor und Dividendus bei Berechnung des Durchschnittsbetrages zu machenden Abstriche in sinnentsprechender Weise.

Zu §§ 3 und 4.

I. Die in § 3 für Stadt- und Landgemeinden mit mehr als 10 000 Einwohnern zugelassenen ortsstatutarischen Regelungen sollen der freien Beschlußfassung der kommunalen Körperschaften überlassen sein. Wenn auch die Regierungsvorlage ursprünglich das Ziel verfolgte, nur solche ortsstatutarische Regelungen zuzulassen, welche die durch die Steuerreform der Jahre 1891 bis 1893 eingetretenen Wahlrechtsverschiebungen in höherem Maße als das Regelprinzip des § 2 oder als eine andere ortsstatutarische Regelung auszugleichen geeignet seien, ist doch im Verlaufe der gesetzgeberischen Verhandlungen von diesem Grundsatz abgegangen worden. An seiner Stelle ist als angemessene Cautel gegen eine willkürliche ortsstatutarische Regelung die in § 4 al. 1 vorgesehene qualifizirte Stimmenmehrheit eingeführt worden. Die Prüfung der Bestätigungsbehörden wird sich hiernach den Ortsstatuten gegenüber lediglich auf die Frage der Erfüllung der formellen gesetzlichen Bestimmungen zu beschränken haben.

Die Ortsstatute können erst nach dem 1. Januar k. J. beschlossen werden[11]).

II. Wie gelegentlich der Verhandlungen des Landtages über das Gesetz wiederholt festgestellt worden ist, bezieht sich

1. das Erforderniß der Zweidrittelmehrheit (§ 4 al. 1) in Städten mit Magistratsverfassung auf die Beschlußfassung der Stadtverordneten-Versammlung, nicht auch auf die des Magistrats, und

2. der Ausdruck „abstimmende Gemeindevertreter" (ebendaselbst) in Städten mit Bürgermeisterverfassung auf die gesammten stimmberechtigten Mitglieder der Stadtverordneten-Versammlung, also einschließlich des Bürgermeisters.

Zu § 7.

Zur praktischen Durchführung gelangt das Gesetz gelegentlich der ersten, nach dem 1. Januar 1901 vorzunehmenden Ergänzungswahlen und demnächst gelegentlich der weiteren Ergänzungs- bezw. Ersatzwahlen. Indessen ist der Gesetzesinhalt selbstverständlich schon bei der in §§ 19ff. der Städteordnung für die östlichen Provinzen und in den entsprechenden Paragraphen der übrigen Städteordnungen vorgesehenen alljährlichen Listenberichtigung, also schon bei der ersten nach dem 1. Januar 1901 erfolgenden Berichtigung zur Anwendung zu bringen[11]).

Der Minister des Inneren.

---

3. Kommunalabgabengesetz. Vom 14. Juli 1893 (GS. 152)[1]).

Wir usw. verordnen mit Zustimmung beider Häuser des Landtages Unserer Monarchie für den Umfang derselben, mit Ausschluß der Hohenzollernschen Lande und[2]) der Insel Helgoland, was folgt:

---

[11]) Erledigte Übergangsbestimmung.

[1]) a) Entstehung. Das Bedürfnis einheitlicher Neuregelung der Kommunalabgaben war seit lange empfunden, hatte aber zunächst nur zu dem sogen. Kommunalsteuernotgesetze 27. Juli 85 (GS. 327) geführt, das sich im wesentlichen auf Bestimmungen üb. die Steuerpflicht des Fiskus u. der juristischen Personen u. die Beseitigung der Doppelbesteuerung beschränkte. Erst nachdem der Staat seine Einkommensteuer u. Gewerbesteuer durch zwei Gesetze 24. Juni

Theil I. Gemeindeabgaben[3]).

Erster Titel.

Allgemeine Bestimmungen.

§. 1. Die Gemeinden[4]) sind berechtigt, zur Deckung ihrer Ausgaben und Bedürfnisse nach Maßgabe der Bestimmungen dieses Gesetzes[5]) Gebühren

---

91 (GS. 175 u. 205) auf neuer Grundlage geordnet u. dann zur Erschließung neuer Steuerquellen für die Kommunalverbände die Grund- u. Gebäudesteuer sowie die Gewerbe- u. Betriebsteuer außer Hebung gesetzt u. die Bergwerkssteuern aufgehoben hatte G. 14. Juli 93 (Anl. C.) § 1—4, ist die vollständige Neuregelung des Gegenstandes in dem vorliegenden Gesetze zustande gekommen. — b) Inhalt u. Bedeutung. Das G., das neben den Schluß-, Ausführungs- u. Übergangsbest. (§ 94—97) im ersten Teile die Gemeindeabgaben erschöpfend behandelt (Einteilung Anm. 3), im zweiten dagegen für die Abgaben der weiteren Kommunalverbände nur einige allgemeine Grundsätze enthält, beruht auf dem Grundgedanken, daß die Gemeinde mit ihren Verkehrs- u. ähnlichen Anlagen einen vorzugsweise wirtschaftlichen Verband bildet, in dem die Besteuerung nicht wie im Staate lediglich nach der Leistungsfähigkeit, sondern zugleich nach dem Grundsatz von Leistung u. Gegenleistung (Gebühren u. Beiträge § 4—12 nebst Anm. 13, Mehr- od. Minderbelastung § 20 Abs. 2) zu bemessen sei. Nur in der sozialen Rücksicht auf die minder leistungsfähige Bevölkerung findet der Grundsatz seine notwendige Einschränkung. Diese konnte nicht nur für die vorzugsweise durch sie veranlaßten Ausgaben (Polizei, Armenpflege, Volksschulen) nicht besonders herangezogen werden, war vielmehr durch Freilassung oder geringere Heranziehung der unteren Einkommensklassen (§ 38) u. notwendigen Lebensbedürfnisse (§ 14) besonders zu berücksichtigen. Indem der Bedarf zunächst auf die Gegenleistungsabgaben u. die indirekten Steuern angewiesen wird (§ 2) u. weiter bei gehöriger Ausnutzung der vom Staate überlassenen Ertrags (Real-) steuern eine angemessene Verteilung zwischen diesen und den persönlichen Steuern (§ 54—59) erstrebt wird, soll die bis dahin vorzugsweise von den Kommunalverbänden durch Zuschläge in Anspruch genommene Einkommensteuer entlastet u. für ihre Hauptbestimmung als Staatssteuer sichergestellt werden. — c) Ergänzung des G. Anm. 175. — d) Zur Ausführung des G. erging die Anw. des M. d. J. u. FM. 10. Mai 94, Anlage A. Die gleichzeitig erlassenen Übergangsbestimmungen haben keine Bedeutung mehr u. sind nicht aufgenommen. — e) Quellen: AH. 9²/₃ Nr. 7 (Entw. u. Begr.), Nr. 128 (KB.), dem als Anl. B die früheren Entwürfe u. Kommissionsberichte angefügt sind; StB. S. 11, 209, 1953, 2285, 2496; HH. Nr. 90 (KB.), StB. 201, 246, 308. Üb. die Ausführung ist eine Denkschr. 4. April 96 (StB. AH. III 1997) veröffentlicht. — f) Bearbeitungen: O. u. W. Schwarz (Aachen 94), Strutz (3. Aufl. Berl. 95), Nöll (4. Aufl. Berl. 02), Freund (Brauchitsch Verwaltungsgesetze Teil IV 15. Aufl. Berl. 02), Adickes (Berl. 93), ders. (kleiner), Guttentagsche Samml. (3. Aufl. Berl. 03), Schaff (2. Aufl. Han. 01); ferner Adickes Studien üb. die weitere Entwickelung des Gemeindesteuerwesens (Tübinger Zeitschr. 93) u. Jebens, verwaltungsrechtliche Aufsätze (Berl. 99).

[2]) Das G. ist in Hohenzollern — nach Neuordnung der dortigen direkten Staatssteuern G. 2. Juli 00 (GS. 252) — durch GemO. 2. Juli 00 (GS. 189) § 97 mit einigen Maßgaben (das. § 98 bis 101) hinsichtlich der Gemeindeabgaben eingeführt, während an Stelle der Kreis- u. Provinzialabgaben die Hohenz. Amts- u. LandesO., neugefaßt 9. Okt. 00 (GS. 324) § 6—10, 52 u. 53 entsprechende Bestimmungen enthält.

[3]) Teil I zerfällt in zwei Abschnitte. Der erstere (vorwiegend materielle) Abschnitt (Tit. 1—4) enthält nach den allgemeinen Bestimmungen (Tit. 1, § 1—3) die Grundsätze für die einzelnen Gemeindelasten, welche letzteren außer den nur in Geldleistungen bestehenden Gemeindeabgaben (Tit. 2 u. 3, § 4—67) auch die Naturaldienste (Tit. 4, § 68)

und Beiträge, indirekte und direkte Steuern[6]) zu erheben, sowie Naturaldienste zu fordern.

§. 2. Die Gemeinden dürfen von der Befugniß, Steuern zu erheben, nur insoweit Gebrauch machen, als die sonstigen Einnahmen, insbesondere aus dem Gemeindevermögen, aus Gebühren, Beiträgen und vom Staate oder von weiteren Kommunalverbänden den Gemeinden überwiesenen Mitteln zur Deckung ihrer Ausgaben nicht ausreichen[7]). Auf Hunde- und Lustbarkeits-, sowie auf ähnliche, durch besondere Rücksichten gebotene Steuern findet diese Bestimmung keine Anwendung[8]).

Durch direkte Steuern darf nur der Bedarf aufgebracht werden, welcher nach Abzug des Aufkommens der indirekten Steuern von dem gesammten Steuerbedarfe verbleibt[9]).

§. 3. Gewerbliche Unternehmungen[10]) der Gemeinden sind grundsätzlich so zu verwalten, daß durch die Einnahmen mindestens die gesammten durch die

---

umfassen u. deshalb besser den Inhalt bezeichnen würden als die jetzt gewählte Überschrift des Gesetzes. Die Gemeindeabgaben zerfallen in die mit Gegenleistungen verbundenen Gebühren u. Beiträge (Tit. 2, § 4—12, Anm. 13) u. die ohne Gegenleistung erhobenen Steuern (Tit. 3, § 13—67, Anm. 42). Der zweite Abschnitt (Tit. 5—9), der im Anschluß an das bestehende Recht u. in möglichster Übereinstimmung mit dem EinkommensteuerG. 3. Juli 91 (GS. 175) das Verfahren einheitlich regelt, umfaßt die Rechtsmittel (Tit. 5, § 69 bis 76), die Aufsicht (Tit. 6, § 77, 78), die Strafen (Tit. 7, § 79—82), die Nachforderungen u. Verjährungen (Tit. 8, § 83—88) u. die Kosten u. die Zwangsvollstreckung (Tit. 9, § 89—90). — Handwerkskammerbeiträge, welche die Gemeinden gem. GewO. § 103 l auf die Handwerksbetriebe umlegen, werden damit nicht zu Gemeindeabgaben i. S. des KAG. Teil I, auch nicht zu Gemeindelasten i. S. des ZustG. u. unterliegen nicht dem Streitverfahren OV. 20. Juni 02 (XLI 100). — Schul- u. Quartierlasten, Friedens- u. Kriegsleistungen Anl. D Anm. 3.

[4]) Das G. bezieht sich — abgesehen von § 47—52 u. 69 Abs. 2 — nicht auf Gutsbezirke Anw. Art. 1².

[5]) Bestehende Verpflichtungen der Hausbesitzer zur Unterhaltung der Bürgersteige bleiben unberührt. Durch privatrechtliche Vereinbarungen können die Best. des G. nicht geändert werden. Zulässige Abweichungen bei Gemeinde-Grenzveränderungen H.Nass. StO. § 2 u. LGO. § 3.

[6]) Anwendung der einzelnen Abgaben Anw. Art. 1¹, Reihenfolge KAG. § 2.

[7]) Der Absicht des G. die Besteuerung möglichst niedrig zu halten (Anm. 1) entspricht das Verbot der Steuererhebung zur Vermögensansammlung Anw. Art. 2⁴ u. das Gebot wirtschaftlicher Verwaltung des Gemeindevermögens das. Art. 2¹ u. KAG. § 3; die Nutzungsrechte der Gemeindeangehörigen bleiben dabei unberührt Vf. 9. März 95 (MB. 115). — Aus gleichem Grunde besteht für gewisse Fälle ein Zwang zur Erhebung von Gebühren u. Beiträgen Anm. 14, nicht aber von indirekten Steuern Anm. 9. — Die Innehaltung der gezogenen Grenze unterliegt nicht der Entscheidung des Verwaltungsrichters OV. 15. Dez. 99 (VB. XXI 364).

[8]) § 15, 16 u. Anw. Art. 2³. — Zu den ähnlichen Steuern gehört auch die Warenhaussteuer Anm. 97 b.

[9]) Anw. Art. 2⁵; verb. Anm. 43 Satz 1.

[10]) Gewerbliche Unternehmungen sind — wenn dabei auch ein öffentliches Interesse unterlaufen kann Abs. 2 — in erster Linie auf Gewinn gerichtet OV. 30. März 89 (XVII 249), während Veranstaltungen (§ 4) — ohne daß sie auf Grund öffentlich rechtlicher Verpflichtung unterhalten zu werden brauchen OV. 3. Feb. 91 (XX 22) — in erster Linie dem öffentlichen Interesse dienen u. regelmäßig als vorhanden da anzu-

Unternehmung der Gemeinde erwachsenden Ausgaben, einschließlich der Verzinsung und der Tilgung des Anlagekapitals, aufgebracht werden[11]).

Eine Ausnahme ist zulässig, sofern die Unternehmung zugleich einem öffentlichen Interesse dient, welches anderenfalls nicht befriedigt wird[12]).

Zweiter Titel.

Gebühren und Beiträge[13]).

§. 4. Die Gemeinden können[14]) für die Benutzung[15]) der von ihnen[16]) im öffentlichen Interesse unterhaltenen[17]) Veranstaltungen (Anlagen, Anstalten und Einrichtungen)[18]) besondere Vergütungen (Gebühren) erheben.

---

nehmen sind, wo ein Zwang zur Benutzung besteht Anw. Art. 3 I Abs. 2.

[11]) Anw. Art. 3 Nr. 1 Abs. 1 u. Nr. 3. — Zuwiderhandlungen sind auf Grund Aufsichtsrechts (üb. dieses Jebens, Anm. 1) durch Beanstandung der Beschlüsse (ZustG. § 15 u. 29) zu verfolgen; § 78 des KAG. ist nicht anwendbar KB. HH. (Anm. 1) S. 5. — Beitreibung der Vergütungen § 90 Abs. 1.

[12]) Anw. Art. 3².

[13]) Die mit Gegenleistungen verbundenen Gemeindeabgaben (Anm. 3) heißen Gebühren, wenn sie für Benutzung von Veranstaltungen oder Inanspruchnahme von Handlungen erhoben werden (Benutzungs- od. Gebühren i. e. S. u. Verwaltungsgebühren Anw. Art. 4¹), Beiträge, wenn sie auch ohne solche von Grundeigentümern auf Grund der ihnen durch die Veranstaltungen erwachsenden wirtschaftlichen Vorteile erhoben werden Anw. Art. 7 I Abs. 2. Das KAG. behandelt in § 4—8 die Gebühren (§ 4 u. 5 Benutzungs-, § 6 Verwaltungsgebühren, § 7 u. 8 gemeinsame Vorschriften), in § 9 u. 10 Beiträge u. in § 11 u. 12 einige besondere Gegenleistungsabgaben (Marktstandsgelder nebst Schlachthausgebühren u. Kurtaxen). — Befreiungen eines Grundstücks von Gemeindelasten schließen die Befreiung von Gebühren u. Beiträgen nicht ein OV. 3. Feb. 91 (XX 52) u. 22. Juni 00 (VB. XXII 57). — Beitreibung § 90.

[14]) Das Recht — auf das die Gemeinde nicht rechtswirksam durch Privatvertrag verzichten kann OV. 6. Okt. 97 (XXXII 63) — wird zur Pflicht in den Fällen des § 4 Abs. 2 (mit der Einschränkung des Abs. 3) u. des Abs. 4 Satz 2.

[15]) Auch wenn die Benutzung auf Zwang beruht (§ 4 Abs. 3), OV. 12. Dez. 93 (XXVI 43). — Nicht die Möglichkeit, sondern die Tatsache der Benutzung wird erfordert; diese wird bei Wasserleitungen durch den Anschluß gegeben OV. 3. Feb. 97 (XXXI 53), soweit die Wasserabgabe nicht durch automatische Wassermesser festgestellt wird 19. Mai 99 (VB. XXI 113); ähnlich bei Kanalisationen 27. Nov. 00 (VB. XXII 347). Für nur zeitweise benutzbare Veranstaltungen (Kühlhäuser) kann die Gebühr nur für die Zeit gefordert werden, in der sie benutzbar waren 21. April 03 (VB. XXIV 659).

[16]) Nicht von anderen, auch wenn die Gemeinde ihren Einwohnern die Benutzung auferlegt OV. 1. April 96 (XXIX 58).

[17]) D. h. für alle Beteiligten benutzbar, die besondere Gestattung der Mitbenutzung für die Gemeindeverwaltung eingerichteter Anstalten ist nicht ausreichend OV. 26. Mai 99 (VB. XXI 104), auch nicht für die Mitbenutzung auf Grund eines besonderen Rechts 20. Nov. 03 (VB. XXV 448). — Daß § 4 im öffentlichen Interesse unterhaltene, § 9 im öffentlichen Interesse erforderte Veranstaltungen voraussetzt, beruht darauf, daß diese in letzterem Falle in der Regel noch herzustellen sind (Anw. Art. 7 3 Abs. 1), ihre tatsächliche Benutzung (Anm. 15) auch nicht erfolgt zu sein braucht.

[18]) Gegensatz zu gewerblichen Unternehmungen Anm. 10. — Straßenreinigungs-Einrichtung gegenüber den polizeilich zur Reinigung verpflichteten Anliegern OV. 12. Dez. 93 (XXVI 43); verb. 14. Dez. 98 (VB. XX 474, MB. 99 S. 86) u. Jebens VB. XX S. 223; verb. Anm. 35.

Die Erhebung von Gebühren hat zu erfolgen, wenn die Veranstaltung einzelnen Gemeindeangehörigen[19]) oder einzelnen Klassen von solchen vorzugsweise zum Vortheile gereicht und soweit die Ausgleichung nicht durch Beiträge (§. 9) oder eine Mehr- oder Minderbelastung (§. 20) erfolgt. Die Gebührensätze sind in der Regel so zu bemessen, daß die Verwaltungs- und Unterhaltungskosten der Veranstaltung, einschließlich der Ausgaben für die Verzinsung und Tilgung des aufgewendeten Kapitals, gedeckt werden[20]).

Besteht eine Verpflichtung[21]) zur Benutzung einer Veranstaltung für alle Gemeindeangehörigen oder für einzelne Klassen derselben, oder sind die Genannten auf die Benutzung der Veranstaltung angewiesen, so ist unter Berücksichtigung des öffentlichen Interesses, welchem die Veranstaltung dient, und der den Einzelnen gewährten besonderen Vortheile eine entsprechende Ermäßigung der Gebührensätze gestattet; auch kann in Fällen dieser Art die Erhebung von Gebühren unterbleiben[22]).

Auf Unterrichts- und Bildungsanstalten, auf Krankenhäuser, Heil- und Pflegeanstalten, sowie auf vorzugsweise den Bedürfnissen der unbemittelten Volksklassen dienende Veranstaltungen finden vorstehende Bestimmungen (Absatz 2 und 3) keine Anwendung. Jedoch muß für den Besuch der von den Gemeinden unterhaltenen höheren Lehranstalten und Fachschulen ein angemessenes Schulgeld erhoben werden[23]).

---

[19]) Auch juristische Personen, die der Gemeinde durch Wohnsitz, Aufenthalt, Grundbesitz od. Gewerbebetrieb angehören. So Kirchen in bezug auf Kanalisationsgebühren, soweit diese nicht nach dem Nutzungswert der Grundstücke bemessen werden, da Kirchen solchen nicht haben OV. 19. April 99 (VB. XX 492).

[20]) Anw. Art. 5 [1]. — Die Ausnahmen von der Regel bestimmt das G.; sie können durch die SteuerO. nicht in das Ermessen des Magistrats gestellt werden OV. 8. März 01 (XL 80). — Der Verwaltungsrichter hat nicht zu entscheiden, ob die Sätze angemessen sind, insbes. Gründe zu Abweichungen gem. § 4 Abs. 3 u. 5 vorliegen OV. 19. Nov. 96 (XXX 97), wohl aber, ob der Maßstab nicht unbedingt ungeeignet u. willkürlich u. dadurch gesetzwidrig ist 6. März 97 (XXXI 61).

[21]) Die Verpflichtung zum Anschluß an eine Kanalisation kann nur durch PolV., nicht durch Ortsstatut begründet werden OV. 9. Jan. 94 (XXVI 51).

[22]) Erfordernis der Genehmigung § 8 Abs. 1. — Anw. Art. 5 [2 u. 4].

[23]) Das. Art. 5 [3a]. — Höhere Schulen sind alle nicht der allgemeinen Schulpflicht dienenden, mit Ausschluß der Fortbildungs-, Haushaltungs- u. ähnlichen Schulen. Begr. (Anm. 1e) S. 44. — Das Schulgeld erlangt insoweit die rechtliche Natur einer Gemeindeabgabe. Eine bezügliche Anordnung der Kommunalaufsichtsbehörde (§ 78) fordert die Zustimmung der Schulaufsichtsbehörde (§ 8 Abs. 2). Auf dagegen erhobene Klage der Gemeinde hat der Verwaltungsrichter — unabhängig von den Erwägungsgründen der letzteren — nur nach dem KAG. die Klage abzuweisen od. die Anordnung aufzuheben, nicht das Schulgeld anderweit festzusetzen OV. 18. Nov. 02 (XLII 150). Üb. Schulgeld an höheren städtischen Schulen ist seit Erlaß des KAG. gem. § 69 der Rechtsweg unzulässig U. RGer. 12. Dez. 02 (XLIII 183). Von auswärtigen Schülern höherer Schulen darf ein höheres Schulgeld erhoben werden Vf. 4. Feb. 96 (CB. UV. 252); Lehrersöhne genießen dagegen keine Vergünstigung Vf. 3. Okt. 99 (MB. 181).

Andere Abweichungen von der in Absatz 2 vorgeschriebenen Bemessung der Gebühren sind nur aus besonderen Gründen gestattet[22]).

Ein Zwang zur Erhebung von Chaussee-, Wege-, Pflaster- und Brückengeldern findet nicht statt.

§. 5. Die bestehenden Vorschriften über die Verleihung des Rechts auf Erhebung von Chaussee-, Wege-, Pflaster-, Brücken-, Fähr-, Hafen-, Schleusengeldern und von anderen derartigen Verkehrsabgaben, sowie über die Feststellung der Tarife für solche werden durch dieses Gesetz nicht berührt[24]).

§. 6. Die Gemeinden, Amtsbezirke[25]), Ämter und Landbürgermeistereien[26]) sind berechtigt, für die Genehmigung und Beaufsichtigung von Neubauten, Umbauten und anderen baulichen Herstellungen[27]), sowie für die ordnungs- und feuerpolizeiliche Beaufsichtigung von Messen und Märkten[28]), von Musikaufführungen, Schaustellungen, theatralischen Vorstellungen und sonstigen Lustbarkeiten Gebühren zu erheben. Die Erhebung von Lustbarkeitssteuern[29]) schließt die Erhebung von Gebühren für die Beaufsichtigung der Lustbarkeit aus.

---

[24]) § 4 Abs. 6 u. Anw. Art. 5 3 b. — Nach den bestehenden Bestimmungen unterliegen Tarife üb. Verkehrsabgaben der staatlichen Feststellung AE. 4. Sept. 82 (GS. 360); zuständig sind — abgesehen vom Chausseegelde — mit einigen Vorbehalten für die Ministerialinstanz (Vf. 18. Dez. 82 u. 31. Mai 83 MB. 2 u. 140) die Regierungspräsidenten, für die Strombauverwaltungen die Oberpräsidenten Vf. 30. März 95 (MB. 127). Soweit die Abgaben daneben der Genehmigung nach § 8 Abs. 1 bedürfen, empfiehlt es sich, sie vor dieser der Feststellungsbehörde zur vorläufigen Prüfung einzureichen Vf. 11. Juni 96 (MB. 129) u. 19. Jan. 38 (MB. 24). Sie sind nur in dem den Herstellungs- u. Unterhaltungskosten entsprechenden Betrage zulässig ZollVtr. 8. Juli 67 (BGBl. 81) Art. 22 u. RVerf. Art. 54; die Befreiungen vom Chausseegelde bestimmen sich nach Tar. 29. Feb. 40 (GS. 94).

[25]) Die nur aus einem od. mehreren Gutsbezirken bestehenden Amtsbezirke sind zur Gebührenerhebung nicht befugt Nöll S. 20. — Bei Einsprüchen (§ 69) ist in zusammengesetzten Amtsbezirken nach KrO. § 70a zu verfahren Vf. 3. März 96 (MB. 43).

[26]) Anw. Art. 6 1.

[27]) In Gemeinden mit Königlicher Polizeiverwaltung (die Baupolizeigebühren nicht erheben können Anw. Art. 6 1 Abs. 2) erfolgt die Erhebung zur Staatskasse AE. 30. Dez. 95, Anlage B. — Die Bauscheingebühr ist nicht zu erheben, wenn der Bau nicht oder nur unter Bedingungen genehmigt wird, die der Unternehmer ablehnt OV. 26. Juni, oder das Gesuch vor der Genehmigung zurückgezogen wird, wohl aber, wenn die Baugenehmigung schon vor Inkrafttreten der GebO. beantragt war 30. Okt. 97 (XXXII 95 u. 93). Die Genehmigung eines Baugesuchs darf nicht von der zuvorigen Beibringung der für die Bemessung der Gebühren erforderlichen Unterlagen abhängig gemacht werden 28. Feb. 98 (XXXIII 414). In der GebO. kann eine erhöhte Gebühr für Erwirkung des Baudispenses festgesetzt werden 29. Mai 00 (VB. XXII 70). Verb. Anm. 31. — Die Festsetzung der Gebühren durch die Baupolizeiverwaltungen ist ungesetzlich OV. 5. Feb. 01 (VB. XXIII 103).

[28]) Die Erhebung dieser Gebühren wird durch GewO. § 68 eingeschränkt, nach dem der Marktverkehr auf Märkten — auch in Markthallen OV. 10. Nov. 87 (XV 366) — nur mit solchen Abgaben belastet werden darf, die eine Vergütung für den überlassenen Raum u. den Gebrauch von Buden u. Gerätschaften bilden (Marktstandsgeld, KAG. § 11 Abs. 1); Üb. die Regelung beschließt der Bezirksausschuß ZustG. § 130.

[29]) § 15.

Im Uebrigen bewendet es hinsichtlich der Befugniß der Gemeinden, für einzelne Handlungen ihrer Organe Gebühren (Verwaltungsgebühren) zu erheben, bei den bestehenden Bestimmungen[30]).

Die Gebühren müssen so bemessen werden, daß deren Aufkommen die Kosten des bezüglichen Verwaltungszweiges nicht übersteigt[31]).

§. 7. Gebühren sind im Voraus nach festen Normen und Sätzen zu bestimmen. Eine Berücksichtigung Unbemittelter ist nicht ausgeschlossen[32]).

§. 8. Die Festsetzung von Gebühren bedarf in den Fällen des §. 4 Absatz 3 und 5 und des §. 6 der Genehmigung[33]).

Das Erforderniß der Genehmigung des Schulgeldes durch die Schulaufsichtsbehörde bleibt unberührt[23]).

§. 9[34]). Die Gemeinden können behufs Deckung der Kosten für Herstellung und Unterhaltung von Veranstaltungen[18]), welche durch das öffent-

---

[30]) Anw. Art. 6². — Die Erhebung von Gebühren für Auskunftserteilung städtischer Meldeämter sind nur insoweit zulässig, als sie vor Erlaß der SportelO. 25. April 25 (GS. 129) bestand od. herkömmlich war Vf. 20. Dez. 97 (MB. 98 S. 8); aus gleichem Grunde sind Gebühren für Revision der Bierdruckeinrichtungen unzulässig Vf. 13. Mai 98 (MB. 121).

[31]) Das. Art. 6³. — Über die Frage, ob eine absichtliche Überschreitung der Gesamtkosten zur Erzielung von Überschüssen vorliege, entscheidet der Verwaltungsrichter OV. 10. April 00 (VB. XXII 156); verb. Anm. 20. — Die Berechnung der Einheitssätze für Baupolizeigebühren erfolgt in der Weise, daß die durchschnittlichen jährlichen Kosten der Baupolizeiverwaltung durch die Zahl der im Jahresdurchschnitte vorkommenden Einheiten (cbm des umbauten Raumes, qm der bebauten Fläche, Betrag der Baukosten) geteilt werden Vf. 1. Sept 96 (MB. 162).

[32]) Anw. Art. 4 ² u. ³. — Anm. 20. — Eine Ermächtigung des Magistrats zur Änderung des Maßstabes ist — soweit sie nicht auf einer nach § 96 Abs. 4 aufrechterhaltenen Ordnung beruht OV. 11. Nov. 96 (XXX 88) — unzulässig OV. 21. März 02 (VB. XXIII 610), desgl. zur einseitigen Prüfung der Beweiserhebung (Angabe des Wassermessers) 26. Mai 99 (VB. XXI 105). — Unzulässig bei Wassergebühren ist der Maßstab des Nutzungs- od. Mietwertes der Wohnungen, weil dadurch Dienst- und Geschäftsräume befreit werden OV. 21. März 02 (VB. XXIII 610).

[33]) Der Genehmigung bedürfen hiernach:

a) Benutzungsgebühren bei rechtlichem od. tatsächlichem Benutzungszwang (§ 4 Abs. 3 u. Anw. Art. 5 ⁴ ᴬᵇˢ· ²) oder

b) bei Abweichung von den vorgeschriebenen Sätzen (§ 4 Abs. 5 u. Anw. Art. 5 ⁴ ᴬᵇˢ· ³),

c) Verwaltungsgebühren (§ 6 u. Anw. Art. 6³).

Zu a fordert der Wortlaut der Bestimmungen die Genehmigung auch zu Beschlüssen, nach denen die Gebührenerhebung unterbleiben soll; andere Ansicht vertritt Nöll S. 24. — Bekanntmachung Anm. 236.

[34]) Abs. 1 u. 2 betreffen die Grundsätze, Abs. 3—6 das Verfahren bei Erhebung von Beiträgen. — Anw. Art. 7 ¹⁻⁴. — Beiträge kommen vorwiegend bei Verkehrs- und bei Ent- u. Bewässerungsanlagen in Betracht. Bei Veranstaltungen, für die Beiträge erhoben werden, ist die Mehrbelastung nach § 20 Abs. 2 ausgeschlossen u. die Gebührenerhebung gem. § 4 Abs. 2 nur insoweit zugelassen, als die Vorteile nicht durch die Beiträge ausgeglichen werden. — Forderungen für Herstellung von Kanalabstichen u. Dachwasserableitungen, die eine Gemeinde für die Eigentümer durch Unternehmer ausführen läßt, bilden keine Gemeindelasten, sondern Privatrechtsansprüche OV.

liche Interesse erfordert werden[17]), von denjenigen Grundeigenthümern und Gewerbetreibenden, denen hierdurch besondere wirthschaftliche Vortheile erwachsen, Beiträge zu den Kosten der Veranstaltungen erheben. Die Beiträge sind nach den Vortheilen zu bemessen[35]).

Beiträge müssen in der Regel erhoben werden, wenn anderenfalls die Kosten, einschließlich der Ausgaben für die Verzinsung und Tilgung des aufgewendeten Kapitals, durch Steuern aufzubringen sein würden.

[36]) Der Plan der Veranstaltung ist nebst einem Nachweise der Kosten offen zu legen. Der Beschluß der Gemeinde wegen Erhebung von Beiträgen ist unter der Angabe, wo und während welcher Zeit Plan nebst Kostennachweis zur Einsicht offen liegen, in ortsüblicher Weise mit dem Bemerken bekannt zu machen, daß Einwendungen gegen den Beschluß binnen einer bestimmt zu bezeichnenden Frist von mindestens 4 Wochen bei dem Gemeindevorstande anzubringen seien[37]). Handelt es sich um eine Veranstaltung, welche nur einzelne Grundeigenthümer oder Gewerbetreibende betrifft, so genügt an Stelle der Bekanntmachung eine Mittheilung an die Betheiligten. Der Beschluß bedarf der Genehmigung[38]).

---

27. April 00 (XXXVII 90), desgl. Vergütungen für Benutzung eines elektrischen Stromes 8. Nov. 01 (VB. XXIII 613). — Übersicht üb. die Rechtsprechung des OV. (VB. XXIV 789).

[35]) Bestimmend sind die allgemein u. durchschnittlich erwachsenden Vorteile OV. 3. Nov. 97 (XXII 122) u. 3. Jan. 99 (VB. XX 441). Diese einheitliche Behandlung soll sich aber nur auf bestehende Anlagen (Straßen) u. nur auf die Unterhaltung beziehen OV. 12. u. 22. Juni 00 (XXXVII 24 u. VB. XXII 133). Aus letzteren Entscheidungen u. aus dem Umstande, daß § 9 von den besonderen Vorteilen, § 20 dagegen von den Teilen des Gemeindebezirks spricht, kann nicht gefolgert werden, daß jeder nach der genehmigten Ordnung Beitragspflichtige im Verwaltungsstreitverfahren geltend machen könne, sein Vorteil entspreche nicht seinem Beitrage (Nöll Anm. 8 zu § 9), da dieses weder der Absicht des Gesetzes, noch dem in § 9 Abs. 3—6 angeordneten Festsetzungsverfahren entsprechen würde. Es kommt nur darauf an, in dem Verfahren die einzelnen Veranstaltungen auseinanderzuhalten u. innerhalb dieser die Beiträge nach den verschiedenen Vorteilen abzustufen. — Die Frage, ob den Beteiligten besondere wirtschaftliche Vorteile erwachsen sind u. die Abstufung der Beiträge setzt voraus, daß sie der Höhe od. doch dem Höchstbetrage nach feststehen OV. 6. Okt. 03 (VB. XXV 327). Sie unterliegt nicht der Nachprüfung des Verwaltungsrichters OV. 3. Dez. 01 (VB. XXIV 5). — Beiträge zu den Kosten einer von der Gemeinde übernommenen Straßenreinigung können mit Rücksicht auf daraus erwachsene Vorteile auch solchen Anliegern auferlegt werden, die nicht zur Straßenreinigung verpflichtet waren OV. 23. Mai 02 (XLII 19). — Auch den mit Kirchen bebauten Grundstücken können solche Vorteile erwachsen OV. 8. Mai 03 (VB. XXIV 806).

[36]) Die Beachtung der Vorschriften üb. das Verfahren (Abs. 3—6) bildet die Voraussetzung für die Rechtmäßigkeit der Beitragserhebung OV. 23. Jan. u. 27. Nov. 00 (VB. XXII 32 u. 347). — Die Genehmigung des Beschlusses unter Maßgaben bedeutet eine Abänderung des Planes und fordert in der Regel die Wiederholung des Auslegungs- u. Einwendungsverfahrens OV. 6. Okt. 03 (vor. Anm.).

[37]) § 69 u. 94.

[38]) § 77.

Zu diesem Behufe hat der Gemeindevorstand den Beschluß nebst den dazu gehörigen Vorverhandlungen und der Anzeige, ob und welche Einwendungen innerhalb der gestellten Frist erhoben sind, der zuständigen Behörde einzureichen.

Der Beschluß der zuständigen Behörde ist in gleicher Weise zur Kenntniß der Betheiligten zu bringen, wie der Beschluß der Gemeinde bekannt gemacht worden ist.

Gegen den Beschluß der zuständigen Behörde steht den Betheiligten die Beschwerde offen.

§. **10.** Die Vorschriften des Gesetzes, betreffend die Anlegung und Veränderung von Straßen und Plätzen in Städten und ländlichen Ortschaften, vom 2. Juli 1875 (GS. S. 561) bleiben mit der Maßgabe in Kraft, daß die im §. 15 daselbst vorgesehenen Beiträge nach einem anderen, als dem dort angegebenen Maßstabe, insbesondere auch nach der bebauungsfähigen Fläche, bemessen werden dürfen[39]).

---

[39]) Anw. Art. 7[5]. — G. 2. Juli 75 § 15 Abs. 1 u. 2:

Durch Ortsstatut*) kann festgesetzt werden, daß bei der Anlegung einer neuen**) oder bei der Verlängerung einer schon bestehenden Straße, wenn solche zur Bebauung bestimmt ist, sowie bei dem Anbau an schon vorhandenen bisher unbebauten†) Straßen und Straßentheilen††) von dem Unternehmer der neuen Anlage oder von den angrenzenden Eigenthümern — von letzteren, sobald sie Gebäude an der neuen Straße errichten — die Freilegung, erste Einrichtung, Entwässerung und Beleuchtungsvorrichtung der Straße in der dem Bedürfnisse entsprechenden Weise beschafft, sowie deren zeitweise, höchstens jedoch fünfjährige Unterhaltung, beziehungsweise ein verhältnißmäßiger Beitrag oder der Ersatz der zu allen diesen Maßnahmen erforderlichen Kosten geleistet werde. Zu diesen Verpflichtungen können die angrenzenden Eigenthümer nicht für mehr als die Hälfte der Straßenbreite, und wenn die Straße breiter als 26 Meter ist, nicht für mehr als 13 Meter der Straßenbreite herangezogen werden.

Bei Berechnung der Kosten sind die Kosten der gesammten Straßenanlage und beziehungsweise deren Unterhaltung zusammen zu rechnen und den Eigenthümern nach Verhältniß der Länge ihrer, die Straße berührenden Grenze zur Last zu legen.

Soweit das G. 75 Anwendung findet, können Beiträge nach KAG. nicht erhoben werden, wohl aber bei Anlegung von Plätzen u. Anbau an vorhandenen be-

---

*) Die Rechtsgültigkeit bestimmt sich nur nach dem BaufluchtenG., nicht nach dem KAG. OV. 10. Dez. 00 (VB. XXII 444).

**) Dazu gehören bestehende Straßen, an denen die Gemeinde noch nichts zur Umwandlung in eine Ortsstraße getan hat OV. 31. Jan. 98 (XXXIII 94).

†) Zur bebauten Straße genügt ein Gebäude OV. 24. Jan. 01 (XXXVIII 145).

††) Diese müssen durch Merkmale (Querstraßen, Brücken u. dgl.) bestimmt sein OV. 12. Mai 93 (XXV 86) u. RGer. 3. April 89 (XXIII 284).

§. 11. Die Vorschriften des Gesetzes, betreffend die Erhebung von Marktstandsgeld, vom 26. April 1872 (GS. S. 513) bleiben unberührt[28].

Ebenso behält es bei den Bestimmungen der Gesetze über die Errichtung öffentlicher Schlachthäuser vom 18. März 1868 (GS. S. 277) und 9. März 1881 (GS. S. 273) sein Bewenden. Jedoch dürfen für die Schlachthausbenutzung Gebühren bis zu einer solchen Höhe erhoben werden, daß durch ihr jährliches Aufkommen die Kosten der Unterhaltung der Anlage und des Betriebes, sowie ein Betrag von 8 Prozent des Anlagekapitals[39a]) und der etwa gezahlten Entschädigungssumme gedeckt werden. In denjenigen Städten, in denen Verbrauchssteuern auf Fleisch zur Erhebung kommen, dürfen die Benutzungsgebühren nur bis zu einer solchen Höhe erhoben werden, daß durch ihr jährliches Aufkommen außer den Unterhaltungs- und Betriebskosten ein Betrag von 5 Prozent des Anlagekapitals und der Entschädigungssumme gedeckt wird.

Die Gebühren für die Untersuchung des nicht in öffentlichen Schlachthäusern ausgeschlachteten Fleisches (Artikel 1 §. 2 Nr. 2 und 3 des Gesetzes vom 9. März 1884) können in einer den Gebühren für die Schlachthausbenutzung entsprechenden Höhe bemessen werden[40]).

---

bauten Straßen, auf die das G. 75 § 15 sich nicht bezieht OV. 3. Nov. 97 (Anm. 35); näher ausgeführt bei Nöll § 10 Anm. 2; anders Anw. Art. 7 5 Abs. 2. Eine Mehrbelastung ist gem. KAG. § 20 Abs. 1 nur insoweit ausgeschlossen, als tatsächlich Beiträge auf Grund des G. 75 § 15 erhoben werden. Durch Beiträge, die auf Grund dessen zur Straßenentwässerung gezahlt sind, werden Beiträge zur Grundstücksentwässerung durch Herstellung von Hausanschlüssen nicht ausgeschlossen OV. 20. Nov. 97 (XXXII 120); eine Anrechnung ersterer Beiträge auf letztere würde dann der gleichmäßigen Berechnung nach Maßgabe der Vorteile widersprechen u. ist unzuläßig OV. 4. Feb. 99 (XXXIV 70).

[39a]) Der gesamten Schlachthofanlage, insbes. der Kühlhäuser, nicht nur der Schlachtstätten OV. 23. Dez. 02 (XLIII 33).

[40]) Bemessung der Schlachthausgebühren (Abs. 2) Anw. Art. 5 5, der Fleischuntersuchungsgebühren (Abs. 3) Anw. Art. 5 6. Beide Gebührenarten dürfen nicht zusammen einheitlich festgesetzt werden OV. 18. Juni 98 (XXXIV 64).

Mit Bezug auf die durch RG. 3. Juni 00 (RGB. 547) eingeführte Schlachtvieh- u. Fleischbeschau bestimmt d. preuß. AusfG. 28. Juni 02 (GS. 229):

§. 10. Die Gemeinden, in denen Freibänke eingerichtet sind, können für die Benutzung die Erhebung von Gebühren zur Deckung der Kosten beschließen und haben den Betrieb durch Gemeindebeschluß zu regeln.

§. 14. Hinsichtlich der Befugniß der Gemeinden mit Schlachthauszwang, für die Untersuchung von Schlachtvieh und Fleisch Gebühren zu erheben, bewendet es bei den besonderen gesetzlichen Bestimmungen. Jedoch dürfen für die nach §. 5 zuläßige Untersuchung frischen Fleisches, welches bereits von einem approbirten Thierarzt untersucht worden ist, Gebühren nicht erhoben werden. Die Kosten der Untersuchung der in das öffentliche Schlachthaus gelangenden Schlachtthiere vor und nach der Schlachtung fallen der Schlachthausgemeinde zur

§. 12. In Badeorten, klimatischen und sonstigen Kurorten können die Gemeinden für die Herstellung und Unterhaltung ihrer zu Kurzwecken getroffenen Veranstaltungen Vergütungen (Kurtaxen) erheben[41]).

Dritter Titel.

Gemeindesteuern[42]).

Erster Abschnitt.

Indirekte Gemeindesteuern.

§. 13. Die Gemeinden sind zur Erhebung indirekter Steuern innerhalb der durch die Reichsgesetze gezogenen Grenzen befugt[43]).

Last. Dasselbe gilt von den Kosten der Untersuchung des nicht im öffentlichen Schlachthaus ausgeschlachteten frischen Fleisches, falls die Untersuchung durch Gemeindebeschluß angeordnet ist.

Im Uebrigen gelten die Kosten der Schlachtvieh- und Fleischbeschau, einschließlich der Trichinenschau und der Kennzeichnung des Fleisches, als Kosten der örtlichen Polizeiverwaltung. Zur Deckung der Kosten können von den Besitzern der Schlachtthiere und des Fleisches Gebühren erhoben werden. Die Gebührentarife sind von der Landespolizeibehörde festzusetzen.

[41]) Anw. Art. 8; Beitreibung § 90 Abs. 1; Verjährung Anm. 320. Kurtaxen sind öffentlich rechtliche Forderungen, aber weder Gebühren noch Beiträge u. deshalb im Streitfalle nicht im Verwaltungsstreitverfahren (KAG. § 69 u. 70), sondern im Zivilprozesse zu verfolgen OV. 6. Jan. 99 (XXXIV 196). Die letztere Folgerung ist mit Recht bezweifelt (Nöll § 69 Anm. 4); denn Kurtaxen, die keine Gebühren sind, weil sie auch ohne Benutzung der Veranstaltungen erhoben werden (Anw. Art. 3 Abs. 2), bilden — wie auch ihre Aufnahme in Tit. 2 ergibt — den Übergang von diesen zu den Beiträgen. Sie dürfen hiernach den in KAG. § 69 Abs. 1 aufgeführten Abgaben zugezählt werden.

[42]) Steuern sind Geldabgaben — Naturalabgaben sind ausgeschlossen OV. 9. Juni 99 (XXXVI 170, verb. Anm. 243) — welche die Kommunalverbände kraft verliehenen Hoheitsrechts nach einem allgemeinen — nicht durch Gegenleistung bedingten (Anm. 3) — Maßstabe zur Erfüllung ihrer öffentlichrechtlichen Aufgaben erheben. Sie heißen direkte oder indirekte, jenachdem dieser Maßstab unmittelbar durch Schätzung des Einkommens oder eines Einkommenszweiges (Einkommens- u. Ertragssteuern), oder mittelbar im Anschluß an einen wirtschaftlichen Vorgang des Verkehrs oder Verbrauchs (Verkehrs- u. Verbrauchssteuern) angelegt wird. Für die Kommunalbesteuerung bestimmt sich die Scheidung nach preußischem Recht u. Sprachgebrauch OV. 18. Jan. 87 (XIV 54). — Der Umfang des Steuerrechts wird zwar durch öffentlichrechtliche Normen bestimmt, doch ist die Gemeinde nicht verpflichtet von dem Rechte in jedem Einzelfalle Gebrauch zu machen, zumal wenn es in der Form der Rückzahlung der Steuer geschieht OV. 16. Okt. 03 (VB. XXV 327).

[43]) In der Wahl der Steuerart sind die Gemeinden nicht beschränkt Anw. Art. 9[1], zur Einführung indirekter Steuern aber nicht verpflichtet AH. StB. (Anm. 1) S. 1964 u. § 78 Abs. 3. Mehr- od. Minderbelastung ist nicht ausgeschlossen KB. HH. (das.) zu § 20. Als unzulässig sind — neben den reichsgesetzlichen Einschränkungen (Anm. 45) — bezeichnet Steuern auf Jagdscheine u. Gastwirts- u. ähnliche Konzessionen Vf. 16. Nov. 94, Luxusgegenstände 22. Dez. 94 (Mitt. XXX 116), das Halten von Katzen u. Geflügel Vf. 9. März u. den Abschluß von Feuerversicherungs-Verträgen Vf. 29. April 95 (MB. 115 u. 119), die Abhaltung von Auktionen Vf.

Den Gemeinden sind Vereinbarungen mit den Betheiligten gestattet, wonach der Jahresbetrag der zu entrichtenden indirekten Steuern für mehrere Jahre im Voraus fest bestimmt wird. Die Vereinbarungen bedürfen der Genehmigung[44].

§. 14[45]. Steuern auf den Verbrauch von Fleisch, Getreide, Mehl, Backwerk, Kartoffeln und Brennstoffen aller Art dürfen nicht neu eingeführt oder in ihren Sätzen erhöht werden[46]. Die Einführung einer Wildpret- und Geflügelsteuer ist jedoch auch in den früher nicht mahl- und schlachtsteuerpflichtigen Gemeinden zulässig. Die Steuersätze können abweichend von den Vorschriften des Erlasses vom 24. April 1848 (GS. S. 131) bemessen werden.

Wegen Forterhebung der Schlachtsteuer bewendet es bei den Bestimmungen des Gesetzes vom 25. Mai 1873 (GS. S. 222)[47].

§. 15. Die Besteuerung von Lustbarkeiten, einschließlich musikalischer und deklamatorischer Vorträge, sowie von Schaustellungen umherziehender Künstler ist den Gemeinden gestattet[48].

§. 16. Die Gemeinden sind befugt, das Halten von Hunden zu besteuern (§. 93)[49]. Die in dieser Beziehung zur Zeit bestehenden gesetzlichen Vorschriften werden aufgehoben.

§. 17. Die bestehenden Vorschriften über die Verwendung des Aufkommens indirekter Steuern für bestimmte Zwecke (Kosten der Armenpflege usw.) werden aufgehoben[50].

---

15. Mai 95 u. das Halten von Schußwaffen 18. Feb. 96. Zugelassen sind dagegen Steuern auf das Tragen von Masken (selbständig od. in Verbindung mit der Lustbarkeitssteuer Unteranl. A 3) Vf. 20. Juli 95 (MB. 229) u. auf Theaterbillets (Frankfurt a. M.) — Besondere Bedeutung hat die Umsatzsteuer gewonnen, die laut Denkschr. 96 (Anm. 1) in 498 Gemeinden eingeführt war. Muster zur SteuerO. Unteranl. A 1.

[44]) § 77 u. Anw. Art. 9².

[45]) Die Verbrauchssteuern unterliegen mehrfachen Einschränkungen durch die Reichszollgesetzgebung Anw. Art. 10¹: Von den neu eingeführten hat nur die Biersteuer größere Bedeutung erlangt, die laut Denkschr. 96 (Anm. 1) in 994 Gemeinden eingeführt war. Muster zur BiersteuerO. Unteranl. A 2.

[46]) Der Satz bezweckt Freilassung der unentbehrlichen Lebensbedürfnisse unbeschadet der Aufrechterhaltung der bestehenden Steuern Begr. — Anw. Art. 10². — Ob unter Brennstoffen außer Heizstoffen auch Beleuchtungsstoffe zu verstehen sind, ist bestritten. Für Petroleum ist die Besteuerung schon nach Art. 10¹ Abs. 2 ausgeschlossen, weil es einem Zoll von 6 M. für 100 kg unterliegt. Die Gassteuer erklärt Nöll (§ 14 Anm. 2) für unzulässig, die herrschende Ansicht für zulässig, ebenso die Steuer auf elektrisches Licht (Adickes Studien S. 13, 14).

[47]) Anw. Art. 10³. — Die Forterhebung beschränkt sich auf Potsdam, Posen, Gnesen, Breslau, Koblenz mit Ehrenbreitstein u. Aachen. Außerdem hat sich die Mahl- u. Schlachtsteuer in einigen Gemeinden der Provinzen Hannover u. Hessen-Nassau forterhalten. — Wildgeflügel Anl. A Anm. 12. — Bis zum 1. April 1910 sollen jedoch alle kommunalen Lebensmittelsteuern bis auf die Braumalzsteuer fortfallen ZolltarifG. 25. Dez. 02 (RGB. 303) § 13. — Befreiung der Militärspeiseanstalten KAG. § 19. — Strafverfahren bei Zuwiderhandlungen Anm. 306.

[48]) Anw. Art. 11. — Muster zur LustbarkeitssteuerO. Unteranl. A 3.

[49]) Anw. Art. 12. — Muster zur HundesteuerO. Unteranl. A 4. — Kreishundesteuer KAG. § 93.

[50]) Anw. Art. 9³.

§. 18. Die Einführung neuer und die Veränderung bestehender indirekter Gemeindesteuern kann nur durch Steuerordnungen erfolgen.

Die Steuerordnungen bedürfen der Genehmigung[51]).

§. 19. Wegen der Befreiung der Militärspeiseeinrichtungen und ähnlicher Militäranstalten von den Verbrauchssteuern bewendet es bei den bestehenden Bestimmungen[52]).

Zweiter Abschnitt.

Direkte Gemeindesteuern[53]).

I. Allgemeine Bestimmungen.

§. 20. Die direkten Gemeindesteuern sind auf alle der Besteuerung unterworfenen Pflichtigen nach festen und gleichmäßigen Grundsätzen zu vertheilen[54]).

Handelt es sich um Veranstaltungen[18]), welche in besonders hervorragendem oder geringem Maße einem Theile des Gemeindebezirks oder einer Klasse von Gemeindeangehörigen zu Statten kommen, und werden Beiträge nach §§. 9 und 10 nicht erhoben, so kann die Gemeinde eine entsprechende Mehr- oder Minder-

---

[51]) Bestehende Steuerordnungen § 78 u. 96 u. Anw. Art. 9[4] Abs. 1. — Neue Steuerordnungen haben keine rückwirkende Kraft OV. 14. Dez. u. erlangen durch die Vorschrift, daß sie am Tage ihrer Bekanntmachung in Kraft treten, mit Beginn dieses Tages Geltung 19. Okt. 00 (XXXVIII 100 u. 99). Das Fehlen der — durch Anw. Art. 9[4] Abs. 2 vorgeschriebenen — Veröffentlichung macht eine SteuerO. nicht ungültig OV. 19. Okt. 00; anderer Ansicht Jebens u. Anschütz (VB. XXI 333 u. XXII 86). Steuerordnungen, die bestimmen, daß sie mit dem Tage der Verkündigung in Kraft treten, bedürfen jedoch nach ihrem rechtswirksamen Zustandekommen der ordnungsmäßigen Veröffentlichung OV. 16. Jan. 03 (VB. XXV 269). — Zuständigkeit KAG. § 77. — Steuerordnungen u. deren Genehmigungen sind stempelpflichtig Bf. 16. Okt. 96 (MB. 203). — Wird die Genehmigung mit einer Maßgabe erteilt, so bedarf es zur Gültigkeit der SteuerO. noch eines zustimmenden Beschlusses der Gemeinde OV. 4. Juli 02 (VB. XXIV 2). — Muster zu Steuerordnungen Unteranlagen A 1—6.

[52]) Anw. Art. 10[4] u. 9[3].

[53]) Die direkten Steuern (Anm. 42) zerfallen in Ertrags- (Real-) u. in Einkommensteuern, erstere wieder in Grund- u. Gewerbesteuern (§ 23 Abs. 1). Der zweite Abschnitt enthält I. allgemeine Best. (Mehr- od. Minderbelastung § 20, Befreiung auf Grund besonderen Titels von der Grundsteuer § 21 u. Gewerbesteuer § 22, Einteilung u. Steuerordnungen § 23) u. II. besondere Bestimmungen. Diese betreffen die einzeln aufgeführten Steuern (1. Realsteuern [a. vom Grundbesitz § 24—27 nebst Anm. 63, b. vom Gewerbebetriebe § 28 bis 32] u. 2. die Gemeindeeinkommensteuer [a. Steuerpflicht § 33—43 nebst Anm. 116, b. Reineinkommensberechnung bei Domänen u. Eisenbahnen § 44—46, c. Vermeidung der Doppelbesteuerung § 47—52 u. Anm. 165]) u. geben dann wieder gemeinsame Vorschriften für alle dir. Gemeindesteuern (3. Zuschüsse anderer [Betriebs-] Gemeinden § 53, 4. Verteilung des Bedarfs auf die Steuerarten § 54—59, 5. zeitliche Begrenzung der Steuerpflicht § 60 u. 6. Veranlagung u. Erhebung § 61—67).

[54]) Anw. Art. 13 Abs. 1. Gemeindebeschlüsse, durch die üb. die Gesetze hinaus Befreiungen od. Erleichterungen zugestanden werden, sind ungültig OV. 3. Dez. 98 (XXXIV 35), ebenso Steuerordnungen, die nur ein einzelnes Gewerbe (Warenhäuser, Versandgeschäfte) treffen OV. 19. Nov. 01 (XL 72).

belastung des Theiles des Gemeindebezirks oder dieser Klasse von Gemeindeangehörigen beschließen[55]). Bei der Abmessung der Mehr- oder Minderbelastung ist namentlich der zur Herstellung und Unterhaltung der Veranstaltungen erforderliche Bedarf nach Abzug des etwaigen Ertrages in Betracht zu ziehen[56]). Der Beschluß bedarf der Genehmigung[57]).

§. 21. Die auf besonderem Rechtstitel beruhenden Befreiungen einzelner Grundstücke von Gemeindesteuern[58]) bleiben in ihrem bisherigen Umfange fortbestehen. Die Gemeinden sind jedoch berechtigt, diese Befreiungen durch Zahlung des zwanzigfachen Jahreswerthes derselben nach dem Durchschnitt der letzten drei Jahre vor dem 1. April desjenigen Rechnungsjahres, in welchem die Ablösung beschlossen wird, abzulösen. Steht ein anderer Entschädigungsmaßstab fest, so hat es hierbei sein Bewenden.

§. 22[59]). Vorschriften, welche eine Befreiung von Gewerbesteuer in sich schließen, finden auf Gewerbe, welche nach Verkündigung dieses Gesetzes[60]) in Betrieb gesetzt werden, keine Anwendung.

Die Gemeinden sind berechtigt, die bestehenden Befreiungen durch Zahlung des $13^1/_3$fachen Jahreswerthes derselben nach dem Durchschnitt der letzten drei Jahre vor dem 1. April desjenigen Rechnungsjahres, in welchem die Ablösung beschlossen wird, abzulösen. Steht ein anderer Entschädigungsmaßstab fest, so hat es hierbei sein Bewenden.

---

[55]) Anw. Art. 13 Abs. 2—4. — Der Grundsatz, der bereits in den LandgO. der älteren Provinzen u. Schl.-Holsteins ausgesprochen war, ist durch das KAG. auch auf sonstige Gemeinden, insbes. auf die Städte ausgedehnt. Kreise § 91 Abs. 1[3]. — Die Mehrbelastung schließt die Erhebung von Beiträgen — nicht die von Gebühren — aus; auch finden — in Gegensatz zu den Beiträgen (§ 9) — die Best. üb. Befreiungen (§ 24, 28, 34, 40—42) auf sie Anwendung. — Sie hat sich auf den Zeitabschnitt zu erstrecken, der für die Erhebung der Steuer selbst vorgesehen ist OV. 3. Okt. 02 (XLII 46).

[56]) Die Mehr- oder Minderbelastung macht Zuschläge zur Staatssteuer nicht zu einer besonderen Steuer (§ 25, 29, 37) OV. 13. Nov. 94 (XXVII 115). Sie ist dem Gemeindebeschlusse überlassen. Der Maßstab der Verteilung muß aber in dem Beschlusse festgestellt werden OV. 9. Dez. 98 (VB. XX 440). Die Minderbelastung kann — wie im Gegensatz zum OV. nach ihrem Zwecke anzunehmen ist — zu völliger Freilassung gesteigert werden, darf aber weder zur Befreiung ganzer Personenklassen (Anm. 54), noch zu sog. Zwecksteuern führen, Strutz im VB. XXV 105.

[57]) § 77. — Der Erlaß einer SteuerO. ist nicht erforderlich KB. HH. (Anm. 1) S. 15. — Die Gesetzmäßigkeit des Beschlusses unterliegt der Prüfung des Verwaltungsrichters OV. (vor. Anm.).

[58]) Anw. Art. 14[1 u. 3]. — Einzelfälle Nöll Anm. 2 u. 3 zu § 21. Ein Eingemeindungsvertrag kann einen speziellen Rechtstitel abgeben OV. 3. Okt. 96 (XXX 35). — Auf die Gemeindeeinkommensteuer ist solche Befreiung nicht anwendbar, da diese nicht von einzelnen Grundstücken erhoben wird OV. 30. Jan. 03 (XLIII 123). — Besondere Rechtstitel sind nicht allgemeine (objektive) Rechtsregeln (Gesetzes- od. Gewohnheitsrecht, Herkommen) — auch wenn sie in einem Auseinandersetzungsrezeß aufgenommen sind OV. 23. Juni 99 — sondern (subjektive) Einzelrechte, die durch Rechtshandlungen für einzelne bestimmte Grundstücke erworben sind OV. 12. Okt. 00 (XXXVIII 169 u. 178).

[59]) Anw. Art. 14[2 u. 3].

[60]) Dieses ist der 28. Juli 93.

§. 23[61]. Die direkten Gemeindesteuern können vom Grundbesitz und Gewerbebetrieb (Realsteuern), sowie vom Einkommen der Steuerpflichtigen (Einkommensteuer) erhoben werden.

Die Einkommensteuer kann zum Theil durch Aufwandssteuern ersetzt werden[62]. Aufwandssteuern dürfen grundsätzlich die geringeren Einkommen nicht verhältnißmäßig höher als die größeren belasten.

Mieths- und Wohnungssteuern dürfen nicht neu eingeführt werden.

Die bestehenden Mieths- und Wohnungssteuern sind auf ihre Uebereinstimmung mit den vorstehenden Besteuerungsgrundsätzen und den sonstigen Bestimmungen dieses Gesetzes zu prüfen. Sie bedürfen erneuter, an die Zustimmung der Minister des Innern und der Finanzen gebundener Genehmigung und treten außer Kraft, wenn die Genehmigung nicht bis zum 1. April 1898 erfolgt ist.

Die Einführung neuer und die Veränderung bestehender direkter Gemeindesteuern, welche nicht in Prozenten der vom Staate veranlagten Steuern erhoben werden, kann nur durch Steuerordnungen erfolgen.

Die Steuerordnungen bedürfen der Genehmigung[51].

II. Besondere Bestimmungen.

1. Realsteuern.

a) Vom Grundbesitz[63].

§. 24. Den Steuern vom Grundbesitz sind die in der Gemeinde belegenen[64] bebauten und unbebauten Grundstücke unterworfen[65] mit Ausnahme[66]

a) der Königlichen Schlösser, einschließlich der zugehörigen Nebengebäude, Hofräume und Gärten;

b) der einem fremden Staate gehörigen Grundstücke, auf denen Botschafts- oder Gesandtschaftsgebäude errichtet sind, einschließlich der auf ihnen errichteteten Gebäude, sofern von dem fremden Staate Gegenseitigkeit gewährt wird;

---

[61]) Anw. Art. 15.

[62]) Zu den Aufwandssteuern zählen Miet- u. Wohnungssteuern u. Luxus- u. Verbrauchssteuern. Nachdem die Einführung der ersteren gegen den Regierungsentwurf vom Landtage abgelehnt worden (§ 23 Abs. 3) hat — da die letzteren als indirekte Steuern zu behandeln sind (§ 13—16) — die Vorschrift keine wesentliche Bedeutung mehr.

[63]) Die Gemeindegrundsteuer, für die nur bestimmte Befreiungen zugelassen sind § 24, ist zulässig in der Form besonderer Steuern § 25, u. in der von Zuschlägen zu der staatlich veranlagten Grundsteuer § 26, muß aber in beiden Fällen gleichmäßig verteilt werden § 27.

[64]) Das sind die rechtlich zugehörigen OV. 13. Okt. 96 (XXX 125). — Die Zugehörigkeit hat der Steuergläubiger zu beweisen; soweit aber die zuständige Behörde darüber entschieden hat, ist deren Entscheidung maßgebend OV. 21. Feb. 02 (XLII 7).

[65]) Steuerpflichtig ist der Eigentümer, nicht der Pächter, Mieter u. Nießbraucher OV. 8. April 02 (XLI 88). — Beginn der Steuerpflicht Anl. A Anm. 64.

[66]) Anw. Art. 16 Nr. 1 Abs. 1 u. (Befreiung unbewohnter landwirtschaftlicher u. gewerblicher Gebäude) Abs. 2 d. — Erlaß bei Überschwemmungen G. 14. Juli 93 (Anl. c) § 11 Abs. 2.

c) der dem Staate[67]), den Provinzen, den Kreisen, den Gemeinden oder sonstigen kommunalen Verbänden[68]) gehörigen Grundstücke und Gebäude, sofern sie zu einem öffentlichen Dienste oder Gebrauche bestimmt sind[69]);

d) der Brücken, Kunststraßen, Schienenwege der Eisenbahnen[70]), sowie der schiffbaren Kanäle, welche mit Genehmigung des Staates zum öffentlichen Gebrauche angelegt sind[69]);

e) der Deichanlagen der Deichverbände und der im öffentlichen Interesse staatlich unter Schau gestellten Privatdeiche, sowie der im öffentlichen Interesse unterhaltenen Anlagen der Ent- und Bewässerungsverbände[71]);

f) der Universitäts- und anderen zum öffentlichen Unterrichte bestimmten Gebäude[72]);

g) der Kirchen, Kapellen und anderen dem öffentlichen Gottesdienste

---

[67]) Deutsches Reich Anw. Art. 16 1 Abs. 2 c.

[68]) Nicht zu diesen gehören landschaftliche Kreditverbände OV. 19. Sept. 96 (VB. XVIII 107) u. Alters- u. Invaliden-Versicherungsanstalten 6. Juli 98 (XXXIII 46). — Anstalten der Provinz, die selbständige juristische Persönlichkeit besitzen, genießen keine Befreiung OV. 15. Feb. 01 (XL 78).

[69]) Anw. Art. 16 1 Abs. 2 a. Dazu gehören Kirchhöfe OV. 9. Mai 79 (V 125), die Pferdeställe u. Reitbahnen — nicht die landwirtschaftlich genutzten Vorwerke — der Landgestüte 4. Nov. 78 (IV 63), die zur Bepflanzung der Chausseen dienenden Baumschulen 5. Feb. 81 (VII 162), die Diensträume der Staatseisenbahnbehörden mit Ausschluß der Dienstwohnungen 26. Jan. 98 (VB. XIX 390), Stationsgebäude, Lagerschuppen u. sonstigen dem Transportgeschäfte dienenden Gebäude 26. Jan. 98 (OVB. XIX 390 u. 391), ferner nicht die Weidenpflanzungen (Kämpe) an Strömen 9. Dez. 76 (I 87) u. die Schutzstreifen an Kanälen, wohl ab. die zu etwa später nötig werdender Verbreiterung bestimmten Grundstücke 8. Okt. 01 (VB. XXIV 214), ferner nicht die Grundstücke der Porzellanmanufaktur 8. Dez. 84 (XI 58). — **Entscheidend ist die Hauptbestimmung**; demgemäß kommen nicht in Betracht: die Gras- u. Holznutzung in öffentlichen Parks od. an Kanalböschungen OV. 15. Dez. 77 (III 24) u. die landwirtschaftliche Nebennutzung auf Militärschießplätzen 23. Nov. 00 (XXXVIII 163). Geteilte Gebrauchsbestimmung § 24 Abs. 3. — **Die Befreiung beginnt erst mit Überweisung** u. Eintritt des öffentlichen Gebrauches; die — abweichend von i — gewählte Bezeichnung „bestimmten" bezweckt nur Übereinstimmung mit der älteren Grundsteuergesetzgebung OV. 8. April 02 (VB. XXIV 311) u. (Anwendung auf Kirchhöfe) 16. Nov. 00 (VB. XXII 336).

[70]) Nicht der Kleinbahnen OV. 16. Sept. 96 (VB. XVIII 126); verb. § 46 Abs. 2.

[71]) Zu den Deichanlagen gehören das eingedeichte Flußbett u. das innerhalb der Deiche gelegene Vorland; Entwässerungsanlagen dienen der Landeskultur; ein Kanal, der einen Strom bei Hochwasser entlasten soll, gehört nicht zu diesen OV. 17. Sept. 97 (XXXI 153). — Talsperrgenossenschaften, die in erster Reihe Sammelbecken zu gewerblichen Zwecken fördern sollen, werden dadurch, daß das überschüssige Wasser auch für Zwecke der Landesmelioration nutzbar gemacht werden kann, noch nicht zu Ent- u. Bewässerungsverbänden OV. 28. Feb. 02 (XLI 84).

[72]) Dazu gehören Universitätskliniken OV. 9. Mai 96 (VB. XVIII 102) u. katholische Priesterseminare OV. 1. Okt., nicht Konvikte 5. Mai 99 (das. XX 512 u. 513).

gewidmeten Gebäude, sowie der gottesdienstlichen Gebäude der mit Korporationsrechten versehenen Religionsgesellschaften[73]);

h)[74]) der Armen-, Waisen- und öffentlichen Krankenhäuser[75]), der Gefängniß-, Besserungs-, Bewahr- und derjenigen Wohlthätigkeitsanstalten[76]), welche die Bewahrung vor Schutzlosigkeit oder sittlicher Gefahr bezwecken (Mägdehäuser und dergleichen), sowie der Gebäude, welche milden Stiftungen[77]) angehören und für deren Zwecke unmittelbar benutzt werden[78]); durch Gemeindebeschluß können auch anderweitige Gebäude solcher milden Stiftungen, welche nicht bloß zu Gunsten bestimmter Personen und Familien bestehen, freigelassen werden;

i) der Grundstücke[79]) der unter f, g, h aufgeführten Anstalten und Körperschaften, soweit die Grundstücke für deren Zwecke unmittelbar benutzt werden[80]);

---

[73]) Der erste Satz bezieht sich nur auf die evangelische u. die römisch-katholische Kirche OV. 27. Juni 90 (XIX 97). — Korporationsrechte besitzen die Lutheraner General-Konzession 23. Juli 45 (GS. 516), die niederländisch Reformierten G.Konz. 24. Nov. 49 (MB. 54 S. 7), die Herrenhuter u. Böhmischen Brüder G.Konz. 7. Mai 1746 u. 18. Juli 1763, die Juden G. 23. Juli 47 (GS. 263), § 37, die Mennoniten G. 12. Juli 74 (GS. 238) u. die Baptisten G. 7. Juli 75 (GS. 374).

[74]) Anw. Art. 16 Nr. 1 Abs. 2 b Abs. 1.

[75]) Das. b Abs. 2. Dazu gehören Provinzialirrenanstalten OV. 14. Nov. 99 (VB. XXI 256). — Für die Öffentlichkeit ist nicht die Person des Unternehmers, sondern der gemeinnützige Zweck bestimmend 15. Mai 03 (VB. XXIV 806).

[76]) Wohltätigkeit liegt auch bei gezahlter Vergütung vor, wenn diese nicht unerheblich geringer ist, als der Wert der Leistungen OV. 21. Jan. 99 (XXXIV 110).

[77]) Milde Stiftungen sind Veranstaltungen für wohltätige Zwecke i. w. S. (Damenstifte), nicht nur die zur Steuerung der Armut bestimmten OV. 7. Mai 97 (XXII 165); dazu gehören auch Anstalten, deren Zuwendungen teilweise durch Arbeitsleistungen der Empfänger vergolten werden oder deren Mildtätigkeit solchen Hilfsbedürftigen zuteil wird, die den Satzungen nachkommen 10. Mai 01 (XL 195).

[78]) Anw. Art. 16 Nr. 1 Abs. 2 b Abs. 3. Unmittelbare Benutzung findet bei Dienstwohnungen statt, deren Inhaber als solche zur Erfüllung des Stiftungszweckes mitzuwirken haben, wie Hauswarte OV. 29. April 96 (VB. XVII 414), Lehrer von Erziehungsanstalten 22. Sept. 96 (XXX 53).

[79]) Auch Gebäude OV. 25. Okt. 96 (XXX 61).

[80]) Grundstücke, deren Einnahmen für die allgemeinen Zwecke dieser Anstalten u. Körperschaften Verwendung finden, werden für diese nicht unmittelbar benutzt OV. 22. Sept. 96 (VB. XVIII 195). Dies trifft nicht zu, wenn die Pachtverträge nicht der Stiftungskasse, sondern den Pfründnern unmittelbar zufließen OV. 16. Jan. 03 (XLIII 71). — Unmittelbar benutzt werden Grundstücke einer Besserungsanstalt, mit deren Bewirtschaftung die Beschäftigung der Zöglinge verbunden ist OV. 22. Sept. (u. entsprechend Grundstücke einer Prov. Irrenanstalt) 19. Dez. 96 (VB. XVIII 195 u. 254), nicht dagegen Konvikte für Theologen Anm. 72, zu Ertragszwecken bewirtschaftete Hospitalgrundstücke 23. Okt. 03 (VB. XXV 328) u. Grundstücke des hannov. Klosterfonds KVHH. (Anm. 1) S. 18. — Unmittelbare Benutzung tritt nicht bei Beginn mit dem Bau einer Kirche, sondern erst mit ihrer Übergabe zur Benutzung ein OV. 2. Juli 01 (XL 76); ähnlich Anl. A Anm. 30.

k) der Dienstgrundstücke[81]) und Dienstwohnungen der Geistlichen, Kirchendiener und Volksschullehrer[82]), soweit ihnen bisher Steuerfreiheit zugestanden hat[83]).

Alle sonstigen, nicht auf einem besonderen Rechtstitel beruhenden Befreiungen (§. 21), insbesondere auch diejenigen der Dienstgrundstücke und Dienstwohnungen der Beamten, sind aufgehoben[84]).

Ist ein Grundstück oder Gebäude nur theilweise zu einem öffentlichen Dienste oder Gebrauche bestimmt, so bezieht sich die Befreiung nur auf diesen Theil[85]).

Die Bestimmungen der Kabinetsordre vom 8. Juni 1834 (GS. S. 87) bleiben in Geltung und werden auf diejenigen Gemeinden ausgedehnt, in welchen dieselben noch nicht in Geltung sind[86]).

---

[81]) Dienstgrundstücke sind Grundstücke, deren Nutzung u. Erträgnis — auch wenn die Grundstücke außerhalb der Gemeinde des Amtssitzes belegen od. verpachtet od. vermietet sind OV. 8. März 98 (VB. XX 100) u. (sogen. Pfarrdiensthäuser) 21. April 81 (VIII 23) — unmittelbar für den Stelleninhaber bestimmt u. seiner Verfügung unterstellt ist. Dienstgrundstücke verlieren diese Eigenschaft, wenn sie von den Kirchengemeinden unter entsprechender Vergütung an die Geistlichen — in rechtlich verbindlicher Form OV. 31. März 03 (VB. XXIV 660) — in Verwaltung genommen werden OV. 1. Okt. 97 (VB. XIX 146) u. 3. Nov. 99 (XXI 302). Nach G. 2. Juli 98 (GS. 155) Art. 8 Abs. 2 bleiben jedoch die mit den Einkünften der evangelischen Pfarrstellen verbundenen Steuervorrechte noch bestehen, nachdem der Nießbrauch des Stelleninhabers infolge der dem G. angefügten Kirchengesetze aufgehört hat OV. 31. März 03 (VB. XXIV 548).

[82]) Die Befreiung gilt nicht für Lehrer an Lehrerbildungsanstalten OV. 22. Sept. 96 (Anm. 78). — Den Dienstwohnungen der Volksschullehrer obliegende Lasten tragen die Schulunterhaltungspflichtigen G. 3. März 97 (GS. 25) § 15.

[83]) Anw. Art. 16 1 Abs. 2c. Die Voraussetzung trifft — wie in der LGO. östl. Prov. u. Schl.-Holst. § 26, Westf. § 64, Hannov. § 64, 66; StO. östl. Prov. u. Westf. § 4 Abs. 7, Schl.-Holst. § 24 Abs. 3[1] Hann. § 13, 16, Frankfurt a. M. § 12 — so auch nach den rheinischen Gemeindeverfassungsgesetzen für sämtliche Dienstgrundstücke zu OV. 8. Juni 01 (XXXIX 133).

[84]) Die Steuerpflicht der Dienstwohnungen erstreckt sich auch auf die zugehörigen Gärten 12. Dez. 99 (VB. XXI 388) u. auf die in sonst steuerfreien Gebäuden befindlichen Wohnungen. Steuerfrei sind jedoch die unmittelbar zum öffentlichen Dienst od. Gebrauch bestimmten Räume. Dazu gehören Repräsentationssäle nebst Vorzimmern, ferner die Naturalquartiere der dazu berechtigten Mannschaften vom Feldwebel abwärts OV. 28. Okt. 96 (XXX 81) u. Dienstwohnungen, die diesen Berechtigten eingeräumt werden 13. Nov. 03 (VB. XXV 448). Ob die Bestimmung zu diesen Zwecken notwendig, entscheidet nicht der Verwaltungsrichter; besteht sie, so trifft sie bei verheirateten Offizieren auch die zur Aufnahme der Angehörigen bestimmten Räume 12. Mai 99 (VB. XX 480) u. bleibt auch wirksam, wenn der Offizier in einzelnen Beziehungen als Beamter wirkt 1. Dez. 99 (XXXVI 79) verb. Anm. 78.

[85]) Betrifft alle Grundstücke, die nur teilweise den Abs. 1a—k aufgezählten Zwecken dienen OV. 22. Sept. 96 (Anm. 78) zB. einen teils zum Begräbnis, teils landwirtschaftlich benutzten Kirchhof 16. Nov. 00 (VB. XXII 336). Die Teilung hat räumlich, nicht nach ideellen Teilen zu erfolgen OV. 23. Jan. 03 (XLIII 119).

[86]) Anw. Art. 16². Durch KAG. § 24 Abs. 4 wird Abs. 1 eingeschränkt OV. 22. Sept. 96 (Anm. 78), Abs. 2 u. 3 bleiben unberührt 20. Mai u. 1. Juli 96 (XXIX 41 u. XXX 48).

§. 25[87]. Den Gemeinden ist die Einführung besonderer Steuern vom Grundbesitz[88]) gestattet.

Die Umlegung kann insbesondere erfolgen nach dem Reinertrage beziehungsweise Nutzungswerthe[89]) eines oder mehrerer Jahre, nach dem Pacht- beziehungsweise Miethswerthe oder dem gemeinen Werthe[90]) der Grundstücke und Gebäude[91]), nach den in der Gemeinde stattfindenden Abstufungen des Grundbesitzes[92]) oder nach einer Verbindung mehrerer dieser Maßstäbe.

§. 26[93]. Sind besondere Steuern vom Grundbesitz nicht eingeführt, so erfolgt die Besteuerung in Prozenten der vom Staate veranlagten Grund- und Gebäudesteuern.

Die auf Grund der Einlegung von Rechtsmitteln erfolgte Erhöhung oder Ermäßigung der veranlagten Steuer zieht die entsprechende Abänderung der Veranlagung zur Gemeindesteuer nach sich.

Die Veranlagung hat sich auf sämmtliche Grundstücke und Gebäude zu erstrecken, welche der Gemeindebesteuerung unterliegen (§§. 3, 4 des Gesetzes wegen Aufhebung direkter Staatssteuern)[94]).

Die Besteuerung neuerbauter oder vom Grunde aus wieder aufgebauter Gebäude, sowie die Steuerhöhung in Folge von Verbesserungen der Gebäude

---

[87]) Anw. Art. 17 Abs. 1—4 u. Nr. 1. — Muster zu Grundst.-Ordnungen nach dem Nutzungs- u. nach dem gemeinen Werte Anl. A Anm. 35 nebst Unteranl. A 5a u. b. — Die Grundsteuer ist als bewegliche zulässig, so daß das Sollaufkommen nach dem wechselnden Jahresbedarfe durch Gemeindebeschluß — in Verbindung mit der Verteilung auf die einzelnen Steuerarten (§ 59) — festgestellt wird OV. 16. Nov. 97 (XXXIII 205); verb. Unteranl. A 5b § 2 Abs. 2.

[88]) Nur der Grundbesitz, nicht damit verbundene dingliche Rechte (Apothekerprivilegien, Ent- und Beladungsrechte) od. mit den Gebäuden verbundene Triebwerke od. Maschinen OV. 16. März 98 (XXXIV 39).

[89]) Im Sinne der Grund- u. Gebäudesteuergesetzgebung OV. 25. April 96 (VB. XVII 384); verb. Unteranl. A 5a § 2.

[90]) Der gemeine Wert ist der allgemeine Verkaufs- (nicht der Ertrags-)wert, wobei der Bauplatzwert ins Gewicht fällt OV. 9. Nov. 97 (XXXII 156), unter Berücksichtigung etwa zu zahlender Straßenanliegerbeiträge 15. März 98 (VB. XX 190). Ob der Eigentümer am Verkaufe tatsächlich od. rechtlich behindert ist, kommt nicht in Betracht 16. Nov. 00 (VB. XXII 336). Verb. Unteranl. A 5b, insbes. Anm. 10. — Mehrere Grundstücke, die zur Zeit der Veranlagung eine wirtschaftliche Einheit bilden, sind als Ganzes zu schätzen OV. 23. Dez. 02 u. 20. Jan. 03 (VB. XXIV 466, insbes. Gebäude mit dem Baugrunde 11. Nov. 98 (VB. XX 430). Dieses schließt die Schätzung der einzelnen Teile, nicht aber die Berücksichtigung ihrer besonderen wertbestimmenden Eigenschaften (Mehrwert bei Zerstückelung, Baufälligkeit der Gebäude usw.) aus 3. Juli 00 (VB. XXII 623). — Die Schätzung erfolgt zweckmäßig nach Vergleichsgegenständen, wo sie fehlen, nach den Erwerbskosten unter Berücksichtigung der gegenwärtigen Verhältnisse OV. 10. Juni 02 (VB. XXIV 98).

[91]) Beide nach einheitlichen, gleichmäßigen Sätzen OV. 3. Nov. 99 (XXI 302).

[92]) Nach den in verschiedenen Landesteilen üblichen Einteilungen Voll- u. Halbspänner, Kotsassen u. dgl.

[93]) Anw. Art. 17 Abs. 1—4 u. 5[2, 3].

[94]) G. weg. Aufhebung direkter Staatssteuern 14. Juli 93 Anlage C.

beginnt mit dem Ablaufe des Rechnungsjahres, in welchem die Bewohnbarkeit oder Nutzbarkeit eingetreten oder die Verbesserung vollendet ist[95]).

§. 27. Die Steuern vom Grundbesitz sind nach gleichen Normen und Sätzen zu vertheilen.

Liegenschaften, welche durch die Festsetzung von Baufluchtlinien in ihrem Werthe erhöht worden sind (Bauplätze), können nach Maßgabe dieses höheren Werthes zu einer höheren Steuer als die übrigen Liegenschaften herangezogen werden. Diese Besteuerung muß durch Steuerordnung geregelt werden[96]).

b) Vom Gewerbebetrieb[97]).

§. 28[98]). Den Gewerbesteuern unterliegen in den Gemeinden, in denen der Betrieb stattfindet[99]),

---

[95]) Abs. 4 beseitigt die diesen Gebäuden durch Gebst. G. 21. Mai 61 (GS. 317) § 19 1 u. 2 gewährte zweijährige Steuerfreiheit, weil die kommunalen Vorteile für sie eintreten, sobald sie bewohnbar od. benutzbar werden u. zu einer Erleichterung in der Kommunalbesteuerung deshalb kein Grund vorliegt. Begr. zu § 21 (jetzt 26). — Abs. 4 findet nur da Anwendung, wo die Steuer in Hundertteilsätzen der Staatssteuer erhoben wird OV. 29. Juni 98 (MB. 99 S. 55).

[96]) Die Bauplatzsteuer, üb. welche die Anw. Art. 18 nähere Bestimmung trifft, hat keine Bedeutung gewonnen, da ihre Durchführung erhebliche Schwierigkeiten bietet u. eine stärkere Heranziehung der Bauplätze schon durch eine besondere Grundsteuer nach dem gemeinen Werte (Unteranl. A 5 Anm. 10) erreicht werden kann. — Abs. 2 bezieht sich auch auf Baufluchtlinien, die vor dem BaufluchtG. 2. Juli 75 festgesetzt sind, auf nicht unmittelbar an der Fluchtlinie liegende Grundstücke u. auf Werterhöhungen, die vor Erlaß des KAG. — nicht vor der Festsetzung der Fluchtlinien — eingetreten sind OV. 27. Nov. 00 (XXXVII 109).

[97]) Die Gemeindegewerbesteuer, der die in § 28 aufgeführten Betriebe unterliegen, ist — gleich der Grundsteuer (Anm. 63) — zulässig in der Form besonderer Steuern § 29, od. in der von Zuschlägen zu der staatlich veranlagten Gewerbesteuer § 30 u. 31. Die Veranlagung der über mehrere Gemeindebezirke sich erstreckenden Betriebe wird durch § 32 geregelt. — Neben den Gemeindegewerbesteuern fließen den Kommunalverbänden die Erträge einiger besonderer Gewerbesteuern zu, die zugleich polizeiliche Zwecke verfolgen u. deshalb auf Grund gesetzlicher Vorschriften von den staatlichen Behörden veranlagt u. den Kommunalverbänden ohne deren Zutun überwiesen werden:

a) die den Kreisen zufließende Betriebssteuer der Gast- u. Schankwirte u. Branntweinkleinhändler Anw. Art. 22, KAG. § 28 Abs. 2, Satz 2 u. § 58, G. 14. Juli 93 (Anl. C) § 12 u. 13;
b) die Warenhaussteuer, die den Gemeinden, für Gutsbezirke den Kreisen zufließt G. 16. Juli 00 (GS. 294) insbes. § 14 nebst Anw. 26. Sept. 00 (Berl. bei Decker) Anm. 54;
c) die Wanderlagersteuer G. 27. Feb. 80 (GS. 174) nebst Anw. 4. März 80. Die Steuer wird in Städten mit mehr als 2000 Einwohnern der Gemeinde, in den übrigen Orten den Kreisen überwiesen (G. § 5 nebst Gewst.G. § 1 Abs. 2), wird damit aber nicht zur Kommunalsteuer OV. 3. Sept. 86 (XIV 166);

Besteuerung dieser Betriebe durch die Gemeinde Anm. 106.

[98]) In Abs. 1 werden die steuerpflichtigen Betriebe aufgezählt, in Abs. 2—4 die Befreiungen (bestehende Befreiungen § 22). Die Steuerpflicht erstreckt sich neben den der staatlichen Gewerbesteuer unterliegenden (Abs. 1 1) auf die Abs. 1 2—6 aufgeführten Betriebe, bezüglich derer die für Freilassung von der Staatssteuer sprechenden Gründe nicht auf Kommunalsteuer anwendbar erschienen (Anm. 101—103).

[99]) Verteilung bei Ausdehnung des Betriebes üb. mehrere Gemeinden § 32.

1. die nach dem Gewerbesteuergesetz vom 24. Juni 1891 (GS. S. 205)[100]) zu veranlagenden stehenden Gewerbe;
2. die landwirthschaftlichen Branntweinbrennereien;
3. der Bergbau;
4. die gewerbsmäßige Gewinnung von Bernstein, Ausbeutung von Torfstichen, von Sand-, Kies-, Lehm-, Mergel-, Thon- und dergleichen Gruben, von Stein-, Schiefer-, Kalk-, Kreide- und dergleichen Brüchen[101]);
5. die Gewerbebetriebe kommunaler und anderer öffentlicher Verbände[102]);
6. die Gewerbebetriebe des Staates und der Reichsbank[103]).

Diejenigen zu Nr. 2 bis 6 bezeichneten Betriebe, bei denen weder der jährliche Ertrag 1500 Mark, noch das Anlage- und Betriebskapital 3000 Mark erreicht, ingleichen die nach §. 3 Nr. 4 des Gewerbesteuergesetzes vom 24. Juni 1891 steuerfreien Gewerbebetriebe der Kommunalverbände[104]) bleiben von der Gewerbesteuer befreit. Auf die Betriebssteuer findet diese Bestimmung keine Anwendung[97a]).

Der Betrieb der Staatseisenbahnen und der der Eisenbahnabgabe unterliegenden Privateisenbahnen ist gewerbesteuerfrei[105]).

Der Gewerbebetrieb im Umherziehen ist der Gewerbesteuer in den Gemeinden nicht unterworfen.

§. 29[106]). Den Gemeinden ist die Einführung besonderer Gewerbesteuern gestattet.

---

[100]) Steuerpflicht Gew.St.G § 1—3 nebst Ausf.Anw. 4. Nov. 95 Art. 1—3, Befreiungen G. § 3—5 u. 7 u. AAnw. Art. 4—11.

[101]) Die Nr. 2—4 aufgeführten Betriebe waren von der staatlichen Gewerbesteuer befreit geblieben, weil sie für den Staat bereits durch die Branntwein-, Bergwerks u. Grundsteuern stark betroffen waren.

[102]) Der Bestimmung (Nr. 5) wird nicht mit Unrecht die praktische Bedeutung abgesprochen (Nöll Anm. 7 zu § 28), weil von den nach GewstG. § 3 Nr. 3 u. 4 von der Staatssteuer freigelassenen Gewerben die Nr. 3 aufgeführten landschaftlichen Kreditverbände u. öffentlichen Versicherungsanstalten als gemeinnützige Wohlfahrtseinrichtungen, überhaupt nicht als Gewerbe anzusehen sind u. die in Nr. 4 verzeichneten Betriebe nach KAG. § 28 Abs. 2 auch von der Kommunalsteuer frei sind.

[103]) Die Freiheit von der staatlichen Gewerbesteuer war für die gewerblichen Betriebe des Staates selbstverständlich u. für die Reichsbank durch G. 14. März 85 (RGB. 177) § 21 ausgesprochen; andere Gewerbebetriebe des Reichs sind frei Anw. Art. 19[4]. Kommunalsteuerpflichtig ist danach die Seehandlung Bf. 11. April 92 (Mitt. XXVI 35).

[104]) Anw. Art. 19[1 u. 2]; verb. Anm. 102.

[105]) Das. Art. 19[3]. — Auch Eisenbahnwerkstätten sind frei KBAH. (Anm. 1).

[106]) Anw. Art. 20 Abs. 1—3 u. Nr. 1 u. 2. — Besondere Gewerbesteuern können nur von den nach § 28 pflichtigen Betrieben erhoben werden Bf. 8. Sept. 94 (MB. 152). Dazu gehören die der Betriebssteuer unterliegenden Betriebe Anw. Art. 22 u. in gewisser Beschränkung die Warenhäuser G. 18. Juni 00 (Anm. 97b) § 14 nebst Bf. 2. April 03 (MB. 108), nicht ab. Wanderlager, da auf diese das GewstG. 24. Juni 91 nicht Verwendung findet, das. § 1. — Muster zu Gewerbest.-Ordnungen Unteranl. A 6a u. b.

Die Gewerbesteuern können namentlich bemessen werden nach dem Ertrage des letzten Jahres oder einer Reihe von Jahren, nach dem Werthe des Anlagekapitals oder des Anlage- und Betriebskapitals, nach sonstigen Merkmalen für den Umfang des Betriebes oder nach einer Verbindung mehrerer dieser Maßstäbe[107]).

§. **30.** Sind besondere Gewerbesteuern nicht eingeführt, so erfolgt die Besteuerung in Prozenten der vom Staate veranlagten Gewerbesteuer[108]).

Die auf Grund der Einlegung von Rechtsmitteln erfolgte Erhöhung oder Ermäßigung der veranlagten Gewerbesteuer zieht die entsprechende Abänderung der Veranlagung zur Gemeindesteuer nach sich[109]).

Die Veranlagung hat sich auf sämmtliche Gewerbebetriebe, einschließlich des Bergbaues, zu erstrecken, welche der Gemeindebesteuerung unterliegen (§§. 3, 4 des Gesetzes wegen Aufhebung direkter Staatssteuern)[94]).

§. **31**[110]). Eine verschiedene Abstufung der Gewerbesteuersätze und Prozente ist zulässig:

1. wenn die einzelnen Gewerbearten in verschiedenem Maße von den Veranstaltungen der Gemeinde Vortheil ziehen oder der Gemeinde Kosten verursachen, und soweit[111]) die Ausgleichung nicht nach §§. 4, 9, 10 oder 20 erfolgt;

---

[107]) Auch die besonderen Gewerbesteuern sind nach festen gleichmäßigen Grundsätzen zu bemessen (§ 20 Abs. 1); eine BetriebssteuerO., der Ertrag u. Umfang des Betriebes zugrunde liegt, muß, um rechtsgültig zu sein, angeben, was unter Umfang zu verstehen u. in welchem Verhältnisse beide Besteuerungsmerkmale berücksichtigt werden sollen OV. 21. Dez. 00 (XXXVIII 117). Eine Gewerbest.O., die allgemeine Voraussetzungen für die Steuerpflicht aufstellt, kann nicht damit angefochten werden, daß diese tatsächlich nur bei einem Gewerbetriebe zutreffen. Eine nach dem Ertrage bemessene Gewerbesteuer kann auch gefordert werden, wenn kein Reineinkommen verbleibt. Bedenken gegen die Höhe einer Gewerbesteuer unterliegen der Beurteilung der Aufsichtsbehörde, nicht des Verwaltungsrichters OV. 22. Feb., die SteuerO. kann — wenngleich das Anlage- u. Betriebskapital nach GewstG. § 23 nur die dauernd dem Gewerbebetriebe gewidmeten Werte umfaßt — auch die nur vorübergehend gewidmeten in Betracht ziehen, hat ab. die Passivwerte (Schulden) zu berücksichtigen 18. Juni 01 (XXXIX 71 u. 80).

[108]) Anw. Art. 20 Abs. 1—3 u. Nr. 1, Betriebssteuer Art. 22[3], Warenhaussteuer wie Anm. 106. — Eine Zuschlagssteuer liegt nur vor, wo die staatliche Veranlagung unbedingt — nicht nur als Anhalt für den Steuerausschuß — maßgebend ist OV. 8. Juni 01 (XXXIX 144).

[109]) Anw. Art. 20 [3] Abs. 3.

[110]) Das. Abs. 2. — KAG. § 56. — Die Zuschläge werden durch die Abstufung nicht zu einer besonderen Steuer (§ 29), u. bedürfen keiner ministeriellen Zustimmung (§ 77 Abs. 3). Der Verwaltungsrichter hat nicht nachzuprüfen, ob die für die Abstufung maßgebend gewesenen Verhältnisse zutreffend beurteilt sind OV. 23. März 98 (XXXIV 63), wohl ab., ob die gesetzlich bestimmten Verhältnisse u. Umstände zugrunde gelegt sind 11. Mai 00 (XXXVII 128). — KAG. § 31 bezieht sich nur auf besondere, nicht auf Zuschlagsgewerbesteuern OV. 8. Juni 01 (Anm. 108).

[111]) Das „soweit“ läßt — im Gegensatz zu „sofern“ — auch die teilweise Ausgleichung zu KBAH. (Anm. 1) zu § 25 (jetzt 31).

2. wenn die gewerblichen Gebäude in stärkerem Verhältniß zur Gebäudesteuer herangezogen werden, als es auf Grundlage der staatlichen Gebäudesteuer der Fall sein würde, oder wenn die gewerblich benutzten Räume einer Miethssteuer unterliegen[112]).

Die verschiedene Abstufung bedarf der Genehmigung.

§. 32. Erstreckt sich ein Gewerbebetrieb über mehrere Gemeindebezirke, so hat für den Fall der Erhebung von Prozenten der veranlagten Gewerbesteuer der zuständige Steuerausschuß auch für die im §. 28 Nr. 2 bis 6 bezeichneten Betriebe die Zerlegung des Gesammtsteuersatzes in die auf die einzelnen Gemeinden entfallenden Theilbeträge zu bewirken (§. 38 des Gewerbesteuergesetzes vom 24. Juni 1891)[113]).

Werden besondere Gewerbesteuern umgelegt, so hat die Veranlagung nur nach Maßgabe des in der Gemeinde belegenen Theiles des Gewerbebetriebes[114]) zu erfolgen, bei besonderen Gewerbesteuern nach dem Ertrage unter sinngemäßer Anwendung der in den §§. 47, 48 dieses Gesetzes getroffenen Bestimmungen[115]).

2. Gemeindeeinkommensteuer[53]).

a) Steuerpflicht[116]).

§. 33. Der Gemeindeeinkommensteuer sind unterworfen[116a]):

1. diejenigen Personen, welche in der Gemeinde einen Wohnsitz (§. 1 des Einkommensteuergesetzes vom 24. Juni 1891, GS. S. 175)

[112]) Damit soll der Überlastung, die auf große Räume angewiesene Betriebe bei voller Heranziehung erleiden würden, vorgebeugt werden, das. — Mietsteuer — § 23 Abs. 3 u. 4.

[113]) Anw. Art. 21. Die Best. ist auf die Kreissteuer nicht anwendbar (§ 91[4] betrifft nur die Einkommenst.) OV. 23. Juni 99 (XXXV 15).

[114]) Die Ermittlung des Teiles erfolgt, soweit sie nicht durch die SteuerO. geregelt wird, mittels Schätzung OV. 17. Okt. 99 (XXXVI 30). Die Zerlegung (Abs. 1) ist dabei unerheblich 21. Sept. 00 (XXXVIII 87).

[115]) Desgl. § 48a OV. 21. Sept. 00 (XXXVIII 87). — Rechtsmittel § 76.

[116]) Abschnitt a betrifft die steuerpflichtigen Personen u. Einkommen § 33 bis 35, die Form der Besteuerung durch Zuschläge § 36, od. durch besondere Steuern § 37, Befreiungen u. Begünstigungen § 38—42 u. Vereinbarungen üb. feste Steuerbeiträge § 43. Die zu diesem Abschnitt aufgeführten, vor dem KAG. ergangenen Entscheidungen beziehen sich auf gleichlautende Bestimmungen des G. 27. Juli 85 (Anm. 1).

[116a]) Absatz 1 betrifft die Steuerpflicht der natürlichen Personen in Nr. 1 bezüglich des Wohnsitzes (Aufenthalt § 33 Abs. 4) u. in Nr. 2 bezüglich des auswärtigen (Forensal-) Einkommens, während Nr. 3 von den juristischen Personen, Nr. 4 insbes. vom Fiskus handelt. — Ort des Handels- od. Gewerbebetriebes § 35. — Das Einkommen aus Gewerbe setzt eine auf Gewinn gerichtete Tätigkeit voraus. Es fallen deshalb nicht darunter die von der Kommunalgewerbesteuer befreiten Betriebe der Kommunalverwaltungen (Anm. 102) OV. 8. Juni 98 (XXXIV 134), die landschaftlichen Kreditverbände Anm. 119a, die öffentlichen Leihhäuser 22. Juni, die Beschäftigung der Korrigenden durch die Landarmenverbände 21. Juni 88 (VB. IX 379 u. 448), die Versicherungsgesellschaften auf Gegenseitigkeit bezüglich des Versicherungsgeschäfts 8. Mai 91 (XXI 43); ferner Einnahmen der Rennvereine aus Eintrittsgeld u. Totalisatoren OV. 5. Feb. u. der Gemeindegasanstalten, soweit das Gas zum eigenen Verbrauch (Beleuchtung der Straßen u. Geschäftsräume) verwendet wird 5. Jan. 98

haben, hinsichtlich ihres gesammten innerhalb und außerhalb des Preußischen Staatsgebietes gewonnenen Einkommens, insoweit dasselbe nicht von der Besteuerung freizulassen ist[117]);

2. diejenigen Personen, welche in der Gemeinde, ohne in derselben einen Wohnsitz zu haben, Grundvermögen, Handels- oder gewerbliche Anlagen, einschließlich der Bergwerke, haben, Handel oder Gewerbe oder außerhalb einer Gewerkschaft Bergbau betreiben[116a]) oder als Gesellschafter an dem Unternehmen einer Gesellschaft mit beschränkter Haftung betheiligt sind, hinsichtlich des ihnen aus diesen Quellen in der Gemeinde zufließenden Einkommens[118]);

(XXXIII 86 u. 90); ebenso bei Gemeinde-Wasserwerken 3. April 03 (VB. XXIV 548). Keinen gemeindesteuerpflichtigen Gewerbebetrieb bildet die Wirksamkeit der Ärzte OV. 25. Nov. 92 (XXIII 39) u. der Rechtsanwälte u. Notare 1. April 87 (XV 41). — Zum gewerblichen (nicht zum Kapital-) Einkommen gehören in der Regel die Erträge aus dem Kapitalvermögen der Aktiengesellschaften OV. 16. Mai 90 (VB. XI 560) u. die Zinsen des Reservefonds der Versicherungsgesellschaften 3. Mai 87 (XV 103). — Einnahmen aus Grundstücken (Arbeiterwohnhäusern OV. 7. Nov. 90 XX 106), die dem Gewerbebetriebe dienen, gehören zum Gewerbeeinkommen OV. 21. Feb. 88 (XVI 120). Entscheidend ist dafür nicht die rechtliche Zugehörigkeit od. die Erklärung des Eigentümers, sondern die tatsächliche Benutzung 11. Nov. 98 (VB. XX 354). — Eine Aktiengesellschaft, die neben dem An- u. Verkauf von Grundstücken zugleich deren Selbstbewirtschaftung od. Verpachtung bezweckt, bezieht neben dem Einkommen aus Gewerbe auch solches aus Grundvermögen OV. 20. Nov. 97 (VB. XIX 177). Das Haben von Bergwerken vollzieht sich in den Gemeindebezirken, unter denen das verliehene Feld liegt OV. 18. Jan. 88 (XVI 196). Keinen Bergbau betreibt, wer die Ausbeutung seines Bergwerkseigentums anderen gegen Entgelt überläßt 22. März 89 (VB. X 620) od. wer ohne eigene werbende Tätigkeit Erzeugnisse des Bergbaues gegen Erstattung der Gewinnungs- u. Förderungskosten übernimmt 12. Jan. 91 (XXI 17). Das Einkommen aus Kuxen gehört nicht zum Einkommen aus Grundvermögen OV. 15. Okt. 89 (XVIII 16) u. (Kuxen neueren Rechts) 26. Sept. 78 (IV 48).

[117]) Anw. Art. 23 1a, insbes. Wohnsitz Abs. 2 nebst Anm. 43. — Der Schlußsatz bezieht sich auf das KAG. (§ 38—42, 47—52); Befreiung von der Staatssteuer schließt die Gemeindebesteuerung nicht aus OV. 19. Dez. 93 (VB. XV 602).

[118]) Anw. Art. 23 1b. — Nr. 2 betrifft auswärts wohnende natürliche Personen (Forensen). Die Befugnis der Gemeinde, deren steuerpflichtiges Einkommen (Forensaleinkommen) selbständig zu ermitteln, wird durch § 51 Abs. 1 beschränkt, nicht erweitert; es darf daher, wo es die Höchstgrenze der Staatssteuerstufe nicht erreicht, nicht bis zu dieser erhöht werden OV. 17. Feb. 97 (VB. XVIII 346). Bekanntmachung Anm. 239. Forensalsteuerpflicht der Standesherren Anl. A Anm. 50. — Keine juristischen Personen und damit keine Steuersubjekte bilden — gleich den offenen Handelsgesellschaften OV. 24. Sept. u. einfachen Kommanditgesellschaften 24. Mai 87 (XV 202 u. 85), sowie den Syndikaten (Vereinigungen zu Handels- od. gewerblichen Zwecken) 2. Dez. 87 (XVI 110) — die Gesellschaften mit beschränkter Haftung OV. 27. Juni 96 (XXX 1). Von dem Einkommen dieser Gesellschaften werden daher — abweichend von ihrer Einkommenbesteuerung u. von der Kommunalbesteuerung der Aktiengesellschaften (Nr. 3) — nicht die Gesellschaften, sondern die Gesellschafter besteuert; die Steuer kann jedoch von der Gesellschaft eingezogen werden § 67. Dieses Einkommen ist — ebenso wie bei der Kreisbesteuernng G. 1. April 02 (GS. 65) ein Einkommen aus Handel u. Gewerbe, nicht aus Kapital u. unterliegt nicht nur mit der Dividende,

3[119]). Aktiengesellschaften[119a]), Kommanditgesellschaften auf Aktien, Berggewerkschaften, eingetragene Genossenschaften, deren Geschäftsbetrieb über den Kreis ihrer Mitglieder[119b]) hinausgeht (insbesondere Konsumvereine mit offenem Laden)[119c]) und juristische Personen[119d]) (insbesondere auch Gemeinden und weitere Kommunalverbände), welche in der Gemeinde Grundvermögen, Handels- oder gewerbliche Anlagen, einschließlich der Bergwerke, haben, Handel oder Gewerbe, einschließlich des Bergbaues, betreiben[116a]) oder als Gesellschafter

---

sondern mit dem tatsächlichen Gewinn (einschl. der Rücklagen) der Gemeindebesteuerung OV. 4. Mai u. 4. Juni 98 (XXIII 50 u. 36) und ist auch in dem Jahre zu versteuern, in dem es erzielt — nicht in dem es verteilt — wird OV. 5. Juni 00 (XXXVI 42). Letzteres gilt auch, wenn eine Aktiengesellschaft Gesellschafter ist 31. Okt. 02 (VB. XXIV 210). — Wenn der Gesellschafter für besondere Leistungen Vergütung erhält u. das zugrunde liegende Verhältnis von der Gesellschaftsbeteiligung untrennbar ist — was besonders da anzunehmen ist, wo die Vergütung vom Geschäftsertrage abhängt —, so ist der das gewöhnliche Maß übersteigende Teil der Vergütung als Dividende, also als Geschäftseinkommen anzusehen OV. 10. Jan. 02 (XL 50). Gleiches gilt von der bei Rübenlieferungen an eine Zuckerfabrik den Gesellschaftern nach dem Ertrage des Unternehmens üb. den Marktpreis hinaus gewährten Vergütung 30. Mai 02 (XXIV 97). — Einkommen aus Privatbahnen § 46 u. (Ort der Besteuerung) § 35 Abs. 1 Satz 2.

[119]) Nr. 3 betrifft — im Gegensatz zu Nr. 1 u. 2 — die juristischen Personen (Fiskus Nr. 4) und die ihnen in der Besteuerung gleich gestellten wirtschaftlichen Vereinigungen (Aktiengesellschaften, eingetragene Genossenschaften).

[119a]) Die Gemeindesteuerpflicht der Aktiengesellschaften beginnt erst mit ihrer Eintragung in das Handelsregister OV. 16. Sept. 87 (VB. IX 41). — Veranlagung Anm. 120.

[119b]) Ein Hinausgehen üb. den Kreis der Mitglieder — das vom Steuergläubiger zu beweisen ist — liegt nicht vor, wenn es von geringfügiger od. nebensächlicher Bedeutung ist od. wenn die Organe der Genossenschaft nicht dafür verantwortlich gemacht werden können OV. 8. Nov. 87 (XV 112), ferner bei Absatz an Familienglieder u. Haushaltungsangehörige des Genossen 3. Okt. 93 (XXV 52), bei Ausleihung übriger Gelder an Nichtmitglieder 14. Dez. 86 (XIV 158), bei Annahme von Spareinlagen Dritter durch Vorschuß- u. Kreditvereine innerhalb der durch das Kreditbedürfnis der Genossen bestimmten Grenzen 13. Sept. 87 (VB. IX 58), bei Verkauf von Produkten der Mitglieder an Dritte durch Produktivgenossenschaften 6. Mai 87 (VB. VIII 411).

[119c]) Anw. Art. 23c Abs. 2.

[119d]) Zu den juristischen Personen gehören landschaftliche Kreditverbände, die jedoch als solche kein Gewerbe betreiben u. nicht kommunalsteuerpflichtig sind OV. 15. Juni 88 (VB. X 34), die große National-Mutterloge (3 Weltkugeln) samt den bis 1798 (nicht den später) gegründeten Tochterlogen 23. Mai 90 (XIX 29), Schulen u. Gymnasien LR. II 12 § 54, nicht Schullehrerseminare 17. Sept. 98 (XXXIV 30), ferner nicht Konkursmassen 25. Mai 88 (VB. IX 456). Bei jur. Personen ist ein persönliches Gesamteinkommen ausgeschlossen; der Besteuerung unterliegen nur die einzelnen selbständigen Einnahmequellen, wobei der Schuldenstand od. die Unergiebigkeit einer Quelle auf die andere ohne Einfluß bleibt OV. 22. April 87 (XV 93). — Steuerpflichtig ist das Einkommen juristischer Personen aus Räumen, die vermietet sind (auch an ihre Beamten), nicht ab. aus solchen, die den Beamten als Teil des Gehalts (Dienstwohnung) überlassen sind OV. 15. Juni od. für ihre öffentlichen, gemeinnützigen — nicht ihre privatrechtlichen Sonderzwecke (Klubs) — benutzt werden 6. Juli u. 2. Nov. 98 (XXXIII 37, 46, XXXIV 33).

an dem Unternehmen einer Gesellschaft mit beschränkter Haftung betheiligt sind[118]), hinsichtlich des ihnen aus diesen Quellen in der Gemeinde zufließenden Einkommens. Hat eine Veranlagung zur Staatseinkommensteuer stattgefunden, so erfaßt die Gemeindeeinkommensteuer das hierbei veranlagte Einkommen, vorbehaltlich der Bestimmung im §. 16 Absatz 3 a. a. O.[120]);

4[121]). der Staatsfiskus bezüglich seines Einkommens aus den von ihm betriebenen Eisenbahn-, Bergbau und sonstigen gewerblichen Unternehmungen[122]), sowie aus Domänen und Forsten[123]).

Eisenbahnaktiengesellschaften, welche ihr Unternehmen dem Staate gegen eine unmittelbar an die Aktionäre zu zahlende Rente übertragen haben, sind als Besitzer von Eisenbahnen nicht zu erachten.

Jeder steuerpflichtige Grundstückskomplex[124]) und jede steuerpflichtige Unternehmung des Staatsfiskus gilt in Beziehung auf die Steuerpflicht als selbstständige Person. Die gesammten Staats- und für Rechnung des Staates verwalteten Eisenbahnen[125]) sind als Eine steuerpflichtige Unternehmung anzusehen. Im Uebrigen setzt die zuständige obere Verwaltungsbehörde fest, was

---

120) Anw. Art. 23c Abs. 3 u. 4. — EinkstG. § 16 Abs. 3:

Der Kommunalbesteuerung ist das ermittelte Einkommen ohne den Abzug von $3^1/_2$ Prozent zu Grunde zu legen.

Mit dem Nichtabzuge verläßt die Kommunalbesteuerung den für die Staatssteuer zur Vermeidung der Doppelbesteuerung der Gesellschaften und der Aktionäre eingeschlagenen Weg (Einkst.-G. § 16 Abs. 1b). Im übrigen bildet das zur Staatssteuer veranlagte Einkommen auch das Steuerobjekt für die Kommunalbesteuerung. Es erfaßt damit auch das aus anderen Quellen als Besitz u. Betrieb (KAG. § 33 Abs. 1 [3] Satz [1]) fließende Einkommen, sowie die außer den Dividenden erzielten, zum Vermögenszuwachs verwendeten Jahresüberschüsse (EinkstG. § 16 Abs. 1a). Kommen mehrere Gemeinden in Frage, so sind die $3^1/_2$ Prozent des Aktienkapitals in anteiligem Betrage zuzusetzen OV. 19. Dez. 96 (VB. XVIII 184). Da die tatsächliche Verwendung der Überschüsse erst nach Ablauf des ersten Geschäftsjahres erfolgt, kann die Heranziehung erst für das Steuerjahr erfolgen, in dem der Geschäftsabschluß genehmigt ist 20. Nov. 97 (VB. XIX 177). Auch wenn mit Rücksicht auf den $3^1/_2$prozentigen Abzug eine steuerfreie Veranlagung zur Staatssteuer stattgefunden hat, kann der staatssteuerfreie Einkommensbetrag, sofern er ziffermäßig feststeht, der Kommunalbesteuerung zugrunde gelegt werden 10. Okt. 02 (VB. XXIV 209). Dies gilt auch, wenn die staatliche Veranlagung von der Steuererklärung ohne vorherige Beanstandung abgewichen ist OV. (im Gegensatz zu Vf. 9. Feb. 03 MB. 40) 22. Jan. 04 (VB. XXV 418).

121) § 33 Abs. 2 u. 3; Anw. Art. 23d.

122) Nicht dazu gehören Hafenanlagen OV. 27. Juni 93 (XXV 141) u. die Staatslotterie 5. Feb. 98 (XXXIII 82). — Reineinkommen der Staats- u. vom Staate verwalteten Bahnen § 45, Verb. § 33 Abs. 2. Ort der Veranlagung für Eisenbahnen § 35 Abs. 1 Satz 2.

123) Berechnung § 44. Begriff der Domänen OV. 9. Dez. 87 (XVI 166).

124) D. i. eine Mehrheit von einheitlich bewirtschafteten u. besonders genutzten Grundstücken (Domänen); die Grundsteuermutterrolle ist nicht maßgebend OV. 17. Dez. 97 (XXXIII 199).

125) Preuß. Hessischer Vtr. 23. Juni 96 (GS. 223) Art. 10 [4].

als selbstständige Bergbau- oder sonstige gewerbliche Unternehmung des Staatsfiskus zu betrachten ist[126]).

Neuanziehende können, auch wenn sie in der Gemeinde keinen Wohnsitz haben, gleich den übrigen Gemeindeeinwohnern zur Steuer herangezogen werden, sofern ihr Aufenthalt die Dauer von drei Monaten übersteigt[127]).

§. 34. Das Einkommen aus bebauten und unbebauten Grundstücken, welche ganz oder zum Theil nach §. 24 der Steuer vom Grundbesitz nicht unterworfen sind, unterliegt insoweit auch nicht der Gemeindeeinkommensteuer[128]).

§. 35[129]). Ein die Steuerpflicht begründender Betrieb von Handel und Gewerbe, einschließlich des Bergbaues, der im §. 33 Nr. 2, 3 und 4 bezeichneten Personen und Erwerbsgesellschaften findet nur in denjenigen Gemeinden statt, in welchen sich der Sitz[130]), eine Zweigniederlassung[130a]), eine Betriebs-[131]), Werk- oder Verkaufsstätte[132]) oder eine solche Agentur des Unternehmens befindet, welche ermächtigt ist, Rechtsgeschäfte im Namen und für Rechnung des Inhabers, beziehungsweise der Gesellschaft, selbstständig abzuschließen[133]). Der Eisenbahnbetrieb unterliegt der Steuerpflicht in den

---

[126]) Die Festsetzung greift der verwaltungsrichterlichen Entscheidung nicht vor OV. 16. März 89 (XVIII 123).

[127]) Anw. Art. 23^{2}. — Das Neuanziehen umfaßt Aufenthalt u. Niederlassung; die Steuerpflicht erstreckt sich auch auf die abgelaufenen drei Monate OV. 19. Jan. 78 (III 102). — Mit Rücksicht auf § 60^{1b} ist die Fortsetzung des Aufenthalts bis zum Beginn des folgenden (vierten) Monats erforderlich OV. 28. Nov. 99 (VB. XXI 175). Entscheidend ist der Aufenthalt des zu Besteuernden, nicht der seiner Familie 4. Dez. 88 (VB. X 181). Hat der Aufenthalt aufgehört, so ist die nachträgliche Heranziehung ausgeschlossen 4. Dez. 97 (XXXII 37). — Die Heranziehung fordert einen förmlichen, die Besteuerung allgemein regelnden Beschluß OV. 23. Nov. 00 (XXXVIII 79).

[128]) Anw. Art. 23^{3}.

[129]) Das. Art. 23^{4}.

[130]) Sitz ist der Ort, der tatsächlich — das Statut ist nicht entscheidend — den Mittelpunkt der Verwaltung bildet OV. 31. Okt. 94 (XXVII 31).

[130a]) Begriff OV. 9. Juni 91 (XXI 63).

[131]) Betriebstätte ist die Stelle, an der ein Gewerbebetrieb sich ganz od. zum Teil vollziehen soll OV. 11. Sept. 89 (XVIII 128); sie braucht nicht umschlossen zu sein (Maklerpult im Börsengebäude OV. 26. Okt. 86 XIV 120, Dampferanlegestelle 17. Jan. 95 XXIII 389, mit Schienennetz bedeckte Straßenfläche einer Straßenbahn 13. Mai 91 XXII 121, Teile eines Wasserwerks 30. März 89 XVII 249); bei Bergbauunternehmungen kommen nur die oberirdischen Stätten in Betracht, Begr. Eine Stromstrecke kann keine Betriebsstätte für den Fischereibetrieb bilden, wohl aber ein an dieser errichtetes Gebäude OV. 2. Feb. 00 (XXXVII 123). — Betriebsstätten der Eisenbahnen sind die mit dem Betriebe verbundenen gewerblichen Anlagen (Gasthöfe, Speicher usw.), nicht die dem Betriebe (Durchführung u. Sicherung der Züge) unmittelbar dienenden (Wärterhäuser, Blockstationen usw.) OV. 19. Dez. 02, Agenturen, die zu dem Gewerbetreibenden in dienstlichem Abhängigkeitsverhältnis stehen, sind Betriebsstätten 13. Feb. 03 (VB. XXIV 465 u. 547).

[132]) Verkaufsstätte ist der Ort, an dem bindende Verkaufsverträge abgeschlossen werden, auch wenn anderswo die Ware lagert u. der Preis bezahlt wird OV. 2. Dez. 87 (XVI 110). Bloße Musterlager gehören nicht dazu 23. Sept. 02 (VB. XXIV 98), auch nicht Stellen zu einmaligem od. vorübergehendem Verkauf (bei Abbruch von Gebäuden) 6. Mai 02 (VB. XXIII 689).

[133]) Auch wo kein zum Geschäftsabschlusse bevollmächtigter Agent, sondern

Gemeinden, in welchen sich der Sitz der Verwaltung (beziehungsweise einer Staatsbahnverwaltungsbehörde), eine Station oder eine für sich bestehende Betriebs- oder Werkstätte oder eine sonstige gewerbliche Anlage befindet.

Das Einkommen aus dem nicht mit eigenem Betriebe verbundenen Besitze von Handels- und gewerblichen Anlagen, einschließlich der Bergwerke, unterliegt der Besteuerung in denselben Gemeinden, in welchen das Einkommen aus dem Betriebe steuerpflichtig ist.

§. **36**[134]). Gemeindesteuern vom Einkommen dürfen, unbeschadet der Vorschrift im §. 23 Absatz 2 und der Bestimmungen über die Veranlagung von Theileinkommen (§§. 49 bis 51), nur auf Grund der Veranlagung zur Staatseinkommensteuer[135]) und in der Regel nur in der Form von Zuschlägen erhoben werden. Diese Zuschläge müssen gleichmäßig sein. Zuschläge zur Ergänzungssteuer sind unzulässig[136]).

Ist das gemeindesteuerpflichtige Einkommen ganz oder zum Theil zur Staatseinkommensteuer nicht veranlagt[137]), so ist der dem Zuschlage zu Grunde zu legende Steuersatz, sofern sich aus den §§. 44 bis 46 nicht ein Anderes ergiebt, nach den für die Veranlagung der Staatseinkommensteuer geltenden Vorschriften zu ermitteln[138]).

---

nur ein Gehilfe im Interesse des Unternehmers tätig ist, ist die Steuerpflicht begründet, da eine Betriebsstätte vorliegt OV. 5. Juni 95 (XXVIII 46).

[134]) Abs. 1 trifft den Fall, in dem das staats- u. das kommunalpflichtige Einkommen sich decken, Abs. 2 den entgegengesetzten Fall; Abs. 3 bezieht sich nur auf das staatssteuerpflichtige Einkommen — Anw. Art. 28.

[135]) Der Zuschlag von 25 v. H., der wegen Nichtabgabe der Steuererklärung zu entrichten ist (EinkStG. § 30), unterliegt nicht der Kommunalsteuer OV. 19. Sept. 93 (XXV 76). Dagegen sind Ermäßigungen (EinkStG. § 19) auch für die Gemeindesteuern maßgebend, wenn das staats- u. das gemeindesteuerpflichtige Einkommen sich deckt Besch. OV. 22. Mai 03 (VV. XXIV 806).

[136]) Ebenso ErgänzungsstG. 14. Juli 93 (GS. 134) § 51. Die Vorschrift ist damit begründet, daß die Gegenstände der Ergänzungssteuer bereits von den den Gemeinden überlassenen Realsteuern getroffen würden, was jedoch nicht vollständig zutrifft.

[137]) Ebenso wenn ein Teil der veranlagten Staatseinkommensteuer auf eine andere Gemeinde entfällt OV. 20. Feb. 00 (XXXVI 38). Wird dieser Teil in den Roheinnahmen durch Schulden vollständig aufgezehrt, so kommt die Staatssteuerveranlagung nur für die erstere Gemeinde in Betracht 29. Juni 00 (XXXVII 88).

[138]) Maßgebend sind EinkStG. 24. Juni 91 (GS. 175) nebst Anw. 6. Juli 00 u. den Grundsätzen für die Staatssteuereinschätzung OV. 12. u. 19. Dez. 93 (XXV 67 u. VV. XV 602), 20. Jan. 94 (das. 603). Für ihre Anwendung auf die Kommunalsteuer kommen folgende Entscheidungen in Betracht:

a) Die Ermittelung erfolgt durch die Gemeinde, die dabei an die Schätzung für die Staatssteuerveranlagung nicht gebunden ist OV. 30. Mai 99 (VV. XXI 327), verb. jedoch Anw. Art. 28 Abs. 2; das staats- u. gemeindesteuerpflichtige Einkommen deckt sich nicht bei Beamten OV. 30. Mai 02 (VV. XXIV 97) u. bei Verteilung auf mehrere Gemeinden 29. Juni 00 (XXXVII 88).

b) Auch bei Veranlagung im Laufe des Steuerjahres sind die bei dessen Beginn obwaltenden rechtlichen u. tatsächlichen Verhältnisse maßgebend; doch bleiben vorauszusehende Änderungen an feststehenden Einnahmen zu berücksichtigen OV. 11. Dez. 95 (VV. XVII 185).

Die auf Grund der Einlegung von Rechtsmitteln, sowie die auf Grund der §§. 57, 58 des Einkommensteuergesetzes vom 24. Juni 1891 erfolgte Erhöhung oder Ermäßigung der veranlagten Staatseinkommensteuer zieht die entsprechende Abänderung des Gemeindezuschlags nach sich[139].

§. 37[140]**.** Besondere Gemeindeeinkommensteuern sind nur aus besonderen Gründen gestattet und bedürfen der Genehmigung. Die bei der Veranlagung zur Staatseinkommensteuer erfolgte Feststellung des Einkommens und die Stufen des Steuertarifs der Staatseinkommensteuer dürfen nicht abgeändert werden. Veränderungen der Sätze des Steuertarifs sind nur mit der Maßgabe zulässig, daß der Prozentsatz der Besteuerung des Einkommens bei den unteren

---

c) Schwankende Einnahmen sind nach dreijährigem Durchschnitt der unmittelbar vorangegangenen Wirtschaftsjahre zu berechnen (EinkstG. § 10); dieses sind die Jahre, deren Ergebnisse am 1. April des Jahres, od. zur Zeit der Veranlagung, wenn diese früher erfolgt, festgestellt werden können. Gemäß EinkstG. § 14 können — wenngleich nur Vollkaufleute zur Führung von Handelsbüchern verpflichtet sind — auch andere Gewerbetreibende, einschließlich des Fiskus, die diese Bücher führen, ihren Geschäftsgewinn nach den Büchern u. Bilanzen berechnen OV. 5. März 01 (XXXIX 127). — Nach diesem Durchschnitt können Einnahmen u. Ausgaben nur berechnet werden, wenn sie aus derselben Quelle fließen, die während dieses Zeitraums in wesentlich gleicher Art u. Ausdehnung bestanden hat OV. 21. April 03 (VB. XXV 252).

d) Das Einkommen aus Forsten ist nach dem tatsächlichen Abtrieb, nicht nach dem Ertrag, der durch planmäßigen Betrieb hätte erzielt werden können, zu bemessen OV. 4. Juli 94 (VB. XVI 52). Es ist auch bei außerordentlichen Abtrieben nach dem tatsächlichen — nicht nach einem durchschnittlichen — Reinertrage (EinkstG. § 13 Abs. 4) zu berechnen OV. 2. Okt. 00 (XXXVIII 159).

e) Als Abzüge kommen Kommunalabgaben — auch wenn sie zur Sicherung u. Erhaltung des Einkommens gezahlt werden (EinkstG. § 9[1]) — nicht in Betracht OV. 8. Mai 95 (XVIII 123). Abzüge wegen Vorhandenseins von Familiengliedern unter 14 Jahren (Anl. D Anm. 22 Satz 2) bleiben bei Bestimmung einzelner Einnahmequellen außer Betracht OV. 7. Nov. 94 (XXVII 112). — Abschreibungen für Abnutzung von Gebäuden, Maschinen, Betriebsgeräten usw. (EinkstG. § 9[5]) sind unabhängig von der Buchung des Steuerpflichtigen nach der tatsächlich eingetretenen Wertverminderung zu bemessen OV. 26. April 95 (XXVIII 111); Bei Handel u. Gewerbe erstrecken sie sich auf alle Gegenstände des Anlage- u. Betriebskapitals u. nicht nur auf die Abnutzung, sondern auch auf die sonstige Wertverminderung 23. Feb. 98 (VB. XIX 402); bei Bergbau- u. ähnlichen Unternehmungen kommt auch die Substanzverminderung in Betracht 19. Dez. 88 (XVII 128) u. 5. Feb. 95 (VB. XVI 331).

f) Der Abzug von Schuldzinsen bei einzelnen Einnahmequellen ist zulässig bezüglich der auf Grundstücke eingetragenen Schulden OV. 10. Jan. 93 (XXIV 111), bezüglich sonstiger Schulden, wenn sie mit einem Besteuerungsgegenstande in erkennbarer unmittelbarer Beziehung stehen u. wirtschaftlich von dessen Ertrage vor Bestimmung seines Reinertrages abgehen 22. Sept. 93 (XXV 58). So können von Zinsen aus Kautionspapieren die Zinsen des zu deren Ankauf aufgenommenen Darlehns angerechnet werden 16. Nov. 95 (XXVIII 62). Die übrigen Schuldzinsen sind auf die verschiedenen Einnahmequellen verhältnismäßig zu verteilen 4. Juli 93 (VB. XV 72).

[139]) § 86. — Die anderweitige Veranlagung infolge Erbanfalls schließt die Anwendung des § 36 Abs. 3 aus Anm. 310.

[140]) Anw. Art. 29.

Stufen nicht höher sein darf, als bei den oberen Stufen, und daß das im Tarif der Staatseinkommensteuer enthaltene Steigerungsverhältniß der Sätze nicht zu Ungunsten der oberen Stufen geändert werden darf.

Die Beibehaltung bestehender besonderer Gemeindeeinkommensteuern kann mit Zustimmung der Minister des Innern und der Finanzen ausnahmsweise und aus besonderen Gründen auch dann genehmigt werden, wenn sie den Vorschriften der Bestimmungen des Absatzes 1 nicht entsprechen.

Die Vorschriften des §. 36 Absatz 2 und 3 finden auf die besonderen Gemeindeeinkommensteuern entsprechende Anwendung.

§. 38[141]. Steuerpflichtige mit einem Einkommen von nicht mehr als 900 Mark[142]) werden, sofern in den Steuerordnungen (§§. 23 Absatz 5, 37) nicht abweichende Bestimmungen getroffen sind, zu der Einkommensteuer nach Maßgabe folgender Steuersätze veranlagt:

1. bei einem Einkommen von nicht mehr als 420 Mark nach einem Steuersatze von $^2/_5$ vom Hundert des steuerpflichtigen Einkommens bis zum Höchstbetrage des Steuersatzes von $1,_{20}$ Mark;
2. bei einem Einkommen von mehr als 420 Mark bis einschließlich 660 Mark nach einem Steuersatze von $2,_{40}$ Mark;
3. bei einem Einkommen von mehr als 660 Mark nach einem Steuersatze von 4 Mark.

Steuerpflichtige mit einem Einkommen von nicht mehr als 900 Mark können durch Gemeindebeschluß, wenn die Deckung des Bedarfs der Gemeinde ohnehin gesichert ist, von der Beitragspflicht entbunden oder mit einem geringeren Prozentsatze herangezogen werden[143]). Der Beschluß bedarf der Genehmigung[38]). Ihre Freilassung muß erfolgen, sofern sie im Wege der öffentlichen Armenpflege fortlaufende Unterstützung erhalten.

§. 39[144]). Die Gemeinde kann beschließen, Ausländer und Angehörige anderer Bundesstaaten[145]), welche in der Gemeinde einen Wohnsitz, aber nicht des Erwerbes wegen haben, auf die Dauer von höchstens drei Jahren zu der Gemeindeeinkommensteuer nicht oder nur mit einem ermäßigten Prozentsatze heranzuziehen.

Der Beschluß bedarf der Genehmigung[38]).

---

[141]) Das. Art. 30.

[142]) Die Best. trifft auch juristische Personen u. umfaßt alle Steuerpflichtigen, deren Einkommen in der Gemeinde 900 M. nicht erreicht OV. 18. Nov. 98 (VB. XX 410).

[143]) Der Beschluß darf nicht das in der Gemeinde steuerpflichtige Teileinkommen u. das in ihr steuerpflichtige Gesamteinkommen verschieden behandeln OV. 8. März 99 (XXXV 29). Form des Beschlusses Anm. 127 Schlußsatz.

[144]) Anw. Art. 24. Form des Beschlusses Anm. 127 Schlußsatz.

[145]) Der Wortlaut — nicht die Absicht (KVAH. zu § 32, jetzt 38) — schließt die Bewohner von Elf.-Lothringen u. die in den Schutzgebieten naturalisierten Personen aus.

§. 40[146]. Von der Gemeindeeinkommensteuer sind befreit:

1. die Mitglieder des Königlichen Hauses[147]) und des Hohenzollernschen Fürstenhauses,
2. die bei dem Kaiser und Könige beglaubigten Vertreter fremder Mächte und die Bevollmächtigten anderer Bundesstaaten zum Bundesrathe, die ihnen zugewiesenen Beamten, sowie in ihren und ihrer Beamten Diensten stehenden Personen, soweit sie Ausländer[148]) sind,
3. diejenigen Personen, denen sonst nach völkerrechtlichen Grundsätzen oder nach besonderen, mit anderen Staaten getroffenen Vereinbarungen ein Anspruch auf Befreiung zukommt[149]).

Die Befreiungen zu Nr. 2 und 3 erstrecken sich nicht auf das im §. 33 Nr. 2 bezeichnete Einkommen und bleiben ausgeschlossen, sofern in den betreffenden Staaten Gegenseitigkeit nicht gewährt wird.

Die bestehenden gesetzlichen Bestimmungen, gemäß welchen Standesherren und deren Familien von Gemeindelasten befreit sind, bleiben — unbeschadet

[146]) Zu Abs. 1 u. 2: Anw. Art. 25^{1}.

[147]) Der Landesherr ist auch wegen seines Einkommens aus den Kön. Familiengütern nicht kreiseinkommensteuerpflichtig OV. 16. Feb. 98 (XXXIII 1).

[148]) D. i. Nichtreichsangehörige.

[149]) Die Exterritorialität (Befreiung von der Gerichts- u. Finanzhoheit) steht nur den Vertretern fremder Staaten zu. Den Berufskonsuln ist jedoch die Befreiung von den direkten Steuern meist vertragsmäßig zugestanden. Es genießen:

Berufskonsuln und berufsmäßige Konsularbeamte		Berufskonsuln Steuerbefreiung, berufsmäßige Konsularbeamten, diese aber nur zu d—f, Meistbegünstigung
Steuerbefreiung	Meistbegünstigung bezüglich der Steuerfreiheit	
a) Niederländische Kolonien Vtr. 16. Juni 56 nebst Dekl. 11. Jan. 72 (RGB 68 u. 67) Art. 13, 14 u. (Berufsbeamte) Vf. 5. April 99 (Mitt. XL 3); b) Rußland Vtr. 8. Dez. 74 (RGB. 75 S. 145) Art. 2, 6; c) Griechenland 26. Nov. 81 (RGB. 82 S. 101) Art. II, VI; d) Serbien 6. Jan. 83 (RGB. 62) Art. II, VI; e) Mexiko 5. Dez. 82 (RGB. 83 S. 247) Art. 19, 20; f) Hawai 25. März 79 (RGB. 80 S. 121) Art. XII; g) den Verein. Staaten 11. Dez. 71 (RGB. 72 S. 95) Art. 3, 6.	a) Österreich-Ungarn Vtr. 6. Dez. 91 (RGB. 92 S. 3) Anl. 20 nebst Schlußprot. (das. 78); b) Frankreich 10. Mai 71 (RGB. 223) Art. 11; c) Portugal 2. März 72 (RGB. 254) Art. 17; d) Persien 11. Juni 73 (RGB. 351) Art. 3 Abs. 3; e) China Zus.-Konv. 31. März 80 (RGB. 81 S. 261) Art. 2; f) Japan 4. April 96 (RGB. 732) Art. I Abs. 2; g) Korea 26. Nov. 83 (RGB. 221) Art. 2 Nr. 1 Abs. 2; h) Siam 7. Feb. 62 (GS. 64 S. 17) Art. 2; i) Chile 1. Feb. 62 (GS. 63 S. 761) Art. 13; k) Argentinien 19. Sept. 57 (GS. 59 S. 405) Art. 11 Abs. 3; l) Kolumbien 23. Juli 94 (RGB. 471) Art. 21 Abs. 1; m) Peru 28. Juni 97 (RGB. 99 S. 662); n) Uruguay 20. Juni 92 (RGB. 93 S. 505 u. 00 S. 5) Art. 5; o) Nikaragua 4. Feb. 96 (RGB. 97 S. 771) Art. 22 Abs. 1.	a) Italien Vtr. 21. Dez. 68 u. 7. Feb. 72 (RGB. 134) Art. 3, 7; b) Spanien 22. Feb. 70 u. 12. Jan. 72 (RGB. 211) Art. 3, 7; c) Brasilien 10. Jan. 82 (RGB. 69) Art. 4, 8; d) S. Salvador 13. Juni 70 (RGB. 72 S. 377) Art. 24; e) Kosta-Rika 18. Mai 75 (RGB. 77 S. 13) Art. 27; f) Honduras 12. Dez. 87 (RGB. 88 S. 136) Art. 22.

der Vorschriften in den §§. 21, 22 des gegenwärtigen Gesetzes — unberührt[150]).

§. 41. Die Heranziehung der unmittelbaren und mittelbaren Staatsbeamten, Beamten des Königlichen Hofes, der Geistlichen, Kirchendiener und Elementarschullehrer, sowie der Wittwen und Waisen dieser Personen zu Einkommen- und Aufwandssteuern (§. 23) wird durch besonderes Gesetz geregelt. Bis zum Erlasse dieses Gesetzes kommen die Bestimmungen der Verordnung, betreffend die Heranziehung der Staatsdiener zu den Kommunalauflagen in den neu erworbenen Landestheilen, vom 23. September 1867 (GS. S. 1648) mit der Maßgabe zur Anwendung, daß das nothwendige Domizil außer Berücksichtigung bleibt[151]).

§. 42. Hinsichtlich der Heranziehung der Militärpersonen zu den auf das Einkommen gelegten Gemeindeabgaben bewendet es bei den bestehenden Bestimmungen[152]).

Die Mitglieder der Gendarmerie gelten als Militärpersonen im Sinne dieses Gesetzes[153]).

§. 43[154]**).** Den Gemeinden sind Vereinbarungen mit Steuerpflichtigen gestattet, wonach von fabrikmäßigen Betrieben und von Bergwerken an Stelle der Gemeindesteuer vom Einkommen und vom Gewerbebetriebe ein für mehrere Jahre im Voraus zu bestimmender fester[155]) jährlicher Steuerbeitrag zu entrichten ist. Die Vereinbarung bedarf der Genehmigung[38]).

b) Berechnung des steuerpflichtigen Einkommens der fiskalischen Domänen, Staats- und Privatbahnen[156]).

§. 44. Das Reineinkommen aus fiskalischen Domänen und Forsten ist für die einzelnen Liegenschaften aus dem Grundsteuerreinertrage nach dem Verhältniß zu berechnen[157]), in welchem der in der betreffenden Provinz aus den

---

[150]) Anw. Art. 25². — Der Ausdruck Gemeindelasten greift weiter, als die in diesem Abschnitt behandelte Einkommensteuer Anm. 3. — KAG. § 21 u. 22 betreffen die Befreiungen auf Grund besonderen Rechtstitels.

[151]) V. 23. Sept. 67 Anlage D. — Anw. Art. 26.

[152]) Diese Bestimmungen sind (Anw. Art. 27 Abs. 1) außer der V. 23. Sept. 67 (vor. Anm.) das G. 29. Juni 86, Anlage E.

[153]) Die Gendarmen sind damit (Anl. E Anm. 3) mit ihrem Diensteinkommen gänzlich — nicht nur zur Hälfte — frei OV. 27. Okt. 97 (VB. XIX 211). Ihre Gemeindeangehörigkeit wird dadurch nicht ausgeschlossen, da eine Servisberechtigung (LGO. § 7, StO. § 3), nicht besteht 17. Nov. 02 (VB. XXV 195). — Die Best. hat die Streitfrage, die zwischen Verwaltungsbehörden u. OVG. bestand, im Sinne der ersteren gesetzlich festgestellt.

[154]) Anw. Art. 31. — Vordem konnte die Steuerpflicht, weil öffentlich-rechtlich, nicht durch Privatvereinbarung abgeändert werden OV. 28. Mai 85 (XII 120).

[155]) D. h. „sich im wesentlichen gleich bleibender" Anw. Art. 31 Abs. 1.

[156]) Anw. Art. 32.

[157]) Diese Berechnungsart ermöglicht die Berücksichtigung der Verbindlichkeiten u. Verwaltungskosten, die bei Zugrundelegung der Reinerträge der einzelnen Grundstücke ausgeschlossen sein würde. Sie schließt die Besteuerung des Einkommens der Grundstücke ohne Reinertrag (Hausgrundstücke) aus OV.

Domänen- und Forstgrundstücken erzielte etatsmäßige[158]) Ueberschuß der Einnahmen über die Ausgaben unter Berücksichtigung der auf denselben ruhenden Verbindlichkeiten[159]) und Verwaltungskosten zum Grundsteuerreinertrage steht.

Das Verhältniß ist durch den zuständigen Minister alljährlich endgültig festzustellen und öffentlich bekannt zu machen[160]).

§. 45. Als Reineinkommen der Staats- und für Rechnung des Staats verwalteten Eisenbahnen gilt der rechnungsmäßige Ueberschuß[161]) der Einnahmen über die Ausgaben mit der Maßgabe, daß unter die Ausgaben eine $3^1/_2$prozentige Verzinsung des Anlage- beziehungsweise Erwerbskapitals nach der amtlichen Statistik der im Betriebe befindlichen Eisenbahnen zu übernehmen ist. Der sich danach ergebende steuerpflichtige Gesammtbetrag ist durch den zuständigen Minister alljährlich endgültig festzustellen und öffentlich bekannt zu machen[160]).

§. 46. Als Reineinkommen der Privateisenbahnunternehmungen gilt der nach Vorschrift der Gesetze vom 30. Mai 1853 (GS. S. 449) und 16. März 1867 (GS. S. 465) behufs Erhebung der Eisenbahnabgabe für jede derselben ermittelte (beziehungsweise zu ermittelnde) Ueberschuß[162]) abzüglich der Eisenbahnabgabe mit der Maßgabe, daß bei der Berechnung nach dem Gesetze vom 16. März 1867 die zur Verzinsung und planmäßigen Tilgung der etwa gemachten Anleihen erforderlichen Beträge als Ausgabe mit in Anrechnung gebracht werden dürfen[163]). Die sich danach ergebenden steuerpflichtigen Beträge sind von den mit der Aufsicht über die Privateisenbahnunternehmungen betrauten Staatsbehörden[164]) alljährlich endgültig festzustellen und öffentlich bekannt zu machen[160]).

Auf Kleinbahnen (Gesetz vom 28. Juli 1892, GS. S. 225) findet die vorstehende Bestimmung keine Anwendung[164]).

---

22. Sept. 91 (XXI 60). obschon diese nach § 33 Abs. 1⁴ an sich der Gem.Eink.-Steuer unterliegen 29. Feb. 96 (XXIV 39). — Berechnung für den Forstfiskus Bf. 14. Juni 99 (MB. 97).

[158]) Der etatsmäßige Überschuß — im Gegensatz zum rechnungsmäßigen in § 45 — ist gewählt, um die Festsetzung der Gemeinden nicht zu verzögern.

[159]) Dies ist die auf die Domänen angewiesene Kronfideikommißrente (7719296 M.) BU. Art. 59. Die Verpfändung der Domänen u. Forsten für die älteren Staatsschulden ist dagegen fortgefallen, nachdem diese vollständig getilgt sind.

[160]) Die Bek. erfolgt durch den R.- u. Staatsanzeiger u. die Amtsblätter.

[161]) Des dem Steuerjahre vorhergehenden Betriebsjahres.

[162]) Das G. 30. Mai 53 betrifft die Bahnen der inländischen Aktiengesellschaften, das G. 16. März 67 die sonstigen Privatbahnen. Dieses sieht — abweichend von ersterem — die Anrechnung der Zins- und Tilgungsbeträge nicht vor. Dieser Unterschied ist nunmehr für die Gemeindebesteuerung beseitigt.

[163]) Dies sind die Präsidenten der Eisenbahndirektionen Verw.O. 15. Dez. 94 (GS. 95 S. 11) § 6⁶ u. Bf. 2. März 95 (MB. 104). Die Beschwerde geht unter Ausschluß der Verwaltungsklage an den Min. d. öff. Arb.

[164]) Anw. Art. 32². — Die Einkommenberechnung erfolgt somit gemäß § 36 Abs. 2; nicht in Abzug kommen Einlagen in den Reservefonds OV. 22. Sept. 81 (VIII 69) u. Beträge zur

c) Vermeidung von Doppelbesteuerung[165]).

§. 47[166]). Die Vertheilung des gemeindesteuerpflichtigen Einkommens aus dem Besitze oder Betriebe einer sich über mehrere Preußische Gemeinden[167]) erstreckenden Gewerbe- oder Bergbauunternehmung[168]) erfolgt, sofern nicht zwischen den betheiligten Gemeinden und dem Steuerpflichtigen ein anderweiter Maßstab vereinbart ist, in der Weise, daß:

a) bei Versicherungs-, Bank- und Kreditgeschäften derjenigen Gemeinde, in welcher die Leitung des Gesammtbetriebes stattfindet, der zehnte Theil des Gesammteinkommens vorab überwiesen[169]), dagegen der Ueberrest nach Verhältniß der in den einzelnen Gemeinden erzielten Bruttoeinnahme[169a]) vertheilt,

b) in den übrigen Fällen[170]) das Verhältniß der in den einzelnen Gemeinden erwachsenen Ausgaben an Gehältern und Löhnen, einschließ-

---

Schuldentilgung 11. Mai 88 (XVI 103); Geschäftsgewinn u. zulässige Abschreibungen sind wie beim Vollkaufmann (EinkStG. § 14) zu ermitteln. Die den Kleinbahnen auferlegte Bildung von Erneuerungsfonds (Anw. 13. Aug. 98 MB. 157) hat hieran nichts geändert OV. 9. Jan. 03 (VB. XXIV 160).

[165]) Übersicht. Das RG. zur Verm. der Doppelbesteuerung findet auf Gemeindesteuern keine Anwendung OV. 13. Sept. 87 (XV 98). Die dafür hier angegebenen Vorschriften — die auf Schulsozietäten nicht übertragbar sind OV. 7. Mai 87 (XV 214) — betreffen die Verteilung des steuerpflichtigen Einkommens a) aus den üb. mehrere Gemeinden sich erstreckenden Gewerbe- od. Bergbauunternehmungen § 47—48a; b) zwischen Wohnsitz- u. Forensalgemeinden § 49 u. c) zwischen mehreren Wohnsitzgemeinden § 50. Daran schließen sich allgemeine Best. üb. das Verhältnis von staats- u. gemeindesteuerpflichtigem Einkommen § 51 u. üb. die Anwendung auf Gutsbezirke § 52. — Verfahren § 71—74.

[166]) Anw. Art. 35.

[167]) Nichtpreußische Gemeinden § 48a, Gutsbezirke § 52.

[168]) Voraussetzung ist Einheitlichkeit des Unternehmens, die in der Person des Unternehmers OV. 15. Dez. 97 (XXXII 32), außerdem aber auch in der Art des Betriebes vorhanden sein muß OV. 14. April 88 (XVI 210); einheitliche Betriebe bei Haupt- u. Zweigniederlassung OV. 9. Juni 91 (XXI 63), Rohgewinnung u. Verarbeitung (Ziegelei) 4. Okt. 80 (VII 38), Herstellung u. Handel Vf. 30. Juli 76 (MB. 231); bei Aktiengesellschaften soll jedoch die Einheitlichkeit für ihre Unternehmungen vermutet werden, zumal, wenn diese gleichartig sind u. von dem Sitze der Verwaltung aus geleitet werden OV. 19. Feb. 98 (VB. XIX 446). Setzt das Gesamteinkommen sich aus Grund- u. Gewerbeeinkommen zusammen, so sind beide getrennt auf die Gemeinden zu verteilen das. — Bei Errichtung einer neuen Betriebsstätte im Laufe des Steuerjahres ist die Verteilung für jeden Jahresteil gesondert vorzunehmen OV. 13. Nov. 97 (XXXII 21). Das Ausscheiden einer Betriebsgemeinde im Laufe des Steuerjahres begründet für die andere kein Nachforderungsrecht OV. 10. April 00 (VB. XXI 468).

[169]) Entsprechend der größeren Bedeutung, die die Gesamtleitung in diesen Geschäften behauptet. — Außerpreußische Gemeinden haben keinen Anspruch auf diese Überweisung OV. 30. Jan. 97 (VB. XVIII 285).

[169a]) Der Agiogewinn gehört, da das Agio einen Teil der Anlage der Aktionäre, nicht ein Produkt des Betriebes bildet, nicht zur Bruttoeinnahme OV. 15. Dez. 03 (VB. XXV 448).

[170]) Für Geschäfte, die unter a u. b fallen, gilt, wenn der unter b fallende Teil nicht in verschwindendem Maße betrieben wird, der zu b angegebene Maßstab OV. 8. Mai 95 (XXVIII 40).

lich der Tantièmen des Verwaltungs- und Betriebspersonals, zu Grunde gelegt wird[171]. Bei Eisenbahnen kommen jedoch die Gehälter, Tantièmen und Löhne desjenigen Personals, welches in der allgemeinen Verwaltung beschäftigt ist, nur mit der Hälfte, des in der Werkstättenverwaltung und im Fahrdienst beschäftigten Personals nur mit zwei Dritttheilen ihrer Beträge zum Ansatz.

Erstreckt sich eine Betriebsstätte[131], Station rc., innerhalb deren Ausgaben an Gehältern und Löhnen erwachsen, über den Bezirk mehrerer Gemeinden, so hat die Vertheilung nach Lage der örtlichen Verhältnisse unter Berücksichtigung des Flächenverhältnisses und der den betheiligten Gemeinden durch das Vorhandensein der Betriebsstätte, Station u. s. w. erwachsenen Kommunallasten zu erfolgen[172].

(Abs. 2)[173].

§. 48[166]. Die Ermittelung der Bruttoeinnahmen der Versicherungs-, Bank- und Kreditgeschäfte, sowie der Ausgaben an Löhnen und Gehältern (§. 47) erfolgt in dreijährigem Durchschnitt[174] nach Einsicht eines den steuerberechtigten Gemeinden von dem Unternehmer beziehungsweise Gesellschaftsvorstande jährlich mitzutheilenden Vertheilungsplanes[175]. Derselbe ist

---

[171] Der Maßstab der Ausgaben an Gehältern u. Löhnen ist gewählt, weil er den durch den Gewerbebetrieb den Gemeinden erwachsenden Ausgaben am besten entspricht, auch Bruttoeinnahmen in diesen Fällen meist nur an der Verkaufsstätte vorkommen. — Die Ausgaben erwachsen bei Geschäftsreisenden in der Gemeinde, wo die Geschäftsstelle (Komtor) liegt 20. Nov. 97 (XXXII 34), bei Beamten in der des Wohnsitzes, sonst in der der Arbeitsleistung OV. 7. April 91 (XXI 80). Zu den Ausgaben gehören die für Arbeiter an Dritte (Kranken- u. Pensionskassen) gezahlten Beträge, nicht aber Tagegelder u. Reisekosten; Dienstwohnungen werden mit der Ersparnis an Wohnungsgeldzuschüssen berechnet, das. — Gemeinden, in denen solche Ausgaben nicht erwachsen, scheiden aus OV. 16. März 89 (XVIII 123), nicht jedoch solche, in denen sie erwachsen, Einkommensteuer ab. nicht erhoben wird, 4. Mai 98 (XXXIII 51); die auf sie fallenden Ausgaben wachsen den anderen Gemeinden somit nicht zu 26. Okt. 00 (XXXVIII 71).

[172] Beide Teilungsmaßstäbe sind für sich u. beide im Verhältnis zueinander zu würdigen OV. 9. Feb. 00 (XXXVI 53) u. 5. Juli 01 (VB. XXIII 200); die verschiedene Bewertung der Flächen nach der Bebauung — auch der unterirdischen (Kanäle) 24. Nov. 99 (VB. XXII 6) — ist zulässig 5. Okt. 98 (XXXIV 108).

[173] Abs. 2, der zur Erleichterung des Überganges eine stärkere Heranziehung der Staatsbahnen bis zum 1. April 96 zuließ, hat keine Bedeutung mehr.

[174] Der dreijährige Durchschnitt betrifft die der Veranlagung vorhergehenden 3 Jahre; besteht das Geschäft noch nicht so lange, so ist der Betrag nach dem Durchschnitt des Bestehens, äußerstenfalls durch Schätzung festzustellen OV. 12. Dez. 94 (XXVII 25) u. 29. Feb. 96 (VB. XVII 372). Vorausgesetzt wird, daß der Gewerbebetrieb od. die Betriebsverhältnisse unter den Gemeinden sich in der Zwischenzeit nicht erheblich verändert haben 19. Mai 99 (XXXV 44). Wird eine Betriebsstätte in einer Gemeinde erst im Steuerjahr errichtet, so erfolgt die Ermittelung durch Schätzung 25. Nov. 90 (XX 29) u. 7. Okt. 92 (XXIV 50).

[175] Zwang bei unterlassener Mitteilung § 63 u. 82. Auch ohne letztere kann die Gemeinde mit der Veranlagung vorgehen OV. 4. März 87 (XIV 137) u. 26. Mai 91 (VB. XXI 97).

bezüglich der Staatseisenbahnen (§. 45) für jeden Direktionsbezirk besonders aufzustellen.

§. 48a[176]. Erstreckt sich ein Handels- oder Gewerbeunternehmen, einschließlich eines Bergbauunternehmens, über preußische und nichtpreußische Gemeinden, so finden behufs Ermittelung des dem Steuerpflichtigen in den verschiedenen Gemeinden zufließenden Einkommens die Vorschriften des §. 47 sinngemäße Anwendung.

§. 49[177]. Bei der Heranziehung der Steuerpflichtigen[178] zur Einkommensteuer in ihren Wohnsitzgemeinden[179] ist, unbeschadet der Bestimmungen des §. 35[180], derjenige Theil des Gesammteinkommens[181] außer Berechnung zu lassen, welcher außerhalb des Gemeindebezirks aus Grundvermögen, Handels- oder gewerblichen Anlagen, einschließlich der Bergwerke, aus Handels- und Gewerbebetrieb, einschließlich des Bergbaues, sowie aus der Betheiligung an dem Unternehmen einer Gesellschaft mit beschränkter Haftung (§. 33 Nr. 2) gewonnen wird. Zu diesem Behufe wird das Gesammteinkommen des Steuerpflichtigen eingeschätzt[182] und der so ermittelte Steuerbetrag dem Verhältniß des außer Be-

---

[176] a) Zahlreiche Beschwerden haben zu dem Erg.G. 30. Juli 95 (GS. 409) geführt, das die Freilassung des außerpreußischen Grund- u. Gewerbeeinkommens in der preuß. Wohnsitzgemeinde eingeführt u. dieserhalb in Art. 1 den § 48a eingeschoben, in Art. 2 die § 49 u. 50 u. in Art. 3 den § 93 neugefaßt hat, während Art. 4 das Inkrafttreten für Art. 1 u. 2 auf den 1. April 96, für Art. 3 auf den Tag der Verkündigung festgesetzt hat. Quellen AH. 95 Entw. u. Begr. Nr. 134, KB. Nr. 182, StB. S. 1397, 1793, 2196, 2209 u. 2746; HHKB. Nr. 124, 126, StB. S. 26 u. 324. — b) Ausführung des § 48a bei Aktiengesellschaften OV. 19. Dez. 96 u. 30. Jan. 97 (XXXI 72 u. 90).

[177] Anm. 176a u. Anw. Art. 36. — § 49 regelt das Verhältnis zwischen Wohnsitz- u. Forensalgemeinden, § 50 das zwischen mehreren Wohnsitzgemeinden OV. 19. Mai 97 (XXXI 13); § 49 u. 50 beziehen sich nur auf natürliche Personen 21. Nov. 02 (VB. XXIV 322). — Abs. 1 des § 49 enthält die Grundregel, wonach der dem Gesamteinkommen entsprechende Steuersatz nach Verhältnis des frei zu lassenden Forensaleinkommens zu kürzen ist; Abs. 2 ergänzt den Abs. 1 dahin, daß in dem erwähnten Falle nicht das wirkliche, sondern ein auf $^3/_4$ angenommenes Forensaleinkommen zugrunde gelegt wird, wobei gleichfalls der Steuersatz bestimmend ist OV. 26. Juni 97 (XXXII 11).

[178] Betrifft nur natürliche Personen, da nur diese einen Wohnsitz begründen können OV. 9. Feb. 00 (XXXVI 53).

[179] Ebenso in den Aufenthaltsgemeinden im Falle des § 33 Abs. 4 OV. 17. Okt. 96 (XXX 16).

[180] Einkommen, das unter den Voraussetzungen des § 35 in der Gemeinde, in der es bezogen wird, nicht steuerpflichtig ist, unterliegt danach der Einkommensteuer in der Wohnsitzgemeinde.

[181] Das Gesamteinkommen besteht aus der Summe der preuß. und außerpreuß. Bruttoeinnahmen abzüglich der auf dem Gesamtvermögen oder dessen Teilen ruhenden Lasten OV. 20. Feb. 00 (XXXVI 38), weitere Ausführung 13. Feb. 03 (VB. XXIV 558).

[182] Die Gemeinde ist hierbei weder an die Veranlagung des Steuerpflichtigen in der Forensalgemeinde, noch — unbeschadet der durch § 51 Abs. 1 gezogenen Höchstgrenze — an die zur Staatseinkommensteuer (Anm. 138) gebunden OV. 20. Feb. 00 (vor. Anm.).

rechnung zu lassenden Einkommens zu dem Gesammteinkommen entsprechend herabgesetzt[183]).

Die Gemeinde, in welcher der Steuerpflichtige seinen Wohnsitz hat, ist jedoch, wenn das steuerpflichtige Einkommen weniger als ein Viertheil des Gesammteinkommens beträgt, berechtigt, durch Gemeindebeschluß ein volles Viertheil des Gesammteinkommens für sich zur Besteuerung in Anspruch zu nehmen[184]). Der Anspruch vertheilt sich entstehenden Falls verhältnißmäßig auf die übrigen Theile des außerhalb des Gemeindebezirks zufließenden Einkommens und, soweit Preußische Forensalgemeinden in Betracht kommen, unter entsprechender Verkürzung des diesen Gemeinden zur Besteuerung zufallenden Einkommens. Steht der Anspruch mehreren Wohnsitzgemeinden zu, so ist dieser Bruchtheil nach Maßgabe des §. 50 zu vertheilen.

§. 50[185]). Bei der Einschätzung von Personen mit mehrfachem Wohnsitz innerhalb oder innerhalb und außerhalb des Preußischen Staatsgebietes in ihren Preußischen Wohnsitzgemeinden verbleibt derjenige Theil des Gesammteinkommens[186]), welcher aus Grundvermögen, Handels- oder gewerblichen Anlagen, einschließlich der Bergwerke, aus Handel oder Gewerbe, einschließlich des Bergbaues, sowie aus der Betheiligung an dem Unternehmen einer Gesellschaft mit beschränkter Haftung fließt, der Belegenheits- beziehungsweise der Betriebsgemeinde. Beträgt jedoch dieser Theil mehr als drei Viertheile des Gesammteinkommens der Steuerpflichtigen, so gelangt die Bestimmung im §. 49 Absatz 2 dieses Gesetzes sinngemäß zur Anwendung[187]).

183) Die Berechnung tritt, wenn Steuervorrechte der Beamten (§ 41) in Frage stehen, erst ein, nachdem diese zur Geltung gelangt sind OV. 6. Jan. 88 (XVI 143). — Die Verpflichtung zur Herabsetzung tritt auch ein, wenn die andere Gemeinde von ihrem Besteuerungsrechte tatsächlich keinen Gebrauch gemacht hat od. ein Gutsbezirk in Frage steht OV. 4. Jan. 99 (XXXV 22). — Der forensale Teil bleibt ein Teil des Gesamteinkommens u. haftet anteilig für alle Lasten, die in einer besonderen Quelle keine Deckung finden OV. 22. Feb. 01 (XXXIX 58). — Der Beschluß (Anm. 127 Schlußsatz) kann nur künftige Besteuerungsfälle betreffen OV. 2. Okt. 03 (VB. XXV 195).

184) Die Verkürzung findet auf servisberechtigte Militärpersonen (§ 42) keine Anwendung Anl. E Anm. 7. — Die Verteilung auf mehrere Wohnsitzgemeinden findet — nicht mehr wie früher auf alle, sondern — nur auf die Beteiligten statt, deren steuerpflichtiges Einkommen weniger als 1/4 beträgt OV. 19. Dez. 96 (VB. XVIII 212). — Die Steuerfreiheit des den preußischen Staatsangehörigen in Österreich erwachsenden Einkommens StaatsVtr. 21. Juni 98 (G. 18. April 00 GS. 259) berührt die Gemeindebesteuerung nicht u. steht der Inanspruchnahme dieses Einkommens im Falle des KAG. § 49 Abs. 2 nicht entgegen OV. 24. Okt. 02 (VB. XXIV 321).

185) Anw. Art. 37. — Anm. 176a u. 177 Satz 2.

186) Anm. 181.

187) Danach soll die Verkürzung am Realeinkommen für eine neben anderen Wohnsitzgemeinden in Frage

Neuanziehende, welche in einer Gemeinde wegen ihres die Dauer von drei Monaten übersteigenden Aufenthalts[188]) zu den Gemeindesteuern herangezogen werden (§. 33 Absatz 4)[189]), sind insoweit denjenigen gleichgestellt, welche in dieser Gemeinde ihren Wohnsitz haben.

Im Uebrigen dürfen Personen mit mehrfachem Wohnsitz innerhalb des Preußischen Staatsgebietes in jeder Preußischen Wohnsitzgemeinde nur mit dem der Zahl dieser Gemeinden entsprechenden Bruchtheile ihres Einkommens herangezogen werden[187]). Wohnsitzgemeinden[190]), in welchen der Steuerpflichtige sich im Laufe des voraufgegangenen Rechnungsjahres überhaupt nicht oder kürzere Zeit als drei Monate[191]) aufgehalten hat[192]), werden hierbei nicht mitgezählt.

In allen Fällen ist das Gesammteinkommen des Steuerpflichtigen einzuschätzen und der so ermittelte Steuerbetrag dem Verhältniß des außer Berechnung zu lassenden Einkommens zu dem Gesammteinkommen entsprechend herabzusetzen.

§. 51. Ist das der Staatseinkommensteuer unterliegende Gesammteinkommen eines Steuerpflichtigen nach seinen Theilen in mehreren Preußischen Gemeinden steuerpflichtig, so darf das in diesen Gemeinden steuerpflichtige Einkommen im Ganzen den Höchstbetrag derjenigen Steuerstufe nicht übersteigen, in welcher der Steuerpflichtige bei der Veranlagung zur Staatseinkommensteuer eingeschätzt worden ist. Zu diesem Behufe sind die Theile des Einkommens, sofern sie auch nach erfolgter Richtigstellung im Ganzen den Höchstbetrag der Steuerstufe übersteigen, verhältnißmäßig herabzusetzen (§§. 71 bis 74)[193]).

Besitzt der Steuerpflichtige in einer Gemeinde verschiedene Quellen von Einkommen, so sind dieselben für die Besteuerung in der Gemeinde als ein Ganzes zu erachten[194]).

---

kommende Wohnsitzgemeinde dieselbe sein, wie für die neben anderen Wohnsitzgemeinden in Frage kommende Forensalgemeinde (üb. Besteuerung anderen Einkommens bestimmt Abs. 3) OV. 21. Sept. 00 (XXXVII 65).

[188]) Auch wenn er sich auf zwei Steuerjahre verteilt OV. 23. Jan. 91 (XX 100).

[189]) Nach OVG. 6. April 00 (XXXVII 80) gleichbedeutend mit „herangezogen werden können".

[190]) Auch Aufenthaltsgemeinden (Abs. 2) OV. 30. Jan. 01 (VB. XXIV 465).

[191]) Gleich 90 Tagen, einschließlich solcher, an denen der Aufenthalt nur zum Teil bestanden hat OV. 2. Juli 98 (XXXIV 105).

[192]) Der Aufenthalt deckt sich nicht mit dem in Abs. 2 erwähnten u. fordert keine Stetigkeit OV. 23. Jan. 91 (XX 100).

[193]) Abs. 1 kann (vergl. § 33 3 Satz 2) nur auf natürliche Personen Anwendung finden OV. 19. Dez. 96 (XXXI 72), gilt jedoch wegen Gleichheit des Rechtsgrundes auch für einen Beamten, dessen Gesamteinkommen nur mit einem Teil — wenn auch in einer Gemeinde — steuerpflichtig ist OV. 20. Okt. 03 (VB. XXV 328). — Anw. Art. 33 Abs. 1 u. 2. — Kreis- und Provinzialbesteuerung § 92.

[194]) Anw. Art. 33 Abs. 3. — KAG. § 51 Abs. 2 ist auf natürliche Personen nicht anwendbar OV. 13. Feb. 03 (XLIII 61).

§. **52.** In den Fällen der §§. 47 bis 51 sind behufs Ermittelung des gemeindesteuerpflichtigen Einkommens die selbstständigen Gutsbezirke den Gemeinden gleich zu achten[195]).

3. Verpflichtung der Betriebsgemeinden zur Leistung von Zuschüssen[196]).

§. **53.** Wenn einer[197]) Gemeinde[198]), welcher ein Besteuerungsrecht nach §. 35 nicht zusteht[199]), durch den in einer[197]) anderen Gemeinde stattfindenden Betrieb von Berg-, Hütten- oder Salzwerken, Fabriken oder Eisenbahnen[200]) nachweisbar Mehrausgaben für Zwecke des öffentlichen Volksschulwesens oder der öffentlichen Armenpflege erwachsen[201]), welche im Verhältnisse zu den ohne diese Betriebe für die erwähnten Zwecke nothwendigen Gemeindeausgaben einen erheblichen Umfang erreichen und eine Ueberbürdung der Steuerpflichtigen herbeizuführen geeignet sind[202]), so ist eine solche Gemeinde

---

195) Anw. Art. 34.

196) Zweck Anw. Art. 38 1 Abs. 2 Satz 1, Handhabung Art. 38 5.

197) Sinngemäß anwendbar, wenn der Betrieb sich über mehrere Gemeinden (Gutsbezirke Abs. 2) erstreckt od. der Anspruch von mehreren Gemeinden erhoben wird KB.AH. (Anm. 1) S. 162 u. OV. 19. Dez. 02 (XLIII 130).

198) Nur bürgerliche Gemeinden, nicht Kirchen- und Schulgemeinden u. Gutsbezirke (bürg. Gem. aber auch bezüglich der übernommenen Schullasten) OV. 18. Mai 98 (XXXII 175), auch nicht die westfälischen Ämter 14. Dez. 98 (XXXIV 119).

199) Anw. Art. 38 1 a.

200) Arbeiter aus anderen als den genannten Betrieben bleiben außer Betracht OV. 9. Juni 99 (XXXV 123), insbes. fabrikähnliche Betriebe 21. April 03 (XLIII 132). Die Vorschrift gilt jedoch auch von Nebenbetrieben; Kalkbrüche usw. (§ 28 4), auch wenn sie bergmännisch od. unter Leitung der Bergbehörden betrieben werden, sind keine Bergwerke; Hüttenwerke sind Anstalten zur chemischen Verarbeitung der Metalle im Gegensatz zu den für die mechanische Verarbeitung des Gesteins bestimmten Aufbereitungsanstalten OV. 16. Mai 99 (XXXV 131).

201) Die Mehrbelastung muß mit dem Betriebe in ursächlichem Zusammenhang stehen. Es kommen dabei nur Arbeiter einschl. der Hausindustriellen in Betracht, die lediglich wegen der Beschäftigung in dem Betriebe zugezogen sind od. einen früheren Wohnsitz beibehalten haben OV. 17. Dez. 98 (XXXIV 119) u. 6. März 00 (VB. XXI 454); diese aber auch, wenn sie keine Kinder in die Schule entsenden 27. Juni 02 (VB. XXIV 2). Ausgeschlossen sind Arbeiter, die auch in der Wohnsitzgemeinde Arbeit u. Unterhalt finden können OV. 7. Juli 03 (VB. XXV 197). Zur Erleichterung der Ausführung will das G. nur die beiden Lasten berücksichtigt sehen, die im allgemeinen die Hauptlasten der Gemeinden bilden. Nur eine dieser Lasten od. beide zusammen kommen in Betracht OV. 2. Dez. 02 (XLIII 129). Mehrausgaben für Volksschulzwecke entstehen im allg. nur bei Beschaffung neuer Lehrkräfte u. Schulklassen OV. 18. Mai, die Neueinrichtung einer Schulklasse bildet aber keinen Grund, wenn sie ohne die hinzutretenden Arbeiter notwendig geworden wäre 4. Juni 98 (XXXIII 175 u. 186); eine Verteilung der Unterhaltungslast auf den Kopf der schulpflichtigen Kinder liefert keinen ausreichenden Nachweis 9. Dez. 96 (XXXII 131). Die Mehrausgaben für Armenpflege bemessen sich nach den in den Vorjahren für Arme der entsprechenden Bevölkerungsklasse gemachten Ausgaben OV. 9. Juni 99 (XXXV 123).

202) Anw. Art. 38 1 b. — Zu der (absoluten) Erheblichkeit muß die (relative) Überbürdung hinzutreten. Erstere ist nach dem Verhältnisse der Mehrausgaben zu den ohne diese für Volksschule u. Armenpflege zu leistenden Ausgaben zu bemessen OV. 29. Okt. 97 (VB. XIX 308), die letztere kann auch vorliegen, wo die geringen Einkommen frei-

berechtigt, von der Betriebsgemeinde einen angemessenen Zuschuß zu verlangen. Bei der Bemessung desselben sind neben der Höhe der Mehrausgaben auch die nachweisbar der Gemeinde erwachsenden Vortheile zu berücksichtigen[203]). Die Zuschüsse der Betriebsgemeinde dürfen in keinem Falle mehr als die Hälfte der gesammten in der Betriebsgemeinde von den betreffenden Betrieben zu erhebenden direkten Gemeindesteuern betragen[204]).

Liegt der Betrieb in einem Gutsbezirk, so richtet sich der Anspruch gegen den Gewerbetreibenden; der Zuschuß darf in diesem Falle den vollen Satz der staatlich veranlagten Gewerbesteuer nicht übersteigen[205]).

Ueber den Anspruch[206]) beschließt in den Fällen, in welchen keine Einigung der Betheiligten erfolgt, der Kreisausschuß, soweit die Stadt Berlin oder andere Stadtgemeinden betheiligt sind, der Bezirksausschuß. Gegen den Beschluß findet innerhalb zwei Wochen der Antrag auf mündliche Verhandlung im Verwaltungsstreitverfahren statt[207]).

Zutreffendenfalls kommen die Bestimmungen des §. 58 des Gesetzes über die allgemeine Landesverwaltung vom 30. Juli 1883 (Gesetz-Samml. S. 195)[208]) dahin zur Anwendung, daß auch in den Fällen, in welchen die

---

gelassen (§ 38) — diese begründet nur die Vermutung einer Überbürdung OV. 6. Okt. 97 (XXXII 139), v. 9. Juni 99 (vor. Anm.) u. 11. April 02 (XLI 59) — oder Umsatz- und Lustbarkeitssteuern nicht erhoben werden; die bloße Steigerung der Prozentsätze bedeutet aber noch keine Überbürdung. — Der Tatbestand ist auch dann gegeben, wenn die Mehrausgaben für Volksschulwesen u. Armenpflege zusammen einen erheblichen Umfang erreichen OV. 2. Dez. 02 (VB. XXIV 323). — Die Frage der Überbürdung entscheidet sich nach dem Jahre, für das der Zuschuß gefordert wird. Für künftige Jahre kann ein Zuschuß vereinbart (Anw. Art. 38 5), aber nicht im Beschluß- und Streitverfahren festgestellt werden OV. 11. April 02 (oben).

[203]) Nur Vorteile der Gemeinde, Anw. Art. 38 1b Abs. 1, nicht der Gemeindeangehörigen, wie KVHH. S. 31 annahm; eine Steigerung des Grundwertes bildet jedoch wegen der damit verbundenen Erhöhung der Steuerkraft einen Vorteil der Gemeinde OV. 18. Mai u. 17. Dez. 98 (XXXIII 175 u. XXXIV 124), 9. Juni 99 (Anm. 201 a. E.) u. 30. Mai 02 (XLI 67).

[204]) Anw. Art. 38 1c.)

[205]) Anw. Art. 38 2. — Die Sonderbestimmung beruht darauf, daß in Gutsbezirken im allgemeinen kein Besteuerungsrecht besteht Anw. Art. 1 2. — Ist der Betrieb nicht zur Gewerbesteuer veranlagt, so entfällt der Anspruch OV. 25. Sept. 00 (XXXVII 141).

[206]) Der Anspruch muß innerhalb des Rechnungsjahres erhoben sein Anw. Art. 38 3; dazu genügt die Kundgebung gegenüb. der Betriebsgemeinde (im Fall des Abs. 2 dem Gewerbetreibenden) OV. 25. Sept. 00 (vor. Anm.), spätestens am letzten Tage des Rechnungsjahres 30. Okt. 00 (XXXVIII 124).

[207]) Zuständig ist — obwohl dieses nicht wie in § 72 Abs. 1 hervorgehoben wird — die Beschlußbehörde Vf. OV. 17. Jan. 89 (XVII 450). Gegen die Urteile des Bezirksausschusses findet die Berufung (nicht die Revision) statt OV. 27. April 97 (VB. XVIII 464).

[208]) Nach LVG. § 58 wird die örtliche Zuständigkeit, falls mehrere Bezirke in Frage kommen od. die Zugehörigkeit zweifelhaft ist, für das Verwaltungsstreitverfahren durch den Bezirksausschuß od. das OVG. u. für das Beschlußverfahren durch den RPr., ObPr. od. Min. des Inn. endgültig bestimmt. — LVG. § 58 findet Anwendung, wenn die beiden beteiligten Gemeinden in verschiedenen Kreisen liegen OV. 17. Okt. 02 (XLII 116).

Stadt Berlin betheiligt ist, der Minister des Innern den Bezirksausschuß bestimmt, welcher zu beschließen hat.

4. Vertheilung des Steuerbedarfs auf die verschiedenen Steuerarten[209].

§. 54[210]. Die vom Staate veranlagten Realsteuern[211]) sind in der Regel[212]) mindestens zu dem gleichen und höchstens zu einem um die Hälfte höheren Prozentsatze zur Kommunalsteuer heranzuziehen, als Zuschläge zur Staatseinkommensteuer erhoben werden.

So lange die Realsteuern 100 Prozent nicht übersteigen, ist die Freilassung der Einkommensteuer oder eine Heranziehung derselben mit einem geringeren als dem im ersten Absatze bezeichneten Prozentsatze zulässig.

Werden mehr als 150 Prozent der staatlich veranlagten Realsteuern erhoben und ist die Staatseinkommensteuer mit 150 Prozent belastet, so können von dem Mehrbetrage für jedes Prozent der staatlich veranlagten Realsteuern 2 Prozent der Staatseinkommensteuer erhoben werden.

Mehr als 200 Prozent der Realsteuern dürfen in der Regel nicht erhoben werden.

§. 55[213]. Zuschläge über den vollen Satz der Staatseinkommensteuer hinaus, sowie Abweichungen von den im §. 54 enthaltenen Vorschriften bedürfen der Genehmigung[38]); die Abweichungen sind nur aus besonderen Gründen zu gestatten.

In beiden Fällen ist davon auszugehen, daß Aufwendungen der Gemeinde, welche in überwiegendem Maße dem Grundbesitze und dem Gewerbebetriebe

---

[209]) Abschnitt 4 umfaßt die Verteilung des Steuerbedarfs auf Realsteuern u. Einkommensteuer § 54 u. (Abweichungen) 55, u. auf die verschiedenen Realsteuern § 56, die Verrechnung besonderer Steuern § 57 u. (Ausnahme) 58 u. das Verfahren § 59. — Steuerbedarf. Anw. Art. 39 I 1, Verteilung Art. 39 I 2. — Auslegung Ausführungs-Denkschr. (Anm. 1) S. 2003 u. 2094.

[210]) Während das Anteilverhältnis zwischen Real- u. Einkommensteuern in der früheren Kommunalgesetzgebung fest bestimmt war (Heranziehung zu gleichen Sätzen StO. § 53, der Realsteuern nur zugleich mit der der Einkommensteuer, mit mindestens ½ u. höchstens 1 v. H. der letzteren LGO. § 12), gewährt das KAG. einen gewissen Spielraum u. läßt nach Fortfall der Realsteuern als Staatssteuer (Anl. C) deren stärkere Heranziehung als Kommunalsteuer zu. Bei der Bestimmung geht § 54 in Abs. 1 von der Einkommensteuer, in Abs. 2—4 von den Realsteuern aus; die weitere Ausführung gibt Anw. Art. 39 II 1 nebst angeschlossener Tabelle. Der Spielraum zwischen beiden Steuerarten ist nach der Höhe der Kommunalbesteuerung wie folgt abgestuft. Die Einkommensteuer bewegt sich a) wenn die Realsteuer bis 100 v. H. beträgt, zwischen Freilassung u. dem gleichen Hundertteilsatze, b) bei Realsteuern von 100—150 v. H. zwischen dem ⅔ u. dem gleichen Hundertteilsatze, c) bei mehr als 150 v. H. der Realsteuern, desgl. zuzüglich zu zweien v. H. für jedes üb. 150 hinaus gehobene v. H. der Realsteuern. — Die Auswahl der Prozentsätze für beide Steuerarten innerhalb dieser Grenzen bestimmt sich nach dem Grundsatze der Leistung u. Gegenleistung (Anm. 1) u. wird durch Anw. Art. 39 II 2 näher geregelt; verb. § 55 Abs. 2.

[211]) Nicht dazu gehören Betriebs-, Bauplatz- u. Warenhaussteuer § 58.

[212]) Abweichungen § 55.

[213]) Anw. Art. 39 II 3.

zum Vortheile gereichen, insoweit in der Regel durch Realsteuern gedeckt werden sollen, sofern die Ausgleichung nicht nach §§. 4, 9, 10 oder 20[214]) erfolgt. Zu solchen Aufwendungen gehören namentlich die Ausgaben für den Bau und die Unterhaltung von Straßen und Wegen, für Ent- und Bewässerungsanlagen, sowie für die Verzinsung und Tilgung der zu derartigen Zwecken aufgenommenen Schulden.

§. 56[215]). Zur Deckung des durch Realsteuern aufzubringenden Steuerbedarfs sind die veranlagten Grund-, Gebäude- und Gewerbesteuern in der Regel mit dem gleichen Prozentsatze heranzuziehen.

Genießen jedoch die Grund-(Haus-)Besitzer oder Gewerbetreibenden von Veranstaltungen[10]) der Gemeinde besondere Vortheile oder verursachen sie der Gemeinde besondere Kosten, so ist, sofern die Ausgleichung nicht nach §§. 4, 9, 10 oder 20[214]) erfolgt, der durch die Realsteuern aufzubringende Steuerbedarf (§§. 54, 55) auf die Steuern vom Grund-(Haus-)Besitz und Gewerbebetrieb, in Prozenten der veranlagten Realsteuern berechnet, anderweitig entsprechend unterzuvertheilen, jedoch mit der Maßgabe, daß Grund- und Gebäudesteuer höchstens doppelt so stark herangezogen werden, wie die Gewerbesteuer und umgekehrt.

Ausnahmen können aus besonderen Gründen von den Ministern des Innern und der Finanzen zugelassen werden.

Vorstehende Bestimmungen finden sinngemäße Anwendung auf die Heranziehung der Grundsteuer im Verhältniß zur Gebäudesteuer.

Die Untervertheilung (Abs. 2 und 4) bedarf der Genehmigung[38]).

§. 57. Bei der Vertheilung des Steuerbedarfs (§§. 54, 55, 56) ist das Aufkommen besonderer Gemeindesteuern (§. 23 Abs. 2, §§. 25, 29, 37) je nach ihrer Einrichtung und Beschaffenheit auf denjenigen Theil des Steuerbedarfs zu verrechnen, welcher durch Prozente der entsprechenden, vom Staate veranlagten Steuer aufzubringen ist[216]).

Miethssteuern von gewerblich benutzten Räumen sind auf die Gewerbesteuer zu verrechnen.

§. 58. Die Bestimmungen der §§. 54, 56 und 57 finden auf die Betriebssteuer und auf die Steuern von Bauplätzen (§. 27 Abs. 2) keine Anwendung[217]). Zuschläge zu der Betriebssteuer[218]), die 100 Prozent übersteigen, bedürfen der Genehmigung[38]).

---

[214]) Betrifft Gebühren, Beiträge u. Vorausleistungen.

[215]) Anw. Art. $39^{\text{III 4 u. 5}}$ (Nr. 1—3 enthalten nur umschreibende Wiederholungen des KAG. § 56 Abs. 1—4).

[216]) Anw. Art. $39^{\text{I 3}}$. — Das Aufkommen besonderer, für bebaute u. unbebaute Grundstücke gleich bemessener Grundsteuern ist im ganzen — ohne Unterverteilung auf Grund- u. Gebäudesteuer — zu verrechnen OV. 16. Nov. 97 (XXXIII 205).

[217]) Der Grund liegt in den besonderen mit diesen Steuern verbundenen Zwecken (Anw. Art. $18^{\text{4 Abs. 4}}$ u. 22^{3}). Gleiches gilt aus demselben Grunde von der Warenhaussteuer G. 18. Juli 00 (GS. 294) § 14. — Anw. Art. $39^{\text{II Abs. 2}}$.

[218]) Dies sind die Prozente, die außer dem staatlich veranlagten, an die Kom-

§. 59[219]). Ueber die Vertheilung des Steuerbedarfs nach den vorstehenden Bestimmungen (§§ 54. bis 57) hat die Gemeinde bis zum Ablaufe der ersten drei Monate des Rechnungsjahres Beschluß zu fassen[220]). Kommt bis zu diesem Zeitpunkte ein gültiger Beschluß nicht zu Stande[221]), so werden behufs Deckung des Steuerbedarfs — unbeschadet der Vorschrift im §. 96 Abs. 4 — die Realsteuern mit einem um die Hälfte höheren Prozentsatze als die Einkommensteuer, unter sich nach gleichen Prozentsätzen, herangezogen. Die Aufsichtsbehörde ist jedoch befugt, die Deckung des Steuerbedarfs nach Maßgabe der §§. 54, 55 anzuordnen.

Der hiernach zur Anwendung gelangende Maßstab behält so lange Geltung, als nicht bis zum Ablaufe der ersten drei Monate des jedesmaligen Rechnungsjahres ein gültiger Gemeindebeschluß über die Vertheilung des Steuerbedarfs zu Stande gekommen ist.

5. Zeitliche Begrenzung der Steuerpflicht.

§. 60. Soweit sich die Gemeindesteuern den Staatssteuern anschließen und etwas Anderes nicht bestimmt ist[222]), gelten für den Zeitpunkt des Beginnes und des Erlöschens der Steuerpflicht die für die entsprechende Staatssteuer bestehenden Vorschriften[223]).

Im Uebrigen gelten hinsichtlich der Dauer der Steuerpflicht folgende Bestimmungen:

1. Die Steuerpflicht beginnt:
   a) soweit sie von der Begründung eines Wohnsitzes[224]) oder Sitzes[130]) in einer Gemeinde abhängt, mit dem ersten Tage des auf die Begründung des Wohnsitzes oder Sitzes folgenden Monats;
   b) soweit sie von dem Aufenthalte in einer Gemeinde abhängt, mit dem ersten Tage des nach dem Ablaufe der maßgebenden Aufenthaltsfrist (§. 33 Abs. 4) beginnenden Monats;
   c) soweit sie durch Grundvermögen, Betrieb von Handel oder Gewerbe, einschließlich des Bergbaues, bedingt ist (§. 33 Nr. 2[225]), §. 35),

---

munalverbände abzuführenden Steuerertrage (Anw. Art. 22 z) erhoben werden sollen Vf. 31. Jan. 95 (MB. 36). Die Erhebung hat nicht allgemein, sondern nur da einzutreten, wo sie gegenüber der Belastung sonstiger gewerblicher Unternehmungen angezeigt erscheint Vf. 10. Juni 96 (MB. 138).

[219]) Anw. Art. 40.

[220]) Die Angemessenheit des Beschlusses kann nicht im Verwaltungsstreitverfahren angefochten werden OV. 6. Jan. 97 (VB. XVIII 255); der Verwaltungsrichter hat nur zu prüfen, ob die gesetzliche Form u. die Zuständigkeitsgrenze beobachtet ist 30. Mai 96 (VB. XVII 483).

[221]) Die Bedingung (§ 59 Satz 1) ist erfüllt, wenn ein gegen kein Gesetz verstoßender Beschluß gefaßt wird, auch ohne das etwa (§ 77) erforderliche Einverständnis; Steuern können ab. ohne dieses nicht erhoben werden Vf. 28. Nov. 96 (MB. 97 S. 3) u. OV. 26. Jan. 98 (XXXIII 7).

[222]) § 26 Abs. 4.

[223]) Anw. Art. 41 1.

[224]) Das. Art. 23 1 a Abs. 2.

[225]) Auch Nr. 3 u. 4 kommen in Betracht. Im Falle Nr. 3 Schlußsatz tritt

mit dem ersten Tage des auf den Erwerb des Grundvermögens oder den Beginn des Betriebes folgenden Monats.

Ist in dem zu b bezeichneten Falle die Steuerpflicht in Folge des Ablaufs der Aufenthaltsfrist oder der früheren Begründung eines Wohnsitzes eingetreten, so muß die Steuer seit dem ersten Tage des nach erfolgter Aufenthaltsnahme begonnenen Monats nachentrichtet werden.

2. Die Steuerpflicht erlischt:
a) durch den Tod des Steuerpflichtigen mit dem Ablaufe des Monats, in welchem der Tod erfolgt ist;
b) durch das Aufgeben des Wohnsitzes, Sitzes oder Aufenthalts mit dem Ablaufe des Monats, in welchem der Wohnsitz, Sitz oder Aufenthalt thatsächlich aufgegeben worden ist, sofern jedoch bis zu diesem Zeitpunkte der Gemeindebehörde hiervon keine Anzeige erstattet ist, erst mit dem Ablaufe des folgenden Monats[226]);
c) durch die Veräußerung des Grundvermögens beziehungsweise die Einstellung des die Steuerpflicht bedingenden Betriebes von Handel oder Gewerbe, einschließlich des Bergbaues (§. 33 Nr. 2, §. 35), mit dem Ablaufe des Monats, in welchem die Veräußerung beziehungsweise die Einstellung des Betriebes erfolgt ist[227]).

6. Veranlagung und Erhebung[228]).

§. 61[229]). Die Veranlagung erfolgt durch den Gemeindevorstand oder einen besonderen Steuerausschuß der Gemeinde.

Die Zusammensetzung und die Geschäftsordnung der Steuerausschüsse sind unter sinngemäßer Anwendung der Vorschriften der §§. 50 Abs. 3 bis einschließlich 54 des Einkommensteuergesetzes vom 24. Juni 1891[230]) durch Gemeindebeschluß zu bestimmen.

§. 62. Dem Gemeindevorstande (Steuerausschuß) sind von den zuständigen Staatsbehörden diejenigen bei der Veranlagung oder Festsetzung der Staatssteuern bekannt gewordenen Besteuerungsmerkmale, deren er für die Veranlagung bedarf, auf Ersuchen mitzutheilen.

---

die Steuerpflicht erst nach Ablauf des 1. Geschäftsjahres ein OV. 20. Nov. 97 (XIX 177).

[226]) Voraussetzung ist, daß die Steuer zur Hebung gestellt ist; die nachträgliche Heranziehung (§ 84) ist nach Aufgabe des Wohnsitzes usw. nicht mehr zulässig OV. 6. April 00 (XXXVII 80). Die Ansicht, daß dieser Grundsatz nicht Anwendung finde, wenn ein zweites Band der Gemeindeangehörigkeit (Grundbesitz) fortbestehe (OV. 22. Dez. 97) ist wieder aufgegeben 20. Nov. 03 (VB. XXV 448).

[227]) Die Steuerpflicht der Mitglieder einer Gesellschaft mit beschränkter Haftung erlischt mit Einstellung des Betriebes, auch wenn das Einkommen aus dem letzten Betriebsjahre erst einige Jahre später zur Verteilung gelangt OV. 5. Jan. 00 (XXXVI 42).

[228]) Veranlagung § 61—64, Erhebung § 65—67. — Kosten beider § 89.

[229]) Anw. Art. 42 Nr. 1.

[230]) Einkommenst.G. 24. Juni 91 § 50 Abs. 3 bis 54 Anlage F.

Zu dem gleichen Zwecke haben die Behörden anderer Gemeinden hinsichtlich der ihnen bekannten Besteuerungsmerkmale dem Gemeindevorstande (Steuerausschuß) auf Erfordern Auskunft zu erteilen.

§. **63**[231]). Durch die Steuerordnung können die Rechte des Gemeindevorstandes (Steuerausschusses) und die Obliegenheiten der Steuerpflichtigen nach Maßgabe folgender Bestimmungen geregelt werden.

Der Gemeindevorstand (Steuerausschuß) kann, soweit er nicht auf anderem Wege (§. 62) zur Kenntniß der für die Veranlagung maßgebenden Besteuerungsmerkmale gelangt ist, ermächtigt werden, von den Steuerpflichtigen hierüber binnen einer angemessenen Frist Auskunft zu erfordern. Die Aufforderung muß in jedem einzelnen Falle durch eine besondere, dem Steuerpflichtigen zuzustellende Zuschrift erfolgen.

Die Verpflichtung zur Auskunftsertheilung erstreckt sich nur auf die Beantwortung der bei der Aufforderung gestellten Fragen über bestimmte Thatsachen. Soweit es sich um Schätzungen handelt, ist der Steuerpflichtige eine Erklärung abzugeben berechtigt, aber nicht verpflichtet.

Wird die Auskunftsertheilung beanstandet, so sind dem Steuerpflichtigen vor der Veranlagung die Gründe der Beanstandung mit dem Anheimstellen mitzutheilen, hierüber binnen einer angemessenen Frist[232]) eine weitere Erklärung abzugeben.

Die im Vorstehenden wegen der Steuerpflichtigen getroffenen Bestimmungen finden auf Bevollmächtigte und gesetzliche Vertreter der Steuerpflichtigen sinngemäße Anwendung.

§. **64**[233]). Durch Steuerordnung kann bestimmt werden, daß die Veranlagung besonderer Realsteuern[234]) für mehrere aufeinander folgende Rechnungsjahre[235]) zu erfolgen hat. Soweit eine Bestimmung nicht getroffen ist, geschieht die Veranlagung für je ein Rechnungsjahr.

§. **65**[236]). Im Falle der Erhebung von Prozenten der vom Staate veranlagten Realsteuern[237]), sowie von Zuschlägen zur Staatseinkommensteuer[238])

[231]) Anw. Art. 42 Nr. 2 u. 3. Wo eine SteuerO. an sich nicht erforderlich ist (Nr. 3), findet § 63 keine Anwendung.

[232]) Das EinkStG. § 38 bestimmt für den gleichen Fall eine Frist von 2 Wochen, die vom Vorsitzenden der Einsch.-Kom. im Bedürfnisfalle auf 4 Wochen verlängert werden kann.

[233]) Anw. Art. 42⁴ (nur Wiederholung des § 64). — Bei Trennung von Veranlagung u. Heranziehung, die nur im Falle der Veranlagung für mehrere Jahre zulässig ist, findet der Einspruch nicht nur gegen die Heranziehung, sondern auch gegen die Veranlagung (§ 69 Abs. 1 u. 4) statt OV. 23. Dez. 02 (XLIII 56).

[234]) § 25, 27 Abs. 2 u. 29.

[235]) § 95.

[236]) Anw. Art. 43¹. § 65 findet, wenngleich zunächst nur auf direkte Steuern bezüglich, auch auf indirekte Steuern u. Gebühren sinngemäße Anwendung OV. 1. Feb. 01 (XXXIX 148). Die Mitteilungen sollen tunlichst verschlossen erfolgen Vf. 18. April 98 (MB. 89); sie brauchen keine Belehrung üb. die Rechtsmittel zu enthalten, müssen aber, wenn sie diese geben, vollständig sein; Wortlaut der Belehrung bei der Einkommensteuer Vf. 2. Juni 97 (MB. 5).

[237]) § 26, 30.

[238]) § 36, 38.

erfolgt die Bekanntmachung der Steuern durch den Gemeindevorstand für diejenigen Steuerpflichtigen, bezüglich deren die staatlich veranlagte Steuer die unveränderte Grundlage der Prozente oder Zuschläge bildet, durch eine in ortsüblicher Weise zu bewirkende Veröffentlichung der zu erhebenden Prozentsätze, für andere Steuerpflichtige durch besondere Mittheilung[239]).

Bei Erhebung besonderer Gemeindesteuern[240]) geschieht die Bekanntmachung durch den Gemeindevorstand für die im Gemeindebezirke wohnenden steuerpflichtigen physischen Personen mittelst Auslegung der Hebeliste während eines zweiwöchigen Zeitraumes[37]) in einem oder mehreren, in ortsüblicher Weise zur öffentlichen Kenntniß zu bringenden Räumen des Gemeindebezirks, für die übrigen Steuerpflichtigen durch besondere Mittheilung[239]).

Bei Zugängen im Laufe des Jahres bedarf es stets besonderer Mittheilung.

Durch Gemeindebeschluß kann an Stelle der Bekanntmachung durch Auslegung eine besondere Mittheilung an jeden einzelnen Pflichtigen angeordnet werden[239]).

§. 66[241]). Nach erfolgter Bekanntmachung (§. 65) ist die Steuer in den ersten 8 Tagen eines jeden Monats zu entrichten. An Stelle des Monats kann durch Gemeindebeschluß eine zwei- oder dreimonatliche Hebeperiode eingeführt werden. Auch können durch Gemeindebeschluß bestimmte Hebungstage festgesetzt werden.

Wenn die zu erhebenden Prozentsätze der vom Staate veranlagten Realsteuern oder die Zuschläge zur Einkommensteuer 50 vom Hundert nicht übersteigen, so kann durch Gemeindebeschluß unter Festsetzung der Hebetermine die Hebung der Steuer in halbjährigen Beträgen oder auch im Betrage des ganzen Jahres angeordnet werden.

Dem Pflichtigen ist stets die Vorausbezahlung mehrerer Raten bis zum ganzen Jahresbetrage gestattet.

§. 67. Die Gemeinden können die von den Mitgliedern einer Gesellschaft mit beschränkter Haftung gemäß §. 33 Nr. 2 und 3 zu entrichtende Gemeindeeinkommensteuer von der Gesellschaft einziehen[242]).

---

239) Die Mitteilung muß alles enthalten, was aus der Hebeliste hervorzugehen hat OV. 14. Nov. 02 (VB. XXIV 322). Sie kann durch Steuerzettel erfolgen, für den die Unterschrift des Gemeindevorstandes nicht unbedingt erforderlich ist 3. Mai 01 (VB. XXIII 121). Wo besondere Mitteilung vorgeschrieben ist, reicht die Vorlegung einer Quittung nicht aus 4. April 02 (VB. XXIV 321). Die Heranziehung der Forensen fordert stets besondere Mitteilung 3. Dez. 98 (VB. XX 239).

240) § 25, 27 Abs. 2, 29 u. 37.

241) Anw. Art. 43². — § 66 Abs. 1 gilt auch für Zuschläge zu der — gem. Anl. C § 12³ in einer Jahressumme zu entrichtenden — Betriebssteuer; nur im Falle des Abs. 2 kann die ganzjährige Hebung angeordnet werden Vf. 19. März 98 (MB. 62).

242) Das. Art. 43³. — Zur Erhebung des Einspruchs od. Betreibung der Rückerstattung gezahlter Steuern ist nur der Steuerpflichtige, nicht die Gesellschaft berechtigt OV. 6. Okt. 03 (VB. XXV 195).

Vierter Titel.

Naturaldienste[243]).

§. 68. Die Steuerpflichtigen[244]) können durch Gemeindebeschluß zu Naturaldiensten (Hand- und Spanndiensten)[245]) herangezogen werden[246]).

Spanndienste sind von den Grundbesitzern nach dem Verhältniß der Anzahl der Zugthiere, welche die Bewirthschaftung ihres im Gemeindebezirk belegenen Grundbesitzes erfordert[247]), Handdienste von sämmtlichen Steuerpflichtigen gleichheitlich[248]) zu leisten[249]). Ob und inwieweit hierbei den gespannhaltenden Grundbesitzern die ihnen obliegenden Spanndienste auf das Maß der auf sie entfallenden Handdienste anzurechnen sind, bestimmt sich nach den hierüber getroffenen vertragsmäßigen oder statutarischen Festsetzungen oder dem Herkommen. Im Zweifelsfalle wird vermuthet, daß die gespannhaltenden Grundbesitzer nur bei solchen Arbeiten, bei welchen zugleich Spanndienste vorkommen, von den Handdiensten befreit sind[250]). Abweichungen[251]) von diesen Bestimmungen, insbesondere die Heranziehung von anderen gespannhaltenden Steuerpflichtigen zu Spanndiensten, bedürfen der Genehmigung[38]).

Die Dienste können mit Ausnahme von Nothfällen durch taugliche Stellvertreter abgeleistet werden.

---

[243]) Anw. Art. 44. — Naturaldienste gehören trotz des Gesetzestitels nicht zu den Gemeindeabgaben (Anm. 3) u. die für die Steuern gegebenen Bestimmungen (§ 18, 21) sind nicht auf sie anwendbar OV. 13. Nov. 96 (XXX 137). — Die Verpflichtung zur Hilfeleistung bei Unglücksfällen od. gemeiner Gefahr (StGB. § 360[10]) wird durch das KAG. nicht berührt. — Jebens, die Naturaldienste des KAG. (VB. XXIV 257).

[244]) Befreiungen auf Grund besonderer Rechtstitel können nach Erlaß des KAG. nicht mehr geltend gemacht werden OV. 2. Okt. 00 (VB. XXII 382).

[245]) Nicht sonstige Leistungen (Herstellung von Bürgersteigen) OV. 2. Mai 99 (Anm. 358) od. Dienste, die eine gewisse handwerksmäßige Ausbildung voraussetzen 18. März 90 (XIX 76), auch nicht Lieferungen 28. Okt. 98 (XXXIV 174) u. 9. Juni 99 (XXXVI 170), wohl ab. Botendienste Anw. Art. 44 Abs. 2 u. Nachtwachen OV. 5. Dez. 99 (VB. XXI 305).

[246]) Die Beschlüsse brauchen nicht als statutarische Anordnungen zu ergehen u. bedürfen nicht für den Einzelfall der Genehmigung OV. (bezüglich des gleichlautenden § 18 Abs. 1 der LGO.) 6. März 86 (XXIX 123). Abweichend Anw. Art. 44[2]. Auch gegen bestimmten Entgelt OV. 14. Jan. 02 (VB. XXIV 216). — Bei Säumnis sind die § 90 Abs. 2 vorgesehenen Mittel zulässig; Strafen können nicht angedroht werden U. RGer. 3. Juli 02 (Goldtam. Archiv XXXIX 369), OV. 7. Dez. 00 (VB. XXXIII 52).

[247]) Ohne Rücksicht auf die tatsächlich gehaltenen Zugtiere OV. 12. Mai 96 (XXX 117) u. 18. Okt. 98 (XXXIV 178). Bei der Verteilung ist die Fuhre als Einheitsmaß zulässig 20. Okt. 80 (VII 37). Auch die Verteilung nach der Grundsteuer ist zulässig 22. Nov. 01 (XI 191).

[248]) Anw. Art. 44 [1] Abs. 2.

[249]) Die Mehr- od. Minderbelastung in sinngemäßer Anwendung des § 20 Abs. 2 ist jedoch zulässig KV.HH. (Anm. 1). — Ältere Ordnungen Anw. Art. 44[4].

[250]) Spanndienstpflichtige sind hiernach nicht an sich von Handdiensten befreit, können auch nicht statt der Spann- zu Handdiensten herangezogen werden OV. 14. Jan. 02 (Anm. 246).

[251]) Anw. Art. 44 [1] Abs. 3.

Die Gemeinde kann gestatten, daß an Stelle des Naturaldienstes ein angemessener Geldbeitrag geleistet wird[252]).

Die gemäß §. 38 dieses Gesetzes von den Gemeindeabgaben ganz oder theilweise freigelassenen Steuerpflichtigen können nach Maßgabe der Bestimmung des Absatzes 2 zu Naturaldiensten herangezogen werden.

Die in §§. 40, 41, 42 aufgeführten Personen sind von Naturaldiensten, soweit diese nicht auf den ihnen gehörigen Grundstücken lasten, befreit; untere Kirchendiener insoweit, als ihnen diese Befreiung seither rechtsgültig zustand[253]).

Fünfter Titel.

Rechtsmittel[254]).

§. 69[255]). Dem Abgabepflichtigen[256]) steht gegen die Heranziehung (Veranlagung)[257]) zu Gebühren[41]), Beiträgen, Steuern und Naturaldiensten[257a])

---

[252]) Das. Art. 44³. Unzulässige Abstufung des Geldbeitrags nach der Leistungsfähigkeit OV. 17. Juni 96 (VB. XVIII 21) od. nach dem für die Leistung der Dienste geltenden Maßstabe 20. Sept. 98 (XXIV 176).

[253]) Entspricht der V. 23. Sept. 67 (Anl. D) § 1³. — Nach R.PostG. 28. Okt. 71 (RGB. 347) § 22 können Postpferde u. Postillone nicht zu Spanndiensten herangezogen werden.

[254]) Titel 5 betrifft Einspruch u. Klage § 69, 70 nebst 75, das Verfahren bei Verteilung gemeindesteuerpflichtigen Einkommens auf mehrere berechtigte Gemeinden § 71—74 u. die Veranlagung der besonderen Gemeindegewerbesteuer von einem sich üb. mehrere Gemeinden erstreckenden Betriebe § 76.

[255]) Anw. Art. 45¹.

[256]) Abgabepflichtig ist auch der zu Unrecht Herangezogene OV. 2. Mai 88 (XVI 141), als vermeintlicher Vertreter einer juristischen Person 21. Nov. 99 (XXXVI 16).

[257]) Heranziehung bedeutet Forderung der Steuer in irgend welcher Form, auch wenn keine Veranlagung vorausgegangen ist OV. 6. Nov. 94 (VB. XVI 256). — Auch eine bereits eingezogene Steuer kann nach fruchtlosem Einspruche im Verwaltungsstreitverfahren zurückgefordert werden OV. 18. Juni 97 (XXXIII 214). — Die Heranziehung muß — mindestens durch entsprechende Bezeichnung od. Hinweis auf die Vorschriften — erkennbar machen, daß es sich um eine Abgabe (öffentlich rechtliche Leistung von Gebühren, Beiträgen u. Steuern) handelt 26. März 00 (XXXVII 37). Mit der Heranziehung kann die Forderung einer auf anderem Rechtsgrunde ruhenden (wegebaulichen) Leistung verbunden werden, auch wenn diese eine einheitliche ist u. von Behörden gefordert wird, die durch dieselbe Person vertreten werden 10. Juni 01 (XXXIX 42). Die Heranziehung eines Einzelkaufmanns unter dem Namen seiner Firma ist unvorschriftsmäßig aber nicht rechtsungültig 26. Juni 00 (VB. XXII 121). Ortsstatuten u. andere Anordnungen üb. Aufbringung der Steuern sind nur durch Beschwerde — nicht durch die Rechtsmittel des § 69 — anfechtbar KB.AH. (Anm. 1) u. OV. 11. Nov. 96 (XXX 88), 8. Nov. 97 (XXXII 122) u. 28. Okt. 98 (XXXIV 174). — Der Rechtsweg üb. Gemeindeabgaben war bereits durch ZustG. § 160 verschlossen. Die Gemeinde kann jedoch nicht kraft ihrer Finanzgewalt einen üb. Entwässerung u. deren Vergütung abgeschlossenen Privatvertrag verletzen u. kann unter Umständen im Rechtswege angehalten werden, eine gezahlte Gebühr — nicht zurückzuzahlen, ab. — zu ersetzen U. RGer. 24. April 01 (Jur. Wochenschr. S. 413 Nr. 45, 46).

[257a]) Nicht gegen Kosteneinziehung im Fall des § 90 Abs. 2, Anm. 332.

der Einspruch zu[258]). Das Rechtsmittel ist binnen einer Frist von vier Wochen[259]) bei dem Gemeindevorstande einzulegen.

Der Lauf der Frist beginnt:

1. soweit die Bekanntmachung durch Auslegung der Hebelisten erfolgt ist, mit dem ersten Tage nach Ablauf der Auslegungsfrist[260]);
2. soweit eine besondere Mittheilung vorgeschrieben ist, mit dem ersten Tage nach erfolgter Mittheilung;
3. in allen übrigen Fällen mit dem ersten Tage nach der Aufforderung zur Zahlung beziehungsweise Leistung[261]).

---

[258]) Einspruch (bereits im ZustG. § 18 u. 34) ist jede — auch nicht als Einspruch bezeichnete — Eingabe, in der die Beseitigung einer angeblich unrechtmäßigen Heranziehung gefordert wird OV. 21. März 99 (XXXV 136). Eine besondere Form ist nicht vorgeschrieben; er kann, sobald der Gemeindevorsteher — wozu er nicht verpflichtet ist — darauf eingeht, auch mündlich mit Rechtswirkung angebracht werden 20. Nov. 80 (VII 147) u. 13. Nov. 03 (VB. XXV 328). Ist die Frist zur Klage gegen die Ablehnung eines Einspruchs (§ 70 Abs. 2) versäumt, so kann ein zweiter Einspruch nicht erhoben werden 21. Dez. 97 (VB. XIX 400). Der Einspruch soll den Betrag ersichtlich machen, um den die Herabsetzung begehrt wird, soweit dieses nicht wegen Unbestimmtheit der Steuerforderung unmöglich ist 4. März 02 (VB. XXIII 609). Er darf nicht an eine Bedingung geknüpft 2. Jan. 03 (VB XXIV 467) u. kann nicht damit begründet werden, daß andere Pflichtige nicht — oder im Verhältnis niedriger OV. 5. u. 22. Mai 03 (VB. XIV 806) — veranlagt seien u. der geforderte Anteil deshalb zu hoch bemessen sei 26. Feb. 97 (XXXI 170) oder daß dem Herangezogenen eine privatrechtliche Gegenforderung zustehe 5. April 00 (XXXVII 43).

[259]) a) Die Frist, die nach G. 18. Juni 40 (GS. 140) § 1 u. LGO. § 37 drei Monat betrug, ist im Anschluß an EinkstG. § 40 im Interesse einer geordneten Finanzverwaltung verkürzt, Begr., verb. Anl. A Anm. 69. — b) Die Frist ist gewahrt, wenn das Schriftstück am letzten Tage vor 12 Uhr nachts im Geschäftsraume der Gemeindebehörde einem — zur Empfangnahme verpflichteten OV. 13. Juni 98 (XXXIV 446) — Beamten übergeben od. in einen dort angebrachten Briefkasten eingelegt ist 23. Feb. 98 (VB. XIX 312), od. wenn es mit der Post — auch bei verspäteter Abnahme — rechtzeitig am Bestimmungsorte eingetroffen ist 23. Jan. 95 (VB. XVI 389). Entscheidend ist der Tag der Übergabe, nicht der Eingangsvermerk; ist der Tag nicht festzustellen, so kann eine Verspätung nicht angenommen werden 20. Jan. 96 (VB. XVII 286). Die mit dem ersten Tage nach der Auslegung, Mitteilung od. Zustellung beginnende Frist von 2 Wochen läuft mit dem 14ten Tage ab 25. April 96 (XXIX 108). Die Fristbestimmungen sind öffentlichrechtlich u. durch Vereinbarungen der Parteien nicht zu beseitigen 17. Okt. 94 (XXVII 41); ihre Innehaltung ist von Amts wegen wahrzunehmen 8. Okt. 85 (XII 59). — Wiedereinsetzung in den vorigen Stand (LVG. § 52 Abs. 2) ist auch gegen Einspruchsbescheide zulässig OV. 13. Nov. 93 (XXVI 254), die stillschweigende folgt nicht schon aus der Zurückweisung des Einspruchs, setzt vielmehr voraus, daß eine sachliche Beurteilung stattgefunden hat 21. März 99 (XXXV 135).

[260]) Hebelisten sind bei Gebühren u. indirekten Steuern nur ausnahmsweise für Kanalisationsgebühren u. Hundesteuern anwendbar OV. 11. Nov. 96 (XXX 103). Ihre Auslegung ist nur gegen die gemeinderechtlich durch Wohnsitz, Aufenthalt, Grundbesitz od. Gewerbebetrieb Gebundenen wirksam OV. 6. Juni 83 (X 82), bei indirekten (Hunde-)Steuern nicht gegen die rechtlich Befreiten OV. 19. Dez. 99 (XXXVII 101).

[261]) Anw. Art. 45 1 Abs. 4.

Einsprüche, welche sich gegen den der Veranlagung zu Grunde liegenden Staatssteuersatz (§§. 26, 30, 36, 38) und bei besonderen Gemeindeeinkommensteuern (§. 37) gegen die Höhe des zur Staatseinkommensteuer veranlagten Einkommens richten, sind unzulässig[262]).

Vorstehende Bestimmungen finden sinngemäße Anwendung auf Einsprüche wegen Heranziehung oder Veranlagung von Grundbesitzern, Gewerbetreibenden und Einwohnern eines Gutsbezirks zu den öffentlichen Lasten desselben[262a]).

§. 70[263]). Ueber den Einspruch beschließt der Gemeindevorstand[264]).

Gegen den Beschluß[265]) steht dem Pflichtigen binnen einer, mit dem ersten Tage nach erfolgter Zustellung beginnenden Frist[259b]) von zwei Wochen die Klage im Verwaltungsstreitverfahren offen[266]). Zuständig in erster

---

[262]) Nur gegen die Höhe der Staatssteuersätze ist der Einspruch unzulässig; dagegen kann er unbeschränkt auf die Behauptung gestützt werden, daß eine Kommunalsteuerpflicht nicht vorliege OV. 22. Sept. 96 (XXX 53) u. (Befreiung auf Grund KAG. § 26 Abs. 4) 5. Mai 03 (VB. XXV 298), ferner (Zuschläge zur Betriebssteuer) 8. Jan. 01 (XXXVIII 121). Abweichend OV. 8. Jan. 98 (XXXIII 76), wonach der Einspruch gegen die Gemeindegewerbesteuer nicht auf die Behauptung gegründet werden soll, daß ein Gewerbe nicht betrieben werde. — Die auf Rechtsmittel eingetretene Änderung der Staatssteuer zieht die entsprechende Änderung der Gemeindesteuer ohne weiteres nach sich § 26 Abs. 2, § 30 Abs. 2 u. § 36 Abs. 3; letztere ist von Amts wegen herbeizuführen Anw. Art. 17 2 Abs. 2. Geschieht es nicht, so ist die Beschwerde (ZustG. § 18 u. 34) zulässig, die durch das KAG. nicht beseitigt u. auch nicht an die Einspruchsfrist gebunden ist; das Gleiche gilt, wenn der Pflichtige auf Grund einer durch spätere Nichtgenehmigung außer Kraft gesetzten SteuerO. herangezogen war OV. 3. März u. 20. Feb. 97 (XXXI 29 u. 39).

[262a]) Solche Heranziehung findet statt bei Kreisabgaben KrO. § 11 Abs. 1 u. bei den Nr. II 2 Anm. 247 aufgeführten Gemeindelasten in Gutsbezirken.

[263]) Anw. Art. 45 2.

[264]) Nicht der Steuerausschuß — auch nicht im Bereiche der Hann. LGO. (§ 85) — OV. 26. Juni 00 (XLI 177), od. ein einzelnes Mitglied des Gemeindevorstandes 29. April 01 (VB. XXII 550), wohl ab. eine dazu bestellte Verwaltungsdeputation (StO. § 59) OV. 8. Dez. 98 (XXXIV 85). Im Geb. der LGO. ist nach § 88, 89, auch w. ein kollegialischer Gemeindevorstand gebildet ist, der Gemeindevorsteher zuständig OV. 21. März 99 (XXXV 136). — Von dem Bescheide darf die Gemeindebehörde nicht zum Nachteil des Steuerpflichtigen wieder abgehen 13. Juni 02 (XLII 110).

[265]) Ein mit Klage anfechtbarer Beschluß ist jeder sachliche Bescheid, der dem Antrage des Pflichtigen nicht vollständig u. unbedingt stattgibt OV. 6. Feb. 00 (VB. XXII 10) u. den erhobenen Einspruch abschließend entscheidet 21. März 99 (XXXV 136); verb. Unteranl. A Anm. 4 Schlußsatz. Gegen einen auf Einspruch erlassenen zweiten Bescheid sind die Rechtsmittel zulässig, sobald der Bescheid neue sachliche Ausführungen enthält 6. Mai 98 (VB. XX 472). Auch die Erklärung, keinen Bescheid erteilen zu wollen, kann einen klagefähigen Einspruchsbescheid bilden 6. Mai 02 (XLI 76).

[266]) Ein Streitverfahren ist nur für einzelne geforderte Abgaben zulässig, nicht üb. die Feststellung der Verpflichtung überhaupt OV. 13. Mai 96 (XXIX 50). In dem Verfahren kann deshalb auch nicht üb. die Gemeindezugehörigkeit eines Grundstücks wirksam entschieden werden 16. Mai 02 (VB. XXIV 135). Auch erlischt die Klage mit Zurücknahme der ihren Gegenstand bildenden Heranziehung 9. Okt. 02 (XLII 106). Mit der Klage kann auch die Erstattung des Wertes von Diensten verfolgt werden 18. Okt. 98 (XXXIV 178). — Die

Instanz ist für Landgemeinden (Gutsbezirke) der Kreisausschuß, für Stadtgemeinden der Bezirksausschuß. Der Gemeindevorstand kann zur Wahrnehmung der Rechte der Gemeinde einen besonderen Vertreter bestellen. Gegen die Entscheidung des Bezirksausschusses bei Stadtgemeinden ist nur das Rechtsmittel der Revision zulässig.

Der Entscheidung im Verwaltungsstreitverfahren unterliegen desgleichen Streitigkeiten zwischen Betheiligten über ihre in dem öffentlichen Rechte begründete Verpflichtung zu den im §. 69 Absatz 1 bezeichneten Lasten[267]).

§. 71[268]). Ueber die Vertheilung gemeindesteuerpflichtiger Einkommen auf eine Mehrzahl steuerberechtigter (Wohnsitz-, Aufenthalts-, Belegenheits-, Betriebs-) Gemeinden[269]) gemäß den Vorschriften dieses Gesetzes (§§. 47 bis 51 in Verbindung mit §§. 33 und 52) beschließt auf Antrag des Steuerpflichtigen unter Zugrundelegung der Einschätzung der einzelnen Gemeinden der Kreisausschuß und, soweit die Stadt Berlin oder andere Stadtgemeinden in Betracht kommen, der Bezirksausschuß nach Anhörung sämmtlicher Betheiligten.

Der Antrag des Steuerpflichtigen, welcher binnen der Frist von 4 Wochen, vom Tage der Bekanntmachung der Steuer (§. 65)[270]) seitens der zweiten oder einer weiteren eine Steuerforderung erhebenden Gemeinde

---

Klageforderung muß sich in den Grenzen des Einspruchs halten OV. 16. März 00 (VB. XXI 456). — Etatsansätze können nicht im Wege der Klage, sondern nur durch Vorstellung bei der Gemeinde- od. der zur Zwangsetatisierung berufenen Aufsichtsbehörde angefochten werden OV. 11. Nov. 96 (XXX 88). — Die Klage kann, solange die Vorentscheidung nicht rechtswirksam geworden ist, zurückgenommen, die Zurücknahme ab. nicht widerrufen werden OV. 19. Dez. 94 (XXVII 185).

[267]) Eine Erstattungsklage gem. Abs. 3 wird nicht dadurch ausgeschlossen, daß die Heranziehung mit den gesetzlichen Rechtsbehelfen angefochten oder durch Urteil außer Kraft gesetzt ist OV. 2. April 01 (XL 179). — Die Klage findet nur zwischen den Beteiligten statt u. kann nicht auf Grund eines Vertrages, durch den die Unterhaltung des Gemeindebullen übernommen ist, gegen die nach öffentlichem Rechte Beitragspflichtigen erhoben werden 23. Nov. 97 (VB. XIX 501).

[268]) Anw. Art. 45³. — Der von mehreren Gemeinden herangezogene Steuerpflichtige mußte sich vordem mit jeder Gemeinde auseinandersetzen, ohne vor Doppelbesteuerung gesichert zu sein. Hiergegen schafft § 71, der mit den Ausf.-Vorschr. (§ 72—74) von der Kom. des AH. (KB. S. 68 u. 69) eingefügt ist, Abhilfe, indem er die einheitliche Entscheidung durch eine üb. den Beteiligten stehende Stelle ermöglicht. — Das Verteilungsverfahren findet auch auf Nachsteuern (§ 83—87) Anwendung OV. 26. Okt. 00 (XXXVIII 71). — Kreis- und Provinzialsteuern § 92.

[269]) Nicht auf eine Gemeinde u. einen Gutsbezirk (§ 52) OV. 18. Jan. 99 (VB. XXI 5) u. nicht bei Streitigkeiten zwischen einer früheren u. der späteren Wohnsitzgemeinde 9. Feb., es genügt die tatsächliche Heranziehung, da über die Rechtsgültigkeit im Verfahren entschieden wird 6. April 00 (XXXVII 85 u. 80). Gemeinden, die von dem Steuerpflichtigen befriedigt werden, gehören nicht mehr zu den Beteiligten 27. Mai 02 (VB. XXIII 689).

[270]) Bei mehreren Heranziehungen für dasselbe Rechnungsjahr kann der Antrag binnen 4 Wochen nach jeder Heranziehung gestellt werden OV. 18. u. 21. Nov., auch gegen Nachsteuern ist der Antrag zulässig 23. Dez. 02 (VB. XXIV 323 u. 322).

ab gerechnet, zu stellen ist, tritt an die Stelle des Einspruches gegen die Heranziehung (Veranlagung) zu den bezüglichen Steuern in jeder einzelnen der betheiligten Gemeinden (§. 69)[271]).

Der Kreis- (Bezirks-) Ausschuß hat nach verhandelter Sache den auf jede Gemeinde entfallenden Theil des steuerpflichtigen Einkommens und den von demselben zu entrichtenden Steuerbetrag festzusetzen[272]).

Zutreffendenfalls kommen die Bestimmungen des §. 58 des Gesetzes über die allgemeine Landesverwaltung vom 30. Juli 1883 dahin zur Anwendung, daß auch in den Fällen, in welchen die Stadt Berlin betheiligt ist, der Minister des Innern den Bezirksausschuß bestimmt, welcher zu beschließen hat[273]).

§. 72. Gegen den Beschluß des Kreis- (Bezirks-) Ausschusses findet binnen einer Frist von 2 Wochen[37]) der Antrag auf mündliche Verhandlung im Verwaltungsstreitverfahren statt[274]). In den Fällen, in welchen der §. 58 a. a. O. zur Anwendung kommt, ist für das Verwaltungsstreitverfahren derjenige Kreis- (Bezirks-) Ausschuß zuständig, welcher in Ansehung des Beschlußverfahrens für zuständig erklärt worden war[275]).

Der Antrag auf mündliche Verhandlung im Verwaltungsstreitverfahren steht sowohl dem Steuerpflichtigen, als auch einer jeden Gemeinde zu, auf deren Steuerforderung sich der Beschluß erstreckt, und richtet sich gegen sämmtliche Betheiligte, deren Theilverhältniß durch den von dem Kläger verfolgten Anspruch berührt wird[276]).

§. 73[277]). Wird während schwebenden Beschluß- oder Verwaltungsstreitverfahrens eine weitere Forderung auf Zahlung von Gemeindesteuern in

---

[271]) Anw. Art. 45 3c. — Das Verfahren erstreckt sich auch auf Heranziehungen, die durch Einspruch angefochten, ab. nach dessen Abweisung wegen Ablaufs der Klagefrist nicht mehr anfechtbar waren OV. 5. Dez. 02 (XLIII 74), womit die gegenteilige frühere Rechtsansicht (OV. 6. März 97 XXXI 24) aufgegeben ist. — Ein Einspruch unter Bezugnahme auf Heranziehung in anderen Gemeinden ist nicht ohne weiteres als Antrag zu erachten Vf. 17. Dez. 96 (MB. 97 S. 4). — Der gestellte Antrag macht den Einspruch in der Einzelgemeinde überflüssig u. das Verfahren tritt, wo letzterer erhoben war, an Stelle des Einspruchsverfahrens OV. 14. Okt. 96 (XXX 29). Die Gemeindebehörden sind danach zum Erlaß von Bescheiden auf angebrachte Einsprüche nicht mehr zuständig 4. März 02 (VB. XXIV 71).

[272]) Anw. Art. 45 3b.

[273]) Das. Art. 45 3d. — Anm. 208.

[274]) Der Antrag darf nicht üb. die ursprüngliche Veranlagung hinausgehen OV. 24. Nov. 99 (VB. XXII 6) u. im Streitverfahren dürfen die Kosten des Beschlußverfahrens den Parteien nicht zur Last gelegt werden 8. März 99 (XXXV 29).

[275]) Die Abweichung von LVG. § 58 (Anm. 208) ist im Interesse der Vereinfachung erfolgt KB.AH. (Anm. 1) S. 69.

[276]) Geht der Klageanspruch dahin, daß der vom richtig berechneten Einkommensanteil zu entrichtende Steuerbetrag rechtswidrig bestimmt sei, so beschränkt sich der Streit auf den Pflichtigen u. die betreffende Gemeinde OV. 26. Juni 97 (XXXII 11).

[277]) Besonders behandelt werden die Fälle der Erhebung neuer Steuerforderungen während des Verfahrens (§ 73) od. nach rechtskräftig entschiedener Sache (§ 74).

Ansehung des dem Verfahren unterliegenden Einkommens erhoben, so hat der Steuerpflichtige binnen der Frist von 4 Wochen, vom Tage der Bekanntmachung der bezüglichen Steuerforderung (§. 65) ab gerechnet, deren Einbeziehung in das schwebende Verfahren bei derjenigen Behörde[278]) zu beantragen, bei welcher die Sache anhängig ist. In diesem Verfahren ist alsdann gleichzeitig auch über die später erhobene Steuerforderung zu beschließen oder zu entscheiden.

§. **74**[277]). Wird nach rechtskräftig entschiedener[279]) Sache eine weitere Steuerforderung in Ansehung des Einkommens erhoben, welches den Gegenstand des früheren Verfahrens gebildet hat, so finden die vorstehenden Bestimmungen (§§. 71 bis 73) sinngemäße Anwendung mit der Maßgabe, daß derjenige Kreis- (Bezirks-) Ausschuß, welcher in dem ersten Verfahren beschlossen und entschieden hat, auch für das zweite Verfahren zuständig ist, und daß das rechtskräftig festgesetzte Antheilsverhältniß der bei dem ersten Verfahren betheiligt gewesenen Gemeinden in dem zweiten Verfahren nicht mehr geändert, in dem letzteren vielmehr nur noch darüber beschlossen und entschieden werden kann, welchen Betrag die früher aufgetretenen Steuergläubiger dem später aufgetretenen nach dem durch das rechtskräftige Urtheil[279]) für sie festgesetzten Antheilsverhältnisse zu erstatten haben.

§. **75.** Durch Einspruch[280]) und Klage wird die Verpflichtung zur Zahlung oder Leistung nicht aufgeschoben[281]).

§. **76.** Gegen die Feststellung des Gesammtsteuersatzes für einen Gewerbetrieb, der sich über mehrere Gemeinden erstreckt und nicht zur Staatsgewerbesteuer, aber gemäß §. 28 Nr. 2 bis 6 zur Gemeindegewerbesteuer herangezogen wird (§. 32), finden dieselben Rechtsmittel statt, die im Falle der Veranlagung dieses Betriebes zur Staatsgewerbesteuer gegeben sein würden (§§. 35 bis 37 des Gewerbesteuergesetzes vom 24. Juni 1891)[282]).

Desgleichen finden auch in diesem Falle hinsichtlich der Zerlegung des Steuersatzes in die auf die einzelnen Betriebsorte entfallenden Theilbeträge die im §. 38 a. a. O. wegen der Rechtsmittel getroffenen Vorschriften Anwendung[283]).

---

[278]) Auch dem Verwaltungsgericht KB. HH. (Anm. 1).

[279]) Auch wenn ein Beschluß endgültig geworden, weil Klage nicht erhoben ist, das.

[280]) Antrag gem. § 71.

[281]) Demgemäß können Zinsen bei der Rückgewähr (BGB. § 812) nicht beansprucht werden OV. 14. Mai 95 (XXVIII 115) u. 13. März 03 (VB. XXIV 549).

[282]) Anw. Art. 45⁴. — Die binnen 4 Wochen anzubringenden Rechtsmittel sind der Einspruch bei dem Steuerausschuß GewstG. § 35, die Berufung gegen dessen Entscheidung an die Regierung § 36 u. die Beschwerde gegen deren Entscheidung an das OVG. wegen Nichtanwendung oder unrichtiger Anwendung des bestehenden Rechts oder wesentlicher Mängel des Verfahrens § 37.

[283]) Anw. Art. 21.

Sechster Titel.

Aufsicht[284]).

§. 77. Für die Ertheilung der in diesem Gesetze vorbehaltenen Genehmigungen[285]) ist nach Maßgabe der folgenden Bestimmungen bei Stadtgemeinden der Bezirksausschuß, bei Landgemeinden[286]) der Kreisausschuß zuständig.

Gegen den auf Beschwerde ergehenden Beschluß — bei Stadtgemeinden[287]) des Provinzialraths, bei Landgemeinden des Bezirksausschusses — steht dem Vorsitzenden dieser Behörde aus Gründen des öffentlichen Interesses die Einlegung der weiteren Beschwerde an die Minister des Innern und der Finanzen zu[288]). Hierbei finden die Bestimmungen des §. 123 des Gesetzes über die allgemeine Landesverwaltung vom 30. Juli 1883 Anwendung[289]).

Die Genehmigung von Gemeindebeschlüssen, durch welche

a) besondere direkte oder indirekte Gemeindesteuern neu eingeführt oder in ihren Grundsätzen verändert[290]),

b) Abweichungen von den im §. 54 vorgeschriebenen Vertheilungsregeln,

c) Zuschläge über den vollen Satz der Staatseinkommensteuer hinaus (§. 55) angeordnet werden,

bedarf der Zustimmung der Minister des Innern und der Finanzen[291]). Den Ministern ist gestattet, die Ertheilung der Zustimmung auf die ihnen untergeordneten Aufsichtsbehörden höherer Instanz zu übertragen[292]).

---

[284]) Die Aufsicht äußert sich als Genehmigung zu gewissen Gemeindebeschlüssen § 77 oder als Anordnung zur Abänderung oder Ergänzung vorschriftswidriger Ordnungen § 78. Erstere wirkt in der Möglichkeit der Versagung nur negativ, letztere dagegen auch positiv. Erstere steht regelmäßig den Selbstverwaltungsbehörden zu, letztere wird von den Aufsichtsbehörden vorbehaltlich der verwaltungsgerichtlichen Entscheidung ausgeübt.

[285]) Genehmigung erfordern § 8, 9 Abs. 3, 13 Abs. 2, 18, 20 Abs. 2, 23 Abs. 6, 31 Abs. 3, 39, 43, 55, 56 Abs. 5, 58, 68 Abs. 2. — Die Heranziehung zu Abgaben ist erst zulässig, nachdem die Genehmigung erteilt ist OV. 13. Juni 96 (VB. XVII 444), oder, falls diese unter Maßgabe einer wesentlichen Änderung erfolgt, nachdem letztere ausdrücklich oder stillschweigend von der Gemeinde genehmigt ist 6. März 97 (XXXI 61). — Vor Genehmigung einer besonderen Gewerbesteuer, die nur wenige Pflichtige in erheblichem Maße trifft, empfiehlt sich deren Anhörung Vf. 30. Jan. 95 (MB. 35).

[286]) Auch bei Verbänden von Landgemeinden u. Gutsbezirken (Amtsbezirken, Ämtern, Landbürgermeistereien) Vf. 2. Jan. 95 (MB. 17).

[287]) Berlin Anw. Art. 46 I.

[288]) Die Anfechtung durch Klage (LVG. § 126) ist dadurch ausgeschlossen OV. 29. April 96 (XXIX 64).

[289]) Betrifft das Verfahren.

[290]) Besondere direkte Steuern § 23 Abs. 6 nebst § 25, 27 Abs. 2, 29 u. 37, indirekte Steuern § 18.

[291]) Die Zustimmung der Minister ist außerdem erforderlich in den Fällen § 23 Abs. 4, 37 Abs. 2 u. 56 Abs. 3. — Anw. Art. 46 II 1 u. 2.

[292]) Die Erteilung ist für Landgemeinden auf die Regierungspräsidenten, für Stadtgemeinden bis 10 000 — im Falle des KAG. § 55 bis 50 000 (Vf. 21. Okt. 03 (MB. 241) — Einwohnern — betreffs der Umsatz-, Lustbarkeits-, Hunde-, Bier-, Wildpret- u. Geflügelsteuern auch in größeren Städten — auf die Ober-

Die Ertheilung der Genehmigung kann auf eine von vornherein zu bestimmende Frist von einem oder mehreren Jahren beschränkt werden[293].

§. 78. Bestehen bei dem Inkrafttreten des Gesetzes in einzelnen Gemeinden Ordnungen über die Aufbringung von Gebühren, Beiträgen, indirekten, direkten Steuern oder Diensten, welche den Vorschriften dieses Gesetzes[294]) zuwiderlaufen, oder werden derartige Gemeindebeschlüsse gefaßt, so ist die Aufsichtsbehörde befugt, deren Abänderung oder Ergänzung unter Angabe der Gründe anzuordnen[295].

Dieselbe Befugniß steht der Aufsichtsbehörde zu, wenn die Abstufungen des Grundbesitzes, nach welchen die Steuer umgelegt wird (§. 25), wegen wesentlicher Veränderungen der Besitzverhältnisse zur Grundlage der Besteuerung nicht mehr geeignet sind und ein Antrag auf Abänderung oder Ergänzung von der Mehrheit der einer Abstufung angehörigen Steuerpflichtigen gestellt wird.

Die Einführung neuer und die Erhöhung bestehender indirekter Steuern darf nicht angeordnet werden.

Gegen die Anordnung findet innerhalb vier Wochen nach Ablauf der in derselben gestellten Frist die Klage im Verwaltungsstreitverfahren, für Landgemeinden bei dem Bezirksausschusse, für Stadtgemeinden bei dem Oberverwaltungsgerichte statt[296].

Wird die Klage innerhalb dieser Frist nicht erhoben, so ist die Aufsichtsbehörde befugt, die in Ansehung der Aufbringung der Gebühren, Beiträge, indirekten, direkten Steuern oder Dienste erforderliche Ordnung auf Grundlage der erlassenen Verfügung selbst festzustellen[297]. Das Gleiche gilt für den Fall der rechtskräftigen Abweisung der Klage. Wird die Klage endgültig für begründet erkannt, so tritt die Anordnung außer Kraft[298].

Sofern das öffentliche Interesse es erheischt, beschließt im Falle der Erhebung der Klage über die vorläufige Ordnung des Steuerwesens bis zur rechtskräftigen Entscheidung für Landgemeinden der Kreisausschuß, für Stadtgemeinden der Bezirksausschuß.

---

präsidenten übertragen. Bei erstmaliger Einführung neuer besonderer oder grundsätzlicher Änderung bestehender Steuern in Städten über 10 000 Einwohnern, sowie bei Meinungsverschiedenheit mit den Provinzialsteuerdirektionen bleibt Ministerialgenehmigung erforderlich, zwei Vf. 3. Dez. 00 (MB. 01 S. 5 u. 7); Umsatzsteuer Unteranl. A 1 Anm. 1.

[293]) Anw. Art. 46 II 3.

[294]) Nicht auch den Besteuerungsgrundsätzen, wie der Regierungsentwurf es vorschlug.

[295]) Anw. Art. 47 1—5. — Inhalt der Anordnung OV. 10. Juni 98 (XXXIV 163).

[296]) Anw. Art. 47 6 u. 9.

[297]) Das. Art. 47 7. — Die Aufsichtsbehörde ist sonach nicht befugt, Ordnungen ohne das vorgeschriebene Verfahren u. ohne anderweite Feststellung aufzuheben OV. 20. Sept. 98 (XXXIV 159).

[298]) Anw. Art. 47 8.

Siebenter Titel.

Strafen[299]).

§. 79. Wer in der Absicht der Steuerhinterziehung[300]) an zuständiger Stelle auf die an ihn gerichteten Fragen[301]) oder bei der Begründung eines Einspruchs[302]) unrichtige oder unvollständige Angaben macht, wird mit dem vier- bis zehnfachen Betrage der stattgehabten oder beabsichtigten Verkürzung, mindestens aber mit einer Geldstrafe von einhundert Mark bestraft[303]).

Ist eine unrichtige oder unvollständige Angabe, welche geeignet ist, eine Verkürzung der Steuer herbeizuführen, zwar wissentlich, aber nicht in der Absicht der Steuerhinterziehung erfolgt, so tritt Geldstrafe von drei bis einhundert Mark ein[303]).

Straffrei bleibt, wer seine unrichtige oder unvollständige Angabe, bevor Anzeige erfolgt oder eine Untersuchung eingeleitet ist[304]), an zuständiger Stelle berichtigt oder ergänzt und die vorenthaltene Steuer in der ihm gesetzten Frist entrichtet.

§. 80. Der Gemeindevorstand beziehungsweise die Mitglieder des Gemeindevorstandes, die Mitglieder der Steuerausschüsse, sowie die bei der Veranlagung betheiligten Gemeindebeamten werden, wenn sie die zu ihrer Kenntniß gelangten Erwerbs-, Vermögens- oder Einkommensverhältnisse eines Steuerpflichtigen, insbesondere auch den Inhalt einer Auskunftsertheilung (§. 63) oder der darüber gepflogenen Verhandlungen unbefugt offenbaren, mit Geldstrafe bis zu eintausendfünfhundert Mark oder mit Gefängniß bis zu drei Monaten bestraft.

Die Verfolgung findet nur auf Antrag des Gemeindevorstandes oder des Steuerpflichtigen bezw. dessen Vertreters statt[305]). Ist das Vergehen von dem Gemeindevorstande oder von Mitgliedern des Gemeindevorstandes begangen, so ist auch die Aufsichtsbehörde zur Stellung des Antrages berechtigt.

§. 81. Die auf Grund der §§. 79 und 80 festgesetzten, aber unbeitreiblichen Geldstrafen sind nach Maßgabe der für Uebertretungen geltenden

---

[299]) Strafen bestimmt das G. für unrichtige Angaben der Steuerpflichtigen § 79 u. für Verletzung der Amtsverschwiegenheit seitens der mit der Veranlagung befaßten Personen § 80. Außerdem können Strafen in den Steuerordnungen angedroht werden § 82 Abs. 1. Das Verfahren regelt sich in ersterem Falle nach § 81 Abs. 1—3, im zweiten nach Abs. 1 u. 4 u. im dritten nach § 82 Abs. 2.

[300]) Auf Gebühren u. Beiträge nicht anwendbar Anw. Art. 48 Abs. 1 u. Vf. 19. Jan. 98 (MB. 24).

[301]) Fragen kommen nur bei direkten Steuern in Betracht (§ 63) OV. 25. Juli 97 (VB. XIX 207).

[302]) Desgl. des Antrages (§ 71 Abs. 2), nicht der Klage, wie nach EinkstG. § 66.

[303]) Daneben ist die hinterzogene Steuer zu entrichten § 83 Abs. 1. — Die Strafen verjähren in 5 Jahren G. 22. Mai 52 (GS. 250) Art. V u. (neue Prov.) V. 25. Juni 67 (GS. 921) Art. XI.

[304]) Anw. Art. 48 Abs. 4.

[305]) Das. Art. 49 Abs. 2 (Abs. 1 wiederholt im wesentlichen nur den Abs. 1 des § 80).

Bestimmungen der §§. 28 und 29 des Strafgesetzbuches für das Deutsche Reich in Haft umzuwandeln.

Die Untersuchung und Entscheidung in Betreff der im §. 79 bezeichneten strafbaren Handlungen steht dem Gerichte zu, wenn nicht der Beschuldigte die von dem Gemeindevorstande vorläufig festgesetzte Geldstrafe nebst den durch das Verfahren gegen ihn entstandenen Kosten binnen einer ihm bekannt gemachten Frist freiwillig an die Gemeindekasse zahlt[306].

Hat der Beschuldigte in Preußen keinen Wohnsitz, so erfolgt das Einschreiten des Gerichts ohne vorläufige Festsetzung der Strafe durch den Gemeindevorstand. Dasselbe findet statt, wenn der Gemeindevorstand aus sonstigen Gründen von der vorläufigen Festsetzung der Strafe Abstand zu nehmen erklärt oder der Angeschuldigte hierauf verzichtet.

Bei Zuwiderhandlungen wegen der Verpflichtung zur Geheimhaltung (§. 80) findet nur das gerichtliche Strafverfahren statt.

§. 82. In den Steuerordnungen können Strafen gegen Zuwiderhandlungen bis zur Höhe von dreißig Mark angedroht werden.

Die Strafen sind durch den Gemeindevorstand festzusetzen und nach eingetretener Rechtskraft (§. 459 der Strafprozeßordnung vom 1. Februar 1877, RGBl. S. 253) im Verwaltungszwangsverfahren beizutreiben[307].

Achter Titel.

Nachforderungen und Verjährungen[308].

§. 83[309]**.** Die Einziehung hinterzogener direkter Steuern (§. 79) zur Gemeindekasse erfolgt neben und unabhängig von der Strafe.

Die Verbindlichkeit zur Nachzahlung der Steuer verjährt in zehn Jahren und geht auf die Erben, jedoch für diese mit einer Verjährungsfrist von fünf Jahren und nur auf Höhe ihres Erbantheils, über. Die Verjährung beginnt mit Ablauf des Rechnungsjahres, in welchem die Hinterziehung begangen wurde.

Die Festsetzung der Nachsteuer steht dem Gemeindevorstande zu, gegen dessen Beschluß nach Maßgabe der §§. 69, 70 der Einspruch und die Klage im Verwaltungsstreitverfahren zulässig sind.

---

[306]) Verfahren Anw. Art. 48 Abs. 5 u. 6; zuständige Gerichte Abs. 7. — Das Verfahren bei Zuwiderhandlungen gegen die Schlacht- u. Wildpretsteuer (§ 15) bestimmt sich nach G. 26. Juli 97 (GS. 237), soweit die Gemeinde die Verwaltung nicht selbst übernommen hat, das. § 58.

[307]) Anw. Art. 50 Abs. 3 (Abs. 1 u. 2 wiederholen nur den § 82). StPO. § 459 ist in Anl. A Anm. 83 abgedruckt.

[308]) Nachforderungen sind die erst nach ihrer Fälligkeit od. Entstehung geltend gemachten Ansprüche OV. 11. Juni 00 (XXXVII 47). Die Geltendmachung erlischt mit der Verjährung. Titel 9 betrifft die Nachforderung direkter Steuern im Falle der Hinterziehung § 83, der Nichtveranlagung od. Freilassung § 84, der Veränderung der ihnen zugrunde liegenden Staatseinkommensteuer § 85, 86, die Nachforderung indirekter Steuern u. sonstiger Lasten § 87 u. die Verjährung zur Hebung gestellter Steuern § 88.

[309]) § 83 entspricht dem EinkStG. § 67. — Ausführung des Abs. 2 Anw. Art. 51³, des Abs. 3 das. Art. 51 1 u. 2.

§. 84[310]). Steuerpflichtige, welche entgegen den Vorschriften dieses Gesetzes oder der auf Grund desselben erlassenen Steuerordnungen bei der Veranlagung direkter Gemeindesteuern übergangen[311]) oder steuerfrei geblieben sind, ohne daß eine strafbare Hinterziehung der Steuer stattgefunden hat (§§. 79, 83), sind zur Entrichtung des der Gemeindekasse entzogenen Betrages verpflichtet[312]). Die Verpflichtung erstreckt sich auf die drei Rechnungsjahre zurück, welche dem Rechnungsjahre, in dem die Verkürzung festgestellt worden, vorausgegangen sind.

Die Verpflichtung zur Zahlung der Nachsteuer geht auf die Erben, jedoch nur bis zur Höhe ihres Erbantheils über.

Die Veranlagung der Nachsteuer erfolgt einheitlich für den ganzen Zeitraum, auf welchen sich die Verpflichtung erstreckt, nach den Vorschriften dieses Gesetzes oder der maßgebenden Steuerordnungen[313]).

§. 85[314]). Ist nach den Bestimmungen der §§. 67, 80 des Einkommensteuergesetzes vom 24. Juni 1891[315]) eine Nachsteuer für den Staat festgesetzt, so haben die zur Entrichtung der Nachsteuer Verpflichteten gemäß den hierfür geltenden Vorschriften die entsprechenden Zuschläge an die Gemeinde nachzuzahlen.

Die Festsetzung der nachträglich zu entrichtenden Zuschläge geschieht durch den Gemeindevorstand einheitlich für den ganzen Zeitraum, auf welchen sich die Verpflichtung erstreckt, nach den Vorschriften dieses Gesetzes[316]) oder der maßgebenden Steuerordnungen.

§. 86[317]). Hat in Folge der Einlegung von Rechtsmitteln oder einer anderweiten Veranlagung (§. 57 des Einkommensteuergesetzes vom 24. Juni 1891) eine Erhöhung der ursprünglich vom Staate veranlagten Steuer stattgefunden (§. 30 Absatz 2, §. 36 Absatz 3), so kann die hieraus entspringende Nachforderung der Gemeinde nur innerhalb der Frist von einem Jahre, welche

---

[310]) § 84, der im übrigen dem EinkstG. § 80 entspricht, weicht von ihm insoweit ab, als nach diesem auch die zu einer ihrem wirklichen Einkommen nicht entsprechenden niedrigeren Stufe Veranlagten der Nachforderung unterliegen. — Auch die anderweitige Veranlagung infolge Erbanfalls (EinkstG. § 57) ist hiernach der Gemeinde versagt OV. 11. Dez. 00 (XXXIX 63).

[311]) Keine Übergehung liegt vor, wenn bei der Grundsteuer ein Grundstück nur zum Teil veranlagt worden ist OV. 11. Jan. 01 (VB. XXII 348). — Wenn dagegen bei Erhebung der Zuschläge zu mehreren direkten Steuern eine fortgelassen ist, so liegt eine Übergehung — nicht eine zu geringe Veranlagung — vor OV. (VB. XXIV 807).

[312]) Anw. Art. 52 Nr. 1 Abs. 2 (Abs. 1 wiederholt im wesentlichen nur den ersten u. Nr. 2 den zweiten u. dritten Satz des § 84).

[313]) Das. Art. 52 [3 u. 4].

[314]) Das. Art. 53.

[315]) Anm. 309, 310.

[316]) § 83, 84, Anw. Art. 53 Abs. 1. Danach ist bei Festsetzung einer Nachtrags-Staatssteuer wegen zu niedriger Veranlagung (Anm. 310) ein entsprechender Zuschlag an die Gemeinde nicht zu zahlen OV. 9. Jan. 97 (XXXII 40); die entgegengesetzte Ansicht vertritt ein Aufsatz Thümens (VB. XXII 475).

[317]) Anw. Art. 54.

mit dem Tage der ergangenen endgültigen Entscheidung über die Erhöhung der Steuer beginnt, erhoben werden.

§. 87. Die Berechtigung der Gemeinden zur Nachforderung anderer Gemeindeabgaben als direkter Steuern beschränkt sich ohne Unterscheidung, ob die Abgabe gar nicht oder mit einem zu geringen Betrage erhoben worden ist,

1. bei Verbrauchsabgaben[318]) auf die Frist eines Jahres, vom Tage des Eintrittes der Zahlungsverpflichtung an gerechnet,
2. bei sonstigen indirekten Steuern[319]), Gebühren und Beiträgen (§§. 4—11)[320]), sowie bei Kosten auf die Frist von drei Jahren seit dem Ablaufe desjenigen Jahres, in welchem die Forderung entstanden ist[321]).

Die Nachforderung von Naturaldiensten[322]) ist, sofern die Nachleistung nach den Zwecken der zu leistenden Dienste überhaupt noch möglich ist, auf die Dauer des laufenden Rechnungsjahres beschränkt.

§. 88[323]). Zur Hebung gestellte Gemeindeabgaben[324]) und Kosten, welche im Rückstande verblieben[325]) oder befristet sind, verjähren in 4 Jahren, von dem Ablaufe des Jahres an gerechnet, in welches der Zahlungstermin fällt.

Die Verjährung wird durch eine an den Pflichtigen erlassene Zahlungsaufforderung, durch Verfügung der Zwangsvollstreckung und durch Stundung unterbrochen.

Nach Ablauf des Jahres[326]), in welchem die letzte Aufforderung zugestellt, die Zwangsvollstreckung verfügt oder die bewilligte Frist abgelaufen ist, beginnt eine neue vierjährige Verjährungsfrist.

Neunter Titel.

Kosten und Zwangsvollstreckung.

§. 89. Die Kosten der Veranlagung und Erhebung der Abgaben[327]) fallen, insoweit hierüber nicht durch §. 14 des Gesetzes wegen Aufhebung direkter Staatssteuern[328]) anderweitige Bestimmung getroffen ist, der Gemeindekasse zur Last. Jedoch sind diejenigen Kosten, welche durch die gelegentlich

---

318) § 13 Abs. 1 u. 14.

319) § 15, 16 u. Anm. 43.

320) Die Nachforderung von Kurtaxen (§ 12) ist nicht vorgesehen; die Verjährung der in Hebung gestellten bestimmt sich nach § 88.

321) Anw. Art. 55. — Zeitpunkt für Entstehung der Forderung bei Straßenbaubeiträgen (§ 10) OV. 4. u. 18. April 98 (XXXIII 126 u. 129) u. 13. Juni 99 (XXXVI 62). — Anm. 349.

322) Auch die Nachforderung von Geldbeträgen, die an Stelle der Dienste zu leisten sind OV. 7. Dez. 00 (VB. XXII 418).

323) § 88 entspricht dem Verjährungs-G. 18. Juni 40 (GS. 140) § 8.

324) Gemeindeabgaben Anm. 3. — Die Inhebungstellung erfolgt mit der Einforderung (§ 69 Abs. 2).

325) Als im Rückstande verblieben gelten alle zur Hebung gestellten (vor. Anm.), aber bis zum Fälligkeitstermin nicht gezahlten Abgaben OV. 18. Juni 97 (XXXIII 215).

326) Anw. Art. 56.

327) § 61—67. — Anw. Art. 57 Abs. 2.

328) Anl. C.

eines Einspruches erfolgenden Ermittelungen veranlaßt werden, von dem Abgabepflichtigen zu erstatten, wenn sich seine Angaben in wesentlichen Punkten als unrichtig erweisen. Die Festsetzung dieser Kosten kann nur in der Entscheidung über den Einspruch erfolgen[329]).

§. 90. Gebühren, Beiträge[330]), Steuern und Kosten, sowie die nach einem von der Aufsichtsbehörde festgestellten Tarife erhobenen Vergütungen (Kurtaxen u. s. w.) unterliegen der Beitreibung im Verwaltungszwangsverfahren nach Maßgabe der Verordnung vom 15. November 1899 (GS. S. 545)[331]).

Sind Naturaldienste zu leisten, so ist der Gemeindevorstand bei Säumniß der Pflichtigen befugt, die Dienste durch Dritte leisten und die entstehenden Kosten von den Ersteren im Verwaltungszwangsverfahren beitreiben zu lassen[332]).

Theil II. Kreis- und Provinzialsteuern[333]).

§. 91. Die bestehenden Vorschriften über die Aufbringung der Kreis- und Provinzialsteuern bleiben mit folgenden Maßgaben unberührt:

1. Wie den Städten, bleibt auch den Landgemeinden die Beschlußfassung darüber vorbehalten, in welcher Weise ihre Antheile an den Kreissteuern aufgebracht werden sollen[334]).
2. Bei der Vertheilung der Kreissteuern sind die Grund-, Gebäude- und die Gewerbesteuer der Klassen I und II in der Regel mit dem gleichen Betrage desjenigen Prozentsatzes heranzuziehen, mit welchem die Staatseinkommensteuer belastet wird.

   Mit Genehmigung des Bezirksausschusses kann der Betrag, mit welchem die Realsteuern heranzuziehen sind, bis auf das Anderthalbfache jenes Prozentsatzes erhöht oder bis auf die Hälfte desselben herabgesetzt werden[335]).

---

[329]) Anw. Art. 57 Abs. 1. — Die Best. schließen sich dem EinkstG. § 71 an.

[330]) Gebühren u. Beiträge genießen als auf dem Grundstücke haftende gemeine Lasten Vorzugsrechte bei der Zwangsvollstreckung in das unbewegliche Vermögen G. 98 (RGB. 713) § 10³; ob auch im Konkurse gem. KonkO. § 61² ist streitig.

[331]) Diese V. ist an Stelle der V. 7. Sept. 79 (GS. 591) getreten. — Anw. Art. 58. — Die Zurückzahlung angeblich zu Unrecht beigetriebener Geldbeträge kann nur durch Beschwerde — nicht durch Einspruch (§ 69) — geltend gemacht werden OV. 15. April 02 (VB. XXIV 436).

[332]) Dies bildet keine erneute Heranziehung, sondern einen Teil des Zwangsverfahrens u. ist nicht im Wege des Einspruchs (§ 69), sondern der Beschwerde (V. 15. Nov. 99 § 2 Abs. 2) anfechtbar OV. 25. April 02 (VB. XXIV 181). Verb. Anm. 246.

[333]) Teil II ergänzt die KrO. § 9—19 u. die an diese sich anschließenden Best. der ProvO. § 105—113. Zur Ausführung erging Vf. 31. Dez. 97 (Nr. IV 2 Anl. A).

[334]) Anw. Art. 59 I 1 Abs. 2. — Das Nähere enthält Nr. IV 2 Anm. 50.

[335]) Anw. Art. 59 I 2 Abs. 2—5. — Die Vorschrift ergänzt KrO. § 10 Abs. 2. — Zu Erhöhungen bietet u. a. die Anlage von Sekundärbahnen Anlaß Vf. 10. Mai 95 (MB. 120).

Die zur Ausführung der vorstehenden Bestimmungen erforderlichen Beschlüsse der Kreistage und Bezirksausschüsse können bereits innerhalb eines Jahres vor dem Inkrafttreten des gegenwärtigen Gesetzes gefaßt werden. Mit dem bezeichneten Zeitpunkte treten Maßstäbe für die Vertheilung der Kreisabgaben, welche den Bestimmungen dieses Gesetzes nicht entsprechen oder die darnach erforderliche Genehmigung nicht erhalten haben, außer Kraft[336]).

3. Die Mehr- oder Minderbelastung einzelner Kreistheile mit Kreissteuern und einzelner Kreise mit Provinzialsteuern darf auch nach einem anderen Maßstabe, als nach Quoten der Kreissteuern beziehungsweise der direkten Staatssteuern erfolgen[337]).

4. Insoweit juristische Personen, Gesellschaften u. s. w. zur Entrichtung der in Kreisen oder Provinzen vom Einkommen zu erhebenden Steuern verpflichtet sind oder physische Personen in verschiedenen Kreisen[338]) beziehungsweise Provinzen solchen Steuern unterliegen, kommen bei Veranlagung der Pflichtigen die die Gemeindeeinkommensteuer betreffenden Vorschriften[339]) dieses Gesetzes sinnentsprechend[340]) zur Anwendung.

Die auf Grund der Einlegung von Rechtsmitteln[341]) erfolgte Erhöhung oder Ermäßigung der der Vertheilung von Kreis- und Provinzialsteuern zu Grunde gelegten Staatssteuersätze zieht die entsprechende Abänderung der Veranlagung zu den Kreis- beziehungsweise Provinzialsteuern nach sich[342]).

§. **92.** Die Vorschriften der §§. 51[343]), 71 bis 74 finden bei der Kreis- und Provinzialbesteuerung mit nachstehenden Maßgaben sinnentsprechende Anwendung:

1. Ueber die Vertheilung des dem Besteuerungsrechte mehrerer Kreise (Stadt-[344]) oder Landkreise) unterliegenden Einkommens beschließt der Bezirksausschuß.

---

[336]) Diese — eine Abweichung zu § 96 bildende Übergangsbestimmung hat keine Bedeutung mehr.

[337]) Anw. Art. 59 I 3.

[338]) Betrifft nicht Stadtkreise, da in diesen der Kreisbedarf durch Gemeindesteuern gedeckt wird OV. 30. Okt. 97 (VB. XIX 480). Abweichung in Schleswig-Holstein KrO. § 134—138.

[339]) Nur die die Veranlagung, nicht die die Steuerpflicht betreffenden; unanwendbar sind demgemäß § 33 [1] OV. 16. Dez. 02 (VB. XXIV 466), § 34 OV. 14. April 97 (XXXI 1) u. § 49 OV. 25. April 02 (VB. XXIV 487), anwendbar dagegen § 33 [3] Schlußsatz OV. 11. Okt. 01 (XLI 1) u. § 36 Abs. 2 OV. 19. Feb. 01 (XXXIX 27).

[340]) Soweit angängig Anw. Art. 59 I 4.

[341]) Nicht auf Grund von Zugängen oder Nachsteuern OV. 8. März 99 XXXV 1).

[342]) Anw. Art. 59 II Abs. 2.

[343]) In Anwendung des § 51 Abs. 2 ist die Kreiseinkommensteuer von dem in demselben Kreise aus verschiedenen Quellen fließenden Einkommen in einer Summe festzusetzen, die nach Verhältnis dieser Quellen auf die einzelnen Gemeinden zu verteilen ist OV. 8. Mai 97 (XXXI 4). Gleiches gilt, wenn das Einkommen aus einer sich über mehrere Gemeinden erstreckenden Quelle fließt 15. März 99 (XXXV 9).

[344]) Auf Stadtkreise ist das Verfahren gem. Anm. 338, abgesehen von Schl.-

An Stelle der Frist von 4 Wochen tritt eine solche von 2 Monaten[345]).

2. Ueber die Vertheilung des dem Besteuerungsrechte mehrerer Provinzen unterliegenden Einkommens beschließt — auch wenn die Stadt Berlin mit in Betracht kommt — derjenige Provinzialrath, welchen der Minister des Innern bestimmt.

Gegen den Beschluß findet binnen 2 Wochen die Klage bei dem Oberverwaltungsgericht statt.

§. 93[346]). Die Kreise sind befugt, das Halten von Hunden zu besteuern. Die Steuer darf jährlich 5 Mark für den Hund nicht übersteigen und ist durch Steuerordnung zu regeln. Auf die Steuerordnung finden die Vorschriften des §. 82 mit der Maßgabe Anwendung, daß an die Stelle des Gemeindevorstandes der Kreisausschuß tritt.

Die Steuerordnung bedarf der Genehmigung des Bezirksausschusses. Die Genehmigung unterliegt der Zustimmung der Minister des Innern und der Finanzen. Den Ministern ist gestattet, die Ertheilung der Zustimmung auf die Oberpräsidenten zu übertragen[347]).

Die Erhebung einer Hundesteuer seitens der Kreise berührt das Recht der Gemeinden zur Besteuerung der Hunde nicht (§. 16)[348]).

Schluß-, Ausführungs- und Uebergangsbestimmungen.

§. 94. Alle in dem gegenwärtigen Gesetze vorgeschriebenen Fristen sind Ausschlußfristen[349]). Die Fristen beginnen, soweit in diesem Gesetze nichts Anderes bestimmt ist[350]), mit der Zustellung des Beschlusses oder der sonstigen Anordnung. Der Tag der Zustellung wird nicht mitgerechnet. Im Uebrigen sind für den Beginn und die Berechnung der Fristen die bürgerlichen Prozeßgesetze[351]) maßgebend.

Holstein, nicht anwendbar OV. 9. März 98 (XXXIV 1).

345) Entspricht der Vorschrift der Kreisordnungen KrO. § 19.

346) Neufassung Anm. 176. — Anw. Art. 59 III; verb. Art. 12 u. (Muster-O.) Unteranl. A 4.

347) Die Übertragung ist erfolgt Vf. 24. März 96 (MB. 65).

348) Bei gleichzeitiger Erhebung der Kreis- u. Gemeindehundesteuer muß die Zahlungsaufforderung den auf jede Steuer entfallenden Betrag ersichtlich machen; wo dies nicht geschieht, ist der ganze Betrag als Gemeindeabgabe zu behandeln OV. 28. Nov. 96 (XXX 109).

349) Anw. Art. 60 Abs. 1. — Die in § 83—87 — nach Nöll Anm. 2 zu § 94 nur in § 88 — festgesetzten Fristen sind Verjährungs-, nicht Ausschlußfristen. Mit ihrem Ablauf erlischt ein an sich zeitlich nicht beschränktes Recht, falls die Frist nicht durch Betätigung des Rechts unterbrochen worden ist, wogegen der Ablauf einer Ausschlußfrist die Ausübung eines von vornherein befristeten Rechts verhindert OV. 12. Juli 00 (XXXVIII 131).

350) Anw. Art. 60 Abs. 3.

351) Das. Abs. 4.

§. 95. Das Rechnungsjahr für den Gemeindehaushalt beginnt mit dem 1. April und schließt mit dem 31. März[352]).

Der Beschlußfassung der Gemeindebehörden bleibt überlassen, an Stelle des Rechnungsjahres eine Periode von zwei oder drei Rechnungsjahren treten zu lassen[353]).

§. 96. Das gegenwärtige Gesetz tritt gleichzeitig mit dem Gesetze wegen Aufhebung direkter Staatssteuern[94]) in Kraft[354]).

Die Gemeinden sind verpflichtet[355]), die Ordnungen (Observanzen, Statuten, Regulative, Gemeindebeschlüsse u. s. w.) über die Aufbringung von Gebühren, Beiträgen, indirekten und direkten Steuern oder Diensten mit den Vorschriften[294]) dieses Gesetzes in Uebereinstimmung zu bringen.

Zu diesem Behufe können die zur Ausführung des gegenwärtigen Gesetzes erforderlichen Gemeindebeschlüsse bereits innerhalb eines Jahres vor dem Inkrafttreten desselben im Voraus gefaßt und die dadurch bedingten Anordnungen und Entscheidungen der Verwaltungs- und Verwaltungsgerichtsbehörden nach Maßgabe der Bestimmungen dieses Gesetzes getroffen werden.

Ordnungen[356]), welche bis zum Inkrafttreten des gegenwärtigen Gesetzes in Geltung gewesen sind, bleiben — unbeschadet der Bestimmungen im §. 23 Absatz 4 und §. 37 Absatz 2 — bis zur Abänderung durch rechtsgültigen Gemeindebeschluß oder Anordnung der Aufsichtsbehörde (§. 78) bestehen[357]).

Mit dem Inkrafttreten des gegenwärtigen Gesetzes treten alle demselben entgegenstehenden gesetzlichen Bestimmungen[358]) außer Kraft.

Wo in den Gesetzen auf diese Bestimmungen Bezug genommen ist, kommen diejenigen des gegenwärtigen Gesetzes sinnentsprechend zur Anwendung.

---

[352]) Das G. 29. Juni 76 (GS. 177) hatte den Gemeinden die Annahme des für den Staatshaushalt verlegten Etatsjahres freigestellt. Zur Beseitigung der Schwierigkeiten, die insbes. bei Erhebung von Staatssteuerzuschlägen entstehen, ist dieses Etatsjahr den Gemeinden gesetzlich vorgeschrieben.

[353]) Anw. Art. 61 Abs. 2.

[354]) Das. Art. 62 [1].

[355]) Die Verpflichtung ist unbedingt u. nicht von dem Vorhandensein eines besonderen öffentlichen Interesses abhängig OV. 10. Juni 98 (XXXIV 163).

[356]) Ordnungen über Naturalleistungen gehören in Hinblick auf Abs. 2 nicht dazu OV. 9. Juni 99 (XXXVI 170), insbes. nicht solche über Verteilung der Wegelast nach Pfändern 17. Mai 01 (VB. XXIII 118), desgl. nicht Vorschriften, die nicht die Aufbringung, sondern Rechtsmittel, Fristen usw. betreffen 11. Nov. 96 (XXX 88). — Ungültige Ordnungen erlangen durch Abs. 4 keine Gültigkeit 3. Dez. 98 (XXXIV 35).

[357]) Anw. Art. 62 [3 u. 4].

[358]) Auch die gewohnheitsrechtlichen. Aufgehoben sind insbes. die betreffenden gesetzlichen Best. der Eisenb.-Verstaatlichungsgesetze 26. Jan. 98 (VB. XIX 391) u. die Polizeiverordnungen u. Observanzen über die Verpflichtung der Anlieger zur Herstellung des Bürgersteiges 2. Mai 99 (XXI 26), ferner G. 27. Juni 90 (GS. 217) § 3 über Aufbringung der Kosten der Bullenhaltung in der Rheinprovinz Bf. 2. Mai 95 (MB. 119).

Unberührt bleiben die Vorschriften wegen Erhebung von Bürgerrechtsgeldern, Einkaufsgeldern und gleichartigen Abgaben[359]).

§. 97. Der Minister des Innern und der Finanzminister sind mit der Ausführung dieses Gesetzes beauftragt[1d]).

Anlagen zum Kommunalabgabengesetze.

Anlage A (zu Anmerkung 1).

Ausführungs-Anweisung vom 10. Mai 1894[1]).

Theil I. Gemeindeabgaben.

Erster Titel. Allgemeine Bestimmungen.

Artikel 1. **Das Abgabenrecht der Gemeinden im Allgemeinen** (§. 1).

1. Die Vorschriften des Kommunalabgabengesetzes über die Aufbringung des Finanzbedarfs der Gemeinden gehen davon aus, daß diejenigen Ausgaben, welche in erkennbarer Weise zum Vortheile einzelner Gemeindeangehörigen oder einzelner Klassen von solchen aufgewendet oder von ihnen verursacht werden, insoweit nach dem Maßstabe von Leistung und Gegenleistung, sonstige Ausgaben aber vorzugsweise nach dem Maßstabe der Leistungsfähigkeit aufzubringen sind.

Die Deckung des Finanzbedarfs nach dem Maßstabe von Leistung und Gegenleistung geschieht vorzugsweise durch Gebühren, Beiträge und Realsteuern, während zur Aufbringung des Finanzbedarfs nach dem Maßstabe der Leistungsfähigkeit die Einkommensteuer dient. Die nach dem ersteren Maßstabe zu deckenden Ausgaben können aber auch durch entsprechende Vor- oder Mehrbelastung auf steuerlichem Gebiete (Einkommensteuer, Realsteuern) aufgebracht werden.

Die Anwendung des Maßstabes von Leistung und Gegenleistung schließt im Allgemeinen nicht aus, daß die Ausgleichung der hier in Betracht kommenden Vortheile oder Kosten durch verschiedene Arten von Abgaben erzielt wird.

Dagegen darf über das Maß dieser Vortheile oder Kosten hinaus eine Belastung nicht stattfinden. Wenn also z. B. eine völlige Ausgleichung durch Gebühren erzielt wird, darf daneben nicht noch eine steuerliche Vor- und Mehrbelastung erfolgen. Die Erhebung von Beiträgen schließt dagegen eine steuerliche Vor- oder Mehrbelastung stets aus (§. 20, Art. 13).

2. Der §. 1 des Gesetzes erstreckt sich nicht auf die selbstständigen Gutsbezirke, welche im Uebrigen hinsichtlich ihrer Pflichten und Leistungen den Gemeinden vielfach gleichgestellt sind. Die Untervertheilung von Kommunallasten in den Gutsbezirken beschränkt sich, abgesehen von der Vertheilung der Kreislasten, auf die Kosten der Armenpflege (§§. 8 ff. des Gesetzes, betreffend die Ausführung des Reichsgesetzes über den Unterstützungswohnsitz, vom 8. März 1871, GS. S. 130) und auf die Kriegsleistungen (§. 8 des Gesetzes über die Kriegsleistungen vom 13. Juni 1873, RGBl. S. 129). Was jedoch die Provinz Westfalen betrifft, so bewendet es hin-

[359]) Östl. Prov.Städte G. 14. Mai 60 (Nr. III 2 Anl. D d. W.), LGO. § 72 u. 73; Hess.-Nass. StO. § 59, LGO. § 43; Hohenz. GemO. § 52.

[1]) Die ohne nähere Bezeichnung angeführten Paragraphen sind solche des KAG. — Die Anw. gibt den Inhalt der Gesetzesunterlagen, soweit diese für die Handhabung des G. von Bedeutung sind, ziemlich vollständig wieder u. folgt in ihrer Einteilung im wesentlichen der des KAG.

sichtlich der Untervertheilung der den Gutsbezirken überhaupt obliegenden öffentlichen Lasten bei der Vorschrift im §. 26 Abs. 4 der Kreisordnung für die Provinz Westfalen vom 31. Juli 1886 (GS. S. 217).

3. Die Verpflichtung der Hausbesitzer, den Bürgersteig zu unterhalten, hat das Gesetz — soweit eine solche überhaupt besteht — unberührt gelassen[2]).

Artikel 2. **Das Steuerrecht der Gemeinden im Allgemeinen** (§. 2).

1. Nach §. 2 dürfen die Gemeinden von der Befugniß, Steuern zu erheben, nur insoweit Gebrauch machen, als ihre sonstigen Einnahmen, insbesondere aus dem Gemeindevermögen, aus Gebühren, Beiträgen und den vom Staate oder weiteren Kommunalverbänden überwiesenen Mitteln zur Deckung ihrer Ausgaben nicht ausreichen. Diese sonstigen Einnahmen sind daher nach Maßgabe der weiteren Bestimmungen des Gesetzes nutzbar zu machen, bevor zur Erhebung von Steuern geschritten wird.

2. Von den seitens des Staates den Kommunalverbänden überwiesenen Mitteln gelangen die nach dem Gesetze vom 14. Mai 1885 (GS. S. 128) den Kommunalverbänden für das Rechnungsjahr 1894/95 zustehenden Antheile an dem Ertrage landwirthschaftlicher Zölle im Rechnungsjahre 1895 zur Auszahlung; im Uebrigen wird dieses Gesetz mit dem 1. April 1895 ausser Kraft treten (§§. 28, 30 Abs. 1 des Gesetzes wegen Aufhebung direkter Staatssteuern vom 14. Juli 1893, GS. S. 119).[3])

3. Hunde- und Lustbarkeitssteuern, sowie sonstige Steuern, welche nicht oder doch nicht ausschließlich durch finanzielle Rücksichten bestimmt werden, können erhoben werden, ohne daß die Deckung des Gemeindebedarfs die Erhebung einer Steuer nothwendig macht.

4. Die Regel, wonach die Erhebung der Steuern sich auf den nothwendigen Bedarf zu beschränken hat, schließt aus, daß Gemeindevermögen, dessen Einkünfte in Zukunft zur Deckung der Gemeindeausgaben dienen sollen, durch Steuererhebung angesammelt werde. Sie hindert dagegen nicht, daß Fonds für bestimmte Zwecke (Schulbau-, Pflasterungskosten u. s. w.), deren Beschaffung auf einmal den Steuerpflichtigen zu schwer fallen würde, im Laufe der Jahre allmählig angesammelt werden. Sie würde auch der Bildung eines Betriebsfonds (sog. eisernen Fonds) nicht im Wege stehen, aus welchem die Gemeindeausgaben alljährlich, so lange Steuern noch nicht erhoben werden können, vorläufig zu decken sind.

5. Im Abs. 2 des §. 2 wird die Zulässigkeit der Erhebung direkter Steuern auf den nach Abzug des Aufkommens der indirekten Steuern von dem gesammten Steuerbedarfe verbleibenden Bedarf beschränkt. Das Gesetz hat hiermit den im ersten Absatze für das Verhältniß der Steuern zu den sonstigen Gemeindeeinnahmen ausgesprochenen Grundsatz auf das Verhältnis der direkten zu den indirekten Steuern übertragen. Das Gesetz hat dagegen nicht zum Ausdrucke bringen wollen, daß die Gemeinden gehalten seien, zur Deckung des Gemeindebedarfs zunächst

---

[2]) Bürgersteig ist der für den Fußgängerverkehr — im Falle des Bedürfnisses der anliegenden Grundstückbesitzer auch für den Fahrverkehr vom Fahrdamme aus OV. 22. Mai 95 (XXVIII 200) — bestimmte, an die Häuser u. Baugrundstücke stoßende Teil der öffentlichen Straße OV. 21. Dez. 87 (VB. IX 154). — Auch die Befugnis der Gemeinden, den Hausbesitzern die Verpflichtung zur Unterhaltung des Bürgersteigs abzunehmen, ist unberührt geblieben KB.HH. zu § 1. — Hergebrachte Verpflichtung der Straßenanlieger nach dem Pfandwirtschaftssystem in Hannover OV. 24. Okt. 93 (XXV 101). — Nach dem KAG. würde die besondere Heranziehung der Anlieger durch Beiträge (§ 9) od. Mehrbelastung (§ 20 Abs. 2) zu erfolgen haben.

[3]) Übergangsbestimmung.

indirekte Steuern (§§. 13—19) zu erheben; es läßt aber die Einführung oder Beibehaltung geeigneter, den lokalen Verhältnissen angepaßter indirekter Steuern zu, und diese wird sich insbesondere da empfehlen, wo anderenfalls ein übermäßiger Druck durch direkte Steuern zu befürchten steht.

Artikel 3. **Gewerbliche Unternehmungen** (§. 3).

1. Für die Verwaltung gewerblicher Unternehmungen ist der Grundsatz maßgebend, daß durch die Einnahmen mindestens die gesammten durch die Unternehmung der Gemeinde erwachsenden Ausgaben, einschließlich der Verzinsung und Tilgung des Anlagekapitals, aufgebracht werden. Dieser Grundsatz schließt nicht aus, daß unter besonderen Umständen oder aus besonderen Gründen, beispielsweise im Anfange des Betriebes, Ueberschüsse nicht erzielt werden, er verlangt aber, daß die Verwaltung in der Art und mit der Absicht geleitet werde, Betriebsüberschüsse, mindestens eine Verzinsung und Tilgung des Anlagekapitals, zu erzielen.

Zu den gewerblichen Unternehmungen im Sinne des Gesetzes gehören im Allgemeinen alle privatwirthschaftlichen Unternehmungen, deren Betrieb als solcher auf die Erzielung von Gewinn gerichtet ist und den Mitgliedern der Gemeinde eine Nöthigung zu ihrer Benutzung nicht auferlegt. Ganz allgemein pflegt dies beispielsweise auf Gasanstalten Anwendung zu finden, auf Wasserwerke nur dann, wenn der Anschluß an dieselben lediglich durch die freie Entschließung der Mitglieder der Gemeinden bedingt ist.

2. Eine Ausnahme von der Eingangs erwähnten Regel ist zulässig, sofern die Unternehmung, wie solches bei Wasserwerken, Markthallen u. s. w. der Fall zu sein pflegt, zugleich einem *öffentlichen* Interesse dient, welches *anderenfalls nicht befriedigt* wird. Aber auch bei solchen Unternehmungen muß, soweit es sich nicht um die Befriedigung eines derartigen öffentlichen Interesses handelt, die Erzielung von angemessenen Erträgen den leitenden Grundsatz der Verwaltung bilden. Das Entgelt für die gebotene Leistung darf nicht zum Vortheile Einzelner hinter dem nach wirthschaftlichen Rücksichten für angemessen zu erachtenden Preise zurückbleiben.

3. Die Reinerträge der gewerblichen Unternehmungen, welche für die Zwecke der Betriebs- und Reservefonds, sowie für die Verzinsung und Tilgung des Anlagekapitals nicht erforderlich sind, müssen, soweit der Haushalt der Gemeinden dies erfordert, in erster Linie zur Bestreitung der allgemeinen Ausgaben der Gemeinden verwendet werden.

Zweiter Titel. Gebühren und Beiträge.

Artikel 4. **Allgemeine Bestimmungen** (§. 4 Abs. 1, §. 6 Abs. 1 und 2, §. 7).

1. Gebühren werden entweder als Vergütungen für die Benutzung der von den Gemeinden im öffentlichen Interesse unterhaltenen Veranstaltungen — Anlagen, Anstalten und Einrichtungen (Gebühren im engeren Sinne) — oder als Vergütungen für einzelne Handlungen der Gemeindeorgane (Verwaltungsgebühren) erhoben.

2. Die Gebühren beider Arten sind im Voraus nach festen Normen und Sätzen zu bestimmen. Eine Berücksichtigung Unbemittelter ist nicht ausgeschlossen.

Das Gesetz schließt somit ungleichartige Forderungen und Bemessungen im einzelnen Falle aus, steht dagegen einer verschiedenen Abstufung der Gebührensätze, insbesondere einer angemessenen Berücksichtigung unbemittelter Personen nicht entgegen.

3. Die Feststellung der Voraussetzungen für die Entrichtung von Gebühren, der Gebührensätze und der Art und Weise der Erhebung erfolgt zweckmäßig durch

Gebührenordnungen, in welchen zugleich die geeigneten Bestimmungen wegen Befreiung von den Gebühren oder Ermäßigung der Gebührensätze für unbemittelte Personen zu treffen sind.

Die Gebührenordnungen sind in ortsüblicher Weise bekannt zu machen; die Gebührentarife sind in den geeigneten Fällen durch dauernden Aushang zur Kenntniß der Pflichtigen zu bringen.

Artikel 5. **Gebühren im engeren Sinne**[4]) (§§. 4, 5, 8, 11).

1. Nach Abs. 2 des §. 4 muß die Erhebung von Gebühren erfolgen, wenn eine Veranstaltung einzelnen Gemeindeangehörigen oder einzelnen Klassen von solchen vorzugsweise — wenn auch nicht ausschließlich — zum Vortheil gereicht. Hat aber die Gemeinde durch Beiträge (Art. 7) oder durch Mehr- oder Minderbelastung (Art. 13) eine Ausgleichung wegen der ihr durch die Veranstaltung erwachsenen Kosten ganz oder theilweise herbeigeführt, so sind Gebühren überhaupt nicht oder nur insoweit zu erheben, als die Ausgleichung nicht völlig erreicht ist (vgl. Art. 1 Nr. 1).

Mit dieser Einschränkung sind die Gebührensätze in der Regel so zu bemessen, daß die Verwaltungs- und Unterhaltungskosten der Veranstaltung, einschließlich der Ausgaben für die Verzinsung und Tilgung des Kapitals, gedeckt werden. Eine obere Grenze für die Gebührensätze ist im Uebrigen im Gesetze nicht vorgeschrieben. Besteht hiernach im Allgemeinen auch die Möglichkeit, die Gebührensätze so zu bemessen, daß die Veranstaltung Ueberschüsse abwirft, so würde eine derartige Bemessung der Gebühren doch nur aus besonderen Gründen sich empfehlen. Dem entsprechend hat das Gesetz — abweichend von der im §. 3 bezüglich der gewerblichen Unternehmungen getroffenen Bestimmung — nicht angeordnet, daß durch die Einnahmen einer Veranstaltung die Kosten der Veranstaltung mindestens zu decken seien.

2. Nach Abs. 3 des §. 4 ist eine entsprechende Ermäßigung der Gebührensätze und selbst der Fortfall der Erhebung von Gebühren in Fällen gestattet, in denen eine Verpflichtung zur Benutzung einer Veranstaltung für alle Gemeindeangehörigen oder für einzelne Klassen derselben besteht, oder die Genannten auf die Benutzung der Anstalt, sei es auch nur thatsächlich, angewiesen sind. Diese Vorschrift des Gesetzes wird beispielsweise Anwendung finden, wenn es sich um die Festsetzung der Gebühren für die Benutzung von Hafen-, Werft- und ähnlichen Anlagen handelt, welcher sich die Gewerbetreibenden in einer Gemeinde, ohne auf den Betrieb ihres Gewerbes zu verzichten, füglich nicht entziehen können; sie wird dagegen beispielsweise keine Anwendung finden bei der Festsetzung von Gebühren für die Benutzung von Speichern, Niederlagen u. s. w., d. h. von Anlagen, die wenigstens in der Regel wesentlich zur Erleichterung oder Bequemlichkeit des gewerblichen Verkehrs dienen. Soweit die Vorschrift Platz greift, ist die Ermäßigung oder der gänzliche Fortfall der Gebühren nur gestattet. Ob und in welchem Umfange hiervon Gebrauch zu machen ist, richtet sich einerseits nach der allgemeinen Finanzlage der Gemeinde, andererseits nach dem Maße des öffentlichen Interesses, dem die Veranstaltung dient, und nach den den Einzelnen durch die Veranstaltung zugewandten Vortheilen. Unter Abwägung dieser verschiedenen Gesichtspunkte würden z. B. die Kanalisationsgebühren von Grundbesitzern und Gewerbetreibenden zu bemessen sein.

3. Die Bestimmungen zu Nr. 1 und 2 finden keine Anwendung:

a) auf die von den Gemeinden unterhaltenen Unterrichts- und Bildungsanstalten, Krankenhäuser, Heil- und Pflegeanstalten, sowie die vorzugs-

[4]) KAG. Anm. 13.

weise den Bedürfnissen der unbemittelten Volksklassen dienenden Veranstaltungen. Bezüglich dieser Veranstaltungen ist es dem Ermessen der Gemeinden überlassen, ob und in welcher Höhe Gebühren für ihre Benutzung zu erheben sind.

Hiervon besteht nach Abs. 4 des §. 4 nur die Ausnahme, daß für den Besuch der von den Gemeinden unterhaltenen höheren Lehranstalten und Fachschulen ein angemessenes Schulgeld erhoben werden muß. Unter den Fachschulen sind gleichfalls nur die höheren zu verstehen. Das Gesetz bezieht sich somit nicht auf Fortbildungs-, Näh-, Haushaltungs- und ähnliche Schulen niederer Art.

Die Angemessenheit des Schulgeldes ist nicht etwa nach der Höhe des Schulgeldes an Schulen gleicher Art, insbesondere an den entsprechenden Staatsanstalten, sondern nach den Gesammtausgaben, welche die Schulen der Gemeinde verursachen und nach dem Gesammthaushalt der Gemeinden zu beurtheilen. Jedenfalls darf nicht zu Gunsten der Besucher der höheren Schulen die Steuerkraft der Gemeinden in unverhältnißmäßiger Weise in Anspruch genommen werden.

Das Erforderniß der Genehmigung des Schulgeldes durch die Schulaufsichtsbehörde bleibt unberührt.

Wegen der Erhebung von Schulgeld in Volksschulen bewendet es bei den Vorschriften des Gesetzes, betreffend die Erleichterung der Volksschullasten, vom 14. Juni 1888 (GS. S. 240).

b) auf die Erhebung von Chaussee-, Wege-, Pflaster- und Brückengeldern.

Gemäß §. 5 werden die bestehenden Vorschriften über die Verleihung des Rechts zur Erhebung von Chaussee-, Wegegeldern u. s. w. durch das Gesetz nicht berührt.

In Gleichem bewendet es, was den Betrieb von Kleinbahnen durch Gemeinden betrifft, lediglich bei den Vorschriften des Gesetzes vom 28. Juni 1892 (GS. S. 225).

c) auf die Erhebung von Marktstandsgeld, bezüglich deren die Vorschriften des Gesetzes vom 26. April 1872 unberührt bleiben.

4. Nach §. 8 bedarf die Festsetzung von Gebühren im engeren Sinne in den Fällen des §. 4 Abs. 3 und 5 der Genehmigung.

Bei den im Abs. 3 bezeichneten Veranstaltungen kann der Vortheil des Einzelnen gegenüber dem öffentlichen Interesse in solchem Maße zurücktreten, daß es unbillig erscheinen würde, die Kosten der Veranstaltung oder auch nur einen Theil derselben durch Gebühren aufzubringen. Auf der anderen Seite kann die vorgesehene Zulassung einer Ermäßigung oder eines Erlasses der Gebührensätze zu einer Begünstigung Einzelner auf Kosten der Gesammtheit führen. Um die Berücksichtigung dieser Gesichtspunkte zu sichern, hat das Gesetz für den Fall des Abs. 3 das Erfordernis der Genehmigung vorgeschrieben (§. 8).

Nicht minder bedarf es der Genehmigung (Abs. 5), wenn in anderen, als den vom Gesetze vorgesehenen Fällen, eine Abweichung von den im Abs. 2 zum Ausdruck gebrachten Grundsätzen über die Erhebung von Gebühren und deren Bemessung beschlossen wird. Ein solcher Beschluß ist nur dann statthaft, wenn besondere Gründe für eine Abweichung vorliegen.

5. Nach §. 5 des Gesetzes vom 18. März 1868 (GS. S. 277) dürfen die Gebühren für die Schlachthausbenutzung den zur Unterhaltung der Anlagen, für Betriebskosten, sowie zur Verzinsung und allmäligen Tilgung des Anlagekapitals und der etwa gezahlten Entschädigungssumme erforderlichen Betrag nicht übersteigen. Hierbei darf ein höherer Zinsfuß als 5 Prozent jährlich und ein höherer

Tilgungssatz als 1 Prozent neben den jährlich ersparten Zinsen nicht berechnet werden. Die Tarifsätze sind daher auf einen Betrag, welcher zur Deckung der Unterhaltungs- und Betriebskosten ausreicht, herabzusetzen, sobald Anlagekapital und Entschädigungssumme getilgt sind.

§. 11 gestattet dagegen für die Schlachthausbenutzung Gebühren bis zu einer solchen Höhe zu erheben, daß durch ihr jährliches Aufkommen die Kosten der Unterhaltung der Anlage und des Betriebes, sowie ein Betrag von 8 Prozent des Anlagekapitals und der etwa gezahlten Entschädigungssumme gedeckt werden. Der Betrag von 8 Prozent ermäßigt sich auf 5 Prozent in denjenigen Gemeinden, in welchen Gebrauchssteuern auf Fleisch zur Erhebung kommen[5]); die Höhe der letzteren ist hierbei unerheblich. Unter dem Anlagekapital und der gezahlten Entschädigung sind die vollen zur Anlage[6]) bezw. zur Entschädigung verwendeten Mittel in ihrer ursprünglichen Höhe und ohne Rücksicht auf eine etwa erfolgte Tilgung derselben zu verstehen. Die Tarifsätze für die Schlachthausbenutzung bedürfen somit nicht aus dem Grunde einer Ermäßigung, weil das Anlagekapital und die etwa gezahlten Entschädigungssummen inzwischen ganz oder zum Theil getilgt worden sind.

Ob die Gemeinde von der Ermächtigung zur Erhebung der nachgelassenen höheren Gebühren für die Schlachthausbenutzung Gebrauch machen wollen, hängt von ihrer eigenen Entschließung ab. Sie sind befugt, gemäß dem allgemeinen Grundsatze im §. 4 Abs. 3 eine Ermäßigung der von dem Gesetze gestatteten Höchstsätze eintreten zu lassen. Bei den dieserhalb zu fassenden Beschlüssen wird indessen festzuhalten sein, daß die Bestimmung des Gesetzes geeignet ist, nicht nur den vielfachen Differenzen der Gemeinden mit dem Schlächtergewerbe wegen der Bemessung der Gebühren für die Schlachthausbenutzung nach dem bisherigen Rechte ein Ende zu machen, sondern auch den Gemeinden die Erzielung von Ueberschüssen zu ermöglichen, welche ausreichend sind, das mit der Einrichtung öffentlicher Schlachthäuser verbundene Risiko zu decken, ohne das Schlächtergewerbe in unbilliger Weise zu belasten.

6. Wegen der Gebühren für die Untersuchung des in öffentlichen Schlachthäusern ausgeschlachteten Fleisches hat §. 11 es bei dem bisherigen Rechte bewenden lassen, wonach die Höhe der Tarifsätze so zu bemessen ist, daß die für die Untersuchung zu entrichtenden Gebühren die Kosten dieser Untersuchung nicht übersteigen dürfen. Dagegen können die Gebühren für die Untersuchung des nicht in öffentlichen Schlachthäusern ausgeschlachteten Fleisches über die Kosten der Untersuchung hinaus in einer den Gebühren für die Schlachthausbenutzung entsprechenden Höhe bemessen werden. Die Zulassung dieser Erhöhung ermöglicht einen angemessenen Ausgleich zwischen den auf die Benutzung eines öffentlichen Schlachthauses angewiesenen Schlächtern und denjenigen Gewerbetreibenden, für welche bei dem Verkaufe des von auswärts eingeführten ausgeschlachteten Fleisches der Zwang zu einer solchen Benutzung nicht besteht. Mit dieser Angabe der Absicht des Gesetzes sind die Voraussetzungen, unter welchen, und die Grenzen bezeichnet, innerhalb deren die Vorschrift des Gesetzes zur Ausführung zu bringen ist[7]).

Die Nothwendigkeit der Genehmigung von Gemeindebeschlüssen auf Grund des Abs. 3 des §. 11 ergiebt sich aus §. 131 des Zuständigkeitsgesetzes vom 1. August 1883 in Verbindung mit Art. 1 Abs. 2 des Gesetzes vom 9. März 1881 (GS. S. 273).

---

[5]) KAG. Anm. 47.

[6]) Auch wo sie nicht mit der nötigen Sparsamkeit erfolgt ist OV. 23. Dez. 02 (VB. XXIV 322).

[7]) Die Untersuchungsgebühren sollen die Schlachthausgebühren nicht übersteigen G. 9. März 81 Art. 1 § 2 Abs. 2 u. Vf. 11. Jan. 01 (MB. 91); verb. KAG. Anm. 40.

Artikel 6. **Verwaltungsgebühren** (§§. 6, 8).

1. Durch §. 6 des Gesetzes ist den Gemeinden, Amtsbezirken, Aemtern und Landbürgermeistereien allgemein das Recht verliehen worden, für die Genehmigung und Beaufsichtigung von Bauten, für die ordnungs- und feuerpolizeiliche Beaufsichtigung von Messen und Märkten, sowie von Lustbarkeiten Gebühren zu erheben. Jedoch ist, wenn Lustbarkeitssteuern erhoben werden, die Erhebung von Gebühren für die Beaufsichtigung der Lustbarkeiten ausgeschlossen. Den Amtsbezirken, den Aemtern in Westfalen und den Landbürgemeistereien in der Rheinprovinz ist das Recht der Gebührenerhebung in den vorbezeichneten Fällen beigelegt worden, weil diese Verbände — sofern das Amt oder die Landbürgermeisterei nicht aus Einer Gemeinde besteht — für die polizeiliche Verwaltung zuständig sind, wogegen die Gemeinden für die Kosten der Polizeiverwaltung aufzukommen haben.

Die Berechtigung der Amtsbezirke u. s. w. zur Gebührenerhebung schließt die Erhebung von Gebühren seitens der Gemeinden aus. Das Gleiche gilt für diejenigen Gemeinden, innerhalb deren die Beaufsichtigung der Bauten u. s. w. einer Königlichen Polizeiverwaltung übertragen ist.

2. Im Uebrigen bewendet es nach dem Gesetze hinsichtlich der Befugniß der Gemeinden, Verwaltungsgebühren zu erheben, bei den bestehenden Bestimmungen. Als eine solche Bestimmung kommt für sämmtliche Landestheile die Vorschrift im Artikel 102 der Verfassungsurkunde vom 31. Januar 1850 in Betracht, wonach Gebühren von Staats- und Kommunalbeamten nur auf Grund des Gesetzes erhoben werden können; sodann insbesondere für die alten Landestheile die Vorschrift im §. 17 der Sporteltaxordnung vom 25. April 1825, wonach es wegen der von den Unterbehörden zu erhebenden Sporteln bis auf Weiteres bei der bestehenden Verfassung sein Bewenden behalten soll. Diese Verfassung kann auf Verleihungen, besonderen Privilegien, Sporteltaxordnungen u. s. w. oder auch auf dem Herkommen beruhen. Zahlreiche Sporteln, deren Erhebung ehemals zulässig war, sind jedoch durch die neuere Gesetzgebung ausdrücklich in Fortfall gekommen oder doch mit den Bestimmungen derselben unvereinbar. Beispielsweise gehören hierhin die Gebühren für Ausfertigung der Gesindedienstbücher (§. 3 des Gesetzes vom 21. Februar 1872, GS. S. 160), für polizeiliche Strafverfügungen wegen Uebertretungen (§. 6 des Gesetzes vom 23. April 1883, GS. S. 65).

3. Nach der Schlußbestimmung im §. 6 müssen die Gebühren so bemessen werden, daß deren Aufkommen die Kosten des betreffenden Verwaltungszweiges nicht übersteigt.

Bei der Verwaltung soll nicht auf die Erzielung von Ueberschüssen hingewirkt werden. Dagegen ist es nicht ausgeschlossen, daß die Kosten solcher Verwaltungszweige, welche ausschließlich oder vorzugsweise den Interessen Einzelner dienen, in den als Gegenleistung erscheinenden Gebühren ihre Deckung finden. Hierbei bedarf es nicht etwa kleinlicher Berechnungen, um die Erzielung geringfügiger Ueberschüsse auszuschließen oder eine zahlenmäßig genaue Uebereinstimmung zwischen dem Kostenbetrage und dem entsprechenden Gebührenaufkommen zu erzielen. Dagegen würden erhebliche Abweichungen in der einen oder der anderen Richtung von den Aufsichtsbehörden bei der ihnen gemäß §. 8 obliegenden Prüfung zu beanstanden sein. Die Gemeinden haben bei Nachsuchung der Genehmigung die für diese Prüfung erforderlichen Unterlagen zu liefern. Sofern derselbe Verwaltungszweig gebührenpflichtige und gebührenfreie Geschäfte umfaßt, sind behufs Bemessung der Gebührensätze die Kosten der Verwaltung auf beide Arten von Geschäften im Ganzen zu vertheilen.

Auf Verwaltungsgebühren, die gesetzlich eingeführt oder auf Grund der bestehenden Gesetzgebung von den zuständigen Behörden festgestellt worden sind, wie

Paßgebühren, Aichgebühren, Gebühren der Standesämter, Gebühren im Verwaltungszwangsverfahren u. s. w., beziehen sich die Vorschriften des Gesetzes nicht.

Artikel 7. **Beiträge** (§§. 9, 10).

1. Die Gemeinden können behufs Deckung der Kosten für Herstellung und Unterhaltung von Veranstaltungen, welche durch das öffentliche Interesse erfordert werden, von denjenigen Grundeigenthümern und Gewerbetreibenden, denen hierdurch besondere wirthschaftliche Vorteile erwachsen, Beiträge zu den Kosten der Veranstaltungen erheben. Beiträge müssen in der Regel erhoben werden, wenn anderenfalls die Kosten durch Steuern aufzubringen sein würden.

Die Erhebung von Gebühren (Art. 5) wie von Beiträgen verfolgt den gemeinschaftlichen Zweck, diejenigen Personen, denen durch eine Veranstaltung der Gemeinde besondere Vortheile erwachsen vor den übrigen Gemeindeangehörigen zu den Kosten dieser Veranstaltung heranzuziehen. Das Unterscheidende liegt zunächst darin, daß zu Beiträgen nur Grundeigenthümer und Gewerbetreibende herangezogen werden dürfen. Sodann können Gebühren nur unter der Voraussetzung einer Benutzung der Veranstaltung, Beiträge dagegen auch ohne solche Benutzung, lediglich auf Grund der gewährten Vortheile erhoben werden. Gebühren sind ferner, je nachdem die Benutzung erfolgt, jedesmalig oder fortdauernd zu entrichten, wogegen es sich bei den Beiträgen um einen einmaligen Zuschuß handelt, der indessen nicht nothwendig in Einem Betrage geleistet zu werden braucht, sondern je nach dem Beschlusse der Gemeinde auch in Theil- oder Rentenzahlungen entrichtet werden kann.

2. Ob Beiträge zu erheben sind, hat das Gesetz im Allgemeinen der freien Entschließung der Gemeinden anheimgestellt. Die Verpflichtung zur Erhebung von Beiträgen tritt nur dann ein, wenn anderenfalls die Kosten durch Steuern aufzubringen sein würden. Diese Voraussetzung wird stets vorliegen, sobald in einer Gemeinde, in welcher es sich um die Erhebung von Beiträgen handelt, überhaupt Steuern erhoben werden.

Soll, entgegen der gedachten Verpflichtung, von der Beitragserhebung Abstand genommen werden, so bedarf es der Rechtfertigung durch besondere Gründe.

3. In der Regel werden die Gemeinden sich über die Erhebung von Beiträgen vor der Ausführung einer Veranstaltung schlüssig zu machen haben. Unbedingt nothwendig ist dies jedoch nicht[8]). Das Gesetz gestattet die Erhebung von Beiträgen auch nach Ausführung einer Veranstaltung.

In jedem Falle bedarf es zur Erhebung von Beiträgen der Genehmigung. Gegen den Beschluß der zuständigen Behörde steht den Betheiligten die Beschwerde offen. Im Uebrigen wird wegen des Verfahrens auf die Bestimmungen in §. 9 Abs. 3—5 Bezug genommen.

Anlangend das Verhältniß des §. 9 zu den §§. 4 und 20, so ergiebt sich schon aus der Fassung des §. 4 Abs. 2, daß bei einer und derselben Veranstaltung zugleich die Erhebung von Gebühren und von Beiträgen eintreten kann, wenn durch eine dieser beiden Vorausbelastungen eine volle Ausgleichung der den Pflichtigen aus der Veranstaltung erwachsenen Vorteile nicht bewirkt wird. Unter den gleichen Voraussetzungen ist auch die Erhebung von Gebühren neben einer Mehrbelastung im Sinne des §. 20 Abs. 2 zulässig. Ausgeschlossen ist dagegen die Verbindung von Beiträgen mit einer Mehrbelastung im Sinne des §. 20 Abs. 2. Eine solche Verbindung würde leicht zur Verwirrung und zu einer nicht gewollten Doppelbelastung führen. Der Umstand, daß der Kreis der nach §. 20

---

[8]) Ebenso OV. 3. Nov. 97 (XXXII 122).

Verpflichteten sich mit demjenigen der nach §. 9 Verpflichteten nicht immer deckt, steht dem nicht entgegen. Es ist Sache der Gemeinden, von Fall zu Fall zu prüfen, welcher der beiden vom Gesetze offen gelassenen Wege der geeignete ist.

4. Die Beitragsleistung darf sich niemals auf den gesammten Kostenbedarf einer Veranstaltung erstrecken. Vielmehr ist der dem öffentlichen Interesse entsprechende Theil des Kostenbedarfs einer Veranstaltung aus den zur Bestreitung der allgemeinen Ausgaben bestimmten Einkünften der Gemeinde und nur der hiernach verbleibende Restbetrag durch Beiträge zu decken.

Die Beiträge sind auf die pflichtigen Grundbesitzer und Gewerbetreibenden nach Maßgabe der Vortheile, welche sie von der Veranstaltung genießen, umzulegen.

Sodann aber wird bei der Feststellung darüber, in welcher Form die Beiträge zu leisten sind: ob mittest Kapitalzahlung oder mittelst Renten, ob die Kapitalzahlung auf einmal oder mittelst Theilzahlungen erfolgen soll u. s. w., Vorsorge zu treffen sein, daß die Auferlegung von Beiträgen für die Betheiligten nicht mit einer finanziellen Beschwerung verbunden ist, die der Absicht des Gesetzes fernliegen würde.

5. Die Vorschrift im §. 15 des Gesetzes vom 2. Juli 1875 (GS. S. 561), wonach die Kosten der Anlegung und Unterhaltung von Straßen den angrenzenden Eigenthümern, im Falle der Heranziehung derselben, ausschließlich nach Verhältniß der Länge ihrer die Straße berührenden Grenze zur Last zu legen sind, hat sich in der Praxis nicht überall bewährt. Dieser Maßstab kann nicht nur wegen der verschiedenen Gestaltung der Bauplatzflächen zu einer unbilligen und ungleichmäßigen Kostenvertheilung führen, sondern er begünstigt auch die Neigung zu einer der Gesundheit nachtheiligen Ausnutzung der Flächen durch Errichtung von hohen Gebäuden, von Hofwohnungen u. s. w. Das Kommunalabgabengesetz hat deshalb gestattet, daß die im §. 15 a. a. O. vorgesehenen Beiträge nach einem anderen, als dem dort angegebenen Maßstabe, insbesondere nach der bebaungsfähigen Fläche bemessen werden dürfen[9]).

Im Uebrigen sollen gemäß §. 10 die Vorschriften des Gesetzes vom 2. Juli 1875 in Kraft bleiben. Das letztere Gesetz betrifft, wie sich aus der Ueberschrift und dem §. 1 desselben ergiebt, die Anlegung und die Veränderung von Straßen und Plätzen in Städten und ländlichen Ortschaften. Nach §. 15 dieses Gesetzes kann durch Ortsstatut festgesetzt werden, daß unter den dort angegebenen Voraussetzungen von dem Unternehmer der neuen Anlage oder von den angrenzenden Eigenthümern die dort des Näheren bezeichneten baulichen Ausführungen oder Beiträge zu den Kosten derselben geleistet werden. Handelt es sich somit um die Anlegung oder Veränderung von Straßen und Plätzen in Städten und ländlichen Ortschaften und um die Festsetzung der Leistungen, welche die Gemeinde aus diesem Grunde zu fordern berechtigt ist, so ist der Kreis der Verpflichteten und der Umfang der Verpflichtungen lediglich nach den Vorschriften des beregten Gesetzes zu bestimmen.

Artikel 8. **Kurtaxen** (§. 12).

Die Gemeinden können beschließen, in Kurorten für die Herstellung und Unterhaltung ihrer zu Kurzwecken getroffenen Veranstaltungen Vergütungen (Kurtaxen) zu erheben.

---

[9]) Die Versuche, einen anderen Maßstab einzuführen, haben gleichwohl keinen wesentlichen Erfolg gehabt. Die Bemessung nach dem Flächeninhalt der Baugrundstücke ist als zu unbestimmt u. deshalb unwirksam bezeichnet OV. 13. Juni 99 (XXXVI 62).

Die Verpflichtung zur Leistung der Vergütung ist nicht, wie bei den Gebühren (Art. 4), durch die Benutzung der Veranstaltungen bedingt.

Wegen der Beitreibung der Kurtaxen im Verwaltungszwangsverfahren vgl. Art. 58.

Dritter Titel. Gemeindesteuern.

Erster Abschnitt. Indirekte Gemeindesteuern.

Artikel 9. **Allgemeine Bestimmungen** (§. 13 Abs. 1, 2, §§. 17, 18).

1. Die Gemeinden sind innerhalb der durch die Reichsgesetze (Art. 10) und durch die Vorschriften in §. 14 gezogenen Grenzen zur Erhebung indirekter Steuern befugt. Sie sind deshalb auch in der Einführung anderer als der in den §§. 14—16 bezeichneten indirekten Steuern rechtlich nicht behindert[10]).

Im Uebrigen sind für die Auswahl der Gegenstände der indirekten Besteuerung vorzugsweise Rücksichten der praktischen Zweckmäßigkeit entscheidend. Namentlich ist zu prüfen, ob sich ein Gegenstand überhaupt zur indirekten Besteuerung eignet, und ob das zu erwartende Steueraufkommen mit den entstehenden Unkosten und Mühewaltungen, mit etwaigen Verkehrserschwerungen und Belästigungen des Publikums u. s. w., im richtigen Verhältnisse steht.

Den Gemeinden sind Vereinbarungen mit den Betheiligten gestattet, wonach der Jahresbetrag der zu entrichtenden indirekten Steuern für mehrere Jahre im Voraus bestimmt wird. Die hierdurch gewährten Vorteile bestehen einerseits in der Erzielung einer größeren Gleichmäßigkeit des Steueraufkommens, andererseits in der Vermeidung lästiger und kostspieliger Kontrolen. Dagegen dürfen derartige Vereinbarungen nicht zu einer Schmälerung der Einnahmen der Gemeinden aus den indirekten Steuern zum Vortheile der Pflichtigen führen. Die Gemeinden haben bei Nachsuchung der vorgeschriebenen Genehmigung die hierauf bezüglichen Nachweise beizubringen.

3. Die bestehenden Vorschriften über die Verwendung des Aufkommens an indirekten Steuern für bestimmte Zwecke sind aufgehoben. Namentlich ist außer Kraft getreten die Vorschrift unter Ziffer 7 der Allerhöchsten Ordre vom 29. April 1829 (v. Kamptz Annalen Bd. XIII S. 354), wonach die von den Militärpersonen zu entrichtende Hundesteuer für militärische Zwecke verwendet und deshalb von den Kommunalbehörden an die zuständigen Militärbehörden abgeliefert werden soll, ingleichen die Vorschrift in dem Allerhöchsten Erlasse vom 24. April 1848 (GS. S. 130), gemäß welcher die Steuer vom Wildpret zum Besten der Armenkassen zu verwenden ist. In weiterer Folge hiervon ist das Aufkommen der indirekten Steuern unverkürzt zur Bestreitung der allgemeinen Ausgaben der Gemeinden zu verwenden.

4. Die Rechtsgültigkeit der bei dem Inkrafttreten des Gesetzes bestehenden Ordnungen (Regulative, Statuten, Beschlüsse u. s. w.) über indirekte Steuern ist unbeschadet der Bestimmungen im §. 78 nach dem bisherigen Rechte zu beurtheilen. Die Einführung neuer und die Veränderung bestehender indirekter Steuern kann dagegen nur durch Steuerordnungen erfolgen, welche der Genehmigung bedürfen.

Die Steuerordnungen sind in ortsüblicher Weise bekannt zu machen[11]). Die hierauf bezüglichen Nachweise sind aufzubewahren.

Artikel 10. **Verbrauchssteuern** (§. 13 Abs. 1, §§. 14, 19).

1. Hinsichtlich der Verbrauchssteuern bestehen zur Zeit für die Gemeinden mehrfache reichsgesetzliche Beschränkungen (Art. 5 I. und II. §. 7 des Zollvereinigungsvertrages vom 8. Juli 1867, RGBl. S. 81).

---

[10]) Muster zur UmsatzsteuerO. Unteranlage A 1.

[11]) KAG. Anm. 51.

Ausländische Erzeugnisse, die bereits mit einem Zolle von mehr als 15 Groschen für den Centner (3 Mark für 100 Kilogramm) belegt worden sind, sollen keiner weiteren Abgabe für Rechnung der Kommunen unterliegen; indessen ist diese Einschränkung durch das Reichsgesetz vom 27. Mai 1885 (RGBl. S. 109) insoweit in Fortfall gekommen, als es sich um die Besteuerung von Mehl und anderen Mühlenfabrikaten, von Backwaaren, Fleisch[12]), Fleischwaaren und Fett, Bier und Branntwein handelt.

Bezüglich der inländischen und der vereinsländischen Erzeugnisse gelten folgende Beschränkungen:

a) kommunale Verbrauchssteuern, mögen sie in Zuschlägen zu den Reichs- (Staats-) Steuern oder für sich bestehen, dürfen nur von folgenden zur örtlichen Konsumtion bestimmten Gegenständen[13]): Bier, Essig, Malz, Cider (Obstwein) und den der Mahl- und Schlachtsteuer unterliegenden Erzeugnissen, ferner Brennmaterialien, Marktviktualien und Fourage erhoben werden. Eine Verbrauchssteuer von Wein ist nur in den eigentlichen Weinländern gestattet; hierzu gehören im Gebiete des Preußischen Staates ausschließlich die vormals Königlich Bayerischen, Großherzoglich Hessischen und Herzoglich Nassauischen Landestheile;

b) die Besteuerung des Branntweins ist nur denjenigen Gemeinden gestattet, welche schon vor dem Abschlusse des Zollvereinigungsvertrages vom 8. Juli 1867 und seitdem ununterbrochen bis zur Gegenwart eine solche Abgabe erhoben haben, und zwar zu demjenigen Betrage, zu welchem die Abgabe innerhalb der Grenze des vertragsmäßigen Maximalsatzes (8,73 Pfennige für 1 Liter 50prozentigen Branntwein) erhoben worden ist[14]). Die Einführung neuer und die Erhöhung bestehender kommunaler Branntweinsteuern ist ausgeschlossen, weil der für die kommunale Besteuerung und die Staatssteuer zusammen vorgesehene Maximalsatz der Besteuerung durch das Reichsgesetz, betreffend die Besteuerung des Branntweins, vom 24. Juni 1887 (RGBl. S. 253)[15]) erfüllt ist;

c) die Besteuerung des Bieres ist allen Gemeinden mit der Beschränkung gestattet, daß der Steuersatz 20 Prozent des im Zollvereinigungsvertrage für die Staatssteuer vereinbarten Maximalsatzes nicht überschreitet; der höchste Satz der kommunalen Bierbesteuerung beträgt hiernach für das in eine Gemeinde eingeführte Bier 65 Pfennige für 1 Hektoliter und für das in einer Gemeinde gebraute Bier 50 Prozent der nach dem Reichsgesetze vom vom 31. Mai 1872 (RGBl. S. 153) zu erhebenden Brausteuer[16]). Sind in einzelnen Gemeinden schon vor dem Abschlusse des Zollvereinigungsvertrages und seitdem ununterbrochen bis zur Gegenwart höhere Abgaben vom Bier erhoben worden, so ist die Forterhebung in dem bisherigen Betrage zulässig;

---

[12]) Dazu gehört Wildgeflügel OV. 1. Feb. 01 (XXXIX 99).

[13]) Nicht nur zu menschlichem Verzehre, sondern auch zu jedem anderen persönlichen oder gewerblichen Verbrauche OV. 21. Mai 90 (XIX 87). Der Zollvertr. kennzeichnet die aufgeführten Gegenstände allgemein als zur örtlichen Konsumtion bestimmte, sodaß auch die nicht für den örtlichen Verbrauch bestimmten oder verwendeten der Kommunalbesteuerung unterliegen OV. 6. April 88 (XVI 181).

[14]) Die kommunale Besteuerung des zu gewerblichen oder zu Heilzwecken verwendeten Branntweins ist reichsgesetzlich nicht ausgeschlossen OV. 21. Mai 90 (vor. Anm.).

[15]) Neufassung 95 (RGB. 276).

[16]) Muster zur BiersteuerO. Unteranlage A 2.

d) soweit die Besteuerung des Weines den Gemeinden gestattet ist, dürfen die Steuersätze 20 Prozent der im Art. 5 II. §. 2c für die Staatssteuer vereinbarten Maximalsätze nicht übersteigen; der höchste Steuersatz für Weine beträgt, wenn die Abgabe ohne Rücksicht auf den Werth des Weines festgesetzt wird, 1,21[17]) Mark und, wenn die Abgabe mit Rücksicht auf den Werth des Weines erhoben wird, 2,18 Mark für 1 Hektoliter. Höhere Abgaben können forterhoben werden, wenn sie schon vor dem Abschluß des Zollvereinigungsvertrages und seitdem ununterbrochen bis zur Gegenwart erhoben worden sind.

e) für alle kommunalen Verbrauchssteuern gilt der allgemeine Grundsatz, daß die sämmtlichen vereinsländischen Erzeugnisse der betreffenden Art gleichmäßig besteuert werden müssen. Hiernach sind z. B. Befreiungen des im Bezirke der besteuernden Gemeinde gebrauten Bieres, des für den Haushaltungsbedarf geschlachteten Viehes bezw. des hiervon verwendeten Fleisches[18]), des dort gebackenen Brodes und des selbst hergestellten Obstweins nicht zulässig.

2. Steuern auf den Verbrauch von Fleisch, Getreide, Mehl, Backwerk, Kartoffeln und Brennstoffen (Brennmaterialien im Sinne des Zollvereinigungsvertrages vom 8. Juli 1867 — vgl. Nr. 1) aller Art dürfen nicht neu eingeführt oder in ihren Sätzen erhöht werden. Als Neueinführung gilt auch die Wiedereinführung einer Steuer, welche in älterer Zeit zwar erhoben, jedoch vor dem Inkrafttreten des Gesetzes außer Hebung gesetzt worden ist. Dagegegen gestattet das Gesetz allgemein, auch in denjenigen Gemeinden, in welchen früher keine Schlacht- und Mahlsteuer erhoben wurde, die Einführung, somit auch die Wiedereinführung einer Wildpret- und Geflügelsteuer. Die in dem Erlasse vom 24. April 1848 (GS. S. 131) für die Besteuerung des Wildprets bestimmten Sätze können abweichend von den Vorschriften dieses Erlasses bemessen werden.

3. Die Schlachtsteuer kann in denjenigen Städten der älteren Provinzen, in welchen sie am 1. April 1895 noch besteht, nach den Bestimmungen des Gesetzes vom 25. Mai 1873 (GS. S. 222) forterhoben werden. Dagegen ist solchen Gemeinden, in welchen eine Schlachtsteuer ehemals erhoben, aber auf Grund des Gesetzes vom 25. Mai 1873 in Fortfall gekommen ist, ihre Wiedereinführung nicht gestattet.

Auf die Gemeinden der Provinzen Schleswig-Holstein, Hannover und Hessen-Nassau, mit Ausnahme der Stadt Frankfurt a. M., hat das Gesetz vom 25. Mai 1873 überhaupt keine Anwendung gefunden.

4. Die Befreiung der Militärspeiseeinrichtungen und ähnlicher Militäranstalten von den Verbrauchssteuern bleibt nach §. 19 bestehen.

Hiernach sind sowohl für die älteren, als für die neuen Landestheile (§. 11 der Verordnung vom 23. September 1867 — GS. S. 1648) die folgenden Bestimmungen zur Anwendung zu bringen:

a) die durch Ministerialerlaß vom 12. Mai 1837 (v. Kamptz Annalen Bd. 21 S. 452) veröffentlichte Allerhöchste Ordre vom 23. April 1821, wonach das für das Militär bestimmte Magazingut von dem behufs der städtischen Gemeindeausgaben nachgelassenen Aufschlage auf die Mahl- und Schlachtsteuer[19]) überall ausgeschlossen bleiben soll;

---

[17]) Berichtigung nach Bf. 16. Mai 96; im Texte stand 1,22 M.

[18]) Die Freilassung des gesamten im Hausbedarf verwendeten Fleisches kann zugelassen werden Bf. 27. März 02 (MB. 69).

[19]) Die Mahl- u. Schlachtsteuer ist als Staatssteuer aufgehoben, die Forterhebung einer Gemeindeschlachtsteuer aber zugelassen G. 25. Mai 73 (GS. 222) § 2—5. Verb. KAG. Anm. 47.

b) die Allerhöchste Ordre vom 12. August 1824, laut welcher in allen Garnisonen, woselbst einige Speiseanstalten für das Militär bestehen, die Kommunalsteuer für das darin konsumirte Fleisch dem Militär zurückvergütet werden soll[20]);

c) die Allerhöchste Ordre vom 13. Februar 1836, gemäß welcher die Kommunalsteuer für das von den Truppen unter anderen Verhältnissen, namentlich im Lager oder im Kantonnement konsumirte Fleisch gleichfalls zurückzugewähren ist (v. Kamptz Annalen Bd. 8 S. 1200, Bd. 20 S. 151).

Zur Erläuterung des bestehenden Rechts dienen die Minist.-Erlasse vom 28. Oktober 1824 (Annalen Bd. 8 S. 1201), 7. Februar 1825 (Annalen Bd. 9 S. 268) und 6. März 1825 (Annalen Bd. 9 S. 270).[21])

Artikel 11. **Besteuerung der Lustbarkeiten** (§. 15).[22])

Bei der Besteuerung der Lustbarkeiten ist bisher, insbesondere auch in dem Erlasse vom 23. Februar 1889 $\frac{\text{F. M. II. 2141}}{\text{M. d. J. I B. 831}}$ davon ausgegangen worden, daß grundsätzlich nur die öffentlichen Lustbarkeiten[23]) zu besteuern seien; daß den öffentlichen Lustbarkeiten zwar diejenigen gleichzustellen, welche von Vereinen oder Gesellschaften veranstaltet werden, die zu diesem Behufe gebildet werden, daß aber andererseits von den zu besteuernden öffentlichen Lustbarkeiten diejenigen wiederum auszuscheiden seien, bei welchen ein höheres wissenschaftliches oder Kunstinteresse obwaltet.

Indem §. 15 den Gemeinden die Besteuerung der Lustbarkeiten gestattet hat, ohne Einschränkungen anzugeben, welche bei dieser Besteuerung zu beobachten sind, ist es nicht beabsichtigt worden, die Besteuerung jeder Lustbarkeit von unzweifelhaft rein häuslichem Charakter zu ermöglichen, oder die Besteuerung derjenigen Lustbarkeiten, bei welchen ein höheres wissenschaftliches oder Kunstinteresse obwaltet, ohne Ausnahme zu empfehlen.

Mit der Abstandnahme von der bisher, namentlich auch in dem Erlasse vom 23. Februar 1889 festgehaltenen grundsätzlichen Beschränkung der Besteuerung auf öffentliche Lustbarkeiten soll vielmehr einerseits den Umgehungsversuchen wirksamer begegnet, andererseits den Gemeinden die Möglichkeit eröffnet werden, die Besteuerung auf solche Lustbarkeiten auszudehnen, welche nach ihrer Zugänglichkeit und ihrem Umfange mehr oder minder von derselben Bedeutung wie die öffentlichen Lustbarkeiten sind, beispielsweise also die von großen geschlossenen Gesellschaften für ihre Mitglieder veranstalteten Lustbarkeiten[24]).

---

[20]) Abs. b wird durch Abs. c erweitert. Die Verzehrungsstelle (Garnison) braucht nicht innerhalb des Schlachtsteuerbezirks zu liegen OV. 10. März 97 (VB. XVIII 442).

[21]) Die Vergünstigung erstreckt sich danach auf die Speiseeinrichtungen in Kasernen und in Lazaretten, auf Speisevereine, die in nicht mit Kasernen versehenen Garnisonen unter Aufsicht und Kontrolle der Militärvorgesetzten von größeren oder kleineren Truppenabteilungen errichtet werden, nicht aber auf besondere Offizierspeiseanstalten.

[22]) Muster zur Lustbarkeitssteuer-O. Unteranlage A 3.

[23]) Öffentliche sind solche Lustbarkeiten, die nicht nur einzelnen bestimmten Personen zugänglich sind, gleichviel ob ganze Personenklassen (jugendliche Personen) ausgeschlossen sind, ein Eintrittsgeld erhoben wird, die Lustbarkeit von Privatpersonen oder Vereinen, in einem Privat- oder einem Wirtshause veranstaltet wird Vf. 23. Feb. 89 (MB. 38) u. 1. Dez. 97 (MB. 98 S. 3), OV. 24. Sept. 88 (XVIII 422). Nichtöffentlich sind danach nur die von Privaten ausschließlich für Privatgäste oder von geschlossenen Gesellschaften für ihre Mitglieder oder besonders eingeführte Gäste veranstalteten Lustbarkeiten 4. Jan. 95 (XXVII 428).

[24]) Ebenso OV. 28. März 96 (VB. XVIII 101); verb. Unteranl. A 3 § 4.

Die Besteuerung solcher Lustbarkeiten, bei welchen ein höheres wissenschaftliches oder Kunstinteresse obwaltet[25]), erscheint nur dann gerechtfertigt, wenn zugleich auf Seiten des Unternehmers die Absicht einer Gewinnerzielung zum eigenen Vortheil — nicht etwa zu Gunsten wohlthätiger oder gemeinnütziger Zwecke — besteht[26]).

In welchem Umfange hiernach die Gemeinden von einer Besteuerung der Lustbarkeiten zweckmäßig Gebrauch zu machen haben, entzieht sich der allgemeinen Regelung, da hierbei die örtlichen Verhältnisse wesentlich mit in Betracht zu ziehen sind.

Immerhin sind die Fälle, in welchen eine Besteuerung stattfinden soll, in den Steuerordnungen so genau zu bezeichnen, daß bei der Ausführung ein Ueberschreiten der Absicht des Gesetzes nicht zu befürchten steht.

Artikel 12. **Besteuerung des Haltens von Hunden** (§. 16).

Gemäß §. 16 sind die Gemeinden befugt, das Halten von Hunden zu besteuern. Die in dieser Beziehung zur Zeit bestehenden gesetzlichen Vorschriften sind aufgehoben worden.

Die Aufhebung hat nur die gesetzlichen Vorschriften im engeren Sinne, nicht auch das bestehende örtliche Recht (Steuerordnungen u. s. w. — vgl. Art. 9 Nr. 4) getroffen. Jedoch empfiehlt sich eine den örtlichen Verhältnissen entsprechende Neuregelung durch Steuerordnungen, namentlich hinsichtlich der Bemessung der Steuersätze[27]). Hierbei wird aber auch fernerhin an denjenigen Bestimmungen des zur Zeit geltenden Rechts (Allerh. Ordre vom 29. April 1829 — v. Kamptz Annalen Bd. 13 S. 354) festzuhalten sein, welche, unabhängig von der Verschiedenheit der örtlichen Verhältnisse, eine überall zutreffende Begründung in sich tragen. Dies gilt namentlich von der Vorschrift, wonach die Eigenthümer von Hunden insoweit mit der Besteuerung verschont werden sollen, als die Hunde zur Bewachung oder zum Gewerbebetrieb unentbehrlich sind[28]).

Die Einführung einer Hundesteuer seitens des Kreises (§. 93) läßt die Befugniß der Gemeinden, das Halten von Hunden zu besteuern, unberührt.

Zweiter Abschnitt. Direkte Gemeindesteuern.

I. Allgemeine Bestimmungen.

Artikel 13. **Gleichmäßigkeit der Besteuerung. Ausnahme** (§. 20).

Die direkten Gemeindesteuern sind auf alle der Besteuerung unterworfenen Pflichtigen nach festen und gleichmäßigen Grundsätzen zu vertheilen. Hiermit hat das Gesetz den Grundsatz der Allgemeinheit und der Gleichmäßigkeit der

---

[25]) Das höhere wissenschaftliche oder Kunstinteresse wird neben dem Inhalt u. der Persönlichkeit des Darstellers auch bedingt durch die Art der Darstellung OV. 23. April 98 (VB. XX 36) u. etwaige den Genuß beeinträchtigende Umstände (Getränkeverabreichung, Rauchen, wechselnder Ab- u. Zugang) 21. Juni 01 (VB. XXIII 151) u. 16. Dez. 02 (VB. XXIV 466).

[26]) Lustbarkeiten i. S. des KAG. § 15 sind auch vorhanden, wenn ein höheres Kunst- od. wissenschaftliches Interesse — das die Konzessionspflicht (GewO. § 33a u. 55) u. die Stempelbesteuerung (G. 31. Juli 95 Tarif Nr. 39) ausschließt — obwaltet oder ein Eintrittsgeld nicht oder zu wohltätigen Zwecken erhoben wird OV. 13. Mai 96 (XXIX 50) u. 7. Juli 97 (XXII 104). Andererseits wird eine nach ihrer Bestimmung nicht als Lustbarkeit anzusehende Veranstaltung (Kirchenkonzert) durch Erheben eines Eintrittsgeldes noch nicht zu einer Lustbarkeit 3. Feb. 99 (VB. XX 343).

[27]) Muster zur HundesteuerO. Unteranlage A 4.

[28]) Das. § 5 nebst Anm.

Besteuerung an die Spitze gestellt. In Fällen derselben Art darf die Vertheilung der Steuern nicht nach verschiedenen Grundsätzen erfolgen. Insofern das Gesetz selbst nicht Ausnahmen anordnet, hat Jeder unter derselben Voraussetzung dieselbe Steuer zu entrichten. Die der Besteuerung unterworfenen Pflichtigen dürfen nur, soweit das Gesetz Ausnahmen gestattet, von der Steuer freigelassen oder zu der Steuer mit geringeren als den regelmäßig zu erhebenden Sätzen herangezogen werden.

Handelt es sich jedoch um Veranstaltungen, welche in besonders hervorragendem oder geringem Maße einem Theile des Gemeindebezirks oder einer Klasse von Gemeindeangehörigen zu Statten kommen, und werden Beiträge nach §§. 9 und 10 — vgl. Art. 7 — nicht erhoben, so kann die Gemeinde eine entsprechende Mehr- oder Minderbelastung dieses Theiles des Gemeindebezirks oder dieser Klasse von Gemeindeangehörigen beschließen. Der Beschluß bedarf der Genehmigung. Bei der Abmessung der Mehr- oder Minderbelastung ist namentlich der zur Herstellung und Unterhaltung der Veranstaltungen erforderliche Bedarf nach Abzug des etwaigen Ertrages in Betracht zu ziehen.

Der Begriff der Veranstaltungen im Sinne des §. 20 deckt sich mit dem der Veranstaltungen im Sinne des §. 4 und begreift somit Anlagen, Anstalten und Einrichtungen in sich.

Wie der Wortlaut des Gesetzes ergiebt, ist jede steuerliche Mehr- oder Minderbelastung unbedingt ausgeschlossen, sobald Beiträge nach §§. 9 oder 10 erhoben werden. Sie ist weiterhin nur unter der Voraussetzung gestattet, daß die Veranstaltung einem Theile des Gemeindebezirks oder einer Klasse von Gemeindeangehörigen in besonders hervorragendem oder geringem Maße zu Statten kommt. Wo dies nicht zutrifft, wird eine Mehr- oder Minderbelastung um so weniger zur Anwendung zu bringen sein, als es sich um eine Ausnahme von der allgemeinen und gleichmäßigen Heranziehung der Steuerpflichtigen handelt und nur unter der angegebenen Voraussetzung die räumliche oder persönliche Verschiedenheit des Vortheils der Veranstaltung mit einiger Sicherheit bemessen werden kann.

Artikel 14. **Befreiungen** (§§. 21, 22).

1. §. 21 läßt die auf besonderen Rechtstiteln beruhenden Befreiungen einzelner Grundstücke von Gemeindesteuern in ihrem bisherigen Umfange fortbestehen.

Die besonderen Rechtstitel können privat-rechtlicher (Vertrag, besondere Verleihung oder befreiende Verjährung) oder öffentlich-rechtlicher (von den Auseinandersetzungsbehörden bestätigte Rezesse, Abgabenvertheilungspläne, Auseinandersetzungen bei Kommunalbezirks-Veränderungen u. s. w.) Natur sein. In allen Fällen gilt als nothwendige Voraussetzung, daß die Befreiung auf dem einen oder anderen Wege rechtsgültig begründet worden ist.

2. Nach §. 22 finden Vorschriften, welche eine Befreiung von Gewerbesteuer in sich schließen, auf Gewerbe, welche nach der Verkündigung des Gesetzes in Betrieb gesetzt werden, keine Anwendung. Diese Vorschrift des Gesetzes ist durch die Bestimmung im §. 30 des Kurhessischen Edikts vom 29. Mai 1833 (Kurhess. GS. S. 113) hervorgerufen, wonach die Standesherren in dem vormaligen Kurfürstentum Hessen zu den Gemeindeumlagen nur als Besitzer von Grundeigenthum innerhalb des Gemeindebezirks, somit nicht als Gewerbetreibende, beizutragen haben.

3. Die Gemeinden sind berechtigt — nicht verpflichtet —, die vorstehend unter 1 und 2 bezeichneten Befreiungen gemäß den näheren Bestimmungen der §§. 21 und 22 abzulösen.

Artikel 15. **Arten der direkten Gemeindesteuern** (§. 23).

Als direkte Gemeindesteuern sind ausschließlich gestattet: Steuern vom Grundbesitz und vom Betriebe stehender Gewerbe (Realsteuern) und Steuern vom Einkommen der Steuerpflichtigen (Einkommensteuer). Beide Arten von Steuern werden entweder in Prozenten der vom Staate veranlagten Steuern bezw. als Zuschläge zur staatlichen Einkommensteuer, oder auf Grund einer anderweitigen Veranlagung als besondere Steuern erhoben[29]).

Die Einführung und Abänderung besonderer Steuern kann nur durch Steuerordnungen erfolgen; letztere bedürfen der Genehmigung. Durch die Ermächtigung zur Einführung besonderer Realsteuern wird den Gemeinden die Möglichkeit eröffnet, die Steuerformen der Eigenart ihrer Verhältnisse und Bedürfnisse anzupassen und namentlich diejenigen Mängel zu beseitigen, welche der Anwendung der staatlich veranlagten Realsteuern für die Zwecke der Kommunalbesteuerung entgegenstehen (Art. 17, 20). Wegen der besonderen Einkommensteuer vgl. Art. 29.

Die Einkommensteuer kann zum Theil durch Aufwandssteuern ersetzt werden. Jedoch dürfen Mieths- und Wohnungssteuern nicht neu eingeführt werden. Wegen der bestehenden Mieths- und Wohnungssteuern wird besondere Verfügung ergehen.

II. Besondere Bestimmungen.

1. Realsteuern.

A. Vom Grundbesitz.

Artikel 16. **Steuerpflicht und Befreiung** (§. 24).

1. Den Steuern vom Grundbesitz sind ohne Unterschied in Beziehung auf die Person des Eigenthümers alle in der Gemeinde belegenen Grundstücke unterworfen, für welche nicht eine Befreiung entweder durch besonderen Rechtstitel (Art. 14) oder durch eine ausdrückliche Anordnung des Gesetzes selbst begründet ist.

Zur Erläuterung der durch das Gesetz selbst vorgesehenen Ausnahmen von der allgemeinen Steuerpflicht ist Folgendes zu bemerken:

a) Die Bestimmung zu einem öffentlichen Dienste oder Gebrauche, welche nach §. 24 c die Voraussetzung für die Steuerbefreiung der Grundstücke und Gebäude des Staates, der Provinzen u. s. w. bildet, muß eine unmittelbare sein[30]). Grundstücke und Gebäude, welche nur mittelbar dem öffentlichen Dienste oder Gebrauche oder welche zu Erwerbszwecken dienen, namentlich die Dienstgrundstücke und Dienstwohnungen der Beamten, genießen die Befreiung nicht. Erstreckt sich die Bestimmung zu einem öffentlichen Dienste oder Gebrauche nur auf einen Teil des Grundstückes oder Gebäudes, so kommt die Steuerfreiheit nur diesem Theile zu.

b) Die Bestimmungen im §. 24 h beziehen sich lediglich auf Gebäude, nicht auf Liegenschaften (vgl. §. 24 i). Die dort aufgeführten Armen-, Waisen- und öffentlichen Krankenhäuser, Gefängniß-, Besserungs-, Bewahr- und diejenigen Wohlthätigkeitsanstalten, welche die Bewahrung vor Schutzlosig-

---

[29]) Nach der Absicht des KAG. (Nr. 3 Anm. 1) treten bei den Realsteuern die besonderen Steuern in den Vordergrund. Bei ihnen gilt es die Mängel zu beseitigen, die der Anwendung der Staatssteuern als Kommunalsteuern anhaften. Für sie ist den Gemeinden deshalb eine freiere Bewegung gegeben (KAG. § 25, 29). Umgekehrt hat bei der Gemeindeeinkommensteuer die Rücksicht auf das Staatssteuerinteresse zu einem engeren Anschluß an die Staatssteuern geführt (§ 36, 37).

[30]) Bei einem Grundstück, das erst mit einem zum öffentlichen Dienst od. Gebrauch bestimmten Gebäude besetzt werden soll, liegt keine unmittelbare Benutzung vor OV. 26. Sept. 02 (VB. XXIV 98).

keit oder sittlicher Gefahr bezwecken, sind wegen ihres gemeinnützigen Zweckes steuerfrei, ohne daß zwischen unmittelbarer oder mittelbarer Benutzung der Gebäude für die Zwecke der Anstalt unterschieden würde.

Die nicht öffentlichen Krankenhäuser unterliegen stets der Steuerpflicht. Die Forderung eines Entgeltes für Aufnahme und Verpflegung schließt im Allgemeinen den Charakter der Oeffentlichkeit aus. Wenn aber ein Krankenhaus in überwiegendem Maße für die unentgeltliche Aufnahme Unbemittelter bestimmt ist, so wird ihm durch die Forderung einer Vergütung gegenüber bemittelten Personen der Charakter der Oeffentlichkeit nicht benommen.

Die im §. 24 h ferner aufgeführten Gebäude milder Stiftungen (mit selbstständiger Rechtspersönlichkeit) genießen, falls die Gemeinden nicht etwa gemäß der Schlußbestimmung im §. 24 h eine weitere Ausdehnung beschließen, nur insoweit Steuerbefreiung, als sie für die Zwecke der Stiftung unmittelbar benutzt werden. Es scheiden somit diejenigen Gebäude aus, deren Ertrag zwar zur Förderung der Zwecke der Stiftung bestimmt ist, die jedoch dem Stiftungszwecke nicht unmittelbar dienen, sondern beispielsweise zu gewerblichen Zwecken verwandt oder vermiethet werden u. s. w. Dagegen findet die Befreiung, wenn nur im Uebrigen die Voraussetzung des Gesetzes zutrifft, auf die Gebäude der Stiftung ohne Unterschied der Art ihrer Benutzung Anwendung; beispielsweise auch auf Oekonomiegebäude.

c) *Dienstgrundstücke und Dienstwohnungen der Geistlichen, Kirchendiener und* Volksschullehrer sind steuerfrei, soweit ihnen bisher die Befreiung von den Gemeindeauflagen zugestanden hat. Die Ausnahmebestimmung des Gesetzes findet daher auch in denjenigen Fällen Anwendung, in welchen von den bezeichneten Grundstücken und Wohnungen zwar keine Realabgaben an die Gemeinde, wohl aber solche an den Staat zu entrichten waren[31]).

d) Die im §. 3 Nr. 7 des Gebäudesteuergesetzes vom 21. Mai 1861 (GS. S. 317) aufgeführten unbewohnten Gebäude, welche zu landwirtschaftlichen oder gewerblichen Zwecken benutzt werden[32]), sind zwar im §. 24 des Kommunalabgabengesetzes ebensowenig wie im §. 17 der Kreisordnung vom 13. Dezember 1872 ausdrücklich als steuerfrei aufgeführt worden. Hier wie dort hat es aber nicht in der Absicht der Gesetzgebung gelegen, diese Gebäude der Gebäudesteuer zu unterwerfen.

e) Hinsichtlich der Grundstücke und Gebäude des Reichs, welche unter den im Gesetze bezeichneten Ausnahmen nicht aufgeführt worden sind, gilt die Bestimmung im §. 1 des Reichsgesetzes vom 25. Mai 1873 (RGBl. S. 113), wonach dieselben von Steuern und sonstigen dinglichen Lasten in gleicher Weise befreit sind, wie die im Eigenthum des einzelnen Staates befindlichen gleichartigen Gegenstände.

2. Gemäß der Vorschrift am Schlusse des §. 24 bleiben die Bestimmungen der Kabinetsordre vom 8. Juni 1834 in Geltung und werden auf diejenigen Gemeinden ausgedehnt, in welchen dieselben Geltung noch nicht haben.

Die Kabinetsordre vom 8. Juni 1834 trifft Bestimmung darüber: „ob ein Grundstück, welchem wegen seiner Bestimmung zu öffentlichen oder gemeinnützigen

---

[31]) Oder an Kreis u. Provinz OV. 8. März 98 (VB. XX 100). — An den Staat waren solche Abgaben in Hannover zu entrichten Verh. AH. (Nr. 3 Anm. 1) S. 2092.

[32]) Steuerfrei sind auch private u. Genossenschafts-Molkereigebäude, wenn darin ausschließlich oder hauptsächlich die Milch aus den zugehörigen Besitzungen verarbeitet wird Vf. 29. März 93 (Mitt. XXVIII 3).

Zwecken die Befreiung von den Staatssteuern zusteht, deshalb auch den örtlichen Kommunalsteuern nicht unterworfen sei".

Zu diesem Behufe unterscheidet die Ordre zwischen denjenigen „Provinzen und Ortschaften, in welchen die Vorschriften des Allgemeinen Landrechts und des Gemeinen Rechts verbindliche Kraft haben," und der Rheinprovinz[33]); ferner zwischen Grundstücken, die bereits vor Erlaß der Ordre zu öffentlichen oder gemeinnützigen Zwecken erworben worden waren, und solchen, die erst nach Erlaß der Ordre zu diesen Zwecken erworben werden möchten; endlich zwischen bebauten und unbebauten Grundstücken. Nach Inhalt der Ordre haben im Gebiete des Allgemeinen Landrechts und des Gemeinen Rechts diejenigen Grundstücke, welche bereits bei Erlaß der Ordre erworben waren, ohne Unterschied zwischen bebauten und unbebauten, gemeindeabgabenfrei — oder -pflichtig zu bleiben, je nachdem sie damals abgabenfrei oder -pflichtig waren. Von den nach Erlaß der Ordre zu den angegebenen Zwecken erworbenen und deshalb steuerfrei gewordenen Grundstücken sollen die nicht bebauten mit der Staatssteuerfreiheit auch die Befreiung von den Gemeindeabgaben erhalten, wogegen von den bebauten „die Realverpflichtungen, die vermöge des Kommunalverbandes vor der Erwerbung geleistet worden sind, fernerhin davon geleistet werden"[34]).

Nach der Schlußbestimmung des §. 24 des Kommunalabgabengesetzes soll auf dem beregten Gebiete einheitliches Recht geschaffen werden. Demgemäß ist auf die Abänderungen, welche für einzelne Landestheile ergangen sind, keine Rücksicht zu nehmen, vielmehr überall lediglich nach den für das Gebiet des Allgemeinen Landrechts und des Gemeinen Rechts gegebenen Vorschriften der Kabinetsordre vom 8. Juni 1834 zu verfahren. Nur muß in den Gemeinden der Provinz Hessen-Nassau, der Provinz Hannover und in den Stadtgemeinden der Provinz Schleswig-Holstein, woselbst die Kabinetsordre bisher nicht in Geltung war, als Normaltag für die vergangenen Fälle nicht der 8. Juni 1834, sondern der Tag des Inkrafttretens des Kommunalabgabengesetzes gelten, und es kann sich ferner nach dem Inkrafttreten des Gesetzes wegen Aufhebung direkter Staatssteuern vom 14. Juli 1893 (GS. S. 119) bei allen Neuerwerbungen nicht mehr darum handeln, ob dem Grundstücke die Befreiung von Staatssteuern zusteht, sondern ob sie ihm nach Maßgabe der bis zum Inkrafttreten dieses Gesetzes in Geltung gewesenen Vorschriften zustehen würde.

Artikel 17. **Formen der Besteuerung** (§§. 25, 26).

Nach der bestehenden Grundsteuer-Verfassung bildet nicht der wirkliche Ertrag, sondern die nach rein objektiven Rücksichten festgestellte Ertragsfähigkeit der Liegenschaften die Grundlage und den Maßstab der Steuerbemessung. Die hiernach umgelegten Grundsteuerbeträge sind unveränderlich. Die Gebäudesteuer wird nach dem jährlichen Nutzungswerthe bemessen. Der Nutzungswerth bestimmt sich vorwiegend nach dem unter Zugrundelegung eines rückwärts liegenden zehnjährigen Zeitraums gefundenen mittleren jährlichen Miethswerthe. Die Veranlagung der Gebäudesteuer wird alle 15 Jahre einer Revision unterzogen. Die Grundlage und den Maßstab der Besteuerung bildet also regelmäßig der Miethswerth, welcher nach den durchschnittlichen Ergebnissen eines rückwärts liegenden Zeitraums von 10—25 Jahren ermittelt ist. Aus dem Vorstehenden ergeben sich die Bedenken, welche einer Benutzung der staatlich veranlagten Grund- und Gebäudesteuer für

[33]) Diese Unterscheidung ist mit dem KAG. fortgefallen, Abs. 4.

[34]) Auch wenn die Gebäude inzwischen beseitigt oder durch neue ersetzt sind, falls die fernerhin zu leistenden Realabgaben nicht in Zuschlägen zur Staatssteuer bestehen OV. 18. Dez. 97 (XXIII 15).

die Zwecke der kommunalen Besteuerung durch Erhebung von Zuschlägen zwar nicht unbedingt entgegenstehen, indessen gleichwohl geeignet sind, den Werth einer solchen Verwendung unter Umständen mehr oder minder zu beeinträchtigen.

Das Gesetz hat den Gemeinden deshalb die Einführung besonderer Steuern vom Grundbesitz gestattet und es geht, wie schon die äußere Anordnung des Stoffes in den §§. 25 und 26 erkennen läßt, davon aus, daß die kommunale Besteuerung des Grundbesitzes in erster Linie mittelst der Einführung besonderer Steuern zu erfolgen habe.

Auf der anderen Seite hat, wie die Entstehungsgeschichte des Gesetzes zeigt, nicht unerwogen bleiben können, daß die Entwickelung sich in der von dem Gesetze geplanten Art nur langsam vollziehen werde, weil die Schwierigkeiten, welche sich den Gemeinden bei der Auswahl und Ausbildung besonderer Steuerformen entgegenstellen, nicht zu unterschätzen sind. Es erklärt sich hieraus, daß von der Einführung besonderer Steuern vom Grundbesitz bisher nur in verhältnismäßig wenigen Gemeinden Gebrauch gemacht worden ist. Das Gesetz hat deshalb außer der Einführung besonderer Steuern vom Grundbesitz die Besteuerung des Grundbesitzes durch Zuschläge zur staatlich veranlagten Grund- und Gebäudesteuer für zulässig erachtet.

Für den einen und den andern Fall sind die erforderlichen Bestimmungen vorgesehen worden.

1. Bei der Einführung einer besonderen Steuer vom Grundbesitz (vgl. Art. 15) kann die Umlegung insbesondere erfolgen nach dem Reinertrage bezw. Nutzungswerthe eines oder mehrerer Jahre, nach dem Pacht- bezw. Miethswerthe oder dem gemeinen Werthe der Grundstücke und Gebäude, nach den in der Gemeinde stattfindenden Abstufungen des Grundbesitzes oder nach einer Verbindung mehrerer dieser Maßstäbe. Hiermit sind nur die für die Besteuerung des Grundbesitzes am nächsten liegenden Maßstäbe bezeichnet, ohne daß die Wahl anderer Maßstäbe ausgeschlossen wäre. Als ein solcher würde beispielsweise der in vielen Gemeinden übliche Maßstab der Umlegung nach Normalmorgen in Betracht kommen können; ferner ein Maßstab, welcher sich aus dem Durchschnitt der Umlegung nach der Fläche und nach dem Reinertrage ergeben würde. Es ist Aufgabe der einzelnen Gemeinden, den für sie geeignetsten, den konkreten Verhältnissen entsprechenden Maßstab auszuwählen. In jedem Falle sind die Mängel zu vermeiden, welche den staatlich veranlagten Steuern vom Grundbesitz anhaften und deren Werth als kommunale Besteuerungsformen beeinträchtigen. Insbesondere werden die Gemeinden gegenüber der Unveränderlichkeit der staatlichen Grundsteuer und gegenüber der Bemessung der staatlichen Gebäudesteuer nach weit zurückliegenden Zeiträumen und ihrer Festlegung für je 15jährige Perioden auf Einrichtungen hinzuwirken haben, welche hinsichtlich der Höhe der Besteuerung eine dem wechselnden Steuerbedarf entsprechende Beweglichkeit und rücksichtlich der Veranlagung die thunlichste Anpassung an die Gegenwart gewährleisten.

Die Einführung einer besonderen Steuer vom Grundbesitz kann nur mittels einer Steuerordnung erfolgen; diese bedarf der Genehmigung (§. 23). Hierbei hat die Aufsichtsbehörde namentlich zu prüfen, ob der gewählte Maßstab der Besteuerung an sich und nach den konkreten Verhältnissen der Gemeinde geeignet und praktisch brauchbar ist.

Im Anhange wird ein Muster zu einer Grundsteuerordnung mitgetheilt[35]).

---

[35]) Dieser GrundsteuerO. auf Grund des Nutzungswertes, Unteranlage A 5a ist durch Vf. 2. Okt. 99 (MB. 160) eine zweite hinzugefügt, die auf Besteuerung nach dem gemeinen Werte beruht Unteranlage A 5b.

2. Sind besondere Steuern vom Grundbesitz nicht eingeführt, so erfolgt die Besteuerung in Prozenten der vom Staate veranlagten Grund- und Gebäudesteuer.

Die auf Grund der Einlegung von Rechtsmitteln erfolgte Erhöhung oder Ermäßigung der veranlagten Steuer zieht die entsprechende Abänderung der Veranlagung zur Gemeindesteuer kraft des Gesetzes nach sich. Es bedarf also im Falle der Ermäßigung keines Antrags des Steuerpflichtigen; die Gemeinden sind verpflichtet, die Abänderung von Amtswegen herbeizuführen.

3. Die Veranlagung hat sich auf sämmtliche Grundstücke und Gebäude zu erstrecken, welche der Gemeindebesteuerung unterliegen.

Wegen der Besteuerung neuer Gebäude, sowie wegen der Steuererhöhung in Folge von Verbesserungen der Gebäude wird auf §. 26 Bezug genommen.

Artikel 18. **Gleichmäßigkeit der Veranlagung** (§. 27).

Die Steuern vom Grundbesitz sind — mögen besondere Steuern oder Prozente der vom Staate veranlagten Grund- und Gebäudesteuern erhoben werden — nach gleichen Normen und Sätzen zu vertheilen (vgl. Art. 13). Der Maßstab der Veranlagung muß somit für alle Grundstücke derselbe sein, und unter im Uebrigen gleichen Voraussetzungen ist von jedem Grundstücke derselbe Steuersatz zu erheben.

Von der Durchführung dieser Grundsätze darf nur in einem Falle abgesehen werden. Das Gesetz gestattet, Liegenschaften, welche durch die Festsetzung von Baufluchtlinien in ihrem Werthe erhöht worden sind (Bauplätze), nach Maßgabe dieses höheren Werthes zu einer höheren Steuer als die übrigen Liegenschaften heranzuziehen.

1. Die Ausnahmebestimmung betrifft nur Liegenschaften, d. h. unbebaute Grundstücke oder Grundstückstheile.

2. Sie hat die Festsetzung von Baufluchtlinien, und zwar regelmäßig nach Maßgabe des Gesetzes vom 2. Juli 1875 (GS. S. 561)[36]) zur Voraussetzung. Dagegen erstreckt sie sich nicht auf die an den älteren, sog. historischen Straßen belegenen Grundstücke.

3. Es ist nicht unbedingt erforderlich, daß die Straßen oder Straßentheile, für welche die Baufluchtlinien festgesetzt sind, gemäß den baupolizeilichen Bestimmungen des Orts für den öffentlichen Verkehr und den Anbau bereits fertig gestellt sind. Indessen wird die Erhebung einer Bauplatzsteuer nur dann in Betracht zu ziehen sein, wenn eine Abänderung der Baufluchtlinien voraussichtlich nicht weiter zu erwarten steht.

4. Die Bauplatzbesteuerung beschränkt sich nicht auf solche Grundstücke, welche unmittelbar an eine Baufluchtlinie angrenzen; es genügt, daß durch die Festsetzung von Baufluchtlinien eine Wertherhöhung stattgefunden hat. Hiernach wird durch sog. Masken und sonstige zwischenliegende Grundstücke die Zulässigkeit der Besteuerung nicht ausgeschlossen.

Sofern die Wertherhöhung nicht eine Folge der Festsetzung von Baufluchtlinien, sondern ein Ergebnis anderer Ursachen ist, erscheint die Besteuerung nicht statthaft.

So lange die durch Festsetzung der Fluchtlinien bewirkte Werthsteigerung geringfügig oder überhaupt noch nicht mit Sicherheit zu bemessen ist, wird von der Bauplatzbesteuerung Abstand zu nehmen sein.

Wie die Begründung zu §. 22 des Entwurfs des Gesetzes ergiebt, ist bei der Bauplatzsteuer an die Besteuerung namentlich solcher Grundstücke gedacht worden, welche in Gemeinden mit rascher und starker baulicher Entwickelung lediglich in

[36]) Nur diese Festsetzungen kommen in Betracht OV. 11. Juli 96 (XXX 67).

Folge der Festlegung von Baufluchtlinien eine mitunter sehr erhebliche Werthsteigerung erhalten, den Gegenstand der Spekulation bilden und von einzelnen Privatpersonen oder von Gesellschaften aufgekauft werden, um entweder alsbald vortheilhaft weiter verkauft oder aber in Erwartung einer weiteren Werthsteigerung zunächst zurückbehalten zu werden.

5. Die Bauplatzsteuer soll den Werthzuwachs erfassen, den ein Grundstück durch die Festsetzung von Baufluchtlinien erhalten hat. Nach welchem Maßstabe dies geschieht, hat das Gesetz der Beschlußfassung der Gemeinden offen gelassen. Namentlich wird als solcher der höhere Verkaufswerth dienen können[36a]). Auf welcher Grundlage indessen die Bauplatzsteuer auch bemessen wird, so ist stets festzuhalten, daß die Bauplatzsteuer eine zweite Steuer darstellt, welche von den pflichtigen Grundstücken neben derjenigen Realsteuer erhoben wird, die von diesen Grundstücken, wie von den übrigen Grundstücken in der Gemeinde gemäß den §§. 24—26 zu entrichten ist. Es würde unzulässig sein, als einzige Realsteuer vom Grundbesitze die Bauplatzsteuer zu erheben, dagegen die übrigen Liegenschaften von einer Realsteuer freizulassen.

B. Vom Gewerbebetriebe.

Artikel 19. **Steuerpflicht und Befreiung** (§. 28).

Der Betrieb stehender Gewerbe unterliegt den Gewerbesteuern in denjenigen Gemeinden, in welchen der Betrieb stattfindet.

Die der Besteuerung unterliegenden Gewerbebetriebe sind im §. 28 aufgeführt.

Bezüglich der Befreiungen bleibt Folgendes zu beachten.

1. Gemäß Abs. 2 sind die nach §. 3 Nr. 4 des Gewerbesteuergesetzes vom 24. Juni 1891 steuerfreien Gewerbebetriebe der Kommunalverbände von der Besteuerung freizulassen.

Die daselbst unter a aufgeführten Geld- und Kreditanstalten, als Sparkassen, Landeskreditkassen, Landeskultur-Rentenbanken, Bezirks- und Provinzial-Hülfs- und Darlehnskassen, genießen stets Steuerfreiheit, ohne daß es einer näheren Feststellung bedarf, ob sie zu gemeinnützigen Zwecken dienen. Dagegen hängt die Steuerfreiheit anderer Geld- und Kreditanstalten der Kommunalverbände von der Feststellung dieser Voraussetzung ab. Es kommt darauf an, daß die Verwaltung der Anstalt an erster Stelle auf die Beförderung der öffentlichen Wohlfahrt oder des gemeinen Nutzens gerichtet ist und die Erzielung eines Gewinnes nur als Nebenzweck, etwa nur insoweit erfolgt, als dies die finanzielle Sicherstellung des Unternehmens erfordert.

2. Die im §. 3 Nr. 4 Abs. 2 und 3 des Gewerbesteuergesetzes vom 24. Juni 1891 dem Finanzminister ertheilten Ermächtigungen[37]) bleiben, soweit es sich um die staatliche Veranlagung und die Erhebung von Prozenten der staatlich veranlagten Gewerbesteuer handelt, in Kraft, finden dagegen auf besondere Gewerbesteuern keine Anwendung[38]).

3. Nach §. 28 Abs. 3 ist der Betrieb der Staatseisenbahnen und der der Eisenbahnabgabe (Gesetze vom 30. Mai 1853 — GS. S. 449 — und vom

---

[36a]) Der Wertzuwachs ist vorzugsweise — aber nicht notwendig — durch Vergleichung mit den bei Verkauf ähnlicher Grundstücke erzielten Preisen festzustellen OV. 6. März 03 (XLIII 44).

[37]) Die Ermächtigungen betreffen die Ausdehnung der Steuerbefreiung auf andere im öffentlichen Interesse unternommene Betriebe der Kommunalverbände (Abs. 2) u. auf wohltätige od. gemeinnützige Unternehmungen anderer Verbände u. Personen (Abs. 3).

[38]) Der Schlußsatz erscheint mit der unbedingten Anwendung des § 3[4] Abs. 2 u. 3 — wie KAG. § 28 Abs. 2 sie vorschreibt — nicht vereinbar.

16. März 1867 — (GS. S. 465 —) unterliegenden Privateisenbahnen gewerbesteuerfrei.

Die Kleinbahnen sind gewerbesteuerpflichtig (§. 40 des Gesetzes vom 28. Juli 1892 — GS. S. 225 —).

4. Die Gewerbebetriebe des Reichs, zu welchen indessen der Gewerbebetrieb der Reichsbank nicht gehört (§. 28 Nr. 6), sind steuerfrei, weil das Reich unter der Finanzhoheit der Einzelstaaten nicht steht und eine gewerbliche Besteuerung noch nicht zugelassen hat.

Artikel 20. **Formen der Besteuerung** (§§. 29, 30, 31).

Die gewerbliche Besteuerung erfolgt nach dem Gewerbesteuergesetze vom 24. Juni 1891 auf den Grundlagen des Ertrages und des Anlage- und Betriebs-Kapitals. Nach der Höhe beider sind vier Gewerbesteuerklassen gebildet, innerhalb deren die Steuer nach dem Ertrage, bezw. in den nach Mittelsätzen besteuerten Klassen II bis IV nach dem Verhältnisse des Ertrages umgelegt wird. Den Veranlagungsbezirk bildet für die Klasse I die Provinz, für die Klasse II der Regierungsbezirk, für Klasse III und IV der Kreis. Es ergiebt sich hieraus, daß die Gesichtspunkte, welche bei der kommunalen Besteuerung der gewerblichen Betriebe wesentlich maßgebend sind — die Vortheile, welche die Betriebe aus den Einrichtungen eines kommunalen Verbandes ziehen, und andererseits auch die Lasten, welche sie diesem Verbande aufbürden — für die Veranlagung der Betriebe nach den Grundsätzen des Gewerbesteuergesetzes vom 24. Juni 1891 nicht bestimmend sind, und daß sich in weiterer Folge hiervon die Erhebung kommunaler Gewerbesteuern in der Form von Zuschlägen zu der vom Staate veranlagten Gewerbesteuer grundsätzlich nicht empfehlen kann.

Das Gesetz geht, wie auch in diesem Falle (vgl. Art. 17) schon die äußere Anordnung des Stoffes erkennen läßt, davon aus, daß die kommunale Besteuerung des Gewerbebetriebs in erster Linie mittelst der Einführung besonderer Gewerbesteuern erfolgen werde.

Auf der anderen Seite bleibt zu berücksichtigen, daß das Bedürfnis der Einführung besonderer Gewerbesteuern nicht in allen Gemeinden besteht und in denjenigen, in welchen es besteht, sich nicht in gleicher Stärke geltend macht. Es kommen in letzterer Beziehung die zahlreichen Gemeinden mit gewerblichen Betrieben von nur untergeordneter Bedeutung in Betracht. Sodann aber kann nicht unerwogen bleiben, daß die Einführung besonderer Gewerbesteuern Schwierigkeiten begegnet, welche denjenigen der Einführung besonderer Steuern vom Grundbesitz zum Mindesten nicht nachstehen. Das Gesetz hat deshalb die kommunale Besteuerung der Gewerbebetriebe auch in Prozenten der vom Staate veranlagten Gewerbesteuern ermöglicht.

1. Was das gegenseitige Verhältnis der Besteuerung der Gewerbebetriebe durch besondere Steuern und in Prozenten der veranlagten Gewerbesteuer betrifft, so darf ein Gewerbebetrieb nicht zugleich einer besonderen Steuer unterworfen und außerdem noch mit Prozenten der vom Staate veranlagten Gewerbesteuer belastet werden. Dagegen läßt das Gesetz zu, daß ein Theil der Gewerbebetriebe in einer Gemeinde durch Steuerordnung zu besonderer Gewerbesteuer, und daß im Uebrigen die Gewerbebetriebe zu Prozenten der staatlich veranlagten Gewerbesteuer herangezogen werden[39]); beispielsweise kann die erstgedachte Form der Besteuerung auf die Gewerbebetriebe der Klassen I und II und die letztgedachte Form der Besteuerung auf die Betriebe der Klassen III und IV Anwendung finden.

---

[39]) Ebenso OV. 22. Feb. 01 (Nr. 3 Anm. 107).

2. Die besonderen Gewerbesteuern können namentlich bemessen werden nach dem Ertrage des letzten Jahres oder einer Reihe von Jahren, nach dem Werthe des Anlagekapitals oder des Anlage- und Betriebskapitals, nach sonstigen Merkmalen des Betriebes oder nach einer Verbindung mehrerer dieser Maßstäbe.

Die für die Ausgestaltung besonderer Gewerbesteuern maßgebenden Gesichtspunkte werden wesentlich durch die jedesmaligen örtlichen Verhältnisse bedingt. Das Gesetz hat sich deshalb darauf beschränkt, nur einige dieser Gesichtspunkte zu bezeichnen, ohne damit jeden der von ihm angegebenen Maßstäbe als überall passend zu bezeichnen oder andere Maßstäbe, als die aufgeführten, auszuschließen. Es ergiebt sich hieraus für die Aufsichtsbehörden die Nothwendigkeit, in die Prüfung des Beschlusses einer Gemeinde wegen Einführung einer besonderen Gewerbesteuer auch dann einzutreten, wenn dieser Steuer der eine oder andere der im Gesetze bezeichneten Maßstäbe zu Grunde gelegt werden soll[40]).

3. Sind besondere Gewerbesteuern nicht eingeführt, so erfolgt die Besteuerung in Prozenten der vom Staate veranlagten Gewerbesteuer.

Für diesen Fall gestattet §. 31 unter den daselbst bezeichneten Voraussetzungen, vorbehaltlich der Genehmigung, eine von den Vorschriften des Gewerbesteuergesetzes vom 24. Juni 1891 (§§. 9, 14) abweichende Abstufung der Gewerbesteuersätze sowie eine Belastung der Gewerbesteuerpflichtigen nach ungleichen Prozenten. Trifft keine dieser Voraussetzungen zu, so ist der kommunalen Besteuerung die Abstufung der Gewerbesteuersätze nach dem Gewerbesteuergesetze und in allen Stufen ein und derselbe Prozentsatz der Belastung zu Grunde zu legen.

Im Uebrigen findet bei der Erhebung von Zuschlägen zur staatlich veranlagten Gewerbesteuer das im Art. 17 unter 2 bezüglich der Erhebung von Zuschlägen zur staatlich veranlagten Grund- und Gebäudesteuer Gesagte sinnentsprechende Anwendung.

Artikel 21. **Vertheilung des Steuersatzes auf mehrere Gemeinden.**

Im §. 32 ist die Vorschrift des §. 38 des Gewerbesteuergesetzes vom 24. Juni 1891, wonach der veranlagende Steuerausschuß den Steuersatz eines sich über mehrere Gemeinden erstreckenden Gewerbebetriebes für die Zwecke der kommunalen Besteuerung in die auf die einzelnen Betriebsorte entfallenden Theilbeträge zu zerlegen hat, auf die im §. 28 unten 2 bis 6 bezeichneten Betriebe ausgedehnt worden.

Das Verfahren regelt sich nach den von dem Finanzminister hierüber erlassenen Bestimmungen[41]).

Artikel 22. **Betriebssteuer.**

1. Die Veranlagung der Betriebssteuer erfolgt nach Maßgabe der §§. 59 ff. des Gewerbesteuergesetzes vom 24. Juni 1891 und des §. 12 des Gesetzes wegen Aufhebung direkter Staatssteuern vom 14. Juli 1893 (GS. S. 119)[42]). Die Bestimmung im §. 28 des Kommunalabgabengesetzes, wonach Betriebe, bei denen weder der jährliche Ertrag 1500 Mark, noch das Anlage- und Betriebskapital 3000 Mark erreicht, von der Gewerbesteuer befreit bleiben, findet auf die Betriebssteuer keine Anwendung.

---

[40]) Muster I u. II zu Gewerbesteuerordnungen Unteranlage A 6.

[41]) Ausf. Anw. (zum GewStG.) 4. Nov. 95 Art. 53 nebst Vf. 17. Dez. 95 (Mitt. XXXIII 50) u. 15. Dez. 96 (das. XXXIV 35).

[42]) Anl. C. Verb. KAG. § 58. Ausführung der Betriebssteuer Anw. 5. März 94, erg. (Freilassung des Kleinhandels mit ungenießbarem Spiritus) 1. April 96. — Über Zuschläge (Art. 22[3]) KAG. § 58.

2. Die Gemeinden können die Betriebssteuer entweder in der Form der §§. 59 ff. a. a. O. bestehen lassen oder durch eine besondere Form ersetzen. In beiden Fällen müssen sie aber den nach der staatlichen Veranlagung sich ergebenden Betrag der Betriebssteuer erheben und — insoweit die Gemeinden nicht Stadtkreise sind — gemäß §. 13 des erwähnten Gesetzes vom 14. Juli 1893 an die Kreise zur Verwendung für Kreiszwecke abführen.

3. Im Uebrigen ist den Gemeinden überlassen, Zuschläge zu der vom Staate veranlagten Betriebssteuer zu erheben oder die besonderen Betriebssteuern auf einer Grundlage zu gestalten, welche die Erzielung eines Ueberschusses über den Betrag der staatlich veranlagten Steuer ermöglicht. Ob die Gemeinden von dieser Befugniß zweckmäßig Gebrauch machen, richtet sich im Allgemeinen nach den örtlichen Verhältnissen. Zu berücksichtigen bleibt hierbei, daß eine angemessene Ausbildung der Betriebssteuer sich vielfach nicht nur aus finanziellen, sondern auch aus polizeilichen Rücksichten empfiehlt; das letztere in denjenigen Orten, in welchen eine Herabminderung der Zahl der Betriebsstellen wünschenswerth ist.

2. Gemeinde-Einkommensteuer.

A. Steuerpflicht und Befreiung.

a) Steuerpflicht.

Artikel 23. Subjektive Steuerpflicht (§§. 33—35).

1. Nach §. 33 sind der Gemeindeeinkommensteuer unterworfen:

a) diejenigen physischen Personen, welche in der Gemeinde einen Wohnsitz haben, hinsichtlich ihres gesammten innerhalb und außerhalb des Preußischen Staatsgebietes gewonnenen Einkommens, insoweit dasselbe nicht auf Grund ausdrücklicher Gesetzesbestimmung von der Besteuerung frei zu lassen ist.

Als Wohnsitz gilt jeder Ort, an welchem Jemand eine Wohnung unter Umständen inne hat, die auf die Absicht der dauernden Beibehaltung einer solchen schließen lassen[43]).

[43]) Diese Begriffsbestimmung des Wohnsitzes ist die des RG. wegen der Doppelbesteuerung 13. Mai 70 § 1 Abs. 2, auf die das EinkstG. § 1 verweist. Sie entspricht nicht vollständig**) der des bürgerlichen Rechts; das BGB. bestimmt*):

§. 7. Wer sich an einem Orte ständig niederläßt**), begründet an diesem Orte seinen Wohnsitz.

Der Wohnsitz kann gleichzeitig an mehreren Orten bestehen.

Der Wohnsitz wird aufgehoben, wenn die Niederlassung mit dem Willen aufgehoben wird, sie aufzugeben.

§. 8. Wer geschäftsunfähig †) oder in der Geschäftsfähigkeit beschränkt ††) ist, kann ohne den Willen seines gesetzlichen Vertreters seinen Wohnsitz weder begründen noch aufheben.

Voraussetzung für die Begründung ist neben dem Willen auch dessen Verwirklichung durch die Tat OV. 5. Mai, dazu gehört eine zum Wohnen bestimmte und eingerichtete Wohnung 1. April 87 (XV 57 u. 41). Das Wohnen in

*) Militärpersonen haben den Wohnsitz am Garnisonorte § 9, Ehefrauen den des Ehemanns § 10, eheliche Kinder des Vaters (uneheliche der Mutter, angenommene des Annehmenden) § 11.

**) Durch das Gesindeverhältnis wird ein Wohnsitz nicht begründet AG. z. BGB. Art. 14 § 1 Abs. 4. — Ein Unterkommen genügt, während das DoppelbesteuerungsG. eine der eigenen Verfügungsgewalt unterliegende Wohnung voraussetzt. Die Kreissteuerpflicht, die von dem bürgerlichen Wohnsitz abhängig ist (KrO. § 9 u. 6), deckt sich sonach in diesem Falle nicht mit der Gemeindesteuerpflicht OV. 16. Dez. 02 (XLIII 6).

†) BGB. § 104.

††) Das. § 106—115.

Die subjektive und objektive Steuerpflicht bestimmt sich — soweit sie nicht reichsgesetzlich geregelt ist (vgl. Nr. 2) — ausschließlich nach den Vorschriften des Kommunalabgabengesetzes und der daselbst aufrecht erhaltenen älteren Gesetze. Die abweichenden Vorschriften des Einkommensteuergesetzes vom 24. Juni 1891 finden ebensowenig Anwendung, wie die Vorschriften des Reichsgesetzes wegen Beseitigung der Doppelbesteuerung vom 13. Mai 1870 (BGBl. S. 119)[44].

b) Diejenigen physischen Personen, welche in der Gemeinde, ohne in derselben einen Wohnsitz zu haben, entweder Grundvermögen, Handels- oder gewerbliche Anlagen, einschließlich der Bergwerke haben, Handel oder Gewerbe oder außerhalb einer Gewerkschaft Bergbau betreiben (Forensen), oder als Gesellschafter an dem Unternehmen einer Gesellschaft mit beschränkter Haftung (Gesetz vom 20. April 1892 — RGBl. S. 477 —)[45] betheiligt sind, hinsichtlich des ihnen aus diesen Quellen in der Gemeinde zufließenden Einkommens.

Das Einkommen aus Grundvermögen, Handels- und gewerblichen Anlagen u. s. w. deckt sich mit dem in den §§. 13, 14 des Einkommensteuergesetzes vom 24. Juni 1891 bezeichneten Einkommen; es begreift daher namentlich auch Einkommen aus Pachtungen und aus dem Besitze oder Betriebe von Privateisenbahnen in sich.

c) Aktiengesellschaften, Kommanditgesellschaften auf Aktien, eingetragene Genossenschaften, deren Geschäftsbetrieb über den Kreis ihrer Mitglieder hinausgeht (insbesondere Konsumvereine mit offenem Laden) und juristische Personen hinsichtlich des ihnen aus den zu b angegebenen Quellen unmittelbar oder mittelbar (als Gesellschafter an dem Unternehmen einer Gesellschaft mit beschränkter Haftung) in der Gemeinde zufließenden Einkommens.

Die Konsumvereine unterliegen — sofern sie nicht etwa als Aktiengesellschaften, juristische Personen u. s. w. steuerpflichtig sind — nur dann der Steuerpflicht, wenn die Genossenschaft nach Maßgabe des Reichsgesetzes vom 1. Mai 1889 (RGBl. S. 55)[46] in das Genossenschaftsregister eingetragen worden ist. Ist die Eintragung erfolgt, so gilt jeder Konsumverein mit offenem Laden kraft des Gesetzes und ohne Zulassung eines Gegenbeweises als ein solcher, dessen Geschäftsbetrieb über den Kreis seiner Mitglieder hinausgeht. Ein offener Laden ist ein Verkaufslokal, in welchem die vorhandenen Waarenvorräthe im Kleinverkehr an die erscheinenden

---

einem Schiff bildet — auch wenn dieses in einer Gemeinde zeitweilig liegt u. in das Schiffsregister eingetragen ist — noch keinen Wohnsitz in dieser Gemeinde 14. Feb. 02 (VB. XXIV 21). Mit Fortfall der Voraussetzungen hört auch der Wohnsitz auf 14. Nov. 02 (das. 321). Zur Aufgabe genügt nicht der innere Entschluß; es ist auch dessen äußerlich aus Tatsachen erkennbare Ausführung erforderlich 15. Dez. 97 (VB. XIX 378). — Die Frage, ob ein Wohnsitz bestehe, ist tatsächlich u. der Nachprüfung durch den Revisionsrichter entzogen OV. 6. Dez. 01 (VB. XXIV 6). — Das Innehaben einer Wohnung setzt ein Verfügungsrecht über diese voraus, das z. B. für in Anstalten untergebrachte Geisteskranke nicht vorliegt, ferner eine regelmäßige Benutzung zu Wohnzwecken (nicht nur als Unterkommen od. Absteigequartier) OV. 3. Okt. 96 (XXX 28), die Einrichtung u. Ausstattung der Räume zu Wohnzwecken 6. Juni 94 (XXVI 70). Die Begründung eines Wohnsitzes durch Aufenthalt in einem Gasthofe ist nicht ausgeschlossen, sobald diese Voraussetzungen zutreffen 9. Feb. 04 (VB. XXV 558).

[44]) Statt dessen gelten KAG. § 47—52.

[45]) Neugefaßt 98 (RGB. 846).

[46]) Desgl. 98 (RGB. 810).

Käufer ohne vorherige Bestellung, und ohne daß ein physisches Hinderniß (Verschluß) für den Eintritt besteht, verabfolgt werden (vgl. Entsch. des Oberverwaltungsgerichts vom 11. April 1893 — Entsch. in Staatssteuersachen Bd. I S. 300 —).

Die Vorschrift im §. 33 Nr. 3 des Gesetzes ist dem §. 1 Abs. 1 des Kommunalabgabengesetzes vom 27. Juli 1885 (GS. S. 327) nachgebildet; jedoch soll die Gemeindeeinkommensteuer, wenn eine Veranlagung zur Staatseinkommensteuer stattgefunden hat, das hierbei veranlagte Einkommen erfassen, vorbehaltlich der Bestimmung im §. 16 Abs. 3 des Einkommensteuergesetzes vom 24. Juni 1891. Gemäß der letzteren ist der Kommunalbesteuerung der Aktiengesellschaften u. s. w. das ermittelte Einkommen ohne den bei der Veranlagung der Staatseinkommensteuer stattfindenden Abzug von $3\frac{1}{2}$ Prozent des eingezahlten Aktienkapitals u. s. w. zu Grunde zu legen.

Wenn also eine Aktiengesellschaft, eine Kommanditgesellschaft auf Aktien, eine Berggewerkschaft oder eine eingetragene Genossenschaft (§. 1 Nr. 4, 5, §. 2 Abs. 2 des Einkommensteuergesetzes vom 24. Juni 1891) gemäß den Bestimmungen des Kommunalabgabengesetzes in einer Gemeinde steuerpflichtig ist, so muß das bei ihrer Veranlagung zur Staatseinkommensteuer ermittelte Einkommen der kommunalen Besteuerung zu Grunde gelegt werden. Jedoch ist diesem Einkommen der bei der staatlichen Veranlagung gemachte Abzug von $3\frac{1}{2}$ Prozent des Aktienkapitals u. s. w. wieder zuzurechnen, und zwar zum vollen Betrage, wenn das der kommunalen Besteuerung unterliegende Einkommen sich mit dem staatlich besteuerten Einkommen vollständig deckt, anderenfalls im Verhältnisse des kommunalsteuerpflichtigen Einkommens zum Gesammteinkommen.

Die Bestimmungen der §§. 47 ff. wegen Vermeidung der Doppelbesteuerung bleiben unberührt.

d) Der Staatsfiskus bezüglich seines Einkommens aus den von ihm betriebenen Eisenbahn-, Bergbau- und sonstigen gewerblichen Unternehmungen, sowie aus Domänen und Forsten.

Diese Bestimmung sowie die im §. 33 Absatz 2 und 3 enthaltenen Vorschriften entsprechen dem bisherigen Rechte.

2. Neuanziehende können, auch wenn sie in der Gemeinde keinen Wohnsitz begründen, gleich den übrigen Gemeindeeinwohnern zur Einkommensteuer herangezogen werden, sofern ihr Aufenthalt die Dauer von drei Monaten übersteigt (§. 33 Abs. 4).

Das Gesetz will lediglich die in dieser Beziehung im §. 8 des Freizügigkeitsgesetzes vom 1. November 1867 (BGBl. S. 55) den Gemeinden zuerkannte Befugniß erneut zum Ausdruck bringen. Die Neuanziehenden der bezeichneten Art sind somit der Gemeindeeinkommensteuer nicht ohne Weiteres unterworfen, wie die sonstigen im §. 33 aufgeführten Pflichtigen; es bedarf zu ihrer Heranziehung eines entsprechenden Beschlusses der Gemeinde.

Ist seitens der Neuanziehenden ein Wohnsitz begründet worden, so beginnt ihre Steuerpflicht nicht erst, nachdem ihr Aufenthalt die Dauer von drei Monaten überstiegen hat, sondern mit dem ersten Tage des auf die Begründung des Wohnsitzes folgenden Monats (vgl. §. 60).

3. Nach dem bisherigen Rechte sind juristische Personen mit einem dem Miethswerthe gleich geachteten Einkommen auch aus solchen Gebäuden für gemeindeeinkommensteuerpflichtig erachtet worden, welche beispielsweise wegen ihrer Bestimmung zum Unterricht in der Gemeinde mit Steuern vom Grundbesitz zu verschonen waren (vgl. die Entscheidung des Oberverwaltungsgerichts vom 26. Februar 1892, Entsch. Bd. 22 S. 21).

Demgegenüber ist im §. 34 zum Ausdruck gebracht, daß das Einkommen aus bebauten und unbebauten Grundstücken, welche ganz oder zum Theil nach §. 24 der Steuer vom Grundbesitz nicht unterworfen sind, insoweit auch der Gemeindeeinkommensteuer nicht unterliegt.

4. Die Steuerpflicht der im §. 33 Nr. 2 und 4 bezeichneten Personen wird begründet durch den Bezug von Einkommen:

a) aus dem Betriebe von Handel und Gewerbe, einschließlich des Bergbaues oder aus dem bloßen Besitze von Handels- und gewerblichen Anlagen, einschließlich der Bergwerke,

b) aus Grundvermögen,

c) aus der Betheiligung an dem Unternehmen einer Gesellschaft mit beschränkter Haftung.

Zu a entsteht nach §. 35 die Steuerpflicht, im Wesentlichen wie nach dem bisherigen Rechte, in denjenigen Gemeinden, in welchen sich der Sitz, eine Zweigniederlassung, eine Betriebs-, Werk- oder Verkaufsstätte oder eine solche Agentur des Unternehmens befindet, welche ermächtigt ist, Rechtsgeschäfte im Namen und für Rechnung des Inhabers, bezw. der Gesellschaft, selbstständig abzuschließen. Eine Sonderbestimmung enthält das Gesetz, in wörtlicher Wiederholung des bestehenden Rechts, bezüglich des Eisenbahnbetriebs, unter welchem der Betrieb von Kleinbahnen im Sinne des Gesetzes vom 28. Juli 1892 (GS. S. 225) mit begriffen ist[47]).

Für die Fälle b und c enthält §. 35 keine Bezeichnung der steuerberechtigten Gemeinde.

Bezüglich des Einkommens aus Grundvermögen ist davon auszugehen, daß dasselbe in denjenigen Gemeinden erworben wird, in welchen die Grundstücke oder Theile von solchen belegen sind, die das Einkommen gewähren.

Die Steuerpflicht der unter c bezeichneten Gesellschafter endlich ist der Natur der Sache nach in denjenigen Gemeinden begründet, in welchen der Gesellschaft entweder aus Handel und Gewerbe einschließlich des Bergbaues unter analoger Anwendung der im §. 35 getroffenen Bestimmungen, oder aus Grundvermögen Einkommen zufließt.

b) Steuerbefreiung.

Artikel 24. **Ausländer u. s. w.** (§. 39).

Die Vorschrift im §. 39, wonach die Gemeinde beschließen kann, Ausländer und Angehörige anderer Bundesstaaten, welche in der Gemeinde einen Wohnsitz, aber nicht des Erwerbs wegen haben, bis zu 3 Jahren zu der Gemeindeeinkommensteuer nicht oder nur mit einem ermäßigten Prozentsatze heranzuziehen, soll den besonderen Verhältnissen der Gemeinden Rechnung tragen, welche zu ihrem wirtschaftlichen Gedeihen wesentlich auf den Zuzug von Fremden angewiesen sind.

Die Bestimmung schließt eine Ausnahme von der Regel in sich, gemäß welcher eine durch das Gesetz begründete Steuerpflicht durch Gemeindebeschluß nicht aufgehoben oder ermäßigt werden kann.

Ob Verhältnisse vorliegen, welche geeignet sind, die Ausnahme zu rechtfertigen, ist bei der im Gesetze vorbehaltenen Genehmigung zu prüfen.

Artikel 25.

Mitglieder des Königlichen Hauses, Vertreter fremder Mächte u. s. w. (§. 40).

1. Die Vorschriften im §. 40 Abs. 1 und 2 wegen der Steuerbefreiung der Mitglieder des Königlichen Hauses, der Vertreter fremder Mächte u. s. w. sind den

[47]) Anderer Ansicht Adickes (Komm. S. 357 Nr. 2) u. Nöll (Anm. 24 zu § 35).

Bestimmungen im §. 3 Nr. 1[48]), 3, 4 des Einkommensteuergesetzes vom 24. Juni 1891 — von einer nur unerheblichen Abweichung abgesehen — wörtlich nachgebildet und daher in gleicher Weise wie die letzteren Bestimmungen zur Ausführung zu bringen. Die Abweichung besteht darin, daß, während von der Steuerbefreiung nach §. 40 Abs. 2 nur das Einkommen aus Grundvermögen, Handel und Gewerbe einschließlich des Bergbaues oder aus der Betheiligung an dem Unternehmen einer Gesellschaft mit beschränkter Haftung ausgenommen ist, die Ausnahme sich nach §. 3 a. a. O. auch auf das Einkommen aus den von der Preußischen Staatskasse gezahlten Besoldungen, Pensionen und Wartegeldern erstreckt[49]).

2. Nach dem letzten Absatze des §. 40 bleiben die gesetzlichen Bestimmungen, betreffend die Befreiung der Standesherren und ihrer Familien von Gemeindelasten — unbeschadet der Vorschriften in den §§. 21 und 22 — unberührt.

a) In den alten Provinzen steht es gemäß §. 32 der zur Ausführung des Edikts vom 21. Juni 1815 (GS. S. 105) erlassenen Instruktion vom 30. Mai 1820 (GS. S. 81) den Standesherren frei, für ihre Person und Familie in Absicht aller persönlichen Beziehungen und Leistungen aus der Verbindung mit den Gemeinden auszuscheiden. Auch sollen die im Kommunalverbande begriffenen Besitzungen der Standesherren, bei welchen sie die Befreiung von der ordentlichen Grundsteuer genießen, in Absicht aller Kommunalrechte und -Verbindlichkeiten, soweit nicht Verträge oder Indikate ein Anderes besonders festsetzen, den Königlichen Domänen derselben Provinz unter einerlei Verhältnissen gleichgeachtet werden.

In Ausführung der auf Grund des Gesetzes vom 10. Juni 1854 (GS. S. 363) erlassenen Verordnung vom 12. November 1855 (GS. S. 688) sind staatsseitig mit mehreren Standesherren Rezesse abgeschlossen worden, durch welche die Rechtsverhältnisse der Standesherren auch in kommunaler Beziehung ihre Regelung erhalten haben. Bezüglich anderer Standesherren hat eine solche Regelung auf Grund des Gesetzes, betreffend die Ordnung der Rechtsverhältnisse der mittelbar gewordenen deutschen Reichsfürsten und Grafen vom 15. März 1869 (GS. S. 490) durch die Gesetze vom 27. Juni 1875 (GS. S. 327) und 25. Oktober 1878 (GS. S. 305 und 311) stattgefunden. Im Uebrigen wird auf die dem Entwurfe einer Kreisordnung für die Provinz Westfalen (Herrenhaus, Session 1886 Drucks. Nr. 6) beigefügte Zusammenstellung, betreffend die Verhältnisse der mittelbar gewordenen deutschen Reichsfürsten und Grafen in der Provinz Westfalen, und auf die entsprechende Zusammenstellung in der Anlage des Entwurfs einer Kreisordnung für die Rheinprovinz (Herrenhaus, Session 1887 Drucks. Nr. 9) verwiesen.

b) Die Standesherren in dem vormaligen Kurfürstenthum Hessen sind gemäß §. 33 des Edikts vom 29. Mai 1833 (Kurhess. GS. S. 113) weder Mitglieder der Gemeinden, noch es zu werden verpflichtet, und zu Gemeindeumlagen nur als Besitzer von Grundeigenthum innerhalb der Gemarkung der Gemeinde verbunden. Die standesherrlichen Besitzungen sollen in dieser Beziehung den Domänen des Staates, jedoch unbeschadet der mit einzelnen Gemeinden bestehenden besonderen Rechtsverhältnisse, gleichgehalten werden. Künftige Erwerbungen der Standesherren an Grundeigenthum bleiben allen bisher auf denselben gelegten Lasten auch in Beziehung auf Gemeindebeiträge unterworfen u. s. w.

---

[48]) Nr. 2 betr. die Befreiung der Mitglieder des vorm. Hannov. Königs- u. der vorm. Kurhess. u. Nass. Fürstenhäuser ist nicht aufgenommen.

[49]) Dieses unterliegt somit der Staats-, nicht der Kommunalsteuer.

c) Für das vormalige Herzogthum Nassau ist im §. 69 des Gemeindegesetzes vom 26. Juli 1854 (Nass. VBl. S. 166) bestimmt worden, daß die Standes- und Grundherren nicht Gemeindebürger seien, während in den vormals Großherzoglich Hessischen Landestheilen laut Art. 36 des Gesetzes vom 18. Juli 1858 (Großh. Hess. Reg.Bl. S. 329) alle Vorrechte der Standesherren hinsichtlich der Entrichtung von direkten und indirekten Abgaben in Fortfall gekommen sind.

d) Die Rechtsverhältnisse der Standesherren in dem vormaligen Königreich Hannover sind in Ansehung der Beiträge zu den kommunalen Lasten durch §. 17 des Gesetzes vom 21. Juni 1848 (Hannoversche GS. S. 209) bezw. §. 8 unter g des schon erwähnten Gesetzes vom 27. Juni 1875 (GS. S. 327) geregelt worden.

e) Was insbesondere die Besteuerung der Standesherren wegen ihres Einkommens aus Grundbesitz oder Gewerbebetrieb in einer Forensalgemeinde des Standesgebiets betrifft, so ist in mehreren Fällen in Frage gekommen, ob die Befreiung der Standesherren — wenn sie überhaupt nach älterem Recht bestanden habe — durch die Bestimmung im §. 1 Abs. 3 des Kommunalabgabengesetzes vom 27. Juli 1885 in Fortfall gekommen sei, wonach physische Personen ausnahmslos als Forensen der Besteuerung ihres Einkommens aus Grundbesitz und Gewerbebetrieb in der Forensalgemeinde unterliegen. Das Oberverwaltungsgericht hat die Frage bejaht (Entsch. Bd. 24 S. 111).

Jedenfalls ist bei der Ausführung des §. 40 Abs. 3 davon auszugehen, daß es die Absicht des Gesetzes gewesen ist, die Befreiung der Standesherren und deren Familien in dem vollen Umfange anerkannt zu sehen, wie dieselbe in dieser Bestimmung des Gesetzes festgelegt worden ist, also ohne Rücksicht auf das Gesetz vom 27. Juli 1885, welches in dieser Hinsicht eine ausdrückliche Anordnung überhaupt nicht getroffen hat[50]).

Sodann ist festzuhalten, daß unter den Gemeindelasten im Sinne des §. 40 Abs. 3 nicht etwa nur Gemeindeeinkommensteuern, sondern alle Gemeindelasten zu verstehen sind, auf welche sich die Bestimmungen des Kommunalabgabengesetzes beziehen, namentlich auch Naturaldienste[51]).

Artikel 26. **Staatsbeamte** (§. 41).

Wegen der Heranziehung der unmittelbaren und mittelbaren Staatsbeamten, der Beamten des Königlichen Hofes, der Geistlichen, Kirchendiener und Elementarschullehrer, sowie der Wittwen und Waisen dieser Personen zu den Kommunal-Einkommen- und Aufwandssteuern sollen die Bestimmungen der Verordnung, betreffend die Heranziehung der Staatsdiener in den neu erworbenen Landestheilen, vom 23. September 1867 (GS. S. 1648) mit der Maßgabe zur Anwendung kommen, daß, wie schon im §. 12 des Kommunalabgabengesetzes vom 27. Juli 1885 vorgeschrieben ist, das nothwendige Domizil außer Berücksichtigung bleibt.

Danach bewendet es bis auf Weiteres — soweit Einkommen- und Aufwandssteuern in Betracht kommen — lediglich bei dem bisherigen Rechte.

In den alten Landestheilen gelten zwar gegenwärtig das Gesetz vom 11. Juli 1822 (GS. S. 184), die Deklaration vom 21. Januar 1829 (GS. S. 9) und die Allerhöchste Ordre vom 14. Mai 1832 (GS. S. 145), aber die an deren Stelle

---

[50]) Das OVG. hat gleichwohl daran festgehalten (c Abs. 1), daß die Aufhebung der Befreiung den Forensalgemeinden gegenüber auch nach KAG. § 40 Abs. 3 fortbestehe OV. 9. Juni 99 (XXXV 139).

[51]) KAG. Anm. 3.

tretende Verordnung vom 23. September 1867 enthält nur eine Zusammenfassung des in den alten Landestheilen bestehenden Rechts nach seiner grundsätzlichen Bedeutung.

Der im §. 10 der Verordnung vom 23. September 1867 vorgesehenen Regelung der Kommunaldienste entspricht die Bestimmung im §. 68 Abs. 6 des Kommunalabgabengesetzes.

Artikel 27. **Militärpersonen** (§. 42).

Hinsichtlich der Heranziehung der Militärpersonen zu den auf das Einkommen gelegten Gemeindeabgaben bewendet es bei den bestehenden Bestimmungen.

Als solche kommen für die alten Landestheile das Gesetz vom 11. April 1822 (GS. S. 184), für die neu erworbenen Landestheile[52]) die Verordnung vom 23. September 1867 (GS. S. 1648), im Uebrigen für sämmtliche Landestheile die Gesetze vom 29. Juni 1886 (GS. S. 181) und 22. April 1892 (GS. S. 101) in Betracht.

Die Mitglieder der Gendarmerie sind hinsichtlich der Heranziehung zu den auf das Einkommen gelegten Gemeindeabgaben nach denselben Grundsätzen wie Militärpersonen zu behandeln. Die in dieser Beziehung nach der bisherigen Rechtsprechung der Verwaltungsgerichte gemachten Unterscheidungen[53]) sind nicht ferner statthaft.

c) Formen der Besteuerung.

Artikel 28. **Zuschläge zur Staatseinkommensteuer** §. (36).

Die Gesetzgebung und die Verwaltungspraxis haben schon lange an dem Grundsatze festgehalten, daß die Besteuerung des Einkommens in der Gemeinde sich an die Besteuerung des Einkommens im Staate thunlichst anzuschließen, somit in der Regel mittels Zuschlägen zur Staatseinkommensteuer zu erfolgen habe. Nicht ausgeschlossen war dabei, daß die einzelnen Stufen des Tarifs der Staatseinkommensteuer mit Zuschlägen von ungleicher Höhe belastet wurden. §. 36 Abs. 1 hält — unbeschadet der Bestimmung im §. 30[54]), wonach die Einkommensteuer zum Theil durch Aufwandssteuern ersetzt werden darf — daran fest, daß die Gemeindeeinkommensteuern in der Regel durch Zuschläge zu den Steuersätzen des Tarifs der Staatseinkommensteuer zu erheben sind, dagegen dürfen die Stufen des Tarifs der Staatseinkommensteuer nicht ferner mit Zuschlägen von ungleicher Höhe belastet werden. Das Gesetz erfordert, daß die Zuschläge *gleichmäßig* sind.

Die Besteuerung mittelst Zuschlägen zur Staatseinkommensteuer setzt voraus, daß der Steuerpflichtige zur Staatseinkommensteuer veranlagt ist und daß das bei dieser Veranlagung ermittelte, der staatlichen Besteuerung zu Grunde gelegte Einkommen und das der Gemeindebesteuerung zu Grunde zu legende Einkommen sich decken. Das erstere ist beispielsweise nicht der Fall, wenn der Staatsfiskus zu einer Gemeindeeinkommensteuer heranzuziehen ist; das letztere trifft beispielsweise nicht zu, wenn das der staatlichen Besteuerung zu Grunde gelegte Gesammteinkommen zum Zwecke der kommunalen Einkommensbesteuerung zwischen mehreren Gemeinden (Wohnsitzgemeinden, Wohnsitz- und Forensalgemeinden u. s. w.) zu theilen ist. Für den einen wie für den anderen Fall ordnet §. 36 Abs. 2 an, daß — abgesehen von den in den §§. 44—46 besonders geregelten Fällen — der dem Zuschlage zu Grunde zu legende Steuersatz nach den für die Veranlagung der Staatseinkommensteuer geltenden Vorschriften zu ermitteln sei. Diese Ermittelung ist von den Gemeinden selbstständig zu bewirken. Indessen sind auch hierbei die

[52]) Der Hinweis auf die altpreußischen Vorschriften ist, weil V. 23. Sept. 67 allgemein maßgebend ist (Anl. D Anm. 1), gestrichen Vf. 16. Dez. 01 (MB. 02 S. 8).

[53]) KAG. Anm. 153.

[54]) Richtiger § 23.

bei der Veranlagung der Staatseinkommensteuer erfolgten Feststellungen, soweit solche überhaupt stattgefunden haben, thunlichst zu berücksichtigen. Was insbesondere die Aussonderung des Forensaleinkommens aus dem in der Wohnsitzgemeinde zu besteuernden Gesammteinkommen betrifft, so ist durch gegenseitige Verständigung zwischen Wohnsitz- und Forensalgemeinden auf die Erzielung der Uebereinstimmung wegen des von den ersteren frei zu lassenden, von den letzteren zu besteuernden Einkommens hinzuwirken[55]). In keinem Falle darf, wenn das der Staatseinkommensteuer unterliegende Gesammteinkommen eines Steuerpflichtigen nach seinen Theilen in mehreren preußischen Gemeinden steuerpflichtig ist, das in diesen Gemeinden steuerpflichtige Einkommen im Ganzen den Höchstbetrag derjenigen Steuerstufe übersteigen, in welche der Steuerpflichtige bei seiner Veranlagung zur Staatseinkommensteuer eingeschätzt worden ist (§. 51). Die „geltenden Vorschriften", auf welche das Gesetz hinweist, sind diejenigen des Einkommensteuergesetzes vom 24. Juni 1891 und der hierzu erlassenen Ausführungsanweisungen.

Die auf Grund der Einlegung von Rechtsmitteln, sowie die auf Grund der §§. 57, 58 des Einkommensteuergesetzes vom 24. Juni 1891 erfolgte Erhöhung oder Ermäßigung der veranlagten Einkommensteuer zieht die entsprechende Abänderung des Gemeindezuschlags nach sich. Die Abänderung ist somit auch in dem Falle der Ermäßigung von Amtswegen, also ohne daß es eines darauf abzielenden Antrags des Steuerpflichtigen bedarf, zu bewirken[56]).

Artikel 29. **Besondere Gemeindeeinkommensteuer** (§. 37).

Nach dem bisherigen Rechte sind unter besonderen Gemeindeeinkommensteuern solche zu verstehen, die unter Zugrundelegung eines anderen Steuertarifs erhoben werden, als nach welchem die Staatseinkommmensteuer erhoben wird. Der Umstand, daß die Stufen des Tarifs der Staatseinkommensteuer mit Zuschlägen von verschiedener Höhe belastet, daß beispielsweise in der untersten Stufe 100 Prozent und in den übrigen Stufen 150 Prozent Zuschläge zur Staatseinkommensteuer erhoben werden — was künftig nicht mehr zulässig ist —, macht die Gemeindeeinkommensteuer noch nicht zu einer besonderen. Die Besonderheit hat zur Voraussetzung, daß die Steuer nach einem anderen Tarife erhoben wird, als demjenigen der Staatseinkommensteuer.

Von dieser Bestimmung des Begriffs der besonderen Gemeindeeinkommensteuer ist auch bei der Ausführung des Kommunalabgabengesetzes vom 14. Juli 1893 auszugehen.

Im Einzelnen bleibt Folgendes zu beachten:

1. Besondere Gemeindeeinkommensteuern sind nur aus besonderen Gründen gestattet und bedürfen der Genehmigung. Zur Begründung der Einführung einer besonderen Gemeindeeinkommensteuer können deshalb Erwägungen allgemeiner Natur nicht ausreichen; es bedarf solcher, die aus den eigenthümlichen Verhältnissen der Gemeinde entnommen sind, in welcher eine besondere Gemeindeeinkommensteuer eingeführt werden soll. Die Eigenthümlichkeit braucht nicht nur dieser einen Gemeinde anzugehören; festzuhalten aber ist, daß das Gesetz die Einführung einer besonderen Gemeindeeinkommensteuer als Ausnahme von der Regel erachtet, wonach die Gemeindeeinkommensteuern als Zuschläge zur Staatseinkommensteuer, also unter Zugrundelegung des Tarifs der Staatseinkommensteuer erhoben werden sollen.

---

55) Eingeschärft Vf. 29. Juni 01 (MB. 193).

56) Ein etwaiger Antrag des Steuerpflichtigen hat im Wege des Einspruchs (KAG. § 69) zu erfolgen OV. 3. März 97 (XXXI 29).

2. Der Tarif der besonderen Gemeindeeinkommensteuer darf von dem Tarif der Staatseinkommensteuer nur hinsichtlich der Steuersätze abweichen, auch in dieser Beziehung ist eine Abänderung nur dahin gestattet, daß der Prozentsatz der Besteuerung in den unteren Stufen erhöht wird, jedoch höchstens bis zu dem Prozentsatze der Besteuerung des Einkommens in den oberen Stufen, und daß der Prozentsatz der Besteuerung in den oberen Stufen nicht zu Ungunsten der oberen Stufen geändert wird. Im Uebrigen muß der Staatssteuertarif unverändert übernommen werden; eine Abänderung der Stufen oder die Einfügung von Zwischenstufen ist nicht zulässig.

Die Stufen des Tarifs der Staatseinkommensteuer ergeben sich aus dem §. 17 des Einkommensteuergesetzes vom 24. Juni 1891.

Was den, den Steuersätzen dieses Tarifs zu Grunde liegenden Prozentsatz der Besteuerung des Einkommens betrifft, so ist derselbe bei Einkommen von mehr als 100 000 Mark gleichmäßig; von dieser Einkommensgrenze ab degressiv. Es wird das Einkommen, nach dem mittleren Betrage der Stufen berechnet, in der untersten Stufe (900—1050 Mark) mit 0,62 Prozent, in der 10. Stufe (2700 bis 3000 Mark) mit 1,82 Prozent, in der 26. Stufe (9500—10 500 Mark) mit 3 Prozent und in der Höhe von mehr als 100 000 Mark, nach der unteren Stufengrenze berechnet, gleichmäßig mit 4 Prozent belastet.

Die Steuerstufen, Steuersätze und die prozentuale Belastung des Einkommens bis zur 26. Stufe ergiebt die folgende Uebersicht:

Stufe	Einkommen von mehr als bis Mark	Steuersatz Mark	Prozentsatz der Steuer im Mittel des Einkommens
1.	900 — 1050	6	0,62
2.	1050 — 1200	9	0,80
3.	1200 — 1350	12	0,94
4.	1350 — 1500	16	1,12
5.	1500 — 1650	21	1,33
6.	1650 — 1800	26	1,51
7.	1800 — 2100	31	1,59
8.	2100 — 2400	36	1,60
9.	2400 — 2700	44	1,73
10.	2700 — 3000	52	1,82
11.	3000 — 3300	60	1,90
12.	3300 — 3600	70	2,03
13.	3600 — 3900	80	2,13
14.	3900 — 4200	92	2,27
15.	4200 — 4500	104	2,39
16.	4500 — 5000	118	2,48
17.	5000 — 5500	132	2,51
18.	5500 — 6000	146	2,54
19.	6000 — 6500	160	2,56
20.	6500 — 7000	176	2,61
21.	7000 — 7500	192	2,65
22.	7500 — 8000	212	2,74
23.	8000 — 8500	232	2,81
24.	8500 — 9000	252	2,88
25.	9000 — 9500	276	2,98
26.	9500 —10500	300	3,00

Es würde daher bei Aufstellung des Tarifs einer besonderen Einkommensteuer in einer Gemeinde, in welcher die vorbezeichneten 26 Stufen des Einkommens vertreten sind, beispielsweise gestattet sein, die Steuersätze so zu berechnen, daß der Prozentsatz der Steuer im Mittel des Einkommens in der 1. bis 4. Stufe 1,12 Prozent, in der 23. bis 26. Stufe 2,81 Prozent ausmacht und in den übrigen Stufen unverändert bleibt; es würde auch zulässig sein, den Prozentsatz der Steuer im Mittel des Einkommens für alle Stufen gleichmäßig auf 1, 2, 3 oder 4 Prozent festzusetzen; es würde dagegen nicht gestattet sein, den Prozentsatz beispielsweise in der 12. Stufe demjenigen in der 13. Stufe gleichzustellen, also von 2,03 auf 2,13 zu erhöhen und in den unteren Stufen ohne entsprechende Erhöhung unverändert zu belassen.

Im Uebrigen muß festgehalten werden, daß die Steuersätze des Tarifs einer besonderen Gemeindeeinkommensteuer in gleicher Weise nur die Bedeutung von Verhältnißzahlen haben, wie die Steuersätze des Tarifs der Staatseinkommensteuer bei Deckung des Bedarfs an Gemeindeeinkommensteuer mittels Zuschlägen zum Tarif der Staatseinkommensteuer. In welchem Umfange die Steuersätze mit Zuschlägen zu belasten sind, richtet sich in dem einen und anderen Falle nach dem durch die Einkommensteuer aufzubringenden Bedarf (vgl. Art. 39). Wird dieser Bedarf nach muthmaßlicher Berechnung durch die Summe der vollen Steuersätze (100 Prozent) aller Einkommensteuerpflichtigen nicht gedeckt bezw. überschritten, so sind auch bei besonderen Gemeindeeinkommensteuern mehr bezw. weniger als 100 Prozent der Steuersätze zu erheben. Dieser Prozentsatz der Belastung muß auch bei besonderen Einkommensteuern in allen Stufen des Tarifs ein gleichmäßiger sein, weil jede ungleichmäßige Belastung der Stufen des Tarifs zu einer unzulässigen Verschiebung der prozentualen Belastung des Einkommens führen würde, für welche die Genehmigung des Steuertarifs durch die Aufsichtsbehörde nicht ausreicht. Bei der Aufstellung eines Tarifs zur Erhebung besonderer Einkommensteuern ist somit davon auszugehen, daß die Belastung der Steuersätze in allen Stufen eine gleichmäßige sein muß. Führt diese Gleichmäßigkeit wegen veränderter Verhältnisse zu Unbilligkeiten, so sind unter Vorbehalt der Genehmigung der Aufsichtsbehörde und innerhalb der Schranken des Gesetzes die Steuersätze entsprechend anderweitig festzusetzen.

3. Bei der Veranlagung der Steuerpflichtigen auf der Grundlage des Tarifs einer besonderen Gemeindeeinkommensteuer ist, wenn das der staatlichen Besteuerung und das der Gemeindebesteuerung unterliegende Einkommen sich decken, die bei der Veranlagung zur Staatseinkommensteuer erfolgte Feststellung des Einkommens unverändert zu Grunde zu legen. In den übrigen Fällen hat die Ermittelung des steuerpflichtigen Einkommens in gleicher Weise wie bei der Erhebung von Zuschlägen zur Staatseinkommensteuer zu erfolgen. Auch findet bei besonderen Gemeindeeinkommensteuern die Vorschrift, daß die auf Grund der Einlegung von Rechtsmitteln sowie die auf Grund der §§. 57, 58 des Einkommensteuergesetzes vom 24. Juni 1891 erfolgte Erhöhung oder Ermäßigung der veranlagten Staatseinkommensteuer die entsprechende Abänderung des Gemeindezuschlags von selbst nach sich zieht, sinnentsprechende Anwendung.

4. Nach §. 37 Abs. 2 kann die Beibehaltung *bestehender* besonderer Gemeindeeinkommensteuern mit Zustimmung der Minister des Innern und der Finanzen ausnahmsweise und aus besonderen Gründen auch dann genehmigt werden, wenn diese Steuern den unter 2 und 3 erörterten Vorschriften nicht entsprechen.

Die maßgebenden Gründe müssen jedoch in einem solchen Falle von noch größerem Gewichte sein, als wenn es sich um die Einführung einer besonderen Gemeindeeinkommensteuer an Stelle der Erhebung von Zuschlägen zur Staatseinkommensteuer handelt.

Artikel 30. **Besteuerung des Einkommens von nicht mehr als 900 Mark** (§. 38).

Werden die Gemeindeeinkommensteuern in der Form von Zuschlägen zur Staatseinkommensteuer erhoben, so bewendet es wegen der Heranziehung der Steuerpflichtigen mit einem Einkommen von nicht mehr als 900 Mark bei den bisherigen, im §. 38 erneuerten Vorschriften des §. 74 des Einkommensteuergesetzes vom 24. Juni 1891; jedoch bedarf der Gemeindebeschluß, durch welchen diese Steuerpflichtigen von der Beitragspflicht entbunden oder mit einem geringeren Prozentsatze als die übrigen Steuerpflichtigen herangezogen werden, der Genehmigung. In Ermangelung eines solchen genehmigten Gemeindebeschlusses findet auf die im §. 74 a. a. O. angegebenen Steuersätze (fingirte Normalsteuersätze) die Vorschrift im §. 36, wonach die Zuschläge zur Staatseinkommensteuer gleichmäßig sein müssen, ebenfalls Anwendung.

Werden besondere Gemeindeeinkommensteuern erhoben, so sind die Gemeinden befugt, die im §. 37 gestattete Abweichung von den Steuersätzen des Tarifs der Staatseinkommensteuer in demselben oder in vermindertem Umfange auf die Heranziehung der Steuerpflichtigen mit einem Einkommen von nicht mehr als 900 Mark zu übertragen. Wird von dieser Befugniß kein Gebrauch gemacht, so bewendet es bezüglich dieser Steuerpflichtigen lediglich bei den Bestimmungen im §. 38.

Artikel 31. **Vereinbarungen** (§. 43).

Den Gemeinden sind Vereinbarungen mit Steuerpflichtigen gestattet, wonach von fabrikmäßigen Betrieben und von Bergwerken an Stelle der Gemeindesteuer vom Einkommen und vom Gewerbebetriebe ein für mehrere Jahre im Voraus zu bestimmender fester, d. h. sich im Wesentlichen gleichbleibender, jährlicher Steuerbeitrag zu entrichten ist. Die Vereinbarung bedarf der Genehmigung.

Den Gemeinden wird hierdurch die Möglichkeit gewährt, ihren Haushalt vor den Unzuträglichkeiten zu bewahren, welche mit erheblich schwankenden Steuereinnahmen, als Folge der nicht selten erheblich wechselnden Erträge größerer industrieller Unternehmungen, nothwendig verbunden sind.

Nicht minder vortheilhaft sind solche Vereinbarungen für die steuerpflichigen Betriebe, deren Inhaber hierdurch in den Stand gesetzt werden, mit feststehenden Ausgabeposten zu rechnen. Dagegen soll den Steuerpflichtigen ein finanzieller Vortheil nicht erwachsen. Vielmehr sind die Jahresbeiträge nach Möglichkeit so zu bemessen, daß ihr Gesammtbetrag die Summe der Steuern erreicht, welche der Steuerpflichtige nach einer die bisherigen Erfahrungen und sonstige wesentliche Umstände berücksichtigenden Wahrscheinlichkeitsberechnung ohne die Vereinbarung während des von derselben betroffenen Zeitraums zu zahlen haben würde. Vereinbarungen, welche dieser Voraussetzung nicht entsprechen, insbesondere Vereinbarungen für einen Zeitraum, bezüglich dessen eine Wahrscheinlichkeitsberechnung von einiger Zuverlässigkeit ausgeschlossen ist, würde die Genehmigung zu versagen sein. Im Uebrigen kann die Vereinbarung sich sowohl auf die Gemeindesteuer vom Einkommen und diejenige vom Gewerbebetriebe zusammengenommen, als auch auf die eine oder andere dieser Steuern im Einzelnen erstrecken.

B. Berechnung des steuerpflichtigen Einkommens der fiskalischen Domänen, Staats- und Privatbahnen.

Artikel 32. (§§. 44—46.)

Die §§. 44—46 des Kommunalabgabengesetzes vom 14. Juli 1893 entsprechen den §§. 4—6 des Kommunalabgabengesetzes vom 27. Juli 1885 mit dem Unterschiede, daß

1. Abs. 1 des §. 5 a. a. O. in den §. 33 Abs. 3 des Gesetzes vom 14. Juli 1893 übernommen,
2. Abs. 2 des §. 46, dem Inhalte nach übereinstimmend mit der Vorschrift im §. 40 Abs. 2 des Kleinbahnengesetzes vom 28. Juli 1892, zusätzlich aufgenommen worden ist.

C. Vermeidung von Doppelbesteuerung.

a) Allgemeine Bestimmungen.

Artikel 33. **Verhältniß von staatssteuer- und gemeindesteuerpflichtigem Einkommen** (§. 51).

Gemäß §. 51 Abs. 1 darf, wenn das der Staatseinkommensteuer unterliegende Gesammteinkommen eines Steuerpflichtigen nach seinen Theilen in mehreren Preußischen Gemeinden steuerpflichtig ist, das in den Gemeinden steuerpflichtige Einkommen im Ganzen den Höchstbetrag derjenigen Steuerstufe nicht übersteigen, in welche der Steuerpflichtige bei der Veranlagung zur Staatseinkommensteuer eingeschätzt worden ist. Zu diesem Behufe sind die Theile des Einkommens, sofern sie auch nach erfolgter Richtigstellung im Ganzen den Höchstbetrag der Steuerstufe übersteigen, verhältnismäßig herabzusetzen.

Während nach den bisherigen Grundsätzen des Kommunalsteuerrechts das Ergebniß der Veranlagung zur Staatseinkommensteuer zwar für die Veranlagung des Steuerpflichtigen in seiner Wohnsitzgemeinde von maßgebender Bedeutung war, nicht dagegen auch für die Veranlagung des Steuerpflichtigen in einer Forensalgemeinde, will das Gesetz den Grundsatz, wonach die Veranlagung zur Staatseinkommensteuer für die Veranlagung zur Gemeindeeinkommensteuer maßgebend ist, in dem Falle allgemein zur Geltung bringen, daß das in mehreren Preußischen Gemeinden steuerpflichtige Einkommen und das der Staatseinkommensteuer unterliegende Einkommen sich decken. Die Vorschrift des Gesetzes findet somit beispielsweise keine Anwendung, wenn ein in Preußen Domizilirter sein Einkommen aus Grundbesitz bezieht, welcher in zwei Preußischen Gemeinden und in einer Gemeinde eines anderen deutschen Bundesstaates belegen ist. Denn das Einkommen aus dem in einem anderen Bundesstaate belegenen Grundbesitze ist gemäß §. 6 des Einkommensteuergesetzes von 24. Juni 1891 von der staatlichen Besteuerung ausgeschlossen, wogegen es gemäß §. 33 Abs. 1 unter 1 der kommunalen Besteuerung unterliegt.

Die Vorschrift im zweiten Absatze des §. 51, wonach verschiedene Quellen von Einkommen in ein und derselben Gemeinde für die Besteuerung als ein Ganzes zu erachten sind, fand nach den bisherigen Grundsätzen des Kommunalsteuerrechts keine Anwendung auf nicht-physische Personen. Bei diesen wurde das Einkommen aus verschiedenen, d. h. wirtschaftlich von einander unabhängigen Quellen in einer Gemeinde — z. B. aus Grundvermögen und einer Fabrikanlage — je für sich besteuert. Fortan gilt der Grundsatz der einheitlichen Besteuerung des Einkommens aus verschiedenen Quellen auch für die nicht-physischen Personen, namentlich ist behufs Ermittelung des steuerpflichtigen Einkommens der bei einer Quelle erlittene Verlust gegen den in demselben Jahre bei einer anderen Quelle erzielten Gewinn aufzurechnen.

Artikel 34. **Selbstständige Gutsbezirke** (§. 52).

Laut §. 52 sind bei der Ausführung der Vorschriften wegen Vermeidung von Doppelbesteuerung (§§. 47—51), abweichend von den bisherigen Grundsätzen des Kommunalsteuerrechts, die selbstständigen Gutsbezirke den Gemeinden gleich zu achten.

b) Besondere Bestimmungen.

Artikel 35. **Vertheilung von steuerpflichtigem Einkommen aus einer über mehrere Preußische Gemeinden sich erstreckenden Gewerbe- oder Bergbauunternehmung** (§§. 47, 48).

Die Vorschriften der §§. 47, 48 wegen Vertheilung von steuerpflichtigem Einkommen aus einer über mehrere Preußische Gemeinden sich erstreckenden Gewerbe- oder Bergbauunternehmung decken sich im Wesentlichen mit den Bestimmungen der §§. 7, 8 des Kommunalabgabengesetzes vom 27. Juli 1885.

Indessen ist im §. 47 b für die Vertheilung des Einkommens einer sich über mehrere Gemeinden erstreckenden Betriebsstätte, Station u. s. w. das Beschlußverfahren in Fortfall gekommen.

Die Vorschriften des §. 47, welche nur für die Vertheilung des gemeindesteuerpflichtigen Einkommens aus dem Besitze oder Betriebe einer sich über mehrere preußische Gemeinden erstreckenden Gewerbe- oder Bergbauunternehmung gegeben sind, müssen analog zur Anwendung gebracht werden, wenn eine Unternehmung der bezeichneten Art sich auch über nichtpreußische Gemeinden erstreckt und die Ermittelung des in der preußischen Gemeinde steuerpflichtigen Einkommens die Vertheilung nothwendig macht[57]).

Artikel 36. **Vertheilung des steuerpflichtigen Einkommens zwischen Wohnsitz- und Forensalgemeinden** (§. 49).

Die Vorschriften des §. 49 wegen der Vertheilung des Einkommens zwischen Wohnsitz- und Forensalgemeinden schließen sich denjenigen der §§. 9, 10 des Kommunalabgabengesetzes vom 27. Juli 1885 mit folgenden Abänderungen an:

1. Während die Bestimmungen des §. 9 a. a. O. nach der Rechtsprechung nur für den Fall getroffen sind, daß die Forensalgemeinde im Inlande belegen ist, regelt §. 49 die Vertheilung des Einkommens zwischen Wohnsitz- und Forensalgemeinde auch für den Fall, daß das Einkommen des in einer Wohnsitzgemeinde zu Besteuernden ganz oder zum Theil aus nichtpreußischem Grundbesitz oder Gewerbebetrieb fließt.

2. Bei der Veranlagung der Steuerpflichtigen in ihren Wohnsitzgemeinden schließt §. 49 — unbeschadet der Bestimmungen des §. 35 — nur denjenigen Theil des Gesammteinkommens aus, welcher in anderen Preußischen Gemeinden aus Grundvermögen, Handels- oder gewerblichen Anlagen, einschließlich der Bergwerke, sowie aus Handels- oder Gewerbebetrieb, einschließlich des Bergbaues, gewonnen wird. Er beläßt somit der Wohnsitzgemeinde die Besteuerung des Einkommens aus nichtpreußischem Grundbesitz und Gewerbebetrieb auch dann, wenn eine solche gegenwärtig ausgeschlossen ist.

3. Dem in einer anderen Preußischen Gemeinde als in derjenigen des inländischen Wohnsitzes aus Grundvermögen u. s. w. fließenden Einkommen ist dasjenige Einkommen gleichgestellt, welches in einer solchen Gemeinde aus der Betheiligung an dem Unternehmen einer Gesellschaft mit beschränkter Haftung gewonnen wird.

Artikel 37. **Vertheilung des steuerpflichtigen Einkommens zwischen mehreren Wohnsitzgemeinden** (§. 50).

Die Vorschriften des §. 50 über die Vertheilung des steuerpflichtigen Einkommens zwischen mehreren Wohnsitzgemeinden weichen von den Bestimmungen im §. 11 des Kommunalabgabengesetzes vom 27. Juli 1885 nur in folgenden Punkten ab:

---

[57]) Durch die gesetzliche Feststellung des Grundsatzes (KAG. § 48a) erledigt.

1. §. 50 bezieht sich lediglich auf Personen mit mehrfachem Wohnsitz innerhalb des Preußischen Staates. Diese Beschränkung steht im Zusammenhange mit der Bestimmung im §. 33 Nr. 1, wonach sich die Steuerpflicht der in einer Preußischen Gemeinde wohnhaften Personen auf ihr gesammtes innerhalb und außerhalb des Preußischen Staates gewonnenes Einkommen, soweit es nicht von der Besteuerung frei zu lassen ist, erstreckt, ferner mit den Bestimmungen der §§. 49 und 50, wonach nur das in Preußischen Forensal- oder Wohnsitzgemeinden erwachsene Einkommen aus Grundvermögen, Gewerbebetrieb u. s. w. der Belegenheits- bezw. Betriebsgemeinde zur Besteuerung vorbehalten bleiben soll[58]).

2. Dem in einer Preußischen Wohnsitzgemeinde aus Grundvermögen, Gewerbebetrieb u. s. w. fließenden Einkommen ist, analog dem im Art. 35 unter 3 bezeichneten Falle, dasjenige Einkommen gleichgestellt, welches in einer solchen Gemeinde aus der Betheiligung an dem Unternehmen einer Gesellschaft mit beschränkter Haftung gewonnen wird.

3. Verpflichtung der Betriebsgemeinden zur Leistung von Zuschüssen.

Artikel 38. (§. 53.)

1. Nach §. 53 Abs. 1 können Gemeinden unter gewissen Voraussetzungen von solchen Gemeinden, in denen ein Betrieb von Berg-, Hütten- oder Salzwerken, Fabriken oder Eisenbahnen stattfindet (Betriebsgemeinden), einen Zuschuß zu den ihnen hierdurch verursachten Mehrausgaben für die Zwecke des öffentlichen Volksschulwesens oder der öffentlichen Armenpflege beanspruchen.

Hierdurch soll den Verhältnissen solcher Gemeinden Rechnung getragen werden, denen aus der Wohnsitz- oder Aufenthaltsnahme zahlreicher, in benachbarten Betriebsgemeinden beschäftigter Arbeiter erhebliche, mit der Steuerkraft der letzteren nicht in angemessenem Verhältnisse stehende Ausgaben erwachsen. Im Einzelnen ist hervorzuheben:

a) Der Anspruch ist ausgeschlossen, sofern eine Gemeinde nach §. 35 befugt ist, einen Gewerbetreibenden wegen des Einkommens aus dem die Mehrausgaben verursachenden Betriebe zu ihrer Gemeindeeinkommensteuer selbstständig heranzuziehen. Ein sonstiges Steuerrecht würde kein Hinderniß bilden.

b) Der Gemeinde müssen durch einen der bezeichneten Betriebe und in Beziehung auf die angegebenen Zwecke Mehrausgaben erwachsen, welche unter Berücksichtigung der Vortheile, die ihr aus dem einen oder anderen der in Betracht kommenden Betriebe erwachsen, von verhältnißmäßiger Erheblichkeit und eine Überbürdung der Steuerpflichtigen herbeizuführen geeignet sind.

Ausgeschlossen von der Begründung des Anspruchs sind somit Mehrausgaben, die, wenn auch an sich nicht unerheblich, doch mit Rücksicht auf die ohnehin für das öffentliche Volksschulwesen und die Armenpflege in der Gemeinde erforderlichen Aufwendungen für erheblich nicht erachtet werden dürfen. Es ist endlich erforderlich, daß die Mehrausgaben geeignet sind, eine Überbürdung der Steuerpflichtigen herbeizuführen. Unter Umständen werden daher sogar Mehrausgaben von verhältnißmäßig erheblichem Umfange den Anspruch auf Gewährung eines Zuschusses nicht rechtfertigen können.

c) Die Zuschüsse der Betriebsgemeinde dürfen in keinem Falle mehr als die Hälfte der gesammten in der Betriebsgemeinde von den bezeichneten Betrieben zu erhebenden direkten Gemeindesteuern betragen. Letztere sind nach denjenigen Beträgen zu berechnen, welche ohne die Gewährung von Zu-

[58]) Desgl. durch Neufassung des § 50.

schüssen zu leisten sind oder zu leisten sein würden. Es kommen somit diejenigen Gemeindesteuern nicht in Betracht, welche behufs Deckung der zu leistenden Zuschüsse in der Betriebsgemeinde weiterhin aufgebracht werden müssen.

2. Liegt der Betrieb (§. 53 Abs. 1) in einem Gutsbezirke, so ist nach §. 53 Abs. 2 unter den zu Nr. 1a und b bezeichneten Voraussetzungen der Zuschuß von dem Gewerbetreibenden — mag dieses der Gutsbesitzer oder ein Anderer sein — zu leisten, jedoch höchstens im Betrage des vollen Satzes der staatlich veranlagten Gewerbesteuer, bezw. des auf den betreffenden Betrieb entfallenden Theilbetrages derselben (§. 32 Abs. 1).

3. Die nachträgliche Erhebung von Ansprüchen Nr. 1 und 2 für bereits abgelaufene Rechnungsjahre ist nicht gestattet.

4. Über den Anspruch ist — sofern eine Einigung nicht erfolgt — auf dem in §. 53 Abs. 3 und 4 des Näheren bezeichneten Wege zu entscheiden.

5. Die Handhabung der Vorschriften des §. 53 erfordert zwar überall die Feststellung der maßgebenden Voraussetzungen (Nr. 1a und b), kann aber eine Behandlung nach billigem Ermessen nicht entbehren. Bei der Erörterung der maßgebenden Gesichtspunkte wird es mehr auf billige Abwägungen, als auf genaue zahlenmäßige Feststellungen ankommen. Bei der Erhebung wie bei der Begründung von Ansprüchen werden kleinliche Rücksichten und Berechnungen zu vermeiden sein.

Vor Allem ist eine gütliche Einigung der Betheiligten anzustreben.

Auch wird es, wenn eine Aenderung der maßgebenden Verhältnisse voraussichtlich nicht stattfindet, sich empfehlen, eine Verständigung der Betheiligten, etwa mit einem den gesetzlichen Höchstbetrag des Zuschusses (Nr. 1c, Nr. 2) betreffenden Vorbehalte, thunlichst im Voraus auf mehrere Jahre herbeizuführen.

Auf die Handhabung des §. 53 im Sinne des Vorstehenden hinzuwirken, werden sich die Aufsichtsbehörden angelegen sein lassen müssen.

4. Vertheilung des Steuerbedarfs auf die verschiedenen Steuerarten.

A. Materielles Recht.

Artikel 39. (§§. 54—58.)

I. Allgemeines.

1. Behufs Feststellung des durch direkte Gemeindesteuern (Realsteuern, Einkommensteuer) aufzubringenden Bedarfs sind zunächst von dem aus dem Haushaltsplane der Gemeinde sich ergebenden Gesammtbetrage des Finanzbedarfs die anderweitigen, vor den direkten Steuern zur Bestreitung der Gemeindeausgaben zu verwendenden Einnahmen (Art. 2) in Abzug zu bringen.

Von dem hiernach verbleibenden Betrage sind weiter in Abzug zu bringen das volle Sollaufkommen der etwa bestehenden Bauplatzsteuer sowie das der Gemeindekasse etwa verbleibende Sollaufkommen an Betriebssteuern (§. 58).

Der sich hiernach ergebende Rest des Finanzbedarfs bildet den Steuerbedarf, welcher auf die verschiedenen Steuerarten zu vertheilen ist[59]).

2. Der Steuerbedarf ist zunächst auf die Gesammtheit der Realsteuern und auf die Einkommensteuer zu vertheilen, der auf die Gesammtheit der Realsteuern entfallende Betrag ist weiter auf die einzelnen Arten der Realsteuern unterzuvertheilen. Das Verhältniß, nach welchem die Vertheilung bezw. Untervertheilung erfolgt, ist vom Gesetze in Prozenten der vom Staate in der Gemeinde veranlagten Realsteuern und der Staatseinkommensteuer bestimmt. Hierbei ist das

[59]) Die Aussonderung einzelner Aufwendungen behufs Deckung durch besondere Steuern ist unzulässig OV. 55. Mai 98 (VB. XIX 501).

nach der staatlichen Veranlagung auf die Gemeinde entfallende Sollaufkommen desjenigen Jahres zum Grunde zu legen, für welches die Vertheilung zu bewirken ist.

3. Das Aufkommen besonderer Steuern ist je nach ihrer Einrichtung und Beschaffenheit auf denjenigen Theil des Steuerbedarfs zu verrechnen, welcher durch Prozente der entsprechenden vom Staate veranlagten Steuer aufzubringen ist. Miethssteuern von gewerblich benutzten Räumen sollen hierbei auf die Gewerbesteuer verrechnet werden (§. 57).

Hiernach ist auch im Falle der Einführung besonderer Steuern lediglich nach dem Sollaufkommen der entsprechenden vom Staate veranlagten Steuer zu prüfen, ob die Vertheilung des Steuerbedarfs den Vorschriften des Gesetzes entspricht. Die nach dem Sollaufkommen der vom Staate veranlagten Steuer bemessene Summe bildet den durch die entsprechende besondere Steuer aufzubringenden Betrag. Welcher Prozentsatz der besonderen Steuer zur Aufbringung dieses Betrages erforderlich ist, bestimmt sich lediglich nach den Einrichtungen der besonderen Steuer.

II. Vertheilung des Steuerbedarfs auf die Realsteuern und die Einkommensteuer (§§. 54, 55).

Die §§. 54, 55 enthalten die allgemeinen Vorschriften über die Vertheilung des Steuerbedarfs auf die Gesammtheit der Realsteuern einerseits und die Staatseinkommensteuer andererseits. Hierbei wird angenommen, daß die Gemeindesteuern in Prozenten der vom Staate veranlagten Einkommen- und Realsteuern erhoben werden.

1. §. 54 Abs. 1 geht aus von der Belastung der Einkommensteuer mit Zuschlägen und bestimmt nach dieser den zu erhebenden Prozentsatz der vom Staate veranlagten Realsteuern, von welchen nach Abs. 4 mehr als 200 Prozent in der Regel nicht erhoben werden dürfen. Geht man umgekehrt von dem zu erhebenden Prozentsatze der Realsteuern aus, so lassen sich die Vorschriften des §. 54 wie folgt zum Ausdruck bringen:

a) Zuschläge zur Staatseinkommensteuer dürfen in der Regel nur bei gleichzeitiger Heranziehung der vom Staate veranlagten Realsteuern erhoben werden.

Werden Prozente der Realsteuern erhoben, so ist die Staatseinkommensteuer in der Regel mit mindestens zwei Dritteln des Prozentsatzes und höchstens mit dem gleichen Prozentsatze durch Zuschläge zu belasten, mit welchem die Realsteuern herangezogen werden.

b) Solange nicht mehr als 100 Prozent der Realsteuern erhoben werden, kann die Staatseinkommensteuer mit einem geringeren Prozentsatze als dem angegebenen Mindestprozentsatze herangezogen oder auch von Zuschlägen gänzlich frei gelassen werden.

c) Reichen 150 Prozent der Realsteuern und 150 Prozent der Staatseinkommensteuer zur Deckung des Steuerbedarfs nicht aus, so können für jedes weiter erforderliche Prozent der staatlich veranlagten Realsteuern 2 Prozent der Staatseinkommensteuer erhoben werden.

d) Werden 200 Prozent der Realsteuern erhoben, so ist der Mehrbedarf an direkten Steuern in der Regel durch Zuschläge zur Staatseinkommensteuer zu decken.

Die hiernach nothwendige geringste und — für den Fall, daß nicht mehr als 200 Prozent der Realsteuern erhoben werden — zulässige höchste Belastung der Einkommensteuer ist aus der Anlage zu ersehen[60]).

[60]) Der Zwischensatz würde richtiger lauten: „weniger als 200 Prozent"; da eine Höchstgrenze für Belastung der Einkommensteuer unter d nicht gezogen

2. Den Gemeinden ist bei der Bestimmung des Verhältnisses, nach welchem der Steuerbedarf durch Realsteuern und durch Einkommensteuer gedeckt werden soll, ein gewisser Spielraum gelassen. Die Bewegung innerhalb dieses Spielraums darf aber keine willkürliche sein, zumal dann nicht, wenn die Deckung des Bedarfs eine Belastung der Einkommensteuer mit Zuschlägen von mehr als 100 Prozent erfordert, für welche es nach §. 55 der Genehmigung bedarf.

Bei der Feststellung des Verhältnisses, nach welchem der Gemeindebedarf durch Realsteuern und durch Einkommensteuer zu decken ist, bleibt daher zu prüfen, welche Ausgaben der Gemeinde vorzugsweise durch Realsteuern und welche vorzugsweise durch die Einkommensteuer aufzubringen sind.

Im Allgemeinen sind folgende leitende Gesichtspunkte[61]) festzuhalten:

a) Diejenigen Aufwendungen, welche nach ihrem Wesen und ihrer Bestimmung allen Gemeindeangehörigen zu Gute kommen oder durch sie veranlaßt werden, sind vorzugsweise durch die Einkommensteuer zu decken; hierhin gehören insbesondere die Kosten der den Gemeinden obliegenden Erfüllung allgemeiner staatlicher Zwecke, wie die Aufwendungen für das Volksschul- und Armenwesen[62]), für die öffentliche Sicherheit, die Gesundheitspflege u. s. w., ferner die allgemeinen Verwaltungskosten der Gemeinden u. s. w.

b) Aufwendungen, die ausschließlich oder doch ganz überwiegend dem Grundbesitz und Gewerbebetrieb zum Vortheil gereichen, wie die Anlegung und Unterhaltung von Wegen, Ent- und Bewässerungsanlagen, welche nur oder vorzugsweise dem Grundbesitz oder Gewerbebetrieb dienen, sind lediglich durch Realsteuern aufzubringen.

c) Die im allgemeinen Interesse gemachten Aufwendungen, aus denen zugleich den Grundbesitzern und Gewerbetreibenden besondere Vortheile erwachsen, sind auf die Realsteuern und die Einkommensteuer nach billigem Ermessen zu vertheilen; es gilt dies namentlich von den Kosten für die Unterhaltung der öffentlichen Straßen, der Kanalisations- und Wasserleitungsanlagen, des Beleuchtungs- und Feuerlöschwesens.

d) Die vorstehenden allgemeinen Gesichtspunkte bilden nicht die ausschließliche Richtschnur für die Vertheilung des Steuerbedarfs. Beispielsweise würde einer starken Verschuldung des Grundbesitzes oder einer besonders ungünstigen Lage des Gewerbebetriebes durch entsprechende niedrigere Bemessung des Prozentsatzes der Realsteuerbelastung Rechnung getragen werden können; andererseits würde es dort, wo die ausschließliche Aufbringung des gesammten Steuerbedarfs durch Realsteuern herkömmlich ist und die Verhältnisse der Steuerpflichtigen gleichartige sind, bei diesem Herkommen belassen werden dürfen[63]).

Im Uebrigen ist nicht außer Acht zu lassen, daß eine Belastung der Staatseinkommensteuer mit Gemeindezuschlägen über das gerechtfertigte Maß hinaus um so weniger zugelassen werden kann, als die Staatseinkommensteuer nach ihrer jetzigen Gestaltung eine solche Belastung nicht zu ertragen vermag. Um gegenüber den früheren Zuständen eine entsprechend schärfere kommunale Belastung der Real-

wird, ist die letzte Zahl — 250 — in der Anlage zu streichen Bf. 2. Mai 95 (MB. 119).

[61]) Weitere Ausführung Bf. 7. Dez. 95 (MB. 96 S. 5); verb. KAG. § 55 Abs. 2.

[62]) Werden sie durch gewerbliche Betriebe veranlaßt (Nr. 3 Anm. 201), so ist der Mehrbetrag gem. KAG. § 56 Abs. 2 der Gewerbesteuer aufzulegen.

[63]) Dies kann, auch wenn die Realsteuern 100 v. H. übersteigen (KAG. § 54 Abs. 2), als Abweichung (§ 55) zugelassen werden.

steuern zu ermöglichen, hat der Staat auf die Realsteuern gänzlich verzichtet und diese Steuerquelle ausschließlich den Gemeinden überlassen.

Auch bleibt zu berücksichtigen, daß durch diesen Verzicht zahlreiche Steuerpflichtige eine solche Erleichterung erhalten haben, daß ihre schärfere Heranziehung zu den kommunalen Realsteuern in nicht seltenen Fällen schon aus diesem Grunde für unbillig nicht zu erachten ist.

3. Nach §. 55 bedürfen Zuschläge über den vollen Satz der Staatseinkommensteuer der Genehmigung. Abweichungen von den Vorschriften im §. 54 sind nur aus besonderen Gründen gestattet und bedürfen gleichfalls der Genehmigung.

a) Vorschriften im Sinne des §. 54 sind nur solche, in welchen das Gesetz eine Anordnung als Regel bezeichnet, nicht aber diejenigen Bestimmungen, welche den Gemeinden eine Ermächtigung ertheilen.

Es würde somit keine Abweichung bedeuten, falls eine Gemeinde von der ihr im Abs. 3 eingeräumten Befugniß, von dem Mehrbetrage für jedes Prozent der staatlich veranlagten Realsteuern 2 Prozent der Einkommensteuer zu erheben, keinen Gebrauch macht. Dagegen würde eine Abweichung vorliegen, wenn unter den im Abs. 3 bezeichneten Voraussetzungen für jedes Prozent der staatlich veranlagten Realsteuern mehr als 2 Prozent der Einkommensteuer erhoben werden sollen.

b) Bei Beurtheilung der Zulässigkeit einer Abweichung ist davon auszugehen, daß Aufwendungen der Gemeinde, welche in überwiegendem Maße dem Grundbesitze und dem Gewerbebetriebe zum Vortheile gereichen, insoweit in der Regel durch Realsteuern gedeckt werden sollen, sofern die Ausgleichung nicht nach §§. 4, 9, 10 oder 20 erfolgt. Zu solchen Aufwendungen gehören namentlich die Ausgaben für den Bau und die Unterhaltung von Straßen und Wegen, für Ent- und Bewässerungsanlagen, sowie für die Verzinsung und Tilgung der zu derartigen Zwecken aufgenommenen Schulden.

Der Umstand, daß das Gesetz nur diejenige Abweichung bezeichnet, welche eine schärfere Heranziehung der Realsteuern darstellt, schließt die Zulässigkeit einer Abweichung nach der entgegengesetzten Richtung nicht aus. Eine Abweichung in dem letzteren Sinne würde beispielsweise dann begründet sein können, wenn der Steuerbedarf einer Gemeinde in stark überwiegendem Maße durch die Kosten für die der Gemeinde obliegende Erfüllung allgemeiner staatlicher Zwecke auf dem Gebiete des Volksschul- und Armenwesens, der öffentlichen Sicherheit, Gesundheitspflege u. s. w. hervorgerufen wird.

c) Die Gesichtspunkte, nach welchen der Steuerbedarf innerhalb der Grenzen des §. 54 zu vertheilen ist, sollen auch dann maßgebend bleiben, wenn solches innerhalb dieser Grenzen nicht ausführbar und nur durch eine Abweichung zu ermöglichen ist.

Es wird sich jedoch empfehlen, bei der Vertheilung des Steuerbedarfs an den Regeln im §. 54 thunlichst festzuhalten und Abweichungen nur bei zweifelsfreier Begründung zuzulassen. Eine solche Beschränkung ist um so nothwendiger, als eine scharfe Sonderung und zahlenmäßige Darstellung des Interesses, welches für die einzelnen Gemeindeangehörigen an den verschiedenen Aufwendungen der Gemeinde besteht, in der überwiegenden Mehrzahl der Fälle nicht durchzuführen ist und ein von dem empfohlenen abweichendes Verfahren leicht zu einer dem Gemeinwohle schädlichen Bildung starker Interessengegensätze führen kann.

III. Vertheilung des durch Realsteuern aufzubringenden Bedarfs auf die verschiedenen Realsteuern (§. 56).

1. Zur Deckung des durch Realsteuern aufzubringenden Bedarfs sind die vom Staate veranlagten Grund-, Gebäude- und Gewerbesteuern in der Regel mit dem gleichen Prozentsatze heranzuziehen.

2. Genießen jedoch die Grund- (Haus-) Besitzer oder die Gewerbetreibenden von Veranstaltungen der Gemeinde besondere Vortheile, oder verursachen sie der Gemeinde besondere Kosten, so ist — sofern die Ausgleichung nicht nach §§. 4, 9, 10 oder 20 erfolgt — der durch die Realsteuern aufzubringende Steuerbedarf auf die Steuern vom Grund- (Haus-) Besitz und Gewerbebetrieb, in Prozenten der veranlagten Realsteuern berechnet, anderweitig entsprechend unterzuvertheilen, jedoch dürfen Grund- und Gebäudesteuer höchstens doppelt so stark herangezogen werden, wie die Gewerbesteuer und umgekehrt. Eine Ausnahme hiervon kann nur aus besonderen Gründen und zwar von den zuständigen Ministern zugelassen werden.

3. Die Bestimmungen wegen Vertheilung des Steuerbedarfs auf die Grund- und Gebäudesteuer einerseits und die Gewerbesteuer andererseits finden sinnentsprechende Anwendung auf die Heranziehung der Grundsteuer in ihrem Verhältniß zur Gebäudesteuer und umgekehrt.

4. Jede von der Regel abweichende d. h. ungleichmäßige Heranziehung der Grund- und Gebäudesteuer in ihrem Verhältniß zur Gewerbesteuer oder der Grundsteuer in ihrem Verhältniß zur Gebäudesteuer und umgekehrt bedarf der Genehmigung. Bei Prüfung der entsprechenden Beschlüsse der Gemeinden wird es sich in analoger Anwendung der angegebenen Gesichtspunkte auch in diesem Falle empfehlen, an der von dem Gesetze als Regel bezeichneten Vorschrift so lange festzuhalten, als eine Abweichung von derselben nicht zweifelsfrei begründet ist.

5. Der aus steuerlicher Vor- und Mehrbelastung (§. 20) sich ergebende Betrag ist stets auf den Bedarf derjenigen Steuerart anzurechnen, auf welche sich die Vor- oder Mehrbelastung bezieht.

B. Formelles Recht.

Artikel 40. **Beschlußfassung der Gemeinde** (§. 59).

Ueber die Vertheilung des Steuerbedarfs auf die Gesammtheit der Realsteuern und auf die Einkommensteuer, sowie über die Vertheilung des auf die Gesammtheit der Realsteuern entfallenden Bedarfs auf die einzelnen Arten der Realsteuern hat die Gemeinde thunlichst vor Beginn des Rechnungsjahres, spätestens aber bis zum Ablaufe der drei ersten Monate desselben, Beschluß zu fassen, das erste Mal für das Rechnungsjahr 1895/96.

Die Beschlußfassung erstreckt sich auf die für die Gemeinde maßgebende Rechnungsperiode (§. 95); sie kann jedoch, wenn die für die Vertheilung des Steuerbedarfs maßgebenden Voraussetzungen erheblichen Schwankungen nicht unterworfen sind, für mehrere Rechnungsperioden oder auch dauernd bis auf anderweitige Bestimmung erfolgen.

Kommt bis zum Ablaufe der ersten drei Monate des Rechnungsjahres ein gültiger Beschluß über die Vertheilung des Steuerbedarfs nicht zu Stande, so werden behufs Deckung des Steuerbedarfs, ohne daß jedoch die zu Recht bestehenden Steuerordnungen hierdurch ihre Geltung verlieren, die Realsteuern mit einem um die Hälfte höheren Prozentsatze als die Einkommensteuer, unter sich nach gleichen Prozentsätzen, herangezogen. Wird daher auf Grund einer bestehenden Steuerordnung an Realsteuer oder an Gemeindeeinkommensteuer mehr aufgebracht, als die eine oder andere Art dieser Steuern nach dem angegebenen Verhältnisse von 3 : 2 aufzubringen hätte, so bewendet es hierbei. Die Aufsichtsbehörde ist jedoch befugt, die Deckung des Steuerbedarfs nach Maßgabe der §§. 54, 55 — nicht auch des §. 56 — anzuordnen. Die Anordnung hat sich somit auf die Bestimmung des Verhältnisses zu beschränken, nach welchem der Steuerbedarf auf die Gesammtheit der vom Staate veranlagten Realsteuern und die Einkommensteuer zu vertheilen ist. Die Realsteuern sind sodann zur Deckung des durch sie aufzubringenden Steuerbedarfs unter sich mit dem gleichen Prozentsatze heranzuziehen, ohne daß eine anderweitige Untervertheilung gestattet wäre.

Der hiernach zur Anwendung gelangende Maßstab behält so lange Geltung, als nicht bis zum Ablaufe der ersten drei Monate des jedesmaligen Rechnungsjahres ein gültiger Gemeindebeschluß über die Vertheilung des Steuerbedarfs zu Stande gekommen ist.

5. Zeitliche Begrenzung der Steuerpflicht.

Artikel 41. (§. 60.)

1. Soweit die Gemeindesteuern in Prozenten der vom Staate veranlagten Realsteuern oder in Zuschlägen zur Staatseinkommensteuer erhoben werden und etwas Anderes nicht bestimmt ist, gelten für den Zeitpunkt des Beginns und des Erlöschens der Steuerpflicht die für die entsprechende Staatssteuer bestehenden Vorschriften.

Als solche kommen in Betracht:

a) hinsichtlich der Grundsteuer §. 10 des Grundsteuergesetzes vom 21. Mai 1861 (GS. S. 253), sodann für die Provinzen Rheinland und Westfalen §. 34 des Gesetzes vom 21. Januar 1839 (GS. S. 30), für die sieben östlichen Provinzen und die neu erworbenen Landestheile §. 34 des Gesetzes vom 8. Februar 1867 (GS. S. 185), für die neu erworbenen Landestheile §. 1 des Gesetzes vom 11. Februar 1870 (GS. S. 85)[64]);

b) in Ansehung der Gebäudesteuer §§. 17, 19 des Gebäudesteuergesetzes vom 21. Mai 1861 (GS. S. 312) mit den aus §. 8 des Gesetzes wegen Aufhebung direkter Staatssteuern vom 14. Juli 1893 und §. 26 Abs. 4 des Kommunalabgabengesetzes sich ergebenden Abänderungen[65]);

c) bezüglich der Gewerbesteuer §§. 33, 58 Abs. 2 des Gewerbesteuergesetzes vom 24. Juni 1891;

d) hinsichtlich der Betriebssteuer §. 12 Abs. 1 Nr. 3 des Gesetzes wegen Aufhebung direkter Staatssteuern vom 14. Juli 1883 und §. 64 des Gewerbesteuergesetzes vom 24. Juni 1891;

e) in Ansehung der Einkommensteuer §§. 56—60 des Einkommensteuergesetzes vom 24. Juni 1891.

2. Soweit der Zeitpunkt des Beginnes und Erlöschens der Steuerpflicht sich hiernach nicht bestimmen läßt, gelangen die Vorschriften im §. 60 Abs. 2 zur Anwendung.

6. Veranlagung und Erhebung.

Artikel 42. **Veranlagung** (§§. 61—64).

1. Die Veranlagung erfolgt durch den Gemeindevorstand oder auf Grund eines Gemeindebeschlusses durch einen besonderen Steuerausschuß der Gemeinde;

---

[64]) Von dem Grundeigentümer sind nur die vor Erwerb des Grundeigentums fällig gewordenen Grund- u. Gebäudesteuern zu erheben; die Hebung findet nur für volle Monate statt, die Steuerpflicht beginnt daher erst mit dem 1ten des auf den Eigentumserwerb folgenden Monats OV. 13. Juni 99 (XXXV 56).

[65]) Vor. Anm. — Gebäude, die zum öffentlichen Dienste (KAG. § 24c) vom 1. April ab bestimmt sind, werden, wenn die Anzeige erst im Sept. erfolgt, erst vom 1. Okt. ab steuerfrei OV. 7. Dez. 00 (VB. XXII 323).

für die Beschlußfassung sind in Gemeinden, in welchen der Gemeindevorstand aus einer Mehrheit von Personen gebildet ist, der Gemeindevorstand und die Gemeindevertretung, sonst nur die Gemeindevertretung zuständig[66]).

Wird ein Steuerausschuß nicht gebildet, so gebührt die Veranlagung dem Gemeindevorstande.

Im Uebrigen sind die Zusammensetzung und die Geschäftsordnung der Steuerausschüsse unter sinngemäßer Anwendung der Vorschriften des §. 50 Abs. 3 bis einschließlich §. 54 des Einkommensteuergesetzes vom 24. Juni 1891 durch Gemeindebeschluß zu bestimmen.

Die Pflicht zur Uebernahme des Amtes als Mitglied des Steuerausschusses sowie die Befugniß zur Niederlegung des Amtes regeln sich nach den entsprechenden Bestimmungen der Gemeindeverfassungsgesetze.

2. Durch die Steuerordnung kann der Gemeindevorstand (Steuerausschuß) ermächtigt werden, von dem Steuerpflichtigen über die für die Veranlagung maßgebenden Besteuerungsmerkmale binnen einer angemessenen Frist Auskunft zu erfordern. Die Aufforderung muß in jedem einzelnen Falle durch eine besondere dem Steuerpflichtigen zuzustellende Zuschrift erfolgen. Die Verpflichtung zur Auskunftertheilung erstreckt sich nur auf die Beantwortung von Fragen über bestimmte Thatsachen, nicht auch auf Schätzungen.

Wird die Auskunft verweigert, so kann eine Strafe nach §. 82 eintreten, falls eine solche in der Steuerordnung angedroht ist.

Eine unvollständige Auskunft ist zu beanstanden. Die Gründe der Beanstandung sind dem Steuerpflichtigen vor der Veranlagung mit dem Anheimstellen schriftlich mitzutheilen, hierüber binnen einer angemessenen Frist eine weitere Erklärung abzugeben. Der Gemeindevorstand (Steuerausschuß) kann auch die gewünschte Auskunft zunächst durch mündliches Benehmen mit dem Steuerpflichtigen zu erlangen suchen. Auf diesem Wege vorzugehen und, je nach dem Erfolge, von einer schriftlichen Mittheilung gänzlich abzusehen, wird sich namentlich dann empfehlen, wenn aus persönlichen oder sachlichen Erwägungen zu erwarten steht, daß die mündliche Verhandlung schneller zum Ziele führen werde.

Hinsichtlich der Mittheilung der Besteuerungsmerkmale seitens der zuständigen Staats- oder Gemeindebehörden gelangt §. 62 zur Anwendung.

3. Das Gesetz (§. 63 Abs. 1) verweist wegen der Regelung der Rechte des Gemeindevorstandes (Steuerausschusses) und der Obliegenheiten der Steuerpflichtigen auf die Steuerordnungen. Des Erlasses einer Steuerordnung bedarf es nach §§. 18, 23 nur, wenn es sich um die Einführung neuer oder die Veränderung bestehender indirekter Gemeindesteuern, oder um die Einführung neuer oder die Veränderung bestehender direkter Gemeindesteuern handelt, welche nicht in Prozenten der vom Staate veranlagten Steuern erhoben werden. Beispielsweise bedarf es somit einer Steuerordnung nicht zu einer Veranlagung auf Grund des §. 36 Absatz 2. Ob die Einrichtung eines Steuerausschusses und die Regelung der Geschäftsordnung desselben nach §. 61 auch in Fällen dieser Art angängig ist, bleibt nach dem bestehenden Gemeindeverfassungsgesetze zu beurtheilen. Dagegen würde die Versagung der Auskunftsertheilung nur durch Steuerordnung mit Strafe bedroht werden können (§. 82).

4. Durch Steuerordnung kann bestimmt werden, daß die Veranlagung besonderer Realsteuern für mehrere auf einander folgende Rechnungsjahre zu erfolgen hat.

Ohne solche Bestimmung geschieht die Veranlagung für je ein Rechnungsjahr.

---

[66]) Muster zum Gemeindebeschluß Vf. 16. März 95 (MB. 115).

Artikel 43. **Erhebung** (§§. 65—67).

1. Nach §. 65 erfolgt im Falle der Erhebung von Prozenten der vom Staate veranlagten Realsteuern sowie von Zuschlägen zur Einkommensteuer die Bekanntmachung der Steuern seitens des Gemeindevorstandes an diejenigen Steuerpflichtigen, bezüglich deren die staatlich veranlagte Steuer die unveränderte Grundlage der Prozente oder Zuschläge bildet, durch eine in ortsüblicher Weise zu bewirkende Veröffentlichung der zu erhebenden Prozentsätze, an die anderen Steuerpflichtigen durch besondere Mittheilung.

Bei Erhebung besonderer Gemeindesteuern geschieht die Bekanntmachung an die steuerpflichtigen Einwohner der Gemeinde mittels Auslegung der Hebeliste, an die übrigen Steuerpflichtigen durch besondere Mittheilung.

Bei Zugängen im Laufe des Jahres bedarf es stets besonderer Mittheilung.

Außerdem kann durch Gemeindebeschluß an Stelle der Bekanntmachung durch Auslegung eine besondere Mittheilung an jeden einzelnen Pflichtigen angeordnet werden.

Hat eine besondere Mittheilung zu erfolgen, so ist die Zustellung dieser Mittheilung innerhalb Preußens durch einen öffentlichen Beamten unter Bescheinigung der Behändigung auszuführen. Die Post kann um die Bewirkung der Zustellung ersucht werden. Für die Zustellung gelten die in den Art. 28 und 29 der Ausführungsanweisung vom 28. November 1899[67]) gegebenen Vorschriften mit der Maßgabe, daß an die Stelle der Vollstreckungsbehörde der Gemeindevorstand tritt, welcher die Zustellung anordnet, und daß es nicht der Aufnahme einer förmlichen Zustellungsurkunde bedarf; es genügt eine Bescheinigung des öffentlichen Beamten, welche Ort und Zeit der Zustellung, die Bezeichnung des zugestellten Schriftstückes, die Person, an welche dasselbe übergeben ist, sowie die Unterschrift des Beamten enthalten muß. Diese Bescheinigungen können für eine Mehrzahl von Zustellungen tabellarisch zusammengefaßt werden.

Die Zustellungen außerhalb Preußens sind in der Regel mittels eingeschriebenen Briefes gegen einen zu den Akten zurückgelangenden Empfangschein zu bewirken. — Sind Wohnsitz und Aufenthalt eines Steuerpflichtigen unbekannt, so kann die Zustellung an denselben durch Anheften des zuzustellenden Schriftstücks an der zu Aushängen bestimmten Stelle der veranlagenden Gemeinde erfolgen. Die Zustellung gilt für vollzogen, wenn seit der Anheftung zwei Wochen verstrichen sind.

2. Gemäß §. 66 ist die Steuer nach erfolgter Bekanntmachung in den ersten Tagen eines jeden Monats zu entrichten. Der Gemeinde ist überlassen, unter den im §. 66 angegebenen Voraussetzungen und innerhalb der daselbst bezeichneten Grenzen die Hebung anderweitig zu regeln. Dem Pflichtigen ist stets die Vorausbezahlung mehrerer Raten bis zum ganzen Jahresbetrage gestattet.

Nach §. 62 des Einkommensteuergesetzes vom 24. Juni 1891 ist die Staatseinkommensteuer in vierteljährlichen Beträgen in der ersten Hälfte des zweiten Monats eines jeden Vierteljahrs an die Empfangsstelle abzuführen. Sofern aus den Verhältnissen der Steuerpflichtigen Bedenken nicht herzuleiten sind, wird es sich in denjenigen Gemeinden, von denen zugleich die Hebung der Staatseinkommensteuer zu bewirken ist, im Interesse der Steuerpflichtigen empfehlen, auch für den Gemeindeempfang eine dreimonatliche Hebeperiode einzuführen.

---

[67]) Die an Stelle der § 9—16 der V. 7. Sept. 79 (GS. 591) getretenen Art. 28 u. 29 der AusfAnw. betr. das Verwaltungszwangsverfahren v. 28. Nov. 99 sind als Unteranlage A7 abgedruckt.

3. Nach §. 67 können die Gemeinden die von den Mitgliedern einer Gesellschaft mit beschränkter Haftung gemäß §. 33 Nr. 2 und 3 zu entrichtende Gemeindeeinkommensteuer von der Gesellschaft einziehen. Die Befugniß der Gemeinde erstreckt sich somit lediglich auf die Hebung, nicht auf die Heranziehung der Gesellschaft bei der Veranlagung der Mitglieder. Die Befugniß der Gemeinde tritt nicht ein, sofern das Mitglied einer Gesellschaft mit beschränkter Haftung nicht nur als solches (§. 33 Nr. 2, 3), sondern außerdem noch aus anderem Grunde gemeindeeinkommensteuerpflichtig ist. Denn in diesem Falle erstreckt sich die Steuerpflicht auf das gesammte steuerpflichtige Einkommen in der Gemeinde (vgl. Art. 23).

Vierter Titel. Naturaldienste.

Artikel 44. (§. 68.)

1. Die Steuerpflichtigen können durch Gemeindebeschluß zu Naturaldiensten (Hand- und Spanndiensten) herangezogen werden. Das Gesetz trifft alle Steuerpflichtigen, auch die Forensen, juristischen Personen u. s. w. Spanndienste sind von den Grundbesitzern nach dem Verhältniß der Zugthiere, welche die Bewirthschaftung ihres im Gemeindebezirk belegenen Grundbesitzes erfordert, Handdienste sind von sämmtlichen Steuerpflichtigen gleichheitlich zu leisten. Ist der Grundbesitz verpachtet, so hat der Gemeinde gegenüber der Verpächter, unbeschadet der zwischen ihm und dem Pächter getroffenen Vereinbarung, für die Leistung der Spanndienste einzustehen. Die Zahl der Zugthiere, welche die Bewirthschaftung des Grundbesitzes im Gemeindebezirke erfordert, wird in zahlreichen Fällen mit der Zahl der Zugthiere zusammenfallen, welche der Steuerpflichtige thatsächlich hält; ist dies nicht der Fall, weil der Steuerpflichtige beispielsweise auch außerhalb des Gemeindebezirks einen Grundbesitz bewirthschaftet oder ein anderweitiges Gewerbe betreibt, für welches gleichfalls Zugthiere gehalten werden, so muß die für die Bewirthschaftung des Grundbesitzes innerhalb des Gemeindebezirks erforderliche Zahl der Zugthiere besonders ermittelt werden.

Handdienste, zu welchen alle Dienste gerechnet werden, die nicht mit Zugthieren zu leisten sind, insbesondere also auch Botendienste, sind von sämmtlichen Steuerpflichtigen gleichheitlich, d. h. in gleichem Maße, zu leisten.

Abweichungen von diesen Bestimmungen, sowie von den im Gesetze über das gegenseitige Verhältniß von Spann- und Handdienst gegebenen Anordnungen, sind unter Vorbehalt der Genehmigung der Aufsichtsbehörde gestattet. Es ist hierdurch den Gemeinden unter Anderem die Möglichkeit eröffnet, solche Steuerpflichtige, welche keinen oder nur unerheblichen Grundbesitz in der Gemeinde haben, dagegen für ihren sonstigen gewerblichen Betrieb zahlreiche Zugthiere halten, in einem Verhältnisse zu den Spanndiensten heranzuziehen, welches ihrer Mitbenutzung der Straßen und Wege in der Gemeinde entspricht.

Wegen der Ableistung der Dienste durch Stellvertreter und wegen der Befreiungen wird auf die Bestimmungen des Gesetzes Bezug genommen.

2. Der Gemeindebeschluß, durch welchen die Leistung der Hand- und Spanndienste geregelt wird, hat die Bedeutung einer statutarischen Anordnung, deren Genehmigung sich nach den entsprechenden gemeindeverfassungsrechtlichen Vorschriften richtet.

3. Die Gemeinde kann gestatten, daß an Stelle des Naturaldienstes ein angemessener Geldbeitrag geleistet wird.

Beschließt die Gemeinde dagegen, daß die Dienste *allgemein* nicht in Natur, sondern in Geld zu leisten sind, so handelt es sich überhaupt nicht um Naturaldienste im Sinne des §. 68, sondern um die Einforderung direkter Steuern, für welche die entsprechenden anderweitigen Bestimmungen des Kommunalabgabengesetzes maßgebend sind[68]).

4. Ordnungen, welche bis zum Inkrafttreten des Kommunalabgabengesetzes in Geltung gewesen sind, bleiben — auch wenn sie den Vorschriften im §. 68 nicht entsprechen — bis zur Abänderung durch gültigen Gemeindebeschluß oder Anordnung der Aufsichtsbehörde bestehen (§. 96).

Fünfter Titel. Rechtsmittel.

Artikel 45. (§§. 69—76).

1. Nach §. 69 steht dem Abgabepflichtigen gegen die Heranziehung zu Gebühren, Beiträgen, Steuern und Naturaldiensten der Einspruch zu, welcher binnen einer Frist von vier Wochen bei dem Gemeindevorstande einzulegen ist. Unter den Beiträgen sind die nach §. 15 des Gesetzes vom 3. Juli 1875 (GS. S. 561) zu leistenden Anliegerbeiträge einbegriffen.

Das Rechtsmittel des Einspruchs faßt die Beschwerde im Sinne des §. 37 der Landgemeindeordnung für die östlichen Provinzen vom 3. Juli 1891 (GS. S. 233) in sich[69]).

Der Lauf der Frist beginnt:

a) soweit die Bekanntmachung durch Auslegung der Hebelisten erfolgt ist, mit dem ersten Tage nach Ablauf der Auslegungsfrist;

b) soweit eine besondere Mittheilung vorgeschrieben ist, mit dem ersten Tage nach erfolgter Mittheilung;

c) in allen übrigen Fällen mit dem ersten Tage nach der Aufforderung zur Zahlung bezw. Leistung.

Zu den Fällen unter c gehören diejenigen, in welchen Gebühren und Beiträge erfordert, Naturaldienste in Anspruch genommen werden, oder die Bekanntmachung der Steuern durch eine in ortsüblicher Weise bewirkte Veröffentlichung der zu erhebenden Prozentsätze erfolgt ist (§. 65).[70])

Durch Einspruch und Klage wird die Verpflichtung zur Zahlung oder Leistung nicht aufgeschoben (§. 75).

2. Laut §. 70 beschließt über den Einspruch der Gemeindevorstand; auch in denjenigen Fällen, in denen die Veranlagung durch den Steuerausschuß (§. 61) erfolgt war.

Der Beschluß ist schriftlich abzufassen. Gegen den Beschluß steht dem Pflichtigen binnen einer, mit dem ersten Tage nach erfolgter Zustellung beginnenden Frist von zwei Wochen die Klage im Verwaltungsstreitverfahren offen. Ueber die Art, wie die Zustellung zu bewirken ist, wird auf Art. 43 Bezug genommen[71]). Im Uebrigen entsprechen die Vorschriften des §. 70 dem bisherigen Rechte[72]).

---

[68]) KAG. § 20—67. — Die Umwandlung eines Reihedienstes (Nachtwache) in eine Kopfsteuer ist hiernach unzulässig OV. 20. Sept. 98 (XXXIV 176).

[69]) Auch i. S. der späteren Gemeindegesetze. — Eine Beschwerde liegt vor, wenn die richtige Veranlagung anerkannt, der Anspruch aber wegen später eingetretener Änderungen bestritten wird OV. 9. Jan. 94 (XXVI 1). In solchen Fällen — beanspruchte Rückerstattung gezahlter Beiträge OV. 20. Feb. 97 (XXXI 39) oder Steuern 16. Nov. 00 (VB. XXII 214), Geltendmachung der Tilgung der Steuerschuld 9. Mai 91 (XXI 152) — findet die Fristbestimmung des KAG. § 69 Abs. 2 keine Anwendung, da keine der das. zu 1—3 vorgesehenen Voraussetzungen zutrifft.

[70]) Kanalisationsgebühren KAG. Anm. 260.

[71]) Die Nichtbeachtung dieser Vorschrift hindert den Ablauf der Klagefrist, nicht das Vorhandensein und die Anfechtbarkeit des Beschlusses OV. 31. März 99 (XXXV 136).

[72]) Dies beruht insbes. auf ZustG. § 18, 34 u. 21, 37, ferner auf § 160,

3. Die §§. 71—74 regeln das Verfahren für die Vertheilung des Einkommens auf eine Mehrzahl von Gemeinden und Gutsbezirken zum Zwecke der Besteuerung desselben in einer oder mehreren Gemeinden.

Für die Ausführung bleibt Folgendes zu beachten:

a) Nach §. 71 steht der Antrag auf Vertheilung nur dem Steuerpflichtigen, nicht auch einer Gemeinde oder einem Gutsbezirke zu.

b) Ueber den Antrag ist von dem zuständigen Kreis- (Bezirks-) Ausschusse zwar unter Zugrundelegung der Einschätzung des Steuerpflichtigen seitens der Gemeinden zu beschließen; indessen unterliegt die Angemessenheit dieser Einschätzung überall der Beurtheilung der Beschlußbehörde; keineswegs soll etwa nur eine verhältnißmäßige Ermäßigung der Einschätzung der einzelnen Gemeinden bis zum Betrage des steuerpflichtigen Gesammteinkommens zulässig sein.

c) Der Antrag des Steuerpflichtigen tritt an die Stelle des Einspruchs gegen die Heranziehung (Veranlagung) zu den bezüglichen Steuern. Soweit das Gesetz daher bezüglich des Vertheilungsverfahrens besondere Bestimmungen nicht getroffen hat, bleiben die für den Einspruch maßgebenden Bestimmungen, insbesondere in Hinsicht auf die Zuständigkeit der Behörden und die Zulässigkeit der Rechtsmittel, unberührt.

d) Nach §. 71 Abs. 4 kommen zutreffenden Falls bei Bestimmung der zuständigen Beschlußbehörde die Vorschriften im §. 58 des Gesetzes über die allgemeine Landesverwaltung vom 30. Juli 1883 mit einer die Stadt Berlin betreffenden Maßgabe zur Anwendung. Als zuständige Behörde kann auch ein Kreis- (Bezirks-) Ausschuß bestimmt werden, welcher für keine der betheiligten Gemeinden an sich örtlich zuständig ist.

4. Wegen der Rechtsmittel im Falle der Feststellung des Gesammtsteuersatzes für einen Gewerbebetrieb, der sich über mehrere Gemeinden erstreckt und gemäß §. 28 Nr. 2 bis 6 zur Gemeindegewerbesteuer herangezogen wird, sowie im Falle der Zerlegung des Steuersatzes in die auf die einzelnen Betriebsorte entfallenden Theilbeträge wird auf §. 76 Bezug genommen.

Sechster Titel. Aufsicht.

Artikel 46. **Genehmigungen** (§. 77).

I. Für die Ertheilung der in dem Gesetze vorbehaltenen Genehmigungen ist nach den daselbst vorgesehenen Maßgaben bei Stadtgemeinden der Bezirksausschuß, bei Landgemeinden der Kreisausschuß zuständig. Bezüglich der Stadt Berlin bewendet es bei den Bestimmungen der §§. 41 ff. des Gesetzes über die allgemeine Landesverwaltung vom 30. Juli 1883 (GS. S. 195).

II. 1. Die Genehmigung von Gemeindebeschlüssen, durch welche

a) besondere direkte oder indirekte Gemeindesteuern neu eingeführt oder in ihren Grundsätzen verändert,

b) Abweichungen von den in §. 54 vorgeschriebenen Vertheilungsregeln,

c) Zuschläge über den vollen Satz der Staatseinkommensteuer hinaus (§. 50) angeordnet werden,

bedarf der Zustimmung der Minister des Innern und der Finanzen[73]).

---

wonach über Heranziehung oder Veranlagung zu den Gemeindelasten die Zuständigkeit der Verwaltungsgerichte auch insoweit begründet ist, als bisher der ordentliche Rechtsweg zulässig war.

[73]) Übertragung auf untergeordnete Aufsichtsbehörden KAG. Anm. 292.

Die Nothwendigkeit sowohl der Genehmigung als auch der Zustimmung fällt in den Fällen unter b und c fort, wenn die Gemeinde einen Beschluß über die Vertheilung des Steuerbedarfs nach §. 59 nicht gefaßt hat und in Folge dessen behufs Deckung des Steuerbedarfs die Realsteuern mit einem um die Hälfte höheren Prozentsatze als die Einkommensteuer unter sich nach gleichen Prozentsätzen herangezogen werden.

2. Die Genehmigung muß der Zustimmung vorhergehen[74]). Die Gemeindebeschlüsse sind deshalb auch dann, wenn sie der Zustimmung der Minister des Innern und der Finanzen bedürfen, in den unteren Instanzen seitens der zuständigen Aufsichtsbehörde einer sachlichen Prüfung zu unterziehen. Wird die Genehmigung versagt, so kann die Zustimmung der Minister — abgesehen von dem Falle einer nach Absatz 2 des §. 77 aus Gründen des öffentlichen Interesses eingelegten weiteren Beschwerde — überhaupt nicht in Frage kommen. Das Erforderniß dieser sachlichen Prüfung bringt es mit sich, daß Abweichungen von den im §. 54 vorgeschriebenen Vertheilungsregeln sowie die Erhebung von Zuschlägen über den vollen Satz der Einkommensteuer nicht schon um ihrer selbst willen, d. h. lediglich deshalb, weil es sich um Abweichungen von der Regel, bezw. um Ueberschreitung der bezeichneten Belastungsgrenze handelt, die Genehmigung versagt werden darf.

3. Die Zeitdauer, für welche die Genehmigung zu ertheilen ist, bestimmt sich zunächst durch den Inhalt und die Bedeutung des Beschlusses, welcher der Genehmigung bedarf. Die Genehmigung eines Beschlusses wegen Erhebung von Zuschlägen über den vollen Satz der Einkommensteuer hinaus wird in der Regel nur für die Dauer der maßgebenden Rechnungsperiode (§. 95) zu ertheilen sein. Ausnahmsweise wird die Genehmigung auch für mehrere Rechnungsperioden erfolgen können, wenn anzunehmen ist, daß die maßgebenden Verhältnisse für längere Zeit gleichmäßig fortdauern werden. Die Genehmigung eines Beschlusses wegen Einführung einer besonderen direkten oder indirekten Steuer kann je nach den Umständen ohne Zeitbeschränkung erfolgen, oder auf eine von vornherein zu bestimmende Frist von einem oder mehreren Jahren beschränkt werden (§. 77 Abs. 4).

Eine entsprechende zeitliche Beschränkung muß namentlich eintreten, so lange es an sicheren Erfahrungen für die Beurtheilung der Zweckmäßigkeit des Beschlusses fehlt.

Die Ertheilung einer Genehmigung auf Widerruf ist ausgeschlossen.

Artikel 47. **Anordnungen** (§. 78).

1. Bestehen bei dem Inkrafttreten des Gesetzes in einzelnen Gemeinden Ordnungen (Regulative, Statuten, Beschlüsse, Observanzen 2c.) über die Aufbringung von Gebühren, Beiträgen, indirekten, direkten Steuern oder Diensten, welche den Vorschriften des Gesetzes zuwiderlaufen, so ist die Aufsichtsbehörde befugt, deren Abänderung oder Ergänzung unter Angabe der Gründe anzuordnen.

2. Jedenfalls bleiben die zu Nr. 1 bezeichneten Ordnungen mit den sich aus §. 96 Abs. 4 ergebenden Einschränkungen bis zur Aufhebung durch rechtsgültigen Gemeindebeschluß oder Anordnung der Aufsichtsbehörde in Kraft.

Hiermit ist den Gemeinden einerseits die Rechtssicherheit gewährleistet, andererseits — soweit die Aufsichtsbehörde von ihrer Befugniß (Nr. 1) keinen Gebrauch macht — eine sich über den 1. April 1895 hinaus erstreckende Frist gegeben, um die Uebereinstimmung mit dem Gesetze herzustellen (vgl. Art. 62).

---

[74]) Geht die Zustimmung voraus, so wird der Gemeindebeschluß dadurch nicht ungültig OV. 16. Nov. 97 (XXXIII 205).

3. Die Aufsichtsbehörde — bei Stadtgemeinden der Regierungspräsident, bei Landgemeinden der Landrath als Vorsitzender des Kreisausschusses (§§. 7, 24 des Gesetzes über die allgemeine Landesverwaltung vom 1. August[75]) 1883) — kann zwar von der Befugniß (Nr. 1) erst nach dem Inkrafttreten des Gesetzes Gebrauch machen.

Hierdurch werden aber die Gemeinden nicht von der Verpflichtung entbunden, ihrerseits schon vorher in eine Prüfung der Ordnungen einzutreten und das bestehende örtliche Recht, soweit als erforderlich, thunlichst bald in Uebereinstimmung mit den Vorschriften des Gesetzes zu bringen (vgl. Art. 62)[76]).

Ebensowenig sind die Aufsichtsbehörden behindert, schon vor dem 1. April 1895 in eine Prüfung der Ordnungen einzutreten und auf die Gemeinden nach der bezeichneten Richtung hin einzuwirken (vgl. hierüber die Uebergangsbestimmungen)[77]).

4. Die Befugniß (Nr. 1) erstreckt sich nur auf die Vorschriften des Gesetzes, nicht auch auf Besteuerungsgrundsätze, die sich etwa aus der einen oder anderen Bestimmung durch Folgerungen ergeben.

Sie bezieht sich aber auch auf künftige Gemeindebeschlüsse, welche den Vorschriften des Gesetzes zuwiderlaufen, sowie unter bestimmten, im Gesetze näher bezeichneten Voraussetzungen auf solche Ordnungen, durch welche die Besteuerung nach Abstufungen des Grundbesitzes geregelt ist. Als Gemeindebeschlüsse können hierbei nur solche in Betracht kommen, für welche eine Genehmigung nicht erforderlich ist. Hinsichtlich der übrigen dient die Versagung der Genehmigung dazu, um zu verhindern, daß die Aufbringung von Gebühren u. s. w. in Widerspruch mit den Vorschriften des Gesetzes erfolge.

5. Die Einführung neuer und die Erhöhung bestehender indirekter Steuern darf nicht angeordnet werden. Im Uebrigen muß grundsätzlich daran festgehalten werden, daß die Befugniß (Nr. 1) sich lediglich auf die Herstellung eines den Vorschriften des Gesetzes entsprechenden Zustandes erstreckt. Dagegen darf die Zulassung des Einschreitens aus einem im Gesetze bestimmten Anlasse nicht dazu führen, auf Gebiete hinüber zu greifen, die, wenn auch nach der Auffassung der Aufsichtsbehörde einer anderweitigen Regelung bedürftig, doch der Beschlußfassung der Gemeinde überlassen sind.

6. Gegen die Anordnung findet innerhalb vier Wochen nach Ablauf der gestellten Frist die Klage im Verwaltungsstreitverfahren statt, für Landgemeinden bei dem Bezirksausschusse, für Stadtgemeinden bei dem Oberverwaltungsgerichte. Es bedarf somit in allen Fällen der Bestimmung einer Frist, innerhalb deren die Gemeinden der Anordnung zu entsprechen haben; auch dann, wenn nach den vorhergegangenen Verhandlungen angenommen werden darf, daß die Gemeinde der Anordnung nicht entsprechen werde. Die Frist ist stets so geräumig zu bemessen, daß der Anordnung innerhalb derselben entsprochen werden kann.

7. Wird die Klage innerhalb der gestellten Frist nicht erhoben, so ist die Aufsichtsbehörde befugt, die in Ansehung der Aufbringung der Gebühren u. s. w. erforderliche Ordnung auf Grundlage der erlassenen Verfügung selbst festzustellen. Das Gleiche gilt für den Fall der rechtskräftigen Abweisung der Klage. Damit jedem Zweifel darüber vorgebeugt werde, ob die getroffene Ordnung und die erlassene Verfügung sich inhaltlich decken, ist die Verfügung thunlichst so vollständig zu erlassen, daß es demnächst nur ihrer äußeren Umwandlung in die Form der Ordnung bedarf.

---

[75]) Der Text enthielt irrtümlich den 30. Juli.

[76]) Art. 62², der die Verpflichtung der Gemeinden ausspricht, enthält nur die Wiederholung des KAG. § 96 Abs. 2.

[77]) KAG. Anm. 1d.

8. Wird die Klage endgültig für begründet erkannt, so tritt die Anordnung außer Kraft, ohne daß es zu diesem Behufe eines Erlasses der Aufsichtsbehörde bedarf. Ob es sich in diesem Falle empfiehlt, unter Beachtung der aus der Entscheidung des Oberverwaltungsgerichts zu entnehmenden Rechtsgrundsätze eine neue Anordnung zu treffen, hängt von den Umständen ab.

9. Sofern das öffentliche Interesse es erheischt, beschließt im Falle der Erhebung der Klage über die vorläufige Ordnung des Steuerwesens bis zur rechtskräftigen Entscheidung für Landgemeinden der Kreisausschuß, für Stadtgemeinden der Bezirksausschuß.

Siebenter Titel. Strafen.

Artikel 48. **Abgabe einer unrichtigen oder unvollständigen Auskunft** (§§. 79, 81 Abs. 1—3)[78]).

Wer gelegentlich der Veranlagung von Gemeindesteuern in der Absicht der Steuerhinterziehung an zuständiger Stelle auf die an ihn gerichteten Fragen, oder bei der Begründung eines Einspruchs unrichtige oder unvollständige Angaben macht, wird mit dem vier- bis zehnfachen Betrage der stattgehabten oder beabsichtigten Verkürzung, mindestens aber mit einer Geldstrafe von 100 Mark bestraft.

Ist eine unrichtige oder unvollständige Angabe, welche geeignet ist, eine Verkürzung der Steuer herbeizuführen, zwar wissentlich, aber nicht in der Absicht der Steuerhinterziehung erfolgt, so tritt Geldstrafe von 3 bis 100 Mark ein.

Straffrei bleibt, wer seine unrichtige oder unvollständige Angabe, bevor Anzeige erfolgt oder eine Untersuchung eingeleitet ist, an zuständiger Stelle berichtigt oder ergänzt und die vorenthaltene Steuer in der ihm gesetzten Frist entrichtet.

Die Untersuchung gilt als eingeleitet, sobald die Ermittelungen darüber begonnen haben, ob die gemachten Angaben richtig und vollständig sind.

Ist ein Fall der Strafbarkeit eingetreten, so ist der Gemeindevorstand befugt, die Geldstrafe vorläufig festzusetzen und den Beschuldigten zur Einzahlung des Strafbetrages nebst den durch das Verfahren entstandenen Kosten an die Gemeindekasse binnen einer ihm bekannt gemachten Frist aufzufordern. Die vorläufige Festsetzung ist ausgeschlossen, wenn der Beschuldigte

a) in Preußen keinen Wohnsitz oder

b) auf die vorläufige Festsetzung der Geldstrafe verzichtet hat.

In beiden Fällen, ferner wenn

c) der Beschuldigte die Strafe nebst Kosten innerhalb der gestellten Frist an die Gemeindekasse freiwillig nicht zahlt oder

d) der Gemeindevorstand von der vorläufigen Festsetzung der Geldstrafe Abstand zu nehmen erklärt,

sind die Verhandlungen von dem Gemeindevorstande an die Staatsanwaltschaft des zuständigen Gerichts zur Untersuchung und Entscheidung abzugeben.

Die Beitreibung der vorläufig festgesetzten Strafe im Verwaltungszwangsverfahren ist unstatthaft.

Die sachliche Zuständigkeit des Gerichts bestimmt sich nach §. 27 Nr. 1 und 2 und §. 75 Nr. 15 des Gerichtsverfassungsgesetzes vom 27. Januar 1877 (RGBl. S. 41)[79]);

---

[78]) Abs. 1—4 betreffen den § 79 (dessen Inhalt in Abs. 1—3 im wesentlichen nur wiederholt wird), Abs. 5—7 den § 81 des G.

[79]) Gerichtsverfassungsgesetz, neugefaßt RGB. 98 (S. 371):

§. 27. Die Schöffengerichte sind zuständig:

1. für alle Uebertretungen;
2. für diejenigen Vergehen, welche nur mit Gefängniß von höchstens

der Gerichtsstand ist begründet nach §§. 7 ff. der Strafprozeßordnung vom 1. Februar 1877 (RGBl. S. 253)[80]).

Artikel 49. **Verletzung der Amtsverschwiegenheit** (§§. 80, 81 Abs. 1 und 4).

Der Gemeindevorstand bezw. bei einer Zusammensetzung des Gemeindevorstandes aus einer Mehrheit von Personen die Mitglieder desselben, ferner die Mitglieder der Steuerausschüsse und die bei der Veranlagung betheiligten Gemeindebeamten werden mit Geldstrafe bis 1500 Mark oder mit Gefängniß bis zu 3 Monaten bestraft, wenn sie die aus amtlichem Anlaß zu ihrer Kenntniß gelangten Erwerbs-, Vermögens- oder Einkommensverhältnisse eines Steuerpflichtigen unbefugt offenbaren.

---

drei Monaten oder Geldstrafe von höchstens sechshundert Mark, allein oder neben Haft oder in Verbindung mit einander oder in Verbindung mit Einziehung bedroht sind, mit Ausnahme der im §. 320 des Strafgesetzbuchs und der im §. 74 dieses Gesetzes bezeichneten Vergehen;

§. 75. Die Strafkammer kann bei Eröffnung des Hauptverfahrens wegen der Vergehen:

sowie

15. wegen solcher Zuwiderhandlungen gegen die Vorschriften über die Erhebung öffentlicher Abgaben und Gefälle, deren Strafe in dem mehrfachen Betrage einer hinterzogenen Abgabe oder einer anderen Leistung besteht;

auf Antrag der Staatsanwaltschaft die Verhandlung und Entscheidung dem Schöffengerichte, soweit dieses nicht schon zuständig ist, überweisen, wenn nach den Umständen des Falles anzunehmen ist, daß wegen des Vergehens auf keine andere und höhere Strafe, als auf die im §. 27 Nr. 2 bezeichnete und auf keine höhere Buße als sechshundert Mark zu erkennen sein werde.

[80]) Strafprozeßordnung:

§. 7. Der Gerichtsstand ist bei demjenigen Gerichte begründet, in dessen Bezirk die strafbare Handlung begangen ist*).

§. 8. Der Gerichtsstand ist auch bei demjenigen Gerichte begründet, in dessen Bezirk der Angeschuldigte zur Zeit der Erhebung der Klage seinen Wohnsitz hat.

Hat der Angeschuldigte einen Wohnsitz im Deutschen Reich nicht, so wird der Gerichtsstand auch durch den gewöhnlichen Aufenthaltsort und, wenn ein solcher nicht bekannt ist, durch den letzten Wohnsitz bestimmt.

§. 9. Wenn die strafbare Handlung im Auslande begangen und ein Gerichtsstand in Gemäßheit des §. 8 nicht begründet ist, so ist dasjenige Gericht zuständig, in dessen Bezirk die Ergreifung erfolgt. Hat eine Ergreifung nicht stattgefunden, so wird das zuständige Gericht vom Reichsgerichte bestimmt.

Gleiches gilt, wenn eine strafbare Handlung im Inlande begangen ist, jedoch weder der Gerichtsstand der begangenen That noch der Gerichtsstand des Wohnsitzes ermittelt ist.

*) Der durch G. 13. Juni 02 (RGB. 227) hinzugefügte zweite Absatz betrifft den Gerichtsstand der Presse und hat für die Kommunalabgaben keine Bedeutung.

Die Verfolgung findet nur auf Antrag des Gemeindevorstandes oder des Steuerpflichtigen bezw. dessen Vertreters statt. Der Antrag ist von dem Gemeindevorstande — falls die Angelegenheit überhaupt zu einer gerichtlichen Verfolgung geeignet erscheint — binnen drei Monaten zu stellen, nachdem er Kenntniß von der Handlung und von der Person des Thäters erhalten hat (§§. 61—64 des Strafgesetzbuchs für das deutsche Reich)[81]), und zwar bei der Staatsanwaltschaft des Landgerichts, bei dem der Gerichtsstand begründet ist (§§. 7 ff. der Strafprozeßordnung vom 1. Februar 1877)[80]). Ist das Vergehen von dem Gemeindevorstande oder von Mitgliedern des Gemeindevorstandes begangen, so ist auch die Aufsichtsbehörde — in Landgemeinden der Landrath als Vorsitzender des Kreisausschusses, in Stadtgemeinden der Regierungspräsident — zur Stellung des Antrages berechtigt. Im Allgemeinen muß Werth darauf gelegt werden, daß dem Steuerpflichtigen, welcher zur Ertheilung von Auskunft über seine Erwerbs-, Einkommens- und Vermögensverhältnisse angehalten wird, der erforderliche Schutz gegen eine unbefugte Offenbarung der ertheilten Auskunft nicht versagt bleibt. Es wird daher besonderer Gründe bedürfen, um im gegebenen Falle von der Stellung eines entsprechenden Antrages absehen zu können.

Artikel 50. **Zuwiderhandlungen gegen die Vorschriften in Steuerordnungen** (§. 82).

In den Steuerordnungen können Strafen gegen Zuwiderhandlungen bis zur Höhe von 30 Mark angedroht werden.

Die Strafen sind durch den Gemeindevorstand mittels Strafbescheides festzusetzen und nach eingetretener Rechtskraft im Verwaltungszwangsverfahren beizutreiben.

Der Strafbescheid muß die strafbare Handlung, das angewendete Strafgesetz (die Steuerordnung) und die Beweismittel bezeichnen, auch die Eröffnung enthalten, daß der Beschuldigte, sofern er nicht eine nach den Gesetzen zugelassene Beschwerde an die höhere Verwaltungsbehörde ergreift, binnen einer Woche nach der Bekanntmachung bei der Verwaltungsbehörde, welche denselben erlassen, oder bei derjenigen, welche ihn bekannt gemacht hat, auf gerichtliche Entscheidung antragen könne. Die Beschwerde richtet sich in Stadtgemeinden nach

---

[81]) Strafgesetzbuch:

§. 61. Eine Handlung, deren Verfolgung nur auf Antrag eintritt, ist nicht zu verfolgen, wenn der zum Antrage Berechtigte es unterläßt, den Antrag binnen drei Monaten zu stellen. Diese Frist beginnt mit dem Tage, seit welchem der zum Antrage Berechtigte von der Handlung und von der Person des Thäters Kenntniß gehabt hat.

§. 62. Wenn von mehreren zum Antrage Berechtigten einer die dreimonatliche Frist versäumt, so wird hierdurch das Recht der übrigen nicht ausgeschlossen.

§. 63. Der Antrag kann nicht getheilt werden. Das gerichtliche Verfahren findet gegen sämmtliche an der Handlung Betheiligte (Thäter und Theilnehmer), sowie gegen den Begünstiger statt, auch wenn nur gegen eine dieser Personen auf Bestrafung angetragen worden ist.

§. 64. Die Zurücknahme des Antrages ist nur in den gesetzlich besonders vorgesehenen Fällen und nur bis zur Verkündung eines auf Strafe lautenden Urtheils zulässig.

Die rechtzeitige Zurücknahme des Antrages gegen eine der vorbezeichneten Personen hat die Einstellung des Verfahrens auch gegen die anderen zur Folge.

den Vorschriften im §. 7 des Zuständigkeitsgesetzes vom 1. August 1883, in Landgemeinden nach den Vorschriften im §. 24 des erwähnten Zuständigkeitsgesetzes, beziehungsweise im §. 139 der Landgemeindeordnung für die östlichen Provinzen vom 3. Juli 1891 und im §. 139 der Landgemeindeordnung für die Provinz Schleswig-Holstein vom 4. Juli 1892[82]).

Wird auf gerichtliche Entscheidung angetragen, so sind die Akten — falls der Strafbescheid bei nochmaliger Erwägung der Angelegenheit nicht zurückgezogen wird — an die zuständige Staatsanwaltschaft zu übersenden. (Vgl. §§. 459 und 460 der Strafprozeßordnung vom 1. Februar 1877)[83]).

Achter Titel. Nachforderungen und Verjährungen.

A. Nachforderungen.

a) Direkte Steuern.

1. Besondere Gemeindesteuern.

Artikel 51. **Steuerhinterziehung** (§. 83).

1. Die Festsetzung der Nachsteuer im Falle einer Steuerhinterziehung (§. 79) ist stets durch den Gemeindevorstand zu bewirken, auch dann, wenn im Uebrigen die regelmäßige Veranlagung durch einen Steuerausschuß (§. 61) erfolgt. Sie geschieht neben und unabhängig von der Strafe, somit auch in denjenigen Fällen, in welchen die Strafverfolgung wegen Verjährung, wegen des Todes des Steuerpflichtigen u. s. w. ausgeschlossen ist. Dagegen muß bei einer im Strafverfahren wegen mangelnder Feststellung des Thatbestandes eines Steuervergehens erfolgten Freisprechung die Nachbesteuerung unterbleiben. Ob in einem solchen Falle eine Nachbesteuerung auf Grund des §. 84 eintreten kann, ist nach den besonderen Voraussetzungen dieser Gesetzesbestimmung zu beurtheilen (vgl. Art. 52).

2. Die Festsetzung der Nachsteuer geschieht für den ganzen Zeitraum, auf welchen sich die stattgehabte Steuerhinterziehung erstreckt, bis auf den Zeitpunkt der Verjährung (Nr. 3) zurück.

---

[82]) Dazu treten in Hess.-Nassau LGO. 4. Aug. 97 § 111, StO. 4. Aug. 97 § 87 u. Hohenz. GemO. 2. Juli 00 § 103.

[83]) Strafprozeßordnung:

§. 459. Strafbescheide der Verwaltungsbehörden wegen Zuwiderhandlungen gegen die Vorschriften über die Erhebung öffentlicher Abgaben und Gefälle dürfen nur Geldstrafen sowie eine etwa verwirkte Einziehung festsetzen.

Der Strafbescheid muß außerdem die strafbare Handlung, das angewendete Strafgesetz und die Beweismittel bezeichnen, auch die Eröffnung enthalten, daß der Beschuldigte, sofern er nicht eine nach den Gesetzen zugelassene Beschwerde an die höhere Verwaltungsbehörde ergreife, gegen den Strafbescheid binnen einer Woche nach der Bekanntmachung bei der Verwaltungsbehörde, welche denselben erlassen, oder bei derjenigen, welche ihn bekannt gemacht hat, auf gerichtliche Entscheidung antragen könne.

Der Strafbescheid wirkt in Betreff der Unterbrechung der Verjährung wie eine richterliche Handlung.

§. 460. Wird auf gerichtliche Entscheidung angetragen, so übersendet die Verwaltungsbehörde, falls sie nicht den Strafbescheid zurücknimmt, die Akten an die zuständige Staatsanwaltschaft, welche sie dem Gerichte vorlegt.

3. Die Verbindlichkeit zur Nachzahlung der Steuer verjährt in 10, jedoch zu Gunsten der Erben, auf welche sie nur in Höhe des Erbantheils übergeht, in fünf Jahren. Die Verjährung beginnt mit Ablauf des Rechnungsjahres, in welchem die Hinterziehung begangen wurde, auch dann, wenn in der Gemeinde an Stelle des Rechnungsjahres eine Rechnungsperiode von zwei oder drei Jahren eingeführt ist (§. 95).

Artikel 52. **Steuerverkürzung ohne Steuerhinterziehung** (§. 84).

1. Steuerpflichtige, welche entgegen den Vorschriften des Gesetzes oder der auf Grund desselben erlassenen Steuerordnungen bei der Veranlagung einer direkten Gemeindesteuer gänzlich übergangen oder zwar nicht übergangen, aber aus unzureichendem Grunde steuerfrei geblieben sind, ohne daß eine strafbare Hinterziehung der Steuer stattgefunden hat, sind zur Entrichtung des der Gemeinde entzogenen Betrages verpflichtet.

Gänzliche Uebergehung liegt vor, wenn ein Steuerpflichtiger nicht in die Steuerliste aufgenommen und in Folge dessen überhaupt nicht zur Veranlagung gelangt ist. Entgegen den Vorschriften des Gesetzes u. s. w. steuerfrei geblieben ist beispielsweise, wer zwar in die Steuerliste aufgenommen, jedoch aus unzutreffendem Grunde steuerfrei veranlagt worden ist.

2. Die Verpflichtung zur Zahlung des entzogenen Betrages erstreckt sich auf die drei Rechnungsjahre zurück, welche dem Rechnungsjahre, in welchem die Verkürzung festgestellt worden ist, vorhergehen; sie geht auf die Erben, jedoch nur bis zur Höhe ihres Erbantheils, über.

3. Die Veranlagung der Nachsteuer erfolgt einheitlich für den ganzen Zeitraum, auf welchen sich die Verpflichtung erstreckt. Zu diesem Behufe ist, wenn die Verkürzung während mehrerer Jahre stattgefunden hat, der Betrag der Verkürzung für jedes Jahr zu ermitteln, so daß die Summe der einzelnen Beträge sich als das Ergebniß der einheitlichen Veranlagung für den ganzen in Betracht zu ziehenden Zeitraum darstellt.

Die Veranlagung ist von dem Gemeindevorstande, jedoch in denjenigen Gemeinden, in welchen ein Steuerausschuß besteht, von diesem zu bewirken.

4. Dem Abgabepflichtigen steht gegen die Veranlagung der Einspruch und gegen den hierauf ergangenen Beschluß des Gemeindevorstandes die Klage im Verwaltungsstreitverfahren offen (§§. 69, 70)[84].

2. Zuschläge.

Artikel 53. **Nachforderung bei Festsetzung staatlicher Nachsteuer** (§. 85).

Wird die Gemeindeeinkommensteuer durch Zuschläge zur Staatseinkommensteuer erhoben und ist für den Staat wegen Steuerhinterziehung oder ohne solche (§§. 67, 80 des Einkommensteuergesetzes vom 24. Juni 1891) eine Nachsteuer festgesetzt worden, so haben die zur Entrichtung der Nachsteuer Verpflichteten nach den hierfür geltenden Vorschriften (§§. 83, 84) auch die entsprechenden Zuschläge an die Gemeinde nachzuzahlen.

Die Veranlagung ist gemäß der weiteren im §. 85 gegebenen Bestimmungen durch den Gemeindevorstand und zwar auch dann zu bewirken, wenn die regelmäßige Veranlagung durch den Steuerausschuß zu erfolgen hat.

[84]) Auch Einspruch u. Einspruchsbescheid sind auf die ganze, aus mehreren Jahresbeträgen zusammengesetzte Steuerforderung zu richten OV. 2. Nov. 00 (XXXIX 62).

Artikel 54. **Nachforderung wegen Erhöhung des Staatssteuersatzes** (§. 86).

Wird die Gemeindeeinkommensteuer durch Zuschläge zur Staatseinkommensteuer erhoben und hat in Folge der Einlegung von Rechtsmitteln oder einer anderweiten Veranlagung eine Erhöhung der ursprünglich vom Staate veranlagten Steuer stattgefunden, so ist die hieraus entspringende Nachforderung der Gemeinde innerhalb der Frist eines Jahres, welche mit dem Tage der ergangenen endgültigen Entscheidung über die Erhöhung der Steuer beginnt, zu erheben.

Die Rechtsmittel regeln sich nach den §§. 69, 70.

b) Indirekte Steuern, Gebühren, Beiträge und Dienste.

Artikel 55. (§. 87.)

Die Berechtigung der Gemeinden zur Nachforderung anderer Gemeindeabgaben, als direkter Gemeindesteuern, sowie von Naturaldiensten regelt sich nach den Bestimmungen im §. 87. Unter dem Jahre, von dessen Ablauf die Frist von drei Jahren nach Abs. 1 Nr. 2 gerechnet wird, ist das Rechnungsjahr zu verstehen.

B. Verjährung.

Artikel 56. (§. 88.)

Wegen der Verjährung der zur Hebung gestellten Gemeindeabgaben und Kosten, welche im Rückstande verblieben oder befristet sind, wird auf die Vorschriften im §. 88 verwiesen; unter dem Ablauf des Jahres ist der Ablauf des Rechnungsjahres zu verstehen.

Neunter Titel. Kosten und Zwangsvollstreckung.

Artikel 57. **Kosten der Veranlagung und Erhebung** (§. 89).

Die Kosten der Veranlagung fallen — insoweit sie nicht nach §. 14 des Gesetzes wegen Aufhebung direkter Staatssteuern vom 14. Juli 1893 von der Staatskasse getragen werden — der Gemeindekasse zur Last; jedoch sind diejenigen Kosten, welche durch die gelegentlich eines Einspruchs erfolgenden Ermittelungen veranlaßt werden, von dem Abgabepflichtigen zu erstatten, wenn sich seine Angaben in wesentlichen Punkten als unrichtig erweisen. Die Festsetzung hat in der Entscheidung über den Einspruch zu erfolgen und ist mittelst der Klage im Verwaltungsstreitverfahren anfechtbar (§. 70).

Die Kosten der Erhebung der Abgaben fallen der Gemeindekasse zur Last. Zu denselben sind jedoch diejenigen Kosten nicht zu rechnen, welche der Pflichtige zum Zwecke der Ablieferung der Abgaben an die Gemeindekasse etwa aufzuwenden hat.

Artikel 58. **Zwangsvollstreckung** (§. 90).

Die Vorschrift im §. 90, wonach Gebühren, Beiträge, Steuern und Kosten der Beitreibung im Verwaltungszwangsverfahren nach Maßgabe der Verordnung vom 15. November 1899[85]) unterliegen, entspricht dem bisherigen Rechte. Für das Verfahren ist außer der Verordnung noch die dazu erlassene Ausführungsanweisung vom 20. November 1899[86]) zu beachten.

Weiterhin unterliegen jedoch nach §. 90 der Beitreibung im Verwaltungszwangsverfahren alle Vergütungen, welche nach einem von der Aufsichtsbehörde — bei Stadtgemeinden von dem Bezirksausschusse, bei Landgemeinden von dem Kreisausschusse — festgestellten Tarife erhoben werden. Das Gesetz geht davon

---

[85]) Die V. ist an Stelle der V. 7. Sept. 79 getreten.

[86]) Die Anw. ist an Stelle der Anw. 15. Sept. 79 getreten.

aus, daß es sich bei der Nichtentrichtung dieser an sich lediglich privatrechtlichen Einnahmen der Gemeinden in der überwiegenden Mehrzahl der Fälle lediglich um eine Versäumniß des Schuldners handle und daß die jedesmalige Beschreitung des Rechtsweges in allen derartigen Fällen seitens der Gemeinden mit Weiterungen verknüpft sei, die weder durch das Interesse der Gemeinden, noch durch dasjenige des Schuldners begründet sind. Festzuhalten ist indessen bei der Genehmigung, daß der Tarif die Benutzung einer gewerblichen Unternehmung zum Gegenstande haben muß, die auch dem öffentlichen Interesse dient. Beispielsweise kommen in Betracht die Vergütungen für die Benutzung einer Wasserleitung der Gemeinde in denjenigen Fällen, in welchen der Anschluß an die Wasserleitung lediglich von einem Uebereinkommen zwischen der Gemeinde und dem Grundbesitzer abhängig ist, ferner Kurtaxen u. s. w.

Ob die Gemeinden in Fällen dieser Art die Feststellung des Tarifs nachsuchen wollen, ist ihrer Beschlußfassung anheimgestellt.

Insoweit die Aufsichtsbehörden zur Genehmigung der Tarife nach dem bisherigen Rechte nicht zuständig gewesen sind, ist ihnen die Zuständigkeit durch das Gesetz verliehen.

Theil II. Kreis- und Provinzialsteuern.

Artikel 59. (§§. 91, 93.)

I. Gemäß §. 91 Abs. 1 bleiben die bestehenden Vorschriften über die Aufbringung der Kreis- und Provinzialsteuern mit folgenden Maßgaben unberührt:

1. Wie den Städten, bleibt auch den Landgemeinden die Beschlußfassung darüber vorbehalten, in welcher Weise ihre Antheile an den Kreissteuern aufgebracht werden sollen.

Es ist hierdurch denjenigen Landgemeinden, denen eine solche Beschlußfassung bisher noch nicht zustand, die Befugniß zu derselben verliehen worden.

2. Bei der Vertheilung der Kreissteuern sind die Grund-, Gebäude- und die Gewerbesteuer der Klassen I und II in der Regel mit dem gleichen Betrage desjenigen Prozentsatzes heranzuziehen, mit welchem die Staatseinkommensteuer belastet wird.

Unter der Grund- und Gebäudesteuer ist die vom Staate veranlagte Steuer derjenigen Liegenschaften und Gebäude zu verstehen, welche der Gemeindebesteuerung unterworfen sind (§. 26 Abs. 3). In Gleichem ist unter der Gewerbesteuer — und zwar nicht nur der Klassen I und II, sondern sämmtlicher Klassen — die vom Staate veranlagte Steuer derjenigen Gewerbebetriebe einschließlich des Bergbaues zu verstehen, welche der Gemeindebesteuerung unterliegen (§. 30 Abs. 3).

Mit Genehmigung des Bezirksausschusses kann der Betrag, mit welchem die Grund-, Gebäude- und die Gewerbesteuer[87]) der Klassen I und II heranzuziehen sind, bis auf das Anderthalbfache jenes Prozentsatzes erhöht oder bis auf die Hälfte desselben herabgesetzt werden. Für die Heranziehung der bezeichneten Realsteuern besteht somit ein Spielraum zwischen 50 und 150 Prozent desjenigen Satzes, mit welchem die Staatseinkommensteuer durch Zuschläge belastet wird. Das Gesetz hat der Verschiedenheit der Verhältnisse Rechnung getragen, welche für die Kreise, namentlich auf dem Gebiete der Verkehrsanlagen, innerhalb der verschiedenen Theile der Monarchie besteht, und in denjenigen Fällen, in welchen die Kreise zur Herstellung und Unterhaltung derartiger, vornehmlich dem Grundbesitz und

[87]) Desgl. der Betriebssteuer (Art. 22), die nur eine Unterart der Gewerbesteuer bildet OV. 30. Sept. 96 (VB. XVIII 128), jedoch nicht anders als die Gewerbesteuerklassen III u. IV heranzuziehen ist Vf. 31. Dez. 97 (MB. 98 S. 8).

Gewerbebetriebe zu Gute kommender Anlagen verpflichtet sind, eine verhältnißmäßig stärkere Belastung der Realsteuern ermöglicht. Entspricht der Maßstab, nach welchem gegenwärtig die bezeichneten Realsteuern in deren Verhältniß zur Einkommensteuer zu den Kreisabgaben herangezogen werden, der im §. 91 Abs. 1 unter 2 angegebenen Regel, so hat es bei demselben bis auf Weiteres sein Bewenden. Anderenfalls ist zu unterscheiden, ob der Maßstab innerhalb der Grenzen derjenigen Abweichung liegt, deren Genehmigung dem Bezirksausschusse vorbehalten ist, oder aber außerhalb dieser Grenzen. Im ersterem Falle bleibt den Kreisen gemäß der weiteren Bestimmung unter Nr. 2 überlassen, die Genehmigung des Bezirksausschusses vor dem 1. April 1895, als dem Tage des Inkrafttretens des Kommunalabgabengesetzes, nachzusuchen, damit der Maßstab bei der Aufbringung der Kreisabgaben nach diesem Zeitpunkte in Kraft bleiben kann. Im letzteren Falle tritt der bisherige Maßstab mit dem 1. April 1895 außer Anwendung.

Hinsichtlich der Klassen III und IV der Gewerbesteuer bewendet es bei der Vorschrift im §. 10 Abs. 2 der Kreisordnung vom 13. Dezember 1872 und der entsprechenden Vorschrift in den übrigen Kreisverfassungsgesetzen (vgl. §. 80 des Gewerbesteuergesetzes vom 24. Juni 1891)[88]), wonach diese Klassen von der Heranziehung zu den Kreisabgaben ganz freigelassen und keinesfalls dazu mit einem höheren Prozentsatze als die Grund- und Gebäudesteuer herangezogen werden dürfen.

Die Bestimmung im §. 54 Abs. 4, wonach mehr als 200 Prozent der Realsteuern in der Regel nicht erhoben werden dürfen, findet bei der Erhebung von Kreis- und Provinzialsteuern keine Anwendung.

Ist bis zum Tage des Inkrafttretens des Kommunalabgabengesetzes kein gültiger Kreistagsbeschluß über den Maßstab, nach welchem die Kreissteuern aufzubringen sind, zu Stande gekommen, so bewendet es bei der Bestimmung im §. 12 Abs. 2 der Kreisordnung vom 13. Dezember 1872 und der entsprechenden Bestimmung der übrigen Kreisverfassungsgesetze mit den aus der veränderten Gesetzgebung sich ergebenden Abweichungen. Hiernach sind die Kreisabgaben auf die vom Staate veranlagte Grund-, Gebäude- und Gewerbesteuer der Klassen I bis IV, sowie auf die Staatseinkommensteuer nach Maßgabe des §. 10 Abs. 1 daselbst gleichmäßig zu vertheilen[89]).

3. Die Mehr- oder Minderbelastung einzelner Kreistheile mit Kreissteuern, welche nach §. 13 der Kreisordnung vom 13. Dezember 1872 und der entsprechenden Vorschrift in den übrigen Kreisverfassungsgesetzen nur nach Quoten der Kreissteuern erfolgen kann, darf auch nach einem anderen Maßstabe als dem angegebenen stattfinden.

In Gleichem darf die Mehr- oder Minderbelastung einzelner Kreise mit Provinzialsteuern, welche nach §. 110 der Provinzial-Ordnung vom 29. Juni 1875 und der entsprechenden Vorschrift in den übrigen Provinzial-Verfassungsgesetzen nur nach Quoten der direkten Staatssteuern auszuführen ist, nach einem anderen Maßstabe als dem angegebenen erfolgen.

4. Bei der Veranlagung von juristischen Personen, Gesellschaften u. s. w., welche zur Entrichtung der in Kreisen oder Provinzen vom Einkommen zu erhebenden Steuern verpflichtet sind, sowie von physischen Personen, welche in verschiedenen Kreisen bezw. Provinzen solchen Steuern unterliegen, kommen die die Gemeindeeinkommensteuer betreffenden Vorschriften, soweit angängig, sinnentsprechend zur Anwendung.

[88]) Nach GewbstG. § 80 treten — wo in den Gesetzen auf die bisherigen Steuerklassen hingewiesen wird — an Stelle der Klasse A I die Klassen I u. II, an Stelle der Kl. A II die Kl. III u. an Stelle der Kl. B die Kl. IV des neuen G.

[89]) Erledigte Übergangsbestimmung.

II. Gemäß §. 91 Abs. 2 zieht die auf Grund der Einlegung von Rechtsmitteln erfolgte Erhöhung oder Ermäßigung der der Vertheilung von Kreis- und Provinzialsteuern zu Grunde gelegten Staatssteuersätze die entsprechende Abänderung der Veranlagung zu den Kreis- bezw. Provinzialsteuern nach sich.

Die Kreis- und Provinzialverwaltungen sind dementsprechend verpflichtet, im Falle der Ermäßigung die entsprechende Abänderung von Amtswegen herbeizuführen.

III. Die Befugniß der Kreise, das Halten von Hunden zu besteuern, ist durch §. 93 geregelt.

Hiervon wird namentlich dort Gebrauch zu machen sein, wo eine Besteuerung der Hunde aus polizeilichen Rücksichten sich empfiehlt und seitens der Gemeinden des Kreises, oder der überwiegenden Mehrzahl derselben, gleichwohl nicht eingeführt worden ist.

Schluß-, Ausführungs- und Uebergangsbestimmungen.

Artikel 60. **Berechnung der Fristen** (§. 94).

Die in dem Gesetze vorgeschriebenen Fristen sind Ausschlußfristen. Die Handlung, welche innerhalb der Frist nicht vorgenommen ist, kann nach Ablauf der Frist mit rechtlichem Erfolge nicht mehr vorgenommen werden.

Die Fristen beginnen, soweit in dem Gesetze nichts Anderes bestimmt ist, mit der Zustellung des Beschlusses oder der sonstigen Anordnung.

Wegen der besonderen Bestimmungen hierüber wird auf die Vorschriften der §§. 69, 86, 87 Bezug genommen[90]).

Der Tag der Zustellung wird nicht mitgerechnet. Im Uebrigen sind für den Beginn und die Berechnung der Fristen die bürgerlichen Prozeßgesetze (§§. 221, 222 der Civilprozeßordnung in der Fassung von 1898)[91]) maßgebend.

Artikel 61. **Rechnungsjahr** (§. 95).

Das Rechnungsjahr für den Gemeindehaushalt beginnt mit dem 1. April und schließt mit dem 31. März.

Der Beschlußfassung der Gemeinden bleibt überlassen, an Stelle des Rechnungsjahres eine Periode von zwei oder drei Rechnungsjahren einzuführen. Unberührt bleiben die Vorschriften der Gemeindeverfassungsgesetze, wonach Gemeinden die Festsetzung eines Voranschlages unter Umständen erlassen werden kann und auch bei der Einführung einer Rechnungsperiode von zwei oder drei Rechnungsjahren über alle Einnahmen und Ausgaben der Gemeinde alljährlich Rechnung zu legen ist (§§. 119, 120 der Landgemeindeordnung vom 3. Juli 1891).

Artikel 62. **Ausführungsbestimmungen** (§. 96).

Das Kommunalabgabengesetz tritt gleichzeitig mit dem Gesetze wegen Aufhebung direkter Staatssteuern, somit am 1. April 1895, in Kraft.

1. Mit Rücksicht hierauf müssen diejenigen Vorschriften des Gesetzes, welche zwingender Natur sind und keine Abweichungen gestatten, schon bei der Aufstellung des Haushaltsplanes der Gemeinden für das Rechnungsjahr vom 1. April 1895 bis 31. März 1896 oder für die etwa einzuführende zwei- oder dreijährige Rechnungsperiode (§. 93) unbedingt beachtet werden. Soweit das Gesetz die Zulassung von Ausnahmen von der Ertheilung einer Genehmigung abhängig macht, muß die Genehmigung (§. 77) so zeitig nachgesucht werden, daß die Entscheidung der zuständigen Stelle schon vor der Feststellung des Haushaltsplanes erfolgen

---

[90]) Außerdem kommen § 71 Abs. 2, 73 u. 78 Abs. 4 in Betracht.

[91]) Im Text stand § 198—200 der CPO. 30. Jan. 77. — Daneben kommt BGB. § 186—193 in Betracht.

kann. Im Uebrigen ist nach Zweckmäßigkeitsrücksichten zu prüfen, ob und inwieweit auch solche Bestimmungen des Gesetzes, welche nicht zwingender Natur sind, sondern sich als von der freien Entschließung der Gemeinden abhängige Ermächtigungen oder Befugnisse darstellen, schon bei der Aufstellung des Haushaltsplanes für das Rechnungsjahr 1895/96 Berücksichtigung finden sollen.

2. Die Gemeinden sind verpflichtet, die Ordnungen (Observanzen, Statuten, Regulative, Gemeindebeschlüsse) über die Aufbringung von Gebühren, Beiträgen, indirekten und direkten Steuern und Diensten mit den Vorschriften des Gesetzes in Uebereinstimmung zu bringen (§. 96 Abs. 2).

Zu diesem Behufe können die zur Ausführung des Gesetzes erforderlichen Gemeindebeschlüsse bereits vom 1. April 1894 ab im Voraus gefaßt und die dadurch bedingten Anordnungen und Entscheidungen der Verwaltungs- und Verwaltungsgerichtsbehörden nach Maßgabe der Bestimmungen des Gesetzes getroffen werden (§. 96 Abs. 3).

3. Ordnungen der vorbezeichneten Art, welche bis zum 1. April 1895 in Geltung gewesen sind, bleiben indessen, auch wenn sie nicht mit den Vorschriften des Gesetzes in Uebereinstimmung gebracht worden sind, bis zur Abänderung durch rechtsgültigen Gemeindebeschluß oder Anordnung der Aufsichtsbehörde in Kraft (§. 96 Abs. 4). Wenn hiermit einem Zustande der Rechtsunsicherheit vorgebeugt und für die zu schaffenden neuen Einrichtungen ein angemessenes Uebergangsstadium hergestellt ist, so würde es doch der Absicht des Gesetzes widersprechen, Gemeindeordnungen mit dem Gesetze nicht entsprechendem Inhalte ohne triftige Gründe oder über die Zeit des Bedürfnisses hinaus fortbestehen zu lassen. Gegen Gemeinden, welche in Verkennung der ihnen gesetzlich obliegenden Verpflichtung sich in der Herbeiführung der Uebereinstimmung ihrer Ordnungen mit den gesetzlichen Vorschriften säumig erweisen sollten, würde nach dem 1. April 1895 alsbald von den Aufsichtsbehörden mittelst Anordnung der entsprechenden Abänderung oder Ergänzung (§. 78) einzuschreiten sein. Es liegt im eigenen Interesse der Gemeinden, solchen Zwangsmaßnahmen vorzubeugen und von der ihnen ertheilten Ermächtigung, die zur Ausführung des Gesetzes erforderlichen Beschlüsse bereits vom 1. April 1894 ab zu fassen, thunlichst zeitig und in umfassender Weise Gebrauch zu machen. Ueberdies sollen die geltenden Ordnungen nur unbeschadet der Bestimmungen im §. 23 Abs. 4 und §. 37 Abs. 2 in Kraft bleiben. Die bestehenden Mieths- und Wohnungssteuern treten somit am 1. April 1898 außer Kraft, wenn die Forterhebung bis dahin von den zuständigen Ministern nicht genehmigt worden ist. Besondere Gemeinde-Einkommensteuern, welche den Bestimmungen in §. 37 Abs. 1 nicht entsprechen, treten dagegen schon am 1. April 1895 außer Kraft, wenn die Beibehaltung dieser Steuern bis dahin nicht von zuständiger Seite genehmigt worden ist.

4. Soweit am 1. April 1895 in Gemeinden Ordnungen, welche bis zur Abänderung durch rechtsgültigen Gemeindebeschluß oder Anordnung der Aufsichtsbehörde bestehen bleiben, nicht in Geltung sind, müssen überall die entsprechenden Vorschriften des Gesetzes zur Anwendung gebracht werden. Auch in diesem Falle empfiehlt es sich, daß die geeigneten Gemeindebeschlüsse möglichst frühzeitig vor dem Inkrafttreten des Gesetzes gefaßt und die dadurch bedingten Anordnungen und Entscheidungen der Verwaltungs- und Verwaltungsgerichtsbehörden nach Maßgabe der Bestimmungen des Gesetzes getroffen werden.

5. Die dem Kommunalabgabengesetze entgegenstehenden gesetzlichen Bestimmungen treten mit dem 1. April 1895 außer Kraft.

Berlin, den 10. Mai 1894.

Der Minister des Innern. Der Finanzminister.

Anlage.

Verhältniß der Real- und der Einkommensteuerbelastung nach §. 54 des Kommunalabgabengesetzes.

Realsteuerbelastung (in Prozenten der vom Staate veranlagten Realsteuern)	Mindestbetrag	Höchster Betrag	Realsteuerbelastung (in Prozenten der vom Staate veranlagten Realsteuern)	Mindestbetrag	Höchster Betrag
	der Einkommensteuerbelastung (in Prozenten der Staatseinkommensteuer)			der Einkommensteuerbelastung (in Prozenten der Staatseinkommensteuer)	
101	$67^{1}/_{3}$	101	144	96	144
102	68	102	145	$96^{2}/_{3}$	145
103	$68^{2}/_{3}$	103	146	$97^{1}/_{3}$	146
104	$69^{1}/_{3}$	104	147	98	147
105	70	105	148	$98^{2}/_{3}$	148
106	$70^{2}/_{3}$	106	149	$99^{1}/_{3}$	149
107	$71^{1}/_{3}$	107	150	100	150
108	72	108	151	$100^{2}/_{3}$	152
109	$72^{2}/_{3}$	109	152	$101^{1}/_{3}$	154
110	$73^{1}/_{3}$	110	153	102	156
111	74	111	154	$102^{2}/_{3}$	158
112	$74^{2}/_{3}$	112	155	$103^{1}/_{3}$	160
113	$75^{1}/_{3}$	113	156	104	162
114	76	114	157	$104^{2}/_{3}$	164
115	$76^{2}/_{3}$	115	158	$105^{1}/_{3}$	166
116	$77^{1}/_{3}$	116	159	106	168
117	78	117	160	$106^{2}/_{3}$	170
118	$78^{2}/_{3}$	118	161	$107^{1}/_{3}$	172
119	$79^{1}/_{3}$	119	162	108	174
120	80	120	163	$108^{2}/_{3}$	176
121	$80^{2}/_{3}$	121	164	$109^{1}/_{3}$	178
122	$81^{1}/_{3}$	122	165	110	180
123	82	123	166	$110^{2}/_{3}$	182
124	$82^{2}/_{3}$	124	167	$111^{1}/_{3}$	184
125	$83^{1}/_{3}$	125	168	112	186
126	84	126	169	$112^{2}/_{3}$	188
127	$84^{2}/_{3}$	127	170	$113^{1}/_{3}$	190
128	$85^{1}/_{3}$	128	171	114	192
129	86	129	172	$114^{2}/_{3}$	194
130	$86^{2}/_{3}$	130	173	$115^{1}/_{3}$	196
131	$87^{1}/_{3}$	131	174	116	198
132	88	132	175	$116^{2}/_{3}$	200
133	$88^{2}/_{3}$	133	176	$117^{1}/_{3}$	202
134	$89^{1}/_{3}$	134	177	118	204
135	90	135	178	$118^{2}/_{3}$	206
136	$90^{2}/_{3}$	136	179	$119^{1}/_{3}$	208
137	$91^{1}/_{3}$	137	180	120	210
138	92	138	181	$120^{2}/_{3}$	212
139	$92^{2}/_{3}$	139	182	$121^{1}/_{3}$	214
140	$93^{1}/_{3}$	140	183	122	216
141	94	141	184	$122^{2}/_{3}$	218
142	$94^{2}/_{3}$	142	185	$123^{1}/_{3}$	220
143	$95^{1}/_{3}$	143	186	124	222

Realsteuerbelastung (in Prozenten der vom Staate veranlagten Realsteuern)	Mindestbetrag der Einkommensteuerbelastung (in Prozenten der Staatseinkommensteuer)	Höchster Betrag der Einkommensteuerbelastung (in Prozenten der Staatseinkommensteuer)	Realsteuerbelastung (in Prozenten der vom Staate veranlagten Realsteuern)	Mindestbetrag der Einkommensteuerbelastung (in Prozenten der Staatseinkommensteuer)	Höchster Betrag der Einkommensteuerbelastung (in Prozenten der Staatseinkommensteuer)
187	124 2/3	224	194	129 1/3	238
188	125 1/3	226	195	130	240
189	126	228	196	130 2/3	242
190	126 2/3	230	197	131 1/3	244
191	127 1/3	232	198	132	246
192	128	234	199	132 2/3	248
193	128 2/3	236	200	133 1/3	250 [60])

Unteranlagen zur Ausführungsanweisung (Muster zu Steuerordnungen).

Unteranlage A1 (zu Anmerkung 10).

Ordnung für die Erhebung einer Gemeindesteuer bei dem Erwerbe von Grundstücken im Bezirke der Stadt ......[1])

Auf Grund der §§. 13, 18, 69, 70 und 82 des Kommunalabgabengesetzes vom 14. Juli 1893 und des Beschlusses der Stadtverordnetenversammlung vom ...... wird für die Stadt ...... nachstehende Steuerordnung erlassen:

§. **1.** Jeder auf Grund einer freiwilligen Veräußerung[2]) erfolgende Eigenthums=

[1]) Mitgeteilt durch Vf. 5. April 96 (MB. 71). Zuständigkeit für die Genehmigung Nr. 3 Anm. 292. Abweichungen von dem Muster fordern die Zustimmung des Provinzialsteuerdirektors, Meinungsverschiedenheiten mit diesem die des Ministers; letztere ist auch erforderlich, wenn der Steuerbetrag über 1 v. H. gesteigert oder von den staatlichen Steuerbefreiungen abgewichen werden soll Vf. 3. Dez. 00 (MB. 01 S. 5) Nr. 3. Steuerordnungen, die Befreiungen vom StG. (Anm. 14) § 4 u. 5, nicht von dem Tarife, enthalten, bedürfen dieser Genehmigung nicht Vf. 7. Juni 04 (MB. 136). Von dem gleichen Vorbehalt bei Anknüpfung der Fälligkeit an andere Vorgänge als die der Auflassung ist später in Hinblick auf OV. 23. Nov. 00 (XXXVIII 105) abgesehen Vf. 11. Juli 02 (MB. 102). — Ausführliche Darstellung der Rechtsprechung des OVG. im VB. XXIV 755 u. 777, verb. 807.

[2]) Keine Veräußerung begründet:
a) der Vertrag, nach dem ein Grundstück zum Verkauf verfügbar zu halten ist (Offertvertrag) oder durch den das daraus erwachsende Recht auf einen Dritten übertragen wird OV. 27. März 03 (VB. XXV 217);
b) der Anfall des Anteils eines ausscheidenden Gesellschafters, der diesem an körperlichen Sachen einer Handelsgesellschaft zustand, an die übrigen Gesellschafter OV. 10. Feb. 97 (XXXI 43) u. 4. April 02 (XLI 79);
c) der Vermögensübergang bei Vereinigung zweier Aktiengesellschaften (Fusion) OV. 6. Juli 98 (XXXIV 78).

Die Rückgewähr eines Grundstücks infolge der Wandlungsklage bildet dagegen eine freiwillige Veräußerung u. ist als solche umsatzsteuerpflichtig OV. 22. Mai 03 (VB. XXV 318); desgl. die Einbringung von Sachen der Mitglieder in eine Aktien= oder eine Gesellschaft mit beschränkter Haftung 10. Nov. 97 (XXII 74).

erwerb[3]) eines im Stadtbezirk belegenen Grundstücks[4]) unterliegt einer Steuer von . . . . vom Hundert[5]) des Werths des veräußerten Grundstücks[6]). Wird das Eigenthum eines Grundstücks der vorbezeichneten Art im Zwangsversteigerungsverfahren erworben, so ist eine Steuer von . . . . vom Hundert von dem Betrage des Meistgebots, zu welchem der Zuschlag ertheilt wird, unter Hinzurechnung des Werths der von dem Ersteher übernommenen Leistungen zu entrichten.

Für die Steuer sind der Veräußerer und der Erwerber verhaftet[7]). Steht Einem derselben nach den landesgesetzlichen Vorschriften ein Anspruch auf Befreiung von der Abgabe zu (§. 6), so ist von dem anderen Theile die Hälfte der Steuer zu entrichten[8]).

Bei Grundstückserwerbungen im Zwangsversteigerungsverfahren ist die Steuer von demjenigen zu entrichten, welchem der Zuschlag ertheilt ist. Ist dieser eine von der Zahlung des Stempels befreite Person (§. 6), so kommt die Steuer nicht zur Erhebung[9]).

---

[3]) Der Eigentumserwerb, der Einigung der Beteiligten vor dem Grundbuchrichter (Auflassung) u. Eintragung in das Grundbuch erfordert (BGB. § 873 u. 925) muß nachgewiesen werden OV. 3. Dez. 02 (VB. XXIV 549). Die Steuerpflicht entfällt, wenn tatsächlich keine Auflassung erfolgt ist OV. 18. Nov., eine voraussichtliche spätere Enteignung schließt, solange die gesetzliche Pflicht zur Abtretung (OV. 10. Juni 98 XXIV 193) nicht vorhanden ist, die Steuerpflicht nicht aus 5. Dez. 02 (VB. XXIV 713, 714). — Bei einer Gemeinschaft nach Bruchteilen (BGB. § 741 bis 758) kann jeder Teilhaber über seinen Anteil verfügen (§ 747); die Übertragung von Anteilen — gleichviel ob an Mitgesellschafter oder an Dritte — fordert Auflassung OV. 24. April 03 (XXIV 660).

[4]) Auch Gerechtigkeiten, die selbständig (nicht Zubehör eines Grundstücks) sind, können der Umsatzsteuer unterworfen werden; eine irrtümliche Grundbucheintragung macht aber eine Gerechtigkeit noch nicht zu einer selbständigen OV. 8. Juni 00 (XXXVIII 95). — Die Verteilung des Gesamtpreises, für den ein zu verschiedenen Gemeinden gehöriger Grundstücksbestand verkauft wird, hat nach dem gemeinen Werte zu erfolgen. Ist diese nicht ausführbar, so ist ein Zurückgreifen auf den Grund- u. Gebäudesteuerreinertrag nicht ausgeschlossen OV. 4. März 04 (VB. XXV 558).

[5]) An der früheren Beschränkung, wonach der Steuersatz nicht mehr als 1 v. H. (dem staatlichen Grundkaufstempel) betragen durfte u. für bebaute u. unbebaute Grundstücke gleichmäßig sein mußte, soll nicht mehr unbedingt festgehalten werden Vf. 16. Sept. 96 (MB. 188).

[6]) Für Auflassungen auf Grund mehrerer nach einander folgender Verkaufsverträge kann die Zusammenrechnung der Erwerbspreise angeordnet werden OV. 23. Nov. 00 (XXXVIII 105). — Für die Wertberechnung kommt das Grundstück, nicht die unbewegliche Sache (Maschinen usw.) in Betracht OV. 27. Mai 97 (XXII 67). — Eine SteuerO., die keine Angabe darüber enthält, von welchem Betrage der Hundertteilsatz berechnet werden soll, ist rechtsungültig OV. 18. Sept. 03 (VB. XXV 197).

[7]) Gesamtschuldnerisch OV. 2. Dez. 96 (XXX 77), 10. März 97 (XXXI 47), 30. Mai 99 (XXXV 47). Ein Zusatz, daß die Steuer in erster Linie von dem Veräußerer erhoben werden soll, gilt nur als Dienstanweisung für die Gemeindebehörde; der Steuerpflichtige kann sich nicht darauf berufen OV. 3. Okt. 02 (VB. XXIV 98).

[8]) Nur in diesem Falle, nicht schon weil die Gemeinde Vertragschließerin ist, die sich selbst zur Steuer nicht heranziehen kann OV. 25. März 99 (XXXV 33). Ist nach der SteuerO. nur der Erwerber verpflichtet, so hat dieser, auch wenn der Fiskus Verkäufer war, die volle Steuer zu entrichten OV. 6. Mai 96 (XXIX 54).

[9]) Aus Billigkeitsrücksichten empfiehlt sich eine Änderung des letzten Satzes dahin: „Ist dieser ein Hypotheken- oder

§. **2.** Erfolgt der Eigenthumserwerb auf Grund einer Schenkung unter Lebenden — insbesondere auch einer remuneratorischen oder mit einer Auflage belasteten Schenkung — so ist die Abgabe nach dem Betrage, um welchen der Beschenkte durch den Erwerb des Grundstücks reicher wird, zu entrichten. Für die Feststellung dieses Betrages haben die Vorschriften der §§. 14 bis 19 des Gesetzes betreffend die Erbschaftssteuer vom $\frac{30.\ \text{Mai}\ 1873}{19.\ \text{Mai}\ 1891}$ (Gesetz-Samml. für 1891 S. 78) und des Artikel 1 Nummer 2 des Gesetzes betreffend die Erbschaftssteuer, vom 31. Juli 1895 (Gesetz-Samml. für 1895 S. 412) sinngemäße Anwendung zu finden.

§. **3**[10]). Die Steuer wird nicht erhoben, wenn ein Grundstück von einem Veräußerer auf einen Abkömmling auf Grund eines lästigen Vertrages übertragen wird[11]) oder wenn Einer oder Mehrere von den Theilnehmern an einer Erbschaft das Eigenthum eines zu dem gemeinsamen Nachlasse gehörigen Grundstücks erwerben[12]).

Zu den Theilnehmern an einer Erbschaft wird auch der überlebende Ehegatte gerechnet, welcher mit den Erben des verstorbenen Ehegatten gütergemeinschaftliches Vermögen zu theilen hat[13]).

§. **4.** Bei Eigenthumserwerbungen, die zum Zwecke der Theilung der von Miteigenthümern gemeinschaftlich besessenen Grundstücke außer dem Falle der Erbgemeinschaft (vergl. §. 3) erfolgen, kommt die Steuer nur insoweit zur Erhebung, als der Werth des dem bisherigen Miteigenthümer zum alleinigen Eigenthum übertragenen Grundstücks mehr beträgt, als der Werth des bisherigen ideellen Antheils dieses Miteigenthümers an der ganzen zur Theilung gelangten gemeinschaftlichen Vermögensmasse.

§. **5.** Erfolgt der Grundstückserwerb auf Grund von Tauschverträgen, so berechnet sich die Steuer nach dem Werthe der von Einem der Vertragschließenden in Tausch gegebenen Grundstücke und zwar nach denjenigen, welche den höheren Werth haben, bei dem Tausche im Stadtbezirk belegener Grundstücke gegen außerhalb desselben belegene nach dem Werthe der ersteren.

§. **6.** Wegen der sachlichen und persönlichen Steuerbefreiungen und Steuerermäßigungen, insoweit sie nicht bereits durch die vorangegangenen Bestimmungen geregelt worden sind, finden die Bestimmungen der Landesgesetze über den Urkundenstempel bezw. Schenkungsstempel entsprechende Anwendung[14]).

Grundschuldgläubiger des betreffenden Grundstücks oder usw." Vf. 1. April 98 (MB. 62).

[10]) Die Ausnahmen (§ 3) müssen in die Steuerordnungen aufgenommen werden.

[11]) Nicht auch umgekehrt, wenn die Übertragung in Zusammenhang mit einem steuerfreien Übertragungsvertrage auf Abkömmlinge erfolgt OV. 13. Dez. 01 (XL 46).

[12]) Bedeutung OV. 13. März 01 (VB. XXIII 440).

[13]) Auch bei einer zwecks Erbesauseinandersetzung stattgehabten Zwangsversteigerung OV. 17. Juni 98 (XXXV 144).

[14]) Befreiungen StempelstG. 31. Juli 95 (GS. 413) § 4 u. 5 nebst Tarif Nr. 8 Abs. 3 u. 5 schließen die Doppelzahlung aus und enthalten keinen Befreiungsgrund; zu den Landesgesetzen gehören nicht Norddeutsche Bundes- u. Reichsgesetze OV. 5. Juli 01 (XL 83). Eine Steuerbefreiung i. S. des § 6 liegt nur vor, wenn das Geschäft unter eine Tarifnummer fällt u. für befreit erklärt wird, nicht schon wenn es im Tarif überhaupt nicht vorkommt OV. 20. Dez. 01 (VB. XXIII 311). — Die Befreiung gemeinnütziger Baugenossenschaften (StempelG. § 5g) kann auch Platz greifen, wo der Zweck durch Verkauf der Wohnhäuser an Unbemittelte erstrebt wird OV. 21. Juni 01 (XXXIX 96). — Nach Dekl. 27. Juni 11, die durch StempelG. 7. März 22

§. **7.** Die Werthermittelung ist in denjenigen Fällen, in welchen die Steuer von dem Werthe des Grundstücks zu berechnen ist, auf den gemeinen Werth des Gegenstandes zur Zeit des Eigenthumswechsels zu richten[15]).

In keinem Falle darf ein geringerer Werth versteuert werden, als der zwischen dem Veräußerer und Erwerber bedungene Preis mit Einschluß der von dem Erwerber übernommenen Lasten und Leistungen und unter Zurechnung der vorbehaltenen Nutzungen[16]). Die auf dem Gegenstande haftenden gemeinen Lasten werden hierbei nicht mitgerechnet; Renten und andere zu gewissen Zeiten wiederkehrende Leistungen werden nach den Vorschriften des Gesetzes betreffend die Erbschaftssteuer vom $\frac{\text{30. Mai 1873}}{\text{19. Mai 1891}}$ §§. 15 bis 19 und vom 31. Juli 1895 Artikel 1 Nr. 2 kapitalisirt.

§. **8.** Die Veranlagung der Steuer geschieht durch den Magistrat (Steuerausschuß)[17]).

§. **9.** Die zur Entrichtung der Steuer Verpflichteten haben innerhalb einer Woche nach dem Erwerbe dem Magistrat hiervon sowie von allen sonstigen für die Festsetzung der Steuer in Betracht kommenden Verhältnissen schriftliche Mittheilung zu machen, auch die die Steuerpflichtigkeit betreffenden Urkunden vorzulegen.

Auf Verlangen des Magistrats (Steuerausschusses) sind die Steuerpflichtigen verbunden, über bestimmte, für die Veranlagung erhebliche Thatsachen innerhalb einer ihnen zu bestimmenden Frist schriftlich oder zu Protokoll Auskunft zu ertheilen.

§. **10.** Der Magistrat (Steuerausschuß) ist bei der Veranlagung der Steuer an die Angaben der Steuerpflichtigen nicht gebunden. Wird die ertheilte Auskunft

---

(GS. 57) u. 31. Juli 95 § 5 Abs. 4 aufrecht erhalten wird, sind alle — auch die nicht anerkannten — milden Stiftungen stempelfrei. Eine milde Stiftung ist vorhanden, wenn der Hauptzweck der Anstalt (oder des Vereins) auf die Unterstützung hilfsbedürftiger Personen durch unentgeltliche Zuwendungen gerichtet ist OV. 2. April; der Reichsfiskus ist — soweit die Abgabenpflicht nur durch Unterwerfung unter die Steuergewalt begründet werden kann — steuerfrei. Für Gebühren u. indirekte Steuern, insbes. die Umsatzsteuer, trifft diese Voraussetzung im allgemeinen nicht zu 8. Juni 01 (XXXIX 88 u. 91). — Nach Tarif Nr. 25 ist die Überlassung unbeweglicher Sachen einer Gesellschaft an einen Gesellschafter mit 1 v. H. stempelpflichtig. Ausgeschlossen ist der Teil, der der Beteiligung des letzteren an der Gesellschaft entspricht. Dies gilt auch für Überlassung bei Auseinandersetzungen infolge Auflösung der Gesellschaft OV. 15. März 04 (VB. XXV 558). — Nach Tarif Nr. 32 Abs. 11 Ziff. 2 sind Übertragsverträge von Verwandten der aufsteigenden Linie auf Abkömmlinge steuerfrei, nicht umgekehrt 13. Dez. 01 (XL 47). — Nach Tarif Nr. 71 ist für Aufhebung eines früher stempelpflichtigen Vertrages der Vertragsstempel zu zahlen. War der Vertrag nicht stempelpflichtig, so ist auch die Aufhebung von der Umsatzsteuer frei 4. März 04 (VB. XXV 558).

[15]) Gemeiner Wert ist der Verkaufswert, nicht der Material- u. Bodenwert OV. 14. März 02 (VB. XXIII 610). Apothekenprivilegien kommen als Bestandteile (BGB. § 96) in Betracht 20. Jan. 03 (XLIII 49). Eine günstige Geschäftslage kommt in Betracht 15. Dez., nicht aber der Verzicht des Verkäufers auf eine Gastwirtschaftskonzession 7. Juli 99 (VB. XXI 230), auch nicht ein Brennereikontingent 2. Okt. 97 (VB. XIX 166).

[16]) Unter solchen Nutzungen sind Eigentumsbeschränkungen (Altenteile, Renten, Nießbrauchsrechte des Verkäufers) zu verstehen; (der gleichzeitige Entscheid wegen der Apothekenberechtigungen ist geändert, vor. Anm.) OV. 10. März 97 (XXXI 47).

[17]) Den Gemeindebehörden ist für diesen Zweck die Einsichtnahme der Grundbücher gestattet Vf. MdJ. 23. März u. JustM. 6. April 99 (MB. 56 u. 78).

beanstandet, so sind dem Steuerpflichtigen vor der Veranlagung die Gründe der Beanstandung mit dem Anheimstellen mitzutheilen, hierüber binnen einer angemessenen Frist eine weitere Erklärung abzugeben (vergl. §. 63 des Kommunalabgabengesetzes).

Findet eine Einigung mit dem Steuerpflichtigen nicht statt, so kann der Magistrat (Steuerausschuß) die zu entrichtende Steuer nöthigenfalls nach dem Gutachten Sachverständiger festsetzen.

§. **11.** Nach bewirkter Prüfung erfolgt die Veranlagung der Steuer durch den Magistrat (Steuerausschuß), worüber dem Steuerpflichtigen ein schriftlicher Bescheid zuzustellen ist.

Die Steuer ist innerhalb ..... Wochen an die Stadtkasse zu entrichten. Nach vergeblicher Aufforderung zur Zahlung erfolgt die Einziehung der Steuer im Verwaltungszwangsverfahren.

§. **12.** Der Einspruch gegen die Veranlagung ist binnen einer Frist von vier Wochen nach Zustellung des Veranlagungsbescheides beim Magistrat schriftlich anzubringen.

Ueber den Einspruch beschließt der Magistrat[18]). Gegen dessen Beschluß steht dem Steuerpflichtigen binnen einer, mit dem ersten Tage nach erfolgter Zustellung beginnenden Frist von zwei Wochen die Klage im Verwaltungsstreitverfahren (an den Bezirksausschuß) offen.

§. **13.** Wer eine ihm nach §. 9 dieser Ordnung obliegende Anzeige oder Auskunft nicht rechtzeitig oder nicht in der vorgeschriebenen Form erstattet, wird, insofern nicht nach den bestehenden Gesetzen eine höhere Strafe verwirkt ist, mit einer Geldstrafe von .... bis dreißig Mark bestraft[19]).

§. **14.** Diese Ordnung tritt am ...... in Kraft[20]).

...... den ......

Der Magistrat.

Unteranlage A 2 (zu Anmerkung 16).

Ordnung, betreffend die Erhebung eines Zuschlags zur Reichs-Brausteuer und einer Biersteuer in der Gemeinde .....[1])

Auf Grund des Beschlusses der Gemeindevertretung hierselbst vom ..... wird hierdurch gemäß §§. 13, 18, 82 des Kommunalabgabengesetzes vom 14. Juli 1893 für die Stadt-(Land-)gemeinde ..... die nachstehende Steuerordnung erlassen:

[18]) Der Bescheid kann nicht zum Nachteil des Steuerpflichtigen geändert werden OV. 13. Juni 02 (VB. XXIV 98).

[19]) KAG. § 82.

[20]) KAG. Anm. 51.

[1]) a) Bedeutung Das Muster ist durch Vf. 7. Dez. 99 (MB. 00 S. 10) an Stelle des mit Anw. 10. Mai 94 vorgeschriebenen eingeführt. Es soll den gegen letzteres erhobenen Beschwerden der Brauer u. Bierhändler abhelfen, indem es die volle Ausfuhrvergütung sicherstellt für den Zuschlag (§ 4), wie für die Einfuhrsteuer (§ 11) die geringere Besteuerung des leichten Bieres zuläßt (§ 5) u. die Überwachung mildert (§ 7); verb. Anm. 7. — b) Inhalt. Die SteuerO. betrifft das einheimische Bier § 1—4, das eingeführte § 5—11 u. enthält gemeinsame Bestimmungen § 12 bis 14. Das einheimische Bier wird regelmäßig durch Zuschlag zur Reichsbrausteuer besteuert (§ 1), doch ist auch eine gem. § 5 abgestufte Biersteuer zulässig; in diesem Falle sind § 1 u. 2 entsprechend zu ändern und § 3 u. 4 fortzulassen.

I. Zuschlag zur Reichs-Brausteuer.

§. 1. Steuersatz. Von dem im Gemeindebezirke gebrauten Biere wird ein Zuschlag von fünfzig vom Hundert[2]) des nach dem Reichsgesetze vom 31. Mai 1872 (RGBl. S. 153) festgestellten Brausatzes erhoben[3]).

§. 2. Zeit der Zahlung. Der Zuschlag ist von den Brauern gleichwie die Reichs-Brausteuer bei der Anmeldung und Versteuerung oder bei der Einzahlung der Fixationsraten an die Gemeindekasse (das Haupt- (Unter-)steueramt)[4]) zu entrichten.

§. 3. Erstattungen. Für die Erstattung des Zuschlages sind die wegen Erstattung der Reichs-Brausteuer in §. 7 des Reichsgesetzes vom 31. Mai 1872 gegebenen Vorschriften maßgebend; sie erfolgt auf Grund einer Bescheinigung der Steuerhebestelle über die bewirkte Erstattung der Reichs-Brausteuer.

§. 4. Ausfuhrvergütung. Für das nach dem Inkrafttreten dieser Steuerordnung aus dem Gemeindesteuerbezirke ausgeführte Bier wird der gezahlte Zuschlag, welcher nach dem Verhältnisse der verwendeten Braustoffe zu der Menge des verkaufsfertig hergestellten Bieres berechnet wird, voll vergütet. Der Anspruch auf die Vergütung wird nur denjenigen Brauereien zugestanden, welche selbstgebrautes Bier ausführen und Bücher führen, aus denen die zur Bierbereitung verwendeten Stoffe und deren Menge, sowie die Menge des aus den verwendeten Stoffen hergestellten verkaufsfertigen Bieres, die ausgeführten Biermengen und die Namen und Wohnorte der Empfänger, für jede in der Brauerei gebraute Biersorte gesondert nachgewiesen, sich ergeben.

Die Bücher müssen auf Erfordern den von dem Gemeindevorstande mit der Aufsicht beauftragten Beamten jederzeit zur Einsicht vorgelegt werden.

Die Ausfuhr muß in geaichten spundvollen Fässern oder in vollen und für jedes Frachtstück gleich großen Flaschen mit darauf befindlicher Bezeichnung des Raumgehaltes erfolgen.

Der Berechnung der Ausfuhrvergütung ist der Raumgehalt der zur Ausfuhr benutzten Gefäße zu Grunde zu legen. Die Zahlung der Vergütung erfolgt monatlich auf Anweisung des Gemeindevorstandes durch die Gemeindekasse.

II. Steuer von eingeführtem Bier.

§. 5. Steuersatz. Von dem in den Gemeindebezirk eingeführten Bier wird eine Steuer erhoben, welche für schweres (Lager-) Bier fünfundsechzig Pfennige[2]), für leichteres . . . . .[5]) Pfennige pro Hektoliter beträgt.

---

[2]) 50% ist der zulässige Höchstsatz Anw. Art. 19 Abs. 3c. — Das einheimische und das eingeführte Bier soll gleichmäßig herangezogen werden. Bf. 7. Dez. 99 (Anm. 1a) Nr. 1 Abs. 2. Wird ein geringerer Hundertteilsatz gewählt, so ist der Satz für das eingeführte schwere Bier (§ 5) verhältnismäßig herabzumindern.

[3]) Anm. 1b. — Bestimmungen über den Zuschlag sind auch in die SteuerO. solcher Gemeinden aufzunehmen, in denen Brauereien zur Zeit des Erlasses nicht bestehen. Bf. 22. Dez. 94 (MB. 95 S. 15).

[4]) Im Fall der Erhebung durch die Staatssteuerbehörde.

[5]) Die leichteren Biere werden auch durch die Zuschläge (§ 1) geringer getroffen, da sie weniger Braustoffe erfordern u. nach diesen die Reichs-Brausteuer bemessen wird. Der niedrigere Steuersatz soll nach dem Gesichtspunkte der gleichmäßigen Besteuerung bemessen werden. Die Begriffsbestimmung der leichteren Biere (z. B. als solcher, die ursprünglich nicht über 9% Balling gewogen haben) bleibt der Gemeinde überlassen Bf. 7. Dez. 99 (Anm. 1a) Nr. 2.

§ 6. Befreiungen[6]). Von der Steuer befreit ist:

a) Bier, welches in Mengen von nicht mehr als zwei Litern eingeführt wird,

b) Bier, welches durch den Gemeindebezirk nur durchgeführt wird.

Durchgeführtes Bier ist auch solches, welches auf der Eisenbahn zugeführt, ohne in die Gemeinde eingebracht zu werden, auf dem Bahnhofe lagert und demnächst in den Urgebinden weiterbefördert wird oder welches, auf der Achse oder auf Schiffen eingegangen, in denselben Gebinden und mit denselben Frachtbriefen u. s. f. weitergeht.

c) Sogenanntes Retourbier einer im Gemeindebezirke belegenen Brauerei, welches an diese in den Urgebinden zurückgelangt, sofern die dafür seiner Zeit gezahlte Ausfuhrvergütung erstattet wird.

§. 7. Art, Ort, Zeit und Ueberwachung der Einfuhr. Jede Einfuhr von Bier muß in geaichten Fässern mit darauf befindlicher Bezeichnung des Raumgehaltes oder in Flaschen, welche für jedes Frachtstück gleichartig sind, erfolgen.

Die Einfuhr darf nur auf einer Einfuhrstraße und nur während der Tageszeit geschehen. Einfuhrstraßen sind:

a) die hier einmündenden Eisenbahnen;

b) die als Einfuhrstraßen vom Gemeindevorstande ausdrücklich bezeichneten Land- und Wasserstraßen mit den für letztere bestimmten Landungsplätzen.

Als Tageszeit wird angesehen:

a) in den Monaten Mai bis September die Zeit von 6 Uhr morgens bis 7 Uhr abends;

b) in den Monaten Oktober bis April die Zeit von 7 Uhr morgens bis 7 Uhr abends.

Die Einfuhr außerhalb dieser Zeit ist zulässig:

a) wenn sie mittelst der dem öffentlichen Verkehr dienenden Eisenbahnen, der regelmäßigen Schiffsverbindungen oder der Fahrposten erfolgt;

b) wenn in besonderen Fällen die Erlaubniß vom Gemeindevorstande vorher ertheilt worden ist unter den dabei festgestellten Bedingungen.

Jeder Frachtführer ist verpflichtet, den Aufsichtsbeamten auf Erfordern die zu den eingehenden Biersendungen gehörigen Begleitpapiere, Frachtbriefe u. s. f. vorzuzeigen.

§. 8. Zahlung der Steuer. Von auswärts eingeführtes Bier muß von dem Empfänger spätestens am Tage nach dem Empfange während der üblichen Dienststunden auf der Gemeindekasse angemeldet und versteuert werden.

Steuern, welche hiernach an Sonn- und Festtagen entrichtet werden müßten, sind am Vormittage des nächsten Werktages zu zahlen.

Wer Bier empfängt, welches von auswärts eingeführt ist, hat der Kasse eine mit seiner Unterschrift versehene Anzeige in doppelter Ausfertigung vorzulegen, aus welcher der Name und Wohnort des Absenders, die Art des empfangenen Bieres und der Raumgehalt der Gebinde oder Flaschen, der Lagerort, Tag und Stunde des Empfanges und der Betrag der Biersteuer ersichtlich sein müssen. Eine Ausfertigung wird dem Steuerpflichtigen mit Empfangsbescheinigung zurückgegeben; dieselbe ist in einem Sammelhefte aufzubewahren und den Aufsichtsbeamten auf Erfordern vorzuzeigen.

Der Berechnung der Biersteuer ist der Raumgehalt der zur Einfuhr benutzten Gefäße zu Grunde zu legen.

---

[6]) Die Besteuerung eingeführten Bieres wird nicht dadurch ausgeschlossen, daß dieses bereits von der Gemeinde des Erzeugungsortes ohne Rückvergütung versteuert war OV. 3. Juli 97 (XXXII 84).

§. 9. Lagerbuch. Wer sich mit dem Verkauf von Bier zum Weiterverkauf oder Ausschank befaßt, hat über das nach dem Inkrafttreten dieser Steuerordnung unmittelbar von auswärts bezogene Bier, welches von dem etwa vorhandenen einheimischen getrennt zu lagern ist, ein Lagerbuch zu führen. In dieses sind in Bezug auf das eingeführte Bier der Absender, die Zahl und der Raumgehalt der Fässer oder Flaschen, die Art des Bieres, der Lagerort, Tag und Stunde des Empfanges und der Betrag der Biersteuer; in Bezug auf das abgegebene oder ausgeführte Bier der Empfänger, Zahl und Raumgehalt der Fässer oder Flaschen, die Art des Bieres, insbesondere eine erfolgte Ab- oder Umfüllung, Tag und Stunde der Abgabe oder Ausfuhr und der Betrag der zurückerhaltenen Biersteuer spätestens am Tage nach dem Empfange, der Versendung oder Abgabe zum Ausschank einzutragen. Das Lagerbuch ist nebst dem Sammelhefte der Anzeigen (§. 8) jederzeit zur Einsicht der Aufsichtsbeamten bereit zu halten.

§. 10. Durchsuchungen. Den Aufsichtsbeamten ist von denjenigen, welche Bier von auswärts bezogen haben, behufs Vornahme von Durchsuchungen der Zutritt zu den Räumen, in denen das Bier gelagert wird, zu gestatten.

§. 11. Ausfuhrvergütungen. Den in §. 9 bezeichneten Händlern wird für das von ihnen nach Inkrafttreten dieser Steuerordnung in den Gemeindebezirk eingeführte und versteuerte Bier, sofern sie dasselbe aus dem Gemeindebezirke ohne voraufgegangene Beimischung mit anderen Bieren oder mit Wasser oder sonstigen Stoffen wieder ausführen, die nachweislich gezahlte Steuer voll vergütet. Der Anspruch auf die Vergütung wird den Gewerbetreibenden nur dann zugestanden, wenn sie Lagerbücher nach §. 9 ordnungsmäßig führen und zur Einsicht der Aufsichtsbeamten jederzeit bereit halten. Auf die Berechnung und Zahlung findet §. 4 Abs. 4 Anwendung[7]).

III. Zulässige Vereinbarungen.

§. 12. Der Gemeindevorstand ist befugt, mit einzelnen Steuerpflichtigen zum Zwecke der Erleichterung des Verkehrs, ferner betreffs der Zahlung und Vergütung der Steuer besondere Vereinbarungen zu treffen. Die Vereinbarungen dürfen nicht zu Ungleichheiten in der Besteuerung führen. Sie bedürfen der Genehmigung[8]).

IV. Strafen.

§. 13. Zuwiderhandlungen gegen die Vorschriften dieser Ordnung werden mit einer Strafe von 3 bis zu 30 Mark belegt[9]). Außerdem ist im Falle der Steuerhinterziehung die hinterzogene Steuer nachzuzahlen.

V. Inkrafttreten der Steuerordnung.

§. 14. Die Steuerordnung tritt am . . . . . in Kraft[10]).

. . . . . . den . . .ten . . . . .

Der Magistrat (Bürgermeister rc.).

[7]) Zur Erleichterung des Handels mit fremdem Biere kann der Gemeindevorstand die Errichtung besonderer Freilager von unversteuertem Bier gestatten. In solchen Fällen wird der Gemeindevorstand die näheren Vorschriften zu erlassen haben.

[8]) KAG. § 13 Abs. 2. Vereinbarungen mit auswärtigen Brauereien sind unzulässig Vf. 7. Dez. 99 (Anm. 1 a) Nr. 4.

[9]) KAG. § 82.

[10]) KAG. Anm. 51.

Unteranlage A 3 (zu Anmerkung 22).

Ordnung, betreffend die Erhebung von Lustbarkeitssteuern im Bezirke der Stadt ......[1])

Auf Grund des Beschlusses der Stadtverordneten-Versammlung hierselbst vom ...... wird hierdurch in Gemäßheit der §§. 15[2]), 18, 82, des Kommunalabgabengesetzes vom 14. Juli 1893 nachstehende Ordnung, betreffend die Erhebung von Lustbarkeitssteuern im Bezirke der Stadt ....., erlassen.

§. 1. Für die im Bezirke der Stadt ..... stattfindenden öffentlichen Lustbarkeiten[3]) sind an die hiesige Stadtkasse nachstehende Steuern[4]) zu entrichten, und zwar:

1. Für die Veranstaltung einer Tanzbelustigung[4a]):
   a) wenn dieselbe längstens bis 12 Uhr Nachts dauert . . . M.
   b) wenn dieselbe über 12 Uhr Nachts hinaus dauert . . . . M.
   c) wenn dieselbe von Masken besucht wird[5]) . . . . M.
2. Für die Veranstaltung einer Kunstreitervorstellung:
   a) wenn bei derselben ein Eintrittsgeld von höchstens ... M. erhoben wird . . . . M.
   b) wenn bei derselben ein Eintrittsgeld von mehr als ... M. erhoben wird . . . . M.
3. Für die Veranstaltung eines Konzerts[6]) oder einer Theatervorstellung . . . . M.
4. Für Gesangs- oder deklamatorische Vorträge (sog. Tingel-Tangel)[7]) für den Tag . . . . M.

---

[1]) Das mit der Anw. veröffentlichte Muster ist für Stadtgemeinden im Bereiche der StO. 30. Mai 53 entworfen u. bei Anwendung auf andere Gemeinden sinngemäß abzuändern.

[2]) Im Texte war irrtümlich § 13 angeführt.

[3]) Anw. (Anl. A) Art. 11 Abs. 1—3.

[4]) Die Steuer soll nicht durch unverhältnismäßige Höhen die Lustbarkeiten verhindern u. nicht die einheimischen vor den fremden Gewerbetreibenden bevorzugen, dagegen nach dem wirtschaftlichen Ertrage gehörig abgestuft werden Vf. 17. Aug. 97 (MBl. 189). — Befreiungen sind für bestimmte Tage (patriotische Feiern) — nicht für einzelne Vereine (Kriegervereine) — zulässig Vf. 22. Dez. 94 (MB. 95 S. 15), auch wo die Feiern auf andere als die Gedenktage verlegt werden müssen Vf. 15. April 01 (MB. 130).

[4a]) Eine Veranstaltung ist ohne vorangehende vertragsmäßige Vereinbarung schon in dem Hergeben eines geschlossenen Raumes unter Duldung des Tanzes gegeben OV. 13. Okt. 03 (VB. XXV 527).

[5]) KAG. Anm. 43.

[6]) Konzert ist eine Reihenfolge musikalischer Vorträge, die vor einer oder mehreren Personen dargeboten werden OV. 12. Dez. 02 (VB. XXIV 322); verb. Anm. 8. Die Veranstaltung von Musikaufführungen durch mehrere Kapellen, die in einem Lokale vor demselben Publikum abwechselnd spielen, bildet nur ein Konzert OV. 22. März, falls nicht neben der allgemeinen Aufführung in einer besonderen Abteilung des Lokals gegen besonderes Eintrittsgeld musiziert wird 15. April 98 (XXXIV 204 u. 213). — Kirchenkonzerte Anl. A. Anm. 26. — Die Besteuerung aller Aufzüge mit Musikbegleitung ist zu weitgehend Vf. 24. Jan. 95 (MB. 34) Nr. 1 u. auch der Gewerbebetrieb umherziehender Musiker nur steuerpflichtig, wenn er in geschlossenen Räumen gegen Entgelt stattfindet Vf. 23. Dez. 80 (MB. 81 S. 24).

[7]) Begriff OV. 16. Nov. 95 (XXIX 48).

5. Für Vorträge auf einem Klavier[8]), einem mechanischen oder anderen Musikinstrumente[9]) in Gastwirthschaften, Schankstuben, öffentlichen Vergnügungslokalen[10]), Buden oder Zelten:
   a) bis Mitternacht für den Tag . . . . M.
   b) über Mitternacht hinaus für den Tag . . . . M.
6. Für Vorstellungen von Gymnastikern, Equilibristen, Ballet- und Seiltänzern, Taschenspielern, Zauberkünstlern, Bauchrednern und dergl.:
   a) wenn bei denselben ein Eintrittsgeld von höchstens[11]) . . . M. erhoben wird, für den Tag . . . . M.
   b) wenn bei denselben ein Eintrittsgeld von mehr als . . . M. erhoben wird, für den Tag . . . . M.
7. Für das Halten eines Karussels:
   a) eines nur durch Menschenhand gedrehten für den Tag . . M.
   b) eines anderweitig, als zu a angegebenen, gedrehten für den Tag . . . . M.
8. Für das Halten einer Würfelbude für den Tag . . . . . . M.
9. Für das Halten einer Schießbude für den Tag . . . . . . M.
10. Für öffentliche Belustigungen der vorher nicht gedachten Art[12]), insbesondere für das Halten eines Marionetten-Theaters, für das Vorzeigen eines Panoramas, Wachsfigurenkabinets, Museums, je nach dem zu erwartenden Gewinn des Unternehmers für den Tag . . . M. bis . . . M.

§. **2.** In den im §. 1 Ziffer 1 und 5 gedachten Fällen schließt die höhere Steuer die niedere in sich.

In den im §. 1 Ziffer 10 gedachten Fällen erfolgt die Feststellung der Steuer von Fall zu Fall durch den Magistrat.

§. **3.** Die Steuer ist vor Beginn der Lustbarkeit zu zahlen. Für die Zahlung haftet derjenige, der die Lustbarkeit veranstaltet[13]), und — falls ein geschlossener Raum für die Veranstaltung der Lustbarkeit hergegeben wird — der Besitzer desselben, dieser mit dem Veranstalter auf das Ganze.

---

[8]) Nicht für Begleitung des Gesanges durch Musik (Klavier) OV. 22. April 99 (VB. XXI 6) u. für daneben vorgetragene Musikstücke nur, wenn sie selbständige Veranstaltungen bilden 21. Jan. 02 (VB. XXIV 164).

[9]) Eine SteuerO. welche die Aufstellung eines größeren mechanischen Musikinstruments besteuert, entbehrt des erforderlichen bestimmten Merkmals OV. 31. Okt. 02 (VB. XXIV 210). Wird das Halten eines Musikautomaten besteuert, so kann der Wirt gem. KAG. § 15 nur bei tatsächlicher Benutzung herangezogen werden OV. 9. Jan., Vf. 20. Feb. 03 (XLIII 53 u. MB. 41).

[10]) Begriff OV. 23. Juni 97 (VB. XIX 6).

[11]) Gleichbedeutend mit „Wenn nicht mehr als" u. auch auf den Fall anwendbar, daß — wo ein Vereinsvorstand die Vorstellung veranlaßt — kein Eintrittsgeld erhoben wird OV. 7. Okt. 96 (XXX 113).

[12]) Dazu zählt ein Skatkongreß, bei dem die öffentlich eingeladenen u. unbeschränkt zugelassenen Parteien in Wettbewerb um ausgesetzte Geldpreise treten, OV. 1. Dez. 99 (XXXVI 89), desgl. ein sogen. Frühschoppenkonzert, da dieses sich seiner Art nach von den üblichen Konzerten unterscheidet 1. Mai 03 (VB. XXIV 660). — Preis- und Wettschießen (Königsschießen) können als Lustbarkeiten besteuert werden, nicht aber bloße Schießübungen OV. 4. März, auch nicht die Abholung einer Kriegervereinsfahne mit Musik OV. 3. März 99 (VB. XX 99 u. 542).

[13]) Bei mechanischen Musikinstrumenten haftet derjenige, der sie aufstellt u. unterhält OV. 23. Juni 97 (Anm. 10).

§. 4. Den öffentlichen Lustbarkeiten[8]) im Sinne dieser Ordnung werden diejenigen gleichgestellt, welche von geschlossenen Vereinen oder Gesellschaften[14]) oder von solchen Vereinen (Gesellschaften) veranstaltet werden, die zu diesem Behufe gebildet sind.

Als öffentliche Lustbarkeiten im Sinne dieser Ordnung gelten diejenigen nicht, bei welchen ein höheres wissenschaftliches oder Kunst-Interesse obwaltet[15]).

Bei öffentlichen Lustbarkeiten, deren Reinertrag zu einem wohlthätigen Zweck bestimmt ist, kann die Zahlung der Steuer von dem Magistrat erlassen werden[16]).

§. 5. Zuwiderhandlungen gegen die Bestimmungen dieser Ordnung unterliegen einer Strafe von . . . bis . . . M.

§. 6. Unberührt bleiben die im Bezirke der Stadt . . . . . erlassenen, die Veranstaltung von öffentlichen Lustbarkeiten betreffenden polizeilichen Vorschriften.

§. 7. Vorstehende Ordnung tritt am . . . ten . . . . . in Kraft[17]).

. . . . . . , den . . . ten . . . . .

Der Magistrat.

Unteranlage A 4 (zu Anmerkung 27).

Ordnung, betreffend die Erhebung einer Hundesteuer im Bezirke der Stadt . . . . . .[1])

Auf Grund des Beschlusses der hiesigen Stadtverordneten-Versammlung vom . . . . . . wird hierdurch in Gemäßheit der §§. 16, 18, 82 des Kommunalabgabengesetzes vom 14. Juli 1893 nachstehende Ordnung, betreffend die Erhebung einer Hundesteuer im Bezirke der Stadt . . . . . . erlassen:

§. 1. Wer einen nicht mehr an der Mutter saugenden Hund hält[2]), hat für denselben jährlich eine Steuer von . . . M. in halbjährlichen Raten und zwar in den ersten 14 Tagen eines jeden halben Jahres an die hiesige Stadtkasse zu entrichten. Das erste halbe Jahr erstreckt sich auf die Zeit vom 1. April bis Ende September.

Es ist gestattet, die Steuer für das ganze Jahr in ungetrennter Summe im Voraus zu entrichten.

Ueber die Steuerzahlung ist Quittung zu ertheilen.

§. 2. Für einen Hund, welcher im Laufe eines halben Jahres (§. 1) steuerpflichtig wird, sowie für einen steuerpflichtigen Hund, welcher im Laufe eines halben Jahres angeschafft worden ist, muß die volle Steuer für das laufende halbe Jahr binnen 14 Tagen, vom Beginn der Steuerpflicht an gerechnet, entrichtet werden.

---

[14]) Offizierkorps gehören nicht zu solchen OV. 1. Nov. 01 (VB. XXIII 565).

[15]) Anw. (Anl. A) Art. 11 Abs. 4.

[16]) Der Magistrat soll diese Befugnis nicht ohne dringende Gründe auf andere Fälle ausdehnen Vf. 24. Jan. 95 (MB. 34). — Wird — was zulässig ist — bestimmt, daß der Unternehmer keinen eigenen Gewinn beabsichtigen darf, so ist die Steuerpflicht auch begründet, wenn der Gewinn hinter andere Zwecke zurücktritt OV. 13. Mai 96 (XXIX 50).

[17]) KAG. Anm. 51.

[1]) Wie Unteranl. A 3 Anm. 1. — Aufsätze von Freytag VB. XIX 505 u. XXI 581.

[2]) Wo die Steuer von der Zahl der gehaltenen Hunde abhängt, gelten Hunde, die von im Haushalte befindlichen Familienmitgliedern gehalten werden, als vom Haushaltsvorstande gehalten OV. 6. Mai 02 (XLI 96).

Wer einen bereits versteuerten Hund erwirbt oder mit einem solchen neu anzieht, oder einen Hund an Stelle eines eingegangenen versteuerten Hundes erwirbt, darf für das laufende halbe Jahr die gezahlte Steuer auf die zu zahlende in Anrechnung bringen[3]).

§. **3.** Steuerrückstände werden im Wege des Verwaltungs-Zwangsverfahrens beigetrieben.

§. **4.** Wer einen steuerpflichtigen oder steuerfreien Hund anschafft, oder mit einem Hunde neu anzieht, hat denselben binnen 14 Tagen nach der Anschaffung bezw. nach dem Anzuge bei dem Magistrate anzumelden. Neugeborene Hunde gelten als angeschafft nach Ablauf von 14 Tagen, nachdem dieselben aufgehört haben, an der Mutter zu saugen.

Jeder Hund, welcher abgeschafft worden, abhanden gekommen, oder eingegangen ist, muß spätestens innerhalb der ersten 14 Tage nach dem Ablaufe des halben Jahres (§. 1), innerhalb dessen der Abgang erfolgt ist, abgemeldet werden, widrigenfalls die Steuer, welche für denselben zu entrichten gewesen ist, bis einschließlich desjenigen halben Jahres, in welchem die Abmeldung geschehen, fortgezahlt werden muß.

§. **5**[4]). Von der Steuer sind die Besitzer solcher Hunde frei, die zur Bewachung[5]) oder zum Gewerbe[6]) unentbehrlich[7]) sind.

---

[3]) Zu Ermäßigungen für Hunde neu anziehender Personen sind die Gemeinden gesetzlich nicht verpflichtet OV. 7. Okt. 02 (VB. XXIV 210).

[4]) Befreiungen. Militärpersonen sind nicht mehr befreit, da sie zu den indirekten Gemeindeabgaben — denen die Hundesteuer im KAG. zugezählt wird — beizutragen haben (V. 23. Sept. 67 Anl. D § 11). Verb. Anw. (Anl. A) Art. 9[3]. — Wird § 5 des Musters unverändert angewendet, so sind nur die Abs. 2 a u. b bezeichneten Hunde u. nur unter einer der in Abs. 1 angeführten Voraussetzungen frei OV. 23. Sept. 98 (VB. XX 320). Weitergehende Befreiungsgründe (persönlicher Schutz blinder oder tauber Personen) müssen besonders in der SteuerO. vorgesehen sein 11. April 96 (VB. XIX 508). Wird der Gemeindevorstand berechtigt, gewerbsmäßigen Züchtern (Anm. 6) eine Ermäßigung zu bewilligen, so erlangen diese dadurch keinen Rechtsspruch 24. April 00 (VB. XXI 470). — Beschränkt die SteuerO. sich auf Abs. 1 des § 5, so entscheiden über die Frage, welche Hunde darunter fallen, die Verwaltungsbehörden u. Verwaltungsgerichte Vf. 12. Sept. 96 (MB. 188). Durch einen Zusatz, daß die Steuerfreiheit nicht an die Tatsache der Unentbehrlichkeit, sondern an deren Anerkennung durch die Gemeindebehörde geknüpft sei, wird die Nachprüfung der Verwaltungsgerichte nicht ausgeschlossen OV. (VIII. Sen. im Gegensatz zur seither. Rechtsprechung des II. Senats) 8. Dez. 03 (MB. 04 S. 84). — Die Ablehnung eines Befreiungsantrages vor der Heranziehung bildet keinen Einspruchsbescheid i. S. des KAG. § 76 OV. 6. Juni 02 (XLI 71).

[5]) Bewachung gegen Diebe, nicht gegen Ratten OV. 1. Okt. 98 (VB. XXI 586), auch nicht Hunde, die das Übertreten des Viehes auf Nachbargrundstücke hindern sollen 6. Jan. 03 (VB. XXIV 466). Unentbehrlichkeit zur Bewachung liegt nur vor, wenn der Besitzer das geleistet hat, was von jedem ordentlichen Hausvater nach den örtlichen Verhältnissen ohne außergewöhnlich kostspielige Einrichtungen gefordert werden kann OV. 30. Okt. 97 (VB. XIX 508). Fordert die SteuerO. dauerndes Halten des Hundes an Kette, so schließt dieses dessen zeitweiliges Loslösen nicht aus OV. 21. Sept. 98 (VB. XXI 585).

[6]) Zum Gewerbe gehört nicht der Betrieb der Landwirtschaft OV. 6. Okt. 97 (VB. XIX 507), des Forstdienstes 20. Jan. 91 (XX 148), der Hundeabrichtung (Dressur) 17. Jan. 96 (VB. XVII 481) u. der gewerbsmäßigen Züchterei 5. März 81 (VII 170) u. 23. Sept. 98 (VB. XX 320). Erfordernis ist, daß die Dienstleistungen der Hunde unentbehrlich sind OV. 15. Mai 03 (XXIV 806).

[7]) Eine SteuerO., die zwischen unentbehrlichen und erforderlichen Hunden

[8]) Mit dieser Maßgabe tritt die Steuerfreiheit ein:

a) für Hunde, welche auf einzeln belegenen Gehöften[9]) zur Bewachung gehalten werden;

b) für Hirten-[10]) und Fleischerhunde, sowie für solche Hunde, die entweder als Ziehhunde oder zur Bewachung von Waarenvorräthen[11]) benutzt werden.

§. 6. Wer sich durch Verheimlichung eines Hundes der Steuer zu entziehen sucht, unterliegt einer Strafe bis zur Höhe von dreißig Mark[12]).

§. 7. Die in Beziehung auf das Halten von Hunden bestehenden Polizei-Vorschriften werden durch vorstehende Bestimmungen nicht berührt.

§. 8. Gegenwärtige Ordnung tritt mit dem dritten Monate in Kraft, welcher auf denjenigen Monat folgt, in welchem dieselbe bekannt gemacht ist.

......, den ...ten .....

Der Magistrat.

Unteranlage A 5 (zu Anmerkung 35).

a. Grundsteuerordnung (I) der Gemeinde ......[1])

Auf Grund des Beschlusses der Stadtverordneten-Versammlung vom ...... wird gemäß den §§. 23, 25, 27 des Kommunalabgabengesetzes vom 14. Juli 1893 (GS. S. 152), vorbehaltlich der vorgeschriebenen Genehmigung, für die Gemeinde ...... folgende Grundsteuerordnung erlassen.

§. 1. Vom 1. April ...... ab wird von allen im Gemeindebezirke belegenen bebauten und unbebauten Grundstücken, soweit ihnen nicht gemäß §. 24 des Kommunalabgabengesetzes Befreiung von den Gemeindesteuern von Grundbesitz zusteht, eine Gemeindegrundsteuer nach den Bestimmungen dieser Steuerordnung erhoben.

(behufs ermäßigter Heranziehung der letzteren) unterscheidet, besteht nicht zu Recht OV. 6. Juni 02 (XLI 71). Verb. OV. 30. Okt. u. 1. Dez. 97 (Anm. 5 u. 4).

[8]) Die Beseitigung oder Einschränkung der Steuerfreiheit aus den Gründen des Abs. 2 ist nur wegen besonderer örtlicher Verhältnisse, nicht aus allgemeinen Gründen zuzugestehen Vf. 12. Sept. 96 (Anm. 4) u. 14. Juli 97 (MB. 216).

[9]) Der Begriff Gehöft fordert nicht eine Mehrheit von Gebäuden OV. 25. Feb. 99 (VB. XXI 585). Einzeln belegene Gehöfte sind nicht gleichbedeutend mit Gehöften außerhalb der Dorflage, Abbaugehöften usw. OV. 9. Nov. 98 (VB. XX 201). Wird ortsrechtlich eine bestimmte Entfernung vom Weichbilde erfordert, so bemißt sich diese nicht von Haustür zu Haustür, sondern von Wand zu Wand OV. 5. Jan. 00 (XXXVI 85). Außerhalb des Gemeindebezirks liegende Gehöfte kommen nicht in Betracht OV. 10. April 95 (VB. XVI 510).

[10]) Hirtenhunde sind die von berufsmäßigen Hirten, nicht die vom Landwirt oder dessen Angehörigen oder Dienstboten zum Viehhüten benutzten Hunde OV. 15. Dez. 97 (VB. XIX 411).

[11]) Warenvorräte sind die nach Be- oder Verarbeitung zur Weiterveräußerung bestimmten Gegenstände (Handelsgut, nicht Wirtschaftsbedarf) OV. 19. Jan. 98 (VB. XIX 412). — Die Warenvorräte können auch in umschlossenen Räumen gehalten werden OV. 20. Jan. 03 (VB. XXIV 466).

[12]) KVG. § 82.

[1]) Das Muster (a) ist mit der Ausf.-Anw. veröffentlicht u. beruht auf der Grundlage des Nutzungswertes (Nr. 3 Anm. 89). Ein zweites Muster (b) legt den gemeinen Wert zu grunde (Anm. 10). Die mit Stern oder Kreuz bezeichneten Anmerkungen gehören zu dem Muster, die mit Ziffern versehenen sind die des Verfassers.

§. **2.** Der Besteuerung wird der jährliche Nutzungswerth der steuerpflichtigen Grundstücke zu Grunde gelegt.

Der jährliche Nutzungswerth jeder einzelnen Besitzung, einschließlich ihrer Hofräume, Hausgärten und sonstigen unbeweglichen Zubehörstücke[2]), ist nach dem Ertrage (§§. 3 bis 6)[3]) festzustellen, welcher für den gemeingewöhnlichen Gebrauch oder die gemeingewöhnliche Nutzung im [Durchschnitte der drei] letzten der Veranlagung unmittelbar vorangegangenen Rechnungsjahre*) aufgekommen oder durch Schätzung ermittelt ist[4]).

Bei Gebäuden, welche zur Zeit der Veranlagung noch nicht so lange bewohnbar oder benutzbar sind, wird der Zeitraum ihrer Bewohnbarkeit oder Benutzbarkeit der Berechnung zu Grunde gelegt.

§. **3.** Für diejenigen Zeitabschnitte, in denen ein Grundstück oder Grundstückstheil innerhalb der maßgebenden Periode (§. 2) verpachtet oder vermiethet war, gilt als Ertrag desselben der vereinbarte Pacht- oder Miethszins, unter Hinzurechnung des Geldwerthes aller dem Pächter (Miether) zum Vortheile des Verpächters (Vermiethers) obliegenden Natural- und sonstigen Nebenleistungen sowie der dem Verpächter (Vermiether) vorbehaltenen Nutzungen**).

Außer Betracht bleiben Vergütungen für Benutzung von Wasserleitungen, Beleuchtungseinrichtungen und sonstigen Nebenleistungen, die nicht für die Ueberlassung des Gebrauchs oder der Nutzung des Grundstücks bedungen sind[5]). Sind derartige Vergütungen in dem in einer Summe bedungenen Zinse mit

---

*) Wird im Interesse der Vereinfachung der Verwaltung eine mehrjährige Veranlagungsperiode (vgl. §. 10) eingeführt, so wird auch für die Berechnung des Nutzungswerthes der Durchschnitt eines entsprechenden mehrjährigen, z. B. dreijährigen Zeitraums maßgebend sein müssen, weil der vielleicht durch zufällige Umstände beeinflußte Ertrag eines Jahres (vgl. §. 6) als geeignete Grundlage für eine auf mehrere Jahre berechnete Veranlagung nicht gelten kann. Dieses Bedenken fällt in der Hauptsache fort, wo bei Berechnung des Nutzungswerthes auch die jeweilig unbenutzten Grundstückstheile mit in Anschlag gebracht werden. (Vgl. Anmerkung zu §. 6.)

**) Abzüge für etwaige Miethsausfälle, für Reparaturkosten der Gebäude u. dgl. sind nicht vorgesehen, in der Erwägung, daß die hierdurch bedingte Erschwerung der Veranlagung in keinem Verhältnisse steht zu der im Allgemeinen geringen Verschiebung, welche ein derartiges Verfahren in der Vertheilung der Steuerlast zur Folge haben würde.

Wo gleichwohl nach den örtlichen Verhältnissen eine Berücksichtigung der angedeuteten Umstände angezeigt erscheint, lassen sich entsprechende Vorschriften ohne Schwierigkeit einfügen. Hierbei empfiehlt es sich, den Höchstbetrag des zulässigen Abzugs nach Prozenten des Miethspreises beziehungsweise des Feuerkassenwerthes und dergleichen festzusetzen.

---

[2]) Dazu zählen die keinen selbständigen Ertrag abwerfenden Scheunen, Stall- u. ähnlichen Gebäude eines selbstbewirtschafteten Ackergutes OV. 22. Sept. 97 (XXXIV 50), nicht aber die Nr. 3 Anm. 88 erwähnten Gegenstände u. Rechte.

[3]) Nicht dazu gehört der Ertrag, der aus der Verwendung eines Grundstücks zu einem bestimmten Fabrikationsbetriebe gewonnen OV. 6. Feb. oder durch Ausbeutung einer Kiesgrube erzielt wird 17. Feb. 97 (VB. XVIII 284).

[4]) Schätzung tritt nur ein, wenn das Aufkommen nicht nachgewiesen werden kann oder die Nutzung keine gemeingewöhnliche war OV. 10. Feb. 97 (das. 283).

[5]) Zum steuerpflichtigen Ertrage gehört die für das Vorhandensein u. die Erhaltung der Einrichtung gezahlte Vergütung, nicht der vom Vermieter verauslagte und ihm erstattete Preis für das entnommene Gas oder Wasser OV. 2. Okt. 97 (VB. XIX 452).

enthalten, so dürfen von demselben ...... bis höchstens ...... Prozent*) behufs Feststellung des Nutzungswerthes in Anrechnung gebracht werden.

§. **4.** Der vereinbarte Pacht- oder Miethszins (§. 3) ist nicht maßgebend

1. wenn derselbe von dem ortsüblichen Pacht- oder Miethswerthe in erheblichem Maße abweicht[6]); als erheblich gilt in jedem Falle eine Abweichung von mehr als ......%;
2. wenn der vereinbarte Pacht- oder Miethszins die Gegenleistung für den Gebrauch der mit dem Grundstück zusammen verpachteten (vermietheten) Utensilien, Inventarien, Möbel und sonstigen beweglichen Gegenstände mitumfaßt;
3. wenn die Höhe des zu entrichtenden Pacht- oder Miethszinses von dem Ergebniß eines gewerblichen Unternehmens oder von anderen ungewissen Ereignissen abhängig gemacht ist.

§. **5.** Für diejenigen Zeitabschnitte der maßgebenden Periode (§. 2), in welchen

1. auf den vereinbarten Mieths- oder Pachtpreis die Voraussetzungen des §. 4 Nr. 1 bis 3 zutreffen, oder
[2. ein Grundstück oder Grundstückstheil von dem Eigenthümer selbst benutzt oder
3. zur Nutzung oder zum Gebrauch ohne Entgelt an Andere überlassen war**)],

gilt als Ertrag der betreffenden Grundstücke oder Grundstückstheile der ihrer Bestimmung, Beschaffenheit und Lage entsprechende ortsübliche Pacht- oder Miethswerth.

Bei Schätzung desselben sind unbeschadet der Vorschriften im §. 7 die nach ihrer wirtschaftlichen Bestimmung oder inneren Einrichtung zusammengehörigen Bestandtheile derselben Besitzung nicht zu trennen, sondern nach ihrem Miethsoder Pachtwerth zu veranschlagen†).

§. **6.** Für diejenigen Zeitabschnitte, während deren ein Grundstück oder ein selbstständiger Theil eines Grundstücks (z. B. eine einzelne Miethswohnung, ein für sich bestehendes Pachtstück) innerhalb der maßgebenden Periode (§. 2) weder verpachtet oder vermiethet, noch in der im §. 5 zu Nr. 2 und 3 angegebenen Weise benutzt war, wird ein Ertrag von den unbenutzt gebliebenen Grundstückstheilen nicht in Anrechnung gebracht††).

---

*) Die prozentuale Begrenzung des zulässigen Abzuges empfiehlt sich zur Vermeidung weitläufiger Berechnungen und zugleich, um mißbräuchlichen Kürzungen des Miethszinses vorzubeugen.

**) Vgl. die Anmerkung zu §. 6.

†) Wo es zweckmäßig scheint, können als Anhalt für die Schätzung der verschiedenen Gattungen von Liegenschaften und Gebäuden Normalsätze, berechnet nach Einheiten des Flächen- beziehungsweise kubischen Inhalts und abgestuft nach der verschiedenen Beschaffenheit, Lage u. s. w. der Grundstücke, aufgestellt werden.

††) Dem Wesen der realen Ertragssteuer würde es nicht widersprechen, bei Berechnung des Nutzungswerthes auch den Mieths- beziehungsweise Pachtwerth der unbenutzten Grundstückstheile mit in Anschlag zu bringen. Geschieht dies aber, so ist es zur Ausgleichung von Härten und Unbilligkeiten unvermeidlich, den Erlaß der veranlagten Steuer oder eines Theiles derselben für den Fall vorzusehen, daß der wirkliche Ertrag erheblich hinter dem festgestellten Nutzungswerthe zurückbleibt.

Um ein derartiges, die Verwaltung erschwerendes Erlaßverfahren entbehrlich zu machen, läßt der Entwurf — nach dem Vorgange des Regulativs für die Berliner Haussteuer — die während der maßgebenden Periode unbenutzten Grundstückstheile von vornherein außer Berechnung.

---

[6]) Bei mehrjährigem Mietvertrage mit jährlich steigender Miete ist der Jahresdurchschnitt maßgebend OV. 20. April 00 (VB. XXI 529).

§. **7.** Von unbebauten Liegenschaften (Bauplätzen), welche ....*) belegen sind, wird außer der Gemeindegrundsteuer (§§. 2—6) eine Bauplatzsteuer erhoben.

Als unbebaut im Sinne des vorigen Absatzes gelten Liegenschaften auch dann, wenn nur Schuppen, Baracken und ähnliche der einstweiligen Benutzung oder anderen vorübergehenden Zwecken dienende Baulichkeiten darauf errichtet sind.

Die innerhalb des im Abs. 1 bezeichneten Gebietes belegenen Hofräume und Hausgärten unterliegen der Bauplatzsteuer nur, insoweit sie nach Umfang und Lage als selbstständige Bauplätze in Betracht kommen.

§. **8.** Der Besteuerung der Bauplätze (§. 7) wird der Betrag zu Grunde gelegt, um welchen ihr Werth durch die Festsetzung der Baufluchtlinien erhöht worden ist (Bauplatzwerth)[7]).

Der Bauplatzwerth wird für jede im Zusammenhange stehende Bauplatzfläche desselben Eigenthümers durch Abschätzung festgestellt. Als Anhalt hierbei dient der Unterschied zwischen den Kaufpreisen, welche im freien Verkehr für Liegenschaften von gleicher Beschaffenheit, Größe und im Uebrigen gleicher Lage zur Zeit der Veranlagung erzielt werden, je nachdem die Liegenschaften an einer Baufluchtlinie belegen oder nicht belegen sind.

§. **9.** Vorbehaltlich der Bestimmung im §. 18 beträgt die Steuer vom Nutzungswerth jährlich 3 M.**) von jedem Hundert des festgestellten Nutzungswerthes

---

Entscheidet sich eine Gemeinde für den anderen Weg, so würde der vorliegende Entwurf in folgenden Punkten abzuändern sein:

Im §. 5 wäre anstatt der in Klammer | | gestellten Worte zu setzen:

„2. ein Miethś- oder Pachtverhältniß nicht bestanden hat,"

§. 6 wäre zu streichen und statt dessen etwa folgende, das Erlaßverfahren regelnde Vorschrift hinter dem jetzigen §. 11 einzuschalten:

§.

„Wird nachgewiesen, daß die Summe der in einem Rechnungsjahre von einem steuerpflichtigem Grundstücke aufgekommenen Miethś- oder Pachtzinsen (§. 3) unter Hinzurechnung des Miethś- oder Pachtwerthes der vom Eigenthümer selbst oder einem Dritten benutzten Grundstückstheile hinter dem veranlagten Nutzungswerthe um mehr als ein Viertel zurückgeblieben ist, so ist auf Antrag des Steuerpflichtigen ein entsprechender Teil der nach dem Nutzungswerthe veranlagten Steuer zu erlassen beziehungsweise zu erstatten.

Der Antrag ist binnen einer präklusivischen Frist von vier Wochen nach Ablauf des betreffenden Rechnungsjahres schriftlich oder zu Protokoll bei dem Gemeindevorstande anzubringen, welcher darüber zu entscheiden hat".

*) Hier sind die in Betracht kommenden Flächen des Weichbildes der Gemeinde unter Bezugnahme auf den betreffenden Baufluchtplan (G. v. 2. Juli 1875 — GS. S. 561 —) und nach ihrer örtlichen Lage in deutlicher Begrenzung zu bezeichnen.

**) Mit Rücksicht auf die praktischen Schwierigkeiten, welche eine verschiedene steuerliche Behandlung der zu gewerblichen Zwecken und der nicht zu gewerblichen Zwecken dienenden Grundstücke bietet, ist davon ausgegangen, daß in der Regel auch die Steuersätze für beide Arten von Grundstücken gleichmäßig zu normiren sein werden und nöthigenfalls ein entsprechender Ausgleich bei der Heranziehung zur Gewerbesteuer stattfinden kann. (Vgl. §. 31 Nr. 2 des Kommunalabgabengesetzes.)

Im Uebrigen sind die im §. 9 angegebenen Steuersätze lediglich als Beispiele aufzufassen.

---

[7]) Bestimmend ist die Zeit der Feststellung; an dieser wird durch späteres Sinken des Wertes nichts für die Steuerperiode geändert OV. 6. Juli 00 (XXII 145).

(§. 2), die Steuer vom Bauplatzwerth jährlich 0,15 M. von jedem Hundert des festgestellten Bauplatzwerthes (§. 8).

Ein angefangenes Hundert wird, wenn der überschießende Betrag die Zahl 50 übersteigt, als voll gerechnet, anderenfalls außer Anrechnung gelassen.

§. **10.** Die Veranlagung der Grundsteuer vom Nutzungswerthe sowie vom Bauplatzwerthe geschieht durch den Steuerausschuß*)

für jedes Rechnungsjahr
——————————
je drei aufeinanderfolgende Rechnungsjahre.

Die Bekanntmachung der Veranlagung erfolgt in Gemäßheit der Vorschrift im

§. 65 Abs. 2, 3
——————————
§. 65 Abs. 4

des Kommunalabgabengesetzes.

§. **11.** Zum Zwecke der Veranlagung ist jeder Eigenthümer eines steuerpflichtigen Grundstücks verpflichtet, auf die an ihn seitens des Gemeindevorstandes oder des Steuerausschusses gerichtete schriftliche Aufforderung über bestimmte, für die Besteuerung erhebliche Thatsachen, insbesondere über die Art der Benutzung des Grundstückes, über die bestehenden Mieths- und Pachtverhältnisse und die bedungenen Mieths- und Pachtpreise, über den Erwerbspreis u. dergl. innerhalb der ihm zu bestimmenden angemessenen Frist schriftlich oder zu Protokoll Auskunft zu ertheilen**).

Der Steuerausschuß ist bei der Veranlagung an die Angaben des Steuerpflichtigen nicht gebunden. Wird aber die ertheilte Auskunft beanstandet, so sind dem Steuerpflichtigen vor der Veranlagung die Gründe der Beanstandung mit dem Anheimstellen mitzutheilen, hierüber binnen einer angemessenen Frist eine weitere Erklärung abzugeben (vgl. §. 63 des Kommunalabgabengesetzes).

§. **12.** Jeder Eigenthümer eines steuerpflichtigen Grundstückes hat dem Gemeindevorstände anzuzeigen:

1. wenn in dem Eigenthumsverhältnisse des Grundstückes ein Wechsel eintritt,
2. wenn bisher steuerpflichtige Grundstücke in die Klasse der steuerfreien übergehen, oder umgekehrt,
3. wenn Gebäude neu entstehen oder gänzlich eingehen,
4. wenn besteuerte Hausgrundstücke durch Veränderung in ihrer Substanz, namentlich durch das Aufsetzen oder Abnehmen eines Stockwerkes oder durch das Anbauen oder Abbrechen eines Gebäudetheiles, durch Vergrößerung oder Abtrennung dazu gehöriger Hofräume und Gärten an Nutzungswerth gewinnen oder verlieren.

Die Anzeigen zu 1 bis 4 sind unter Vorlegung der betreffenden Urkunden und sonstigen Nachweise binnen vier Wochen nach dem Eintritt der Veränderung schriftlich oder zu Protokoll zu erstatten.

§. **13.** Die Steuerpflicht oder Steuererhöhung hinsichtlich neuerbauter oder in ihrer Substanz verbesserter Gebäude (§. 12 Nr. 3, 4) beginnt nach Ablauf des Rechnungsjahres, in welchem der Neubau bewohnbar oder benutzbar geworden oder die Verbesserung vollendet ist.

Neubauten innerhalb des im §. 7 beschriebenen Gemeindegebietes werden von dem im Absatz 1 bezeichneten Zeitpunkte ab zur Steuer vom Nutzungswerthe herangezogen und die bebauten Flächen von dem gleichen Zeitpunkte ab von der auf dieselben entfallenden Bauplatzsteuer befreit.

---

*) Es wird vorausgesetzt, daß das Erforderliche wegen Bildung eines Steuerausschusses (§. 61 des Kommunalabgabengesetzes) und seiner Geschäftsordnung in einem besonderen Beschlusse der Gemeinde bestimmt ist.

**) Durch Mittheilung zweckmäßiger, vom Steuerpflichtigen auszufüllender Formulare kann die Ertheilung der Auskunft erleichtert werden.

Im Uebrigen treten Ermäßigungen und Erhöhungen der Steuer in Folge der im §. 12 erwähnten Veränderungen mit dem ersten Tage des auf die Veränderung folgenden Monats in Kraft.

Sind jedoch die im §. 12 unter Nr. 2, 3 und 4 erwähnten Veränderungen nicht bis zu diesem Tage in der vorgeschriebenen Weise angezeigt, so tritt eine dadurch bedingte Ermäßigung oder Befreiung von der Steuer erst mit dem ersten des auf die Anzeige folgenden Monats in Kraft.

§. **14.** Die in den Fällen der §§. 12, 13 erforderlichen Zugangsveranlagungen erfolgen für den Rest der laufenden Veranlagungsperiode nach den Vorschriften dieser Steuerordnung.

Im Uebrigen werden die im Laufe einer Veranlagungsperiode eintretenden Veränderungen im Ertrage oder im Werthe der steuerpflichtigen Grundstücke erst bei der nächsten Veranlagung berücksichtigt.

§. **15.** Für die Gemeindegrundsteuer haftet außer dem Eigenthümer der Nießbraucher des steuerpflichtigen Grundstücks[8]).

Mehrere Miteigenthümer oder Nießbraucher[8]) desselben Grundstücks haften solidarisch.

Die Bestimmung im Absatz 2 findet auch Anwendung, wenn das Eigenthum einerseits an Grund und Boden, andererseits an den darauf errichteten Gebäuden verschiedenen Personen zusteht.

Im Falle des Eigenthumswechsels haftet außer dem neuen der bisherige Eigenthümer bis zur Erstattung der im §. 12 vorgeschriebenen Anzeige[9]).

§. **16.** Die nach dieser Steuerordnung den Eigenthümern der steuerpflichtigen Grundstücke obliegenden, insbesondere die in den §§. 11, 12 vorgesehenen Verbindlichkeiten liegen in gleicher Weise ihren gesetzlichen Vertretern (Vormündern, Pflegern, Vorständen von Korporationen, Aktiengesellschaften rc.), sowie den von den Eigenthümern mit der Verwaltung der Grundstücke beauftragten Personen ob.

§. **17.** Wer eine ihm in Gemäßheit der §§. 11, 12, 16 obliegende Anzeige oder Auskunft nicht rechtzeitig in der vorgeschriebenen Form erstattet, wird, insofern nicht nach bestehenden Gesetzen eine höhere Strafe verwirkt ist, mit Geldstrafe bis zu 30 Mark bestraft.

§. **18.** Reicht das nach den Steuersätzen im §. 9 berechnete Veranlagungssoll nicht aus, um den nach dem maßgebenden Gemeindebeschluß durch die Steuer vom Grundbesitz aufzubringenden Steuerbedarf zu decken, so sind für das betreffende Rechnungsjahr die im §. 9 vorgesehenen Steuersätze dem Bedarf entsprechend in der Weise zu erhöhen, daß das im §. 9 bestimmte Verhältniß der beiden Steuersätze zu einander aufrecht erhalten bleibt.

In gleicher Weise findet eine entsprechende Ermäßigung der Steuersätze für das betreffende Rechnungsjahr statt, wenn bei Anwendung der im §. 9 vorgesehenen Sätze die nach dem maßgebenden Gemeindebeschluß einzuhaltende Grenze für die Belastung des Grundbesitzes überschritten werden würde.

Die Erhöhung beziehungsweise Ermäßigung der Steuersätze ist durch den Steuerausschuß zu bewirken und in ortsüblicher Weise zu veröffentlichen.

. . . . . ., den . . . ten . . . . . .

Der Magistrat.

---

[8]) Fällt fort, da nach OV. (Nr. 3 Anm. 65 d. W.) nur der Eigentümer haftet Vf. 16. Juni 02 (MB. 128).

[9]) Abs. 4, der dem G. 8. Feb. 67 § 34 (Anw. Art. 41 1a) nachgebildet ist, widerspricht dem KAG. § 60 Abs. 2 2c; Abs. 1 kommt dabei nicht in Betracht, da er nicht die besonderen, sondern nur die der Staatssteuer sich anschließenden Gemeindesteuern betrifft.

b. Grundsteuerordnung (II) der Gemeinde ......[10])

Auf Grund des Beschlusses der Stadtverordneten-Versammlung (Gemeindevertretung) vom ...... wird gemäß der §§. 23, 25, 27 des Kommunalabgabengesetzes vom 14. Juli 1893 (GS. S. 152) für die Gemeinde ...... folgende Grundsteuerordnung erlassen.

§. **1.** Von allen im Stadt-(Gemeinde-)bezirke belegenen bebauten und unbebauten Grundstücken[11]), soweit ihnen nicht nach § 24 des Kommunalabgabengesetzes vom 14. Juli 1893 Befreiung von der Gemeindesteuer vom Grundbesitz zusteht, wird eine Gemeinde-Grundsteuer nach den Bestimmungen dieser Steuerordnung erhoben.

§. **2.** Der Besteuerung wird der gemeine Werth[12]) der steuerpflichtigen Grundstücke zu Grunde gelegt.

Die Grundsteuer wird nach einem für jedes Steuerjahr durch Gemeindebeschluß festzustellenden und in ortsüblicher Weise bekannt zu machenden Satze von jedem Tausend Mark des gemeinen Werthes der einzelnen Grundstücke erhoben[13]).

§. **3.** Der gemeine Werth kommt für die Besteuerung nur mit drei Vierteln (der Hälfte) zur Anrechnung[14]) bei Gebäuden

1. der Aktiengesellschaften, Genossenschaften und Gesellschaften mit beschränkter Haftung, deren durch Statut geregelter Zweck ausschließlich darauf gerichtet ist, unbemittelten*) Familien gesunde und zweckmäßig eingerichtete Wohnungen in eigens erbauten oder angekauften Häusern zu billigen Preisen zu verschaffen und deren Statut die an die Gesellschafter zu vertheilende Dividende auf höchstens vier Prozent ihrer Antheile beschränkt, auch den Gesellschaftern für den Fall der Auflösung der Gesellschaft nicht mehr als den Nennwerth ihrer Antheile zusichert, den etwaigen Rest des Gesellschaftsvermögens aber für gemeinnützige Zwecke bestimmt;
2. der Arbeiter, Handwerker oder diesen wirthschaftlich gleichzustellender Personen, wenn die Gebäude dazu bestimmt sind, von ihnen ausschließlich oder außer von ihnen selbst nur von höchstens zwei anderen Arbeiter-, Handwerker- oder diesen wirthschaftlich gleichzustellenden Familien bewohnt zu werden.

---

*) Je nach dem örtlichen Bedürfnisse wird es der Gemeinde anheim zu geben sein, auch solche Gesellschaften, Genossenschaften u. s. f. zu begünstigen, die sich dem Bau von Wohnungen für minder bemittelte Familien, z. B. Familien kleiner Beamten, widmen.

---

[10]) Das neben dem ersten Muster a durch Vf. 2. Okt. 99 (MB. 160) eingeführte Muster b legt der Besteuerung den gemeinen Wert zu grunde, wie er bei der staatlichen Ergänzungssteuer festgestellt wird, um in schnell wachsenden Ortschaften die genügende Erfassung der fortgesetzt steigenden Bauplatz- u. Gebäudewerte zu ermöglichen § 1, 2 u. 4; dabei wird die Berücksichtigung gemeinnütziger Baugesellschaften u. wirtschaftlich schwacher Hausbesitzer vorgesehen § 3 u. 10; Veranlagung § 4—9, Rechtsmittel, Hebung u. Strafe § 11 bis 13. — Die Anwendung des Musters wird zur Einschränkung ungesunder Spekulation empfohlen Vf. 6. April 01 (MB. 120).

[11]) Nr. 3 Anm. 88.

[12]) Das. Anm. 90.

[13]) Das. Anm. 87 (Schlußsatz).

[14]) Nöll bezeichnet diese Ausnahmen nicht mit Unrecht als mit KAG. § 27 in Widerspruch stehend. Andere Ansicht vertritt die — in Anl. A Anm. 35 erwähnte — Vf. 2. Okt. 99.

§. **4.** Die Feststellung des gemeinen Werthes erfolgt für jedes Steuerjahr*) durch den Steuerausschuß (Magistrat, Gemeindevorstand).

§. **5.** Zum Zwecke der Veranlagung ist jeder Eigenthümer eines steuerpflichtigen Grundstücks verpflichtet, auf die an ihn gerichtete schriftliche Aufforderung des Steuerausschusses (Magistrats u. s. f.) über bestimmte für die Besteuerung erhebliche Thatsachen innerhalb der ihm zu bezeichnenden Frist Auskunft zu ertheilen. Der Steuerausschuß (Magistrat u. s. f.) ist bei der Veranlagung an die Angaben des Steuerpflichtigen nicht gebunden. Wird die Auskunft beanstandet, so sind dem Steuerpflichtigen vor der Veranlagung die Gründe der Beanstandung mit dem Anheimstellen mitzutheilen, hierüber binnen einer angemessenen Frist eine weitere Erklärung abzugeben.

§. **6.** Jeder Eigenthümer eines steuerpflichtigen Grundstücks hat dem Magistrat (Gemeindevorstande) unter Vorlegung der betreffenden Urkunden oder sonstigen Nachweise binnen vier Wochen nach Eintritt der Veränderung Anzeige zu machen,

1. wenn in dem Eigenthümer des Grundstücks ein Wechsel eintritt,
2. wenn bisher steuerpflichtige Grundstücke in die Klasse der steuerfreien übergehen und umgekehrt,
3. wenn Gebäude neu erstehen oder gänzlich eingehen,
4. wenn besteuerte Grundstücke in ihrer Substanz, insbesondere durch das Aufsetzen oder Abnehmen eines Stockwerkes oder durch das Anbauen oder Abbrechen eines Grundstücktheiles, durch Vergrößerung oder gänzliche oder theilweise Abtrennung dazu gehöriger Hofräume und Gärten, oder besteuerte unbebaute Grundstücke durch Theilung oder Zusammenlegung mit anderen bebauten oder unbebauten verändert werden.

§. **7.** Die nach dieser Steuerordnung dem Eigenthümer der steuerpflichtigen Grundstücke obliegenden Verpflichtungen liegen in gleicher Weise ihren gesetzlichen Vertretern (Vormündern, Pflegern, Vorstehern von Korporationen, Aktiengesellschaften u. s. f.) sowie den von den Eigenthümern mit der Verwaltung der Grundstücke beauftragten Personen ob.

§. **8.** Die Steuerpflicht oder Steuererhöhung hinsichtlich neuerbauter oder in ihrer Substanz verbesserter Gebäude (§. 6 Nr. 3 und 4) beginnt nach Ablauf des Rechnungsjahres, in welchem der Neubau bewohnbar oder benutzbar geworden oder die Verbesserung vollendet ist.

Im Uebrigen treten Ermäßigungen und Erhöhungen der Steuer in Folge der in §. 6 erwähnten Veränderungen mit dem ersten Tage des auf die Veränderung folgenden Monats in Kraft. Sind jedoch die in §. 6 unter Nr. 2, 3 und 4 erwähnten Veränderungen nicht bis zu diesem Tage in der vorgeschriebenen Weise angezeigt, so tritt eine dadurch bedingte Ermäßigung oder Befreiung von der Steuer erst mit dem ersten Tage des auf die Anzeige folgenden Monats in Kraft.

Die hiernach erfolgenden Zugangsveranlagungen erfolgen für den Rest des laufenden Rechnungsjahres nach den Bestimmungen dieser Steuerordnung. Im Uebrigen werden die im Laufe eines Rechnungjahres eintretenden Veränderungen im gemeinen Werthe der steuerpflichtigen Grundstücke erst bei der nächsten Veranlagung berücksichtigt.

§. **9.** Für die Gemeindegrundsteuer haftet ausser dem Eigenthümer der Niessbraucher des steuerpflichtigen Grundstücks[8]).

---

*) Entsprechend der Veranlagung der Ergänzungssteuer (§ 37 Ges. v. 14. Juli 1893) wird an Stelle der alljährlichen Feststellung auch eine Feststellung für mehr- (etwa drei-) jährige Veranlagungsperioden treten können.

Mehrere Miteigenthümer oder Niessbraucher[8]) desselben Grundstücks haften solidarisch.

Die Bestimmung in Absatz 2 findet auch Anwendung, wenn das Eigenthum einerseits an Grund und Boden, andererseits an den darauf errichteten Gebäuden verschiedenen Personen zusteht.

Im Falle des Eigenthumswechsels haftet außer dem neuen der bisherige Eigenthümer bis zur Erstattung der im §. 6 vorgeschriebenen Anzeige[9]).

§. **10.** Veranlagte Grundsteuerbeträge können in einzelnen Fällen durch den Magistrat (Gemeindevorstand) niedergeschlagen werden, wenn deren zwangsweise Beitreibung die Steuerpflichtigen in ihrer wirthschaftlichen Existenz gefährden, oder wenn das Beitreibungsverfahren voraussichtlich ohne Erfolg sein würde.

§. **11.** Gegen die dem Eigenthümer des steuerpflichtigen Grundstücks durch besondere Mittheilung bekannt zu machende Veranlagung steht diesem innerhalb einer mit dem ersten Tage nach erfolgter Mittheilung beginnenden vierwöchigen Frist das Rechtsmittel des Einspruchs bei dem Magistrat (Gemeindevorstand) und gegen dessen Bescheid innerhalb einer mit dem ersten Tage nach erfolgter Zustellung beginnenden zweiwöchigen Frist die Klage bei dem Bezirks-(Kreis-)ausschusse offen.

Einspruch und Klage haben auf die Verpflichtung zur vorläufigen Zahlung der veranlagten Steuer keinen Einfluß.

§. **12.** Die Steuer ist in vierteljährlichen Beträgen in der ersten Hälfte des zweiten Monats eines jeden Vierteljahres zu entrichten.

Rückstände werden im Wege des Verwaltungszwangsverfahrens beigetrieben.

§. **13.** Wer eine ihm gemäß §. 5 bis 7 obliegende Auskunft oder Anzeige nicht rechtzeitig in der vorgeschriebenen Form erstattet, wird, insofern nicht nach bestehenden Gesetzen eine höhere Strafe verwirkt ist, mit Geldstrafe bis zu 30 Mark bestraft.

§. **14.** Diese Steuerordnung tritt am 1. April 19 . . . in Kraft.

Unteranlage A 6 (zu Anmerkung 40).

a. Gewerbesteuerordnung (I) der Gemeinde . . . . . .[1])

Auf Grund des Beschlusses der Stadtverordnetenversammlung vom . . . . . wird gemäß den §§. 23, 29, 31 und 32 des Kommunalabgabengesetzes vom 14. Juli 1893 (Gesetz-Samml. 152) vorbehaltlich der vorgeschriebenen Genehmigung für die Gemeinde . . . . . . folgende Gewerbesteuerordnung erlassen.

---

[1]) Die beiden Muster (I u. II) sind mit Denkschrift u. Erläuterungen veröffentlicht Bf. 21. Juni 97 (MB. 150). Nach der Denkschrift hatte sich der bis dahin vorwiegend angewendete Maßstab der Arbeiterzahl (Gewerbekopfsteuer) oder der gezahlten Gehälter u. Löhne nicht als geeignet erwiesen u. auch das durch Bf. 27. Nov. 94 mitgeteilte Muster, welches das Gewerbesteuergesetz nur durch stärkere Heranziehung einzelner Betriebe ergänzte, sollte nur einen Übergang bilden. Die neuen Muster haben sich weiter von den Grundlagen dieses Gesetzes entfernt. Das Muster I geht zwar auch von dem bei der staatlichen Veranlagung ermittelten Ertrage aus, legt aber im Interesse größerer Gleichmäßigkeit dem Anlage- u. Betriebskapital entscheidendere Bedeutung bei (§ 3[1]) u. ermöglicht die stärkere Heranziehung der größeren Betriebe in den Klassen I u. II (§ 2), oder nach der Arbeiterzahl u. dem Nutzungswerte (§ 4—9). Nach Muster II können Gemeinden mit wenigen gleichartigen oder verwandten Industriezweigen, die durch eine größere Arbeiterzahl besondere Kosten verursachen, diese entsprechend stärker zu den Gemeindelasten heranziehen. — Die Erläuterungen zu den beiden Mustern sind unter diesen vollständig abgedruckt. — Vgl. Nr. 3 Anm. 107.

§. **1.** Vom 1. April . . . ab wird von allen im Gemeindebezirk stattfindenden, nach §. 28 Nr. 1 bis 6 des Kommunalabgabengesetzes gewerbesteuerpflichtigen Betrieben, soweit ihnen nicht nach Abs. 2 oder 3 a. a. O. Befreiung von den Gemeindesteuern vom Gewerbebetrieb zusteht, eine Gemeindegewerbesteuer nach den Bestimmungen dieser Steuerordnung erhoben.

§. **2.** Die Veranlagung der Gemeindegewerbesteuer geschieht unter Anwendung der für die Veranlagung zur Gewerbesteuer nach dem Gesetze vom 24. Juni 1891 geltenden Grundsätze und unter Zugrundelegung der in demselben festgestellten Steuersätze mit der Maßgabe, daß in den Gewerbesteuerklassen I und II die in den §§. 9 und 14 des Gesetzes vom 24. Juni 1891 festgestellten Steuergrundsätze unter Erhöhung um 25 Prozent der Gemeindebesteuerung zu Grunde gelegt werden.

§. **3.** Vorbehaltlich der Bestimmungen in den §§. 2 und 4 werden die Steuersätze aus der Gewerbesteuerrolle unmittelbar übernommen; jedoch mit folgenden Ausnahmen:

1. Betriebe, welche nach dem Gewerbesteuergesetze zu einem hinter Eins vom Tausend des Werthes des Anlage- und Betriebskapitals zurückbleibenden Steuersatze veranlagt sind, werden in den Klassen III und IV mit einem diesem Betrage, in den Klassen I und II mit einem ein- und einviertel vom Tausend des Werthes des Anlage- und Betriebskapitals entsprechenden Steuersatze veranlagt.
2. Betriebe, welche sich über mehrere Gemeinde- (Guts-) Bezirke erstrecken, werden — jedoch nur nach Maßgabe des in der Gemeinde . . . . . . belegenen Theiles des Gewerbebetriebes — besonders veranlagt, und zwar in Gemäßheit der Vorschriften in den §§. 6 und 8 des Gewerbesteuergesetzes in derjenigen Gewerbesteuerklasse, zu welcher sie hiernach gehören. Der Steuersatz ist nach der Ertragsschätzung in Klasse I gemäß §. 9 des Gewerbesteuergesetzes, in den übrigen Gewerbesteuerklassen in verhältnißmäßiger Gleichheit mit den Steuersätzen der Mitglieder der betreffenden Klasse mindestens aber auf den nach Nr. 1 sich ergebenden Betrag festzusetzen.

Erläuterungen zu Muster I.

Zu §. 2.

Wie von einer Steuererhebung der Steuersätze in den Klassen I und II völlig abzusehen, so bleibt es andererseits den Gemeinden überlassen, in der Erhöhung einen Unterschied zwischen den Klassen I und II zu machen, dergestalt, daß dieselbe für Klasse I höher als für Klasse II bemessen wird.

Zu §. 3.

1. Die Vorschrift unter Nr. 1 kann auch auf diejenigen Betriebe eingeschränkt werden, die in den Gewerbesteuerklassen I und II oder I bis III veranlagt sind bezw. ohne die Vorschrift in § 8 des Gewerbesteuergesetzes zu veranlagen sein würden.

2. Sind die Zuschläge nach §. 2 für die Klassen I und II verschieden bemessen, so muß der Promillesatz natürlich in den Klassen II und I in demselben Verhältniß untereinander und zu dem für die Klassen III und IV stehen, in dem die Steuersätze nach §. 2 erhöht sind, also wenn beispielsweise die Erhöhung im §. 2 betrug für Klasse II 20, für Klasse I 30 Prozent, hier für II 1,2, für I 1,3 vom Tausend betragen.

3. Auch diejenigen Betriebe, die auf Grund des §. 8 Abs. 1 des Gewerbesteuergesetzes in eine niedrigere Steuerklasse versetzt sind, als diejenige, in die sie nach der Höhe des Anlage- und Betriebskapitals gehören, sind nach den Bestimmungen unter Nr. 1 zu behandeln. Wünscht eine Gemeinde diesen Betrieben

§. **4.** Die nach §§. 2 und 3 berechneten Steuersätze werden für solche Betriebe, in denen entweder mehr als 20 Personen (Gehülfen, Gesellen, Lehrlinge, Fabrik- und andere Handarbeiter) beschäftigt werden oder für welche Räume mit einem Gebäudesteuernutzungswerth von mehr als 1000 M. dauernd benutzt werden, nach Maßgabe der Bestimmungen in den §§. 5 bis 9 erhöht.

§. **5.** Für Betriebe, in denen mehr als 20 Personen beschäftigt werden, tritt eine Erhöhung der nach §§. 2 und 3 berechneten Steuersätze ein, wenn die Zahl der beschäftigten Personen beträgt:

a) nicht mehr als 200, für jede angefangene Zahl von 10 Personen um 1 Prozent,
b) mehr als 200, aber nicht mehr als 1000 Personen, für jede angefangene Zahl von 50 Personen um 6 Prozent,
c) mehr als 1000 Personen, für jede angefangene Zahl von 100 Personen um 15 Prozent.

---

mit Rücksicht auf ihre ungünstigen Ertragsverhältnisse eine größere Schonung zu Teil werden zu lassen, so läßt sich dies dadurch ermöglichen, daß vor der Nr. 1 des Textes folgende Bestimmung als Nr. 1 eingeschaltet wird:

„Betriebe, welche bei der Veranlagung nach dem Gesetze vom 24. Juni 1891 auf Grund des §. 8 Abs. 1 desselben in eine niedrigere Stufe versetzt sind, als diejenige, in die sie nach der Höhe des Anlage- und Betriebskapitals gehören, werden zur Gemeindegewerbesteuer mit dem niedrigsten Satze der letzteren Klasse bezw. dem aus §. 2 sich ergebenden Prozentsatze desselben veranlagt."

Die Nr. 1 des Textes würde dann als Nr. 2 im Eingang zu fassen sein:

„Solche nicht unter Nr. 1 fallenden Betriebe u. s. w."

und die Nr. 2 die Nr. 3 erhalten.

4. Wünscht die Gemeinde in den Fällen der Nr. 2 statt der selbstständigen Veranlagung sich an die nach §. 38 des Gewerbesteuergesetzes festgestellten Theilbeträge des Gewerbesteuersatzes anzuschließen, so erscheint dies, wenn auch mit Rücksicht auf die mit dieser Zerlegung der Steuersätze verbundenen Weiterungen und Unzuträglichkeiten wenig erwünscht, so doch nicht unzulässig. Es würde dann der §. 3 folgende Fassung zu erhalten haben:

a) im Eingang müßte es heißen:

„jedoch mit der Ausnahme, daß Betriebe, welche u. s. w. . . . . . veranlagt sind, in den Klassen . . . veranlagt werden"

b) als zweiter Absatz — nicht Nr. 2 —:

„erstreckt sich ein Gewerbebetrieb über mehrere Gemeinde- (Guts-) Bezirke, so ist derjenige Theilbetrag des Steuersatzes, welcher nach der gemäß § 38 des Gewerbesteuergesetzes getroffenen Festsetzung auf die Gemeinde . . . . . . entfällt, in entsprechender Weise zu Grunde zu legen, dergestalt, daß für die nach §. 2 eintretende Erhöhung desselben die Gewerbesteuerklasse maßgebend ist, in welcher der Gesammtbetrieb veranlagt ist. Erreicht der Theilbetrag nicht Eins vom Tausend des Werthes, des Anlage- und Betriebskapitals, welches auf den in der Gemeinde . . . . . . belegenen Theil des Gewerbebetriebs entfällt, so tritt an seine Stelle, je nach der Gewerbesteuerklasse, in der der Betrieb veranlagt ist, der im ersten Absatz festgestellte Promillesatz des Werthes dieses auf die Gemeinde . . . . . . entfallenden Anlage- und Betriebskapitals."

Zu §. 4 bis 9.

In den §§. 4 bis 9 wird eine Erhöhung der nach den §§. 2 und 3 berechneten Steuersätze für solche Gewerbebetriebe, in denen entweder eine gewisse Mindestzahl von Personen — die in dem Muster eingestellten Zahlen haben, wie schon in der Denkschrift hervorgehoben, nur die Bedeutung von Beispielen — beschäftigt oder Räume von einer gewissen Höhe des Gebäudesteuernutzungswerthes

Maßgebend für die Erhöhung des Steuersatzes nach der Zahl der beschäftigten Personen ist der durchschnittliche Stand in dem letzten Jahre oder der letzten kürzeren Betriebszeit.

§. **6.** Werden für einen Gewerbebetrieb Räume mit einem Gebäudesteuernutzungswerth von mehr als 1000 M. dauernd benutzt, so erhöhen sich die nach §§. 2 und 3 berechneten Steuersätze bei einem Gebäudesteuernutzungswerth dieser Räume von:

a) nicht mehr als 10 000 M. für jede angefangene 1000 M. um 0,5 Prozent,
b) mehr als 10 000 M., aber nicht mehr als 100 000 M., für jede angefangene 5000 M. um 3 Prozent,
c) mehr als 100 000 M. für jede angefangene 10 000 M. um 8 Prozent.

§. **7.** Beträgt in einem Betriebe sowohl die Zahl der beschäftigten Personen mehr als 20 (§. 5), als auch der Gebäudesteuernutzungswerth der ihm dauernd dienenden Räume mehr als 1000 M. (§. 6), so beträgt die Erhöhung des

---

benutzt werden, und zwar nach Maßgabe der Personenzahl und des Gebäudesteuernutzungswerthes progressiv, vorgeschlagen.

An Stelle des Gebäudesteuernutzungswerthes werden solche Gemeinden, die eine Grundsteuer nach dem Nutzungswerth, wie sie das amtliche Muster einer Grundsteuerordnung vorschlägt, besitzen, zweckmäßig diesen Nutzungswerth den Steuersätzen zu Grunde legen.

Im Uebrigen lassen sich ja nach den örtlichen Verhältnissen und den Wünschen der Gemeinden die Vorschläge der §§. 4 bis 9 in folgenden Richtungen modifizieren.

1. Es steht im Allgemeinen nichts im Wege, daß eine Gemeinde einen Zuschlag nur nach einem der beiden im §. 4 bezeichneten Maßstäbe, insbesondere nur nach der Personenzahl eintreten läßt.

2. Anstatt des Nutzungswerthes der gesammten dem Gewerbebetriebe dienenden Räume kann dem Zuschlag auch nur derjenige der dem Verkehr mit dem Publikum dienenden Räume (offene Läden, Restaurationslokale, Fremdenzimmer in Gasthäusern, Theater, Konzertsäle u. s. w.) unter Ausschluß der Fabrik-, Kontor-, Lager- und ähnlicher Räume zu Grunde gelegt werden. Es kann sich dies namentlich empfehlen, wo es vorwiegend darauf ankommt, die großen Waarenhäuser (Bazare), Hotels, Theater u. dergl. schärfer zu erfassen.

3. Statt in Prozenten des Steuersatzes kann die Erhöhung in festen Sätzen für gewisse Einheiten der Personenzahl und des Nutzungswerthes bemessen werden, indem an die Stelle der Prozentsätze in den §§. 5 und 6 bestimmte Geldbeträge eingestellt werden.

4. Auch die Höhe der gezahlten Gehälter und Löhne kann berücksichtigt werden in der Weise, daß zwar als Voraussetzung der Steuererhöhung nach §. 4 die Zahl der beschäftigten Personen maßgebend bleibt und auch die einzelnen Progressionsstufen im §. 5 nach diesem Maßstab gebildet werden, dagegen als Zuschlag nicht ein Prozentsatz des nach §. 2,3 ermittelten Steuersatzes eintritt, sondern diesem Steuersatz ein Prozentsatz der gezahlten Gehälter und Löhne hinzutritt. Eine Kombination mit dem Gebäudesteuernutzungswerth oder einem anderen Maßstab würde allerdings dann nur in der Weise angängig sein, daß der Zuschlag auch nach diesen Maßstäben nicht in Prozenten des nach §. 2,3 berechneten Steuersatzes, sondern in festen Beträgen für jede Einheit dieser Maßstäbe, z. B. in einem gewissen Betrage für je 100 M. Gebäudesteuernutzungswerth festgestellt wird.

5. Von einer Progression der Zuschläge in den §§. 5 und 6 kann abgesehen werden.

6. Eventuell würde eine Abschwächung der Steuererhöhungen auch noch in der Weise eintreten können, daß bei dem Zusammentreffen einer 20 übersteigenden Personenzahl mit einem Gebäudesteuernutzungswerth von mehr als 1000 M. die Erhöhung des Steuersatzes nicht, wie im Text vorgeschlagen, kumulativ nach

Steuersatzes die Summe der sich auf Grund der Bestimmungen der §§. 5 und 6 nach dem Maßstabe der Zahl der beschäftigten Personen und nach dem des Gebäudesteuernutzungswerths ergebenden Prozentsätze.

§. **8.** Eine Erhöhung der Steuersätze auf Grund der Bestimmungen in den §§. **4** bis 7 um mehr als 300 Prozent findet nicht statt.

§. **9.** Die Ausführung der §§. 4 bis 8 erfolgt in der Weise, daß der Berechnung der wirklich zu entrichtenden Steuerbeträge (§. 10) die nach §§. 2 und 3 festgestellten Steuersätze unter Zuschlag der aus §§. 4 bis 8 sich ergebenden Prozentsätze zu Grunde gelegt werden[2]).

Ist der Steuersatz gemäß §§. 2 und 3 für mehrere Betriebe derselben Person einheitlich festgestellt, so wird der Zuschlag nach §§. 4 bis 8 nach der Gesammtzahl der in diesen Betrieben beschäftigten Personen bezw. der Summe der Gebäudesteuernutzungswerthe der diesen Betrieben dauernd dienenden Räume (§. 6) bemessen.

§. **10.** Die nach den §§. 2 bis 9 festgestellten Steuersätze haben die Bedeutung von Verhältnißzahlen, welche bei Berechnung der wirklich zu entrichtenden Steuerbeträge nach Maßgabe des in jedem Jahre nach dem maßgebenden Gemeinde-

---

beiden Maßstäben, sondern nur nach demjenigen, dessen Anwendung den höheren Betrag ergiebt, bemessen wird. In diesem Falle wurden aber die Prozentsätze der Erhöhung nach dem Gebäudesteuernutzungswerth im Verhältniß zu denen nach der Personenzahl höher zu bemessen sein, als dies im Text mit Rücksicht auf die kumulative Erhöhung und auf den Umstand, daß die Zahl der beschäftigten Personen im Allgemeinen von größerem Einfluß auf die der Gemeinde verursachten Lasten zu sein pflegt als der Umfang bezw. Nutzungswerth der benutzten Räume, geschehen ist.

7. Die Gemeinden können anstatt oder neben den in dem Muster vorgeschlagenen andere nach ihren örtlichen Verhältnissen geeignete Merkmale als Maßstab für Erhöhungen des Steuersatzes in der in §§. 4 bis 9 angegebenen Art benutzen, z. B. die Zahl der in dem Betrieb benutzten Pferde und die Pferdekraft der Motoren.

Auch bei diesen Maßstäben eine Progression der Zuschläge eintreten zu lassen, wird in der Regel, schon um die Berechnung nicht zu komplizirt zu gestalten, höchstens dann zu empfehlen sein, wenn eine solche nicht schon bei der Zahl der Personen oder dem Gebäudesteuernutzungswerth stattfindet. Besondere Sorgfalt würde auf ein richtiges Verhältnis zwischen den Zuschlägen nach den verschiedenen Maßstäben, z. B. einerseits nach der Zahl der beschäftigten Personen, andererseits nach der Pferdekraft der Motoren zu legen sein, und gerade hierin wird eine besondere Schwierigkeit für die Heranziehung noch weiterer Maßstäbe als der im Text vorgeschlagenen liegen.

Das Muster gewährt hinreichenden Anhalt dafür, wie die Steuerordnung zu gestalten sein würde, wenn eine Gemeinde beabsichtigt, die eine oder die andere der im Vorstehenden erwähnten Modifikationen eintreten zu lassen.

8. Nach den Vorschlägen des Musters würde sich beispielsweise der Steuersatz für einen Betrieb, der nach dem Gewerbesteuergesetz in der Klasse I mit 620 M. veranlagt ist, dessen Anlage- und Betriebskapital 800 000 Mk. beträgt und der 190 Personen beschäftigt, während der Nutzungswerth der ihm dienenden Räume 14 000 M. beträgt, folgendermaßen berechnen:

Da der nach dem Gewerbesteuergesetz veranlagte Steuersatz weniger als Eins vom Tausend des Werths des Anlage- und Betriebskapitals beträgt, so tritt gemäß §. 3

---

[2]) Die Steuer kann aus steuertechnischen Rücksichten eine Abrundung der Erträge nach oben vorsehen, doch nicht über ein volles Hundert hinaus GB. 12. April 02 (XLI 96).

beschlusse durch die Steuer vom Gewerbebetrieb aufzubringenden Steuerbedarfs zu Grunde zu legen sind.

§. **11.** Die Veranlagung der Gemeindegewerbesteuer geschieht durch den Steuerausschuß für jedes Rechnungsjahr.

Die Bekanntmachung der Veranlagung erfolgt in Gemäßheit der Vorschrift im $\frac{\text{§. 65 Absatz 2, 3}}{\text{§. 65 Absatz 4}}$ des Kommunalabgabengesetzes.

§. **12.** Zum Zwecke der Veranlagung ist jeder Unternehmer eines steuerpflichtigen Betriebes verpflichtet, auf die an ihn seitens des Gemeindevorstandes oder des Steuerausschusses gerichtete schriftliche Aufforderung über bestimmte für die Steuererhebung erhebliche Thatsachen innerhalb der ihm zu bestimmenden angemessenen Frist schriftlich oder zu Protokoll Auskunft zu ertheilen.

Der Steuerausschuß ist bei der Veranlagung an die Angaben des Steuerpflichtigen nicht gebunden. Wird aber die ertheilte Auskunft beanstandet, so sind dem Steuerpflichtigen vor der Veranlagung die Gründe der Beanstandung mit dem Anheimstellen mitzutheilen, hierüber binnen einer zu bestimmenden angemessenen Frist eine weitere Erklärung abzugeben (vergl. §. 63 des Kommunalabgabengesetzes).

Nr. 1 die Veranlagung mit $1\frac{1}{4}$ dieses Werths, als zu $800000 \cdot 0{,}00125 = 1000$ M. ein. Dieser Betrag erfährt nach Maßgabe der Zahl der beschäftigten Personen gemäß §. 5 eine Erhöhung um 20 und nach Maßgabe des Gebäudesteuernutzungswerths gemäß §. 6 um $3 \times 3 = 9$, zusammen also um 29 Prozent, sodaß sich der der Gemeindebesteuerung zu Grunde zu legende Steuersatz auf 129 Prozent von 1000 M. = 1290 M., also etwa auf 200 Prozent des nach dem Gewerbesteuergesetz veranlagten Steuersatzes stellt.

Bei einem Betriebe mit folgenden Zahlen: Veranlagung nach dem Gewerbesteuergesetz 2000 Mk., Anlage- und Betriebskapital 200000 M., Zahl der beschäftigten Personen 1800, Gebäudesteuernutzungswerth 60000 M., ergiebt sich folgende Rechnung:

Steuersatz nach §. 2:	$2060 \cdot 1{,}25 = 2575$	M.,
Zuschlag nach §. 5:	$8 \times 15 = 270$	Prozent,
Zuschlag nach §. 6:	$12 \times 3 = 36$	Prozent,
zusammen Zuschlag	306	Prozent,

der aber nach §. 8 auf 300 Prozent zu reduziren ist, sodaß sich ein Gemeindegewerbesteuersatz von 400 Prozent von 2575 = 10300 M. = 500 Prozent des staatlich veranlagten Steuersatzes ergiebt. Dieser Prozentsatz bildet infolge der Vorschrift im §. 8 für alle nicht unter §. 3 Nr. 1 fallenden Betriebe, das sind alle diejenigen, deren Ertrag 10 Prozent des Anlage- und Betriebskapitals erreicht, das zulässige Maximum des Steuersatzes, der somit, vorbehaltlich der Bestimmung im §. 10, für sie um über 5 Prozent des Ertrages steigen kann. Für die Betriebe, auf die §. 3 Nr. 1 Anwendung findet, bilden 0,5 Prozent des Anlage- und Betriebskapitals das Maximum. Gegenüber den Belastungen, wie sie nach den z. B. in einzelnen Gemeinden bestehenden sogenannten Gewerbekopfsteuern[1]) eintreten können, bedeuten diese Maximalgrenzen sehr erhebliche Erleichterungen der Gewerbetreibenden. Uebrigens bleibt es der einzelnen Gemeinde überlassen, wie die übrigen Zahlen des Musters, so auch die in § 8 gezogene Grenze der Steuererhöhungen noch herabzusetzen.

Zu §. **9.**

Die Bestimmung im zweiten Absatz empfiehlt sich aus praktischen Rücksichten. Eine Sonderung für die einzelnen Betriebe würde die Ausführung erheblich erschweren, zu Zweifeln und Streitigkeiten Anlaß geben und Handhaben zu Steuerumgehungen bieten.

Die übrigen Bestimmungen des Muster I bieten zu besonderen Erläuterungen keinen Anlaß.

§. **13.** Das Rechtsmittelverfahren regelt sich nach den Bestimmungen in den §§. 69, 70 des Kommunalabgabengesetzes.

§. **14.** Wegen Ermäßigung der Steuer im Laufe des Steuerjahres und Niederschlagung veranlagter Steuerbeträge finden auf die Gemeindegewerbesteuer die Bestimmungen in den §§. 44 und 45 des Gewerbesteuergesetzes mit der Maßgabe entsprechende Anwendung, daß über die Ermäßigung oder den Erlaß der Steuer sowie über die Niederschlagung veranlagter Steuerbeträge der Gemeindevorstand zu beschließen hat.

§. **15.** Die erforderlichen Zwangsveranlagungen erfolgen für den Rest des laufenden Steuerjahres nach den Vorschriften dieser Steuerordnung durch den Steuerausschuß.

§. **16.** Die nach dieser Steuerordnung dem Steuerpflichtigen obliegenden Verbindlichkeiten liegen in gleicher Weise ihren gesetzlichen Vertretern (Vormündern, Pflegern, Vorständen von Korporationen, Aktiengesellschaften u. s. w.) sowie den mit der Leitung der steuerpflichtigen Betriebe beauftragten Personen ob.

§. **17.** Wer eine ihm in Gemäßheit dieser Steuerordnung obliegende Anzeige oder Auskunft nicht rechtzeitig in der vorgeschriebenen Form erstattet, wird, insofern nicht nach den bestehenden Gesetzen eine höhere Strafe verwirkt ist, mit Geldstrafe bis zu 30 Mk. bestraft[3]).

§. **18.** Die Vereinbarung fester jährlicher Steuerbeträge ist nach Maßgabe des §. 43 des Kommunalabgabengesetzes zulässig.

b. Gewerbesteuerordnung (II) der Gemeinde ......[1])

Auf Grund des Beschlusses der Stadtverordnetenversammlung vom ...... wird gemäß §. 23, 29, 31 und 32 des Kommunalabgabengesetzes vom 14. Juli 1893 (Gesetz-Samml. S. 152), vorbehaltlich der vorbehaltenen Genehmigung, für die Gemeinde ...... folgende Gewerbesteuerordnung erlassen.

Erläuterungen zu Muster II.

1. Das Muster II unterscheidet sich von dem Muster I auch insofern grundsätzlich, als die im §. 2 bestimmten Steuersätze nicht, wie die des Musters I, nur die Bedeutung von Verhältnißzahlen haben, von denen in jedem Rechnungsjahre der bei Vertheilung des Steuerbedarfs jeweilig festzustellende Prozentsatz zu erheben ist, sondern für die Gültigkeitsdauer der Steuerordnung bezw. für die im §. 2 lit. b bestimmte Dauer feststehen. Sollen die Steuersätze nur die denen des Musters I nach §. 10 des letzteren zukommende Bedeutung haben, so werden sie entsprechend anders normirt werden müssen, und zwar dergestalt, daß bei Erhebung desjenigen Prozentsatzes derselben, der im Durchschnitt der im §. 3 bezeichneten Zeitperiode von der nach dem Gewerbesteuergesetze veranlagten Gewerbesteuer erhoben worden ist, der nach der Absicht der Gemeinde aufzubringende Betrag ungefähr gedeckt wird; wenn beispielsweise nach §. 3 der Durchschnitt der letzten 3 Jahre zu Grunde zu legen ist und in dieser die Belastung der Gewerbesteuer 120, 150 und 180 Prozent, im Durchschnitt also 150 Prozent betrug, so würden die Steuersätze nur $^2/_3$ so hoch zu bemessen sein, als wenn sie dauernd feststehen und nicht bloß Verhältnißzahlen im Sinne des §. 10 des Musters I sein sollen. Daß die Grundsätze für die Berechnung des Kopfsatzes nach §. 3 in die Steuerordnung selbst aufgenommen werden, ist übrigens nicht unbedingt nöthig; es würde genügen, wenn sie bei Abmessung der Steuersätze thatsächlich beachtet sind, und, daß dies geschehen, bei Nachsuchung der Genehmigung bezw. der Zustimmung nachgewiesen wird.

2. Bei Bemessung des nach §. 2 lit. a zu erhebenden Prozentsatzes des Ertrages wird insbesondere auch die Höhe der außer den Schul-, Armen-, Polizei- und Wegelasten, deren Antheil die Betriebe schon durch die Zuschläge nach der Zahl der beschäftigten Personen abgelten, zu deckenden Gemeindeausgaben einer-

---

[3]) KAG. § 82.

§. **1.** Vom ...... ab wird von allen nach §. 28 des Kommunalabgabengesetzes der kommunalen Gewerbesteuer unterliegenden Betrieben, in denen innerhalb des Gemeindebezirks ...... mehr als 100 in diesem Gemeindebezirk wohnhafte Arbeiter und solche Angestellte, deren Jahresverdienst an Lohn oder Gehalt 2000 Mark nicht übersteigt, beschäftigt werden[4]), eine besondere Gemeindegewerbesteuer nach Maßgabe nachstehender Bestimmungen erhoben.

§. **2.** Die in §. 1 bezeichneten Pflichtigen werden zu der besonderen Gewerbesteuer in der Weise herangezogen, daß von ihnen entrichtet wird

a) ein Betrag, der gleichkommt .... Prozent des Ertrages des Gewerbebetriebes,

b) für jede in ihrem Betriebe beschäftigte Person der in §. 1 bezeichneten Art ein von den Gemeindebehörden jeweils für die Dauer von .... Jahren festzusetzender Prozentsatz des nach §. 3 berechneten Einheitssatzes, höchstens jedoch .... Prozent des letzteren[1]).

§. **3.** Die Berechnung des Einheitssatzes (§. 2 lit. b) geschieht in folgender Weise: Es wird festgestellt, wieviel im letzten Rechnungsjahre (im Durchschnitt der ..... letzten Rechnungsjahre) an Schul-, Armen-, Wege- und Polizeilasten auf den Kopf der Bevölkerung entfällt und wieviel hiernach auf sämmtliche unter §. 1 fallende Arbeiter und Angestellten und deren Angehörige (§. 11 des Einkommensteuergesetzes)[5]) kommt. Von dieser Summe wird die von diesen Personen gezahlte Gemeinde-Einkommensteuer in Abzug gebracht; der Rest, getheilt durch die Anzahl der nach §. 1 in Rechnung zu stellenden Arbeiter und Angestellten, ergiebt unter Abrundung nach oben auf Beträge eines Vielfachen von 0,5 Mark den Einheitssatz für den Arbeiter bezw. Angestellten.

Bis zu anderweitiger Beschlußfassung der Gemeindebehörde, welche der Genehmigung des Bezirks- (Kreis-) ausschusses bedarf, beträgt dieser Einheitssatz .... Mark.

---

seits, andererseits auch die aus den Gewerbebetrieben der Gemeinde neben den Gewerbesteuern zufließenden Steuern Rücksicht zu nehmen sein, damit eine durch die verursachten Lasten bezw. die besonderen Vortheile nicht gerechtfertigte Ueberbürdung der Gewerbebetriebe vermieden wird. Unter Umständen, namentlich wenn die im §. 3 bezeichneten Lasten die sonstigen Ausgaben der Gemeinde weit überwiegen, wird es billig sein, der Bemessung der Kopfsteuersätze nicht den vollen Betrag, sondern nur einen Theil der Schul-, Armen-, Wege- und Polizeikosten zu Grunde zu legen.

3. An Stelle der Kopfzahl der beschäftigten Personen kann auch der Betrag der denselben gezahlten Gehälter und Löhne als Maßstab angewendet werden.

4. Beispiel für die Berechnung nach dem Text:

Beträgt die nach §. 3 festgestellte Ausgabe für den Kopf der Bevölkerung 10 M., die Zahl der unter §. 1 fallenden Personen 1500, die ihrer Haushaltungsangehörigen 2500, die von diesen Personen aufgebrachte Gemeinde-Einkommensteuer 20 000 M., so berechnet sich der Einheitssatz auf $\frac{40\,000 - 20\,000}{1500} = 13{,}33$ M., abgerundet 13,5 M. Werden von diesem Einheitssatz 80 Prozent, von dem Ertrage 0,3 Prozent erhoben, so stellt sich die Steuer für einen Betrieb mit 100 000 M. Ertrag und 250 der in der Gesammtzahl von 1500 unter §. 1 fallenden Arbeiter auf

$$100\,000 \cdot \frac{3}{1000} + 250 \cdot \frac{13{,}5 \cdot 80}{100} = 3000 \text{ M.}$$

---

[4]) Die nur bei Erweiterungsbauten vor deren Verbindung mit dem Werke beschäftigten Arbeiter gehören nicht zu den im Betriebe beschäftigten OV. 9. Mai 02 (XLII 57).

[5]) Anl. E. Anm. 5.

§. **4.** Soweit die Besteuerung nach §§. 1 bis 3 von der Zahl der im Betriebe beschäftigten Personen abhängt, ist der durchschnittliche Stand in dem letzten Jahre oder der letzten kürzeren Betriebszeit maßgebend.

§. **5.** Der der Veranlagung zu Grunde liegende Ertrag ist unter Anwendung der Vorschriften des Gewerbesteuergesetzes vom 24. Juni 1891 sowie der §. 32 Absatz 2, §§. 47, 48 des Kommunalabgabengesetzes zu ermitteln.

Zum Zwecke der Vertheilung des Ertrages eines sich über mehrere Gemeinde- (Guts-) bezirke erstreckenden Gewerbebetriebes hat der Unternehmer bezw. Gesellschaftsvorstand einen Vertheilungsplan nach Maßgabe des §. 48 des Kommunalabgabengesetzes vor Beginn des Steuerjahres dem Gemeindevorstand mitzutheilen.

§. **6.** Die Veranlagung der Gewerbesteuer geschieht durch den Steuerausschuß für jedes Rechnungsjahr.

Die Bekanntmachung der Veranlagung erfolgt nach der Vorschrift im (§. 65 Absatz 2, 3 / §. 65 Absatz 4) des Kommunalabgabengesetzes.

§. **7.** Zum Zwecke der Veranlagung ist jeder Unternehmer eines gewerbesteuerpflichtigen Betriebes verpflichtet, auf die an ihn seitens des Gemeindevorstandes oder des Steuerausschusses gerichtete schriftliche Aufforderung über bestimmte, für die Besteuerung erhebliche Thatsachen innerhalb der ihm zu bestimmenden angemessenen Frist schriftlich oder zu Protokoll Auskunft zu ertheilen.

Der Steuerausschuß ist bei der Veranlagung an die Angaben des Steuerpflichtigen nicht gebunden. Wird aber die ertheilte Auskunft beanstandet, so sind dem Steuerpflichtigen vor der Veranlagung die Gründe der Beanstandung mit dem Anheimstellen mitzutheilen, hierüber binnen einer zu bestimmenden angemessenen Frist eine weitere Erklärung abzugeben (vergl. §. 63 des Kommunalabgabengesetzes).

§. **8.** Das Rechtsmittelverfahren regelt sich nach den Bestimmungen in den §§. 69, 70 des Kommunalabgabengesetzes.

§. **9.** Wegen Ermäßigung der Steuer im Laufe des Steuerjahres und Niederschlagung veranlagter Steuerbeträge finden auf die Gemeindegewerbesteuer die Bestimmungen in den §§. 44 und 45 des Gewerbesteuergesetzes mit der Maßgabe entsprechende Anwendung, daß über die Ermäßigung oder den Erlaß der Steuer sowie über die Niederschlagung veranlagter Steuerbeträge der Gemeindevorstand zu beschließen hat.

§. **10.** Die erforderlichen Zugangsveranlagungen erfolgen für den Rest des laufenden Steuerjahres nach den Vorschriften dieser Steuerordnung durch den Steuerausschuß.

§. **11.** Die nach dieser Steuerordnung dem Steuerpflichtigen obliegenden Verbindlichkeiten liegen in gleicher Weise ihren gesetzlichen Vertretern (Vormündern, Pflegern, Vorständen von Korporationen, Aktiengesellschaften u. s. w.) sowie den mit der Leitung der steuerpflichtigen Betriebe beauftragten Personen ob.

§. **12.** Wer eine ihm in Gemäßheit dieser Steuerordnung obliegende Anzeige oder Auskunft nicht rechtzeitig in der vorgeschriebenen Form erstattet, wird, insofern nicht nach den bestehenden Gesetzen eine höhere Strafe verwirkt ist, mit einer Geldstrafe bis zu 30 Mark bestraft[6]).

§. **13.** Die Vereinbarung fester jährlicher Steuerbeiträge ist nach Maßgabe des §. 43 des Kommunalabgabengesetzes zulässig.

§. **14.** Die Besteuerung der übrigen nach §. 28 des Kommunalabgabengesetzes steuerpflichtigen Betriebe erfolgt gemäß §. 30 a. a. O. in Prozenten der vom Staate veranlagten Gewerbesteuer[7]).

---

[6]) KAG. § 82.

[7]) § 14 ist zugefügt Vf. 15. Feb. 02 (MB. 59).

Unteranlage A 7 (zu Anmerkung 67).

Anweisung vom 28. November 1899 Art. 28, 29.

Art. 28[1]. Für die Zustellungen, soweit dieselben nicht durch Gerichtsvollzieher oder in Angelegenheiten der Justizverwaltung erfolgen, gelten die nachstehenden Vorschriften:

1. Die Zustellung besteht, wenn eine Ausfertigung zugestellt werden soll, in deren Uebergabe, in den übrigen Fällen in der Uebergabe einer einfachen Abschrift des zuzustellenden Schriftstücks.

2. Die Zustellungen für nicht prozeßfähige Personen erfolgen an die gesetzlichen Vertreter derselben. Wer im Einzelfalle gesetzlicher Vertreter ist, richtet sich nach den Vorschriften des bürgerlichen Rechtes. Im Allgemeinen erfolgen die Zustellungen für Minderjährige an den Vater, nach dem Tode desselben an die Mutter oder den Vormund, Zustellungen für Geisteskranke, Verschwender oder sonst aus irgend einem Grunde unter Vormundschaft stehende Personen an den Vormund.

Bei Behörden, Gemeinden und Korporationen sowie bei Vereinen, welche als solche klagen, oder verklagt werden können, genügt die Zustellung an den Vorsteher.

Bei mehreren gesetzlichen Vertretern, sowie bei mehreren Vorstehern genügt die Zustellung an einen derselben.

3. Die Zustellung für einen Unteroffizier oder einen Gemeinen des aktiven Heeres oder der aktiven Marine erfolgt an den Chef der zunächst vorgesetzten Kommandobehörde (Chef der Kompagnie, Eskadron, Batterie u. s. w.).

4. Die Zustellung erfolgt an den Generalbevollmächtigten, sowie in den den Betrieb eines Handelsgewerbes betreffenden Angelegenheiten an den Prokuristen mit gleicher Wirkung, wie an den Adressaten selbst.

5. Die Zustellungen können an jedem Ort erfolgen, wo die Person, welcher zugestellt werden soll, angetroffen wird.

Hat die Person an diesem Ort eine Wohnung oder ein Geschäftslokal, so ist die außerhalb der Wohnung oder des Geschäftslokals an sie erfolgte Zustellung nur gültig, wenn die Annahme nicht verweigert ist.

6. Wird die Person, welcher zugestellt werden soll, in ihrer Wohnung nicht angetroffen, so kann die Zustellung in der Wohnung an einen zu der Familie gehörenden erwachsenen Hausgenossen oder an eine in der Familie dienende erwachsene Person erfolgen.

Wird eine solche Person nicht angetroffen, so kann die Zustellung an den in demselben Hause wohnenden Hauswirth oder Vermiether erfolgen, wenn diese zur Annahme des Schriftstücks bereit sind.

7. Ist die Zustellung nach diesen Bestimmungen nicht ausführbar, so kann sie dadurch erfolgen, daß das zu übergebende Schriftstück bei der Ortsbehörde oder Postanstalt des Zustellungsortes niedergelegt und die Niederlegung sowohl durch eine an der Thür der Wohnung zu befestigende schriftliche Anzeige, als auch, soweit thunlich, durch mündliche Mittheilung an zwei in der Nachbarschaft wohnende Personen bekannt gemacht wird[2].

8. Für Gewerbetreibende, welche ein besonderes Geschäftslokal haben, kann, wenn sie in dem Geschäftslokale nicht angetroffen werden, die Zustellung an einen darin anwesenden Gewerbegehülfen erfolgen.

---

[1]) Art. 28 enthält eine Zusammenstellung der in der CPO. (§ 170, 171 bis 173, 180—184, 186, 188—195 über die Zustellung gegebenen Vorschriften.

[2]) Zustellung durch Niederlegung der Schriftstücke bei den Polizei- oder Gemeindevorstehern CPO. § 182 u. Vf. 14. April 80 (MB. 129, JMB. 95).

Wird ein Rechtsanwalt, ein Notar oder ein Gerichtsvollzieher in seinem Geschäftslokale nicht angetroffen, so kann die Zustellung an einen darin anwesenden Gehülfen oder Schreiber erfolgen.

9. Wird der gesetzliche Vertreter oder der Vorsteher einer Behörde, einer Gemeinde, einer Korporation oder eines Vereins, welchem zugestellt werden soll, in dem Geschäftslokale während der gewöhnlichen Geschäftsstunden nicht angetroffen oder ist er an der Annahme verhindert, so kann die Zustellung an einen anderen in dem Geschäftslokale anwesenden Beamten oder Bediensteten bewirkt werden.

Wird der gesetzliche Vertreter oder der Vorsteher in seiner Wohnung nicht angetroffen, so finden die Bestimmungen zu Nr. 6 und 7 nur Anwendung, wenn ein besonderes Geschäftslokal nicht vorhanden ist.

10. Wird die Annahme der Zustellung ohne gesetzlichen Grund verweigert, so ist das zu übergebende Schriftstück am Orte der Zustellung zurückzulassen.

11. Zur Nachtzeit, sowie an Sonntagen und allgemeinen Feiertagen darf eine Zustellung nur mit Erlaubniß der Vollstreckungsbehörde erfolgen. Die Erlaubniß ist nur im Falle der Dringlichkeit der Zustellung zu ertheilen. Die Nachtzeit umfaßt in dem Zeitraume vom 1. April bis 30. September die Stunden von 9 Uhr abends bis 4 Uhr morgens, in dem Zeitraume vom 1. Oktober bis 31. März die Stunden von 9 Uhr abends bis 6 Uhr morgens.

Die Verfügung, durch welche die Erlaubniß ertheilt wird, ist bei der Zustellung abschriftlich mitzutheilen.

Eine Zustellung, bei welcher die vorstehende Bestimmung nicht beobachtet ist, ist gültig, wenn die Annahme nicht verweigert ist.

12. Ist bei einer Zustellung an den Vertreter mehrerer Betheiligter oder an einen von mehreren Vertretern die Uebergabe der Ausfertigung oder Abschrift eines Schriftstücks erforderlich, so genügt die Uebergabe nur einer Ausfertigung oder Abschrift.

13. Die die Zustellung veranlassende Behörde oder der hiermit beauftragte Beamte hat das zu übergebende Schriftstück in einem durch das Dienstsiegel verschlossenen, mit der Adresse der Person, an welche zugestellt werden soll, versehenen und mit einer Geschäftsnummer bezeichneten Briefumschlage dem Vollziehungsbeamten oder demjenigen anderen Beamten, welcher mit der Ausführung der Zustellung beauftragt ist, oder der Post zur Zustellung auszuhändigen[3]). Ob die Zustellung durch den Beamten oder durch die Post zu wählen ist, ist unter entsprechender Anwendung der im Art. 23 gegebenen Vorschriften zu bestimmen. Auf den Briefumschlag ist der Vermerk zu setzen: „Vereinfachte Zustellung."

Die auf dem Briefumschlag angegebene Geschäftsnummer ist in den Akten zu vermerken.

14. Ueber die Zustellung ist von dem zustellenden Beamten oder dem Postboten eine Urkunde aufzunehmen. Dieselbe muß enthalten:

a) Ort und Zeit der Zustellung,
b) die Bezeichnung der Person, an welche zugestellt werden soll,
c) die Bezeichnung der Person, welcher zugestellt ist; in den Fällen der Nr. 6, 8, 9 die Angabe des Grundes, durch welche die Zustellung an die bezeichnete Person gerechtfertigt wird; wenn nach Nr. 7 verfahren ist, die Bemerkung, wie die darin enthaltenen Vorschriften befolgt sind,

---

[3]) Zustellung durch die Post CPO. § 193—197 u. Anw. des RPostA. 9. Dez. 99 (JMB. 722, CB. 00 S. 329).

d) im Falle der Verweigerung der Annahme die Erwähnung, daß die Annahme verweigert und das zu übergebende Schriftstück am Orte der Zustellung zurückgelassen ist,

e) die Bemerkung, daß der seinem Verschlusse, seiner Adresse und seiner Geschäftsnummer nach bezeichnete Briefumschlag übergeben ist. Auf dem letzteren ist der Tag der Zustellung zu vermerken; daß dies geschehen, ist in der Zustellungsurkunde anzugeben,

f) die Unterschrift des die Zustellung vollziehenden Beamten.

Die Zustellungsurkunde ist der die Zustellung veranlassenden Behörde zu überliefern.

Für die über die Zustellung aufzunehmenden Urkunden ist das anliegende Muster III zu benutzen.

Art. 29. Die Ersuchungsschreiben, welche bei Zustellungen in einem anderen deutschen Staate (§. 11 Abs. 2 d. V.), sowie bei Zustellungen an die im §. 201 der Civilprozeßordnung bezeichneten Personen[4]) erforderlich werden, sind von der Vollstreckungsbehörde zu erlassen. Dagegen sind bei Zustellungen, welche mittelst Ersuchens des Reichskanzlers, des Ministers der auswärtigen Angelegenheiten, der Bundesstaaten oder der Konsuln oder Gesandten des Reichs (§§. 199, 200 der Civilprozeßordnung) bewirkt werden sollen, wegen des Erlasses der Ersuchungsschreiben die über den Geschäftsverkehr mit den genannten Beamten ergangenen allgemeinen Vorschriften zu beachten.

Bei Zustellungen durch öffentlichen Aushang (§. 12 d. V.) ist der Tag der Anheftung auf dem auszuhängenden Schriftstücke zu vermerken.

Anlage B (zu Anmerkung 27).

Allerhöchster Erlaß vom 30. Dezember 1895 (GS. 96 S. 8)[1]).

Auf den Bericht vom 14. Dezember d. J. will ich genehmigen, daß auch in denjenigen Gemeinden und Landestheilen, in denen die Baupolizei durch Staatsbeamte verwaltet wird[2]), für die Genehmigung und Beaufsichtigung von Neubauten, Umbauten und anderen baulichen Herstellungen allgemein Gebühren nach den in den §§. 6 und 7 des Kommunalabgabengesetzes vom

[4]) Personen, die zu einem im Auslande befindlichen oder zu einem mobilen Truppenteile oder zur Besatzung eines in Dienst gestellten Kriegsfahrzeuges gehören.

[1]) Zur Frage der Rechtsgültigkeit AH. StB. 97 S. 833, 834, 1107 ff.; HH. Drucks. 96/97 Nr. 128, StB. 97 S. 456 ff. Der Verwaltungsrichter hat nicht zu prüfen, ob der AE. mit der VU. und den Gesetzen im Einklange steht. Dagegen unterliegen die ministeriellen Ausf.V. der richterlichen Prüfung auf ihre Rechtsgültigkeit; die Prüfung hat sich jedoch darauf zu beschränken, ob sie der zugrunde liegenden königl. V. entsprechen OV. 24. Jan. 99 (XXXV 102). Die ordnungsmäßige Bekanntmachung der ministeriellen GebOrdnungen erfolgt durch Veröffentlichung im Amtsblatte. — Der Vorschrift der VU. Art. 100 wird durch Aufnahme der Baupolizeigebühren in den Staatshaushaltsetat genügt.

[2]) Für Städte, in denen der Staat die sonstige Orts-, aber nicht mehr die Baupolizei handhabt, soll die im PolizeikostenG. 20. April 92 (GS. 87) § 6 vorgesehene Voraussetzung für jede Beitragskürzung weggefallen sein, nachdem die Einnahmen aus den staatlichen Baupolizeigebühren in den Etat eingestellt sind Vf. 1. April 96 (MB. 68). Anderer Ansicht OV. 16. Dez. 96 (XXXI 94).

14. Juli 1893 ausgesprochenen Grundsätzen erhoben und die bezüglichen Tarife durch die Minister der öffentlichen Arbeiten und des Innern sowie den Finanzminister festgestellt werden³).

Dieser Erlaß ist durch die Gesetzsammlung zu veröffentlichen.

Unteranlage B 1 (zum Erlasse 30. Dezember 95 Anmerkung 3).

Baupolizeigebührenordnung für die Stadtkreise Berlin und Charlottenburg.

§. **1.** Für die Genehmigung und Beaufsichtigung von Neubauten, Umbauten und anderen baulichen Herstellungen sind die nachstehenden Gebühren zur Staatskasse zu entrichten:

I. beim Neubau von Gebäuden mit Ausnahme der unter II aufgeführten, von Hofkellern und sonstigen selbständigen Kelleranlagen
für 100 cbm Rauminhalt . . . . 2 M.
jedoch mindestens . . . . 30 „

II. beim Neubau von Gebäuden untergeordneter Bedeutung, z. B. von Stallgebäuden mit Ausnahme der gewerbsmäßig betriebenen Reit-, Fuhr-, Pensions- und Verkaufsstallungen, von Waschhäusern, Scheunen, Schuppen, Gewächshäusern, Kegelbahnen, Verbindungshallen und dergl., sowie von hallenartigen Gebäuden einfachster Konstruktion
für 100 cbm Rauminhalt . . . . 1 M.
jedoch mindestens . . . . 10 „

III. bei erheblicheren Um- und Erweiterungsbauten dieselben Einheits- und Mindestsätze wie zu I und II, mit der Maßgabe, daß bei der Berechnung nur diejenigen Räume berücksichtigt werden, um deren Neuanlage oder Umgestaltung es sich handelt;

IV. bei allen sonstigen baulichen Herstellungen 5 Mk. Gebührenfrei ist die Genehmigung der Anlegung und Umänderung von Heiz- und Kochöfen, von Asch- und Müllbehältern, Abort- und Sammelgruben, von Zäunen und von Baubuden nebst zugehörigen Aborten.

§. **2.** Der Rauminhalt der Gebäude wird durch Multiplikation der für die Bebauung in Aussicht genommenen Grundfläche mit der Höhe — von der Kellersohle oder, wo ein Keller nicht vorhanden ist, von dem Fußboden des Erdgeschosses bis zur Oberkante des Hauptgesimses gemessen — festgestellt.

Die oberhalb des Hauptgesimses liegenden Gebäudetheile, sowie Balkone und Erker werden nicht berechnet.

Bei Hofkellern und sonstigen selbständigen Kelleranlagen ist die Höhe von der Kellersohle bis zur Erdoberfläche maßgebend.

Die über ein volles Hundert überschießenden cbm werden, falls ihre Zahl 50 und weniger beträgt, unberücksichtigt gelassen, wenn ihre Zahl 50 übersteigt, für ein volles Hundert gerechnet.

§. **3.** Außer den Sätzen des §. 1 werden erhoben:

I. für Nachtragsprojekte, welche von den genehmigten Projekten wesentlich abweichen, die Mindestsätze des §. 1 unter I bis III,

---

³) Annähernd gleichlautende Gebührenordnungen sind bisher erlassen für Berlin und Charlottenburg, Königsberg, Danzig, Potsdam, Rixdorf, Schöneberg, Cassel, Fulda, Marburg, Wiesbaden, Coblenz, die Vororte von Kiel, für Saarbrücken, St. Johann u. Malstatt-Burbach, für die Vororte von Hannover. — GebO. für Berlin und Charlottenburg Unteranlage B 1.

II. a) für jede gesonderte Rohbauabnahme einzelner Bauarbeiten und Bautheile, sowie für jede Wiederholung eines fruchtlos verlaufenen Rohbauabnahmetermins die Mindestsätze des §. 1 unter I bis III,

b) für jede gesonderte Gebrauchsabnahme einzelner Bauarbeiten und Bautheile, sowie für die Wiederholung eines fruchtlos verlaufenen Gebrauchsabnahmetermins

die Hälfte der Mindestsätze des §. 1 unter I bis III,

III. für Verlängerung des Bauscheines oder der Baugenehmigung jedesmal ein Fünftheil der Sätze des §. 1 unter I bis IV.

§. **4.** Gebührenfrei sind:

1. die Bauten für Rechnung der Mitglieder des Königlichen Hauses und des Hohenzollernschen Fürstenhauses,
2. die Bauten des Preußischen Staates und des Deutschen Reiches, erstere einschließlich derjenigen Bauten, bei denen der Staat mit Patronatsbeiträgen, Gnadengeschenken oder sonstigen Beihülfen betheiligt ist.

§. **5.** Die Gebühren sind in den Fällen des §. 1 und des §. 3 unter I bei Aushändigung des Bauscheines oder der Baugenehmigung, in den Fällen des §. 3 unter II bei Aushändigung des Rohbau- bezw. des Gebrauchsabnahmescheines und in dem Falle des §. 3 unter III bei Wiederaushändigung des mit dem Verlängerungsvermerke versehenen Bauscheines oder der Baugenehmigung, spätestens aber binnen zwei Wochen nach erfolgter Benachrichtigung zu entrichten.

§. **6.** Diese Gebührenordnung tritt am 1. April d. J. mit der Maßgabe in Kraft, daß die Bestimmungen des §. 1 auf diejenigen Bauten keine Anwendung finden, für welche die Genehmigung spätestens am Tage der Veröffentlichung der Gebührenordnung beantragt wird. Entscheidend ist dabei der Tag des Einganges des Baugenehmigungsgesuches bei der Baupolizeibehörde.

Dagegen unterliegen vom 1. April d. J. ab auch die bereits vor diesem Tage genehmigten Bauten den Bestimmungen des §. 3.

Mit dem Inkrafttreten dieser Gebührenordnung kommen die bisher erhobenen Gebühren in Fortfall. Insbesondere werden besondere Gebühren für die Mitwirkung der Rathsmaurer- und Rathszimmermeister, sowie für die Thätigkeit der Stadtwachtmeister nicht mehr erhoben.

Berlin, den 27. März 1896.

Der Finanzminister. Der Minister der öffentlichen Arbeiten.
Der Minister des Innern.

Anlage C (zu Anmerkung 94).

Gesetz wegen Aufhebung direkter Staatssteuern. Vom 14. Juli 1893.

(GS. 119)[1].

§. **1.** Behufs Erleichterung und anderweitiger Regelung der öffentlichen Lasten der Gemeinden (Gutsbezirke) werden die folgenden direkten Staatssteuern gegenüber der Staatskasse außer Hebung gesetzt:

---

[1]) a. Das G. setzt eine Mehrzahl direkter Staatssteuern für den Staat außer Hebung § 1, 2, erhält jedoch ihre Veranlagung u. Verwaltung als Grundlage für die Kommunalbesteuerung u. die an diese Steuern geknüpften Rechtsfolgen und Einrichtungen (Anm. 3) aufrecht § 3, 4 und setzt die durch diese veränderte

1. die nach den Gesetzen vom 21. Mai 1861 (Gesetz-Samml. S. 253 und 317) sowie nach den hierzu ergangenen ergänzenden und abändernden Gesetzen veranlagte Grund- und Gebäudesteuer,
2. die nach dem Gesetze vom 24. Juni 1891 (Gesetz-Samml. S. 205) veranlagte Gewerbe- und Betriebssteuer.

§. 2[2]. Ferner werden außer Hebung gesetzt:

1. die von den Bergwerken in den älteren rechtsrheinischen Landestheilen zu entrichtende Aufsichtssteuer und Bergwerksabgabe (Gesetz über die Besteuerung der Bergwerke für den ganzen Umfang der Monarchie, mit Ausnahme der auf dem linken Rheinufer belegenen Landestheile, vom 12. Mai 1851, §. 8 — Gesetz-Samml. S. 261 —, Gesetz, die Bergwerksabgaben betreffend, vom 20. Oktober 1862, §. 4 —, Gesetz-Samml. S. 351 —),
2. die in den übrigen Landestheilen zu entrichtende Bergwerksabgabe (Gesetz, die Bergwerksabgaben betreffend, vom 20. Oktober 1862, §. 6; Verordnungen für das Gebiet des vormaligen Königreichs Hannover, vom 8. Mai 1867, Artikel XXI — Gesetz-Samml. S. 601 —, für das Gebiet des vormaligen Kurfürstenthums Hessen, die Stadt Frankfurt und die vormals Königlich Bayerischen Gebietstheile, vom 1. Juni 1867, Artikel XVII — Gesetz-Samml. S. 770 —, für das vormalige Herzogthum Nassau, die vormals Großherzoglich Hessischen Landestheile und die vormalige Landgrafschaft Hessen-Homburg einschließlich des Oberamtsbezirks Meisenheim, vom 1. Juni 1867, Artikel I §. 2 — Gesetz-Samml. S 802 —; Gesetz, betreffend die Einführung des Allgemeinen Berggesetzes vom 24. Juni 1865 in das Gebiet des Herzogthums Lauenburg, vom 6. Mai 1868, Artikel VII — Offizielles Wochenblatt für das Herzogthum Lauenburg für 1868 Nr. 36 —; Gesetz, betreffend die Einführung des Allgemeinen Berggesetzes vom 24. Juni 1865 in das Gebiet der Herzogthümer Schleswig und Holstein, vom 12. März 1869, Artikel IX — Gesetz-Samml. S. 453 —).

Bestimmung notwendig gewordenen Gesetzesänderungen fest § 5—16.

b. Die § 17—30 sind nicht abgedruckt, da sie im wesentlichen nur Übergangsbestimmungen enthalten u. auch im übrigen für die Kommunalbesteuerung keine Bedeutung haben. [§ 17—27 betreffen die Rückerstattung der früher für Aufhebung der Grundsteuerbefreiungen vom Staate gezahlten Entschädigungen, § 28 die Aufhebung der aus den landwirtschaftlichen Zöllen früher den Kommunalverbänden überwiesenen Beträge, § 29 den mit Neuregelung der direkten Steuern in Hohenzollern (Nr. 3 Anm. 2 d. W.) fortgefallenen Ausschluß dieses Landesteils u. § 29 das Inkrafttreten des G. am 1. April 95.]

[2] Die staatliche Bergwerksteuer, die als Grundlage der Kommunalbesteuerung nicht geeignet erschien, wird nicht weiter veranlagt u. ist somit ganz fortgefallen. Doch bleiben die Rechtsverhältnisse zwischen den Privatregalberechtigten u. -Verpflichteten unberührt KVAH. 91 Nr. 126 S. 26. Die Bergwerksbetriebe unterliegen der kommunalen Gewerbebesteuerung KAG. § 28 Abs. 1[3]; Einkommensteuer § 33 Abs. 1[2, 3].

§. 3. Die Vorschriften der in den §§. 1 und 2 bezeichneten Gesetze bleiben, soweit nicht in dem gegenwärtigen Gesetze und in dem Kommunalabgabengesetze Abweichendes bestimmt ist, in Kraft.

Die Veranlagung und Verwaltung der Grund-, Gebäude- und Gewerbesteuer wird, soweit nicht in dem gegenwärtigen Gesetze Abweichendes bestimmt ist, unter Aufrechterhaltung der dieserhalb bestehenden gesetzlichen Einrichtungen vom Staate für die Zwecke der kommunalen Besteuerung ausgeführt. Die landständische Mitwirkung bei der Verwaltung der Grundsteuer innerhalb des kommunalständischen Verbandes der Oberlausitz (Gesetz, betreffend die definitive Unterverteilung und Erhebung der Grundsteuer u. s. w., vom 8. Februar 1867, §. 49 — Gesetz-Samml. S. 185 —) wird hierdurch nicht berührt.

§. 4. Die Veranlagung (§. 3) ist auf diejenigen Liegenschaften, Gebäude und Gewerbebetriebe auszudehnen, welche von der entsprechenden Staatssteuer freigeblieben, aber gemäß den Bestimmungen des Kommunalabgabengesetzes der Kommunalsteuerpflicht unterworfen sind.

Für die Veranlagung gelten, soweit nicht in dem gegenwärtigen Gesetze und in dem Kommunalabgabengesetze Abweichendes bestimmt ist, die allgemeinen gesetzlichen Vorschriften, welche bei der Heranziehung zu den entsprechenden Staatssteuern anzuwenden gewesen sein würden. Insbesondere sind gegen die Veranlagung dieselben Rechtsmittel zulässig, mit denen die Veranlagung der entsprechenden Staatssteuer hätte angefochten werden können.

§. 5. Die bestehenden gesetzlichen Bestimmungen, welche von der Veranlagung der im §. 1 Nr. 1 und 2 bezeichneten Steuern oder von einzelnen derselben anderweitige Rechtsfolgen, insbesondere die Begründung von Rechten oder Pflichten abhängig machen[3]), bleiben aufrecht erhalten; soweit hierbei die Entrichtung solcher Steuern vorausgesetzt wird, treten an die Stelle der zu entrichtenden die veranlagten Beträge.

Auf die Bestimmungen im §. 9 I Nr. 4 des Einkommensteuergesetzes vom 24. Juni 1891 (Gesetz-Samml. S. 175)[4]) findet diese Vorschrift keine Anwendung.

Die Vorschrift findet gleichfalls keine Anwendung auf die Bildung der Urwählerabtheilungen für die Wahlen zum Hause der Abgeordneten. Ueber diese, sowie über die Bildung der Wählerabtheilungen für die Wahl von Gemeindevertretungen ergeht besondere gesetzliche Bestimmung[5]).

---

[3]) Dazu gehört insbes. die Dreiklassenwahl für das Abgeordnetenhaus u. die kommunalen Vertretungen (Anm. 5), die Bestimmung des Gemeinderechts in den Landgemeinden LGO. § 41 Abs. 1[6b], der Großgrundbesitzer für die Kreistagswahl KrO. § 86, die Umlagen für die Handelskammern G. 97 (GS. 355) § 26, die Bezeichnung der Grundstücke im Grundbuch V. 13. Nov. 99 (GS. 519) Art. 2.

[4]) Die Bestimmung, die den Abzug der staatlichen Grund-, Bergwerks- u. Gewerbesteuer bei Veranlagung der staatlichen Einkommensteuer betraf, hat keine Bedeutung mehr.

[5]) G. betr. Änderung des Wahlverfahrens 29. Juni 93 (GS. 103) u. G. betr. die Bildung der Wählerabteilungen bei den Gemeindewahlen 20. Juni 00 (Nr. 2 d. W.).

§. 6. Die für die Provinzen Rheinland und Westfalen bestehenden besonderen Vorschriften über den Grundsteuerdeckungsfonds und den Fonds zur Erhaltung und Erneuerung des Katasters (Grundsteuergesetz für die westlichen Provinzen vom 21. Januar 1839, §. 2 zu b und c, §§. 4, 44 bis 48 — Gesetz-Samml. S. 30 —, Verordnung, betreffend die Feststellung und Untervertheilung der Grundsteuer in den beiden westlichen Provinzen, vom 12. Dezember 1864, §§. 3, 4, 21 — Gesetz-Samml. S. 683 —) treten außer Kraft.

An Stelle dieser Vorschriften treten die in den übrigen Landestheilen geltenden allgemeinen Bestimmungen.

Mit der Auflösung der Fonds gehen die Bestände, sowie die alsdann noch bestehenden Forderungen und Verpflichtungen

a) des Grundsteuerdeckungsfonds auf die Kreise der betreffenden Regierungsbezirke nach Maßgabe der veranlagten Grundsteuer,
b) des Fonds zur Erhaltung und Erneuerung des Katasters auf die Staatskasse

über.

§. 7. Die auf die Aufbewahrung der Kopien der Katasterdokumente und auf die Ertheilung beglaubigter Auszüge aus denselben bezüglichen Bestimmungen im Artikel II des Gesetzes über die Veräußerung und hypothekarische Belastung von Grundstücken im Geltungsbereiche des Rheinischen Rechts vom 20. Mai 1885 (Gesetz-Samml. S. 139) werden auf die übrigen Theile der Rheinprovinz und auf die Provinz Westfalen ausgedehnt.

§. 8. Soweit die Bestrafung von Zuwiderhandlungen gegen die Vorschriften über die Grund-, Gebäude- und Gewerbesteuer von der Vorenthaltung oder von dem Verluste der Steuer gegenüber dem Staate abhängig gemacht ist (Gebäudesteuergesetz vom 21. Mai 1861, §. 17 Abs. 3; Gesetz, betreffend die definitive Untervertheilung und Erhebung der Grundsteuer in den sechs östlichen Provinzen, vom 8. Februar 1867, §. 34 Absatz 3; Gesetz, betreffend die Ausführung der anderweiten Regelung der Grundsteuer in den Provinzen Schleswig-Holstein, Hannover und Hessen-Nassau, sowie in dem Kreise Meisenheim, vom 11. Februar 1870, §. 1 — Gesetz-Samml. S. 85 —, Gewerbesteuergesetz vom 24. Juni 1891, §. 70), gilt als vorenthalten (verloren) derjenige Betrag, welcher im Falle fortdauernder Hebung der Steuer zur Staatskasse nach Maßgabe der Veranlagung (§. 3 Absatz 2, §. 4) zu entrichten gewesen sein würde.

Die im §. 17 Absatz 3 des Gebäudesteuergesetzes vom 21. Mai 1861 bestimmte dreimonatige Anmeldefrist für neuentstandene Gebäude (§. 15 zu 4 a. a. O.), desgleichen für wesentliche Verbesserungen von Gebäuden, sowie Vergrößerungen der zu ihnen gehörigen Hofräume und Hausgärten (§. 15 zu 5 a. a. O.) beginnt mit dem Ablaufe des Rechnungsjahres, in welchem die Veränderung eingetreten ist[6]).

---

[6]) KAG. § 26 Abs. 4.

§. 9. Zum Bezuge von Nachsteuern (Gebäudesteuergesetz vom 21. Mai 1861, §. 17 Absatz 4; Gesetz vom 8. Februar 1867, §. 34 Absatz 4; Gesetz vom 11. Februar 1870, §. 1; Gewerbesteuergesetz vom 24. Juni 1891, §§. 70, 78) ist diejenige Gemeinde berechtigt, welcher nach den Bestimmungen des Kommunalabgabengesetzes das entsprechende Steueraufkommen zusteht.

§. 10. Die Bestimmungen im §. 81 des Gewerbesteuergesetzes vom 24. Juni 1891[7]) werden aufgehoben.

Das Aufhören eines steuerpflichtigen Gewerbes ist nicht der Hebestelle (§. 58 Absatz 1 a. a. O.), sondern dem Vorsitzenden des für die Veranlagung zuständigen Steuerausschusses anzuzeigen.

§. 11. Die Hebung und Beitreibung der Grund-, Gebäude- und Gewerbesteuer liegt derjenigen Gemeinde ob, welche nach den Bestimmungen des Kommunalabgabengesetzes zum Bezuge des entsprechenden Steueraufkommens berechtigt ist[8]).

Die Ausfälle treffen die Gemeindekasse. Die Ermächtigung zum Erlasse und zur Ermäßigung veranlagter Steuern (Gesetz, betreffend den Erlaß oder die Ermäßigung der Grundsteuer in Folge von Ueberschwemmungen, vom 15. April 1889, §. 1 Nr. 1 — Gesetz-Samml. S. 99 —, Gewerbesteuergesetz vom 24. Juni 1891, §§. 44, 45) geht auf die Gemeinden über[9]).

Die gesetzlichen Bestimmungen über Ansprüche der Gemeinden auf Mitverwaltung ihrer Kassen durch staatliche Kassenbeamte (Gemeindeordnung für die Rheinprovinz vom 23. Juli 1845, §§. 79, 106 — Gesetz-Samml. S. 523 —, Landgemeindeordnung für die Provinz Westfalen vom 19. März 1856, §§. 44, 73 —, Gesetz-Samml. S. 265 —) werden aufgehoben.

§. 12. Die auf die Betriebssteuer bezüglichen Vorschriften des Gewerbesteuergesetzes vom 24. Juni 1891[10]) gelangen nach Maßgabe folgender Bestimmungen zur Anwendung:

1. Erstreckt sich ein betriebssteuerpflichtiges Gewerbe über mehrere Kreise, so ist für jeden dieser Kreise die Hälfte der im §. 60 Nr. 1 und 2 a. a. O. bestimmten Steuersätze zu entrichten. Auf die im §. 60 Absatz 2 a. a. O. bezeichneten Betriebsstätten findet diese Bestimmung keine Anwendung.
2. Die Betriebssteuer wird in den Landkreisen vom Landrath, in den Stadtkreisen vom Gemeindevorstande, in Berlin von der Direktion für die Verwaltung der direkten Steuern festgestellt.

---

[7]) Betraf die Kontingentierung der Gewerbesteuer auf 19811359 Mk.

[8]) § 15.

[9]) Die Ermächtigung bedingt die Pflicht der Gemeinde, dem Steuerpflichtigen die vom Gesetz beabsichtigte Wohltat zuteil werden zu lassen; der Anspruch kann im Streitverfahren verfolgt werden OV. 15. März 01 (XXXIX. 66).

[10]) Die Betriebssteuer, die zugleich polizeiliche Zwecke verfolgt u. deshalb in der Erhebung sicher gestellt werden mußte, ist den Kreisen überwiesen, die sie zur Bestreitung ihrer Ausgaben zu verwenden haben (§ 13 Abs. 4).

Diesen Behörden stehen auch die Befugniß zur Herabsetzung der Betriebssteuer gemäß §. 61 und die anderweite Feststellung gemäß §. 65 Absatz 2 a. a. O. zu.

3. Die Betriebssteuer ist binnen zwei Wochen nach erfolgter Behändigung der Steuerzuschrift in einer Summe zu entrichten[11]).

Die im §. 61 a. a. O. bezeichneten Steuerpflichtigen haben die Steuer vor Eröffnung des Betriebes zu entrichten, oder, falls bis dahin die Steuerzuschrift noch nicht behändigt ist, einen von dem Gemeinde=(Guts=)Vorstande zu bestimmenden Geldbetrag bei der gleichzeitig zu bezeichnenden Kasse zur Deckung der Steuer zu hinterlegen, widrigenfalls ihnen die Ausübung des Betriebes nach Maßgabe des §. 63 a. a. O. untersagt werden kann.

§. 13. Die Gemeinden (Gutsbezirke) haben die Betriebssteuer in den veranlagten Beträgen (§. 12) von den Pflichtigen ihres Bezirks zu erheben.

Die Gemeinden (Gutsbezirke) der Landkreise haben die erhobenen Beträge am Schlusse eines jeden Vierteljahres an die Kreiskommunalkasse abzuführen.

Sofern die Gemeinden nach den Bestimmungen des Kommunalabgabengesetzes besondere Betriebssteuern eingeführt haben[12]), müssen sie denjenigen Betrag, welcher sich bei Anwendung der Bestimmungen der §§. 60 bis 69 des Gewerbesteuergesetzes vom 24. Juni 1891 und des §. 12 des gegenwärtigen Gesetzes ergeben würde, an die Kreiskommunalkasse abführen.

Die Kreise haben das ihnen zufließende Aufkommen der Betriebssteuer (Absatz 2 und 3) zur Bestreitung ihrer Ausgaben zu verwenden[13]).

§. 14. Die Kosten der Veranlagung und Verwaltung der Steuern (§. 3 Absatz 2, §. 4) werden, soweit sie nicht durch die den Gemeinden hierbei übertragenen Geschäfte entstehen, aus der Staatskasse bestritten.

Das Aufkommen an Gebühren, Kosten und Strafen im Bereiche der Grund=, Gebäude= und Gewerbe=(Betriebs=)Steuer fließt in die Staatskasse.

Sofern im Bereiche der Katasterverwaltung die Ausführung von Neumessungen ganzer Gemarkungen oder größerer Theile von solchen seitens einer Gemeinde oder der betheiligten Grundbesitzer beantragt wird, oder vorzugsweise der Gemeinde oder den betheiligten Grundbesitzern zum Vortheile gereicht, kann die Ausführung nach Bestimmung des Finanzministers von der Entrichtung eines, seitens der Gemeinde oder der betheiligten Grundbesitzer zu leistenden Beitrages zu den Kosten der Neumessung abhängig gemacht werden.

§. 15. Die Kosten der Hebung und Beitreibung der Steuern (§§. 11, 13) sind von den Gemeinden zu tragen.

Die gesetzlichen Bestimmungen über die Verpflichtung der Grundsteuerpflichtigen zur Entrichtung von Beischlägen behufs Bestreitung der Elementar=

---

[11]) Nr. 3 Anm. 241.

[12]) Anw. (Anl. A) Art. 22[8]; KAG. § 28 Abs. 2, Satz 2 u. § 58.

[13]) Die Betriebssteuer kann daneben zu den Kreisabgaben herangezogen werden Bf. 9. Feb. 95 (MB. 36).

erhebungskosten (Grundsteuergesetz für die westlichen Provinzen vom 21. Januar 1839, §§. 2a, 3; Gesetz vom 11. Februar 1870, §. 11) werden aufgehoben.

§. 16. Die gesetzlichen Bestimmungen über die Ansprüche der Gemeinden (Gutsbezirke) auf den Bezug von Vergütungen für die bei Veranlagung der Gewerbesteuer und der Einkommensteuer ihnen übertragenen Geschäfte (Gewerbesteuergesetz vom 24. Juni 1891, §. 75 Absatz 1; Einkommensteuergesetz vom 24. Juni 1891, §. 73 Absatz 1) treten außer Kraft.

Durch Königliche Verordnung kann den Gemeinden und selbstständigen Gutsbezirken die Verpflichtung auferlegt werden, in ihren Bezirken die Elementarerhebung der sämmtlichen direkten Staatssteuern, der Domänen-, Rentenbank- und Grundsteuerentschädigungs-Renten sowie die Abführung der erhobenen Beträge an die zuständigen Staatskassen ohne Vergütung zu bewirken[14]).

(§. **17—30**)[1b]).

Anlage D (zu Anmerkung 151).

Verordnung, betreffend die Heranziehung der Staatsdiener zu den Kommunal-Auflagen in den neu erworbenen Landestheilen. Vom 23. September 1867

(GS. 1648)[1]).

Wir u. s. w. verordnen für die durch die Gesetze vom 20. September und 24. Dezember 1866. mit Unserer Monarchie vereinigten Landestheile, mit Ausnahme des Gemeindegebietes der Stadt Frankfurt a. M.[2]), um die Staatsdiener in diesen Landestheilen bezüglich ihrer Beitragspflicht zu den Kommunalbedürfnissen den Staatsdienern in der übrigen Monarchie nach Maßgabe der Grundsätze des Gesetzes vom 11. Juni 1822. gleichzustellen, auf den Antrag Unseres Staatsministeriums, was folgt:

§. 1. Von allen direkten Kommunalauflagen, sowohl der einzelnen bürgerlichen Stadt- und Landgemeinden[3]), als der weiteren kommunalen Körperschaften (Amtsbezirke, Distriktsgemeinden, Armendistrikte, Wegeverbände u. s. w.) und der kreis-, kommunal- und provinzialständischen Verbände[3a]), sind vollständig befreit:

---

[14]) Dies ist geschehen V. 22. Jan. 94 (GS. 5).

[1]) Die V. gibt im wesentlichen (Anm. 5) das altpreuß. G. 11. Juli 22 (GS. 184) mit den späteren Ergänzungen wieder u. hat — da sie einheitliches Recht schaffen wollte — diese Bestimmungen auch für die älteren Provinzen ersetzt KAG. § 41, Anw. (Anl. A) § 26 Abs. 3 nebst Anm. 52. — Geltung der V. im ganzen Bundesgebiet Unteranlage D 1.

[2]) In Frankfurt a. M. waren die entsprechenden altpreuß. Gesetze bereits eingeführt GemVerfG. 25. März 67 (GS. 401) § 10 u. 11; jetzt gilt die V. auch hier Anm. 1.

[3]) Bei mehrfachem Wohnsitze erstreckt die Steuerfreiheit sich auf alle Wohnorte, nicht nur auf den Garnisonort OV. 27. Nov. 95 (VB. XVII 429). — Kirchen- u. Schullasten fallen nur da unter die V., wo sie von der bürgerlichen Gemeinde übernommen sind OV. 19. Juni 00 (VB. XXII 106). Ähnliches gilt von Heereslasten, Quartierlast Vf. 8. Sept. 75 (MB. 292) u. 4. Feb. 76 (MB. 55), sonstige Friedensleistungen V. 98 (RGB. 922) zu § 7 Abs. 1, Kriegsleistungen G. 3. Juni 73 (RGB. 129) § 6.

[3a]) KrO. § 18, PrO. § 107.

1. die servisberechtigten Militairpersonen des aktiven Dienststandes[4]), sowohl hinsichtlich ihres dienstlichen als sonstigen[5]) Einkommens; nur zu den auf den Grundbesitz oder das stehende Gewerbe, oder auf das aus diesen Quellen fließende Einkommen gelegten Kommunallasten müssen auch sie beitragen, wenn sie in dem Kommunalbezirk Grundbesitz haben oder ein stehendes Gewerbe betreiben.

   Militairärzte genießen rücksichtlich ihres Einkommens aus einer Civilpraxis die Befreiung nicht;
2. die auf Inaktivitätsgehalt gesetzten oder mit Pension zur Disposition gestellten Offiziere hinsichtlich ihrer Gehalts- und sonstigen dienstlichen Bezüge[6]);
3. die Geistlichen[7]) und Elementarlehrer[8]) hinsichtlich ihrer Besoldungen

---

[4]) Ein Verzeichnis der servisberechtigten Militärpersonen wird dem Etatsgesetz alljährlich beigefügt 1904 (RGB. 197). Zu ihnen gehören die Einjährig-Freiwilligen OV. 19. Juni 03 (VB. XXIV 806), die nach Preußen kommandierten nichtpreußischen Offiziere des deutschen Heeres OV. 13. Mai 90 (XIX 37), die zur Probedienstleistung kommandierten Zivilversorgungsberechtigten 11. Okt. 89 (XVIII 109), die Büchsenmacher und Sattler bei den Truppen 16. Okt. 97 (VB. XIX 123) und die Feldjäger 13. Juni 90 (Nr. II 537). Gendarmen sind nicht servisberechtigt, unterliegen jedoch dem G. nach KAG. § 42 Abs. 2. -- Die Bezeichnung entspricht der der Städteordnungen, wo die „servisberechtigten Militärpersonen" als nicht zur Stadtgemeinde gehörig bezeichnet wurden. Das G. 11. Juli 22 (Anm. 1) § 10e hatte dagegen alle Besoldungen und Emolumente der „beim stehenden Heere und bei den Landwehrstämmen befindlichen aktiven Militärpersonen" als gemeindesteuerfrei erklärt. Diesen gemeindesteuerfreien servisberechtigten Militärpersonen werden — im Einklang mit Vf. 14. Dez. 64 (MB. 65 S. 2) u. 9. Okt. 66 (MB. 214) — die — auch nach MilG. 2. Mai 74 (RGB. 45) § 38 zum aktiven Heere gehörigen — zum Dienst einberufenen Landwehr- und Reserveoffiziere in einem Aufsatze (VB. XXIV 81) zugezählt, wogegen in einem anderen Aufsatze (das. 305) nicht mit Unrecht eingewendet wird, daß solche Änderung des G. 11. Juli 22 weder von den Städteordnungen noch von der V. 23. Sept. 67 beabsichtigt sein könne und daß das G. 29. Juni 86 (Anl. E), das sich — wie die Begründung ergibt — auf die nicht der Gemeinde angehörigen servisberechtigten Militärpersonen bezieht, diese in § 1 als „Militärpersonen des Friedensstandes" bezeichnet und damit einen Ausdruck wählt, der sonst (MilG. § 38) im Gegensatz zu den einberufenen Reserve- und Landwehroffizieren angewendet wird.

[5]) Das sonstige Einkommen — das nach G. 11. Juli 22 (Anm. 1) § 10e gemeindesteuerpflichtig war — ist nach V. 67 steuerfrei, jetzt aber gem. Anl. E wieder steuerpflichtig geworden.

[6]) Für die zur Disposition gestellten Offiziere aufgehoben das. § 9; die Verabschiedung mit Inaktivitätsgehalt findet nicht mehr statt.

[7]) Der Begriff „Geistlicher" bestimmt sich nach dem Kirchenrecht u. der betreffenden Kirchenverfassung OV. 30. Nov. u. umfaßt auch die emeritierten Geistlichen 14. Sept. 85 (XII 133 u. 141) u. die Seelsorger an Gefangenanstalten 8. Okt. 89 (XVIII 114); er beschränkt sich aber auf die Geistlichen der vom Staate ausdrücklich oder öffentlich aufgenommenen Kirchengesellschaften (LR. II 11 § 17) und erstreckt sich nicht auf Geistliche der von der Landeskirche sich getrennt haltenden Lutheraner OV. 29. Juni 98 (XXXIII 29) u. Mennonitenprediger 27. Juni 93 (VB. XIV 546) u. 22. Feb. 99 (XXXVI 21).

[8]) Volksschulen (Elementarschulen) sind solche Schulen, deren Benutzung durch alle nicht anderweit unterrichteten Kinder erzwingbar ist u. zu deren Unterhaltung die beteiligten Verbände gesetz-

und Emolumente[9]), einschließlich der Ruhegehälter, ingleichen die unteren Kirchendiener[10]), wo und soweit den letzteren eine derartige Befreiung seither rechtsgültig zugestanden hat;

4. die verabschiedeten Beamten und nicht zu der Kategorie unter Nr. 2. gehörigen[6]) Militairpersonen hinsichts ihrer aus Staatsfonds oder sonstigen öffentlichen Kassen zahlbaren Pensionen und laufenden Unterstützungsbezüge, ebenso die Beamten hinsichts ihrer Wartegelder, sofern der jährliche Betrag solcher Bezüge für Einen Empfänger die Summe von 250 Rthlr nicht erreicht[11]);
5. die hinterbliebenen Wittwen und Waisen der unter 1—4. genannten Personen[12]) hinsichts ihrer aus Staatsfonds oder aus einer öffentlichen Versorgungskasse zahlbaren Pensionen und laufenden Unterstützungen;
6. die Sterbe- und Gnadenmonate[13]);
7. alle diejenigen Dienst-Emolumente, welche blos als Ersatz baarer Auslagen zu betrachten sind[14]).

---

lich verpflichtet sind OV. 11. März 85 (XII 197), auch öffentliche jüdische 4. Feb. 98 (XXXIV 168); dies gilt auch, wenn freigestellter Unterricht in Gegenständen erteilt wird, der außerhalb der Ziele der Volksschule liegt 22. Juni 94 (VB. XVI 16) u. von Übungsschulen an Seminaren Vf. 27. Aug. 70 (MB. 256), desgl. von Rektoren der bezeichneten Schulen 8. Nov. 01 (VB. XXIII 567). Nicht dazu gehören Anstaltsschulen (an Waisenhäusern) OV. 10. Jan. 91 (XX 120), Realgymnasial-Vorschulen Vf. 17. Jan. 78 (MB. 35) u. OV. 15. Feb. sowie Rektoratsschulen 22. März 89 (XVII 157 u. 162). — Auch außerhalb der Gemeinde des tatsächlichen Wohnsitzes angestellte Volksschullehrer sind in dieser steuerfrei OV. 26. Okt. 89 (XVIII 132).

[9]) Auch der aus Privatbeiträgen stammenden OV. 30. Nov. 85 (XII 133), nicht aber die für Nebenbeschäftigungen gewährten 18. Sept. 00 (VB. XXII 204).

[10]) Die — von den Gemeinde-Verf.-Gesetzen (StO. östl. Pr., Westf. u. Rheinprov. § 4 Abs. 12; LGO. Westf. § 61, Rheinpr. G. 15. Mai 56 Art. 10) abweichende — Bezeichnung der Kirchendiener als „untere" ist — nach den nicht veröffentlichten Motiven der V. — mit Rücksicht auf Hannover erfolgt, wo auch die Geistlichen als Kirchendiener bezeichnet werden. — Kirchenrendanten sind zwar Kirchendiener, kommen aber nicht in Betracht, da sie nach neuerem Recht nicht zu den Staatsbeamten zählen OV. 7. Feb. 90 (XIX 44). Israelitische niedere Kultusbeamten (Vorbeter) gehören nicht zu den Kirchendienern 29. Mai 96 (VB. XVIII 156). Kirchendiener haben nicht die Vorrechte der unmittelbaren Staatsbeamten 23. Mai 02 u. dasselbe gilt für Küster u. — wo es nicht wie in Pommern u. Schl.-Holstein durch Sondergesetz angeordnet ist — für Kirchenrendanten 29. März, desgl. für Beamte des erzbischöflichen Konsistoriums 4. Okt. 01 (XXIII 689, 104 u. 310).

[11]) Dies gilt auch für die Militärinvalidenpensionen OV. 21. Juni 84 (VB. V 343). Die Heranziehung hinsichtlich der höheren Pensionen unterliegt den Einschränkungen der § 3—10 der V. — Befreiung der Pensionserhöhungen und Verstümmelungszulagen RG. 22. Mai 93 (RGB. 171) Art. 18 Abs. 1 u. V. 31. Mai 01 (das. 193) § 20 Abs. 3.

[12]) Auch der im Dienste verstorbenen Beamten OV. 25. April 99 (XXXV 168).

[13]) Auch das Gnadenjahr der Geistlichen OV. 17. März 81 (VII 104).

[14]) Dazu gehören die Tagegelder auswärts beschäftigter Beamten OV. 9. Feb. 85 (XIV 145).

§. 2. Zu den Beamten im Sinne dieser Verordnung[15]) gehören alle, in unmittelbaren Diensten des Staats[16]) oder der demselben untergeordneten Obrigkeiten, Kollegien, kommunalen und ständischen Korporationen stehende[17]),

---

[15]) Die Frage wer Beamter sei ist Rechtsfrage u. unterliegt der freien Prüfung in der Revisionsinstanz OV. 5. Feb. 85 (XI 71).

[16]) **Unmittelbare Staatsbeamte** sind die für staatliche Zwecke Beschäftigten, denen von der Staatsgewalt durch Bestallung oder sonst eine erkennbar im Staatsamte über die privatrechtlichen Verpflichtungen des Dienstvertrages hinausgehende öffentlich-rechtliche Pflichten übertragen sind OV. 3. Jan. 91 (XX 126). — Zu ihnen gehören a) gerichtliche Kanzlisten, Kanzleidiätare u. für die regelmäßigen Arbeiten mit Aussicht auf dauernder Anstellung (nicht nur aushilfsweise) angenommenen Kanzleigehilfen (Lohnschreiber) OV. 5. April 92 (XXII 53), Gerichtsvollzieher mit gewährleistetem Mindesteinkommen 24. Sept. 89 (XVIII 105), **nicht** aber solche kraft Auftrags 8. Mai 00 (VB. XXI 602), auch nicht Notare 10. Jan. 90 (XIX 51); b) Mitglieder der kirchenregimentlichen Behörden (Oberkirchenrat, Konsistorien) OV. 1. April 92 (XXII 36), **nicht** aber (auch nicht als mittelbare Staatsbeamte) Superintendenten 27. Sept. 90 (XX 451), Landrabbiner (Hannover) OV. 10. Juli 97 (VB. XIX 82) u. jüdische Kultusbeamte 29. Mai 96 (VB. XVIII 156); c) obere Werkbeamte fiskalischer Gruben (nicht untere, wie Grubensteiger) OV. 3. Jan. 91 (XX 126); d) in der Staatsbahnverwaltung beschäftigte Baubeamte OV. 28. Jan. u. 12. Okt., 26. Feb. u. 26. Okt. 86 (XIII 122 u. 128, 134 u. 139); e) im Staatsdienst aufgenommene Feldmesser OV. 14. Sept. 85 (VB. VII 57); Beamte der Königl. u. Prinzl. Hofämter OV. 17. Juni 92 (VB. XIV 15). — Reichsbeamte — nicht auch Beamte der Bundesstaaten OV. 19. Dez. 93 (VB. XV 602) u. (Elſ.-Lothringische) 8. Mai 00 (XXXVII 76) — genießen alle Steuervorrechte der preuß. Beamten RBeamtG. 31. März 73 (RGB. 61) § 19.

[17]) **Mittelbare Staatsbeamte** sind die Beamten derjenigen Körperschaften, die zur Verfassung u. zu den Aufgaben des Staates in unmittelbarer Beziehung stehen OV. 18. Mai 88 (XVI 154); dies sind nach LR. II 10 § 69 gewisse dem Staate untergeordnete Kollegien, Korporationen u. Gemeinden OV. 8. Juli 02 (XLII 66). — Zu den mittelbaren Beamten gehören Beamte des Potsdamer Militärwaisenhauses OV. 16. Mai, u. der Landwirtschaftskammern 28. Nov., **nicht** die der Dampfkesselüberwachungsvereine 8. Juli 02 (XLII 17, 71 u. 66), der Handelskammern 21. März 90 (XIX 62) u. der Kaufmannschaften (Stettin) 18. Mai 88 (XVI 154), städtische Markthalleninspektoren 9. Mai 96 (VB. XVII 442), Lehrer an öffentlichen Gemeindeschulen (Volksschullehrer sind ganz frei) 22. Dez. 99 (XXXVII 118) u. gewerblichen Fortbildungsschulen 9. Juni 96 (XXX 437), ferner die als Organe der Provinzialfeuersozietäten Angestellten 5. Feb. 85 (XI 71), der — jetzt den Provinzialbeamten gleichgestellten (Nr. 4 Anm. 66) — Beamten der Invaliden-Versicherungsanstalten 24. Juni 02 (XLII 60). Entscheidend ist, ob bei der Anstellung ein Beamten- oder Vertragsverhältnis beabsichtigt ist OV. 20. Nov. 91 (XXII 67); als mittelbarer Beamter gilt demnach der Leiter einer städtischen Gasanstalt, dem die Leitung mit dem Charakter öffentlicher Amtstätigkeit übertragen ist U. RGer. 14. Nov. 93 (VB. XV 180), wogegen **nicht** dazu gehören Impfärzte als solche, solange ihnen die Beamteneigenschaft nicht besonders beigelegt ist OV. 10. April 94 (XXVI 131) u. Tierärzte, die von Gemeinden als Sachverständige ohne Übertragung obrigkeitlicher Verrichtungen angestellt sind 8. Juli 99 (XXXV 59) u. 8. Jan. 01 (VB. XXIII 295). **Nicht** dazu zählen endlich Beamte der Knappschaftsvereine OV. 4. Nov. 90 (VB. XII 229) u. Berggewerkschaftskassen OV. 2. Jan. 03 (XLIII 78), der Unfallversicherungs-Berufsgenossenschaften 9. Jan. 91 (XX 38), der Dampfkesselüberwachungs-Vereine 8. Juli 02 (XLII 66), der Privateisenbahngesellschaften, auch wenn sie polizeiliche Verrichtungen auszuüben haben 6. Juni 77

mit fester Besoldung[18]) angestellte[19]), beziehentlich in Ruhestand getretene öffentliche Beamte, einschließlich der Militair-[20]) und Hofbeamten[20a]); dagegen nicht diejenigen, welche nur als außerordentliche Gehülfen vorübergehend im öffentlichen Dienst beschäftigt werden[21]).

§. 3. Die Beamten (§. 2) können von ihrem Diensteinkommen[22]) einschließlich der Warte- und Ruhegehälter, ebenso die Militairpersonen von ihren Pensionen — wenn nicht ein Fall der gänzlichen Befreiung nach §. 1 vorliegt — zu direkten Kommunalauflagen (§. 1.) nur insoweit herangezogen werden, als diese von allen Pflichtigen nach dem Maaßstabe des persönlichen Einkommens erhoben werden.

§. 4. Das Diensteinkommen wird in solchen Fällen nur halb so hoch, als anderes gleich hohes persönliches Einkommen der Steuerpflichtigen veranlagt[23]).

Wenn die Veranlagung nicht unmittelbar den Einkommensbetrag zur Grundlage hat, so ist, unter Genehmigung der Aufsichtsbehörde des besteuern-

---

(II 175) u. die durch Privatvertrag angestellten Sekretäre der Amtsvorsteher 2. Juni 80 (VI 119).

[18]) Dazu gehören zufällige Emolumente § 4 Abs. 3, auch die nicht aus Staatskassen fließenden Bezüge OV. 20. Mai 82 (IX 34), während andererseits vom Staate auf Grund der Verpflichtungen dritter gezahlte Gehälter das Steuervorrecht nicht begründen 3. Feb. 03 (XLIII 82). Nicht dazu gehören etatsmäßige, im Betrage schwankende u. wieder fortfallende Bezüge, sobald sie mit Rücksicht auf das gesamte Dienstverhältnis u. für dessen Dauer gewährt — nicht lediglich nach dem Umfange der einzelnen Dienstleistung bemessen — werden OV. 5. Juni 03 (VB. XXIV 805), so die Lotsengebühren, die vom Staate eingezogen u. auf die Lotsen verteilt werden 7. Dez. 00 (XXXVIII 81), die festen monatlichen Remunerationen der in der Staatsbauverwaltung beschäftigten Regierungsbaumeister OV. 12. Dez. 88 (XVII 259) u. die Tagegelder ständiger Posthilfsboten 24. Mai 88 (XVI 136), nicht aber Anteilgebühren (Tantiemen), falls nicht ein Mindestbetrag gewährleistet ist OV. 20. Juni u. 28. Nov. 94 (VB XV 557 u. XVI 312).

[19]) Einer Anstellungsurkunde bedarf es für Reichsbeamte RBG. 31. März 73 (RGB. 61) § 4 u. für Kommunalbeamte KBG. § 26, doch nur für die nach Inkrafttreten dieses G. angestellten OV. 5. Juni 03 (VB. XXIV 805); vorher angestellte 22. Nov. 01 (XL 64).

[20]) Klasseneinteilung der Beamten des Reichsheeres u. der Marine 12. Aug. 01 (RGB. 283).

[20a]) Auch die Beamten der Fürstlich Hohenzollernschen Hofkammer OV. 16. Feb. 04 (VB. XXV 555).

[21]) Der Schlußsatz bezieht sich nicht auf wirkliche Staatsdiener u. hat nicht zur Folge, daß außerordentliche Gehilfen nur mit Rücksicht auf dauernde Tätigkeit als Beamte anzusehen sind OV. 22. Mai 03 (VB. XXIV 805).

[22]) Auch wenn es nicht aus der Staatskasse fließt OV. 7. Dez. 00 (XXXVIII 81).

[23]) Maßgebend ist die Hälfte des Diensteinkommens, nicht des Steuersatzes Vf. 25. Dez. 64 (MB. 68 S. 62), U. OTrib. 7. März 72 (LXVI 339); die Hälfte des Diensteinkommens unter Zurechnung des etwaigen besonderen Einkommens bildet das Steuerobjekt OV. 5. Feb. 85 (XI 67). Die Steuerherabsetzungen des EinkStG. 24. Juni 91 (GS. 175) kommen nach Verhältnis zur Anrechnung für gezahlte Lebensversicherungsprämien (EinkStG. § 9 I 7) OV. 13. Nov. 00 (VB. XXII 335), mit Rücksicht auf Familienmitglieder unter 14 Jahren bei Einkommen bis 3000 M. (EinkStG. § 18) OV. 13. Jan. 93 (XXIV 54) u. 16. Nov. 00 (XXXVIII 75) u. auf ungünstige wirtschaftliche Verhältnisse (EinkStG. § 19) OV. 21. Okt. 02 (VB. XXIV 210).

den kommunalen Verbandes, das Einschätzungsverfahren dergestalt besonders zu regeln, daß der vorstehende Grundsatz analog zur Anwendung kommt.

Das Diensteinkommen von zufälligen Emolumenten[24]) wird gleich dem festen Gehalte besteuert; zu diesem Behufe wird nöthigenfalls der Betrag derselben in runder Summe durch die vorgesetzte Dienstbehörde festgestellt.

§. 5. An kommunalen Auflagen aller Art (§. 1) dürfen äußersten Falls, im Gesammtbetrage, bei Besoldungen (§. 3.) unter 250 Thaler nicht mehr als Ein Prozent, bei Besoldungen von 250 bis 500 Thaler ausschließlich nicht mehr als anderthalb Prozent, und bei höheren Besoldungen nicht mehr als zwei Prozent des gesammten[25]) Diensteinkommens jährlich gefordert werden.

Die hiernach etwa nöthige Ermäßigung der nach §. 4 berechneten Steuerbeträge trifft, im Fall der Konkurrenz mehrerer kommunaler Verbände, die zuletzt zur Hebung gestellte Forderung, mehrere noch nicht entrichtete Forderungen aber nach Verhältniß ihrer Höhe[26]).

§. 6. Auf Staatssteuern und Staatslasten, welche gemeindeweise abgetragen werden, finden die Bestimmungen dieser Verordnung keine Anwendung.

§. 7. Die gemäß §§. 3—5 den Staatsdienern obliegende Beitragspflicht zu den Kommunalabgaben erstreckt sich auf alle diejenigen Beträge der letzteren, welche innerhalb der Zeit, da der Pflichtige dem betreffenden kommunalen Verbande angehört, auf ihn vertheilt und auch fällig werden, nicht aber auf später fällige[27]).

§. 8. Jeder Beamte ist bezüglich der Kommunalbesteuerung seines Diensteinkommens als Einwohner desjenigen Gemeindebezirks zu betrachten, in welchem die Behörde, der er angehört, ihren Sitz hat[28]).

§. 9. Von ihrem etwanigen besonderen Vermögen haben auch die nach §. 3 begünstigten Staatsdiener, ebenso die Offiziere der unter §. 1 Nr. 2

---

[24]) Das Einkommen, das ein Seminardirektor aus der ihm staatlich durch Vertrag übertragenen Leitung einer Präparandenanstalt bezieht, gehört nicht zum Diensteinkommen OV. 6. Feb. 91 (XX 43), desgl. nicht das einem Königl. Seminarlehrer aus der Lehrtätigkeit an einer Privat-Präparandenanstalt zufließende Einkommen 22. Okt. 01 (XL 55). Ein Beamtenverhältnis u. ein Diensteinkommen kann auch durch Vertrag begründet werden, doch muß dieser deutlich erkennbar machen, daß dem Beamtem über die privat-rechtlichen Pflichten hinaus öffentlich-rechtliche Pflichten auferlegt sind 22. Dez. 03 (VB. XXV 555).

[25]) Nicht der steuerpflichtigen Hälfte OV. 10. Sept. 85 (VB. VII 4) u. ohne die nach dem EinkStG. (Anm. 22) zulässigen Abzüge OV. 26. Juni 96 (VB. XVIII 149).

[26]) Bei Konkurrenz zwischen Gemeinde- u. Kreissteuern gehen erstere vor KrO. ö. Prov. § 18 u. entsprechend die übrigen Kreisordnungen. — Verfahren KAG. § 71—74.

[27]) § 7 betrifft nur den Fall der Wohnsitzverlegung; Eintritt oder Ende der Beamteneigenschaft während des Steuerjahres haben auf die erfolgte Veranlagung keinen Einfluß OV. 30. April 85 (XII 70); KAG. Anm. 138b.

[28]) Dieses sogen. notwendige Domizil findet keine Berücksichtigung mehr KAG. § 41 Schlußsatz.

bezeichneten Kategorie[6]), die Geistlichen und Elementarlehrer, ihre Beiträge zu den Kommunallasten gleich anderen Angehörigen der betreffenden Verbände zu entrichten[29]).

(§. 10)[30]).

§. 11. Zu den indirekten Gemeinde-Abgaben[31]) müssen auch die nach §§. 1—5. begünstigten Personen gleich anderen Gemeinde-Einwohnern beitragen. Sie sind nicht befugt, was sie hierauf entrichten, bei ihren direkten Kommunalbeiträgen in Anrechnung zu bringen.

Die Militair-Speise-Einrichtungen und ähnliche Anstalten bleiben indessen von Verbrauchssteuern in dem, in den altpreußischen Landestheilen bestehenden Umfange befreit[32]).

§. 12. Alle entgegenstehenden gesetzlichen Bestimmungen werden aufgehoben.

Wo jedoch weitergehende Immunitäten für Beamte, Militairs, Geistliche oder Lehrer nach statutarischem Recht oder besonderen Privilegien bestehen, soll in denselben nichts geändert werden.

§. 13. Gegenwärtige Verordnung tritt mit dem 30. September d. J., unter Anwendung auf alle von diesem Tage an zur Ausschreibung gelangenden direkten Kommunalauflagen, in Kraft.

Der Minister des Innern wird mit Ausführung derselben beauftragt.

Unteranlage D 1 (zur Verordnung vom 23. Sept. 1867 Anmerkung 1).

Verordnung, betreffend die Einführung der in Preußen geltenden Vorschriften über die Heranziehung der Militairpersonen zu Kommunalauflagen im ganzen Bundesgebiet. Vom 22. Dezember 1868. (BGBl. 571)[1]).

Wir u. s. w. verordnen im Namen des Norddeutschen Bundes, auf Grund des Artikels 61. der Bundesverfassung, was folgt:

Die in Preußen über die Heranziehung der aktiven und nicht aktiven Militairpersonen und der Hinterbliebenen derselben, sowie der Militair-Speise-Einrichtungen und ähnlicher Anstalten zu den Kommunalauflagen geltenden Vorschriften, wie solche in der beigefügten Verordnung, betreffend die Heranziehung der Staatsdiener zu den Kommunalauflagen in den neu erworbenen Landestheilen, vom 23. September 1867. (Gesetz-Samml. für die Königlich

---

[29]) Die Abgabe wird durch Zusammenrechnung des privaten und des halben Diensteinkommens ermittelt u. nach Verhältnis auf beide verteilt, worauf gegebenenfalls der letztere Einkommensteil gem. § 5 zu ermäßigen ist OV. 5. Feb. 85 (XI 67) u. 6. Jan. 88 (XVI 143). — Abrechnung abzugsfähiger Ausgaben Anm. 23 Satz 2 u. KAG. Anm. 138 e.

[30]) Die in § 10 getroffene Festsetzung wegen der persönlichen Kommunaldienste ist durch die entsprechende Best. des KAG. § 68 Abs. 6 ersetzt, Anl. A Art. 26 Abs. 4.

[31]) KAG. § 13—18.

[32]) Das. § 19 nebst Anl. A Art. 10[4].

[1]) Die Rechtsgültigkeit der V. ist anerkannt URGer. 28. März 89 (XXIV 1).

Preußischen Staaten, Jahrgang 1867. S. 1648. ff.) enthalten sind, werden im ganzen Bundesgebiete[2]), soweit sie in demselben noch nicht Geltung haben, hiermit eingeführt.

Anlage E (zu Anmerkung 152).

Gesetz, betreffend die Heranziehung von Militärpersonen zu Abgaben für Gemeindezwecke. Vom 29. Juni 1886 (GS. 181)[1]).

§. 1. Die im Offizierrang stehenden Militärpersonen des Friedensstandes, welche der Heranziehung zur Klassen- oder klassifizirten[2]) Einkommen-

---

[2]) Gleiche Grundsätze gelten in Baden MilKonv. 25. Nov. 70 Art. 15 u. — unter Beschränkung auf die einem anderen Bundesstaate angehörigen Militärpersonen — in Hessen MilKonv. 13. Juni 71 Art. 15. — In Bayern, Württemberg u. Elf.-Lothringen ist die Angelegenheit der Landesgesetzgebung überlassen.

[1]) Entstehung. Servisberechtigte aktive Militärpersonen waren vordem nur mit Grundbesitz und stehendem Gewerbebetrieb — Militärärzte mit dem Einkommen aus der zivilärztlichen Tätigkeit — kommunalsteuerpflichtig V. 23. Sept. 67 (Anl. D) § 1[1]. Nachdem diese V. durch V. 22. Dez. 68 (Unteranl. D 1) Reichsrecht geworden, ist die letztere wieder dahin abgeändert, daß die Heranziehung des außerdienstlichen Einkommens der im Offizierrange stehenden Militärpersonen, sowie der Pension der zur Disposition gestellten Offiziere zu den Gemeindeabgaben der Landesgesetzgebung überlassen wurde RG. 28. März 86 Unteranlage E 1. Auf der Grundlage dieses Gesetzes ist — neben ähnlichen für die anderen Bundesstaaten ergangenen Gesetzen — das preuß. G. 29. Juni 86 erwachsen. — Die Kommunalsteuerpflicht der Militärpersonen stellt sich danach wie folgt:

a) vom Grundbesitz u. stehenden Gewerbebetriebe sind sie — Militärärzte vom Einkommen aus der zivilärztlichen Tätigkeit — unbeschränkt steuerpflichtig, oben Satz 1;
b) soweit sie im Offizierrang stehen, haben sie ihr außerdienstliches Einkommen gemäß G. 29. Juni 86 zu versteuern;
c) das dienstliche Einkommen ist überall steuerfrei V. 67 § 1[1];
d) dasselbe gilt von Verstümmelungszulagen u. Invalidenpensionen, sowie von Pensionen unter 750 M., während auf höhere Pensionen der Militärpersonen — einschl. der zur Disposition stehenden Offiziere G. 29. Juni 86 § 9 — die Beamtensteuervorrechte Anwendung finden Anl. D § 1[4] u. Anm. 11.

Nach der Absicht des G. sollen die Offiziere in Rücksicht auf den häufigen und unfreiwilligen Wechsel des dienstlichen Aufenthaltsortes von den verschiedenen Steuersätzen der einzelnen Gemeinden möglichst unabhängig gestellt werden. Das G. schließt die Besteuerung deshalb an deren Einschätzung zur Staatseinkommensteuer an und hat nach Neuregelung der letzteren im G. 24. Juni 91 (GS. 175) eine Ergänzung erfahren durch G. 22. April 92, Unteranlage E 2. Weiter ist es durch das Komm.-AbgG. § 42 ergänzt worden. — Nach seinem Inhalt betrifft das G. die Abgabenpflicht § 1, deren Dauer § 6—8, den Gegenstand und Satz der Steuer § 2 u. 3 und die Veranlagung § 4 u. 5; § 9 regelt die Kommunalsteuerpflicht der zur Disposition gestellten Offiziere. — Quellen: AH. 86 Nr. 154 (Entw. u. Begr.), 221 (KB.), StB. 9. April, 27. u. 29. Mai 86; HH.KB. Nr. 97, StB. 8. Juni 86. — Bearbeitungen wie Nr. 3 Anm. 1 u. Herrfurth u. Schanz Aufs. im Finanzarchiv (Verl. v. Cotta) V. Jahrg. 1 Bd. 1 S. 290. — Zur Ausführung ergingen Anw. des Fin.-Min. 9. Juni 92 Unteranlage E 3 u. die dazu in Anm. 1 aufgeführten Vorschriften.

[2]) Die Klassen- und klassifizierte Einkommensteuer ist durch die Einkommensteuer ersetzt G. 22. April 92 (E 2).

steuer unterliegen[3]), haben neben den nach den bestehenden Bestimmungen (§. 1 Ziffer 1 der Verordnung vom 23. September 1867, Gesetz-Samml. S. 1648) bereits zu entrichtenden Kommunalabgaben vom Grundbesitz und Gewerbebetrieb von dem aus sonstigen Quellen fließenden außerdienstlichen Einkommen nach Maßgabe der folgenden Bestimmungen eine Abgabe zu Gemeindezwecken zu entrichten.

§. 2. Gegenstand dieser Besteuerung ist das außerdienstliche selbständige Einkommen[4]) der Abgabepflichtigen, unter Hinzurechnung des etwaigen besonderen Einkommens der zu ihrem Haushalte gehörigen Familienglieder[5]). Außer Ansatz bleibt jedoch[6]):

a) dasjenige Einkommen, welches bereits nach den bestehenden Bestimmungen der Kommunalabgabenpflicht unterliegt[7]),

b) in Ansehung der vom 1. April 1887 in den Ehestand getretenen Militärpersonen derjenigen Chargen, welche bei Nachsuchung des Heirathskonsenses zur Führung des Nachweises eines bestimmten außerdienstlichen Einkommens verpflichtet sind, der vorschriftsmäßige Satz des letzteren[8]).

---

[3]) Anw. (E 3) Nr. 2 Abs. 1. — Anwendung auf Gendarmerieoffiziere KAG. § 42 Abs. 2.

[4]) Anw. Nr. 3. — Dazu gehören Zulagen, die von dritten auf Grund einer der Militärbehörde gegenüber eingegangenen Verpflichtung gewährt werden OV. 5. Juli 92 (XXIII 30).

[5]) Nach ErgG. (Unteranl. E 2) Nr. 1 nur nach Maßgabe des Einkommensteuer G. (Anm. 1) § 11. Dieser lautet:

§. 11. Behufs der Steuerveranlagung ist dem Einkommen des Haushaltungsvorstandes das Einkommen der Angehörigen der Haushaltung zuzurechnen.

Personen, welche mit Gehalt oder Lohn zu Dienstleistungen angenommen sind, sowie Kostgänger, Untermiether und Schlafstellenmiether werden nicht zu den Angehörigen einer Haushaltung gezählt.

Selbständig zu veranlagen sind:

1. Ehefrauen, wenn sie dauernd von dem Ehemanne getrennt leben;
2. Kinder und andere Angehörige der Haushaltung, wenn sie ein der Verfügung des Haushaltungsvorstandes nicht unterliegendes Einkommen aus eigenem Erwerb — mit Ausschluß der Beihülfe in dem Geschäft des Haushaltungsvorstandes — oder aus anderen Quellen beziehen.

Auf die lediglich nach § 2 dieses G. zu veranlagenden Steuerpflichtigen*) finden vorstehende Bestimmungen keine Anwendung.

[6]) Anw. Nr. 6.

[7]) Auch der Anspruch der Wohnsitzgemeinde auf 1/4 des Gesamteinkommens (KAG. § 49 Abs. 2) findet den servisberechtigten Militärpersonen gegenüber keine Anwendung OV. 9. Nov. 88 (VB. X 230).

[8]) Anw. Nr. 6 c. Soweit dieses Einkommen aus Grundbesitz fließt, unterliegt es der Besteuerung gem. V. 23. Sept. 67 (Anl. D).

*) Dies sind die ohne Rücksicht auf die Staatsangehörigkeit der Einkommensteuer unterliegenden Personen. Eine selbständige Veranlagung dieser Familienglieder bezüglich des diesem G. unterliegenden Einkommens findet nicht statt OV. 3. Nov. 94 (VB. XVI 182).

§. 3. Der der Veranlagung der abgabepflichtigen Militärperson zur Klassen- oder klassifizirten[2]) Einkommensteuer für das betreffende Steuerjahr zu Grunde gelegte Einkommensbetrag, vermindert um den Betrag des nach den §§. 1 und 2 außer Betracht zu lassenden Einkommens, stellt den nach Maßgabe dieses Gesetzes zur Versteuerung gelangenden Einkommensbetrag dar[9]).

Von diesem Einkommensbetrage haben die im §. 1 bezeichneten Militärpersonen für Gemeindezwecke an die Gemeinde des Garnisonorts — sofern die Garnison mehrere Gemeindebezirke umfaßt, oder der Abgabepflichtige nicht in dem Garnisonorte selbst wohnt, an die Gemeinde des Wohnorts[10]) — eine Abgabe zu entrichten, welche der nach den Bestimmungen des Steuertarifs im §. 17 des Einkommensteuergesetzes von einem gleichen Jahreseinkommen zu entrichtenden Staatssteuer gleichkommt, mindestens aber den Satz der ersten Stufe der Klassensteuer beträgt[11]).

---

[9]) Anw. Nr. 2 Abs. 2 u. 3, Nr. 4 u. 5. — Der Einkommensbetrag ist ein Netto-Teilbetrag. Lasten, die auf einzelnen Einnahmequellen haften, sind von diesen in Abzug zu bringen. Die auf dem ganzen Vermögen haftenden Lasten sind alsdann nach Verhältnis auf die danach verbleibenden Netto-Teilbeträge zu verteilen Vf. 30. April 94 (Mitt. des Fin.-Min. XXX 105).

[10]) Anw. Nr. 8.

[11]) Änderung nach G. 22. April 92 (E 2) Nr. 2; Einkommen bis zu 900 M. f. das. — EinkommenstG. (Anm. 1) § 17:

Die Einkommensteuer beträgt jährlich bei einem Einkommen

von mehr als: Mark	bis einschließlich: Mark	Mark
900	1050	6
1050	1200	9
1200	1350	12
1350	1500	16
1500	1650	21
1650	1800	26
1800	2100	31
2100	2400	36
2400	2700	44
2700	3000	52
3000	3300	60
3300	3600	70
3600	3900	80
3900	4200	92
4200	4500	104
4500	5000	118
5000	5500	132
5500	6000	146
6000	6500	160
6500	7000	176
7000	7500	192
7500	8000	212
8000	8500	232
8500	9000	252
9000	9500	276
9500	10500	300

Sie steigt bei höherem Einkommen

von mehr als Mark	bis einschließlich Mark	in Stufen von Mark	um je Mark
10500	30500	1000	30
30500	32000	1500	60
32000	78000	2000	80
78000	100000	2000	100

Bei Einkommen von mehr als 100000 Mark bis einschließlich 105000 Mark beträgt die Steuer 4000 Mark und steigt bei höheren Einkommen in Stufen von 5000 Mark um je 200 Mark.

Anw. Nr. 10 Abs. 3.

Die Abgabe ist in den für die Entrichtung der Staatssteuern vorgeschriebenen Raten im Voraus abzuführen. Dem Abgabepflichtigen steht frei, die Abgabe auch für einen längeren Zeitraum bis zum ganzen Jahresbetrage zu bezahlen. Durch die Vorausbezahlung wird die Verpflichtung der Gemeinde zur Erstattung eines ihr nicht gebührenden Abgabebetrages nicht berührt.

§. 4. Die Feststellung des der Abgabe unterliegenden Einkommensbetrages und die Ermittelung der Steuerstufe erfolgen durch den Vorsitzenden der Einkommensteuer-Veranlagungskommission[12]).

§. 5. Jedem Abgabepflichtigen ist die erfolgte Feststellung der Steuerstufe mit dem Betrage der von ihm für das Steuerjahr zu entrichtenden Abgabe durch eine verschlossene Zuschrift bekannt zu machen[13]). Die Benachrichtigung der berechtigten Gemeinde erfolgt durch Mittheilung einer Liste, welche die Personen der Abgabepflichtigen und den von ihnen zu entrichtenden Abgabebetrag nachweist[14]).

Gegen die Feststellung steht dem Abgabepflichtigen, sowie der Gemeinde binnen zwei Monaten vom Empfange der Zuschrift die Beschwerde bei der Bezirksregierung frei, bei deren Entscheidung es bewendet[15]).

Die Beschwerde hat keine aufschiebende Wirkung.

§. 6. Die Abgabepflicht beginnt mit dem Ersten desjenigen Monats, welcher auf den Monat folgt, in welchem die Ernennung beziehungsweise die Verlegung des Wohnsitzes stattfindet, für die zur Klassen- beziehungsweise klassifizirten[2]) Einkommensteuer einstweilen noch nicht herangezogenen Personen mit dem Zeitpunkt der Heranziehung; sie endet mit dem Ablauf des Monats, in welchem der Abgabepflichtige seinen Wohnsitz in dem Bezirk der berechtigten Gemeinde aufgiebt, versetzt wird, stirbt oder aus dem aktiven Dienst ausscheidet[16]).

§. 7. Die Abgabepflicht ruht während der Zugehörigkeit zur Besatzung eines zum auswärtigen Dienst bestimmten Schiffes oder Fahrzeuges der Kaiserlichen Marine, und zwar vom Ersten desjenigen Monats ab, welcher auf den Monat folgt, in welchem die heimischen Gewässer[17]) verlassen werden, bis zum Ablauf des Monats, in welchem die Rückkehr in dieselben erfolgt.

Die Abgabepflicht ruht ferner während der Zugehörigkeit zu einem in der Kriegsformation befindlichen Theile des Heeres oder der Marine vom Ersten desjenigen Monats ab, welcher auf den Monat folgt, in welchem die Zugehörigkeit begonnen hat, bis zum Ablauf des Monats, in welchem dieselbe endet.

---

[12]) G. 92 (E 2) Nr. 3. — Obliegenheiten des Vorsitzenden Anw. Nr. 1 u. 9–14.

[13]) Das. Nr. 12.

[14]) Das. Nr. 9.

[15]) Das. Nr. 16.

[16]) Das. Nr. 7.

[17]) Darunter ist das Gebiet der Ost- u. Nordsee zu verstehen Bek. der Admir. 14. März 87 (E 3 Anm. 1) Nr. 10, welche zugleich die Begrenzung der Nordsee u. das Verfahren näher bestimmt.

§. 8. Ab- und Zugänge am Einkommen während des Jahres, für welches die Veranlagung erfolgt ist, ändern an der einmal veranlagten Abgabe nichts. Nur wenn nachgewiesen werden kann, daß durch den Verlust einzelner Einnahmequellen das veranschlagte abgabepflichtige Einkommen um mehr als den vierten Theil vermindert worden, darf eine verhältnißmäßige Ermäßigung der veranlagten Abgaben gefordert werden[18]).

Ueber den Antrag auf Ermäßigung entscheidet der Vorsitzende der Einkommensteuer-Veranlagungskommission vorbehaltlich der Beschwerde an die Bezirksregierung (§. 5 Abs. 2)[19]).

§. 9. Die mit Pension zur Disposition gestellten Offiziere werden, so lange dieselben nicht zum aktiven Dienst wieder herangezogen werden[20]), hinsichtlich der Verpflichtung zur Entrichtung der Gemeindeabgaben den verabschiedeten Offizieren gleichgestellt[21]), die vor dem 1. April 1886 mit Pension zur Disposition gestellten Offiziere jedoch nur dann, wenn ihre Militärpension auf Grund des Reichsgesetzes vom 21. April 1886 (Reichs-Gesetzbl. S. 78) entsprechend[22]) erhöht worden ist.

§. 10. Dieses Gesetz gelangt zuerst für das mit dem 1. April 1887 beginnende Steuerjahr zur Anwendung.

Mit der Ausführung werden die Minister des Innern, der Finanzen und des Krieges beauftragt[1]).

Unteranlage E1 (zum G. 29. Juni 86 Anm. 1).

Gesetz, betreffend die Heranziehung von Militärpersonen zu den Gemeindeabgaben. Vom 28. März 1886 (RGB. 65)[1]).

§. 1. Die Verordnung vom 22. Dezember 1868 (Bundes-Gesetzbl. S. 571) tritt insoweit außer Kraft, als dieselbe der Heranziehung des außerdienstlichen Einkommens der im Offiziersrang stehenden Militärpersonen,

---

[18]) Nach G. 92 (E 2) Nr. 4 Abs. 1 nebst Anw. Nr. 15 gilt dabei das EinkommenstG. (Anm. 1) § 58:

Wird nachgewiesen, daß während des laufenden Steuerjahres infolge des Wegfalles einer Einnahmequelle oder infolge außergewöhnlicher Unglücksfälle das Einkommen eines Steuerpflichtigen um mehr als den vierten Teil vermindert worden ist oder das wegfallende Einkommen anderweit zur Einkommensteuer herangezogen wird (§. 57), so kann vom Beginne des auf den Eintritt der Einkommensverminderung folgenden Monats ab eine dem verbliebenen Einkommen entsprechende Ermäßigung der Einkommensteuer beantragt werden.

[19]) Änderung nach G. 92 (E 2) Nr. 4 Abs. 2.

[20]) Dies gilt auch von den Bezirksoffizieren Begr. (Anm. 1).

[21]) V. 23. Sept. 67 (Anl. D) § 3. — Das Heiratsgut ist danach steuerpflichtig OV. 10. Feb. 88 (XVI 160).

[22]) Die von der Pension zu entrichtende Kommunalsteuer darf danach den Betrag, um den die Pension erhöht ist, nicht übersteigen, daselbst.

[1]) Anl. E. Anm. 1. — Quellen des Ges. RT. 85/86 Drucks. 192 (Entw. u. Begr.), 210 (KB.); StB. 1450, 1593 u. 1601.

sowie der Pension der zur Disposition gestellten Offiziere zu den Gemeindeabgaben entgegensteht.

§. 2. Ueber die Heranziehung des außerdienstlichen Einkommens der im Offiziersrang stehenden Militärpersonen und der Pension der zur Disposition gestellten Offiziere zu den Gemeindeabgaben Bestimmung zu treffen, wird der Landesgesetzgebung überlassen.

§. 3. Dieses Gesetz tritt mit dem Tage seiner Verkündigung in Wirksamkeit.

Unteranlage E 2 (zum G. 29. Juni 86 Anm. 1).

Gesetz wegen Abänderung des Gesetzes vom 29. Juni 1886, betreffend die Heranziehung von Militärpersonen zu Abgaben für Gemeindezwecke. Vom 22. April 1892 (GS. 101)[1].

Einziger Paragraph.

Soweit in dem Gesetze, betreffend die Heranziehung von Militärpersonen zu Abgaben für Gemeindezwecke, vom 29. Juni 1886 (Gesetz-Samml. S. 181) auf die Klassen- und klassifizirte Einkommensteuer Bezug genommen wird, finden vom 1. April 1892 ab die entsprechenden Vorschriften des Einkommensteuergesetzes vom 23. Juni 1891 (Gesetz-Samml. S. 175) nach Maßgabe folgender Bestimmungen Anwendung.

1. Dem außerdienstlichen selbständigen Einkommen der Abgabepflichtigen (§. 2 des Gesetzes vom 29. Juni 1886) ist das Einkommen der zu ihrem Haushalt gehörigen Familienglieder nur nach Maßgabe des §. 11 des Einkommensteuergesetzes[2]) zuzurechnen.
2. An die Stelle des im §. 3 Absatz 2 des Gesetzes vom 29. Juni 1886 in Bezug genommenen Steuertarifs der §§. 7 und 20 des Gesetzes vom $\frac{\text{1. Mai 1851}}{\text{25. Mai 1873}}$ (Gesetz-Samml. von 1873 S. 213) tritt der Steuertarif in §. 17 des Einkommensteuergesetzes[3]). Bei einem abgabepflichtigen Einkommen bis einschließlich 660 Mark beträgt die Abgabe 2,40 Mark, bei einem solchen von mehr als 660 bis einschließlich 900 Mark beträgt sie 4 Mark.
3. Die Feststellung des der Abgabe unterliegenden Einkommensbetrages und die Ermittelung der Steuerstufe (§. 4 des Gesetzes vom 29. Juni 1886) erfolgen durch den Vorsitzenden der Einkommensteuer-Veranlagungskommission[4]).
4. Die Ermäßigung der veranlagten Abgaben (§. 8 a. a. O.) erfolgt unter Anwendung der Vorschriften im §. 58 des Einkommensteuergesetzes[5]).

---

[1]) Anl. E Anm. 1.

[2]) Das. Anm. 5.

[3]) Das. Anm. 11.

[4]) Dies ist der Landrat oder ein von der Regierung ernannter Kommissar EinkommenstG. (E Anm. 1) § 34.

[5]) Anl. E Anm. 18.

Ueber den Antrag auf Ermäßigung entscheidet der Vorsitzende der Einkommensteuer-Veranlagungskommission vorbehaltlich der Beschwerde an die Bezirksregierung (§. 5 Absatz 2 des Gesetzes vom 29. Juni 1886).

Unteranlage E 3 (zum G. 29. Juni 86 Anm. 1).

Anweisung des Finanzministers betreffend Ausführung der Gesetze vom 29. Juni 1886 (GS. S. 181) **und vom 22. April 1892** (GS. S. 101). **Vom 9. Juni 1892.** (Mitteil. des Fin.-Min. Heft 30 S. 98)[1].

Nr. 1. Die dem Vorsitzenden der Einkommensteuerveranlagungskommission durch die Gesetze vom 29. Juni 1886 und 22. April 1892 übertragenen Obliegenheiten bestehen in:

a) der Feststellung des der Abgabe für Gemeindezwecke unterliegenden Einkommens und der diesem entsprechenden jährlichen Abgabe,

b) der Benachrichtigung des Abgabepflichtigen und der berechtigten Gemeinde von der Feststellung zu a),

c) der Entscheidung über etwaige Erlaßanträge,

d) der Mitwirkung bei etwaigen Beschwerden an die Bezirksregierung.

Eine weitere Beteiligung des Vorsitzenden in Bezug auf die Erhebung der Abgabe, die Veränderungen, welche im Laufe des Jahres infolge von Garnison- oder Wohnungswechsel, Abkommandierung, Versetzung, Ausscheiden aus dem Dienst u. s. w. eintreten, findet nicht statt. Jedoch sind im Falle der Anzeige von der Verlegung des Wohnsitzes des Abgabepflichtigen in den Bezirk einer anderen Veranlagungskommission dem Vorsitzenden der letzteren die auf die Feststellung der Abgabe bezüglichen Mitteilungen zu machen.

Nr. 2. Der Abgabe unterliegen die Offiziere, Sanitätsoffiziere und oberen Militärbeamten des Friedensstandes[2], welche innerhalb des preußischen Staates in Garnison stehen und zur preußischen Einkommensteuer veranlagt sind.

Wird diese Veranlagung im Laufe des Jahres infolge der Einlegung der Rechtsmittel oder aus anderen Gründen aufgehoben, so zieht dies auch die Aufhebung bezw. das Erlöschen der Verpflichtung zur Entrichtung der Gemeindeabgabe nach sich. Andererseits wird bei nachträglich im Laufe des Jahres erfolgender Heranziehung zur Staatssteuer damit auch für denjenigen Zeitraum des laufenden Steuerjahres, für welchen letztere erfolgt, die hier in Rede stehende Bedingung für die Heranziehung zur Gemeindeabgabe erfüllt.

Diese Bestimmung bezieht sich aber nicht auf die Festsetzung von Nachsteuern (§§. 67, 80 des Einkommensteuergesetzes). Vielmehr haben im Falle einer solchen Festsetzung die Gemeinden keinen Anspruch auf entsprechende Nachforderung an der Abgabe für Gemeindezwecke.

Nr. 3. Die Abgabe wird nicht erhoben vom Diensteinkommen, sondern lediglich von dem Privateinkommen und auch von diesem nur insoweit, als dasselbe nicht bereits nach den bestehenden gesetzlichen Bestimmungen der Kommunal-

---

[1]) Gleiche Anweisungen erließen der Kriegsmin. Vf. 12. Feb. 86 (AVB. 37) u. die Admiralität Bek. 14. März 87 (MVB. 27). Die in diesen enthaltenen besonderen Bestimmungen sind in Anm. 2, 3, 4 u. in Anl. E Anm. 17 nachgewiesen.

[2]) Dazu treten die Gendarmerieoffiziere KAG. § 42 Abs. 2 und in der Marine die Ingenieure des Soldatenstandes Bek. der Adm. (vor. Anm.) Nr. 1.

steuerpflicht unterliegt. Nur diejenigen Personen sind also zur Abgabe heranzuziehen, welche außer dem dienstlichen und außer etwaigem Einkommen aus Grundbesitz und Gewerbebetrieb ausweislich der Einkommensnachweisung noch Privateinkommen aus Kapitalvermögen, aus gewinnbringender Beschäftigung und aus Rechten auf periodische Hebungen u. s. w. (§§. 12, 15 a. a. O.) beziehen.

Nr. 4. Für die Ermittelung der Gemeindeabgabe ist es unerheblich, ob bei der Veranlagung der Staatssteuer wegen des Vorhandenseins von Familienmitgliedern unter 14 Jahren oder wegen besonderer wirtschaftlicher Verhältnisse eine geringere als die dem nachgewiesenen Einkommen entsprechende Steuerstufe festgesetzt ist (§§. 18, 19 a. a. O.).

Nr. 5. Die nach erfolgter Feststellung der Gemeindeabgabe etwa im Wege der Rechtsmittel erzielten Aenderungen der Staatssteuerveranlagung bleiben für die Gemeindeabgabe an sich wirkungslos. Wenn jedoch der Abgabepflichtige auch gegen die Feststellung der Gemeindeabgabe Beschwerde eingelegt hat, bleibt der Regierung überlassen, die Entscheidung über diese Beschwerde bis zur Erledigung der Rechtsmittel gegen die Staatssteuerveranlagung auszusetzen und letztere demnächst zu berücksichtigen, falls im Rechtsmittelverfahren das Einkommen aus anderen Quellen, als aus Grundbesitz, Gewerbebetrieb oder dem Dienstverhältnis, zu einem geringeren Betrage angesetzt worden ist.

Die Bewilligung eines Erlasses an der Staatssteuer im Laufe des Jahres ist indes ohne Bedeutung für die Gemeindeabgabe.

Nr. 6. Von dem bei der Veranlagung der Staatssteuer für das betreffende Steuerjahr zum Grunde gelegten, aus der Einkommensnachweisung zu ersehenden *Jahresbetrage des steuerpflichtigen Einkommens* ist in Abzug zu bringen:

a) das gesamte Diensteinkommen,

b) das Einkommen aus Grundbesitz oder Gewerbebetrieb, sowie bei Militärärzten das Einkommen aus einer Zivilpraxis.

Hierbei muß jedoch beachtet werden, daß der Jahresbetrag des steuerpflichtigen Einkommens, von welchem die Abzüge gemacht werden, sich nur aus den Nettoerträgen der verschiedenen Quellen zusammensetzt, nachdem die abzugsfähigen Ausgaben (Schuldenzinsen, Renten und dauernde Lasten) von den in der Einkommensnachweisung aufgeführten Erträgen, Pächten, Mieten und sonstigen Bruttoeinnahmen in Abzug gebracht sind. Die das Einkommen aus Grundbesitz und Gewerbebetrieb vermindernden Zinsen, Renten u. s. w. müssen deshalb zuvörderst von den nachgewiesenen Erträgen dieser Quellen abgezogen werden, ehe diese wiederum geeignet sind, von dem Betrage des steuerpflichtigen Jahreseinkommens abgezogen zu werden.

Außerdem ist in Abzug zu bringen:

c) bei denjenigen, vor dem 1. April 1887 in den Ehestand getretenen Militärpersonen, welche einer Charge angehören, für welche die Erteilung des Heiratskonsenses an den Nachweis eines bestimmten Vermögens geknüpft ist, derjenige Einkommensbetrag, welcher nach den zur Zeit der Nachsuchung des Heiratskonsenses maßgebend gewesenen Vorschriften für *die Charge*, welcher sie zur Zeit der Veranlagung angehören, vorschriftsmäßig nachzuweisen war.

Die etwa nach Feststellung der Abgabe eintretende Beförderung zu einer höheren Charge bleibt im Laufe des Jahres unberücksichtigt.

Nr. 7. Die Abgabepflicht beginnt mit dem Ersten des auf die Ernennung oder auf die Verlegung des Wohnsitzes nach der preußischen Garnison folgenden Monats. Sie endet mit dem Ablauf desjenigen Monats, in welchem der Abgabepflichtige stirbt, aus dem aktiven Dienst ausscheidet oder in eine nicht zur preußischen

Monarchie gehörende Garnison versetzt wird[3]). Inwieweit ein Kommando einer Versetzung gleich zu achten, ergiebt sich aus den dieserhalb bestehenden Bestimmungen (vergl. die Zirkularverfügung vom 16. Februar 1875, Mittheilungen Heft 2 S. 4 und Art. 35 Nr. 2 der Ausführungsanweisung vom 5. August 1891).

Nr. 8. Berechtigt zur Erhebung der Abgabe ist regelmäßig die Gemeinde des Garnisonortes; erstreckt sich aber die Garnison auf mehrere Gemeindebezirke, oder wohnt der Abgabepflichtige in dem Bezirk einer benachbarten Gemeinde, so steht die Abgabe derjenigen Gemeinde zu, in deren Bezirk der Abgabepflichtige thatsächlich wohnt. Bei der Verlegung des Wohnsitzes aus einem Gemeindebezirk in den andern, sowie bei einer Versetzung innerhalb Preußens geht die Berechtigung zum Bezuge der Abgabe mit dem ersten des auf die Verlegung des Wohnsitzes folgenden Monats auf die Gemeinde des neuen Wohnorts über[4]).

Nr. 9. Nach vorstehendem (Nr. 7 und 8) hat der Vorsitzende der Einkommensteuerveranlagungskommission, bevor er die „berechtigte" Gemeinde von der Feststellung der Gemeindeabgabe benachrichtigt (§. 5 Abs. 1 des Gesetzes vom 29. Juni 1886), die Berechtigung derselben zwar zu prüfen und die Vermeidung von Weiterungen sich thunlichst angelegen sein zu lassen, auch nach Bedürfnis die zuständigen Behörden um die zu diesem Zwecke notwendige Auskunft zu ersuchen.

Wird gleichwohl demnächst ermittelt, daß die Benachrichtigung an eine nicht berechtigte Gemeinde erlassen ist, so hat der Vorsitzende, da der Abgabepflichtige nur an eine Gemeinde die Abgabe für dieselbe Zeit zu entrichten verpflichtet ist, seine Benachrichtigung zu berichtigen, sodann aber an die berechtigte Gemeinde eine anderweite Benachrichtigung, bezw. wenn diese Gemeinde außerhalb seines Geschäftsbezirks belegen ist, an den Vorsitzenden der Einkommensteuerveranlagungskommission dieser Gemeinde die erforderliche Mittheilung gelangen zu lassen.

Nr. 10. Behufs Festsetzung der Abgabe hat nach Veranlagung der Einkommensteuer für das Steuerjahr der Vorsitzende der Veranlagungskommission die der Gemeindeabgabe unterliegenden Einkommensteuerpflichtigen in eine Nachweisung einzutragen, auf Grund der Einkommensnachweisung die Ermittelung des abgabepflichtigen Einkommens vorzunehmen und die entsprechende Steuer einzutragen.

Ein Muster zu dieser, demnächst mit dem Feststellungsvermerk zu versehenden Nachweisung ist unter A beigefügt[5]). Dieselbe kann nach Bedürfnis gemeindeweise geführt, auch so eingerichtet werden, daß sie für mehrere Jahre zu gebrauchen ist. Den Vorsitzenden der Veranlagungskommissionen bleibt es überlassen, bezüglich derjenigen der Gemeindeabgabe unterliegenden Militärpersonen, deren Gesamteinkommen nicht mehr als 3000 M. beträgt, die zur Feststellung der Abgabe erforderlichen Merkmale aus den Einkommensteuerlisten selbst zu entnehmen oder die Gemeindevorstände mit der Aufstellung und Einreichung entsprechender Auszüge zu beauftragen.

---

[3]) Der Abgabepflichtige hat solche Veränderung unter Bezeichnung des Monats, mit dem sie eintritt, dem Vorstande sowohl der bisherigen als dem der neuen Wohnortsgemeinde anzuzeigen, letzterer auch den Jahresbetrag der Abgaben mitzuteilen Bf. KrMin. (Anm. 1) Nr. I 6 Abs. 2.

[4]) Der Abgabepflichtige hat die etwa an die seitherige Wohnsitzgemeinde entrichtete Abgabe zurückzufordern. Diese ist nicht verpflichtet, den zuviel empfangenen Betrag an die Gemeinde des neuen Wohnortes abzuführen. Beschwerden im Falle der Verweigerung gehen an die Regierung, zu deren Bezirk die sich weigernde Gemeinde gehört, das. Nr. I 9.

[5]) Die Muster sind nicht abgedruckt.

Die Feststellung der Abgabe ist lediglich nach den für die Einkommensteuer gültigen Steuerstufen und jährlichen Steuersätzen bezw. nach den im §. 74 des Einkommensteuergesetzes für Einkommen von höchstens 900 M. hierüber getroffenen Bestimmungen zu bewirken mit der Maßgabe, daß der niedrigste Steuersatz von 2,40 M. auch dann festzusetzen ist, wenn das abgabepflichtige Einkommen weniger als 420 M. beträgt.

Nr. 11. Hat der Vorsitzende gegen die Einschätzung eines Abgabepflichtigen zur Einkommensteuer Berufung eingelegt, so ist bis zur Entscheidung über letztere die Feststellung der Gemeindeabgabe desselben auszusetzen.

Nr. 12. Zu den Benachrichtigungsschreiben an die Abgabepflichtigen (§. 5 Abs. 1 des Gesetzes vom 29. Juni 1886) ist ein Muster in Anlage B beigefügt[5]). Die Behändigungsscheine sind mindestens ein Jahr lang geordnet aufzubewahren.

Nr. 13. Die für die berechtigten Gemeinden aufzustellenden Listen, in welche die Personen der Abgabepflichtigen und der Jahresbetrag der von ihnen zu entrichtenden Abgabe einzutragen sind, hat der Vorsitzende zu vollziehen. Der Empfang ist zu bescheinigen.

Nr. 14. Das vorstehend geordnete Verfahren (Nr. 10 bis 13) findet auch in betreff derjenigen Abgabepflichtigen, welche erst im Laufe des Steuerjahres zur Einkommensteuer herangezogen werden, sobald die Veranlagung derselben erfolgt ist, entsprechende Anwendung, indem zu diesen Zwecken ein Nachtrag zu der Nachweisung A angelegt und ebenso ein Nachtrag zu der Liste (Nr. 13) der berechtigten Gemeinde zugestellt wird.

Nr. 15. Die Bewilligung einer Ermäßigung der veranlagten Abgabe (§. 8 des Gesetzes vom 29. Juni 1886, Nr. 4 des Gesetzes vom 22. April 1892) kann nur in Frage kommen, wenn der Wegfall einzelner derjenigen Einnahmequellen dargethan wird, aus welchen das abgabenpflichtige Einkommen fließt. (Kapitalien, Renten u. s. w.)

Im übrigen sind die Grundsätze, welche bezüglich der Erlaßbewilligung bei der Einkommensteuer maßgebend sind, anzuwenden[6]).

Das dienstliche Einkommen, sowie das Einkommen aus Grundbesitz und Gewerbebetrieb bleiben außer Betracht.

Nr. 16. Die Beschwerde (§. 5 Abs. 2 des Gesetzes vom 29. Juni 1886) an die Bezirksregierung (in Berlin an die Direktion für die Verwaltung der direkten Steuern) kann innerhalb der vorgeschriebenen zweimonatlichen Frist bei der Regierung unmittelbar oder bei dem Vorsitzenden der Einkommensteuerveranlagungskommission schriftlich eingereicht werden.

Letztere hat die etwa erforderlichen thatsächlichen Ermittelungen unverzüglich zu veranlassen und das Ergebnis mit gutachtlicher Aeußerung zur Entscheidung vorzulegen. Der Regierung bleibt überlassen, ob vor der Entscheidung über eine Beschwerde der berechtigten Gemeinde auch der Abgabepflichtige anzuhören ist und umgekehrt. Hinsichtlich der Zuständigkeit zur Entscheidung von Beschwerden im Falle der Verlegung des Wohnsitzes des Abgabepflichtigen finden die Bestimmungen der Zirkularverfügung vom 27. Oktober 1874 (IV. 10351) entsprechende Anwendung[7]).

---

[6]) Anl. E Anm. 18.

[7]) Entsprechende Bestimmung enthält für Berufungen gegen die Einkommensteuerveranlagung die AusfAnw. 5. Aug. 91 Art. 62[7].

Anlage F (zu Anmerkung 230).

EinkommensteuerG. 24. Juni 91 (GS. 174) § 50 Abs. 3 bis § 54.

§. 50 Abs. 3. Als Mitglieder der Kommissionen sind, abgesehen von den durch die bezüglichen Bestimmungen vorgeschriebenen besonderen Voraussetzungen, nur solche Personen wählbar, welche das fünfundzwanzigste Lebensjahr vollendet haben und sich im Besitze der bürgerlichen Ehrenrechte befinden.

§. 51. Die Vorsitzenden der Kommissionen haben die letzteren zusammenzuberufen[1]), deren Geschäfte vorzubereiten und zu leiten, sowie die nicht von ihnen durch Einlegung von Rechtsmitteln angefochtenen Kommissionsbeschlüsse auszuführen.

Nach Bedürfnis können zur Erledigung der den Kommissionen obliegenden Geschäfte Unterkommissionen gebildet werden[2]).

Die Kommissionen beziehungsweise Unterkommissionen fassen ihre Beschlüsse nach Stimmenmehrheit[3]). Dem Vorsitzenden steht volles Stimmrecht zu. Bei Stimmengleichheit entscheidet die Stimme des Vorsitzenden.

So lange über die Einschätzung oder Berufung eines Kommissionsmitgliedes oder seiner Verwandten oder Verschwägerten in auf- und absteigender Linie oder bis zum dritten Grade der Seitenlinien[4]) beraten und abgestimmt wird, hat dasselbe abzutreten.

Ergeben sich diese Voraussetzungen hinsichtlich der Person des Vorsitzenden, so hat derselbe die Führung des Vorsitzes Einem der Kommissionsmitglieder zu übertragen.

Die Ausfertigung der Kommissionsbeschlüsse und Entscheidungen sind von dem Vorsitzenden zu vollziehen[5]).

§. 52. Die Mitglieder der Kommissionen haben dem Vorsitzenden mittels Handschlages an Eidesstatt zu geloben, daß sie bei den Kommissionsverhandlungen ohne Ansehen der Person, nach bestem Wissen und Gewissen verfahren

---

[1]) Gegen Empfangsbescheinigung oder mittels eingeschriebenen Briefes u. unter Mitteilung des Gegenstandes AusfAnw. 6. Juli 00 Art. 70 [1 Abs. 2]. Ist eine Kommission zweimal nicht in beschlußfähiger Anzahl (Anm. 3) erschienen, so ist in der Regel nach § 54 zu verfahren, worauf bei der zweiten Einladung hinzuweisen ist Art. 70 [3 Abs. 1].

[2]) Die Verteilung der Geschäfte u. der Mitglieder auf die Unterkommissionen gebührt dem Vorsitzenden. Die Einheitlichkeit der Kommission wird durch die Einrichtung nicht berührt. Der Vorsitzende der Kom. behält die Oberleitung u. Verantwortlichkeit u. kann jederzeit den Vorsitz übernehmen, das. Art. 69.

[3]) In der Regel in gemeinsamer Sitzung, ausnahmsweise bei kleineren Sachen mittels Umlaufs, das. Art. 70 [1 Abs. 1]. Dieser ist vollständig vorzunehmen u. nicht schon abzubrechen, wenn eine Mehrheit erzielt ist Vf. FinM. 14. Juni 93 (Mitt. Heft 29 S. 5). — Beschlußfähigkeit bei Anwesenheit von mindestens 3 Mitgliedern. AusfAnw. Art. 70 [2 Abs. 2].

[4]) CPO. § 41 [3]. Dabei sind die Best. des BGB. über Verwandtschaft u. Schwägerschaft (§ 1589, 1590) maßgebend EG. Art. 33.

[5]) Dies kann durch Stempel geschehen. In jeder Sitzung ist ein von dem Vors. u. den anwesenden Mitgliedern zu vollziehendes Protokoll aufzunehmen, das über den Gegenstand, insbes. die Verpflichtung (§ 52) Auskunft geben muß AusfAnw. Art. 70 [6].

und die Verhandlungen sowie die hierbei zu ihrer Kenntnis gelangenden Verhältnisse der Steuerpflichtigen strengstens geheim halten werden[6]).

Das gleiche Gelöbnis haben vor einem von der Regierung zu ernennenden Kommissar diejenigen Vorsitzenden abzulegen, welche nicht schon als Beamte vereidigt sind.

Die bei der Steuerveranlagung beteiligten Beamten sind zur Geheimhaltung der Kommissionsverhandlungen sowie der zu ihrer Kenntnis gelangenden Verhältnisse der Steuerpflichtigen kraft des von ihnen geleisteten Amtseides verpflichtet[7]). Die Steuererklärungen sind unter Verschluß aufzubewahren und dürfen, ebenso wie die Kommissionsverhandlungen über dieselben, nur zur Kenntnis durch ihren Amtseid zur Geheimhaltung verpflichteter Beamten gelangen.

§. 53. Die von den Vorsitzenden der Kommissionen zu bewirkenden Zustellungen[8]) an Steuerpflichtige sind durch einen öffentlichen Beamten unter Bescheinigung der Behändigung auszuführen. Die Post kann um die Bewirkung der Zustellung ersucht werden. In beiden Fällen gilt die Zustellung für vollzogen, auch wenn die Annahme verweigert wird.

Sind Wohnsitz und Aufenthalt eines Steuerpflichtigen unbekannt, so kann die Zustellung an denselben durch Anheftung des zuzustellenden Schriftstückes an der zu Aushängen der Gemeinde des Veranlagungsortes bestimmten Stelle erfolgen. Die Zustellung gilt für vollzogen, wenn seit der Anheftung zwei Wochen verstrichen sind. Auf die Gültigkeit der Zustellung hat es keinen Einfluß, wenn das Schriftstück von dem Orte der Anheftung zu früh entfernt wird.

Die außerhalb Preußens zu bewirkenden Zustellungen können mittels eingeschriebener Briefe erfolgen. Die Zustellung gilt mit der Aufgabe zur Post für vollzogen.

§. 54. Unterläßt der berechtigte Kommunalverband, ungeachtet gehöriger Aufforderung, die Wahl der Kommissionsmitglieder[9]), oder verweigert eine Kommission die Erledigung der ihr übertragenen Geschäfte, so sind diese für die betreffende Veranlagungsperiode auf Verfügung der Aufsichtsbehörde von dem Vorsitzenden wahrzunehmen. Vor Beginn des nächsten Veranlagungsgeschäfts hat eine Neuwahl der wählbaren Kommissionsmitglieder zu erfolgen.

---

[6]) Des Gelöbnisses bedarf es nur in der ersten Sitzung, auch bei Wiederwahl oder Wiederernennung ist keine Wiederholung erforderlich, das. Art. 70[4].

[7]) Amtliche Auskunft an zuständige Stellen wird dadurch nicht ausgeschlossen, das. Art. 70[5] Abs. 3.

[8]) Das. Art. 71; verb. Anl. A Art. 43 Abs. 5 u. 6.

[9]) Auf Annahme u. Ablehnung der Wahlen u. Ernennungen finden nach EinkStG. § 50 Abs. 2 die Best. der LGO. § 146 u. der KrO. § 8 sinngemäße Anwendung. Danach hat für die Voreinschätzungs-Kommission die Gemeindevertretung u. für die Veranlagungs-Kommission der Kreisausschuß die angedrohten Strafen zu verhängen. Für Gutseinwohner fehlt eine anwendbare Bestimmung OV. 30. Sept. 92 (XXIII 1).

4. Gesetz, betreffend die Anstellung und Versorgung von Kommunalbeamten. Vom 30. Juli 1899 (GS. 141)[1].

Wir usw. verordnen, mit Zustimmung beider Häuser des Landtages, für den Umfang der Monarchie mit Ausschluß der Hohenzollernschen Lande[2]), was folgt:

Allgemeine Bestimmungen.

§. 1. Als Kommunalbeamter[3]) im Sinne dieses Gesetzes[4]) gilt, wer als Beamter für den Dienst eines Kommunalverbandes (§§. 8 bis 22) gegen Besoldung[5]) angestellt ist[6]). Die Anstellung erfolgt durch Aushändigung einer Anstellungsurkunde[7]).

---

[1]) Zweck des G. ist die gleichmäßige Regelung der vermögensrechtlichen Verhältnisse der Kommunalbeamten. Es soll die Verschiedenheiten beseitigen, die ohne inneren Grund die Frage der lebenslänglichen Anstellung in den einzelnen Landesteilen gefunden hatte (§ 8 u. 21), u. die Zweifel aufheben, die über die Beamteneigenschaft bei den höchsten Gerichten hervorgetreten waren (§ 1). Bei diesem begrenzten Zwecke regelt es sein Gebiet nicht so erschöpfend, wie das KBG. (Nr. 3). Es beläßt es für Provinzial- u. Landeskommunalverbände in der Hauptsache bei den seitherigen Bestimmungen (§ 22, die kommunalständischen Verbände betrifft es überhaupt nicht) u. läßt auch für Gemeinden u. Kreise die ehrenamtlich u. nebenamtlich bestellten Beamten ebenso außer Betracht (§ 2 Abs. 2 u. § 14 Abs. 1), wie die Art der Berufung (Wahl, Anstellung, Bestätigung), die Disziplinarverhältnisse u. die Rechtsverhältnisse der zu den städtischen Gemeindevorständen gehörenden Beamten, für die es nur die Hinterbliebenenversorgung geregelt hat (§ 14 bis 17) Anw. (Anl. A) Art. I 1. — Nach dem Inhalt umfaßt das G. a) allgemeine Best. § 1—7; b) Sonder-Best. für Stadtgemeinden § 8—17, Landgemeinden u. Verbände von solchen § 18—20, Kreise u. Provinzen § 21, 22 u. für Gemeindeforstbeamte, die, obwohl die Gemeindewaldungen außerhalb der Gemeindeverfassungsgesetze geregelt werden (Nr. 5 d. W.), aus Zweckmäßigkeitsgründen in das KBG. einbezogen sind § 23; c) Schluß- u. Übergangs-Best. § 24—27. — Quellen: HH. 99 Drucks. Nr. 27 (Entw. u. Begr.), StB. S. 47, 138, 264; AH. Drucks. Nr. 179 (KB.); StB. S. 2186, 2408, 2411. — Zur Ausführung erging die Anw. 12. Okt. 99, Anlage A. — Bearbeitungen von Freytag (Berl. 00), Ledermann (Berl. 99) u. Kremski (Berl. 01).

[2]) Das G. gilt jetzt in Hohenzollern für Gemeindebeamte nach GemO. § 87 mit der Maßgabe der § 88—91, ferner für Beamte der Amtsverbände Amts- u. LandesO. § 47 Abs. 2 u. des Landkommunalverbandes das. § 77 Abs. 2. — Gemeindeforstbeamte Anm. 67.

[3]) Keine Kommunalbeamte sind Gemeindelehrer OV. 18. Feb. 87 (XIV 75), da sie nicht nach StO. § 56[6] angestellt, vielmehr durch § 17 u. 30 in Gegensatz zu den Gemeindebeamten gebracht werden, sowie die gem. RG. 3. Juni 00 (RGB. 547) berufenen Fleischbeschauer Vf. 30. Dez. 03 (MB. 04 S. 47).

[4]) Der Zusatz hat gleich dem folgenden Hinweis auf § 8—22 seinen Grund in der beschränkten Geltung des G. (Anm. 1). — Die Bestimmung der Beamteneigenschaft i. S. des StGB. § 359 wird durch KBG. § 1 nicht berührt URGer. 8. Juli 02 (St. XXXV 325).

[5]) Besoldung ist ein weiterer Begriff als Gehalt (§ 3).

[6]) Das G. betrifft nur angestellte Beamte.

[7]) Nach Vorgang des RBeamtG. 31. März 73 (RGB. 61) § 4 bildet die Aushändigung der Anstellungsurkunde die wesentliche Voraussetzung der Anstellung (OV. 21. Okt. 02 XLII 68) u. das einzige Merkmal der Beamteneigenschaft; weder der Diensteid, noch die Art der Beschäftigung kommen dafür in

§. 2. Die Rechtsverhältnisse der auf Probe, zu vorübergehenden Dienstleistungen oder zur Vorbereitung angestellten Kommunalbeamten [8]) unterliegen den Bestimmungen dieses Gesetzes nur insoweit, als dies ausdrücklich vorgesehen ist [9]). Die Anstellung auch dieser Beamten erfolgt nach §. 1 Satz 2.

Auf Personen, welche ein Kommunalamt nur als Nebenamt oder als Nebenthätigkeit ausüben oder ein Kommunalamt führen, das seiner Art oder seinem Umfange nach nur als eine Nebenthätigkeit anzusehen ist [10]), findet dieses Gesetz keine Anwendung.

§. 3 [11]). Die Zahlung des Gehalts [12]) an Kommunalbeamte erfolgt in Ermangelung besonderer Festsetzungen [13]) vierteljährlich im Voraus.

§. 4 [14]). Die Hinterbliebenen eines Kommunalbeamten [3]) erhalten für das auf den Sterbemonat folgende Vierteljahr noch die volle Besoldung [5]) des

---

Betracht, auch die stillschweigende Anstellung (durch konkludente Handlungen) ist damit ausgeschlossen Anw. Art. I 2 u. (Form der Ausstellung) Nr. 3. — Gegenüber der unterlassenen Ausstellung hat der Beamte nur die Beschwerde bei der Aufsichtsbehörde — die die Beobachtung der Vorschrift überwachen soll Anw. Art. I 4 —, die Verwaltungsklage ist — da es an einer Sondervorschrift für die Zuständigkeit der Verwaltungsgerichte fehlt (LVG. § 7 Abs. 2) — ausgeschlossen OV. 9. Juli 92 (XXIII 401). — Die Vorschrift findet auf Magistratsmitglieder Anwendung. Sie hat keine rückwirkende Kraft Anw. I 6 u. entscheidet nicht, welche im Kommunaldienst beschäftigten Personen als Beamte angestellt werden müssen. Grundsätzlich sollen obrigkeitliche Verrichtungen nur von Beamten ausgeübt werden, während zu mechanischen oder künstlerischen, wissenschaftlichen u. technischen Dienstleistungen Personen auch durch Privatdienstvertrag angenommen werden können. Die Entscheidung haben die Anstellungs-, gegebenenfalls die Aufsichtsbehörden.

[8]) § 10 nebst 19 u. 21; Anw. Art. I 1c Abs. 1 u. 2.

[9]) § 6, 7 u. 10.

[10]) Der zweite Satzteil bezieht sich auf Kommunalämter, die ohne Hauptamt oder Hauptberuf oder nur nebenbei oder vorübergehend versehen werden StB. AH. (Anm. 1) S. 2406.

[11]) § 3, der der Vorschrift für Staatsbeamte (G. 6. Feb. 81 GS. 17 § 1) entspricht, gilt nicht für die in § 14 bezeichneten Kommunalbeamten.

[12]) Das **Gehalt** bildet nach herrschender Ansicht nicht die Gegenleistung für die amtlichen Dienste, sondern eine für die Amtsdauer dem Beamten zugebilligte Rente, die ihm die standesgemäße (der Würde u. Bedeutung des Amtes entsprechende) Lebenshaltung ermöglichen soll. Der Anspruch ist kein privat-, sondern ein öffentlich-rechtlicher; er beruht nicht auf Vertrag oder vertragsähnlicher Grundlage, sondern auf der Anstellung. Die Entziehung kann nur aus gesetzlichen Gründen erfolgen OV. 28. Okt. 85 (XII 52). — Die vermögensrechtlichen Ansprüche einschl. der Pensionen u. Hinterbliebenenbezüge genießen mehrfache **Vorrechte**. Geltendmachung § 7. Besteuerung Nr. 3 Anl. D. Die Pfändbarkeit beschränkt sich auf $^1/_3$ des die Summe von 1500 M. übersteigenden Betrages CPO. § 850 Abs. 1 [7, 8] u. Abs. 2, soweit es sich nicht um Unterhaltsbeiträge für Verwandte handelt Abs. 4 (körperliche Sachen § 811 [7, 8]). Gleiches gilt für den Strafprozeß StPO. § 495. Unpfändbare Forderungen können weder aufgerechnet BGB. § 394, noch abgetreten werden § 400 nebst 411. Nach EG. z. BGB. Art. 81 bleiben für die Abtretung weitergehende landesgesetzliche Einschränkungen (PensG. Anl. D § 26, WitwG. Anl. E § 17) u. für die Aufrechnung alle landesgesetzlichen Best. in Kraft.

[13]) Anw. Art. II 1 Abs. 3.

[14]) § 4, der dem G. 6. Feb. 81 (Anm. 11) § 2 u. dem G. 11. Juni 94 (GS. 109) § 5 nachgebildet ist, bezeichnet das gesetzliche Mindestmaß; günstigere Bewilligungen werden dadurch nicht

Verstorbenen (Gnadenquartal); war der Verstorbene pensionirt[15]), so gebührt ihnen die Pension noch für den auf den Sterbemonat folgenden Monat (Gnadenmonat). Dabei finden die für die unmittelbaren Staatsbeamten geltenden Bestimmungen[16]) mit der Maßgabe Anwendung, daß an Stelle der Genehmigung des Verwaltungschefs und der Provinzialbehörde, auf deren Etat die Pension übernommen war, die Genehmigung der Kommunalverwaltungsbehörde tritt[17]).

§. 5[18]). In dem Genusse der von dem verstorbenen Beamten bewohnten Dienstwohnung ist die hinterbliebene Familie[19]) in Ermangelung anderweiter Festsetzungen[13]) nach Ablauf des Sterbemonats noch drei fernere Monate zu belassen. Hinterläßt der Beamte keine Familie, so ist denjenigen, auf welche sein Nachlaß übergeht, unter der gleichen Voraussetzung eine vom Todestage an zu rechnende einmonatliche Frist zur Räumung der Dienstwohnung zu gewähren.

In jedem Falle müssen Arbeits- und Sitzungszimmer sowie sonstige, für den amtlichen Gebrauch bestimmte Räumlichkeiten sofort geräumt werden.

§. 6[20]). Ueber die Art und Höhe der Reisekostenentschädigung, welche den Kommunalbeamten, einschließlich der im §. 2 Absatz 1 erwähnten, bei Dienstreisen zugebilligt werden sollen, können die Kommunalverbände Vorschriften erlassen[21]). Kommen solche in Fällen, in welchen ein Bedürfniß der Regelung besteht[22]), nicht zu Stande, so kann die Aufsichtsbehörde die er-

---

ausgeschlossen Anw. Art. II[2] Abs. 3. — ÜbergangsBest. § 24. — Vorrechte der Hinterbliebenenbezüge Anm. 12. — Ergänzung durch PensG. (Anl. D) § 31.

[15]) Stirbt der Beamte in der Zeit, wo die Pensionierung verfügt, aber noch nicht in Wirksamkeit getreten ist, so gebührt den Hinterbliebenen das Gnadenvierteljahr.

[16]) Die in Betracht kommenden Best. (Anw. Art. II[2] Abs. 1 u. 3), G. 9. Feb. 81 u. PensG. 27. März 72 ergibt Anlage B nebst Anl. D.

[17]) Anw. Art. II[2] Abs. 2. Der vordem für erforderlich erachteten Genehmigung der Stadtverordnetenversammlung bedarf es nicht mehr.

[18]) § 5 ist dem RBG. (Anm. 7) § 9 u. dem G. betr. das Diensteinkommen der Volksschullehrer 3. März 97 (GS. 25) § 24 nachgebildet u. ersetzt die ältere Best. (Anl. B Anm. 1 **).

[19]) Der **Familie** sind diejenigen näheren Verwandten zuzuzählen, denen der Beamte auf Grund gesetzlicher oder moralischer Verbindlichkeit dauerndes Unterkommen in seinem Hausstande gewährt Vf. 4. Mai 77 (MB. 112) Nr. 5.

[20]) Die für **Tagegelder und Reisekosten** der unmittelbaren Staatsbeamten gegebenen Vorschriften (G. 21. Juni 97 (GS. 193) waren auf Kommunalbeamte nicht übertragbar, weil sie auf der für diese nicht anwendbaren Rangeinteilung beruhen. — Aus der Staatskasse zu zahlende Tagegelder u. Reisekosten erhalten Bürgermeister der Städte mit mehr als 10 000 Einwohnern nach dem Satze der 4. u. 5. Rangklasse, die übrigen nach denen der Provinzialsubalternbeamten Vf. 26. Feb. 03 (MB. 33).

[21]) Anw. Art. II Nr. 1 Abs. 2 u. Nr. 3.

[22]) Ein Eingreifen der Aufsichtsbehörde im Fall des Erlasses unzulänglicher Vorschriften findet im Wortlaut des Gesetzes keinen Anhalt, entspricht aber seiner Absicht, da die Vorschrift für die Zeugen- u. Sachverständigengebühren der Kommunalbeamten (Anw. II[3] Abs. 1) eine geeignete Grundlage schaffen soll Begr. zu § 6. Der gleiche Gesichtspunkt würde bei der nach § 6 (Schlußsatz) erforderlichen Wiederaufhebung der im Aufsichtswege erlassenen Vorschriften in Betracht kommen.

forderlichen Vorschriften erlassen, welche solange in Geltung bleiben, bis anderweite Bestimmungen seitens der Kommunalverbände getroffen sind[23]).

§. 7[24]). Der Bezirksausschuß beschließt über streitige vermögensrechtliche Ansprüche der Kommunalbeamten einschließlich der in §. 2 Absatz 1 erwähnten Beamten aus ihrem Dienstverhältnisse, insbesondere über Ansprüche auf Besoldung, Reisekostenentschädigung[25]), Pension[26]) sowie über streitige Ansprüche der Hinterbliebenen der Beamten auf Gnadenbezüge oder Wittwen- und Waisengeld[27]). Die Beschlußfassung erfolgt, soweit sie sich auf die Frage erstreckt, welcher Theil des Diensteinkommens bei Feststellung der Pensionsansprüche als Gehalt anzusehen ist, vorbehaltlich der den Betheiligten innerhalb zwei Wochen bei dem Bezirksausschuß gegen einander zustehenden Klage im Verwaltungsstreitverfahren. Im Uebrigen findet gegen den in erster oder auf Beschwerde in zweiter Instanz ergangenen Beschluß binnen einer Ausschlußfrist von sechs Monaten nach Zustellung desselben die Klage im ordentlichen Rechtswege statt. Die Beschlüsse sind vorläufig vollstreckbar.

Bei den in §§. 18 bis 20 erwähnten ländlichen Kommunalverbänden tritt an die Stelle des Bezirksausschusses sowohl für das Beschluß- als auch für das Verwaltungsstreitverfahren der Kreisausschuß.

Beamte der Stadtgemeinden[28]).

§. 8. Die Anstellung der städtischen Beamten erfolgt, unbeschadet der Vorschriften in §§. 9 und 10, auf Lebenszeit[29]).

Für die Beamten der städtischen Betriebsverwaltungen findet Absatz 1 nur insoweit Anwendung, als die Stadtgemeinden dies beschließen. Welche Verwaltungszweige zu den städtischen Betriebsverwaltungen[30]) zu rechnen sind, kann durch Ortsstatut festgesetzt werden.

---

[23]) Anw. Art. II ³ Abs. 5.

[24]) Das. Art. II ⁴. — § 7 hat den Abs. 4 des § 20 u. 36 des ZustG. ersetzt. — Für Berlin beschließt der ObPr. LVG. § 43 Abs. 3. — Die Vermögensansprüche verjähren in 4 Jahren BGB. § 197.

[25]) § 6.

[26]) § 12, 18, 24 nebst 19, 21. — Ein Pensionsanspruch ist erst gegeben, nachdem die Pensionierung ausgesprochen ist OV. 17. Feb. 03 (XXV 63). — Aus dem Umstande, daß gegen den Feststellungsbeschluß zwei Rechtsbehelfe gegeben sind, je nachdem es sich um die Frage, welcher Teil des Diensteinkommens als Gehalt anzusehen sei oder um andere Fragen handelt, kann nicht gefolgert werden, daß dieser Beschluß notwendig erkennbar machen müsse, welcher Teil des Diensteinkommens als Gehalt anzusehen sei OV. 12. Dez. 02 (XLIII 106).

[27]) § 4, 5, 15, 18, 21, 23³, 24. Auch bei der Hinterbliebenenversorgung ist — nach § 7 Abs. 1 Satz 2 — über die Frage, welcher Teil als Gehalt anzusehen sei, das Streitverfahren zulässig OV. 2. Dez. 02 (VB. XXIV 322).

[28]) Begriff der Stadtgemeinden § 16. — Anw. Art. III ³.

[29]) Abs. 1 bestimmt die Regel, Abs. 2 sowie § 9 u. 10 die Ausnahmen.

[30]) Betriebsverwaltungen sind im Gegensatz zu den mit obrigkeitlichen Aufgaben verbundenen die privaten Verwaltungen, die an private Unternehmer übertragen werden können KB.HH. (Anm. 1). Weitere Ausführung Anw. Art. III ².

§. 9. Abweichungen von dem Grundsatze der Anstellung auf Lebenszeit (§. 8 Absatz 1) können durch Ortsstatut oder in einzelnen Fällen mit Genehmigung der Aufsichtsbehörde festgesetzt werden[31]).

Soweit hiernach eine Anstellung auf Kündigung zulässig ist, darf die Kündigung nur auf Grund eines Beschlusses des kollegialischen Gemeindevorstandes (Magistrats) oder, wo ein solcher nicht besteht, eines aus dem Bürgermeister und den Beigeordneten (Schöffen, Rathmänner) gebildeten Kollegiums erfolgen.

§. 10. Der Anstellung kann eine Beschäftigung auf Probe vorangehen. Dieselbe darf in der Regel die Dauer von zwei Jahren nicht übersteigen. Eine Ausdehnung der probeweisen Beschäftigung ist nur mit Genehmigung der Aufsichtsbehörde zulässig.

Im Uebrigen hat bei Beamten, welche probeweise oder zu vorübergehenden Dienstleistungen oder zum Zwecke der Vorbereitung beschäftigt werden, die Regelung der Annahmebedingungen vor dem Antritt der Beschäftigung zu erfolgen[32]).

Durch die vorstehenden Bestimmungen wird §. 13 des Gesetzes, betreffend die Besetzung der Subaltern- und Unterbeamtenstellen der Kommunalverbände mit Militäranwärtern, vom 21. Juli 1892 (Gesetz-Samml. S. 214) nicht berührt[33]).

§. 11[34]). Die Aufsichtsbehörde kann in Fällen eines auffälligen Mißverhältnisses zwischen der Besoldung und den amtlichen Aufgaben der Beamtenstelle[35]) verlangen, daß den städtischen Beamten die zu einer zweckmäßigen Verwaltung angemessenen und der Leistungsfähigkeit der Stadtgemeinde entsprechenden Besoldungsbeträge bewilligt werden, insoweit nicht die Besoldung der betreffenden Stelle durch Ortsstatut festgesetzt ist. Im Falle des Widerspruchs der Stadtgemeinde erfolgt die Feststellung der Besoldungsbeträge durch Beschluß des Bezirksausschusses.

Betreffs der Polizeibeamten bewendet es bei der Bestimmung im §. 4 Absatz 1 Satz 1 des Gesetzes über die Polizeiverwaltung vom 11. März 1850 (Gesetz-Samml. S. 265), §. 4 Absatz 1 der Verordnung vom 20. September

---

31) Das. Art. III 1 u. II 3 Abs. 5.

32) Das. Art. III 4.

33) Nachdem die Besetzung dieser Stellen reichsgesetzlich durch die Grundsätze des BR. 28. Juni 99, Anlage C geregelt ist, kommt § 15 der letzteren in Betracht.

34) Anw. Art. IV 1. — Vorgeschichte des § 11 Freytag (Anm. 1) S. 72. — Die Aufsichtsbehörde kann die Einrichtung neuer Stellen anordnen, nicht aber — abgesehen von den Fällen der § 11 Abs. 2 u. § 23 — die Besoldungen feststellen, gleichviel ob es sich um bestehende oder einzurichtende und ersterenfalls ob es sich um besetzte oder erledigte Stellen handelt OV. 24. Sept. u. 17. Dez. 01 (XLI 151 u. 156). — Bei Zwangseintragung von Besoldungsbeträgen in den Voranschlag müssen die auf die einzelnen Rechnungsjahre entfallenden Leistungen ziffernmäßig bestimmt werden OV. 22. Mai 03 (XLIII 111).

35) Das Mißverhältnis kann auch nach Besetzung der Stelle hervortreten.

1867 (Gesetz-Samml. S. 1529), §. 5 Absatz 1 des Lauenburgischen Gesetzes vom 7. Januar 1870 (Offizielles Wochenblatt S. 13)[36]).

§. 12[37]). Die städtischen Beamten[38]) erhalten bei eintretender Dienstunfähigkeit[39]) — sofern nicht mit Genehmigung des Bezirksausschusses ein Anderes festgesetzt ist[40]) — Pension nach den für die Pensionirung der unmittelbaren Staatsbeamten geltenden Grundsätzen, wobei Artikel III des Gesetzes vom 31. März 1882, betreffend die Abänderung des Pensionsgesetzes vom 27. März 1872 (Gesetz-Samml. 1882 S. 133), insoweit er nicht durch das Gesetz vom 31. März 1891 (Gesetz-Samml. S. 19) abgeändert ist, unberührt bleibt[41]).

Als pensionsfähige Dienstzeit wird, unbeschadet der über die Anrechnung der Militärdienstzeit bei Militäranwärtern[42]) und forstversorgungsberechtigten Personen des Jägerkorps[43]) geltenden Bestimmungen und in Ermangelung anderweiter Festsetzungen[44]) nur die Zeit gerechnet, welche der Beamte in dem Dienste der betreffenden Gemeinde zugebracht hat.

Die Bestimmungen des Gesetzes vom 31. März 1882, betreffend die Abänderung des Pensionsgesetzes vom 27. März 1872 (Gesetz-Samml. 1882 S. 133), in Betreff der Beamten, welche das 65. Lebensjahr vollendet haben, können durch Ortsstatut auch für Kommunalbeamte in Kraft gesetzt werden[41]).

§. 13. Das Recht auf den Bezug der Pension (§. 12) ruht, wenn und solange ein Pensionär im Staats- oder Kommunaldienst[45]) ein Dienst-

---

[36]) Die Vorschriften besagen übereinstimmend:

Über die Einrichtungen, welche die örtliche Polizei-Verwaltung erfordert, kann der Regierungspräsident*) besondere Vorschriften erlassen**).

[37]) Anw. Art. IV 2 Abs. 1—7. — Vorrechte der Pensionsansprüche Anm. 12.

[38]) Dies sind — abgesehen von den in den § 2 u. 14 genannten — alle, auch die kündbar u. die vor Inkrafttreten des G. angestellten Beamten, einschl. der Standesbeamten Anw. Art. IV 2 Abs. 1, 5 u. 6.

[39]) Zum Nachweise der Dienstunfähigkeit bedarf es der Erklärung der vorgesetzten Dienstbehörde. Bei Widerspruch tritt das Disziplinarverfahren ein LGO. § 143 Abs. 2 u. StädteZustG. § 20 Abs. 2.

*) Nach LVG. § 18 an Stelle der Regierung getreten.

**) Darin liegt die Befugnis das Gehalt der Polizeibeamten zu erhöhen u. Wohnungsgeld zu bewilligen OV. 25. Sept. 03 (VB. XXV 679).

[40]) Anw. Art. IV 2 Abs. 2 u. 4. — Die Genehmigung soll der mißbräuchlichen Anwendung des Vereinbarungsrechts vorbeugen.

[41]) Das die maßgebenden Grundsätze enthaltende PensG. 27. Mai 72 nebst Ergänzungen ist — soweit es für Kommunalbeamte in Betracht kommt — als Anlage D aufgeführt.

[42]) Nach MilPensG. 2. Juni 71 (Fassung des G. 22. Mai 93 RGB. 171 Art. 12) § 107 kommt im preuß. Kommunaldienste die Militärdienstzeit zur Anrechnung URGer. 27. Feb. 96 (XXXVII 235). — Ob anderweite Verabredungen zulässig sind, ist streitig. Die Vf. 18. Jan. 98 (MB. 23) bejaht es mit der Maßgabe, daß bei Ausschreibung der den Militäranwärtern vorbehaltenen Stellen der Verzicht auf Anrechnung der Militärdienstzeit nicht als Bedingung gestellt werden darf.

[43]) Anm. 67 a.

[44]) Anw. Art. IV 2 Abs. 3 u. 4.

[45]) Nicht im Reichsdienst (wie bei den preuß. Staatsbeamten gem. PensG. § 27); der Dienst in anderen Bundesstaaten

einkommen oder eine neue Pension bezieht, insoweit als der Betrag des neuen Einkommens unter Hinzurechnung der zuvor erdienten Pension den Betrag des von dem Beamten vor der Pensionirung bezogenen Diensteinkommens übersteigt.

§. 14[46]). Betreffs der Anstellung, Besoldung und Pensionirung der Mitglieder des kollegialischen Gemeindevorstandes (Magistrats), sowie in Städten ohne kollegialischen Gemeindevorstand der Bürgermeister und deren Stellvertreter (zweite Bürgermeister, Beigeordnete), bewendet es bei den bestehenden Bestimmungen[47]) mit der Aenderung, daß die Pension vom vollendeten zwölften Dienstjahre ab bis zum vierundzwanzigsten Dienstjahre alljährlich um $^1/_{60}$ steigt.

In der Provinz Hannover findet, unter entsprechender Aufhebung der Vorschrift des §. 64 Absatz 2 der revidirten Städteordnung vom 24. Juni 1858 (Hannoversche Gesetz-Samml. S. 141)[48]), auch auf die im Absatz 1 gedachten Beamten die Berechnung der Pension nach Maßgabe des §. 8 des Gesetzes vom 31. März 1882, betreffend die Abänderung des Pensionsgesetzes vom 27. März 1872 (Gesetz-Samml. 1882 S. 133)[49]), Anwendung.

§. 15[50]). Die Wittwen und Waisen der pensionsberechtigten Beamten[51]) der Stadtgemeinden, einschließlich der im §. 14 aufgeführten Beamten, erhalten — sofern nicht mit Genehmigung des Bezirksausschusses ein Anderes festgesetzt ist[52]) — Wittwen- und Waisengeld nach den für die Wittwen und Waisen der unmittelbaren Staatsbeamten geltenden Vorschriften unter Zugrundelegung des von dem Beamten im Augenblick des Todes erdienten Pensionsbetrages; dabei tritt an die Stelle der für das Wittwengeld bei unmittelbaren Staatsbeamten vorgeschriebenen Höchstsätze der Höchstsatz von 2000 Mark[53]).

---

kommt dagegen in Betracht Anw. Art. IV 2 Abs. 8. — Die im Falle des § 14 anwendbare StO. (§ 65 Abs. 4) spricht nicht von Kommunal-, sondern von Gemeindedienst. — Im Kommunaldienst angestellte Militärpensionäre erhalten bei Pensionierungen die Militärpension aus Militär- u. den etwaigen Mehrbetrag aus Kommunalmitteln, Pensions- u. Verstümmelungszulagen werden jedoch ohne Anrechnung weitergezahlt MilPensG. (Anm. 42) § 108. — Das Ruhen beginnt u. endet nach den — gem. § 12 Abs. 1 anwendbaren — PensG. § 29 mit dem auf die Veränderung folgenden Monat.

46) § 14 nimmt die bezeichneten Beamten bezüglich der Anstellung, Besoldung u. Pensionierung von den Bestimmungen des sonst auf sie anwendbaren Gesetzes aus. — Erläuterung Anw. Art. IV 2 Abs. 9. — Entstehungsgeschichte Freytag (Anm. 1) S. 93.

47) StO. § 31—34, 64, 65.

48) Nur die Berechnung der Pension wird von der entsprechenden Aufhebung betroffen.

49) Die Bezeichnung ist nicht ganz zutreffend; es handelt sich um § 8 des PensG. 27. März 72, der durch G. 31. März 82 Art. I neugefaßt ist (Anl. D Anm. 1 a).

50) Anw. Art. IV 3 Abs. 1 Satz 1. — Durch § 15 wird die bereits in der hess. nass. StO. § 73 vorgesehene Witwen- u. Waisenfürsorge allgemein vorgeschrieben.

51) Beamte, die bereits vor Inkrafttreten des G. pensioniert waren, gehören nicht dazu URGer. 17. März 03 (XLV 4).

52) Anw. Art. IV 3 Abs. 1 Satz 2 u. 3.

53) Das die Vorschriften enthaltende G. 20. Mai 82 nebst Ergänzung ist — soweit es für Kommunalbeamte in Betracht kommt — als Anlage E aufgeführt.

Auf das Wittwen- und Waisengeld kommen die Bezüge, welche von öffentlichen Wittwen- und Waisenanstalten oder von Privatgesellschaften gezahlt werden, in demselben Verhältnisse in Anrechnung, in welchem die Stadtgemeinde sich an den vertraglichen Gegenleistungen betheiligt hat. Als Betheiligung der Stadtgemeinde wird es auch, soweit die Zeit vor dem Inkrafttreten des Gesetzes in Betracht kommt, angesehen, wenn die Gegenleistung seitens des Beamten auf Grund ausdrücklicher, bei der Anstellung übernommener Verpflichtung oder anderweiter Festsetzungen erfolgt ist[54]).

§. 16. Stadtgemeinden im Sinne dieses Gesetzes sind diejenigen Städte, welche nach einer Städteordnung verwaltet werden, einschließlich der im §. 1 Absatz 2 der Städteordnung für die sechs östlichen Provinzen vom 30. Mai 1853 (Gesetz-Samml. S. 261) und der in §§. 94 ff. des Gesetzes, betreffend die Verfassung und Verwaltung der Städte und Flecken in der Provinz Schleswig-Holstein vom 14. April 1869 (Gesetz-Samml. S. 589), erwähnten Ortschaften und Flecken.

§. 17. Die in den vorstehenden Bestimmungen vorgesehenen Ortsstatuten unterliegen auch in den Städten von Neuvorpommern und Rügen der Genehmigung des Bezirksausschusses.

Beamte der Landgemeinden, der Landbürgermeistereien, Aemter, Zweckverbände und Amtsbezirke[55]).

§. 18. Die Anstellungs-, Besoldungs- und Pensionsverhältnisse der Beamten der Landgemeinden, sowie die Ansprüche der Hinterbliebenen dieser Beamten auf Wittwen- und Waisengeld können durch Ortsstatut geregelt werden. Hierbei gelangt für die Rheinprovinz und die Provinz Westfalen §. 19 Nr. 2 zur Anwendung.

Kommt ein derartiges Statut in größeren Landgemeinden, für welche nach ihren besonderen örtlichen Verhältnissen ein Bedürfniß ortsstatutarischer Regelung (Absatz 1) besteht, insbesondere städtischen Vororten, Industrieorten, Badeorten u. s. w. nicht zu Stande, so kann auf Antrag der Aufsichtsbehörde der Kreisausschuß beschließen, ob und inwieweit die Bestimmungen der §§. 8 bis 10 und 12 bis 15 dieses Gesetzes auf die Beamten oder einzelne Klassen der Beamten derselben entsprechende Anwendung zu finden haben[56]). Bei Anwendung der vorgedachten Bestimmungen tritt an die Stelle des Bezirksausschusses der Kreisausschuß. Der Beschluß des Kreisausschusses bleibt

---

54) Anw. Art. IV 3 Abs. 2.

55) § 18 betrifft in Abs. 1—3 die Landgemeinden u. in Abs. 4 die Verbände von solchen in der östl. Prov., Schl. Holstein u. Hess. Nassau. Die § 19 u. 20 enthalten Sonderbest. für Westfalen u. die Rheinprov., wo diese Verbände eine größere Leistungsfähigkeit besitzen, die durch die Bildung von Provinzial-Pensionskassen (§ 25 Abs. 1 1) noch erhöht ist.

56) Anw. Art. V 1. — Durch Abs. 2 wird Abs. 1 eingeschränkt. — Zu diesen Beamten gehören die kommissarischen Amtsvorsteher Vf. 12. Juni 00 (MB. 191).

solange in Geltung, bis durch Ortsstatut (Absatz 1) eine anderweite Regelung getroffen ist.

Auf Antrag der Betheiligten oder der Aufsichtsbehörde beschließt der Kreisausschuß über die Festsetzung der Besoldungen und sonstigen Dienstbezüge der Landgemeindebeamten.

Die vorstehenden Bestimmungen gelten auch für die Beamten der Amtsbezirke[57]) und der auf Grund der §§. 128 ff. der Landgemeindeordnung für die sieben östlichen Provinzen vom 3. Juli 1891 (Gesetz-Samml. S. 233), §§. 128 ff. der Landgemeindeordnung für die Provinz Schleswig-Holstein vom 4. Juli 1892 (Gesetz-Samml. S. 155), §§. 100 ff. der Landgemeindeordnung für die Provinz Hessen-Nassau vom 4. August 1897 (Gesetz-Samml. S. 301) gebildeten Zweckverbände.

§. 19[55]). Die Vorschriften der §§. 8 bis 15 dieses Gesetzes finden auf die Beamten der Bürgermeistereien in der Rheinprovinz[58]) und der Aemter in der Provinz Westfalen[59]), sowie im Umfange der §§. 12 bis 15 auch auf die Gemeindeeinnehmer in diesen Provinzen mit folgenden Maßgaben sinnentsprechende Anwendung:

1) die Anstellung der Bürgermeister und Amtmänner, sowie die Festsetzung der Besoldung und Dienstunkostenentschädigung für diese Beamten und die Gemeindeeinnehmer[60]) (Amtseinnehmer) erfolgt nach den bisherigen Vorschriften;
2) im Falle der Pensionirung kommt bei der Berechnung der Dienstzeit auch die Zeit in Anrechnung, während welcher der zu pensionirende Beamte bei anderen Bürgermeistereien (Amtsverbänden) oder Landgemeinden innerhalb der betreffenden Provinz angestellt gewesen ist[61]);
3) an Stelle des Bezirksausschusses tritt überall der Kreisausschuß.

§. 20[55]). Für die Bürgermeistereien in der Rheinprovinz und die Aemter in der Provinz Westfalen kann die Anstellung besoldeter Beigeordneter durch die Bürgermeisterei- oder Amtsversammlungen beschlossen werden[62]). Die Art der Ernennung und die Bedingungen der Anstellung regeln sich nach den die Landbürgermeister oder Amtmänner betreffenden Bestimmungen

---

[57]) Die Amtsbezirke (KrO. § 47, 48) sind aus Zweckmäßigkeitsgründen in das G. einbezogen, obwohl sie keine Kommunalverbände bilden (LGO. § 146).

[58]) Die rheinischen Bürgermeistereien, welche die zu ihnen gehörigen Landgemeinden umfassen (rhein. KrO. § 21) sind gleichzeitig Verwaltungsbezirke (rhein. GemO. § 7) u. Kommunalverbände (das. § 8).

[59]) Westf. LGA. § 4.

[60]) Die Gemeindeeinnehmer werden damit nur hinsichtlich der Pensionen u. Hinterbliebenenversorgung den städtischen Beamten gleichgestellt, wogegen es hinsichtlich der Besoldung u. Dienstaufwandsentschädigung bei den früheren Vorschriften (rhein. GemO. § 79 Abs. 4) bewendet.

[61]) Anw. Art. V 2 Abs. 1.

[62]) Das. Abs. 2.

Beamte der Kreis- und Provinzialverbände.

§. 21. Auf die Rechtsverhältnisse der Kreiskommunalbeamten[63]) finden die Vorschriften in §§. 8 bis 15 entsprechende Anwendung; an Stelle der ortsstatutarischen Regelung tritt die der Genehmigung[64]) des Bezirksausschusses unterliegende Beschlußfassung des Kreistages[65]).

§. 22. Hinsichtlich der Provinzialbeamten und der Beamten der Bezirksverbände der Regierungsbezirke Cassel und Wiesbaden sowie der Beamten des Lauenburgischen Landes-Kommunalverbandes bewendet es, unbeschadet der allgemeinen Bestimmungen dieses Gesetzes, bei den bestehenden Vorschriften[66]).

Gemeindeforstbeamte.

§. 23. Die Rechtsverhältnisse der Gemeindeforstbeamten[67]) unterliegen der Regelung durch das vorliegende Gesetz mit folgenden Maßgaben:

---

63) Die seitherige Bestimmung enthielt KrO. § 116[7].

64) Anw. Art. VI[1].

65) An Stelle der statutarischen Regelung, die die jedesmalige landesherrliche Genehmigung voraussetzte (KrO. § 20 u. 176 Abs. 1), ist die Beschlußfassung getreten.

66) Nach diesem (ProvO. § 96 u. 120 Abs. 3) unterliegen die Rechtsverhältnisse der Provinzialbeamten der reglementarischen Ordnung unter Genehmigung des Min. d. Inn. Auch die gem. Anw. Art. V[2] anwendbaren allgemeinen Best. des KBG. verweisen mehrfach (§ 3, 5) auf anderweitige Festsetzungen. Neues Recht schaffen nur die § 1—7. — Die bei den Arbeiterversicherungsanstalten u. deren Organen im Hauptamte beschäftigten, Bureau-, Kanzlei- u. Unterbeamten sind den Provinzialbeamten gleichgestellt InvVersG. 99 (RGB. 463) § 98 u. Bf. 30. Nov. 99. Die Gleichstellung betrifft nur die Rechte u. Pflichten auch als Beamte, nicht aber die Kommunalbeamteneigenschaft; eine Anstellungsurkunde (§ 1) ist sonach nicht erforderlich OV. 13. Nov. u. 1. Dez. 03 (VB. XXV 447).

67) Einbeziehung in das G. Anm. 1. — Anw. Art. VII 1. — Die Anstellung u. Versorgung der Gemeindeforstbeamten beruhte seither auf verschiedenen Provinzialgesetzen, östl. Prov. G. 14. Aug. 76 (Nr. 5 d. W.), insbes. § 7; westliche V. 24. Dez. 16 (Nr. 5 Anl. B), insbes. § 3[2], 6, 7; neue Prov. u. Hohenzollern Übersicht Nr. 5 Anl. C. Das KBG. hat nunmehr in bezug auf Gehaltsfestsetzung, Pensionsberechtigung u. Hinterbliebenenfürsorge einheitliches Recht geschaffen. Außerdem bestehen noch mehrfache gemeinsame Vorschriften:

a) Forstbeamtenstellen der Gemeinden u. Anstalten mit mindestens 750 M. Jahresgehalt, die keine höhere Befähigung als die eines Königl. Försters erfordern, sind mit Forstanstellungsberechtigten zu besetzen Best. 1. Okt. 97 (MB. 237) § 1 Abs. 2, § 25 Abs. 1 oder wenn dies nicht geschieht, mit der Aufforderung zur Bewerbung binnen 8 Wochen öffentlich bekannt zu machen § 29; Anstellung § 30;

b) Forstanstellungsberechtigte Gemeindeforstschutzbeamte u. Forsthilfsaufseher sind Hilfsbeamte der Staatsanwaltschaft Bf. 3. Jan. 99 (MB. 24 u. 181).

c) Auf Lebenszeit angestellte u. vereidigte Kommunalforstbeamte haben das Recht zum Waffengebrauch G. 31. März 37 (GS. 65) u. Instr. 29. Nov. 37.

d) Auf Lebenszeit angestellte u. forstanstellungsberechtigte Forstbeamte der Kommunalverbände u. öff. Anstalten haben eine Walduniform zu tragen, die der für Staatsforstbeamte vorgeschriebenen (Regl. 29. Dez. 68 MB. 69 S. 41) mit einigen Maßgaben entspricht AE. 11. Okt. u. Bf. 21. Nov. 99 (MB. 203) u. (Verleihung des goldenen Portepee) 14. Juli 02 (MB. 186).

1) die §§. 8 bis 10 bleiben außer Anwendung[68]);

2) die Verordnung, betreffend die Verwaltung der den Gemeinden und öffentlichen Anstalten gehörigen Forsten in den Provinzen Westfalen, Cleve, Berg und Niederrhein vom 24. Dezember 1816 (Gesetz-Samml. 1817 S. 57)[69]), §. 15 des Gesetzes vom 14. August 1876 (Gesetz-Samml. S. 373)[70]) und das Gesetz, betreffend die Forstschutzbeamten der Gemeinden und öffentlichen Anstalten im Regierungsbezirk Wiesbaden u. s. f., vom 12. Oktober 1897 (Gesetz-Samml. S. 411)[71]) bleiben unberührt;

3) die Forstbeamten der Landgemeinden in der Rheinprovinz und in der Provinz Westfalen erhalten Pension und deren Wittwen und Waisen Hinterbliebenenversorgung nach den Vorschriften der §§. 12 bis 15[72]); dabei tritt an Stelle des Bezirksausschusses der Kreisausschuß, und kommt im Falle der Pensionirung auch diejenige Zeit in Anrechnung, während deren der Beamte bei einer anderen Landgemeinde innerhalb der betreffenden Provinz als Forstbeamter angestellt gewesen ist.

Schluß- und Uebergangsbestimmungen[73]).

§. 24. Ist die nach Maßgabe dieses Gesetzes zu bemessende Pension eines Beamten geringer als die Pension, welche ihm hätte gewährt werden müssen, wenn er am 31. März 1900 nach den bis dahin für ihn geltenden Bestimmungen pensionirt worden wäre, so wird diese letztere Pension an Stelle der ersteren bewilligt, jedoch unbeschadet der Feststellung des Wittwen- und Waisengeldes nach Maßgabe dieses Gesetzes, soweit nicht auch in dieser Beziehung bereits erworbene Rechte bestehen[74]).

§. 25. Die diesem Gesetze entgegenstehenden Bestimmungen treten außer Kraft[75]). Insbesondere gilt dieses auch von den §§. 41 Abs. 3 und 47 der Hannoverschen Städteordnung vom 24. Juni 1858 (Hannoversche Gesetz-Samml. S. 141).

---

[68]) Anw. Art. VII 2.

[69]) Nr. 5 Anl. B d. W. — Anw. Art. VII 3.

[70]) Nr. 5 d. W.

[71]) Anw. Art. VII 5. — Über Anstellung, Gehalts- u. Pensionsverhältnisse der Gemeindeforstbeamten war im RB. Wiesbaden bereits durch G. 12. Okt. 97 ausreichende Fürsorge getroffen u. dasselbe war für die Landgemeinden im RB. Cassel bezüglich der Gemeindebeamten geschehen LGO. f. Hess. Nassau § 81—87 (erg. KBG. § 25 2), denen die Gemeindeforstbeamten gleichgestellt sind Anw. Art. VII 1.

[72]) Richtiger § 12, 13, 15. — Anw. Art. VII 4. — In der Rheinprov. war die Pensionsberechtigung bereits durch G. 11. Sept. 65 (GS. 989) erg. 21. Juli 91 (GS. 330) eingeführt.

[73]) Die Schlußbestimmungen betreffen nur Pensionen u. Hinterbliebenenfürsorge. — Erläuternder Aufsatz von Jebens (VB. XXI 71).

[74]) Anw. Art. VIII.

[75]) Unbeschadet der aus den früheren Bestimmungen erworbenen Rechte.

Unberührt bleiben:

1. §. 28 Absatz 2 bis 5 der Kreisordnung für die Provinz Westfalen vom 31. Juli 1886 (Gesetz-Samml. S. 217) und §. 27 Absatz 2 bis 6 der Kreisordnung für die Rheinprovinz vom 30. Mai 1887 (Gesetz-Samml. S. 209)[76]), jedoch mit der Maßgabe, daß die Zahlungspflicht der Kassenverbände sich auch auf die den Beamten nach §. 18 zustehenden Pensionen erstreckt.

Im Uebrigen kann in den beiden genannten Provinzen durch Beschluß des Provinziallandtages mit Genehmigung des Ministers des Innern der Kassenverband verpflichtet werden:

a) auch diejenigen Pensionen von Beamten der Amtsverbände (Bürgermeistereien) und Landgemeinden zu zahlen, welche diesen im Wege der Einzelvereinbarung unter Beachtung der in den §§. 12 Absatz 1, 19 Nr. 2, 23 Nr. 3 oder 25 Absatz 2 Nr. 1b festgestellten Grundsätze gewährt werden,

b) bei Zahlung der Pensionen auch diejenigen Beträge zu übernehmen, welche sich aus einer Anrechnung der von den Beamten im Reichs-, insbesondere im Militärdienste, im Staatsdienste oder im Dienste eines deutschen Kommunalverbandes oder einer anderen öffentlichen Korporation verbrachten Zeit ergeben.

2. §§. 81 bis 87 der Landgemeindeordnung für die Provinz Hessen-Nassau vom 4. August 1897 (Gesetz-Samml. S. 301), §. 84 indessen mit der Aenderung, daß die Pension vom vollendeten 12. Dienstjahre ab bis zum 24. Dienstjahre alljährlich um $^1/_{60}$ steigt[71]).

§. 26. Das gegenwärtige Gesetz tritt am 1. April 1900 in Kraft.

§. 27. Der Minister des Innern ist mit der Ausführung dieses Gesetzes beauftragt[1]).

Anlagen zum Kommunalbeamtengesetz.

Anlage A (zu Anmerkung 1).

Anweisung zur Ausführung des Gesetzes, betreffend die Anstellung und Versorgung der Kommunalbeamten. Vom 12. Oktober 1899 (MB. 192).

Allgemeine Bestimmungen.

(§§. 1—7 des Gesetzes.)

Artikel I.

Anwendungsgebiet des Gesetzes. — Begründung der Beamteneigenschaft (§§. 1, 2).

1. Durch die Ueberschrift und die zwei ersten Paragraphen des Gesetzes wird das Anwendungsgebiet desselben nach einer dreifachen Richtung abgegrenzt.

a) Zunächst regelt das Gesetz nur die Anstellung und Versorgung (Besoldung, Pensionirung, Wittwen- und Waisenversorgung) der Kommunalbeamten

---

[76]) Die Vorschriften betreffen die Provinzial-Pensionskassen (Anm. 55).

in einigen wichtigen Beziehungen. Im Gebiete der Anstellung insbesondere greift es nur diejenigen Rechtsverhältnisse heraus, welche die Begründung der Beamteneigenschaft und die Dauer des Anstellungsverhältnisses betreffen, läßt indessen die nach den Gemeindeverfassungsgesetzen bestehenden Verschiedenheiten in der Art der Bestellung der Beamten, d. h. die Bestimmungen über Wahl oder Anstellung, über Bestätigung u. s. f. unberührt.

b) Sodann werden nur die Beamten derjenigen Kommunalverbände, welche in den §§. 8 bis 22 erwähnt sind, von dem Gesetze betroffen, d. h. die Beamten der Stadt- und Landgemeinden, der rheinischen Landbürgermeistereien, der westfälischen Aemter, der Zweckverbände, Amtsbezirke, Kreise und — soweit die allgemeinen Bestimmungen (§§. 1—7) in Betracht kommen — auch der Provinzen, der Bezirksverbände Kassel und Wiesbaden sowie des Lauenburgischen Landeskommunalverbandes (§. 22); es bleiben also die Beamten der übrigen, in Nr. 2 des Runderlasses vom 30. September 1892 (M.-Bl. S. 285) genannten kommunalständischen und landschaftlichen Verbände von dem Anwendungsgebiete des Gesetzes ausgeschlossen.

c) Aber auch innerhalb dieser Kommunalverbände werden nicht alle Beamtenkategorien dem Gesetze unterworfen, vielmehr bleiben unberührt die Verhältnisse derjenigen Beamten, welche ohne Besoldung, also ehrenamtlich angestellt sind, oder welche ihr Kommunalamt nur als Nebenamt verwalten. In die erstere Kategorie fallen auch diejenigen, welche als Entgelt ihrer Dienstleistungen lediglich eine im Wesentlichen zur Deckung ihrer Amtsunkosten bestimmte Baarentschädigung erhalten, die zweite Kategorie wird von denjenigen gebildet, deren Amt entweder im Hinblick auf seine Art und seinen Umfang oder im Hinblick auf den Umstand, daß es neben einem Hauptamt oder einer nichtamtlichen Hauptthätigkeit verwaltet wird, als Nebenamt anzusehen ist. Zu der letzteren Kategorie würden hiernach sowohl Inhaber solcher Aemter gehören, deren Verwaltung im Allgemeinen Zeit und Kraft eines Mannes nur nebenbei in Anspruch zu nehmen pflegt, als auch Kommunalbeamte, deren Hauptamt ein Staatsamt (z. B. Kreisausschußsekretäre, welche im Hauptamte Kreissekretäre sind), oder deren Hauptthätigkeit ein Handwerkerberuf ist (z. B. Nachtwächter, deren Hauptberuf das Schmiedehandwerk ist). Ein etwaiger Streit über das Vorhandensein dieser Voraussetzungen würde in dem durch §. 7 des Gesetzes vorgeschriebenen Verfahren auszutragen sein, vorausgesetzt, daß es sich bei demselben um vermögensrechtliche Ansprüche des Beamten handelte. Fordert indessen der Beamte zunächst die Aushändigung einer Anstellungsurkunde (§. 1 Satz 2), so gilt für diesen Fall das zu Nr. 4 Gesagte.

Eine Sonderstellung im Systeme des Gesetzes nehmen die auf Probe, zu vorübergehenden Dienstleistungen oder zur Vorbereitung angenommenen Kommunalbediensteten ein. Auf diese Personen, welche im Allgemeinen auch im Wege des civilrechtlichen Dienstmiethsvertrages eingestellt werden könnten (siehe unter 5), findet das Gesetz, sofern ihnen von dem Kommunalverbande Beamtenqualität eingeräumt wird, nur insoweit Anwendung, als dies ausdrücklich vorgesehen ist, d. h. im Umfange der Bestimmungen in §§. 1 Satz 2, 6, 7 und 10 (§. 2 Abs. 1). Hiernach erfolgt die Anstellung auch dieser Beamtenklasse durch Aushändigung einer Anstellungsurkunde, eine Vorschrift, welche die deutliche Unterscheidung der beamteten von den nicht beamteten Probisten[1]) u. s. f. bezweckt; die Regelung der Annahmebedingungen geschieht vor dem Antritt der Beschäftigung, die Probedienstzeit ist zeitlich abgegrenzt, die allgemeinen Vorschriften über Reiseentschädigung und über Verfolgung vermögensrechtlicher Ansprüche sind auf sie ausgedehnt.

———

[1]) Das sind die auf Probe angenommenen Personen.

Während mit den aus dem Vorstehenden sich ergebenden Maßgaben die allgemeinen Bestimmungen des Gesetzes alle Beamtenkategorien der in demselben erwähnten Kommunalverbände betreffen, nehmen innerhalb der mit §. 8 beginnenden besonderen Bestimmungen einzelne Beamtenklassen wiederum eine Sonderstellung ein; hierher gehören insbesondere aus dem Kreise der städtischen Beamten die Mitglieder des kollegialischen Gemeindevorstandes (Magistrats) sowie in Städten ohne kollegialischen Gemeindevorstand die Bürgermeister und deren Stellvertreter (zweite Bürgermeister, Beigeordnete), auf deren Rechtsverhältnisse die besonderen Bestimmungen über städtische Beamte (§§. 8—17) nur im Umfange der §§. 14—17 Anwendung finden. Die übrigen Verschiedenheiten in der Behandlung einzelner Beamtenkategorien im Rahmen der besonderen Bestimmungen ergeben sich aus §§. 19, 23, 25 Nr. 2.

2. Nach §. 1 Satz 2 erfolgt die Anstellung der Kommunalbeamten fortan durch Aushändigung einer Anstellungsurkunde. Durch diese Fassung ist zum Ausdruck gebracht, daß die Aushändigung der Anstellungsurkunde der die Beamteneigenschaft begründende formale Akt sein soll, sodaß es in Zukunft ausgeschlossen sein soll, diese Eigenschaft aus irgend welchen anderen Momenten[2]), etwa aus der Art oder der Dauer der Beschäftigung, aus der Vereidigung u. s. f. zu folgern. Von besonderer Wichtigkeit wird das durch das Erforderniß der Anstellungsurkunde eingeführte wesentliche Unterscheidungsmerkmal für diejenigen Gruppen von Kommunalbediensteten werden, welche, wie die Funktionäre städtischer Betriebsverwaltungen, schon nach der bisherigen Praxis theils im Wege des privatrechtlichen Vertrages, theils in dem des öffentlich-rechtlichen Beamtenkontrakts angenommen zu werden pflegten[3]).

3. Was die Form der Anstellungsurkunden anbelangt, so ist es erwünscht, daß dieselbe, sofern es nicht schon anderweitig geschehen ist, durch das die Beamtenverhältnisse des Kommunalverbandes ordnende Ortsstatut (für die Provinz durch Reglement) festgestellt werde. Bei Erlaß und Genehmigung solcher genereller Bestimmungen werden die im folgenden Absatz aufgeführten Momente zu beachten sein.

Jedenfalls wird die Form möglichst einfach zu gestalten und so zu fassen sein, daß über den Beamtencharakter des Anzustellenden kein Zweifel obwalten kann.

Neben diesem wesentlichen Bestandtheil der Anstellungsurkunden wird die Aufnahme der beobachteten Bestellungsformalitäten, der Anstellungsdauer, der Amtskompetenzen und etwaiger besonderer Verabredungen sich empfehlen. Hiernach würden die Anstellungsurkunden für einen städtischen Polizeiinspektor und einen städtischen Bureauassistenten etwa so zu lauten haben:

a) Nach Vernehmung der Stadtverordnetenversammlung[4]) und nach Bestätigung durch den Königlichen Regierungspräsidenten zu N. werden Sie hierdurch zum Polizeiinspektor für die Stadtgemeinde X. und damit zum städtischen Beamten auf Lebenszeit ernannt.

Als Gehalt wird Ihnen ein Jahresbetrag von ..... M. und Dienstkleidung nach Maßgabe des Reglements vom .... gewährt.

X., den ....

Der Magistrat.

---

[2]) Dies sind die sogen. konkludenten Handlungen KBG. Anm. 7.

[3]) Nach neuerer Rechtsanschauung wird das Beamtenverhältnis nicht durch Vertrag begründet. Preuß, das städtische Amtsrecht in Preußen (Berl. 02), Gierke, Rechtslexikon III 53. — KBG. Anm. 12.

[4]) StO. § 56[6].

b) Nach Vernehmung der Stadtverordnetenversammlung werden Sie hierdurch zum Bureauassistenten in der Stadt X. mit Beamteneigenschaft ernannt. Ihre Anstellung erfolgt unter dem Vorbehalt dreimonatlicher Kündigung nach Maßgabe des Ortsstatuts vom ....

Als Gehalt haben Sie einen Jahresbetrag von ..... zu beziehen.

X., den ....

Der Magistrat.

Die Königlichen Regierungspräsidenten werden zu erwägen haben, ob es sich empfiehlt, für die ihrer Aufsicht unterstellten Kommunalverbände Muster von Anstellungsurkunden der einzelnen Beamtenkategorien zu erlassen, und im Bedürfnißfalle das Geeignete selbst oder — hinsichtlich der ländlichen Kommunalverbände — durch die Königlichen Landräthe zu veranlassen haben.

4. Die Vorschrift des §. 1 Satz 2 bezieht sich auf alle, vom Inkrafttreten des Gesetzes an anzustellenden besoldeten und nicht bloß im Nebenamt thätigen Beamten der unter 1b genannten Kommunalverbände, also auf gewählte und ernannte, obere und untere Beamte. Mit Rücksicht auf diese große praktische Bedeutung der Vorschrift und auf den Umstand, daß die erfahrungsmäßige Abneigung einzelner Gemeindebehörden in kleineren Stadt- oder Landgemeinden gegen schriftliche Aufzeichnungen zu schweren Schädigungen von Personen führen könnte, welche als Inhaber von Amtsstellen Anstellungsurkunden nicht erhalten haben, wird es nicht den anzustellenden Beamten allein überlassen werden dürfen, die Aushändigung solcher Urkunden zu betreiben. Vielmehr wird es erforderlich sein, daß die Königlichen Regierungspräsidenten bezw. Landräthe für die ihrer Aufsicht unterstehenden kleineren Kommunalverbände je nach Bedürfniß eine periodische oder Einzelkontrolle der korrekten Handhabung dieser gesetzlichen Vorschrift einrichten und überall dort, wo sie einen Inhaber einer Amtsstelle ohne Anstellungsurkunde finden, die Aushändigung einer solchen — gegebenen Falls mit den Zwangsmitteln des §. 132 des Gesetzes über die allgemeine Landesverwaltung vom 30. Juli 1883 — herbeiführen.

5. Wohl zu unterscheiden von dem Fall einer Versäumung der Urkundenaushändigung an den Inhaber einer Amtsstelle, dessen Beamteneigenschaft von den Parteien gewollt, aber wegen jener Versäumniß nicht erreicht worden ist, ist der Fall, in welchem ein Kommunalverband Funktionen, die ordnungsmäßiger Weise von einem Beamten wahrgenommen werden sollten, von einer im privatrechtlichen Dienstmiethvertrag angenommenen Person versehen läßt, d. h. entweder eine Amtsstelle für diese Funktionen nicht schaffen oder eine bestehende Amtsstelle nicht mit einem Beamten besetzen will.

In dieser Beziehung wird an dem bisher geltenden Grundsatze festzuhalten sein, daß obrigkeitliche Funktionen ausschließlich von Beamten ausgeübt werden müssen, daß aber die Kommunalverbände nicht verpflichtet sind, die nicht mit solchen Funktionen auszustattenden, besonders zu technischen, wissenschaftlichen, künstlerischen oder zu mechanischen Dienstleistungen benöthigten Kräfte im Wege des öffentlichrechtlichen Beamtenkontrakts[3]) anzustellen. Hiernach bleibt es den Verbänden namentlich unverwehrt, die im Arbeiterverhältniß stehenden und die ausschließlich in Betriebsverwaltungen beschäftigten, nicht mit obrigkeitlichen Funktionen ausgestatteten Personen im Wege der civilrechtlichen Dienstmiethe anzunehmen. So werden für die Dienste in städtischen Theatern, Museen, Badeetablissements, Gasanstalten, Schlachthöfen im Allgemeinen Nichtbeamte angenommen werden können, während im Einzelnen einem Schlachthofvorsteher, welchem die Befugniß zum Erlaß polizeilicher Verfügungen (z. B. betreffs der Verweisung minderwerthigen Fleisches auf die Freibank) übertragen werden soll, Beamteneigenschaft eingeräumt werden muß[5]). Zu den mechanischen, auch von Nichtbeamten wahrnehmbaren Dienstleistungen werden die Funktionen von Pförtnern, Dienern, Kopisten, Arbeitern und anderen ähnlich beschäftigten Personen unbedenklich gerechnet werden können. Auch werden solche Beschäftigungsarten, welche von vornherein zeitlich oder sachlich begrenzt — z. B. die Bearbeitung einer kommunalen Entwässerungsanstalt u. s. f. —, oder welche auf Probe oder zur Vorbereitung übertragen werden, nicht dem Beamten vorzubehalten, sondern zur privatrechtlichen Regelung freizugeben sein, sofern bei den betreffenden Geschäften obrigkeitliche Funktionen[6]) nicht in Betracht kommen.

Was die zulässigen Einwirkungen der Aufsichtsbehörden zur Herbeiführung einer den vorstehenden Ausführungen gemäßen Amtsorganisation in den Kommunalverbänden betrifft, so ist zunächst für das gesammte Gebiet der Ortspolizeiverwaltung an der durch das Polizeigesetz vom 11. März 1850 (Verordnung vom 20. September 1867, Lauenburgisches Gesetz vom 7. Januar 1870) begründeten staatlichen Organisationsbefugniß[7]) festzuhalten. Aber auch darüber hinaus bleibt es Recht und Pflicht der Aufsichtsbehörde, die Wahrnehmung obrigkeitlicher Funktionen durch Beamte — nöthigenfalls im Wege des Zwanges — durchzusetzen. In der Berechtigung der Aufsichtsbehörde zu denjenigen Maßregeln, welche erforderlich sind, um die Verwaltung in dem ordnungsmäßigen Gange zu erhalten, und in der weiteren durch §. 11 festgestellten Berechtigung zur Regulirung unzulänglicher Beamtenbesoldungen ist weiterhin die Befugniß enthalten, auch für solche Funktionen, welche zwar nicht obrigkeitlicher Natur sind, aber aus organisatorischen Gründen von besoldeten Beamten wahrgenommen werden müssen, die Anstellung solcher zu verlangen[8]). Hiernach wird es der Aufsichtsbehörde zustehen, zur Verwaltung umfangreicher, verantwortlicher und ständiger Sekretärsgeschäfte in einem größeren Kommunalverbande, welche bisher in unzulänglicher Weise durch Privatschreiber des mit einem Dienstunkostenpauschsatze bedachten Bürgermeisters versehen worden sind, die Anstellung eines besoldeten Büreaubeamten zu verlangen.

6. Ihrem Wortlaut nach kann der Vorschrift des §. 1 Satz 2 eine rückwirkende Kraft nicht beigelegt werden. Aus dieser Vorschrift kann demnach zur Entscheidung der Fragen, ob einer oder der andere der bereits vor Inkrafttreten des Gesetzes angenommenen Kommunalbediensteten als Beamter anzusehen und daher gemäß Satz 1 des §. 1 der Wohlthaten der §§. 3—6, 12 bis 15 theilhaftig zu machen sei[9]), nichts entnommen werden. Wohl aber erscheint es angezeigt, gelegentlich der Einführung des Gesetzes Zweifel über die rechtliche Eigenschaft solcher Kommunalbediensteter im Wege der Vereinbarung[3]) zu erledigen. In diesem Sinne wird insbesondere auf die Magistrate (Bürgermeister) von Stadtgemeinden und im Bedürfnißfalle auch auf die Vorstände sonstiger Kommunalverbände einzuwirken sein.

Artikel II.

Gehalt. Gnadenbezüge. Reisekostenentschädigung. Verfolgung vermögensrechtlicher Ansprüche aus der Beamtenanstellung. (§§. 3—7.)

1. Die in §§. 3 und 5 vorbehaltenen „besonderen (anderweiten) Festsetzungen" haben den Charakter von Verwaltungs=, nicht von Verfassungsvorschriften und

---

[5]) Weitere Ausführung OV. 8. Juli 99 (XXXV 59).

[6]) Begriff (mit Bezug auf die kaufmännischen Korporationen) OV. 18. Mai 88 (XVI 154) u. (XX 39).

[7]) KVG. § 11 Abs. 2.

[8]) Dazu gehört die Verwaltung umfangreicher, verantwortlicher, ständiger Sekretariatsgeschäfte OV. 17. Dez. 01 u. Vf. 24. März 02 (MB. 48 u. 71).

[9]) Grundsätze zur Beurteilung dieser Frage enthalten OV. 3. Jan. u. 21. Nov. 91 (XX 126 u. XXII 67) u. 8. Juli 99 (XXXV 59).

können daher ebensowohl in der Form von Verwaltungsregulativen als in der Form von Ortsstatuten erlassen werden. Für die Provinzial- und die ihnen gleichgestellten Beamten bewendet es natürlich bei §. 96 der Provinzialordnung[10]) und den dieser Bestimmung nachgebildeten Vorschriften. Uebrigens werden die obenerwähnten Festsetzungen ebensowohl im Wege der Vereinbarung[3]) getroffen werden können.

Auch die in §. 6 erwähnten „Vorschriften" der Kommunalverbände über Art und Höhe der Reisekostenentschädigungen können sowohl als Regulative wie als Ortsstatute erlassen werden.

2. Die in §. 4 für die Regelung der Gnadenkompetenzen in Bezug genommenen, hinsichtlich der unmittelbaren Staatsbeamten geltenden Bestimmungen sind in §§. 2, 3 des Gesetzes vom 6. Februar 1881 und §. 31 des Gesetzes vom 27. März 1872 enthalten[11]).

Als Kommunalverwaltungsbehörde im Sinne dieses Paragraphen sind der Provinzialausschuß, Kreisausschuß, Magistrat und die sonstigen Gemeindevorstände zu verstehen.

Durch die Vorschrift des §. 4 sollen endlich günstigere Festsetzungen einzelner Kommunalverbände nicht ausgeschlossen werden.

3. Für die Ausführung des §. 6 wird zu beachten sein, daß nach dem Beschlusse des Reichsgerichts (III. Civil-Senat) vom 15. Februar 1898 bei Bemessung der Gebühren für gerichtliche Zeugen- und Sachverständigenvernehmungen der Kommunalbeamten in den Fällen des §. 14 der Gebührenordnung vom 30. Juni 1878 (R.-G.-Bl. S. 173) die auf Grund gesetzlicher Bestimmung erlassenen Vorschriften der Kommunalverbände über Dienstreisekosten zu Grunde zu legen sind.

Wenn auch angesichts der großen örtlichen Verschiedenheiten davon abgesehen werden muß, für das Gebiet der Monarchie Grundlinien behufs einer einheitlichen Regelung dieser Materie zu ziehen, so wird doch thunlichst auf die Vermeidung weitgehender Abweichungen der Vorschriften innerhalb der einzelnen Regierungsbezirke hinzuwirken, und dieser Gesichtspunkt überall dort zur Geltung zu bringen sein, wo wegen der gewählten ortsstatutarischen Form oder wegen erforderlich gewordener Feststellung der Aufsichtsbehörde (§. 6 Satz 2) staatliche Mitwirkung erforderlich wird.

Uebrigens werden die kommunalen Vorschriften bestimmen können, für welche Dienstreisen Entschädigungen gewährt werden, und ob die letzteren in Reisekosten und Tagegeldern oder in ungetrennten Sätzen bestehen sollen; auch Pauschalentschädigungen werden zugelassen werden dürfen.

Unzulässig würde selbstverständlich eine Regelung sein, welche ausschließlich für die Gerichtsgebühren Geltung haben oder für letztere andere Sätze als für Dienstreisen in kommunalen Angelegenheiten bestimmen würde.

Aufsichtsbehörde ist hier wie z. B. auch in §. 9 al. 1 die mit der laufenden Kommunalaufsicht betraute Staatsbehörde, nicht die zur Mitwirkung bei dieser Aufsicht berufene Selbstverwaltungsbeschlußbehörde; für Städte mithin der Regierungspräsident, nicht der Bezirksausschuß. Diese Aufsichtsbehörde hat, nachdem sie gegebenenfalls die Vorschriften erlassen hat, dieselben wieder aufzuheben, sobald anderweite Bestimmungen seitens der Kommunalverbände getroffen sind.

4. §. 7 bringt eine neue und einheitliche Regelung der Verfolgung vermögensrechtlicher Ansprüche der Kommunalbeamten aus ihrem Dienstverhältnisse. Zu dem vorletzten Satze des ersten Absatzes ist zu bemerken, daß gegen den Beschluß des

---

[10]) Verb. ProvO. § 120 Abs. 3. | [11]) Anl. B u. D.

Bezirksausschusses die Beschwerde oder die Klage im ordentlichen Rechtswege offensteht, und daß die Klage auch noch gegen den Beschluß des Provinzialraths, sofern Beschwerde an denselben erhoben war, zulässig ist.

Beamte der Stadtgemeinden. (§§. 8—17.)

Artikel III.

Prinzip der lebenslänglichen Anstellung städtischer Beamter und Abweichungen. Beamte städtischer Betriebsverwaltungen. (§§. 8—10.)

1. Mit den §§. 8 ff. bezweckt das Gesetz, bei grundsätzlicher Festhaltung des in dem größten Theile der Monarchie heute geltenden Prinzips der lebenslänglichen Anstellung städtischer Beamten doch die Möglichkeit zu eröffnen, den Kreis der kündbar anzustellenden Beamten über die Schranken der für die östlichen Provinzen, für die Provinz Westfalen und die Stadt Frankfurt a./M. erlassenen Städteordnungen hinaus zu erweitern, soweit dies das Bedürfniß der Städte nach freierer Beweglichkeit verlangt. Während in dem bezeichneten Theile des Staatsgebietes bisher nur die zu vorübergehenden oder zu mechanischen Dienstleistungen bestimmten Beamten auf Kündigung angestellt werden durften, will das Gesetz, welches die erstere Beamtengruppe unter besondere Bestimmungen (§§. 2, 10) stellt, den Gemeinden die Berechtigung verleihen, neben den mechanischen noch andere Funktionen des Amtsorganismus durch kündbare Beamte versehen zu lassen. In dem hiernach veränderten Umfange soll das Anstellungsprinzip der angeführten Städteordnungen fortan allgemein zur Geltung gelangen.

Zu dem Ende werden die mit der Genehmigung von Abweichungen vom Prinzip der lebenslänglichen Anstellung städtischer Beamten betrauten Behörden, d. h. bei ortsstatutarischer Regelung die Bezirksausschüsse, in Einzelfällen die Regierungspräsidenten (§. 9 al. 1, Art. II Nr. 3 a. E.), die Genehmigungsanträge der Stadtgemeinden einer wohlwollenden Prüfung nach der Richtung zu unterwerfen haben, ob die Wünsche der Kommunen durch die lokalen Verhältnisse begründet sind. Insbesondere werden für die Zulassung von Abweichungen folgende Gesichtspunkte zu beachten sein:

a) Für Dienstleistungen, welche nach den Ausführungen in Artikel I Nr. 5 auch von Nichtbeamten wahrgenommen werden können, insbesondere also für solche rein technischer, wissenschaftlicher, künstlerischer oder mechanischer Natur wird die Anstellung von Beamten auf Lebenszeit nicht verlangt werden können.

b) Auch wird die Anstellung auf Lebenszeit abhängig gemacht werden dürfen von der Erreichung eines gewissen Lebensalters (etwa des dreißigsten) allein oder in Verbindung mit der Zurücklegung einer mehrjährigen Dienstzeit in der Stadt.

c) Bezüglich der Frage, inwieweit etwaigen Anträgen auf kündbare Anstellung von Polizeiexekutivbeamten zu entsprechen sein wird, bleibt unter Anderem zu prüfen, welche Garantien für eine sachgemäße, gerechte Ausübung des Kündigungsrechts aus der Gesammtlage der städtischen Verhältnisse zu entnehmen sind.

d) Die Abweichung wird auch in einer Anstellung auf bestimmte Zeit, etwa mit Pensionsberechtigung für den Fall nicht erfolgender Wiederernennung, bestehen können, sofern ein derartiges lokales Bedürfnis nachgewiesen wird.

2. Bei Anwendung des §. 8 Absatz 2 wird Seitens der Stadtgemeinden mit um so größerer Vorsicht zu verfahren sein, als der Begriff der städtischen Betriebsverwaltungen durch Theorie und Praxis bisher noch keine feste Umgrenzung gefunden hat, und als Meinungsverschiedenheiten einerseits der

städtischen Verwaltungen und andererseits der in Streitfällen mit der Entscheidung befaßten Gerichte hier zu schweren Schädigungen der Stadtgemeinden führen können. Daher wird Seitens der Königlichen Regierungspräsidenten auf die in §. 8 a. a. O. vorgesehene ortsstatutarische Regelung dieser Frage in denjenigen Fällen hinzuwirken sein, in welchen Zweifel über die Eigenschaft einer städtischen Betriebsverwaltung obwalten können.

Für die nähere Feststellung dieses Begriffs wird davon auszugehen sein, daß in erster Linie die gewerblichen Unternehmungen der Stadtgemeinden zu den Betriebsverwaltungen zu rechnen sind, wobei es auf die Frage, ob den Unternehmungen ein Monopol oder ein Benutzungszwang eingeräumt ist, nicht ankommt. Auch wird die Thatsache, daß bei einem Unternehmen die Gewinnerzielung hinter Gesichtspunkte öffentlicher Interessen zurücktritt, nicht schon an sich die Annahme einer Betriebsverwaltung ausschließen. Gleichgültig ist ferner, ob einzelne im Betriebe angestellte Beamte obrigkeitliche Funktionen auszuüben haben (wie unter Umständen Schlachthofvorsteher in städtischen Viehhöfen, vergl. Art. I Nr. 5)[5]). Mit diesen Maßgaben wird eine städtische Betriebsverwaltung im Sinne des §. 8 Absatz 2 im Allgemeinen dort angenommen werden können, wo ein abgesondertes wirtschaftliches Unternehmen oder eine abgesonderte wirthschaftliche Verwaltung der Stadt mit eigenem Personal besteht[12]). Das Erforderniß des eigenen, von den übrigen städtischen Beamtengruppen verschiedenen Personals ergiebt sich aus der Erwägung, daß andernfalls eine gesonderte Rechtsstellung dieses Personals ausgeschlossen sein würde. Da die hier verlangte Absonderung der Betriebsverwaltungen von den übrigen städtischen Verwaltungszweigen nur bei einem erheblicheren Umfange der ersteren zuzutreffen pflegt, wird es im Einzelfalle für die Entscheidung über die Voraussetzungen der Betriebsverwaltung auf Art und Umfang derselben ankommen; so wird z. B. eine Kanalisation nur dann als Betriebsverwaltung gelten können, wenn sie mit Rücksicht auf selbständige, nach wirthschaftlichen Grundsätzen zu leitende technische Einrichtungen, z. B. auf die Verwendung von Rieselfeldern u. s. f. ein wirthschaftliches Unternehmen mit abgesonderter Verwaltung darstellt.

Mit den aus dem Vorstehenden sich ergebenden Vorbehalten würden als Betriebsverwaltungen insbesondere zu bezeichnen sein: Bahnunternehmungen, Fuhrparks, Hafenanlagen, Lagerhäuser, Gas-, Wasser-, Elektrizitätswerke, Markthallen, Schlacht- und Viehhöfe, Kurverwaltungen, Badeanstalten, Museen, Theater-, Konzertunternehmungen, zoologische Gärten u. A. m.

3. Daß die §§. 8—10 sich nur auf die nach Inkrafttreten des Gesetzes zur Anstellung gelangenden städtischen Beamten und zwar auf alle diejenigen Beamten beziehen, welche nicht zu den Mitgliedern des kollegialischen Gemeindevorstandes (Magistrats) oder in Städten ohne solchen Vorstand zu den Bürgermeistern oder deren Stellvertretern zählen, geht aus dem Wortlaut jener Paragraphen und dem §. 14 hervor. Auch hier wird indessen die Einführung des Gesetzes eine passende Gelegenheit bieten, die im Gebiete der Städteordnungen für die östlichen Provinzen, für Westfalen und Frankfurt a. M. vielfach hervorgetretenen Zweifel über Lebenslänglichkeit oder Kündbarkeit der Anstellung städtischer Beamten, von deren Dienstleistungen es nicht klar feststand, ob sie mechanischer bezw. vorübergehender Natur wären, dadurch zu beseitigen, daß im Wege der Vereinbarung[3]) zwischen Stadtgemeinden und Beamten entweder eine Deklaration des bisherigen Rechtsverhältnisses erfolgt oder das bisherige Dienstverhältniß aufgelöst und eine neue Anstellung nach Maßgabe dieses Gesetzes vorgenommen wird. Die Königlichen Regierungs-

---

[12]) Ebenso OV. 19. Feb. 01 (XXXIX 47).

präsidenten werden sich eine Einwirkung auf die Stadtverwaltungen in dieser Richtung angelegen sein zu lassen haben.

4. Die Bestimmung des §. 10 al. 2 soll einen im Interesse sowohl der Stadtgemeinden als auch der Beamten liegenden Zwang zur völlig klaren und erschöpfenden Regelung der Annahmebedingungen vor Antritt der zur Probe, zu vorübergehenden Dienstleistungen oder zur Vorbereitung einzugehenden Beschäftigungsverhältnisse herbeiführen. Ihre Durchführung wird insbesondere denjenigen Streitigkeiten vorbeugen, welche über die Frage entstanden sind, ob das Beschäftigungsverhältniß eines Büreauhülfsarbeiters oder eines sonstigen zur Aushülfe angenommenen Beamten ein lediglich vorübergehendes sei oder nicht. Zu dem Ende wird die in §. 10 al. 2 vorgeschriebene zuvorige Regelung der Annahmebedingungen bei vorübergehenden Dienstleistungen den Gegenstand der Beschäftigung und die voraussichtliche Dauer derselben neben den vermögensrechtlichen Momenten zu umfassen haben.

Als Aufsichtsbehörde im Sinne des §. 10 al. 1 ist auch hier die mit der laufenden Aufsicht betraute Instanz, also der Regierungspräsident, zu verstehen.

Artikel IV.

Besoldung. Pensionirung. Wittwen- und Waisenversorgung der städtischen Beamten. (§§. 11—17.)

1. Die Vorschrift des §. 11 soll der Aufsichtsbehörde die Handhabe bieten, unter den im ersten Absatze bezeichneten Voraussetzungen[13]) unzulängliche Beamtengehälter im Wege einer Beschlußfassung des Bezirksausschusses auf die angemessene Höhe zu bringen. Ueber den Rahmen dieser Voraussetzungen hinaus ist von einer Mitwirkung der Aufsichtsbehörden bei der Festsetzung der Beamtengehälter abzusehen. Nach Absatz 2 des §. 11 bezieht sich die Bestimmung des ersten Absatzes nicht auf die städtischen Polizeibeamten, deren Gehälter auf Grund der durch das Polizeigesetz vom 11. März 1850 festgestellten staatlichen Organisationsbefugniß der unbeschränkten Revision durch den Regierungspräsidenten unterliegen (vergl. hinsichtlich der Gemeindeforstbeamten Artikel VII Nr. 3). Auch auf die Mitglieder des Gemeindevorstandes findet der §. 11 keine Anwendung (§. 14).

2. Durch §. 12 wird die Pensionsberechtigung der lebenslänglich angestellten städtischen Beamten auf die sämmtlichen städtischen Beamten, insbesondere also die auf Kündigung angestellten ausgedehnt, welche letztere Pension erhalten, sofern sie nach Zurücklegung der erforderlichen Dienstjahre, ohne vorher eine Kündigung erfahren zu haben, dauernd dienstunfähig werden.

Eine weitere Neuerung enthält §. 12 al. 1 insofern, als er eine von der gesetzlichen Pensionsregelung abweichende Festsetzung der Genehmigung des Bezirksausschusses unterwirft. Die Königlichen Regierungspräsidenten werden als Vorsitzende der Bezirksausschüsse ihren Einfluß dahin geltend zu machen haben, daß im Allgemeinen nur günstigere Abweichungen im Interesse der Beamten die Genehmigung erhalten. Andere Abweichungen werden sich nur dann zur Genehmigung eignen, wenn der betreffende Beamte, sei es weil er schon aus einer früheren Dienststellung eine Pension bezieht, sei es aus anderen Gründen größeren Werth auf Anstellung überhaupt als auf Gewährung der regelmäßigen Pension legt. Nachdem das Reichsgericht durch Entscheidung vom 27. Februar 1896 (Entscheidung in Civilsachen Band 37 S. 235) dahin erkannt hat, daß gemäß §. 107 des Militär-

[13]) Auffälliges Mißverhältnis zwischen Besoldung u. den amtlichen Aufgaben der Beamtenstelle.

pensionsgesetzes vom 27. Juni 1871 in der Fassung des Reichsgesetzes vom 22. Mai 1893 bei der Pensionirung der im preußischen Kommunaldienst angestellten Militäranwärter die Militärdienstzeit als pensionsfähige Dienstzeit in Anrechnung zu bringen sei, werden diejenigen Festsetzungen einer Genehmigung unfähig sein, mittels deren eine Stadtgemeinde die Anrechnungsfähigkeit der bezeichneten Dienstjahre einzuschränken oder aufzuheben strebt, sofern nicht auch hier das Interesse des Militäranwärters ausnahmsweise die Genehmigung angezeigt erscheinen läßt[14]). (Vergl. bezüglich der Gemeindeforstbeamten Artikel VII a. E.).

Neben der Bezugnahme auf die eben erörterte reichsgesetzliche Bestimmung enthält der zweite Absatz des §. 12 die Vorschrift, daß als pensionsfähige Dienstzeit im Uebrigen „in Ermangelung anderweiter Festsetzungen“ „nur die Zeit gerechnet wird, welche der Beamte in dem Dienste der betreffenden Gemeinde zugebracht hat“. Wenn auch hierdurch lediglich der Gedanke hat zum Ausdruck gebracht werden sollen, daß bei Uebertragung der im ersten Absatz bezogenen pensionsrechtlichen Gesetze auf die mittelbaren Staatsbeamten diejenigen Dienstjahre nicht anrechnungsfähig sein können, welche einem anderen Verbande als dem ruhegehaltspflichtigen Kommunalverbande gewidmet worden sind, wenn demnach der zweite Absatz die Vorschrift des ersten nur in einem Einzelpunkte klarzustellen bestimmt ist, so sollen doch die von der Kommission des Herrenhauses beschlossenen Worte des zweiten Absatzes: „in Ermangelung anderweiter Festsetzungen“ nach den Kommissionsverhandlungen die Bedeutung haben, daß eine etwa beschlossene oder vereinbarte Anrechnung auch auswärtiger Dienstjahre im Gegensatze zu sonstigen günstigeren Pensionsbestimmungen, welche nach Absatz 1 der Genehmigung des Bezirksausschusses unterliegen, einer solchen Genehmigung nicht bedürfe (Komm.-Ber., Drucksachen des Herrenhauses 1899 Nr. 63 S. 20).

Die anderweiten Festsetzungen im Absatz 1 und 2 begreifen übrigens in formeller Hinsicht ebensowohl die generellen Bestimmungen als die Vereinbarungen.

Durch §. 12 werden auch die von dem Gemeindevorstand gegen Besoldung angestellten besonderen städtischen Standesbeamten, welche gemäß §. 4 Absatz 4 des Personenstandsgesetzes vom 6. Februar 1875 Gemeindebeamte sind, pensionsberechtigt, sofern sie nach erreichtem pensionsfähigem Dienstalter dauernd dienstunfähig werden und vorher ein Widerruf der zu ihrer Bestallung erforderlichen Genehmigung nicht ergangen ist (§. 5 a. a. O.).

Die Regelvorschrift des §. 12 bezieht sich ihrem Wortlaut nach nicht etwa bloß auf die nach Inkrafttreten des Gesetzes zur Anstellung kommenden, sondern auch auf die zu jenem Zeitpunkt bereits im Amte befindlichen Beamten, soweit sie nicht dem Gemeindevorstande angehören (§. 14).

Sind hinsichtlich der Pensionirung der Beamten in einer Stadtgemeinde Ortsstatute oder Regulative in Geltung, welche andere als die in §. 12 enthaltenen Bestimmungen enthalten, so werden sie gemäß §. 25 al. 1 insoweit rechtsungültig. Daher werden die Stadtgemeinden diese Bestimmungen einer baldigen Revision und gegebenen Falls einer Umarbeitung zu unterziehen und die Genehmigung der Bezirksausschüsse noch vor dem 1. April 1900 einzuholen haben. Die letzteren werden, da die Geltung dieser neuen Festsetzungen vom Inkrafttreten des Gesetzes an datiren wird, kein Bedenken tragen können, die Genehmigung nach Maßgabe des neuen Gesetzes schon vor der Inkraftsetzung desselben zu ertheilen.

§. 13 wiederholt eine schon aus dem bisherigen Rechte bekannte Vorschrift, zu welcher an der Hand einer neuerlich ergangenen Entscheidung des Reichs-

---

[14]) KBG. Anm. 42.

gerichts (vom 12. Mai 1899, IV. Senat) nur zu bemerken ist, daß unter „Staatsdienst“ auch der Dienst in einem nichtpreußischen deutschen Bundesstaate zu verstehen ist.

§. 14 enthält, abgesehen von der in Absatz 2 für die Provinz Hannover getroffenen Bestimmung, die Neuerung, daß die Pension der (auf Amtsperioden gewählten) Mitglieder des Gemeindevorstandes vom vollendeten 12. Dienstjahre ab bis zum 24. Dienstjahre alljährlich um $^1/_{60}$ steigt. Da nach 12 Dienstjahren eine Pension von $^{30}/_{60}$ erreicht wird, steigt nach dieser Vorschrift die Pension mit dem 24. Dienstjahre auf $^{42}/_{60}$, d. i. um $^2/_{60}$ höher als bisher, wo nur ein Pensionssatz von $^2/_3 = ^{40}/_{60}$ erreicht wurde.

3. Die Vorschrift des §. 15 räumt allen besoldeten städtischen Beamten mit alleiniger Ausnahme der in §. 2 des Gesetzes genannten, also auch den Mitgliedern des Gemeindevorstandes und den nicht auf Lebenszeit angestellten sonstigen Beamten den Anspruch auf Wittwen- und Waisenversorgung nach Maßgabe der für die unmittelbaren Staatsbeamten geltenden Bestimmungen, insbesondere also auch der Novelle vom 1. Juni 1897, ein, sofern nicht etwa ihre Pensionsberechtigung ausnahmsweise ausgeschlossen ist. Auch hier werden die in Absatz 1 vorbehaltenen Abweichungen im Allgemeinen und abgesehen von Ausnahmefällen, wie sie unter Nr. 2 oben berührt worden sind, nur dann die Genehmigung der Bezirksausschüsse finden können, wenn sie dem Beamten günstiger sind, insbesondere wird grundsätzlich solchen abweichenden Festsetzungen, welche Reliktenbeiträge des Beamten vorsehen, die Genehmigung zu versagen sein. Auch hinsichtlich der bereits in Stadtgemeinden geltenden statutarischen oder reglementarischen Bestimmungen, ihrer Revision und Umarbeitung, sowie der Genehmigung der Neufeststellungen durch die Bezirksausschüsse gelten die bezüglich der Pensionirung unter Nr. 2 gemachten Ausführungen. Unter dem Ausdruck „festgesetzt“ subsumirt das Gesetz auch hier die generelle Festsetzung und die konkrete Vereinbarung [3]).

Die Vorschrift des zweiten Absatzes sieht zu Gunsten der Stadtgemeinden vor, daß auf das Wittwen- und Waisengeld die Versicherungsgelder, welche von öffentlichen Wittwen- und Waisenanstalten — z. B. von Provinzial-Wittwen- und Waisenkassen — oder von Privatgesellschaften gezahlt werden, in demselben Verhältnisse in Anrechnung kommen sollen, in welchem die Städte sich an den vertraglichen Gegenleistungen betheiligt haben, mögen diese Gegenleistungen in Einkaufsgeldern oder in Beiträgen bestanden haben. Der letzte Satz des Absatzes 2 stellt für die Vergangenheit den Leistungen der Stadtgemeinden diejenigen Zahlungen gleich, welche zwar Seitens der Beamten, aber auf Grund ausdrücklicher, bei der Anstellung übernommener Verpflichtung oder anderweiter Festsetzungen erfolgt sind, um namentlich denjenigen Fällen Rechnung zu tragen, in welchen Stadtgemeinden die Beamten wegen der ihnen obliegenden Versicherungsbeiträge in anderer Weise, insbesondere durch höhere Gehaltsfestsetzungen bisher schadlos gehalten haben.

Beamte der Landgemeinden, der Landbürgermeistereien, Aemter, Zweckverbände und Amtsbezirke.

Artikel V.

Regelung der Beamtenverhältnisse in den ländlichen Kommunalverbänden durch die Aufsichtsbehörden. Beamtenverhältnisse in der Rheinprovinz und in Westfalen.

(§§. 18—20.)

1. §. 18 Absatz 2 und 4 geben den Kreisausschüssen die Befugniß, in größeren Landgemeinden, ländlichen Zweckverbänden und Amtsbezirken, für welche nach ihren örtlichen Verhältnissen ein Bedürfniß ortsstatutarischer Regelung der

Anstellung und Besoldung ihrer Beamten besteht, diese Regelung nach den für städtische Beamte geltenden Bestimmungen auch gegen den Willen der Verbände auf Antrag der Aufsichtsbehörde herbeizuführen. Für die Ausführung dieser Bestimmung werden diejenigen Landgemeinden und ländlichen Verbände in Betracht kommen, welche, wie gewisse städtische Vororte, Industrie-, Badeorte u. s. f. durch Einwohnerzahl und Bedeutung den Stadtgemeinden gleich- oder nahekommen. Die Höhe der Einwohnerzahl wird nicht in mechanischer Weise zu bestimmen, vielmehr werden für die Anwendbarkeit der Bestimmung die Verhältnisse des Einzelfalls sowohl im Hinblick auf die Gesammtlage des ländlichen Kommunalverbandes als auch auf die Beziehungen desselben zu den Stadtgemeinden der betreffenden Gegend maßgebend sein müssen.

Das Gesetz überläßt es der Beschlußfassung des Kreisausschusses, inwieweit die Bestimmungen der §§. 8—10 und 12—15 auf die Beamten oder einzelne Klassen derselben entsprechende Anwendung finden sollen. Es wird deshalb zulässig sein, die für städtische Beamte geltenden Anstellungs- und Versorgungsgrundsätze nach Maßgabe des Bedürfnisses nur in einem näher begrenzten Umfange auf den ländlichen Verband zu übertragen. Da nur eine „entsprechende" Anwendung der bezogenen Gesetzesparagraphen stattfinden soll, wird z. B. die Bestimmung in §. 14 Mangels einer Analogie der Grundlagen von der Uebertragung auf den ländlichen Verband auszuschließen sein; das Gleiche gilt von den entsprechenden Bezugnahmen in §§. 19, 21 und 23. Die über die Besoldungsfeststellung handelnde Vorschrift des §. 11 ist deshalb von einer Uebertragung auf die ländlichen Beamten ausgenommen worden, weil es nicht in der Absicht liegt, die weitergreifende, für alle dem Gesetze unterliegenden Landgemeindebeamten gedachte Bestimmung des dritten Absatzes des §. 18 im Falle der Statutoktroyirung für die davon betroffene Beamtenklasse auszuschließen.

2. Die Anrechnung der in anderen ländlichen Kommunalverbänden der Provinz verbrachten Dienstzeit bei den pensionsberechtigten Beamten der rheinischen und westfälischen Landgemeinden, Landbürgermeistereien und Aemtern (§. 18 al. 1 Satz 2, §. 19 Nr. 2, §. 23 Nr. 3) ist bedingt durch das Bestehen der provinziellen Pensionskassenverbände in der Rheinprovinz und Westfalen (§. 25 al. 2 Nr. 1).

Die Vorschrift des §. 20 ist dazu bestimmt, den Bürgermeister oder Amtmann, namentlich in großen industriellen Bürgermeistereien bezw. Aemtern durch Zulassung der Anstellung besoldeter Beigeordneter nach Bedürfniß zu entlasten.

Beamte der Kreis- und Provinzialverbände.

Artikel VI.

Beschlußfassungen der Kreistage. Besondere Bestimmung für Provinzialbeamte.

(§§. 21, 22.)

1. Da auf die Rechtsverhältnisse der Kreiskommunalbeamten die für die städtischen Beamten gegebenen Vorschriften entsprechende Anwendung zu finden haben, beziehen sich die zu den letzteren Vorschriften oben gemachten Ausführungen auch auf die Kreisbeamten. Bei den Anträgen auf Genehmigung der gemäß §. 9 al. 1 von den Kreistagen zu beschließenden Abweichungen von dem Grundsatze der lebenslänglichen Beamtenanstellung werden die Bezirksausschüsse die individuellen Verhältnisse der einzelnen Kreise zu berücksichtigen in der Lage sein.

2. Für die Beamten der Provinzialverbände, der Regierungsbezirks-Verbände Cassel und Wiesbaden sowie des Lauenburgischen Landeskommunalverbandes erlangen nur die allgemeinen Bestimmungen des Gesetzes Geltung.

Gemeindeforstbeamte.

Artikel VII.

Maßgaben der Gleichstellung mit den übrigen Gemeindebeamten. Verhältnisse in Rheinland und Westfalen. (§. 23.)

1. Die Gemeindeforstbeamten werden durch das Gesetz prinzipiell den übrigen Gemeindebeamten gleichgestellt; es erlangen also auch für sie die allgemeinen Bestimmungen und die für die Beamten der einzelnen Kommunalverbände gegebenen besonderen Bestimmungen Geltung. Indessen findet diese Gleichstellung nur mit den aus folgenden Nummern ersichtlichen Maßgaben statt:

2. Die betreffs der Anstellung gegebenen Vorschriften des Gesetzes (§§. 8—10) sollen von der Anwendung auf Forstbeamte im gesammten Geltungsgebiete des Gesetzes ausgeschlossen bleiben. Eine Konsequenz dieser Thatsache ist, daß auch im Wege der Statutoktroyirung nach §. 18 al. 2 die §§. 8—10 auf die Forstbeamten größerer Landgemeinden nicht ausgedehnt werden dürfen. Der Ausschluß der §§. 8—10 hat indessen nicht etwa irgendwelche Verschlechterung der äußeren Lage der Gemeindeforstbeamten zur Folge; vielmehr will er nur die zur Zeit über Art und Dauer ihrer Anstellung geltenden anderweiten Regeln unberührt lassen.

3. Durch die Aufrechterhaltung der Verordnung vom 24. Dezember 1816 (G.-S. 1817 S. 57) wird die Geltung des §. 11 al. 1 für die städtischen Forstbeamten in Rheinland und Westfalen zu Gunsten des unbeschränkten Rechts der Regierungspräsidenten auf zweckentsprechende Gehaltsregulirung (Erkenntniß des Oberverwaltungsgerichts vom 1. Mai 1894, Entscheidungen Band 27 S. 77) ausgeschlossen.

4. Für die ländlichen Gemeindeforstbeamten der Provinzen Rheinland und Westfalen bringt das Gesetz durch §. 23 Nr. 3 die Ergänzung des schon bestehenden Pensionsrechts gemäß §. 12 und die obligatorische Wittwen- und Waisenversorgung gemäß §. 15.

5. Für die Forstschutzbeamten im Regierungsbezirke Wiesbaden bewendet es bei dem Gesetze vom 12. Oktober 1897.

Hinsichtlich der Anwendung des §. 12 auf Gemeindeforstbeamte ist noch zu bemerken, daß diese, soweit sie Anwärter aus dem Jägerkorps sind, in Bezug auf die Anrechnung der Militärdienstzeit bei der Pensionirung ebenso zu behandeln sind wie die aus dem Jägerkorps hervorgegangenen staatlichen Forstbeamten, welchen die aktive Militärdienstzeit und die in der verpflichteten Reserve des Jägerkorps zugebrachte Zeit als Dienstzeit angerechnet wird.

Schluß- und Übergangsbestimmungen.

Artikel VIII.

Rechtsverhältnisse der zur Zeit des Inkrafttretens des Gesetzes im Amte befindlichen Kommunalbeamten. Erlaß der im Gesetze vorgesehenen Ortsstatute ꝛc. (§§. 24—27.)

1. Wie die zur Zeit noch nicht erledigten Zweifel über die rechtliche Natur des Dienstverhältnisses oder die Dauer der Anstellung bereits im Kommunaldienste stehender Bediensteter zu beseitigen sein werden, ist unter Artikel I Nr. 6 und Artikel III Nr. 3 ausgeführt worden. Unter Artikel IV Nr. 2 und 3 ist weiterhin festgestellt worden, daß die jetzt in Städten geltenden Pensions- und Reliktenversorgungs-Regulative oder -Statuten, welche andere Bestimmungen enthalten, als solche durch §§. 12 ff. erlassen sind, mit der Inkraftsetzung dieses Gesetzes rechts-

ungültig werden. Als eine Maßgabe dieser Konsequenz enthält der erste Satztheil des §. 24 die schon aus den Gesetzen vom 31. März 1882 und 1. März 1891 bekannte Bestimmung, daß, sofern die nach Maßgabe dieses Gesetzes, d. i. nach Maßgabe entweder der ausdrücklichen Vorschriften desselben oder der durch §. 12 zugelassenen anderweiten Festsetzungen, zu bemessende Pension geringer ist, als die Pension, welche dem Beamten hätte gewährt werden müssen, wenn er am 31. März 1900 nach den bis dahin für ihn geltenden Bestimmungen pensionirt worden wäre, diese letztere Pension an Stelle der ersteren bewilligt wird. Für die Berechnung der Hinterbliebenenversorgung soll indessen in diesem Falle — unbeschadet wohlerworbener Rechte — nach dem zweiten Satztheil des §. 24 diejenige Pension zu Grunde gelegt werden, welche nach Maßgabe des vorliegenden Gesetzes geschuldet wird. Die Vorschrift des ersten Satztheils wird übrigens auch für die Beamten der Provinz Hannover praktische Bedeutung haben. Da voraussichtlich diejenigen Städte, welche schon jetzt Festsetzungen über Pensionirung und Hinterbliebenenversorgung getroffen haben, die den Beamten günstiger als die durch das Gesetz gewährleisteten Rechte sind, Werth auf eine weitere Aufrechterhaltung derselben legen werden, so werden dieselben, wie dies in Artikel IV Nr. 2 und 3 vorgesehen ist, alsbald das Weitere zur Revision und zur Erlangung der Genehmigung der Bezirksausschüsse bezüglich jener Regulative u. s. f. zu veranlassen haben. Auf diesem Wege werden etwaige Uebergangsschwierigkeiten im Gebiete der Beamtenversorgung unschwer zu beseitigen sein.

2. Der alsbaldige Erlaß der ebengedachten Festsetzungen wie auch der übrigen im Gesetze vorgesehenen ortsgesetzlichen oder administrativen Regelungen, insgesondere der etwa gemäß §. 9 städtischerseits zu beschließenden Abweichungen von dem Prinzipe lebenslänglicher Beamtenanstellung wird seitens der Aufsichtsbehörden mit Nachdruck zu betreiben sein. Das Gleiche gilt für die Kreiskorporationen, die rheinischen Bürgermeistereien und die westfälischen Aemter (§§. 19, 21) sowie im Bedürfnißfalle für die Landgemeinden, Amtsbezirke ꝛc. (§. 18). Daß die mit der Genehmigung der zu erlassenden Vorschriften befaßten Selbstverwaltungsbeschlußbehörden schon vor dem 1. April 1900 die Genehmigung solcher mit diesem Zeitpunkt in Geltung tretender Bestimmungen zu ertheilen in der Lage sind, ist unter Artikel IV Nr. 2 und 3 ausgeführt worden.

Spätestens mit dem Zeitpunkt des Inkrafttretens des Gesetzes wird Erlaß und Genehmigung der zu beschließenden Ortsstatute oder Regulative beendigt sein müssen.

Der Minister des Innern.

Anlage B (zu Anmerkung 16).

Gesetz, betreffend die Zahlung der Beamtengehälter und Bestimmungen über das Gnadenquartal. Vom 6. Februar 1881 (GS. 17).

§. 1. Die unmittelbaren Staatsbeamten, welche eine etatsmäßige Stelle bekleiden, erhalten ihre Besoldung aus der Staatskasse vierteljährlich im Voraus.

§. 2. Die Hinterbliebenen der im §. 1 bezeichneten Beamten erhalten für das auf den Sterbemonat folgende Vierteljahr noch die volle Besoldung des Verstorbenen (Gnadenquartal) nach Maßgabe der Kabinetsorder vom 15. November 1819 (Gesetz-Samml. 1820 S. 45)[1]), auch wenn derselbe nicht in kollegialischen Verhältnissen gestanden hat.

§. 3. Hat ein verstorbener Beamter (§. 2) eine Wittwe oder eheliche Nachkommen nicht hinterlassen, so kann mit Genehmigung des Verwaltungschefs das Gnadenquartal außer den in der Kabinetsorder vom 15. November 1819[1]) erwähnten auch solchen Personen, welche die Kosten der letzten Krankheit und der Beerdigung bestritten haben, für den Fall gewährt werden, daß der Nachlaß zu deren Deckung nicht ausreicht.

§. 4. Die Bestimmungen dieses Gesetzes finden auch auf die zur Disposition stehenden Beamten und Wartegeldempfänger sowie auf deren Hinterbliebene Anwendung[2]).

§. 5. Dieses Gesetz tritt mit dem 1. April 1881 in Kraft.

---

[1]) Allerhöchste Kabinetsordre vom 15. November 1819, dass auf die, nach dem Tode eines Beamten geschehenen allgemeinen Gnadenbewilligungen, die Gläubiger keine Ansprüche haben sollen*). (GS. 1820 Nr. 593 S. 45.)

Auf den Bericht des Staatsministerii vom 3. d. M. setze Ich zur Deklaration Meiner Ordre vom 27. April 1816**) hierdurch fest: daß nur dasjenige, was die Hinterbliebenen eines Beamten, der bemerkten Ordre gemäß, an Besoldung außer dem Sterbe-Quartal erhalten, für dieselben Gnadenbewilligung ist, — dass auf Letztere kein Gläubiger des Verstorbenen Anspruch hat*), — daß solche der Regel nach nur der Wittwe, den Kindern und Enkeln, ohne Rücksicht, ob sie dessen Erben sind oder nicht, zusteht; daß aber den Ministern, als Departements-Chefs, freigelassen ist, im Falle der Erblasser der Ernährer armer Eltern, Geschwister, Geschwisterkinder oder Pflegekinder gewesen ist, ausnahmsweise denselben das Gnadengehalt anzuweisen und die Minister jedenfalls befugt sein sollen, die Vertheilung desselben unter die Hinterbliebenen zu reguliren und dessen Verwendung zu bestimmen. Zugleich genehmige Ich, daß diese Bestimmungen wegen des Gnadengehalts, auch auf den Gnadenmonat, welcher den Hinterbliebenen des Pensionairs außer dem Sterbemonat bewilligt ist, angewendet werden.

*) Der Gläubigeranspruch bestimmt sich jetzt nach CPO. § 850 Abs. 1[8], wonach Sterbe- u. Gnadengehalt — mit den in Abs. 2 u. 4 enthaltenen Maßgaben — der Pfändung nicht unterliegt u. BGB. § 394, nach dem auch die Abtretung ausgeschlossen ist. Im übrigen ist der Inhalt der KO. noch anwendbar.

**) KO. 17. April 16 ist in Nr. 1 u. 2 durch das G. 6. Feb. 81 u. in der die Dienstwohnung betreffenden Nr. 3 bezüglich der Kommunalbeamten durch KBG. § 5 ersetzt.

[2]) Den Hinterbliebenen der Pensionäre steht ein Gnadenmonat gem. PensG. (Anl. D) § 31 zu.

Anlage C (zu Anmerkung 33).

Grundsätze, betreffend die Besetzung der Subaltern- und Unterbeamtenstellen bei den Kommunalbehörden ꝛc. mit Militäranwärtern. Vom 28. Juni 1899 (CB. 268, MB. 1870 S. 47)[1].

§. 1. Die Subaltern- und Unterbeamtenstellen[2]) bei den Kommunen und Kommunalverbänden[3]), bei den Invaliditäts- und Altersversicherungsanstalten[4]) sowie bei ständischen oder solchen Instituten, welche ganz oder zum Theil aus Mitteln des Reichs, des Staates oder der Gemeinden unterhalten werden[5]) — ausschließlich des Forstdienstes[6]) —, sind unbeschadet der in den einzelnen Bundesstaaten bezüglich der Versorgung der Militäranwärter im Civildienst erlassenen weitergehenden Vorschriften[1]) gemäß den nachstehenden Grundsätzen vorzugsweise mit Militäranwärtern zu besetzen.

---

[1]) Die Grundsätze sind vom Bundesrat am 28. Juni 99 beschlossen u. durch Bek. 25. Juli 99 veröffentlicht. Die am Schlusse der Bek. aufgeführten Erläuterungen des BR. zu den einzelnen Paragraphen sind unter diesen eingefügt. — Ihre gesetzliche Grundlage finden die Grundsätze in dem MilPensG. 27. Juni 71 (RGB. 275) § 77 (Abs. 1 neugefaßt durch G. 22. Mai 93 RGB. 171 Art. 12):

§. 77. Die Subaltern- und Unterbeamtenstellen bei den Reichs-, Staats- und Kommunalbehörden, bei den Invaliditäts- und Altersversicherungsanstalten, sowie bei ständischen oder solchen Instituten, welche ganz oder zum Theil aus Mitteln des Reichs, Staates oder der Gemeinden unterhalten werden, jedoch ausschließlich des Forstdienstes, werden nach Maßgabe der darüber von dem Bundesrath festzustellenden allgemeinen Grundsätze vorzugsweise mit Inhabern des Civilversorgungsscheins (Militäranwärtern) besetzt.

In dem bestehenden Konkurrenzverhältnisse zwischen den Invaliden und den übrigen Militäranwärtern tritt durch die obige Vorschrift ebensowenig eine Aenderung ein, wie in den, in den einzelnen Bundesstaaten bezüglich der Versorgung der Militäranwärter im Civildienste erlassenen weitergehenden Bestimmungen.

Ähnliche Bestimmungen wie die Grundsätze enthielt bereits das preuß. G. 21. Juli 92 (GS. 214). Dieses ist — weil Reichsgesetze den Landesgesetzen vorgehen RVerf. Art. 2 — durch die Grundsätze ersetzt; nur seine weitergehenden Vorschriften sind gem. § 1 Abs. 1 der Grundsätze aufrecht erhalten. Nur letztere Vorschriften sind deshalb im Anschluß an die Grundsätze nachgewiesen (Anm. 8, 10, 22, 28, 30, 34), obschon die Bf. 28. Juni 99 (Unteranl. C 1 Anm. 1) unter Verkennung dieser Rechtslage umgekehrt davon ausgeht, daß das preuß. G. mit einzelnen durch die Grundsätze herbeigeführten Änderungen fortbestehe. — Inhalt. Die Grundsätze betreffen die berechtigten Personen § 1, 8 u. (Befähigung) 15, die ihnen vorbehaltenen Stellen § 2—7, 9, 16 u. das Verfahren bei der Bewerbung § 10, 11 u. der Besetzung § 12—14, 17—19. — Für die Ausführung in Preußen kommt noch die zu dem preuß. G. erlassene Bf. 30. Sept. 92 Unteranlage C 1 in Betracht.

[2]) § 16 u. AusfBf. (Anm. 1) Nr. 1.

[3]) Das. Nr. 2.

[4]) InvalidenversG. 99 (RGB. 463) § 98 nebst Bf. 30. Nov. 99, wodurch diese Beamten den Provinzialverbandsbeamten gleichgestellt sind.

[5]) Das preuß. G. enthielt diese Stellen noch nicht.

[6]) Nr. 4 d. W. Anm. 67a.

Militäranwärter im Sinne dieſer Grundſätze iſt jeder Inhaber des Civilverſorgungsſcheins nach Anlage A der Grundſätze für die Beſetzung der Subaltern- und Unterbeamtenſtellen bei den Reichs- und Staatsbehörden mit Militäranwärtern vom 7./21. März 1882 (Central-Blatt für das Deutſche Reich S. 123).

Die Anſtellungsberechtigung eines Militäranwärters beſchränkt ſich auf denjenigen Bundesſtaat, deſſen Staatsangehörigkeit er ſeit zwei Jahren beſitzt. Invaliditäts- und Altersverſicherungsanſtalten ſowie ſtändiſche Inſtitute ꝛc., deren Wirkſamkeit ſich auf mehrere Bundesſtaaten erſtreckt, ſind zur Anſtellung nur ſolcher Militäranwärter verpflichtet, welche in einem dieſer Staaten die Staatsangehörigkeit beſitzen[7]).

Erl. I zu §. 1. Der Civilverſorgungsſchein giebt dem Inhaber kein Recht auf eine beſtimmte Dienſtſtelle.

§. 2. Die Subaltern- und Unterbeamtenſtellen in denjenigen Kommunen und Kommunalverbänden, welche weniger als 3000 Einwohner haben, unterliegen den nachſtehenden Grundſätzen nicht. Den Landesregierungen bleibt vorbehalten, dieſe Beſtimmung auf Landgemeinden und ländliche Gemeindeverbände mit weniger als 3000 Einwohnern zu beſchränken[8]).

§. 3. Ausſchließlich mit Militäranwärtern ſind zu beſetzen[9]), ſofern die Beſoldung der Stellen einſchließlich der Nebenbezüge mindeſtens 600 Mark[10]) beträgt:

1. die Stellen im Kanzleidienſt, einſchließlich derjenigen der Lohnſchreiber, ſoweit deren Inhabern die Beſorgung des Schreibwerkes (Abſchreiben, Mundiren, Kollationiren ꝛc.) und der damit zuſammenhängenden Dienſtverrichtungen obliegt[11]),
2. ſämmtliche Stellen, deren Obliegenheiten im Weſentlichen in mechaniſchen Dienſtleiſtungen beſtehen und keine techniſchen Kenntniſſe erfordern[12]).

[7]) Das preuß. G. § 1 Abſ. 2 forderte preußiſche Staatsangehörigkeit u. Hervorgehen aus dem preuß. Reichsmilitärkontingent, dem die unter preuß. Verwaltung ſtehenden außerpreuß. Kontingente u. die Kaiſ. Marine gleichgeſtellt werden. Letztere Bedingung iſt fortgefallen, erſtere dahin verſchärft, daß zweijähriger Beſitz der Staatsangehörigkeit vorausgeſetzt wird. Nur für die aus der preuß. Gendarmerie oder einer militäriſch eingerichteten preuß. Schutzmannſchaft hervorgegangenen Militäranwärter gilt die preuß. Beſt. fort.

[8]) Dazu beſtimmt — weitergehend (Anm. 1) — das preuß. G. § 2:

Die Subaltern- und Unterbeamtenſtellen in denjenigen Landgemeinden und ländlichen Kommunalverbänden, welche weniger als 2000 Einwohner haben, unterliegen den Vorſchriften dieſes Geſetzes nicht. Es können jedoch bezüglich der Kriegsinvaliden durch Königliche Verordnung, von welcher dem Landtage bei ſeinem nächſten Zuſammentritt Mittheilung zu machen iſt, die Subaltern- und Unterbeamtenſtellen in dieſen Landgemeinden und Kommunalverbänden der Vorſchrift des §. 1 unterworfen werden.

[9]) Geregelt wird die Beſetzung, nicht das Aufrücken u. die Verſetzung § 14.

[10]) Dieſe Beſchränkung fehlt im preuß. G. § 3.

[11]) AusfBf. (Anm. 1) Nr. 4 u. 5.

[12]) Daſ. Nr. 6 u. 7.

Die Landesregierungen sind befugt, den Antheil der Militäranwärter an den Stellen unter Ziffer 1 auf die Hälfte, an den Stellen unter Ziffer 2 auf zwei Drittel zu begrenzen, falls die Eigenart der Landesverhältnisse oder der dienstlichen Anforderungen oder die Organisation der einzelnen Verwaltungen den ausschließlichen Vorbehalt unthunlich macht [13]).

§. 4 [14]). Mindestens zur Hälfte mit Militäranwärtern sind zu besetzen die Stellen der Subalternbeamten im Büreaudienste (Journal-, Registratur-, Expeditions-, Kalkulatur-, Kassendienst u. dergl.), jedoch mit Ausnahme

1. derjenigen Stellen, für welche eine besondere wissenschaftliche oder technische Vorbildung erfordert wird,
2. der Stellen derjenigen Kassenvorsteher, welche eigene Rechnung zu legen haben, sowie derjenigen Kassenbeamten, welche Kassengelder einzunehmen, zu verwahren oder auszugeben haben [15]), und ferner derjenigen Beamten, welchen die selbständige Kontrole des Kassen- und Rechnungswesens obliegt,
3. der Stellen der Büreauvorsteher bei den Invaliditäts- und Altersversicherungsanstalten und bei der Verwaltung von Städten mit mehr als 40000 Einwohnern,
4. der Stellen der Subalternbeamten, welche bei Behörden, denen nach landesgesetzlicher Vorschrift Verrichtungen des Vormundschaftsgerichts, des Nachlaßgerichts oder des Grundbuchamts obliegen, in diesen Dienstzweigen als Büreaubeamte beschäftigt werden, oder welche nach landesgesetzlicher Vorschrift als kommunale Hülfsbeamte staatlicher Grundbuchämter bestellt sind.

Erl. II zu §. 4. 1. Unter „Büreauvorstehern" werden diejenigen Subalternbeamten verstanden, welche an die Spitze eines Büreauorganismus gestellt sind. Die Vorsteher einzelner Büreauabtheilungen fallen nicht unter den Begriff. Ebensowenig ist die einem Beamten zustehende Amtsbezeichnung maßgebend; vielmehr sind hier sowohl, wie überhaupt für die Stellenklassifikation nach den §§. 3 und 4, die dienstlichen Obliegenheiten der Stelleninhaber allein entscheidend.

2. Bei Berechnung der Zahl der den Militäranwärtern vorzubehaltenden Stellen sind diejenigen Stellen nicht in Betracht zu ziehen, bezüglich welcher den Anstellungsbehörden freie Hand gelassen ist.

§. 5. In welchem Umfange die nicht unter §§. 3 und 4 fallenden Subaltern- und Unterbeamtenstellen mit Militäranwärtern zu besetzen sind, ist unter Berücksichtigung der Anforderungen des Dienstes zu bestimmen [16]). In Zweifelsfällen ist unter sinngemäßer Zugrundelegung der für die Reichs- und Staatsbehörden jeweilig geltenden Verzeichnisse der den Militäranwärtern vorbehaltenen Stellen [17]) Entscheidung zu treffen.

---

[13]) In Preußen nicht geschehen.

[14]) AusfBf. Nr. 8.

[15]) Auch Chausseegeldeinnehmer.

[16]) § 16. — AusfBf. Nr. 10.

[17]) Verzeichnis der Reichsbehörden (Neufassung) 01 (MB. 227), der preuß. Behörden AusfBf. Nr. 7.

§. 6. Insoweit in Ausführung der §§. 4 und 5 einzelne Klassen von Subaltern- und Unterbeamtenstellen den Militäranwärtern nicht mindestens zur Hälfte vorbehalten werden können, hat nach Möglichkeit ein Ausgleich in der Weise stattzufinden, daß andere derartige Stellen innerhalb derselben Verwaltung in entsprechender Zahl und Besoldung vorbehalten werden[18]).

Enthält eine Klasse nur eine Stelle, und ist diese unter Berücksichtigung der Anforderungen zur Besetzung mit einem Militäranwärter geeignet, so braucht sie nur abwechselnd mit Militäranwärtern besetzt zu werden.

Erl. III zu §. 6. Unter einer „Klasse“ ist die Gesammtheit der in einer Verwaltung beschäftigten Beamten zu verstehen, deren dienstliche Obliegenheiten ihrer Natur nach im Wesentlichen dieselben sind.

§. 7. Ueber die gegenwärtig vorhandenen, den Militäranwärtern vorbehaltenen Stellen werden nach Beamtenklassen (§. 6) geordnete Verzeichnisse angelegt.

Gleichartige Stellen, welche in Zukunft errichtet werden, sind in die Verzeichnisse aufzunehmen.

Erl. IV zu §. 7. In die anzulegenden Verzeichnisse sind auch die nur im Wege des Aufrückens erreichbaren Stellen aufzunehmen; dagegen brauchen Stellen, deren Inhaber — wenn sie auch in Pflicht genommen sein sollten — ihr Einkommen nicht unmittelbar aus der Kommunal- 2c. Kasse beziehen (Privatgehülfen), nicht aufgenommen zu werden.

Die Verzeichnisse werden den Militärbehörden auf Wunsch mitzutheilen sein.

§. 8. Die den Militäranwärtern vorbehaltenen Stellen können auch verliehen werden:

1. Inhabern des Civilversorgungsscheins nach Anlage A 1, B und C der Grundsätze für die Besetzung der Subaltern- und Unterbeamtenstellen bei den Reichs- und Staatsbehörden mit Militäranwärtern (Central-Blatt für das Deutsche Reich 1882 S. 123 und 1895 S. 17)[19]);
2. Offizieren und Deckoffizieren, welchen beim Ausscheiden aus dem aktiven Dienste die Aussicht auf Anstellung im Civildienste verliehen worden ist[20]);
3. ehemaligen Militäranwärtern, welche sich in einer auf Grund ihrer Versorgungsansprüche erworbenen etatsmäßigen Anstellung befinden oder in Folge eingetretener Dienstunfähigkeit in den Ruhestand versetzt worden sind;

---

[18]) AusfVf. Nr. 11.

[19]) A 1 betrifft den Civilversorgungsschein für den Dienst in der Schutztruppe, B den für den Gendarmen- u. Schutzmannsdienst bei mindestens neunjähriger aktiver Militärdienstzeit mit Geltung für den Reichs- u. den Civildienst des betreffenden Staates und C für den gleichen Dienst bei sechs- bis neunjähriger aktiver Militärdienstzeit mit Geltung für den Civildienst des betreffenden Staates.

[20]) „Aussicht auf Anstellung im Civildienst“ — im Gegensatz zur „Aussicht auf Anstellung im Civildienst für eine bestimmte Stelle oder für einen bestimmten Dienstzweig“ — erhalten nur die mit lebenslänglichem Pensionsanspruch ausgeschiedenen Offiziere; diese können sich um alle den Militäranwärtern vorbehaltenen Stellen bewerben Vf. M. d. J. 1. Okt. 83 (MB. 210).

4. ehemaligen Militärpersonen, welchen der Civilversorgungsschein lediglich um deswillen versagt worden ist, weil sie sich nicht fortgesetzt gut geführt haben, und welchen gemäß einer von der zuständigen Militärbehörde ihnen später ertheilten Bescheinigung eine den Militäranwärtern im Reichs- oder Staatsdienste vorbehaltene Stelle übertragen werden darf;
5. solchen Beamten und Bediensteten der betreffenden Verwaltung, welche für ihren Dienst unbrauchbar oder entbehrlich geworden sind und einstweilig oder dauernd in den Ruhestand versetzt oder entlassen werden müßten, wenn ihnen nicht eine den Militäranwärtern vorbehaltene Stelle verliehen würde; desgleichen solchen Beamten, welche in den Ruhestand versetzt worden sind, aber dienstlich wieder verwendet werden können;
6. sonstigen Personen, denen die Berechtigung zu einer Anstellung auf dem im §. 10 Ziffer 7 der Grundsätze für die Besetzung der Subaltern- und Unterbeamtenstellen bei den Reichs- und Staatsbehörden mit Militäranwärtern (Anlage 1) vorgesehenen Wege ausnahmsweise verliehen worden ist.

Erl. V zu §. 8. Die Bestimmung unter Ziffer 5 soll den Kommunalbehörden 2c. die Möglichkeit gewähren, solche Personen, welche zur ferneren Verrichtung eines vielleicht anstrengenden Dienstes unfähig, oder welche entbehrlich geworden sind, desgleichen solche Beamte, welche bereits in den Ruhestand versetzt sind, in anderen Stellen noch zu verwenden, die an sich mit Militäranwärtern zu besetzen sein würden. Diese Befugniß erstreckt sich in ihrem ersten Theile, wie der Ausdruck „Bedienstete" andeutet, auch auf die vermöge Privatvertrags zu dauernder Beschäftigung im Kommunal- 2c. Dienste angenommenen Personen.

§. 9. Stellen, welche den Militäranwärtern nur theilweise (zur Hälfte, zu einem Drittheil u. s. w.) vorbehalten sind, werden bei eintretender Erledigung in einer dem Antheilsverhältniß entsprechenden Reihenfolge mit Militäranwärtern oder Civilpersonen besetzt, und zwar ohne Rücksicht auf die Zahl der zur Zeit der Besetzung thatsächlich mit Militäranwärtern und Civilpersonen besetzten Stellen[21]).

Wird die Reihenfolge auf Grund des §. 8 unterbrochen oder wird in Folge des §. 8 Ziffer 5 eine ausschließlich mit Militäranwärtern zu besetzende Stelle mit einem Bediensteten der Verwaltung besetzt, so ist bei sich bietender Gelegenheit[22]) eine Ausgleichung herbeizuführen. Dabei sind Personen, deren Anstellung auf Grund des §. 8 Ziffer 5 und 6 erfolgt, als Civilpersonen, Personen, deren Anstellung auf Grund des §. 8 Ziffer 1 bis 4 erfolgt, als Militäranwärter in Anrechnung zu bringen.

§. 10. Die Militäranwärter haben sich um die von ihnen begehrten Stellen bei den Anstellungsbehörden zu bewerben[23]).

---

[21]) AusfBf. Nr. 13 Abs. 1 u. 3.

[22]) Im preuß. G. § 8 Abs. 2 fehlen die Worte: „bei sich bietender Gelegenheit". Das G. geht damit weiter als die Grundsätze (Anm. 1).

[23]) AusfBf. Nr. 15.

Die Bewerbungen haben zu erfolgen:

a) ſeitens der noch im aktiven Militärdienſte befindlichen Militäranwärter durch Vermittelung der vorgeſetzten Militärbehörde;

b) ſeitens der übrigen Militäranwärter entweder unmittelbar oder durch Vermittelung des heimathlichen Bezirkskommandos, welches jede eingehende Bewerbung der zuſtändigen Anſtellungsbehörde mittheilt.

Militäranwärter ſind zu Bewerbungen vor oder nach dem Eintritte der Stellenerledigung inſolange berechtigt, bis ſie eine etatsmäßige Stelle erlangt und angetreten haben, mit welcher Anſpruch oder Ausſicht auf Ruhegehalt oder dauernde Unterſtützung verbunden iſt. Bewerbungen um Stellen, welche nur im Wege des Aufrückens zu erlangen ſind, werden jedoch hierdurch nicht ausgeſchloſſen.

Erl. VI zu §. 10. Die Anſtellungsbehörden werden durch die Landesregierungen bezeichnet. Dieſen ſoll unbenommen ſein, Zentralſtellen einzurichten. an welche ſämmtliche Bewerbungen ausſchließlich zu richten ſind, welchen die Anſtellungsbehörden die zu beſetzenden Stellen mitzutheilen haben und welche den Anſtellungsbehörden die in Betracht zu ziehenden Bewerbungen mittheilen.

Unter „etatsmäßigen Stellen", mit deren Erlangung die Befugniß zu weiteren Bewerbungen gemäß dem letzten Abſatz erlöſchen ſoll, ſind auch Stellen im Reichs- oder im Staatsdienſte ſowie im Dienſte von Privat-Eiſenbahngeſellſchaften, denen die Verpflichtung zur Anſtellung von Militäranwärtern auferlegt worden iſt, zu verſtehen. Umgekehrt erliſcht die Berechtigung zur Bewerbung um eine Stelle im Reichs- oder im Staatsdienſt im Sinne des §. 13 der Grundſätze für die Beſetzung der Subaltern- und Unterbeamtenſtellen bei den Reichs- und Staatsbehörden mit Militäranwärtern (Central-Blatt von 1882 S. 123) auch durch die Erlangung einer etatsmäßigen Stelle im Kommunal- ꝛc. Dienſte. Sowohl hinſichtlich des Reichs- und Staatsdienſtes als auch hinſichtlich des Kommunal- ꝛc. Dienſtes handelt es ſich hier nur um ſolche etatsmäßige Stellen, welche „Anſpruch oder Ausſicht auf Ruhegehalt oder dauernde Unterſtützung" gewähren. Auch iſt vorausgeſetzt, daß die etatsmäßige Anſtellung endgültig erfolgt iſt. Während der Probedienſtleiſtung oder der Anſtellung auf Probe beſteht die Berechtigung zu Bewerbungen fort.

§. 11[24]. Ueber die Bewerbungen um noch nicht erledigte Stellen haben die Kommunal- ꝛc. Behörden Verzeichniſſe nach Anlage 2[25]) anzulegen, in welche die Stellenanwärter nach dem Datum des Einganges der erſten Meldung eingetragen werden. War die Befähigung noch durch eine Prüfung (Vorprüfung) nachzuweiſen, ſo kann die Eintragung auch nach dem Tage des Beſtehens der Prüfung erfolgen.

Bei der Beſetzung erledigter Stellen ſind unter ſonſt gleichen Verhältniſſen Unteroffiziere, welche mindeſtens acht Jahre im Heere oder in der Marine aktiv gedient haben, in erſter Linie zu berückſichtigen.

Bewerbungen um noch nicht freigewordene Stellen ſind alljährlich zum 1. Dezember zu erneuern, widrigenfalls dieſelben als erloſchen gelten[26]).

---

[24]) § 11 Abſ. 1 u. 2 ſind — gegenüber dem preuß. G. (§ 10) — neu hinzugefügt.

[25]) Die Anlagen 2, 4 u. 5 — erſtere abgeſehen von den in Anm. 27 nachgewieſenen Bemerkungen — enthalten nur Formulare u. ſind nicht abgedruckt.

[26]) AusfVf. Nr. 14.

Erl. VII zu §. 11 Abs. 2. Innerhalb jeder der beiden Klassen der civilversorgungsberechtigten Stellenanwärter (vergl. Anmerkung 2 zu Anlage 2)[27]) ist bei der Einberufung die Reihenfolge in der Bewerberliste in Betracht zu ziehen. Die Anstellungsbehörden sind jedoch nicht unbedingt an die Innehaltung der Reihenfolge gebunden, sondern zu Abweichungen innerhalb jeder dieser beiden Anwärterklassen berechtigt, sofern diese Abweichungen nach ihrem pflichtmäßigen Ermessen durch dienstliche Rücksichten bedingt werden.

§. 12. Stellen, welche mit Militäranwärtern zu besetzen sind, müssen im Falle der Erledigung, wenn keine Bewerbungen von Militäranwärtern für dieselben vorliegen, seitens der Anstellungsbehörde der zuständigen Vermittelungsbehörde (Anlage 3) behufs der Bekanntmachung mittelst Einreichung einer nach dem Muster der Anlage 4[25]) aufzustellenden Nachweisung bezeichnet werden.

Ist innerhalb vier Wochen[28]) nach der Bekanntmachung eine Bewerbung bei der Anstellungsbehörde nicht eingegangen, so hat dieselbe in der Stellenbesetzung freie Hand.

Erl. VIII zu §. 12. Gemäß Abs. 1 bedarf es der Einreichung einer Nachweisung nicht, wenn die Wiederbesetzung der Stelle durch einen Militäranwärter erfolgt, dessen Bewerbung schon vorlag. Jedoch ist die Einreichung nachzuholen, wenn die Stelle einem solchen Bewerber wegen ungenügender Befähigung (§. 15) oder aus sonstigen Gründen nicht übertragen wird.

§. 13. Die den Militäranwärtern vorbehaltenen Stellen dürfen, außer in dem Falle des §. 8, mit anderen Personen nicht besetzt werden, sofern sich Militäranwärter finden, welche zur Uebernahme der Stellen befähigt und bereit sind. Es macht dabei keinen Unterschied, ob die Stellen dauernd oder nur zeitweise bestehen, ob mit denselben ein etatsmäßiges Gehalt oder nur eine diätarische oder andere Remuneration verbunden ist, ob die Anstellung auf Lebenszeit, auf Kündigung oder auf Widerruf geschieht.

Zu vorübergehender Beschäftigung können jedoch auch Nichtversorgungsberechtigte angenommen werden[29]).

In Ansehung derjenigen dienstlichen Verrichtungen, für welche wegen ihres geringen, die volle Zeit und Thätigkeit eines Beamten nicht in Anspruch nehmenden Umfanges und der Geringfügigkeit der damit verbundenen Remuneration besondere Beamte nicht angenommen, welche vielmehr an Privatpersonen, an andere Beamte als Nebenbeschäftigung oder an verabschiedete Beamte übertragen zu werden pflegen, behält es hierbei sein Bewenden[30]).

---

[27]) Die der Anwärterliste (Anl. 2) vorgedruckten Anmerkungen lauten:
1. Für jeden Dienstzweig ist eine besondere Liste zu führen.
2. Die Listen sind in folgende Abschnitte einzuteilen:
   I. Abschnitt. Unteroffiziere, welche mindestens 8 Jahre in dem Heere oder in der Marine aktiv gedient haben.
   II. Abschnitt. Unteroffiziere, welche weniger als 8 Jahre in dem Heere oder in der Marine aktiv gedient haben, sowie die Gemeinen.
3. Es bleibt den Behörden unbenommen, noch weitere Eintragungen in den Listen vorzunehmen, wenn dies für notwendig gehalten wird.

[28]) Das preuß. G. § 11 Abs. 2 bestimmt weitergehend (Anm. 1) sechs Wochen.

[29]) AusfBf. Nr. 18.

[30]) Das preuß. G. § 12 Abs. 3 enthält den weitergehenden Zusatz:

§. 14. Die Anſtellungsbehörden haben darin freie Hand, welche ihrer Subaltern- und Unterbeamten ſie in höhere oder beſſer beſoldete Stellen aufrücken laſſen wollen.

Ebenſo ſind die Behörden in der Verſetzung eines beſoldeten Subaltern- oder Unterbeamten auf eine andere mit Militäranwärtern zu beſetzende beſoldete Subaltern- oder Unterbeamtenſtelle nicht beſchränkt. Wäre die auf ſolche Weiſe mit einer Civilperſon beſetzte Stelle mit einem Militäranwärter zu beſetzen geweſen, ſo iſt bei ſich bietender Gelegenheit eine Ausgleichung herbeizuführen.

Es iſt darauf Bedacht zu nehmen, daß den aus den Militäranwärtern hervorgegangenen Beamten, ſoweit es mit den Intereſſen des Dienſtes vereinbar iſt, Gelegenheit gegeben werde, die für das Aufrücken in höhere Dienſtſtellen erforderliche Befähigung zu erwerben.

Erl. IX zu §. 14 Abſ. 1. Bei Beſetzung der den Militäranwärtern ausſchließlich oder zum Theil vorbehaltenen Stellen, welche nur im Wege des Aufrückens erreicht werden können, dürfen bei ſonſt gleichen Vorausſetzungen hinſichtlich der Qualifikation ehemalige Militäranwärter hinter anderen Angeſtellten nicht zurückgeſetzt werden.

§. 15. Die Anſtellungsbehörden ſind zur Berückſichtigung von Bewerbungen nur dann verpflichtet, wenn die Bewerber eine genügende Befähigung für die fragliche Stelle beziehungsweiſe den fraglichen Dienſtzweig nachweiſen und in körperlicher ſowie ſittlicher Beziehung dafür geeignet ſind[31]).

Sind für gewiſſe Dienſtſtellen oder für gewiſſe Gattungen von Dienſtſtellen beſondere Prüfungen (Vorprüfungen) vorgeſchrieben, ſo hat der Militäranwärter auch dieſe Prüfungen abzulegen. Auch kann, wenn die Eigenthümlichkeit des Dienſtzweigs dies erheiſcht, die Zulaſſung zu dieſer Prüfung oder die Annahme der Bewerbung überhaupt von einer vorgängigen informatoriſchen Beſchäftigung in dem betreffenden Dienſtzweig abhängig gemacht werden, welche in der Regel nicht über drei Monate auszudehnen iſt. Ueber die Zuläſſigkeit einer informatoriſchen Beſchäftigung entſcheidet in Zweifelsfällen die ſtaatliche Aufſichtsbehörde.

Die Anſtellung eines einberufenen Militäranwärters kann zunächſt auf Probe erfolgen oder von einer Probedienſtleiſtung abhängig gemacht werden[32]).

Wenn ſich jedoch Militäranwärter ohne Aufforderung zu ſolchen dienſtlichen Verrichtungen melden, ſo ſind dieſelben vorzugsweiſe zu berückſichtigen.

[31]) Darüber, ob der Bewerber genügende Befähigung beſitzt, entſcheidet auf Beſchwerde die ſtaatliche Aufſichtsbehörde. Handelt es ſich um eine ungünſtig ausgefallene Prüfung (§ 15 Abſ. 2), ſo hat die Entſcheidung auf Grund des pflichtmäßigen Ermeſſens der Prüfungsbehörde zu erfolgen. AusfVf. Nr. 19. — Geſundheitsbeſcheinigungen der Medizinalbeamten erfordern nach G. 31. Juli 95 (GS. 413) Tar. Nr. 45 den Stempel von 1,50 M. Vf. 6. März 97 (MB. 88). — Ausſtellung der Militärführungszeugniſſe HeerO. 22. Nov. 88 § 17[4].

[32]) Die Anſtellung auf Probe unterſcheidet ſich von der Probedienſtleiſtung dadurch, daß bei erſterer der Einberufene das volle Stelleneinkommen bezieht (§ 15 Abſ. 3 Satz 4); verb. KBG. § 2 Abſ. 1 nebſt § 6, 7 u. 10.

Die Probezeit darf vorbehaltlich der Abkürzung bei früher nachgewiesener Befähigung in der Regel höchstens sechs Monate, für den Dienst der Straßen- und Wasserbauverwaltung, mit Ausschluß der im §. 3 bezeichneten Stellen, ein Jahr betragen. Handelt es sich um Anstellungen im Büreau- insbesondere Kassendienste, so kann die Probezeit mit Genehmigung der staatlichen Aufsichtsbehörde unter Zustimmung der zuständigen Militärbehörde ausnahmsweise bis auf die Dauer eines Jahres verlängert werden. Während der Anstellung auf Probe ist dem Anwärter das volle Stelleneinkommen, während der Probedienstleistung eine fortlaufende Remuneration von nicht weniger als Dreiviertheil des Stelleneinkommens zu gewähren.

Einberufungen zur Probedienstleistung dürfen nur erfolgen, insoweit Stellen (§. 13 Abs. 1) offen sind; eine Entlassung Einberufener wegen mangelnder Vakanz kann daher nicht stattfinden.

Spätestens bei Beendigung der Probezeit hat die Anstellungsbehörde darüber Beschluß zu fassen, ob der Stellenanwärter in seiner Stelle zu bestätigen beziehungsweise in den Civildienst zu übernehmen oder wieder zu entlassen ist.

Die Art der Anstellung, namentlich auf Probezeit, Kündigung, Widerruf ꝛc. regelt sich nach den landesrechtlichen Bestimmungen.

Nach erfolgter etatsmäßiger Anstellung wird der Civilversorgungsschein zu den Akten genommen[33]).

§. 16. Welche Subaltern- und Unterbeamtenstellen und gegebenenfalls in welcher Anzahl dieselben gemäß den vorstehenden Grundsätzen den Militäranwärtern vorzubehalten sind, haben die Anstellungsbehörden festzustellen. Die aufgestellten Verzeichnisse sind der staatlichen Aufsichtsbehörde zur Genehmigung vorzulegen[34]). Stellen, wegen deren eine solche Feststellung noch nicht stattgefunden hat, dürfen, insofern nicht Militäranwärter zur Anstellung gelangen oder das in diesen Grundsätzen bezüglich der Besetzung der Stellen mit Militäranwärtern vorgeschriebene Verfahren erledigt ist, nach dem 1. Oktober 1900 nur widerruflich besetzt werden. Die Anstellungsverhältnisse der Inhaber von solchen Stellen, welche gemäß den vorstehenden Grundsätzen den Militäranwärtern vorzubehalten, dagegen ohne Verletzung der bisherigen Bestimmungen an nicht Versorgungsberechtigte übertragen worden sind, bleiben hierdurch unberührt. Gleichfalls unberührt bleiben bereits erworbene Ansprüche von Militäranwärtern.

§. 17. Von der Besetzung der den Militäranwärtern vorbehaltenen Stellen haben die Anstellungsbehörden am Schlusse des Quartals den Vermittelungsbehörden ihres Bezirkes durch Zusendung einer Nachweisung nach dem Muster der Anlage 5[25]) Mittheilung zu machen.

---

[33]) AusfBf. Nr. 17.

[34]) Das preuß G. enthielt statt des letzten Satzes die Best.: Gegen diese Feststellung ist die Beschwerde zulässig. — Fortführung der Verzeichnisse AusfBf. Nr. 22.

Die Vermittelungsbehörden veranlaſſen eine entſprechende Bekanntmachung in der Vakanzenliſte.

§. 18. Die Landes-Zentralbehörden haben darüber zu wachen, daß bei der Beſetzung der den Militäranwärtern bei den Kommunalbehörden ꝛc. vorbehaltenen Stellen nach den vorſtehenden Grundſätzen verfahren wird.

Auf Beſchwerden der Militäranwärter entſcheiden die ſtaatlichen Aufſichtsbehörden.

§. 19. Die §§. 25 bis 29 der Grundſätze für die Beſetzung der Subaltern- und Unterbeamtenſtellen bei den Reichs- und Staatsbehörden mit Militäranwärtern*) finden ſinngemäße Anwendung.

§. 20. Anſprüche, welche ſchon bei dem Inkrafttreten dieſer Grundſätze erworben waren, werden durch dieſelben nicht berührt.

Erl. X zu §. 20. Es handelt ſich hier nicht um erworbene Rechtsanſprüche, ſondern um Anwartſchaften; ſo ſoll insbeſondere ein erworbener Anſpruch dann als vorhanden angenommen werden, wenn für gewiſſe Dienſtzweige die Prüfung beſtanden oder der Vorbereitungsdienſt zum größeren Theile zurückgelegt iſt.

§. 21. Die vorſtehenden Grundſätze treten am 1. April 1900 in Kraft.

Anlage 1 (zu §§. 8 und 19).

Die Grundſätze für die Beſetzung der Subaltern- und Unterbeamtenſtellen bei den Reichs- und Staatsbehörden mit Militäranwärtern lauten in den hier in Betracht kommenden Stellen:

§. 10. Auch können die den Militäranwärtern vorbehaltenen Stellen verliehen werden:

1. bis 6. ꝛc.
7. ſonſtigen Perſonen, welchen, ſofern es ſich um den Reichsdienſt oder den Dienſt der Landesverwaltung von Elſaß-Lothringen handelt, durch Erlaß des Kaiſers, in anderen Fällen durch Erlaß des Landesherrn beziehungsweiſe des Senats, ausnahmsweiſe die Berechtigung zu einer Anſtellung verliehen worden iſt. Dergleichen Verleihungen ſollen jedoch nur für eine beſtimmte Stelle oder für einen beſtimmten Dienſtzweig und auch nur dann beantragt werden, wenn ein beſonderes dienſtliches Intereſſe dafür geltend zu machen iſt. Die Anträge ſind, wenn die Anſtellung im Reichsdienſt oder im Dienſte der Landesverwaltung von Elſaß-Lothringen erfolgen ſoll, unter Mitwirkung des Königlich preußiſchen Kriegsminiſteriums, wenn die Anſtellung im Dienſte eines Bundesſtaats mit eigener Militärverwaltung oder in der Militärverwaltung deſſelben erfolgen ſoll, unter Mitwirkung des zuſtändigen Kriegsminiſteriums zu ſtellen. In den übrigen Bundesſtaaten hat den Anträgen eine Mittheilung an die oberſte Militärbehörde desjenigen

---

*) In Anlage 1 abgedruckt.

Ersatzbezirkes, innerhalb welches die Stelle besetzt werden soll, voranzugehen. Auch ist dieser Militärbehörde von den ergehenden Entscheidungen sowie von etwaigen ohne Antrag erfolgten Verleihungen der Anstellungsberechtigung Kenntniß zu geben.

§. 25. Im Falle der Eröffnung einer gerichtlichen Untersuchung gegen einen Militäranwärter ist der Civilversorgungsschein zu den Untersuchungsakten einzufordern. Führt die Untersuchung zu einem rechtskräftigen Erkenntnisse, welches auf die zeitige Unfähigkeit zur Bekleidung öffentlicher Aemter oder auf eine Strafe lautet, welche die dauernde oder zeitige Unfähigkeit zur Bekleidung öffentlicher Aemter von Rechtswegen zur Folge hat, so ist der Civilversorgungsschein unter Mittheilung der Urtheilsformel derjenigen Militärbehörde zu übersenden, welche den Schein ertheilt hat (§. 1). Anderenfalls ist der Civilversorgungsschein derjenigen Behörde zu übersenden, bei welcher der Militäranwärter angestellt oder beschäftigt ist, Militäranwärtern aber, welche im Civildienste noch nicht angestellt oder beschäftigt sind, zurückzugeben.

§. 26. Der Civilversorgungsschein ist verwirkt, wenn gegen den Inhaber rechtskräftig auf eine Strafe erkannt worden ist, welche die dauernde Unfähigkeit zur Bekleidung öffentlicher Aemter von Rechtswegen zur Folge hat.

Lautet das rechtskräftige Erkenntniß nur auf zeitige Unfähigkeit zur Bekleidung öffentlicher Aemter oder auf eine Strafe, welche die zeitige Unfähigkeit zur Bekleidung öffentlicher Aemter zur Folge hat, so wird der Civilversorgungsschein nach Ablauf der Zeit, auf welche sich die Wirkung des Erkenntnisses erstreckt, zurückgegeben, zuvor jedoch von der Militärbehörde (§. 25) mit einem, den wesentlichen Inhalt des Erkenntnisses wiedergebenden Vermerke versehen. Die Anstellung des Inhabers in einer den Militäranwärtern vorbehaltenen Stelle ist lediglich dem freien Ermessen der betheiligten Behörden überlassen.

§. 27. Erfolgt das Ausscheiden aus der Stelle unfreiwillig aus anderen als den im §. 26 bezeichneten Gründen, so sind dieselben in dem Civilversorgungsscheine zu vermerken, bevor dessen Rückgabe erfolgt.

Hat die unfreiwillige Entlassung eines Militäranwärters in Folge einer den Mangel an ehrliebender Gesinnung verrathenden Handlung oder wegen fortgesetzt schlechter Dienstführung stattgefunden, so sind die Behörden zur Berücksichtigung des Anstellungsgesuchs nicht verpflichtet.

§. 28. Erfolgt das Ausscheiden aus der Stelle freiwillig, aber ohne Pension, so ist dies gleichfalls in dem Civilversorgungsscheine zu vermerken, bevor dessen Rückgabe erfolgt.

§. 29. Der Civilversorgungsschein erlischt, sobald sein Inhaber aus dem Civildienste mit Pension (§. 13) in den Ruhestand tritt. Eine Rückgabe des Civilversorgungsscheins findet in diesem Falle nicht statt.

Anlage 2 (zu §. 11). Muster zur Anwärterliste.

Anlage 3 (zu §. 12).

Verzeichniß der Vermittelungsbehörden.

Lfde. Nr.	Bundesstaat	Vermittelungsbehörden
1.	Preußen	Für den Bezirk a) des I. Armeekorps: Bezirkskommando Braunsberg, b) „ II. „ „ Stettin, c) „ III. „ „ Potsdam, d) „ IV. „ „ Magdeburg, e) „ V. „ „ Neusalz a. O., f) „ VI. „ „ II Breslau, g) „ VII. „ „ Münster, h) „ VIII. „ „ Coblenz, i) „ IX. „ „ Schleswig, k) „ X. „ „ Hildesheim, l) „ XI. „ „ Marburg, m) „ XVII. „ „ Marienburg, n) „ XVIII. „ „ Hanau[35]).

(Nr. 2—26 betreffen die außerpreußischen Bundesstaaten.)

Anlage 4 (zu §. 12 Abs. 1). Nachweisung der Vakanzen.

Anlage 5 (zu §. 17). Nachweisung der besetzten Stellen.

Unteranlage C 1 (zu den Anstellungsgrundsätzen Anm. 1).

Cirkular an sämmtliche Königl. Regierungs-Präsidenten vom 30. September 1892 über Ausführung des Gesetzes, betr. die Besetzung der Subaltern- und Unterbeamtenstellen in der Verwaltung der Kommunalverbände mit Militairanwärtern. Vom 30. September 1892 (MB. 285)[1]).

In Nummer 24. der Gesetz-Sammlung (S. 214) ist das Gesetz, betr. die Besetzung der Subaltern- und Unterbeamtenstellen in der Verwaltung der Kommunalverbände mit Militairanwärtern, vom 21. Juli 1892, zur Veröffentlichung gelangt. Dasselbe tritt nach §. 16. mit dem 1. Oktober d. J. in Kraft.

Zur Ausführung des Gesetzes ertheile ich auf Grund des §. 16. Abs. 3. im Einverständnisse mit dem Herrn Kriegsminister die nachstehenden Weisungen.

Das Gesetz verfolgt die Absicht, unter Aufhebung der für die Stadtgemeinden, die Kreis- und Provinzialverbände wegen der Anstellung von Militairinvaliden zur Zeit bestehenden Vorschriften, die Grundsätze, welche für die Reichs- und Staatsbehörden bei der Besetzung ihrer Subaltern- und Unterbeamtenstellen mit Militairanwärtern gelten, auf die Kommunalverbände mit denjenigen Maßgaben

[35]) Für den Bereich der 21. Division, Ergänzung 02 (MB. 324); für den Bereich der anderen (Großh. Hess. 25.) Division ist das Bezirkskommando II Darmstadt zuständig.

[1]) Zur Ergänzung mit Rücksicht auf die inzwischen vom Bundesrat erlassenen Grundsätze (C) erging Vf. 28. Juni 99 (MB. 54).

zu übertragen, welche aus der Verschiedenheit der beiderseitigen Verhältnisse sich ergeben. Wie die Vergleichung des Gesetzes und jener „Grundsätze“ (Minist.=Bl. für die innere Verwaltung 1882 S. 225) erkennen läßt, ist der §. 1. des Gesetzes[2]) den §§. 1. und 2. der Grundsätze, es sind ferner die §§. 3. bis 6 des Gesetzes[3]) den entsprechenden Paragraphen der Grundsätze, der §. 7. des Gesetzes[4]) dem §. 11. der Grundsätze fast wörtlich nachgebildet. Bei der Ausführung des Gesetzes ist demnach im Allgemeinen in gleicher Weise zu verfahren, wie bei der Ausführung der „Grundsätze“ bisher verfahren worden ist und weiterhin verfahren werden wird.

Im Einzelnen ist Folgendes zu beachten:

1. Das Gesetz betrifft die Besetzung von Subaltern= und Unterbeamtenstellen. Welche solcher Stellen und in welcher Anzahl dieselben den Militairanwärtern vorzubehalten sind, ist nach den Bestimmungen des Gesetzes gemäß §. 14[5]) von den Kommunalaufsichtsbehörden festzustellen.

(Abs. 2)[6]).

Welche Beamtenstellen sodann als Subaltern= und Unterbeamtenstellen zu erachten sind, ist, sofern Zweifel in dieser Beziehung bestehen, im Allgemeinen aus der Analogie der Festsetzungen über die den Militairanwärtern im Preußischen Staatsdienste vorbehaltenen Stellen zu beantworten, insbesondere im Hinblick auf das durch den Allerhöchsten Erlaß vom 30. Juni 1885 (Minist.=Bl. S. 165) genehmigte Stellenverzeichniß und dessen Nachträge. Aus dem Umstande, daß im §. 5. des Gesetzes[7]) — abweichend von dem demselben entsprechenden §. 4 der Regierungsvorlage, und nur an dieser Stelle — auf die sinngemäße Zugrundelegung der für die Reichs= und Staatsbehörden jeweilig geltenden Stellenverzeichnisse für den Fall dieses Paragraphen ausdrücklich hingewiesen worden ist, darf nicht gefolgert werden, daß die Stellenverzeichnisse bei der Ausführung der §§. 3., 4., 6. des Gesetzes[7]) nicht gleichfalls sinngemäß zu verwerthen seien. Insoweit auch auf diesem Wege zu einem Ergebnisse nicht zu gelangen ist, wird grundsätzlich davon auszugehen sein, daß diejenigen Stellen, deren Inhabern eine selbstständige Verwaltung übertragen ist, zu den Subaltern= und Unterbeamtenstellen nicht zu rechnen sind. Es gilt dies beispielsweise von den Stellen der Vorsteher der Irren=, Heil= und Pflegeanstalten, der Blinden=, Taubstummen=, Besserungs= und Erziehungsanstalten, der kommunalen Kur= und Bade=Etablissements, ferner der Branddirektoren, Standesbeamten, Polizei=Inspektoren und =Kommissare.

Soweit hiernach das Gesetz auf Beamtenstellen überhaupt Anwendung findet, ist es unerheblich, ob die Stellen etatsmäßige oder nicht etatsmäßige sind.

2. Anlangend die Frage, welche Verbände als Kommunalverbände im Sinne des §. 1. zu gelten haben, so gehören zu denselben nicht nur die Land= und Stadtgemeinden, die Kreise und Provinzen, sondern namentlich auch die in den alten Provinzen noch bestehenden kommunalständischen Verbände und die landschaftlichen Verbände in der Provinz Hannover, die hohenzollernschen Amtsverbände, die Bezirksverbände der Regierungsbezirke Kassel und Wiesbaden, der hohenzollernsche und der Lauenburgische Landeskommunalverband, ferner die aus Gemeinden bezw. aus Gemeinden und Gutsbezirken für bestimmte kommunale Zwecke gebildeten

---

[2]) Entspricht dem § 1 der Grundsätze (Anl. C).

[3]) Desgl. den § 3—6 das.

[4]) Desgl. dem § 8 das.

[5]) Desgl. dem § 16 das.

[6]) Abs. 2 erörterte im Anschluß an OV. 20. Nov. 91 (XXII 67) die Frage, inwieweit die Beamteneigenschaft den ohne obrigkeitliche Befugnisse in industriellen oder sonstigen rein wirtschaftlichen Betrieben tätigen Personen zukomme. Jetzt entscheidet nach KBG. § 1 nur die Anstellungsurkunde.

[7]) Den § 3—6 des G. entsprechen die gleichen § der Grundsätze (Anl. C).

Verbände, die Gesammtarmenverbände und Wegeverbände, die Bürgermeistereien in der Rheinprovinz, die Aemter in Westfalen, die Zweckverbände im Sinne der §§. 128 ff. der Landgemeindeordnung vom 3. Juli 1891, — nicht dagegen die landschaftlichen Kreditverbände[8]).

Im Uebrigen muß daran festgehalten werden, daß das Gesetz nur von Beamten in der Verwaltung der Kommunalverbände spricht. Das Gesetz findet somit keine Anwendung auf die Stellen solcher Personen, welche, wie dies z. B. in der Rheinprovinz und in Westfalen nicht selten der Fall ist, lediglich in einem persönlichen Dienstverhältnisse zu dem an der Spitze des Kommunalverbandes stehenden Beamten sich befinden und für die Besorgung von Geschäften in der diesem Beamten übertragenen kommunalen Verwaltung aus dem demselben bewilligten Kostenaversum besoldet werden.

(Abs. 3)[9]).

4. Nach §. 3. der „Grundsätze" sind die ausschließlich mit Militairanwärtern zu besetzenden Stellen im Kanzleidienste diejenigen, deren Inhabern lediglich die Besorgung des Schreibwerks obliegt.

Das Wort „lediglich" fehlt im Gesetze[10]). Im Sinne des letzteren gehören zu den Stellen im Kanzleidienst auch diejenigen, deren Inhaber außer dem Schreibwerk nebenbei und in geringem Umfange auch sonstige Dienste zu besorgen haben, wogegen zu diesen Stellen diejenigen nicht gehören, deren Inhaber nur nebenbei auch zur Besorgung des Schreibwerks und der damit zusammenhängenden Dienstverrichtungen herangezogen werden. Das Gesetz hat dem Umstande Rechnung getragen, daß namentlich in den Verwaltungen der kleinen Kommunalverbände Kanzlei- und sonstiger Büreaudienst nicht immer scharf geschieden sind.

5. Die Vorschrift im §. 3. des Gesetzes[3]) wegen der Lohnschreiber findet auf junge Leute keine Anwendung, die, was namentlich bei den Verwaltungen der Kommunalverbände vielfach zutrifft, zwar beim Schreibwerk etwa auch gegen eine mäßige Vergütung beschäftigt werden, indessen der Hauptsache nach doch nur, um für den späteren Dienst als Subalternbeamte vorbereitet zu werden. Es bedarf im Uebrigen keines Hinweises darauf, daß eine derartige Beschäftigung nicht dazu dienen darf, um Stellen, welche Militairanwärtern vorzubehalten sind, denselben thatsächlich zu entziehen.

6. Nach §. 3. der „Grundsätze" sind ausschließlich mit Militairanwärtern zu besetzen: sämmtliche Stellen, deren Obliegenheiten im Wesentlichen in mechanischen Dienstleistungen bestehen und keine technischen Kenntnisse erfordern. Das Nichterforderniß der technischen Kenntnisse fehlt im §. 3. des Gesetzes[3]). Es hat hierdurch jedoch keine Abweichung von den „Grundsätzen" herbeigeführt werden sollen, sondern es ist bei Aufstellung des Entwurfs des Gesetzes davon ausgegangen worden, daß Obliegenheiten, die im Wesentlichen in mechanischen Dienstleistungen bestehen, überhaupt nicht technische Kenntnisse erfordern werden, daß somit die Voraussetzung des Nichterfordernisses von technischen Kenntnissen einer besonderen Hervorhebung im Gesetze nicht bedarf.

7. Bei der Berathung der Regierungsvorlage in der Sitzung des Herrenhauses vom 15. Juni d. Js. (Sten. B. S. 315) ist eine Entscheidung darüber in Anregung gebracht worden, ob die Stellen der Polizeisergeanten als solche an-

---

[8]) Dazu treten die Stellen in ständischen u. solchen Instituten, welche ganz oder zum Teil aus Mitteln der Gemeinden unterhalten werden Grundsätze (Anl. C) § 1 Abs. 1.

[9]) Nr. 3 betraf die früheren abweichenden Best. des preuß. G. (Anl. C Anm. 7) u. hat keine praktische Bedeutung mehr.

[10]) Ebenso in den Grundsätzen (Anl. C) § 3 Abs. 1[1].

zusehen sind, deren Obliegenheiten im Wesentlichen in mechanischen Dienstleistungen bestehen und die daher gemäß §. 3. des Gesetzes ausschließlich mit Militairanwärtern zu besetzen sind, oder ob die Besetzung dieser Stellen sich nach den Bestimmungen im §. 5. des Gesetzes[3]) regele. Bisher ist, soviel bekannt, bei den Verwaltungsbehörden im Allgemeinen davon ausgegangen worden, daß die Stellen der Polizeisergeanten zu denjenigen zu rechnen seien, deren Obliegenheiten im Wesentlichen in mechanischen Dienstleistungen bestehen. Auch ist ein Unterschied für die Ausführung des Gesetzes, je nachdem auf die Besetzung dieser Stellen der §. 3. oder der §. 5. des Gesetzes[3]) Anwendung findet, kaum erkennbar, weil nach dem durch den Allerhöchsten Erlaß vom 30. Juni 1885 (M.=Bl. S. 165) genehmigten, im §. 5. bezogenen Stellenverzeichniß unter VII., 3. die Stellen der Polizeiwachtmeister und Schutzmänner im Königlichen Dienst, denen die Stellen der Polizeiwachtmeister und Polizeisergeanten in den Stadtgemeinden insoweit gleichzustellen sind, in der Regel sämmtlich mit Militairanwärtern besetzt werden sollen. Gleichwohl bin ich im Hinblick auf die bei der Berathung der Regierungsvorlage im Herrenhause von dem Vertreter der Staatsregierung gegebene Zusage damit einverstanden, daß der in Anregung gebrachte Zweifel geprüft und daß namentlich erwogen werde, ob in den dazu geeigneten Fällen einzelne Stellen der Polizeiwachtmeister und Polizeisergeanten in den Kommunalverbänden, analog der im Stellenverzeichnisse vorgesehenen Ausnahme wegen des im Kriminaldienste verwendeten Personals von der ausschließlichen Besetzung mit Militairanwärtern auszunehmen sind.

8. §. 4. des Gesetzes[3]) spricht — im Gegensatze zu §. 5. desselben — nur von den Stellen der Subalternbeamten im Büreaudienste. Es gehören hierhin namentlich die Stellen im Journal=, Registratur=, Expeditions=, Kalkulatur= und Kassendienste.

Von der Regel, wonach diese Stellen mindestens zur Hälfte mit Militairanwärtern zu besetzen sind, ist unter Ziffer 1. eine Ausnahme bezüglich derjenigen Stellen nachgelassen, für welche eine besondere wissenschaftliche oder technische Vorbildung erfordert wird. Zu diesen letzteren Stellen sind diejenigen der Sekretäre in größeren Kommunalverwaltungen, insbesondere auch der Kreisausschuß=Sekretäre ebenso wenig zu rechnen, wie nach den „Grundsätzen" die Stellen der Sekretäre bei den Oberpräsidien und Regierungen. Dagegen werden die beregten Stellen gleich den Stellen der Sekretäre bei den Oberpräsidien ꝛc., den Militairanwärtern nur im Wege des Aufrückens zugänglich zu machen sein. Ist die Möglichkeit des Aufrückens ausgeschlossen, weil — was bei den Kreisausschuß=Verwaltungen in der Regel der Fall sein wird — es an einer Klasse von Beamten fehlt, aus welcher aufgerückt werden kann, so muß nach §. 6. Abs. 3.[11]) des Gesetzes eine Stelle der erwähnten Art den Militairanwärtern vorbehalten oder versagt bleiben, je nachdem sie, unter Berücksichtigung der Anforderungen des Dienstes zur Besetzung mit einem Militairanwärter geeignet oder nicht geeignet ist.

Im Uebrigen mache ich, was insbesondere die Stadtsekretäre betrifft, darauf aufmerksam, daß dem Titel, welcher einem Beamten gegeben wird, eine bedeutende Entscheidung für die Frage, in welcher Weise die Bestimmungen des Gesetzes auf den Stelleninhaber in Anwendung zu bringen sind, nicht beizulegen ist; entscheidend sind die Funktionen, welche der Stelleninhaber zu erfüllen hat. Es ergiebt sich hieraus, daß die Stellen solcher Stadtsekretäre, die, wie es vielfach in kleineren Kommunalverbänden der Fall ist, vornehmlich mit den untergeordneteren Geschäften im Büreaudienst beauftragt sind, nicht zu denjenigen gerechnet werden dürfen, die

[11]) Entspricht dem § 6 Abs. 2 der Grundsätze.

nur im Wege des Aufrückens zu erlangen sind, daß dieselben den Militairanwärtern vielmehr ohne eine solche Einschränkung zugänglich gehalten werden müssen.

Bezüglich der eigenartigen Stellen der Stadtsekretäre der Provinz Hannover (§§. 41., 46., 56. der dortigen Städteordnung vom 24. Juni 1858) verbleibt es auch weiterhin dabei, daß dieselben den Militairanwärtern nicht vorzubehalten sind.

9. Was die im §. 4. unter Ziffer 2. erwähnten Kassenbeamten betrifft, so sind bei der Berathung der Regierungsvorlage in den Sitzungen des Hauses der Abgeordneten vom 30. und 31. Mai d. J. (Sten. Ber. S. 193 ff. und S. 1960 ff.) die Verhältnisse der Gegenbuchführer und Kassenrevisoren in einigen größeren städtischen Verwaltungen der Provinz Westfalen eingehend erörtert worden. Wie schon zu Ziffer 8. bemerkt, ist der Titel eines Beamten für die Anwendung des Gesetzes auf die Besetzung der Stelle des Beamten nicht von entscheidender Bedeutung. Insofern daher insbesondere die Gegenbuchführer berufen sind, Kassengelder einzunehmen, zu verwahren oder auszugeben, fallen sie unter die Ausnahmebestimmung des §. 4. Ziffer 2. Im Uebrigen wird, was insbesondere die Revisoren betrifft, zu prüfen sein, ob die Stellen derselben denjenigen beizuzählen sind, welche den Militairanwärtern nur im Wege des Aufrückens mindestens zur Hälfte vorbehalten bleiben können[12]).

10. Während die im §. 3. des Gesetzes[3]) bezeichneten Unterbeamtenstellen ausschließlich und die im §. 4.[3]) desselben bezeichneten Stellen der Subalternbeamten im Büreaudienst mindestens zur Hälfte mit Militairanwärtern zu besetzen sind, sollen alle übrigen Unterbeamten- und Subalternbeamten gemäß §. 5[3]) nur unter Berücksichtigung der Anforderungen des Dienstes und unter sinngemäßer Zugrundelegung der für die Reichs- und Staatsbehörden jeweilig geltenden Verzeichnisse über die den Militairanwärtern vorbehaltenen Stellen mit Militairanwärtern besetzt werden. Es ist schon darauf hingewiesen worden, daß der Zusatz „und unter sinngemäßer Zugrundelegung ꝛc." auf einem Beschlusse des Abgeordnetenhauses beruht. Im §. 5. der Grundsätze ist die Berücksichtigung der Anforderungen des Dienstes als ausschließlich maßgebend hingestellt, und dasselbe war auch im §. 4. der Regierungsvorlage geschehen. Bei der Ausführung des Gesetzes wird darauf zu halten sein, daß, wo wegen der Verschiedenheit der Verwaltungen und deren Aufgaben die Anforderungen des Dienstes und die sinngemäße Zugrundelegung jener Verzeichnisse sich nicht ohne weiteres decken, die Anforderungen des Dienstes in erster Linie zu berücksichtigen sind.

11. Die Bestimmung im §. 6. Abs. 1. hat während der Berathung des Entwurfs des Gesetzes im Landtage zu vielfachen Erörterungen Anlaß gegeben.

Zur Erläuterung der Anordnung nehme ich auf das während der kommissarischen Berathung des Entwurfs im Hause der Abgeordneten von dem Vertreter der Regierung konstruirte Beispiel ergebenst Bezug (H. d. Abg. Drucks. Nr. 205, S. 13).

(12)[13]).

13. Gemäß §. 8. des Gesetzes sind Stellen, welche den Militairanwärtern nur theilweise (zur Hälfte u. s. w.) vorbehalten sind, bei eintretenden Vakanzen in einer dem Antheilsverhältnisse entsprechenden Reihenfolge mit Militairanwärtern oder Civilpersonen zu besetzen, also in denjenigen Fällen, in welchen die Häfte der Stellen den Militairanwärtern vorbehalten ist, abwechselnd mit Militairanwärtern

---

[12]) Nr. 9 ist bedeutungslos geworden, nachdem in § 4² der Grundsätze diejenigen Beamten aufgeführt worden sind, welchen die selbständige Kontrolle des Kassen- u. Rechnungswesens obliegt.

[13]) Nr. 12 der AusfVf. hat in den Erläuterungen Nr. VIII zu den Grundsätzen § 8 Aufnahme gefunden.

und Civilpersonen. Die Bedeutung dieser, dem §. 11. der „Grundsätze" entsprechenden Vorschrift tritt klar zu Tage, sobald beispielsweise der Fall berücksichtigt wird, daß die Zahl der Stellen, welche den Militairanwärtern zur Hälfte vorbehalten ist, eine ungrade ist.

Absatz 3. des §. 8.[14]), für welchen sich ein Vorgang in den „Grundsätzen" nicht findet, soll, wie sich aus dem Berichte der mit der Berathung des Entwurfs im Herrenhause beauftragt gewesenen Kommission ergiebt, den besonderen Interessen der Kommunalverbände Rechnung tragen, welche es für diese Verbände mitunter wünschenswerth machen, an die Innehaltung der Regel bei Besetzung einer Stelle nicht unter allen Umständen gebunden zu sein (Herrenhaus, Session 1892, Drucks. Nr. 61, S. 8 ff.).

Im Uebrigen kann es nicht zweifelhaft sein, daß, wenn Stellen den Militairanwärtern, beispielsweise zur Hälfte, vorbehalten sind und eine vakant gewordene Stelle, welche nach der bestehenden Reihenfolge mit einem Militairanwärter zu besetzen sein würde, mit einer Civilperson besetzt wird, weil die Besetzung mit einem Militairanwärter Mangels einer Bewerbung nicht ausführbar ist, die nächste frei werdende Stelle wiederum mit einer Civilperson besetzt werden darf.

14. Gemäß §. 10. des Gesetzes sind Bewerbungen um noch nicht frei gewordene Stellen alljährlich zum 1. Dezember zu erneuern, widrigenfalls dieselben als erloschen gelten.

Bei der Benachrichtigung über die erfolgte Notirung sind die Militairanwärter hierauf mit dem Bemerken hinzuweisen, daß die Erneuerung behufs Vermeidung des angegebenen Nachtheils alljährlich bis zum 1. Dezember, das erste Mal bis zum 1. Dezember des auf die Notirung folgenden Kalenderjahres bei der Anstellungsbehörde eingegangen sein muß.

15. Gemäß §. 9. des Gesetzes haben sich die Militairanwärter um die von ihnen begehrten Stellen bei den Anstellungsbehörden zu bewerben.

Mit Bezug hierauf bemerke ich, daß Militairanwärtern, deren Civil-Versorgungsschein abhanden gekommen ist, ein neuer Schein nicht ausgefertigt, sondern von dem betreffenden General-Kommando eine Bescheinigung dahin ertheilt wird, daß und wann ihnen ein Versorgungsschein ausgestellt ist.

(16)[15]).

17. Nach erfolgter etatsmäßiger Anstellung des Militairanwärters (§. 9. des Gesetzes) ist der Civilversorgungsschein dem Militairanwärter abzunehmen und zu den Akten zu bringen. Die Anstellungsbehörden haben die Vermittelungsbehörden am Schlusse eines jeden Vierteljahres von den erfolgten Anstellungen durch Zusendung einer Nachweisung nach Anlage B.[16]) zu benachrichtigen.

Scheidet der Militairanwärter aus der ihm übertragenen Stelle freiwillig, aber ohne Anspruch auf Pension aus, so ist ihm der Civilversorgungsschein mit einem entsprechenden Vermerk zurückzugeben.

Erfolgt das Ausscheiden unfreiwillig, so sind die Gründe desselben in dem Civilversorgungsschein zu vermerken, bevor dessen Rückgabe erfolgt. Hat die unfreiwillige Entlassung eines Militairanwärters in Folge eines nicht ehrenhaften Verhaltens oder wegen fortgesetzt schlechter Dienstführung stattgefunden, so ist dies in dem Civilversorgungsschein gleichfalls zu vermerken. Der Inhaber verliert in solchem Falle den Anspruch auf weitere Berücksichtigung.

[14]) Entspricht dem § 14 Abs. 2 der Grundsätze.

[15]) Nr. 16 hat keine Bedeutung mehr, nachdem die Vermittelungsbehörden in Anl. 3 neu festgestellt sind und die empfohlene Führung der Bewerberverzeichnisse durch § 11 Abs. 1 der Grundsätze zur Pflicht gemacht ist.

[16]) Das Formular ist nicht abgedruckt.

Zugleichen erlischt der Civilsorgungsschein, sobald sein Inhaber aus dem Civildienst mit Pension in den Ruhestand tritt. Eine Rückgabe des Civilversorgungsscheins findet in diesem Falle nicht statt.

18. Gemäß §. 12. Abs. 2.[17]) des Gesetzes können zu vorübergehender Beschäftigung als Hülfsarbeiter oder Vertreter auch Nichtversorgungsberechtigte angenommen werden. Der Vorbehalt im §. 9. Abs. 3. der „Grundsätze": „falls qualifizirte Militairanwärter nicht vorhanden sind u. s. w." hat in dem Gesetze Aufnahme nicht gefunden. Die vorübergehende Beschäftigung Nichtversorgungsberechtigter darf sich aber nicht zu einer Umgehung der Vorschriften des Gesetzes gestalten, nach welchen Versorgungsberechtigte anzustellen sind.

(19—21)[18]).

22. Die Kommunalbehörden haben die Verzeichnisse fortzuführen und die eingetretenen Veränderungen den Kommunalaufsichtsbehörden anzuzeigen. Die Fortführung muß in der Art erfolgen, daß aus den Verzeichnissen ersichtlich ist, ob bei Besetzung der Subaltern- und Unterbeamtenstellen des Kommunalverbandes nach den Bestimmungen des Gesetzes verfahren, insbesondere, ob in den geeigneten Fällen eine Ausgleichung herbeigeführt worden ist.

Die Kommunalaufsichtsbehörden sind verpflichtet, die in ihrem Verwaltungsbezirk für Militairanwärter ermittelten Stellen den zuständigen Militairbehörden auf Erfordern mitzutheilen.

Anlage D (zu Anmerkung 41).

Gesetz, betreffend die Pensionirung der unmittelbaren Staatsbeamten, sowie der Lehrer und Beamten an den höheren Unterrichtsanstalten mit Ausschluß der Universitäten. Vom 27. März 1872 (GS. 268)[1]); (Auszug).

§. 1. Jeder unmittelbare Staatsbeamte, welcher sein Diensteinkommen aus der Staatskasse bezieht, erhält aus derselben eine lebenslängliche Pension, wenn er nach einer Dienstzeit von wenigstens zehn Jahren in Folge eines körperlichen Gebrechens oder wegen Schwäche seiner körperlichen oder geistigen Kräfte zu der Erfüllung seiner Amtspflichten dauernd unfähig ist, und deshalb in den Ruhestand versetzt wird.

---

[17]) Entspricht dem § 13 Abs. 2 der Grundsätze.

[18]) Nr. 19 hat nach Fassung des § 15 der Grundsätze bis auf die in Anm. 31 zu Anl. C aufgenommenen Bestimmungen keine Bedeutung mehr. Nr. 20 ist in § 14 der Grundsätze aufgenommen u. Nr. 21 enthält eine Übergangsbest. wegen erster Anlegung der Verzeichnisse.

[1]) Nach G. 31. März 82 (GS. 133) Art. I ist die Änderung eingetreten, daß
a) in PensG. § 8 die Sätze von $^1/_{60}$, $^{15}/_{60}$ u. $^{45}/_{60}$ (an Stelle von $^1/_{80}$, $^{20}/_{80}$ u. $^{60}/_{80}$) u. in PensG. § 16 Abs. 1 das einundzwanzigste Lebensjahr (an Stelle des achtzehnten) getreten sind;
b) nach PensG. § 30 Beamte, die das 65. Lebensjahr vollendet haben, unfreiwillig in den Ruhestand versetzt werden können.

Die Ausschließung dieser Bestimmungen für mittelbare Beamte (G. 82 Art. III) ist zu a aufgehoben G. 1. März 91 (GS. 19) Art. I, wogegen sie zu b mit der aus KBG. § 12 Abs. 3 sich ergebenden Maßgabe fortbesteht. Pensionierungsverfahren Bf. 24. Sept. 74 (MB. 249). — Nichtpensionsberechtigte Kommunalbeamte genießen Fürsorge bei Betriebsunfällen gem. RG. 18. Juni 01 (RGB. 211) § 14 u. preuß. G. 2. Juni 02 (GS. 153) § 10—13.

Ist die Dienstunfähigkeit die Folge einer Krankheit, Verwundung oder sonstigen Beschädigung, welche der Beamte bei Ausübung des Dienstes oder aus Veranlassung desselben ohne eigene Verschuldung sich zugezogen hat, so tritt die Pensionsberechtigung auch bei kürzerer als zehnjähriger Dienstzeit ein. (Absatz 3.)

§. 8. Die Pension beträgt, wenn die Versetzung in den Ruhestand nach vollendetem zehnten, jedoch vor vollendetem elften Dienstjahre eintritt, $^{15}/_{60}$[1a]) und steigt von da ab mit jedem weiter zurückgelegten Dienstjahre um $^{1}/_{60}$[1a]) des in den §§. 10. bis 12. bestimmten Diensteinkommens.

Ueber den Betrag von $^{45}/_{60}$[1a]) dieses Einkommens hinaus findet eine Steigerung nicht statt.

In dem im §. 1. Absatz 2. erwähnten Falle beträgt die Pension $^{15}/_{60}$[1a]), in dem Falle des §. 7.[2]) höchstens $^{15}/_{60}$[1a]) des vorbezeichneten Diensteinkommens.

§. 9. Bei jeder Pension werden überschießende Thalerbrüche auf volle Thaler abgerundet.

§. 10. Der Berechnung der Pension wird das von dem Beamten zuletzt bezogene gesammte Diensteinkommen, soweit es nicht zur Bestreitung von Repräsentations= oder Dienstaufwandskosten gewährt wird, nach Maßgabe der folgenden näheren Bestimmungen zu Grunde gelegt.

1. Feststehende Dienstemolumente, namentlich freie Dienstwohnung, sowie die anstatt derselben gewährte Miethsentschädigung, Feuerungs= und Erleuchtungsmaterial, Naturalbezüge an Getreide, Winterfutter u. s. w., sowie der Ertrag von Dienstgrundstücken kommen nur insoweit zur Anrechnung, als deren Werth in den Besoldungsetats auf die Geldbesoldung des Beamten in Rechnung gestellt, oder zu einem bestimmten Geldbetrage als anrechnungsfähig bezeichnet ist.
2. Dienstemolumente, welche ihrer Natur nach steigend und fallend sind, werden nach den in den Besoldungsetats oder sonst bei Verleihung des Rechts auf diese Emolumente deshalb getroffenen Festsetzungen und in Ermangelung solcher Festsetzungen nach ihrem durchschnittlichen Betrage während der drei letzten Etatsjahre[3]) vor dem Etatsjahre[3]), in welchem die Pension festgesetzt wird, zur Anrechnung gebracht.
3. Bloß zufällige Diensteinkünfte, wie widerrufliche Tantième, Kommissionsgebühren, außerordentliche Remunerationen, Gratifikationen und dergleichen kommen nicht zur Berechnung.

(4.)

5. Wenn das nach den Bestimmungen dieses Paragraphen ermittelte Einkommen eines Beamten insgesammt mehr als 4000 Rthlr. beträgt, wird von dem überschießenden Betrag nur die Hälfte in Anrechnung gebracht.

---

[2]) § 7 betrifft die ausnahmweise Pensionsbewilligung bei kürzerer als zehnjähriger Dienstzeit außer dem Falle des § 1 Abs. 2.

[3]) G. 30. April 84 (GS. 126); vordem galten die Kalenderjahre.

§. 11. Ein Beamter, welcher früher ein mit einem höheren Diensteinkommen verbundenes Amt bekleidet und dieses Einkommen wenigstens Ein Jahr lang bezogen hat, erhält, sofern der Eintritt oder die Versetzung in ein Amt von geringerem Diensteinkommen nicht lediglich auf seinen im eigenen Interesse gestellten Antrag erfolgt oder als Strafe auf Grund des §. 16. des Gesetzes, betreffend die Dienstvergehen der nicht richterlichen Beamten u. s. w., vom 21. Juli 1852. (Gesetz-Samml. S. 465.), oder des §. 1. des Gesetzes, betreffend einige Abänderungen des Gesetzes über die Dienstvergehen der Richter vom 7. Mai 1851. u. s. w., vom 22. März 1856. (Gesetz-Samml. S. 201.) gegen ihn verhängt ist, bei seiner Versetzung in den Ruhestand eine nach Maßgabe des früheren höheren Diensteinkommens unter Berücksichtigung der gesammten Dienstzeit berechnete Pension; jedoch soll die gesammte Pension das letzte pensionsberechtigte Diensteinkommen nicht übersteigen.

§. 12. Das mit Nebenämtern oder Nebengeschäften verbundene Einkommen begründet nur dann einen Anspruch auf Pension, wenn eine etatsmäßige Stelle als Nebenamt bleibend verliehen ist.

§. 13. Die Dienstzeit wird vom Tage der Ableistung des Diensteides gerechnet[4]). Kann jedoch ein Beamter nachweisen, daß seine Vereidigung erst nach dem Zeitpunkte seines Eintritts in den Staatsdienst stattgefunden hat, so wird die Dienstzeit von diesem Zeitpunkte an gerechnet.

§. 16. Die Dienstzeit, welche vor den Beginn des einundzwanzigsten[1a]) Lebensjahres fällt, bleibt außer Berechnung.

(Abs. 2 u. 3.)

§. 24. Die Versetzung in den Ruhestand tritt, sofern nicht auf den Antrag oder mit ausdrücklicher Zustimmung des Beamten ein früherer Zeitpunkt festgesetzt wird, mit dem Ablauf des Vierteljahres ein, welches auf den Monat folgt, in welchem dem Beamten die Entscheidung über seine Versetzung in den Ruhestand und die Höhe der ihm etwa zustehenden Pension (§. 22.) bekannt gemacht worden ist.

§. 25. Die Pensionen werden monatlich im Voraus gezahlt.

§. 26. Das Recht auf den Bezug der Pension kann weder abgetreten noch verpfändet werden.

In Ansehung der Beschlagnahme der Pensionen bleiben die bestehenden Bestimmungen in Kraft.

§. 27. Das Recht auf den Bezug der Pension ruht[5]):

---

[4]) Die Dienstzeit wird — soweit sie nicht volle Jahre umfaßt — nach Tagen berechnet Vf. 26. Nov. 00 (MB. 01 S. 2). — Im Disziplinar- oder strafgerichtlichen Wege entlassenen u. wieder angestellten Beamten wird die vor der Entlassung zurückgelegte Dienstzeit angerechnet Vf. 22. April, 7. Juli u. 24. Sept. 01 (MB. 153, 189 u. 220).

[5]) Die Strafe der Dienstentlassung zieht den Verlust des Pensionsanspruchs von selbst nach sich DiszG. 21. Juli 52 (GS. 465) § 16[2].

1. wenn ein Pensionair das Deutsche Indigenat verliert, bis zu etwaiger Wiedererlangung desselben;

(2.)

§. 31[6]). Hinterläßt ein Pensionair eine Wittwe oder eheliche Nachkommen, so wird die Pension noch für den auf den Sterbemonat folgenden Monat gezahlt.

An wen die Zahlung erfolgt, bestimmt die Provinzialbehörde, auf deren Etat die Pension übernommen war.

Die Zahlung der Pension für den auf den Sterbemonat folgenden Monat kann auf Verfügung dieser Behörde auch dann stattfinden, wenn der Verstorbene Eltern, Geschwister, Geschwisterkinder oder Pflegekinder, deren Ernährer er gewesen ist, in Bedürftigkeit hinterläßt, oder wenn der Nachlaß nicht ausreicht, um die Kosten der letzten Krankheit und der Beerdigung zu decken.

Der über den Sterbemonat hinaus gewährte einmonatliche Betrag der Pension kann nicht Gegenstand einer Beschlagnahme sein[7]).

Anlage E (zu Anmerkung 53).

Gesetz, betreffend die Fürsorge für die Wittwen und Waisen der unmittelbaren Staatsbeamten. Vom 20. Mai 1882 (GS. 298)[1]); (Auszug).

§. 8. Das Wittwengeld besteht in vierzig vom Hundert derjenigen Pension, zu welcher der Verstorbene berechtigt gewesen ist oder berechtigt gewesen sein würde, wenn er am Todestage in den Ruhestand versetzt wäre.

Das Wittwengeld soll jedoch, vorbehaltlich der im §. 10 verordneten Beschränkung, mindestens zweihundert und sechzehn Mark betragen[2]).

(Abs. 3)[2]).

§. 9. Das Waisengeld beträgt:

1. für Kinder, deren Mutter lebt und zur Zeit des Todes des Beamten zum Bezuge von Wittwengeld berechtigt war, ein Fünftel des Wittwengeldes für jedes Kind;
2. für Kinder, deren Mutter nicht mehr lebt oder zur Zeit des Todes des Beamten zum Bezuge von Wittwengeld nicht berechtigt war, ein Drittel des Wittwengeldes für jedes Kind.

§. 10. Wittwen- und Waisengeld dürfen weder einzeln noch zusammen den Betrag der Pension übersteigen, zu welcher der Verstorbene berechtigt

---

[6]) § 31 kommt für Kommunalbeamte nur insoweit in Betracht, als er zur Ergänzung des KBG. § 4 dient.

[7]) Jetzt sind CPO. § 850 u. BGB. § 394 (Anl. B Anm. 1*) maßgebend.

[1]) Witwen- u. Waisengeldbeiträge werden nicht mehr erhoben G. 28. März 88 (GS. 48).

[2]) Die Fassung des § 8 beruht auf G. 1. Juni 97 (GS. 169) Art. I. — Der folgende Satz u. Absatz 3 stufen Höchstgrenze nach den Rangklassen ab, die für Kommunalbeamte mangels einer Rangklasseneinteilung einheitlich festgesetzt ist.

gewesen ist oder berechtigt gewesen sein würde, wenn er am Todestage in den Ruhestand versetzt wäre.

Bei Anwendung dieser Beschränkung werden das Wittwen- und das Waisengeld verhältnißmäßig gekürzt.

§. 11. Bei dem Ausscheiden eines Wittwen- und Waisengeldberechtigten erhöht sich das Wittwen- oder Waisengeld der verbleibenden Berechtigten von dem nächstfolgenden Monat an insoweit, als sie sich noch nicht im vollen Genuß der ihnen nach den §§. 8 bis 10 gebührenden Beträge befinden.

§. 12. War die Wittwe mehr als 15 Jahre jünger als der Verstorbene, so wird das nach Maßgabe der §§. 8 und 10 berechnete Wittwengeld für jedes angefangene Jahr des Altersunterschiedes über 15 bis einschließlich 25 Jahre um $^1/_{20}$ gekürzt.

Auf den nach §. 9 zu berechnenden Betrag des Waisengeldes sind diese Kürzungen des Wittwengeldes ohne Einfluß.

Nach fünfjähriger Dauer der Ehe wird für jedes angefangene Jahr ihrer weiteren Dauer dem gekürzten Betrage $^1/_{20}$ des nach Maßgabe der §§. 9 und 10 zu berechnenden Wittwengeldes so lange hinzugesetzt, bis der volle Betrag wieder erreicht ist[3]).

§. 13. Keinen Anspruch auf Wittwengeld hat die Wittwe, wenn die Ehe mit dem verstorbenen Beamten innerhalb dreier Monate vor seinem Ableben geschlossen und die Eheschließung zu dem Zwecke erfolgt ist, um der Wittwe den Bezug des Wittwengeldes zu verschaffen.

Keinen Anspruch auf Wittwen- und Waisengeld haben die Wittwe und die hinterbliebenen Kinder eines pensionirten Beamten aus solcher Ehe, welche erst nach der Versetzung des Beamten in den Ruhestand geschlossen ist.

§. 15. Die Zahlung des Wittwen- und Waisengeldes beginnt mit dem Ablauf des Gnadenquartals oder des Gnadenmonats.

§. 16. Das Wittwen- und Waisengeld wird monatlich im Voraus gezahlt . . . .[4]).

§. 18. Das Recht auf den Bezug des Wittwen- und Waisengeldes erlischt:

1. für jeden Berechtigten mit Ablauf des Monats, in welchem er sich verheirathet oder stirbt;
2. für jede Waise außerdem mit dem Ablauf des Monats, in welchem sie das 18. Lebensjahr vollendet.

§. 19. Das Recht auf den Bezug des Wittwen- und Waisengeldes ruht, wenn der Berechtigte das Deutsche Indigenat verliert, bis zur etwaigen Wiedererlangung desselben.

---

[3]) Zusatz laut G. 97 (Anm. 2) Art. II.

[4]) Zahlung durch Postanweisung Vf. 30. Aug. 00 (MB. 246). — Der zweite Satz u. Abs. 2 sind auf Kommunalbeamte nicht anwendbar.

5. Gesetz, betreffend die Verwaltung der den Gemeinden und öffentlichen Anstalten gehörigen Holzungen in den Provinzen Ostpreußen, Westpreußen[1]), Brandenburg, Pommern, Posen, Schlesien und Sachsen. Vom 14. August 1876 (GS. 373)[2]).

Wir u. s. w. verordnen u. s. w. für die Provinzen Ostpreußen, Westpreußen[1]), Brandenburg, Pommern, Posen, Schlesien und Sachsen, was folgt:

§. 1. Die Verwaltung der Holzungen[3]) der Gemeinden[4]), Kirchen, Pfarren, Küstereien, sonstigen geistlichen Institute, öffentlichen Schulen, höheren Unterrichts- und Erziehungsanstalten, frommen und milden Stiftungen und Wohlthätigkeitsanstalten[5]) unterliegt der Oberaufsicht des Staates nach Maßgabe dieses Gesetzes[6]).

Holzungen, welche sich in staatlicher Verwaltung befinden, werden von diesem Gesetze nicht berührt.

§. 2. Die Benutzung und Bewirthschaftung der in §. 1 Absatz 1 bezeichneten Holzungen muß sich innerhalb der Grenzen der Nachhaltigkeit

---

[1]) Die Prov. Preußen ist in diese beiden Prov. getheilt G. 19. März 77 (GS. 107).

[2]) Neben der Kommunal- besteht eine besondere Forstaufsicht über die Forsten der Gemeinden u. Anstalten — sowie über gemeinschaftliche Holzungen G. 14. März 81 (GS. 261) § 2 —, die im Interesse sachgemäßer u. nachhaltiger Bewirtschaftung die Überwachung des Betriebes u. die Anstellung geeigneter Forstbeamten umfaßt u. im allgemeinen (Ausnahmen Anm. 22 u. Anl. B Anm. 5) weder durch die neue Verwaltungsgesetzgebung (ZustG. § 16 Abs. 2 u. 30 Abs. 2), noch durch die Gemeindeverfassungsgesetze (LGO. § 69 Abs. 2 u. Abs. 2, StO. § 55), berührt wird. — Die Gesetzgebung ist keine einheitliche; während das G. 14. Aug. 76 (nebst AusfInstr. 21. Juni 77 Anlage A) sich auf die östlichen Provinzen beschränkt, ergingen für die westlichen die V. 24. Dez. 16 Anlage B u. für die neueren und Hohenzollern mehrere besondere Bestimmungen, Übersicht Anlage C. — Inhalt: Staatliche Oberaufsicht § 1, Bewirtschaftung § 2, Betriebspläne § 3—6, Anstellung von Forstbeamten § 7, Aufforstung unkultivierter Grundstücke § 8, 9, Zwangsmaßregeln § 10, 11, Verfahren u. Schlußbestimmungen § 12—16. — Quellen: Verh. HH. 76 Drucks. Nr. 19 (Begr.), 40 (KB.); AH. StB. 1572. 1871. — Bearb. v. Öhlschläger u. Bernhardt (Berl. 78). — Die Fläche der Gemeindeforsten in Preußen betrug (1. Juni 00) 1103646, die der Anstaltsforsten 97972 ha. Davon entfielen auf die 7 östlichen Prov. 425552 u. 51223 ha.

[3]) Der Ausdruck Holzungen ist der Grundsteuergesetzgebung entnommen.

[4]) Das sind die zum sogen. Kämmerei-, sowie die zum Gemeindegliedervermögen (Dekl. 26. Juli 47 GS. 327) gehörenden Waldgrundstücke der Gemeinden; nicht einbegriffen sind dagegen die zum Privatvermögen der Beteiligten gehörenden Interessentenforsten (LR. II 7 § 23 ff., StO. § 44) Begr. — Als ausgeschlossen sind auch die im Besitze von Provinzial- oder Kreisverbänden befindlichen Holzungen anzusehen. Öhlschläger S. 11.

[5]) Unter den in der Überschrift des G. erwähnten öffentlichen Anstalten (V. 24. Dez. 16 Anl. B) sind die in Übereinstimmung mit anderen G. (LR. II 6 § 25) im § 1 aufgeführten Anstalten zu verstehen. Begr.

[6]) In der Verwendung u. Verwertung des Ertrages dieser Holzungen sind die Gemeinden und öffentlichen Anstalten durch das G. nicht beschränkt. Begr.

bewegen[7]). Insbesondere darf die Erhaltung der standortsgemäßen Holz- und Betriebsarten nicht durch die Nebennutzungen gefährdet werden[8]).

Ein Betrieb, der eine der im §. 2 des Gesetzes vom 6. Juli 1875, betreffend Schutzwaldungen und Waldgenossenschaften (GS. S. 416), bezeichneten Gefahren[9]) herbeiführen könnte, ist unzulässig.

§ 3. Der Bewirthschaftung der im §. 1 Absatz 1 bezeichneten Holzungen sind Betriebspläne zu Grunde zu legen, welche der Feststellung durch den Regierungs-Präsidenten bedürfen[10]). Hierbei sind namentlich hinsichtlich der Holz- und Betriebsart, sowie der Umtriebszeit, die wirthschaftlichen Bedürfnisse und die Wünsche der Waldeigenthümer zu berücksichtigen, soweit dies mit den Grundsätzen des §. 2 vereinbar ist[11]).

Die im Betriebsplan festgesetzte nachhaltige Holzabnutzung (Abnutzungssatz) ist für den jährlichen Holzeinschlag maßgebend.

Wenn die Gesammtfläche des Waldbesitzes einer Gemeinde beziehungsweise öffentlichen Anstalt so gering ist, daß eine regelmäßige Bewirthschaftung nur mit unverhältnißmäßigen Opfern Seitens des Eigenthümers stattfinden kann, oder wenn die Betriebsverhältnisse so einfach sind, daß eine spezielle Nutzungsregulirung entbehrlich erscheint, so kann von der Aufstellung förmlicher Wirtschaftspläne Abstand genommen werden. In solchen Fällen genügt eine kurze Darstellung der Standorts- und Betriebsverhältnisse, sowie die Angabe über den Zeitpunkt des Abtriebes und über die Art der Wiederkultur[12]).

§. 4. Abweichungen von dem festgestellten Betriebsplane (§. 3)

a) durch Rodungen[13]),

b) durch den Abtrieb von Holzbeständen, sofern solcher bei Hochwaldungen für die laufende zwanzigjährige Nutzungsperiode, bei dem eingetheilten Mittel- und Niederwalde für die nächsten fünf Jahre im Betriebsplane nicht vorgesehen ist,

c) durch Holzfällungen, welche den Abnutzungssatz bei Berücksichtigung des seit Festsetzung desselben erfolgten Mehr- oder Mindereinschlages um mehr als zwanzig Prozent seines Betrages überschreiten würden,

d) durch Ueberschreitungen des Abnutzungssatzes, welche innerhalb der laufenden Nutzungsperiode nicht wieder eingespart werden können,

bedürfen der Genehmigung des Regierungspräsidenten[14]).

---

[7]) Anl. A Nr. 2.

[8]) Auf wohlerworbene Rechte dritter bezieht sich diese Bestimmung nicht. Die Beschränkung oder Aufhebung von Waldservituten kann nur im Wege der Ablösung stattfinden, Begr. zu § 2.

[9]) Versandung, Abschwemmung, Überschüttung, Uferabbrüche, Eisgang, Verminderung des Wasserstandes, nachteilige Windeinwirkung.

[10]) Aufstellung der Betriebspläne Anl. A Nr. 3, Art u. Form Nr. 4, Nebennutzungspläne Nr. 7.

[11]) Das. Nr. 6.

[12]) Das. Nr. 3 Abs. 2 u. Nr. 5.

[13]) D. h. Rodungen von Holzungen oder Teilen derselben zum Zwecke der Umwandlung in andere Kulturarten (Acker, Wiese).

[14]) Zur Kontrolle über den Stand der Abnutzung ist die Führung eines Kontrollbuches anzuordnen Anl. A Nr. 8.

Werden Abweichungen der unter a bis d gedachten Art ohne Genehmigung unternommen, so kann der Regierungspräsident eine entsprechende Abänderung des Betriebsplans, insbesondere auch den Wiederanbau gerodeter Flächen mit Holz anordnen.

§. 5. Die Betriebspläne sind der Revision und erneuten Feststellung zu unterziehen, wenn dies von dem Regierungspräsidenten für erforderlich erachtet oder von dem Waldeigenthümer beantragt wird. Mindestens alle zehn Jahre muß eine Revision stattfinden[15]).

§. 6. Der Regierungspräsident kann den Zustand und die Bewirthschaftung der in §. 1 Absatz 1 bezeichneten Holzungen an Ort und Stelle untersuchen lassen[16]). Wenn die Untersuchung ergiebt, daß der Betrieb den Grundsätzen des §. 2 oder dem festgestellten Betriebsplan nicht entspricht, so kann der Regierungspräsident, unbeschadet der ihm nach §. 10 zustehenden Befugnisse, die Einreichung jährlicher Fällungs-, Kultur- und Nebennutzungspläne anordnen[17]). Dieselben sind nach Maßgabe der §§. 2, 3 festzustellen.

§. 7. Die Eigenthümer der im §. 1 Absatz 1 bezeichneten Holzungen sind verpflichtet, für den Schutz und die Bewirthschaftung derselben durch genügend befähigte Personen ausreichende Fürsorge zu treffen[18]).

§. 8[19]). Die Gemeinden sind verpflichtet, da, wo ihre Kräfte es gestatten und ein dringendes Bedürfniß der Landeskultur dazu vorliegt, unkultivierte Grundstücke, welche nach sachverständigem Gutachten zu dauernder landwirthschaftlicher oder gewerblicher Nutzung nicht geeignet, dagegen mit Nutzen zur Holzzucht zu verwenden sind[20]), mit Holz anzubauen. Zur Erfüllung dieser Verpflichtung können die Gemeinden nach Anhörung ihrer

---

[15]) Auch auf Fälle des § 3 Abs. 3 zu beziehen Anl. A Nr. 9.

[16]) In jeder Holzung hat sie mindestens alle drei Jahre zu geschehen Anl. A Nr. 10.

[17]) Das. Nr. 11. Die Befugnis zur Einforderung u. Feststellung jährlicher Pläne beschränkt sich auf den Fall eines planwidrigen Betriebes. Begr. zu § 6.

[18]) Anl. A Nr. 12. — Hinsichtlich der vom RegPr. bestimmten Dienstbezüge eines von ihm mit der Forstverwaltung beauftragten Kommissars (§ 10) ist das Verwaltungsstreitverfahren unzulässig. Die Befugniß, den Waldeigentümer, der eine genügend befähigte u. ausreichende Persönlichkeit für geringere Aufwendungen gewinnen zu können vermeint, von vornherein zur Gewährung höherer Dienstbezüge anzuhalten, kann aus d. G. nicht abgeleitet werden OV. 10. Juli 94 (XXVII 296), auch nicht die Befugnis, für die Bewirtschaftung der Forst die Anstellung eines Beamten zu fordern OV. 11. Jan. 95 (XXVII 304). Ob die Kommunal-Aufsichtsbehörde bezüglich der Gemeindeforstbeamten dazu befugt ist (KBG. § 11 u. Anm. 34), bleibt zweifelhaft; für den Bereich der V. 24. Dez. 16 (Anl. B) ist die Frage verneint Anl. B Anm. 7. — Die Gleichstellung der Forstbeamten mit anderen Gemeindebeamten hinsichtlich der Besoldungsfestsetzung, Pensionsberechtigung u. Hinterbliebenenfürsorge ist durch das KBG. (Nr. 4) herbeigeführt.

[19]) Von dieser dem Art. 23 des rhein. GemVerfG. 15. Mai 56 (Anl. B Anm. 8) nachgebildeten Bestimmung sind die öffentlichen Anstalten ausgeschlossen StB. AH. S. 1875.

[20]) Die Aufforstungsverpflichtung soll sich nur auf absoluten Waldboden beziehen Begr. zu § 8; Anl. A Nr. 13.

Vertreter und des Kreisausschusses durch Beschluß des Bezirksausschusses[21]) angehalten werden.

Gegen den Beschluß des Bezirksausschusses[21]) findet innerhalb einer Präklusivfrist von zwei Wochen[22]) die Beschwerde an den Provinzialrath statt.

Die Deckung und Aufforstung der Meeresdünen kann auf Grund dieses Gesetzes nicht gefordert werden.

§. 9. In den Fällen, in welchen die Kräfte der Gemeinden es nicht gestatten, die im Interesse der Landeskultur vorzunehmenden Aufforstungen unkultivirter Grundstücke aus eigenen Mitteln auszuführen, wird denselben aus der Staatskasse nach Maßgabe der im Staatshaushalts-Etat angesetzten Mittel zu diesem Zwecke eine angemessene Beihülfe gewährt.

In allen Fällen ist den Gemeinden, welche auf Grund der im §. 8 enthaltenen Verpflichtung Holzkulturen nach forstwirthschaftlichen Regeln ausführen, der zwanzigfache Betrag der auf den betreffenden Grundstücken ruhenden Jahresgrundsteuer zu den Kosten der ersten Anlage aus der Staatskasse zu überweisen.

§. 10. Wenn ein Waldeigenthümen einer ihm nach §§. 2 bis 7 dieses Gesetzes obliegenden Verpflichtung trotz geschehener Aufforderung nicht nachkommt, so ist der Regierungspräsident befugt, die zur Erfüllung der Verpflichtung erforderlichen Handlungen durch einen Dritten ausführen zu lassen, den Betrag der Kosten vorläufig zu bestimmen und im Wege der Exekution von dem Verpflichteten einzuziehen[23]).

§. 11. Gegen die auf Grund der §§. 2 bis 7 und §. 10 von dem Regierungspräsidenten erlassenen Verfügungen findet innerhalb einer Präklusivfrist von zwei Wochen[22]) Beschwerde an den Oberpräsidenten und gegen den Bescheid des Oberpräsidenten die Klage beim Oberverwaltungsgericht statt[24]). Die Klage kann nur darauf gestützt werden:

1. daß der angefochtene Bescheid auf der Nichtanwendung oder unrichtigen Anwendung des bestehenden Rechts, insbesondere auch der von den Behörden innerhalb ihrer Zuständigkeit erlassenen Verordnungen beruhe;

---

[21]) An Stelle des Bezirksrats getreten LVG. § 153.

[22]) An Stelle der Frist von 21 Tagen getreten LVG. § 51.

[23]) Die Befugnis beschränkt sich nicht auf die Fälle des allgemeinen Landeskultur- und Forstinteresses, sondern bezieht sich in erster Linie auf das Recht zur Überwachung der den Eigentümern durch § 2 auferlegten Verpflichtung, ihre Holzungen nach Vorschrift des G. zur Erhaltung des Waldvermögens innerhalb der Grenzen der Nachhaltigkeit zu benutzen und zu bewirtschaften Begr. u. Vf. 11. Feb. 81 (MB. 59).

[24]) Gegen Anordnungen der Forstaufsichtsbehörde ist nach § 11 — entsprechend dem im LVG. § 127—129 in bezug auf Polizeiverfügungen vorgeschriebenen Verfahren — die Beschwerde mit nachfolgender Klage zugelassen, während gegen solche der Kommunalaufsichtsbehörde nach den Gemeindegesetzen nur der Beschwerdeweg zulässig ist OV. 10. Juli 94 (Anm. 18).

2. daß die thatsächlichen Voraussetzungen nicht vorhanden seien, welche die Polizeibehörde zum Erlasse der Verfügung berechtigt haben würden;
3. auf die Behauptung, daß das Zwangsmittel nach Art und Höhe nicht gerechtfertigt oder nach Lage der Sache zur Erreichung des angeordneten Zweckes überhaupt nicht erforderlich sei.

§. 12. Die im Staatsforstdienste angestellten Beamten sind den in Ausführung dieses Gesetzes an sie ergehenden Aufträgen des Regierungspräsidenten, des Bezirksausschusses[21]) und des Provinzialraths Folge zu leisten verpflichtet[25]).

(**§. 13**)[26]).

§. 14. Die aus der staatlichen Oberaufsicht erwachsenden Kosten fallen der Staatskasse zur Last[27]).

§. 15. Dieses Gesetz tritt mit dem 1. Januar 1877 in Kraft. Alle demselben entgegenstehenden Bestimmungen, insbesondere die Verordnung vom 24. Dezember 1816, soweit sie für die Provinz Sachsen gilt, sind von diesem Zeitpunkte ab aufgehoben.

§. 16. Der Finanzminister, der Minister des Innern und der Minister für die landwirthschaftlichen Angelegenheiten sind mit der Ausführung dieses Gesetzes beauftragt und erlassen die dazu erforderlichen Anordnungen und Instruktionen[2]).

Anlagen zum Gemeindewaldgesetz vom 14. Aug. 76.

Anlage A (zu Anmerkung 2).

Ausführungs-Instruktion vom 21. Juni 1877 (MB. 259).

Auf Grund von §. 16 des Gesetzes, betreffend die Verwaltung der den Gemeinden und öffentlichen Anstalten gehörigen Holzungen in den Provinzen Preußen, Brandenburg, Pommern, Posen, Schlesien und Sachsen vom 14. August 1876 (GS. S. 373) wird Folgendes bestimmt:

1[1]). Zu §. 1. Der Regierungs-Präsident, als ausführendes Organ für die durch das Gesetz vom 14. August 1876 geregelte Staatsaufsicht über die Verwaltung der Gemeinde- und Anstaltswaldungen, hat die dem Gesetz unterliegenden Holzungen unter Zuziehung der Eigenthümer nach der Flächengröße und den Besitz-Verhältnissen festzustellen und das hierüber anzulegende Verzeichniß bei der Gegenwart zu erhalten.

Die Flächengröße der Holzungen ist, sofern sie nicht aus vorhandenen Forstvermessungswerken hervorgeht, aus den Grundsteuer-Büchern zu entnehmen.

Die zufolge Circularerlaß vom 10. Juli 1874 von den Regierungen der Provinzen Preußen, Brandenburg, Pommern, Posen und Schlesien vorgelegten

---

25) Anl. A Nr. 14.

26) § 13 enthielt eine einstweilige Bestimmung für Posen, die mit Einführung des LVG. in diese Provinz durch G. 19. Mai 89 (GS. 108) Art. I erledigt ist.

27) Anl. A Nr. 15. Die Kosten für Aufstellung u. Revision der Betriebspläne haben die Waldeigentümer zu tragen OV. 19. Sept. 88 (XVII 333).

1) Nr. 1 enthält im wesentlichen nur eine Übergangsbestimmung.

Nachweisungen entbehren zum Teil der Genauigkeit und sind bei den jetzt anzustellenden Ermittelungen nur mit Vorsicht zu benutzen.

2. Zu den §§. 2, 7. Der Regierungs-Präsident hat durch forsttechnische Sachverständige untersuchen zu lassen:

a) wie die unter das Gesetz fallenden Waldungen bestanden sind,

b) welcher Art die Bewirthschaftung derselben ist, insbesondere ob diese Bewirthschaftung innerhalb der Grenzen der Nachhaltigkeit sich bewegt und auf der Grundlage genügender Betriebspläne geführt wird, sowie ob die Ausübung der Nebennutzungen innerhalb der Grenzen des Gesetzes stattfindet,

c) welche Personen mit der Betriebsführung und der Wahrnehmung des Forstschutzes beauftragt, und ob diese Personen für den Zweck genügend befähigt sind.

Bei der Untersuchung zu b ist bezüglich der Frage, ob die Benutzung und Bewirthschaftung des betreffenden Waldes sich innerhalb der Grenzen der Nachhaltigkeit bewegt, die Größe des Waldes zu berücksichtigen. Wo dieselbe eine derartige Anordnung und Abnutzungs-Vertheilung der einzelnen Bestände gestattet, daß eine den Boden- und Bestands-Verhältnissen entsprechende Abnutzung alljährlich erfolgen kann, ist ein nachhaltiger Betrieb im Sinne des Gesetzes als vorhanden anzunehmen, wenn die Abnutzung und Wiederkultur in dieser Weise geordnet ist (vergl. §. 3 Absatz 1 und 2 in Verbindung mit §. 4 c, d des Gesetzes).

Wo der Wald dagegen einen so geringen Umfang hat, daß eine Abtriebsnutzung nur in Zwischenräumen stattfinden kann (aussetzender Betrieb), ist ein nachhaltiger Betrieb dann als vorhanden anzunehmen, wenn für die Wiederergänzung der in angemessenem Alter abgetriebenen Bestände genügend gesorgt ist (vergl. §. 2 Absatz 3 des Gesetzes). In beiden Fällen aber muß eine solche wirthschaftliche Behandlung der einzelnen Bestände stattfinden, daß dem Boden die nach den obwaltenden Verhältnissen mögliche höchste Production abgewonnen oder wo dies aus dem einen oder anderen zwingenden Grunde zur Zeit unausführbar ist, die Erzielung einer solchen Production in der wirthschaftlich zulässigen kürzesten Frist angebahnt wird. Bei welcher Größe des Waldes der aussetzende Betrieb gerechtfertigt ist, läßt sich allgemein nicht bestimmen. Der Regierungs-Präsident wird dies in jedem einzelnen Falle nach forsttechnischem Gutachten und nach Anhörung des Waldeigenthümers zu prüfen haben.

Bezüglich der Frage, ob durch die Ausübung der Nebennutzungen die Erhaltung der standortsgemäßen Holz- und Betriebsarten gefährdet wird, ist bei den Untersuchungen zu b als Regel festzuhalten:

a) rücksichtlich der Weide, daß alle Verjüngungs- und Schlagholzbestände und alle Saaten und Pflanzungen so lange mit Vieh nicht betrieben werden dürfen, bis das Holz dem Maule des Viehes entwachsen ist, und daß steile oder aus losem Gerölle bestehende Hänge und Waldorte, deren Boden zum Flüchtigwerden neigt, nicht behütet werden dürfen,

b) rücksichtlich der Streuentnahme, daß, wofern nicht die Entnahme der Streu (Laub, Nadeln, Heide, Beerkräuter) im Interesse der Waldkultur stattfinden muß, dieselbe in Holzbeständen an steilen Hängen und auf armen, zum Flüchtigwerden neigenden Boden gar nicht, in anderen Holzbeständen nur, wo es deren wirthschaftlicher Zustand gestattet, also in Hochwaldbeständen nicht vor vollendetem Höhenwuchse, in Schlagholzbeständen nicht vor Vollendung des zweiten Drittels des Umtriebsalters, und auch dann nur in angemessenen Zwischenräumen stattfinden, und daß bei der Gewinnung kein Boden entnommen werden darf.

c) rücksichtlich der Mast, daß die Verjüngungsschläge mit dieser Nutzung soweit verschont werden müssen, als dies zur Erzielung und Erhaltung einer vollständigen Ansamung erforderlich ist,

d) rücksichtlich der Grasnutzung, daß dieselbe in jungen Ansamungen, Pflanzungen und Schlagholzbeständen nicht mit schneidenden Instrumenten ausgeübt werden darf, es sei denn, daß das Ausschneiden des Grases im Interesse der Waldkultur oder unter Aufsicht geschieht.

Die Ergebnisse der forsttechnischen Untersuchungen sind in die Verzeichnisse (Nr. 1) einzutragen.

3. Zu §. 3. Wo die forsttechnische Untersuchung (Nr. 2) ergiebt, daß die Grundlagen des Wirthschaftsbetriebes den Vorschriften des Gesetzes (§. 3) nicht entsprechen, hat der Regierungs-Präsident die Beschaffung genügender Wirthschaftsgrundlagen anzuordnen.

Hierbei fragt es sich, in welchen Fällen der Waldbesitz als so gering zu erachten ist, daß gemäß §. 3 Absatz 3 des Gesetzes von der Aufstellung eines förmlichen Wirthschaftsplanes Abstand genommen werden darf. Eine allgemeine Vorschrift läßt sich in dieser Beziehung nicht geben, vielmehr wird diese Frage in jedem einzelnen Falle nach Maßgabe der in Betracht kommenden Bestands- und wirthschaftlichen Verhältnisse zu beantworten sein. In der Regel wird jedoch von der Aufstellung förmlicher Wirthschaftspläne nur bei denjenigen Waldungen abzusehen sein, für welche der aussetzende Betrieb (Nr. 2) sich rechtfertigt, während bei Waldungen, für welche die Festsetzung einer jährlich wiederkehrenden Abnutzung angänglich und angezeigt ist, die Aufstellung eines förmlichen Betriebsplanes im Allgemeinen zu verlangen sein wird.

Die anzustellenden Untersuchungen werden voraussichtlich ergeben, daß für zahlreiche unter das Gesetz fallende Waldungen genügende Wirthschafts-Grundlagen nicht vorhanden sind.

Es wird aber kaum ausführbar sein, das Fehlende überall sofort und gleichzeitig zu beschaffen. Wo dies nicht angeht, ist die Aufstellung der fehlenden Betriebspläne und summarischer Betriebs-Gutachten zunächst für diejenigen Waldungen anzuordnen, in denen die Art der Wirthschaftsführung die geringste Garantie für einen ordnungsmäßigen Betrieb bietet. Hinsichtlich der übrigen Waldungen ist dafür zu sorgen, daß die Betriebs-Grundlagen so bald als thunlich beschafft werden.

Die Kosten der Aufstellung der Betriebspläne gehören, wie die Materialien des Gesetzes ergeben, nicht zu den nach §. 14 auf die Staats-Kasse zu übernehmenden Oberaufsichts-Kosten, sondern bleiben den Waldeigenthümern zur Last.

4. Was die Art und Form der zur Feststellung durch den Regierungs-Präsidenten geeigneten förmlichen Betriebspläne betrifft, so wird die in den Staatsforsten übliche und den Sachverständigen geläufige Methode des combinirten Flächen- und Massenfachwerks in der Regel die zweckmäßigste sein.

Bei der Anwendung dieser Methode sind im Allgemeinen die für die Staatsforsten geltenden Vorschriften zur Richtschnur zu nehmen. Doch ist es nicht nöthig, daß die Waldeigenthümer jedesmal den ganzen bei der Staats-Forstverwaltung gebräuchlichen Schematismus zur Anwendung bringen. Vielmehr können je nach der Lage des einzelnen Falles diejenigen Vereinfachungen zugelassen werden, welche mit dem zu erreichenden Zweck verträglich sind. Als Anhalt hierbei ist das Folgende zu beachten:

a) Den zur Aufstellung des Betriebsplanes erforderlichen Vermessungs-Arbeiten sind die vorhandenen Forstkarten, wenn sie für die Zwecke der Betriebsplan-Aufstellung brauchbar sind, sonst die Kataster oder vorhandenen Separationskarten zu Grunde zu legen.

Aus den Kataster- (Separations-) Karten ist der Umring der Waldungen und das für die Betriebsregelung verwendbare Vermessungs-Detail (Straßen, Flüsse, Eisenbahnlinien ꝛc.) zu copiren. In diese Copien oder in die vorhandenen brauchbaren Forstkarten ist demnächst das für den Betriebsplan erforderliche Bestands-Detail einzumessen. Auf Grund der in dieser Weise ergänzten Karten ist die Flächenberechnung zu bewirken. Die vollständige Neu-Vermessung eines Waldes ist, falls der Besitzer sie nicht selbst wünscht, nur dann zu fordern, wenn auf dem vorstehend bezeichneten Wege eine für die Zwecke der Betriebsregelung hinlänglich genaue Karte nicht zu beschaffen ist.

b) Eine angemessene Eintheilung der Waldungen nach dem für die Staatsforsten üblichen Verfahren (Jagen, Districte, Schläge, Bestandsabtheilungen und wenn nöthig auch Blöcke) muß stets gefordert werden. Bezüglich der Ertrags-Berechnung kann dagegen das Verfahren, was die Hochwaldungen anlangt, eine Einschränkung überall dahin erleiden, daß die Nachhaltigkeit nur durch eine angemessene Vertheilung der Bestandsflächen auf die einzelnen Perioden des angenommenen Umtriebes nachgewiesen wird, und eine Material-Aufnahme und Berechnung nur rücksichtlich der in der I. Periode zum Abtriebe bestimmten Bestände, sowie rücksichtlich der in dieser Periode zu erwartenden Durchforstungs- und Auszugs-Erträge erfolgt.

c) Ein vollständiger Betriebsplan muß ersehen lassen:

α) den auf Grund der Karte (a) berechneten Flächen-Bestand des Waldes,

β) rücksichtlich der Hochwaldungen die vorkommenden Altersklassen der einzelnen Holzarten nach Größe, Boden und Bestand, deren periodische Vertheilung und die in der 1. Periode zur Nutzung gelangenden Material-Erträge;
rücksichtlich der Mittel-, Nieder- und geordneten Plenterwaldungen die einzelnen Schläge nach Größe, Boden und Bestockung, deren Abtriebszeit und Materialertrag,

γ) die Art der vorzunehmenden Hauungen und Kulturen in der ersten Hochwaldperiode beziehungsweise während des angenommenen Umtriebes (Schlagholz),

δ) den Abnutzungssatz und zwar, wenn mehrere Betriebsarten vorkommen, sowohl für jede einzelne derselben getrennt als auch für alle zusammen,

ε) die Ergebnisse der Betriebs-Regelung, dargestellt auf einer Uebersichts- (Wirthschafts-) Karte.

Zum Anhalte für die formelle Darstellung der einzelnen Theile des Betriebsplanes können die beiliegenden Schemas A, B, C dienen, und zwar das Schema A für den Flächennachweis zu α, die Schemas B und C für die Nachweise zu β und γ. Wo in einem Walde nur eine Betriebs-Art vorkommt, können die Schemas B, C auch zur Führung des Flächennachweises eingerichtet werden, wie dies in dem ebenfalls beiliegenden Schema D für den Hochwald durch ein Beispiel veranschaulicht ist[2]).

5. Für diejenigen Fälle, in denen gemäß §. 3 Absatz 3 des Gesetzes eine kurze Darstellung der Standorts-, Bestands- und Betriebs-Verhältnisse des Waldes, sowie die Angabe über den Zeitpunkt des Abtriebes und die Art der Wiederkultur der einzelnen Bestände desselben genügt, bedarf es keiner besonderen Anweisung über das einzuschlagende Verfahren. Jedoch ist in diesen Fällen von einer Aufmessung der Bestandsflächen nur dann Abstand zu nehmen, wenn aus den Grund-

---

[2]) Die Schemas sind nicht abgedruckt.

steuerbüchern oder durch gutachtliche Ermittelungen die für das summarische Betriebs-Gutachten erforderlichen Flächenangaben mit hinlänglicher Genauigkeit sich beschaffen lassen.

6. Nach Absatz 1 im §. 3 des Gesetzes sollen die Wünsche und wirthschaftlichen Bedürfnisse der Waldeigenthümer namentlich hinsichtlich der Holz- und Betriebsart und der Umtriebs-Zeit berücksichtigt werden, soweit dies mit den Grundsätzen des §. 2 vereinbar ist. Im Hinblick auf diese Vorschrift wird, um der Ausführung vergeblicher Arbeiten vorzubeugen, bezüglich des Verfahrens bei Aufstellung der förmlichen Betriebspläne Folgendes bestimmt.

Bevor zur Aufstellung eines förmlichen Betriebsplanes (sei es auf Anordnung des Regierungs-Präsidenten, sei es aus eigenem Antriebe des Waldeigenthümers) geschritten wird, sind von dem Letzteren Vorschläge zu erfordern, in welcher Weise die geometrischen Grundlagen für den Plan beschafft (Nr. 4a), welche Betriebs- und Holz-Arten Platz greifen, und in welchem Umtriebe die gewünschten Betriebsarten bewirthschaftet werden sollen.

Soweit als thunlich, ist diesen Vorschlägen ein Project der Eintheilung des Waldes (in Wirthschaftsfiguren, beziehungsweise Schlägen) beizufügen. Auch hat der Waldeigenthümer den Sachverständigen zu bezeichnen, durch den er den Betriebsplan will ausarbeiten lassen.

Der Regierungs-Präsident hat diese Vorschläge durch Sachverständige an Ort und Stelle unter Zuziehung des Waldeigenthümers prüfen zu lassen und auf Grund dieser Prüfung dem Waldeigenthümer die Art und Weise zu bezeichnen, wie bei Anfertigung des Betriebsplans, damit die demnächstige Feststellung desselben keinen Anstand findet, zu verfahren ist. Es wird sich empfehlen, hierbei die Arbeiten, welche zur vollständigen Ausführung des Betriebsplanes zu liefern, und die Form, in welcher die Ergebnisse darzustellen sind, möglichst genau anzugeben. Zugleich wird eine Frist für die Vorlegung des Betriebsplanes zu bestimmen sein.

Wo nur ein summarisches Betriebs-Gutachten aufzustellen ist, wird es der vorgängigen Einforderung von Vorschlägen über Umtrieb ꝛc. nicht bedürfen. In diesem Falle ist nur die Angabe des Sachverständigen zu verlangen, durch den der Waldeigenthümer das Betriebs-Gutachten ausarbeiten lassen will.

Für die Vorlegung desselben behufs der Feststellung wird auch hier eine Frist zu bestimmen sein.

Wenn der Waldeigenthümer es unterläßt, einen förmlichen Betriebsplan oder ein summarisches Betriebs-Gutachten ausarbeiten zu lassen, hat der Regierungs-Präsident gemäß §. 10 des Gesetzes die Ausarbeitung durch einen von ihm zu bestellenden Sachverständigen auf Kosten des Waldeigenthümers anzuordnen. Auch in diesem Falle ist, wenn es sich um einen förmlichen Betriebsplan handelt, vor Beginn der eigentlichen Betriebsregelungs-Arbeiten von dem Sachverständigen ein Gutachten über Holzart, Betriebsart, Umtrieb ꝛc. abzugeben, welches der Regierungs-Präsident dem Waldeigenthümer zur Erklärung vorlegen läßt.

Abgesehen von dem Falle des §. 10 des Gesetzes steht die Wahl der mit der Ausarbeitung der Betriebs-Pläne ꝛc. zu beauftragenden Sachverständigen dem Waldeigenthümer zu. Zweckmäßig wird es jedoch sein, daß der Regierungs-Präsident dem Waldeigenthümer, falls dieser ihm eine ungeeignete Persönlichkeit bezeichnet, einen besser geeigneten Sachverständigen benennt und dabei auf die Kosten und Weiterungen aufmerksam macht, die dem Waldeigenthümer aus der Vorlegung eines zur Feststellung nicht geeigneten Betriebsplanes erwachsen würden.

Die ihm vorgelegten Betriebspläne und summarischen Betriebs-Gutachten hat der Regierungs-Präsident durch Forsttechniker örtlich unter Zuziehung der Waldbesitzer prüfen zu lassen und nach Erledigung der sich ergebenden Anstände festzustellen.

7. Behufs der Kontrole über die vorschriftsmäßige Ausübung der Nebennutzungen[3]) hat der Regierungs-Präsident den Waldeigenthümern die Aufstellung von Nebennutzungsplänen aufzugeben, welche als Zubehör der Betriebspläne oder Betriebs-Gutachten mit diesen vorzulegen sind. In dem Nebennutzungsplan sind für die nächsten 10 Jahre die zulässigen Nebennutzungen und die Bestände, in denen sie ausgeübt werden dürfen, zu verzeichnen und gleichzeitig die Bedingungen anzugeben, unter denen die Ausübung statthaft ist. (z. B. ob die Weide nur in ganzer Heerde stattfinden darf, zu welchen Jahreszeiten, an wie viel Tagen und mit welchen Instrumenten die Nebennutzungen auszuüben sind ꝛc.).

8. Zu §. 4. Um jederzeit ersehen zu können, ob einer der unter c und d im §. 4 des Gesetzes bezeichneten Fälle vorliegt, ist den Waldeigenthümern seitens des Regierungs-Präsidenten die Führung eines Kontrolbuches aufzugeben, welches die Summen des Einschlags, getrennt nach Hauptnutzung und Vornutzung, für jede Bestands-Abtheilung nachweist. Es ergiebt sich dann durch Zusammenrechnung und Balancirung des Material-Einschlages gegen den Betrag des Abnutzungssatzes für die betreffenden Jahre, ob eine Ueberschreitung des Abnutzungssatzes vorhanden ist.

Ist beispielsweise für einen Wald ein Abnutzungssatz von 2000 Festmeter Derbholz vom Jahre 1866 ab festgesetzt und sind in den Jahren

1866 3000 Festmeter Derbholz
1867 4000 „ „
1868 1000 „ „
ꝛc.
1876 5000 „ „

zusammen in 11 Jahren 23000 Festmeter Derbholz geschlagen worden, so ist am Ende des Jahres 1876 gegen den 11jährigen Betrag des Abnutzungssatzes ein Ueberhieb von 1000 Festmetern vorhanden.

Im Jahre 1877 würden dann streng genommen nur 1000 Festmeter Derbholz geschlagen werden dürfen und die Genehmigung des Regierungs-Präsidenten einzuholen sein, wenn der Waldeigenthümer dieses 1000 Festmeter betragende Abnutzungs-Soll um mehr als 20% überschreiten, also etwa 1250 Festmeter Derbholz einschlagen wollte.

Ebenso würde diese Genehmigung erforderlich sein, wenn die beabsichtigte Ueberschreitung des Abnutzungs-Solls zwar weniger als 20% betrüge, z. B. in dem vorliegenden Fall nur 200 Festmeter, wenn aber der Mehrbetrag von 200 Festmetern bis zum Ende der laufenden Nutzungsperiode, etwa deshalb, weil dieselbe mit dem betreffenden Jahre zu Ende geht, nicht würde eingespart werden können. Wo Hoch-, Plenter- und Mittelwaldwirthschaft in derselben Waldung bestehen, wo demnach der Abnutzungssatz für den Hoch- und den Plenterwald und für das Oberholz im Mittelwalde besonders festgesetzt ist, muß die Balance des wirklichen Einschlages gegen den Abnutzungssatz getrennt bewirkt werden.

Eine der Genehmigung bedürfende Ueberschreitung des Abnutzungssatzes wird in diesem Falle aber nur dann anzunehmen sein, wenn der beabsichtigte Einschlag in den vorkommenden Betriebsarten zusammen das aus der Balance für diese Betriebsarten sich ergebende gesammte Abnutzungs-Soll um mehr als 20% übersteigt. Beispielsweise würde, wenn in einer Hoch- und Mittelwald enthaltenden Forst der Abnutzungssatz für den Hochwald auf zusammen 5000, für das Oberholz im Mittelwalde auf zusammen 4000 Festmeter Derbholz vom Jahre 1866 ab festgesetzt worden wäre, die Balance sich folgendermaßen gestalten.

---

[3]) Nr. 2 Abs. 3.

Im Hochwalde hat seit Festsetzung des Abnutzungssatzes die wirkliche Abnutzung betragen:

im	Jahre	1866	4000	Festmeter	Derbholz
„	„	1867	5000	„	„
„	„	1868	3000	„	„
„	„	1869	6000	„	„
		ꝛc.			
„	„	1876	4000	„	„

zusammen in 11 Jahren 56000 Festmeter Derbholz.

Da der Abnutzungssatz für diese 11 Jahre nur 55000 Festmeter Derbholz beträgt, so ist am Ende des Jahres 1876 ein Vorgriff von 1000 Festmetern Derbholz vorhanden; es können deshalb im Jahre 1877 nur 5000 — 1000 = 4000 Festmeter Derbholz im Hochwald geschlagen werden.

Im Oberholze des Mittelwaldes hat seit Festsetzung des Abnutzungssatzes die wirkliche Abnutzung betragen

im	Jahre	1866	3000	Festmeter	Derbholz
„	„	1867	8000	„	„
		ꝛc.			
„	„	1876	5000	„	„

zusammen in 11 Jahren 45000 Festmeter Derbholz.

Für diese 11 Jahre beträgt der Abnutzungssatz nur 44000 Festmeter Derbholz, am Ende des Jahres 1876 ist mithin ein Vorgriff von 1000 Festmetern Derbholz vorhanden, es können deshalb im Jahre 1877 nur 4000 — 1000 = 3000 Festmeter Derbholz im Oberholze eingeschlagen werden.

Für den Hochwald und das Oberholz des Mittelwaldes zusammen ergiebt sich gegen die betreffenden Abnutzungssätze ein Vorgriff von 2000 Festmetern Derbholz, in beiden Betriebsarten können daher im Jahre 1877 im Ganzen nur 9000 — 2000 = 7000 Festmeter geschlagen werden.

Wenn nun der Waldbesitzer im Hochwalde 4000 und im Mittelwalde 4000 Festmeter, im Ganzen 8000 Festmeter einschlagen wollte, so müßte er hierzu die Genehmigung des Regierungs-Präsidenten einholen, weil diese 8000 Festmeter das gesammte Abnutzungs-Soll um 1000 Festmeter, also um mehr als 20% übersteigen.

In den Waldungen mit aussetzendem Betriebe, ebenso in Waldungen, wo wie in reinen Schlagholzwaldungen, die Nachhaltigkeit lediglich auf der Abgrenzung der jährlich abzunutzenden Schlagflächen beruht, kommen die Bestimmungen unter c und d im §. 4 des Gesetzes nicht zur Anwendung. Hier ist die Genehmigung des Regierungs-Präsidenten nur erforderlich, wenn die Holzabnutzung entweder einen zum Abtrieb in der laufenden Nutzungsperiode nach dem Betriebs-Gutachten nicht bestimmten Hochwaldbestand oder im Mittel- und Niederwald einen Schlagholzbestand betrifft, der nach der bestehenden Schlageintheilung in den nächsten 5 Jahren nicht zur Abnutzung gelangen sollte.

Die näheren Anordnungen über die Einrichtung der Kontrolbücher bleiben nach Maßgabe der örtlichen Verschiedenheiten den Regierungs-Präsidenten überlassen. Dieselben haben sich alljährlich zu einer von ihnen zu bestimmenden Zeit eine Abschrift der Kontrolbücher einreichen zu lassen.

Die bestehenden Vorschriften über die Veräußerung von Gemeinde- und Anstalts-Grundstücken und über die dazu erforderliche Genehmigung sind auch in Ansehung der Waldgrundstücke durch das vorliegende Gesetz unberührt geblieben.

9. Zu §§. 4, 5. Die Bestimmungen des Gesetzes über Abweichungen von den festgestellten Betriebsplänen und über Revision der Betriebspläne finden, wie aus den Materialien des Gesetzes hervorgeht, nicht nur auf die förmlichen Betriebs-

pläne (§. 3 Absatz 1), sondern auch auf die summarischen Betriebs-Gutachten (§. 3 Absatz 3) Anwendung.

10. Zu §. 6. Die im §. 6 des Gesetzes vorgesehene örtliche Untersuchung ist in jeder dem Gesetz unterliegenden Holzung mindestens alle drei Jahre vorzunehmen.

11. Wo der Regierungs-Präsident es für erforderlich erachtet, die Vorlage jährlicher Fällungs-, Kultur- und Nebennutzungspläne anzuordnen, ist den Waldeigenthümern die Vorlegung dieser Pläne spätestens bis zum 15. August jeden Jahres aufzugeben.

Die Feststellung und Rückgabe der Pläne hat spätestens bis zum 1. Oktober jeden Jahres zu erfolgen.

12. Zu §. 7. Die Art und Weise der Fürsorge für den Schutz und die Bewirthschaftung der Waldungen durch genügend befähigte Personen überläßt das Gesetz zunächst den Waldeigenthümern. Indem es von bestimmten Vorschriften über die Zahl und die Qualification des zu beschaffenden Personals absieht, hat es den mannigfachen Verschiedenheiten, die sich aus der Größe und Lage der Holzungen, aus den Bestands- und Betriebs-Verhältnissen, aus der Gelegenheit zur Mitbenutzung fremden Personals ꝛc. ergeben, Rechnung tragen und die freie Bewegung der Waldeigenthümer nicht mehr als nöthig beschränken wollen.

Dies gilt jedoch nur, wenn und solange die von dem Waldeigenthümer getroffene Fürsorge eine für den Schutz und die Bewirthschaftung des Waldes ausreichende ist. Darauf, ob dies der Fall ist, hat der Regierungs-Präsident sein besonderes Augenmerk zu richten, wofür die örtlichen Untersuchungen (Nr. 2, 10 dieser Instruction) die Unterlagen bieten werden. Fehlt eine ausreichende Fürsorge, so ist auf die Erfüllung der gesetzlichen Verpflichtung mit Nachdruck zu halten. Das Mittel hierzu gewährt der §. 10 des Gesetzes, welcher den Regierungs-Präsidenten ermächtigt, so lange der Waldeigenthümer der Verpflichtung des §. 7 in ausreichender Weise nachzukommen unterläßt, auf Kosten desselben den Schutz und die Bewirthschaftung des Waldes durch geeignete Personen zur Ausführung zu bringen (vergleiche die Motive des Gesetzes in Nr. 19 der Drucksachen des Herrenhauses von 1876).

13. Zu §. 8. In Verbindung mit den unter Nr. 1, 2 dieser Instruction angeordneten Feststellungen und Untersuchungen ist zu ermitteln, in welchen Fällen die Voraussetzungen für das Verfahren zur Aufforstung unkultivirter Gemeinde-Grundstücke vorliegen. Die ermittelten Fälle sind in den anzulegenden Verzeichnissen (Nr. 1) zu vermerken und behufs der Beschlußfassung zur Kenntniß des Bezirksausschusses[4]) zu bringen.

14. Zu §. 12. Der Regierungs-Präsident hat sich zur Prüfung der jährlichen und periodischen Betriebspläne ꝛc. sowie zur Ausführung der örtlichen Waldunterſuchungen der Regierungs-Forstbeamten zu bedienen. Wenn nach dem Gutachten des Oberforstmeisters die Kräfte dieser Beamten zu den erforderlichen Bereisungen nicht ausreichen, so kann der Regierungs-Präsident hierzu auch die ihm von dem Oberforstmeister bezeichneten Königlichen Oberförster des Bezirks aushülfsweise verwenden.

Zu den örtlichen Waldunterſuchungen haben die betreffenden Beamten die Waldeigenthümer und deren Forstbeamten stets zuzuziehen.

Soweit als thunlich hat der Regierungs-Präsident den Regierungs-Forstbeamten die in dem sonstigen Dienstbezirke derselben gelegenen Gemeinde- ꝛc. Waldungen zuzuweisen und die Reihenfolge zu bestimmen, in der die Waldungen

---

[4]) Nr. 5 Anm. 21.

periodisch zu besichtigen sind, damit diese Beamten auch gelegentlich ihrer sonstigen Dienstreisen die Interessen der Oberaufsicht über die dem Gesetz unterliegenden Waldungen wahrnehmen können.

Für die zur Wahrnehmung der staatlichen Oberaufsicht nach Anweisung des Präsidenten auszuführenden Reisen sind den betreffenden Beamten die Gebühren aus der Staatskasse nach den dieserhalb zu erlassenden besonderen Bestimmungen[5]) zu gewähren.

15. Zu §. 14. Die der Staatskasse zur Last fallenden Kosten begreifen im Wesentlichen die Tagegelder und Reisekosten für die zur Wahrnehmung der Oberaufsicht auf Anweisung des Regierungs-Präsidenten ausgeführten Reisen von Forstbeamten.

16. Abschriften der nach Nr. 1, 2, 13 dieser Instruction anzufertigenden Verzeichnisse sind bis zum 1. November 1877 dem Minister für die landwirthschaftlichen Angelegenheiten einzureichen. Wegen Einreichung von Anzeigen über die in der Folge eintretenden Veränderungen bleibt weitere Anordnung vorbehalten.

Anlage B (zu Anmerkung 2).

Verordnung, die Verwaltung der den Gemeinden und öffentlichen Anstalten gehörigen Forsten in den Provinzen Sachsen, Westphalen und Rheinprovinz betreffend. Vom 24. Dezember 1816 (GS. 17 S. 57)[1]).

Die Forsten der Gemeinden und öffentlichen Anstalten[2]) in den, mit Unserm Reiche wieder vereinigten und in den neu erworbenen Provinzen sind bisher zum Theil nach solchen Vorschriften öffentlich verwaltet worden, welche die Dispositions-Freiheit der Eigenthümer beinahe gänzlich ausschließen, und dem Forst-Grundeigenthume ganz unverhältnißmäßige Lasten und Abgaben auflegen. Da solche Einschränkungen in der Benutzung dieses wichtigen Gemeinde-Eigenthums mit den Grundsätzen des Rechts unvereinbar sind, der Gebrauch desselben aber eben so wenig einer schädlichen Willkühr Preis gegeben werden kann, so verordnen Wir, um einerseits den Gemeinden und öffentlichen Anstalten[2]) das Dispositionsrecht über die ihnen zugehörigen

---

[5]) Eine Zusammenstellung enthält Vf. 13. Jan. 98 (MB. 36).

[1]) Die V. (Nr. 5 d. W. Anm. 2 Satz 1) ist eingeführt in das vorm. Hess.-Homb. Oberamt Meisenheim V. 20. Sept. 67 (GS. 1534), dagegen aufgehoben f. die Prov. Sachsen G. 14. Aug. 76 (Nr. 5 d. W.) § 15. Der Geltungsbereich umfaßt somit nur noch die Prov. Westfalen u. die Rheinprov., die an Stelle der Provinzen Kleve, Berg u. Niederrhein getreten ist. — Die V. wird in der späteren Gemeindegesetzgebung aufrecht erhalten StO. f. Westfalen § 54, f. d. Rheinprov. § 50, LGO. f. Westfalen § 55, GemO. f. d. Rheinprov. § 99, AE. 12. Aug. 39 (GS. 266), ebenso ZustG. § 16 Abs. 2 u. § 30 Abs. 12. — Sie gilt in betreff der Anstaltsforsten, die insbesondere durch G. über die Vermögensverwaltung in den katholischen Kirchengemeinden 20. Juni 75 (GS. 241) nicht berührt sind, Vf. 19. Juli 79. — Zur Ausführung ergingen die Instr. des OPr. der Rheinprov. für die RBez. Coblenz u. Trier 31. Aug. 39 (KA. XXIII S. 14) u. im wesentlichen gleichlautend die Instr. des OPr. der Prov. Westfalen für die RBez. Minden u. Arnsberg 19. Mai 57 (MB. 163). — Bearbeitung v. Öhlschläger u. Bernhardt (Berl. 78) und Grunert (Berl. u. Leipz. 76).

[2]) Öffentliche Anstalten Nr. 5 d. W. Anm. 5.

Waldungen da, wo ihnen solches genommen war, wiederzugeben, andrerseits aber, eine dem Wesen und den Zwecken der öffentlichen Korporationen entsprechende Benutzungsart zu sichern, hierdurch Folgendes:

Aufhebung der bisher stattgefundenen Einschränkungen in der Administration, und der auferlegten besonderen Abgaben.

§. 1[3]). Alle in den genannten Provinzen bisher statt gefundene Einschränkungen des Forst-Eigenthums der Gemeinden und öffentlichen Anstalten sollen, wo solche durch die Gouvernements nicht schon aufgehoben sind, vom Tage der eintretenden allgemeinen Organisation der Verwaltung Unserer landesherrlichen Forsten in den genannten Provinzen an gerechnet, völlig aufhören und die unter den vorigen Regierungen den Gemeinde-Waldungen, als solchen, aufgelegten besonderen Abgaben an den Staat fernerhin nicht weiter erhoben werden.

Vorzüglich gehören hierher:

die Zehn-Prozent-Gelder, welche bei Holzverkäufen an den Meistbietenden von dem Käufer zur landesherrlichen Kasse bezahlt werden mußten;

die sogenannten Vakationsgebühren oder Anweisegelder zur Gratifikationskasse;

ferner die außerordentlichen Hauungen, deren Ertrag zur landesherrlichen Kasse eingezogen oder verzinslich deponirt wurde, so wie alle jährliche direkte Geldbeiträge zu den Besoldungen der landesherrlichen Forstbedienten, und endlich die Ausziehung der vorzüglichsten Stämme für öffentliche Zwecke.

Verwaltungsrecht der Gemeinden und öffentlichen Anstalten hinsichtlich ihrer Forst-Ländereien.

§. 2. Den Gemeinden und öffentlichen Anstalten werden, Kraft dieser Verordnung, ihre Forstländereien[4]) zur eigenen Verwaltung überlassen. Sie sind jedoch dabei eben so, als bei der Verwaltung der übrigen Gemeindegüter, in höherer Instanz der Oberaufsicht der Regierungspräsidenten[5]) unterworfen, und müssen sich nach den Anweisungen derselben wegen eines regelmäßigen Betriebs und der vortheilhaftesten Benutzungsart genau richten. In der Regel sind die Forstländereien auch fernerhin dieser Bestimmung zu widmen. Wenn die Gemeinden, Korporationen oder öffentlichen Anstalten aber die Verwandlung ihres Forstlandes in Acker und Wiese für zuträglicher als die Benutzung zur Holzerziehung halten, so haben sie den deshalb gefaßten Beschluß mit Darstellung der rechtfertigenden Gründe der vorgesetzten Kreisbehörde[6]) bekannt zu machen, welche hierauf die Prüfung desselben vorzunehmen und die Entscheidung hierüber bei dem betreffenden Regierungspräsidenten[5]) zu veranlassen hat.

[3]) Übergangsbestimmung.

[4]) D. h. forstwirtschaftlich benutzte Grundstücke.

[5]) An Stelle der Regierungen getreten LVG. § 18.

[6]) Das ist der Landrat LVG. § 36.

Nähere Bestimmungen über die Verwaltung selbst.

§. 3. Die Gemeinden und öffentlichen Anstalten sind verpflichtet, die in ihrem Besitz befindlichen Forstländereien

1. nach den von dem Regierungspräsidenten[5]) genehmigten Etats zu bewirthschaften[7]);
2. solche Wälder und beträchtliche Holzungen, die nach ihrer Beschaffenheit und Umfang zu einer forstmäßigen Bewirthschaftung geeignet sind, durch gehörig ausgebildete Forstbediente administriren zu lassen; auch können sie
3. außerordentliche Holzschläge, Rodungen und Veräußerungen nur mit Genehmigung des Regierungspräsidenten[5]) vornehmen.

Oberaufsichtsrecht der Regierungen.

§. 4. Die Oberaufsicht, welche die Regierungspräsidenten[5]) über diese Güter und deren Verwaltung zu führen haben, ist zum Ressort des Regierungspräsidenten[5]) gehörig. Sie beschränkt sich im Wesentlichen darauf, daß die Forsten, gleich jeder anderen Gattung des Gemeinde-Vermögens, den öffentlichen Zwecken des Gemeinwesens erhalten, und weder durch unwirthschaftliche Verwaltung zerstört oder sonst verschleudert, noch mit Hintenansetzung des fortwährenden Besten der Korporation und zum Vortheile einzelner Mitglieder oder Klassen derselben verwendet werden. Nach diesen Rücksichten haben sie daher auch die von den Gemeinden einzureichenden Forst-Etats und deren Anträge auf außerordentliche Holzschläge und Rodungen oder anderweitige Dispositionen über die Substanz selbst durch Sachverständige prüfen zu lassen, und nach deren Befinden darüber zu bestimmen[8]).

---

[7]) Hierin liegt auch die Befugnis des Regierungspräsidenten zur Festsetzung der Gehälter der Forstbeamten, insbes. auch der Gemeindeoberförster OV. 28. Sept. 00 (VV. XXII 225). Diese Befugnis ist nicht, wie bezüglich aller übrigen Gemeindebeamten, nach ZustG. § 32[4] auf den Kreisausschuß übergegangen, weil es nach § 30 Abs. 2 das. hinsichtlich der Verwaltung der Gemeindewaldungen bei den bestehenden Bestimmungen (V. 24. Dez. 16) bewendet. — Auch zur Zwangsetatisierung nach § 19 u. 35 das. ist der Regierungspräsident oder der Landrat befugt. Diese Befugnisse sind durch das KBG. (Nr. 4 d. W.) aufrecht erhalten das. § 23[2].

[8]) Erweitert durch GemVerfG. für die Rheinprovinz vom 15. Mai 56 (GS. 441) Art. 23:

Die Gemeinden können, wo ein dringendes Bedürfniß der Landeskultur dazu vorliegt und ihre Kräfte es gestatten, nach Anhörung der betreffenden Gemeindevertretung und des Kreistages angehalten werden, unkultivirte Gemeindegrundstücke, namentlich durch Anlage von Holzungen und Wiesen, in Kultur zu setzen. Nähere Bestimmungen hierüber sind Königlicher Verordnung verbehalten.

Dazu erging V. 1. März 58 (GS. 103) Unteranlage B 1. — Für Westfalen u. für Anstaltsforsten besteht solche Vorschrift nicht.

Untersuchung der Forst-Bewirthschaftung selbst und Abstellung zweckwidriger Verwaltung.

§. 5. Zu gleichem Behuf steht denselben auch zu, die in den Forsten der Gemeinden und öffentlichen Anstalten statt habende Bewirthschaftung von Amts wegen oder auf spezielle Veranlassung untersuchen, und gegen forstwidrige Verwaltungen durch Anordnung einer speziellen Beaufsichtigung oder sonst zweckmäßige Vorkehrungen treffen zu lassen.

Bestimmung, ob zur zweckmäßigen Verwaltung die Anstellung eigener Forstbedienten nothwendig ist.

§. 6. Ganz vorzüglich aber werden sie, mit Hinsicht auf Oertlichkeit und die individuelle Beschaffenheit der Kommunal- und Instituts-Waldungen, bestimmen, ob zu deren, dem im §. 4 angedeuteten Zwecke entsprechenden Bewirthschaftung die Anstellung eines eigenen Forstbedienten unumgänglich erforderlich sey, oder ob solche ebenso gut und zweckmaßig durch die Gemeindeglieder ausgeführt, oder nach den Wünschen der Gemeinden und öffentlichen Anstalten gegen eine angemessene Remuneration einem benachbarten Königlichen Forstoffizianten übertragen werden könne. Wenn die Regierung die Annahme eines eigenen gehörig ausgebildeten Forstbedienten nach den Umständen nothwendig findet, so steht den Gemeinden und öffentlichen Anstalten die Wahl eines qualifizirten Sachverständigen zu. Sie haben aber dabei vorzugsweise auf die bisher schon angestellt gewesenen Forstbedienten, die zur Versorgung bestimmten Subjekte des Jägerkorps und die mit Versorgungsansprüchen entlassenen freiwilligen Jäger, wenn solche übrigens die erforderlichen Eigenschaften dazu besitzen, Rücksicht zu nehmen[9]). Die gewählten Subjekte sind dem Regierungspräsidenten[5]) vorzustellen, der[5]) ihre Prüfung durch Sachverständige zu veranstalten und sie, wenn sie tüchtig und geschickt befunden worden, als Kommunal-[10]) oder Institutsbeamte zu bestätigen hat, worauf solche in den ihnen übertragenen Posten eingewiesen werden können.

§. 7. Den Gemeinden und öffentlichen Anstalten liegt im Allgemeinen ob, die gegenwärtig ausschließlich bei ihren Waldungen angestellten Offizianten anderweit zu versorgen oder zu pensioniren, in sofern solche zu dem einen oder andern individuell geeignet befunden werden[10]). Dahingegen theilt sich diese Verbindlichkeit pro rata zwischen dem Staate und den betreffenden Korporationen in Rücksicht derjenigen Forstbedienten, welche bisher für landesherrliche und Kommunal-Waldungen zugleich angestellt waren, vorausgesetzt, daß ihre Tüchtigkeit zur Wiederanstellung oder ihre Berechtigung zum Pensionsgenuß nachgewiesen und anerkannt worden.

---

[9]) Nr. 4 d. W. Anm. 67a.

[10]) Für Gemeindeforstbeamte ist die Besoldungsfestsetzung, Pensionsberechtigung u. Hinterbliebenenfürsorge durch das KBG. (Nr. 4) geregelt. Verb. Anm. 7.

§. 8. Die Regierungspräsidenten[5]) können sich zur Beaufsichtigung der Kommunal- und Instituts-Waldungen da, wo sie es nothwendig finden, Unserer Ober-Forstmeister und der denselben untergeordneten Forstoffizianten bedienen.

Wenn letztere bei ihren Forstbereisungen in den Kommunal-Waldungen Uebelstände bemerken, so haben sie solche ex officio[11]) den Regierungspräsidenten[5]) anzuzeigen, welche den nöthigen Gebrauch davon machen werden.

§. 9. Die Bestimmungen dieses Gesetzes sollen in den genannten Provinzen zu der im §. 1 bemerkten Zeit zur Anwendung kommen und von Unseren Ministern für Landwirthschaft, Domainen und Forsten[12]) und des Innern deshalb die erforderlichen Verfügungen getroffen werden. Jedoch verordnen Wir ausdrücklich, daß dieses Gesetz nicht anwendbar sey auf die in Verbindung mit dem Staate besessenen Kommunal- oder sogenannten Marken-Waldungen und Gemeinheiten, indem diese vielmehr nach wie vor und bis zu weiterer gesetzlicher Verfügung der allgemeinen Forstverwaltung von Seiten des Staats, in der bisherigen Art, unterworfen bleiben sollen.

Unteranlage B 1 (zu Anmerkung 8).

Verordnung zur Ausführung des Artikels 23 des Gesetzes über die Gemeinde-Verfassung in der Rheinprovinz vom 15. Mai 1856. Vom 1. März 1858 (GS. 103).

§. 1. Die Kultur eines Gemeindegrundstücks nach Artikel 23 des Gesetzes vom 15. Mai 1856, betreffend die Gemeinde-Verfassung der Rheinprovinz, kann von jedem einzelnen Gemeindemitgliede, sowie von der Gemeindebehörde — sei es auf deren eigenen Antrieb oder nach Anweisung der vorgesetzten Aufsichtsbehörde — beantragt werden.

§. 2. Erfolgt Widerspruch, so entscheidet der Regierungspräsident[1]) über die Zulässigkeit und die Ausführung der Kultur.

§. 3. Der Beschluß des Regierungspräsidenten[1]) ist zu stützen auf:

a) den von einem Sachverständigen zu liefernden Nachweis der Rentabilität und den von eben solchem aufzustellenden Plan und Kostenanschlag,

b) den vom Bürgermeister aufzustellenden Plan zur Aufbringung der Kosten,

c) den Nachweis, daß diese Dokumente (a, b) in der Gemeinde während eines Zeitraums von vierzehn Tagen offen gelegen haben und daß die Gemeindemitglieder davon auf ortsübliche Weise und mit dem Eröffnen in Kenntniß gesetzt worden sind, wie es ihnen während jener Frist freistehe, die Dokumente einzusehen und ihre Einwendungen gegen deren Inhalt beim Bürgermeister schriftlich oder mündlich zum Protokoll anzubringen,

---

[11]) Sie bedürfen dazu keines besonderen Auftrages im Gegensatz zu G. 14. Aug. 76 (Nr. 5 d. W.) § 12.

[12]) An Stelle des Ministeriums der Finanzen getreten AE. 7. Aug. 78 (GS. 79 S. 25).

[1]) Anl. B Anm. 5.

d) das Gutachten des Gemeinderathes über die Kultur, wie über die etwa erhobenen Einwendungen,

e) den Haushaltsetat der Gemeinde und die abgeschlossene Rechnung des verflossenen Jahres,

f) das auf Vorlegung der Dokumente sub. a—e von den Kreisständen abgegebene Gutachten.

§. **4.** Gegen den Beschluß des Regierungspräsidenten[1]) findet der Rekurs an die Ministerien des Innern und für die landwirthschaftlichen Angelegenheiten statt.

Für die Frist und den Weg, in welchen derselbe einzulegen ist, gilt der §. 117 der Gemeinde-Ordnung vom 23. Juli 1845[2]).

§. **5.** Der §. 32 der für die Gemeinde- und Instituts-Waldungen der Regierungsbezirke Coblenz und Trier geltenden Verwaltungs-Instruktion vom 31. August 1839[3]) bleibt durch gegenwärtige Verordnung unberührt.

Anlage C (zu Anmerkung 2).

Gemeinde- und Anstaltsforsten in den neuen Provinzen und in Hohenzollern[1]).

V. betr. die Organisation der Forstverwaltung in den neu erworbenen Gebietstheilen v. 7. Juli 1867 (GS. 1129):

§. **2.** Bei den gesetzlichen Bestimmungen, welche die Rechte und Pflichten der Gemeinden und öffentlichen Anstalten bezüglich der Wahl und Besoldung der Forstbeamten betreffen, behält es für jetzt sein Bewenden[2]).

Die hinsichtlich der Anstellung von Anwärtern des Jägerkorps im Forstschutzdienste für die älteren Provinzen maaßgebenden Vorschriften[3]) sollen jedoch auch in den neuen Landestheilen für sämmtliche Staats-, Gemeinde- und Institutenforsten zur Anwendung kommen.

Für Schleswig-Holstein bestehen keine Vorschriften über die Forstaufsicht und auch für Hannover beschränken sie sich auf die südöstlichen Teile[4]). In Hessen-Nassau sind dagegen besondere Gesetze für alle einzelnen Landes-

---

[2]) Danach ist der Rekurs binnen einer Präklusivfrist von sechs Wochen bei dem Regierungspräsidenten einzulegen. Die Rechtfertigung des Rekurses kann auch an die vorgesetzte Behörde eingereicht werden.

[3]) Anl. B Anm. 1 d. W.

[1]) Nr. 5 d. W. Anm. 2 Satz 1.

[2]) Die Gehaltsfestsetzung, Pensionsberechtigung u. Hinterbliebenenfürsorge für die Gemeindeforstbeamten ist jetzt durch das KBG. gemeinsam geregelt.

[3]) Jetzt für den ganzen Staat geregelt Nr. II 4 d. W. Anm. 67 a.

[4]) Fürstent. Hildesheim V. 21. Okt. 15 Nr. I u. II. — Fürstent. Kalenberg, Göttingen u. Grubenhagen G. 10. u. AusfAnw. 26. Juli 59 (hann. GS. I 725 u. 739), das G. ist auf die Grafsch. Hohenstein ausgedehnt G. 30. Okt. 60 (das. 164), gilt aber nur für Landgemeinden, während für städtische Forsten die Prüfung der Wirtschafts- u. Betriebspläne durch den RPr. auf Grund der hann. StO. § 119 u. von Ortsstatuten eingeführt ist. — Im nördlichen Teile des RB. Hannover, insbes. den Grafschaften Hoya u. Diepholz wird zwar auf Grund der VerwaltungsO. 1. Sept. 30 (hann. GS. III 247) eine beschränkte Oberaufsicht durch

teile mit Ausnahme von Frankfurt a. M. ergangen[5]), die durch die Gemeinde-Verfassungsgesetze aber nicht berührt sind[6]).

Für Hohenzollern ist ein besonderes Gesetz ergangen[7]).

Diese Vorschriften gehen weiter als die in den älteren Provinzen maßgebenden. Die Verwaltung — in Hessen-Homburg auch der Forstschutz — wird durch vom Staate angestellte und besoldete Beamte ausgeübt, für die die Waldeigentümer Besoldungsbeiträge nach der Fläche zu leisten haben. Die Betriebs- und jährlichen Wirtschaftspläne werden den Gemeinden und Anstalten zur Erklärung vorgelegt und ihre Einwendungen in dem vorgeschriebenen Verfahren tunlichst berücksichtigt. Die Verwertung der Forsterträge ist den Waldeigentümern überlassen.

---

den RPr. unter Mitwirkung des Forstrates ausgeübt, doch ist die Rechtsgültigkeit der V. bestritten.

[5]) Vorm. Kurf. Hessen G. 29. Juni 21 (kurh. GS. 29) § 132 nebst Ausschr, 28. Aug. 24 (das. 71). — Vorm. Herz. Nassau Ed. 9. Nov. 16 (nass. VB. 166) u. V. 24. Juli 54 (das. 160), erg. (Zuständigkeit) KrO. f. H.-Nass. § 116 Abs. 2. — Vorm. bayr. Teile Forst-G. 28. März 52 (GB. f. Bayern 69) Abt. II 2. — Vorm. großh. hess. Teile V. 16. Jan. 11 (Gr. Hess. V. 11) u. 29. Dez. 23 (das. 429). — Vorm. landgräfl. hess. Teile G. 6. Feb. u. ForstverwO. 15. April 35 (Behlen, Archiv f. Forst- u. Jagdgesetzgebung XIV 2. 43 S. 179).

[6]) LGO. f. H.-Nassau § 44, StO. § 60.

[7]) G. 22. April 02 (GS. 95).

II. Landgemeinden und Gutsbezirke.

1. Einleitung.

Die Gemeinden bilden gleichzeitig wirtschaftliche und obrigkeitliche Verbände und haben nach außen auf dem Gebiete des Privat- wie des öffentlichen Rechts besondere Rechte und Pflichten (Anlage A). Nach ihrer inneren Verfassung zerfallen sie in Stadt- und Landgemeinden[1]). Erstere sind die mit städtischer Verfassung versehenen, letztere die übrigen Gemeinden. Den Gemeinden stehen die selbständigen Gutsbezirke gegenüber. Während jene durch Vereinigung einer Mehrzahl von Personen auf einem räumlich abgegrenzten Gebiete gebildet werden, beruhen diese auf der Herrschaft eines Grundbesitzers über ein Gebiet[2]). Dieser Gegensatz bedingt die völlig verschiedene innere Gestaltung, während nach außen Gemeinden und Gutsbezirke gleichberechtigt nebeneinander stehen. Die Gutsbezirke werden deshalb in der Gesetzgebung gemeinsam mit den Landgemeinden behandelt und stehen dadurch zusammen mit diesen wieder in Gegensatz zu den Stadtgemeinden[3]).

Die Landgemeindegesetzgebung für die 7 östlichen Provinzen reichte vordem noch auf das LR. II 7 § 18—86 zurück, das nur in einzelnen Punkten durch G. 14. April 56 (GS. 359) ergänzt war[4]). In der LandgemO.

---

[1]) Ohne unmittelbare kommunale Bedeutung sind nachstehende Bezeichnungen:
a) Ortschaft ist ein tatsächlicher, kein Rechtsbegriff u. bedeutet eine Gesamtheit von Niederlassungen, die weder eine behördlich anerkannte Benennung, noch eine zusammenhängende Lage voraussetzt u. einen Kommunalverband oder den Teil eines solchen umfassen kann G. 25. Aug. 76 (in Neufassung des G. 10. Aug. 04 GS. 227) § 13 Abs. 1 u. OV. 30. April 84 (XI 359), verb. Anm. 8;
b) Niederlassung ist die Errichtung oder Einrichtung eines Wohnhauses außerhalb einer im Zusammenhang gebauten Ortschaft, daselbst § 13;
c) Kolonie ist eine größere Anzahl von Niederlassungen (b) in räumlichem Zusammenhange, die eine Neuregelung der Gemeinde-, Kirchen- und Schulverhältnisse erforderlich macht, daselbst § 18 u. OV. 2. März 78 (III 318).

[2]) Streitigkeiten über die kommunale Eigenschaft LGO. (Nr. 2 d. W.) § 4.

[3]) Übersicht der Stadt- u. Landgemeinden u. Gutsbezirke Nr. I 1 Anl. A.

[4]) Geschichtliche Entwickelung der Landgemeinden u. Gutsbezirke in den 7 östlichen Provinzen Anl. A zum Entw. der LGO. (Nr. 2 Anm. 1). — In den westlichen und neuen Provinzen sind für Westfalen, die Rheinprovinz u. Hannover die älteren Ordnungen in Kraft geblieben. Sie weisen deshalb größere Abweichungen von der LGO. f. d. östl. Prov. auf, zumal in den beiden ersteren Provinzen, in denen die Ämter u. Bürgermeistereien eine Mehrzahl von Gemeinden zu besonderen — wenn auch wenig entwickelten — Körperschaften zusammenfassen westf. LGO. 19. März 56 (GS. 265), rhein. GemO. 23. Juli 45 (GS. 523), erg. durch LGG. 15. Mai 56 (GS. 435) u. hann. LGG. 28. April 59 (hann. GS. I 393). Die Landgemeindeordnungen f. Schl.-Holstein 92 (GS. 154) u. Hess.-Nassau 4. Aug.

3. Juli 91 hat sie eine erschöpfende Neuregelung erfahren (Nr. 2). Da diese jedoch den Bestand der vorhandenen Landgemeinden und Gutsbezirke aufrecht erhält (§ 2 Satz 1), entscheidet sich die Frage über das rechtmäßige Bestehen einer Landgemeinde oder eines Gutsbezirks noch nach der älteren Gesetzgebung.

a) In betreff der Landgemeinden (früher Dorfgemeinden genannt) bestimmt das LR. II 7:

§. 18. Die Besitzer der in einem Dorfe oder in dessen Feldmark gelegenen bäuerlichen Grundstücke[5]) machen zusammen die Dorfgemeine aus.

§. 19. Dorfgemeinen haben die Rechte der öffentlichen Korporationen.

Damit waren — während später die Eigenschaft als Landgemeinde wegen der damit verbundenen Korporationsrechte nur durch ausdrückliche landesherrliche Verleihung erworben werden konnte[6]) — bis zur Einführung des LR.[7]) die Grenzen der Landgemeinden festgelegt und der bäuerliche — durch Aufhebung des Obereigentums und gutsherrlich-bäuerliche Regulierung frei gewordene — Besitz, im Gegensatz zum herrschaftlichen, als Grundlage dieser Gemeinden bezeichnet. Die Bildung der Gemeinde auf anderer Grundlage ist nicht ausgeschlossen. In diesem — von dem regelmäßigen Rechtszustande abweichenden — Falle muß aber das Bestehen einer mindestens den Vorschriften des LR. entsprechenden gemeindlichen Organisation und Wirksamkeit zur Zeit der Einführung des LR. nachgewiesen werden[8]). Der Bestand der unter der Herrschaft der GemO. 11. März 50 abgeschlossenen Neubildungen ist durch die Wiederaufhebung der GemO. nicht berührt worden[9]).

b) Die selbständigen Gutsbezirke[10]) haben sich aus dem nach Ausscheidung der Dorfgemeinen (a) verbliebenen gutsherrlichen Vorwerksland im Wege des Gewohnheitsrechts gebildet, indem ihnen allmählich alle Rechte und Pflichten der Landgemeinden beigelegt wurden; ihre Grundlage bildet die frühere Gutsherrlich-

---

97 (GS. 301) schließen sich in Grundlagen wie in Aufbau der LGO. f. d. östl. Prov. ziemlich eng an. Ähnlich die auch für die — beiden nur unbedeutenden — Städte maßgebende Hohenzollernsche GemO. 2. Juli 00 (GS. 189).

⁵) Auch der nicht dienstpflichtigen (Kirchen- u. Pfarrländereien) OV. 6. Feb. 86 (XIII 188). Entscheidend ist die wirtschaftliche, genossenschaftliche Zusammengehörigkeit, nicht lediglich der räumliche Zusammenhang 15. Jan. 87 (VB. VIII 195).

⁶) OV. 20. Okt. 80 (VII 201); AnsiedelungsG. 3. Jan. 45 (GS. 25) § 32 Abs. 2, G. 14. April 56 (GS. 359) § 1.

⁷) Am 1. Juni 1794; für die mit Preußen 1814 wieder vereinigten Teile am 1. Jan. 15, für den Kulm- u. Michelauschen Kreis u. Stadt Thorn mit Gebiet am 1. Jan. 17, für das Großh. Posen u. die ehemals Kön. sächsischen Teile am 1. März 17, für einige zur Grenzberichtigung ausgetauschte, hannoversche, sondershausensche, böhmische u. weimarsche Teile am 1. Okt. 18, für die Ämter Heringen und Kelbra am 1. März 20.

⁸) OV. 2. Dez. 82 (IX 91) u. (Merkmale) 21. März 81 (VII 204) u. 8. Jan. 01 (XXXIX 120). Das Bestehen zweier Landgemeinden an einem Orte ist nicht ausgeschlossen 26. Mai 86 (XIII 195). — Im nordwestlichen Deutschland sind die Gemeinden aus den Markgenossenschaften entstanden, die aus dem Dorfe (den Bauerhöfen), der geteilten Dorffeldmark u. der ungeteilten Feld- oder Waldmark bestand u. ein festbegrenztes Gebiet umschlossen, das auch bestehen blieb, als aus dem Hinzutritt der übrigen im Dorfe eingesessenen Personen die Real- zur Personalgemeinde wurde, aus der die heutige politische Gemeinde entstanden ist OV. 24. Mai 01 (XXXIX 103).

⁹) OV. 4. Nov. 93 (XXV 153).

¹⁰) Genzmer, Entstehung u. Rechtsverhältnisse der Gutsbezirke in den 7 östl. Prov. (Berl. 92). — Der Name findet sich zuerst im G. 31. Dez. 42 (GS. 43 S. 8) § 7.

keit (Gutsbezirke älteren Rechts)[11]). Daneben konnten sie nur durch Staatshoheitsakt entstehen. Dieser bestand in der Allerhöchsten Erklärung zu Rittergütern — die regelmäßig alle mit der Gutsherrlichkeit verbundenen Rechte besaßen (LR. II 7 § 91, 92) — oder zu Gutsbezirken (Gutsbezirke neueren Rechts)[12]). Die Änderung dieser Bezirke durch Privatrechtsgeschäfte war ausgeschlossen[13]). Demnach verblieben die nach Inkrafttreten der Agraredikte (1. Jan. 12) veräußerten Trennstücke eines Gutsbezirks bei diesem[14]). Eine Abweichung brachte das Armenpflegegesetz vom 31. Dezember 1842 (GS. 43 S. 8) § 6 Nr. 3, wonach eine Verpflichtung der Gutsherrschaft zur Fürsorge für die auf Trennstücken des Guts wohnenden Armen nicht eintritt,

> wenn die Vereinigung der Trennstücke mit der Gemeinde schon vor Publikation des Gesetzes zwar ohne ausdrückliche Zustimmung der

---

[11]) OV. 7. März 77 (II 117); das LR. kennt die Gutsbezirke nicht 26. März 81 (VII 177). Gerichtsbarkeit u. Polizeigewalt sind häufige, aber nicht wesentliche Bestandteile der Gutsherrlichkeit 23. Feb. 97 (XXXI 113). — Die Dorfauen (in Schlesien, daneben in Brandenburg u. Pommern) bestehen in Plätzen, Wegen u. Rainen, die bei Ausweisung der Bauernländerei der Herrschaft verblieben u. deshalb zum Gutsbezirk gehören OV. 19. April 79 (V 116); Eingemeindung Nr. II Anl. A unter 3 Abs. 1. — Das Einziehen bäuerlicher Grundstücke zu Vorwerksland (Legen der Bauern) wurde vom 17. Jahrhundert ab vom Landesherrn in mehreren Edikten verboten. Es wurden Normaljahre festgesetzt, die für die Zahl der Bauerhöfe u. den Umfang des Bauernlandes maßgebend sein sollten, Geschichte Anl. A z. Entw. (Anm. 4) S. 12—15. Verbotwidrig eingezogene Grundstücke sind im Gemeindebezirk verblieben OV. 22. Feb. 82 (VIII 101). — Staatsdomänen hatten herrschaftliche Rechte u. bilden Gutsbezirke. Ihre Abgrenzung folgt der Zusammenfassung in Domänenämter, soweit nicht innerhalb dieser kommunale Verbände nachgewiesen werden OV. 11. Juni 81 (VIII 86). Ein veräußertes Staatsgut bildet nur dann einen Gutsbezirk, wenn es auch in der Hand des Fiskus ein solcher — nicht der Teil eines solchen — war; anderenfalls verbleibt es im fiskalischen Gutsbezirke 21. März 88 (XVI 231). Nach der Domänen-Veräußerungs-Instr. 25. Nov. 10 § 29 konnten jedoch einzelne Domänenvorwerke — auch eingezogene geistliche Güter 10. Okt. 83 (X 95) — mit Königl. Genehmigung als Rittergüter verkauft werden. Diese bilden, falls die gutsherrlichen Rechte nicht beim Verkaufe vorbehalten waren, eigene Gutsbezirke 30. Okt. 83 (X 89). Die im preuß. Ordenslande (Provinzen Ost- u. Westpreußen) nach Kulmischen Recht an nichtadlige Ansiedler verliehenen Kulmischen Güter (Freigüter) bilden nur Gutsbezirke, soweit sie gutsherrliche Rechte besaßen, anderenfalls verblieben sie im Gutsbezirke, von dem sie abgezweigt waren (Fiskus) OV. 1. Feb. 88 (XVI 223), 12. Sept. 91 (XXI 115) u. 27. März 00 (XXXVII 148). — Die in den vormals westfälischen Teilen (Prov. Sachsen links der Elbe) eingeführte Vereinigung der Domänen u. Rittergüter mit den Gemeinden (1808) ist — mit Rücksicht auf die Einführung des LR. — außer Kraft gesetzt, falls nicht beide Teile das Fortbestehen wünschen V. 31. März 33 (GS. 6). Die Güter schieden damit kraft Gesetzes aus OV. 22. Mai 80 (VI 99).

[12]) G. 14. April 56 (GS. 359) § 1 u. (früher) OV. 23. Feb. 97 (Anm. 11), wonach auch das zum Gutsbezirk gewordene Gut durch Löschung in der Rittergutsmatrikel diese Eigenschaft nicht verliert, Verb. Nr. 2 Anm. 13; jetzt ist LGO. § 2 maßgebend. Durch Observanz konnten Gutsbezirke nicht entstehen OV. 5. März 92 (XXII 98).

[13]) OV. 20. Okt. 80 (VII 201). Auch Kolonien (Anm. 1c), die in Gutsbezirken entstanden sind, bleiben Teile des letzteren, bis sie einer Gemeinde zugeschlagen oder in solche (nach LGO. § 2 5b) umgewandelt sind OV. 11. Juni 81 (VIII 86).

[14]) OV. 22. Nov. 76 (I 147) u. 7. März 77 (Anm. 11).

Gemeinde und ohne Genehmigung der Landespolizeibehörde, jedoch ohne Widerspruch der Betheiligten wirklich in Ausführung gekommen ist.

Die tatsächlich vor Erlaß dieses Gesetzes als Teile der Gemeinden behandelten Gutstrennstücke sind damit in den Gemeindebezirk getreten[15]).

Anlage A (zu Anmerkung 1).

Rechte und Pflichten der Gemeinden.

I. Private Rechtsverhältnisse.

1. Bürgerliches Recht.

a) Zahlungen aus öffentlichen Kassen.

Das BGB. bestimmt:

§. 395. Gegen eine Forderung des Reichs oder eines Bundesstaats sowie gegen eine Forderung einer Gemeinde oder eines anderen Kommunalverbandes ist die Aufrechnung nur zulässig, wenn die Leistung an dieselbe Kasse zu erfolgen hat, aus der die Forderung des Aufrechnenden zu berichtigen ist.

Das Preuß. AusfG. z. BGB. 20. Sept. 99 (GS. 177) bestimmt[1]):

Art. 11. Zahlungen aus öffentlichen Kassen[2]) sind, wenn nicht ein Anderes bestimmt ist, an der Kasse in Empfang zu nehmen.

b) Recht auf Fundsachen.

Das BGB. bestimmt:

§. 976[3]). Verzichtet der Finder der Polizeibehörde gegenüber auf das Recht zum Erwerbe des Eigentums an der Sache, so geht sein Recht auf die Gemeinde des Fundorts über.

Hat der Finder nach der Ablieferung der Sache oder des Versteigerungserlöses an die Polizeibehörde auf Grund der Vorschriften der §§ 973, 974 das Eigenthum erworben, so geht es auf die Gemeinde des Fundorts über, wenn nicht der Finder vor dem Ablauf einer ihm von der Polizeibehörde bestimmten Frist die Herausgabe verlangt.

---

[15]) OV. 7. März 77 (Anm. 11). Die Vorschrift ist durch G. 8. März 71 (GS. 130) § 74 aufrecht erhalten. Sie bezieht sich auf alle Trennstücke von Gutsbezirken, nicht nur auf das Besitztum des Gutsherrn der betreffenden Gemeinde OV. 20. Feb. 84 (X 99), aus ihr ist aber nicht zu folgern, daß bäuerliche Grundstücke, die vor Erlaß des G. vom Gutsherrn erworben waren, Teile des Gutsbezirks geworden sind OV. 2. Okt. 00 (VB. XXIII 37).

[1]) Zuständigkeit d. Landesgesetzgebung EG. zu BGB. Art. 92.

[2]) Zahlungen an öffentliche Kassen haben an deren Sitz zu erfolgen BGB. § 270 u. 24.

[3]) In Abs. 1 wird der Verzicht auf den Eigentumserwerb, in Abs. 2 der (stillschweigende) Verzicht auf das erworbene Eigentum vorausgesetzt.

c) Grundstücksübertragungen.

Das EG. zum BGB. bestimmt:

Art. 126. Durch Landesgesetz kann das dem Staate an einem Grundstücke zustehende Eigenthum auf einen Kommunalverband und das einem Kommunalverband an einem Grundstücke zustehende Eigenthum auf einen anderen Kommunalverband oder auf den Staat übertragen werden[4]).

Die Preuß. V. 13. Nov. 99 (GS. 519)[5]) bestimmt:

Art. 1. Die Grundstücke .... der Gemeinden und anderer Kommunalverbände erhalten ein Grundbuchblatt nur auf Antrag des Eigenthümers oder eines Berechtigten.

Das Preuß. AusfG. z. BGB. 20. Sept. 99 (GS. 177)[6]) bestimmt:

Art. 12 § 2. Wird bei einem Vertrage, durch den sich der eine Theil verpflichtet, das Eigenthum an einem in Preußen liegenden Grundstücke zu übertragen, einer der Vertragschließenden durch eine öffentliche Behörde vertreten, so ist für die Beurkundung des Vertrages außer den Gerichten und Notaren auch der Beamte zuständig, welcher von dem Vorstande der zur Vertretung berufenen Behörde bestimmt ist.

d) Haftung für Gemeindebeamte.

Über die Haftung der Gemeinde für ihre Beamten bestimmt das BGB.:

§. 31. Der Verein ist für den Schaden verantwortlich, den der Vorstand, ein Mitglied des Vorstandes oder ein anderer verfassungsmäßig berufener Vertreter[6a]) durch eine in Ausführung der ihm zustehenden Verrichtungen begangene, zum Schadensersatze verpflichtende Handlung einem Dritten zufügt.

§. 89 Abs. 1. Die Vorschrift des §. 31 findet auf den Fiskus sowie auf die Körperschaften, Stiftungen und Anstalten des öffentlichen Rechtes entsprechende Anwendung[7]).

---

[4]) Von dieser die reichsgesetzliche Form für den Grundstücksübergang (BGB. § 313) ausschließenden Befugnis hat Preußen u. a. bei Übertragung der Chausseen auf die Provinzen Gebrauch gemacht. DotationsG. 8. Juli 75 (GS. 497) § 7 u. (Aufhebung der pommerschen kommunalständ. Verbände) G. 18. Jan. 81 (GS. 7) § 2.

[5]) Zulässigkeit EG. z. BGB. Art. 127 u. GrundbuchO. 98 (RGB. 754) § 90, 91; die Form der Übertragung solcher Grundstücke bestimmt das PrAG. z. BGB. 20. Sept. 99 (GS. 177) Art. 27.

[6]) Zuständigkeit d. Landesgesetzgebung für diese namentlich auf zerstückelten Grundbesitz und auf die Beurkundung durch Gemeindebeamte berechneten Bestimmung EG. z. BGB. Art. 142.

[6a]) Für — wenn auch selbständig — nur zu einer Verrichtung bestellte Personen haften die Gemeinden nur, wenn sie bei deren Auswahl oder Beaufsichtigung nicht die erforderliche Sorgfalt beobachtet haben BGB. § 831; URGer. 13. Okt. 03 (BB. XXV 352).

[7]) Die Haftung bezieht sich nur auf die privatrechtliche Vertretung, während die Haftung für die in Ausübung der öffentlichen Gewalt zugefügten Schäden als öffentlichrechtlich der Landesgesetzgebung überlassen ist EG. z. BGB. Art. 77. Das LR. u. das gemeine Recht kennt diese Haftung nicht, wohl

Über die Haftung der Beamten gegenüber Dritten bestimmt das BGB.:

§. 839[8]. Verletzt ein Beamter vorsätzlich oder fahrlässig die ihm einem Dritten gegenüber obliegende Amtspflicht, so hat er dem Dritten den daraus entstehenden Schaden zu ersetzen. Fällt dem Beamten nur Fahrlässigkeit zur Last, so kann er nur dann in Anspruch genommen werden, wenn der Verletzte nicht auf andere Weise Ersatz zu erlangen vermag.

Verletzt ein Beamter bei dem Urtheil in einer Rechtssache seine Amtspflicht, so ist er für den daraus entstehenden Schaden nur dann verantwortlich, wenn die Pflichtverletzung mit einer im Wege des gerichtlichen Strafverfahrens zu verhängenden öffentlichen Strafe bedroht ist. Auf eine pflichtwidrige Verweigerung oder Verzögerung der Ausübung des Amtes findet diese Vorschrift keine Anwendung.

Die Ersatzpflicht tritt nicht ein, wenn der Verletzte vorsätzlich oder fahrlässig unterlassen hat, den Schaden durch Gebrauch eines Rechtsmittels abzuwenden.

2. Civilprozeß und Konkurs[9].

a) Gerichtsstand.

Die CPO. bestimmt:

§. 17. Der allgemeine Gerichtsstand der Gemeinden .... wird durch den Sitz derselben bestimmt. Als Sitz gilt, wenn nicht ein anderes erhellt, der Ort, wo die Verwaltung geführt wird.

§. 22. Das Gericht, bei welchem Gemeinden .... den allgemeinen Gerichtsstand haben, ist für die Klagen zuständig, welche von denselben gegen ihre Mitglieder als solche oder von den Mitgliedern in dieser Eigenschaft gegeneinander erhoben werden.

b) Zustellungen.

Die CPO. bestimmt:

§. 171 Abs. 2. Bei Behörden, Gemeinden .... genügt die Zustellung an den Vorsteher.

§. 184. Wird der gesetzliche Vertreter oder der Vorsteher einer Behörde, einer Gemeinde, einer Korporation oder eines Personenvereins, welchem zugestellt werden soll, in dem Geschäftslokale während der gewöhnlichen Geschäftsstunden nicht angetroffen, oder ist er an der Annahme verhindert, so kann

---

aber das französ. bürg. Gesetzbuch Art. 1384, der noch gilt AG. (Anm. 5) Art. 89[2]; URGer. 16. Feb. 03 (XLIV 19).

[8]) Bei Haftung für Stellvertreter (§ 831) bleiben weitergehende, die Beamten betreffende landesrechtliche Vorschriften (LR. I 13 § 41—45) unberührt EG. Art. 78 u. AG. Art. 89[1b]. Mehrere aus einer unerlaubten Handlung verantwortliche Beamte (Kollegien) haften dem Verletzten gegenüber als Gesamtschuldner BGB. § 840 Abs. 1, während in dem Verhältnis zueinander der Beamte haftet, der den Schaden verursacht hat § 841. Der Anspruch verjährt in 3 Jahren § 852.

[9]) Zwangsvollstreckung LGO. § 121[3] u. Städte ZustG. § 17[4].

die Zustellung an einen anderen in dem Geschäftslokale anwesenden Beamten oder Bediensteten bewirkt werden.

Wird der gesetzliche Vertreter oder der Vorsteher in seiner Wohnung nicht angetroffen, so finden die Bestimmungen der §§. 181, 182[10]) nur Anwendung, wenn ein besonderes Geschäftslokal nicht vorhanden ist.

§. 185. Die Zustellung an eine der in den §§. 181, 183 und §. 184 Abs. 1 bezeichneten Personen hat zu unterbleiben, wenn die Person an dem Rechtsstreit als Gegner der Partei, an welche die Zustellung erfolgen soll, beteiligt ist.

c) Vorrechte im Konkurse.

Die KonkO. bestimmt:

§. 61. Die Konkursforderungen werden nach folgender Rangordnung, bei gleichem Range nach Verhältniß ihrer Beträge, berichtigt:

1.[11]);

2. die Forderungen der Reichskasse, der Staatskassen und der Gemeinden, sowie der Amts-, Kreis- und Provinzialverbände wegen öffentlicher Abgaben[12]), welche im letzten Jahre vor der Eröffnung des Verfahrens fällig geworden sind oder nach §. 65 als fällig gelten; es macht hierbei keinen Unterschied, ob der Steuererheber die Abgabe bereits vorschußweise zur Kasse entrichtet hat;

3. . . . .

d) Gerichtsgebühren und Stempelpflicht.

Das Preuß. GerichtskostenG. 1899 (GS. 326) bestimmt:

§. 8[13]). Von Zahlung der Gerichtsgebühren sind befreit:

5. . . . . Die Gemeinden in Armenangelegenheiten.

Das Preuß. StempelsteuerG. 31. Juli 95 (GS. 413)[14]) bestimmt:

§. 5. Von der Entrichtung der Stempelsteuer sind befreit:

f) Gemeinden (Gutsbezirke) und Verbände von solchen in Armen-, Schul- und Kirchenangelegenheiten.

---

[10]) § 181 betrifft Zustellung an einen Hausgenossen, § 182 die Zustellung durch Niederlegung auf der Gerichtsschreiberei, bei der Postanstalt, dem Gemeinde- oder dem Polizeivorsteher.

[11]) Nr. 1 betrifft die Forderungen an Lohn usw. der im Haushalt, Wirtschaftsbetrieb oder Erwerbsgeschäft dauernd Bediensteten.

[12]) In Ansehung der zurückgehaltenen oder in Beschlag genommenen Sachen haben diese Verbände Recht auf abgesonderte Befriedigung KonkO. § 49[1], das den übrigen Absonderungsrechten vorgeht PrAG. 6. März 79 (GS. 109) § 6.

[13]) Die Vorschriften des § 8 finden auch in den Angelegenheiten der streitigen Gerichtsbarkeit Anwendung das. § 119 Abs. 1.

[14]) Auf den Inhaber lautende und auf Grund staatlicher Genehmigung ausgegebene Renten- und Schuldverschreibungen der Kommunalverbände u. Kommunen unterliegen einem Steuersatz von 2 vom Tausend ReichsstempelG. 00 (RGB. 275) Tarif Nr. 3, aber keiner weiteren Stempelabgabe (Sportel, Taxe usw.) in den Bundesstaaten das. § 4 Abs. 1.

II. Öffentlichrechtliche Obliegenheiten der Gemeinden.

Die Gemeinden haben die Bestimmung alle Beziehungen des öffentlichen Lebens in sich aufzunehmen und können deshalb alles in den Bereich ihrer Wirksamkeit ziehen, was die Wohlfahrt des Ganzen und die materiellen Interessen und die geistige Entwickelung der einzelnen fördert[15]). Sie haben demgemäß verschiedene Verwaltungsaufgaben ohne gesetzliche Verpflichtung durch eigene Entschließung zum Gegenstande ihrer Tätigkeit gemacht (c, d), während die Aufwendungen für andere ihnen durch Gesetz auferlegt sind.

1. Einige Verwaltungsgebiete sind dadurch nahezu vollständig auf die Gemeinden übergegangen:

a) die Tragung der Kosten der örtlichen Polizeiverwaltung[16]);

b) die Armenlast; Gemeinden und Gutsbezirke bilden regelmäßig die Ortsarmenverbände und haben Hilfsbedürftige, die Unterstützungswohnsitz besitzen, endgültig, andere vorläufig zu unterstützen[17]);

c) die Volksschullast, die den Gemeinden in einigen Landesteilen unmittelbar obliegt, in den anderen — in denen zunächst eine besondere Schulgemeinde (Schulsozietät) verpflichtet ist — von den Gemeinden, insbesondere den Städten in erheblichem Umfange übernommen ist[18]);

---

[15]) Zulässigkeit, Beiträge zum Chausseebau OV. 30. Juni 77 (II 186) u. Übernahme von Kirchen- und Schullasten 25. Feb. 85 (XII 155).

[16]) G. 11. März 50 (GS. 265) § 3. — Die Polizeikosten scheiden sich nach den Ausführungen des OV. 7. Sept. 89 (XVIII 141) u. 21. März 94 (XXVI 138) in mittelbare und unmittelbare, jenachdem sie für Anstalten u. Einrichtungen aufwenden sind, die die Gemeinden im polizeilichen Interesse begründet haben, oder durch die persönlichen u. sachlichen Bedürfnisse der Verwaltung der Polizei selbst hervorgerufen werden. Die ersteren trägt die Gemeinde überall in vollem Umfange (Heilung Geschlechtskranker OV. 23. Okt. 94 XXVII 62 u. 75 u. URGer. 24. Juni 95 MB. 248), die letzteren nur da, wo sie die Ortspolizei verwaltet. Geschieht dieses durch Amtsvorsteher, so trägt das Amt die Kosten KrO. § 70 Abs. 4 u. 5, geschieht es durch besondere Staatsbeamte, so fallen sie dem Staate zur Last, dem jedoch die Gemeinden einen nach der Einwohnerzahl abgestuften Beitrag von 0,70 bis 2,50 M. für den Kopf der Bevölkerung zu zahlen haben G. 20. April 92 (GS. 87) u. (Berechnung) OV. 21. Juni 93 (XXV 26). Die unmittelbaren Kosten der Landespolizeiverwaltung trägt gleichfalls der Staat; zu diesen gehören die den Mitgliedern der Hengstkörungsämter zu zahlenden Vergütungen OV. 10. Juli 00 (XXXVIII 6). Mittelbare Polizeikosten können durch Verfügungen der Polizeibehörden hervorgerufen werden (LVG. § 127), während die unmittelbaren von der Aufsichtsbehörde festzusetzen sind (G. 11. März 50 § 4). — Bei Bekämpfung gemeingefährlicher Krankheiten haben die Gemeinden oder die erweiterten Kommunalverbände die notwendigen Einrichtungen zu treffen RSeuchenG. 30. Juni 00 (RGB. 306) § 23, insbes. vorgefundene gesundheitsgefährliche Mißstände zu beseitigen u. nach Maßgabe ihrer Leistungsfähigkeit dem allgemeinen Gebrauche dienende Einrichtungen für Versorgung mit Trink- oder Wirtschaftswasser und für Fortschaffung der Abfallstoffe herzustellen § 35 Abs. 2; Verfahren, Zuständigkeit u. Kostenverteilung bestimmen sich nach Landesrecht das. Abs. 3 u. § 37 Abs. 2.

[17]) RG. über den Unterstützungswohnsitz 94 (RGB. 262) § 28, 29; preuß. AG. 8. März 71 (GS. 130) § 1, 2 u. 8.

[18]) Zulässigkeit Vf. 30. Dez. 65 (MB. 66 S. 39), OV. 28. Nov. 77 (III 124) u. 17. Mai 90 (XIX 169). Wenn die Gemeinde nicht die Schule als Gemeindeanstalt, sondern nur die im Gebiete des LR. den Hausvätern obliegenden Beiträge übernimmt, so wird die Gemeinde nur an Stelle der Hausväter Schuldnerin der fortbestehenden Hausvätersozietät OV. 4. Feb. 93 (XXIV 128).

d) die Wegebaulast, die in einigen Provinzen den Gemeinden gesetzlich obliegt[19]), in den anderen sich im Laufe der Zeit zu solcher entwickelt hat[20]).

2. Auf anderen Gebieten sind den Gemeinden einzelne Obliegenheiten (Aufgaben und Leistungen) auferlegt:

a) Aufstellung der Wählerlisten für den Reichstag[21]) und das Abgeordnetenhaus[22]), sowie der Urlisten für die Schöffen und Geschworenen[23]);
b) Führung der Militärstammrollen[24]) und Unterstützung der Militärbehörden zur Kontrolle der Wehrpflichtigen[25]);
c) Friedensleistungen[26]) und Kriegsleistungen[27]);
d) Mitwirkung bei Veranlagung[28]) und Hebung der Staatssteuern[29]);
e) Wahrnehmung der Standesamtsgeschäfte in den den Bezirk einer Gemeinde nicht überschreitenden Bezirken[30]);
f) Bestellung der Gemeindewaisenräte[31]);
g) Einrichtung der Gemeindekrankenversicherung[32]);
h) Ersatz des bei öffentlichen Aufläufen verursachten Schadens[33]);
i) Haltung der Gesetzsammlung und des Amtsblattes; sie erfolgt auf Kosten der Gemeinden; Gutsbezirke und kleinere Gemeinden können von der Verpflichtung durch die Regierungspräsidenten zeitweilig entbunden werden; die Vorsteher sind für genaue und gewissenhafte Aufbewahrung verantwortlich[34]);
k) Zuchtstierhaltung in einzelnen Provinzen[35]);
l) Den Gemeinden ist die Einrichtung von Arbeitsnachweisen anempfohlen[36]).

---

[19]) Sachsen WegeO. 11. Juli 91 (GS. 316) § 17; ähnlich in den neuen Provinzen.

[20]) Vf. 25. Juni 65 (MB. 187).

[21]) Regl. 28. Mai 70 (BGBl. 275) § 1—5.

[22]) Regl. 14. März 03 (MB. 146) § 3—6.

[23]) GVG. § 36 u. 85.

[24]) RMilG. 4. Mai 74 (RGB. 45) § 31.

[25]) RMilG. (Anm. 24) § 70 u. WehrO. 22. Juli 01 (CB. Beil. zu Nr. 32) § 106 nebst Anl. 3.

[26]) Verteilung der Quartierlast G. 25. Juni 68 (BGBl. 523) § 5 u. 18 u. Vermittelung der sonstigen Naturalleistungen RG. 98 (RGB. 361) § 2.

[27]) RG. 13. Juni 73 (RGB. 129) § 3—8.

[28]) GewerbestG. 24. Juni 91 (GS. 205) § 53, EinkstG. 24. Juni 91 (GS. 175) § 31, GrundstG. 8. Feb. 67 (GS. 185) § 33 u. GebäudestG. 21. Mai 61 (GS. 317) § 13.

[29]) G. 14. Juli 93 (Nr. 3 Anl. C) § 16 Abs. 2.

[30]) PersonenstandsG. 6. Feb. 75 (RGB. 23) § 4 u. Kosten § 7, 8; auch die Gemeindevorsteher, die gem. § 6 als Standesbeamte in einem mehrere Gemeinden umfassenden Bezirke angestellt sind, können von der Gemeinde ihres Hauptamtes eine Entschädigung nicht beanspruchen OV. 20. Jan. 77 (II 79).

[31]) Nr. 2 Anm. 138.

[32]) KrankenVersG. 92 (RGB. 417) § 4—15 u. 83 u. (bei Unfällen land- u. forstwirtschaftlicher Arbeiter während der ersten 13 Wochen) UnfallVersG. 00 (RGB. 641) § 27—29.

[33]) G. 11. März 50 (GS. 199), durch BGB. nicht berührt EG. Art. 108.

[34]) V. 27. Okt. 10 (GS. 1) § 5i u. 6 u. (Amtsblätter) 28. März 11 (GS. 165) § 8, erg. G. 10. März 73 (GS. 41), eingeführt Lauenburg 28. Feb. 77 (GS. 87).

[35]) Schlesien u. Hessen-Nassau G. 19. Aug. 97 (GS. 393), Sachsen 7. Juni 99 (GS. 115), Hannover 25. Juli 00 (GS. 305), Westfalen 25. Juli 00 (GS. 307), Rheinprov. 27. Juni 90 (GS. 217).

[36]) Grundsätze Vf. 8. März 98 (MB. 77) u. 10. Dez. 99 (MB. 00 S. 40), für mittlere Städte 18. Nov. 02 (MB. 224 u. Berichtigung 03 S. 14).

3. In einigen Fällen wird — wie bereits im Falle zu 2 e u. i — die Wirksamkeit der Gemeindevorstände, denen ohnehin die Besorgung aller örtlichen Geschäfte der Staatsverwaltung obliegt[37]), unmittelbar in Anspruch genommen:

a) Testamentserrichtung bei Gefahr im Verzuge mit dreimonatlicher Gültigkeit bei Lebzeiten des Erblassers[38]);

b) Vertretung und Verwaltung der gemeinschaftlichen, durch ein Auseinandersetzungsverfahren begründeten Angelegenheiten (Wege, Gräben, Lehm- usw. Gruben, Steinbrüche usw.) unter sinngemäßer Anwendung der für die Gemeindeverwaltung gegebenen Vorschriften[39]);

c) Vertretung der Besitzer eines gemeinsamen Jagdbezirks[40]);

d) Entscheidung gewerblicher Streitigkeiten auf Nachsuchen der Parteien, soweit ein Gewerbegericht vorhanden ist[41]).

III. Feststellung der Ortsnamen.

Die Änderung der Ortsnamen ist dem Landesherrn vorbehalten, die Schreibweise von der Landespolizeibehörde festzustellen[42]). Die Frage, welcher Name einer Gemeinde zusteht, ist eine Gemeindeangelegenheit, mit der die Gemeindeversammlung sich im Beschlußwege befassen darf[43]). Die neue Rechtschreibung berührt die Ortsnamen nur, soweit diese Belegenheits-, Eigenschafts- oder Zweckbezeichnungen enthalten (Odertor)[44]).

---

2. Landgemeindeordnung für die sieben östlichen Provinzen der Monarchie. Vom 3. Juli 1891 (GS. 233)[1]).

Wir u. s. w. verordnen, unter Zustimmung beider Häuser des Landtages, für die Provinzen Ostpreußen, Westpreußen, Brandenburg, Pommern, Posen, Schlesien und Sachsen, was folgt:

---

[37]) LGO. § 88 Abs. 1 u. 4[1] u. § 91; StO. § 62 Abs. 1[II].

[38]) BGB. § 2249, 2250, 2252; EG. Art. 150; AG. (Anm. 5) Art. 80; Anw. 23. Juni 00 (MB. 251, JMB. Beil. zu Nr. 32) u. für die nach AG. § 80 Abs. 2 statt des Vorstehers bestellten Urkundpersonen 15. März 04 (JMB. 90). — Wirksamkeit der Dorfgerichte Anl. D.

[39]) G. 2. April 87 (GS. 105) § 2 u. 6. Der Verwalter ist zu allen einschlagenden — auch den vor seiner Bestallung begründeten — Handlungen ermächtigt OB. 4. Juli 02 (XLII 112). Er ist an die Mitwirkung der Beteiligten u. der Gemeinde gebunden. Die Überwachung erfolgt durch die Aufsichtsbehörde 2. Mai 91 (XXI 143). Die Beiträge sind im Verwaltungs-Zwangsverfahren beizutreiben; die Rechtsmittel sind die für Gemeindelasten gegebenen 11. März 92 (XXIII 68). Das G. hat die öffentlichrechtlichen Zuständigkeiten nicht geändert; in der Wegeunterhaltung ist deshalb die Verwaltung auf Interessentenwege beschränkt 16. Dez. 02 (XLII 84).

[40]) JagdpolG. 7. März 50 (GS. 165) § 9 u. OB. 19. Sept. 95 (XXVIII 312).

[41]) GewerbegerichtsG. 01 (RGB. 353) § 76—78.

[42]) OB. 21. Sept. 00 (XXXVIII 421).

[43]) OB. 20. Feb. 90 (XXXVII 116).

[44]) Bf. 9. Nov. 03 (MB. 242).

[1]) Entstehung. Nr. 1 Abs. 2 d. W. — Inhalt. Von den 7 Titeln behandelt Tit. II (§ 5—121, Anm. 43) die innere Gestaltung der Landgemeinden, Tit. III (§ 122—127) die Rechtsverhältnisse der Gutsbezirke. Die übrigen Titel betreffen die äußeren Verhältnisse u. gelten (Nr. 1 Abs. 1 d. W.) für Landgemeinden wie für Gutsbezirke. Tit. I (§ 1—4, Anm. 2), handelt von ihrer Abgrenzung u. der sich daran schließende

Erster Titel.

Allgemeine Bestimmungen[2]).

§. 1. Die gegenwärtige Landgemeindeordnung findet in den Provinzen Ostpreußen, Westpreußen, Brandenburg, Pommern, Posen, Schlesien und Sachsen hinsichtlich der Landgemeinden und selbständigen Gutsbezirke[3]) Anwendung.

Landgemeinden kann die Annahme der Städteordnung und Stadtgemeinden die Annahme der Landgemeindeordnung auf ihren Antrag nach Anhörung des Kreistages und Provinziallandtages durch Königliche Verordnung gestattet werden[4]).

§. 2[5]). Die zur Zeit des Inkrafttretens dieses Gesetzes vorhandenen

---

Tit. IV (§ 128—138) von ihrer Verbindung für einzelne bestimmte Zwecke (Zweckverbände). Tit. V (§ 139—145) behandelt die Aufsicht u. Tit. VI (§ 146 bis 149) enthält Ausführungs- u. Übergangsbestimmungen. — Bedeutung. Die LGO., die inzwischen auf dem Gebiete des Abgabenwesens durch das KAG. (Nr. I 3 d. W.) ersetzt ist, beläßt den Landgemeinden — die schon vorher von der obrigkeitlichen Gewalt des Gutsherrn losgelöst u. völlig selbständig gemacht waren KrO. 13. Dez. 72 (GS. 661) — grundsätzlich das Recht der Selbstverwaltung ihrer Angelegenheiten (§ 9). Sie hat ferner die bis dahin weit zerstreuten Bestimmungen über die Landgemeindeverfassung einheitlich zusammengefaßt, über die Umbildung der Gemeinde- u. Gutsbezirke u. deren Verbindung zu Zweckverbänden neue Grundsätze aufgestellt (Tit. I u. IV), die Gemeindeangehörigkeit ausschließlich von dem Wohnsitz abhängig gemacht (§ 7), das Gemeinde-Stimm- u. Wahlrecht neu geregelt (Tit. III) u. Gemeindevertretungen für alle größeren Gemeinden vorgeschrieben (§ 49). Zur Ausführung ergingen 3 Anweisungen: Anw. I v. 12. Nov. 91 (MB. 181) betraf die erstmalige Bildung der Gemeinde-Versammlungen u. -Vertretungen u. ist, da sie nach deren Durchführung keine praktische Bedeutung mehr hat, nicht abgedruckt. Die Anw. II v. 28. Dez. 91 (MB. 92 S. 2) handelt von der Ausführung der Tit. I u. IV, Anlage A, die Anw. III v. 29. Dez. 91 (das. 9) von der des Tit. II, Anlage B. — Quellen. AH. 90/91 Drucks. Nr. 7 (Entw. u. Begr.), 145 (KB.), StB. S. 201, 1608, 1932, 1938, 2453; HH. Drucks. Nr. 104 (KB.), StB. S. 206, 263, 288, 292, 317, 394. — Bearbeitungen: Keil (Freib. u. Leipz. 96) mit Entwickelung der geschichtlichen Grundlagen; Genzmer (2. Aufl, Berl. 00) für den praktischen Gebrauch; Freund (Nr. I 3 d. W. Anm. 1). Verb. Nr. 1 Anm. 10.

[2]) Der erste Titel umfaßt die Einleitung § 1, die Änderungen in der Begrenzung der Bezirke § 2, die in deren Folge nötige Auseinandersetzung § 3 u. die Zuständigkeit bei Streitigkeiten über bestehende Grenzen § 4.

[3]) Begriff der Landgemeinden u. Gutsbezirke Nr. 1 Abs. 1 d. W.

[4]) Anw. II (Anm. 1) Nr. 7.

[5]) § 2 erkennt für die Vergangenheit den geschichtlich gewordenen Zustand (Nr. 1 Abs. 2 d. W.) an (Eingangssatz), behält aber für die Zukunft jede Veränderung der Gemeinden (Gutsbezirke) in Hinblick auf deren Eigenschaft als staatliche Verwaltungsbezirke u. öffentlich-rechtliche Körperschaften der Staatsbehörde unter Mitwirkung der Selbstverwaltungskörper vor (Nr. 1—8). Zweck dieser Vorschrift ist die Beseitigung der vielfach vorhandenen leistungsunfähigen oder zweckwidrig belegenen Kommunalverbände, die seither nur unter Zustimmung aller Beteiligten ausgeführt werden konnte. Eine Abhilfe erschien dringend geboten. Die zweckentsprechende Abgrenzung der Bezirke bildet die notwendige Grundlage für die gesamte Verwaltung. Der Staat, dessen Verwaltungsbezirk die Gemeinde regelmäßig bildet, hat daran ein erhebliches unmittelbares Interesse. Daneben bietet sie auch der Kommunalverwaltung eine Reihe von

Landgemeinden und Gutsbezirke bleiben in ihrer bisherigen Begrenzung[5]) unter den nachfolgenden Maßgaben[6]) bestehen:

1) Grundstücke, welche noch keinem Gemeinde- oder Gutsbezirke angehören[7]), sind, sofern nicht ihre Eingemeindung in einen Stadtbezirk geeignet erscheint[8]), nach Vernehmung der Betheiligten[9]) durch Beschluß des Kreisausschusses mit einer Landgemeinde oder einem Gutsbezirke zu vereinigen[10]). Aus solchen Grundstücken kann, soweit dies nach ihrem Umfange und ihrer Leistungsfähigkeit angezeigt erscheint, mit Königlicher Genehmigung[11]) ein besonderer Gemeinde- oder Gutsbezirk gebildet werden.

2) Landgemeinden und Gutsbezirke, welche ihre öffentlich-rechtlichen Verpflichtungen zu erfüllen außer Stande sind[12]), können durch Königliche Anordnung aufgelöst werden[13]). Die Regelung der kommunalen

---

Vorteilen, indem sie diese vereinfacht u. verbilligt, Zweifeln u. Streitigkeiten vorbeugt, die Zersplitterung der Kräfte u. Mittel vermeidet u. damit Anlagen u. Einrichtungen ermöglicht, wie sie für die getrennten Verbände nicht u. auch für Zweckverbände (§ 139—145) nur unvollkommen zu erreichen sind, endlich auch einen billigen Ausgleich zwischen Leistungen u. Vorteilen herstellt, der auf dem durch KAG. § 53 gegebenen Wege gleichfalls nur in beschränktem Umfange u. in einem umständlichen Verfahren geschafft werden kann. Das im Landtage hervorgetretene Streben, hierbei die Interessen der Beteiligten in ausgedehntester Weise zu berücksichtigen, hat gleichwohl zu Beschränkungen der Zulässigkeit (Nr. 5 a—c) u. zu einem sehr umständlichen Verfahren geführt, das die Erreichung des Zweckes erheblich erschwert, zum Teil sogar verhindert hat.

[6]) Die Nr. 1—8 regeln Voraussetzung, Zuständigkeit u. Verfahren für **Bezirksänderungen**. Diese bestehen in Eingemeindung gemeindefreier Grundstücke Nr. 1, Auflösung von Gemeinden (Gutsbezirken) Nr. 2, Veränderung ganzer Bezirke (Zusammenlegung, Umwandlung von Landgemeinden in Gutsbezirke u. umgekehrt) Nr. 3 nebst 5 u. 6, oder einzelner Bezirksteile (Umlegung, Umwandlung zu eigenen Bezirken) Nr. 4 nebst 5 u. 6, die Nr. 7 u. 8 enthalten allgemeine Vorschriften. — **Katasterunterlagen** in Eingemeindungssachen werden den Aufsichtsbehörden gebührenfrei erteilt Vf. 11. Juli 02 (MB. 156).

[7]) Anw. II Nr. 1. — Der Feldmarksteil eines jenseits der preuß. Grenze liegenden Dorfes, der in das preuß. Staatsgebiet hineinragt, gilt, solange er nicht einer preuß. Gemeinde zugelegt ist, für Preußen als gemeindefrei OV. 30. Juni 99 (VB. XXI 94).

[8]) StO. § 2 Abs. 2 u. ZustG. § 8 Abs. 1.

[9]) **Beteiligte** sind die Besitzer der gemeindefreien Grundstücke u. die Gemeinde oder der Gutsbezirk. Die Zustimmung wird nicht erfordert.

[10]) Gegen den Beschluß steht gem. LVG. § 121—123 den Beteiligten u. den betroffenen Gemeinden nur die Beschwerde an den Bezirksausschuß zu, gegen dessen Beschluß der RegPräsident gem § 126 die Anfechtungsklage bei dem OVG. erheben kann OV. 18. Nov. 91 (XXII 84) u. 1. März 92 (XXII 87). Auch bei Grenzstreitigkeiten (§ 4) hat der Verwaltungsrichter nur zu prüfen, ob die Eingemeindung von der zuständigen Behörde vorgenommen sei. Eine einstweilige Eingemeindung kommunalfreier Grundstücke kennt das Gesetz nicht OV. 7. Feb. 99 (VB. XX 345).

[11]) § 2 Nr. 7.

[12]) Dabei findet § 2 5a Abs. 2 Anwendung; sonst ist die Staatsregierung an die Voraussetzungen des § 2 5 nicht gebunden.

[13]) Anw. II Nr. 2 Abs. 4 u. 5. — Die vorherige Anhörung der Beteiligten ist nicht vorgeschrieben, aber zweckmäßig Vf. 11. April 93 (MB. 109). — Die Zerstückelung eines Gutsbezirks oder

Verhältnisse der Grundstücke derselben erfolgt nach Maßgabe der Vorschriften in Nr. 1.

3) Landgemeinden und Gutsbezirke können mit anderen Gemeinde- oder Gutsbezirken nach Anhörung der betheiligten Gemeinden und Gutsbesitzer sowie des Kreisausschusses[14]) mit Königlicher Genehmigung[11]) vereinigt werden[15]), wenn die Betheiligten hiermit einverstanden sind. Wenn ein Einverständniß der Betheiligten[16]) nicht zu erzielen ist, so ist die Zustimmung derselben, sofern das öffentliche Interesse[17]) dies erheischt, im Beschlußverfahren durch den Kreisausschuß zu ersetzen. Gegen den auf Beschwerde[18]) ergehenden Beschluß des Bezirksausschusses steht den Betheiligten[16]) und nach Maßgabe des §. 123 des Gesetzes über die allgemeine Landesverwaltung vom 30. Juli 1883 (Gesetz-Samml. S. 195) dem Vorsitzenden des Bezirksausschusses die weitere Beschwerde an den Provinzialrath zu. Erachtet der Oberpräsident das öffentliche Interesse[17]) durch den Beschluß des Provinzialraths für gefährdet, so steht demselben in der gleichen Weise (§. 123 a. a. O.) die Beschwerde an das Staatsministerium offen[19]). Der mit Gründen zu versehende Beschluß des Staatsministeriums ist dem Oberpräsidenten behufs Zustellung an die Betheiligten zuzufertigen. Unter den gleichen Voraussetzungen und in der gleichen Weise können Gutsbezirke in Landgemeinden und Landgemeinden in Gutsbezirke durch Königlichen Erlaß[11]) umgewandelt werden.

Wird eine leistungsunfähige Gemeinde einem leistungsfähigen Gutsbezirk zugelegt, so bleibt letzterer als solcher bestehen, sofern der Gutsbesitzer dies beantragt[20]).

---

der Übergang aller Grundstücke eines Gemeindebezirks auf einen einzelnen hat an sich noch nicht die Auflösung zur Folge. Anderseits hört die Rittergutseigenschaft mit Aufhebung des durch das Rittergut gebildeten Gutsbezirks nicht auf Anw. II Nr. 2 Abs. 2.

[14]) Der Kreisausschuß wirkt nur begutachtend; ein Rechtsmittel dagegen findet nicht statt.

[15]) Der Antrag kann von der Kreisaufsichtsbehörde wie von den Beteiligten (Anm. 16) gestellt werden. Auch die Anträge der letzteren sind von der Kommunalaufsichtsbehörde vor Abgabe an die Beschlußbehörde gehörig vorzubereiten Vf. 19. Dez. 93 (MB. 94 S. 17). — Fortdauer der Rittergutseigenschaft vereinigter Gutsbezirke Anm. 13 Schlußsatz.

[16]) Beteiligte sind nur die Gemeinden oder Gutsherren der Gutsbezirke, nicht die einzelnen Grundeigentümer. — Die Zustimmung kann bis zu dem Zeitpunkt, an dem die Allerh. Genehmigung erbeten wird, zurückgezogen werden Vf. 18. April 93 (MB. 129).

[17]) § 2 Nr. 5.

[18]) Die Beschwerde gegen den Beschluß des Kreisausschusses steht dem Vorsitzenden wie den Beteiligten innerhalb 2 Wochen zu u. ist dem Kreisausschuß einzureichen LVG. § 121—123.

[19]) Die weitere Beschwerde, die hier — abweichend von LVG. § 121, 123 — gegen den zweitinstanzlichen Beschluß des Bezirksausschusses u. weiter gegen den Beschluß des Provinzialrats zugelassen ist, behält trotz der Zuständigkeit der Beschlußbehörden die endgültige Entscheidung dem Staate vor.

[20]) Im umgekehrten Falle geht der Gutsbezirk in der Landgemeinde auf Anw. II Nr. 2 zu § 2[5a] Abs. 3.

4) Die Abtrennung einzelner Theile von einem Gemeinde- oder Gutsbezirke und deren Vereinigung mit einem anderen Gemeinde- oder Gutsbezirke kann, wenn die betheiligten Gemeinden und Gutsbesitzer sowie die Besitzer der betreffenden Grundstücke[21]) einwilligen, oder wenn beim Widerspruche Betheiligter das öffentliche Interesse[17]) es erheischt, durch Beschluß des Kreisausschusses erfolgen[22]). Gegen den auf Beschwerde ergehenden Beschluß des Bezirksausschusses steht den Betheiligten und dem Vorsitzenden des Bezirksausschusses die weitere Beschwerde an den Provinzialrath, und gegen den Beschluß des Provinzialraths dem Oberpräsidenten die fernere Beschwerde an das Staatsministerium nach Maßgabe der Nr. 3 offen. Soll aus den abgetrennten Grundstücken ein neuer Gemeinde- oder Gutsbezirk gebildet werden[23]), so ist die Königliche Genehmigung[11]) erforderlich.

5) Ein öffentliches Interesse im Sinne der Nr. 3 und 4 ist nur dann als vorliegend anzusehen[24]),

a) [25]) wenn Landgemeinden oder Gutsbezirke ihre öffentlich-rechtlichen Verpflichtungen zu erfüllen außer Stande sind.

Bei Beurtheilung dieser Frage sind Zuwendungen, welche Gemeinden und Gutsbezirken vom Staate oder größeren Kommunalverbänden zustehen, nicht als bestimmend zu erachten,

b) wenn die Zersplitterung eines Gutsbezirks oder die Bildung von Kolonien[26]) in einem Gutsbezirke die Abtrennung einzelner Theile desselben oder dessen Umwandlung in eine Landgemeinde oder dessen Zuschlagung zu einer oder mehreren Landgemeinden nothwendig macht[27]),

c) wenn in Folge örtlich verbundener Lage mehrerer Landgemeinden oder von Gutsbezirken oder Theilen derselben mit Landgemeinden ein erheblicher Widerstreit der kommunalen Interessen entstanden ist, dessen Ausgleichung auch durch Bildung von Verbänden im Sinne der §§. 128 ff. nicht zu erreichen ist[28]).

6) Die vorstehenden Bestimmungen finden in den Fällen, in welchen es sich um die Vereinigung einer Landgemeinde oder eines Gutsbezirks mit einer Stadtgemeinde, um die Abtrennung einzelner Theile von einem Stadtbezirke und deren Vereinigung mit einem Landgemeinde-

---

[21]) Im Gutsbezirke können Gutsbesitzer u. Besitzer der betreffenden Grundstücke verschiedene Personen sein.

[22]) Verfahren Anw. II Nr. 3 Abs. 1 behandelt insbes. die Dorfauen (Nr. 1 Anm. 11 d. W.).

[23]) Vom Staate ausbedungene Widmungen zugunsten neu zu bildender Gemeinden stellen einen öffentlich-rechtlichen Titel dar u. unterliegen nicht dem privaten Vertragsrecht OV. 24. April 95 (XXVIII 192).

[24]) Anw. II Nr. 2 Abs. 6 u. 7.

[25]) Anw. II Nr. 2 zu § 2 5a.

[26]) Nr. 1 Anm. 1c d. W.

[27]) Anw. II Nr. 2 zu § 2 5b.

[28]) Das. zu § 2 5c.

oder Gutsbezirke, sowie um die Abtrennung einzelner Theile von einem Landgemeinde- oder Gutsbezirke und deren Vereinigung mit einem Stadtbezirke handelt, sinngemäße Anwendung mit der Maßgabe, daß an die Stelle der Beschlußfassung des Kreisausschusses nach erfordertem Gutachten des Kreistages die Beschlußfassung des Bezirksausschusses tritt[29]).

7) In den vorstehend bezeichneten, der Königlichen Genehmigung unterliegenden Fällen ist vor deren Erwirkung der Beschluß des Kreisausschusses, des Bezirksausschusses oder des Provinzialraths, sowie das Gutachten des Kreistages den Betheiligten mitzutheilen[30]).

8) Jede Bezirksveränderung ist durch das Regierungsamtsblatt zu veröffentlichen[31]).

§. 3[32]). Ueber die in Folge einer Veränderung der Grenzen der Landgemeinden und Gutsbezirke[33]) nothwendig werdende Auseinandersetzung zwischen

---

[29]) Anw. II Nr. 6. Die Anhörung des Kreistages ist nicht nur erforderlich, wenn die fehlende Zustimmung der Beteiligten durch Beschluß des Bezirksausschusses zu ersetzen ist, sondern auch wenn beim Einverständnis der Beteiligten der Bezirksausschuß nur zu hören ist Vf. 13. Dez. 99 (MB. 00 S. 56). — In Berlin tritt an Stelle des Bezirksausschusses der Oberpräsident LVG. § 43 Abs. 1.

[30]) Das Gleiche gilt nach § 2 Nr. 3 u. 4 von den daselbst erwähnten Beschlüssen des Staatsministeriums.

[31]) Die Veröffentlichung erfolgt kostenfrei Vf. 21. Juni 93 (MB. 143). Änderungen in den gemeinderechtlichen Verhältnissen der Wohnplätze sind dem statistischen Bureau mitzuteilen Vf. 1. Nov. 99 (MB. 227). Veränderungen der Gerichtsbezirksgrenzen hat der Regierungspräsident dem Landgerichtspräsidenten mitzuteilen Vf. 2. Juli 89 (MB. 127). — Die Rechtswirkungen der Beschlüsse sind von der Bekanntmachung nicht abhängig OV. 8. März 90 (VB. XI 369). Sie treten — sofern darin kein anderer Zeitpunkt bestimmt ist (Anm. 34) — mit der Mitteilung an die Beteiligten, nicht erst mit der Veröffentlichung im Amtsblatte ein Vf. 9. Nov. 93 (MB. 235). Die einer Gemeinde einverleibten Grundstücke sowie ihre Bewohner u. Besitzer treten in allen öffentlich-rechtlichen Beziehungen unter die Verfassung dieser Gemeinde OV. 26. Juni 94 (VB. XV 511). Wirkung der Auflösung Anm. 13 Schlußsatz. Bezirksveränderungen ändern — soweit die Schulaufsichtsbehörde nichts Abweichendes bestimmt — von selbst die Grenzen der aus Gemeinden (Gutsbezirken) bestehenden Schulverbände OV. 1. Juni 00 (XXXVIII 185). Einwirkung auf die Kreisgrenze KrO. § 3 Abs. 3.

[32]) Anw. II Nr. 4 Satz 1. — Bei Vereinigung von Gemeinden (§ 2[3]) geht das Vermögen auf die neugebildete Gemeinde über (§ 3 Abs. 2 Satz 4). Bei Bezirksveränderungen (§ 2[4]) gehen Pflichten u. Leistungen gegenüber den umgelegten Teilen zwar gleichfalls auf die neue Gemeinde über, soweit sie nicht in positiven Gesetzesbestimmungen oder besonderen Rechtstiteln (insbes. in Vereinbarungen gelegentlich der Bezirksänderungen) ihre Stütze finden OV. 19. Dez. 02 (VB. XXV 146); doch gibt die LGO. den Anspruch auf eine Auseinandersetzung (§ 3 Abs. 1), welche die Verteilung des Vermögens u. der Schulden u. Lasten zum Gegenstande hat. Mit dieser ist erforderlichenfalls eine Ausgleichung der öffentlich-rechtlichen Interessen zu verbinden (§ 3 Abs. 2 Satz 1), für welche als besondere Fälle hervorgehoben werden die Zulassung von Vorausleistungen (das. Satz 2) u. die Gewährung von Beihilfen (das. Satz 3).

[33]) Auf Umwandlung eines Gutsbezirks in eine Gemeinde anwendbar OV. 7. Feb. 94 (XXVI 93) u. 15. Okt. 97 (XXXIII 168).

den Betheiligten[34]) beschließt der Kreisausschuß, soweit aber hierbei Stadtgemeinden in Betracht kommen, der Bezirksausschuß, vorbehaltlich der den Betheiligten gegen einander zustehenden Klage im Verwaltungsstreitverfahren bei diesen Behörden[35]).

Bei dieser Auseinandersetzung sind erforderlichenfalls Bestimmungen zur Ausgleichung der öffentlich-rechtlichen Interessen der Betheiligten zu treffen[36]).

---

[34]) Eine Auseinandersetzung ist geboten, wenn die Bezirksveränderung eine Gemeinschaft der Rechte u. Pflichten der beteiligten Kommunalverbände herbeigeführt hat; sie hat nicht die von selbst eintretenden rechtlichen Folgen der Eingemeindung festzustellen oder gar abweichend vom Gesetz zu bestimmen OV. 4. März 98 (XXXIII 153). Sie tritt erst nach der Bezirksänderung ein Anw. II Nr. 4 Satz 3 u. 4. Der Zeitpunkt der rechtlichen Wirksamkeit kann von der Beschlußbehörde oder dem Verwaltungsrichter bestimmt werden, wobei insbes. die tatsächliche Invollzugsetzung zu berücksichtigen ist OV. 18. März 98 (XXXIII 160). — Beteiligte sind nur die durch die Grenzveränderung betroffenen Gemeinde- und Gutsbezirke (nicht mittelbar berührte Schulverbände) OV. 5. Feb. u. 17. Mai 01 (XXXIX 109 u. 117). — Gegenstand können Vermögen u. Schulden sein OV. 19. Sept. 02 (XXIV 97), wobei deren Zweck nicht entscheidend ist, soweit nicht die Verwendung von Kapitalien der Entschließung der Gemeinden entzogen ist OV. (Kreisänderungen) 25. Nov. 80 (VII 61). Die Jagdnutzung bildet keine Gemeindeeinnahme u. damit keinen Gegenstand der Auseinandersetzung 15. Okt. 97 (XXXIII 168). — Die einem Kommunalverbande obliegenden Lasten gehen für den Bereich der umgelegten Teile auf den vergrößerten Kommunalverband über OV. 19. Dez. 02 (VB. XXV 146). Der Grundsatz — nach dem auch die Erstattung des von der verkleinerten Gemeinde für den abgetretenen Teil gezahlten Kreisabgabensolls der Auseinandersetzung unterliegen kann OV. 7. Jan. 02 (XL 156) — erleidet eine Ausnahme bezüglich der in dem verkleinerten Verbande begründeten oder für ihn etwa noch entstehenden Armenlast, die auf dem verkleinerten u. dem vergrößerten Verbande bis zur Auseinandersetzung gemeinschaftlich ruht; die letztere erfolgt unter Berücksichtigung der Armenlast u. der Leistungskraft OV. 26. Feb. u. 1. Juni 97 (XXXIII 132 u. 138) u. 11. März 02 (XLI 180).

[35]) Die Frist beträgt 2 Wochen. Die Klage ist auch gegen einen die Auseinandersetzung ablehnenden Beschluß zulässig OV. 21. Sept. 97 (VB. XIX 97). — Zuständigkeit für Berlin wie Anm. 29).

[36]) Die Bezirksveränderung bewirkt als Staatshoheitsakt ohne weiteres den Übergang aller öffentlich-rechtlichen Verpflichtungen. Abs. 2 läßt demgegenüber eine Ausgleichung zu, aber nur, wenn diese nach dem Ermessen der zuständigen Behörden durch besondere Gründe erfordert wird. Als besonderer Grund ist es nicht anzusehen, wenn die Leistungsverhältnisse verschoben werden OV. 18. März u. 6. Mai 98 (XXXIII 160 u. 165) u. wenn eine Gemeinde ihre kommunalen Aufgaben nicht oder nicht gehörig erfüllt hat 7. Jan. 02 (XL 158), auch nicht unter allen Umständen, wenn sie außergewöhnlich belastet wird 29. Nov. 98 (VB. XX 387); anderseits wird dazu nicht Leistungsunfähigkeit vorausgesetzt 19. Okt. 00 (VB. XXII 393). — Beteiligte sind nicht nur Kommunalverbände (wie in Abs. 1), sondern auch Teile eines Gemeindebezirks OV. 24. Okt. 02 (XLII 85), ingleichen die Gutsbesitzer beteiligter, bereits aufgelöster Gutsbezirke 19. Jan. 00 (XXXVI 145). Die verkleinerte Gemeinde, die dem dauernden Bedürfnis eines abgetretenen Ortsteils durch Anlagen genügt hat, kann daraus keinen Entschädigungsanspruch gegen die vergrößerte Gemeinde herleiten; hat sie jedoch ein Darlehn dafür aufgenommen, so kommt eine Auseinandersetzung in Frage 24. Okt. 02 (oben). — Auch Streitigkeiten aus vor der Bezirksveränderung abgeschlossenen Vereinbarungen sind Gegenstand des Beschlusses. Dieser hat zweckmäßig — aber nicht notwendig — alle bei der Ausgleichung in Betracht kommenden Beziehungen zusammen zu fassen OV. 7. Feb. 94 (Anm. 33).

Insbesondere können einzelne Betheiligte im Verhältniß zu anderen Betheiligten, welche für gewisse kommunale Zwecke bereits vor der Vereinigung für sich allein Fürsorge getroffen haben, oder solche Betheiligte, welche vorwiegend Lasten in die neue Gemeinschaft bringen, zu Vorausleistungen verpflichtet werden[37]). Auch kann, wenn eine Gemeinde oder der Besitzer eines Gutsbezirks durch die Abtrennung von Grundstücken eine Erleichterung in öffentlich-rechtlichen Verpflichtungen erfährt, der Gemeinde, welcher, oder dem Gutsbezirke, welchem jene Grundstücke einverleibt werden, ferner der neuen Gemeinde oder dem neuen Gutsbezirk, welche aus letzteren gebildet werden, eine Beihülfe zu den ihnen durch die Bezirksveränderung erwachsenden Ausgaben bis zur Höhe des der anderen Gemeinde oder dem Gutsbesitzer dadurch entstehenden Vortheils zugebilligt werden[38]). Im Falle der Vereinigung von Gemeinden geht das Vermögen derselben auf die neugebildete Gemeinde über[39]).

§. 4[40]). Streitigkeiten über die bestehenden Grenzen der Gemeinde- und Gutsbezirke, sowie über die Eigenschaft einer Ortschaft als Landgemeinde,

[37]) Satz 2 regelt die Beziehungen innerhalb des neuen Kommunalverbandes. Die Vorausleistungen können dauernd festgelegt werden KB. HH. (Anm. 1) S. 8. — Die Regelung bildet einen Rechtstitel i. S. des KAG. § 21 u. — bei Eingemeindung in einen Gutsbezirk — für Heranziehung der Gutsinsassen.

[38]) Satz 3 sieht eine Belastung des verkleinerten zugunsten des vergrößerten oder neugebildeten Verbandes unter der doppelten Voraussetzung der Erleichterung auf der einen u. der Mehrbelastung auf der anderen Seite vor. Der Übergang der Steuererträge ist dabei zu berücksichtigen. Maßgebend sind die Verhältnisse zur Zeit des Eintritts, nicht deren spätere Gestaltung OV. 24. Juni 02 (VB. XXIV 149). — Die Beihilfe kann in Kapital oder in Jahreszuschüssen — auch dauernden KB. AH. (Anm. 1) S. 20 — oder in beiden nebeneinander bestehen. Für die Zuschüsse kann die Ablösung vorbehalten werden OV. 26. Feb. 97 (Anm. 34 a. E.).

[39]) Wird ein Gutsbezirk aufgelöst, so gehen die gutsherrlichen Rechte u. Pflichten unter; auf die Gemeinden, denen der Gutsbezirk oder dessen Teile zugelegt werden, gehen nur dessen gemeindliche Pflichten u. Leistungen (§ 122) über OV. 5. Feb. 01 (XXXIX 110). — Bei Vereinigung einer mit Grundbesitz (Schulzendienstland) ausgestatteten Gemeinde mit einem leistungsfähigen Gutsbezirk soll die Wiederherausgabe an eine künftig etwa zu bildende Gemeinde möglichst vorbehalten werden Vf. 9. Jan. 95 (MB. 18).

[40]) § 4 regelt — im Anschluß an das bestehende Recht (ZustG. § 26) — die Zuständigkeit u. das Verfahren bei Streitigkeiten über die Grenzen der Kommunalverbände. Er betrifft die rechtmäßigen, nicht die tatsächlichen Grenzen OV. 19. April 98 (VB. XX 91). Sind sie durch Entscheidung (Zust. § 26) festgestellt, so gilt diese für das gesamte öffentlich-rechtliche Gebiet u. kann nicht nebenbei, sondern nur im besonderen Verfahren über die Bezirksgrenzen aufgehoben werden 25. Feb. u. 18. Nov. 91 (XX 172 u. XXII 84). Dagegen sind die vor Einführung der Verwaltungsgerichte im Aufsichtswege oder gelegentlich eines anderen Streits ergangenen Entscheidungen der Verwaltungsbehörden weder für die Parteien noch für die Behörden bindend 25. Nov. 91 (XXII 94). — Inhaltlich bestimmen sich die Grenzen nach den Vorschriften über Bildung der Kommunalverbände (Nr. 1 Abs. 2 d. W.) u. über deren Änderung (§ 2). Land- u. Heerstraßen, öffentliche Plätze, Kirchen, Begräbnisstätten, öffentliche Flüsse gehören regelmäßig zu den umgebenden Kommunalbezirken OV. 17. Dez. 79 (VI 93). Die Grenze läuft, wo sie durch Flüsse gebildet wird, regelmäßig durch deren Mitte u. folgt hier u., wenn sie durch die Uferlinie gebildet

oder eines Gutes als selbständigen Gutsbezirks unterliegen der Entscheidung des Kreisausschusses, soweit hierbei Stadtgemeinden in Betracht kommen, des Bezirksausschusses[41]).

Diese Behörden beschließen vorläufig über die im ersten Absatze bezeichneten Angelegenheiten, sofern das öffentliche Interesse es erheischt[42]). Bei dem Beschlusse behält es bis zur rechtskräftigen Entscheidung im Verwaltungsstreitverfahren sein Bewenden.

Zweiter Titel.

Landgemeinden[43]).

Erster Abschnitt.

Rechtliche Stellung der Landgemeinden.

§. 5. Landgemeinden sind öffentliche Körperschaften[44]); es steht ihnen das Recht der Selbstverwaltung ihrer Angelegenheiten nach den Vorschriften dieses Gesetzes zu[45]).

---

wird, den durch An- und Abspülen bewirkten Veränderungen 30. Sept. 01 (XL 218). In den Gemeinheitsteilungen gewährte Abfindungen (GemTO. 7. Juni 21 GS. 83 § 147) bilden den Ersatz der abgelösten Berechtigungen u. treten ohne weiteres in den Bezirk der beteiligten Kommunalverbände ein 8. Dez. 77 (III 99). Die Generalkommissionen können gemäß GemTO. § 63, 64 auch sonst die Gemeindezugehörigkeit der betroffenen Grundstücke bestimmen 4. Nov. 98 (VB. XX 270), nicht aber neue Kommunalverbände bilden 28. Jan. 02 (VB. XXIV 293). — Entscheidende Beweismittel für die Gemeindezugehörigkeit sind weder die Grundsteuerkataster 17. Okt., noch die Generalstabskarten 16. Mai 02 (VB. XXIV 210 u. 135).

[41]) Die Entscheidung kann sich darauf beschränken, daß ein Grundstück einem bestimmten Gemeindebezirk nicht angehöre OV. 19. März 97 (VB. XIX 35). Die Beschlußbehörden sollen jedoch, um dem Entstehen kommunalfreier Grundstücke vorzubeugen, auf deren vorläufige Unterbringung Bedacht nehmen Vf. 29. Dez. 02 (MB. 03 S. 4). Im Streitverfahren über die Eigenschaft einer Ortschaft als Landgemeinde oder Gutsbezirk ist ein Vertreter des öffentlichen Interesses zu beteiligen; die beteiligten Grundbesitzer sind beizuladen OV. 30. Mai 85 (XII 178).

[42]) Der Beschluß bildet nicht die Voraussetzung oder den Gegenstand des Streitverfahrens OV. 12. Juni 00 (VB. XXII 589). Er bleibt auch maßgebend für ein Streitverfahren, das nicht über die in Abs. 1 bezeichneten Angelegenheiten, sondern über Verpflichtungen ergeht, die von der Grenzbestimmung abhängen. Im Streitverfahren kann die Gemeinde, auch wenn der Beschluß ihr die Gemeindeeigenschaft aberkannt hat, noch als Gemeinde auftreten 25. Okt. 01 (XL 151). — Die Beschlußbehörde ist durch Abs. 2 nicht behindert, ihren Beschluß abzuändern Vf. 16. Dez. 01 (MB. 02 S. 54).

[43]) Der besonders umfangreiche zweite Titel behandelt die innere Gestaltung der Landgemeinden in 10 Abschnitten. Nach den allgemeinen Vorschriften 1. Abschn. (§ 5, 6) werden aus den allein zur Benutzung der Einrichtungen u. Anstalten berechtigten u. zur Teilnahme an den Abgaben u. Lasten verpflichteten Gemeindeangehörigen 2. Abschn. (§ 7—38) die zur Mitarbeit in der Gemeinde (Gemeinderecht) berufenen Gemeindemitglieder hervorgehoben 3. Abschn. (§ 39—48). Diese nehmen ihre Rechte in der Gemeindeversammlung, in größeren Gemeinden in der Gemeindevertretung wahr; die Bildung der letzteren bestimmt der 4. Abschn. (§ 49—67), die Geschäfte beider der 8. Abschn. (§ 102—116). Die Gemeindefinanzen umfassen das Gemeindevermögen im 5. Abschn. (§ 68—73) u. den Gemeindehaushalt im 10. Abschn.

§. 6[46]). Die Landgemeinden sind zum Erlasse besonderer statutarischer Anordnungen über solche Angelegenheiten der Gemeinde, hinsichtlich deren das Gesetz Verschiedenheiten gestattet oder auf ortsstatutarische Regelung verweist[47]), sowie über solche Angelegenheiten, deren Gegenstand nicht durch Gesetz geregelt ist, befugt.

Die statutarischen Anordnungen bedürfen der Genehmigung des Kreisausschusses[48]).

Zweiter Abschnitt.

Gemeindeangehörige, deren Rechte und Pflichten[43]).

§. 7. Angehörige der Landgemeinde sind mit Ausnahme der nicht angesessenen servisberechtigten Militärpersonen des aktiven Dienststandes[49]) diejenigen, welche innerhalb des Gemeindebezirks einen Wohnsitz haben[50]).

Einen Wohnsitz im Sinne dieses Gesetzes hat Jemand an dem Orte, an welchem er eine Wohnung unter Umständen inne hat, die auf die Absicht dauernder Beibehaltung einer solchen schließen lassen[51]).

(§ 119—121), während die als Pflicht der Gemeindeangehörigen früher im 2. Abschn. behandelten Gemeindeabgaben jetzt durch das KAG. (Nr. I 3 d. W.) geregelt werden. Von der Gemeindeverwaltung handelt der 6. Abschn. (§ 74 bis 91), insbes. von den besoldeten Beamten der 9. Abschn. (§ 117, 118), während der die Aufhebung der Lehn- u. Erbschulzenämter in Posen betreffende 7. Abschn. (§ 92—101) nur eine erledigte Übergangsbestimmung bildet. — Zur Ausführung erging die Anw. III (Anm. 1).

[44]) Die Vorschrift gestattet das Zurückgreifen auf die Bestimmungen des LR. II 6 über Korporationen, die, soweit sie der LGO. nicht widersprechen, fortbestehen LGO. § 146 Abs. 2 u., soweit sie öffentliches Recht betreffen, auch durch das BGB. nicht berührt werden EG. Art. 55. — Rechte u. Pflichten der Gemeinden Nr. 1 Anl. A.

[45]) Nr. III 2 Anm. 47.

[46]) Die ortsstatutarische Anordnung bewirkt eine allgemeine Regelung, nicht die eines Einzelfalles; sie bildet einen Teil des geschriebenen Ortsrechts im Gegensatz zum ungeschriebenen (dem Herkommen). — Das Ortsstatut kann den Gemeindeangehörigen nicht neue, ihnen nicht gesetzlich obliegende Lasten auferlegen OV. (Städte) 16. Mai 88 (XVI 48).

[47]) Beispiele LGO. § 41 Abs. 6, 74 Abs. 3 u. 6, 89 Abs. 1 u. 2, 109, 112, 131 Abs. 2; G. 30. Juni 00 (Nr. I 2 d. W.) § 3, 4; KBG. (Nr. I 4 d. W.), § 18; QuartierG. 25. Juni 68 (BGBl. 523), § 7; BaufluchtG. 2. Juli 75 (GS. 561), § 12 u. 15; ferner in der GewO. u. den Arbeiterversicherungs-Gesetzen. — Steuerordnungen über Kommunalabgaben KAG. (Nr. I 3 d. W.) § 18 Abs. 2 u. 23 Abs. 6 nebst Anm. 51.

[48]) Gegen die Versagung ist die Beschwerde an den Bezirksausschuß zulässig LVG. § 121. — Die Prüfung der gesetzlichen Zulässigkeit durch den Verwaltungsrichter wird durch die Bestätigung nicht ausgeschlossen OV. 3. März 77 (II 107).

[49]) Nr. I 3 Anl. D Anm. 4.

[50]) Damit ist die Realgemeinde des LR. II 7 § 18 (Nr. 1 Abs. 2a) zur Personengemeinde geworden. — Auch Ausländer können Gemeindeangehörige sein. — Juristische Personen haben dagegen — wie Forensen — keinen Wohnsitz in der Gemeinde. Sie sind deshalb trotz Stimmrechts (§ 45) u. Abgabenpflicht (KAG. § 33 [2 u. 3]) keine Gemeindeangehörige u. nicht der in § 8 u. 70 erwähnten Rechte teilhaftig OV. 27. Mai 02 (XLI 165).

[51]) Nr. I 3 Anl. A Art. 23 [1a Abs. 2] nebst Anm. 43.

§. 8. Die Gemeindeangehörigen sind zur Mitbenutzung der öffentlichen Einrichtungen und Anstalten[52]) der Gemeinde nach Maßgabe der für dieselben bestehenden Bestimmungen berechtigt und zur Theilnahme an den Gemeindeabgaben und Lasten nach den Vorschriften dieses Gesetzes verpflichtet[53]).

§. 9. Auf Beschwerden und Einsprüche, betreffend das Recht der Mitbenutzung der öffentlichen Gemeindeanstalten, beschließt der Gemeindevorsteher (Gemeindevorstand)[54]).

Gegen den Beschluß findet die Klage im Verwaltungsstreitverfahren statt[55]). Die Beschwerden und die Einsprüche sowie die Klage haben keine aufschiebende Wirkung.

(§. 10—27)[53]).

§. 28. Besitzer selbständiger Güter, welche für ursprüngliche bäuerliche, zu ihren Gütern eingezogene, der örtlichen Lage nach aber gegenwärtig nicht mehr erkennbare Grundstücke (wüste Hufen) der Gemeindeabgabepflicht in einer Landgemeinde unterliegen[56]), haben die von ihnen bisher entrichteten Gemeindeabgaben und Lasten in dem Betrage, wie derselbe sich in dem Durchschnitte der letzten fünf Jahre vor dem Inkrafttreten des gegenwärtigen Gesetzes unter Weglassung des höchsten und des niedrigsten Jahresbetrages berechnet[57]), entweder fortzuleisten oder durch Zahlung des zwanzigfachen Jahreswerthes dieses Betrages abzulösen[58]). Im Fall des Streites ist zum Zweck einer billigen Ausgleichung wie im §. 3 zu verfahren[59]).

(§. 29—35)[53]).

---

[52]) Die Gemeinde hat das Recht, die Voraussetzungen und Bedingungen der Benutzung vorzuschreiben. Zu diesen Anstalten gehören Gemeindefriedhöfe OV. 16. Sept. 91 (XXI 124) u. die aus freier Entschließung der Gemeinde für alle Einwohner oder für gewisse Klassen von Einwohnern errichteten Anstalten OV. (StO.) 3. Feb. 91 (XX 22). — Gebührenerhebung KAG. § 4. — Teilnahme der Gemeindeangehörigen an den Gemeindenutzungen § 70.

[53]) An Stelle des Schlußsatzes in § 8 sowie der § 10—27 u. 29—35 ist das KAG. (Nr. I 3 d. W.) getreten. Die (nach Anm. 50 Schlußsatz) nicht zutreffende Verbindung, die die Abgabepflicht in der LGO. mit der Gemeindeangehörigkeit gefunden hatte, ist damit gelöst.

[54]) § 74 u. 89.

[55]) Die Frist beträgt 2 Wochen § 144 Abs. 1.

[56]) Über diese besonders in Schlesien vorkommenden Hufen Anw. III B II 3. — Eingezogene bäuerliche Grundstücke Nr. 1 d. W. Anm. 11.

[57]) Maßgebend ist nicht die tatsächliche Leistung, sondern die Abgabepflicht. Ist solche nicht oder nicht regelmäßig geltend gemacht, so ist der auf die eingezogenen Grundstücke entfallende Abgabenbetrag abzuschätzen u. nach fünfjährigem Durchschnitt zu berechnen OV. 19. Okt. 97 (XXXII 145).

[58]) Der Antrag kann von beiden Teilen gestellt werden KV. HH. (Anm. 1) S. 16.

[59]) Die Festsetzung betrifft nur den Abgabebetrag, während die Abgabepflicht gem. KAG. festzustellen ist OV. 4. Juni 97 (XXXII 135). Den Antrag kann nur die Gemeinde stellen. Der Beschluß des Kreisausschusses, gegen den den Beteiligten die Klage zusteht (§ 3 Abs. 1), hat den dauernd zu entrichtenden (jedoch ablösbaren) Jahresbetrag festzustellen OV. 25. April 99 (XXXVI 173).

§. 36[60]. Die baaren Gemeindeabgaben und die Gebühren unterliegen im Falle nicht rechtzeitiger Entrichtung der Beitreibung im Verwaltungszwangsverfahren gemäß der Verordnung vom 7. September 1879 (Gesetz-Samml. S. 591).

Wo Naturaldienste zu leisten sind, ist der Gemeindevorsteher bei Säumniß der Pflichtigen befugt, die Dienste durch Dritte leisten und die entstehenden Kosten von den ersteren im Verwaltungszwangsverfahren beitreiben zu lassen.

§. 37[60]. Beschwerden und Einsprüche gegen die Heranziehung oder die Veranlagung zu den direkten Gemeindeabgaben sind innerhalb drei Monaten, vom Tage der Bekanntmachung der zur Erhebung gelangenden Zuschlagsprozentsätze, der Benachrichtigung über den zu entrichtenden Abgabebetrag oder der beendeten Auslegung der Hebeliste (§. 34) ab gerechnet, und Ansprüche auf Zurückzahlung zuviel erhobener indirekter Gemeindeabgaben sind binnen Jahresfrist, vom Tage der Versteuerung ab gerechnet, bei dem Gemeindevorsteher anzubringen.

Bezüglich der Nachforderung von Gemeindeabgaben und der Verjährung der Rückstände finden die hinsichtlich der Staatssteuern geltenden Bestimmungen sinngemäße Anwendung.

§. 38[60]. Auf Beschwerden und Einsprüche, betreffend die Heranziehung oder die Veranlagung zu den Gemeindelasten, beschließt der Gemeindevorsteher.

Gegen den Beschluß findet die Klage im Verwaltungsstreitverfahren statt.

Der Entscheidung im Verwaltungsstreitverfahren unterliegen desgleichen Streitigkeiten zwischen Betheiligten über ihre in dem öffentlichen Rechte begründete Verpflichtung zu den Gemeindelasten.

Einsprüche gegen die Höhe von Gemeindezuschlägen zu den direkten Staatssteuern, welche sich gegen den Prinzipalsatz der letzteren richten, sind unzulässig. Die Ermäßigung des Prinzipalsatzes (§. 34 1a) hat die Ermäßigung der Gemeindezuschläge von selbst zur Folge.

Die Beschwerden und die Einsprüche, sowie die Klage haben keine aufschiebende Wirkung.

Dritter Abschnitt.

Gemeindeglieder, deren Rechte und Pflichten[61].

§. 39. Gemeindeglieder sind alle Gemeindeangehörigen, welchen das Gemeinderecht zusteht.

---

[60]) § 36—38 sind, soweit sie sich auf Gebühren, Beiträge u. Steuern beziehen, durch das KAG. (Anm. 53) ersetzt, gelten jedoch bezüglich der Einkaufsgelder u. Abgaben für die Teilnahme an den Gemeindenutzungen (LGO. § 72, 73) fort, die durch das KAG. gem. § 96 Abs. 7 nicht berührt sind.

[61]) Der dritte Abschnitt betrifft die Gemeindeglieder (Anm. 43). Voraussetzung bildet das Gemeinderecht § 39, Inhalt § 40, Erwerb § 41, 42, Verlust § 43, Ruhen § 44. Das damit verbundene Stimmrecht (§ 40[1]) steht auch den Forensen, den mit Grundbesitz angesessenen juristischen Personen, Frauen u. nicht selbständigen Personen zu § 45; für diese ist jedoch eine Vertretung vorgesehen § 46, 47. Bei Verteilung des Stimmrechts erfahren die Ansässigen u.

Eine Liste der Gemeindeglieder, welche deren nach §. 41 erforderliche Eigenschaften nachweist, und der sonstigen Stimmberechtigten (§. 45) wird von dem Gemeindevorsteher geführt und alljährlich im Monate Januar berichtigt[62]).

§. 40[63]). Das Gemeinderecht umfaßt:

1) das Recht zur Theilnahme an dem Stimmrechte in der Gemeindeversammlung oder, wo die letztere durch eine gewählte Gemeindevertretung ersetzt ist, zur Teilnahme an den Gemeindewahlen,
2) das Recht zur Bekleidung unbesoldeter Aemter in der Verwaltung und Vertretung der Gemeinde.

§. 41. Das Gemeinderecht steht jedem selbständigen Gemeindeangehörigen[64]) zu, welcher

1) Angehöriger des Deutschen Reiches ist[65]) und
2) die bürgerlichen Ehrenrechte besitzt[66]),
3) seit einem Jahre in dem Gemeindebezirke seinen Wohnsitz hat[67]),
4) keine Armenunterstützung aus öffentlichen Mitteln empfängt[68]),
5) die auf ihn entfallenden Gemeindeabgaben gezahlt hat[69]) und außerdem
6) entweder
   a) ein Wohnhaus in dem Gemeindebezirke besitzt[70]), oder
   b) von seinem gesammten innerhalb des Gemeindebezirks belegenen Grundbesitze zu einem Jahresbetrag von mindestens drei Mark an Grund- und Gebäudesteuer veranlagt ist[71]), oder

---

die größeren Grundbesitzer u. Gewerbetreibenden besondere Berücksichtigung § 48.

[62]) Anw. III A I 5. — Die Liste bildet in Gemeinden ohne Gemeindevertretung die Grundlage für die Wahl des Gemeindevorstehers u. der Schöffen § 76 nebst 59 u. 55, in anderen für die der Gemeindevertreter § 55. Nur für diese Fälle ist ein Auslegungsverfahren vorgeschrieben (§ 56), das Gemeinderecht sonach im übrigen nicht von der Aufnahme in die Liste, sondern lediglich von den gesetzlichen Voraussetzungen (§ 41) abhängig.

[63]) Das Gemeinderecht, das dem Bürgerrecht der StO. (§ 5) entspricht, umfaßt das Stimm- u. das Wahlrecht, u. das Ämterrecht, dem die Pflicht zur Übernahme der Gemeindeämter (§ 65) entspricht. Den in § 45 u. 46 bezeichneten Personen stehen die ersteren Rechte vollständig, das Ämterrecht aber nur beschränkt u. nur bezüglich der Mitgliedschaft in der Gemeindevertretung zu (§ 50 Abs. 3 Satz 2).

[64]) Selbständigkeit Abs. 5, Gemeindeangehörigkeit § 7. — Volles Gemeinderecht haben nur männliche selbständige Personen; weiblichen u. unselbständigen steht nur ein — durch Vertreter auszuübendes — Stimmrecht (kein Ämterrecht) zu § 45 Abs. 3 u. 46 1—3.

[65]) Diese deckt sich mit der Staatsangehörigkeit in einem deutschen Bundesstaate G. 1. Juni 70 (BGBl. 355) § 1.

[66]) StGB. § 32—37.

[67]) Nr. I 3 Anl. A Anm. 43. — LGO. § 41 Abs. 4 Satz 2 u. § 42.

[68]) Nr. III 2 Anm. 27.

[69]) Das. Anm. 28.

[70]) Miteigentum § 41 Abs. 2 u. 3.

[71]) Im Text war Entrichtung vorausgesetzt. Die Änderung ist mit der Außerhebungsetzung der Grund- u. Gebäudesteuer eingetreten G. 14. Juli 93 (Nr. I 3 Anl. C) § 5 Abs. 1.

c) zur Staatseinkommensteuer veranlagt ist oder zu den Gemeindeabgaben nach einem Jahreseinkommen von mehr als 660 Mark in Gemäßheit des §. 38 des Kommunalabgabengesetzes[72]) herangezogen wird[73]).

Steht ein Wohnhaus im (getheilten oder ungetheilten) Miteigenthum Mehrerer, so kann das Gemeinderecht auf Grund dieses Besitzes nur von einem derselben ausgeübt werden.

Falls die Miteigenthümer sich über die Person des Berechtigten nicht einigen können, ist derjenige, welcher den größten Antheil besitzt, befugt, das Gemeinderecht auszuüben[74]); bei gleichen Antheilen bestimmt sich die Person des Berechtigten durch das Loos, welches durch die Hand des Gemeindevorstehers gezogen wird.

Steuerzahlungen und Grundbesitz der Ehefrau werden dem Ehemanne, Steuerzahlungen und Grundbesitz der in elterlicher Gewalt befindlichen Kinder werden dem Vater oder der Mutter angerechnet[75]). In den Fällen, wo ein Wohnhaus durch Vererbung auf einen Anderen übergeht, kommt dem Erben bei Berechnung der Dauer des einjährigen Wohnsitzes die Besitzzeit des Erblassers zu gute. Die Uebertragung unter den Lebenden an Verwandte in absteigender Linie steht der Vererbung gleich.

Als selbständig wird nach vollendetem vierundzwanzigsten Lebensjahre ein Jeder betrachtet, welcher einen eigenen Hausstand hat[76]), sofern ihm nicht das Verfügungsrecht über die Verwaltung seines Vermögens durch richterlichen Beschluß entzogen ist[77]).

Inwiefern über die Erlangung des Gemeinderechts von dem Gemeindevorsteher eine Urkunde zu ertheilen ist, bleibt den statutarischen Anordnungen vorbehalten.

§. **42.** Verlegt ein Gemeindeglied seinen Wohnsitz in eine andere Landgemeinde, so kann ihm das Gemeinderecht, sofern im Uebrigen die Voraussetzungen zu dessen Erlangung vorliegen, von dem Gemeindevorsteher im Einverständnisse mit der Gemeindeversammlung (Gemeindevertretung) schon vor Ablauf eines Jahres verliehen werden.

Ein Gleiches findet statt, wenn der Besitzer eines selbständigen Gutes (§. 122) seinen Wohnsitz in eine Landgemeinde verlegt.

---

[72]) § 38 des KAG. (Nr. I 3 d. W.) ist an Stelle der im Text aufgeführten § 8 u. 13 der LGO. getreten.

[73]) Bei den Gemeindeabgaben wird — im Gegensatz zur Staatseinkommensteuer — die tatsächliche Heranziehung vorausgesetzt OV. 21. Dez. 97 (VB. XIX 377). — Die Vorschrift ist durch das GemeindewahlG. (Nr. I 2 d. W.) nicht berührt, das. § 5.

[74]) Streitigkeiten werden nach § 66, 67 entschieden.

[75]) Miteigentum des Ehemanns wird nicht vorausgesetzt OV. 15. April 98 (XXXIV 140). — Das Kind steht, so lange es minderjährig ist, unter elterlicher Gewalt BGB. § 1626 nebst AG. 20. Sept. 99 (GS. 177) Art. 69 § 4.

[76]) Nr. III 2 Anm. 33.

[77]) Durch Konkurs oder Entmündigung. — Die Zwangsverwaltung eines einzelnen Grundstücks fällt nicht darunter OV. 22. Nov. 82 (IX 64).

§. 43. Das Gemeinderecht und die unbesoldeten Gemeindeämter gehen verloren, sobald eines der im §. 41 unter Nr. 1 und 6 vorgeschriebenen Erfordernisse nicht mehr zutrifft oder der Wohnsitz in dem Gemeindebezirke aufgegeben wird[78]).

Wer durch rechtskräftiges Erkenntniß der bürgerlichen Ehrenrechte verlustig gegangen ist, verliert dadurch dauernd die bisher von ihm bekleideten Aemter in der Gemeindeverwaltung und der Gemeindevertretung, und für die im Urtheile bestimmte Zeit das Gemeindestimm- und Wahlrecht, sowie die Fähigkeit, dasselbe zu erwerben und Gemeindeämter zu bekleiden.

Die rechtskräftig erfolgte Aberkennung der Fähigkeit zur Bekleidung öffentlicher Aemter hat den dauernden Verlust der bisher bekleideten Aemter in der Gemeindeverwaltung und Gemeindevertretung, sowie für die im Urtheile bestimmte Zeit die Unfähigkeit zur Bekleidung solcher Aemter zur Folge.

Die Verurtheilung zur Zuchthausstrafe hat den Verlust der Gemeindeämter und die dauernde Unfähigkeit zur Bekleidung solcher Aemter zur Folge[79]).

§. 44. Die Ausübung des Gemeinderechts (§. 40) ruht[80]),

1) wenn gegen ein Gemeindeglied wegen eines Verbrechens oder eines Vergehens, welches die Aberkennung der bürgerlichen Ehrenrechte zur Folge haben kann, das Hauptverfahren eröffnet, oder dasselbe zur gerichtlichen Haft gebracht ist, so lange, bis das Strafverfahren beendet ist;
2) wenn ein Gemeindeglied in Konkurs verfällt, bis zur Beendigung des Verfahrens;
3) wenn ein Gemeindeglied Armenunterstützung aus öffentlichen Mitteln empfängt[68]), während sechs Monate nach dem Empfang der Unterstützung, sofern es nicht früher die empfangene Unterstützung erstattet;
4) wenn ein Gemeindeglied die auf dasselbe entfallenden Gemeindeabgaben nach Mahnung durch den Steuererheber[81]) nicht gezahlt hat, bis zur Entrichtung derselben.

---

[78]) Über den Eintritt der Voraussetzungen ist gem. § 66 u. 67 zu entscheiden. Der Verlust der Eigenschaft als Angesessener zieht den Verlust des Amts als Gemeindeverordneter (§ 51 Abs. 1) nicht nach sich OV. 13. April 94 (XXVI 102). Streichung in der Gemeindegliederliste § 56 Abs. 3.

[79]) Abs. 2—4 führen die Vorschriften des StGB. (§ 31, 33, 34 3, 4 u. 35) weiter aus; die Wirkung tritt mit der Rechtskraft des Urteils ein, während die Zeitdauer dieser Nebenstrafe von dem Tage, an welchem die Hauptstrafe verbüßt ist, berechnet wird StGB. § 36.

[80]) Die Fälle Nr. 1—4 hindern die Übernahme eines Gemeindeamtes, die eine Folge des Rechts zu deren Bekleidung (§ 40 2) bildet, während ein bereits übernommenes Amt nur ruht (§ 44 Abs. 2); das Ruhen des Stimmrechts ist in der Wählerliste zu vermerken, deren Richtigkeit durch Fehlen dieses Vermerks anfechtbar wird OV. 15. Nov. 01 (XL 147).

[81]) Mahnung ist nicht jede harmlose Erinnerung, sondern nur die in den Formen des Verwaltungszwangsverfahrens ergehende Mahnung OV. (wie Anm. 80).

Bekleidet ein solches Gemeindeglied unbesoldete Gemeindeämter, oder ist dasselbe Abgeordneter nicht angesessener Stimmberechtigter (§. 48), so ist der Kreisausschuß berechtigt, die Wahl eines kommissarischen Vertreters anzuordnen.

§. 45[82]). Wer, ohne im Gemeindebezirke einen Wohnsitz zu haben, in demselben seit einem Jahre ein Grundstück besitzt, welches wenigstens den Umfang einer die Haltung von Zugvieh zur Bewirthschaftung erfordernden Ackernahrung hat[83]), oder auf welchem sich ein Wohnhaus, eine Fabrik oder eine andere gewerbliche Anlage befindet, die dem Werthe einer solchen Ackernahrung mindestens gleichkommen, ist ebenfalls stimmberechtigt, wenn bei ihm die im §. 41 unter Nr. 1, 2, 4 und 5 bezeichneten Voraussetzungen vorhanden sind.

Ingleichen steht das Stimmrecht juristischen Personen, Aktiengesellschaften, Kommanditgesellschaften auf Aktien, Berggewerkschaften, eingetragenen Genossenschaften und dem Staatsfiskus[84]) zu, sofern dieselben Grundstücke von dem bezeichneten Umfange in dem Gemeindebezirke besitzen.

Frauen und nicht selbständige Personen (§. 41 Absatz 5) sind, wenn der ihnen im Gemeindebezirke gehörige Grundbesitz zum Stimmrechte befähigt, stimmberechtigt, sofern bei ihnen die im §. 41 unter 1 bis 5 bezeichneten Voraussetzungen vorliegen[85]).

§. 46[86]). In der Ausübung des Stimmrechtes, zu welchem der Grundbesitz befähigt, werden vertreten:

---

[82]) § 45 handelt — im Gegensatz zu § 41 — vom Stimmrecht der Forensen (Abs. 1), der juristischen Personen (Abs. 2) u. der Frauen u. nichtselbständigen Personen (Abs. 3). Abs. 1 betrifft auch Frauen, Abs. 3 bezieht sich deshalb nur auf die im Gemeindebezirk wohnenden. — Mit der ausgedehnten Zulassung der Forensen u. juristischen Personen zur Wahl tritt die LGO. in Gegensatz zu StO. (§ 8).

[83]) Entscheidend ist, ob das Zugvieh nach landwirtschaftlichen Grundsätzen zur ordnungsmäßigen Bewirtschaftung dauernd erforderlich ist, gleichviel ob es tatsächlich gehalten wird OV. 18. Feb. 80 (VI 146).

[84]) Nicht der Reichsfiskus, der nach KAG. § 33 auch keine persönlichen Kommunalabgaben zahlt.

[85]) Vorausgesetzt, daß der Grundbesitz dem Ehemann oder Vater nicht bereits nach § 41 Abs. 4 angerechnet ist OV. 15. April 98 (Anm. 75). — Vertretung § 46 Abs. 1 2, 3.

[86]) Die Vertretung ist notwendig (Abs. 1) oder freigestellt (Abs. 2). Erstere tritt ein, soweit Stimmberechtigte nicht zur persönlichen Ausübung des Stimmrechts befugt sind. Nach § 46 u. 47 haben nur männliche Personen diese Befugnis Anw. III A I 4. Die Vertreter müssen die in § 47 bezeichneten Eigenschaften besitzen u. sind zu Gemeindeverordneten wählbar § 50 Abs. 3. — Wo der Vertreter nicht durch Gesetz bestimmt wird (Abs. 1 1, 2 u. 4), ist Vollmacht erforderlich. Schriftliche Form ist nicht vorgeschrieben (BGB. § 167), aber zweckentsprechend. — Beglaubigung ist nur erforderlich, wenn der Wahlvorstand begründete Zweifel an der Echtheit der Unterschriften hegt OV. 12. Nov. 81 (VIII 130). Unausgefüllte Vollmachten (in blanco) sind nicht ausgeschlossen 22. Mai 86 (XIII 219). Mehrere schriftlich Bevollmächtigte desselben Stimmberechtigten haben sich über einen Vertreter zu einigen; anderenfalls sind alle zurückzuweisen 17. Okt. 02 (XLII 120). — Streitigkeiten werden nach § 66, 67 entschieden.

1) Minderjährige durch ihren Vater, Stiefvater oder Vormund[87]), andere Bevormundete durch ihren Vormund[87]); der Stiefvater ist vor dem Vormunde zur Vertretung berufen,
2) Ehefrauen durch ihren Ehemann[85]),
3) großjährige Besitzer vor vollendetem vierundzwanzigsten Lebensjahre, unverheirathete[88]) Besitzerinnen (abgesehen von den Fällen unter Nr. 1) und Wittwen durch Gemeindeglieder[89]),
4) juristische Personen, einschließlich des Staatsfiskus, sowie die übrigen im zweiten Absatz des §. 45 bezeichneten Personengesammtheiten durch ihre verfassungsmäßigen Organe, Repräsentanten oder Generalbevollmächtigte, sowie durch Pächter oder Nießbraucher der zur Theilnahme am Stimmrechte befähigenden Grundstücke, oder durch Gemeindeglieder[89]).

Auswärts wohnende Stimmberechtigte, welche das vierundzwanzigste Lebensjahr zurückgelegt haben, und auswärts wohnende Vertreter Stimmberechtigter können das Stimmrecht persönlich ausüben, sind aber befugt, sich durch männliche Gemeindeglieder[89]) vertreten zu lassen.

§. 47. Zur Ausübung des Stimmrechtes durch Vertreter (§. 46) ist erforderlich, daß

1) der Vertreter sich im Besitze der Deutschen Reichsangehörigkeit[65]) und der bürgerlichen Ehrenrechte befindet, das vierundzwanzigste Lebensjahr zurückgelegt hat und keine Armenunterstützung aus öffentlichen Mitteln empfängt, sowie außerdem, daß
2) der Vater die elterliche[90]) Gewalt besitzt,
3) der Stiefvater das zum Stimmrechte befähigende Grundstück bewirthschaftet.

§. 48. Der Regel nach steht jedem einzelnen Stimmberechtigten eine Stimme in der Gemeindeversammlung, jedoch mit folgenden Maßgaben[91]), zu:

1) Mindestens zwei Drittel sämmtlicher Stimmen müssen auf die mit Grundbesitz angesessenen Mitglieder der Gemeindeversammlung (§. 41 Absatz 1 unter 6a und b)[92]) entfallen. Uebersteigt die Anzahl der nicht angesessenen Gemeindeglieder (a. a. O. unter 6c) den dritten Theil

---

[87]) Abs. 1 gilt auch für minderjährige Forensen OV. 25. April 99 (XXXVI 164). — Ein weiblicher Vormund kann — da er nicht zur persönlichen Ausübung des Stimmrechts befugt ist (vor. Anm.) — sich durch ein Gemeindeglied vertreten lassen OV. 21. Feb. 99 (XXXVI 167).

[88]) Auch rechtskräftig geschiedene OV. 6. Okt. 99 (VB. XXI 256).

[89]) Bei Wahlen sind nur solche Vertreter zuzulassen, die als solche in die Wählerliste eingetragen sind OV. 13. Dez. 98 (XXXIV 149).

[90]) Die elterliche ist an Stelle der väterlichen Gewalt getreten Anm. 75.

[91]) Die Maßgaben, die nur auf Gemeinden ohne Gemeindevertretung Anwendung finden, bestehen in Verminderung des regelmäßigen Stimmrechts für Nichtansässige Nr. 1 u. in dessen Vermehrung für größere Grundbesitzer u. Gewerbetreibende Nr. 2, dieses jedoch mit der Nr. 3 vorgeschriebenen Einschränkung.

[92]) Dazu treten die nach § 45 Stimmberechtigten.

der Gesammtzahl der Stimmen der Mitglieder der Gemeindeversammlung, so haben die ersteren ihr Stimmrecht durch eine jenem Verhältnisse entsprechende Anzahl von Abgeordneten auszuüben, welche sie aus ihrer Mitte auf die Dauer von sechs Jahren wählen[93]).

2) Denjenigen Besitzern, welche von ihrem im Gemeindebezirke belegenen Grundeigenthume zu einem Jahresbetrag von 20 bis ausschließlich 50 Mark an Grund- und Gebäudesteuer veranlagt sind[71]), sind je zwei, denjenigen Besitzern, welche von diesem ihrem Grundeigenthume einen Jahresbetrag von 50 bis ausschließlich 100 Mark entrichten, je drei, und denjenigen Besitzern, welche 100 Mark oder mehr entrichten, je vier Stimmen beizulegen.

Auf Antrag des Kreisausschusses können durch Beschluß des Provinziallandtages die vorstehenden Sätze erhöht oder, höchstens jedoch um die Hälfte, ermäßigt werden; auch kann Grundbesitzern, welche die im ersten Absatz erwähnten Steuersätze entrichten, eine größere Zahl von Stimmen, jedoch nicht über 3, 4 und 5 Stimmen, beigelegt werden[94]).

Den Gewerbetreibenden der dritten Gewerbesteuerklasse sind 2 Stimmen, den Gewerbetreibenden der zweiten Gewerbesteuerklasse sind 3 Stimmen und den Gewerbetreibenden der ersten Gewerbesteuerklasse sind 4 Stimmen beizulegen[95]).

Für den Fall der Erhöhung der Zahl der Stimmen der Grundbesitzer sind die im vorstehenden Absatze beigelegten Stimmen entsprechend dem Schlußsatze des Absatzes 2 zu erhöhen.

3) Kein Stimmberechtigter darf in der Gemeindeversammlung mehr als ein Drittel der Gesammtzahl der Stimmen führen[96]).

Vierter Abschnitt.

Gemeindevertretung[97]).

§. 49. In denjenigen Landgemeinden, in welchen die Zahl der Stimmberechtigten mehr als 40 beträgt, tritt mit dem Zeitpunkte, wo die Liste der

[93]) Verfahren Anw. III A I 3. Ruhen der Abgeordneteneigenschaft § 44 Abs. 2.

[94]) Der Antrag kann sich auf den ganzen Kreis oder auf einzelne Gemeinden beziehen StB. HH. (Anm. 1) S. 283. — Verfahren Anw. III A I 2.

[95]) Die Gewerbesteuerklassen bestimmt das GewStG. 24. Juni 91 (GS. 205) § 6. — Wohnhaus besitzende Gewerbetreibende Anw. III A I 2 Abs. 5.

[96]) Entscheidend ist die Gesamtzahl der überhaupt berechtigten, nicht der in der einzelnen Versammlung vertretenen Stimmen.

[97]) Der vierte Abschnitt handelt von der Gemeindevertretung u. betrifft deren Einführung § 49, die Dreiklassenwahl § 50, die Bildung von Wahlbezirken oder Wahl nach Ortschaften § 51, die Berücksichtigung der Angesessenen § 52, die Wählbarkeit § 53, die Wahlperiode § 54, die Wahllisten § 55, 56, das Wahlverfahren § 57—63 u. den Amtsantritt § 64; die folgenden Bestimmungen (Pflicht zur Übernahme der Gemeindeämter § 65, Entscheidung von Streitigkeiten § 66, 67) sind dem Abschn. 4 zu Unrecht eingefügt, da sie auf Gemeinden ohne Gemeindevertretung gleichfalls Anwendung finden.

Stimmberechtigten diese Zahl nachweist (§. 39 Absatz 2), an die Stelle der Gemeindeversammlung eine Gemeindevertretung[98]).

Die Landgemeinden sind berechtigt und, falls der Kreisausschuß auf Antrag Betheiligter oder im öffentlichen Interesse dies beschließt[99]), verpflichtet, auch bei einer geringeren Anzahl von Stimmberechtigten eine Gemeindevertretung im Wege ortsstatutarischer Anordnung einzuführen[100]).

Die Gemeindevertretung besteht aus dem Gemeindevorsteher und den Schöffen, sowie den gewählten Gemeindeverordneten, deren Zahl mindestens das Dreifache der Zuerstgenannten betragen muß. Diese Zahl kann durch Ortsstatut auf 12, 15, 18 oder höchstens 24 erhöht werden[101]).

§. 50. (Abs. 1)[102]).

Niemand kann zwei Abtheilungen[102]) zugleich angehören; in die erste oder zweite Abtheilung[102]) gehört auch derjenige, dessen Steuerbetrag nur theilweise in das erste oder zweite Drittel fällt. Unter mehreren einen gleichen Steuerbetrag entrichtenden Wählern entscheidet das Lebensalter und erforderlichenfalls das Loos darüber, wer von ihnen zu der höheren Abtheilung[102]) zu rechnen ist.

Jede Abtheilung[102]) wählt aus der Zahl der Stimmberechtigten[103]) ein Drittel der Gemeindeverordneten[104]), ohne dabei an die Wähler der Abtheilung[102]) gebunden zu sein. Auch die nach §. 46 zur Stellvertretung berechtigten Personen sind wählbar, können aber nur so lange Gemeindeverordnete sein, als die Stellvertretung dauert.

§. 51. Gehören zu einer Abtheilung[102]) mehr als 500 Wähler, so kann die Wahl nach dazu gebildeten Wahlbezirken geschehen[105]). Die Anzahl und die Grenzen der Wahlbezirke, sowie die Anzahl der in einem jeden zu wählenden Gemeindeverordneten werden nach Maßgabe der Zahl der Stimmberechtigten von dem Gemeindevorsteher (Gemeindevorstande)[54]) festgesetzt.

Enthält eine Gemeinde mehrere Ortschaften[106]), so kann der Kreisausschuß auf Antrag des Gemeindevorstehers (Gemeindevorstandes)[54]) nach

[98]) Anw. III A II 1.

[99]) Beteiligte sind die Stimmberechtigten. — Gegen den Beschluß findet die Beschwerde an den Bezirksausschuß statt LVG. § 121.

[100]) Durch Beschluß der Gemeindeversammlung (§ 102) unter Genehmigung des Kreisausschusses (§ 6).

[101]) Die Mindestzahl (bei 1 Vorsteher u. 2 Schöffen) beträgt 12 u. steigt bei Vermehrung der Schöffen (§ 74) auf 28 bis höchstens (bei 1 Vorsteher u. 6 Schöffen) 31. — Anw. III A III 2 Abs. 1.

[102]) § 50 Abs. 1, der die Teilung der Wähler in 3 Klassen nach Maßgabe der direkten Steuern ordnete, ist durch das GemeindewahlG. 30. Juni 00 (Nr. I 2) § 1 (für Gemeinden über 10000 Einwohner) § 2—4 ersetzt. Die Klassen werden daselbst als Abteilungen bezeichnet.

[103]) Für die Stimmberechtigung ist die nur das aktive Wahlrecht betreffende Eintragung in die Wählerliste (§ 55, 56) nicht entscheidend OV. 23. Feb. 97 (XXXI 108).

[104]) Nr. III 2 Anm. 72. — Berücksichtigung der Angesessenen § 52.

[105]) Anw. III A II 2 Abs. 4. — Die Bestimmung ist mit Rücksicht auf größere Vorortgemeinden erlassen.

[106]) Der Begriff ist Tatfrage KV. AH. (Anm. 1) S. 54.

Verhältniß der Zahl der Stimmberechtigten jeder Abtheilung[102]) anordnen, wieviel Gemeindeverordnete aus jeder einzelnen Ortschaft von jeder in Betracht kommenden Abtheilung[102]) zu wählen sind[107]).

Ist eine Aenderung der Anzahl oder der Grenzen der Wahlbezirke oder der Anzahl der in einem jeden derselben zu wählenden Gemeindeverordneten wegen einer in der Zahl der stimmberechtigten Gemeindeglieder eingetretenen Aenderung oder aus sonstigen Gründen erforderlich geworden, so hat der Gemeindevorsteher (Gemeindevorstand)[54]) die entsprechende anderweite Festsetzung zu treffen, auch wegen des Uebergangs aus dem alten in das neue Verhältniß das Geeignete anzuordnen. Diese Festsetzung bedarf der Bestätigung des Kreisausschusses[108]).

§. 52. Mindestens zwei Drittel der Mitglieder der Gemeindevertretung müssen Angesessene (§. 41 Nr. 6a und b, §. 45) sein[109]).

Die Zahl der Gemeindeverordneten, welche hiernach aus der Mitte der Nichtangesessenen gewählt werden können, wird auf die drei Abtheilungen[102]) gleichmäßig vertheilt[110]). Ist diese Zahl nicht durch 3 theilbar, so kann, wenn die Zahl 1 übrig bleibt, die zweite Abtheilung[102]) aus der Zahl der Nichtangesessenen einen Gemeindeverordneten mehr wählen, als die beiden anderen; bleibt die Zahl 2 übrig, so kann die erste Abtheilung[102]) den einen, die dritte Abtheilung[102]) den anderen wählen.

Sind in einer Abtheilung[102]) mehr nicht angesessene Gemeindeverordnete gewählt, als hiernach zulässig ist, so gelten diejenigen, welche die geringste Stimmenzahl erhalten haben, als nicht gewählt[111]). Bei gleicher Stimmenzahl entscheidet das Loos.

Bei den zum Ersatz derselben anzuordnenden Neuwahlen sind nur die auf Angesessene entfallenden Stimmen gültig.

---

[107]) Beschwerde wie Anm. 99. — Die mit der Vorschrift verbundene Beschränkung der Wählbarkeit soll eine möglichst gleichmäßige Berücksichtigung der einzelnen Ortschaften sichern.

[108]) Beschwerde wie Anm. 99.

[109]) Als Angesessene zählen die gesetzlichen Vertreter (Anm. 86) der in § 45 Abs. 2 u. 3 aufgeführten Stimmberechtigten, nicht aber nichtangesessene Bevollmächtigte Angesessener OV. 26. April 01 (XL 169); auch die nichtangesessenen Gemeindevorsteher und Schöffen (§ 49 Abs. 3) kommen auf die zulässige Höchstzahl der Nichtangesessenen in Anrechnung 11. März 02 (XLI 162). — Verb. Anm. 78 u. Nr. III 2 Anm. 62.

[110]) Die Zahl der in einer Abteilung wählbaren Nichtangesessenen steigert sich nicht durch eine das gesetzliche Erfordernis übersteigende Anzahl der Ansässigen in einer anderen Abteilung. Durch gesetzwidrige Festsetzung des Gemeindevorstehers über die in einer Abteilung zu wählenden Nichtangesessenen wird die demgemäß vorgenommene Wahl nicht gültig OV. 11. März 02 (vor. Anm.).

[111]) Auf Wahlbezirke (§ 51 Abs. 1) hat der Gemeindevorsteher die Zahl der wählbaren Nichtangesessenen zu verteilen. Auf den Fall, wenn in derselben Abteilung, aber in verschiedenen Wahlbezirken zusammen mehr Nichtangesessene gewählt sind als zulässig ist, darf § 52 Abs. 3 nicht angewendet werden OV. 26. April 01 (Anm. 109).

§. 53[112]). Als Gemeindeverordnete sind nicht wählbar:

1) diejenigen Beamten und die vom Staate ernannten Mitglieder derjenigen Behörden, durch welche die Aufsicht des Staates über die Gemeinden ausgeübt wird[113]),
2) die besoldeten Gemeindebeamten[114]),
3) die richterlichen Beamten,
4) die Beamten der Staatsanwaltschaft[115]) und die Polizei-Exekutivbeamten[116]),
5) Geistliche, Kirchendiener und Volksschullehrer[117]),
6) Frauen.

Vater und Sohn dürfen nicht zugleich Gemeindeverordnete derselben Gemeinde sein. Sind Vater und Sohn zugleich gewählt, so wird nur der Vater als Gemeindeverordneter zugelassen.

§. 54. Die Gemeindeverordneten werden auf sechs Jahre gewählt. Alle zwei Jahre scheidet aus jeder Abtheilung[102]) ein Drittel der Gemeindeverordneten aus und wird die Gemeindevertretung durch neue Wahlen ergänzt. Ist die Zahl der Ausscheidenden nicht durch 3 theilbar, so wird die Reihenfolge der Abtheilungen[102]), in welcher die Ausscheidung je eines der Uebrigbleibenden erfolgt, durch das Loos bestimmt[118]). Die das erste und zweite Mal Ausscheidenden werden für jede Klasse durch das Loos bestimmt[119]). Die Ausscheidenden sind wieder wählbar.

Außergewöhnliche Wahlen zum Ersatze innerhalb der Wahlperiode ausgeschiedener Gemeindeverordneten müssen angeordnet werden, wenn die

---

[112]) Entscheidender Zeitpunkt u. Erfordernis der Genehmigung für Staatsbeamte Nr. III 2 Anm. 63. — Beschwerden u. Einsprüche werden nach § 66 entschieden.

[113]) Dazu gehören gem. § 139 der Landrat, der Regierungspräsident, die Mitglieder des Kreisausschusses in Posen, die laut G. 19. Mai 89 (Nr. IV 2 Anl. A) Art. IV § 1 Abs. 1 ernannt werden, u. die ernannten Mitglieder des Bezirksausschusses LVG. § 28 Abs. 2 u. Pos. G. 19. Mai 89 Art. III Abs. 3—5.

[114]) § 117. — Der Gemeindevorsteher zählt nur im Falle des § 75 Abs. 2 dazu, scheidet aber gleich den Schöffen, weil er gesetzliches Mitglied der Gemeindevertretung ist (§ 49 Abs. 3), bei der Wahl aus. — Die Wählbarkeit der besoldeten Gemeindebeamten ist nur in der Gemeinde ausgeschlossen, von der sie besoldet werden OV. 26. Nov. 97 (XXXIII 189).

[115]) Auch Amtsanwälte, nicht aber die Hilfsbeamten der Staatsanwaltschaft.

[116]) Dazu gehören Eisenbahnbeamte mit vorwiegend ausführender polizeilicher Tätigkeit OV. 3. Juni 93 (XXV 127), nicht aber Amtsvorsteher KV. AH. (Anm. 1) S. 57.

[117]) Geistliche Nr. I 3 Anl. D Anm. 7, Volksschullehrer das. Anm. 8; Rendanten der evang. Kirchenkassen sind Kirchendiener OV. (Städte) 14. Dez. 88 (XVII 124). — Emeritierte Geistliche u. Volksschullehrer sind wählbar, obgleich sie in der Besteuerung den im Dienst befindlichen gleichstehen.

[118]) Die Losung ist nicht erforderlich, wenn die Lücken für die Ergänzungswahl schon durch Ausscheiden von Mitgliedern eingetreten sind OV. 8. März 98 (XXXIV 155).

[119]) Die Losung hat für jede Abteilung stattzufinden; die Grundsätze entwickelt (Westf. LGO.) OV. 14. März 90 (XIX 136).

Gemeindevertretung oder der Gemeindevorsteher es für erforderlich erachten, oder wenn der Kreisausschuß dies beschließt. Der Ersatzmann bleibt nur bis zum Ende der Wahlperiode des Ausgeschiedenen in Wirksamkeit.

Auch bei Ergänzungs- und Ersatzwahlen ist bezüglich der Wählbarkeit von Nichtangesessenen nach den Grundsätzen des §. 52 zu verfahren[120]).

§. 55. Die nach §. 39 Absatz 2 zu führende Liste wird der Wahl zu Grunde gelegt[121]) und nach Wahlabtheilungen[102]), im Falle des §. 51 Absatz 1 außerdem nach Wahlbezirken, eingetheilt.

§. 56. In dem Zeitraume vom 15. bis 30. Januar erfolgt die Auslegung der Liste in einem vorher zur öffentlichen Kenntniß zu bringenden Raume[122]).

Während dieser Zeit kann jeder Stimmberechtigte gegen die Richtigkeit der Liste bei dem Gemeindevorsteher Einspruch erheben[123]).

Soll der Name eines einmal in die Liste aufgenommenen Stimmberechtigten wieder gelöscht werden, so ist dieses demselben unter Angabe der Gründe acht Tage vorher durch den Gemeindevorsteher mitzutheilen[124]).

§. 57. Die Wahlen der dritten Abtheilung[102]) erfolgen zuerst, die der ersten zuletzt.

§. 58. Die Wahlen zur regelmäßigen Ergänzung der Gemeindevertretung finden alle zwei Jahre im März statt. Alle Ergänzungs- und Ersatzwahlen werden, unbeschadet der Vorschrift in §. 51, von denselben Abtheilungen[102]) vorgenommen, von welchen der Ausgeschiedene gewählt war.

§. 59. Eine Woche vor dem Wahltage[125]) werden die in der Wählerliste (§. 55) verzeichneten Wähler[126]) durch den Gemeindevorsteher mittelst ortsüblicher Bekanntmachung[127]) zu den Wahlen berufen. Die Bekanntmachung

---

[120]) Hat ein angesessener Gemeindeverordneter diese Eigenschaft verloren (Anm. 78), so ist bei seinem Ausscheiden ein angesessener zu wählen; umgekehrt kann, wenn ein nicht angesessener Gemeindeverordneter nachträglich geeigneten Grundbesitz (§ 41 6 a u. b) erwirbt, für einen demnächst ausscheidenden angesessenen ein nicht angesessener gewählt werden OV. 98 (Anm. 118).

[121]) Anm. 103. — Auf Grund der Liste der Stimmberechtigten ist eine besondere Wählerliste aufzustellen Anw. I (Anm. 1) I B 1.

[122]) Nr. I 2 Anl. A d. W. Anm. 7 u. Nr. III 2 Anm. 77 Satz 1.

[123]) Nr. III 2 d. W. Anm. 80.

[124]) Das. Anm. 82.

[125]) Die Berufung kann bis zum Schluß des dem Wahltage vorausgehenden gleichen Wochentags erfolgen; eine volle Woche braucht nicht zwischen beiden Terminen frei zu bleiben. Bei Bek. durch die Zeitung ist nicht das Datum der Nummer, sondern der Tag entscheidend, an dem sie regelmäßig an die Besteller gelangt OV. 4. Okt. 93 (XXV 114). Die Einladung kann aber auch früher geschehen 11. Jan. 98 (VB. XX 76). — Verspätete Einladung macht die Wahl nicht ungültig, wenn der zu spät eingeladene Wähler an der Wahl teilnimmt OV. (StO.) 21. Feb. 90 (VB. XI 301).

[126]) Die festgestellte Liste bildet die Grundlage für die Wahlberechtigung Nr. III 2 Anm. 73 u. 75.

[127]) **Ortsübliche Bekanntmachung** ist nicht eine auf Gewohnheitsrecht beruhende, sondern eine solche, die der tatsächlichen, wenn auch nur aus Zweckmäßigkeitsrücksichten beobachteten, Übung entspricht OV. 11. Jan. 98 (XXXIV 143). Die ortsübliche Einladung mittels Herumschickens von Haus zu Haus fordert

muß den Raum, den Tag und die Stunden, in welchen die Stimmen bei dem Wahlvorstande abzugeben sind[128]), genau bezeichnen.

§. 60[129]). Der Wahlvorstand besteht aus dem Gemeindevorsteher oder einem von dem letzteren zu seinem Stellvertreter ernannten Schöffen[130]) und zwei von der Wahlversammlung gewählten Beisitzern.

§. 61. Jeder Wähler muß dem Wahlvorstande mündlich zu Protokoll erklären, wem er seine Stimme geben will[131]). Er hat so viele Personen zu bezeichnen, als zu wählen sind[132]).

Bezüglich der Stellvertretung bei der Wahl kommen die Bestimmungen im §. 46 zur Anwendung.

§. 62. Gewählt sind diejenigen, welche bei der ersten Abstimmung die meisten Stimmen und zugleich mehr als die Hälfte der Stimmen erhalten haben.

Hat sich bei der ersten Abstimmung eine unbedingte Stimmenmehrheit nicht ergeben, so werden von denjenigen Personen, welche die meisten Stimmen erhalten haben, so viele auf eine engere Wahl gebracht, daß die doppelte Anzahl der noch zu wählenden Mitglieder erreicht wird. Bei der zweiten Wahl ist die unbedingte Stimmenmehrheit nicht erforderlich. Bei Stimmengleichheit entscheidet das Loos.

Zu der engeren Wahl werden die Wähler durch eine das Ergebniß der ersten Wahl angebende Bekanntmachung des Wahlvorstandes sofort oder spätestens innerhalb einer Woche aufgefordert[133]).

Die engere Wahl findet nach denselben Vorschriften, wie die erste statt. Tritt bei derselben Stimmengleichheit ein, so entscheidet das durch die Hand des Wahlvorstehers zu ziehende Loos.

Wer in mehreren Abtheilungen[102]) oder Wahlbezirken[134]) zugleich gewählt ist, hat zu erklären, welche Wahl er annehmen will.

Die vorstehenden Bestimmungen finden auch auf eine nach §. 52 erforderlich werdende Neuwahl Anwendung.

§. 63. Die Wahlprotokolle sind von dem Wahlvorstande zu unterzeichnen und von dem Gemeindevorsteher aufzubewahren[135]). Der letztere hat das Ergebniß der Wahlen sofort in ortsüblicher Weise[127]) bekannt zu machen.

---

nicht die persönliche Mitteilung an jeden Stimmberechtigten; sie soll nur solche Verbreitung schaffen, daß mutmaßlich kein Mitglied sich der Kenntnis ohne eigene Schuld entziehen kann. Abwesende haben sich die Folgen der Nichtkenntnis selbst zuzuschreiben 22. Jan. 81 (VII 159).

[128]) Nr. III 2 Anm. 91.

[129]) Nr. I 2 Anm. 25.

[130]) Vertreter kann nur ein Schöffe sein OV. 19. Jan. 00 (VB. XXI 421).

[131]) Nr. III 2 d. W. Anm. 93—95.

[132]) Das. Anm. 96.

[133]) An der engeren Wahl können alle — auch die im ersten Termine nicht erschienenen — Wähler teilnehmen. Sie kann deshalb — falls nicht alle eingetragenen Wähler anwesend sind — weder im unmittelbaren Anschluß an die erste Wahl erfolgen, noch mit Rechtswirkung in diesem Termine verkündigt werden OV. 16. Nov. 94 (VB. XVI 269).

[134]) § 51 Abs. 1.

[135]) Das Protokoll wird durch Unterschriftsverweigerung eines Mitgliedes

Einsprüche gegen die Gültigkeit der Wahlen zur Gemeindevertretung sind innerhalb zwei Wochen nach Bekanntmachung des Wahlergebnisses bei dem Gemeindevorsteher anzubringen[136]).

§. 64. Die bei der regelmäßigen Ergänzung neu gewählten Gemeindeverordneten treten an dem der Wahl folgenden 1. April ihr Amt an; die Ausscheidenden bleiben bis zur Einführung der neu gewählten Mitglieder in Thätigkeit[137]). Die Gewählten werden von dem Gemeindevorsteher in die Versammlung der Gemeindevertretung eingeführt und durch Handschlag verpflichtet.

§. 65. Die Gemeindeglieder sind verpflichtet, unbesoldete Aemter in der Verwaltung und der Vertretung der Gemeinde[138]) zu übernehmen, sowie ein angenommenes Amt mindestens drei Jahre lang zu versehen.

Zur Ablehnung oder früheren Niederlegung solcher Aemter berechtigen folgende Entschuldigungsgründe:

1) anhaltende Krankheit,
2) Geschäfte, welche eine häufige oder lange dauernde Abwesenheit vom Wohnorte mit sich bringen,
3) das Alter von sechszig Jahren,
4) die Verwaltung eines unmittelbaren Staatsamtes[139]),
5) sonstige besondere Verhältnisse, welche nach dem Ermessen der Gemeindevertretung oder, wo eine solche nicht besteht, des Gemeindevorstehers eine gültige Entschuldigung begründen.

Wer ein unbesoldetes Amt in der Verwaltung oder in der Vertretung der Gemeinde während der vorgeschriebenen regelmäßigen Amtsdauer[140]) ver-

---

oder Vollziehung außerhalb des Wahlraumes nicht ungültig OV. 17. April 80 (VI 147). Sein Verlust macht die Wahl nicht ungültig, soweit deren Ordnungsmäßigkeit anderweit erwiesen werden kann 2. April 81 (VIII 124).

[136]) Der Einspruch, der jedem Wähler zusteht OV. 25. Okt. 82 (IX 87), ist nur gegen das Endergebnis der Wahl (nicht gegen einzelne Maßnahmen u. Entscheidungen im Wahlverfahren) gegeben 29. Okt. 97 (XXXII 127) u. kann erst nach dessen Feststellung, aber schon vor der Bekanntmachung angebracht werden 28. Feb. 93 (XXIV 33). — Weiteres Verfahren § 66², 67.

[137]) Nr. III 2 Anm. 108.

[138]) Unbesoldete Ämter sind regelmäßig in der Gemeindeverwaltung die des Gemeindevorstehers u. der Schöffen (§ 74), in der Gemeindevertretung die der Gemeindeverordneten (§ 49 Abs. 3); die letzteren sind keine Gemeindebeamte. — Die Einrichtung sonstiger Ehrenämter ist nicht beschränkt (Ehrenfeldhüter G. 1. April 80 GS. 230 § 64). Keine Gemeindeämter sind die der Mitglieder der Voreinschätzungskommissionen OV. 8. Okt. 97 (VB. XIX 100) u. (Annahmepflicht) Nr. I 3 Anl. F Anm. 9, u. die der Schiedsmänner 30. Sept. 92 (XXIII 5) und (Annahmepflicht) SchiedsmO. 29. März 79 (GS. 321) § 10, wohl aber die der Waisenräte AG. z. BGB. 20. Sept. 99 (GS. 177) Art. 77. — Die Pflicht erstreckt sich nicht auf mehrere Ämter; ein Gemeindeverordneter kann ein anderes Amt (Schöffe) ablehnen OV. 5. Juli 01 (XL 160).

[139]) Erfordernis der Genehmigung der vorgesetzten Dienstbehörde Nr. III 2 d. W. Anm. 63.

[140]) Drei Jahre § 65 Abs. 1 u. 4.

sehen hat, kann die Uebernahme desselben oder eines gleichartigen für die nächsten drei Jahre ablehnen.

Wer sich ohne einen der vorbezeichneten Entschuldigungsgründe weigert[141]), ein unbesoldetes Amt in der Verwaltung oder Vertretung der Gemeinde zu übernehmen oder das übernommene Amt drei Jahre hindurch zu versehen, sowie derjenige, welcher sich der Verwaltung solcher Aemter thatsächlich entzieht[142]), kann für einen Zeitraum von drei bis sechs Jahren der Ausübung seines Rechts auf Theilnahme an der Verwaltung und Vertretung der Gemeinde für verlustig erklärt und um ein Achtel bis ein Viertel stärker als die übrigen Gemeindeangehörigen zu den Gemeindeabgaben herangezogen werden[143]).

§. 66. Die Gemeindevertretung, wo eine solche nicht besteht der Gemeindevorsteher, beschließt

1) auf Beschwerden und Einsprüche[144]), betreffend den Besitz oder den Verlust des Gemeinderechts[145]), die Zugehörigkeit zu einer bestimmten Klasse von Stimmberechtigten[146]), die Wählbarkeit zu einer Stelle in der Gemeindeverwaltung oder Gemeindevertretung[147]), die Ausübung des Stimmrechts durch einen Dritten[148]), sowie über die Richtigkeit der Gemeindewählerliste[149]),

2) über die Gültigkeit der Wahlen zur Gemeindevertretung[150]),

---

[141]) Die Weigerung kommt erst nach Übertragung des Amtes in Betracht OV. 29. Juni 85 (XII 6). Nicht die Angabe, sondern das tatsächliche Vorhandensein der Entschuldigungsgründe ist erforderlich 20. Jan. 86 (XIII 209).

[142]) Nr. III 2 Anm. 222.

[143]) Die Nachteile werden durch nachträgliche Bereiterklärung nicht abgewendet, ihre Verhängung kann über die Zeitdauer hinaus erfolgen, während deren das Amt mindestens versehen werden mußte (60stes Lebensjahr) OV. 20. Jan. 86 (Anm. 141). — Verfahren § 66, 67.

[144]) Der Einspruch ist bei der Stelle anzubringen, die den Bescheid zu erteilen oder die Wahl geleitet hat OV. 22. Okt. 81 (VIII 115).

[145]) § 41—44. Dazu gehört Besitz oder Verlust eines unbesoldeten Gemeindeamts OV. 13. April 94 (Anm. 78).

[146]) § 45, 48, 50.

[147]) § 52, 53. — Wahlen der Gemeindevorsteher, Schöffen u. sonstigen der Bestätigung des Landrats bedürfenden Gemeindebeamten fallen nicht darunter OV. 26. Feb. 87 (XIV 181).

[148]) § 46, 47 u. 48[1].

[149]) § 55, 56.

[150]) § 57—63 nebst OV. 26. Feb. 87 (Anm. 147) u. 6. März 95 (XXVII 16). — Die Beschlußfassung erfolgt hier nicht nur auf Einspruch (§ 63 Abs. 2), sondern auch von Amtswegen. — Die Gültigkeit der Wahlen wird durch Ordnungswidrigkeiten nur beeinträchtigt, wenn nach diesen das Wahlergebnis nicht mehr als der wirkliche klar erkennbare Ausdruck des freien Willens der Mehrheit der Wähler erscheint. Die Ausschließung eines Wählers kommt hierbei nicht nur wegen des Ausfalls der einzelnen Stimme, sondern auch wegen der Hinderung der Einwirkung auf andere Stimmabgaben in Betracht OV. 21. Mai 81 (VII 195). Der Grundsatz gilt insbesondere für Wahlbeeinflussungen; diese machen eine Wahl nur ungültig, wenn sie eine erhebliche Einwirkung auf das Wahlergebnis gehabt haben 17. Feb. 94, die Empfehlung des Wahlkandidaten durch den Gemeindevorsteher bildet keine unzulässige Wahlbeeinflussung 15. Juli 93 (VV. XV 605 u. 72). Das Gleiche gilt vom Zuruf einer Person im Wahlraum, daß ein bestimmter Kandidat zu wählen sei oder der Unterbrechung der Wahlhandlung, um später eintreffenden Wählern die Stimmabgabe zu ermöglichen 29. April 96 (VV. XVII 386).

3) über die Berechtigung der Ablehnung oder Niederlegung einer Stelle in der Gemeindeverwaltung oder Gemeindevertretung, sowie über die Nachtheile, welche gegen Gemeindeglieder wegen Nichterfüllung der ihnen nach diesem Gesetze obliegenden Pflichten zu verhängen sind[151]).

§. 67. Die Beschlüsse der Gemeindevertretung und des Gemeindevorstehers in den Fällen des §. 66 bedürfen keiner Genehmigung oder Bestätigung von Seiten des Gemeindevorstehers oder der Aufsichtsbehörde.

Gegen die Beschlüsse findet die Klage im Verwaltungsstreitverfahren statt, welche, wenn der Beschluß von der Gemeindevertretung gefaßt ist, auch dem Gemeindevorsteher zusteht[152])

Die Klage hat in den Fällen des §. 66 unter 1 und 2 keine aufschiebende Wirkung, jedoch dürfen Neuwahlen zum Ersatz für solche Wahlen, welche durch Beschluß der Gemeindevertretung oder des Gemeindevorstehers für ungültig erklärt worden sind, vor ergangener rechtskräftiger Entscheidung nicht vorgenommen werden.

Fünfter Abschnitt.

Gemeindevermögen[153]).

§. 68. Im Eigenthum der Landgemeinden stehen sowohl diejenigen Bestandtheile des Gemeindevermögens, deren Erträge für die Zwecke des Gemeindehaushalts bestimmt sind (Gemeindevermögen im engeren Sinne), wie auch diejenigen Vermögensgegenstände, deren Nutzungen den Gemeinde-

---

[151]) § 65. In diesem Falle hat die gegen den Beschluß erhobene Klage aufschiebende Wirkung § 67 Abs. 2.

[152]) Die Beschlüsse sind den Beteiligten vorschriftsmäßig zuzustellen OV. (Hess. LGO.) 8. Okt. 01 (XL 165). Die Klagefrist (§ 144) beginnt mit der Zustellung (LVG. § 52). Die Klage steht nur dem Gemeindevorsteher (zur Wahrung des öffentlichen Interesses), dem Gewählten u. dem auf Einspruch Zurückgewiesenen (Anm. 123) zu OV. 23. Sept. 93 (VB. XV 120). — Die Klage ist unzulässig gegen die Richtigkeit der Wählerliste Anm. 123 u. 126, gegen die Wahl der Gemeindebeamten Anm. 147 u. wegen einer Wahl, über die bereits auf Klage eines anderen Beteiligten rechtskräftig entschieden ist OV. 18. Jan. 87 (XIV 43). — Die Beiladung ist notwendig für den Gewählten OV. 18. Mai 00 (XXXVIII 155) u. den nachträglich in der Wählerliste Gestrichenen 19. Feb. 96 (XXIX 114). — Die Vertretung der Gemeinde erfolgt durch den Gemeindevorsteher u. wenn dieser Kläger ist, durch den Schöffen oder einen besonders zu bestellenden Vertreter (§ 144 Abs. 2) OV. 25. Okt. 79 (VI 136). — Der Verwaltungsrichter hat nur über Gültigkeit oder Ungültigkeit der Wahl zu befinden OV. 28. Okt. 98 (VB. XX 258).

[153]) Der fünfte Abschnitt stellt neben das eigentliche Gemeindevermögen das Gemeindegliedervermögen § 68, 69 nebst Anw. III C 1 Abs. 1 u. betrifft im wesentlichen nur dieses in dem Recht der Teilnahme an den Gemeindenutzungen § 70, dessen Geltendmachung § 71 u. den für die Teilnahme zu entrichtenden Abgaben § 72, 73. — Von der Verwaltung des Gemeindevermögens handeln dagegen § 113—116 (in Abschn. 8) u. § 88 Abs. 4[3] (in Abschn. 6). Bestand des Gemeindevermögens bei Erlaß der LGO. Begr. (Anm. 1) Anl. D Nr. 2.

angehörigen oder einzelnen derselben vermöge dieser ihrer Eigenschaft zukommen[154]) (Gemeindegliedervermögen, Allmenden, Gemeinheiten)[155]).

Im Weiteren kommen die Bestimmungen der Deklaration einiger Vorschriften des Allgemeinen Landrechts und der Gemeinheitstheilungsordnung vom 7. Juni 1821, betreffend das nutzbare Gemeindevermögen, vom 26. Juli 1847 (Gesetz-Samml. S. 327)[156]) zur Anwendung.

§. **69.** Das den Zwecken des Gemeindehaushalts gewidmete Vermögen darf nur dann in Gemeindegliedervermögen umgewandelt werden, wenn die Gemeinde schuldenfrei ist und durch eine solche Veränderung weder die Einführung neuer Gemeindeabgaben, noch auch die Erhöhung bestehender für absehbare Zeit erforderlich wird[157]).

Hinsichtlich der Verwaltung der Gemeindewaldungen bewendet es bei den bestehenden Bestimmungen, im Besonderen dem Gesetze vom 14. August 1876 (Gesetz-Samml. S. 373)[158]).

Gemeindegliedervermögen kann unter hinzutretender Genehmigung des Kreisausschusses in Gemeindevermögen im engeren Sinne umgewandelt werden, jedoch mit der Einschränkung, daß Nutzungsrechte, welche nicht den sämmtlichen, sondern nur einzelnen Gemeindegliedern oder Einwohnern, als solchen, zu-

[154]) Auch wenn sie außerdem durch den Besitz eines Grundstücks oder durch besondere persönliche Verhältnisse bedingt sind Dekl. (Anl. C) § 1 Abs. 2 Satz 2.

[155]) Das Gemeindegliedervermögen, dessen Nutzung den Gemeindegliedern nur vermöge dieser öffentlich-rechtlichen Eigenschaft zusteht, liegt gleich dem Gemeindevermögen auf dem Gebiete des öffentlichen Rechts. Beiden steht das Interessentenvermögen gegenüber, das gemeinschaftliche Eigentum gewisser Klassen von Gemeindeangehörigen, das ihnen nicht als solchen, sondern auf Grund privatrechtlichen Titels zusteht OV. 11. Juni 95 (VB. XVII 95) u. Anw. III C 1 Abs. 3. Streitigkeiten über dieses Vermögen — das auch im Eigentum der Gemeinden stehen OV. (mit bezug auf Dekl. Anl. C) 7. Mai 87 (XV 190) u. in Berechtigungen bestehen kann 7. Jan. 02 (VB. XXIII 679) — entscheidet der ordentliche Richter OV. 12. März 79 (V 160). Besondere Arten des Interessentenvermögens sind:

a) Gemeinschaftliche Holzungen, die den für Gemeindeforsten gegebenen Aufsichtsbestimmungen (Nr. I 5) unterliegen G. 14. März 81 (GS. 261) § 2;

b) die gemeinschaftlichen, durch ein Auseinandersetzungsverfahren begründeten Angelegenheiten Nr. 1 Anl. A II 3b;

c) die Jagdnutzung das. 3c;

d) Fischereiberechtigungen, die, soweit sie ohne Verbindung mit einem bestimmten Grundbesitz von allen Einwohnern oder Mitgliedern einer Gemeinde bis zum Inkrafttreten des FischereiG. 30. Mai 74 (GS. 197) ausgeübt werden konnten, nach dessen § 6 zum Gemeindevermögen geworden sind OV. 7. Mai 87 (XV 187).

[156]) Die Dekl., nach der weder das Gemeinde- noch das Gemeindegliedervermögen durch Gemeinheitsteilung in Privatvermögen verwandelt werden darf, bildet die Anlage C.

[157]) Anw. III C 1 Abs. 4. — Die Maßnahme erscheint auch da bedenklich, wo hohe Steuern erhoben werden u. muß von der Aufsichtsbehörde besonders streng geprüft werden, weil dabei das Interesse der Gemeindeglieder mit dem der Gemeinde in Widerspruch tritt. — Auch vorher war die Umwandlung nicht durch Gemeindebeschluß, sondern nur durch Vertrag unter Zustimmung der Aufsichtsbehörde oder durch Herkommen möglich OV. 11. Juni 95 (Anm. 155).

[158]) Nr. I 5 d. W.

stehen[159]), durch Gemeindebeschluß den letzteren wider ihren Willen nicht entzogen oder geschmälert werden dürfen.

§. 70. Zur Theilnahme an den Gemeindenutzungen sind die Gemeindeangehörigen[160]) unter den aus den Verleihungsurkunden, vertragsmäßigen Festsetzungen und hergebrachter Gewohnheit sich ergebenden Bedingungen und Einschränkungen berechtigt[161]). Soweit hiernach der Maßstab für die Theilnahme an diesen Nutzungen nicht feststeht, erfolgt die Vertheilung nach dem Verhältnisse, in welchem die Gemeindeangehörigen zu den kommunalen Lasten beitragen.

§. 71. Auf Beschwerden und Einsprüche, betreffend

1) das Recht zur Theilnahme an den Nutzungen und Erträgen des Gemeindevermögens[162]),
2) die besonderen Rechte einzelner örtlicher Theile des Gemeindebezirks oder einzelner Klassen der Gemeindeangehörigen in Ansehung der zu Nr. 1 erwähnten Ansprüche,

beschließt der Gemeindevorsteher (Gemeindevorstand)[163]).

Gegen den Beschluß findet die Klage im Verwaltungsstreitverfahren statt.

Der Entscheidung im Verwaltungsstreitverfahren unterliegen desgleichen Streitigkeiten zwischen Betheiligten über ihre in dem öffentlichen Rechte begründete Berechtigung zu den im Absatze 1 bezeichneten Nutzungen[164]).

Die Beschwerden und die Einsprüche sowie die Klage haben keine aufschiebende Wirkung.

§. 72. Die Landgemeinden sind befugt, auf Grund von Gemeindebeschlüssen, welche der Genehmigung des Kreisausschusses unterliegen, für die Theilname an den Gemeindenutzungen die Entrichtung eines zu deren Werthe

---

[159]) Der besondere Rechtsschutz dieses Gemeindeklassenvermögens, das eine Unterart des Gemeindegliedervermögens bildet, entspricht dem Rechtsgrundsatz, wonach die den einzelnen Körperschaftsmitgliedern im Gegensatz zu anderen u. der Gesamtheit zustehenden Rechte nicht dem Beschlusse der Mehrheit unterliegen (LR. II 6 § 68 u. 89). Ob solches Vermögen vorliegt, ist nach den in LGO. § 7 angegebenen Merkmalen zu entscheiden.

[160]) Diese ist mit Nießbrauch verbunden im Gegensatz zu dem den Gemeindeangehörigen in § 8 gewährten Nutzungsrecht.

[161]) Begriff § 7 Abs. 1; Forensen u. juristische Personen gehören nicht dazu Anm. 50.

[162]) Die Gemeinden sind berechtigt, bestehende Gemeindenutzungen — auch die gegen Einkaufsgeld (§ 72) gewährten — durch Änderung der Ortsverfassung zu beseitigen oder einzuschränken OV. 14. Feb. 02 (VB. XXIV 87). — Das Recht des einzelnen kann streitig werden, wenn dieser behauptet, daß er bei unmittelbarer Nutzung des Vermögens zu Unrecht ausgeschlossen oder verkürzt sei oder daß das von der Gemeinde selbst benutzte Vermögen die Eigenschaft des Gemeindegliedervermögens habe OV. 14. Nov. 83 (X 107). Voraussetzung ist in beiden Fällen, daß die Gemeinde die Nutzung tatsächlich bezieht 12. Sept. 77 (III 75), wenn auch auf Grund privatrechtlichen Titels 20. März 86 (VB. VII 398).

[163]) § 74 u. 89. — Anw. III C 1 Abs. 2.

[164]) Auch wenn die Klage auf Entschädigung oder Rückforderung zu viel gezahlter Einkaufsgelder gerichtet ist OV. 23. Jan. 95 (XXVII 105).

in einem angemessenen Verhältnisse stehenden Einkaufsgeldes anstatt oder neben einer jährlichen Abgabe anzuordnen[165]).

Durch die Entrichtung des Einkaufsgeldes wird die Ausübung des Gemeinderechtes nicht bedingt.

Die Verpflichtung zur Zahlung des Einkaufsgeldes sowie der Abgabe für die Theilnahme an den Gemeindenutzungen ruht, so lange auf diese Theilnahme verzichtet wird.

§. 73. Hinsichtlich der Beitreibung der Einkaufsgelder und der jährlichen Abgaben für die Theilnahme an den Gemeindenutzungen im Verwaltungszwangsverfahren, der Einsprüche und Beschwerden sowie der Klage in Betreff der Heranziehung oder der Veranlagung zu diesen Abgaben, etwaiger Nachforderung derselben und der Verjährung der Rückstände finden die in den §§. 36 bis 38 enthaltenen Bestimmungen sinngemäße Anwendung[166]), jedoch mit der Maßgabe, daß die nicht zur Hebung gestellten Einkaufsgelder erst in zwei Jahren nach Ablauf desjenigen Jahres, in welchem die Zahlungsverbindlichkeit entstanden ist, verjähren.

Sechster Abschnitt.

Verwaltung der Landgemeinden[167]).

§. 74. An der Spitze der Verwaltung der Landgemeinde steht der Gemeindevorsteher (Schulze, Scholze, Richter, Dorfrichter)[168]).

Dem Gemeindevorsteher stehen zwei Schöffen (Schöppen, Gerichtsmänner, Gerichts- oder Dorfgeschworene) zur Seite, welche ihn in den Amtsgeschäften zu unterstützen und in Behinderungsfällen zu vertreten haben[169]).

---

[165]) Das Einkaufsgeld ist durch das KAG. (Nr. I 3 d. W.) nicht berührt, KAG. § 96 Abs. 7. Verb. Anm. 162.

[166]) Anm. 164 u. 165.

[167]) Der sechste Abschnitt behandelt die Gemeindeverwaltung, nicht aber deren Gegenstand, sondern nur deren Träger. Die Spitze bildet der Gemeindevorsteher, dem die Schöffen nur unterstützend und vertretend zur Seite stehen § 74 Abs. 1—5. Ausnahmsweise kann ein kollegialer Gemeindevorstand gebildet werden § 74 Abs. 6 u. § 89. Gemeindevorsteher u. Schöffen werden gewählt § 75—83 u. bedürfen der Bestätigung § 84; die Vereidigung betreffen § 85, die Dienstentschädigung § 86 u. 87. Der Geschäftskreis des Gemeindevorstehers wird bestimmt durch § 88, insbes. in der Polizeiverwaltung durch § 90, 91.

[168]) Der Gemeindevorsteher wirkt regelmäßig als Einzelperson; ein Zusammenwirken mit den Schöffen tritt jedoch ein in den § 88 Abs. 4 3 u. 7 bezeichneten Angelegenheiten, im Falle der Bildung eines kollegialen Gemeindevorstandes § 74 Abs. 6 u. in den Dorfgerichten, Anlage D. Zulässig ist ferner die Bildung besonderer Steuerausschüsse KAG. (Nr. I 3 d. W.) § 61 u. Armendeputationen G. 8. März 71 (GS. 130) § 3. — Als Amtszeichen sind Schulzenstäbe u. Armbinden gestattet KO. 1. Mai 43 u. 27. Nov. 54 (MB. 55 S. 136), Schlesien Zusammenstellung 29. Okt. 55 (MB. 56 S. 36) § 34. In neu zu beschaffenden Dienstsiegeln soll der preußische Adler nicht geführt werden Vf. 10. April 74 (MB. 101).

[169]) Anw. III A Nr. III 2 Abs. 2. — Die Vertretung durch „die Schöffen“ ist nicht dahin zu verstehen, daß diesen die Vertretung gemeinsam zusteht U. RGer. 3. April 02 (VB. XXIV 313).

Durch Ortsstatut kann die Zahl der Schöffen auf höchstens sechs vermehrt werden[170]).

Wo die Zahl der Schöffen nach der bisherigen Ortsverfassung eine größere als zwei gewesen ist, aber die Zahl sechs nicht übersteigt, verbleibt es hierbei bis zu anderweiter ortsstatutarischer Festsetzung.

Wo dem Gemeindevorsteher nur zwei Schöffen zur Seite stehen, ist ein Stellvertreter zu wählen, welcher in Behinderungsfällen eines der beiden Schöffen für diesen eintritt.

In größeren Gemeinden kann durch Ortsstatut ein aus dem Gemeindevorsteher und den Schöffen bestehender kollegialischer Gemeindevorstand eingeführt werden[171]).

§. **75.** Der Gemeindevorsteher und die Schöffen werden von der Gemeindeversammlung (Gemeindevertretung) aus der Zahl der Gemeindeglieder auf sechs Jahre gewählt[172]). Nach dreijähriger Amtsdauer kann der Gemeindevorsteher auf weitere neun Jahre gewählt werden[173]).

In Gemeinden mit mehr als 3000 Einwohnern kann die Gemeindevertretung die Anstellung eines besoldeten Gemeindevorstehers beschließen[174]). Die Wahl desselben erfolgt auf die Dauer von zwölf Jahren und ist nicht beschränkt auf die Gemeindeglieder.

Vater und Sohn, sowie Brüder dürfen nicht gleichzeitig Gemeindevorsteher und Schöffen sein.

§. **76.** Bezüglich der Einladung der Mitglieder der Gemeindeversammlung (Gemeindevertretung) zur Wahl kommen die Vorschriften des §. 59 zur Anwendung.

§. **77.** Der Wahlvorstand besteht aus dem Gemeindevorsteher oder dem zu dessen Vertretung berufenen Schöffen[129]), als Vorsitzenden, und aus zwei von der Gemeindeversammlung (Gemeindevertretung) zu wählenden Beisitzern[130]). Der Vorsitzende ernennt einen der Beisitzenden zum Protokollführer. Erforderlichenfalls kann jedoch auch eine nicht zur Wahlversammlung gehörige Person zum Protokollführer ernannt werden.

§. **78.** Während der Wahlhandlung dürfen im Wahlraume weder Berathungen stattfinden, noch Ansprachen gehalten, noch Beschlüsse gefaßt werden. Ausgenommen hiervon sind Berathungen und Beschlüsse des Wahlvorstandes, welche durch die Leitung des Wahlgeschäfts erheischt werden.

§. **79.** Jede Wahl erfolgt in einem besonderen Wahlgange durch Stimmzettel.

---

[170]) Anw. III A Nr. III 2 Abs. 1.

[171]) Befugnisse § 89. — Anw. III A IV.

[172]) Anw. III A Nr. III 1 Abs. 2.

[173]) Bestätigung (§ 84) ist auch in diesem Falle erforderlich, das. Abs. 1.

[174]) Die Anstellungs- u. vermögensrechtlichen Verhältnisse können durch Ortsstatut geregelt werden KBG. (I 4) § 18 u. unterliegen den § 1—7 dieses G. — Anw. III A Nr. III 4.

§. 80. Die Wähler werden in der Reihenfolge, in welcher sie in der Wählerliste[175]) aufgeführt sind, aufgerufen.

Die Aufgerufenen legen ihre Stimmzettel uneröffnet in die Wahlurne. Findet die Wahl durch die Gemeindeversammlung statt, so wird das Stimmrecht nach Maßgabe der Bestimmungen des §. 48 ausgeübt.

Die nach der Eröffnung, jedoch vor dem Schlusse der Wahlhandlung erscheinenden Wähler können noch an der Abstimmung theilnehmen[176]).

Sind keine Stimmen mehr abzugeben, so erklärt der Wahlvorstand die Wahl für geschlossen; der Vorsitzende nimmt die Stimmzettel einzeln aus der Wahlurne und verliest die darauf verzeichneten Namen, welche von einem durch den Vorsitzenden zu ernennenden Beisitzer laut gezählt werden.

§. 81. Ungültig sind diejenigen Stimmzettel,

1) welche nicht von weißem Papier oder welche mit einem äußeren Kennzeichen versehen sind,
2) welche keinen oder keinen lesbaren Namen enthalten,
3) aus welchen die Person des Gewählten nicht unzweifelhaft zu erkennen ist,
4) auf welchen mehr als ein Name oder der Name einer nicht wählbaren Person verzeichnet ist,
5) welche einen Protest oder Vorbehalt enthalten.

Alle ungültigen Stimmzettel werden als nicht abgegeben betrachtet. Ueber die Gültigkeit der Stimmzettel entscheidet vorläufig der Wahlvorstand[177]).

Die Stimmzettel[178]) sind dem Wahlprotokolle beizufügen und so lange aufzubewahren, bis über die gegen das Wahlverfahren erhobenen Einsprüche rechtskräftig entschieden ist.

§. 82. Als gewählt ist derjenige zu betrachten, welcher bei der ersten Abstimmung mehr als die Hälfte der gültig abgegebenen Stimmen erhalten hat.

Ergiebt sich bei der ersten Abstimmung diese Stimmenmehrheit nicht, so kommen bei der sofort vorzunehmenden zweiten Abstimmung diejenigen zwei Personen, welche im ersten Wahlgange die meisten Stimmen erhalten haben, auf die engere Wahl[176]). Haben mehr als zwei Personen die höchste oder zweithöchste Stimmenzahl in der Weise erhalten, daß auf sie eine gleiche Stimmenzahl entfallen ist, so entscheidet das durch die Hand des Vorsitzenden zu ziehende Loos darüber, wer auf die engere Wahl zu bringen ist. Bei dem zweiten Wahlgange sind außer den im §. 81 angegebenen ferner auch alle diejenigen Stimmzettel ungültig, welche den Namen einer nicht zur

[175]) Dieses ist gem. des nach § 76 verwendbaren § 59 die gem. § 55 u. 56 aufgestellte u. ausgelegte Liste. Bei der Wahl durch die Gemeindevertretung tritt das Mitgliederverzeichnis an Stelle der Wählerliste.

[176]) Ebenso an der engeren Wahl diejenigen, die an der ersten Abstimmung nicht teil genommen haben OV. (KrO.) 14. Nov. 77 (III 18).

[177]) Grundsätze Anm. 150.

[178]) Alle, nicht nur — wie im Reichstags-Wahlregl. 28. Mai 70 (BGBl. 275) — die ungültigen Stimmzettel.

engeren Wahl stehenden Person enthalten. Als gewählt ist derjenige zu betrachten, welcher die meisten Stimmen erhalten hat. Bei Stimmengleichheit entscheidet das durch die Hand des Vorsitzenden zu ziehende Loos.

Die Wahlprotokolle sind von dem Wahlvorstande zu unterzeichnen[135]).

§. 83. Der Vorsitzende des Wahlvorstandes hat die Gewählten von der auf sie gefallenen Wahl mit der Aufforderung in Kenntniß zu setzen, sich über die Annahme oder Ablehnung der Wahl innerhalb längstens einer Woche zu erklären. Von demjenigen, welcher hierüber keine Erklärung abgibt, wird angenommen, daß er die Wahl ablehne.

§. 84. Die gewählten Gemeindevorsteher und Schöffen bedürfen der Bestätigung durch den Landrath[179]).

Vor der Bestätigung ist der Amtsvorsteher (Distriktskommissarius)[180]) mit seinem Gutachten zu hören.

Die Bestätigung kann nur unter Zustimmung des Kreisausschusses versagt werden[181]). Dieser Zustimmung bedarf es auch dann, wenn der Wahl die Bestätigung wegen formaler Mängel des Verfahrens versagt wird.

Wird die Bestätigung versagt, so ist eine Neuwahl anzuordnen. Erhält auch diese die Bestätigung nicht, so ernennt der Landrath unter Zustimmung des Kreisausschusses einen Stellvertreter[182]) auf so lange, bis eine erneuerte Wahl die Bestätigung erlangt hat.

Dasselbe findet statt, wenn keine Wahl zu Stande kommt.

Die Bestimmungen dieses Paragraphen finden auch auf andere gewählte Gemeindebeamte Anwendung, deren Wahl der Bestätigung bedarf[183]).

§. 85. Die Gemeindevorsteher und die Schöffen werden vor ihrem Amtsantritte von dem Landrathe oder in seinem Auftrage von dem Amtsvorsteher, in der Provinz Posen von dem Distriktskommissarius, vereidigt[184]).

§. 86. Die Gemeindevorsteher haben den Ersatz ihrer baaren Auslagen und die Gewährung einer mit ihrer amtlichen Mühewaltung in billigem Verhältnisse stehenden Entschädigung zu beanspruchen[185]).

---

[179]) Dabei kann alles berücksichtigt werden, was die Bestätigung unerwünscht oder natürlich erscheinen läßt. Die erteilte Bestätigung kann aber nicht wegen später erkannter Versagungsgründe zurückgenommen werden OV. 25. April 02 (XLI 1).

[180]) Wird der Amtsvorsteher zum Gemeindevorsteher gewählt, so ist sein Stellvertreter zu hören KrO. § 57 Abs. 6. — In Posen tritt an Stelle des Amtsvorstehers der Distriktskommissar.

[181]) Gegen die Versagung ist die Beschwerde an den Bezirksausschuß zulässig LVG. § 121. Wird die Zustimmung zur Versagung abgelehnt, so kann der Landrat Klage beim OVG. (LVG. § 126) nur im Fall der Rechtsverletzung erheben OV. 27. Feb. 84 (XI 84).

[182]) Entschädigung § 87.

[183]) Der Bestätigung bedürfen nach LR. II 6 § 160 u. 159 alle gewählten Gemeindebeamten.

[184]) Die Form des Diensteides ist die für Staatsbeamte vorgeschriebene V. 22. Jan. u. 6. Mai 67 (GS. 132 u. 175). Der geleistete Diensteid gilt auch bei Übertritt in ein anderes Amt Vf. 26. Okt. 88 (MB. 191).

[185]) Die Entschädigung bildet keine Besoldung i. S. des KBG. (Nr. I 4)

Die Aufbringung derselben liegt der Gemeinde ob.

Alle fortlaufenden Geld- und Naturalbeiträge des Gutsherrn zur Remuneration des Gemeindevorstehers fallen fort.

Landdotationen, welche für die Verwaltung des Schulzenamts ausgewiesen sind, können auf Grund des gegenwärtigen Gesetzes nicht zurückgefordert werden. Sind solche Landdotationen allein oder in Verbindung mit Geld- und Naturalbeiträgen von dem Gutsherrn gewährt, so ist derselbe berechtigt, hierfür von dem Gemeindevorsteher auch ferner die Wahrnehmung der Geschäfte des Gutsvorstehers oder die Vertretung hierbei in dem bisherigen Umfange (§. 124 Absatz 2) zu fordern.

Der Gutsherr wie die Gemeinde kann die Lösung eines derartigen Verhältnisses gegen Fortfall der Geld- und Naturalbeiträge und gegen Entschädigung für die Landdotationen verlangen. Der Gemeinde steht dabei das Recht zu, statt der Gewährung einer Entschädigung die Landdotationen herauszugeben.

In Betreff der Auseinandersetzungen kommen die Vorschriften der §§. 97 bis 101 mit der Maßgabe zur Anwendung, daß zu den im ersten Absatze des §. 101 erwähnten Kosten auch die Gutsherren nichts beizutragen haben[186].

Die Schöffen haben ihr Amt in der Regel unentgeltlich zu verwalten und nur den Ersatz baarer Auslagen zu beanspruchen.

§. 87. Ueber die Festsetzung der baaren Auslagen und der Entschädigung der Gemeindevorsteher und der kommissarischen Gemeindevorsteher, sowie über die baaren Auslagen der Schöffen beschließt der Kreisausschuß auf Antrag der Betheiligten[187].

§. 88[188]. Der Gemeindevorsteher ist die Obrigkeit der Landgemeinde und führt deren Verwaltung.

---

§ 1; die Stellung ist Ehrenamt Anw. III A Nr. III 3. — Ausnahmsweise Anstellung gegen Besoldung § 75 Abs. 3.

[186]) Anm. 203.

[187]) Eine Vereinbarung über die Höhe der Auslagen u. der Entschädigung für Mühewaltung ist zulässig, schließt aber die Anfechtung in Rücksicht auf das öffentliche Interesse nicht aus OV. 20. März 78 (IV 91). Der Antrag kann auch darauf gerichtet sein, ob u. in welcher Art die Entschädigung zu leisten sei 16. Feb. 81 (VII 164).

[188]) Die Amtswirksamkeit des Gemeindevorstehers erhält durch dessen Doppelstellung als Obrigkeit (Abs. 1) u. als Verwalter der Gemeindeangelegenheiten (Abs. 2) ein eigenartiges Gepräge. Als Obrigkeit hat er Zwangsbefugnisse LVG. § 132, in Kommunalangelegenheiten hat er sie — bis auf die Anordnung der Zwangsbeitreibung der Kommunalabgaben LGO. § 88 Abs. 4[8] u. der Straffestsetzung KAG. § 82 Abs. 2 — nicht OV. 14. Okt. 82 (IX 57). Als Obrigkeit ist der Gemeindevorsteher der Staatsbehörde unbedingt (§ 88 Abs. 4[1]), als Gemeindeorgan nur insoweit unterworfen, als die Staatsaufsicht (§ 139 bis 145) es mit sich bringt. Die Ausführung der Gemeindebeschlüsse (Abs. 4[3]) hat er als Obrigkeit im Falle der Ungesetzlichkeit zu beanstanden § 140, als Gemeindeorgan schon im Falle der Zweckwidrigkeit auszusetzen § 88 Abs. 2. — Im einzelnen bestimmen über den Geschäftskreis des Gemeindevorstehers als Staatsorgan Abs. 4[1], für die Polizei § 90, 91, für sonstige Angelegenheiten Anl. B, insbes. Nr. 2 e u. i u. 3; als Gemeindeorgan LGO. § 88 Abs. 4[2–8]. Das Verhältnis des Gemeindevorstehers

Der Gemeindevorsteher führt in der Gemeindeversammlung (Gemeindevertretung) den Vorsitz mit vollem Stimmrechte.

Hat die Gemeindeversammlung (Gemeindevertretung) einen Beschluß gefaßt, welcher nach der Ansicht des Gemeindevorstehers das Gemeinwohl oder das Gemeindeinteresse verletzt, so ist der Gemeindevorsteher verpflichtet, die Ausführung des Beschlusses auszusetzen und, wenn die Gemeindeversammlung (Gemeindevertretung) bei nochmaliger Berathung bei ihrem Beschluß beharrt, innerhalb zwei Wochen die Entscheidung des Kreisausschusses einzuholen.

Insbesondere liegen dem Gemeindevorsteher folgende Geschäfte ob:

1) die Gesetze und Verordnungen, sowie die Verfügungen der ihm vorgesetzten Behörden auszuführen,
2) die Beschlüsse der Gemeindeversammlung (Gemeindevertretung) vorzubereiten,
3) die Beschlüsse der Gemeindeversammlung (Gemeindevertretung), sofern er dieselben nicht beanstandet (§. 140) oder deren Ausführung aussetzt (Absatz 3) — diejenigen über die Benutzung des Gemeindevermögens (§. 113) nach Berathung mit den Schöffen —, zur Ausführung zu bringen und demgemäß die laufende Verwaltung bezüglich des Vermögens und der Einkünfte der Gemeinde, sowie der Gemeindeanstalten, für welche eine besondere Verwaltung nicht besteht, zu führen, und diejenigen Gemeindeanstalten, für welche besondere Verwaltungen eingesetzt sind, zu beaufsichtigen,
4) die auf dem Gemeindevoranschlage oder auf Beschlüssen der Gemeindeversammlung (Gemeindevertretung) beruhenden Einnahmen und Ausgaben anzuweisen und das Rechnungs- und Kassenwesen, soweit er es nicht selbst führt, zu beaufsichtigen,
5) die Gemeindebeamten[189]), nachdem die Gemeindeversammlung (Gemeindevertretung) darüber beschlossen hat, anzustellen[190]) und zu beaufsichtigen[191]),
6) die Urkunden und Akten der Gemeinde aufzubewahren,
7) die Gemeinde nach außen zu vertreten[192]) und Namens derselben mit Behörden und Privatpersonen zu verhandeln.

---

zur Gemeindeversammlung bestimmt sich nicht nach den privatrechtlichen Regeln des Bevollmächtigten oder Verwalters, sondern nach den öffentlich-rechtlichen Vorschriften der LGO., die beide als Organe der Gemeinde ansieht OV. 20. Feb. 00 (XXXVII 116). — Haftung Nr. 1 Anl. A I d d. W.

[189]) Nur die besoldeten (§ 117, 118).

[190]) Die Gemeinde beschließt, ob u. unter welchen Bedingungen (Kautionsleistung Anw. III A III 5 Schlußsatz) Gemeindebeamte überhaupt anzustellen seien; die Auswahl u. Ernennung steht dem Gemeindevorsteher allein zu OV. 26. März 97 (XXXI 123).

[191]) Als Dienstvorgesetzter kann der Gemeindevorsteher nur Warnungen u. Verweise erteilen § 143 u. DiszG. § 18.

[192]) Zustellung im Civilprozeß CPO. § 71 (Nr. 1 Anl. A Nr. I 2 b); zur Vertretung im Verwaltungsstreitverfahren bedürfen

Urkunden über Rechtsgeschäfte, welche die Gemeinde gegen Dritte verbinden sollen, ingleichen Vollmachten, müssen unter Anführung des betreffenden Gemeindebeschlusses und der dazu etwa erforderlichen Genehmigung oder Entschließung der zuständigen Aufsichtsbehörde im Namen der Gemeinde von dem Gemeindevorsteher und einem der Schöffen unterschrieben und mit dem Gemeindesiegel versehen sein[193]. Eine der vorstehenden Bestimmung gemäß ausgestellte Vollmacht ist auch dann ausreichend, wenn die Gesetze sonst eine gerichtliche oder Notariatsvollmacht erfordern.

Zu dem Nachweise, daß von einer Gemeinde bei der Erwerbung oder Veräußerung von Grundstücken oder denselben gleichstehenden Gerechtsamen die den Gemeinden gesetzlich vorgeschriebenen besonderen Formen beobachtet sind[193]), genügt eine Bescheinigung des Landraths als Vorsitzenden des Kreisausschusses;

8) die Gemeindeabgaben und Dienste nach den Gesetzen und den Beschlüssen der Gemeindeversammlung (Gemeindevertretung) auf die Verpflichteten zu vertheilen und wegen deren Einziehung oder Ausführung die erforderlichen Anordnungen zu treffen[194]).

§. 89. Wo ein kollegialischer Gemeindevorstand eingeführt ist (§. 74 Absatz 6), können demselben die in den §§. 9, 51, 71, 88 Nr. 2 bis 4 und 8, 119 und 120 erwähnten Befugnisse durch das Ortsstatut übertragen werden.

Die Beschlüsse des Gemeindevorstandes werden nach Stimmenmehrheit und unter Theilnahme von mindestens drei Mitgliedern gefaßt[195]). Bei Stimmengleichheit entscheidet die Stimme des Vorsitzenden. Den Vorsitz führt der Gemeindevorsteher. Ueber dessen Vertretung in Behinderungsfällen hat das Ortsstatut Bestimmungen zu treffen.

Betrifft der Gegenstand der Verhandlung einzelne Mitglieder des Gemeindevorstandes oder deren Verwandte und Verschwägerte in auf- oder absteigender Linie oder bis zum dritten Grade der Seitenlinie[196]), so dürfen dieselben an der Berathung und Entscheidung nicht theilnehmen. Wird hierdurch der Gemeindevorstand beschlußunfähig, so entscheidet der Gemeindevorsteher allein.

Tritt die Beschlußunfähigkeit aus anderen Gründen ein, so hat der Gemeindevorsteher eine zweite Sitzung anzuberaumen; ergiebt sich auch in dieser

---

sie keiner Vollmacht LVG. § 73 Abs. 3. Der Prozeßvertreter der Gemeinde bedarf nur einer Vollmacht des Gemeindevorstehers OV. 6. Dez. 84 (VB. VI 196).

[193]) Vom Gemeindevorstand namens der Gemeinde geschlossene Verträge sind gültig, auch wenn der zugrundeliegende Gemeindebeschluß formell ungültig war oder beanstandet wird OV. 7. Dez. 94 (XXVII 87). Durch Wechsel wird die Gemeinde (ohne diese Förmlichkeiten) verpflichtet, sobald der Gemeindevorsteher als solcher unterschreibt U. RGer. 23. Nov. 01 (XL 23).

[194]) KAG. (Nr. I 3 b. W) § 66—68.

[195]) Wo nur 2 Schöffen vorhanden sind, ist bei Verhinderung der Stellvertreter (§ 74 Abs. 5) heranzuziehen.

[196]) BGB. § 1589, 1590.

keine Beschlußfähigkeit, so hat der Gemeindevorsteher allein hinsichtlich der auf der Tagesordnung stehenden Gegenstände Anordnung zu treffen.

§. 90. Der Gemeindevorsteher ist, sofern er nicht zugleich selbst das Amtsvorsteheramt bekleidet, das Organ des Amtsvorstehers für die Polizeiverwaltung[197]).

In dem gleichen Verhältnisse steht der Gemeindevorsteher in der Provinz Posen zu dem Distriktskommissarius.

Der Gemeindevorsteher hat vermöge dessen das Recht und die Pflicht, da, wo die Erhaltung der öffentlichen Ruhe, Ordnung und Sicherheit ein sofortiges polizeiliches Einschreiten nothwendig macht, das dazu Erforderliche vorläufig anzuordnen und ausführen zu lassen[198]).

§. 91. Der Gemeindevorsteher hat insbesondere das Recht und die Pflicht:

1) der vorläufigen Festnahme und Verwahrung einer Person nach den Vorschriften des §. 127 der Strafprozeßordnung für das Deutsche Reich vom 1. Februar 1877 (Reichs-Gesetzbl. S. 258) und des §. 6 des Gesetzes zum Schutze der persönlichen Freiheit vom 12. Februar 1850 (Gesetz-Samml. S. 45)[199]),

---

[197]) Anwendung auf Zustellung von Strafverfügungen OV. 6. Juni 77 (II 87) auf Beschaffung von Obdach für Hilfsbedürftige 2. Okt. 80 (VII 130). — Befugnis u. Zwangsrechte des Amtsvorstehers KrO. (Nr. IV 2 d. W.) § 65. — Die selbständige Wahrnehmung der Polizeiverwaltung kann der Amtsvorsteher dem Gemeindevorsteher nicht übertragen OV. 4. Feb. 80 (VI 206).

[198]) Die Maßnahmen sind als Anordnungen des Amtsvorstehers anzusehen u. in dem für diese vorgeschriebenen Verfahren anfechtbar, wenn er sie aufrecht erhält OV. 18. Feb. 95 (XXVII 295).

[199]) a) Die StPO. bestimmt:

§. 127. Wird Jemand auf frischer That betroffen oder verfolgt, so ist, wenn er der Flucht verdächtig ist oder seine Persönlichkeit nicht sofort festgestellt werden kann, Jedermann befugt, ihn auch ohne richterlichen Befehl sofort festzunehmen.

Die Staatsanwaltschaft und die Polizei- und Sicherheitsbeamten sind auch dann zur vorläufigen Festnahme befugt, wenn die Voraussetzungen eines Haftbefehls vorliegen und Gefahr im Verzug obwaltet.

Bei strafbaren Handlungen, deren Verfolgung nur auf Antrag eintritt, ist die vorläufige Festnahme von der Stellung eines solchen Antrags nicht abhängig.

§. 128. Absatz 1. Der Festgenommene ist unverzüglich, sofern er nicht wieder in Freiheit gesetzt wird, dem Amtsrichter des Bezirks, in welchem die Festnahme erfolgt ist, vorzuführen. Der Amtsrichter hat ihn spätestens am Tage nach der Vorführung zu vernehmen.

b) Das G. 12. Feb. 50 bestimmt:

§. 6. Die im §. 3 genannten Behörden, Beamten*) und Wachtmannschaften sind befugt, Personen in polizeiliche Verwahrung zu nehmen, wenn

*) Das sind „die Polizeibehörden und anderen Beamten, welchen nach den bestehenden Gesetzen die Pflicht obliegt, Verbrechen und Vergehen nachzuforschen."

2) die unter Polizeiaufsicht stehenden Personen zu beaufsichtigen[200]),

3) die ihm von dem Amtsvorsteher (Distriktskommissarius), der Staats- oder Amtsanwaltschaft aufgetragenen polizeilichen Maßregeln auszuführen und Verhandlungen aufzunehmen[201]).

---

der eigene Schutz dieser Personen oder die Aufrechterhaltung der öffentlichen Sittlichkeit, Sicherheit und Ruhe diese Maßregel dringend erfordern. Die polizeilich in Verwahrung genommenen Personen müssen jedoch spätestens im Laufe des folgenden Tages in Freiheit gesetzt werden oder es muß in dieser Zeit das Erforderliche veranlaßt werden, um sie der zuständigen Behörde zu überweisen.

c) Ferner bestimmt wegen der zu längerer Zuchthaus- oder Gefängnisstrafe verurteilten, vorläufig Entlassenen das StGB:

§ 25. Absatz 2. Die einstweilige Festnahme vorläufig Entlassener kann aus dringenden Gründen des öffentlichen Wohls von der Polizeibehörde des Orts, an welchem der Entlassene sich aufhält, verfügt werden. Der Beschluß über den endgültigen Widerruf ist sofort nachzusuchen.

[200]) Die vom Gericht zu erkennende, vom RPräs. festzusetzende Polizeiaufsicht (StGB. § 38) hat die Wirkung, daß der RPräs. den Aufenthalt an einzelnen bestimmten Orten untersagen u. Ausländer ausweisen kann u. daß Haussuchungen zu jeder Tageszeit stattfinden dürfen (StGB. § 39). Ausführung Anw. 30. Juni 00 (MB. 212, JMB. 525). — Dazu tritt die Beaufsichtigung der gem. Anm. 199 c vorläufig Entlassenen.

[201]) Das GVG. bestimmt:

§. 153. Die Beamten des Polizei- und Sicherheitsdienstes sind Hülfsbeamte der Staatsanwaltschaft und sind in dieser Eigenschaft verpflichtet, den Anordnungen der Staatsanwälte bei dem Landgerichte ihres Bezirks und der diesen vorgesetzten Beamten Folge zu leisten.

Die nähere Bezeichnung derjenigen Beamtenklassen, auf welche diese Bestimmung Anwendung findet, erfolgt durch die Landesregierungen.

Auf Grund dieser Vorschrift sind die Gemeinde- u. Gutsvorsteher zu Hilfsbeamten der Staatsanwaltschaft ernannt Vf. 15. Sept. 79 (MB. 265, JMB. 349). Dazu bestimmt die StPO. § 161:

Die Behörden und Beamten des Polizei- und Sicherheitsdienstes haben strafbare Handlungen zu erforschen und alle keinen Aufschub gestattenden Anordnungen zu treffen, um die Verdunkelung der Sache zu verhüten.

Sie übersenden ihre Verhandlungen ohne Verzug der Staatsanwaltschaft. Erscheint die schleunige Vornahme richterlicher Untersuchungshandlungen erforderlich, so kann die Übersendung unmittelbar an den Amtsrichter erfolgen.

Sie haben demgemäß Anzeigen strafbarer Handlungen oder Anträge auf Strafverfolgung entgegen zu nehmen u., falls sie mündlich erfolgen, zu beurkunden StPO. § 156, nicht natürliche Todesfälle u. Funde von Leichnamen Unbekannter der Staatsanwaltschaft sofort anzuzeigen § 157, auch auf deren Verlangen Auskunft zu erteilen u. Ermittelungen jeder Art mit Ausschluß eidlicher Vernehmungen vorzunehmen § 159. Bei Gefahr im Verzuge sind sie berechtigt zur Anordnung von Beschlagnahmen § 98 u. von Durchsuchungen § 105. Auch die allgemeinen Zwangs-

4) die in den §§. 8 ff. des Gesetzes über die Aufnahme neu anziehender Personen vom 31. Dezember 1842 (Gesetz-Samml. 1843 S. 5) vorgeschriebene Meldung entgegenzunehmen [202]).

(Siebenter Abschnitt.
Aufhebung der mit dem Besitze gewisser Grundstücke verbundenen Berechtigung und Verpflichtung zur Verwaltung des Schulzenamtes. §. 92—101) [203]).

Achter Abschnitt.
Geschäfte der Gemeindeversammlung und Gemeindevertretung [204]).

§. 102. Die Gemeindeversammlung (Gemeindevertretung) hat über alle Gemeindeangelegenheiten zu beschließen [205]), soweit diese nicht durch das Gesetz dem Gemeindevorsteher (Gemeindevorstand) ausschließlich überwiesen sind [206]). Ueber andere Angelegenheiten darf die Gemeindeversammlung (Gemeindevertretung) nur dann berathen, wenn solche durch besondere Gesetze oder in einzelnen Fällen durch Aufträge der Aufsichtsbehörde an sie gewiesen sind [207]).

Wo eine Gemeindevertretung besteht, sind die Gemeindeverordneten an keinerlei Instruktion oder Aufträge der Wähler gebunden.

§. 103. Die Gemeindeversammlung (Gemeindevertretung) überwacht die Verwaltung [208]); sie ist berechtigt, sich von der Ausführung ihrer Beschlüsse, von dem Eingange und der Verwendung aller Einnahmen der Gemeindekasse, sowie von der gehörigen Ausführung der Gemeindearbeiten Ueberzeugung zu verschaffen; sie darf jedoch ihre Beschlüsse niemals selbst zur Ausführung bringen.

---

befugnisse (LVG. § 222 Abs. 2) sind dabei anwendbar Vf. 21. Mai 92 (MB. 222). — Beschwerden sind im Justizaufsichtswege zu entscheiden G. 24. April 78 (GS. 230) § 85 u. OV. 8. Mai 94 (XXVI 386). Anordnungen in militärgerichtlichen Angelegenheiten fallen nicht darunter 1. Juni 97 (XXXII 387). Der Oberstaats- u. der Erste Staatsanwalt hat das Recht, die ordnungswidrige Ausführung eines Amtsgeschäfts zu rügen u. die Erledigung eines Amtsgeschäfts durch Ordnungsstrafen bis zu 100 M. zu erzwingen G. 24. April 78 § 80. Die gegen Hilfsbeamte zulässigen Disziplinarstrafen (DiszG. 21. Juli 52 GS. 465 § 57, 58, 63) bleiben dagegen außer Anwendung, da das Gemeinde- u. Gutsvorsteheramt ein Ehrenamt ist G. 9. April 79 (GS. 345) § 16.

[202]) Die Meldungen sind durch Polizeiverordnungen geregelt. Grundsätze für diese Vf. 16. Juni 04 (MB. 40 u. 76).

[203]) Der siebente Abschnitt enthält Vorschriften, die für die übrigen Provinzen des Gebiets der LGO. bereits in der KrO. gegeben waren u. nunmehr auch auf die Prov. Posen ausgedehnt sind Anw. III A III 6. Sie haben keine wesentliche praktische Bedeutung mehr, nachdem die Aufhebung der Erbschulzenämter durchgeführt ist u. auch die Lösung der in § 86 Abs. 5 bezeichneten Verhältnisse nur noch ausnahmsweise vorkommen wird.

[204]) Der achte Abschnitt umfaßt den Geschäftskreis der Gemeindeversammlung u. Gemeindevertretung § 102, 103, die Form für ihre Beschlußfassungen § 104 bis 112 u. die Verwaltung u. Benutzung des Gemeindevermögens § 113—116.

[205]) Einzelfälle § 66, 72, 105, 112, 113, 119, 120.

[206]) § 38, 66, 71 Abs. 1, 88 3—5, 7, 8.

[207]) Nr. III 2 Anm. 47.

[208]) Die kommunale, nicht die obrigkeitliche.

§. 104. Die Gemeindeversammlung (Gemeindevertretung) ist zusammenzuberufen, so oft ihre Geschäfte es erfordern.

Die Zusammenberufung erfolgt unter Angabe der Gegenstände der Berathung durch den Gemeindevorsteher; sie muß erfolgen, wenn es von einem Vierteil der Mitglieder verlangt wird.

Die Art und Weise der Zusammenberufung wird durch die Ortsverfassung[209]) bestimmt. Mit Ausnahme dringender Fälle müssen zwischen der Zusammenberufung und dem Verhandlungstermine mindestens zwei Tage frei bleiben[210]).

Die Versammlungen sollen in der Regel nicht in Wirthshäusern oder Schänken abgehalten werden.

§. 105. Für die Gemeindevertretung können durch Beschluß derselben regelmäßige Sitzungstage festgesetzt werden; es müssen jedoch auch dann die Gegenstände der Berathung, und zwar mit Ausnahme dringender Fälle mindestens zwei Tage[210]) vorher den Mitgliedern der Versammlung angezeigt werden.

§. 106. Die Gemeindeversammlung ist beschlußfähig, wenn mehr als ein Drittel der stimmberechtigten Gemeindemitglieder[211]) anwesend ist.

Für die Gemeindevertretung bedarf es der Anwesenheit von mehr als der Hälfte der Mitglieder derselben[212]).

In beiden Fällen bedarf es bei der Vorladung des Hinweises darauf, daß die Nichtanwesenden sich den gefaßten Beschlüssen zu unterwerfen haben.

Wird die Gemeindeversammlung (Gemeindevertretung) zum zweiten Male zur Berathung über denselben Gegenstand zusammenberufen[211]), so sind die erschienenen Mitglieder ohne Rücksicht auf ihre Anzahl beschlußfähig. Bei der zweiten Zusammenberufung muß auf diese Bestimmung ausdrücklich hingewiesen werden.

§. 107. Die Beschlüsse werden nach Stimmenmehrheit gefaßt. Bei Stimmengleichheit entscheidet die Stimme des Vorsitzenden[213]). Die der Stimmabgabe sich enthaltenden Mitglieder werden zwar als anwesend betrachtet, die Stimmenmehrheit wird jedoch lediglich nach der Zahl der abgegebenen Stimmen festgestellt.

§. 108. An Verhandlungen über Rechte und Verpflichtungen der Gemeinde darf derjenige nicht theilnehmen, dessen Interesse mit dem der Gemeinde im Widerspruche steht[214]). Kann wegen dieser Ausschließung ein gültiger

---

[209]) Im Gegensatz zur ortsüblichen (§ 59).

[210]) Zwischen dem Tag der Zusammenberufung u. dem der Verhandlung müssen zwei volle Tage liegen Begr. (Anm. 1) S. 82.

[211]) Anw. III A I 8.

[212]) Nr. III 2 Anm. 132. — Strafe des Ausbleibens § 112.

[213]) Die Abstimmung durch Stimmzettel ist damit ausgeschlossen OV. (rhein. StO.) 5. Mai 94 (VB. XV 427).

[214]) Das Interesse der Verwandten (§ 89 Abs. 3) kommt hier nicht in Betracht.

Beschluß nicht gefaßt werden, so beschließt an Stelle der Gemeindeversammlung (Gemeindevertretung) der Kreisausschuß.

§. **109.** Bei den Sitzungen der Gemeindeversammlung (Gemeindevertretung) findet beschränkte Oeffentlichkeit statt. Denselben können als Zuhörer alle zu den Gemeindeabgaben herangezogenen männlichen großjährigen Personen beiwohnen, welche sich im Besitz der bürgerlichen Ehrenrechte befinden und Gemeindeangehörige (§. 7) oder Stimmberechtigte auf Grund des §. 45 Absatz 1 oder Vertreter von Stimmberechtigten (§. 46 Nr. 1, 2 und 4) sind. Für einzelne Gegenstände kann durch besonderen Beschluß, welcher in geheimer Sitzung gefaßt wird, die Oeffentlichkeit ausgeschlossen werden. Das Ortsstatut kann Bestimmung darüber treffen, daß die Sitzungen mit Angabe der Tagesordnung in ortsüblicher Weise[127]) vorher bekannt zu machen sind.

§. **110.** Der Vorsitzende leitet die Verhandlungen, eröffnet und schließt die Sitzungen und handhabt die Ordnung in der Versammlung[215]).

Er kann jeden Zuhörer, welcher Störung irgend einer Art verursacht, aus dem Sitzungszimmer entfernen lassen.

§. **111.** Die Beschlüsse der Gemeindeversammlung (Gemeindevertretung) sind in ein besonderes Buch einzutragen und von dem Vorsitzenden, sowie wenigstens zwei stimmberechtigten Mitgliedern der Versammlung zu unterzeichnen[216]).

§. **112.** Durch Ortsstatut kann bestimmt werden, daß unentschuldigtes Ausbleiben aus den Versammlungen der Gemeindevertretung, sowie ordnungswidriges Benehmen in diesen Versammlungen oder in der Gemeindeversammlung für das betreffende Mitglied eine in die Gemeindekasse fließende Geldstrafe von 1 bis 3 Mark nach sich ziehen, und daß im Wiederholungsfalle, nach Lage der Sache, Ausschließung aus der Versammlung auf eine gewisse Zeit, bis auf die Dauer eines Jahres, verhängt werde. Ueber die Verhängung dieser Strafen beschließt die Gemeindevertretung (Gemeindeversammlung). Gegen den Beschluß findet die Klage im Verwaltungsstreitverfahren statt[217]). Die Klage steht auch dem Gemeindervorsteher zu.

§. **113.** Die Gemeindeversammlung (Gemeindevertretung) beschließt über die Verwaltung und Benutzung des Gemeindevermögens (§§. 68 ff.)[218]).

§. **114.** Zur Veräußerung oder wesentlichen Veränderung von Sachen, welche einen besonderen wissenschaftlichen, historischen oder Kunstwerth haben, ist die Genehmigung des Regierungspräsidenten erforderlich[219]).

Zur Veräußerung[220]) von Grundstücken oder solchen Gerechtigkeiten, welche den Grundstücken gesetzlich gleichgestellt sind[221]),

---

[215]) Strafmittel § 112.

[216]) Anw. III A I 7. — Der Mangel des Protokolls macht einen Gemeindebeschluß nicht ungültig OV. 24. Juni 82 (IX 41).

[217]) § 144.

[218]) Anw. III C Nr. 2 Abs. 2 u. (Anlegung von Lagerbüchern) Nr. 1 Abs. 6.

[219]) Nr. III 2 d. W. Anm. 147.

[220]) Grunderwerb, Schenkungen und letztwillige Zuwendungen das. Anm. 145.

[221]) Das. Anm. 146.

zu einseitigen Verzichtleistungen und Schenkungen[222]),
zu Anleihen, durch welche die Gemeinde mit einem Schuldenstande belastet, oder der vorhandene vergrößert wird[223]),
zur neuen Belastung der Gemeindeangehörigen ohne gesetzliche Verpflichtung[224]),
zu Veränderungen im Genusse der Gemeindenutzungen[225])

bedarf es der Genehmigung des Kreisausschusses.

§. 115. Die Veräußerung von Grundstücken darf der Regel nach[226]) nur im Wege des öffentlichen Meistgebotes stattfinden.

Zur Gültigkeit einer solchen Veräußerung gehört:

1) die Vorlegung eines beglaubigten Auszuges aus der Grundsteuermutterrolle,
2) eine ortsübliche Bekanntmachung,
3) die einmalige Bekanntmachung durch das für die amtlichen Bekanntmachungen des Landraths bestimmte Blatt (Kreisblatt)[227]),
4) eine Frist von vier Wochen von der Bekanntmachung bis zum Verkaufstermine,
5) die Abhaltung der Verkaufsverhandlung durch den Gemeindevorsteher oder einen Justizbeamten[228]).

Der im Absatz 2 unter Nr. 3 vorgeschriebenen Bekanntmachung bedarf es nicht, wenn der Grundsteuerreinertrag des Grundstücks 6 Mark nicht übersteigt.

Liegt diese Voraussetzung (Absatz 3) vor, oder erachtet der Kreisausschuß den Vortheil der Gemeinde für gewahrt, so kann ein Verkauf aus freier Hand oder ein Tausch stattfinden.

Das Ergebniß des Verkaufes ist in allen Fällen der Gemeindeversammlung (Gemeindevertretung) mitzutheilen; der Zuschlag kann nur mit deren Genehmigung ertheilt werden.

Die vorstehenden Bestimmungen finden auch auf Verkäufe von Realberechtigungen[221]) Anwendung, wobei außerdem die Aufnahme einer Taxe in allen Fällen nothwendig ist.

Für die Eintragung im Grundbuche genügt zum Nachweise, daß der Vorschrift dieses Paragraphen genügt worden ist, die Bestätigung des Vertrages durch den Kreisausschuß.

§. 116. Die Verpachtung von Grundstücken und Gerechtsamen[229]) der Gemeinden muß im Wege des öffentlichen Meistgebotes geschehen. Ausnahmen hiervon können durch den Kreisausschuß gestattet werden.

---

[222]) Begriff BGB. § 516.
[223]) Nr. III 2 d. W. Anm. 149.
[224]) Anl. B II 1.
[225]) § 68—70.
[226]) Ausnahmen Abs. 4.
[227]) Ausnahme Abs. 2.
[228]) Richter oder Notar.
[229]) Die Pacht gibt den Fruchtgenuß u. erstreckt sich sowohl über körperliche Sachen, als über Rechte (BGB. § 581

Neunter Abschnitt.

Besoldete Gemeindebeamte, deren Gehälter und Pensionen.

§. 117. Die Landgemeinden sind befugt, die Anstellung besoldeter[230]) Gemeindebeamten für einzelne Dienstzweige oder Dienstverrichtungen zu beschließen[231]).

(§. 118)[232]).

Zehnter Abschnitt.

Gemeindehaushalt[233]).

§. 119. Ueber alle Einnahmen und Ausgaben[234]), welche sich im Voraus veranschlagen lassen, entwirft der Gemeindevorsteher (Gemeindevorstand)[163]) für das Rechnungsjahr[235]) oder für eine längere, von der Gemeindeversammlung (Gemeindevertretung) festzusetzende Rechnungsperiode, welche jedoch die Dauer von drei Jahren nicht übersteigen darf, einen Voranschlag[236]).

Der Entwurf ist während zwei Wochen nach vorheriger Bekanntmachung in einem von der Gemeindeversammlung (Gemeindevertretung) zu bestimmenden Raume zur Einsicht aller Gemeindeangehörigen auszulegen.

Nach Ablauf dieser Frist erfolgt die Feststellung des Voranschlages durch die Gemeindeversammlung (Gemeindevertretung).

Diese Feststellung ist vor Beginn des neuen Rechnungsjahres oder der neuen Rechnungsperiode zu bewirken. Der Gemeindevorsteher hat eine Abschrift des festgesetzten Voranschlages dem Vorsitzenden des Kreisausschusses einzureichen[237]).

---

bis 597), die Miete gewährt den Gebrauch u. beschränkt sich auf körperliche Sachen (BGB. § 535—580). Auf diese findet LGO. § 116 keine Anwendung. — Auch die Jagdnutzung, die zum Interessentenvermögen gehört (Anm. 155), fällt nicht darunter Anw. III C 2.

[230]) Unbesoldete (Ehren-) Ämter § 65. Besoldete Gemeindevorsteher § 75 Abs. 2.

[231]) Anstellung § 88 Abs. 4[5] u. Anw. III A III 5; Anstellungsurkunde KBG. (Nr. I 4 d. W.) § 1, Berücksichtigung der Militäranwärter Nr. I 4 Anl. C. — Die Gemeindebeamten sind unmittelbare Staatsbeamte. Als solche stehen sie unter dem Disziplinar-G. (§ 143) u. genießen die Kommunalsteuervorrechte (KAG. § 41) u. den Schutz der Konflikterhebung bei gerichtlichen Verfolgungen wegen Amts- u. Diensthandlungen nach G. 13. Feb. 54 (GS. 86). Haftpflicht Nr. 1 Anl. A I 1d d. W. — Amtsbenennungen Nr. III 2 Anm. 114. — Gemeindeforstbeamte Nr. I 5 d. W. § 7.

[232]) Über die Gehalts- u. Pensionsverhältnisse, die in § 118 geregelt waren, bestimmt jetzt das KBG. (Nr. I 4 d. W.), insbes. § 3—7 u. 18 nebst Anw. (Nr. I 4 Anl. A) Art. V[1] u. (Gemeindeforstbeamte) Art. VII.

[233]) Der zehnte Abschnitt betrifft den Voranschlag § 119, die Gemeinderechnung § 120 u. einige die Gemeindefinanzen betreffende Zuständigkeiten § 121.

[234]) Anw. III C 4.

[235]) KAG. (Nr. I 3 d. W.) § 95.

[236]) Ausnahme Abs. 6. — Der Voranschlag hat die dreifache Bedeutung als Übersicht über die wirtschaftliche Lage (Anw. III C 5 Abs. 4 Satz 3), als Richtschnur für die Anweisungsbefugnis des Gemeindevorstehers (§ 88 Abs. 4[4]) u. als Grundlage für die Rechnungslegung (§ 120 u. Anw. III C 7 Abs. 2).

[237]) Der Vors. des Kreisausschusses hat den Voranschlag weder zu genehmigen oder zu bestätigen, noch — abgesehen von dem Fall des § 141 — abzuändern OV. 11. Juni 95 (VB. XVII 95).

Der Gemeindehaushalt ist nach dem Voranschlage zu führen. Alle Gemeindeeinkünfte müssen zur Gemeindekasse gebracht werden. Ausgaben, welche außerhalb des Voranschlages geleistet werden sollen, oder über deren Verwendung besondere Beschlußfassung vorbehalten ist[238]), sowie Ueberschreitungen des Voranschlages bedürfen der vorherigen Genehmigung der Gemeindeversammlung (Gemeindevertretung).

Durch Beschluß des Kreisausschusses kann einzelnen Gemeinden die Festsetzung eines Voranschlages nachgelassen werden, wenn deren Verhältnisse dies unbedenklich erscheinen lassen[239]).

§. 120. Ueber alle Einnahmen und Ausgaben der Gemeinde muß ein nach Vorschrift angelegtes Gemeinderechnungsbuch geführt werden[240]).

Die Gemeinderechnung ist binnen drei Monaten nach dem Schlusse des Rechnungsjahres der Gemeindeversammlung (Gemeindevertretung) zur Prüfung, Feststellung und Entlastung vorzulegen.

Wo ein besonderer Gemeindeeinnehmer bestellt ist, erfolgt die Einreichung der Rechnung zunächst an den Gemeindevorsteher (Gemeindevorstand)[163]), welcher sie einer Vorprüfung zu unterziehen[241]) und, mit seinen Erinnerungen versehen, der Gemeindeversammlung (Gemeindevertretung) vorzulegen hat.

Die Feststellung der Rechnung muß innerhalb drei Monaten nach Vorlegung der Gemeinderechnung bewirkt sein.

Nach erfolgter Feststellung ist die Rechnung während eines Zeitraumes von zwei Wochen zur Einsicht der Gemeindeangehörigen auszulegen[241]).

Dem Vorsitzenden des Kreisausschusses ist eine Abschrift des Feststellungsbeschlusses sofort einzureichen.

Dem Kreisausschusse liegt die Revision der Gemeinderechnungen ob, welche alljährlich bei mehreren Gemeinden des Kreises zu erfolgen hat[242]).

§. 121. Der Kreisausschuß beschließt:

1) an Stelle der Aufsichtsbehörde über die Feststellung und den Ersatz der bei Kassen und anderen Verwaltungen der Landgemeinden vorkommenden Defekte nach Maßgabe der Verordnung vom 24. Januar 1844 (Gesetz-Samml. S. 52)[243]).

   Der Beschluß ist vorbehaltlich des ordentlichen Rechtsweges[244]) endgültig;

2) über die Art der gerichtlichen Zwangsvollstreckungen wegen Geldforderungen gegen Landgemeinden (§. 15 zu 4 des Einführungsgesetzes

---

238) § 88 Abs. 4⁴.

239) Anw. III C 5 Abs. 4.

240) Kassen- u. Rechnungswesen § 88 Abs. 4⁴; Anw. III C Nr. 7, Kassenrevisionen Nr. 8.

241) Rechnungslegung das. Nr. 9.

242) Das. Nr. 10.

243) Das. Nr. 11. — Nach der V. 24. Jan. 44 sind Defekte nach Betrag u. Ersatzpflicht durch Beschluß festzustellen, der sofort vollstreckbar ist.

244) Dieser steht den Beamten innerhalb eines Jahres offen das. § 16.

zur Deutschen Civilprozeßordnung vom 30. Januar 1877, Reichs-Gesetzbl. S. 244)[245]).

Dritter Titel.

Selbständige Gutsbezirke[246]).

§. 122. Für den Bereich eines selbständigen Gutsbezirkes ist der Besitzer des Gutes zu den Pflichten und Leistungen, welche den Gemeinden für den Bereich ihres Gemeindebezirkes im öffentlichen Interesse gesetzlich obliegen, mit den hinsichtlich einzelner dieser Leistungen aus den Gesetzen folgenden Maßgaben verbunden[247]).

Auf Beschwerden und Einsprüche, betreffend die Heranziehung oder die Veranlagung von Grundbesitzern und Einwohnern eines

---

[245]) EG. § 15 Abs. 4, der durch G. 17. Mai 98 (RGB. 332) Art. II [3a] neugefaßt ist, erhält die landesgesetzlichen Vorschriften über Zwangsvollstreckungen wegen Geldforderungen aufrecht, soweit nicht dingliche Rechte verfolgt werden. Nach der preuß. Allg. GerO. Anh. § 153 — der noch in Kraft steht Bf. JustMin. 24. März 82 (JMB. 59) u. 2. Nov. 83 (das. 332) — sind die erforderlichen Maßregeln im Einvernehmen mit der Regierung zu treffen, an deren Stelle in vorliegendem Fall der Kreisausschuß tritt.

[246]) Der dritte Titel legt in den selbständigen Gutsbezirken die öffentlich-rechtlichen, sonst den Gemeinden obliegenden Pflichten u. Leistungen den Gutsbesitzern auf, § 122, die zu deren Ausübung Stellvertreter bestellen können § 123, in gewissen Fällen bestellen müssen § 124, bei Vermeidung der Bestellung auf ihre Kosten § 126, 127; die Bestätigung u. Vereidigung betrifft § 125. — Begriff der selbständigen Gutsbezirke Nr. 1 Abs. 1 d. W., Anzahl Nr. I 1 Anl. B, Entstehung Nr. 1 Abs. 2 b, Änderung der Begrenzung LGO. § 2—4 u. Anschluß an Zweckverbände § 128 bis 138. Auch bei Bildung der Jagdbezirke (JagdpolG. 7. März 50 GS. 165 § 2) stehen Gutsbezirke den Gemeindebezirken gleich OB. 19. April 88 (XVI 344), verb. Nr. 1 Anl. A II 3 c d. W.

[247]) Die Gemeindelasten im Gutsbezirk trägt regelmäßig der Gutsherr; sie können nicht nur in das Grundstück, sondern als persönliche Last in das gesamte Vermögen des Gutsherrn vollstreckt werden. Dieser kann dauernde öffentlich-rechtliche Verpflichtungen (Schulunterhaltungslast) unter Zustimmung der betreffenden Aufsichtsbehörde mit verbindlicher Kraft für seinen Rechtsnachfolger (auch bei Fideikommißbesitz) freiwillig übernehmen OB. 20. Okt. 99 (XXXVI 204). Die Verteilung auf die Gutseinsassen ist nicht zulässig (Amtsunkosten OB. 3. Juli 78 IV 139). Ausnahmen bestehen nur:

a) bei Eingemeindungen Anm. 37;
b) bei Kriegsleistungen G. 13. Juni 73 (RGB. 129) § 6 u. 8, (Friedensleistungen kommen nicht in Betracht, da sie den Einzelpersonen obliegen u. von den Gutsverbänden nur zu verteilen sind QuartierG. 25. Juni 68 BGBl. 523 § 4, 5, 7 Abs. 6, FriedensleistG. 98 RGB. 361 § 3 bis 5, 7, 8);
c) bei der Armenlast, falls diese bei Vorhandensein anderer Grundbesitzer im Gutsbezirke durch Statut geregelt wird G. 8. März 71 (GS. 130) § 8;
d) Schullasten kann die Schulaufsichtsbehörde in Ost- u. Westpreußen auf die Gutsanwohner, soweit sie leistungsfähig sind, verteilen Preuß. SchulO. 11. Dez. 45 (GS. 46 S. 1) § 55, 56, 60 (in den übrigen östl. Provinzen liegt die Schulunterhaltung regelmäßig den Hausvätern ob LR. II 12 § 29—37).

Die Kreisabgaben, die den Gutsbezirken zur Unterverteilung auf die Steuerpflichtigen u. zur Einziehung überwiesen werden KrO. § 11, bilden keine Kommunallast des Gutsbezirks.

Gutsbezirkes zu den öffentlichen Lasten desselben, finden die Bestimmungen im §. 38 dieses Gesetzes sinngemässe Anwendung [248]).

§. **123.** Der Besitzer eines selbständigen Gutes hat insbesondere die in den §§. 90 und 91 aufgeführten obrigkeitlichen Befugnisse und Pflichten entweder in Person oder durch einen von ihm zu bestellenden, zur Uebernahme des Amtes als Gutsvorsteher befähigten Stellvertreter auszuüben [249]). Der letztere muß seinen beständigen Aufenthalt im Gutsbezirke oder in dessen unmittelbarer Nähe haben.

Es können jedoch auch außer dem im §. 86 Absatz 4 vorgesehenen Falle seitens des Besitzers des Gutes sämmtliche oder einzelne Gutsvorstehergeschäfte an den Vorsteher einer benachbarten Gemeinde unter Beider Zustimmung gegen eine angemessene Entschädigung übertragen werden.

Ehefrauen werden rücksichtlich der angeführten Rechte und Pflichten durch ihren Ehemann, Kinder unter elterlicher [90]) Gewalt durch ihren Vater und bevormundete Personen durch ihren Vormund oder Pfleger vertreten.

§. **124.** Die Bestellung eines Stellvertreters muß erfolgen, wenn:

1) das Gut unverheiratheten oder verwittweten Besitzerinnen, einer juristischen Person, einer Aktiengesellschaft, einer Kommanditgesellschaft auf Aktien, einer Berggewerkschaft oder einer eingetragenen Genossenschaft gehört, oder wenn mehrere Besitzer sich nicht darüber einigen, wer von ihnen die Geschäfte des Gutsvorstehers wahrnehmen soll,
2) der Gutsbesitzer kein Angehöriger des Deutschen Reichs [65]) ist,
3) derselbe nicht seinen beständigen Aufenthalt im Gutsbezirke oder in dessen unmittelbarer Nähe hat
   oder
4) wegen Krankheit oder aus anderen in seiner Person liegenden Gründen [250]) außer Stande ist, die Pflichten eines Gutsvorstehers zu erfüllen.

---

[248]) Das Verfahren bestimmt sich jetzt nach KAG. (I 3 d. W.) § 69, 70.

[249]) Der Träger der obrigkeitlichen Gewalt im Gutsbezirk heißt Gutsvorsteher (stellvertretender Gutsvorsteher). Dieser wird mit der Bestätigung (§ 125 Abs. 1) mittelbarer Staatsbeamter u. hat die obrigkeitlichen Rechte u. Pflichten des Gemeindevorstehers (§ 88¹, 90, 91, Dienstaufsicht § 139, Disziplinarverhältnis § 143, Amtsvorsteherschaft in den aus einem Gutsbezirk bestehenden Amtsbezirken KrO. § 56 Abs. 5). Der Gutsvorsteher ist nicht gesetzlicher Vertreter des Gutsbesitzers für vermögensrechtliche Verhältnisse OV. 4. Feb. 80 (VI 206) u. 28. Feb. 83 (IX 134). — Der Stellvertreter kann dauernd für die gesamte Tätigkeit oder für den einzelnen Behinderungsfall bestellt, ersterenfalls kann für ihn wieder ein Stellvertreter ernannt werden § 124 Abs. 2. Sein Amt beruht nur auf dem Auftrage u. endet mit dessen Zurückziehung. Seine Entschädigung ist — abgesehen von dem Fall des § 127 — Privatsache der Beteiligten OV. 23. April 81 (VII 183) u. bildet kein Diensteinkommen 2. Juni 80 (VI 127).

[250]) Disziplinarische Enthebung des Gutsvorstehers, Ausübung der elterlichen Gewalt, Vormundschaft oder Pflegeschaft über den Besitzer durch eine Frau.

Auf den Antrag des Gutsbesitzers kann ein Stellvertreter für den ernannten Gutsvorsteher bestellt werden, welcher in Fällen der Behinderung des letzteren die Gutsvorstehergeschäfte wahrzunehmen hat.

Für die von dem Hauptgute entfernt belegenen Theile eines selbständigen Gutsbezirkes kann von dem Kreisausschusse die Bestellung besonderer Stellvertreter angeordnet werden, sofern dies für eine ordnungsmäßige örtliche Verwaltung erforderlich ist[251]).

§. 125. Der Gutsbesitzer, sowie dessen Stellvertreter werden in der Eigenschaft als Gutsvorsteher von dem Landrathe bestätigt[179]). Die Bestätigung kann nur unter Zustimmung des Kreisausschusses versagt werden[181]).

Der Gutsvorsteher wird vor seinem Amtsantritte von dem Landrathe oder in dessen Auftrage von dem Amtsvorsteher (Distriktskommissarius) vereidigt[184]).

§. 126. Unterläßt der Besitzer des Gutes in den im §. 124 angegebenen Fällen oder wenn ihm die Bestätigung als Gutsvorsteher versagt worden ist, die Bestellung eines Stellvertreters, oder befindet er sich nicht im Besitze der bürgerlichen Ehrenrechte, oder ist er in Konkurs verfallen, so steht dem Landrathe unter Zustimmung des Kreisausschusses die Ernennung des Stellvertreters auf Kosten des Besitzers zu[252]).

§. 127. Ueber die Festsetzung der dem stellvertretenden Gutsvorsteher in den Fällen des §. 126[253]) zu gewährenden Vergütung beschließt der Kreisausschuß.

Vierter Titel.

Verbindung nachbarlich belegener Gemeinden und selbständiger Gutsbezirke behufs gemeinsamer Wahrnehmung kommunaler Angelegenheiten[254]).

§. 128[255]). Landgemeinden und Gutsbezirke können mit nachbarlich belegenen Landgemeinden oder Gutsbezirken zur Wahrnehmung einzelner kommu-

[251]) Die rechtliche Einheit des Gutes wird dadurch oder durch dessen Zuteilung zu mehreren Amtsbezirken nicht berührt OV. 23. Feb. 87 (XIV 231).

[252]) Die Beschwerde geht an den Bezirksausschuß LVG. § 121.

[253]) Anm. 249 (Schlußsatz).

[254]) Der vierte Titel gestattet die Verbindung benachbarter Gemeinden u. Gutsbezirke — sinngemäß auch mit Städten § 138 — zu gemeinsamer Wahrnehmung einzelner kommunaler Zwecke (Zweckverbände) § 128, 129, 131 Abs. 1 u. (Auseinandersetzung) § 130. Die Regelung der Rechtsverhältnisse erfolgt durch Statut § 132, das im Wege der Vereinbarung § 131 Abs. 1 oder im Aufsichtswege § 137 festgestellt wird u. namentlich über den Verbandsvorsteher § 132⁵ nebst 133, 134 u. die Kostenaufbringung § 132⁶ nebst 131 Abs. 1, 135 Bestimmung treffen muß. Das Beschwerde- u. Einspruchsverfahren ordnet § 136. — Die Beschränkung auf einzelne bestimmte Zwecke unterscheidet die Zweckverbände von den die gesamte kommunale Wirksamkeit umfassenden Samtgemeinden. Ihre Zwecke sind dauernde, wie sie namentlich in der den Gemeinden auferlegten Armen-, Schul- u. Wegelast (Nr. 1 Anl. A II 1) hervortreten. Andere Verbindungen sind dadurch nicht ausgeschlossen (Anm. 256) u. diese sind um so wichtiger, als die Vorschriften der LGO. den einfachen u. vielfach wechselnden Verhältnissen gegenüber zu umständlich erscheinen u. deshalb trotz warmer Empfehlung (Anw. II Nr. 5 Abs. 1) nur beschränkte Anwendung gefunden haben.

[255]) Anw. II Nr. 5 Abs. 3.

naler Angelegenheiten nach Anhörung der betheiligten Gemeinden und Gutsbesitzer durch Beschluß des Kreisausschusses verbunden werden, wenn die Betheiligten damit einverstanden sind.

Wenn ein Einverständniß der Betheiligten nicht zu erzielen ist, kann, sofern das öffentliche Interesse dies erheischt, die Bildung eines solchen Verbandes durch den Oberpräsidenten erfolgen, nachdem die Zustimmung der Betheiligten im Beschlußverfahren durch den Kreisausschuß ersetzt worden ist.

Vorstehende Bestimmungen finden auf die Fälle der Veränderung der Verbände in ihrer Zusammensetzung sowie der Auflösung derselben sinngemäße Anwendung.

§. 129. Bei der Bildung dieser Verbände ist auf die sonst bestehenden Verbände (Amtsbezirke, Kirchspiele, Schul-, Wegebau-, Armenverbände u. s. w.) thunlichst Rücksicht zu nehmen[256]).

[256]) Das. Abs. 2. — Bestehende Verbände sind nicht aufgehoben, zu Zweckverbänden umgestaltet jedoch die Ortsarmenverbände § 131 Abs. 1 u. die Wegeverbände in der Prov. Sachsen WegeO. 11. Juli 91 (GS. 316) § 18. Sonst findet die LGO. u. das Streitverfahren auf bestehende Verbände keine Anwendung OV. 12. Juli 93 (XXV 131). Die Bestimmung, daß den Amtsbezirken einzelne Kommunalangelegenheiten überwiesen werden können (KrO. § 53) ist aufgehoben LGO. § 146. Dagegen sind die Sonderbestimmungen für Spritzenverbände in Kraft geblieben Begr. (Anm. 1) S. 93; über diese bestimmt das

ZustG. 1. Aug. 83:

§. 139*). Der Kreisausschuß beschließt, soweit die Vorschriften über das Feuerlöschwesen nicht entgegenstehen, über die Genehmigung und erforderlichen Falls über die Anordnung zur Bildung, Veränderung und Aufhebung von Verbänden mehrerer Landgemeinden oder Gutsbezirke behufs gemeinschaftlicher Anschaffung und Unterhaltung von Feuerspritzen (Spritzenverbänden)**).

*) Auf die in Schlesien vorhandenen oder neu gebildeten Verbände anwendbar G. 30. März 87 (GS. 95) § 2.

**) Gegen einen die Bildung eines Spritzenverbandes ablehnenden Beschluß findet die Klage nicht statt OV. 1. Juni 97 (VB. XVIII 465).

Ueber die gemeinschaftlichen Angelegenheiten jedes Spritzenverbandes, insbesondere über die Aufbringungsweise und die Vertheilung der Kosten. sind, soweit dies nothwendig ist, die erforderlichen Festsetzungen durch ein unter den Betheiligten zu vereinbarendes Statut, welches der Bestätigung des Kreisausschusses bedarf, zu treffen. Kommt eine Vereinbarung über das Statut binnen einer von dem Kreisausschusse zu bemessenden Frist nicht zu Stande, oder wird dem Statute die Bestätigung wiederholt versagt, so stellt der Kreisausschuß das Statut fest.

§. 140. Ueber die in Folge Veränderung oder Aufhebung eines Spritzenverbandes nothwendig werdende Auseinandersetzung zwischen den Betheiligten beschließt der Kreisausschuß.

Gegen den Beschluß findet innerhalb zwei Wochen der Antrag auf mündliche Verhandlung im Verwaltungsstreitverfahren statt.

Streitigkeiten zwischen den betheiligten Gemeinden oder Gutsbezirken†)

†) Beteiligte sind nur die verbundenen

Es können diesen Verbänden auf ihren Antrag mit Königlicher Genehmigung die Rechte öffentlicher Körperschaften beigelegt werden.

§. 130[257]**).** Ueber die in Folge einer solchen Verbindung oder in Folge einer Aenderung der Zusammensetzung oder einer Auflösung der Verbände nothwendig werdende Regelung der Verhältnisse zwischen den Betheiligten beschließt der Kreisausschuß vorbehaltlich der denselben gegen einander zustehenden Klage im Verwaltungsstreitverfahren [217]).

Bei dieser Regelung sind erforderlichenfalls Bestimmungen zur Ausgleichung der öffentlich-rechtlichen Interessen der Verbandsmitglieder zu treffen. Insbesondere können einzelne Gemeinden oder Gutsbezirke zu Vorausleistungen verpflichtet werden, wenn diejenigen, mit welchen sie verbunden werden sollen, für gewisse Verbandszwecke bereits vor der Verbindung für sich allein in genügender Weise Fürsorge getroffen haben oder aus anderen Gründen nur einen geringeren Vortheil von der Verbindung haben.

§. 131. Die nach Maßgabe des §. 128 gebildeten Verbände sind berechtigt, die Ausführung der in ihrem gemeinsamen Interesse liegenden Maßnahmen und Veranstaltungen auf gemeinsame Kosten zu beschließen. Sie bilden in den Fällen, wo die Fürsorge für die öffentliche Armenpflege von ihnen übernommen oder ihnen auferlegt wird, Gesammtarmenverbände im Sinne des §. 12 des Gesetzes vom 8. März 1871 (Gesetz-Samml. S. 130). Auf die bereits bestehenden Gesammtarmenverbände finden die Bestimmungen dieses Titels fortan sinngemäße Anwendung [258]).

Im Uebrigen werden die Rechtsverhältnisse der Verbände durch ein Statut geregelt, welches von den Betheiligten im Wege freier Vereinbarung festzustellen ist und der Bestätigung des Kreisausschusses unterliegt.

§. 132[259]**).** Das Statut muß enthalten:

1) die Bezeichnung derjenigen Gemeinden und selbständigen Gutsbezirke, welche den Verband bilden,

---

über ihre Berechtigung oder Verpflichtung zur Theilnahme an den Nutzungen beziehungsweise Lasten des Spritzenverbandes unterliegen der Entscheidung des Kreisausschusses im Verwaltungsstreitverfahren.

Verbindungen für staatliche Verwaltungszwecke bilden der Anschluß der Gutsbezirke an Nachbargemeinden für die Quartierlast QuartG. (Anm. 247 b) § 7 Abs. 6 nebst ZustG. § 50 Abs. 2, die Vereinigung von Gemeinde- u. Gutsbezirken zu Einkommensteuer-Voreinschätzungsbezirken G. 24. Juni 91 (GS. 175) § 31 Abs. 3—7 u. der Zusammenschluß mehrerer Gemeinden zu gemeinsamer Krankenversicherung RG. 92 (RGB. 417) § 12, 13, 83. — *Impfbezirke* u. *Hebeammenbezirke* Nr. IV 1 Anm. 3.

Gemeinde- und Gutsbezirke, nicht einzelne Beitragspflichtige oder verpflichtete Dritte. Streitigkeiten mit diesen sind im Rechtswege zu erledigen OV. 13. Nov. 89 (XIX 332).

[257]) Anw. II Nr. 5 Abs. 4 verweist bezüglich dieser Auseinandersetzung auf die daselbst unter Nr. 4 zur LGO. § 3 angegebenen Grundsätze.

[258]) Anw. II 5 Abs. 1 Schlußsatz u. Abs. 2 Satz 1—3.

[259]) Anhaltspunkte für die Statutabfassung bietet § 137.

2) die Bezeichnung der von dem Verbande wahrzunehmenden Angelegenheiten,
3) die Benennung des Verbandes und die Angabe des Ortes, wo dessen Verwaltung geführt wird,
4) die Festsetzung der Art und Weise, in welcher über die gemeinsamen Angelegenheiten des Verbandes Beschluß gefaßt wird,
5) eine Bestimmung über die Wahl oder die sonstige Art der Berufung des Verbandsvorstehers, sowie über die Vertretung des Verbandes nach Außen[260]),
6) die Bestimmung des Maßstabes für die Vertheilung der Beiträge zu den gemeinsamen Ausgaben auf die Verbandsmitglieder[261]).

Das Statut ist durch das Regierungsamtsblatt und das Kreisblatt (§. 115 Nr. 3) zur öffentlichen Kenntniß zu bringen[262]). Außerdem bleibt es der Beschlußfassung der einzelnen Verbände überlassen, weiter noch die Bekanntmachung des Statuts auf anderem Wege anzuordnen.

§. 133. Verbandsvorsteher können nur solche Personen sein, bei welchen die Voraussetzungen zur Uebernahme des Amtes als Gemeinde- oder Gutsvorsteher vorliegen[263]).

Vertreter von Gemeinden können nur die zur Uebernahme des Amts als Gemeindeverordneter in denselben befähigten Personen sein[264]).

Selbständige Gutsbezirke werden durch den Besitzer des Gutes, im Falle des §. 124 zu 1, 2 und 4 und §. 126 durch den Stellvertreter desselben vertreten.

§. 134. Die Wahl des Verbandsvorstehers[265]) bedarf, wenn der Gewählte nicht zugleich Gemeinde-, Guts- oder Amtsvorsteher ist, der Bestätigung durch den Landrath unter sinngemäßer Anwendung der Bestimmungen des §. 84 dieses Gesetzes.

Wird gegen die Gültigkeit der Wahl eines Verbandsvorstehers, welcher nach der vorstehenden Bestimmung einer besonderen Bestätigung nicht bedarf, Einspruch erhoben, so entscheidet hierüber die Versammlung der Verbands-

---

[260]) Bei Verbindung einer Gemeinde mit einem Gutsbezirk kann ein Verbandsausschuß oder die Teilnahme des Gutsbesitzers an der Gemeindeversammlung mit entscheidender Stimme vorgesehen werden. Letzterenfalls ist bei fehlender Einigung das Verfahren (Entscheidung durch den Kreisausschuß) zu regeln. Statt der Wahl des Verbandsvorstehers kann der Gemeinde- oder der Gutsvorsteher als solcher bestimmt werden, Begr. (Anm. 1) S. 94. — Beanstandung der Beschlüsse § 140. — Gegen an den Verband gerichtete wegepolizeiliche Verfügungen steht nur dem Verbandsvorsteher, nicht den zugehörigen Kommunalverbänden Einspruch u. Klage zu OV. 28. März 01 (XXXIX 208).

[261]) Dies sind die Kommunalverbände; die Unterverteilung erfolgt nach § 135.

[262]) Die Veröffentlichung durch das Amtsblatt erfolgt kostenfrei Vf. 21. Juni 93 (MB. 143).

[263]) § 75 Abs. 1 u. § 124 1, 2, 4, § 126.

[264]) Dies sind die Stimmberechtigten (§ 50 Abs. 3), bei denen kein Ausschließungsgrund (§ 53) vorliegt.

[265]) Das Verfahren regelt sich nach dem Statut (§ 132 Abs. 1 5) oder, falls dieses nichts darüber bestimmt, nach § 137 Abs. 6.

mitglieder. Gegen den Beschluß findet die Klage im Verwaltungsstreitverfahren statt[217]).

§. 135. Den einzelnen Gemeinden bleibt die Aufbringung ihrer Antheile an den gemeinsamen Ausgaben nach Maßgabe ihrer Verfassung überlassen.

§. 136. Auf Beschwerden und Einsprüche, betreffend

1) das Recht zur Mitbenutzung der öffentlichen Einrichtungen und Anstalten des Verbandes,

2) die Heranziehung der einzelnen Gemeinden und selbständigen Gutsbezirke zu den Beiträgen für Verbandszwecke,

beschließt der Verbandsvorsteher. Die Rechtsmittel und das Verfahren regeln sich nach §§. 9 und 38.

§. 137. Kommt ein Statut durch freie Vereinbarung der Betheiligten nicht zu Stande, so ist dasselbe nach Anhörung der letzteren durch den Kreisausschuß festzusetzen[255]). Hierbei kommen folgende Grundsätze zur Anwendung:

Der Verband wird in seinen Angelegenheiten durch den Verbandsausschuß und den Verbandsvorsteher vertreten. Der letztere ist die ausführende Behörde.

Der Verbandsausschuß, welcher über alle Angelegenheiten des Verbandes zu beschließen hat, besteht aus Vertretern sämmtlicher zu dem Verbande gehörigen Gemeinden und Gutsbezirke. Jede Gemeinde und jeder Gutsbezirk ist wenigstens durch einen Abgeordneten zu vertreten.

Die Vertretung der Landgemeinden in dem Verbandsausschusse erfolgt durch den Gemeindevorsteher, die Schöffen und, wenn deren Zahl nicht ausreichen sollte, durch andere von der Gemeinde zu wählende Abgeordnete.

Die Zahl der von jeder Gemeinde zu entsendenden Vertreter, sowie der jedem Gutsbezirke einzuräumenden Stimmen bemißt sich nach dem Gesammtbetrage der zu dem Zeitpunkte der Feststellung des Statutes in den Gemeindebezirken und von den Gutsbesitzern zu entrichtenden direkten Staatssteuern unter Mitberücksichtigung der nach Maßgabe des Kommunalabgabengesetzes vom 14. Juli 1893[266]) fingiert zu veranlagenden Steuersätze der in §. 33 Abs. 1[266]) a. a. O. bezeichneten Personengesammtheiten, juristischen und physischen Personen.

Der Verbandsausschuß wählt aus seiner Mitte einen Verbandsvorsteher und einen Stellvertreter desselben auf die Zeitdauer von sechs Jahren nach den für die Wahl des Gemeindevorstehers geltenden Vorschriften (§§. 76 ff.) mit der Maßgabe hinsichtlich des §. 77, daß der Verbandsausschuß aus seiner Mitte einen Wahlvorsteher wählt und von der Wahl von zwei Beisitzern Abstand nehmen kann.

Die Vertheilung der gemeinsamen Ausgaben erfolgt nach den im §. 59 Absatz 1 des Kommunalabgabengesetzes vom 14. Juli 1893[266a])

---

[266]) An Stelle des G. 27. Juli 85 § 1 getreten KAG. § 96 Abs. 5 u. 6.

[266a]) Desgl. an Stelle der LGO. § 21 Abs. 2, daselbst.

für die Vertheilung der Gemeindeabgaben vorgeschriebenen Grundsätzen, sofern nicht auf Grund des §. 130 eine andere Festsetzung stattfindet.

§. 138. Die Bestimmungen der §§. 128 bis 137 finden auch auf die Verbindung von Landgemeinden oder Gutsbezirken mit Stadtgemeinden sinngemäße Anwendung mit den Maßgaben, daß an die Stelle des Kreisausschusses der Bezirksausschuß, an die Stelle des Landraths der Regierungspräsident tritt[267]), und daß die Vertretung der Stadtgemeinden in den Verbandsausschüssen durch den Bürgermeister, den Beigeordneten (zweiten Bürgermeister), sonstige Magistratsmitglieder und erforderlichenfalls durch andere von der Stadtgemeinde zu wählende Abgeordnete erfolgt.

Fünfter Titel.

Aufsicht des Staates[268]).

§. 139. Die Aufsicht des Staates über die Verwaltung der Angelegenheiten der Landgemeinden, Gutsbezirke und Gemeindeverbände (Titel IV) wird unbeschadet der in den Gesetzen geordneten Mitwirkung des Kreisausschusses und des Bezirksausschusses in erster Instanz von dem Landrathe als Vorsitzenden des Kreisausschusses[269]), in höherer und letzter Instanz[270]) von dem Regierungspräsidenten geübt.

Beschwerden bei den Aufsichtsbehörden in den vorbezeichneten Angelegenheiten sind in allen Instanzen innerhalb zwei Wochen anzubringen.

§. 140. Beschlüsse der Gemeindeversammlung, der Gemeindevertretung oder der Gemeindeverbände (Titel IV), welche deren Befugnisse[271]) überschreiten oder die Gesetze verletzen[272]) hat der Gemeinde- oder Verbands-

---

[267]) Beschwerden gehen an den Provinzialrat LVG. § 121. — Anw. II Nr. 6. — Aufsicht LGO. § 145.

[268]) Der fünfte Titel betrifft die Staatsaufsicht (Bedeutung Nr. III 2 d. W. Anm. 227) u. behandelt im einzelnen die Zuständigkeit u. das Verfahren § 139 u. (Streitsachen) § 144, die Beanstandung der Beschlüsse § 140, die Zwangseintragung in den Voranschlag § 141, die Auflösung von Gemeindevertretungen § 142, die Dienstvergehen der Gemeindebeamten § 143 u. die Aufsicht über Gemeindeverbände, denen eine Stadtgemeinde angehört § 145. — Die Vorschriften, welche die Bestätigung von Ortsstatuten, Gemeindebeschlüssen und Wahlen betreffen, sind an den bezüglichen Stellen der LGO. berücksichtigt.

[269]) Im Vorsitz des Kreisausschusses wird der Landrat nicht durch den Kreissekretär, sondern das dazu vom Kreisausschuß gewählte Mitglied vertreten KrO. § 136 Abs. 2. — Landrat u. Kreisausschuß können bei der kommunalen Beaufsichtigung die vermittelnde u. begutachtende Tätigkeit der Amtsvorsteher in Anspruch nehmen das. § 66. — Kommunalaufsichtsverfügungen bedürfen bei der Unterzeichnung zu ihrer Rechtsgültigkeit nicht des Zusatzes „Vorsitzender des Kreisausschusses“ OV. 3. Feb. 94 (XXVI 141).

[270]) Den höheren Aufsichtsbehörden (Oberpräsidenten u. Ministern) verbleibt dabei das Recht, innerhalb ihrer gesetzlichen Zuständigkeit Verfügungen u. Anordnungen der nachgeordneten Behörden außer Kraft zu setzen oder diese Behörden mit Anweisung zu versehen LVG. § 50 Abs. 3.

[271]) § 102 Abs. 1; bei Zweckverbänden ist das Statut (§ 132 Abs. 1[2]) maßgebend.

[272]) Oder nicht oder unrichtig anwenden OV. 19. Mai 81 (VII 115). Gesetzesverletzungen bilden auch auf un-

vorsteher, entstehendenfalls auf Anweisung der Aufsichtsbehörde, mit aufschiebender Wirkung unter Angabe der Gründe zu beanstanden[273]). Gegen die Verfügung des Gemeinde- (Verbands-) Vorstehers steht der Gemeindeversammlung (der Gemeindevertretung, der Versammlung der Verbandsmitglieder) die Klage im Verwaltungsstreitverfahren zu[274]).

Die Aufsichtsbehörde ist nicht befugt, aus anderen als den vorstehend angegebenen Gründen eine Beanstandung von Beschlüssen der Gemeindeversammlung, der Gemeindevertretung oder des Gemeindeverbandes herbeizuführen.

§. 141. Unterläßt oder verweigert eine Landgemeinde, ein Gutsbezirk oder ein Gemeindeverband (Titel IV) die ihnen gesetzlich obliegenden, von der Behörde innerhalb der Grenzen ihrer Zuständigkeit festgestellten Leistungen[275])

---

gesetzlichem Wege zustande gekommene Beschlüsse OV. (Städte) 31. Jan. 02 (XLI 40).

[273]) Die Beanstandung steht im Gegensatz zu der Aussetzung des Beschlusses, die bei Verletzung des Gemeinwohles oder Gemeindeinteresses zulässig ist (§ 88 Abs. 8) u. zu der Anfechtung, die dem Gemeindevorsteher gegenüber gewissen Beschlüssen der Gemeindevertretung zusteht (§ 67 Abs. 2). — Keiner Beanstandung unterliegen Beschlüsse, die:

a) der Genehmigung bedürfen, bevor diese erteilt oder nachdem sie versagt ist OV. (PrO.) 23. April 93 (XXIV 18),
b) bereits ausgeführt sind, soweit sie nicht nach ihrer Ausführung weiter wirksam sind 7. Dez. 94 (XXVII 87),
c) keinen positiven Inhalt haben (Ablehnung eines Antrags) 7. Dez. 97 (VB. XIX 518), auch bloße Meinungsäußerungen können nicht beanstandet werden OV. (StO.) 21. Sept. 95 u. 19. Feb. 96 (VB. XVII 222, 258),
d) nicht ausführbar sind OV. (StO.) 21. Jan. 02 (VB. XXIV 295).

Der Nachweis eines öffentlichen Interesses ist nicht erforderlich OV. (KrO.) 15. Sept. 00 (XXXVII 3). — Die Verfügung braucht den Ausdruck der Beanstandung nicht zu enthalten, muß aber die Absicht einer solchen klar ersichtlich machen OV. (Städte) 19. Feb. 01 (XXXIX 47).

[274]) § 144. — Der Verwaltungsrichter hat nur über die Beanstandung zu entscheiden, nicht an Stelle des beanstandeten einen anderen Beschluß zu setzen OV. 7. Dez. 94 (Anm. 273b).

[275]) § 141 betrifft die Zwangseintragung in den Voranschlag (Zwangsetatisierung); (Aufsatz im VB. XVIII 1 u. 13, Jebens Aufsätze S. 28). Diese ist nur für solche Leistungen zulässig, die (materiell) den Kommunalverbänden gesetzlich obliegen u. (formell) von der zuständigen Behörde festgestellt sind:

a) Gesetzlich obliegend sind die Leistungen, die durch Gesetz oder durch eine nach Maßgabe des Gesetzes von der berufenen Behörde — auch einer anderen als der Kommunalaufsichtsbehörde OV. (Kreise) 3. Feb. 86 (XIII 57) — gefaßte Entschließung den Gemeinden auferlegt sind OV. 8. Jan. 90 (XIX 167), nicht solche die sie freiwillig übernommen haben (Chausseebaubeiträge), soweit es sich nicht um eine unter Zustimmung der Aufsichtsbehörde mit öffentlich rechtlicher Wirkung dauernd übernommene Verpflichtung (Schulbaulast Nr. 1 Anl. A Nr. II 1c) handelt OV. 10. März 88 (XVI 218) u. (Fortführung einer höheren Unterrichtsanstalt in dem bisherigen Umfange) 20. März 00 (XXXVII 179). Die Maßregel findet nur Anwendung, wenn andere Formen zur Durchführung fehlen, wie sie bei gerichtlichen und verwaltungsgerichtlichen Erkenntnissen durch die Zwangsvollstreckung (§ 121 Abs. 2) geboten werden; sie ist aber zulässig für rechtswirksame polizeiliche Auflagen, für die Mittel weder auf den Voranschlag zu bringen oder außerordentlich zu genehmigen, so verfügt der Landrath unter Anführung der Gründe die Eintragung in den Voranschlag oder die Feststellung der außerordentlichen Ausgabe[276]).

Gegen die Verfügung des Landraths steht der Gemeinde, dem Besitzer des Gutes, sowie dem Verbande die Klage bei dem Bezirksausschusse zu[277]).

§. 142. Durch Königliche Verordnung kann eine Gemeindevertretung aufgelöst werden. Es ist sodann binnen sechs Wochen, vom Tage der Auflösungsverordnung ab gerechnet, eine Neuwahl anzuordnen. Bis zur Einführung der neugewählten Gemeindeverordneten beschließt an Stelle der Gemeindevertretung der Kreisausschuß.

§. 143. Bezüglich der Dienstvergehen der Gemeindevorsteher, der Schöffen, der Gutsvorsteher und der Verbandsvorsteher, sowie der sonstigen Beamten der Landgemeinden, Gutsbezirke und Gemeindeverbände kommen die Bestimmungen des Gesetzes vom 21. Juli 1852 (Gesetz-Samml. S. 463) mit folgenden Maßgaben zur Anwendung[278]):

---

vorveranschlagt, noch bewilligt werden 7. Sept. 89 (XVIII 139). Auch wo eine Leistung unter Vorbehalt oder aus Irrtum tatsächlich erfüllt ist, findet die Zwangseintragung — die eine Handlung der Zwangsvollstreckung bildet — nicht statt 24. Sept. 01 (XL 131).

b) Die Feststellung erfolgt durch die für das Gebiet berufene Behörde (Polizeikosten Nr. 1 Anl. A Anm. 16). Die Aufforderung zu einer Handlung (Beschaffung einer Feuerspritze, Anstellung eines Nachtwächters) genügt nicht, es muß die Höhe des erforderlichen Betrages genau erkennbar sein OV. 11. Feb. 91 (VB. XII 541). Der Feststellung bedarf es auch dann, wenn die Leistung dem Betrage, aber nicht der Verpflichtung nach feststeht OV. (Kreise) 14. Okt. 93 (XXV 1).

[276]) Die Feststellung (Anm. 275 b) u. die Verfügung der Eintragung sind verschiedene Anordnungen, die verschiedene Rechtsmittel zulassen und, auch wo für beide dieselben Behörden zuständig sind, nicht mit einander verbunden werden dürfen OV. 10. März 88 (Anm. 275 a). Zwischen beiden soll ein angemessener Zeitraum liegen, um dem Pflichtigen die Erfüllung der Festsetzung zu ermöglichen OV. (Kreise) 6. März 82 (VIII 48) u. Vf. 30. Dez. 90 (MB. 91 S. 6). — Wiederkehrende Leistungen können nach gehöriger Festsetzung für mehrere Jahre im voraus eingetragen werden OV. 2. Juni 96 (XXX 142). Einnahmen unterliegen dagegen nicht der Zwangseintragung 11. Juni 95 (VB. XVII 95). — Die Schlußworte „oder die Feststellung der außerordentlichen Ausgabe" beziehen sich, wie die vorangegangenen Worte „oder außerordentlich zu genehmigen" auf Gutsbezirke u. auf Gemeinden, in denen kein Voranschlag festgesetzt wird (§ 119 Abs. 6).

[277]) § 144. — Auch der Gemeindevertretung steht die Klage zu OV. 18. Dez. 89 (XIX 111). — Der Verwaltungsrichter hat nur die Gesetzmäßigkeit, nicht die Notwendigkeit u. Angemessenheit zu prüfen OV. (Städte) 26. Nov. 90 (XX 65). Ist die Feststellung der Leistung (Anm. 275 b) bereits in einem förmlichen Verfahren erfolgt, so hat er auch nicht mehr die Obliegenheit der Gemeinde, sondern nur die Zuständigkeit der Behörde zur Feststellung zu prüfen OV. 1. Mai 94 (XXVII 77).

[278]) Ein Dienstvergehen liegt vor, wenn ein Beamter die Pflichten verletzt, die ihm sein Amt auferlegt, oder sich durch sein Verhalten in oder außer dem Amte der Achtung, des Ansehens oder des Vertrauens, die sein Beruf erfordert, unwürdig zeigt (DiszG. § 2). Dieses Vergehen hat, soweit nicht strafrechtliche Verfolgung eintritt (das. § 3—7), die Disziplinarbestrafung zur Folge.

1) Die Befugniß, gegen diese Beamten Ordnungsstrafen zu verhängen, steht dem Landrathe, und im Umfange des den Provinzialbehörden beigelegten Ordnungsstrafrechts dem Regierungspräsidenten zu[279]).

Gegen die Strafverfügungen des Landraths findet innerhalb zwei Wochen die Beschwerde an den Regierungspräsidenten, gegen die Strafverfügungen des Regierungspräsidenten innerhalb gleicher Frist die Beschwerde an den Oberpräsidenten statt.

2) Gegen den auf die Beschwerde in den Fällen zu 1 in letzter Instanz ergehenden Beschluß des Regierungspräsidenten oder des Oberpräsidenten findet die Klage bei dem Oberverwaltungsgerichte statt[217]).

3) In dem Verfahren auf Entfernung aus dem Amte wird die Einleitung des Verfahrens von dem Landrath oder von dem Regierungspräsidenten verfügt, und von denselben der Untersuchungskommissar und der Vertreter der Staatsanwaltschaft ernannt. Als entscheidende Disziplinarbehörde erster Instanz tritt an die Stelle der Bezirksregierung der Kreisausschuß; an die Stelle des Staatsministeriums tritt das Oberverwaltungsgericht. Der Vertreter der Staatsanwaltschaft bei dem Oberverwaltungsgericht wird von dem Minister des Innern ernannt[280]).

Die Strafen (das. § 14) bestehen in Ordnungsstrafen LGO. § 143 Nr. 1 u. 2 oder in Entfernung aus dem Amte das. Nr. 3. — Im Einzelnen bestimmen sich die Dienstvergehen nach den Anforderungen, die mit den verschiedenen Ämtern verbunden sind. Allgemein gehören dazu die unerlaubte Fernhaltung vom Amte DiszG. § 8—13, Verletzung der Amtsverschwiegenheit KO. 21. Nov. 35 (GS. 237), Schuldenmachen KO. 12. Mai u. Bf. 24. Sept. 41 (MB. 202 u. 262), Trunkenheit KO. 24. Dez. 36 (Kamptz Ann. XXI 13), das Eintreten für die gegen die Staats- u. Rechtsordnung gerichteten Bestrebungen OV. 20. Dez. 86 (XIV 404).

[279]) An Ordnungsstrafen können alle Dienstvorgesetzten Warnung u. Verweis, der Landrat u. RegPräs. auch Geld- u. (gegen untere Beamte) Arreststrafe verhängen, ersterer bis zu 9 M. u. 3 Tagen, letzterer bis zu 60 M. (bei besoldeten nicht über das Monatsgehalt hinaus) u. bis zu 8 Tagen DiszG. § 15, 17—21. — Daneben können die vorgesetzten Behörden mit den ihnen gesetzlich zustehenden Mitteln (Zwangsgewalt LVG. § 132) Beschwerden im Aufsichtswege Abhilfe verschaffen oder Beamten zur Erfüllung ihrer Pflichten in einzelnen Sachen anhalten DiszG. § 100.

[280]) Der Entfernung aus dem Amte (DiszG. § 16, 17) muß ein förmliches Verfahren vorausgehen, das durch DiszG. § 22—47 u. (vorläufige Dienstenthebung) § 48—54 (Entlassung widerruflich angestellter Beamter), § 83 bis 86 geregelt ist u. für das Verwaltungsstreitverfahren mit folgenden Maßgaben Anwendung findet:

LVG. § 157 Nr. 2: die Entscheidung erfolgt auf Grund mündlicher Verhandlung; das Gutachten des Disziplinarhofs ist nicht einzuholen; das Disziplinarverfahren kann mit Rücksicht auf den Ausfall der Voruntersuchung durch Beschluß der in erster Instanz zuständigen Behörde eingestellt werden*); die Er-

---

*) Von der Doppelzuständigkeit des vorgesetzten Ministers zur Einstellung des Verfahrens u. zur Verhängung einer Ordnungsstrafe (DiszG. § 33) ist nur die erstere auf die in erster Instanz zuständige Behörde übergegangen OV. 11. Mai 94 (XXVI 417).

In dem vorstehend zu 3 vorgesehenen Verfahren ist entstehendenfalls auch über die Thatsache der Dienstunfähigkeit der ländlichen Gemeindebeamten Entscheidung zu treffen[281]).

§. 144. Zuständig in erster Instanz ist im Verwaltungsstreitverfahren für die in diesem Gesetze vorgesehenen Fälle, sofern nicht im Einzelnen ein Anderes bestimmt ist, der Kreisausschuß. Die Frist zur Anstellung der Klage beträgt in allen Fällen zwei Wochen.

Die Gemeindeversammlung, die Gemeindevertretung, der Gemeindevorstand und der Gemeindeverband (Titel IV) können zur Wahrnehmung ihrer Rechte im Verwaltungsstreitverfahren einen besonderen Vertreter bestellen[282]).

§. 145. Auf Gemeindeverbände, denen eine Stadtgemeinde angehört (§. 138), finden an Stelle der §§. 139, 140, 141, 143, 144 die entsprechenden Vorschriften für Stadtgemeinden (§§. 7, 15, 19, 20, 21 des Gesetzes über die Zuständigkeit der Verwaltungs- und Verwaltungsgerichtsbehörden vom 1. August 1883 [Gesetz-Samml. S. 237])[283]) sinngemäße Anwendung.

Sechster Titel.

Ausführungs- und Uebergangsbestimmungen.

§. 146. Das gegenwärtige Gesetz tritt mit dem 1. April 1892 in Kraft.

Mit diesem Zeitpunkt treten alle entgegenstehenden Bestimmungen, insbesondere die §§. 18 bis 78 Theil II Titel 7 Allgemeinen Landrechts[44]), das Gesetz, betreffend die Landgemeindeverfassungen in den sechs östlichen Provinzen der Preußischen Monarchie, vom 14. April 1856, die §§. 22 bis 45 sowie der §. 53 der Kreisordnung vom 13. Dezember 1872 in der Fassung vom 19. März 1881 und die §§. 24 bis 37 des Gesetzes über die Zuständigkeit der Verwaltungs- und Verwaltungsgerichtsbehörden vom 1. August 1883 für die im §. 1 genannten Provinzen außer Kraft. Die Bestimmungen der §§. 51, 51 a und 55 a Absatz 2 der Kreisordnung bleiben auch fernerhin in Kraft[284].)

---

hebung eines Kostenpauschquantums findet nicht statt*).

Gegen stellvertretende Gutsvorsteher (§ 123) findet das Verfahren nur statt, wenn es gegen den Willen desjenigen, der ihn ernannt hat, herbeigeführt werden soll OV. 23. April 81 (Anm. 249). Die baren Auslagen bei Einstellung des Verfahrens oder Freisprechung trägt der Kreis Vf. 26. März 80 (MB. 167), dem auch die Geldstrafen zufließen 23. März 78 (MB. 46).

*) Die Maßgaben beziehen sich nur auf das besondere Disziplinarverfahren, nicht auf die im G. zugelassene Klage gegen disziplinarische Strafverfügungen; für diese besteht keine Kostenfreiheit OV. 21. Jan 88 (XVI 398).

[281]) DiszG. § 88—95. — Nr. III 2 Anl. A Anm. 65, 66 u. I 4 d. W. Anm. 39.

[282]) Anderenfalls vertritt sie — soweit er nicht selbst beteiligt ist — der Gemeindevorsteher § 88 Abs. 4[7] oder der Verbandsvorsteher § 132[5].

[283]) Aufsichtsbehörde ist der RegPr., Beschlußbehörde u. Verwaltungsgericht erster Instanz der Bezirksausschuß.

[284]) Diese Vorschriften sollten nur bis zum Erlaß der LGO. in Kraft stehen.

Rechte und Pflichten, welche auf besonderen Titeln des öffentlichen Rechts beruhen, bleiben insoweit in Kraft, als diese Titel von den bisherigen allgemeinen und besonderen gesetzlichen Vorschriften, Ordnungen, Gewohnheitsrechten und Observanzen abweichende Bestimmungen enthalten[285]). Eine solche Abweichung wird nicht vermuthet.

§. 147. Die bei Verkündigung dieses Gesetzes bereits bestehenden Ortsstatuten, allgemeinen Gewohnheitsrechte und Observanzen bleiben, soweit dieses Gesetz ortsstatutarische Regelung zulässt, unbeschadet der Bestimmung in Absatz 2, einstweilen, längstens auf drei Jahre, in Kraft[286]).

Bis zum Inkrafttreten eines Kommunalsteuergesetzes, längstens aber bis zum 1. April 1897, können die bei Verkündigung dieser Landgemeindeordnung für Vertheilung der Gemeindeabgaben statutarisch oder observanzmässig bestehenden Massstäbe durch Beschluss der Gemeinde mit Genehmigung des Kreisausschusses aufrecht erhalten werden[287]).

§. 148. Soweit den Volksschulen die Eigenschaft von Gemeindeanstalten beiwohnt[288]), kommen in Ansehung derselben die Bestimmungen dieses Gesetzes nur unter den aus den besonderen Gesetzen über die Volksschule sich ergebenden Einschränkungen zur Anwendung[289]).

§. 149. Der Minister des Innern erläßt die zur Ausführung dieses Gesetzes erforderlichen Bestimmungen[1]).

Wegen der Vorbereitungen für die nothwendig werdenden Neuwahlen ist alsbald nach der Verkündigung des Gesetzes Anordnung zu treffen. Die Vollmacht der bisherigen Mitglieder der bestehenden Gemeindevertretungen erlischt mit dem Zeitpunkt des Inkrafttretens des Gesetzes; doch bleiben dieselben bis zur Einführung der neugewählten Gemeindeverordneten im Amte.

Die zur Zeit des Inkrafttretens des Gesetzes im Amte befindlichen Gemeindevorsteher, Schöffen und sonstigen gewählten Gemeindebeamten verbleiben in demselben bis zum Ablauf ihrer Wahl-

---

[285]) Diese durch die Kommission des AH. KB. (Anm. 1) S. 86—91 eingefügte Sonderbestimmung hat an Bedeutung verloren, seitdem für Kommunalabgaben das KAG. (Nr. I 3 d. W.) maßgebend ist (Ablösbarkeit der Steuerbefreiungen das. § 21). — Die besonderen Titel des öffentlichen Rechts — im Gegensatz zu den allgemeinen (Gesetz, Gewohnheitsrecht, Ortsstatut) — sind Vertrag, der erst durch Bestätigung der Aufsichtsbehörde öffentlichrechtliche Bedeutung erlangt, Urteile, Verjährung u. Vorrechte (Privilegien). Beispiele Anm. 23, 37 u. 40.

[286]) Durch Ablauf der Zeit erledigt.

[287]) Durch KAG. (Nr. I 3 d. W.) § 96 Abs. 4 unanwendbar geworden OV. 26. Juni 96 (XXXI 120).

[288]) Nr. 1 Anl. A II 1 c.

[289]) Die Vorschrift beruht auf der besonderen Stellung, welche die Schule, auch wo sie Gemeindeanstalt ist, in der Gemeinde einnimmt Begr. (Anm. 1).

periode. Ingleichen verbleiben im Amte die besoldeten Gemeindebeamten nach Massgabe ihres Anstellungsvertrages.

Denjenigen Gemeindeangehörigen, welche zur Zeit des Inkrafttretens dieses Gesetzes von einem Einkommen von mehr als 660 Mark bis ausschliesslich 900 Mark zur Staatssteuer eingeschätzt und zu den Gemeindelasten herangezogen sind, steht in derjenigen Gemeindeversammlung, welche erstmalig über die Freilassung der im §. 13 erwähnten Personen von den Gemeindelasten zu beschliessen hat, ein Stimmrecht nach Massgabe des §. 48 Nr. 1 zu. Diese Beschlussfassung ist unmittelbar nach dem Inkraftreten des Gesetzes herbeizuführen.

Diese Bestimmung findet auf die Wahlen in die Gemeindevertretung sinngemässe Anwendung[290]).

Anlagen zur Landgemeindeordnung.

Anlage A (zu Anmerkung 1).

Anweisung II zur Ausführung der Landgemeindeordnung für die sieben östlichen Provinzen der Monarchie vom 3. Juli 1891 (GS. S. 233), betreffend die Gestaltung der Gemeinden und Gutsbezirke und die Bildung von Gemeindeverbänden*). Vom 28. Dezember 1891 (MB. 92 S. 2)[1]).

Die Landgemeindeordnung vom 3. Juli 1891 trifft im ersten und vierten Titel Bestimmungen über die Abänderung, Vereinigung und Umwandlung der ländlichen Bezirke (Gemeinde- und Gutsbezirke) und über deren Verbindung für einzelne Gemeindezwecke. Alle diese Bestimmungen verfolgen die Absicht, lebensunfähige Gebilde zu beseitigen, unzweckmäßig gestaltete Bezirke besser abzugrenzen und die Erfüllung der Gemeindeaufgaben zu erleichtern. Sie greifen in den unverändert bleibenden rechtlichen und thatsächlichen Bestand der Bezirke nicht unmittelbar ein, sondern regeln nur die Voraussetzungen und Formen für jene Maßnahmen, welche sich den örtlichen Verhältnissen anzupassen und unter dem Zusammenwirken der betheiligten Gemeinden und Gutsbesitzer und der zuständigen Organe der Staats- und Selbstverwaltung zu vollziehen haben. Diesen ist hiermit eine umfassende und bedeutungsvolle Thätigkeit zugewiesen, welche voller Hingebung bedarf, wenn die Ziele des Gesetzes, unter thunlichster Rücksichtnahme auf die Bedürfnisse und Wünsche der ländlichen Bevölkerung, verwirklicht werden sollen.

Um die Ausführung des Gesetzes in diesem Sinne zu fördern, wird auf Grund des §. 149 Abs. 1 nachstehende Anweisung ertheilt.

---

*) Die ohne nähere Bezeichnung angeführten Paragraphen sind die der Landgemeindeordnung vom 3. Juli 1891.

---

[290]) Erledigte Übergangsbestimmungen.

[1]) Die Anw. II betrifft die Abgrenzung der Gemeinden u. Gutsbezirke nach außen u. umfaßt sowohl die Bildung u. Änderung ihrer Bezirke (LGO. Tit. I) in Nr. 1—4, 6 u. 7, als ihre Verbindung für einzelne bestimmte Zwecke zu Zweckverbänden (LGO. Tit. IV) in Nr. 5 u. 6.

1. Bezirksfreie Grundstücke (§. 2 Nr. 1).

Wenngleich im Hinblick auf die bereits seit einer langen Reihe von Jahren in Wirksamkeit stehende Bestimmung des §. 1 Abs. 2 des Gesetzes vom 14. April 1856, betreffend die Landgemeindeverfassungen, anzunehmen sein würde, daß Grundstücke, welche noch keinem Gemeinde- oder Gutsbezirke angehören, gegenwärtig kaum mehr vorkommen, so sind doch solche Grundstücke nach dem Ergebnisse der bei den Vorarbeiten für die Landgemeindeordnung veranlaßten Ermittelungen noch immer in großer Anzahl vorhanden. Insbesondere befinden sich in den östlichen Provinzen ausgedehnte Territorien, Waldungen u. s. w., deren kommunales Verhältniß der Regelung bedarf, da solche Besitzungen bisher vielfach als selbstständige Gutsbezirke behandelt worden sind, während ihnen nach der Rechtsprechung des Oberverwaltungsgerichts diese Eigenschaft oder irgend welche kommunale Zugehörigkeit nicht beiwohnt. In Verbindung hiermit ist zu bemerken, daß die gegenwärtige kommunale Gestaltung der früheren Domänenämter, welche eine Anzahl von Gütern, Etablissements und sonstigen Grundstücken umfassen, vielfachen Zweifeln und Bedenken unterliegt[2]). Dieselbe wird aufgeklärt und häufig anderweit geregelt werden müssen. Diesen Verhältnissen ist daher besondere Aufmerksamkeit zuzuwenden, und deren Neuregelung gemäß §. 2 Nr. 1 — im Streitfalle zunächst deren Feststellung gemäß §. 4 — mit thunlichster Beschleunigung herbeizuführen.

2. Vereinigung und Umwandlung bestehender Bezirke (§. 2 Nr. 2, 3, 5)[3]).

Bei der von Amtswegen allgemein vorzunehmenden Prüfung, für welche Fälle die Vereinigung von Landgemeinden und Gutsbezirken mit anderen Gemeinden oder Gutsbezirken, sowie die Umwandlung von Gutsbezirken in Landgemeinden und von Landgemeinden in Gutsbezirke im öffentlichen Interesse einzutreten hat, ist in erster Linie auf die in Folge meiner Cirkularverfügungen vom 10. Dezember 1888 (I B 9430) und vom 18. Februar 1890 (I B 1307) von den Landräthen aufgestellten Nachweisungen zurückzugehen (vgl. die dem Entwurf zur Landgemeindeordnung als Anlage B beigefügte Nachweisung, Spalten 7 bis 10, 17 bis 21, Drucksachen des Abgeordnetenhauses, 1890/91, Zu Nr. 7 S. 31 ff.). Das damals gewonnene Ergebniß wird der Regel nach auch noch im Jahre 1892 zutreffen, und es werden nur diejenigen Fälle auszuscheiden sein, in denen inzwischen eine zweckentsprechende Regelung der kommunalrechtlichen Verhältnisse bereits stattgefunden, oder aber die Unzweckmäßigkeit oder Unausführbarkeit der damaligen Vorschläge sich herausgestellt, oder bei denen eine Beseitigung der vorhandenen Mißstände durch Zweckverbände stattgefunden hat. Andererseits treten diejenigen Fälle hinzu, für welche sich inzwischen die Zweckmäßigkeit und Ausführbarkeit einer Neuregelung der kommunalrechtlichen Verhältnisse ergeben hat, sowie diejenigen, für welche eine solche Neuregelung von einem der Betheiligten beantragt wird.

Alle diese Fälle sind — und zwar, soweit nicht bezügliche Anträge gestellt werden, von Amtswegen — zum Gegenstande von Verhandlungen mit den betheiligten Gemeinden und Gutsbesitzern zu machen, sobald die Gemeindeversammlungen (Gemeindevertretungen) auf Grund des Gesetzes neugebildet sind. Festzuhalten ist bei diesen Verhandlungen, daß Aenderungen in kommunalrechtlicher Beziehung keine Einwirkung auf andere Verhältnisse üben, welche lediglich an den

---

[2]) Nr. 1 d. W. Anm. 11.

[3]) Nr. 2 ist zunächst für die erste Ausführung gegeben u. deshalb teilweise (Abs. 1) nicht mehr anwendbar; die aufgestellten Grundsätze kommen jedoch auch für später notwendig werdende Bezirksänderungen in Betracht.

Grundbesitz geknüpft sind, daß insbesondere die Frage der Rittergutseigenschaft und des aktiven und passiven Wahlrechts für das Herrenhaus von ihnen unberührt bleibt.

Stimmen die Betheiligten der in Aussicht genommenen Maßnahme zu, so sind die Verhandlungen nach Anhörung des Kreisausschusses mir alsbald zur Prüfung und geeignetenfalls Einholung der Königlichen Genehmigung einzureichen.

Wird ein allseitiges Einverständniß der Betheiligten nicht erreicht, so bieten sich für die Durchführung der in Aussicht genommenen Maßnahme formell zwei Wege dar.

Der eine Weg ist der in §. 2 Nr. 2 angegebene einer Auflösung von Landgemeinden und Gutsbezirken mit nachfolgender Einverleibung der hierdurch bezirksfrei werdenden Grundstücke nach Maßgabe der Vorschriften in §. 2 Nr. 1. Die Beschreitung dieses Weges hat zur Voraussetzung, daß die aufzulösenden Landgemeinden und Gutsbezirke „ihre öffentlich-rechtlichen Verpflichtungen zu erfüllen außer Stande sind" (§. 2 Nr. 2 Satz 1).

Der andere Weg ist der in §. 2 Nr. 3 angegebene einer Ersetzung des mangelnden Einverständnisses durch Beschluß des Kreisausschusses und der demselben für dieses Verfahren im Beschwerdezuge übergeordneten Instanzen. Das Einverständniß kann auf diesem Wege nach §. 2 Nr. 3 nur dann ersetzt werden, wenn „das öffentliche Interesse dies erheischt" (wenn anderenfalls „das öffentliche Interesse gefährdet sein würde"), und es soll dieses nach den einschränkenden Erläuterungen in §. 2 Nr. 5 nur dann angenommen werden, wenn eine der nachstehend bezeichneten Voraussetzungen vorliegt:

„a) wenn Landgemeinden oder Gutsbezirke ihre öffentlich-rechtlichen Verpflichtungen zu erfüllen außer Stande sind.

Bei Beurtheilung dieser Frage sind Zuwendungen, welche Gemeinden und Gutsbezirken vom Staate oder größeren Kommunalverbänden zustehen, nicht als bestimmend zu erachten;

b) wenn die Zersplitterung eines Gutsbezirks oder die Bildung von Kolonien in einem Gutsbezirke die Abtrennung einzelner Theile desselben oder dessen Umwandlung in eine Landgemeinde oder dessen Zuschlagung zu einer oder mehreren Landgemeinden nothwendig macht;

c) wenn in Folge örtlich verbundener Lage mehrerer Landgemeinden oder von Gutsbezirken oder Theilen derselben mit Landgemeinden ein erheblicher Widerstreit der kommunalen Interessen entstanden ist, dessen Ausgleichung auch durch Bildung von Verbänden im Sinne der §§. 128 ff. nicht zu erreichen ist."

Hierzu ist zunächst zu bemerken, daß die vorstehende engere Begrenzung des öffentlichen Interesses nur für den Fall gilt, wenn die in Rede stehenden Maßnahmen gegen den Willen der Betheiligten durchgesetzt werden sollen, nicht aber für den Fall des Einverständnisses. Sie schließt also keineswegs aus, auf ein Einverständniß der Betheiligten auch in Betreff solcher Maßnahmen hinzuwirken, welche zwar nicht unter die für den Fall des Zwanges gegebene engere Begrenzung des öffentlichen Interesses fallen, dennoch aber zur besseren Erfüllung der den Gemeinden gestellten öffentlich-rechtlichen Aufgaben als zweckmäßig erscheinen.

Im Einzelnen ist Folgendes zu bemerken.

Zu §. 2 Nr. 5 litt. a

ist zu beachten, daß die hier vorgesehene Voraussetzung (abgesehen von der in einem Absatze hinzugefügten Bestimmung) wörtlich mit der in Nr. 2 erwähnten Voraussetzung übereinstimmt. Landgemeinden und Gutsbezirke, die ihre öffentlich-rechtlichen Verpflichtungen zu erfüllen außer Stande sind, können daher bei mangelndem Einverständniß der Betheiligten auf dem einen wie dem anderen Wege als selbstständige Gebilde beseitigt werden. Wird der erstere Weg eingeschlagen, so muß der Auflösung des Bezirks durch Königliche Anordnung eine Anhörung der einzelnen Besitzer der bezirksfrei gewordenen Grundstücke über die demnächstige Neuregelung folgen; ist diese Anhörung mit Schwierigkeiten verbunden, oder stehen solche aus den weiteren Verhandlungen zu besorgen, so wird sich dieser Weg nicht empfehlen. Die Beschreitung des anderen Weges setzt nach dem Wortlaute der Vorschrift unter Nr. 3 in der Regel voraus, daß Bezirke ihrem ganzen Umfange nach mit anderen vereinigt werden; dieser Weg wird sich daher meistens dann nicht empfehlen, wenn ein leistungsunfähiger Bezirk nicht ungetheilt an einen anderen, sondern getheilt an mehrere andere angeschlossen werden soll. Solche Erwägungen werden bei der Auswahl des einen oder anderen Weges zu berücksichtigen sein.

Wird der zweite Weg gewählt, so ist ferner die Bestimmung des Abs. 2 in §. 2 Nr. 5a zu beachten. Danach soll für die Frage der Leistungsunfähigkeit die Thatsache, daß den betreffenden Gemeinden oder Gutsbezirken Zuwendungen für gewisse öffentlich-rechtliche Zwecke vom Staate oder größeren Kommunalverbänden gewährt werden, an sich nicht entscheidend sein. Hierbei sind gänzlich außer Betracht zu lassen alle diejenigen Zuschüsse, welche Gemeinden oder Gutsbezirke allgemein ohne Rücksicht auf ein nachgewiesenes besonderes Bedürfniß zufolge gesetzlicher Bestimmung unter gewissen Voraussetzungen zu beanspruchen haben, wie dies hinsichtlich der Zuschüsse zu den Besoldungen der Lehrer und Lehrerinnen nach den Gesetzen vom 14. Juni 1888 und vom 31. März 1889 der Fall ist. Dasselbe gilt in der Regel auch von Zuwendungen zur Ausführung von Wegebauten. Für die Frage der Leistungsunfähigkeit können vielmehr überhaupt nur solche Zuwendungen in Frage kommen, welche als „Bedürfnißzuschüsse" bezeichnet werden, wie beispielsweise die Beihülfen, welche die Landarmenverbände gemäß §. 36 des Preußischen Ausführungsgesetzes vom 8. März 1871 zu dem Bundesgesetze über den Unterstützungswohnsitz unvermögenden Ortsarmenverbänden bei nachgewiesenem Bedürfnisse zu gewähren haben. Wo Gemeinden oder Gutsbezirke solche Bedürfnißzuschüsse vom Staate, Provinzial- oder Kreisverbande erhalten, ist aber auf Grund dieser Thatsache allein noch nicht als nachgewiesen zu erachten, daß sie außer Stande sind, ihre öffentlich-rechtlichen Verpflichtungen zu erfüllen; vielmehr kommt es auf eine sachliche Prüfung der Leistungsunfähigkeit selbst an, welche darauf zu richten ist, ob eine dauernde Leistungsunfähigkeit zur Erfüllung der öffentlich-rechtlichen Verpflichtungen vorliegt oder ob etwa die Gewährung der Bedürfnißzuschüsse nur auf wohlwollender Fürsorge, auf einer ungenügenden Prüfung der Leistungsfähigkeit oder auf einem nur vorübergehenden Zustande der Leistungsunfähigkeit beruht.

Für den Fall der Vereinigung einer leistungsunfähigen Gemeinde mit einem leistungsfähigen Gutsbezirke schreibt §. 2 Nr. 3 in Abs. 2 ausdrücklich vor, daß der letztere als solcher bestehen bleibt, sofern der Gutsbesitzer dies beantragt; in diesem Falle geht die Landgemeinde unter Fortfall der Gemeindeverfassung völlig im Gutsbezirke auf. Es wird dies der Regel nach schon an und für sich der Natur der Sache entsprechen. Dennoch ist nicht ausgeschlossen, daß der Gutsbesitzer selbst unter Umständen die Bildung einer Landgemeinde aus seinem bisher selbstständigen Gute und der zuzuschlagenden bisher leistungsunfähigen Gemeinde wünscht, und es wird alsdann diesem Wunsche, soweit ein öffentliches Interesse nicht entgegensteht, Folge zu geben sein.

Zu §. 2 Nr. 5 litt. b

wird es kaum der Bemerkung bedürfen, daß nicht allgemein da, wo einzelne Trennstücke von einem größeren Gute abgezweigt und in andere Hände übergegangen sind, eine solche Zersplitterung des Gutsbezirkes vorliegt, welche eine Neuregelung des kommunalen Verhältnisses erheischt. Es ist vielmehr davon auszugehen, daß, solange die Einheit des Besitzes nicht erheblich beeinträchtigt ist, und die Leistungsfähigkeit erhalten bleibt, der Fortbestand des Gutes als eines selbstständigen Gutsbezirkes sich der Regel nach rechtfertigt. Dagegen wird in allen denjenigen Fällen, in welchen die Zersplitterung eines Gutsbezirkes oder die Bildung von Kolonien innerhalb desselben eine solche Ausdehnung gewonnen hat, daß das Kennzeichen der Einheit des Besitzes verloren gegangen ist, zu prüfen sein, ob die Umwandlung dieses Gutsbezirks in eine Landgemeinde, oder ob die Abtrennung einzelner Theile desselben unter Zuschlagung zu einer oder mehreren Landgemeinden geboten erscheint. Insbesondere ist in allen Fällen, in denen auf den Antrag des Gutsbesitzers ein die Aufbringung der Kosten der öffentlichen Armenpflege anderweit regelndes Statut gemäß §. 8 des Gesetzes vom 8. März 1871 erlassen ist, in Erwägung zu ziehen, ob nicht einem solchen Gutsbezirke die Voraussetzungen seines rechtlichen Fortbestandes verloren gegangen sind, und folgeweise eine kommunale Neubildung nach der Bestimmung unter Nr. 5 litt. b angezeigt ist.

Zu §. 2 Nr. 5 litt. c.

Ob eine Gemengelage in solchem Umfange vorliegt, daß eine Vereinigung der im Gemenge liegenden Bezirke nach Maßgabe dieser Vorschrift erforderlich wird, ist eine Frage des örtlichen Ermessens. Wenn die Gebäude selbstständiger Güter sich in unmittelbarem Zusammenhange mit der Dorflage befinden, oder wenn einzelne Grundstücke mit Bestandtheilen der Gemeindefeldmark im Gemenge liegen, so wird darin noch kein zwingender Grund zu einer kommunalen Vereinigung zu finden sein. Nur dann, wenn „aus einer solchen Gemengelage ein erheblicher Widerstreit der kommunalen Interessen entsteht, dessen Ausgleichung auch durch die Bildung von Verbänden im Sinne der §§. 128 ff. nicht zu erreichen ist“, muß beim Widerspruch der Betheiligten die kommunale Neuregelung nach Maßgabe der Vorschriften §. 2 Nr. 3 erzwungen werden.

Läßt sich das Vorhandensein eines öffentlichen Interesses im Sinne der Vorschriften in §. 2 Nr. 3 und 5 überhaupt nicht darthun, so ist bei mangelndem Einverständniß der Betheiligten von dem weiteren Verfahren behufs Ersetzung dieses Einverständnisses Abstand zu nehmen. Anderenfalls aber ist dieses Verfahren dadurch, daß die Angelegenheit dem Kreisausschusse zur Beschlußfassung unterbreitet wird, in die Wege zu leiten und erforderlichenfalls durch Beschreitung des vorgesehenen Instanzenzuges fortzusetzen, bis entweder ein endgültiger Beschluß erzielt ist, durch welchen das mangelnde Einverständniß ersetzt wird, oder aber im Laufe der Verhandlungen überzeugend dargethan ist, daß ein öffentliches Interesse im Sinne der Vorschriften unter §. 2 Nr. 5 nicht vorliegt. In Betreff des Instanzenweges ist zu beachten, daß die Erhebung der Beschwerde von Seiten des Vorsitzenden gegen einen Beschluß des Kreisausschusses, Bezirksausschusses oder Provinzialraths an die im §. 123 des Landesverwaltungsgesetzes vorgeschriebenen engen Formen gebunden ist, daß aber andererseits durch das Ergehen eines endgültigen Beschlusses, welcher die Ersetzung des Einverständnisses versagt, die Wiederholung des gesammten Verfahrens nicht ausgeschlossen wird, sobald sich demnächst ergiebt, daß Maßnahmen der in Rede stehenden Art dem Wunsche der Betheiligten oder dem öffentlichen Interesse entsprechen. Sobald das mangelnde Einverständniß durch einen endgültigen Beschluß ersetzt sein wird, ist — ebenso wie bei vorhandenem Einverständniß — wegen Einholung der Königlichen Genehmigung zu berichten. —

Bis zum 1. Januar 1893 haben die Landräthe eine Nachweisung derjenigen Fälle einzureichen, in welchen Verhandlungen über die Auflösung einer Landgemeinde oder eines Gutsbezirks, die Vereinigung bestehender Bezirke, die Umwandlung eines Gutsbezirks in eine Landgemeinde oder umgekehrt eingeleitet worden sind. Die Nachweisung hat zu ergeben, zu welchem Ziele die Verhandlungen geführt haben, oder, wenn die Verhandlungen noch schweben, in welcher Lage sich dieselben befinden. Daneben ist bezüglich aller Fälle, in denen von den in Rede stehenden Maßnahmen Abstand genommen ist, obwohl dieselben bei den in Folge meiner Erlasse vom 10. Dezember 1888 und 18. Februar 1890 erfolgten Erhebungen als zweckmäßig und ausführbar sich ergeben haben, näher anzugeben, aus welchen Gründen die Abstandnahme erfolgt ist. Die Nachweisung ist an den Regierungspräsidenten einzureichen, welcher sie, mit seinen Bemerkungen versehen, durch die Hand des Oberpräsidenten mir bis zum 15. Februar 1893 einzusenden hat[4]).

3. Abtrennung und Zulegung einzelner Grundstücke (§. 2, Nr. 4, 5).

Die Abtrennung einzelner Theile von einem Gemeinde- oder Gutsbezirke und deren Vereinigung mit einem anderen Gemeinde- oder Gutsbezirke erfolgt durch Beschluß des Kreisausschusses, dem eine Anhörung der betheiligten Gemeinden und Gutsbesitzer, sowie der Besitzer der betreffenden Grundstücke voranzugehen hat, soweit eine solche Anhörung sich nicht durch die gestellten Anträge erübrigt. Die hier in Rede stehende Maßnahme wird insbesondere vorkommen behufs Verbesserung unzweckmäßiger Bezirksgrenzen, sowie behufs Regelung des kommunalen Verhältnisses der in verschiedenen Landestheilen noch bestehenden Dorfauen, welche rechtlich der Regel nach Bestandtheile der Gutsbezirke bilden[5]). In den Verhandlungen des Landtages machte sich überwiegend die Ansicht geltend, daß es dem öffentlichen Interesse entspreche, wenn die Dorfauen allgemein denjenigen Landgemeinden einverleibt würden, in deren Bezirken sie belegen sind. Eine solche Regelung wird sich nöthigenfalls namentlich auf Grund der Vorschrift in §. 2 Nr. 5 c erzwingen lassen, da bei der gegenwärtig bestehenden kommunalen Zugehörigkeit der Dorfauen zu den Gutsbezirken häufig ein erheblicher Widerstreit der kommunalen Interessen zu entstehen pflegt. Die Neuregelung des kommunalen Verhältnisses der Dorfauen hat eine privatrechtliche Aenderung des bisherigen Rechtszustandes, namentlich in Betreff des Eigenthums an diesen Grundstücken, nicht zur Folge; vielmehr bleibt die Herbeiführung einer solchen weitergehenden Aenderung der Gesetzgebung vorbehalten.

Liegt kein allseitiges **Einverständniß** der Betheiligten bezüglich der Abtrennung und Zulegung von Bezirkstheilen vor, so kann der Kreisausschuß diese Maßnahmen nur beschließen, wenn „das öffentliche Interesse es erheischt“. Ein solches öffentliches Interesse soll gleichfalls nur dann als vorhanden angenommen werden, wenn eine der in §. 2 Nr. 5 formulirten, unter 2 bereits näher erörterten Voraussetzungen vorliegt.

Gegen den Beschluß des Kreisausschusses findet in allen Fällen des §. 2 Nr. 4 — mag Einverständniß der Betheiligten vorgelegen haben oder nicht — die Beschwerde in dem unter §. 2 Nr. 3 vorgesehenen Instanzenzuge statt. Soll aus den abgetrennten Grundstücken ein neuer Gemeinde- oder Gutsbezirk gebildet werden, so ist in dem Beschlusse die Königliche Genehmigung bezüglich der Neubildung

---

4) Erledigte Übergangsbestimmung.

5) Nr. 1 d. W. Anm. 11. — Riemann, das schlesische Auenrecht (2. Aufl., Breslau 04).

vorzubehalten, und, sobald der Beschluß endgültig geworden ist, wegen Einholung der Königlichen Genehmigung Bericht zu erstatten. —

Die Landräthe haben über die vorbezeichneten Maßnahmen, welche bis zum 1. Januar 1893 eingeleitet sind, eine summarische Nachweisung aufzustellen. Die Nachweisung hat anzugeben, in wieviel Fällen die eingeleiteten Verhandlungen zum endgültigen Abschluß gelangt sind, und in wieviel Fällen sie noch schweben. Die Nachweisung ist dem Regierungspräsidenten einzureichen, welcher dieselbe, mit seinen Bemerkungen versehen, bis zum 15. Februar 1893 durch die Hand des Oberpräsidenten mir einzureichen hat[4]).

4. Auseinandersetzung der Betheiligten (§. 3).

Durch die Bestimmungen in §. 3 wird der Gegenstand der in Folge von Veränderungen der Grenzen der Landgemeinden und Gutsbezirke nothwendig werdenden Auseinandersetzung zwischen den Betheiligten gegenüber dem bisherigen Rechtsstande beträchtlich erweitert und näher bezeichnet. Wenn von der hiernach zulässigen Ausgleichung der öffentlich-rechtlichen Interessen ein umsichtiger Gebrauch gemacht, insbesondere dahin gewirkt wird, daß nach jeder Richtung hin Billigkeit waltet, und daß übertriebene Ansprüche fern gehalten werden, so steht zu erwarten, daß die Bestimmungen des §. 3 die Durchführung der im öffentlichen Interesse nothwendig werdenden Bezirksveränderungen erleichtern werden. Die Auseinandersetzung tritt erst in Folge, also *nach* bewirkter Veränderung der Bezirke ein. Indessen wird es in der Regel dem Interesse der Sache entsprechen, wenn bereits bei den Verhandlungen über die Bezirksveränderungen selbst — falls diese dadurch nicht erheblich verzögert oder in ihrem Ergebnisse gefährdet werden — die für die Auseinandersetzung in Betracht kommenden öffentlich-rechtlichen Verhältnisse der Betheiligten klargestellt, und allseits zufriedenstellende Verständigungen getroffen werden.

5. Zweckverbände (§§. 128 bis 138)[1]).

Nach den Bestimmungen des vierten Titels der Landgemeindeordnung sind die zu bildenden Zweckverbände entweder solche, welchen auf ihren Antrag mit Königlicher Genehmigung die Rechte öffentlicher Körperschaften beigelegt werden, oder solche, welchen diese Rechte nicht zustehen. Der Bildung derartiger Verbände ist besondere Fürsorge zu widmen, und es werden dazu die Erwägungen und Verhandlungen, betreffend Aufhebung, Vereinigung und Umwandlung von Gemeinde- und Gutsbezirken (s. oben unter 2) vielfach Gelegenheit bieten. Es wird bei Einleitung jener Verhandlungen sowie im weiteren Verlaufe derselben zu prüfen sein, ob dem Bedürfniß an Stelle einer Bezirksveränderung besser und leichter durch die Verbindung der bestehenden Bezirke zu *einzelnen Zwecken* nach Maßgabe der §§. 128 ff. abzuhelfen ist. Aber auch abgesehen von jenen Verhandlungen muß die Bildung nützlicher Zweckverbände nach Maßgabe des Gesetzes thunlichst gefördert werden. Als das nächstliegende Gebiet, auf welchem hier eine rege Wirksamkeit entfaltet werden kann, stellt sich die öffentliche Armenpflege dar. Es kann in dieser Beziehung auf die eingehenden Erhebungen über die Nothwendigkeit der Bildung von Gesammtarmenverbänden und auf das die Abänderung der §§. 31, 65 und 68 des Gesetzes vom 8. März 1871 betreffende Gesetz vom 11. Juli 1891 (GS. S. 300), sowie dessen Begründung Bezug genommen und daran die Erwartung geknüpft werden, daß es den Bemühungen der Behörden gelingen wird, überall da, wo die öffentliche Armenpflege bisher wegen mangelnder Leistungsfähigkeit der Ortsarmenverbände ihrer Aufgabe nicht gerecht geworden, oder wo durch eine unbillige Vertheilung der Lasten der Armenpflege auf die einzelnen Ortsarmenverbände ein erheblicher Widerstreit kommunaler Interessen entstanden ist, nunmehr eine Vervollkommnung des bisherigen Zustandes durch Bildung von Gesammtarmenverbänden nach Maßgabe der §§. 128 ff. (vergl. insbesondere §. 131) der Landgemeindeordnung herbeizuführen.

Was die bereits bestehenden Zweckverbände betrifft, so ist zu beachten, daß gemäß §. 131 Abs. 1 auf die Gesammtarmenverbände die Bestimmungen des Titels IV der Landgemeindeordnung sinngemäße Anwendung finden. Diese Verbände sind daher, sobald die Gemeindeversammlungen (Gemeindevertretungen) neu gebildet sein werden, zu veranlassen, daß sie ihre Statuten dementsprechend einer Umarbeitung unterziehen. Kommt ein anderweites zur Bestätigung geeignetes Statut durch freie Vereinbarung der Betheiligten nicht zu Stande, so ist dasselbe nach Anhörung der letzteren durch den Kreisausschuß, oder, falls eine Stadtgemeinde betheiligt ist, durch den Bezirksausschuß festzustellen. (§§. 137, 138.) Was die sonstigen bereits bestehenden Zweckverbände betrifft, so ist, wenn sie ihren Aufgaben genügen und die Betheiligten nicht selbst ihre Umgestaltung beantragen, deren unverändertes Fortbestehen durch das Gesetz nicht ausgeschlossen. Soweit aber eine nähere Prüfung der Verhältnisse ergiebt, daß bestehende Zweckverbände in ihrer dermaligen Gestaltung den Anforderungen, welche an sie gestellt werden müssen, nicht in ausreichender Weise entsprechen, ist deren Umgestaltung nach Maßgabe der neuen Bestimmungen herbeizuführen.

Anlangend das Verfahren wegen Bildung von Zweckverbänden, so erfolgt dieselbe nach Anhörung der betheiligten Gemeinden und Gutsbesitzer im Falle ihres Einverständnisses durch Beschluß des Kreisausschusses; auf Beschwerde gegen diesen Beschluß hat endgültig der Bezirksausschuß zu beschließen. Wenn ein Einverständniß der Betheiligten nicht zu erzielen ist, so kann das Einverständniß durch Beschluß des Kreisausschusses ersetzt werden, sofern das öffentliche Interesse dies erheischt, ohne daß der Kreisausschuß bei Beurtheilung der Frage des öffentlichen Interesses hier an bestimmte Voraussetzungen gebunden wäre; auf Beschwerde gegen den Beschluß des Kreisausschusses beschließt endgültig der Bezirksausschuß. Die Verbandsbildung selbst erfolgt in dem Falle mangelnden Einverständnisses der Betheiligten nicht durch die Beschlußbehörden, sondern durch den Oberpräsidenten (§. 128). Demnach ist der Oberpräsident nicht befugt, in den Fällen, in welchen ein Einverständniß der Betheiligten über die Bildung eines Zweckverbandes nicht zu erzielen ist, eine solche Verbandsbildung im Widerspruche mit den Beschlüssen der Selbstverwaltungsbehörden durchzuführen; es steht ihm aber auch entgegen solchen Beschlüssen die Befugniß zu, die Verbandsbildung abzulehnen.

Hinsichtlich der Auseinandersetzung unter den Betheiligten, welche der Verbandsbildung nachzufolgen hat (§. 130), gelten im Wesentlichen die oben unter 4 angegebenen Grundsätze.

Ueber die Organisation, die Verfassung und Verwaltung der neuzubildenden Zweckverbände enthalten die §§. 132 nähere Bestimmungen, welche einer Erläuterung zunächst nicht bedürftig erscheinen. —

Bis zum 1. Januar 1893 haben die Landräthe eine Nachweisung der eingeleiteten Verbandsbildungen einzureichen, aus welcher ersichtlich ist, zu welchem Ziele die Verhandlungen gelangt sind, oder in welcher Lage sich dieselben befinden. Die Nachweisung ist in gleicher Weise wie die unter 2 weiterzubefördern[4]).

6. Betheiligung von Stadtgemeinden bei den unter 2, 3, 4, 5 erörterten Maßnahmen (§. 2 Nr. 6, §. 138).

Die erörterten Maßnahmen finden auch auf Stadtgemeinden Anwendung, wenn es sich darum handelt, Landgemeinden und Gutsbezirke oder abgetrennte

Theile derselben mit einer Stadtgemeinde zu vereinigen, oder Theile einer Stadtgemeinde abzutrennen und mit Landgemeinden oder Gutsbezirken zu vereinigen oder zu neuen ländlichen Bezirken zu gestalten, oder Stadtgemeinden mit Landgemeinden und Gutsbezirken zu Zweckverbänden zu vereinigen. Hierdurch erleiden die Vorschriften in §. 2 der Städteordnung vom 30. Mai 1853 von Absatz 3 ab gewisse Abänderungen, während es bezüglich der Einverleibung bezirksfreier Grundstücke in den Bezirk einer Stadtgemeinde bei der bestehenden Vorschrift bewendet (§. 2 Nr. 1; §. 2 Abs. 2 der Städteordnung und §. 8 des Zuständigkeitsgesetzes vom 1. August 1883).

In allen obenbezeichneten Fällen sind die leitenden Grundsätze und ist das Verfahren im Wesentlichen das Gleiche wie oben unter 2, 3, 4, 5 angegeben, abgesehen davon, daß an Stelle des Landrathes der Regierungspräsident, an Stelle des Kreisausschusses der Bezirksausschuß tritt, und von den sonstigen Abänderungen in Betreff der Zuständigkeit, welche sich aus der Natur der Sache und aus den besonderen Vorschriften in §. 2 Nr. 6 und §. 138 ergeben.

In den oben unter 2, 3, 5 angeordneten Nachweisungen sind die Fälle, in denen eine Stadtgemeinde mitbetheiligt ist, besonders hervorzuheben[4]).

7. Umwandlung von Stadtgemeinden in Landgemeinden und umgekehrt (§. 1 Abs. 2).

Nach §. 1 Abs. 2 kann Stadtgemeinden die Annahme der Landgemeindeordnung und Landgemeinden die Annahme der Städteordnung auf ihren Antrag nach Anhörung des Kreistages und Provinziallandtages durch Königliche Verordnung gestattet werden. In den östlichen Provinzen ist eine Reihe großer Landgemeinden mit hoher Einwohnerzahl vorhanden, welche einen vorwiegend städtischen Charakter haben. Für solche Orte ist die Landgemeindeordnung vielfach nicht die angemessene Form zur Entfaltung des kommunalen Lebens; wie sie ihrem ganzen Wesen nach Städte sind, so würde sich die städtische Verfassung nicht nur weit mehr für sie eignen, sondern sie würden durch Einführung derselben eine Förderung in ihren wichtigsten Lebensinteressen erfahren. Andererseits kommen in den östlichen Provinzen viele kleine Städte mit nur geringer Einwohnerzahl vor, welche, vorzugsweise auf den Landbau angewiesen, an dem größeren Verkehre nur in geringem Maße Theil nehmen, somit einen dorfähnlichen Charakter haben. Solchen kleinen Städten vermag die städtische Verfassung keine Vortheile zu gewähren, da sie der ihren Verhältnissen entsprechenden Einfachheit entbehrt und unnütze Kosten verursacht.

Unter der gegenwärtigen Gesetzgebung hat sich der Umwandlung kleiner Städte in Landgemeinden — abgesehen von dem ungeordneten, unsicheren Zustande der ländlichen Gemeindeverfassung — namentlich das Bedenken entgegengestellt, daß dadurch eine Anzahl der bisher Stimmberechtigten, nämlich die nicht mit einem Wohnhause angesessenen Gemeindebürger, das Bürgerrecht verlieren würden. Diese Schwierigkeit erscheint nunmehr durch die Bestimmungen im §. 41 beseitigt. Auch wird die Annahme der Landgemeindeordnung für solche Städte, welche zwar eine nicht ganz unerhebliche Einwohnerzahl aufweisen, im Uebrigen aber von größeren Landgemeinden nicht wesentlich verschieden sind, durch die nach §. 74 Abs. 6 und §. 75 Abs. 2 gebotene Möglichkeit der Einrichtung eines kollegialischen Gemeindevorstandes und der Anstellung eines besoldeten Gemeindevorstehers erleichtert.

Die Bewegungen des Gemeindelebens, welche durch das Inkrafttreten der Landgemeindeordnung entstehen, werden mannigfache Anlässe zu der Erwägung bieten, ob die Annahme der Städteordnung Seitens einzelner größerer Landgemeinden mit vorwiegend städtischem Charakter und die Annahme der Landgemeindeordnung Seitens einzelner dorfartiger Städte sich empfiehlt. Fälle dieser Art sind durch den Regierungspräsidenten festzustellen und eintretendenfalls die Verhandlungen mit den bezüglichen Gemeinden wegen anderweiter Regelung ihrer Gemeindeverfassung einzuleiten.

Der Minister des Innern.

Anlage B (zu Anmerkung 1).

Anweisung III zur Ausführung der Landgemeindeordnung für die sieben östlichen Provinzen der Monarchie vom 3. Juli 1891 (GS. S. 233), betreffend die Verfassung und Verwaltung der Landgemeinden*). Vom 29. Dezember 1891 (MB. 92 S. 9)[1].

A. Die Organisation der Landgemeinden.

Die Organe der Landgemeinde sind der Gemeindevorsteher mit den ihm zur Unterstützung und Vertretung beigegebenen Schöffen und die Gemeindeversammlung. Unter dem Gemeindevorsteher stehen die für einzelne Dienstzweige oder Dienstverrichtungen ernannten Gemeindebeamten.

An Stelle der Gemeindeversammlung tritt, wo diese zu zahlreich sein würde, oder aus anderen Gründen eine ortsstatutarische Regelung stattgefunden hat, eine gewählte Gemeindevertretung. Für größere Gemeinden kann die Einrichtung getroffen werden, daß die wichtigeren Geschäfte des Gemeindevorstehers von einem kollegialischen Gemeindevorstande, bestehend aus dem Gemeindevorsteher und den Schöffen, versehen werden.

I. Die Gemeindeversammlung[2].

1. Stimmrecht.

Die Gemeindeversammlung besteht zunächst aus den stimmberechtigten Gemeindeangehörigen. Welche Gemeindeangehörigen nach ihren persönlichen und wirthschaftlichen Eigenschaften als stimmberechtigt anzusehen sind, ergiebt sich aus §§. 41 bis 44 und §. 45 Abs. 3. Außerdem sind stimmberechtigt in der Gemeindeversammlung Auswärtswohnende, juristische Personen und Gesellschaften nach Vorschrift des §. 45 Abs. 1 und 2, wenn sie Grundbesitz von dem Umfange oder Werthe einer „Ackernahrung, welche zu ihrer Bewirthschaftung die Haltung von Zugvieh erfordert," im Gemeindebezirk haben.

Jedem Stimmberechtigten steht der Regel nach Eine Stimme zu.

Als Gemeindeglieder werden diejenigen Gemeindeangehörigen bezeichnet, welchen das Stimm- und Wahlrecht und das Recht zur Bekleidung unbesoldeter Aemter zusteht.

---

*) Die ohne nähere Bezeichnung angeführten Paragraphen sind die der Landgemeindeordnung vom 3. Juli 1891.

---

[1]) Die Anw. III betrifft die innere Gestaltung der Landgemeinde u. schließt sich dem Tit. II der LGO. an. Unter A behandelt sie die Organe der Gemeinde, unter C das Vermögen u. den Haushalt, während der Abschnitt B keine wesentliche Bedeutung mehr hat (Anm. 10)

[2]) A I der Anw. handelt in Nr. 1—5 vom Stimmrecht in der Gemeindeversammlung (LGO. § 48), in Nr. 6—9 von deren Zusammentritt (LGO. § 102 bis 112).

2. Mehrfache Stimmen.

Stimmberechtigte, welche von ihrem Grundbesitz im Gemeindebezirk an Grund- und Gebäudesteuer

20 Mark oder mehr zahlen, haben zwei Stimmen,
50 „ „ „ „ „ drei „
100 „ „ „ „ „ vier „

Die Gewerbetreibenden der drei obersten Gewerbesteuerklassen nach dem Gesetz vom 24. Juni 1891 (GS. S. 205) haben ein in entsprechender Weise vermehrtes Stimmrecht (§. 48 Nr. 2 Abs. 3). Für das Jahr 1892/93 gelten die in der Anweisung I A 1 zu a Abs. 3 dargelegten Grundsätze[3]).

Auf Antrag des Kreisausschusses können durch Beschluß des Provinziallandtages die vorstehenden Grund- und Gebäudesteuer sätze von 20, 50 und 100 M. erhöht oder — höchstens jedoch um die Hälfte — erniedrigt werden; in gleicher Weise kann die Stimmenzahl, zu welcher die im Gesetz erwähnten Steuersätze berechtigen, um eins (d. i. auf drei, vier, fünf) erhöht werden (§. 48 Nr. 2 Abs. 1 und 2). Durch eine Erhöhung der Stimmenzahl der Angesessenen wird eine entsprechende Erhöhung der Stimmenzahl der Gewerbetreibenden von selbst herbeigeführt (§. 48 Nr. 2 Abs. 4).

Wenn der Kreisausschuß beschließt, eine derartige Abänderung der gesetzlichen Regel bei dem Provinziallandtage zu beantragen, so hat der Landrath die Gemeindeversammlung über diese Abänderungsvorschläge zu hören und durch Vermittelung des Regierungspräsidenten die sämmtlichen Verhandlungen dem Oberpräsidenten einzureichen, von welchem sie mit einer gutachtlichen Aeußerung dem Provinziallandtage vorzulegen sind.

Es ist jedoch zu beachten, daß, wenn einem Wohnhausbesitzer auf Grund der von ihm entrichteten Grund- und Gebäudesteuern und zugleich in seiner Eigenschaft als Gewerbetreibender eine Mehrheit von Stimmen gebühren sollte, diese Stimmen nicht zusammenzurechnen sind, sondern nur die größere Zahl zum Ansatze kommt.

Kein Stimmberechtigter darf auf vorstehende Weise mehr als ein Drittel aller Stimmen auf sich vereinigen; geschieht dies, so muß eine Herabsetzung stattfinden, welche von dem Gemeindevorsteher herbeizuführen ist (§. 48 Nr. 3).

3. Kollektivstimmen.

Andererseits sieht das Gesetz einen Fall vor, in welchem nicht jeder Stimmberechtigte eine volle Stimme hat. Die Gemeindeangehörigen, welche nicht wegen ihres Grundbesitzes, sondern wegen ihres Einkommens stimmberechtigt sind, sollen nämlich zusammen nicht mehr als ein Drittel der Stimmen führen, also höchstens halb so viel Stimmen als die übrigen Stimmberechtigten. Uebersteigt die Anzahl der nicht angesessenen Gemeindeglieder den dritten Theil der Gesammtzahl der Mitglieder der Gemeindeversammlung, so haben die ersteren ihr Stimmrecht durch eine jenen Verhältnissen entsprechende Anzahl von Abgeordneten auszuüben, welche sie aus ihrer Mitte auf die Dauer von sechs Jahren wählen. (§. 48 Nr. 1.) Die Wahl erfolgt auf Einladung und unter Leitung des Gemeindevorstehers.

4. Stellvertretung.

Das Stimmrecht ist in der Regel persönlich auszuüben. Auswärtswohnende können sich durch männliche Gemeindeglieder vertreten lassen oder selbst erscheinen; weibliche und unselbständige Personen, juristische Personen und Gesellschaften

---

[3]) Erledigte Übergangsbestimmung.

können nur durch Vertreter in der vom Gesetz näher geregelten Weise ihr Stimmrecht ausüben (§§. 46, 47). Der Gemeindevorsteher hat im Zweifelsfalle eine durch Mehrheitsbeschluß zu treffende Entscheidung der Gemeindeversammlung über die Gültigkeit der Legitimation der Vertreter herbeizuführen.

5. Liste der Stimmberechtigten.

Die nach Nr. A 1 und B 1 der Anweisung I, betreffend die erstmalige Bildung der Gemeindeversammlungen und Gemeindevertretungen, vom 7. November 1891 endgültig festgestellte Liste der Stimmberechtigten[4]) ist unter Berücksichtigung der im Laufe der Zeit eintretenden Veränderungen fortzuführen und in Gemäßheit der §§. 39 und 56 alljährlich im Januar zu berichtigen.

6. Vorsitz.

Den Vorsitz in der Gemeindeversammlung führt der Gemeindevorsteher oder der ihn vertretende Schöffe (s. III, 2); bei Stimmengleichheit giebt seine Stimme den Ausschlag (§. 88 Abs. 2, §. 107). Er beruft die Versammlung, so oft die Geschäfte es erfordern (§. 104), leitet dieselbe und handhabt die Sitzungspolizei (§. 110). Ordnungswidriges Benehmen eines Mitgliedes in der Versammlung kann durch Ortsstatut nach Maßgabe des §. 112 unter Strafe gestellt werden.

7. Sitzungen.

Die Gemeindeversammlungen sollen in der Regel nicht in Wirthshäusern oder Schänken abgehalten werden (§. 104); als Zuhörer können die in §. 109 bezeichneten Personen theilnehmen. Die Beschlüsse sind unter Angabe des Tages und der Anwesenden in ein besonderes Buch einzutragen und von dem Vorsitzenden und wenigstens 2 Mitgliedern der Versammlung zu unterzeichnen (§. 111). Der Schriftführer braucht nicht zu den Mitgliedern der Gemeindeversammlung zu gehören.

8. Beschlußfähigkeit.

Zur Beschlußfähigkeit der Gemeindeversammlung gehört, daß mehr als $^1/_3$ der stimmberechtigten „Gemeindemitglieder“ anwesend sind (§. 106 Abs. 1); die nicht gemeindeangehörigen Stimmberechtigten und die Vertreter bleiben also bei dieser Berechnung außer Betracht. Bei jeder Vorladung ist ausdrücklich darauf hinzuweisen, daß die Nichterscheinenden sich den Beschlüssen der Erscheinenden zu unterwerfen haben. Erfolgt wegen Beschlußunfähigkeit der Versammlung die Vorladung zu einer neuen Versammlung, so kommt es auf die Zahl der Erscheinenden nicht weiter an; hierauf ist bei der zweiten Vorladung hinzuweisen (Abs. 3 und 4 a. a. O.).

9. Geschäftskreis.

Anlangend den Geschäftskreis der Gemeindeversammlung, so hat dieselbe über alle Gemeindeangelegenheiten zu beschließen, soweit sie nicht ausdrücklich durch Gesetz dem Gemeindevorsteher (Gemeindevorstand) überwiesen sind. Ueber andere als Gemeindeangelegenheiten darf die Gemeindeversammlung nur berathen, soweit sie durch besondere gesetzliche Bestimmungen oder Aufträge der Aufsichtsbehörde dazu berufen ist (§. 102).

II. Die Gemeindevertretung[5]).

1. Einführung der Gemeindevertretung.

Beträgt die Zahl der Stimmberechtigten mehr als 40, so tritt an Stelle der Gemeindeversammlung eine Gemeindevertretung. Die Wahl derselben ist —

[4]) Die Liste ist gleich Anw. I nicht abgedruckt Nr. 2 d. W. Anm. 1.

[5]) A II der Anw. schließt sich der LGO. Tit. II Abschn. 4 (§ 49—67) an.

erforderlichenfalls von Aufsichtswegen — sofort zu veranlassen, sobald die berichtigte Liste (s. oben I 5) mehr als 40 Stimmberechtigte nachweist. Bei geringerer Zahl kann die Bildung einer Gemeindevertretung durch Ortsstatut eingeführt oder im öffentlichen Interesse durch den Kreisausschuß angeordnet werden (§. 49 Abs. 1 und 2).

Da wo bereits jetzt eine Gemeindevertretung besteht, behält es dabei nach Maßgabe des §. 147 Abs. 1 sein Bewenden.

2. Zusammensetzung; Wahl der Gemeindeverordneten.

Die Gemeindevertretung besteht außer dem Gemeindevorsteher und den Schöffen aus Gemeindeverordneten, welche von den Stimmberechtigten aus ihrer Mitte auf sechs Jahre gewählt werden. Die Zahl der Gemeindeverordneten beträgt das Dreifache der Zuerstgenannten, kann aber durch Statut auf 12, 15, 18 oder 24 erhöht werden (§. 49 Abs. 3). Eine Erhöhung der Zahl der Gemeindeverordneten wird zweckmäßiger Weise nur in denjenigen Gemeinden in Anregung zu bringen sein, bei denen umfangreiche kommunale Aufgaben zu lösen sind, oder ein größeres Gemeindevermögen zu verwalten ist.

Nicht wählbar sind die in §. 53 bezeichneten Personen.

Die Wahl erfolgt nach dem Dreiklassensystem nach Maßgabe der §§. 50, 51, wonach jeder Stimmberechtigte in seiner Klasse eine Stimme hat, jede Klasse ein Drittel der Gemeindeverordneten wählt, ohne an die Angehörigen der Klasse gebunden zu sein. Mindestens zwei Drittel aller Mitglieder der Gemeindevertretung müssen Angesessene sein; die hiernach zulässige Zahl der zu wählenden Nichtangesessenen wird auf die drei Klassen nach Maßgabe des §. 52 möglichst gleich vertheilt. Die Wahlen erfolgen auf sechs Jahre; alle zwei Jahre scheidet ein Drittel der Gewählten aus und wird durch Neuwahlen ersetzt; die näheren Bestimmungen über die Wahlen sind in §§. 54 bis 64 enthalten.

Was die Wahl nach Wahlbezirken betrifft, so ist zu beachten, daß die Bildung der letzteren sich auf alle oder einzelne der drei Klassen erstrecken kann, jedoch immer nur für solche Klassen zulässig ist, welche mehr als 500 Wähler umfassen (§. 51 Abs. 1).

3. Beschlußfähigkeit, Vorsitz, Sitzungen, Geschäftskreis.

Die Gemeindevertretung ist beschlußfähig, wenn mehr als die Hälfte der Mitglieder anwesend sind (§. 106 Abs. 2). Unentschuldigtes Ausbleiben kann durch Ortsstatut nach Maßgabe der Vorschriften in §. 112 unter Strafe gestellt werden.

Im Uebrigen kommen in Betreff des Vorsitzes, der Zusammenberufung, der Abhaltung der Sitzungen und des Geschäftskreises die für die Gemeindeversammlung gegebenen Bestimmungen zur Anwendung (s. oben I).

III. Der Gemeindevorsteher und die sonstigen Gemeindebeamten[6]).

1. Wahl des Gemeindevorstehers; Geschäftskreis.

Der Gemeindevorsteher wird von der Gemeindeversammlung (Gemeindevertretung) aus der Mitte der Gemeindeglieder gewählt. Die Wahl erfolgt durch Stimmzettel nach näherer Bestimmung der §§. 76 bis 83. Die Wahlperiode beträgt sechs Jahre, kann aber, und zwar auch bei den zur Zeit des Inkrafttretens der Landgemeindeordnung im Amte befindlichen Gemeindevorstehern, nach Ablauf der ersten drei Jahre auf zwölf Jahre erstreckt werden (§. 75 Abs. 1). Die Wahl bedarf sowohl bei der ersten Wahl als bei einer Verlängerung der Wahlperiode

---

[6]) A III u. IV beziehen sich auf LGO. Tit. II Abschn. 6 (§ 74—91). A IV betrifft insbes. § 74 Abs. 6 u. 89.

der Bestätigung durch den Landrath, welche nur unter Zustimmung des Kreisausschusses versagt werden kann (§. 84).

Es ist, erforderlichenfalls von Aufsichtswegen, darauf zu halten, daß rechtzeitig vor Ablauf der Wahlperiode die Neuwahl vorgenommen und deren Bestätigung herbeigeführt wird, da nach Ablauf der Wahlperiode die Amtseigenschaft des früheren Gemeindevorstehers nicht mehr besteht, Amtshandlungen deshalb nicht mehr von ihm, sondern nur von seinem Stellvertreter vorgenommen werden können.

Der Gemeindevorsteher führt die laufende Verwaltung der Gemeinde; der Kreis seiner Geschäfte ist hauptsächlich in §. 88 bestimmt. Er ist Organ des Amtsvorstehers (§§. 90, 91).

2. Schöffen.

Dem Gemeindevorsteher stehen behufs seiner Unterstützung und Vertretung die Schöffen zur Seite, deren Zahl in der Regel zwei beträgt, aber durch Ortsstatut bis auf sechs vermehrt werden kann. Wo die Zahl der Schöffen nach der bisherigen Ortsverfassung eine größere als zwei gewesen ist, aber die Zahl von sechs nicht übersteigt, verbleibt es hierbei bis zu anderweiter ortsstatutarischer Festsetzung. Ortsstatuten oder Ortsverfassungen, nach welchen die Zahl der Schöffen mehr als sechs beträgt, treten außer Kraft. Bei der Frage, ob eine solche anderweite statutarische Regelung in Anregung zu bringen sein wird, ist zu berücksichtigen, daß die größere Zahl der Schöffen auch eine entsprechende Vermehrung der Zahl der Gemeindeverordneten bedingt. Beträgt die Zahl nur zwei, so ist noch ein stellvertretender Schöffe zu wählen. Vater und Sohn sowie Brüder dürfen nicht gleichzeitig Gemeindevorsteher und Schöffen sein. Die Schöffen werden auf sechs Jahre gewählt; wegen der Wählbarkeit, der Wahl und der Bestätigung gelten im übrigen die in Betreff des Gemeindevorstehers gegebenen Bestimmungen (§. 74 Abs. 2 bis 5, §. 75).

Die Vertretung des Gemeindevorstehers erfolgt in der Regel durch den dem Dienstalter nach, bei gleichem Dienstalter durch den dem Lebensalter nach ältesten Schöffen.

In Betreff der Ausführung der Gemeindebeschlüsse über die Benutzung des Gemeindevermögens hat der Gemeindevorsteher eine Berathung mit den Schöffen eintreten zu lassen (§§. 113, 88 Abs. 4 Nr. 3).

3. Ehrenamtliche Stellung.

Das Amt des Gemeindevorstehers und der Schöffen ist ein Ehrenamt, für das keine Besoldung gewährt wird. Der Gemeindevorsteher hat den Ersatz seiner baaren Auslagen und die Gewährung einer mit seiner Mühewaltung in billigem Verhältnisse stehenden Entschädigung zu beanspruchen. Den Schöffen kommt in der Regel nur der Ersatz ihrer baaren Auslagen zu (§. 86).

4. Besoldete Gemeindevorsteher.

In Gemeinden mit mehr als 3000 Einwohnern kann die Gemeindevertretung die Anstellung eines besoldeten Gemeindevorstehers beschließen, dessen Wahl auf zwölf Jahre erfolgt und nicht auf die Gemeindeglieder beschränkt ist (§. 75 Abs. 2). Die Anwendung dieser Bestimmung wird sich, da dem Amte des Gemeindevorstehers der Charakter eines unbesoldeten Ehrenamts thunlichst zu erhalten ist, nur in dem Falle empfehlen, wenn der Umfang der Gemeindeverwaltung ein derartig gesteigerter ist, daß er die Kräfte einer ehrenamtlichen Verwaltung übersteigt und die Anstellung eines Berufsbeamten unentbehrlich erscheinen läßt. Liegt jedoch dieser Fall vor, so ist es auch die Aufgabe der Aufsichtsbehörde, diese Einrichtung in den bezüglichen Gemeinden in Anregung zu bringen, falls diese sich nicht aus eigenem Antriebe hierfür entscheiden.

5. Andere besoldete Gemeindebeamte.

Für einzelne Dienstzweige oder Dienstverrichtungen kann nach §. 117 überall die Anstellung besoldeter Gemeindebeamten (Gemeindeeinnehmer, Gemeindeschreiber, Gemeindediener u. s. w.) von der Gemeinde beschlossen werden. Die Anstellung der Gemeindebeamten hat durch den Gemeindevorsteher zu erfolgen. Inwieweit diese Beamten staatlicher Bestätigung unterliegen, bestimmt sich nach den besonderen Gesetzen [7]). Wegen der Gehalts- und Pensionsverhältnisse derselben enthält §. 118 die näheren Vorschriften [8]). Ueber die Kautionsleistung des Gemeinde-einnehmers hat die Gemeinde zu beschließen.

6. Aufhebung der mit Besitz von Grundstücken verbundenen Verwaltung des Schulzenamtes.

Durch die §§. 92 bis 101 werden die für die Provinzen Ostpreußen, Westpreußen, Brandenburg, Pommern, Schlesien und Sachsen durch die §§. 36 bis 45 der Kreisordnung vom 13. Dezember 1872 erlassenen Bestimmungen über die Aufhebung der mit dem Besitze gewisser Grundstücke verbundenen Berechtigung und Verpflichtung zur Verwaltung des Schulzenamtes aufrechterhalten und auf die Provinz Posen ausgedehnt. Demgemäss finden von dem Inkrafttreten der Landgemeindeordnung an die Vorschriften im dritten Abschnitte der unter dem 20. September 1873 erlassenen Instruktion zur Ausführung der drei ersten Abschnitte der Kreisordnung vom 13. Dezember 1872 (M. Bl. 1873 S. 258) auch auf die Provinz Posen sinngemässe Anwendung [9]).

IV. Der Gemeindevorstand [6]).

Einführung des Gemeindevorstandes; Geschäftskreis.

In größeren Gemeinden kann nach §. 74 Abs. 6 durch Ortsstatut ein aus dem Gemeindevorsteher und den Schöffen bestehender kollegialischer Gemeindevorstand eingeführt werden. Dem Gemeindevorstande können nach §. 89 Abs. 1 durch das Ortsstatut folgende Geschäfte und Befugnisse des Gemeindevorstehers, alle oder einzelne, übertragen werden:

a) die Beschlußfassung auf Beschwerden und Einsprüche, betreffend das Recht der Mitbenutzung der öffentlichen Gemeindeanstalten und der Theilnahme an den Gemeindenutzungen (§§. 9, 71);
b) die Obliegenheiten des Gemeindevorstehers, bei der Bildung von Wahlbezirken für die Wahl der Gemeindeverordneten (§. 51);
c) die Vorbereitung der Beschlüsse der Gemeindeversammlung oder Gemeindevertretung (§. 88 Abs. 4 Nr. 2);
d) die Ausführung der Gemeindebeschlüsse, die laufende Verwaltung des Vermögens und der Einkünfte der Gemeinde sowie der Gemeindeanstalten, für welche eine besondere Verwaltung nicht besteht, und die Beaufsichtigung

---

[7]) Die Bestätigung ist namentlich vorgeschrieben: für Polizeibeamte (Polizeidiener, Nachtwächter, Gemeindediener, Gutsdiener usw.) G. über die Polizeiverw. 11. März 50 (GS. 265) § 4, für Feld- u. Forsthüter Feld- u. ForstpolG. 1. April 80 (GS. 230) § 63. Über die Bestätigung solcher besoldeten Gemeindebeamten hat ausschließlich die zuständige Staatsbehörde zu befinden, während die Bestätigung der gewählten Gemeindebeamten gem. LGO. § 84 von dem Landrat nur unter Zustimmung des Kreisausschusses versagt werden darf.

[8]) Nr. 2 d. W. Anm. 232.

[9]) Das. Anm. 203.

der Gemeindeanstalten, für welche eine besondere Verwaltung eingesetzt ist (§. 88 Abs. 4 Nr. 3);

e) die Anweisung der Einnahmen und Ausgaben der Gemeinde und die Beaufsichtigung des Rechnungs- und Kassenwesens (§. 88 Abs. 4 Nr. 4);

f) die Vertheilung der Gemeindeabgaben und Dienste und die Anordnungen wegen ihrer Einziehung und Ausführung (§. 88 Abs. 4 Nr. 8);

g) die Aufstellung des Voranschlags (§. 119 Abs. 1) und

h) da, wo ein besonderer Gemeindeeinnehmer bestellt ist, die Vorprüfung der von ihm einzureichenden Gemeinderechnung (§. 120 Abs. 2).

Ueber das Verfahren des Gemeindevorstandes trifft §. 89 in Abs. 2 bis 4 die näheren Bestimmungen.

Die Einrichtung eines kollegialischen Gemeindevorstandes ist an eine Mindestzahl der Einwohner nicht geknüpft. Für die Frage seiner Einführung werden neben der Einwohnerzahl und dem Umfang der Geschäfte auch noch andere, insbesondere persönliche Verhältnisse in Betracht zu ziehen sein, und es wird stets einer näheren Prüfung im Einzelnen bedürfen, ob es den Interessen der Gemeindeverwaltung entspricht, die oben erwähnten Geschäfte einem Kollegium an Stelle eines Einzelbeamten zu übertragen.

In Gemeinden, deren Verhältnisse einfach und gleichartig gestaltet sind, und deren Einwohner der Hauptsache nach Landbau treiben, kann trotz beträchtlicher Seelenzahl die laufende Gemeindeverwaltung meist sehr wohl von einem Einzelbeamten geführt werden. In Gemeinden mit verwickelteren Verhältnissen und vorwiegend städtischem Charakter, wie namentlich in manchen Vororten größerer Städte, wird andererseits oft die Einführung eines kollegialischen Gemeindevorstandes zur Förderung des Gemeindelebens und zur Hebung der Gemeindeverwaltung dienen können. Insbesondere wird sie häufig einen angemessenen Uebergang von der Landgemeindeverfassung zur städtischen Verfassung in solchen Orten bilden, deren Entwickelung auf die Verleihung der letzteren hinweist.

Ob hiernach die Einführung eines kollegialischen Gemeindevorstandes zulässig und zweckmäßig ist, hat in erster Linie die Gemeinde selbst bei Beschlußfassung über das gemäß §. 74 Abs. 6 nothwendige Ortsstatut, demnächst aber auch der Kreisausschuß bei Ertheilung der nach §. 6 Abs. 2 für das Ortsstatut erforderlichen Genehmigung zu prüfen.

B. Das Abgabewesen der Landgemeinden[10]).

II. 3. Wüste Hufen.

Endlich ist, was den Kreis der gemeindeabgabepflichtigen Grundstücke betrifft, die Bestimmung des §. 28 wegen Heranziehung der „wüsten Hufen" zu beachten. Derselbe beschränkt sich nicht auf wüste Hufen im eigentlichen Sinne; diese sind vielmehr nur als hauptsächliches Beispiel ausdrücklich erwähnt. Die Bestimmung findet Anwendung auf alle ursprünglich bäuerlichen, zu selbständigen Gütern eingezogenen Grundstücke, auch wenn sie vor der Einziehung nicht unbesetzt (wüste) gewesen waren. Bei Beurtheilung des gemeinderechtlichen Verhältnisses dieser Grundstücke ist zu beachten, daß alle ursprünglich bäuerlichen Grundstücke, welche nach dem für die einzelnen Theile der sieben östlichen Provinzen verschieden bestimmten Normaljahre (s. Anlage A der Begründung der Landgemeindeordnung, Drucksachen des Abgeordnetenhauses, 1890/91, Zu Nr. 7 S. 14 ff.) zu den Dominien

[10]) Abschnitt B ist mit Neuregelung des Gemeindeabgabenwesens durch das KAG. fortgefallen; nur Nr. II 3 kommt mit Rücksicht auf LGO. § 28 noch in Betracht.

eingezogen worden sind, Bestandtheil der Landgemeinden geblieben sind und nicht zu den Gutsbezirken gehören, falls sie nicht etwa später in rechtsgültiger Weise — wie insbesondere bei der Regelung der gutsherrlich-bäuerlichen Verhältnisse im Wege der Ueberweisung als Landabfindung — den Gutsbezirken einverleibt sind. Soweit also die örtliche Lage dieser Grundstücke überhaupt noch, wenn auch nur durch eine eingehende Untersuchung, festgestellt werden kann, sind sie dem Bezirk der Landgemeinden, zu welchen sie rechtlich gehören, auch thatsächlich zuzurechnen. Für Fälle dagegen, in denen die Lage solcher Grundstücke überhaupt nicht mehr erkennbar ist, hat §. 28 die Bestimmung über die Fortleistung oder Ablösung der von diesen Grundstücken bisher entrichteten Gemeindeabgaben und Lasten getroffen.

C. Vermögen und Haushalt der Landgemeinden[11]).

1. Gemeindevermögen in engerem Sinne und Gemeindegliedervermögen.

Der Abschnitt 5 des Titels II der Landgemeindeordnung mit der Ueberschrift „Gemeindevermögen" handelt namentlich von dem Unterschiede zwischen „Gemeindevermögen im engeren Sinne", dessen Nutzung der Gemeinde zusteht, und „Gemeindegliedervermögen", dessen Nutzung den Gemeindeangehörign zusteht. Das letztere Verhältniß wird nicht vermuthet, sondern muß erforderlichenfalls nachgewiesen werden; hierzu werden im Wesentlichen die Rechtsquellen dienen, welche in §. 70 als maßgeblich für das Theilnahmeverhältniß der zur Nutzung des Gemeindegliedervermögens Berechtigten aufgeführt sind: „Verleihungsurkunde, vertragsmäßige Festsetzungen, hergebrachte Gewohnheit." Aus der Bezeichnung „Gemeindegliedervermögen" darf nicht geschlossen werden, daß dessen Nutzung grundsätzlich auf die Gemeindeglieder (die stimm- und wahlberechtigten Gemeindeangehörigen) beschränkt sei; es sind vielmehr an sich alle Gemeindeangehörigen zu dieser Nutzung berufen; ihr Theilnahmeverhältniß bestimmt sich, wenn die oben angegebenen Rechtsquellen hierfür keinen Anhalt bieten, nach der Theilnahme an den Gemeindelasten.

Ueber Beschwerden, betreffend den Mitgebrauch von öffentlichen Gemeindeanstalten und die Theilnahme an den Nutzungen des Gemeindegliedervermögens, beschließt der Gemeindevorsteher, wo aber ein Gemeindevorstand besteht, und ihm diese Aufgabe übertragen ist, der Gemeindevorstand. Gegen den Beschluß ist binnen zwei Wochen die Klage im Verwaltungsstreitverfahren beim Kreisausschuß zulässig (§§. 9, 71).

Wohl zu unterscheiden vom Gemeindegliedervermögen ist das sogenannte Interessentenvermögen. Hierzu gehören namentlich die den Grundbesitzern in gemeinschaftlichen Jagdbezirken zustehenden Jagdnutzungsrechte, hinsichtlich deren die bisherigen Vorschriften in ihrem Inhalte durch die Landgemeindeordnung nicht verändert werden, sowie das Vermögen, welches einer Klasse von Gemeindeangehörigen auf Grund einer privatrechtlichen Gemeinschaft zusteht.

Ueber die Voraussetzungen, unter denen Gemeindevermögen im engeren Sinne in Gemeindegliedervermögen umgewandelt werden kann und umgekehrt, enthält §. 69 Abs. 1 und 3 nähere Bestimmungen; die Zustimmung des Kreisausschusses ist hier nur für den letzteren Fall vorgeschrieben, ist indessen — wie sich aus §. 114 Abs. 2 ergiebt — auch für den ersteren Fall erforderlich, da es sich bei einem solchen Gemeindebeschlusse um eine „Veränderung im Genusse der

---

[11]) Abschnitt C betrifft mit Nr. 1 den Tit. II Abschn. 5 der LGO., mit Nr. 2—4 die § 113—116 (in Abschn. 8) der LGO. u. in Nr. 5—11 den Abschn. 10 der LGO.

Gemeindenutzungen" handelt. Die Umwandlung von Gemeindevermögen im engeren Sinne in Gemeindegliedervermögen wird nur ausnahmsweise zulässig erscheinen, während sich die umgekehrte Maßnahme vielfach als zweckmäßig erweisen wird.

Weder das Gemeindevermögen im engeren Sinne noch das Gemeindegliedervermögen darf durch eine Gemeinheitstheilung in Privatvermögen der Gemeindeangehörigen umgewandelt werden; dies ist der wesentlichste Inhalt der im §. 68 Abs. 2 angeführten Deklaration vom 26. Juli 1847.

Für größere Gemeinden empfiehlt sich die Anlegung und regelmäßige Fortschreibung eines Lagerbuches, in welches sowohl das unbewegliche Vermögen (Grundstücke, Gebäude, Gerechtigkeiten) als auch das bewegliche Eigenthum der Gemeinde (Forderungen, Bücher, Feuerlöschgeräthschaften) einzutragen ist.

2. Verwaltung des Gemeindevermögens.

Die Beschlußfassung über die Verwaltung und Benutzung des Gemeindevermögens — unbeschadet der Nutzungsrechte der Gemeindeangehörigen bezüglich des Gemeindegliedervermögens — steht der Gemeindeversammlung (Gemeindevertretung) zu (§. 113). In Betreff der Veräußerung und Verpachtung von Grundstücken und Gerechtsamen enthält das Gesetz in §§. 115, 116 Bestimmungen, welche als Regel den Weg des öffentlichen Meistgebots vorschreiben, jedoch die daselbst näher bezeichneten Ausnahmen zulassen. Auf die Verpachtung der Jagdnutzung findet §. 116 keine Anwendung. Die Genehmigung des Regierungspräsidenten ist nach §. 114 erforderlich zur Veräußerung oder wesentlichen Veränderung von Sachen, welche einen besonderen wissenschaftlichen, historischen oder Kunstwerth haben; die Genehmigung des Kreisausschusses zur Veräußerung von Grundstücken und Gerechtsamen, zu einseitigen Verzichtleistungen und Schenkungen und zu Veränderungen im Genusse des Gemeindevermögens.

Die Ausführung der Beschlüsse der Gemeindeversammlung (Gemeindevertretung), betreffend die Verwaltung und Benutzung des Gemeindevermögens, liegt dem Gemeindevorsteher ob; hinsichtlich der Benutzung des Gemeindevermögens ist ihm, abweichend von der allgemeinen Regel, die zuvorige Berathung mit den Schöffen vorgeschrieben. Demgemäß hat der Gemeindevorsteher die laufende Verwaltung bezüglich des Vermögens und der Einkünfte der Gemeinde sowie der Gemeindeanstalten, für welche keine besondere Verwaltung besteht, zu führen und diejenigen Gemeindeanstalten, für welche besondere Verwaltungen eingesetzt sind, zu beaufsichtigen (§. 88 Abs. 4 Nr. 3). Wo ein Gemeindevorstand eingeführt ist, können demselben die vorerwähnten Befugnisse und Pflichten durch Ortsstatut ganz oder theilweise übertragen werden (§. 89).

3. Einnahmen.

Zur Ergänzung der Einnahmen aus dem Gemeindevermögen und desjenigen, was sonst von den Gemeinden durch privatrechtliche Titel erworben wird, dienen die auf dem öffentlich-rechtlichen Titel des Besteuerungsrechts der Gemeinde beruhenden Einnahmen (Abgaben, Gebühren, in Geld zu leistende Dienste, vgl. oben B VIII)[12]). — Alle Gemeindeeinnahmen müssen zur Gemeindekasse gebracht werden (§. 119 Abs. 5).

4. Ausgaben.

Den Einnahmen stehen die Ausgaben gegenüber, welche der Gemeinde aus ihren privatrechtlichen Verpflichtungen und zur Erfüllung ihrer öffentlich-rechtlichen

---

[12]) Jetzt gilt KAG. § 2 Satz 1.

Aufgaben erwachsen. Hierbei sind zu beachten die Vorschriften in §. 114 Abs. 2, wonach Anleihen, durch welche die Gemeinde mit einem Schuldenstande belastet oder der vorhandene vergrößert wird, und neue Belastungen der Gemeindeangehörigen ohne gesetzliche Verpflichtung der Genehmigung des Kreisausschusses bedürfen, sowie die Vorschriften in §. 88 Abs. 4 Nr. 7 über die Form der die Gemeinde verpflichtenden Urkunden.

5. Gemeindehaushalt, Voranschlag[13]).

Einnahmen und Ausgaben bilden den Gemeindehaushalt. Derselbe soll der Regel nach unter Zugrundelegung eines Voranschlages geführt werden, der für das Rechnungsjahr oder für eine längere, von der Gemeindeversammlung (Gemeindevertretung) festzusetzende Rechnungsperiode, welche die Dauer von drei Jahren nicht übersteigen darf, aufzustellen ist und alle Einnahmen und Ausgaben ersichtlich machen soll, welche sich im Voraus veranschlagen lassen (§. 119 Abs. 1).

Der Voranschlag ist von dem Gemeindevorsteher oder dem Gemeindevorstand, wo ihm dies Geschäft übertragen ist, zu entwerfen, zwei Wochen lang in einem von der Gemeindeversammlung (Gemeindevertretung) zu bestimmenden Raume zur Einsicht aller Gemeindeangehörigen auszulegen, demnächst rechtzeitig vor Beginn der Rechnungsperiode durch die Gemeindeversammlung (Gemeindevertretung) festzustellen und dem Vorsitzenden des Kreisausschusses abschriftlich mitzutheilen (§. 119 Abs. 2 bis 4).

Der Voranschlag ist dergestalt für die Haushaltsführung der Gemeinde maßgebend, daß Ausgaben, welche darin nicht oder nur vorbehaltlich besonderer Beschlußfassung vorgesehen sind, sowie Ueberschreitungen der vorgesehenen Ausgabebeträge der vorherigen Genehmigung der Gemeindeversammlung (Gemeindevertretung) bedürfen (§. 119 Abs. 5).

Nach §. 119 Abs. 6 kann durch Beschluß des Kreisausschusses einzelnen Gemeinden die Aufstellung eines Voranschlages erlassen werden, wenn deren Verhältnisse dies unbedenklich erscheinen lassen. Von dieser Befugniß wird indessen nur in beschränktem Umfange Gebrauch zu machen sein, da die Einrichtung eines Voranschlags im Allgemeinen nicht nur für große, sondern auch für kleinere Landgemeinden sich empfiehlt und sich bei nicht ganz einfachen Verhältnissen sogar als unentbehrlich erweist. Sie verbürgt die nothwendige Ordnung des Gemeindehaushalts und die Durchführung des Grundsatzes, daß die Ausgaben sich stets in den Grenzen der zur Verfügung stehenden Einnahmen zu halten haben. Dementsprechend ist die Einrichtung eines Voranschlags auch bereits in einer erheblichen Anzahl von großen wie kleinen Landgemeinden im Gebrauch, hat sich überall als nützlich erwiesen und nirgends zwecklose Schwierigkeiten bereitet. Insoweit es dem Gemeindevorsteher an hinreichender Erfahrung und Gewandtheit zur Aufstellung eines Voranschlages fehlt, werden die Aufsichtsbehörden ihm Unterstützung zu leisten haben. Zu diesem Zweck ist das anliegende Muster eines Voranschlages beigefügt, welches für größere Gemeinden bestimmt und selbstverständlich je nach den örtlichen Bedürfnissen der Abänderung, insbesondere durch Weglassung einzelner Titel und auch der Spalten 4 bis 6, fähig ist.

6. Kassen- und Rechnungswesen.

Dem Gemeindevorsteher liegt ob, die auf dem Voranschlage oder auf Beschlüssen der Gemeindeversammlung (Gemeindevertretung) beruhenden Einnahmen und Ausgaben anzuweisen und das Rechnungswesen, soweit er es nicht selbst führt,

---

[13]) Abs. 1—3 wiederholen im wesentlichen nur den § 119 der LGO.

d. h. soweit besondere Beamte hierfür angestellt sind (Einnehmer, Rechnungsführer), zu beaufsichtigen (§. 88 Abs. 4, Nr. 4).

7. Gemeinderechnungsbuch.

Während der Rechnungsperiode muß der Gemeindehaushalt und das Kassen- und Rechnungswesen stets klar gehalten werden. Hierzu dient die in §. 120 Abs. 1 angeordnete Führung eines Gemeinderechnungsbuchs, wie solches bereits in vielen Gemeinden in Gebrauch ist. In dieses Buch sind alle Einnahmen und Ausgaben sofort nach der Vereinnahmung und Verausgabung einzutragen. In einem Anhange des Gemeinderechnungsbuches werden zweckmäßig noch andere laufende Aufzeichnungen Platz finden, z. B. ein Register der von den Pflichtigen reihenweise geleisteten Hand- und Spanndienste, sowie eine Rechnung über Einnahmen und Ausgaben des Jagdbezirks, bei welchen es sich nicht um Gemeinde-, sondern Interessentenvermögen handelt. Behufs Anleitung der Gemeindevorsteher bei Aufstellung und Führung des Gemeinderechnungsbuches wird das anliegende Muster beigefügt, welches nach den besonderen Bedürfnissen der einzelnen Gemeinde abgeändert werden kann.

Für größere Gemeinden empfiehlt sich die Anlegung eines nach den Einnahme- und Ausgabetiteln des Voranschlages geordneten Handbuches neben dem Rechnungsbuche und die Führung einer Hebeliste für die Gemeindesteuern.

8. Kassenrevisionen.

Zur Kontrole der Kassenführung dienen, außer der Ueberwachung durch die Gemeindeversammlung (Gemeindevertretung) gemäß §. 103, regelmäßige und außerordentliche Kassenrevisionen. Wenn ein besonderer Gemeindebeamter die Kasse führt, sind sie vom Gemeindevorsteher vorzunehmen, und zwar die regelmäßigen alle drei Monate, die außerordentlichen mindestens einmal im Jahre, können aber außerdem jeder Zeit von Aufsichtswegen veranlaßt werden. Führt der Gemeindevorsteher die Kasse, so hat der Landrath als Vorsitzender des Kreisausschusses mindestens einmal im Jahre selbst oder durch einen Beauftragten ihre Revision zu bewirken. Bei allen Kassenrevisionen sind die Eintragungen im Gemeinderechnungsbuche, vom letzten Abschlusse ab, mit den Belägen zu vergleichen, zusammenzurechnen und der Kassenbestand, welcher danach vorhanden sein muß, festzustellen und der wirkliche Bestand nachzuzählen; über das Ergebniß ist ein Protokoll aufzunehmen. Die Kassenrevisionen können mit den Rechnungsrevisionen (s. Nr. 10) verbunden werden.

9. Rechnungslegung.

Nach §. 120 Abs. 2 bis 6 ist die Gemeinderechnung binnen drei Monaten nach dem Schlusse des Rechnungsjahres der Gemeindeversammlung (Gemeindevertretung) zur Prüfung, Feststellung und Entlastung vorzulegen. Wo ein besonderer Gemeindeeinnehmer bestellt ist, reicht dieser die Rechnung zunächst dem Gemeindevorsteher, oder, wo dies statutarisch vorgeschrieben ist, dem Gemeindevorstande ein, welcher sie einer Vorprüfung zu unterziehen und, mit seinen Erinnerungen versehen, der Gemeindeversammlung (Gemeindevertretung) vorzulegen hat. Bei dieser Vorprüfung hat der Gemeindevorsteher die Schöffen zuzuziehen; außerdem ist die Gemeinde befugt, ihm für diesen Zweck eine besondere Kommission zur Seite zu stellen. Die Feststellung der Rechnung muß innerhalb drei Monaten nach Vorlegung der Gemeinderechnung bewirkt sein. Nach erfolgter Feststellung ist die Rechnung während eines Zeitraums von zwei Wochen — nach vorheriger Bekanntmachung — in einem von der Gemeindeversammlung (Gemeindevertretung) zu bestimmenden Raum zur Einsicht der Gemeindeangehörigen auszulegen. Dem Vorsitzenden des Kreisausschusses ist eine Abschrift des Feststellungbeschlusses sofort einzureichen.

10. Revision der Gemeinderechnungen.

Außerdem bestimmt §. 120 Abs. 7, daß alljährlich bei mehreren Gemeinden des Kreises eine Revision der Gemeinderechnungen durch den Kreisausschuß stattfindet. Die Revisionen sind durch den Vorsitzenden oder einzelne zu beauftragende Mitglieder des Kreisausschusses zu bewirken. Die regelmäßige Vornahme von Rechnungsrevisionen ist von hohem praktischen Werth und verdient sorgfältige Beachtung, da sie geeignet ist, den Kreisausschuß allmälig mit dem Haushalte und allen übrigen Verhältnissen der Landgemeinden im Kreise vertraut zu machen, die Aufsichtsführung zu erleichtern und Beschwerden vorzubeugen; von derselben ist deshalb in möglichst ausgedehntem Maße Gebrauch zu machen.

11. Defekte.

Ergiebt sich bei Kassenrevisionen, bei Prüfung oder Revision der Gemeinderechnungen ein Defekt, so ist gemäß §. 121 Nr. 1 die Beschlußfassung des Kreisausschusses wegen Feststellung und Ersatz desselben nach Maßgabe der Verordnung vom 24. Januar 1844 (GS. S. 52) zu veranlassen.

Mit dem 1. April 1892 tritt die durch die allgemeine Verfügung vom 20. September 1873 (M.Bl. S. 258) mitgetheilte Instruktion zur Ausführung der drei ersten Abschnitte des zweiten Titels der Kreisordnung, soweit sie sich nicht auf die Aufhebung der mit dem Besitze gewisser Grundstücke verbundenen Berechtigung und Verpflichtung zur Verwaltung des Schulzengutes erstreckt (dritter Abschnitt), außer Wirksamkeit.

Der Minister des Innern.

Anlage D. Voranschlag.

Anlage E. Rechnungsbuch[u]).

Anlage C (zu Anmerkung 156).

Deklaration einiger Bestimmungen des Allgemeinen Landrechts und der Gemeinheitstheilungsordnung vom 7. Juni 1821, betreffend das nutzbare Gemeindevermögen. Vom 26. Juli 1847 (GS. 327)[1]).

Wir u. s. w. verordnen zur Beseitigung der Zweifel, welche über die Anwendung einiger Vorschriften des Allgemeinen Landrechts und der Gemeinheitstheilungsordnung vom 7. Juni 1821 auf das Vermögen der Stadt- oder Landgemeinden entstanden sind, auf den Antrag Unseres Staatsministeriums, nach Anhörung Unserer getreuen Stände und nach vernommenem Gutachten Unseres Staatsraths, für alle Theile Unserer Monarchie, in denen das Allgemeine Landrecht Gesetzeskraft hat, was folgt:

---

[u]) Die Anl. D u. E enthalten Formulare u. sind nicht abgedruckt. Die Anl. A—C waren zu der nicht abgedruckten (Nr. 2 d. W. Anm. 1) Anw. I ergangen u. enthielten gleichfalls Formulare zur Liste der Gemeindeglieder u. sonstigen Stimmberechtigten (A), der Gemeindeglieder u. sonstigen Wahlberechtigten (B) u. zur Wählerliste für die Gemeindevertretung (C).

[1]) Nr. 2 d. W. Anm. 155 u. 156.

§. 1. Das zur Bestreitung der Lasten und Ausgaben der Stadt oder Landgemeinden bestimmte Vermögen (in Städten Kämmereivermögen genannt) kann durch eine Gemeinheitstheilung niemals in Privatvermögen der Gemeindeglieder verwandelt werden.

Eben so wenig darf derjenige Theil des Vermögens einer Stadt- oder Landgemeinde, dessen Nutzungen den einzelnen Gemeindemitgliedern oder Einwohnern vermöge dieser ihrer Eigenschaft zukommen (das Gemeindegliedervermögen, in Städten Bürgervermögen genannt), durch eine Gemeinheitstheilung in Privatvermögen der Mitglieder oder Einwohner verwandelt werden. Diese Bestimmung findet auch dann Anwendung, wenn die den Mitgliedern oder Einwohnern als solchen zustehenden Nutzungsrechte noch außerdem durch den Besitz eines Grundstücks oder durch besondere persönliche Verhältnisse bedingt sind.

Die Abfindung für solche Nutzungsrechte fällt daher der Gemeinde als Korporation zu, während die berechtigten Gemeindemitglieder oder Einwohner die Benutzung dieser Abfindung für die Dauer ihrer Nutzungsrechte erhalten.

§. 2. Nutzungsrechte der Gemeindemitglieder oder Einwohner am Gemeindemitgliedervermögen, welche denselben nicht vermöge dieser ihrer Eigenschaft, sondern aus einem andern Rechtstitel gebühren, gehören nicht zum Gemeindevermögen, sondern zum Privatvermögen der Nutzungsberechtigten, in welches daher auch die auf diese Rechte bei der Gemeinheitstheilung fallenden Abfindungen übergehen.

Der §. 17 der Gemeinheitstheilungsordnung bezieht sich ausschließlich auf diese zum Privatvermögen gehörenden Nutzungsrechte[2]).

§. 3. Die Bestimmungen des §. 72 Titel 6 und des §. 160 Titel 8 Theil II des Allgemeinen Landrechts, daß das Gemeindegliedervermögen nach den Regeln des gemeinsamen Eigenthums beurtheilt werden soll, sind nur von der Verwaltung jenes Vermögens zu verstehen.

§. 4. Die Vorschriften der §§. 28 und 30 Titel 7 Theil II des Allgemeinen Landrechts beziehen sich nur auf solche Gemeingründe und Gemeinweiden, welche zum Gemeindegliedervermögen gehören[3]).

§. 5. Die in den §§. 41 und 42 der Gemeinheitstheilungsordnung vom 7. Juni 1821 über das Maß der Theilnahme an gemeinschaftlichen Hütungsnutzungen enthaltenen subsidiarischen Bestimmungen finden sowohl auf die zum Privatvermögen (§. 2), als auch auf die zum Gemeindegliedervermögen (§. 1) gehörigen Hütungsnutzungen Anwendung.

---

[2]) Diese Vorschrift gab jedem zu Nutzungen an Gemeindegrundstücken berechtigten angesessenen Gemeindemitgliede das Recht, für die seinem Grundstücke anhängenden Nutzungsrechte auf Auseinandersetzung anzutragen.

[3]) Die angeführten Bestimmungen des LR. sind aufgehoben LGO. § 146 Abs. 2.

§. 6. Wird in Folge der Gemeinheitstheilung eine anderweite Regulirung für die Ausübung der den Gemeindegliedern und Einwohnern an der Abfindung (§. 1) zustehenden Nutzungsrechte nöthig, so erfolgt dieselbe durch die Auseinandersetzungsbehörde, nach Kommunikation mit der Regierung (§. 11 der Verordnung vom 30. Juli 1834).

§. 7. Die gegenwärtige Deklaration findet auf die vor Publikation derselben durch Vergleich oder rechtskräftiges Urtheil erledigten Streitfälle keine Anwendung.

Anlage D (zu Anmerkung 168).

Preußisches Gesetz über die freiwillige Gerichtsbarkeit. Vom 21. September 1899 (GS. 249). (Auszug betr. Dorfgerichte.)

Siebenter Abschnitt.

Besondere Gerichte. Mitwirkung der Gemeindebeamten in Angelegenheiten der freiwilligen Gerichtsbarkeit[1]).

Art. 104. Im Geltungsbereiche des Allgemeinen Landrechts ist für die im §. 1960 des Bürgerlichen Gesetzbuchs vorgesehene Sicherung des Nachlasses[2]) außer den Amtsgerichten das Dorfgericht zuständig, in dessen Bezirke das Bedürfniß der Fürsorge hervortritt, es sei denn, daß sich am Sitze des Dorfgerichts ein Amtsgericht befindet.

Zum Zwecke der Sicherung kann das Dorfgericht insbesondere Siegel anlegen, Geld, Werthpapiere und Kostbarkeiten an sich nehmen und ein Nachlaßverzeichniß aufnehmen. Ein auf Grund dieser Vorschrift aufgenommenes Verzeichniß kann nicht nach §. 2004 des Bürgerlichen Gesetzbuchs als Nach-

---

[1]) Das LR. II 7 bestimmte:

§. 79. Schulze und Schöppen machen zusammen die Dorfgerichte aus.

§. 86. Der Gerichtshalter kann den Dorfgerichten die Aufnahme von Inventarien und Taxen unter seiner Aufsicht übertragen, auch sich ihrer zur Vollstreckung der Exekutionen bedienen.

Im Anschluß hieran hat das preuß. G. über die freiw. Gerichtsbarkeit 21. Sept. 99 die Verhältnisse der Dorfgerichte im Geltungsgebiete des LR. neu geregelt Art. 104—110 Drucks. AH. 99 Nr. 35 (Begr.). Zugleich hat das G. die Vorschriften, nach denen diese Gerichte zu Geschäften der freiwilligen Gerichtsbarkeit befugt waren, aufgehoben Art. 119, u. den Justizminister ermächtigt, über das Verfahren allgemeine Bestimmungen zu treffen Art. 126 Abs. 1. Demgemäß erging Vf. 20. Dez. 99 (JMB. 806). Das G. bestimmt über die Einrichtung Art. 110 u. über die Aufgaben § 104 bis 109. Als solche kommen in Betracht:

a) die Sicherung des Nachlasses Art. 104—107,
b) die Aufnahme von Vermögensverzeichnissen Art. 108,
c) die Vornahme u. Beurkundung von freiwilligen öffentlichen Versteigerungen u. öffentlichen Verpachtungen Art. 109,
d) die Aufnahme von Taxen Art. 110 u. LR. II 7 § 86.

Die Tätigkeit der Dorfgerichte tritt nur im Auftrage des Amtsgerichts u. nur da ein, wo diese Gerichte tatsächlich bestehen. In der Prov. Posen u. Westfalen fehlen sie überhaupt.

laßinventar benutzt werden. Zur Bestellung eines Nachlaßpflegers ist das Dorfgericht nicht befugt.

Art. 105. Das Dorfgericht soll von den Maßregeln, die es zur Sicherung des Nachlasses ergriffen hat, dem Amtsgericht, in dessen Bezirk es seinen Sitz hat, Mittheilung machen. Verfügungen von Todeswegen, die sich im Nachlasse befinden, sowie Geld, Werthpapiere oder Kostbarkeiten, die das Dorfgericht an sich genommen hat, hat es unverzüglich an das Amtsgericht abzuliefern.

In zweifelhaften Fällen hat das Dorfgericht, wenn es keine Sicherungsmaßregeln trifft, dem Amtsgerichte den Sachverhalt anzuzeigen.

Art. 106. Die Abänderung einer Anordnung des Dorfgerichts[2]) ist bei dem im Artikel 105 bezeichneten Amtsgerichte nachzusuchen. Das Amtsgericht ist auch berechtigt, eine Anordnung des Dorfgerichts, die es für ungerechtfertigt erachtet, von Amtswegen zu ändern.

Hat das Dorfgericht Siegel angelegt, so soll die Abnahme der Siegel in der Regel[3]) nur auf Anordnung des Amtsgerichts erfolgen.

Art. 107. Die Dorfgerichte können von den Amtsgerichten mit der Ausführung der auf Grund des §. 1960 des Bürgerlichen Gesetzbuchs angeordneten Maßregeln[4]) beauftragt werden[5]).

Art. 108. Die Dorfgerichte sind zuständig, im Auftrage des Amtsgerichts Vermögensverzeichnisse, insbesondere Nachlaßinventare, aufzunehmen[5]).

Die Dorfgerichte sind zuständig, im Falle des §. 20 des Gesetzes, betreffend das Anerbenrecht bei Renten- und Ansiedelungsgütern, vom 8. Juni 1896 (Gesetz-Samml. S. 124) im Auftrage der Generalkommission Nachlaßinventare aufzunehmen.

---

[2]) Die Berechtigung zur Änderung nachträglich für ungerechtfertigt erachteter Anordnungen ergibt das RG. über die freiw. Gerichtsbarkeit 98 (RGB. 771) § 18 u. 194.

[3]) Ausnahmen sind bei leicht verderblichen Sachen zulässig, Begr. (Anm. 1).

[4]) Das BGB. § 1960 lautet:

Bis zur Annahme der Erbschaft hat das Nachlaßgericht für die Sicherung des Nachlasses zu sorgen, soweit ein Bedürfniß besteht. Das Gleiche gilt, wenn der Erbe unbekannt oder wenn ungewiß ist, ob er die Erbschaft angenommen hat.

Das Nachlaßgericht kann insbesondere die Anlegung von Siegeln, die Hinterlegung von Geld, Werthpapieren und Kostbarkeiten sowie die Aufnahme eines Nachlaßverzeichnisses anordnen und für denjenigen, welcher Erbe wird, einen Pfleger (Nachlaßpfleger) bestellen.

Die Vorschrift des §. 1958*) findet auf den Nachlaßpfleger keine Anwendung.

[5]) Nach AG. z. GVG. 24. April 78 (GS. 230) § 70 u. 74 konnten nur die Gerichtsschreiber u. Gerichtsvollzieher damit beauftragt werden.

---

*) Nach § 1958 kann vor Annahme der Erbschaft ein Anspruch, der sich gegen den Nachlaß richtet, nicht gegen den Erben gerichtlich geltend gemacht werden.

Art. 109. Die Dorfgerichte sind zuständig, freiwillige öffentliche Versteigerungen beweglicher Sachen sowie öffentliche Verpachtungen an den Meistbietenden vorzunehmen und zu beurkunden. Sie sollen diese Geschäfte nur im Auftrage des Amtsgerichts vornehmen; eines besonderen Auftrags für jedes einzelne Geschäft bedarf es nicht.

Art. 110. Die Dorfgerichte sind gehörig besetzt, wenn neben dem Schulzen zwei Schöffen oder ein Schöffe und ein vereidigter Gerichtsschreiber mitwirken. Für die Aufnahme von Taxen bewendet es bei den bisherigen Vorschriften[6]).

Den Amtsgerichten steht in den Angelegenheiten der freiwilligen Gerichtsbarkeit hinsichtlich der Dorfgerichte ihres Bezirkes das Recht der Aufsicht zu.

---

[6]) Nach dem LR. (Anm. 1) bedarf es hierbei der Zuziehung des Gerichtsschreibers nicht.

III. Städte.

1. Einleitung.

Die Städte[1]) haben weit früher als die Landgemeinden eine umfassende Regelung erfahren. In dem absoluten Staate des 18. Jahrhunderts waren sie auch in Preußen zu einfachen Verwaltungsbezirken herabgesunken, die jeder selbständigen Bedeutung entbehrten. Mit der Wiedergeburt des Staates im Beginn des vorigen Jahrhunderts trat ein Umschwung ein. Als wesentliches Glied der Neugestaltung des Staatswesens wurde die StO. v. 19. November 1808 erlassen, die zur Erweckung des Interesses und Anteils der Bürger an den öffentlichen Angelegenheiten diese in ausgedehnter Weise zu persönlicher Tätigkeit im Dienste der Gemeinde berief. Sie bildet den Ausgangspunkt für unsere Selbstverwaltung, indem sie neben dem als Ortsobrigkeit und ausführende Stelle beibehaltenen, aus Gemeindewahlen hervorgehenden Magistrat die Stadtverordnetenversammlung einsetzte, die frei von der Bürgerschaft gewählt als beschließendes Organ die Gemeinde zu vertreten hatte, und beide Organe nur durch bestimmt begrenzte Aufsichtsrechte der Staatsbehörde beschränkte. Diese Grundsätze sind mit einigen Einschränkungen in die revidierte StO. v. 17. März 1831 übergegangen, die in einem Teil der Städte Geltung erlangte.

Nach dem verfehlten Versuche einer einheitlichen Regelung für Stadt und Land und für alle Landesteile[2]) wurde die heute maßgebende StO. für die 7 östlichen Provinzen v. 30. Mai 1853 (Nr. 2) erlassen. Ausgeschlossen blieb Neuvorpommern mit Rügen, für das ein besonderes G. 31. Mai 1853 die älteren Verfassungen mit einzelnen Änderungen aufrecht erhielt (Nr. 3). Für die übrigen Provinzen ergingen alsdann nach dem Vorbilde der StO. v. 31. Mai 1853 besondere Städteordnungen[3]); nur für Hannover ist die ältere Ordnung in Kraft geblieben[4]). Eine im Jahre 1876 versuchte einheitliche Regelung für das Staatsgebiet[5]) scheiterte an der Meinungsverschiedenheit zwischen Regierung und Landtag über das Wahlrecht zur Stadtverordnetenversammlung und die Bestätigung der Magistratsmitglieder.

---

[1]) Bedeutung u. Arten der Gemeinden Nr. II 1 Abs. 1 d. W. — Übersicht der Stadtgemeinden Nr. I 1 Anl. A.

[2]) Nr. I 1 d. W. Anm. 4.

[3]) StO. für Westfalen 19. März u. für die Rheinprov. 15. Mai 56 (GS. 237 u. 406), für Schl.-Holstein 14. Mai 69 (GS. 589), für Frankfurt a. M. 25. März 67 (GS. 401), für Hess.-Nassau außer Frankfurt 4. Aug. 97 (GS. 254). In Hohenzollern gilt die GemO. 2. Juli 00 (GS. 189) für Stadt- u. Landgemeinden.

[4]) Han. StO. 24. Juni 58 (Han. GS. I 141).

[5]) Entw. Drucks. AH. 76 Nr. 86.

2. Städte-Ordnung für die sieben[1]) östlichen Provinzen der Preußischen Monarchie. Vom 30. Mai 1853 (GS. 261)[2]).

§. 1. Die gegenwärtige Städte-Ordnung soll in den bisher auf dem Provinzial-Landtage, im Stande der Städte vertretenen[3]) Städten der Provinzen Ostpreußen, Westpreußen[4]), Brandenburg, Pommern, Schlesien, Posen und Sachsen zur Anwendung kommen, desgleichen in den im Stande der Städte nicht vertretenen Ortschaften dieser Provinzen, in welchen bisher eine der beiden Städte-Ordnungen vom 19. November 1808. und vom 17. März 1831. gegolten hat[5]).

In Ansehung derjenigen im Stande der Städte auf den Provinzial-Landtagen nicht vertretenen Ortschaften (Flecken), wo bisher weder eine dieser Städte-Ordnungen gegolten, noch die ländliche Gemeindeverfassung bestanden hat, bleibt die nähere Festsetzung ihrer Gemeindeverhältnisse mit Berücksichtigung der Vorschriften im Titel VIII. der gegenwärtigen Städte-Ordnung der Bestimmung des Königs nach Anhörung des Provinzial-Landtages vorbehalten[6]).

---

[1]) Im Text stand: sechs; inzwischen ist die frühere Prov. Preußen in die Provinzen Ostpreußen u. Westpreußen geteilt G. 19. März 77 (GS. 107).

[2]) Die StO. beruht auf den Grundlagen der älteren Städteordnungen (Nr. 1 Abs. 1 d. W.), hat jedoch der GemO. 11. März 50 den Grundsatz, daß die Gemeinde alle Einwohner (nicht nur die Bürger) umfaßt (§ 3) u. die Dreiklassenwahl (§ 13) entnommen. — Ihr Inhalt verteilt sich neben der Bestimmung des Geltungsbereichs in § 1 auf 11 Titel. Nach den Grundlagen der städt. Verwaltung Tit. I (§ 2—11) werden Zusammensetzung u. Wahl der städt. Körperschaften, der Stadtv.Vers. Tit. II (§ 12—28) u. des Magistrats Tit. III (§ 29—34) u. darauf deren Geschäfte, die der Stadtv.Vers. Tit. IV (§ 35—55) u. des Magistrats Tit. V (§ 56—63) behandelt. Hierauf folgen Gehälter u. Pensionen Tit. VI (§ 64, 65), Gemeindehaushalt Tit. VII (§ 66 bis 71), die abweichende Einrichtung für Städte von nicht mehr als 2500 Einwohnern Tit. VIII (§ 72, 73), die Pflicht zur Annahme von Ehrenämtern u. das Ausscheiden aus diesen Tit. IX (§ 74, 75), die Oberaufsicht Tit. X (§ 76—80) und Ausführungs- u. Übergangsbest. Tit. XI (§ 81—85). — Eingreifende Änderungen erfuhr die StO. zuerst durch die neue Verwaltungsorganisation, welche die Mitwirkung der Selbstverwaltungskörper bei der Aufsichtführung u. die Rechtskontrolle einführte ZustG. IV. Titel, Anlage A, später durch das G. über die Gemeindewahlen (Nr. I 2 d. W.), das KAG. (Nr. I 3) u. das KBG. (Nr. I 4). — Zur Ausführung erging die Instr. 30. Mai 53, Anlage B. — Quellen. Verh. 52/53 I. Kam. Drucks. Nr. 15, StB. S. 157, 235, 942, 1023; II. Kam. Drucks. Nr. 95, StB. S. 815, 1005, 1317. — Bearbeitungen: von Örtel (3. Aufl. Liegn. 00), Ledermann (Berl. 03), Plagge-Schulze (2. Aufl. Berl. 01) u. (kleiner) Kappelmann (Berl. 01) u. Zelle (4. Aufl. Berl. 03); Jebens, die Stadtverordneten (2. Aufl. Berl. 05).

[3]) Die Bestimmung hat nur noch für die Prov. Posen Bedeutung, da sonst eine Vertretung nach Ständen nicht mehr stattfindet ProvO. (Nr. V d. W.) § 9.

[4]) Anm. 1; im Texte stand: Preußen.

[5]) Verleihung der Städteverfassung LGO. § 1 Abs. 2.

[6]) Auch auf diese Flecken ist das ZustG. Tit. IV gem. § 22 Abs. 1 anwendbar. Erklärung zu besonderen Amtsbezirken (KrO. § 48[2]) Instr. 18. Juni 73 (Nr. IV 2 Anl. B) Art. 2[3]; Aufnahme in das Verzeichnis der Landgemeinden für die Kreistagswahlen Instr. 10. März 73 (Nr. IV 2 Anl. C) Zus. 10 Abs. 1 zu Art. 4.

Wegen der Städte in Neuvorpommern und Rügen ergeht ein besonderes Gesetz[7]).

Titel I.

Von den Grundlagen der städtischen Verfassung[8]).

§. 2. Den städtischen Gemeindebezirk (Stadtbezirk) bilden alle diejenigen Grundstücke, welche demselben bisher angehört haben[9]).

Grundstücke, welche bisher noch keinem Gemeinde- oder selbstständigen Gutsbezirke angehört haben[10]), können nach Vernehmung der Betheiligten[11]) und nach Anhörung des Kreistages, durch Beschluß des Bezirksausschusses[12]) mit dem Stadtbezirk vereinigt werden.

Eine Vereinigung eines ländlichen Gemeinde- oder eines selbstständigen Gutsbezirks mit einer Stadtgemeinde kann nur unter Zustimmung der Vertretungen der betheiligten Gemeinden, sowie des betheiligten Gutsbesitzers nach Anhörung des Kreistages mit Genehmigung des Königs erfolgen[13]).

Die Abtrennung einzelner Grundstücke von einem Stadtbezirk und deren Vereinigung mit einem angrenzenden Gemeinde- oder selbstständigen Gutsbezirk, sowie die Abtrennung einzelner bisher zu einer andern Gemeinde oder zu einem selbstständigen Gute gehörender Grundstücke und deren Vereinigung mit einem angrenzenden Stadtbezirk kann nach Anhörung des Kreistages durch Beschluß des Bezirksausschusses[12]) vorgenommen werden, wenn außer den Vertretungen der betheiligten Gemeinden und den betheiligten Gutsbesitzern auch die Eigenthümer jener Grundstücke darin einwilligen. In Ermangelung der Ein-

---

[7]) Nr. 3 d. W.

[8]) Titel I betrifft den Stadtbezirk § 2, die Einwohnerschaft § 3, 4 u. im Anschluß an diese das Bürgerrecht § 5—7 u. das Wahlrecht der Forensen u. juristischen Personen § 8; ferner das Körperschafts- u. Selbstverwaltungsrecht der Stadtgemeinden § 9, ihre Vertreter (Magistrat u. Stadtverordnetenversammlung) § 10 u. den Erlaß statutarischer Anordnungen § 11.

[9]) Rechtlich, nicht nur tatsächlich OV. 21. Sept. 97 (VB. XIX 442), wonach auch die Verleihung von Korporationsrechten u. die Aufhebung von Korporationen von jeher dem Landesherrn vorbehalten war. — Der Stadtbezirk kann mehrere Ortschaften umfassen § 14, 15. Vorstädte u. Feldmarken (Fluren) gehörten bereits nach den älteren Städteordnungen zum Stadtbezirk. Güter im Besitze der Stadt (Kämmereigüter) u. Gemeinden, über die ihr die Gutsherrlichkeit zustand (Kämmereidörfer) gehören an sich nicht dazu, können vielmehr selbständige Gutsbezirke oder Gemeinden bilden OV. 11. Mai 95 (VB. XVI 487) u. 4. Mai 00 (VB. XXII 54). — Entscheidung von Grenzstreitigkeiten ZustG. (Anl. A) § 9. Grundsätze u. Beweismittel für die Gemeindezugehörigkeit Nr. II 2 d. W. Anm. 40.

[10]) Das. Anm. 7.

[11]) Das. Anm. 9.

[12]) Zust. § 8 Abs. 1 (im Texte stand: unter Genehmigung des Min. des Innern). — Beschwerde in 2 Wochen an den Provinzialrat LVG. § 51, 121, in Berlin den Min. des Innern § 43 Abs. 1.

[13]) Für Eingemeindungen (Abs. 3 u. 5) ist jetzt LGO. § 2 3, 5—7 maßgebend. Die Vereinigung mehrerer Stadtgemeinden mit einander ist weder in der älteren, noch in der neueren Vorschrift vorgesehen; es wird deshalb angenommen, daß sie nur durch Gesetz erfolgen könne. — Verbindung zu einzelnen kommunalen Zwecken LGO. § 128, bezüglich der Polizeiverwaltung KrO. § 49a u. ZustG. § 6.

willigung aller Betheiligten kann eine Veränderung dieser Art in den Gemeinde- oder Gutsbezirken nur in dem Falle, wenn dieselbe im öffentlichen Interesse als nothwendiges Bedürfniß sich ergiebt, und alsdann nur mit Genehmigung des Königs nach Vernehmung der Betheiligten und nach Anhörung des Kreistages stattfinden[14]).

In allen vorstehenden Fällen ist der Beschluß des Kreistages vor Einholung der höheren Genehmigung den Betheiligten nachrichtlich mitzutheilen[13]).

Wo und soweit in Folge einer derartigen Veränderung eine Auseinandersetzung zwischen den Betheiligten sich als nothwendig ergiebt, ist solche im Verwaltungswege zu bewirken[15]).

Wird hierbei eine Uebereinkunft der Betheiligten vermittelt, so genügt die Genehmigung der Regierung; im Falle des Widerspruches entscheidet der Minister des Innern[15]).

Privatrechtliche Verhältnisse dürfen durch dergleichen Veränderungen niemals gestört werden.

Eine jede solche Veränderung ist durch das Amtsblatt bekannt zu machen[16]). Veränderungen, welche bei Gelegenheit einer Gemeinheitstheilung vorkommen, unterliegen diesen Bestimmungen nicht.

§. 3. Alle Einwohner des Stadtbezirks, mit Ausnahme der servisberechtigten Militairpersonen des aktiven Dienststandes[17]), gehören zur Stadtgemeinde.

Als Einwohner werden diejenigen betrachtet, welche in dem Stadtbezirk nach den Bestimmungen der Gesetze ihren Wohnsitz haben[18]).

§. 4. Alle Einwohner des Stadtbezirks sind zur Mitbenutzung der öffentlichen Gemeinde-Anstalten der Stadt[19]) berechtigt und zur Theilnahme an den städtischen Gemeindelasten nach den Vorschriften des Kommunalabgabengesetzes vom 14. Juli 1893[20]) verpflichtet.

---

[14]) Der die Umgemeindungen betreffende Abs. 4 ist jetzt im allgemeinen durch LGO. § 2 4—7 ersetzt. Da diese Vorschrift aber nur die Beziehung zu Landgemeinden u. Gutsbezirken betrifft, findet StO. § 2 Abs. 4, der diese Beschränkung nicht enthält, auf Umgemeindungen zwischen Stadtgemeinden fortdauernd Anwendung.

[15]) Die Auseinandersetzung bestimmt sich jetzt im allgemeinen nach LGO. § 3. Der Abs. 6 der StO. § 2 — der unter Fortfall des Abs. 7 dahin ergänzt ist, daß über die Auseinandersetzung der Bezirksausschuß vorbehaltlich der Klage im Streitverfahren beschließt ZustG. § 8 Abs. 2 — ist nur noch in dem Anm. 14 erwähnten Ausnahmefall anwendbar.

[16]) Entsprechend LGO. § 2 8 (verb. Nr. II 2 Anm. 31).

[17]) Nr. I 3 Anl. D Anm. 4. Gendarmen gehören nicht dazu Nr. I 3 Anm. 153.

[18]) Nr. I 3 Anl. A Art. 23 1a Abs. 2 nebst Anm. 43.

[19]) Nr. II 2 Anm. 52. — Zuständigkeit bei Beschwerden u. Einsprüchen ZustG. (Anl. A) § 18.

[20]) Die die Gemeindeabgaben betreffenden Bestimmungen der StO., insbes. über Steuerpflicht § 4 Abs. 3—15, über Steuerarten § 53 u. über Gemeindedienste § 54 sind durch das KAG. ersetzt.

Die Bestimmungen besonderer Stiftungen, welche mit dergleichen städtischen Gemeinde-Anstalten verbunden sind, sowie die hinsichtlich solcher Anstalten auf besonderen Titeln beruhenden Privatrechte, werden hierdurch nicht berührt.

(Abs. 3—15)[20]).

§. 5[21]). Das Bürgerrecht besteht in dem Rechte zur Theilnahme an den Wahlen, sowie in der Befähigung zur Uebernahme[22]) unbesoldeter Aemter in der Gemeindeverwaltung und zur Gemeindevertretung.

Jeder selbstständige[23]) Preuße[24]) erwirbt[25]) dasselbe, wenn er seit einem Jahre[26])

1) Einwohner des Stadtbezirks ist und zur Stadtgemeinde gehört (§. 3.),
2) keine Armenunterstützung aus öffentlichen Mitteln empfangen[27]),
3) die ihn betreffenden Gemeinde-Abgaben gezahlt hat[28]) und außerdem
4) entweder
   a) ein Wohnhaus im Stadtbezirk besitzt (§. 16)[29]), oder
   b) ein stehendes Gewerbe selbstständig als Haupterwerbsquelle und in Städten von mehr als 10,000 Einwohnern mit wenigstens zwei Gehülfen selbstständig betreibt, oder[30])

[21]) Zuständigkeit bei Beschwerden u. Einsprüchen über Besitz u. Verlust des Bürgerrechts ZustG. § 10 Abs. 1[1].

[22]) Annahmepflicht § 74.

[23]) Abs. 5.

[24]) Nicht — wie in den neueren Gemeindegesetzen (LGO. § 41 Abs. 1[1]) — die nichtpreußischen Reichsangehörigen.— Einjähriger Besitz der Staatsangehörigkeit wird nicht erfordert OV. 20. März 00 (VB. XXI 503). — Das Bürgerrecht steht Frauen sowie Forensen u. juristischen Personen (§ 8) nicht zu.

[25]) Der Erwerb kann von Entrichtung eines Bürgerrechtsgeldes abhängig gemacht werden Anl. D § 2[2] u. 6, 7, setzt aber keinen besonderen Antrag voraus OV. 14. Dez. 85 (VB. VII 183).

[26]) Ausnahmen Abs. 4 u. § 6.

[27]) Gleichviel ob sie vorübergehend (Aufnahme in ein Krankenhaus) oder den Angehörigen gewährt ist OV. 18. Mai 00 (XXXVII 17). — Kranken-, Unfall- und Invalidenrenten bilden nach den Arbeiterversicherungsgesetzen keine Armenunterstützung.

[28]) Nicht darunter fallen die von Abgaben befreiten (KAG. § 21, 24 k, 39 bis 42) Gemeindeangehörigen. — Vertragsmäßige Vergütungen für Gemeindeleistungen (Lieferung elektrischer Kraft) gehören nicht zu den Gemeindeabgaben OV. 8. Nov. 01 (VB. XXIII 613).

[29]) Auch als Nießbraucher § 16, nicht aber als Miteigentümer OV. 21. Sept. 00 (XXXVIII 26).

[30]) RGewO. § 13:

Von dem Besitze des Bürgerrechts soll die Zulassung zum Gewerbebetriebe in keiner Gemeinde und bei keinem Gewerbe abhängig sein.

Nach dem begonnenen Gewerbebetriebe ist, so weit dies in der bestehenden Gemeindeverfassung begründet ist, der Gewerbetreibende auf Verlangen der Gemeindebehörde nach Ablauf von drei Jahren verpflichtet, das Bürgerrecht zu erwerben. Es darf jedoch in diesem Falle von ihm das sonst vorgeschriebene oder übliche Bürgerrechtsgeld nicht gefordert und ebenso nicht verlangt werden, daß er sein anderweit erworbenes Bürgerrecht aufgebe.

Hiernach scheidet von den Voraussetzungen der StO. § 5 Abs. 2 Nr. 4 die zu b erwähnte aus. Wenn vor Ablauf der drei Jahre eine der anderen Voraussetzungen eintritt oder der Ge-

c) zur klassifizirten Einkommensteuer veranlagt ist, oder zu einem fingirten Normalsteuersatze von mindestens 4 Mark veranlagt ist, oder ein Einkommen von mehr als 660 Mark hat,

d) an Klassensteuer einen Jahresbetrag von mindestens vier Thalern entrichtet. In den mahl- und schlachtsteuerpflichtigen Städten sind statt dessen die Einwohner von dem Magistrat nach den Grundsätzen der Klassensteuerveranlagung einzuschätzen; es können jedoch auch die Stadtbehörden beschließen, an die Stelle des Klassensteuersatzes von mindestens vier Thalern ein jährliches Einkommen treten zu lassen, welches beträgt:

in Städten von weniger als 10,000 Einwohnern 200 Rthlr.
in Städten von 10,000 bis 50,000 Einwohnern 250 =
in Städten von mehr als 50,000 Einwohnern 300 = [31]).

Steuerzahlungen, Einkommen, Haus- und Grundbesitz der Ehefrau werden dem Ehemann, Steuerzahlungen, Einkommen, Haus- und Grundbesitz der minderjährigen, beziehungsweise der in elterlicher Gewalt des Vaters[32]) befindlichen Kinder, dem Vater angerechnet.

In den Fällen, wo ein Haus durch Vererbung auf einen andern übergeht, kommt dem Erben bei Berechnung der Dauer des einjährigen Wohnsitzes die Besitzzeit des Erblassers zu Gute.

---

werbetreibende die Aufnahme als Bürger verlangt, so ist er zur Zahlung des Bürgerrechtsgeldes verpflichtet; hat er aber gem. GewO. § 13 nach diesem Zeitpunkt das Bürgerrecht auf Verlangen der Gemeinde erworben, so entfällt diese Verpflichtung, auch wenn die anderen Voraussetzungen eintreten OV. 2. Nov. 85 (XIII 83). — Die Einwohnerzahl bestimmt sich nach der Zivilbevölkerung Nr. I 2 d. W. Anm. 9, wie sie bei der letzten Volkszählung festgestellt ist Vf. 3. Mai 66 (MB. 137). — Zu den Gehilfen sind Lehrlinge nicht zu rechnen OV. 9. Nov. 00 (VB. XXII 384).

[31]) Zu c und d. Die Klassen- u. klassifizierte Einkommensteuer ist durch die Einkommensteuer ersetzt EinkStG. 24. Juni 91 (GS. 175) § 85 Abs. 4. Die Nr. 4d Satz 2 ist — einschließlich des Nachsatzes OV. 23. Feb. 98 (XXXIII 72) — mit Aufhebung der Mahl- u. Schlachtsteuer (G. 25. Mai 73 GS. 222) fortgefallen. — Der Klassensteuermindestsatz — der schon vorher von 4 auf 2 Taler (6 M.) herabgesetzt war — ist jetzt auf 4 M. bezw. ein Einkommen von mehr als 660 M. bis 900 M. festgesetzt EinkStG. § 77. Ferner wird, da diese Staatssteuersätze nicht erhoben, sondern nur für Zwecke der Kommunalbesteuerung veranlagt (fingiert) werden § 74, 75, nicht mehr die Entrichtung, sondern die Veranlagung vorausgesetzt § 76. Die Veranlagung muß aber bereits stattgefunden haben OV. 30. Nov. 00 (XXXVIII 49). Wo auch die Gemeinden die Einkommen von 660 bis 900 M. nicht besteuern (KAG. § 38 Abs. 2), treten die Einkommensbezüge an Stelle der Steuersätze EinkStG. § 77 Abs. 1, OV. 25. April 99 (XXXV 160) u. 22. Okt. 00 (XXXVIII 32). — Dem hiernach sich ergebenden gegenwärtigen Rechtszustande entspricht die oben (Nr. 4c) eingefügte Fassung, wie sie sich in der StO. f. Hess.-Nassau § 5 Abs. 2 6c bereits vorfindet.

[32]) Die elterliche ist an Stelle der väterlichen Gewalt getreten BGB. § 1626 nebst AG. 20. Sept. 99 (GS. 177) Art. 69 § 4; die elterliche Gewalt der Mutter kommt dabei nicht in Betracht Anm. 24.

Als selbstständig wird nach vollendetem vierundzwanzigsten Lebensjahre ein Jeder betrachtet, der einen eigenen Hausstand hat[33]), sofern ihm nicht das Verfügungsrecht über sein Vermögen oder dessen Verwaltung durch richterliches Erkenntniß entzogen ist[34]).

Inwiefern über die Erlangung des Bürgerrechts von dem Magistrat eine Urkunde (Bürgerbrief) zu ertheilen ist, bleibt den statutarischen Anordnungen vorbehalten[35]).

§. 6. Verlegt ein Bürger seinen Wohnsitz nach einer andern Stadt, so kann ihm das Bürgerrecht in seinem neuen Wohnort, wenn sonst die Erfordernisse zur Erlangung desselben vorhanden sind, von dem Magistrate im Einverständnisse mit der Stadtverordneten-Versammlung (§. 12.) schon vor Ablauf eines Jahres verliehen werden.

Diese Bestimmungen finden auch auf den Fall Anwendung, wenn der Besitzer eines, einen besonderen Gutsbezirk bildenden Gutes oder ein stimmberechtigter Einwohner einer Landgemeinde seinen Wohnsitz nach einer Stadt verlegt.

Der Magistrat ist, im Einverständniß mit der Stadtverordneten-Versammlung, befugt, Männern, welche sich um die Stadt verdient gemacht haben, ohne Rücksicht auf die oben gedachten besonderen Erfordernisse[36]), das Ehrenbürgerrecht zu ertheilen, wodurch keine städtischen Verpflichtungen entstehen.

§. 7[37]). Wer in Folge rechtskräftigen Erkenntnisses der bürgerlichen Ehre verlustig geworden (§. 32—34 des Reichsstrafgesetzbuchs), verliert dadurch für die im Urteil bestimmte Zeit auch das Bürgerrecht und die Befähigung, dasselbe zu erwerben.

Wem durch rechtskräftiges Erkenntniß die Ausübung der bürgerlichen Ehrenrechte untersagt ist (§. 21. des Strafgesetzbuches), der ist während der dafür in dem Erkenntnisse festgesetzten Zeit von der Ausübung des Bürgerrechts ausgeschlossen[38]).

---

[33]) D. h. wer wirtschaftlich selbständig ist u. keinem fremden Hausstande angehört, also eine eigene, wenn auch mit Möbeln des Vermieters ausgestattete Wohnung hat OV. 8. Okt. 86 (XIV 170). Schlafstelleninhaber gehören zum Hausstande des Vermieters 18. Mai 00 (XXXVII 14). — Ein Anteil an einem Hausstande (gemeinsamer Hausstand) ist ausreichend OV. (LGO.) 19. Jan. 04 (VB. XXV 834). Der Mitbesitzer eines Grundstücks, der die Wirtschaft leitet, hat, auch wenn er sich aus Rücksichten der dem Hausstande angeschlossenen Mutter unterordnet, einen eigenen Hausstand OV. (LGO.) 6. April 82 (VIII 129).

[34]) Nr. II 2 Anm. 77.

[35]) Die Bedeutung einer Besitzurkunde hat der Bürgerbrief nur, wo das Bürgerrecht — wie nach der hannov. StO. — auf ausdrücklicher Verleihung beruht OV. 28. Feb. 93 (XXIV 33). — Instr. (Anl. B) Nr. VII Abs. 10.

[36]) Dies sind die Erfordernisse § 5 1—4; die allgemeinen Erfordernisse (Eigenschaft als selbständiger Preuße) bleiben maßgebend OV. 27. Juni 96 (XXX 1).

[37]) Der Verlust des Bürgerrechts ist dauernd (Abs. 1 u. 4) oder vorübergehend, indem es während eines bestimmten Zeitraums ruht (Abs. 3 u. 5 nebst § 74 Abs. 3 u. Anl. D § 7). — Zuständigkeit Anm. 21. — Wirkung § 75 Abs. 1.

[38]) Zu Abs. 1 u. 2. An Stelle des (in Abs. 1 angeführten) § 12 u. des § 21

Ist gegen einen Bürger wegen eines Verbrechens die Versetzung in den Anklagestand[39]), oder wegen eines Vergehens, welches die Aberkennung[40]) der bürgerlichen Ehrenrechte nach sich ziehen muß oder kann, das Hauptverfahren eröffnet[39]), oder ist derselbe zur gerichtlichen Haft gebracht[41]), so ruht die Ausübung des ihm zustehenden Bürgerrechts so lange, bis die gerichtliche Untersuchung beendigt ist.

Das Bürgerrecht geht verloren, sobald eines der zur Erlangung desselben vorgeschriebenen Erfordernisse bei dem bis dahin dazu Berechtigten nicht mehr zutrifft.

Verfällt ein Bürger in Konkurs, so ruht dadurch das Bürgerrecht; die Befähigung, dasselbe wieder zu erlangen, kann ihm, wenn er die Befriedigung seiner Gläubiger nachweist, von den Stadtbehörden verliehen werden[42]).

§. 8[43]). Wer in einer Stadt seit einem Jahr mehr als einer der drei höchstbesteuerten Einwohner sowohl an direkten Staats- als an Gemeinde-Abgaben entrichtet[44]), ist, auch ohne im Stadtbezirke zu wohnen, oder sich daselbst aufzuhalten, berechtigt, an den Wahlen Theil zu nehmen, falls bei ihm die übrigen Erfordernisse dazu vorhanden sind.

Dasselbe Recht haben juristische Personen, wenn sie in einem solchen Maaße in der Gemeinde besteuert sind[45]).

---

des StGB. 14. April 51 sind § 32—34 des RStGB. getreten, wonach mit Aberkennung der bürgerlichen Ehrenrechte während der im Urteile bestimmten Zeit das Bürgerrecht u. die Fähigkeit dieses zu erwerben verloren geht (§ 34[4]); außerdem tritt danach der dauernde Verlust der Gemeindeämter ein § 33 u. gleiche Wirkung hat die Aberkennung der Fähigkeit zur Bekleidung dieser Ämter § 35, während die Verurteilung zur Zuchthausstrafe die dauernde Unfähigkeit zur Bekleidung dieser Ämter nach sich zieht § 31.

[39]) Im Text stand „die Verweisung an das Strafgericht ausgesprochen". An Stelle dieser u. der vorher aufgeführten „Versetzung in den Anklagestand" bei Verbrechen ist die „Eröffnung des Hauptverfahrens" getreten StPO. § 196—211 u. OV. 13. Sept. 89 (XVIII 1).

[40]) An Stelle der Untersagung der Ausübung ist die Aberkennung der bürgerlichen Ehrenrechte getreten Anm. 38.

[41]) Das ist die Untersuchungshaft.

[42]) Die vermögensrechtlichen Beschränkungen, die infolge des Konkursverfahrens eintreten, fallen mit dessen Beendigung von selbst fort AG. z. KonkO. 6. März 79 (GS. 109) § 52. (Entsprechend LGO. § 44 Abs. 1[2]).

[43]) Der § 8 behandelt das Wahlrecht der Forensen Abs. 1 u. der juristischen Personen Abs. 2. Beide können dies Recht durch Bevollmächtigte ausüben § 25 Abs. 2.

[44]) An Stelle der Entrichtung ist für die vom Staat nicht mehr erhobenen Steuern die Veranlagung getreten G. 14. Juli 93 (Nr. I 3 Anl. C d. W.) § 5. — Nur solche Staats- u. Gemeindesteuern sind in Rechnung zu ziehen, die von der Stadt örtlich angehörigen Steuerobjekten zu entrichten sind OV. 23. Sept. 85 (VB. VII 49).

[45]) Bei den juristischen Personen müssen die maßgebenden Steuern gleichfalls (wie nach Abs. 1) seit einem Jahre entrichtet sein OV. 27. Feb. 94 (XXVI 20). Auch bei ihnen muß das Mehr sowohl an direkten Staats- als an Gemeindeabgaben (Abs. 1) vorhanden sein; der Fiskus, der keine direkten Steuern zahlt, hat deshalb kein Wahlrecht 18. Jan. 87 (XIV 43). — Zu den jur. Personen gehören Aktiengesellschaften OV. 23. Okt. 88 (XVII 94), nicht aber Gesellsch. m. beschr. Haftung 27. Juni 96

§. 9. Die Stadtgemeinden sind Korporationen[46]); denselben steht die Selbstverwaltung ihrer Angelegenheiten nach näherer Vorschrift dieses Gesetzes zu[47]).

§. 10[48]). In den Städten wird ein Magistrat (kollegialischer Gemeindevorstand) und eine Stadtverordneten-Versammlung gebildet, welche nach näherer Vorschrift dieses Gesetzes dieselben vertreten. Der Magistrat ist die Obrigkeit der Stadt und verwaltet die städtischen Gemeinde-Angelegenheiten. Die Ausnahmen bestimmt Tit. VIII.

§. 11[49]). Jede Stadt ist befugt, besondere statutarische Anordnungen zu treffen,

1) über solche Angelegenheiten der Stadtgemeinden, sowie über solche Rechte und Pflichten ihrer Mitglieder, hinsichtlich deren das gegen-

---

(Anm. 36) u. eingetragene Genossenschaften, auch nachdem diese der Kommunalbesteuerung unterworfen sind 24. März 97 (VB. XVIII 349).

[46]) Rechte und Pflichten der Gemeinden Nr. II 1 Anl. A. — Bei Neueinführung von Städtewappen wird in den geeigneten Fällen das Heroldsamt durch den Minister zugezogen Vf. 19. Dez. 96 (MB. 97 S. 2).

[47]) Alle Gemeindeordnungen beruhen auf dem Grundsatze der Selbstverwaltung. Diese wird nur begrenzt formell durch die in bestimmten Fällen eintretende staatliche Aufsicht (§ 76—80), sachlich durch die Beschränkung auf die eigenen Angelegenheiten. Gemeindeangelegenheit ist vermöge der vielgestaltigen, alle Beziehungen des öffentlichen Lebens umfassenden Aufgaben der Gemeinden alles, was die Wohlfahrt des Ganzen, die materiellen Interessen u. die geistige Entwicklung des einzelnen fördert OV. 30. Juni 77 (II 186) u. 25. Feb. 85 (XII 158). Eine Beschränkung tritt jedoch dadurch ein, daß die Gemeinde nur die Interessen der örtlichen Gemeinschaft wahrzunehmen hat. Petitionen der Gemeindebehörden in Sachen der staatlichen Gesetzgebung bilden nur dann eine Gemeindeangelegenheit, wenn sie auf besondere örtliche Verhältnisse u. Bedürfnisse der Gemeinde gegründet sind 10. März 86 (XIII 89) u. 7. März 02 (XLI 35). Die Bewilligung von Reisekosten an Wahlmänner zur Landtagswahl ist keine Gemeindeangelegenheit 21. Sept. 86 (XIV 76).

[48]) § 10 bezeichnet als Vertreter der Stadtgemeinden den Magistrat und die Stadtverordneten-Versammlung. Die Einrichtung beider wird in Tit. II u. III (Abweichung für kleinere Städte in Tit. VIII), ihr Geschäftskreis in Tit. IV u. V dargelegt. Beide Körperschaften sind danach zur Beschlußfassung in Gemeindeangelegenheiten berufen (§ 35, 36). Die Ausführung u. damit die eigentliche Verwaltung steht dem Mag. zu (§ 56), der die Stadtgemeinde regelmäßig auch allein nach außen vertritt. Die St.-Verf. hat diese Befugnis nur ausnahmsweise in den Fällen des ZustG. (Anl. A) § 10 u. 11, sowie bei Klagen gegen Beanstandung ihrer Beschlüsse § 15 u. bei Zwangseintragung in den Voranschlag § 19 Abs. 2, für die sie besondere Vertreter bestellen kann § 21 Abs. 2. Dagegen gebührt ihr die Kontrolle der Verwaltung § 37. Die St.-Verf. bildet eine politische Körperschaft i. S. des StGB. § 197 u. wird, da sie gewisse öffentlichrechtliche Handlungen selbständig vorzunehmen hat, als Gemeindebehörde bezeichnet u. als zur selbständigen Ablassung von Petitionen für befugt erachtet OV. 7. März 02 (vor. Anm.). Der Mag. ist zugleich Organ der Staatsregierung u. in dieser Eigenschaft der Kontrolle u. Mitwirkung der St.-Verf. nicht unterworfen.

[49]) Nr. II 2 d. W. Anm. 46. — Die Anordnungen können je nach dem eintretenden Bedürfnis in nacheinander folgenden Festsetzungen getroffen werden Instr. (Anl. B) Nr. VII Abs. 11. Beispiele in StO. § 5 Abs. 6, 12 Abs. 3, 21 Abs. 4, 29 Abs. 3, 59 Abs. 3, 70 Abs. 3 u. in den Nr. II 2 Anm. 47 angeführten Gesetzen.

wärtige Gesetz Verschiedenheiten gestattet, oder keine ausdrücklichen Bestimmungen enthält;

2) über sonstige eigenthümliche Verhältnisse und Einrichtungen, insbesondere hinsichtlich der den gewerblichen Genossenschaften bei Eintheilung der stimmfähigen Bürger und bei Bildung der Wahlversammlungen und der städtischen Vertretung zu gewährenden angemessenen Berücksichtigung[50]).

Dergleichen Anordnungen bedürfen der Bestätigung des Bezirksausschusses[51]).

Titel II.

Von der Zusammensetzung und Wahl der Stadtverordneten-Versammlung[52]).

§. 12. Die Stadtverordneten-Versammlung besteht aus zwölf Mitgliedern in Stadtgemeinden von weniger als 2500 Einwohnern[53]),

aus	18	in Gemeinden von	2,500	bis	5,000	Einwohnern,
=	24	= = =	5,001	—	10,000	=
=	30	= = =	10,001	—	20,000	=
=	36	= = =	20,001	—	30,000	=
=	42	= = =	30,001	—	50,000	=
=	48	= = =	50,001	—	70,000	=
=	54	= = =	70,001	—	90,000	=
=	60	= = =	90,001	—	120,000	=

In Gemeinden von mehr als 120,000 Einwohnern treten für jede weiteren 50,000 Einwohner sechs Stadtverordnete hinzu.

Wo die Zahl der Stadtverordneten bisher eine andere gewesen ist, verbleibt es bei dieser Zahl, bis durch statutarische Anordnung, welcher überhaupt abweichende Festsetzungen über die Zahl der Stadtverordneten vorbehalten werden, eine Aenderung getroffen ist.

§. 13. Zum Zweck der Wahl der Stadtverordneten werden die stimmfähigen Bürger (§§. 5. bis 8.) nach Maaßgabe der von ihnen zu entrichtenden direkten Steuern (Gemeinde-, Kreis-, Bezirks-, Provinzial- und Staats-

---

[50]) Diese Berücksichtigung — für die Instr. (Anl. B) Nr. VII Abs. 1—7 einige Grundsätze aufstellt — enthält Abweichungen vom Gesetz (StO. § 13, 24, 26). Für andere eigentümliche Verhältnisse u. Einrichtungen erscheinen solche nicht zulässig.

[51]) a) ZustG. § 16 Abs. 3 (im Texte stand die Regierung). — Die Beschwerde geht an den Provinzialrat LVG. § 121; für Berlin ist der OPr. zuständig § 43. b) Die Prüfung der gesetzlichen Zulässigkeit durch den Verwaltungsrichter wird durch die Bestätigung nicht ausgeschlossen OV. 3. März 77 (II 107).

[52]) Titel II betrifft die Mitgliederzahl § 12, die Wahl § 13—27 (Wahl nach Steuerabteilungen § 13 u. nach örtlichen Bezirken § 14, 15, Wählbarkeit § 16, 17, Amtsdauer § 18, Wahllisten § 19, 20, Anordnung der Wahl § 21, 22, Wahlverfahren § 23—27) u. den Amtsantritt § 28. Ausführlicher Aufsatz über die Wahlhandlung von Kappelmann (VB. XIV 417, 433, 449). — Versammlungen u. Geschäfte Tit. IV; Auflösung § 79.

[53]) Bestimmung der Einwohnerzahl Anm. 30.

Abgaben) in drei Abtheilungen getheilt In den Städten, wo die Mahl- und Schlachtsteuer besteht, werden diejenigen stimmfähigen Bürger, welche zur Staats-Einkommensteuer nicht herangezogen werden, von dem Magistrat nach den Grundsätzen der Klassensteuer-Veranlagung eingeschätzt und der Betrag, welcher danach als Klassensteuer zu zahlen sein würde, bei den vorstehend gedachten Steuern mitberechnet. Doch können auch die Stadtbehörden in den gedachten Städten beschließen, die Bildung der drei Abtheilungen nach Maaßgabe des Einkommens der stimmfähigen Bürger zu bewirken.

Die erste Abtheilung besteht aus denjenigen, auf welche die höchsten Beträge bis zum Belauf eines Drittels des Gesammtbetrages der Steuer aller stimmfähigen Bürger fallen, oder welche das höchste Einkommen bis zum Belauf eines Drittels des Gesammteinkommens aller stimmfähigen Bürger besitzen. Die übrigen stimmfähigen Bürger bilden die zweite und dritte Abtheilung; die zweite reicht bis zum zweiten Drittel der Gesammtsteuer, beziehungsweise des Gesammteinkommens aller stimmfähigen Bürger[54]).

In die erste beziehungsweise zweite Abtheilung gehört auch derjenige, dessen Steuerbetrag oder Einkommen[55]) nur theilweise in das erste beziehungsweise zweite Drittheil fällt.

Steuern, die für Grundbesitz oder Gewerbebetrieb in einer andern Gemeinde entrichtet werden, sowie die Steuern für die im Umherziehen betriebenen Gewerbe, sind bei der Bildung der Abtheilungen nicht anzurechnen[56]).

Kein Wähler kann zweien Abtheilungen zugleich angehören.

Läßt sich weder nach dem Steuerbetrage oder Einkommen[55]), noch nach der alphabetischen Ordnung der Namen bestimmen, welcher unter mehreren Wählern zu einer bestimmten Abtheilung zu rechnen ist, so entscheidet das Loos.

Jede Abtheilung wählt ein Drittel der Stadtverordneten, ohne dabei an die Wähler der Abtheilung gebunden zu sein.

§. 14. [57]) Gehören zu einer Abtheilung mehr als fünfhundert Wähler, so kann die Wahl derselben nach dazu gebildeten Wahlbezirken geschehen. Enthält eine Stadtgemeinde mehrere Ortschaften, so kann dieselbe mit Rücksicht hierauf in Wahlbezirke eingetheilt werden. Die Anzahl und die Grenzen der Wahlbezirke, sowie die Anzahl der von einem jeden derselben zu wählenden

---

[54]) Abs. 1 u. 2 sind durch G. 30. Juni 00 (Nr. I 2 d. W.) § 1—5 ersetzt; nur Abs. 1 Satz 1, der die Dreiklassenteilung für die Stadtverordnetenwahlen vorschreibt, hat noch Geltung.

[55]) Die Einteilung erfolgt jetzt nur nach den Steuern G. 30. Juni 00 § 1 Abs. 1.

[56]) Nr. I 2 d. W. Anm. 6.

[57]) § 14 Abs. 1 behandelt in Satz 1 u. 2 zwei verschiedene Fälle der Bildung von örtlichen Wahlbezirken. Satz 1 setzt die erfolgte Einteilung in Abteilungen voraus u. läßt die Bildung von Wahlbezirken für die einzelnen Abteilungen zu. Nach Satz 2 hat umgekehrt die Bildung der Wahlbezirke voranzugehen, worauf für jeden die Teilung in Abteilungen besonders zu erfolgen hat OV. 2. Nov. 98 (XXXIV 16).

Stadtverordneten, werden nach Maaßgabe der Zahl der stimmfähigen Bürger von dem Magistrat festgesetzt[58]).

Ist eine Aenderung der Anzahl oder der Grenzen der Wahlbezirke oder der Anzahl der von einem jeden derselben zu wählenden Stadtverordneten wegen einer in der Zahl der stimmfähigen Bürger eingetretenen Aenderung oder aus sonstigen Gründen erforderlich geworden, so hat der Magistrat die entsprechende anderweitige Festsetzung zu treffen, auch wegen des Ueberganges aus dem alten in das neue Verhältniß das Geeignete anzuordnen.

Der Beschluß des Magistrats bedarf der Bestätigung von Aufsichtswegen[59]).

§. 15. Bei Stadtgemeinden, welche mehrere Ortschaften enthalten, kann der Bezirksausschuß[59a]) nach Verhältniß der Einwohnerzahl bestimmen, wie viel Mitglieder der Stadtverordneten-Versammlung aus jeder einzelnen Ortschaft zu wählen sind[60]).

§. 16. Die Hälfte der von jeder Abtheilung zu wählenden Stadtverordneten muß aus Hausbesitzern (Eigenthümern, Nießbrauchern und solchen, die ein erbliches Besitzrecht haben)[61]) bestehen[62]).

---

[58]) Bildung von Abstimmungsbezirken an Stelle oder innerhalb der Wahlbezirke G. 30. Juni 00 (Nr. I 2 d. W.) § 6.

[59]) Abs. 2 u. 3 sind dem § 14 durch Art. I 1 des — gemäß Art. II auch auf die schl.-holst., westf., rhein. u. Frankf. StO. ausgedehnten — G. 1. März 91 (GS. 20) als zweiter Absatz hinzugefügt, um die Schwierigkeiten zu beseitigen, die vordem einer Änderung der Anzahl oder der Grenzen der Wahlbezirke oder der in jedem zu wählenden Stadtverordneten entgegenstanden. Die Bestimmung findet nur Anwendung, wenn bereits mehrere Wahlbezirke bestehen; Abs. 3 ist in der GS. versehentlich als solcher gedruckt und bezieht sich nicht auf Abs. 1 OV. 4. Nov. 96 (XXX 9). — Art. I 2 u. 3 sind in Anm. 86 u. 92 nachgewiesen; Art. II bezeichnet die durch Art. I abgeänderten Bestimmungen.

[59a]) ZustG. § 12[1].

[60]) Durch Vereinbarungen in Eingemeindungsverträgen wird der Bezirksausschuß nicht gebunden OV. 6. Dez. 92 (VB. XV 39). — Die von jeder Ortschaft gewählten Stadtverordneten müssen in dieser wohnen.

[61]) Die Bestimmung, wer Hausbesitzer sei, hat der Wahlvorstand; der Grundbesitz von Familienangehörigen kommt nicht in Anrechnung Vf. 17. Feb. 02 (MB. 96). Hausbesitz ist der in § 5 Abs. 2[4a] erwähnte Besitz eines Wohnhauses OV. 23. Nov. 95 (XXVIII 36). Miteigentum genügt nicht Anm. 29. Die Nutznießung des Ehemanns am Wohnhaus der Frau (BGB. § 1363) begründet den Hausbesitz für den Mann OV. 26. Sept. 02 (VB. XXIV 603); als Eigentum ist ihm der Besitz der Frau nicht (wie in § 5 Abs. 3) anzurechnen u. es genügt — da die Berechtigung den ganzen Besitz umfassen muß — nicht, daß der Mann einen Teil des Hauses besitzt u. an dem andern der Frau gehörigen Teile den Nießbrauch hat OV. 18. März 02 (XLI 26). — Es genügt der Hausbesitz zur Zeit der Wahl II 2 Anm. 78.

[62]) § 22. — Sind zwei Stadtverordnete u. darunter ein Hausbesitzer zu wählen, so ist, wenn nur zwei Nichtbesitzer gewählt sind, die Wahl desjenigen ungültig, der die wenigsten Stimmen erhalten hat OV. 10. Nov. 97 (XXXII 6); handelt es sich dagegen nur um die Wahl eines Hausbesitzers, so sind alle für Nichtbesitzer abgegebenen Stimmen ungültig 18. März 02 (vor. Anm.).

§. 17[63]. Stadtverordnete können nicht sein:

1) diejenigen Beamten und die Mitglieder derjenigen Behörden, durch welche die Aufsicht des Staats über die Städte ausgeübt wird (§. 76.)[64];
2) die Mitglieder des Magistrats und alle besoldeten Gemeindebeamten[65]; die Ausnahmen bestimmen §§. 72. und 73[66];
3) Geistliche, Kirchendiener und Elementarlehrer[67];
4) die richterlichen Beamten, zu denen jedoch die technischen Mitglieder der Handels-, Gewerbe- und ähnlicher Gerichte nicht zu zählen sind;
5) die Beamten der Staatsanwaltschaft[68];
6) die Polizeibeamten[69].

Vater und Sohn, sowie Brüder, dürfen nicht zugleich Mitglieder der Stadtverordneten-Versammlung sein. Sind dergleichen Verwandte zugleich erwählt, so wird der ältere allein zugelassen[69a].

§. 18[70]. Die Stadtverordneten werden auf sechs Jahre gewählt. Jedoch verliert jede Wahl ihre Wirkung, sobald einer der Fälle eintritt, in denen nach den Bestimmungen im §. 7. der Gewählte des Bürgerrechts verlustig geht oder

---

[63]) Allgemeines Erfordernis für das Stadtverordnetenamt ist das Bürgerrecht § 5 Abs. 1; § 17 bezeichnet die besonderen Hinderungsgründe. Entscheidend für ihr Vorhandensein ist der Zeitpunkt der Wahl OV. 3. Nov. 93 (XXV 20) u. 8. Mai 95 (XXVIII 13) u. zwar der der Annahmeerklärung 28. Feb. 02 (XLI 16). — Staatsbeamte bedürfen der Genehmigung ihrer Vorgesetzten StMB. 2. März 51 (MB. 38) u. Vf. 25. Mai 93 (MB. 126); bestritten von Preuß im VB. XXV 387. Nicht dazu gehören Rechtsanwälte u. Notare G. 21. Sept. 99 (GS. 249) § 82 Abs. 1. Reichsbeamte bedürfen keiner Genehmigung RBeamtG. 31. März 73 (RGB. 61) § 16, mit Ausnahme der Militärbeamten RMilG. 2. Mai 74 (RGB. 45) § 47.

[64]) Nach dem Wortlaute fallen hierunter auch die gewählten Mitglieder der Bezirksausschüsse u. Provinzialräte. — Die Landräte sind als Polizeibeamte — nicht als Aufsichtsbeamte — ausgeschlossen Anm. 69.

[65]) Die Eigenschaft wird nach Erlaß des KBG. durch die Anstellungsurkunde bestimmt das. § 1 Satz 2. Von den früher angestellten gelten als Gemeindebeamte die Ortssteuererheber OV. 28. Okt. 85 (XII 52), städtischen Sparkassenrendanten 24. Juni 87 (VB. VIII 378) u. Eichmeister 9. Jan. 00 (VB. XXI 430), nicht aber städtische Lehrer (Elementarlehrer § 17 Abs. 1 [3]) Nr. I 4 d. W. Anm. 3.

[66]) In diesem Ausnahmefalle sind die Schöffen wählbar § 73 Schlußsatz.

[67]) Geistliche Nr. I 3 Anl. D Anm. 7, Elementarlehrer das. Anm. 8. Rendanten der evang. Kirchenkassen sind Kirchendiener OV. 14. Dez. 88 (XVII 124), mit Ausnahme der unbesoldeten, die Kasse verwaltenden Kirchenältesten (Hess.-Nass. StO.) 9. Jan. 00 (XXXVI 121).

[68]) Dazu gehören die Amtsanwälte.

[69]) Dazu gehören der Landrat u. der Kreissekretär als dessen gesetzlicher Vertreter OV. 27. Jan. 86 (XIII 78), der Kreisdeputierte nur, wenn er zur Zeit der Wahl den Landrat vertritt 3. Nov. 93 (Anm. 63); ferner Amtsvorsteher 7. Feb. 02 (VB. XXIV 281), Distriktskommissare, auch wenn sie nicht für den Stadtbezirk zuständig sind 5. Jan. 98 (VB. XIX 344) u. Eisenbahnpolizeibeamte 17. Feb. 88 (XVI 72).

[69a]) Das „zugleich erwählt“ ist nicht auf die Wahl in derselben Abteilung zu beschränken, bezieht sich vielmehr auf die Ergänzungswahlen, insofern die Stadtv.-Vers. gleichzeitig über deren Gültigkeit beschließt OV. 9. Juni 03 (XLIV 24).

von der Ausübung desselben für eine gewisse Zeit ausgeschlossen wird. Tritt einer der Fälle ein, in denen nach jenen Bestimmungen die Ausübung des Bürgerrechts ruhen muß, so ist der Gewählte zugleich von der Theilnahme an den Geschäften der Stadtverordneten-Versammlung einstweilen bis zum Austrage der Sache ausgeschlossen. Alle zwei Jahre scheidet ein Drittheil der Mitglieder aus und wird durch neue Wahlen ersetzt[71]). Die das erste und zweite Mal Ausscheidenden werden für jede Abtheilung durch das Loos bestimmt[72]).

§. 19[73]). Eine Liste der stimmfähigen Bürger, welche die erforderlichen Eigenschaften derselben nachweist[74]), wird von dem Magistrat geführt und alljährlich im Juli berichtigt[75]).

---

[70]) Satz 1 nebst 4 u. 5 bilden die Regel, Satz 2 u. 3 nebst § 28 Abs. 1 Satz 2 die Ausnahmen. Die regelmäßigen Wahlen heißen — abgesehen von der ersten Wahl (Satz 1 u. 5), den Erweiterungswahlen (§ 14 Abs. 2) u. den Neuwahlen im Fall der Auflösung (§ 79) — Ergänzungswahlen, während die außerordentlichen als Ersatzwahlen bezeichnet werden § 21. — Zuständigkeit und Verfahren ZustG. (Anl. A) § 10[1] nebst 11 u. 21.

[71]) Das allmähliche Ausscheiden soll die Stetigkeit in der Geschäftsbehandlung sichern.

[72]) Wenn das von einer Abteilung zu wählende Drittel (§ 13) nicht durch 3 teilbar ist, so findet nicht § 21 Abs. 3 Satz 2 u. 3 Anwendung, es sind vielmehr zur Wahrung der in § 18 Satz 4 u. § 21 Abs. 3 Satz 1 gegebenen Vorschriften zwei Losungen vorzunehmen. Durch die eine ist in jeder Abt. die Reihenfolge der Ausscheidenden festzustellen, durch die andere die Reihenfolge zu bestimmen, in der die erforderliche verschiedene Verteilung des ausscheidenden Drittels (§ 18 Satz 4) auf die Abteilungen bei den einzelnen Ergänzungswahlen stattzufinden hat OV. 14. März 90 (XIX 136) u. 5. Juni 95 (XXVIII 22). Demgemäß würden z. B. ausscheiden von 12 Stadtverordneten:

	in Abt. I	II	III
das 1. Mal	1	2	1
das 2. Mal	2	1	1
das 3. Mal	1	1	2

Weniger gleichmäßig erfolgt diese Verteilung im OV. 19. Dez. 96 (VB. XVIII 244):

	in Abt. I	II	III
das 1. Mal	1	2	1
das 2. Mal	1	2	1
das 3. Mal	2	0	2

[73]) Durch die Wahlliste (§ 19, 20) wird der Kreis der stimmberechtigten — nicht der wählbaren — Personen festgestellt OV. 23. Feb. 97, sie ermöglicht dem Wahlberechtigten die Geltendmachung seines Rechts u. schafft, indem sie formale Rechtskraft erlangt (§ 20 Abs. 6), eine feste Grundlage für die Wahlhandlung 9. Dez. 96 (XXXI 108 u. 8).

[74]) Die Vorschriften zur Wahrung des Steuergeheimnisses stehen der Offenlegung (§ 20 Abs. 2) nicht entgegen OV. 6. März 95 (XXVII 16); doch soll nur der Gesamtbetrag der von jedem Wähler zu entrichtenden Steuern aufgenommen werden Vf. 1. Sept. 02 (MB. 175).

[75]) § 21 Abs. 4. — Zuständig ist der Magistrat, der die Bearbeitung dem Bürgermeister oder einem anderen Beamten übertragen kann OV. 16. Nov. 88 (VB. X 179) u. 19. Sept. 94 (VB. XVI 122). — Auf Grund der Liste vorgenommene Wahlen bleiben gültig, auch wenn infolge Einspruchs später Berichtigungen erfolgen OV. 3. Okt. 90 (XX 9). Jeder Wahl ist die zur Zeit der Wahl neuste Liste zugrunde zu legen 17. Sept. 86 (XIV 56). Die festgestellte Liste ist bis zum nächsten Berichtigungsverfahren unabänderlich 9. Dez. 96 (Anm. 73); Streichungen Anm. 82. Einsprüche gegen die Wahl können daher nicht auf die Unrichtigkeit der Liste, sondern nur auf Verstöße bei ihrer Auslegung gestützt werden OV. 6. März 95 (Anm. 74).

Die Liste wird nach den Wahlabtheilungen und im Falle des §. 14. nach den Wahlbezirken eingetheilt[76]).

§. 20[73]). Vom 1. bis 15. Juli[77]) schreitet der Magistrat zur Berichtigung der Liste.

Vom 15. bis zum 30. Juli[78]) wird die Liste in einem oder mehreren zu öffentlicher Kenntniß gebrachten Lokalen in der Stadtgemeinde offen gelegt[79]).

Während dieser Zeit kann jedes Mitglied der Stadtgemeinde gegen die Richtigkeit der Liste bei dem Magistrat Einwendungen erheben[80]).

Die Stadtverordneten-Versammlung hat darüber bis zum 15. August[77]) zu beschließen; der Beschluß bedarf der Zustimmung des Magistrats; versagt dieser die Zustimmung, so ist nach Vorschrift des §. 36. zu verfahren.

Ist in diesem Falle über die Einwendungen von der Regierung entschieden, so findet eine Berufung an letztere von Seiten desjenigen, welcher die Einwendungen erhoben hat, nicht weiter statt; in allen andern Fällen steht demselben innerhalb zehn Tagen nach Mittheilung des Beschlusses der Stadtverordneten der Rekurs an die Regierung zu, welche binnen vier Wochen ohne Zulassung einer weiteren Berufung entscheidet[81]).

Soll der Name eines einmal in die Liste aufgenommenen Einwohners wieder ausgestrichen werden, so ist ihm dieses acht Tage vorher von dem Magistrate unter Angabe der Gründe mitzutheilen[82]).

---

[76]) Dies muß bei Vermeidung der Ungültigkeit vor der Offenlegung geschehen OV. (westf. StO.) 9. Okt. 91 (XXII 12). — Anm. 57.

[77]) Die Zeitdauer beträgt 15 Tage u. hat wesentliche Bedeutung, während vom Zeitpunkte abgewichen werden kann OV. 8. März 89 (VB. X 396). Statutarische Änderung des letzteren § 21 Abs. 4.

[78]) Die Vorschrift über die Zeitdauer hat wesentliche Bedeutung, die über den Zeitpunkt schließt Abweichungen nicht unbedingt aus OV. 8. März 89 (VB. X 396); verb. § 21 Abs. 4.

[79]) Einsichtnahme Nr. I 2 Anl. A Anm. 7. Die Offenlegung bildet die Voraussetzung für die Gültigkeit der Wahl OV. 6. März 95 (Anm. 74); ihr ist genügt, wenn die Liste unter Verschluß gehalten, aber jedem Beteiligten auf Verlangen vorgelegt wird oder wenn sie einmal nicht an dem gewöhnlichen Platze liegt OV. 11. Dez. 00 (VB. XXII 240).

[80]) Entsprechend ZustG. (Anl. A) § 10 Abs. 1[1] u. 2, wo die Einwendungen als Beschwerden u. Einsprüche bezeichnet werden. — Zum Einspruch berechtigt ist jeder — auch der nicht in seinen eigenen Rechten verletzte — Einwohner, zur Klage — abgesehen von diesem Verletzten u. dem Gemeindevorstande — nur der mit seinem Einspruch Abgewiesene OV. 18. Jan. 87 (XIV 43) u. 9. Mai 93 (XXV 14). Unrichtige Steueransätze begründen Einspruch u. Klage nicht, soweit das entscheidende Endergebnis der Liste richtig bleibt 6. Juli 86 (XIII 71). Der Einspruch kann auch mündlich erfolgen OV. (LGO.) 22. Juni 81 (VIII 118).

[81]) Zuständigkeit und Verfahren bestimmen sich jetzt nach ZustG. (Anl. A) § 10, 11 u. 21.

[82]) Nur Dienstvorschrift; die Ausstreichung kann nur in dem vorgeschriebenen Einspruchsverfahren (Abs. 3—4 u. Anm. 81) erfolgen OV. 19. Mai 94 (VB. XV 557) u. 23. Feb. 97 (Anm. 73). — Die abgeänderte Liste braucht nicht nochmals ausgelegt zu werden OV. (rhein. GemO.) 7. Juli 99 (XXXVI 184).

§. 21. Die Wahlen zur regelmäßigen Ergänzung der Stadtverordneten-Versammlungen finden alle zwei Jahre im November[77]) statt. Bei dem zunächst vorhergehenden wöchentlichen Hauptgottesdienst ist auf die Wichtigkeit dieser Handlung hinzuweisen[83]). Die Wahlen der dritten Abtheilung erfolgen zuerst, die der ersten zuletzt.

Außergewöhnliche Wahlen zum Ersatze innerhalb der Wahlperiode ausgeschiedener Mitglieder[84]) müssen angeordnet werden, wenn die Stadtverordneten-Versammlung, oder der Magistrat, oder der Bezirksausschuß[85]) es für erforderlich erachten. Der Ersatzmann bleibt nur bis zum Ende derjenigen sechs Jahre in Thätigkeit, auf welche der Ausgeschiedene gewählt war.

Alle Ergänzungs- oder Ersatzwahlen werden — unbeschadet der Vorschrift im zweiten Absatze des §. 14. — von denselben Abtheilungen und Wahlbezirken vorgenommen, von denen der Ausgeschiedene gewählt war[86]). Ist die Zahl der zu wählenden Stadtverordneten nicht durch drei theilbar, so ist, wenn nur einer übrig bleibt, dieser von der zweiten Abtheilung zu wählen. Bleiben zwei übrig, so wählt die erste Abtheilung den einen und die dritte Abtheilung den andern[72]).

Die in den §§. 19—21. bestimmten Termine können durch statutarische Anordnungen abgeändert werden.

§. 22. Der Magistrat hat jederzeit die nöthige Bestimmung zur Ergänzung der erforderlichen Anzahl von Hausbesitzern (§. 16.) zu treffen[87]).

Ist die Zahl der Hausbesitzer, welche zu wählen sind, nicht durch die Zahl der Wahlbezirke theilbar, so wird die Vertheilung auf die einzelnen Wahlbezirke durch das Loos bestimmt.

Mit dieser Beschränkung können die ausscheidenden Stadtverordneten jederzeit wieder gewählt werden.

§. 23. Vierzehn Tage vor der Wahl[88]) werden die in der Liste (§§. 19. und 20.) verzeichneten Wähler durch den Magistrat[89]) zu den Wahlen mittelst schriftlicher Einladung oder ortsüblicher Bekanntmachung[90]) berufen.

---

[83]) § 27 Abs. 4.

[84]) Verbindung der Ersatz- mit den Ergänzungswahlen § 25 Abs. 1 (neue Fassung).

[85]) ZustG. § 12^{2} (im Text stand die Regierung). Rechtsmittel wie Anm. 51.

[86]) G. 1. März 91 (Anm. 59) Art. I 2 (im früheren Text fehlte der Zwischensatz „unbeschadet .... § 14“).

[87]) Der Verlust des Besitzes zieht den des Amts nicht nach sich II 2 Anm. 78.

[88]) Nr. II 2 Anm. 125.

[89]) Ausnahme § 26 Abs. 4.

[90]) Die Bestimmung gebührt, falls sie nicht durch Ortsstatut erfolgt ist, dem Magistrat, der dabei durch abweichendes Herkommen nicht beschränkt wird OV. 18. Feb. 87 (XIV 70). Die ortsübliche Bekanntmachung (Nr. II 2 Anm. 127) kann durch Aushang oder Veröffentlichung in der Zeitung erfolgen. Aus der Tatsache, daß bestimmten Blättern, wenn auch regelmäßig, die Veröffentlichung anheimgegeben wird, folgt noch nicht, daß diese die öff. Bek. i. S. des § 21 sei OV. 29. Juni 98 (XXXIV 13).

Die Einladung oder Bekanntmachung muß das Lokal, die Tage und die Stunden[91]), in welchen die Stimmen bei dem Wahlvorstande abzugeben sind, genau bestimmen.

§. 24. Der Wahlvorstand besteht in jedem Wahlbezirk aus dem Bürgermeister oder einem von diesem ernannten Stellvertreter als Vorsitzenden und aus zwei von der Stadtverordneten-Versammlung gewählten Beisitzern. Für jeden Beisitzer wird von der Stadtverordneten-Versammlung ein Stellvertreter gewählt[92]).

§. 25. Jeder Wähler muß dem Wahlvorstande mündlich und laut[93]) zu Protokoll[94]) erklären, wem er seine Stimme geben will[95]). Er hat so viele Personen zu bezeichnen, als zu wählen sind[96]). Werden die Ersatzwahlen mit den Ergänzungswahlen in ein und demselben Wahlakte verbunden, so hat jeder Wähler getrennt zunächst so viele Personen zu bezeichnen, als zur regelmäßigen Ergänzung der

[91]) Die Festsetzung des Anfangstermins genügt OV. 13. Dez. 89 (XIX 7). Die Aufnahme eines Endtermins schließt die Ausdehnung des Wahlgeschäfts über diesen hinaus nicht aus OV. (westf. StO.) 17. Okt. 93 (XXV 7). Zu kurze Bemessung der Zeit macht die Wahl nur ungültig, wenn sie eine Verkümmerung des Wahlrechts, nicht nur eine Unbequemlichkeit für die Wähler veranlaßt hat OV. 8. Dez. 94 (XXVII 54) und dasselbe gilt von einem unzureichenden Wahlraum 12. Nov. 98 (XXXIV 21). Die Ausdehnung der Wahlhandlung über Mitternacht hinaus erscheint als solche Verkümmerung OV. (westf. LGO.) 6. März 94 (XXVI 123).

[92]) Die Bildung des Wahlvorstandes bestimmt sich jetzt nach G. 30. Juni 00 (Nr. I 2) § 6 II.

[93]) Damit wird die Öffentlichkeit weder angeordnet noch ausgeschlossen; die Anwesenheit von Wählern einer andern als der abstimmenden Abt. ist zulässig OV. 18. Feb. 87 (XIV 70), Vf. 13. Nov. 83 (MB. 276), und nur, wo die Aufrechterhaltung der Ordnung es fordert, zu beschränken OV. (rhein. StO.) 8. Dez. 94 (XXVII 21). — Die Verlesung der schriftlichen Erklärung durch einen von den anwesenden Wählern beauftragten Dritten ist ausreichend OV. 14. Nov. 96 (XXI 6).

[94]) Jedesmalige Niederschreibung des Namens ist nicht erforderlich; der Vermerk durch Strich oder Zeichen hinter dem Namen genügt OV. 16. Nov. 88 (VB. X 178). — Unterzeichnung § 27 Abs. 1.

[95]) Eine Bezeichnung, die nach Ermessen des Wahlvorstandes jeden Zweifel über die Person ausschließt, ist (auch ohne Angabe des Vornamens u. Standes) ausreichend. Den angegebenen Namen darf der Vorstand auch bei offensichtlichem Irrtum nicht ändern OV. 11. Mai 95 (XXVIII 18), auch nicht Stimmen zurechnen, die für eine einen anderen Namen (oder Anfangsbuchstaben) führende Person abgegeben sind 31. Jan. 02 (VB. XXIV 56). — Wahlbeeinflussung macht die Wahl nur ungültig, wenn sie das Wahlergebnis selbst in Frage gestellt hat OV. 19. Sept. 94 (VB. XVI 122). Dies gilt nicht von dem Hinweis des Wahlvorstandes auf ausliegende Kandidatenlisten 14. Nov. 96 (Anm. 93) oder von der Heranholung säumiger Wähler 9. Jan. 00 (XXXVI 121), wohl aber von der Androhung und demnächstigen Zufügung von Nachteilen in den Erwerbsverhältnissen 12. Nov. 98 (XXXIV 21).

[96]) Sind weniger Personen bezeichnet, so berechnet sich die Mehrheit nach der Zahl der abstimmenden Wähler, nicht nach der der abgegebenen Stimmen OV. 2. Nov. 86 (XIV 64). Dies gilt auch bei Verbindung der Ergänzungs- und Ersatzwahlen (§ 25 Abs. 1 Satz 3). Die Zerlegung in mehrere Wahlhandlungen ist unzulässig OV. 3. Nov. 97 (XXXII 4).

Stadtverordneten-Versammlung und sodann so viele Personen, als zum Ersatze der innerhalb der Wahlperiode ausgeschiedenen Mitglieder zu wählen sind[97]).

Nur die in §. 8. erwähnten juristischen oder außerhalb des Stadtbezirks wohnenden, höchstbesteuerten Personen können ihr Stimmrecht durch Bevollmächtigte ausüben. Die Bevollmächtigten müssen selbst stimmfähige Bürger sein. Ist die Vollmacht nicht in beglaubigter Form ausgestellt, so entscheidet über die Anerkennung derselben der Wahlvorstand endgültig[98]).

§. **26.** Gewählt sind diejenigen, welche bei der ersten Abstimmung die meisten Stimmen[99]) und zugleich absolute Stimmenmehrheit (mehr als die Hälfte der Stimmen) erhalten haben[100]).

Wenn sich bei der ersten Abstimmung nicht für so viel Personen, als zu wählen sind, die absolute Stimmenmehrheit ergeben hat[101]), wird zu einer zweiten Wahl geschritten[102]).

Der Wahlvorstand stellt die Namen derjenigen Personen, welche nächst den gewählten die meisten Stimmen erhalten haben, so weit zusammen, daß die doppelte Zahl der noch zu wählenden Mitglieder erreicht wird. Diese Zusammenstellung gilt alsdann als die Liste der Wählbaren.

Zu der zweiten Wahl werden die Wähler durch eine, das Ergebniß der ersten Wahl angebende Bekanntmachung des Wahlvorstandes[103]) sofort oder spätestens innerhalb acht Tagen aufgefordert[104]). Bei der zweiten Wahl ist die absolute Stimmenmehrheit nicht erforderlich.

Unter denjenigen, die eine gleiche Anzahl von Stimmen erhalten haben, giebt das Loos den Ausschlag.

Wer in mehreren Abtheilungen oder Wahlbezirken gewählt ist, hat zu erklären, welche Wahl er annehmen will.

---

[97]) Satz 3 ist durch G. 1. März 91 (Anm. 59) Art. I 3 hinzugefügt. Getrennte Wahlgänge sind nicht erforderlich, nur getrennte Bezeichnung OV. 10. Juli 95 (XXVIII 25). — Anm. 96.

[98]) Unausgefüllte u. mehrfache Vollmachten Nr. II 2 Anm. 86.

[99]) Obwohl die absolute Mehrheit zunächst entscheidend ist (Anm. 96), wird doch außerdem die Mehrzahl der Stimmen erfordert, da bei gleichzeitiger Wahl mehrerer Stadtverordneten mehr Personen, als zu wählen sind, die absolute Mehrheit erhalten können.

[100]) Die Feststellung erfolgt durch den Wahlvorstand OV. 18. März 02 (Anm. 61).

[101]) Auch wenn nur eine Person zu wählen ist bei Stimmengleichheit; erst wenn die zweite Wahl dasselbe Ergebnis hat, entscheidet das Los OV. 6. Juni 02 (VB. XXIII 690).

[102]) Die zweite (Stich-) Wahl hängt mit der ersten zusammen und soll deren vorläufiges Ergebnis zum endgültigen machen. — Bei Nichtannahme oder Ungültigkeitserklärung hat keine zweite, sondern eine neue Wahl stattzufinden OV. 30. Mai 90 (XIX 18).

[103]) Bekanntmachung durch den Magistrat bildet einen wesentlichen Mangel OV. 8. Nov. 01 (XL 33). — Form § 23 Abs. 2.

[104]) Nur die Aufforderung ist binnen 8 Tagen zu erlassen; der Wahltermin darf erst nach 14 Tagen (§ 23 Abs. 1) angesetzt werden OV. 28. Juni 87 (XV 34).

§. 27. Die Wahlprotokolle sind vom Wahlvorstande zu unterzeichnen[105]) und vom Magistrate aufzubewahren[106]). Der Magistrat hat das Ergebniß der vollendeten Wahlen sofort bekannt zu machen.

Gegen das stattgehabte Wahlverfahren kann von jedem stimmfähigen Bürger, innerhalb zehn Tagen nach der Bekanntmachung, bei der Regierung Beschwerde erhoben werden[107]).

Bei erheblichen Unregelmäßigkeiten hat die Regierung die Wahlen auf erfolgte Beschwerde oder von Amtswegen innerhalb zwanzig Tagen nach der Bekanntmachung durch eine motivirte Entscheidung für ungültig zu erklären[107]).

Für einen Ungültigkeitsgrund ist es nicht zu erachten, wenn die der betreffenden geistlichen Behörde anheimzugebende Hinweisung[107a]) auf die Wichtigkeit der Wahl (§. 21.) unterblieben ist.

§. 28. Die bei der regelmäßigen Ergänzung neu gewählten Stadtverordneten treten mit dem Anfang des nächstfolgenden Jahres ihre Verrichtungen an; die Ausscheidenden bleiben bis zur Einführung der neugewählten Mitglieder in Thätigkeit[108]).

Der Magistrat hat die Einführung der Gewählten und deren Verpflichtung durch Handschlag an Eidesstatt anzuordnen[109]).

Titel III.

Von der Zusammensetzung und Wahl des Magistrats[110]).

§. 29. Der Magistrat besteht aus dem Bürgermeister[111]), einem Beigeordneten oder zweiten Bürgermeister als dessen Stellvertreter[112]), einer Anzahl

---

[105]) Nichtunterzeichnung der dem Protokoll zugrunde liegenden Listen bildet keinen wesentlichen Mangel OV. 16. Nov. 88 (Anm. 94).

[106]) Verlust macht die Wahl nicht ungültig Nr. II 2 Anm. 135.

[107]) Fristen u. Behörden bei Anfechtung der Wahlen bestimmen sich jetzt nach ZustG. (Anl. A) § 10 Abs. 1² u. 2, § 11 u. 21.

[107a]) Oder die Anheimgabe selbst OV. 12. Juni 03 (VB. XXIV 807).

[108]) Diese Abweichung von § 18 Satz 1 soll hindern, daß die Stadtverordnetenversammlung teilweise unbesetzt bleibt. Jeder Ausscheidende bleibt bis zur Einführung des für ihn neugewählten Mitgliedes in Tätigkeit OV. 29. Juni 88 (XVI 58).

[109]) Das Unterlassen der Verpflichtung bildet noch keinen wesentlichen Mangel des Verfahrens OV. 9. Jan. 00 (XXXVI 121).

[110]) Titel III betrifft die Mitgliederzahl § 29, die Wahlbarkeit § 30, die Wahl § 31, 32, die Bestätigung § 33 u. den Amtsantritt § 34. Diese Vorschriften werden durch das KBG. (I 4 d. W.) nicht berührt, das. § 14. — Die Geschäfte behandelt Tit. V.

[111]) Der Bürgermeister ist besoldeter Gemeindebeamter (§ 31 Abs 1 u. 64 Abs. 3) u. unterliegt — wie die übrigen besoldeten Magistratsmitglieder — dem KBG. (Nr. I 4 d. W.), gem. § 1 mit der Einschränkung des § 14. Geschäftskreis § 58 u. 62. Der Titel „Oberbürgermeister" wird vom König verliehen. Ebenso die besonderen Amtszeichen (Kette, Medaille) KO. 9. April 51 (MB. 86). Die Wahl zum Kreistagsabgeordneten setzt den Besitz des Bürgerrechts (KrO. § 106 Abs. 1¹) voraus OV. 17. Feb. 79 (V 11).

[112]) Der Beigeordnete ist gesetzlicher Vertreter des Bürgermeisters; eine

von Schöffen (Stadträthen, Rathsherren, Rathsmännern)[113]) und wo das Bedürfniß es erfordert, noch aus einem oder mehreren besoldeten Mitgliedern (Syndikus, Kämmerer, Schulrath, Baurath ꝛc.)[114]). Es gehören zum Magistrat in Stadtgemeinden von weniger als

		2,500 Einwohnern[30])		2 Schöffen,	
2,500	bis	10,000	=	4	=
10,001	=	30,000	=	6	=
30,001	=	60,000	=	8	=
60,001	=	100,000	=	10	=

Bei mehr als 100,000 Einwohnern treten für jede weiteren 50,000 Einwohner zwei Schöffen hinzu.

Wo die Zahl der Mitglieder des Magistrats bisher eine andere gewesen ist, verbleibt es bei dieser Zahl, bis durch statutarische Anordnung, welcher überhaupt abweichende Festsetzungen über die Zahl der Magistrats-Mitglieder vorbehalten werden, eine Aenderung getroffen ist.

§. 30[115]). Mitglieder des Magistrats können nicht sein:

1) diejenigen Beamten und die Mitglieder derjenigen Behörden, durch welche die Aufsicht des Staats über die Städte ausgeübt wird (§. 76.)[64]);
2) die Stadtverordneten, ingleichen Gemeinde-Unterbeamte und in Städten über 10,000 Seelen die Gemeinde-Einnehmer (§. 56. Nr. 6.);
3) Geistliche, Kirchendiener[67]) und Lehrer an öffentlichen Schulen;
4) die richterlichen Beamten, zu denen jedoch die technischen Mitglieder der Handels-, Gewerbe- und ähnlicher Gerichte nicht zu zählen sind;
5) die Beamten der Staatsanwaltschaft[68]);
6) die Polizeibeamten[69]).

Vater und Sohn, Schwiegervater und Schwiegersohn, Brüder und Schwäger, dürfen nicht zugleich Mitglieder des Magistrats sein.

---

kommissarische Verwaltung des Bürgermeisteramts ist — abgesehen von § 33 — nur mit Zustimmung der Stadtverordneten zulässig OV. 2. Okt. 84 (XI 35). Entschädigung § 31 Abs. 1 u. 64 Abs. 3.

[113]) Die Titel „Ratsmann, Ratsherr, Stadtrat“ sollen der Bedeutung der Stadt entsprechend durch Ortsstatut unter Bestätigung der Aufsichtsbehörde festgesetzt werden KO. 5. Feb., der letztere in der Regel in Städten mit mindestens 10000, die ersteren in solchen mit mindestens 5000 Zivileinwohnern Vf. 15. Feb. 73 (MB. 60 u. 59). — Stadtälteste § 34 Abs. 2.

[114]) Amtsbenennungen (Titel), die nicht mit Rang oder ähnlichen Vorzügen verbunden sind u. nicht bereits auf staatliche Beamtenklassen Anwendung finden, können — unbeschadet des staatlichen Hoheitsrechts — von Kommunalbehörden verliehen werden OV. 5. April 80 (VI 52) u. (Titel „Stadtbaurat“) 30. Okt. 95 (VB. XVII 224). Dabei bedarf es der zustimmenden Mitwirkung der Stadtverordneten 29. Mai 02 (XLI 44). Die Vf. 23. Okt. 01 (MB. 256) bezeichnet die staatliche Genehmigung als erforderlich, sobald die Verleihung staatsrechtliche Bedeutung, insbes. strafrechtlichen Schutz zur Folge haben soll. — Anwendung des KVG., Anm. 111.

[115]) Auf § 30 ist Anm. 63 anwendbar; das Bürgerrecht wird jedoch nur für unbesoldete Magistratsmitglieder erfordert.

Entsteht die Schwägerschaft im Laufe der Wahlperiode, so scheidet dasjenige Mitglied aus, durch welches das Hinderniß herbeigeführt worden ist.

Vater und Sohn, Schwiegervater und Schwiegersohn, sowie Brüder, dürfen nicht zugleich Mitglieder des Magistrats und der Stadtverordneten-Versammlung sein.

Personen, welche die in dem Gesetze vom 7. Februar 1835. (Gesetz-Sammlung Seite 18.) bezeichneten Gewerbe[116]) betreiben, können nicht Bürgermeister sein.

§. 31. Der Beigeordnete und die Schöffen (§. 29.) werden auf sechs Jahre, der Bürgermeister und die übrigen besoldeten Magistrats-Mitglieder dagegen auf zwölf Jahre von der Stadtverordneten-Versammlung gewählt[117]). Auch können Beigeordnete mit Besoldung angestellt werden, und erfolgt in diesem Falle deren Wahl gleichfalls auf zwölf Jahre.

Alle drei Jahre scheidet die Hälfte der Schöffen aus und wird durch neue Wahlen ersetzt. Die das erste Mal Ausscheidenden werden durch das Loos bestimmt. Die Ausscheidenden können wieder gewählt werden. Wegen der außergewöhnlichen Ersatzwahlen kommt die Bestimmung §. 21. zur Anwendung.

§. 32. Für jedes zu wählende Mitglied des Magistrats wird besonders abgestimmt. Die Wahl erfolgt durch Stimmzettel. Wird die absolute Stimmenmehrheit bei der ersten Abstimmung nicht erreicht, so werden diejenigen vier Personen, auf welche die meisten Stimmen gefallen sind, auf eine engere Wahl gebracht. Wird auch hierdurch die absolute Stimmenmehrheit nicht erreicht, so findet unter denjenigen zwei Personen, welche bei der zweiten Abstimmung die meisten Stimmen erhalten haben, eine engere Wahl statt. Bei Stimmengleichheit entscheidet das Loos.

§. 33. Die gewählten Bürgermeister, Beigeordneten, Schöffen und besoldeten Magistrats-Mitglieder bedürfen der Bestätigung[118]). Die Bestätigung steht zu:

---

[116]) Gast- und Schankwirtschaft u. Kleinhandel mit Getränken.

[117]) G. 25. Feb. 56 (GS. 129):

Die Wahl des Bürgermeisters und der übrigen besoldeten Magistratsmitglieder kann auch auf Lebenszeit erfolgen.

Diese Wahlperioden gelten für Bürgermeister, Beigeordnete u. besoldete Magistratsmitglieder auch im Fall der Ersatzwahlen Vf. 14. Dez. 59 (MB. 60 S. 5). — Rechtzeitige Anordnung der Wahl Instr. (Anl. B) Nr. IX Abs. 1 u. 2. Vorherige Festsetzung der Besoldung (§ 64) u. sonstigen Bedingungen Vf. 28. Nov. 68 (MB. 69 S. 124) Nr. 1. — Ob öffentliche Ausschreibung zu erlassen sei, hat die StVers. zu beschließen, die Aufforderung selbst aber der Magistrat, Bürgermeister oder Beigeordnete zu erlassen Vf. 24. Juli 65 (MB. 181).

[118]) Grundsätze u. Verfahren Instr. (Anl. B) Nr. IX Abs. 3—6. — Die Übernahme von Nebenämtern u. Nebenbeschäftigungen — mit Ausnahme von Vormundschaften BGB. § 1784 u. G. 20. Sept. 99 (GS. 177) Art. 72 — bedarf keiner Genehmigung der Aufsichtsbehörde. Diese hat nur im Einzelfalle einzuschreiten, falls dienstliche Interessen geschädigt oder gefährdet werden Vf. 29. Okt. 02 (MB. 189).

1) dem Könige[119]) hinsichtlich der Bürgermeister und Beigeordneten in Städten von mehr als 10,000 Einwohnern[30]);

2) dem Regierungspräsidenten[120]) hinsichtlich der Bürgermeister und Beigeordneten in Städten, welche nicht über 10,000 Einwohner[30]) haben, sowie hinsichtlich der Schöffen und der besoldeten Magistrats-Mitglieder in allen Städten ohne Unterschied ihrer Größe.

Wird die Bestätigung versagt, so schreitet die Stadtverordneten-Versammlung zu einer neuen Wahl. Wird auch diese Wahl nicht bestätigt, so ist der Regierungspräsident[120]) berechtigt, die Stelle einstweilen auf Kosten der Stadt kommissarisch verwalten zu lassen.

Dasselbe findet statt, wenn die Stadtverordneten die Wahl verweigern, oder den nach der ersten Wahl nicht Bestätigten wieder erwählen sollten[119]).

Die kommissarische Verwaltung dauert so lange, bis die Wahl der Stadtverordneten-Versammlung, deren wiederholte Vornahme ihr jederzeit zusteht, die Bestätigung des Königs, beziehungsweise des Regierungspräsidenten[120]) erlangt hat.

§. 34. Die Mitglieder des Magistrats werden vor ihrem Amtsantritt durch den Bürgermeister in öffentlicher Sitzung der Stadtverordneten-Versammlung in Eid und Pflicht genommen; der Bürgermeister wird vom Regierungspräsidenten oder einem von diesem zu ernennenden Kommissar in öffentlicher Sitzung der Stadtverordneten-Versammlung vereidet[121]).

Magistrats-Mitgliedern, welche ihr Amt mindestens neun Jahre mit Ehren bekleidet haben, kann in Uebereinstimmung mit der Stadtverordneten-Versammlung von dem Magistrat das Prädikat „Stadtältester" verliehen werden.

Titel IV.

Von den Versammlungen und Geschäften der Stadtverordneten[122]).

§. 35. Die Stadtverordneten-Versammlung hat über alle Gemeinde-Angelegenheiten[47]) zu beschließen, soweit dieselben nicht ausschließlich dem Magistrate überwiesen sind[123]). Sie giebt ihr Gutachten über alle Gegen-

[119]) Die Entschließung des Königs ist auch dann herbeizuführen, wenn die Aufsichtsbehörde für die Nichtbestätigung eintritt Vf. 12. März 60 (MB. 71). Bei Wiederwahl des nicht Bestätigten ist dies nicht erforderlich, was jedoch bestritten wird (VB. XXIII 65, 122, 123; deutsche Jur. Zeitung 01 S. 465 u. 502, Ledermann [Anm. 1] S. 581).

[120]) ZustG. (Anl. A) Art. 13 Abs. 1 (im Text stand Regierung); zur Ablehnung bedarf es der Zustimmung des Bezirksausschusses das. Abs. 2 u. 3.

[121]) Nr. II 2 Anm. 184. — Bei der Einführung ist eine die Bestätigung (§ 33) bekundende Vf., gegebenenfalls mit dem beglaubigten AE., auszuhändigen Vf. 28. Nov. 68 (Anm. 117) Nr. 2; die Anstellungsurkunde (Nr. I 4 d. W. Anm. 7) bedarf keiner Genehmigung das. Nr. 4.

[122]) Titel IV betrifft die Zuständigkeit der Stadtverordneten, insbes. gegenüber dem Magistrat § 35—37 (Anm. 48), ihre Versammlungen § 38—42, 45, 46, Beschlüsse § 42—44 u. 47, Geschäftsordnung § 48 u. die Vermögensverwaltung § 49—55.

[123]) § 56.

stände ab, welche ihr zu diesem Zwecke durch die Aufsichtsbehörden vorgelegt werden. Ueber andere als Gemeinde-Angelegenheiten dürfen die Stadtverordneten nur dann berathen, wenn solche durch besondere Gesetze oder in einzelnen Fällen durch Aufträge der Aufsichtsbehörde an sie gewiesen sind[47]).

Die Stadtverordneten sind an keinerlei Instruktion oder Aufträge der Wähler oder der Wahlbezirke gebunden[124]).

§. 36. Die Beschlüsse der Stadtverordneten bedürfen, wenn sie solche Angelegenheiten betreffen, welche durch das Gesetz dem Magistrate zur Ausführung überwiesen sind[125]), der Zustimmung des letztern. Versagt dieser die Zustimmung, so hat er die Gründe dieser Versagung der Stadtverordneten-Versammlung mitzutheilen. Erfolgt hierauf keine Verständigung, zu deren Herbeiführung sowohl von dem Magistrate als den Stadtverordneten die Einsetzung einer gemeinschaftlichen Kommission verlangt werden kann, so *beschließt der Bezirksausschuß über die Meinungsverschiedenheiten, wenn von einem Theile auf Entscheidung angetragen wird, und zugleich die Angelegenheit nicht auf sich beruhen bleiben kann*[126]). Die Stadtverordneten-Versammlung darf ihre Beschlüsse in keinem Falle selbst zur Ausführung bringen[125]).

§. 37[127]). Die Stadtverordneten-Versammlung kontrolirt die Verwaltung[128]). Sie ist daher berechtigt, sich von der Ausführung ihrer Beschlüsse

---

[124]) Die Stadtverordneten sind nicht Beamte u. keiner Disziplinarbestrafung unterworfen.

[125]) Dies ist regelmäßig der Fall § 36 Satz 4 u. 56². Ausgenommen sind — neben den in Anm. 48 erwähnten — solche Beschlüsse, die überhaupt keine Ausführung fordern oder die eigene Geschäftsführung der Stadtverordneten betreffen (§ 24, 31, 37, 38, 40, 41, 44 Abs. 2 Vf. 17. Juli 60 (MB. 169). Mit dieser Maßgabe ist der nicht zutreffend gefaßte Schlußsatz des § 36 aufzufassen. — § 47 Abs. 2.

[126]) ZustG. (Anl. A) § 17 Abs. 1¹ (im Text stand: ist die Entscheidung der Regierung einzuholen). Da jetzt Beschlüsse der Gemeindevertretung, die deren Befugnisse überschreiten oder die Gesetze verletzen, der *Beanstandung* unterliegen Zust. § 15, kommen nur noch in sonstigen Fällen (das. Abs. 2), insbes. bei Verletzung des Staatswohls oder des Gemeindeinteresses die Vorschriften der StO. § 36 in Betracht. — Ein *Zusammentritt der beiden städtischen Kollegien* ist vorgeschrieben für die Wahl zum Kreistage KrO. § 104 u. Pos. KrO. (Nr. IV 3) § 12 und zum Provinziallandtage PrO. § 15 sowie in Berlin zum Bezirksausschuß LVG. § 43 nebst G. 17. Juni 00 (GS. 247) § 4 Abs. 3 u. zu der Berufungskommission EinkStG. 24. Juni 91 (GS. 175) § 41 Abs. 2.

[127]) Satz 1 enthält die Regel, Satz 2 u. 3 geben Einzelfälle.

[128]) Die *Kontrolle* beschränkt sich auf die Gemeindeverwaltung Anm. 48. Mitwirkung bei Kassenrevisionen § 56⁴, bei Anstellung der Gemeindebeamten § 56⁶, bei Aufstellung des Haushaltsplans § 66, 67, der Rechnungslegung § 69. — Die Kontrolle erstreckt sich auch auf die der Vergangenheit angehörigen Verwaltungshandlungen, ist aber — weil die StVers. neben, nicht über dem Mag. steht — dahin beschränkt, daß die StVers. nur als solche oder durch Ausschüsse auftreten u. nicht durch Dritte förmliche Untersuchungen anstellen oder eine Überwachung einrichten kann OV. 30. Okt. 02 (VB. XXV 329). — Die Aufbewahrung der städtischen Urkunden u. Akten untersteht nicht der Kontrolle, sondern liegt dem Mag. als Ortsobrigkeit ob OV. 27. Juni 99 (XXXV 92).

und der Verwendung aller Gemeinde-Einnahmen Ueberzeugung zu verschaffen. Sie kann zu diesem Zwecke von dem Magistrat die Einsicht der Akten verlangen, und Ausschüsse aus ihrer Mitte ernennen, zu welchen der Bürgermeister ein Mitglied des Magistrats abzuordnen befugt ist.

§. 38. Die Stadtverordneten-Versammlung wählt jährlich einen Vorsitzenden[129]), sowie einen Stellvertreter desselben, und einen Schriftführer, sowie einen Stellvertreter desselben, aus ihrer Mitte; doch kann auch die Stelle des Schriftführers ein von den Stadtverordneten nicht aus ihrer Mitte gewählter, in öffentlicher Sitzung hierzu von dem Bürgermeister vereideter Protokollführer vertreten. Diese Wahlen erfolgen in dem §. 32. vorgeschriebenen Verfahren.

Die Stadtverordneten versammeln sich, so oft es ihre Geschäfte erfordern.

Der Magistrat wird zu allen Versammlungen eingeladen und kann sich durch Abgeordnete vertreten lassen[130]). Die Stadverordneten können verlangen, daß Abgeordnete des Magistrats dabei anwesend sind. Der Magistrat muß gehört werden, so oft er es verlangt.

§. 39. Die Zusammenberufung der Stadtverordneten geschieht durch den Vorsitzenden; sie muß erfolgen, sobald es von einem Viertel der Mitglieder oder von dem Magistrat verlangt wird.

§. 40. Die Art und Weise der Zusammenberufung wird ein- für allemal von der Stadtverordneten-Versammlung festgestellt.

Die Zusammenberufung erfolgt unter Angabe der Gegenstände der Verhandlung; mit Ausnahme dringender Fälle muß dieselbe wenigstens zwei freie Tage[131]) vorher statthaben.

§. 41. Durch Beschluß der Stadtverordneten können auch regelmäßige Sitzungstage festgesetzt, es müssen jedoch auch dann die Gegenstände der Verhandlung mit Ausnahme dringender Fälle mindestens zwei freie Tage vorher den Stadtverordneten und dem Magistrat angezeigt werden.

§. 42. Die Stadtverordneten-Versammlung kann nur beschließen, wenn mehr als die Hälfte der Mitglieder zugegen ist. Eine Ausnahme hiervon findet statt, wenn die Stadtverordneten, zum zweiten Male zur Verhandlung über denselben Gegenstand zusammenberufen, dennoch nicht in genügender Anzahl erschienen sind[132]). Bei der zweiten Zusammenberufung muß auf diese Bestimmung ausdrücklich hingewiesen werden.

---

[129]) Befugnisse des Vorsitzenden § 39, 43, 46. Außerdem vertritt er in den Fällen des ZustG. § 10, 11 u. 15 Abs. 1 Satz 2 die Gemeinde nach außen (Anm. 48) u. kann gegen Beschlüsse, die der Bezirksausschuß gem. § 10 gefaßt hat, die Berufung vorläufig anmelden u. rechtfertigen OV. 30. Okt. 90 (XX 9).

[130]) Auch in geheimen u. in Sitzungen der Ausschüsse, die die Stadtverordneten auch außer den in § 37 erwähnten zu bestellen befugt sind OV. 6. Feb. 03 (XLIII 85). — Die Einladung muß — wie aus § 41 hervorgeht — in der durch § 40 Abs. 2 bestimmten Frist erfolgen.

[131]) Zwei Kalendertage zwischen dem Tage der Einladung u. dem der Sitzung.

[132]) Satz 1 fordert die Anwesenheit der gesetzlich oder statutarisch vorgeschriebenen (nicht der tatsächlich im Amte befind-

§. 43. Die Beschlüsse werden nach Stimmenmehrheit gefaßt. Bei Stimmengleichheit entscheidet die Stimme des Vorsitzenden. Wer nicht mitstimmt, wird zwar als anwesend betrachtet, die Stimmenmehrheit wird aber lediglich nach der Zahl der Stimmenden festgestellt[133]).

§. 44. An Verhandlungen über Rechte und Verpflichtungen der Stadtgemeinde darf derjenige nicht Theil nehmen, dessen Interesse[134]) mit dem der Gemeinde in Widerspruch steht. Kann wegen dieser Ausschließung eine beschlußfähige Versammlung nicht gehalten werden, so hat der Magistrat, oder, wenn auch dieser aus dem vorgedachten Grunde einen gültigen Beschluß zu fassen nicht befugt ist[135]), der Bezirksausschuß[136]) für die Wahrung des Gemeinde-Interesses zu sorgen und nöthigenfalls einen besonderen Vertreter für die Stadtgemeinde zu bestellen.

Sollte ein Prozeß der Stadtgemeinde gegen alle oder mehrere Mitglieder des Magistrats aus Veranlassung ihrer Amtsführung nothwendig werden, so hat der Regierungspräsident[137]) auf Antrag der Stadtverordneten-Versammlung zur Führung des Prozesses einen Anwalt zu bestellen.

§. 45. Die Sitzungen der Stadtverordneten sind öffentlich. Für einzelne Gegenstände kann durch besonderen Beschluß, welcher in geheimer Sitzung gefaßt wird, die Oeffentlichkeit ausgeschlossen werden. Die Sitzungen dürfen nicht in Wirthshäusern oder Schänken gehalten werden.

§. 46. Der Vorsitzende leitet die Verhandlungen, eröffnet und schließt die Sitzungen und handhabt die Ordnung in der Versammlung. Er kann jeden Zuhörer aus dem Sitzungszimmer entfernen lassen, welcher öffentliche Zeichen des Beifalls oder des Mißfallens giebt oder Unruhe irgend einer Art verursacht.

§. 47. Die Beschlüsse der Stadtverordneten-Versammlung und die Namen der dabei anwesend gewesenen Mitglieder sind in ein besonderes Buch einzutragen. Sie werden von dem Vorsitzenden und wenigstens drei Mitgliedern unterzeichnet.

Dem Magistrat müssen alle Beschlüsse der Stadtverordneten, auch diejenigen, welche ihm durch das Gesetz zur Ausführung nicht überwiesen sind[125]), mitgetheilt werden.

---

lichen) Mitglieder u. Satz 2 setzt voraus, daß mehr als die Hälfte der vorgeschriebenen Stellen besetzt ist OV. 16. April 89 (XVIII 48). — Aus § 42 folgt die Unzulässigkeit der Abstimmung durch Umlauf oder schriftliche Einsammlung der Stimmen.

[133]) § 43 schließt die stillschweigende Abstimmung (durch Aufstehen, Händeerheben) nicht aus OV. (rhein. StO.) 4. Nov. 92 (VB. XIV 147), wohl aber — abgesehen von den Fällen der § 32 u. 38 — die geheime 5. Mai 94 (VB. XV 427).

[134]) Nicht (wie in LGO. § 89 Abs. 3, KrO. § 139 Abs. 1, PO. § 54 Abs. 1) das der Verwandten, soweit es nicht — wie bei der Unterhaltspflicht — das Interesse des Stadtverordneten selbst berührt.

[135]) § 57 Abs. 3.

[136]) ZustG. § 17² u. (Berlin) § 161 (im Text stand die Aufsichtsbehörden).

[137]) Das. § 7 Abs. 1, für Berlin ist der OPr. zuständig Abs. 2 (im Text stand die Regierung).

§. 48. Den Stadtverordneten-Versammlungen bleibt überlassen, unter Zustimmung des Magistrats eine Geschäftsordnung abzufassen und darin Zuwiderhandlungen der Mitglieder gegen die zur Aufrechterhaltung der Ordnung gegebenen Vorschriften mit Strafen zu belegen; diese Strafen können nur in Geldbußen bis zu fünfzehn Mark[138]) und bei mehrmals wiederholten Zuwiderhandlungen in der auf eine gewisse Zeit oder für die Dauer der Wahlperiode zu verhängenden Ausschließung aus der Versammlung bestehen[139]).

Versagt der Magistrat seine Zustimmung, so tritt das in §. 36. vorgeschriebene Verfahren ein.

§. 49[140]). Die Stadtverordneten beschließen über die Benutzung des Gemeindevermögens; die Deklaration vom 26. Juli 1847. (Gesetz-Sammlung Seite 327.) bleibt dabei maaßgebend[141]).

Ueber das Vermögen, welches nicht der Gemeinde-Korporation in ihrer Gesammtheit gehört[142]), kann die Stadtverordneten-Versammlung nur insofern beschließen, als sie dazu durch den Willen der Betheiligten oder durch sonstige Rechtstitel berufen ist.

Auf das Vermögen der Korporationen und Stiftungen haben die zur Stadtgemeinde gehörenden Einwohner (§. 3.) als solche und auf dasjenige

---

[138]) MünzG. 9. Juli 73 (RGB. 233) Art. 14 § 2 Abs. 2 (im Text war der Betrag in Talern ausgedrückt).

[139]) Beschlußnahme über die Verhängung ZustG. § 10 Abs. 1[3] u. § 11. Die Befugnis der StVers. zur Abfassung der GeschO. umfaßt das Recht Strafen bei unentschuldigtem Ausbleiben anzudrohen u. festzusetzen. Hieran hat das ZustG. nichts geändert OV. 9. Mai 99 (XXXV 83).

[140]) Abs. 1 u. 2 betreffen die Zuständigkeit der Stadtverordneten in Ansehung des Gemeindevermögens, Abs. 3 u. 4 das besondere Vermögen der Korporationen u. Stiftungen.

[141]) Die Verwaltung des Gemeindevermögens führt der Magistrat § 56[5]. — Dem Gemeinde- oder Kämmereivermögen steht das Gemeindeglieder- oder Bürgervermögen gegenüber. Beide stehen zwar im Eigentum der Gemeinden (so auch LGO. § 68 Abs. 1) u. gehören dem öffentlichen Recht an, doch sind die Nutzungen des ersteren unmittelbar für die Zwecke der Gemeinden bestimmt, während die des letzteren den Gemeindegliedern vermöge dieser ihrer öffentlich rechtlichen Eigenschaft zufließen (Gemeindeklassenvermögen Nr. II 5 d. W. Anm. 159). Nach Dekl. 26. Juli 47 (Nr. II 2 Anl. C d. W.) darf keins dieser Vermögen durch Gemeinheitsteilung in Privatvermögen verwandelt werden. Das Gemeindegliedervermögen kann durch Gemeindebeschluß in Gemeindevermögen verwandelt werden, soweit nicht Sonderrechte der Gemeindeglieder entgegenstehen OV. (LGO.) 24. Juni 81 (VIII 140), 22. Okt. 84 (XI 102) u. (hess. LGO.) 29. Nov. 92 (XXIV 88). Die Nutzungen am Bürgervermögen stehen regelmäßig allen Einwohnern zu OV. 25. Jan. 00 (VB. XXII 20), können aber von Entrichtung eines Einkaufsgeldes abhängig gemacht werden Anl. D § 2[3] u. 8. Änderungen können durch vorschriftsmäßige — der Genehmigung unterliegende § 50[4] — Gemeindebeschlüsse u. durch Observanz, nicht aber durch Verjährung erfolgen OV. 7. Dez. 00 (XXXVIII 51). Verfahren bei Streitigkeiten ZustG. (Anl. A) § 18. Die Frage ob eine Nützung am Gemeindevermögen öffentlich- oder privatrechtlicher Natur sei unterliegt dem Rechtswege U. RGer. 16. Januar 89 (VB. X 338).

[142]) Dazu gehört außer dem Vermögen der Korporationen u. Stiftungen (Abs. 3 u. 4) das in das Gebiet des Privatrechts fallende Interessentenvermögen Nr. II 2 d. W. Anm. 155.

Vermögen, welches blos den Hausbesitzern oder anderen Klassen der Einwohner gehört, haben andere Personen keinen Anspruch.

In Ansehung der Verwaltung und Verwendung des Vermögens der Stiftungen bewendet es bei den stiftungsmäßigen Bestimmungen[143]). Soweit es hierbei auf den Begriff von Bürger ankommt, sind die Bestimmungen des gegenwärtigen Gesetzes (§. 5.) an sich selbst nicht maaßgebend.

§. 50. Die Genehmigung des Bezirksausschusses, im Falle zu 2 des Regierungspräsidenten[144]) ist erforderlich:

1) zur Veräußerung von Grundstücken[145]) und solchen Gerechtsamen, welche jenen gesetzlich gleichgestellt sind[146]);
2) zur Veräußerung oder wesentlichen Veränderung von Sachen, welche einen besondern wissenschaftlichen, historischen oder Kunstwerth haben[147]), namentlich von Archiven[148]);

---

[143]) BGB. § 85, 86.

[144]) ZustG. § 16 Abs. 1 u. 3, in Berlin ist in beiden Fällen der ObPr. zuständig § 7 Abs. 2 u. LVG. § 43 Abs. 3 (im Text stand die Regierung).

[145]) Der Erwerb von Grundstücken bedarf der Genehmigung der Aufsichtsbehörde nur, wenn der Wert mehr als 5000 M. beträgt AG. z. BGB. 20. Sept. 99 (GS. 177) Art. 7 § 1. Dasselbe G. bestimmt weiter:

Art. 6 § 1. Schenkungen oder Zuwendungen von Todes wegen an juristische Personen bedürfen zu ihrer Wirksamkeit ihrem vollen Betrage nach der Genehmigung des Königs oder der durch Königliche Verordnung bestimmten Behörde, wenn sie Gegenstände im Werthe von mehr als fünftausend Mark betreffen. Wiederkehrende Leistungen werden mit vier vom Hundert zu Kapital gerechnet.

§ 2. Die Genehmigung kann auf einen Theil der Schenkung oder der Zuwendung von Todeswegen beschränkt werden.

§ 3. Mit Geldstrafe bis zu neunhundert Mark wird bestraft:

1. wer für eine juristische Person, die in Preußen ihren Sitz hat, als deren Vorsteher eine Schenkung oder eine Zuwendung von Todeswegen in Empfang nimmt und nicht binnen vier Wochen die Genehmigung nachsucht;
2. . . . .

[146]) Das sind Rechte, die mit dem Eigentum an einem Grundstücke verbunden sind BGB. § 96 (Grunddienstbarkeiten § 1018, Vorkaufsrecht § 1094 Abs. 2 u. Reallasten § 1105 Abs. 2), oder durch G. die Eigenschaft einer unbeweglichen Sache erlangt haben (Erbbaurecht § 1017 Abs. 1, Bergwerkseigentum EG. z. BGB. Art. 67, 68, AG. 20. Sept. 99 (GS. 177) Art. 37 I Abs. 2, Kohlenabbaugerechtigkeiten in den vorm. sächsischen Teilen Art. 38 § 2, Apotheker- u. Fähgerechtigkeiten EG. z. BGB. Art. 74).

[147]) Baudenkmale Vf. 24. Jan. 44 (MB. 38) u. 5. Nov. 54 (MB. 55 S. 2), Überreste der Vorzeit, Stein- und Erdmonumente, Hünengräber, Schanzen, Pfahlbauten usw. Vf. 30. Dez. 86 (MB. 87 S. 8). Für Erhaltung der Stadtmauern erging die KO. 30. Juni 30 Anlage C. — Aus den Vorschriften folgt die Pflicht zur Erhaltung, nicht aber zur Wiederherstellung zerstörter od. verfallener Sachen. Zuständig ist die Kommunalaufsichtsbehörde, nur bei sicherheitspolizeilichen Maßnahmen die Ortspolizeibehörde OV. 22. Mai 03 (XLIII 416). — Strafe der Beschädigung od. Zerstörung StGB. § 304.

[148]) Der RPr. hat darüber zu wachen, daß Urkunden in den Archiven ge-

3) zu Anleihen, durch welche die Gemeinde mit einem Schuldenbestand belastet, oder der bereits vorhandene vergrößert wird[149]), und

4) zu Veränderungen in dem Genusse[150]) von Gemeindenutzungen (Wald, Weide, Haide, Torfstich und dergleichen).

§. 51[151]). Die freiwillige Veräußerung von Grundstücken u. s. w. (§. 50. Nr. 1.) darf nur[152]) im Wege der Lizitation auf Grund einer Taxe stattfinden.

Zur Gültigkeit der Lizitation gehört:

1) einmalige Bekanntmachung durch das Amtsblatt des Regierungsbezirks und die für Bekanntmachungen des Magistrats üblichen öffentlichen Blätter;

2) eine Frist von sechs Wochen von der Bekanntmachung bis zum Lizitations-Termine, und

3) Abhaltung dieses Termins durch eine Justiz-[153]) oder Magistratsperson.

Das Ergebniß der Lizitation ist der Stadtverordneten-Versammlung mitzutheilen und kann nur mit deren Genehmigung der Zuschlag ertheilt werden.

In besonderen Fällen kann der Bezirksausschuß[154]) auch den Verkauf aus freier Hand, sowie einen Tausch gestatten, sobald er sich überzeugt, daß der Vortheil der Gemeinde dadurch gefördert wird.

---

ordnet aufbewahrt und nicht verkauft oder verschleppt werden Vf. 17. Feb. 59 (MB. 89). Entwürfe zu Archivbauten sind vor endgültiger Feststellung den Aufsichtsbehörden vorzulegen Vf. 6. März 00 (MB. 100).

[149]) Anleihen können bei größeren Beträgen durch Ausgabe von Inhaberpapieren aufgenommen werden. Die dazu erforderliche staatliche Genehmigung (BGB. § 795) wird auf Allerh. Ermächtigung von den Min. d. Inn. u. d. Fin. erteilt V. 16. Nov. 99 (GS. 562) Art. 8. Die dabei zu beobachtenden Grundsätze enthalten die Vf. 1. Juni 91 (MB. 84) u. 6. Aug. 92 (MB. 321). Diese sollen auch bei Genehmigung anderer Anleihen beachtet werden Vf. 14. Aug. 02 (MB. 174). Die Ausstellung der Inhaberpapiere bestimmt sich nach BGB. § 793 Abs. 2, EG. Art. 100 u. AG. (Anm. 146) Art. 17 § 1. Muster Vf. 31. Jan., neben der Veröffentlichung durch den Reichsanzeiger ist solche durch das Amtsblatt nicht mehr erforderlich, auch die Bezeichnung der Beträge in Buchstaben — obschon empfehlenswert — den Kommunalverbänden zu überlassen Vf. 16. Juli 00 (MB. 81 u. 224). Inhaberpapiere können — an Stelle der früheren Außerkurssetzung — auf Namen umgeschrieben werden EG. Art. 101, AG. Art. 18 nebst Vf. 30. Dez. 99 (JMB. 00 S. 4). Die Tilgung erfolgt durch Ankauf od. Verlosung. Bei letzterer ist die Veröffentlichung von Restantenlisten zu empfehlen, ab. nicht als Verpflichtung aufzulegen Vf. 22. Jan. 00 (MB. 87). Mündelsicherheit EG. z. BGB. Art. 212 u. AG. Art. 74². — Aus Sparkassen können zu Darlehen an die gewährpflichtigen Verbände bis zu 25 v. H. u. außerdem an andere Kommunalverbände noch 25 v. H. des Einlagebestandes verwendet werden Vf. 5. Nov. 02 (MB. 190). — Aufsatz üb. Aufnahme u. Verwaltung kommunaler Anleihen v. Kappelmann (VB. XXIII 241) u. üb. selbstschuldnerische Bürgschaft durch Gemeinden von Appelius (VB. XXV 12).

[150]) Nicht in der Benutzung (Bewirtschaftungsweise) Vf. 27. März 62 (MB. 212).

[151]) Ausführlichere Fassung enthält LGO. § 115. — Form der Grundstücksübertragung Nr. II 1 Anl. A I 1c.

[152]) Ausnahme Abs. 4.

[153]) Richter od. Notar.

[154]) ZustG. (Anl. A) § 16 Abs. 3 für Berlin ist der ObPr. zuständig § 7 Abs. 2 u. LVG. § 43 Abs. 3 (im Texte stand: die Regierung).

Für das **Grundbuchamt**[155]) genügt zum Nachweise, daß der Vorschrift dieses Paragraphen genügt worden, die Bestätigung des Vertrages durch **den Bezirksausschuß**[154]).

(§. 52)[156]).

(§§. 53, 54)[20]).

§. 55. Die in Bezug auf die Behandlung der Gemeindewaldungen für die einzelnen Landestheile erlassenen Gesetze und Bestimmungen[157]) bleiben in Kraft, bis ihre Abänderung im gesetzlichen Wege erfolgt sein wird.

Titel V.

Von den Geschäften des Magistrats[158]).

§. 56. Der Magistrat hat als Ortsobrigkeit und Gemeinde-Verwaltungsbehörde insbesondere folgende Geschäfte:

1) die Gesetze und Verordnungen, sowie die Verfügungen der ihm vorgesetzten Behörden, auszuführen[159]);

2) die Beschlüsse der Stadtverordneten-Versammlung vorzubereiten und, sofern er sich mit denselben einverstanden erklärt, zur Ausführung zu bringen.

Der Magistrat ist verpflichtet, die Zustimmung und Ausführung zu versagen, wenn von den Stadtverordneten ein Beschluß gefaßt ist, welcher deren Befugnisse überschreitet, gesetz- oder rechtswidrig ist, das Staatswohl oder das Gemeinde-Interesse verletzt. In Fällen dieser Art ist nach den Bestimmungen im §. 36.[160]) zu verfahren;

---

155) GrundbuchO. 98 (RGB. 754) § 1 (im Texte stand: Hypothekenbehörde).

156) § 52, der die Erhebung von Einzugs-, Hausstands- u. Einkaufsgeldern regelte, ist aufgehoben u. ersetzt durch G. 14. **Mai** 60 **Anlage** I).

157) Nr. I 5 d. W.

158) Abgrenzung gegenüb. den Stadtverordneten Anm. 48. — Die beschließende Tätigkeit des Mag. wird in Tit. IV, insbes. § 36, zusammen mit der der Stadtverordneten behandelt. Der **Titel** V regelt nur die Fassung der Beschlüsse § 57 u. befaßt sich im übrigen mit der verwaltenden Tätigkeit, zu der der Mag. in der Gemeindeverwaltung berufen ist § 56 2—9, 58, 61, wie in der Staatsverwaltung § 56¹, 62, 63 und (Zwangsbefugnisse) LVG. § 132, 133. Diese Verwaltungstätigkeit fällt notwendig dem Mag. selbst zu StO § 56 od. dem Bürgermeister als seinem Vorsitzenden § 58 u. (Staatsverwaltung) § 62. Sie kann zur Erleichterung der Geschäftsführung, zumal in größeren Städten auch verteilt werden nach Verwaltungszweigen auf Deputationen § 59 od. nach örtlichen Bezirken auf Bezirksvorsteher § 60.

159) Nr. 1 betrifft die dem Mag. in der Staatsverwaltung aufgetragenen Geschäfte (Nr. II 1 Anl. A d. W. unter II 2, 3 u. Aufsatz: Der Mag. als Ortsobrigkeit im VB. XXXIII 369). In den durch die Gesetze vorgesehenen Fällen werden diese ausgeübt in Stadtkreisen durch den **Stadtausschuß** (LVG. § 37—40) u. in den sonstigen Städten mit mehr als 10000 Einwohnern für einzelne dieser Geschäfte (ZustG. § 109, 114 u. V. 31. Dez. 83 GS. 84 S. 7 § 1) durch den Magistrat LVG. § 4 Abs. 2 u. 3.

160) Nach den Ergänzungen, die § 36 durch ZustG. § 15 Abs. 1 u. § 17¹ erfahren hat (Anm. 126) kommt jetzt insbes. die Beanstandung der Beschlüsse in Betracht.

3) die städtischen Gemeinde-Anstalten zu verwalten und diejenigen, für welche besondere Verwaltungen eingesetzt sind, zu beaufsichtigen;

4) die Einkünfte der Stadtgemeinde zu verwalten, die auf dem Etat oder besonderen Beschlüssen der Stadtverordneten beruhenden Einnahmen und Ausgaben anzuweisen[161]) und das Rechnungs- und Kassenwesen zu überwachen. Von jeder regelmäßigen Kassenrevision ist der Stadtverordneten-Versammlung Kenntniß zu geben, damit sie ein Mitglied oder mehrere abordnen könne, um diesem Geschäfte beizuwohnen; bei außerordentlichen Kassenrevisionen ist der Vorsitzende oder ein von demselben ein- für allemal bezeichnetes Mitglied der Stadtverordneten-Versammlung zuzuziehen[162]);

5) das Eigenthum der Stadtgemeinde zu verwalten[163]) und ihre Rechte zu wahren;

6) die Gemeindebeamten[164]), nachdem die Stadtverordneten darüber vernommen worden, anzustellen[165]) und zu beaufsichtigen[166]). Die Anstellung erfolgt, soweit es sich nicht um vorübergehende Dienstleistungen handelt, auf Lebenszeit; diejenigen Unterbeamten, welche nur zu mechanischen Dienstleistungen bestimmt sind, können jedoch auf Kündigung angenommen werden[165]). Die von den Gemeindebeamten zu leistenden Kautionen bestimmt der Magistrat nach Anhörung der Stadtverordneten-Versammlung[167]). In Städten

---

[161]) § 67. — Zwangsvollstreckung gegen Stadtgemeinden ZustG. (Anl. A) § 17⁴.

[162]) Defekte ZustG. § 17⁵. — Das städtische Kassenwesen, Aufsatz von Kramer (VB. XXII 389 u. 401).

[163]) Führung eines Lagerbuches § 71. Grundstücksveräußerungen § 50¹, 51 u. Nr. II 1 Anl. A d. W. unter I 1 c.

[164]) Zu diesen Gemeindebeamten gehören nicht die von den Stadtverordneten zu wählenden Magistratsmitglieder (§ 31) u. unbesoldeten (ehrenamtlichen) Beamten (§ 64 Abs. 4 u. 74), wohl aber trotz ihrer Sonderstellung (Anm. 165) die Polizei- u. die Forstbeamten; Deputationsmitglieder § 59 Abs. 2. Die hier in Betracht kommenden Beamten werden in § 30 Abs. 1² als Gemeindeunterbeamte bezeichnet, während sonst die städtischen gleich den Staatsbeamten in höhere, Subaltern- und Unterbeamten geschieden werden, je nachdem eine wissenschaftliche, oder eine nur geschäftliche Vorbildung vorausgesetzt wird oder nur mechanische Vorrichtungen zu besorgen sind.

[165]) Bei der Anstellung gebührt den Stadtverordneten nur die Äußerung, nicht die Entscheidung (die Anstellung der Sparkassenbeamten, die sich nach dem Sparkassenstatut bestimmt Regl. 12. Dez. 38 GS. 39 S. 5 Nr. 18, kann jedoch durch dieses der StVers. übertragen werden OV. 8. Sept. 91 XXI 29); bei Einführung von Amtsbezeichnungen ist ihre Zustimmung jedoch erforderlich Anm. 114. Der Genehmigung des Regierungspräsidenten unterliegt nur die Anstellung d. Polizeibeamten G. 11. März 50 (GS. 265) § 4 Abs. 2, Forstbeamte Nr. I 4 Anm. 67. Berücksichtigung der Militäranwärter das. Anl. C, ferner Instr. (Anl. B) Nr. XII. — Die Art der Anstellung bestimmt sich jetzt nach KBK., insbes. § 1, 2, 8—10 u. 14, wodurch Satz 2 der StO. § 56⁶ fortgefallen ist. — Über Gehälter u. Pensionen bestimmt Tit. VI.

[166]) Die Beaufsichtigung — zu der auch die Entscheidung üb. Dienstunfähigkeit bei Versetzung in den Ruhestand gehört — steht ausschließlich dem Mag. zu OV. 25. Mai 92 (XXIII 60). — Disziplin § 58 Abs. 3.

[167]) Die Bestellung von Kautionen — die für Staatsbeamte aufgehoben ist G. 7. März 98 (GS. 19) — ist nicht ausgeschlossen. Sie unterliegt — wo

bis zu 10,000 Einwohnern (§. 30. 2.) können die Geschäfte des Gemeinde-Einnehmers nach Vernehmung der Stadtverordneten-Versammlung und mit Zustimmung der Regierung dem Kämmerer übertragen werden;

7) die Urkunden und Akten der Stadtgemeinde aufzubewahren[168]);

8) die Stadtgemeinde nach Außen zu vertreten und Namens derselben mit Behörden und Privatpersonen zu verhandeln, den Schriftwechsel zu führen und die Gemeinde-Urkunden in der Urschrift zu vollziehen[169]). Die Ausfertigungen der Urkunden werden Namens der Stadtgemeinde von dem Bürgermeister oder seinem Stellvertreter gültig unterzeichnet[170]); werden in denselben Verpflichtungen der Stadtgemeinde übernommen, so muß noch die Unterschrift eines Magistrats-Mitgliedes hinzukommen; in Fällen, wo die Genehmigung der Aufsichtsbehörde erforderlich ist[171]), muß dieselbe in beglaubigter Form der gedachten Ausfertigung beigefügt werden;

9) die städtischen Gemeinde-Abgaben und Dienste nach den Gesetzen und Beschlüssen auf die Verpflichteten zu vertheilen und die Beitreibung zu bewirken[172]).

§. 57. Der Magistrat kann nur beschließen, wenn mindestens die Hälfte, in Stadtgemeinden, welche mehr als 100,000 Einwohner haben, mindestens ein Drittheil seiner Mitglieder zugegen ist[173]).

Die Beschlüsse werden nach Stimmenmehrheit gefaßt. Bei Stimmengleichheit ist die Stimme des Vorsitzenden entscheidend. Den Vorsitz führt der Bügermeister oder sein Stellvertreter. Der Vorsitzende ist verpflichtet, wenn ein Beschluß des Magistrats dessen Befugnisse überschreitet, gesetz- oder rechtswidrig ist, das Staatswohl oder das Gemein-Interesse verletzt, die Ausführung eines solchen Beschlusses zu beanstanden und die Entscheidung der Regierung

---

sie nicht, wie in den hannov. Städten u. den westf. u. rhein. Landgemeinden gesetzlich vorgeschrieben ist — der Beschlußnahme der GemeindenVf. 18. Mai 98 (MB. 122).

[168]) Die Aufbewahrung liegt dem Mag. als Ortsobrigkeit, nicht als Gemeindeverwaltungsbehörde ob OV. 27. Juni 99 (XXXV 92). — Anm. 148.

[169]) Verwendung von Namens-(Faksimile-)Stempeln Ausf. Anw. z. EinkstG. 5. Aug. 91 Art. 70[7] u. z. GewerbestG. 10. April 92 Art. 22[13], Vf. 16. Dez. 93, gültig für Bürgermeister in Stadtkreisen 9. Juni 94 (MB. 1 u. 101) u. in Städten üb. 10000 Einwohnern 21. Sept. 01 (MB. 211). — Im bürgerlichen Recht sind alle an schriftliche Form gebundene Urkunden — mit Ausnahme der Inhaberpapiere BGB. § 793 Abs. 2, Aktien HGB. § 181 Satz 1 u. Frachtbriefe § 426 Abs. 2[9] — eigenhändig durch Namensunterschrift zu unterzeichnen BGB. § 126 Abs. 1. Gleiches gilt für den Prozeß CPO. § 416 nebst Beschl. RGer. 4. Mai 00 (XLVI 376), wogegen im Strafrecht der Tatbestand der Urkundenfälschung schon bei gestempelter Unterschrift gegeben ist U. RGer. (Nr. XXI 186). — Aufsatz von Dr. Markull (VB. XXV 675).

[170]) Die Urkunden sind öffentliche i. S. der CPO. § 437. — Vollziehung von Wechseln Nr. II 2 d. W. Anm. 193, der Sparkassenbücher Nr. IV 2 Anm. 275.

[171]) § 50.

[172]) KAG. (Nr. I 3) insbes. § 90.

[173]) Daraus folgt die Unzulässigkeit der Abstimmung durch Umlauf od. schriftl. Einsammlung der Stimmen.

einzuholen[174]). Der Beigeordnete nimmt auch außer dem Falle der Stellvertretung an den Verhandlungen und Beschlüssen Theil.

Bei Berathungen über solche Gegenstände, welche das Privat-Interesse eines Mitgliedes des Magistrats oder seiner Angehörigen berühren, muß dasselbe sich der Theilnahme an der Berathung und Abstimmung enthalten[175]), auch sich während der Berathung aus dem Sitzungszimmer entfernen.

§. 58. Der Bürgermeister leitet und beaufsichtigt den ganzen Geschäftsgang der städtischen Verwaltung[176]).

In allen Fällen, wo die vorherige Beschlußnahme durch den Magistrat einen nachtheiligen Zeitverlust verursachen würde, muß der Bürgermeister die dem Magistrat obliegenden Geschäfte vorläufig allein besorgen, jedoch dem letzteren in der nächsten Sitzung Behufs der Bestätigung oder anderweitigen Beschlußnahme Bericht erstatten.

Zur Erhaltung der nöthigen Disziplin steht dem Bürgermeister das Recht zu, den Gemeindebeamten[177]) Geldbußen bis zu neun Mark[138]) und außerdem den untern Beamten[178]) Arreststrafen[179]) bis zu drei Tagen aufzulegen (§§. 15., 19. und 20. des Gesetzes vom 21. Juli 1852., Gesetz-Sammlung Seite 465.)[180]).

---

[174]) Die Beanstandung auf Anweisung der Aufsichtsbehörde findet jetzt nur bei Überschreitung der Befugnisse u. bei Gesetzesverletzung statt ZustG. (Anl. A) § 15 Abs. 1 u. Abs. 2, während der Vorsitzende nach StO. § 57 Abs. 2 fortdauernd solche Beschlüsse beanstanden kann, die nach seiner Ansicht das Staatswohl od. das Gemeindeinteresse verletzen. Gegen die Verfassung ist in ersterem Falle die Verwaltungsklage gegeben ZustG. § 15 Abs. 1 Satz 2 nebst § 21, in letzterem tritt die Beschlußfassung des Bezirksausschusses (in Berlin des Ob.-Präs.) ein § 17¹. — Voraussetzungen u. Form der Beanstandung Nr. II 2 Anm. 273.

[175]) Die Wahrung des Gemeindeinteresses bei einer infolge dessen eintretenden Beschlußunfähigkeit — für die hier nicht wie im § 44 Bestimmung getroffen ist — hat die Aufsichtsbehörde durch Bestellung eines Kommissars zu bewirken OV. 9. Mai 93 (XXV 46).

[176]) Geschäftsgang Instr. (Anl. B) Nr. XIII Abs. 1². — Das Magistratskollegium selbst hat seinen formellen Geschäftsgang nicht zu ordnen OV. 2. Feb. 04 (VV. XXV 555). — Bürgermeister u. mit der Polizeiverwaltung betraute Magistratsmitglieder (§ 62 Abs. 2) haben bei Abwesenheit üb. 3 Tage dem RPr. Anzeige zu machen, üb. 8 Tage Urlaub nachzusuchen. Anzeige und Gesuch — die in kreisangehörigen Städten durch die Hand des Landrats und für Magistratsmitglieder durch die des Bürgermeisters zu gehen haben — müssen die Vertretung ersichtlich machen. Urlaub an andere Magistratsmitglieder erteilt der Bürgermeister, bei Dauer üb. 4 Wochen unter Anzeige an den RPr. Vf. 5. Dez. 67 u. 10. Dez. 98 (MV. 99 S. 5 u. 4).

[177]) Anm. 164. — Disziplinarverhältnis der Bürgermeister u. Magistratsmitglieder § 80. Gegen letztere kann der Bürgermeister jedoch Warnungen u. Verweise (Disz.G. 21. Juli 52 GS. 465 § 18) verhängen OV. 1. Dez. 88 (XVII 443).

[178]) Dazu gehören im allgemeinen Exekutoren, Boten, Kastellane, Diener u. die zu ähnlichen, sowie die zu bloß mechanischen Funktionen bestimmten Beamten DiszG. § 15 Abs. 2 u. insbes. von den Polizeibeamten: Sergeanten u. Wachtmeister, Nachtwächter u. Nachtwachtmeister, Oberfeuerwehrmänner u. Straßenreinigungsaufseher StMV. 6. Okt. 53 (MV. 263).

[179]) Diese sind nur in solchen Räumen zu vollstrecken, die den Verhältnissen der zu bestrafenden Beamten angemessen sind DiszG. § 15 Abs. 1⁴.

[180]) Rechtsmittel ZustG. § 20 Abs. 1².

§. 59. Zur dauernden Verwaltung oder Beaufsichtigung einzelner Geschäftszweige, sowie zur Erledigung vorübergehender Aufträge können besondere Deputationen entweder blos aus Mitgliedern des Magistrats[181]), oder aus Mitgliedern beider Gemeindebehörden, oder aus letzteren und aus stimmfähigen Bürgern gewählt werden[182]). Zur Bildung gemischter Deputationen aus beiden Stadtbehörden ist der übereinstimmende Beschluß beider erforderlich.

Zu diesen Deputationen und Kommissionen, welche übrigens in allen Beziehungen dem Magistrate untergeordnet sind, werden die Stadtverordneten und stimmfähigen Bürger von der Stadtverordneten-Versammlung gewählt[183]), die Magistrats-Mitglieder dagegen von dem Bürgermeister ernannt, welcher auch unter letzteren den Vorsitzenden zu bezeichnen hat.

Durch statutarische Anordnungen können nach den eigenthümlichen örtlichen Verhältnissen besondere Festsetzungen über die Zusammensetzung der bleibenden Verwaltungs-Deputationen getroffen werden[184]).

§. 60. Städte von größerem Umfange oder von zahlreicherer Bevölkerung werden von dem Magistrat nach Anhörung der Stadtverordneten in Ortsbezirke getheilt.

Jedem Bezirk wird ein Bezirksvorsteher vorgesetzt, welcher von den Stadtverordneten aus den stimmfähigen Bürgern des Bezirks auf sechs Jahre erwählt[183]) und vom Magistrat bestätigt wird. In gleicher Weise wird für den Fall der Verhinderung des Bezirksvorstehers ein Stellvertreter desselben angestellt.

---

[181]) Instr. (Anl. B) Nr. XIII Abs. 2.

[182]) Die Deputationen sind öffentliche Behörden, ihre Mitglieder öff. Beamte, die jedoch mit Rücksicht auf die Sonderbest. § 75 Abs. 2 dem DiszG. (Anm. 177) nicht unterliegen OV. 28. Okt. 93 (XXV 415). Stellung u. Geschäftsordnung bestimmt Instr. 25. Mai 35 (Anl. B Anm. 7) § 26—31. Die Deputationen sind befugt, innerhalb ihres Geschäftszweigs über Einsprüche gegen Heranziehung zu den Gemeindeabgaben zu beschließen I 3 Anm. 264 u. selbständig Prozesse zu führen Vf. 22. Okt. 83 (MB. 84 S. 9). — Rechte der Bürgermitglieder, Aufsatz v. Galland (VB. XXV 639).

[183]) Üb. die Gültigkeit beschließt der Bezirksausschuß ZustG. (Anl. A) § 14.

[184]) Gesetzliche Vorschriften ergingen üb. die:

a) Einquartierungsdeputationen G. 25. Juni 68 (BGBl. 523) § 5 Abs. 3;

b. Gesundheitskommissionen G. 16. Sept. 99 (GS. 172) § 10, 11, Gesch. Anw. 13. März 01 (CB. Unter. Verw. 379);

c) Armendeputationen G. 8. März 71 (GS. 130) § 3—5;

d) Waisenräte BGB. § 1849—51 u. (Einrichtung) AG. 20. Sept. 99 (GS. 177) Art. 77, nach dessen § 1 Abs. 3 die Verrichtungen besonderen Abteilungen oder schon bestehenden Organen der Gemeindeverwaltung übertragen werden können (Versammlungen u. Teilnahme der Vormundschaftsrichter Vf. 26. April u. 20. Juli 02 MB. 81 u. 124);

e) Schuldeputationen, die, weil sie zugleich für die dem Staate vorbehaltenen inneren Schulangelegenheiten zuständig sind, in ihrer Einrichtung teilweise von der StO. § 58 abweichen Instr. (Anl. B) Nr. XIII Abs. 1, Instr. 26. Juni 11 (Kamptz Ann. XVII 659) nebst Vf. 14. Feb. 54 (MB. 46) u. 19. Okt. 68 (MB. 69 S. 12).

Die Bezirksvorsteher sind Organe des Magistrats und verpflichtet, seinen Anordnungen Folge zu leisten, ihn namentlich in den örtlichen Geschäften des Bezirks zu unterstützen.

§. 61. Jedes Jahr, bevor sich die Stadtverordneten-Versammlung mit dem Haushaltsetat beschäftigt, hat der Magistrat in öffentlicher Sitzung derselben über die Verwaltung und den Stand der Gemeinde-Angelegenheiten einen vollständigen Bericht zu erstatten. Tag und Stunde werden wenigstens zwei freie Tage vorher in der Gemeinde bekannt gemacht.

§. 62. Der Bürgermeister hat nach näherer Bestimmung der Gesetze folgende Geschäfte zu besorgen[185]):

I. wenn die Handhabung der Ortspolizei nicht Königlichen Behörden übertragen ist:
   1) die Handhabung der Ortspolizei[186]);
   2) die Verrichtung eines Hülfsbeamten der gerichtlichen Polizei[187]);
   3) die Verrichtungen eines Amtsanwalts[188]), vorbehaltlich der Befugniß der Behörde, in den Fällen 2. und 3. andere Beamten mit diesen Geschäften zu beauftragen.

---

[185]) Instr. Nr. XIV. — Aus dieser Pflicht ergibt sich noch nicht die Pflicht der Gemeinde zur Tragung der sächlichen Verwaltungskosten OV. 23. Juni 99 (XXXVI 114).

[186]) Einrichtung der Ortspolizeiverwaltung G. 11. März 50 (GS. 265) § 1—3; Zwangsbefugnisse LVG. § 132, 133; Anstellung der Polizeibeamten Anm. 165; Polizeikosten Nr. II 1 Anl. A unter II 1a. — Städtische Polizeiverwaltungen dürfen nicht die Bezeichnung „Königlich“ führen Vf. 28. Jan. 53 (MB. 46).

[187]) Hierüber bestimmt GVG. § 153: Die Beamten des Polizei- und Sicherheitsdienstes sind Hülfsbeamte der Staatsanwaltschaft und sind in dieser Eigenschaft verpflichtet, den Anordnungen der Staatsanwälte bei dem Landgerichte ihres Bezirks und der diesen vorgesetzten Beamten Folge zu leisten.

Die nähere Bezeichnung derjenigen Beamtenklassen, auf welche diese Bestimmung Anwendung findet, erfolgt durch die Landesregierungen.

In Ausführung dessen sind in Städten, die keine Kön. Polizeiverwaltung haben, die Bürgermeister od. die die Pol. verwaltenden Magistratsmitglieder als Hilfsbeamte der Staatsanwaltschaft bezeichnet Vf. 15. Sept. 79 (MB. 265). Dies gilt nicht für Stadtkreise u. kann auch für andere größere Städte ausgeschlossen werden Vf. 20. Dez. 79 (MB. 80 S. 28). Gegen die Hilfsbeamten, soweit sie ihr Amt nicht als Ehrenamt versehen, können die aufsichtführenden Staatsanwälte, sobald die vorgesetzte Behörde vergeblich um Abhilfe ersucht worden, Rügen u. Ordnungsstrafen bis zu 100 M. verhängen AG. 24. April 78 (GS. 230) § 80, 81 nebst Vf. 7./15. Okt. 79 (MB. 80 S. 2).

[188]) An Stelle der Polizeianwälte sind Amtsanwälte getreten GVG. § 143[a]. Diese werden, soweit nicht der JustMin. die Geschäfte besondern Justizbeamten überträgt, von dem ObStaatsanw. nach Anhörung des RPr. auf Widerruf ernannt AG. (vor. Anm.) § 62, 63; Vorsteher der Gemeindeverwaltung am Sitze des Amtsgerichts sind verpflichtet, die Geschäfte zu übernehmen, falls die PolVerw. nicht Königl. Behörden übertragen ist § 64; die Kosten trägt der Staat § 65.

Dem Bürgermeister am Sitze eines Gerichts kann die Vertretung der Amtsanwaltschaft[188]) bei dem Gericht auch für die übrigen Gemeinden des Gerichtsbezirks gegen angemessene Entschädigung übertragen werden, in deren Hinsicht nähere Bestimmungen vorbehalten bleiben.

II. Alle örtlichen Geschäfte der Kreis-[189]), Bezirks-, Provinzial- und allgemeinen Staatsverwaltung, namentlich auch das Führen der Personenstandsregister, sofern nicht andere Behörden dazu bestimmt sind[190]).

Einzelne dieser unter I. und II. erwähnten Geschäfte[191]) können mit Genehmigung des Regierungspräsidenten[192]) einem andern Magistrats-Mitgliede übertragen werden.

§. 63. In Betreff der Befugniß der Stadtbehörden, ortspolizeiliche Verordnungen zu erlassen, kommen die darauf bezüglichen Gesetze[193]) zur Anwendung.

Titel VI.

Von den Gehältern und Pensionen[194]).

§. 64. Der Normaletat aller Besoldungen wird von dem Magistrat entworfen und von den Stadtverordneten festgesetzt.

Ist ein Normal-Besoldungsetat überhaupt nicht oder nur für einzelne Theile der Verwaltung festgestellt, so werden die in solcher Weise nicht vorgesehenen Besoldungen vor der Wahl festgesetzt.

---

[189]) Unterverteilung u. Einziehung der Kreisabgaben KrO. (Nr. IV 2 d. W.) § 11. — In Stadtkreisen fallen die Geschäfte der Kreis- u. Gemeindeverwaltung zusammen, das. § 169, 170.

[190]) PersonenstandsG. 6. Feb. 75 (RGB. 23) § 4—6; die daselbst erwähnte höhere Verwaltungsbehörde ist der OPr. Vf. 17. Okt. 99 (MB. 189).

[191]) Die Übertragung muß vollständig geschehen; das andere Magistratsmitglied übt danach die Polizeigewalt selbständig aus Vf. 11. März 87 (MB. 98). Abgesehen hiervon kann der Bürgermeister nachgeordnete Beamte mit dem Erlasse u. der Durchführung polizeilicher Anordnungen ein für allemal beauftragen. In diesem Falle bleibt er verantwortlicher Träger dieser Gewalt OV. 16. Okt. 96 (XXX 412).

[192]) ZustG. § 7 Abs. 1, für Berlin ist der OPr. zuständig das. Abs. 2 u. das gleiche gilt allgemein bei Übertragung der Standesamtsgeschäfte, vor. Anm.

[193]) Die Ortspolizeibehörden können ortspolizeiliche Vorschriften mit Strafandrohung bis zu 9 Mark — unter Zustimmung des RPr. oder in Stadtkreisen bis zu 30 Mark — erlassen, die, soweit sie nicht zum Gebiete der Sicherheitspolizei gehören, der Zustimmung des Gemeindevorstandes — bei Gegenständen der landwirtschaftlichen Polizei der Gemeindevertretung — bedürfen PolVerwG. (Anm. 186) § 5—10 u. LVG. § 143, 144.

[194]) Der Titel VI behandelt die Vermögensrechte der Gemeindebeamten (Besoldung § 64, Pension § 65), nachdem ihre sonstigen Rechtsverhältnisse bezüglich der Magistratsmitglieder in § 31—34, bezüglich der übrigen Beamten in § 56[6] geregelt sind. Der Titel ist durch das KBG. (Nr. I 4 d. W.) ergänzt und erweitert, insbes. durch gesetzliche Regelung der Hinterbliebenenversorgung (Gnadenbezüge § 4, Witwen u. Waisengeld § 15). Betreffs der Anstellung, Besoldung u. Pensionierung der Magistratsmitglieder hat dieses G. es jedoch mit einer Maßgabe (Anm. 200) bei den bestehenden Best. belassen, das. § 14.

Hinsichtlich der Bürgermeister und der besoldeten Magistrats-Mitglieder unterliegt die Festsetzung der Besoldungen[195]) in allen Fällen der Genehmigung des Bezirksausschusses[154]). Der Regierungspräsident[137]) ist ebenso befugt als verpflichtet, zu verlangen, daß ihnen die zu einer zweckmäßigen Verwaltung angemessenen Besoldungsbeträge bewilligt werden[196]).

Den Beigeordneten, insofern ihnen nicht eine Besoldung besonders beigelegt ist (§. 31.), können mit Genehmigung des Bezirksausschusses[154]) feste Entschädigungsbeträge bewilligt werden. Schöffen und Stadtverordnete erhalten weder Gehalt noch Remuneration, und ist nur die Vergütung baarer Auslagen[197]) zulässig, welche für sie aus der Ausrichtung von Aufträgen entstehen.

§. 65. Den Bürgermeistern und den besoldeten Mitgliedern des Magistrats sind, sofern nicht mit Genehmigung des Bezirksausschusses[154]) eine Vereinbarung wegen der Pension getroffen ist, bei eintretender Dienstunfähigkeit[198]), oder wenn sie nach abgelaufener Wahlperiode nicht wieder gewählt[199]) werden, folgende Pensionen zu gewähren:

$^1/_4$ des Gehalts nach 6jähriger Dienstzeit,
$^1/_2$ „ „ „ 12 „ „
$^2/_3$ des Gehalts nach 24jähriger Dienstzeit[200]).

(Abs. 2 u. 3)[201])

Die Pension fällt fort oder ruht insoweit, als der Pensionirte durch anderweitige Anstellung im Staats- oder Gemeindedienste ein Einkommen oder eine neue Pension erwirbt, welche mit Zurechnung der ersten Pension sein früheres Einkommen übersteigen[202]).

---

[195]) Auch der Gehaltserhöhungen OV. 19. Mai 99 (VV. XXI 195). Die Festsetzung dieser kann auch stillschweigend erfolgen 28. April 86 (XIII 174).

[196]) Die Instr. (Anl. B) Nr. X hatte die Vorschrift zu Unrecht (OV. 1. Mai 94 XXVII 77) auf andere Gemeindebeamte als Magistratsmitglieder ausgedehnt. Jetzt ist hierfür KBG. § 11 maßgebend.

[197]) Reisekostenentschädigung das. § 6.

[198]) Nr. I 4 d. W. Anm. 39.

[199]) Oder nicht bestätigt Instr. (Anl. B) Art. XI.

[200]) Die Vorschrift ist mit der Änderung aufrecht erhalten, daß die Pension vom vollendeten 12. bis zum 24. Dienstjahre alljährlich um $^1/_{60}$ steigt KBG. § 14 Abs. 1. — Pensionsberechtigt sind persönliche Gehaltszulagen OV. 28. April 86 (Anm. 195), nicht aber Nebeneinnahmen Vf. 21. Okt. 67 (MB. 68 S. 63).

[201]) Die Pension der besoldeten Gemeindebeamten ausschließlich der Magistratsmitglieder (§ 65 Abs. 2) ist jetzt durch KBG. § 12 u. 13 und die Entscheidung über Pensionsansprüche aller Kommunalbeamten (StO. § 65 Abs. 3) durch KBG. § 7 neu geregelt.

[202]) Abs. 4 betrifft nur Magistratsmitglieder (andere Gemeindebeamte KBG. § 13). — Auch der Staats- oder Gemeindedienst in einem anderen deutschen Staate kommt in Betracht RGer. (XLIV 203 u. XLV 306; Nr. I 4 Anl. A d. W. Art. IV 2 Abs. 8). Abs. 4 gilt auch für solche anderweitige Anstellungen, die nicht dauernd oder pensionsberechtigt sind; das frühere Einkommen ist nur das aus dem die Pension begründenden Hauptamte — nicht das aus Nebenbeschäftigungen — bezogene U. RGer. 16. Okt. 03 (LVI 1).

Titel VII.

Von dem Gemeindehaushalte[203]).

§. 66. Ueber alle Ausgaben, Einnahmen und Dienste, welche sich im Voraus bestimmen lassen, entwirft der Magistrat jährlich, spätestens im Oktober[204]), einen Haushaltsetat. Mit Zustimmung der Stadtverordneten kann die Etatsperiode bis auf drei Jahre verlängert werden[205]).

Der Entwurf wird acht Tage lang, nach vorheriger Verkündigung, in einem oder mehren von dem Magistrat zu bestimmenden Lokalen zur Einsicht aller Einwohner der Stadt offen gelegt und alsdann von den Stadtverordneten festgestellt[206]). Eine Abschrift des Etats wird sofort der Aufsichtsbehörde eingereicht.

§. 67. Der Magistrat hat dafür zu sorgen, daß der Haushalt nach dem Etat geführt werde[207]).

Ausgaben, welche außer dem Etat geleistet werden sollen, bedürfen der Genehmigung der Stadtverordneten[208]).

§. 68. Die Gemeinde-Abgaben und die Geldbeträge der Dienste (§. 54.), sowie die Abgaben für die Theilnahme an den Nutzungen (§. 52.) und die sonstigen Gemeindegefälle werden von den Säumigen im Steuer-Exekutionswege beigetrieben[209]).

§. 69. Die Jahresrechnung ist von dem Einnehmer vor dem 1. Mai[210]) des folgenden Jahres zu legen und dem Magistrat einzureichen. Dieser hat die Rechnung zu revidiren und solche mit seinen Erinnerungen und Bemerkungen den Stadtverordneten zur Prüfung, Feststellung und Entlastung vorzulegen.

§. 70. Die Feststellung der Rechnung muß vor dem 1. Oktober[210]) bewirkt sein.

Der Magistrat hat der Aufsichtsbehörde sofort eine Abschrift des Feststellungsbeschlusses vorzulegen.

Durch statutarische Anordnungen können auch andere Fristen, als vorstehend für die Legung und Feststellung der Rechnung bestimmt sind, festgesetzt werden.

---

[203]) Der Titel VII betrifft den Haushaltsetat § 66, 67 (Bedeutung Nr. II 2 Anm. 236), die Abgabeneinziehung § 68 u. die Rechnungslegung § 69—71.

[204]) Das Etatsjahr ist auf den 1. April bis 31. März verlegt KAG. § 95 Abs. 1; der Termin verschiebt sich danach um 3 Monate.

[205]) Entsprechende Vorschrift KAG. § 95 Abs. 2.

[206]) Zwangsweise Eintragung in den Etat ZustG. § 19.

[207]) § 56⁴; Festsetzung der Defekte ZustG. (Anl. A) § 17⁴.

[208]) Restausgaben können ohne Neubewilligung in das neue Rechnungsjahr übernommen u. aus dem Überschusse des Vorjahres gedeckt werden Vf. 16. Mai 88 (MB. 100).

[209]) Für Gemeindeabgaben u. Geldbeträge der Dienste ist jetzt KAG. § 90 maßgebend. Das Verwaltungszwangsverfahren ist durch V. 15. Nov. 99 (GS. 545) u. Anw. 28. Nov. 99 geregelt.

[210]) Anm. 204 u. § 70 Abs. 3.

§. 71. Ueber alle Theile des Vermögens der Stadtgemeinde[211]) hat der Magistrat ein Lagerbuch zu führen. Die darin vorkommenden Veränderungen werden den Stadtverordneten bei der Rechnungsabnahme zur Erklärung vorgelegt.

Titel VIII.

Von der Einrichtung der städtischen Verfassung ohne kollegialischen Gemeindevorstand für Städte, welche nicht mehr als 2500 Einwohner haben.

§. 72. In Städten von nicht mehr als 2500 Einwohnern[30]) kann auf Antrag der Gemeindevertretung unter Genehmigung des Bezirksausschusses[154]) die Einrichtung getroffen werden, daß

1) die Zahl der Stadtverordneten bis auf sechs vermindert, und
2) statt des Magistrats nur ein Bürgermeister, welcher den Vorsitz in der Stadtverordneten-Versammlung mit Stimmrecht zu führen hat[212]), und zwei oder drei Schöffen, welche den Bürgermeister zu unterstützen und in Verhinderungsfällen zu vertreten haben, gewählt werden[213]).

§. 73. Wird eine Einrichtung nach Maaßgabe der Bestimmung unter 2. in §. 72. getroffen, so gehen alle Rechte und Pflichten, welche in den Vorschriften der Titel I. bis VII. dem Magistrat beigelegt sind, auf den Bürgermeister mit denjenigen Modifikationen über, welche sich als nothwendig daraus ergeben, daß der Bürgermeister zugleich stimmberechtigter Vorsitzender der Stadtverordneten-Versammlung ist. Demselben steht insonderheit ein Recht der Zustimmung zu den Beschlüssen der Stadtverordneten nicht zu; er ist aber in den im zweiten Satze unter 2. des §. 56. bezeichneten Fällen die Ausführung der Beschlüsse der Stadtverordneten-Versammlung zu beanstanden, und, wenn diese bei nochmaliger Berathung bei ihrem Beschlusse beharrt, die Entscheidung der Regierung einzuholen verpflichtet[214]). — Im Uebrigen finden bei den Städten, welche die gedachte Einrichtung angenommen haben, die Vorschriften der Titel I. bis VII. gleichfalls, jedoch mit der Maaßgabe Anwendung, daß die Schöffen zugleich Stadtverordnete sein können, und daß es genügt, wenn die Beschlüsse der Stadtverordneten-Versammlung (§. 47.) nur von dem Vorsitzenden und einem Mitgliede unterzeichnet werden.

---

211) § 49, 50^1 u. 56^5. — Im Lagerbuche sind auch die Gegenstände von wissenschaftlichem, historischen oder Kunstwert aufzuführen Vf. 5. Nov. 54 (MB. 55 S. 2).

212) Nur unter diesem Vorsitz kann die StadtvVers. in Wirksamkeit treten OV. (Rheinprov.) 20. Okt. 91 (XXI 1).

213) Bürgermeister u. Schöffen bilden zwar keinen Magistrat i. S. der StO., dürfen sich aber im Geschäftsverkehr als solchen bezeichnen Vf. 20. Juni 56 (MB. 91).

214) Unter § $56^{2\ \text{Abs. } 3}$ fallen neben der eigentlichen Beanstandung auch die Fälle, in denen der Mag. Beschlüsse der Stadtv.-Vers. wegen Verletzung des Staats- oder Gemeindewohls nicht ausführt. An Stelle der höheren Entscheidung der Regierung ist ersterenfalls das Beanstandungsverfahren (ZustG. § 15), letzterenfalls die Beschlußfassung des Bezirksausschusses (das. § 17^1) getreten Anm. 126.

Titel IX.

Von der Verpflichtung zur Annahme von Stellen und von dem Ausscheiden aus denselben wegen Verlustes des Bürgerrechts.

§. 74[215]. Ein jeder stimmfähiger Bürger[216] ist verpflichtet, eine unbesoldete Stelle in der Gemeindeverwaltung oder Vertretung[217] anzunehmen, sowie eine angenommene Stelle mindestens drei Jahre lang zu versehen.

Zur Ablehnung oder zur früheren Niederlegung einer solchen Stelle berechtigen nur folgende Entschuldigungsgründe[218]:

1) anhaltende Krankheit;
2) Geschäfte, die eine häufige oder lange dauernde Abwesenheit mit sich bringen;
3) ein Alter über sechzig Jahre;
4) die früher stattgehabte Verwaltung einer unbesoldeten Stelle für die nächsten drei Jahre;
5) die Verwaltung eines anderen öffentlichen Amtes[219];
6) ärztliche oder wundärztliche Praxis[220];
7) sonstige besondere Verhältnisse, welche nach dem Ermessen der Stadtverordneten-Versammlung eine gültige Entschuldigung begründen.

Wer sich ohne einen dieser Entschuldigungsgründe weigert[221], eine unbesoldete Stelle in der Gemeindeverwaltung oder Vertretung anzunehmen oder die noch nicht drei Jahre lang versehene Stelle ferner zu versehen, sowie derjenige, welcher sich der Verwaltung solcher Stellen thatsächlich entzieht[222], kann durch Beschluß der Stadtverordneten auf drei bis sechs Jahre der Ausübung des Bürgerrechts verlustig erklärt und um ein Achtel bis ein Viertel

---

[215]) Der § 74 betrifft das Ehrenamt u. umfaßt die Verpflichtung zur Annahme Abs. 1, die Entschuldigungsgründe Abs. 2 u. die Verhängung von Nachteilen bei Nichterfüllung der Verpflichtung Abs. 3. — Vergleichende Betrachtung nach den einzelnen Kommunalordnungen v. Jebens VB. XXV 499.

[216]) § 5—8.

[217]) Dazu gehören regelmäßig die Ämter (Stellen) der Stadtverordneten (§ 12), Magistratsmitglieder (§ 29), Deputationsmitglieder (§ 59) u. Bezirksvorsteher; verb. Nr. II 2 Anm. 138.

[218]) Das „nur" wird durch die Dehnbarkeit der Entschuldigungsgründe (Nr. 1, 2 u. besonders 7) wesentlich abgeschwächt. — Zur Geltendmachung genügt die Erklärung der Niederlegung; die Genehmigung oder Zustimmung der Gemeindevertretung ist nicht erforderlich, diese kann nur über etwa zu verhängende Nachteile (Abs. 3) Beschluß fassen OV. 22. Nov. 01 (XL 36).

[219]) Mitglieder einer Deputation (§ 59) können die Stelle eines unbesoldeten Magistratsmitgliedes ablehnen Vf. 24. Mai 85 (MB. 180). — Erfordernis der Genehmigung für unmittelbare Staatsbeamte Anm. 63.

[220]) Gilt nicht für die Mitgliedschaft der Gesundheitskommissionen G. 16. Sept. 99 (Anm. 184b) § 10 Abs. 5.

[221]) Nr. II 2 Anm. 141.

[222]) Diese Entziehung ist erst bei dauernder absichtlicher Nichterfüllung der Amtspflichten anzunehmen OV. 16. März 95 (VB. XVI 438), während bei geringeren Ordnungswidrigkeiten Ordnungsstrafen (§ 48) ausreichen 18. Juni 89 (VB. X 562).

stärker zu den direkten Gemeindeabgaben herangezogen werden[223]). Dieser Beschluß bedarf der Bestätigung der Aufsichtsbehörde (§. 76.)[224]).

§. 75. Wer eine das Bürgerrecht voraussetzende Stelle in der Verwaltung oder Vertretung der Stadtgemeinde bekleidet, scheidet aus derselben aus, wenn er des Bürgerrechts verlustig geht; im Falle des ruhenden Bürgerrechts tritt die Suspension ein (§. 7.)[225]).

Die zu den bleibenden Verwaltungs-Deputationen gewählten stimmfähigen Bürger (§. 59.) und andern von der Stadtverordneten-Versammlung auf eine bestimmte Zeit gewählten unbesoldeten Gemeindebeamten, zu denen jedoch die Schöffen nicht zu rechnen sind, können durch einen übereinstimmenden Beschluß des Magistrats und der Stadtverordneten auch vor Ablauf ihrer Wahlperiode von ihrem Amte entbunden werden[226]).

Titel X.

Von der Oberaufsicht über die Stadtverwaltung[227]).

(§. **76.**—**78.**)[228]).

§. 79. Durch Königliche Verordnung auf den Antrag des Staatsministeriums kann eine Stadtverordneten-Versammlung aufgelöst werden.

Es ist sodann eine Neuwahl derselben anzuordnen und muß diese binnen sechs Monaten vom Tage der Auflösungs-Verordnung an erfolgen. Bis zur

[223]) Nr. II 2 Anm. 143. — Der Beschluß kann unmittelbar — ohne vorausgehende Warnung — erfolgen OV. 9. Feb. 04 (VB. XXV 557).

[224]) Die Befugnis der StadtvVers. zur Beschlußfassung ist aufrecht erhalten ZustG. (Anl. A) § 10 Abs. 1³, das Erfordernis der Bestätigung dagegen fortgefallen u. nur die Verwaltungsklage gegen den Beschluß gegeben § 11 Abs. 1.

[225]) Der Grundsatz ist bezüglich der Stadtverordneten bereits in § 18 ausgesprochen. — Zuständigkeit ZustG. § 10 Abs. 1¹ u. Rechtsmittel § 11.

[226]) Danach können ungeeignete oder dem dienstlichen Interesse nicht entsprechende Deputationsmitglieder ohne Disziplinarverfahren (Anm. 182) aus ihrem Amte entfernt werden. Das ZustG. (vor. Anm.) ist nicht anwendbar, gegen die Beschlüsse ist deshalb noch die Beschwerde an die Aufsichtsbehörde möglich.

[227]) Die Staatsaufsicht (der abweichenden Bezeichnung „Oberaufsicht" ist keine Bedeutung beizulegen) soll die Gemeinde — unbeschadet der ihr grundsätzlich zugestandenen Selbständigkeit (§ 9) — an der Überschreitung der ihr rechtlich gezogenen Schranken hindern, innerhalb dieser aber zu einer ihrem Zwecke entsprechenden Wirksamkeit anhalten. Die Aufsichtsbehörde hat dieserhalb das Recht, in die Verwaltung fortdauernd Einsicht zu nehmen, einzelne wichtigere Beschlüsse (Grenzveränderungen, Wahl der ersten Beamten, Inanspruchnahme des Vermögens, Besteuerung) zu bestätigen, unbefugte oder ungesetzliche Beschlüsse zu beanstanden (§ 77), äußerstenfalls die Auflösung der Vertretungen herbeizuführen (§ 79), andererseits aber die gehörige Erfüllung der Pflichten durch Disziplinar- u. Ordnungsstrafen (§ 80) u. durch Zwangseintragung in den Haushaltsetat (§ 78) zu erzwingen OV. 9. Mai 93 (XXV 46). Besonders geregelt ist die Aufsicht über die Polizeiverwaltung 26. Nov. 90 (XX 65) u. über die Gemeindewaldungen Nr. I 5 d. W. — Aufsatz v. Schneider (VB. XXV 483).

[228]) § 76 (Ausübung der Aufsicht u. Rechtsmittel) ist durch ZustG. (Anl. A) § 7 ersetzt, desgl. StO. § 77 (Beanstandung der Beschlüsse) durch ZustG. § 15 u. StO. § 78 (Zwangseintragung in den Etat) durch ZustG. § 19.

Einführung der neugewählten Stadtverordneten sind deren Verrichtungen durch den Bezirksausschuß als Beschlußbehörde[229]) zu besorgen.

§. 80. In Betreff der Dienstvergehen der Bürgermeister, der Mitglieder des Vorstandes und der sonstigen Gemeindebeamten kommen die darauf bezüglichen Gesetze[230]) zur Anwendung.

Titel XI.

Ausführungs- und Uebergangsbestimmungen.

§. 81. Die zur Ausführung dieses Gesetzes erforderlichen Bestimmungen werden von dem Minister des Innern getroffen[1]).

(§. 82.—85.)[231]).

Anlagen zur Städteordnung.

Anlage A (zu Anmerkung 2).

Gesetz über die Zuständigkeit der Verwaltungs- und Verwaltungsgerichtsbehörden. Vom 1. August 1883 (GS. 237).

IV. Titel.

Angelegenheiten der Stadtgemeinden[1]).

§. 7. Die Aufsicht des Staates über die Verwaltung der städtischen Gemeindeangelegenheiten[2]) wird in erster Instanz von dem Regierungspräsidenten[3]), in höherer und letzter Instanz von dem Oberpräsidenten geübt[4]), unbeschadet der in den Gesetzen geordneten Mitwirkung des Bezirksausschusses und des Provinzialraths[5]).

---

[229]) ZustG. § 17³ (im Text stand: durch besondere von dem Min. d. Inn. zu bestellende Kommissarien).

[230]) ZustG. § 20.

[231]) Diese Vorschriften haben keine praktische Bedeutung mehr; sie betrafen die Inkraftsetzung der StO. u. den Übertritt der Gemeindebeamten u. Vertreter in Gemeinden, in welche die GemO. 11. März 50 (Nr. 1 d. W.) eingeführt war (§ 82) u. in den übrigen Städten (§ 83 u. 85) sowie die Pensionierung der bei der Einführung der StO. ausscheidenden Bürgermeister (§ 84).

[1]) Der Titel IV ist aufgehoben für Hessen-Nassau (außer Frankfurt a. M.), wo seine Bestimmungen in die StO. 4. Aug. 97 (GS. 254) aufgenommen sind, das. § 93 Abs. 2 u. dasselbe gilt für Hohenzollern mit Bezug auf die GemO. 2. Juli 00 (GS. 189), das. § 109 Abs. 2; die nur auf diese Landesteile bezüglichen Bestimmungen insbes. ZustG. § 10 Abs. 3, § 22 Abs. 3—5 u. § 23 sind damit fortgefallen. Der Titel ergänzt hiernach zur Zeit nur noch die StO. für die östlichen Provinzen, für Neuvorpommern u. Rügen, Schl.-Holstein, Hannover, Frankfurt a. M., Westfalen u. die Rheinprov.

[2]) Nr. 2 Anm. 227.

[3]) Ausübung der Aufsicht, insbes. Mitwirkung der Landräte Instr. (Anl. B) Nr. XVI.

[4]) Die Landesverwaltung wird unter Oberleitung des Min. des Innern geführt LVG. § 3 Abs. 1, der deshalb innerhalb seiner gesetzlichen Zuständigkeit Verfügungen oder Anordnungen der nachgeordneten Behörden außer Kraft setzen oder diese Behörden mit Anweisung versehen kann, das. § 50 Abs. 3.

[5]) Bezirksausschuß § 8, 12, 13 Abs. 3, 14, 16 Abs. 3 u. 17; der Provinzialrat bildet nur Beschwerdeinstanz LVG. § 121.

Für die Stadt Berlin tritt an die Stelle des Regierungspräsidenten der Oberpräsident, an die Stelle des Oberpräsidenten der Minister des Innern[6]), für die Hohenzollernschen Lande tritt an die Stelle des Oberpräsidenten der Minister des Innern[1]).

Beschwerden bei den Aufsichtsbehörden in städtischen Gemeindeangelegenheiten sind in allen Instanzen innerhalb zwei Wochen anzubringen.

§. 8. Der Bezirksausschuß[7]) beschließt, soweit die Beschlußfassung nach den Gemeindeverfassungsgesetzen der Aufsichtsbehörde zusteht, über die Veränderung der Grenzen der Stadtbezirke[8]).

Der Bezirksausschluß beschließt über die in Folge einer Veränderung der Grenzen der Stadtbezirke nothwendig werdende Auseinandersetzung zwischen den betheiligten Gemeinden[9]), vorbehaltlich der den letzteren gegen einander zustehenden Klage im Verwaltungsstreitverfahren.

§. 9. Streitigkeiten über die bestehenden Grenzen der Stadtbezirke[10]) unterliegen der Entscheidung im Verwaltungsstreitverfahren[11]).

Ueber die Festsetzung streitiger Grenzen beschließt vorläufig, sofern es das öffentliche Interesse erheischt, der Bezirksausschuß[12]). Bei dem Beschlusse behält es bis zur rechtskräftigen Entscheidung im Verwaltungsstreitverfahren sein Bewenden.

§. 10. Die Gemeindevertretung beschließt[13]):

1. auf Beschwerden und Einsprüche[14]), betreffend den Besitz oder den Verlust des Bürgerrechts, insbesondere des Rechts zur Theilnahme an

---

[6]) LVG. § 42 u. 48 Abs. 1.

[7]) In Berlin der ObPräs. LVG. § 43 Abs. 3.

[8]) Die Einverleibung ganzer Gemeinden fordert, — da sie mit der Aufhebung von Korporationen verbunden ist LR. II 6 § 189, 190 — landesherrliche Genehmigung OV. 21. Sept. 97 (BB. XIX 442). Die Vereinigung einer Landgemeinde oder eines Gutsbezirks mit einer Stadtgemeinde bestimmt sich jetzt nach LGO § 2[b]. — Gegen Eingemeindungsbeschlüsse sind nur die allgemeinen Rechtsmittel (LVG. § 121, 123, 126) zulässig. Liegen Grenzstreite vor, so ist zunächst nach § 9 über diese zu entscheiden OV. 18. Nov. 91 (XXII 84).

[9]) Nr. 2 Anm. 15.

[10]) § 9 betrifft nur noch Streitigkeiten zwischen Stadtgemeinden; für den häufigeren Fall der Beteiligung eines Landgemeinde- oder Gutsbezirks greift LGO. § 4 Platz, der dem § 9 nachgebildet ist, zugleich aber den Streit über die Eigenschaft als Landgemeinde (Gutsbezirk) vorsieht. Entsteht diese Frage für eine Stadtgemeinde, so wird das Verfahren sinngemäß anzuwenden sein.

[11]) Nr. II 2 Anm. 41 u. Grundsätze u. Beweismittel für die (Gemeindezugehörigkeit) Anm. 40.

[12]) Nr. II 2 Anm. 42. — Eingemeindung gemeindefreier Grundstücke Anm. 8 Schlußsatz.

[13]) Die Zuständigkeit der Gemeindevertretung (§ 10 u. 11) bildet eine Abweichung von der Regel, daß diese die Gemeinde nicht nach außen zu vertreten, sondern regelmäßig nur mit dem Gemeindevorstande geschäftlich zu verkehren hat. Die Klage ist deshalb in diesem Falle auch nicht gegen letzteren, sondern gegen die Gemeindevertretung zu richten OV. 13. Mai 87 (XV 31).

[14]) § 10 schützt die persönlichen, § 18 die vermögensrechtlichen Ansprüche; für beide Fälle sind Beschwerden u. Ein-

den Wahlen zur Gemeindevertretung, sowie des Rechts zur Bekleidung einer den Besitz des Bürgerrechts voraussetzenden Stelle in der Gemeindeverwaltung oder Gemeindevertretung[15]), die Verpflichtung zum Erwerbe oder zur Verleihung des Bürgerrechts, beziehungsweise zur Zahlung von Bürgergewinngeldern (Ausfertigungsgebühren) und zur Leistung des Bürgereides[16]), die Zugehörigkeit zu einer bestimmten Bürgerklasse[17]), die Richtigkeit der Gemeindewählerliste[18]);

2. über die Gültigkeit der Wahlen zur Gemeindevertretung[19]);
3. über die Berechtigung zur Ablehnung oder Niederlegung von Aemtern und Stellen in der Gemeindeverwaltung oder Vertretung, über die Nachtheile, welche gegen Mitglieder der Stadtgemeinde wegen Nichterfüllung der ihnen nach den Gemeindeverfassungsgesetzen obliegenden Pflichten[20]), sowie über die Strafen, welche gegen Mitglieder der Gemeindevertretung wegen Zuwiderhandlungen gegen die Geschäftsordnung nach Maßgabe der Gemeindeverfassungsgesetze zu verhängen sind[21]).

Einsprüche gegen die Richtigkeit der Wählerliste sind während der Dauer der Auslegung der letzteren, Einsprüche gegen die Gültigkeit der Wahlen zur Gemeindevertretung innerhalb zwei Wochen nach Bekanntmachung des Wahlergebnisses und in allen Fällen bei dem Gemeindevorstande zu erheben[14]).

(Abs. 3)[1]).

§. 11. Der Beschluß der Gemeindevertretung (§. 10) bedarf keiner Genehmigung oder Bestätigung von Seiten des Gemeindevorstandes oder der Aufsichtsbehörde. Gegen den Beschluß der Gemeindevertretung findet die Klage im Verwaltungsstreitverfahren statt[13]). Die Klage steht in den Fällen des §. 10 auch dem Gemeindevorstande zu.

---

sprüche vorgesehen, je nachdem sie sich gegen vollzogene oder zu vollziehende Maßregeln richten. — Berechtigung zur Einspruchserhebung StO. § 20 Abs. 3 u. 27 Abs. 2.

[15]) StO. § 5—8, 13, 75 Abs. 1. — Der Zusatz „insbesondere des Rechts usw." bezeichnet den Inhalt des Bürgerrechts (StO. § 5 Abs. 1).

[16]) Diese Verpflichtungen betreffen die hannov. StO. (§ 20 ff.).

[17]) Betr. Neuvorpommern u. Rügen, wo nach den Stadtrezessen das Bürgerrecht verschiedene Erwerbsklassen umfaßt, Begr. (Anm. 1).

[18]) Fristen u. Behörden Abs. 2. — StO. § 19, 20.

[19]) StO. § 27. — Die Beschlußfassung der Gemeindevertretung erfolgt von Amts wegen; außerdem ist der Einspruch zulässig (Abs. 2) OV. 3. Nov. 93 (XXV. 20). Der Einspruch bedarf deshalb auch keiner Begründung u. Gemeindevertretung wie Verwaltungsrichter sind hinsichtlich der Ungültigkeitsgründe nicht auf den Inhalt des Einspruchs beschränkt 10. Nov. 97 (XXXII 6). Beide haben nur über die Gültigkeit zu bestimmen, nicht die neue Wahl anzuordnen 30. Mai 90 (XIX 18). Auch bei gleichzeitigen Wahlen ist jede Wahl auf ihre Gültigkeit für sich zu prüfen 18. Nov. 02 (VB. XXIV 322). — Zu dem Streitverfahren ist der Gewählte beizuladen OV. 8. Dez. 88 (VB. X 611).

[20]) StO. § 74. — Zu den Nachteilen zählen Exekutivstrafen nicht OV. 9. Feb. 00 (XXXVII 106). — Ablehnung von Schiedsmannswahlen (SchiedsmO. 29. März 79 GS. 321 § 8) fallen nicht unter § 10³, OV. 30. Sept. 92 (XXIII 5).

[21]) StO. § 48.

Die Klage hat in den Fällen des §. 10 unter 1 und 2 keine aufschiebende Wirkung[22]); jedoch dürfen Ersatzwahlen vor ergangener rechtskräftiger Entscheidung nicht vorgenommen werden[23]).

§. 12. Der Bezirksausschuß[7]) beschließt, soweit die Beschlußfassung nach den Gemeindeverfassungsgesetzen der Aufsichtsbehörde zusteht.

1. über die Zahl der aus jeder einzelnen Ortschaft einer Stadtgemeinde zu wählenden Mitglieder der Gemeindevertretung[24]),
2. über die Vornahme außergewöhnlicher Ersatzwahlen zur Gemeindevertretung oder in den Gemeindevorstand[25]).

§. 13. Soweit die Bestätigung der Wahlen von Gemeindebeamten nach Maßgabe der Gemeindeverfassungsgesetze den Aufsichtsbehörden zusteht[26]), erfolgt dieselbe durch den Regierungspräsidenten.

Die Bestätigung kann nur unter Zustimmung des Bezirksausschusses versagt werden. Lehnt der Bezirksausschuß die Zustimmung ab, so kann dieselbe auf den Antrag des Regierungspräsidenten durch den Minister des Innern ergänzt werden.

Wird die Bestätigung vom Regierungspräsidenten unter Zustimmung des Bezirksausschusses versagt, so kann dieselbe auf Antrag des Gemeindevorstandes oder der Gemeindevertretung von dem Minister des Innern ertheilt werden.

§. 14. Ueber die Gültigkeit von Wahlen solcher Gemeindebeamten, welche der Bestätigung nicht bedürfen[27]), beschließt, soweit die Beschlußfassung der Aufsichtsbehörde zusteht[28]), der Bezirksausschuß[29]).

§. 15. Beschlüsse der Gemeindevertretung[30]) oder des kollegialischen Gemeindevorstandes, welche deren Befugnisse überschreiten oder die Gesetze verletzen[31]), hat der Gemeindevorstand[32]), beziehungsweise der Bürgermeister, entstehenden Falles auf Anweisung der Aufsichtsbehörde, mit aufschiebender

---

[22]) Die Wahlen können danach — mit der aus dem folgenden Satz sich ergebenden Einschränkung — auf Grund der angefochtenen Wählerlisten rechtsgültig vorgenommen werden OV. 3. Okt. 90 (XX 9).

[23]) Der Schlußsatz bezieht sich nur auf Abs. 1 Nr. 2, als Ersatzwahlen kommen nur die bei Ungültigkeitserklärung vorzunehmenden, nicht die in StO § 21 Abs. 2 u. 3 erwähnten in Betracht OV. 17. Sept. 86 (XIV 56).

[24]) StO. § 15.

[25]) Das. § 21 Abs. 2 u. 31 Abs. 2.

[26]) StO. § 33 Abs. 1 2. Nicht darunter fallen die vom König zu bestätigenden oder zu ernennenden Beamten (das. Abs. 1 1 u. neuvorpomm. StO. Nr. 3 d. W. § 5 1), ferner nicht die gem. PolizeiverwG. (Nr. 2 d. W. Anm. 165) zu bestätigenden Polizeibeamten.

[27]) Hierunter fallen die nach StO. § 59 u. 60 zu wählenden, nicht aber die nach § 56 6 vom Mag. zu ernennenden Beamten.

[28]) Die Beschlußfassung tritt bei Beschwerden ein.

[29]) Auch in Berlin ist der Bezirksausschuß zuständig ZustG. § 161 Abs. 1.

[30]) Das Erfordernis der Zustimmung des Magistrats schließt die Beanstandung nicht aus OV. 21. Sept. 86 (XIV 76), auch Wahlen unterliegen der Beanstandung 14. Juni 01 (VB. XIII 138).

[31]) Nr. II 2 Anm. 272.

[32]) Dies ist gegenüber Beschlüssen der Stadtverordneten da, wo ein kollegialer Gemeindevorstand besteht, der Magistrat, nicht der Bürgermeister OV. 23. Feb. 95 (VB. XVI 460).

Wirkung, unter Angabe der Gründe, zu beanstanden[33]). Gegen die Verfügung des Gemeindevorstandes (Bürgermeisters) steht der Gemeindevertretung, beziehungsweise dem kollegialischen Gemeindevorstande, die Klage im Verwaltungsstreitverfahren zu.

Die in den Gemeindeverfassungsgesetzen[34]) begründete Befugniß der Aufsichtsbehörden, aus anderen als den vorstehend angegebenen Gründen eine Beanstandung der Beschlüsse der Gemeindevertretung oder des kollegialischen Gemeindevorstandes herbeizuführen, wird aufgehoben.

§. 16. Gemeindebeschlüsse über die Veräußerung oder wesentliche Veränderung von Sachen, welche einen besonderen wissenschaftlichen, historischen oder Kunstwerth haben, insbesondere von Archiven oder Theilen derselben, unterliegen der Genehmigung des Regierungspräsidenten[35]).

Hinsichtlich der Verwaltung der Gemeindewaldungen bewendet es bei den bestehenden Bestimmungen[36]).

Im Uebrigen beschließt der Bezirksausschuß[7]) über die in den Gemeindeverfassungsgesetzen der Aufsichtsbehörde vorbehaltene Bestätigung (Genehmigung) von Ortsstatuten[37]) und sonstigen die städtischen Gemeindeangelegenheiten betreffenden Gemeindebeschlüssen[38]).

(Abs. 4, 5)[39]).

§. 17. Der Bezirksausschuß[7]) beschließt, soweit die Beschlußfassung nach den Gemeindeverfassungsgesetzen der Aufsichtsbehörde zusteht[40]),

1. abgesehen von den Fällen des §. 15 über die zwischen dem Gemeindevorstande und der Gemeindevertretung, beziehungsweise dem Bürgermeister und dem kollegialischen Gemeindevorstande entstehenden Meinungsverschiedenheiten[41]), wenn von einem Theile auf Entscheidung angetragen wird und zugleich die Angelegenheit nicht auf sich beruhen bleiben kann,
2.[29]) an Stelle der Gemeindebehörden, im Falle ihrer durch widersprechende Interessen herbeigeführten Beschlußunfähigkeit[42]),
3. an Stelle der nach Maßgabe der Gemeindeverfassungsgesetze aufgelösten Gemeindevertretung[43]).

Der Bezirksausschuß[7]) beschließt ferner an Stelle der Aufsichtsbehörde:

4. über die Art der gerichtlichen Zwangsvollstreckung wegen Geldforderungen gegen Stadtgemeinden (§. 15 zu 4 des Einführungsgesetzes

---

[33]) StO. § 57 Abs. 2 Satz 3. — Voraussetzung und Form der Beanstandung Nr. II 2 Anm 273.

[34]) StO. § 77.

[35]) Das. § 50 ².

[36]) Nr. I 5 d. W.

[37]) StO. § 11.

[38]) Das. § 50, 51, 64, 65 u. KAG. § 77.

[39]) Abs. 4 u. 5 betrafen das Verfahren bei Aufbringung der Gemeindeabgaben u. Dienste, das durch KAG. § 77, 78 neugeregelt ist.

[40]) Der Zwischensatz besagt, daß eine Vermehrung der Fälle für das Eingreifen der Aufsichtsbehörde durch das ZustG. nicht bezweckt ist.

[41]) StO. § 36 nebst Anm. 126 u. § 56 ² Abs. 2.

[42]) Das. § 44 Abs. 1 verb. § 57 Abs. 3 nebst Anm. 175.

[43]) StO. § 79 Abs. 2.

zur Deutschen Civilprozeßordnung vom 30. Januar 1877, Reichs-Gesetzbl. S. 244)[44]),

5.[29]) über die Feststellung und den Ersatz der Defekte der Gemeindebeamten nach Maßgabe der Verordnung vom 24. Januar 1844 (Gesetz-Samml. S. 52); der Beschluß ist vorbehaltlich des ordentlichen Rechtsweges endgültig[45]).

§. 18. Auf Beschwerden und Einsprüche[46]), betreffend:

1. das Recht zur Mitbenutzung der öffentlichen Gemeindeanstalten[47]), sowie zur Theilnahme an den Nutzungen und Erträgen des Gemeindevermögens[48]),
2. die Heranziehung oder die Veranlagung zu den Gemeindelasten[49]),

beschließt der Gemeindevorstand.

Gegen den Beschluß findet die Klage im Verwaltungsstreitverfahren statt[50]).

Der Entscheidung im Verwaltungsstreitverfahren unterliegen desgleichen Streitigkeiten zwischen Betheiligten über ihre in dem öffentlichen Rechte begründete Berechtigung oder Verpflichtung zu den im Absatz 1 bezeichneten Nutzungen beziehungsweise Lasten[49]).

Einsprüche gegen die Höhe von Gemeindezuschlägen zu den direkten Staatssteuern, welche sich gegen den Prinzipalsatz der letzteren richten, sind unzulässig[49]).

Die Beschwerden und die Einsprüche, sowie die Klage haben keine aufschiebende Wirkung[51]).

---

[44]) Wie Nr. II 2 Anm. 245.

[45]) Nach der V. 24. Jan. 44 sind Defekte nach Betrag u. Ersatzpflicht durch Beschluß festzustellen, der sofort vollstreckbar ist.

[46]) Zur Erhebung sind nur Einwohner (StO. § 4) berechtigt OV. 19. Sept. 93 (VB. XV 94). — Anm. 14 Satz 1.

[47]) StO. § 4 Abs. 1. Auch Bedingungen und Art der Mitbenutzung fallen darunter OV. 11. Jan. 01 (XXXVIII 58). — Die Öffentlichkeit der Anstalten wird durch das allgemeine Benutzungsrecht bedingt, auch wo es ohne öffentlich rechtliche Verpflichtung von der Gemeinde eingeräumt wird 3. Feb. 91 (XX 22). Kanalisationsanlagen gehören in der Regel dazu 6. Mai 87 (VB. VIII 409), nicht aber Wasserwerke, die die Gemeinden als gewerbliche Unternehmen, nicht im öff. Interesse anlegen 27. Mai 02 (VB. XXIII 690). Öffentliche Volksschulen bilden, auch wo sie von den Gemeinden unterhalten werden, keine Gemeindeanstalten 28. Sept. 00 (VB. XXII 203). — Wird das Recht auf privat- (nicht auf öffentlich-) rechtlichen Titel (Vergleich) gegründet, so ist nach ZustG. § 160 Abs. 2 der Rechtsweg zulässig U. RGer. 6. Mai 04 (LI 316).

[48]) StO. § 49—51.

[49]) Die Heranziehung oder Veranlagung zu Gebühren, Beiträgen, Steuern und Naturaldiensten bestimmt sich jetzt nach KAG. § 69—76. Die Best. des ZustG. haben demgegenüber nur insoweit Bedeutung, als sie die vom KAG. (§ 96 Abs. 7) nicht berührten Bürgerrechtsgewinngelder Einkaufsgelder u. gleichartigen Abgaben umfassen. Auch bezüglich der ersteren (ZustG. § 10[1]) gilt jedoch in den Städten nicht ZustG. § 18, sondern § 10 Abs. 1[1] OV. 20. Jan. 99 (XXV 153).

[50]) Dem Streitverfahren (Abs. 2) unterliegen auch Rückforderungen nichtschuldiger Einkaufsgelder u. Entschädigungsansprüche für Entziehung der Teilnahme an den Gemeindenutzungen 23. Jan. 95 (XXVII 108).

[51]) Ausnahme zu LVG. § 53.

§. 19[52]**.** Unterläßt oder verweigert eine Stadtgemeinde, die ihr gesetzlich obliegenden, von der Behörde innerhalb der Grenzen ihrer Zuständigkeit festgestellten Leistungen[53]) auf den Haushaltsetat zu bringen oder außerordentlich zu genehmigen, so verfügt der Regierungspräsident[54]) unter Anführung der Gründe die Eintragung in den Etat, beziehungsweise die Feststellung der außerordentlichen Ausgabe[55]).

Gegen die Verfügung des Regierungspräsidenten steht der Gemeinde die Klage bei dem Oberverwaltungsgerichte zu[56]).

Eine Feststellung des Stadtetats durch die Aufsichtsbehörde findet fortan nicht statt; auch in den Städten von Neuvorpommern und Rügen ist jedoch eine Abschrift des Etats gleich nach seiner Feststellung durch die städtischen Behörden der Aufsichtsbehörde einzureichen.

§. 20. Bezüglich der Dienstvergehen[57]) der Bürgermeister, Beigeordneten, Magistratsmitglieder und sonstigen Gemeindebeamten[58]) kommen die Bestimmungen des Gesetzes vom 21. Juli 1852[59]) mit folgenden Maßgaben zur Anwendung:

1. Gegen die Bürgermeister, Beigeordneten und Magistratsmitglieder, sowie gegen die sonstigen Gemeindebeamten kann an Stelle der Bezirksregierung und innerhalb des derselben bisher zustehenden Ordnungsstrafrechts der Regierungspräsident Ordnungsstrafen festsetzen[60]). Gegen die Strafverfügungen des Regierungspräsidenten findet innerhalb zwei Wochen die Beschwerde an den Oberpräsidenten, gegen den auf die Beschwerde ergehenden Beschluß des Oberpräsidenten findet innerhalb zwei Wochen die Klage bei dem Oberverwaltungsgerichte statt[61]). In Berlin findet gegen die Strafverfügungen des Oberpräsidenten, in den Hohenzollernschen Landen findet gegen die Strafverfügungen des Regierungspräsidenten[1]) innerhalb zwei Wochen unmittelbar die Klage bei dem Oberverwaltungsgerichte statt[61]).
2. Gegen die Strafverfügungen des Bürgermeisters[62]) findet innerhalb zwei Wochen die Beschwerde an den Regierungspräsidenten, und gegen den auf die Beschwerde ergehenden Beschluß des Regierungspräsidenten

[52]) Durch § 19, der an Stelle der StO. § 78 getreten ist, wird die Zwangseintragung in den Voranschlag (Zwangsetatisierung) in Übereinstimmung mit den übrigen Kommunalordnungen (LGO. § 141, KrO. § 180, PrO. § 121) geregelt.

[53]) Nr. II 2 Anm. 275.

[54]) Nicht der Landrat als Polizeiaufsichtsbehörde (KrO. § 77 Abs. 2) OV. 26. Nov. 90 (XX 65).

[55]) Nr. II 2 Anm. 276.

[56]) Das. Anm. 277.

[57]) Das. Anm. 278.

[58]) Deputationsmitglieder nicht Nr. III 2 Anm. 182.

[59]) GS. 465; Einf. in die neuen Provinzen V. 23. Sept. 67 (GS. 1613).

[60]) Nr. II 2 Anm. 279. — Das Disziplinarverhältnis des Landrats zum Bürgermeister als Verwalter der Ortspolizei (KrO. § 77 Abs. 2) wird hierdurch nicht berührt OV. 17. Dez. 87 (XVI 404).

[61]) Bildung eines Disziplinarsenats beim OVG. G. 8. Mai 89 (GS. 107).

[62]) StO. § 58 Abs. 3.

innerhalb zwei Wochen die Klage bei dem Oberverwaltungsgerichte statt[61]).

3.[63]) In dem Verfahren auf Entfernung aus dem Amte wird die Einleitung des Verfahrens von dem Regierungspräsidenten beziehungsweise dem Minister des Innern verfügt[64]) und von demselben der Untersuchungskommissar ernannt; an die Stelle der Bezirksregierung beziehungsweise des Disziplinarhofes tritt als entscheidende Disziplinarbehörde erster Instanz der Bezirksausschuß; an die Stelle des Staatsministeriums tritt das Oberverwaltungsgericht[61]); den Vertreter der Staatsanwaltschaft ernennt bei dem Bezirksausschusse der Regierungspräsident, bei dem Oberverwaltungsgerichte der Minister des Innern.

In dem vorstehend bezüglich der Entfernung aus dem Amte vorgesehenen Verfahren ist entstehenden Falles[65]) auch über die Thatsache der Dienstunfähigkeit der Bürgermeister, Beigeordneten, Magistratsmitglieder und sonstigen Gemeindebeamten Entscheidung zu treffen[66]).

Gegen Mitglieder der Gemeindevertretung findet ein Disziplinarverfahren nicht statt[67]).

(Abs. 4)[68]).

§. 21. Zuständig in erster Instanz ist im Verwaltungsstreitverfahren für die in diesem Titel vorgesehenen Fälle, sofern nicht im Einzelnen anders bestimmt ist, der Bezirksausschuß, für den Stadtkreis Berlin in den Fällen des §. 8 Absatz 2, §. 9 und §. 15 das Oberverwaltungsgericht. Die Frist zur Anstellung der Klage beträgt in allen Fällen zwei Wochen.

Die Gemeindevertretung[56]), beziehungsweise der kollegialische Gemeindevorstand können zur Wahrnehmung ihrer Rechte im Verwaltungsstreitverfahren einen besonderen Vertreter bestellen.

Gegen die Entscheidung des Bezirksausschusses in den Fällen des §. 18 unter 2 ist nur das Rechtsmittel der Revision zulässig.

§. 22. Die Bestimmungen dieses Abschnitts kommen zur Anwendung im Geltungsbereiche der Städteordnung für die sechs östlichen Provinzen vom

---

[63]) Nr. II 2 Anm. 280.

[64]) Nicht — wie nach DiszG. § 78 — von der etwa sonst zur Ernennung oder Bestätigung des Beamten berufenen Behörde OV. 30. Nov. 88 (XVIII 432).

[65]) Das heißt, wenn der Erklärung der Dienstunfähigkeit durch die vorgesetzten Behörde widersprochen wird.

[66]) Inruhestandversetzung nach Vollendung des 65. Lebensjahres KBG. (Nr. I 4 d. W.) § 12 Abs. 3. — Die Verweisung der Inruhestandversetzung der nicht pensionsberechtigten Beamten in den Weg des Disziplinarverfahrens (DiszG. § 95 Abs. 2.) ist durch ZustG. § 20 Abs. 2 auf alle Gemeindebeamten ausgedehnt. Die Erhebung des Streits steht dem Magistrat ohne Mitwirkung der Stadtverordneten zu. OV. 25. Mai 92 (XXIII 60). Die Dienstentlassung wegen Dienstunfähigkeit ist von der wegen Dienstvergehen völlig getrennt zu halten 30. Okt. 89 (XVIII 429).

[67]) Die Vorschrift hebt insbes. die abweichenden Best. der Stadtrezesse in Neuvorpommern u. Rügen (Nr. 3 d. W. 3) — auf, Begr.

[68]) Abs. 4 (Beschlußnahme über streitige Pensionsansprüche) ist durch KBG. § 7 ersetzt.

30. Mai 1853 (Gesetz-Samml. S. 261) auch auf die §. 1 Absatz 2 daselbst erwähnten Ortschaften (Flecken)[69]),

in der Provinz Schleswig-Holstein auch auf die §§. 94 ff. des Gesetzes vom 14. April 1869 (Gesetz Samml. S. 589) erwähnten Flecken.

(Abs. 3—5)[1]).

(§ **23.**)[1]).

Anlage B (zu Anmerkung 2).

Instruktion vom 20. Juni 1853 zur Ausführung der Städteordnung für die sechs östlichen Provinzen der Preußischen Monarchie vom 30. Mai 1853 (MB. 138)[1]).

Auf den Grund des §. 81 der Städteordnung für die sechs östlichen Provinzen der Preußischen Monarchie vom 30. Mai 1853 wird zur Ausführung dieses Gesetzes die nachstehende Instruktion ertheilt:

(I—VI)[1]).

VII (Abs. 1 u. 2)[1]).

Wie überhaupt die Bestimmung des §. 11 der gegenwärtigen Städteordnung über das Recht statutarischer Anordnungen (vergl. §§. 5, 12, 21, 29, 59, 70) für die ersprießliche organische Entwickelung der Stadtverfassungen mit Rücksicht auf bewährte ältere Einrichtungen und wirklich städtische Elemente und Eigenthümlichkeiten von großer Wichtigkeit, daher bei Anwendung des Gesetzes der sorgfältigsten Benutzung zu widmen sind, so gilt dies vorzugsweise von der gedachten Vorschrift in §. 11 sub Nr. 2, welche bei umsichtiger und glücklicher Ausführung dem städtischen Gemeindeleben die kräftigsten Stützpunkte darbieten kann, namentlich wenn die schon bestehenden, sowie die sich weiter ausbildenden Genossenschaften in den gewerbetreibenden Einwohnern (Innungen, Zünfte, kaufmännische Verbindungen 2c.) mit der Organisation der städtischen Kommunalverhältnisse zur gegenseitigen Stärkung und Entfaltung wahrhaft städtischen Wesens in innigere Verbindung gebracht werden.

Nach dem Vorbilde alter, auf solchen Grundlagen beruhender bewährter Städteverfassungen könnten beispielsweise im Sinne des §. 11 Nr. 2 bei Eintheilung der stimmfähigen Bürger und Bildung der Wahlversammlungen die Kaufmannschaft und der Handwerkerstand, als die vorwiegenden städtischen Elemente, unterschieden und in Hauptabtheilungen neben einander gestellt werden. Innerhalb dieser Hauptabtheilungen könnten alsdann die Kaufleute und die Mitglieder

---

[69]) Der in der Begründung bezüglich dieser Ortschaften aufgenommene Zusatz „welche nach näherer Vorschrift dieser Gesetze eine der städtischen analoge Verfassung erhalten haben" bezwecken eine Begründung, keine Einschränkung OV. 17. Juni 86 (XIII 182).

[1]) Die Instr. enthält vielfach Übergangsbest. für die erste Einführung der StO., die keine praktische Bedeutung mehr haben. Nr. I u. II betrafen Feststellung der Städte, auf die die StO. nach § 1 anzuwenden, Nr. III die vorläufige Wahrnehmung der Geschäfte, Nr. IV die Behandlung der auf Grund der GemO. 11. März 50 (Nr. 1 Anm. 4) gefaßten Eingemeindungsbeschlüsse (StO. § 2), Nr. V die erste Anlegung der Bürgerliste (§ 19), Nr. VI die erste Einführung der für kleinere Städte in StO. Tit. VIII (§ 77, 78) bestimmten Einrichtung, Nr VII Abs. 1, 2 u. 8, 9 die Berücksichtigung der gewerblichen Genossenschaften in der städt. Vertretung bei der ersten Einführung (StO. 11²) u. Nr. VIII die Behandlung der vorhandenen Gemeindebeamten (§ 82—83).

des Handwerkerstandes in den durch die vorhandenen gewerblichen Genossenschaften an die Hand gegebenen Verbindungen wählen; namentlich in dem Gewerksstande etwa dergestalt, daß die Genossen einer Innung oder mehrerer verwandter Innungen zusammentreten. Die übrigen stimmfähigen Bürger können Behufs der Wahlen entweder den Kaufmannschaften und den Gewerkschaften, je nachdem sie in ihren gesammten Berufsverhältnissen der einen oder anderen dieser Hauptabtheilungen am nächsten stehen, beigesellt werden oder nach Anleitung der allgemeinen Regel des §. 13 abgesondert in drei Abtheilungen wählen.

Bei Bildung der städtischen Vertretung selbst könnten die gewerblichen Genossenschaften in der Art eine angemessene Berücksichtigung erfahren, daß eine gewisse Anzahl Stellen in der Stadtverordneten-Versammlung jedenfalls durch Vorsteher oder Mitglieder von Genossenschaften, der Kaufmannschaft oder des Handwerkerstandes nach ihrer besonderen Bedeutung besetzt sein müßte, und danach bei den Wahleinrichtungen das Erforderliche festgesetzt würde.

Bei allen Modalitäten, welche hiernach in der Zusammensetzung der Stadtverordneten-Versammlung überhaupt eintreten können, ist aber stets im Sinne des §. 16 an dem Grundsatze festzuhalten, daß mindestens die Hälfte derselben aus Grundbesitzern bestehen muß.

Auch ist sonst bei den statutarischen Anordnungen darauf zu sehen, daß nach den eigenthümlichen Verhältnissen einer Stadt jedenfalls die darin bewährt gefundenen konservativen Elemente geschont, und in voller Kraft erhalten werden. Zu diesem Zweck wird ins Auge zu fassen sein, daß den anderen wohlhabenderen Einwohnerklassen neben dem Handwerkerstande ein ausreichender Einfluß gesichert werden muß, um in Gemeinschaft mit demselben begründete und wahrhaft konservative Interessen gehörig zur Geltung zu bringen und Verirrungen auf dem Gebiete des öffentlichen Lebens und sozialen Uebeln angemessen entgegenwirken zu können.

(Abs. 8 u. 9)[1].

Da den statutarischen Anordnungen die Bestimmung vorbehalten ist, „inwiefern über die Erlangung des Bürgerrechts von dem Magistrate eine Urkunde Bürgerbrief zu ertheilen sei“ (§§. 5 und 11 Nr. 1), so kann mit Berücksichtigung der bisherigen Einrichtungen näher festgesetzt werden, in welcher angemessenen feierlichen Weise der Bürgerbrief auszuhändigen, und inwiefern dessen Ertheilung auf gewisse Voraussetzungen und Fälle, um vornehmlich dauernde und nähere Beziehungen zu den städtischen Gemeindeangelegenheiten zur besonderen Anerkennung zu bringen, zu beschränken ist, z. B. mit besonderer Berücksichtigung derjenigen Personen, welche durch Hausbesitz oder selbständigen Gewerbebetrieb (nach §. 5 Nr. 4 a und b) der Stadt angehören, oder als Auszeichnung derjenigen, welche durch regelmäßige oder verdienstliche Theilnahme an den öffentlichen Geschäften der Gemeinde (Wahlen, Thätigkeit in Deputationen, Kommissionen, Stadtverordneten-Versammlungen, Stadtämtern) ihr lebendiges Interesse für die Stadt an den Tag gelegt haben.

Uebrigens wird das Zustandekommen zweckmäßiger statutarischer Anordnungen dadurch überhaupt wesentlich erleichtert und gefördert werden, daß dieselben nach der Fassung des gegenwärtigen Gesetzes nicht als ein vollständiger Kodex über alle den statutarischen Anordnungen zugewiesenen Gegenstände ergehen, sondern je nachdem sich gerade bei dem einen oder dem anderen im Laufe der Zeit die Veranlassung und das Bedürfniß bietet, durch nach einander folgende Festsetzungen getroffen werden dürfen, deren Zusammentragung nach Zeit und Gelegenheit vorbehalten bleiben kann.

(VIII)[1].

IX. Von Aufsichtswegen ist darauf zu halten, daß die Wahlen der neuen Magistratspersonen (§§. 31 bis 33 und 72 und 73) bei Erledigungen durch Ablauf der Dienstzeit in der Regel nicht früher als ein Jahr, und nicht später als sechs Monate vor dem Ablaufe, in außerordentlichen Erledigungsfällen aber in Ansehung der Stellen der Bürgermeister, Beigeordneten und übrigen besoldeten Magistratsmitglieder sofort vorgenommen werden.

Wegen der außergewöhnlichen Ersatzwahlen bei den Schöffen ist die besondere Vorschrift am Schluß des §. 31 maßgebend.

Die der Regierung zustehende Bestätigung der gewählten Magistratspersonen (§§. 33 Nr. 2) ist in Ansehung der Bürgermeister und Beigeordneten der Regel nach in der Plenarversammlung des Kollegiums zur Entscheidung zu bringen. Ueberhaupt aber ist bei der Bestätigung der Magistratspersonen mit der strengsten Gewissenhaftigkeit zu verfahren. Das Recht der Versagung und eventuellen Anordnung einer kommissarischen Verwaltung ist in allen Fällen, wo es das Interesse der Kommunen oder des Staates erheischt, ohne Rücksicht, ob dadurch eine augenblickliche Unzufriedenheit hervorgerufen werden möchte, pflichtmäßig in Ausübung zu bringen.

Eine Behörde, welche ohne die begründete Ueberzeugung, daß der Gewählte den Erfordernissen seiner Stellung als Gemeinde- und Staatsbeamter genügen werde, die Bestätigung ertheilen oder deren Ertheilung befürworten wollte, würde sich dadurch einer schweren Verantwortlichkeit aussetzen.

Nach Bewandtniß der Umstände hat die Regierung zu ermessen, auf welche Weise die Ueberzeugung von der Befähigung des Gewählten zu erlangen ist. Es kann zu diesem Zwecke nöthigenfalls eine Prüfung von ihr angeordnet werden[2]).

Die Herren Regierungspräsidenten haben den Angelegenheiten wegen Bestätigung der Magistratspersonen ihre besondere Aufmerksamkeit zu widmen und nöthigenfalls von der ihnen instruktionsmäßig zustehenden Befugniß, Beschlüsse des Kollegiums zu beanstanden, Gebrauch zu machen[3]).

Die Angabe der Versagungsgründe bei Verweigerung der Bestätigung ist im Gesetze nicht vorgeschrieben und deshalb darüber nur der vorgesetzten Behörde auf Erfordern Auskunft zu geben.

(X)[4]).

XI. Da die Wahl einer Magistratsperson erst durch die nach §. 33 erforderliche Bestätigung von Seiten des Staats perfekt wird, so ist auch, wenn letztere bei einer nach abgelaufener Wahlperiode vorgenommenen Wiederwahl nicht erfolgt, diese als nicht geschehen zu erachten und daher die für den Fall der Nichtwiederwahl nach abgelaufener Dienstzeit für die Bürgermeister und besoldeten Mitglieder des Magistrats in §. 65 festgesetzte Pension zu gewähren.

XII. In §. 56 ist unter Nr. 6 nicht besonders erwähnt, daß bei Anstellung der Gemeindebeamten die Versorgungsansprüche der Invaliden berücksichtigt werden müssen. Dies ist, wie die Materialien des Gesetzes ergeben, unterblieben, weil die über die Anstellung der Invaliden vorhandenen gesetzlichen Vorschriften[5]), welche als solche einen integrirenden Theil der Armeeverfassung bilden, nicht aus dem Bereiche der hierüber bestehenden besonderen Gesetzgebung in das Gebiet spezieller Kommunalordnungen haben gezogen werden sollen, vielmehr unabhängig von letzteren nach wie vor in Anwendung zu bringen sind, wie dies auch bereits der

---

[2]) Die Prüfung soll nur unter Zustimmung des Gewählten stattfinden, um etwaige Bedenken gegen dessen Befähigung zu beseitigen Vf. 5. Mai 68 (MB. 153).

[3]) Fortgefallen ZustG. (Anl. B) § 13.

[4]) Fortgefallen Nr. 2 Anm. 196.

[5]) Nr. I 4 Anl. C.

Gemeindeordnung vom 11. März 1850 gegenüber, welche ebenfalls über die Beachtung der Versorgungsansprüche der Invaliden bei Anstellung der städtischen Gemeindebeamten nichts enthält, geschehen ist.

XIII. Insoweit das gegenwärtige Gesetz keine entgegenstehenden ausdrücklichen Bestimmungen enthält, sind

1. bei den Geschäftsordnungen, welche die Stadtverordneten-Versammlungen unter Zustimmung des Magistrats nach §. 48 abfassen dürfen, die als Anlage zur Städteordnung vom 19. November 1808 (vergl. §. 128 derselben), oder die als Anhang zur revidirten Städteordnung vom 17. März 1831 (vergl. §. 78 derselben) ergangene Instruktion zur Geschäftsführung der Stadtverordneten als Grundlage zu benutzen[6]);
2. für den Geschäftsgang bei der städtischen Verwaltung (§§. 56 ff. des gegenwärtigen Gesetzes) die Vorschriften der auf Allerhöchste Anordnung unter der Herrschaft der Städteordnungen von 1808 und 1831 ergangene Instruktion für die Stadtmagistrate in den Provinzen Brandenburg, Pommern, Preußen, Schlesien, Posen und Sachsen vom 25. Mai 1835 (Annalen XIX S. 733) beizubehalten[7]). Diese Instruktion enthält in den §§. 4, 20 Nr. 5, 26 bis 31 auch nähere Anordnungen hinsichtlich der Geschäftsverhältnisse der Deputationen und Kommissionen.

Für die Kirchen- und Schuldeputationen, welche sich ihrem Ressortverhältnisse gemäß nicht blos auf dem Gebiete der eigentlichen Gemeindeverwaltung bewegen, bilden die neben den älteren Städteordnungen ergangenen besonderen Bestimmungen[8]) fernerhin die leitenden Normen, die auch bei den im §. 59 am Schlusse der statutarischen Anordnungen vorbehaltenen besonderen Festsetzungen über die Zusammensetzung der bleibenden Verwaltungsdeputationen zu beachten sind. Es versteht sich jedoch, daß überhaupt die Zuziehung von Geistlichen und Schulmännern in ihrer Eigenschaft als stimmfähige Bürger (§. 5) bei der Bildung von Deputationen zulässig ist, wenngleich sie nach §§. 17 und 30 nicht Mitglieder der Stadtverordneten-Versammlung und des Magistrats sein können.

Zu der Bestimmung in §. 59 des gegenwärtigen Gesetzes, daß auch blos aus Mitgliedern des Magistrats Deputationen zusammengesetzt werden können, hat das Bedürfniß großer Städte Veranlassung gegeben, Behufs der Geschäftsvertheilung ähnliche Einrichtungen zu treffen, wie bei den Regierungskollegien durch die Bildung besonderer Abtheilungen bestehen. Es wird daher von jener Vorschrift auch

---

[6]) Tatsächlich haben die neueren Geschäftsordnungen sich bei völlig veränderten Verhältnissen von dieser Grundlage mehr und mehr entfernt. In den größeren Städten sind die Geschäftsordnungen meist denen der Landtage nachgebildet. So für Charlottenburg bei Jebens (Nr. 2 Anm. 1 d. W.).

[7]) Die Instr. für Stadtmagistäte 25. Mai 35 ist von Jebens bearbeitet (Berl. 01; auch abgedruckt in VB. XXIII 233, 245). Von diesem wird sie — obwohl sie noch neuerdings für Hessen-Nassau als entsprechend anwendbar erklärt ist Vf. 27. Nov. 00 (MB. 281) — mit Recht als Ruine bezeichnet, da nicht nur die älteren Städteordnungen, für die sie bestimmt ist, von der jetzt maßgebenden erheblich abweichen, sondern auch letztere inzwischen zahlreiche Änderungen erfahren hat. Auch in den noch anwendbaren Bestimmungen kann die Instr. nicht als unbedingt bindende Norm, sondern nur als Anhaltspunkt bei Abfassung von Geschäftsordnungen od. Entscheidung von Streitfragen angesehen werden, da es sich dabei wesentlich um Ordnung innerer Gemeindeangelegenheiten handelt, u. diese durch die Gemeinde selbst zu ordnen sind StO. § 9 u. 11. — Neue Grundzüge zur Vereinfachung des Geschäftsverkehrs u. Verminderung des Schreibwerks bei Staats- u. Kommunalbehörden Vf. 12. Aug. 97 (MB. 144).

[8]) Nr. 2 Anm. 184e.

nur in sehr begrenztem Umfange bei hierzu entschieden hervortretendem Bedürfnisse Gebrauch zu machen und dabei ein sorgfältiges Augenmerk darauf zu richten sein, daß kein unsicherer und schleppender Geschäftsgang entsteht, und die Einwirkung des Bürgermeisters mit voller Verantwortlichkeit auf die gesammte städtische Verwaltung nicht geschwächt werde.

XIV. An die gegenwärtige Städteordnung schließen sich die Vorschriften des Gesetzes über die Polizeiverwaltung vom 11. März 1850. Diesem Zusammenhange entsprechen die Bestimmungen des §. 62 über die Geschäfte des Bürgermeisters außerhalb der eigentlichen Kommunalverwaltung und des §. 63 hinsichts der ortspolizeilichen Verordnungen. Im Eingange des §. 62 ist unter I der Vorschrift, daß der Bürgermeister die Handhabung der Ortspolizei, die Verrichtung eines Hülfsbeamten der gerichtlichen Polizei und die Verrichtungen eines Polizeianwalts ꝛc. zu besorgen habe, die Maßgabe vorangestellt:

„wenn die Handhabung der Ortspolizei nicht Königlichen Behörden übertragen ist".

Es darf nicht unbeachtet bleiben, daß auch für diesen Fall der ausgesonderten Handhabung der Ortspolizei durch Uebertragung an Königliche Behörden (vgl. §. 2 des Gesetzes über die Polizeiverordnung vom 11. März 1850) die allgemeine Vorschrift im letzten Alinea des §. 62 der gegenwärtigen Städteordnung, wonach

„einzelne der unter I und II erwähnten Geschäfte mit Genehmigung der Regierung einem anderen Magistratsmitgliede übertragen werden können",

Mittel an die Hand giebt, geeignete andere Magistratspersonen, außer dem Bürgermeister, mit den erwähnten Verrichtungen eines Hülfsbeamten der gerichtlichen Polizei oder eines Polizeianwalts, wenn dies sonst durch das Bedürfniß bedingt und angemessen erscheint, zu betrauen.

XV. Durch die Vorschriften des §. 52 über die Erhebung des Einzugs-, des Eintritts- und Hausstandsgeldes, sowie[9]) des Einkaufsgeldes sind den Städten Mittel geboten, leichtsinnigen Niederlassungen und dem Andrange des Proletariats, welches sich erfahrungsmäßig vorzüglich den Städten mit guten öffentlichen Anstalten und beträchtlichen Gemeindenutzungen zuwendet, entgegen zu wirken, Vergütigungen für die durch letztere gewährten Vortheile sich zu sichern, insbesondere auch die Verluste, welche durch den Wegfall der nach den älteren Städteverfassungen üblichen Bürgerrechtsgelder entstehen, zu decken. Andererseits soll jedoch dafür, daß die bezeichneten Abgaben in einer den Lokalverhältnissen entsprechenden Weise festgestellt werden, und die Freizügigkeit keine in jenen nicht motivirte, für die allgemeinen Interessen nachtheiligen Beschränkungen erleidet, durch die Bestimmung, daß alle derartigen Gemeindebeschlüsse der Bestätigung des B e z i r k s a u s s c h u s s e s[10]) bedürfen, die erforderliche Bürgschaft gewährt werden.

Wenn hiernach dem eigenen Ermessen d e s B e z i r k s a u s s c h u s s e s[10]) bei Würdigung der allgemeineren und lokalen Bestimmungsgründe für die Normirung der Höhe der Beträge dieser städtischen Abgaben vertraut wird, so werden doch folgende leitende Momente zur Beachtung empfohlen:

(Abs. 3—7)[9]).

Die Entrichtung einer jährlichen Abgabe oder eines Einkaufsgeldes für die Theilnahme an den Gemeindenutzungen kann nur nach den vorhandenen einzelnen

---

[9]) Das Einzugs-, Eintritts- u. Hausstandsgeld ist aufgehoben Anl. D Anm. 1, wodurch die nur auf dieses bezüglichen Abs. 3—7 der Instr. XV fortgefallen sind.

[10]) Anl. D. Anm. 2.

Arten der im §. 50 Nr. 4 bezeichneten Nutzungen denjenigen, welche daran wirklich Theil nehmen, als ein entsprechendes Aequivalent auferlegt werden.

XVI. Die Aufsicht des Staats über die städtischen Gemeindeangelegenheiten, welche nach §. 76 dem Regierungspräsidenten[11]) und in höherer Instanz dem Oberpräsidenten zusteht, ist in Gemäßheit der Instruktionen vom 23. Oktober 1817 und 31. Dezember 1825 (GS. 1817 S. 248 und 1826 S. 1 und 5) auszuüben.

Der Regierungspräsident[11]) kann, insoweit ihm nicht ausdrücklich die Entscheidung oder Genehmigung in einzelnen Paragraphen der gegenwärtigen Städteordnung, namentlich §§. 2, 11, 15, 20, 21, 27, 33, 36, 44, 50, 51, 52, 53, 54, 57, 62, 64, 65, 72, 73, 77, 78 vorbehalten ist, den Landräthen als seinen beständigen Kommissarien, nach Bedürfniß eine Mitwirkung bei Ausübung der Aufsicht über die Kommunalangelegenheiten derjenigen Städte, welche keine eigenen Kreise bilden, auftragen.

Zu dauernden Einrichtungen, welche in letzterer Beziehung die Regierung zu treffen beabsichtigt, ist zuvor, durch Vermittelung des Oberpräsidenten, meine Genehmigung einzuholen[12]).

Im Allgemeinen bestimme ich jedoch, daß die Berichte, welche von den Gemeindebehörden in Städten von nicht mehr als 10000 Einwohnern an den Regierungspräsidenten[11]) zu erstatten sind, auch dann, wenn dem Landrathe sonst eine regelmäßige Mitwirkung bei der Aufsicht über die städtischen Gemeindeangelegenheiten nicht besonders übertragen ist, durch Vermittelung des Landraths und mit seinen etwaigen Bemerkungen begleitet, an den Regierungspräsidenten[11]) befördert werden.

Uebrigens versteht es sich von selbst, daß alle Städte, welche keine eigenen Kreise bilden, auf Grund der Verordnung vom 30. April 1815 (GS. S. 85)[13]) der Polizeiaufsicht des Landraths unterworfen bleiben.

(Abs. 6—8)[14]).

Der Minister des Innern.

Anlage C (zu Anmerkung 147).

Allerhöchste Kabinetsordre, die Erhaltung der Stadtmauern ꝛc. betreffend. Vom 20. Juni 1830 (GS. 113).

Ich bin mit den im Berichte des Staatsministerii vom 5. v. M. entwickelten Ansichten darin einverstanden, daß den Stadtgemeinden die willkührliche Abtragung[1]) ihrer Stadt-Mauern, Thore, Thürme, Wälle[2]) und anderer zum Verschlusse sowohl, als zur Vertheidigung der Städte bestimmten Anlagen,

---

[11]) ZustG. (Anl. A) § 7 (im Texte war mit Bezugnahme auf StO. § 52 die Regierung als Aufsichtsbehörde aufgeführt).

[12]) Der RPr. kann sich der Landräte als ausführender Organe bedienen, ihnen aber die Aufsicht nicht ganz oder teilweise zur selbständigen Ausübung übertragen Vf. 26. Jan. 60 (MB. 17); Abs. 3 ist damit gegenstandlos geworden.

[13]) Dazu treten KrO. § 77 Abs. 2 u. (Entscheidung von Beschwerden) LVG. § 127, (Polizeiverordnungsrecht) § 144.

[14]) Abs. 6 u. 7 betrafen die erste Ausführung, Abs. 8 verhieß eine — demnächst nicht erlassene — besondere Instr. über die Gemeindeauflagen.

[1]) Auch der Umbau Vf. 25. Sept. 46 (MB. 194).

[2]) Auch Umfassungsgräben Vf. 30. Nov. 31 (Kamptz Ann. XV 774).

weder in polizeilicher, noch in militärischer, noch in finanzieller[3]) Rücksicht gestattet werden kann, und daß der §. 33 Tit. 8 Th. I des Allgemeinen Landrechts[4]) auf diesen Gegenstand allerdings zu beziehen ist. Um allen ferneren Zweifeln darüber vorzubeugen, verordne ich Folgendes:

1. Wenn die Stadtbehörden die Stadtmauer und andere obenbenannte Anlagen ganz oder zum Theile abzutragen, oder Veränderungen damit vorzunehmen beabsichtigen, so haben sie diese Absicht dem Regierungspräsidenten[5]) zuvörderst anzuzeigen und vor der Ausführung dessen Entschließung zu erwarten. Die Regierungen sind von den Ministerien des Innern, des Krieges und der Finanzen wegen der anzustellenden weiteren Erörterungen mit Instruktion zu versehen[6]).
2. Dafern eine Anlage der gedachten Art von selbst durch die Zeit verfällt, und deren Erhaltung und Wiederherstellung in polizeilicher, militärischer, oder finanzieller[3]) Hinsicht für nothwendig erachtet wird, so soll das bestehende Sach- und Rechtsverhältniß untersucht und hiernach, nöthigenfalls im Rechtswege festgestellt werden, wem die Verbindlichkeit zur Tragung der diesfallsigen Kosten obliegt[7]). (Schlußsatz)[8]).

Anlage D (zu Anmerkung 156).

Gesetz betreffend das städtische Einzugs-, Bürgerrechts- und Einkaufsgeld. Vom 14. Mai 1860 (GS. 237)[1]).

§. 1. Die Vorschriften in dem §. 52 der Städte-Ordnung für die sechs östlichen Provinzen der Monarchie vom 30. Mai 1853, in dem §. 51 der

---

[3]) Diese Rücksicht ist mit Aufhebung der Mahl- und Schlachtsteuer (G. 25. März 73 GS. 222) fortgefallen. Auch die militärische Rücksicht wird kaum noch in Betracht kommen.

[4]) LR. I 8 § 33:

Soweit die Erhaltung einer Sache auf die Erhaltung und Beförderung des gemeinen Wohls erheblichen Einfluß hat, soweit ist der Staat deren Zerstörung oder Vernichtung zu untersagen berechtigt.

[5]) LVG. § 18 (im Text stand: der Regierung). Die auf Grund der KO. von Polizei wegen zu treffenden Maßnahmen sind landes-, nicht ortspolizeilichen Inhalts OV. 7. April 97 (XXX 421); zum Teil abweichend 22. Mai 03 (Nr. 2 d. W. Anm. 147).

[6]) Nach der demgemäß ergangenen Instr. 31. Okt. 30 (Kamptz Ann. XIV 774) sollte an die Minister berichtet werden. Später wurde das Benehmen mit dem Generalkommando u. dem Provinzialsteuerdirektor als genügend erachtet Vf. 28. Aug. 57 (MB. 144). Auch dieses dürfte jetzt (Anm. 3) nicht mehr in Betracht kommen. Anhaltspunkte für die Genehmigung bietet Vf. 5. Nov. 54 (Nr. 2 Anm. 147).

[7]) Kostentragung OV. 22. Mai 03 (Anm. 5).

[8]) Der Schlußsatz, der die Beteiligung des Staats an den Kosten in Rücksicht auf die Erhebung der Mahl- u. Schlachtsteuer vorsah, ist mit dieser (Anm. 3) fortgefallen.

[1]) Die auf die Erhebung von Einzugsgeld bezüglichen Bestimmungen des G. (§ 2[1], 3, 4, 5[1 u. 2]) sind aufgehoben G. 2. März 67 (GS. 361). Das Bürgerrechts- u. Einkaufsgeld ist in Geltung geblieben u. wird auch durch das KAG. nicht berührt das. § 96 Abs. 7.

Städte-Ordnung für die Prov. Westfalen vom 19. März 1856 und im §. 48 der Städte-Ordnung für die Rheinprovinz vom 15. Mai 1856 wegen Erhebung eines Einzugsgeldes, eines Hausstands- oder Eintrittsgeldes und eines Einkaufsgeldes werden hierdurch aufgehoben. An Stelle derselben treten nachstehende Bestimmungen (§. 2—10).

§. 2. Die Stadtgemeinden sind befugt, auf Grund von Gemeindebeschlüssen, welche die Genehmigung des Bezirksausschusses[2]) erhalten haben, die Entrichtung von:

(1.) [1]),

2. Bürgerrechtsgeld bei Erwerb des Bürgerrechtes[3]) (§. 5 der Städte-Ordnung),
3. Einkaufsgeld anstatt oder neben einer jährlichen Abgabe für die Theilnahme an den Gemeindenutzungen[4]) (§. 50 Nr. 4, §. 49 Nr. 4 und §. 46 Nr. 4 der betreffenden Städte-Ordnungen)

anzuordnen.

Einzugsgeld.

(§. 3, 4)[1]).

§. 5[5]). Befreit vom Einzugsgelde sind:

(1., 2.);

3. die unmittelbaren und mittelbaren Staatsbeamten[6]), die Lehrer und die Geistlichen[7]), welche gemäß dienstlicher Verpflichtung ihren Wohnsitz in der Stadt nehmen;
4. Militärpersonen, die zwölf Jahre im aktiven Dienststande sich befunden haben, bei der ersten Niederlassung, sowie die unter Nr. 3 genannten Personen bei der ersten Verlegung des Wohnsitzes nach ihrem Ausscheiden aus dem aktiven Dienste.

---

[2]) ZustG. (Anl. A) § 16 Abs. 3, für Berlin ist der ObPr. zuständig § 7 Abs. 2 u. LVG. § 43 Abs. 3 (im Texte stand: die Regierung).

[3]) Nur bei Erwerb, nicht bei Besitz OV. 3. Jan. 02 (XXIV 233). Der Erwerb tritt in den im § 5 der Städteordnungen angeführten Fällen ein, nicht ab. infolge der Eingemeindungen 4. Jan. 99 (XXXIV 80). Der § 5 fordert preußische Staatsangehörigkeit; von Nichtpreußen kann deshalb Bürgerrechtsgeld nicht erhoben werden 20. Okt. 97 (XXXIII 12). Die Verpflichtung bleibt bestehen, auch wenn der Pflichtige das Bürgerrecht inzwischen verloren hat 16. Okt. 00 (XXXVII 69).

[4]) Das Einkaufsgeld (StO. § 50[4]) soll sich nach den tatsächlich den Mitgliedern gewährten Nutzungen richten Instr. (Anl. B) Nr. XV 8 u. für Einwohner u. Forensen, Eingeborene u. Zugezogene gleich sein Vf. 31. März 73 (MB. 108).

[5]) § 5 ist bezüglich des Einzugsgeldes aufgehoben Anm. 1, dagegen mit Nr. 3 u. 4 insoweit in Kraft geblieben, als in § 7 Abs. 2 bezüglich des Bürgerrechtsgeldes darauf Bezug genommen wird.

[6]) Nr. I 3 Anl. D Anm. 16 u. 17. — Divisionsküster sind untere Militärbeamte OV. 24. Okt. 02 (XLII 5).

[7]) Nr. I 3 Anl. D Anm. 7.

Bürgerrechtsgeld.

§. 6. In denjenigen Städten, in welchen ein Bürgerrechtsgeld eingeführt ist, darf vor dessen Berichtigung das Bürgerrecht nicht ausgeübt werden[8]). Abstufungen in dem Betrage der Abgabe sind statthaft[9]).

Wo zur Zeit ein Hausstandsgeld erhoben wird, tritt bis zu anderweitiger Feststellung das Bürgerrechtsgeld mit gleichem Betrage an dessen Stelle. Die Verpflichtung zur Entrichtung desselben tritt aber erst mit dem Zeitpunkte des Erwerbes des Bürgerrechts ein.

§. 7. Das Bürgerrechtsgeld darf in derselben Gemeinde von Niemandem zweimal erhoben werden[10]). Es gilt in dieser Beziehung das bisherige Hausstandsgeld dem Bürgerrechtsgelde gleich.

Die in §. 5 Nr. 3 und 4 genannten Personen sind in den dort erwähnten Fällen auch von der Entrichtung des Bürgerrechtsgeldes befreit.

Einkaufsgeld.

§. 8. Die Verpflichtung zur Zahlung des Einkaufsgeldes, sowie der demselben entsprechenden jährlichen Abgabe ruht, so lange auf die Theilnahme an den Gemeindenutzungen verzichtet wird.

Allgemeine Bestimmungen.

§. 9. Hinsichtlich der Verjährung und der Reklamationen findet das Gesetz vom 18. Juni 1840[11]), jedoch nur mit der Maßgabe Anwendung, daß die nicht zur Hebung gestellten Einzugs-, Bürgerrechts- oder Einkaufsgelder erst in zwei Jahren nach Ablauf desjenigen Jahres, in welchem die Zahlungsverbindlichkeit entstanden ist, verjähren.

Das Gesetz vom 11. Juli 1822 sowie die Kabinets-Ordre vom 14. Mai 1832[12]) sind auf die genannten Abgaben nicht anwendbar.

§. 10. Die auf Grund der aufgehobenen Paragraphen der Städte-Ordnungen erlassenen oder älteren noch geltenden Regulative bleiben in Kraft, soweit sie den Bestimmungen dieses Gesetzes nicht widersprechen.

§. 11. Diese Bestimmungen sind auch in denjenigen Ortschaften (Flecken) zur Anwendung zu bringen, welche auf Grund des §. 1 Absatz 2 der Städte-

---

[8]) Dies gilt auch im Fall der Verjährung OV. 12. Juni 91 (XXI 26). Nur die Ausübung ist von der Entrichtung des Bürgerrechtsgeldes abhängig. Der Erwerb tritt kraft Gesetzes (StO. § 5) ein OV. 25. Mai 95 (XVIII 65).

[9]) Höhe u. Abstufungen Vf. 16. Juni 60 (MB. 133).

[10]) Auch nicht auf Grund eines neuen Ortsstatuts OV. 25. Mai 95 (Anm. 8). Bei Erhöhungen kann der höhere Satz von Personen, die das Bürgerrecht früher erworben haben, nicht erhoben werden 3. Nov. 03 (VB. XXV 328).

[11]) Da das KAG. an dem bestandenen Recht nichts geändert hat, beträgt die Einspruchsfrist ein Jahr OV. 20. Okt. 97 (Anm. 3). Das Verfahren wird durch ZustG. (Anl. A) § 18 Abs. 3 bestimmt.

[12]) Betrifft Heranziehung der Staatsdiener zu den Gemeindelasten Nr. II 3 Anl. D Anm. 1.

Ordnung vom 30. Mai 1853 eine der letzteren nachgebildete Ortsverfassung besitzen, welche ihnen die Erhebung eines Einzugsgeldes[1]), oder Hausstandsgeldes, oder[13]) Einkaufsgeldes gestattet.

---

3. Gesetz, betreffend die Verfassung der Städte in Neuvorpommern und Rügen. Vom 31. Mai 1853. (GS. 291)[1]).

Die Städte in Neuvorpommern und Rügen behalten ihre bisherigen Verfassungen, insoweit solche nicht nach Maaßgabe der §§. 4. und folgende dieses Gesetzes einer Abänderung unterworfen werden.

§. 2. In den Städten Wolgast und Grimmen treten an Stelle der daselbst schon eingeführten Gemeinde-Ordnung vom 11. März 1850. diejenigen Verfassungen jener Städte wieder in Kraft, welche dort bis zur Einführung der Gemeinde-Ordnung vom 11. März 1850. geltendes Recht gewesen sind. Es bleiben jedoch bis nach erfolgter Reorganisation die jetzigen städtischen Behörden daselbst in Funktion; insonderheit haben die Mitglieder der Gemeindevorstände ihre Aemter für die Dauer der Wahlperiode fortzuführen und behalten die ihnen nach §. 61. der Gemeinde-Ordnung vom 11. März 1850. zustehenden Pensionsansprüche[2]).

§. 3. Für jede Stadt ist ein besonderer Stadtrezeß festzustellen.

§. 4. Um für diesen Zweck zu untersuchen, welche Modifikationen in den Verfassungen der einzelnen Städte in Folge der veränderten Heimathsgesetzgebung, der Aufhebung der städtischen Gerichtsbarkeit und früheren Neuvorpommerschen Gewerbeverfassung, sowie sonst durch örtliche Verhältnisse bereits eingetreten sind, oder noch als erforderlich sich ergeben, soll eine besondere Kommission ernannt werden, unter deren Leitung auf Grundlage der gewonnenen Resultate für jede Stadt durch Rath und bürgerschaftliche Kollegien im verfassungsmäßigen Wege der besondere Stadtrezeß (§. 3.) Behufs Unserer Allerhöchsten Bestätigung zu entwerfen ist.

Sollten Rath und bürgerschaftliche Kollegien Bestimmungen in den Rezeß-Entwurf aufnehmen, welche den bestehenden Gesetzen oder namentlich der Ab-

---

[13]) § 6 Abs. 2.

[1]) Inhalt: Die älteren Verfassungen der Städte in Neuvorpommern u. Rügen, die unter einander abweichen, gemeinsam aber den Städten eine große Selbständigkeit gewähren, sind aufrecht erhalten § 1, sollen aber den neueren Verhältnissen durch besondere Stadtrezesse angepaßt werden § 3 u 4, für die gewisse Grundbest. vorgeschrieben werden § 5. — Quellen: Verh. $5^2/_3$ I K. Drucks. Nr. 16 (Entw. u. Begr.), 67 (KB.), StB. S. 233, 271, 437, 997; II K. Drucks. Nr. 233 (KB.), StB. S. 1044. Übersicht des Stadtrechts Verh. AH. $7^7/_8$ Drucks. Nr. 80 Anl. A. — Sonderbestimmungen für diesen Landesteil enthalten KBG. (Nr. I 4) § 17 u. ZustG. (Anl. A) Anm. 17, § 19 Abs. 3 u. § 20 Abs. 3.

[2]) Erledigte Übergangsbestimmung.

sicht des §. 5. des gegenwärtigen Gesetzes zuwider sind, so hat die gedachte Kommission, nach Anhörung des Raths und der bürgerlichen Kollegien, die geeigneten Bestimmungen selbst zu entwerfen und den Rezeß aufzunehmen, welcher demnächst Unserer Allerhöchsten Bestätigung zu unterbreiten ist.

§. 5. Bei diesen Stadtrezessen sind folgende Grundbestimmungen festzuhalten:

I. Für die Besetzung erledigter Bürgermeisterstellen behält es bei den darauf bezüglichen Bestimmungen des Patents vom 18. Februar 1811. sein Bewenden[3]).

II. In allen Angelegenheiten, bei denen eine Mitwirkung der bürgerschaftlichen Kollegien verfassungsmäßig eintreten muß, kann ein die Stadtgemeinde bindender Beschluß nur durch Uebereinstimmung des Magistrats und der Repräsentanten-Kollegien zu Stande kommen.

(Nr. III u. Abs. 2 u. 3)[4]).

§. 6. Der Minister des Innern ist mit der Ausführung dieses Gesetzes beauftragt und hat die dazu erforderlichen Anordnungen und Instruktionen zu erlassen.

---

[3]) Nach diesem erfolgt die Ernennung durch den König.

[4]) Nr. III u. Abs. 2 u. 3 enthielten Grundbest. für die Aufbringung der Gemeindesteuern, die mit Erlaß des KAG. (Nr. I 3 d. W.) fortgefallen sind.

IV. Kreise.

1. Einleitung.

Geschichte. Die Kreise waren zunächst nur Verwaltungsbezirke und haben erst durch die in den zwanziger Jahren des vorigen Jahrhunderts nach dem Vorbilde der älteren ständischen Verfassungen für die einzelnen Provinzen ergangenen Kreisordnungen die Bedeutung von Körperschaften zur Erfüllung öffentlicher Zwecke erlangt. Durch das ihnen in den vierziger Jahren beigelegte Besteuerungsrecht ist diese Bedeutung dann noch erweitert worden. Diese Gesetze traten nach Aufhebung einer auf den ganzen Staat berechnet gewesenen Einrichtung[1]) wieder in Kraft und führten zu ähnlichen Bildungen in den neuen Provinzen. Zu vollen Kommunalverbänden mit wesentlich erweiterter Selbstverwaltung haben die Kreise sich aber erst in der neuesten Reformgesetzgebung entwickelt, welche die Kreisvertretung statt der früheren Stände auf die gesellschaftlichen Gruppen des größeren und des kleineren Grundbesitzes und der Städte aufgebaut und dem als Verwaltungsstelle des Kreises gebildeten Kreisausschuß zugleich Geschäfte der allgemeinen Landesvertretung übertragen hat[2]).

Die Aufgaben sind den Kreisen teils vom Staate zugewiesen[3]), teils ihrer eigenen Entschließung überlassen. Die letztere Tätigkeit ist nicht fest begrenzt

---

[1]) Kr.-, Bezirks- u. Prov.O. 11. März 50 (GS. 251).

[2]) Nr. 2 Anm. 268.

[3]) Aufbringung von Kriegsleistungen (Landlieferungen) G. 13. Juni 73 (RGB. 129) § 17 u. der Unterstützung von Familien der bei Mobilmachungen in Dienst getretenen Mannschaften G. 28. Feb. 88 (GS. 59) § 3 u. 4 u. Nr. 2 d. W. Anm. 248; Tragung der durch das G. 8. April 74 (RGB. 31) erwachsenden Impfkosten G. 12. April 75 (GS. 191) nebst Vf. 19. April u. 8. Juni 75 (MB. 99 u. 181), zu denen die persönlichen und sachlichen Kosten des Impfgeschäfts, einschl. der Druckkosten gehören, soweit es sich um Vorschriften für die Ärzte u. Pflichtigen — nicht für die Ortspolizeibehörden — handelt OV. 12. März 87 (XIV 14); Unterstützung der Hebammenbezirke im Fall der Leistungsunfähigkeit G. 28. Mai 75 (GS. 223) § 3, deren Kosten den Gemeinden u. Gutsbezirken nicht obliegen OV. 9. Mai 85 (XII 167), von den Kreisen aber im Fall der Leistungsfähigkeit nur unter Genehmigung (KrO. § 176 Abs. 1[6]) übernommen werden können 2. Okt. 86 (XIV 20); Fürsorge für Geisteskranke, Geistesschwache, Fallsüchtige, Taubstumme, Blinde und Sieche (außerordentliche Armenlast) G. 11. Juli 91 (GS. 300) Art. I u. III; Geschäfte der Sektionen für die land- und forstwirtschaftliche Unfallversicherung G. 16. Juni 02 (GS. 261) Art. IV. — Ferner liegt dem Kreistage die Wahl zu Kommissionen ob für die Heeresmusterung (Ersatzkommissionen) MilG. 2. Mai 74 (RGB. 45) § 30[4], für die Verteilung der Quartierleistungen auf Gemeinden u. Gutsbezirke G. 25. Juni 68 (BGBl. 523) § 7, für die Abschätzung der Mobilmachungspferde KriegsleistG. 13. Juni 73 (RGB. 129) § 26 Abs. 1 u. der Flurschäden FriedensleistG. 98 (RGB. 361) § 14; zur Veranlagung

und greift auch in das den Gemeinden zugewiesene Gebiet mehrfach hinüber, indem der Kreis diesen bei unzureichender Leistungsfähigkeit ergänzend und aushelfend zur Seite tritt. — Zur Durchführung der KrO., insbesondere zur Bestreitung der Kosten des Kreisausschusses und der Amtsverwaltung sind den Kreisen besondere Mittel überwiesen[4]).

Von den Kreisordnungen erging zuerst die für die östlichen Provinzen 13. Dez. 72 (Nr. 2). Die Prov. Posen blieb zunächst ausgeschlossen; in dieser wurde die ständische Verfassung (Abs. 1) zwar beibehalten, mit Rücksicht auf die Einführung der die Landesverwaltung betreffenden Teile der neuen Verwaltungsgesetzgebung aber erheblich umgestaltet (Nr. 3). — Die Kreisordnungen für die übrigen Provinzen haben sich dagegen der KrO. für die östlichen Provinzen eng angeschlossen[5]).

---

2. Kreisordnung für die Provinzen Ost- und Westpreußen, Brandenburg, Pommern, Schlesien und Sachsen. Von 1881 (GS. 180)[1]).

Wir Wilhelm usw. verordnen mit Zustimmung beider Häuser des Landtages, für die Provinzen Ost- und Westpreußen, Brandenburg, Pommern, Schlesien und Sachsen, was folgt:

---

der Gebäudesteuer G. 2. Mai 61 (GS. 317) § 9 u. der Einkommensteuer G. 24. Juni 91 (GS. 175) § 34; für die Wahl der Vertrauensmänner zur Bestimmung der Geschworenen u. Schöffen G. 24. April 78 (GS. 230) § 35; für Abgrenzung der Schiedsmannsbezirke u. Wahl der Schiedsmänner in zusammengesetzten Bezirken SchiedsmO. 29. Mai 79 (GS. 321) § 1 Abs. 2² u. § 3 Abs. 1; für die Vermittelung landwirtschaftlicher Auseinandersetzungen V. 30. Juni 34 (GS. 96) § 2; für die Abschätzung der bei Viehseuchen gefallenen oder getöteten Tiere G. 12. März 81 (GS. 128) § 18.

[4]) DotG. 30. April 73 (Nr. V 2). — § 1—3 u. G. 8. Juli 75 (Nr. V 2 Anl. A) § 26, 27. — Überweisung sonstiger Einnahmen Nr. 2 Anm. 36.

[5]) KrO. für SchlHolstein 26. Mai 88 (GS. 139), Hannover 6. Mai 84 (GS. 181), Westfalen 21. Juli 86 (GS. 217), HessNassau 7. Juni 85 (GS. 193), die Rheinprov. 30. Mai 87 (GS. 209). Mehrfache Abweichungen bestehen für Hohenzollern, das an Stelle der Kreise Amtsverbände, an Stelle der Landräte Oberamtmänner besitzt Amts- u. LandesO. 2. Juli 00 (Neufassung GS. 324).

[1]) Entstehung Nr. 1 d. W. Die unterm 13. Dez. 72 (GS. 166) erlassene KrO. ist durch G. 19. März 81 (GS. 155) vielfach ergänzt u. auf Grund der dem Min. des Inn. durch Art. V Abs. 2 des letzteren erteilten Ermächtigung in neuer Fassung veröffentlicht Bek. 19. März 81 (GS. 179). — Nach dem Inhalt (Übersicht am Schluß) zerfällt die KrO. in 7 Titel. Auf die Grundlagen Tit. I (§ 1—20, Anm. 2) folgen Gliederung u. Ämter des Kreises Tit. II (§ 21—77), die nicht eigentlich in die KrO. gehören (Anm. 102) u. auch größtenteils (§ 22 bis 45, 53, 78—83) durch spätere Gesetze wieder beseitigt sind. Den wesentlichsten, die Vertretung u. Verwaltung des Kreises betreffenden Teil enthält Tit. III (§ 84—168, Anm. 182), den die folgenden Titel nur in einzelnen Punkten ergänzen, in betreff der Stadtkreise Tit. IV (§ 169—175), der Oberaufsicht Tit. V (§ 176—180), der Grafschaften Stolberg Tit. VI (§ 181) u. des Übergangs u. der Ausführung Tit. VII (§ 182—200). Angeschlossen ist ein Wahl-Regl. — Mehrfache wesentliche Änderungen brachten das ZustG. (Tit. II, § 2—4), Anm. 4, 19, 97 u. 298), die LVO. (Nr. II 2 d. W.), die laut § 146 die § 22—45 u. 53 der KrO. ersetzt hat, u. das KAG. (Nr. I 3 d. W.). — Zur Ausführung ergingen mehrere Anweisungen (Anm. 36, 103 u. 183). — Quellen der KrO. 72: Verh. 1871/2. AH. Drucks. Nr. 89 (Begr.), 239 (KB.),

Erster Titel.

Von den Grundlagen der Kreisverfassung[2]).

Erster Abschnitt.

Von dem Umfange und der Begrenzung der Kreise.

§. 1. Die Kreise bleiben in ihrer gegenwärtigen Begrenzung als Verwaltungsbezirke bestehen[3]).

§. 2. Jeder Kreis bildet nach näherer Vorschrift dieses Gesetzes einen Kommunalverband zur Selbstverwaltung seiner Angelegenheiten[4]) mit den Rechten einer Korporation[5]).

Veränderung der Kreisgrenzen und Bildung neuer Kreise.

§. 3. Die Veränderung bestehender Kreisgrenzen und die Bildung neuer, sowie die Zusammenlegung mehrerer Kreise erfolgt durch Gesetz[6]).

Der Bezirksausschuß[7]) beschließt über die in Folge einer solchen Veränderung nothwendig werdende Auseinandersetzung zwischen den betheiligten Kreisen[8]), vorbehaltlich der den letzteren gegeneinander zustehenden Klage[9]) bei dem Bezirksausschusse[7]).

Veränderungen[10]) solcher Gemeinde- oder Gutsbezirksgrenzen[11]), welche zugleich Kreisgrenzen sind, sowie die Vereinigung eines Grundstückes, welches bisher einem Gemeinde- oder Gutsbezirke nicht angehörte, mit einem in einem

---

StB. S. 227, 1277; HH. Drucks. Nr. 116 (KB.), StB. S. 365; des ErgänzungsG. 81: Verh. 1880/1 AH. Drucks. Nr. 9 (Begr.), 177 (KB.) u. 264; HH. Nr. 88 (KB.). — Bearbeitung (Brauchitsch Bd. 2 Aufl. 17) von Frick (Berl. 03).

[2]) Grundlagen des Kreises bilden sein Bezirk Abschn. 1 (der gleichzeitig Verwaltungsbezirk § 1 u. Kommunalverband § 2 ist, u. nur unter bestimmten Voraussetzungen geändert werden kann § 3—5) u. seine Bewohner Abschn. 2 (§ 6—19 nebst Anm. 21); der Abschn. 3 (§ 20) betrifft den Erlaß von Statuten u. Reglements.

[3]) § 21 Abs. 3, 76 u. 134[5].

[4]) Umfang Nr. III 2 Anm. 47. — Die Vertretung haben Kreistag § 115 u. Kreisausschuß § 134, die im Verwaltungsstreitverfahren einen Vertreter bestellen können § 113 Abs. 5, 178 Abs. 2, 180 Abs. 3 u. ZustG. § 4 Abs. 3.

[5]) Nr. II 2 Anm. 44. — Sonderrechtsbestimmungen für Kommunalverbände bei Zahlungen (Nr. II 1 Anl. A unter I 1a, Grundstücksübertragungen das. c, Gerichtsstand das. 2a, Zustellungen das. b, Vorrechte im Konkurse das. c, Zwangsvollstreckungen Nr. II 2 Anm. 245.

[6]) Ausnahme Abs. 3.

[7]) Der Bezirksausschuß ist an Stelle des Bezirksrats u. des Bezirksverwaltungsgerichts getreten LVG. § 153.

[8]) Anm. 13. Der Beschluß über die Auseinandersetzung setzt die rechtskräftig erfolgte Veränderung voraus 7. Feb. 02 (XLII 1). Die Entscheidung erfolgt nach Recht und Billigkeit. Eine im öff. Interesse erfolgte Bezirksveränderung begründet — soweit nicht bes. Rechtstitel vorliegen (§ 5) — keinen Entschädigungsanspruch wegen verminderter Steuerkraft oder vermehrter Bedürfnisse, insbes. bei Abtrennung kleinerer Teile 28. Feb. 77 (II 1) u. (Chausseeunterhaltung) 6. Dez. 79 (VI 9). Solche übt deshalb auf Verteilung des Kreisordnungsfonds keinen Einfluß 22. Nov. 80 (VII 57).

[9]) Die Klagefrist beträgt 2 Wochen ZustG. § 2 (Anm. 19). Mit ihrem Ablauf wird der zunächst vorläufig wirksame Beschluß zum endgültigen OV. 26. Nov. 89 (VB. XI 223).

[10]) Auch rechtsgültige Grenzfeststellungen gem. LGO. § 4.

[11]) LGO. § 2[3, 4].

anderen Kreise belegenen Gemeinde- oder Gutsbezirke[12]), ziehen die Veränderung der betreffenden Kreisgrenzen[13]) und, wo die Kreis- und Wahlbezirksgrenzen zusammenfallen, auch die Veränderung der letzteren[14]) ohne Weiteres nach sich.

Eine jede Veränderung der Kreisgrenzen ist durch das Amtsblatt bekannt zu machen.

Ausscheiden der großen Städte aus den Kreisverbänden.

§. 4. Städte, welche mit Ausschluß der aktiven Militärpersonen[15]) eine Einwohnerzahl von mindestens 25000 Seelen haben und gegenwärtig einem Landkreise angehören, sind befugt, für sich einen Kreisverband, Stadtkreis (§. 169), zu bilden und zu diesem Behufe aus dem bisherigen Kreisverbande auszuscheiden.

Auf den Antrag der Stadt wird dieselbe durch den Minister des Innern für ausgeschieden erklärt.

Durch Königliche Verordnung kann nach Anhörung des Provinziallandtages auch Städten von geringerer Einwohnerzahl auf Grund besonderer Verhältnisse das Ausscheiden aus dem bisherigen und die Bildung eines eigenen Kreisverbandes gestattet werden[16]).

Es ist jedoch zuvor[17]) in allen Fällen eine Auseinandersetzung darüber zu treffen, welchen Antheil die ausscheidende Stadt an dem gemeinsamen Aktiv- und Passivvermögen des bisherigen Kreises, sowie etwa an fortdauernden Leistungen zu gemeinsamen Zwecken der beiden neuen Kreise zu übernehmen hat[18]).

---

[12]) Das. § 2¹.

[13]) Die notwendige Auseinandersetzung erfolgt auch in diesem Fall in dem in Abs. 2 vorgeschriebenen Verfahren. Der Beschluß über die Auseinandersetzung kann, da diese die Veränderung voraussetzt, nicht mit dem Umgemeindungsbeschlusse (LGO. § 2¹, ³, ⁴) verbunden werden OV. 7. Feb. 02 (XLII 1).

[14]) Dies betrifft insbes. die Wahlkreise für das AH., nicht die für den Reichstag, die durch Reichsgesetz festgestellt sind. Ähnliche Einwirkung auf die Amtsbezirke § 49 Abs. 4, Regierungsbezirke Vf. 14. Juli 78 (MB. 79 S. 3), Provinzen PrO. § 4 Abs. 3, Amtsgerichtsbezirke G. 24. April 78 (GS. 230) § 21 Abs. 3.

[15]) Die Zugehörigkeit bestimmt RMilG. 2. Mai 74 (RGB. 45) § 38; der Begriff ist umfassender als der der servisberechtigten Militärpers. in § 6.

[16]) Die Ausnahme ist auf Städte berechnet, die eine geschichtlich oder kulturgeschichtlich hervorragende Stelle einnehmen oder nach Lage der Verhältnisse nur unter erheblichen Unzuträglichkeiten im Kreise verbleiben können StB. AH. (80/1) S. 1713.

[17]) Abweichend von § 3.

[18]) Chausseen bilden keine Erwerbsquelle u. kein Aktiv- oder Passivvermögen, unterliegen aber insoweit der Auseinandersetzung, als sie fortdauernd den gemeinsamen Zwecken beider Teile unmittelbar dienen; Chausseebauschulden fallen unabhängig von dieser Voraussetzung darunter, wie auch Aktivkapitalien (Kreisordnungsfonds) ohne Rücksicht auf ihre Zweckbestimmung zu verteilen sind, falls ihre Verwendung nicht der Verfügung der Kreise entzogen ist OV. 27. Juni 77 (II 15); 6. Dez. 79 (VI 9) u. 25. Nov. 80 (VII 61). Auf Kreishaus u. Kreissparkasse samt Reservefonds, die in ihrer öffentlichen Bestimmung unteilbar sind, hat die ausscheidende Stadt keinen Anspruch 28. Juni

Ueber die Auseinandersetzung beschliesst der Bezirksrath vorbehaltlich der den Betheiligten gegeneinander zustehenden Klage bei dem Bezirksverwaltungsgerichte[19]).

§. 5. Privatrechtliche Verhältnisse[20]) werden durch Veränderungen der Kreisgrenzen (§§. 3, 4) nicht berührt.

Zweiter Abschnitt.

Von den Kreisangehörigen, ihren Rechten und Pflichten[21]).

§. 6[22]). Angehörige des Kreises sind, mit Ausnahme der nicht angesessenen[23]) servisberechtigten Militärpersonen des aktiven Dienststandes[24]), alle diejenigen, welche innerhalb des Kreises einen[25]) Wohnsitz[26]) haben.

Rechte der Kreisangehörigen.

§. 7. Die Kreisangehörigen[27]) sind berechtigt:

1) zur Theilnahme an der Verwaltung und Vertretung des Kreises nach näherer Vorschrift dieses Gesetzes,

---

83 (X 10). Bei der Auseinandersetzung ist eine vom Kreise bewilligte u. von den Beteiligten angenommene Wegebauhilfe zu berücksichtigen, nicht aber eine nur zugesagte Aktienzeichnung, weil diese nach HGB. § 189 noch keine rechtliche Verpflichtung begründet 12. Jan. 04 (VB. XXV 555). — Der Dotationsanteil, der nach G. 30. April 73 (Nr. V 3) auf die ausgeschiedene Stadt entfällt, wird auf alle Landkreise der Prov. verteilt G. 8. Juli 75 (Nr. V 3 Anl. A) § 27.

[19]) Über Zuständigkeit u. Verfahren in den Fällen der § 3 u. 4 bestimmt jetzt das ZustG. § 2:

§. 2. In den Fällen der Veränderung der Kreisgrenzen und der Bildung neuer Kreise, sowie des Ausscheidens großer Städte aus dem Kreisverbande beschließt der Bezirksausschuß über die Auseinandersetzung der betheiligten Kreise, vorbehaltlich der den letzteren gegen einander innerhalb zwei Wochen zustehenden Klage bei dem Bezirksausschusse.

Voraussetzung für die Klage ist eine sachliche Vorentscheidung — nicht eine bloße Ablehnung der Entscheidung — durch den Bezirksausschuß OV. 8. Juni 95 (XXVIII 6).

[20]) Richtiger „Privatrechte dritter" (PrO. § 3), da durch die Auseinandersetzung auch privatrechtliche Beziehungen der beteiligten Kommunalverbände geregelt werden.

[21]) Abschnitt 2 behandelt die Eigenschaft der Kreisangehörigen § 6, deren Rechte § 7, Ämterpflicht § 8 u. Abgabenpflicht § 9—19. Auf Stadtkreise findet er keine Anwendung § 169 Abs. 2.

[22]) Die Kreisangehörigkeit entspricht der Gemeindeangehörigkeit (LGO. § 7 Abs. 1 u. StO. § 3 Abs. 1).

[23]) Durch Grundbesitz oder Gewerbebetrieb. Die angesessenen Militärpers. sind wahlberechtigt und wählbar zum Kreistage StB. AH. 72 S 69.

[24]) Nr. I 3 Anl. D Anm. 4.

[25]) Das Wort „einen" schließt den Fall des doppelten Wohnsitzes ein.

[26]) Dies ist der Wohnsitz des bürgerlichen Rechts, der sich mit dem steuerlichen nicht ganz deckt Nr. I 3 Anl. A Art. 23 1a Abs. 2 nebst Anm. 43** d. W.; verb. LGO. (Nr. II 2) § 7 Abs. 2.

[27]) Von den Rechten steht das zu 1 genannte, das das aktive u. passive Wahlrecht umfaßt u. dem Gemeinderecht in den Landgemeinden (LGO. § 40) u. dem Bürgerrecht in den Städten (StO. § 5) entspricht, nach näherer Maßgabe der § 86, 87, 96, 97 u. 106 auch den Forensen u. juristischen Personen — in Hinblick auf deren Abgabenpflicht (§ 14) — zu (erweiterte Kreisangehörigkeit).

2) zur Mitbenutzung der öffentlichen Einrichtungen und Anstalten des Kreises nach Maßgabe der für dieselben bestehenden Bestimmungen.

Pflichten der Kreisangehörigen.

a) Verpflichtung zur Annahme von unbesoldeten Aemtern. (Gründe der Ablehnung, Folgen einer ungerechtfertigten Ablehnung.)

§. 8. Die Kreisangehörigen sind verpflichtet, unbesoldete Aemter in der Verwaltung und Vertretung des Kreises[28]) zu übernehmen.

Zur Ablehnung oder zur früheren Niederlegung solcher Aemter berechtigen folgende Entschuldigungsgründe:

1) anhaltende Krankheit;
2) Geschäfte, die eine häufige oder lange dauernde Abwesenheit vom Wohnorte mit sich bringen;
3) das Alter von 60 Jahren;
4) die Verwaltung eines unmittelbaren Staatsamtes[29]);
5) sonstige besondere Verhältnisse, welche nach dem Ermessen des Kreistages eine gültige Entschuldigung begründen.

Beträgt die Amtsdauer mehr als drei Jahre, so kann das Amt nach Ablauf von drei Jahren niedergelegt werden.

Wer ein unbesoldetes Amt in der Verwaltung oder Vertretung des Kreises während der vorgeschriebenen regelmäßigen Amtsdauer[30]) versehen hat, kann die Uebernahme desselben oder eines gleichartigen[31]) für die nächsten drei Jahre ablehnen.

Wer sich ohne einen der vorbezeichneten Entschuldigungsgründe weigert[32]), ein unbesoldetes Amt in der Verwaltung oder Vertretung des Kreises zu übernehmen oder das übernommene Amt drei Jahre hindurch zu versehen, sowie derjenige, welcher sich der Verwaltung solcher Aemter trotz vorhergegangener Aufforderung Seitens des Kreisausschusses thatsächlich entzieht[33]), kann durch Beschluß des Kreistages für einen Zeitraum von drei bis sechs Jahren der Ausübung seines Rechtes auf Theilnahme an der Vertretung und

---

[28]) Kreisämter sind die der Mitglieder der Kreistage (§ 106), Kreisausschüsse (§ 131) u. Kreiskommissionen (§ 167) sowie der Kreisdeputierten (§ 75). Dazu treten nach der besonderen Gestaltung der KrO. (Anm. 1) auch Amtsvorsteher u. deren Stellvertreter (§ 56, 57) u. Mitglieder der Amtsausschüsse (§ 51). § 8 ist sinngemäß auf Mitglieder der Einkommensteuer-Veranlagungskommission anwendbar Nr. I 3 Anl. F Anm. 9. — Besitzern selbständiger Gutsbezirke kann bei ungerechtfertigter Ablehnung des Schiedsmannsamtes vom Kreisausschuß eine Erhöhung der Kreisabgabe um 1/3 bis 1/4 auf 3—6 Jahre auferlegt werden SchiedsmO. 29. März 79 (GS. 321) § 10 Abs. 2. — Entsprechende Pflicht in den Landgemeinden LGO. § 65 u. Städten StO. § 74.

[29]) Anm. 221.

[30]) Drei Jahre § 8 Abs. 3 u. 5.

[31]) Gleichartig ist ein Amt, welches denselben Umfang an Wirksamkeit, Leistung u. Zeit erfordert StV. AH. (Anm. 1) S. 1316. Das Amt eines Stellvertreters ist dem Hauptamte nicht gleichartig OV. 15. Dez. 94 (VB. XVI 222).

[32]) Nr. II 2 Anm. 141.

[33]) Nr. III 2 Anm. 222.

Verwaltung des Kreises[34]) für verlustig erklärt und um ein Achtel bis ein Viertel stärker, als die übrigen Kreisangehörigen, zu den Kreisabgaben herangezogen werden[35]).

Gegen den Beschluß des Kreistages findet innerhalb zwei Wochen die Klage bei dem Bezirksausschusse[7]) statt.

b) Beitragspflichten zu den Kreisabgaben[36]).

§. 9. Die Kreisangehörigen[37]) sind verpflichtet, zur Befriedigung der Bedürfnisse des Kreises Abgaben aufzubringen[38]), insofern der Kreistag nicht beschließt, diese Bedürfnisse aus dem Vermögen des Kreises oder aus sonstigen Einnahmen zu bestreiten (§. 116 Nr. 3).

Grundsätze über die Vertheilung und Aufbringung der Kreisabgaben.

§. 10. Die Vertheilung der Kreisabgaben darf nach keinem anderen Maßstabe[39]), als nach dem Verhältnisse der von den Kreisangehörigen[37]) zu

[34]) Darunter fällt das aktive wie das passive Wahlrecht V. 11. März 74 (MB. 99).

[35]) Nr. II 2 Anm. 143 u. Nr. III 2 Anm. 223.

[36]) Abschnitt b betrifft die Kreisabgaben (die Überschrift ist zu eng gefaßt) der natürlichen Personen § 9—13 u. der natürlichen u. juristischen Personen § 14—19. Er umfaßt die Abgabenpflicht § 9 mit Erweiterung § 14, 15 u. Einschränkung § 16—18 (Anm. 37), die Abgabenverteilung (Grundsätze § 10, 12, 13, Verfahren § 11), wozu die Vf. 31. Dez. 97, Anlage A erging u. die Rechtsmittel § 19. — Die Kreisabgaben bestehen nur in Geldbeiträgen Nr. I 3 Anm. 3 d. W., OV. 18. Dez. 79 (VB. I 275), Abweichung § 13 Schlußsatz. — Als besondere Einnahmen sind den Kreisen überwiesen, die Erträge der Betriebssteuer, der Warenhaussteuer in Gutsbezirken u. der Wanderlagersteuer in Gemeinden bis zu 2000 Einwohnern Nr. I 3 Anm. 97, ferner der Jagdscheingelder G. 31. Juli 95 (GS. 304) § 4 Abs. 4. — Friedrichs, die KrAbg. im Ber. der KrO. 13. Dez. 72 (Berl. u. Leipz. 82).

[37]) Außer den Kreisangehörigen unterliegen die Forensen u. juristischen Personen der Kreisabgabenpflicht (erweiterte Kreisangehörigkeit) § 14. Anderseits macht die Veranlagung zur Staatssteuer in einem Kreise ohne Wohnsitz, Grundeigentum oder Gewerbebetrieb nicht kreisabgabenpflichtig OV. 18. Okt. 76 (I 74) u. 4. April 81 (VIII 16). — Mit dem Aufhören des Wohnsitzes im Kreise erlischt die Abgabenpflicht OV. 5. Feb. 80 (VI 41) u. 25. Feb. 88 (XVI 38).

[38]) Die Kreisabgabenpflicht deckt sich nicht mit der Gemeindesteuerpflicht. Die Kreissteuer besteht regelmäßig nur in Zuschlägen zur Staatssteuer § 10 oder zu den nach dieser ermittelten Sätzen § 15 u. kann hiernach von staatssteuerfreien Personen u. Sachen auch da nicht erhoben werden, wo diese durch das KAG. der Gemeindesteuerpflicht unterworfen sind (Fiskus u. eingetragene Genossenschaften KAG. § 28, Abs. 1[6], 33 Abs. 1[3, 4], Dienstwohnungen u. teilweise zu öff. Zwecken benutzte Gebäude § 24 Abs. 2 u. 3, verb. Anm. 82* u. **; Kreis- ohne Gemeindesteuerpflicht Anm. 83) OV. — im Widerspruch mit Anw. I 3 (Nr. I 3 Anl. A) Art. 59 I 2 Abs. 1 — 29. April 96 (XXIX 12), 23. Juni 99 (XXV 15) u. (landwirtsch. Brennereien) 19. Nov. 01 (XL 6). Auch die Steuerpflicht der Forensen in Kreis u. Gemeinde fallen nicht zusammen Anm. 67, verb. Nr. I 3 Anl. A Anm. 43**. Endlich kommt in Betracht, daß die Kreisabgaben nur nach dem Maßstabe der direkten Staatssteuern verteilt werden dürfen KrO. § 10 u. die Kreise — abgesehen von der Befugnis, das Halten von Hunden zu besteuern KAG. § 93 — weder Gebühren u. Beiträge erheben, noch indirekte Steuern auferlegen dürfen, was beides den Gemeinden gestattet ist KAG. § 4, 9 u. 13.

[39]) Dadurch sind für die Hebungstermine

entrichtenden oder auf sie veranlagten[40]) direkten Staatssteuern[41]) und zwar nur durch Zuschläge zu denselben, beziehungsweise zu den nach §§. 14 und 15 zu ermittelnden fingirten Steuersätzen der Forensen, juristischen Personen ꝛc. erfolgen.

Die Grund-, Gebäude- und die vom Gewerbebetriebe auf dem platten Lande aufkommende Gewerbesteuer der Klasse A I ist hierbei mindestens mit der Hälfte und höchstens mit dem vollen Betrage desjenigen Prozentsatzes heranzuziehen, mit welchem die Klassen- und klassifizirte Einkommensteuer belastet wird[42]). Im Uebrigen kann die Gewerbesteuer[43]) von der Heranziehung ganz frei gelassen, darf aber keinesfalls dazu mit einem höheren Prozentsatze, als die Grund- und Gebäudesteuer, herangezogen werden. Ausgeschlossen von der Heranziehung bleibt die Gewerbesteuer vom Hausirgewerbe[44]).

Die erste Stufe der Klassensteuer (§. 7 des Gesetzes vom $\frac{\text{1. Mai 1851}}{\text{25. Mai 1873}}$, Gesetz-Samml. 1873 S. 213 ff.) kann von der Heranziehung zu den Kreisabgaben ganz frei gelassen oder dazu mit einem geringeren Prozentsatze, als die übrigen Stufen der Klassensteuer und die klassifizirte Einkommensteuer herangezogen werden. Bei den Vorschriften des §. 9 a des obenerwähnten Gesetzes behält es sein Bewenden[45]).

die Staatssteuervorschriften nicht als maßgebend erklärt. Diese hat der Kreis festzusetzen OV. 5. Feb. 80 (Anm. 37).

[40]) G. 14. Juli 93 (Nr. I 3 Anl. C) § 5 Abs. 1. — Maßgebend sind die Staatssteuern des betreffenden Etatsjahres OV. 19. Mai 81 (VII 115).

[41]) Vf. 97 (Anl. A) Nr. I. — Die infolge von Rechtsmitteln erfolgte Erhöhung oder Ermäßigung der Staatssteuersätze zieht die Abänderung der Kreisabgabenveranlagung nach sich KAG. (Nr. I 3 d. W.) § 91 Abs. 2. Die Kreisabgaben können hiernach zunächst schon nach dem durch die Veranlagung ermittelten Staatssteuersoll verteilt werden.

[42]) Ersetzt durch KAG. § 91 Abs. 1². Ausführung Vf. 97 (Anl. A) Nr. II—V.

[43]) Dies sind die Gewerbesteuer der Klassen III u. IV u. die Betriebssteuer, das. Nr. VI.

[44]) Ebenso die Ergänzungssteuer G. 14. Juli 93 (GS. 134) § 51.

[45]) Ersetzt durch EinkstG. 24. Juni 91 (GS. 175):

§. 74. Sind zu den Beiträgen und Lasten, welche kommunale und andere öffentliche (Schul-, Kirchen- usw.) Verbände*) nach dem Maßstabe der Einkommensteuer aufzubringen bezw. zu vertheilen haben, Personen**) mit Einkommen von nicht mehr als 900 Mark heranzuziehen†), so erfolgt deren Heranziehung auf Grund nachstehender fingirter Normalsteuersätze:

bei einem Jahreseinkommen von mehr als	bei einem Jahreseinkommen bis einschließlich	Jahressteuer 2/5 Prozent des ermittelten steuerpflichtigen Einkommens bis zum Höchstbetrage von
— M.	420 M.	1,20 M.
420 „	660 „	2,40 „
660 „	900 „	4,00 „

Die vorbezeichneten Personen können, wenn die Deckung des Bedarfs des

*) Für Gemeinden ist jetzt die entsprechende Bestimmung des KAG. § 38 maßgebend.

**) Auch juristische Vf. 97 (Anl. A) Nr. VIII.

†) Dies hat zu geschehen, falls nicht KAG. § 10 Abs. 2 Platz greift, das. Nr. VII Abs. 1.

§. 11[46]. Unter Anwendung des nach diesen Grundsätzen (§. 10) vom Kreistage beschlossenen Vertheilungsmaßstabes wird das Kreisabgabensoll für die einzelnen Gemeinden und selbstständigen Gutsbezirke im Ganzen berechnet[47])

betreffenden Verbandes ohne deren Heranziehung gesichert ist, von der Beitragspflicht entbunden oder mit einem geringeren Prozentsatze als das höhere Einkommen herangezogen werden*); ihre Freilassung muß erfolgen, sofern sie im Wege der öffentlichen Armenpflege fortlaufende Unterstützung erhalten.

§. 75. Die Veranlagung (§. 74) geschieht durch die Voreinschätzungskommissionen (§. 31) unter Anwendung der Bestimmungen dieses Gesetzes.

Die Beschlüsse der Voreinschätzungskommission unterliegen der Prüfung des Vorsitzenden der Veranlagungskommission; beanstandet derselbe einen Beschluß, so erfolgt die Festsetzung des Steuersatzes durch die Veranlagungskommission.

Die festgesetzte Steuerliste ist 14 Tage lang öffentlich auszulegen und der Beginn der Auslegung in ortsüblicher Weise bekannt zu machen.

Gegen die Veranlagung steht dem Steuerpflichtigen binnen einer Ausschlußfrist von vier Wochen nach Ablauf der Auslegungsfrist die Berufung zu und zwar,

a) wenn die Veranlagung durch die Voreinschätzungskommission ohne Beanstandung erfolgt ist, an die Veranlagungskommission,

b) wenn die Festsetzung des Steuersatzes durch die Veranlagungskommission stattgefunden hat, an die Berufungskommission.

*) Auch in verschiedenem Umfange, das. Abs. 2.

[46]) In der Kreisbesteuerung sind zwei verschiedene Systeme verbunden. Der Kreis veranlagt die Pflichtigen nach dem Maßstabe der Staatssteuern im Wege der Einzelbesteuerung (Abs. 1), während die Gemeinden, die die Kreissteuern der in ihnen seßhaften Pflichtigen zu erheben haben, den im ganzen abzuführenden Betrag (Kontingentierung) auch in anderer Weise, insbes. im Wege der Gemeindebesteuerung aufbringen können OV. 2. Mai 76 (I 27). Diese Verbindung hat vielfache Unrichtigkeiten u. Unsicherheiten zur Folge, die durch die Verschiedenheit der Kreis- u. Gemeindesteuerpflicht (Anm. 38) noch vermehrt werden; zugleich ist das Verfahren mit großen Weitläufigkeiten für die veranlagende Behörde u. — wo eine gesonderte Erhebung stattfindet — auch für die Steuerpflichtigen verbunden. Eine Abhilfe kann nur darin gefunden werden, daß der Kreisbedarf ohne Einzelbesteuerung in ähnlicher Weise auf Gemeinden u. Gutsbezirke verteilt wird, wie die Verteilung des Provinzialbedarfs bereits auf die Kreise erfolgt. Wenn dieserhalb die bestehenden Unterschiede in der Beitragspflicht zu den Kreis- u. den Gemeindesteuern, die — abgesehen von den Steuervorrechten der Beamten (§ 18) — durch keinerlei innere Gründe geboten sind beseitigt werden, so würde der Verteilung das Staatssteuersoll mit der Maßgabe zugrunde gelegt werden können, daß im Fall des Forensalbesitzes oder der Ausdehnung eines Gewerbebetriebes über mehrere Gemeinden (Gutsbezirke) der außerhalb belegene Besitz oder Betrieb — ähnlich wie bei der Gemeindebesteuerung — der Gemeinde, in der die staatliche Veranlagung stattgefunden hat, ab- u. der Belegenheits- oder Betriebsgemeinde zugesetzt wird. Die Kreisbesteuerung würde damit nicht nur sachgemäßer, sondern auch übersichtlicher u. erheblich einfacher gestaltet werden können. — Aufsätze von Laer (VB. XXIV 337) u. Wiedenfeld (das. XXV 619).

[47]) Zu- u. Abgänge treffen hiernach die Gemeinde OV. 2. Mai 76 (Anm. 46)

und denselben zur Untervertheilung auf die einzelnen Steuerpflichtigen nach demselben Maßstabe[48]) zur Einziehung sowie zur Abführung im Ganzen an die Kreiskommunalkasse überwiesen[49]).

Den Städten und den Landgemeinden[50]) bleibt die Beschlußnahme darüber, wie ihre Antheile an den Kreisabgaben aufgebracht werden sollen, vorbehalten[51]).

---

u. Vf. 28. Aug. 86 (MB. 199). Nur die Minderung des Steuersolls auf Berufung trifft den Kreis KAG. § 91 Abs. 2. Abgesehen hiervon u. von Nachforderungen (Anm. 49) können sonach Zugänge für den Kreis nicht entstehen, insbes. können die bei Beginn des Steuerjahres noch nicht Steuerpflichtigen nicht herangezogen werden OV. 15. Jan. 01 (XXXIX 21). Voraussetzung der Heranziehung ist die am 1. April tatsächlich ausgeführte Wohnsitzverlegung; vor der Ausschreibung der Abgaben Verstorbene können nicht mehr herangezogen werden; auch wenn die Gemeinde die Kreisabgaben auf den Etat übernimmt, kann die unrichtige Veranlagung der einzelnen Steuerpflichtigen nur bezüglich der einzelnen Posten ohne Rücksicht auf das Schicksal der anderen bemängelt werden 19. Mai 03 (XLIV 3).

[48]) Abweichung Abs. 2. — Zu den von dem Gutsbesitzer zu tragenden Gemeindelasten im Gutsbezirk (LGO. § 122) gehört nicht das Kreisabgabensoll Vf. 31. Jan. 75 (MB. 76 S. 14).

[49]) Die Überweisung begründet eine öffentlich-rechtliche, erforderlichenfalls durch Zwangseinstellung in den Voranschlag geltend zu machende Verpflichtung der Gemeinde OV. 14. Jan. 88 (XVI 20). Die besonders veranlagten Beträge (§ 14, 15) sind in u. mit dem Gemeindesoll festzustellen, nicht unmittelbar von den Pflichtigen einzufordern 12. Sept. 76 (I 62); letztere erlangen aber dadurch, daß dieses gleichwohl geschieht, keinen Befreiungsgrund 19. Mai 79 (V 52). Die Überweisung muß die Beträge ersichtlich machen, die auf die einzelnen mit Zuschlägen belasteten Steuern entfallen Vf. 2. Nov. 79 (MB. 80 S. 10). Das Einkommen eines Steuerpflichtigen aus verschiedenen im Kreise belegenen Quellen — sowie aus einer sich über mehrere Kreise erstreckenden Quelle OV. 15. März 99 (XXXV 9) — ist gem. KAG. § 51 Abs. 2 nebst § 91 Abs. 1[4] als ganzes festzusetzen u. den einzelnen Gemeinden nach ihren Anteilen zu überweisen OV. 8. Mai 97 (XXXI 4). Die Angabe des als Zuschlag zu erhebenden Prozentsatzes mit Bezugnahme auf die Staatssteuerrollen (statt Angabe der Einzelbeträge) genügt, soweit die Besteuerung daraus entnommen werden kann. Bei Veranlagung durch den Kreisausschuß (§ 14, 15, 16, 18) ist dies nicht der Fall. Eine vorläufige Erforderung von Kreisabgaben, insbes. nach den Sätzen des Vorjahres ist ausgeschlossen 15. Jan. 01 (XXXVIII 12). Die Mitteilung des Gemeindesolls bildet noch keine ausreichende Bekanntmachung für die einzelnen Pflichtigen OV. 18. Okt. 76 (Anm. 37). Bei gemeinsamer Hebung der Kreis- u. Gemeindeabgaben muß der Betrag jeder dieser Abgaben ersichtlich gemacht werden 28. Nov. 96 (XXX 109). — Organ des Kreisausschusses für die Einziehung ist im Gutsbezirk der Gutsvorsteher, nicht der Gutsbesitzer oder dessen Stellvertreter OV. 18. Nov. 02 (XLIII 1). Termine der Abführung Anm. 39. — Nachforderungen sind nach G. 18. Juni 40 (GS. 140) § 5, 6, 10 u. 14 bei gänzlicher Übergehung — für die Grundsteuer auch bei zu geringem Ansatz — innerhalb des Steuerjahres — bei Hinterziehungen innerhalb 5 Jahren — zulässig. Dies gilt auch bei Übernahme der Kreisabgaben auf den Gemeindeetat OV. 7. Okt. u. 9. Dez. 78 (IV 52 u. 55) u. 8. März 99 (XXXV 1). Eine gänzliche Übergehung liegt auch vor, wo nur eine der direkten Staatssteuern übergangen ist 2. Dez. 80 (VII 77).

[50]) KAG. § 91 Abs. 1[1] hat die durch KrO. § 11 Abs. 2 nur den Städten eingeräumte Befugnis auf die Landgemeinden ausgedehnt. Für die Gutsbezirke ist es bei der Unterverteilung verblieben.

[51]) Wo die Gemeinden von dieser Befugnis Gebrauch gemacht haben — was

Feststellung des Kreisabgaben-Vertheilungsmaßstabes.

§. 12. Der Maßstab, nach welchem die Kreisabgaben zu vertheilen sind, ist für jeden Kreis bis zum 30. Juni 1874 ein für alle Mal festzustellen und demnächst unverändert zur Anwendung zu bringen[52]). Der Kreistag ist jedoch befugt, hierbei zu den Kreisabgaben für Verkehrsanlagen die Grund- und Gebäudesteuer, sowie die von dem Gewerbebetriebe auf dem platten Lande[53]) aufkommende Gewerbesteuer der Klassen I und II[54]) innerhalb der im §. 10[42]) festgesetzten Grenzen mit einem höheren Prozentsatze als zu den übrigen Kreisabgaben heranzuziehen, beziehungsweise nach Maßgabe des §. 10 Absatz 3 die erste Stufe der Klassensteuer[55]) von der Heranziehung zu diesen Kreisabgaben ganz frei zu lassen oder dazu mit einem geringeren Prozentsatze heranzuziehen[56]).

Kommt ein gültiger Kreisbeschluß[57]) über den Vertheilungsmaßstab innerhalb der festgesetzten Zeit nicht zu Stande, so werden bis zur Herbeiführung dieses Beschlusses die Kreisabgaben auf die sämmtlichen direkten Staatssteuern, mit Ausschluß der Hausirergewerbesteuer[44]), nach Maßgabe des §. 10 Absatz 1 gleichmäßig vertheilt.

Der Kreistag kann den festgestellten Maßstab von fünf zu fünf Jahren einer Revision unterziehen.

Wo gegenwärtig mit Königlicher Genehmigung zu bestimmten Zwecken Kreisabgaben nach besonderer Vertheilungsart erhoben werden, behält es dabei bis zum 31. Dezember 1875 sein Bewenden, sofern nicht der Kreistag schon in der Zwischenzeit auch hierfür den Uebergang zu dem, nach dem gegenwärtigen Gesetze festgestellten Massstabe für die Vertheilung der Kreisabgaben beschliesst. Vom 1. Januar 1876 ab tritt der nach diesem Gesetze festzustellende Massstab (Absatz 1 und 2) auch für die bezeichneten Abgaben von selbst in Kraft[58]).

Mehr- oder Minderbelastung einzelner Kreistheile.

§. 13. Sofern es sich um Kreiseinrichtungen[59]) handelt, welche in besonders hervorragendem oder in besonders geringem Maße einzelnen Kreis-

---

in ausgedehntem Umfange geschehen ist — werden die Kreis- zu Gemeindeabgaben, insbes. bezüglich der Rechtsmittel OV. 8. Mai 97 (XXXI 4). — Behandlung der Beamtenbefreiungen § 18.

[52]) Revision Abs. 3. — Die Veränderlichkeit bezieht sich nur auf den Maßstab, nicht auf sonstige die Besteuerung (Mehr- oder Minderbelastung § 13, Heranziehung des Fiskus § 14 Abs. 4) betreffende Beschlüsse OV. 9. Nov. 98 (VB. XX 331).

[53]) Bf. 97 (Anl. A) Nr. II Satz 2.

[54]) GewstG. 24. Juni 91 (GS. 205) § 80 (im Texte stand: Klasse A I).

[55]) An Stelle dieser Steuerpflichtigen sind nach Ersatz des § 10 Abs. 3 durch das EinkstG. (Anm. 45) die Personen mit Einkommen von nicht mehr als 900 M. getreten.

[56]) Bf. 97 (Anl. A) Nr. IX Abs. 1.

[57]) Erfordernisse § 119 u. 124 Abs. 3.

[58]) Erledigte Übergangsbestimmung.

[59]) Auch vorhandene OV. 25. Okt. 80 (VII 49) u. solche, die der Kreis nur durch Beteiligung fördert 12. Nov. 85 (XII 27).

theilen zu Gute kommen, kann der Kreistag beschließen[60]), für die Kreisangehörigen dieser Kreistheile eine nach Quoten der Kreisabgaben zu bemessende[61]) Mehr- oder Minderbelastung eintreten zu lassen[62]). Die Mehrbelastung kann nach Maßgabe der Beschlüsse des Kreistages durch Naturalleistungen ersetzt werden[63]).

Heranziehung der Forensen, juristischen Personen u. s. w. zu den Kreisabgaben.

§. 14[64]). Diejenigen physischen Personen, welche, ohne in dem Kreise einen Wohnsitz zu haben, beziehungsweise in dem-

[60]) Erfordernis für den Beschluß § 119 u. (Genehmigung) 176 2 u. 3. Zweidrittelmehrheit (§ 124) ist nicht erforderlich. Ein mit Zweidrittelmehrheit über Verteilung der Kreislasten (§ 12) gefaßter Beschluß kann, soweit er zugleich auf eine Mehrbelastung gerichtet ist, durch Beschluß mit einfacher Mehrheit geändert werden OV. 12. Nov. 85 (Anm. 59). — Zur Klage gegen den Beschluß sind die einzelnen Pflichtigen — nicht die Gemeinden u. Gutsbezirke — befugt OV. 27. April 85 (VB. VI 313) u. 6. Mai 86 (VB. VII 321). Ein formell gültiger Beschluß kann wegen unrichtiger Würdigung der Tatsachen nicht durch Revision angegriffen werden 29. Nov. 01 (VB. XXIII 536). Eine Klage wegen Mehr- oder Minderbelastung ist nicht gegeben 23. Mai 79 (V 56); eine solche wegen Überbürdung mit Kreisabgaben kann nicht darauf gestützt werden, daß der Kreistag eine Mehrbelastung unterlassen habe u. der Beschluß durch den Verwaltungsrichter zu ergänzen sei 5. Jan. 78 (III 42).

[61]) KAG. § 91 Abs. 1³.

[62]) Die Best. über Mehr- oder Minderbelastung entspricht den in KAG. § 20 Abs. 2 für Gemeinden gegebenen; die dazu ergangenen Entscheidungen (Nr. I 3 Anm. 55—57) sind auf Kreise sinngemäß anwendbar. — Voraussetzung für die Mehrbelastung ist, daß auch die übrigen Kreisteile zu derselben Einrichtung beizutragen haben Vf. 19. März 92 (MB. 192). Sie kann die Kosten der Herstellung, der Verzinsung u. Tilgung der dieserhalb aufgenommenen Anleihe oder der Unterhaltung betreffen. Diese Kosten müssen aber ihrer Höhe nach festgestellt werden. Die Mehrbelastung kann nach Unterabteilungen (Zonen, Beteiligtenklassen) erfolgen, ist aber innerhalb dieser allen Kreisangehörigen — nicht nur einzelnen Klassen — aufzulegen. An Stelle der Mehrleistung kann ein fester Betrag vereinbart werden Vf. 1. Nov. 79 (MB. 80 S. 11) A 1—3, 5 u. 6, OV. 30. Sept. 92 (VB. XIV 181). Maßstab der Mehrbelastung Vf. 97 (Anl. A) Nr. IX Abs. 2 u. 3. Die Bildung von Beteiligtengruppen innerhalb der mehrbelasteten Kreisteile ist unzulässig Vf. 1. April 89 (MB. 63). — Freiwillige Beiträge unterliegen nicht den Best. der §§ 13 u. 176 2 u. 3 Vf. 18. Feb. 80 (MB. 78). — Die Mehr- oder Minderleistung verschiedener Gemeinden, aus denen einer juristischen Person Einkommen zufließt, ist, da dieses insgesamt veranlagt wird (§ 14 Abs. 2) auf die Gemeinden nach Verhältnis der Einkommensteile zu verteilen OV. 19. März 98 (XXXIII 4).

[63]) Der Kreistag kann nicht als Mehrbelastung Naturalleistungen auflegen, sondern nur den Ersatz der aufgelegten zulassen Vf. 1. Nov. 79 (Anm. 62) Nr. 4.

[64]) Im § 14 sind die früheren Abs. 1 u. 2 durch die neugefaßten Abs. 1—3 ersetzt G. 1. April 02 (GS. 65) Art. I. In der neuen Fassung sind der Hinweis auf das frühere Hand.GB. fortgelassen u. die Best. über die Gesellschaften mit beschr. Haftung (Nr. I 3 Anm. 118) neu aufgenommen. Der § 14 bezeichnet die außer den Kreisangehörigen (Anm. 37) kreisabgabenpflichtigen Personen u. behandelt in der neuen Fassung in Abs. 1 u. 3 die Forensen, in Abs. 2 u. 3 die juristischen Personen, in Abs. 4 den Fiskus, während Abs. 5 als Bergwerksbesitzer die Bergbautreibenden (wie in § 15) zusammenfaßt, die in Abs. 1 als Forensen, in Abs. 2 als Berggewerkschaften aufgeführt sind OV. 23. Juni 81 (VIII 27). — Die durch § 14 fest-

selben zu den persönlichen Staatssteuern veranlagt zu sein, in demselben Grundeigenthum besitzen[65]), oder ein stehendes Gewerbe, oder außerhalb einer Gewerkschaft Bergbau betreiben[66]) (Forensen)[67]), mit Einschluß der nicht im Kreise wohnenden Gesellschafter einer offenen Handelsgesellschaft oder einer Kommanditgesellschaft oder einer Gesellschaft mit beschränkter Haftung, sind verpflichtet, zu denjenigen Kreisabgaben beizutragen, welche auf den Grundbesitz, das Gewerbe, den Bergbau oder[68]) das aus diesen Quellen fließende Einkommen gelegt werden.

Ein Gleiches gilt von den juristischen Personen[69]), von den Kommanditgesellschaften auf Aktien und Aktiengesellschaften sowie Berggewerkschaften[70]), welche im Kreise Grundeigenthum besitzen,

---

gestellte Steuerpflicht wird durch die — nur die Veranlagung betreffende — Anwendung des KAG. (Anm. 73) nicht erweitert OV. 7. März u. 29. April 96 (XXIX 7 u. 12).

[65]) Grundeigentum, nicht Grundeinkommen begründet die Kreisabgabenpflicht OV. 31. Jan. 77 (II 33); das Einkommen der Forensen u. juristischen Personen aus Pachtungen ist daher nicht pflichtig 22. Juni 98 (VB. XX 113).

[66]) Gewerbe u. Bergbaubetrieb Nr. I 3 Anm. 116a u. (Betriebsort) KAG. § 35. — Zum Bergbaubetriebe gehört die vom Grundbesitzer betriebene Förderung von Eisenerzen in Schlesien OV. 9. Juni u. von Kohlen in den vormals sächsischen Teilen 3. März 91 (XXI 16 u. 12) sowie die Gewinnung von Ziegelerde 4. Okt. 80 (VII 38). — Zum Gewerbe zählt der Eisenbahnbetrieb. Von den Staatsbahnen unterliegen die verstaatlichten der Kreissteuer nach Maßgabe der Verstaatlichungsgesetze; nur die Berechnung des Reineinkommens bestimmt sich nach KAG. § 45 OV. 24. Jan. 88 (XVI 30). Die übrigen Staatsbahnen (einschl. der Reichsbahnen) unterliegen der Kreisbesteuerung nur mit ihrer etwaigen Grund- u. Gebäudesteuer KrO. § 14 Abs. 4, sind aber frei von der Einkommenst., das. u. der Gewerbest. KAG. § 28 Abs. 3. Privatbahnen unterliegen der Grund- u. Gebäudest. mit ihrem Grundbesitz, soweit er nach KrO. § 17 u. KAG. § 24[1d] gemeindesteuerpflichtig ist, u. der Einkommenst. mit dem Einkommen aus diesem Grundbesitz u. aus ihrem Gewerbebetriebe (Berechnung des Reineinkommens KAG. § 46, Verteilung auf mehrere Kreise § 47 u. 91 Abs. 1[4]); von der Gewerbest. sind sie frei § 28 Abs. 3, Kleinbahnen sind als einfache gewerbliche Unternehmungen kreissteuerpflichtig G. 28. Juli 92 (GS. 225) § 40 Abs. 2 u. OV. 16. Sept. 96 (VB. XVIII 126).

[67]) Forensen in Kreis u. Gemeinde sind nicht gleichbedeutend. Den Forensen gleichgestellt u. nur von den Realsteuern pflichtig sind solche Personen, die, ohne im Kreise zu den persönlichen Steuern veranlagt zu sein, daselbst ihren Wohnsitz haben, so (bei mehrfachem Wohnsitz) OV. 9. Mai 76 (I 37) u. 9. Juni 03 (VB. XXIV 807).

[68]) Richtiger „und", da Forensen u. juristische Personen (Abs. 2) — abgesehen vom Fiskus (Abs. 3) — neben den auf Grundbesitz, Gewerbebetrieb u. Bergbau gelegten Kreisabgaben, auch von dem daraus fließenden Einkommen kreissteuerpflichtig sind OV. 28. Okt. 78 (IV 60).

[69]) Zu den juristischen Personen gehören eingetragene Genossenschaften nicht OV. 13. Sept. 80 (VII 27); s. übrigens Nr. I 3 Anm. 119d. — Das Einkommen dieser Personen (mit Ausnahme des Fiskus) aus Grundbesitz u. Gewerbebetrieb ist ohne Unterschied der Zweckbestimmung der Kreisbesteuerung unterworfen OV. 11. Nov. 76 (I 81). — § 14 in Verbindung mit § 199 hebt alle älteren Privilegien betr. Befreiungen auf OV. 19. Jan. 80 (VI 33).

[70]) Die Berggewerkschaften (Anm. 64) sind kreissteuerpflichtig, gleichviel ob sie juristische Persönlichkeit besitzen u. ob

oder ein stehendes Gewerbe oder Bergbau betreiben, oder als Gesellschafter an dem Unternehmen einer Gesellschaft mit beschränkter Haftung betheiligt sind.

Die Gemeinden und Gutsbezirke (§. 11 Abs. 1) können die von den Mitgliedern einer Gesellschaft mit beschränkter Haftung nach den vorstehenden Absätzen zu entrichtenden Kreisabgaben von der Gesellschaft einziehen.

Der Fiskus kann zu den Kreisabgaben wegen seines aus Grundbesitz, Gewerbe- und Bergbaubetrieb fließenden Einkommens nicht herangezogen[71]), dagegen mit der Grund- und Gebäudesteuer um die Hälfte desjenigen Prozentsatzes stärker belastet werden, mit welchem die Klassen- und klassifizirte[72]) Einkommensteuer dazu herangezogen wird. Im Falle des §. 12 (Absatz 2) tritt diese Belastung auch ohne Beschluß des Kreistages ein.

Bergwerksbesitzer[64]), welche in dem Umfange ihres Bergwerksbetriebes den in der Klasse I und II[54]) der Gewerbesteuer veranlagten Gewerbetreibenden gleichstehen, sind zu den Steuersätzen der Klasse I und II[54]) einzuschätzen und nach Maßgabe dieser Einschätzung zu den Kreisabgaben heranzuziehen.

§. 15. Die Einschätzung der Forensen, der Bergwerksbesitzer, der Kommanditgesellschaften auf Aktien, der Aktiengesellschaften und der juristischen Personen zu den Kreisabgaben erfolgt, soweit sie zu den, der Verteilung der letzteren zum Grunde gelegten Staatssteuern (§. 10) nicht schon unmittelbar herangezogen oder veranlagt[40]) sind, von dem Kreisausschuß, nach den für die Veranlagung dieser Staatssteuern bestehenden gesetzlichen Vorschriften, unter Anwendung des für die Kreisabgaben bestimmten Anteilsverhältnisses[73]).

---

sie älteren oder neueren Rechts sind OV. 26. Sept. 78 (IV 48). Erstreckt der Betrieb sich über mehrere Kreise, so kann er vom einzelnen Kreise nur nach dem Umfange des innerhalb seiner Grenzen betriebenen Gewerbes besteuert werden 16. Sept. 80 (VII 34). Die etwaige Verteilung wird jetzt durch KAG. § 32 geregelt das. § 91 Abs. 1[4].

[71]) Abs. 4 betrifft nur die Einkommenst. des Fiskus; als juristische Person (Abs. 2) ist er außerdem den auf Grundbesitz, Gewerbebetrieb u. Bergbau gelegten Steuern unterworfen OV. 27. Juni 76 (I 43). Königliche Gymnasien steuern als juristische Personen (Abs. 2), nicht nach den für den Fiskus in Abs. 4 gegebenen Vorschriften OV. 3. Nov. 77 (II 11).

[72]) Die Klassen- u. klassifizierte Einkommenst. ist durch die Einkommenst. ersetzt G. 24. Juni 91 (GS. 175) § 84 Abs. 4.

[73]) Der Kreisausschuß ist hiernach, soweit eine Veranlagung zu den Staatssteuern vorliegt, an diese gebunden OV. 9. Feb. 85 (XI 22), andernfalls hat er die Pflichtigen selbst einzuschätzen 27. Juni 78 (IV 37). Die Einschätzung beschränkt sich auf die Einkommenst., da die staatliche Veranlagung der Grund-, Gebäude- u. Gewerbest. auch für die staatssteuerfreien, aber kommunalsteuerpflichtigen Liegenschaften u. Betriebe erfolgt G. 14. Juli 93 (Nr. I 3 Anl. C) § 4 Abs. 1. Für die Einschätzung, die auch auf natürliche, in verschiedenen Kreisen steuerpflichtige Personen Anwendung findet, sind außer der für die Staatsst. auch die für die Kommunalst. im KAG. gegebenen Vorschriften maßgebend KAG. § 91 Abs. 1[4] nebst Anm.

Unzulässigkeit einer Doppelbesteuerung desselben Einkommens.

§. 16[74]). Niemand darf von demselben Einkommen in verschiedenen Kreisen zu den Kreisabgaben herangezogen werden[75]). Es muß daher dasjenige Einkommen, welches einem Abgabenpflichtigen[76]) aus seinem außerhalb des Kreises belegenen Grundeigenthume, oder aus seinem außerhalb des Kreises stattfindenden Gewerbe- oder Bergbaubetriebe zufließt[77]), bei Feststellung des im Kreise zu veranlagenden Einkommens desselben außer Berechnung gelassen werden. Dies geschieht durch Absetzung der bezüglichen Einkommensquote von dem zur Staatssteuer veranlagten Gesammteinkommen und durch verhältnismässige Herabsetzung des festgestellten Steuersatzes[78]).

---

339 u. 340. — Grundsätze für die Einkommensermittelung enthalten EinkStG. 24. Juni 91 u. AusfAnw. 6. Juli 00, allgemein G. § 7, 8, 10, 11 Anw. Art. 3, 5—7 u. (Abzüge) G. § 9 Anw. Art. 4, 24, 25, insbes. vom Grundeigentum G. § 13, Anw. Art. 10 bis 16, vom Handel u. Gewerbe einschl. Bergbau G. § 14 Anw. Art. 17—20 u. (Erwerbsgesellschaften) G. § 16 Anw. Art. 26, 27. Verb. Nr. I 3 Anm. 138, für Eink. aus Gewerbe Anm. 116a u. (Nichtabzug der $3^1/_2$ v. H. bei Aktiengesellschaften) Anm. 120. Dazu ergingen Entscheidungen: Kein Einkommen aus Grundbesitz bilden Grab- u. Kirchenstellengelder der Kirchengemeinden OV. 1. Mai 89 (XVIII 23) u. Marktstandsgelder u. Schlachthausgebühren 19. Dez. 90 (VB. XII 361). Vom Einkommen aus größerem Grundbesitz können auch im Fall der Verpachtung Generalverwaltungskosten in Abzug gebracht werden 8. Okt. 80 (VII 42). Bei Erwerbsgesellschaften sind abzugsfähig Remunerationen u. Gratifikationen, die über die rechtliche Verbindlichkeit hinaus den in Dienst- oder Arbeitsverhältnissen stehenden Personen gewährt werden 6. Feb. 89 (XVII 37), nicht abzugsfähig Rücklagen in den Reserve- u. Erneuerungsfonds 22. Sept. 81 (VIII 68) u. Gegenleistungen, die eine Zuckerfabrik ihren Aktionären für sogen. Aktien- u. Überrüben gewähren, da diese — wie bei der Gemeindebesteuerung (Nr. I 3 Anm. 118) — einen Teil der Dividende bilden 8. Okt. 89 (XVIII 33). — § 58 des EinkStG. (Ermäßigung bei Verlust einzelner Einnahmequellen) ist auf die nach KrO. § 14, 15 Pflichtigen nicht anwendbar, da ihre Besteuerung nicht ein Gesamteinkommen, sondern nur einzelne Einkommensquellen erfaßt u. mit deren Fortfall von selbst aufhört OV. 17. Nov. 79 (VI 1).

[74]) Satz 1 enthält den Grundsatz, Satz 2 u. 3 (Anm. 78) die Ausführung.

[75]) Nur diese, nicht jede Doppelbesteuerung ist ausgeschlossen. Das Einkommen, das ein Steuerpflichtiger aus Aktien einer Eisenbahngesellschaft oder aus Kuxen einer Berggewerkschaft bezieht, kann auch dann vom Kreise besteuert werden, wenn die Gesellschaft oder Gewerkschaft schon wegen des Betriebes zu den Kreisabgaben herangezogen ist OV. 26. Sept. 78 (Anm. 70) u. dasselbe gilt vom Gesamteinkommen des Eigentümers eines Gutsbezirks, wenn dieser mit einem Teile dieses Einkommens schon zu den Kreisabgaben als Forense in einer Gemeinde beiträgt, die diese Abgabe nach § 11 Abs. 2 auf den Gemeindehaushalt übernommen hat 26. Sept. 02 (VB. XXIV 602). Unanwendbarkeit des RG. betr. die Doppelbesteuerung Nr. I 3 Anm. 165.

[76]) Das sind die in dem Kreise zu den persönlichen Steuern veranlagten Abgabenpflichtigen, die sonstigen (Forensen) werden nach § 14, 15 herangezogen.

[77]) Gleichviel ob es vom auswärtigen Kreise besteuert wird u. ob es aus dem Inlande oder Auslande stammt OV. 10. Mai 83 (X 51).

[78]) Satz 3 ist aufgehoben, da den Kreisen gem. des nach § 91 Abs. 1[4] (Anm. 73 Satz 3) anwendbaren § 36 Abs. 2 des KAG. überall, wo nicht Zuschläge erhoben werden, die selbständige Einschätzung zusteht OV. 19. Feb. 01

Befreiung von den Kreisabgaben.

§. 17. Die dem Staate[79]) gehörigen, zu einem öffentlichen Dienste oder Gebrauche bestimmten[80]) Liegenschaften und Gebäude, die Königlichen Schlösser, sowie die im §. 4 zu c und d des Gesetzes vom 21. Mai 1861, betreffend die anderweite Regelung der Grundsteuer (Gesetz-Samml. S. 253), im Artikel I des Gesetzes vom 12. März 1877 (Gesetz-Samml. S. 19)[81]) und im §. 3 zu 2 bis 6 des Gesetzes vom 21. Mai 1861, betreffend die Einführung einer allgemeinen Gebäudesteuer (Gesetz-Samml. S. 317)[82]),

---

XXXIX 27). Der Wohnsitzkreis kann dieserhalb das freizulassende Einkommen, soweit es nicht anderweit feststeht, unabhängig von der Abschätzung durch die auswärtige Behörde ermitteln 7. April 81 (VIII 64). Dieserhalb ist nach dem Verhältnis des Gesamteinkommens zu dem freizulassenden Teil der Steuerbetrag herabzusetzen 20. Nov. 79 (VI 5) u. 26. März 96 (VB. XVII 380). Der Steuerpflichtige kann dem gegenüber eine Verteilung seines steuerbaren Einkommens gem. der nach § 91 Abs. 1[4] anwendbaren § 47—50 des KAG., sowie eine entsprechende Herabsetzung im Fall des nach § 92[1] anwendbaren § 51 beantragen; das Verfahren bestimmt sich in beiden Fällen nach § 71—74. Die Verteilung zwischen Land- u. Stadtkreisen kann nur insoweit stattfinden, als letztere die Kreisabgaben gesondert von den Gemeindeabgaben erheben OV. 9. März 98 (XXXIV 1). Die vom Gesamteinkommen abzuziehenden Schulden sind bei der Verteilung auf die einzelnen Kreise nach Verhältnis abzusetzen 16. Mai 77 (II 47).

[79]) Auch dem Reiche G. 25 Mai 73 (RGB. 113) § 1 Abs. 2.

[80]) Nr. I 3 d. W. Anm. 69.

[81]) GrundsteuerG. 21. Mai 61:

§. 4. Befreit von der Grundsteuer (§. 3) bleiben:

c) die den Provinzen, den kommunalständischen Verbänden, den Kreisen, den Gemeinden oder zu selbstständigen Gutsbezirken gehörenden Grundstücke, insofern sie zu einem öffentlichen Dienste oder Gebrauche bestimmt sind, insonderheit also: Gassen, Plätze, Brücken, Fahr- und Fußwege, Leinpfade*) Bäche, Brunnen, schiffbare Kanäle, Häfen, Werfte, Ablagen, Kirchhöfe, Begräbnißplätze, Spaziergänge, Lust- und botanische Gärten, sowie lediglich zur Bepflanzung öffentlicher Plätze, Straßen und Anlagen bestimmte Baumschulen;

d) Brücken, Kunststraßen, Schienenwege der Eisenbahnen und schiffbare Kanäle, welche mit Genehmigung des Staates von Privatpersonen oder Aktiengesellschaften zum öffentlichen Gebrauche angelegt sind.

[82]) G. 21. Mai 61:

§. 3. Befreit von der Gebäudesteuer sind**):

2. diejenigen Gebäude, welche dem Staate, den Provinzen, den kommunalständischen Verbänden, den Kreisen oder den Gemeinden, resp. zu selbstständigen Gutsbezirken

*) Deichanlagen der Deichverbände u. die im öffentlichen Interesse staatlich unter Schau gehaltenen Privatdeiche G. 12. März 77 (GS. 19) Art. I.

**) Bei nur teilweise zu einem öffentlichen Dienst oder Gebrauch bestimmten Gebäuden entscheidet — abweichend von der Gemeindebesteuerung (§ 24 Abs. 3) die Hauptbestimmung Vf. 2. Jan. 63 (MB. 21) u. OV. 23. Feb. 98 (VB. XIX 434). — Unbewohnte zu landwirtschaftlichen oder gewerblichen Zwecken benutzte Gebäude Nr. I 3 Anl. A Art. 16 1 Abs. 2 d.

bezeichneten Grundstücke und Gebäude sind von den Kreislasten befreit[83]).

§. 18. Bis zur anderweiten gesetzlichen Regelung bleiben die Dienstgrundstücke der Geistlichen, Kirchendiener und Elementarschullehrer gleichfalls von den Kreislasten befreit[84]). Auch ist bis zu dieser Regelung die Besteuerung des Diensteinkommens der unmittelbaren und mittelbaren Staatsbeamten nur nach Maßgabe der §§. 2 und 3 des Gesetzes vom 11. Juli 1822 (Gesetz-Samml. S. 184) und nur insoweit zulässig, als die Beiträge derselben zu den Bedürfnissen der Gemeinde ihres Wohnortes nicht bereits das in den gedachten Gesetzesvorschriften bestimmte Maximum erreichen, und

---

gehören, insofern sie zu einem öffentlichen Dienste oder Gebrauche bestimmt sind*), insonderheit also die zum Gebrauche öffentlicher Behörden oder zu Dienstwohnungen für Beamte**) bestimmten Gebäude, als: Militär-, Regierungs-, Justiz-, Polizei-, Steuer- und Postverwaltungsgebäude, Kreis- und Gemeindehäuser, sowie Bibliotheken und Museen;

3. Universitäts- und andere zum öffentlichen Unterrichte bestimmte Gebäude***);
4. Kirchen, Kapellen und andere, dem öffentlichen Gottesdienste gewidmete Gebäude, sowie die gottesdienstlichen Gebäude der mit Korporationsrechten versehenen Religionsgesellschaften†);
5. die Diensthäuser der Erzbischöfe, der Bischöfe, der Dom- und Kurat- oder Pfarrgeistlichen und sonstiger mit geistlichen Funktionen bekleideter Personen der mit Korporationsrechten versehenen Religionsgesellschaften, ferner der Gymnasial-, Seminar- und Schullehrer, der Küster und anderer Diener des öffentlichen Kultus;
6. Armen-, Waisen- und Krankenhäuser††), Besserungs-, Aufbewahrungs- und Gefängnißanstalten, sowie Gebäude, welche milden Stiftungen†††) angehören und für deren Zwecke unmittelbar benutzt werden.

---

*) Vergl. **) vor. Seite

**) Abweichend von der Gemeindebesteuerung (KAG. § 24 Abs. 2). OV. 29. April 96 (XXIX 12). Steuerfrei sind auch die zur Dienstwohnung gehörigen Hausgärten unter 1 Morgen 12. Okt. 86 (XIV 10) u. 25. Jan. 01 (VB. XXII 567).

***) Nr. I 3 Anm. 72.

†) Das. Anm. 73.

††) Das. Anm. 75.

†††) Das. Anm. 77.

83) § 17 enthält eine dingliche Befreiung u. schließt — im Gegensatz zur Gemeindebesteuerung (KAG. § 34) — eine Besteuerung der Besitzer von dem Einkommen aus steuerfreien Grundstücken oder den darauf betriebenen Gewerben nicht aus OV. 11. Okt. 83 (X 61) u. 14. April 97 (XXXI 1). — Das Einkommen des Landesherrn ist auch bezüglich des Einkommens aus den Königl. Familiengütern kreissteuerfrei (Nr. I 3 Anm. 147); sonst sind diese Güter nicht kreissteuerfrei 25. Jan. 00 (XXXVI 1).

84) Uneingeschränkt, während in der Gemeindebesteuerung die Befreiung nur anerkannt ist, soweit sie bisher zugestanden hat. — Begriff der Dienstgrundstücke Nr. I 3 Anm. 81.

auch dann nur innerhalb der Grenzen der letzteren. Ebenso findet der §. 10 des Gesetzes vom 11. Juli 1822 auf die Heranziehung zu den Kreisabgaben Anwendung[85]).

Beschwerden wegen der Veranlagung der Kreisabgaben[86]).

§. 19. Auf Beschwerden und Einsprüche[87]), betreffend:

1) das Recht zur Mitbenutzung der öffentlichen Einrichtungen und Anstalten des Kreises[88]),

2) die Heranziehung oder die Veranlagung[89]) zu den Kreisabgaben[90]),

beschließt der Kreisausschuß[91]).

Beschwerden und Einsprüche der zu 2 gedachten Art sind innerhalb einer Frist von zwei Monaten[92]) nach erfolgter Bekanntmachung[93]) der Abgabebeträge bei dem Kreisausschusse anzubringen. Einsprüche gegen die Höhe von Kreiszuschlägen zu den direkten Staatssteuern, welche sich gegen den Prinzipalsatz der letzteren[94]) richten, sind unzulässig[95]).

Gegen den Beschluß des Kreisausschusses[96]) findet innerhalb zwei Wochen die Klage bei dem Bezirksausschuß[7]) statt. Hierbei[97]) ist die Zuständigkeit

---

[85]) Den § 2, 3 u. 10 des G. 11. Juli 22 entsprechen die § 4, 5 u. 1 der jetzt anwendbaren V. 23. Sept. 67 (Nr. I 3 Anl. D d. W.).

[86]) Die Überschrift trifft mit Rücksicht auf die durch das ErgG. 81 (Anm. 1) eingefügte Nr. 1 des Abs. 1 nicht mehr zu.

[87]) Beschwerden sind gegen vollzogene, Einsprüche gegen zu vollziehende Maßregeln gerichtet; über letztere Nr. I 3 Anm. 258.

[88]) Nr. III 2 Anl. A Anm. 47.

[89]) Nr. I 3 Anm. 257.

[90]) Kreisabgaben i. S. der KrO. sind nur die Zuschläge zu den direkten Staatssteuern u. die etwaige Hundesteuer (Anm. 38), nicht Kreischausseegelder OV. 3. Dez. 01 (VB. XXIII 711). — Das Beschwerderecht gegen den Kreis haben sowohl die Gemeinde- u. Gutsbezirke als die einzelnen Steuerpflichtigen OV. 18. Okt. 76 (I 74), erstere, soweit sie ein von dem der letzteren verschiedenes Interesse verfolgen 25. Sept. 91 (XXI 7), letztere, soweit nicht die Kreisabgaben nach § 11 Abs. 2 auf den Gemeindehaushalt übernommen sind Anm. 51. Die Ermäßigung des Kreisabgabensolls eines Gutsbezirks betrifft das Vermögensinteresse des Gutsherrn als Gutseigentümer u. kann nur von diesem verfolgt werden 6. Nov. 03 (VB. XXV 329). — Einspruch u. Beschwerde können auch über Zeit, Ort u. Art der Zahlung angebracht werden OV. 4. Juni 89 (VB. X 583).

[91]) Bei Heranziehung in mehreren Kreisen kommt neben diesen Rechtsmitteln das in Anm. 78 Satz 4 angeführte Verfahren in Betracht.

[92]) Nr. I 3 Anm. 259.

[93]) Die Heranziehung erfolgt nicht schon mit der Überweisung zur Unterverteilung (§ 11 Abs. 1), sondern erst mit der Eröffnung an die einzelnen Pflichtigen OV. 23. Jan. 03 (XLIII 9).

[94]) Die vom Kreisausschuß gem. § 15 ermittelten Sätze fallen nicht darunter OV. 12. Mai 88 (XVI 27).

[95]) Unmittelbare Einwirkung der auf Rechtsmittel erfolgten Erhöhungen oder Ermäßigungen der Staatssteuersätze KAG. § 91 Abs. 2.

[96]) Solchen bildet jede abschließende Entscheidung, auch die Unzuständigkeitserklärung OV. 11. Okt. 01 (XL 1). Verb. Nr. I 3 Anm. 265.

[97]) Die Klage ist unzulässig gegen Ansätze im Kreishaushalt OV. 5. Jan. 78 (III 45), gegen den Prozentsatz der Kreissteuer 2. Dez. 80 (VII 77) u. über die Verpflichtung zur Abgabenentrichtung überhaupt im Gegensatz zu der einzelnen Forderung 16. Mai 77 (II 47); Verb. Nr. I 3 Anm. 266. — Über das weitere Rechtsmittel bestimmt ZustG. § 3.

Gegen die Entscheidung des Bezirksder Verwaltungsgerichte auch insoweit begründet, als bisher durch §. 79 Titel 14 Theil II Allgemeinen Landrechts, beziehungsweise §§. 9, 10 des Gesetzes über die Erweiterung des Rechtsweges vom 24. Mai 1861 (Gesetz-Samml. S. 241) oder sonstige bestehende Vorschriften der ordentliche Rechtsweg für zulässig erklärt war[98]).

Die Beschwerden und die Einsprüche, sowie die Klage haben keine aufschiebende Wirkung[99]).

Dritter Abschnitt.

Kreisstatuten und Reglements.

§. 20. Jeder Kreis ist befugt:

1) zum Erlasse besonderer statutarischer Anordnungen[100]) über solche Angelegenheiten des Kreises, hinsichtlich deren das gegenwärtige Gesetz Verschiedenheiten gestattet (§§ 104 Absatz 2, 108 Absatz 1 und 109), oder das Gesetz auf statutarische Regelung verweist, sowie über solche Angelegenheiten, deren Gegenstand nicht durch Gesetz geregelt ist;
2) zum Erlasse von Reglements über besondere Einrichtungen des Kreises.

Die Kreisstatuten und Reglements sind durch das Kreisblatt und, wo ein solches nicht besteht, durch das Amtsblatt auf Kosten des Kreises bekannt zu machen[101]).

Zweiter Titel.

Von der Gliederung und den Aemtern des Kreises[102]).

Erster Abschnitt.

Allgemeine Bestimmungen.

Gliederung des Kreises.

§. 21. Die Kreise, mit Ausnahme der Stadtkreise (§§ 4 und 169), zerfallen in Amtsbezirke, beziehungsweise in Stadt- und Amtsbezirke.

---

ausschusses, betreffend die Heranziehung oder die Veranlagung zu den Kreisabgaben, ist nur das Rechtsmittel der Revision zulässig.

Diese Vorschrift bezieht sich nur auf KrO. § 19 Abs. 1²; im Fall des Abs. 1¹ ist die Berufung an das OV. zulässig (LVG. § 83).

[98]) Satz 2 beseitigt — gleich dem ZustG. § 160 — die in der früheren Landesgesetzgebung zugunsten des Rechtsweges gemachten Vorbehalte, um das Nebeneinander eines Verfahrens vor Gerichts- u. Verwaltungsbehörden auszuschließen OV. 8. Feb. 89 (XVII 217). Die Bestimmung erstreckt sich nur auf das in Satz 1 geordnete Streitverfahren zwischen dem Herangezogenen oder Veranlagten u. dem Kreisausschusse (im Fall des § 70a dem Amtsausschusse), nicht auf die Klage zwischen den verpflichteten Gemeinden (Gutsbezirken) über Teilnahme an den Lasten des Kreises (im Fall des § 70a des Amtsbezirks).

[99]) Nr. I 3 Anm. 281.

[100]) § 116¹ u. 176¹. — Verb. Nr. II 2 Anm. 46.

[101]) Die Unterlassung der Bekanntmachung hat die Ungültigkeit nicht zur Folge OV. 25. Okt. 80 (VII 49).

[102]) Der zweite Titel umfaßt die an sich nicht hierher gehörigen Glieder und Ämter des Kreises Abschn. 1 u. behandelt von ersteren die Verwaltung der Landgemeinden Abschn. 2 u. 3 u. die Amtsbezirke Abschn. 4, von letzteren das Amt des Landrats Abschn. 5 u. in einem durch LVG. § 127—134 versetz-

Die Amtsbezirke bestehen aus einer oder mehreren Landgemeinden oder aus einem oder mehreren Gutsbezirken, beziehungsweise aus Landgemeinden und Gutsbezirken.

An der Spitze der Verwaltung des Kreises steht der Landrath, an der Spitze der Verwaltung des Amtsbezirks der Amtsvorsteher, an der Spitze der Verwaltung der Gemeinde der Gemeindevorsteher. Für den Bereich eines selbstständigen Gutsbezirks führt der Gutsvorsteher die dem Gemeindevorsteher obliegende Verwaltung[102a]).

(Zweiter Abschnitt.

Von dem Gemeindevorsteher- und dem Schöffenamte, sowie von der Ortsverwaltung der selbständigen Gutsbezirke.

Dritter Abschnitt.

Aufhebung der mit dem Besitze gewisser Grundstücke verbundenen Berechtigung und Verpflichtung zur Verwaltung des Schulzenamts)[102]).

Vierter Abschnitt.

Von dem Amtsbezirken und dem Amte der Amtsvorsteher. Aufhebung der gutsherrlichen Polizeiverwaltung[103]).

§. 46. Die Polizei wird im Namen des Königs ausgeübt[104]).

Die gutsherrliche Polizeigewalt ist aufgehoben.

Amtsbezirke.

§. 47. Behufs Verwaltung der Polizei und Wahrnehmung anderer öffentlicher Angelegenheiten wird jeder Kreis, mit Ausschluß der Städte, in Amtsbezirke getheilt[105]).

---

ten u. in die neue Fassung der KrO. (Anm. 1) nicht übernommenen Abschn. 6 das Zwangsverfahren der Behörden des Kreises. Die Aufnahme dieser Gegenstände in die KrO. ist durch den äußeren Umstand veranlaßt, daß mit diesem ersten zur Neuordnung der Landesverwaltung erlassenen Gesetz zugleich Angelegenheiten der unteren Verbände geregelt werden sollten. Die Anordnung ist deshalb eine gekünstelte und unlogische, da die Gemeinden eine selbständige, über die des Kreises hinausgehende Bedeutung besitzen u. seine Grundlagen, nicht seine Glieder bilden, die Amtsbezirke nur für die Ortspolizeiverwaltung gebildet sind, die zur kommunalen Verwaltung des Kreises in keinem unmittelbaren Zusammenhang steht u. der Landrat nicht ein Amt des Kreises, sondern ein Staatsamt bekleidet u. nur daneben mit der Leitung der Kommunalverwaltung betraut ist (§ 76). Die die Landgemeinden betreffenden Abschnitte 2 u. 3 sind inzwischen durch die LGO. f. d. östl. Prov. (Nr. II d. W.) ersetzt nebst § 53 (Anm. 111) u. durch den § 166 Abs. 2 aufgehoben.

[102a]) Weitere Ausführung enthält LGO. § 123—127.

[103]) Der vierte Abschnitt betrifft die örtliche Polizeiverwaltung § 47, für die in Amtsbezirken § 48—49a als Organe § 50 bestellt sind die Amtsausschüsse § 51—55c u. die Amtsvorsteher § 56—68; die Kosten werden in § 69—73 behandelt. — Zur Ausführung erging Instr. 18. Juni 73, Anlage B.

[104]) Die Bezeichnung „Königlich" kann aus dieser Bestimmung nicht hergeleitet werden Vf. 15. Juni 74 (MB. 159), ebensowenig die Tragung der Kosten durch den Staat OV. 14. Mai 79 (V 66), der den dazu verpflichteten Amtsverbänden nur einen Beitrag überwiesen hat § 70.

[105]) Ausnahmen § 49a. — Die Wahrnehmung anderer öffentlicher Angelegen-

Bildung der Amtsbezirke.

§. 48. Für die Bildung der Amtsbezirke gelten folgende Grundsätze:

1) Jeder Amtsbezirk soll thunlichst ein räumlich zusammenhängendes und abgerundetes Flächengebiet umfassen[106]), dessen Größe und Einwohnerzahl dergestalt zu bemessen ist, daß einerseits die Erfüllung der durch das Gesetz der Amtsverwaltung auferlegten Aufgaben gesichert, andererseits die Unmittelbarkeit und die ehrenamtliche Ausübung der örtlichen Verwaltung nicht erschwert wird[106a]).

2) Gemeinden, welche eine den Bestimmungen des Gesetzes entsprechende Amtsverwaltung aus eigenen Kräften herzustellen vermögen, sind, wenn nicht die örtliche Lage die Zuschlagung anderer Gemeinde- oder Gutsbezirke nothwendig macht, auf ihren Antrag zu einem Amtsbezirke zu erklären[107]).

3) Gutsbezirke von abgesonderter Lage, welche ohne wesentliche Unterbrechung ein räumlich zusammenhängendes Gebiet von erheblichem Flächeninhalte umfassen, können auf Antrag ohne Rücksicht auf ihre Einwohnerzahl unter den übrigen Voraussetzungen der Nummern 1 und 2 zu Amtsbezirken erklärt werden[107a]).

4) Alle übrigen Gemeinden und Gutsbezirke werden zu Amtsbezirken vereinigt. Insbesondere sollen Gemeinden und Gutsbezirke, welche eine örtlich verbundene Lage haben, zu einem und demselben Amtsbezirke gehören.

   Bei Abgrenzung der zusammengesetzten Amtsbezirke ist möglichst darauf zu achten, daß die innerhalb der Kreise bestehenden Verbände (Kirchspiele, Schulverbände, Wegebaubezirke u. s. w.)[107b]) nicht zerrissen werden.

§. 49. Die Bildung der Amtsbezirke, sowie die etwa erforderliche Abänderung derselben[108]) erfolgt nach Anhörung der Betheiligten, auf Vorschlag des nach diesem Gesetze gewählten Kreistages, durch den Minister des Innern.

Die Revision und endgültige Feststellung, sowie jede spätere Abänderung der Amtsbezirke erfolgt durch den *Minister des Innern im Einvernehmen mit dem Bezirksausschuß*[109]) nach vorheriger Anhörung der Betheiligten[110]) und des Kreistages.

---

heiten hat nach Aufhebung des § 53 (Anm. 111) keine wesentliche Bedeutung mehr.

[106]) Instr. (Anl. B) Art. 2^1 nebst Zus. 2.

[106a]) Das. Art. 2^2 nebst Zus. 3.

[107]) § 71 u. Instr. Art. 2^3.

[107a]) § 71 u. Instr. Art. 2^4.

[107b]) Desgl. Zweckverbände LGO. § 128 bis 138. — Instr. Art. 2^5 u. (Remuneration) KrO. § 69 Abs. 2.

[108]) Geschäftliche Behandlung der Abänderungsanträge Vf. 15. Jan. 87 (MB. 20). Änderungen der Benennung kann der Ob.Präs. genehmigen, der dem Min. des Inn. Anzeige zu machen hat Vf. 17. März 74 (MB. 99).

[109]) ZustG. § 6 (nach dem Text stand die Befugnis dem Provinzialrat im Einvernehmen mit dem Min. des Inn. zu).

[110]) Dies sind der Amtsausschuß u. die betroffenen Gemeinden u. Gutsbezirke Vf. 28. Sept. 94 (MB. 201).

Die endgültige Feststellung der Amtsbezirke darf erst nach Ablauf einer öffentlich bekannt zu machenden angemessenen Frist stattfinden.

Veränderungen solcher Gemeinde- oder Gutsbezirksgrenzen, welche zugleich Amtsbezirksgrenzen sind, ziehen die Veränderung der letzteren ohne Weiteres nach sich.

§. 49a. Dem Minister des Innern steht die Befugniß zu, im Einvernehmen mit dem Bezirksausschusse[109]) ländliche Gemeinde- und Gutsbezirke, welche innerhalb der Feldmark einer zu einem Landkreise gehörigen Stadt belegen sind oder unmittelbar an dieselbe angrenzen, bezüglich der Verwaltung der Polizei nach Anhörung der Betheiligten und des Kreistages mit dem Bezirke der Stadt zu vereinigen, sofern dies im öffentlichen Interesse nothwendig ist.

In Ermangelung einer Einigung unter den Betheiligten wird der Beitrag der betreffenden Landgemeinde, beziehungsweise des betreffenden Gutsbezirkes zu den Kosten der städtischen Polizeiverwaltung von dem Bezirksausschusse[7]) festgesetzt.

Der Minister des Innern kann im Einvernehmen mit dem Bezirksausschuß[109]) in den Fällen des ersten Absatzes gleichzeitig die Ausscheidung der betreffenden Landgemeinden und Gutsbezirke aus dem Amtsbezirke, welchem sie bisher angehörten, aussprechen. Ueber die hierdurch nothwendig werdende Auseinandersetzung zwischen den Betheiligten beschließt der Kreisausschuß. Gegen den Beschluß findet innerhalb zwei Wochen der Antrag auf mündliche Verhandlung im Verwaltungsstreitverfahren statt.

Organe der Amtsverwaltung.

§. 50. Die Organe der Amtsverwaltung in den Amtsbezirken sind nach näherer Vorschrift dieses Gesetzes der Amtsvorsteher und der Amtsausschuß.

Amtsausschuß[111]).

§. 51. Für die Bildung des Amtsausschusses gelten bis zum Erlass der Landgemeindeordnung[112]) folgende Bestimmungen:

1) In den zusammengesetzten Amtsbezirken besteht der Amtsausschuß aus Vertretern sämmtlicher zum Amtsbezirke gehörigen Gemeinden und selbstständigen Gutsbezirke. Jede Gemeinde und jeder Gutsbezirk ist wenigstens durch einen Abgeordneten zu vertreten.

---

[111]) Der Amtsausschuß vertritt den Amtsverband. Der Amtsbezirk ist nicht nur Verwaltungsbezirk für die Verwaltung der Ortspolizei (§ 47), sondern auch körperschaftlicher Verband für die Zwecke dieser Verwaltung § 55. Die Ausdehnung seiner Wirksamkeit auf Kommunalangelegenheiten (§ 53) ist mit Rücksicht auf die durch LGO. § 139—145 zugelassene Bildung von Zweckverbänden fortgefallen § 102 Schlußsatz. — Der Abschnitt betrifft die Bildung des Amtsausschusses § 51, 51a, seine Wirksamkeit § 52—55 u. die Aufsicht § 55a—c.

[112]) § 51 ist gleich § 51a u. 55a Abs. 2 aufrecht erhalten in LGO. § 146 Abs. 2 Schlußsatz.

Die Vertretung der Gemeinden erfolgt zunächst durch den Gemeindevorsteher, sodann durch die Schöffen und, wenn auch deren Zahl nicht ausreicht, durch andere von der Gemeinde zu wählende[113]) Mitglieder.

Die Zahl der von jeder Gemeinde zu entsendenden Vertreter, sowie der jedem Gutsbezirk einzuräumenden Stimmen[114]) wird mit Rücksicht auf die Steuerleistungen und die Einwohnerzahl durch ein nach Anhörung der Betheiligten auf den Vorschlag des Kreisausschusses von dem Kreistage zu erlassendes Statut geregelt[115]). Beschwerden gegen dieses Statut unterliegen der endgültigen Beschlußfassung des Bezirksausschusses[7]).

Vertreter einer Gemeinde oder eines Gutsbezirks bei dem Amtsausschusse können nur Personen sein, welche die im §. 96 unter a und b bezeichneten Eigenschaften besitzen.

2) In denjenigen Amtsbezirken, welche nur aus einer Gemeinde bestehen, nimmt die Gemeindeversammlung beziehungsweise Gemeindevertretung die Geschäfte des Amtsausschusses wahr.

3) In denjenigen Amtsbezirken, welche nur aus einem Gutsbezirke bestehen, fällt der Amtsausschuß weg.

§. 51a[112]). Gegen das zum Zwecke der Wahl eines Abgeordneten zum Amtsausschusse (§. 51 Nr. 1) stattgehabte Wahlverfahren kann jedes Mitglied der Wahlversammlung innerhalb zwei Wochen Einspruch bei dem Vorsitzenden des Wahlvorstandes erheben. Die Beschlußfassung über den Einspruch, über welchen die Betheiligten vorab zu hören sind, steht dem Amtsausschusse zu.

Im Uebrigen prüft der Amtsausschuß die Legitimation seiner Mitglieder von Amtswegen und beschließt darüber.

Jede Wahl verliert dauernd oder vorübergehend ihre Wirkung, wenn sich ergiebt, daß die für die Wählbarkeit vorgeschriebenen Bedingungen nicht vorhanden gewesen sind, oder wenn diese Bedingungen gänzlich oder zeitweise aufhören. Das Gleiche gilt in Bezug auf die unmittelbar auf dem Gesetze beruhende Mitgliedschaft des Amtsausschusses. Der Amtsausschuß hat darüber zu beschließen, ob einer der gedachten Fälle eingetreten ist.

Gegen die nach Maßgabe der vorstehenden Bestimmungen gefaßten Beschlüsse des Amtsausschusses findet innerhalb zwei Wochen die Klage bei dem Kreisausschusse statt. Dieselbe steht auch[116]) dem Amtsvorsteher zu. Die

---

[113]) Nach Maßgabe des Wahlregl. (am Schluß der KrO.).

[114]) Diese werden vom Gutsvorsteher oder dem von ihm bestallten Stellvertreter geführt OV. 7. März 91 (XXI 20).

[115]) Eine zu große Mitgliederzahl ist zu vermeiden u. dieserhalb auf unerhebliche Unterschiede in der Steuerleistung u. Einwohnerzahl keine Rücksicht zu nehmen Vf. 18. Dez. 73 (MB. 74 S. 13), die zugleich einen Statutentwurf mitteilt.

[116]) Außer demjenigen, der Einspruch erhoben hatte.

Klage hat keine aufschiebende Wirkung; jedoch dürfen Ersatzwahlen vor rechtskräftiger Entscheidung nicht vorgenommen werden.

Für das Streitverfahren kann der Amtsausschuß einen besonderen Vertreter bestellen.

§. 52. Zu den Befugnissen des Amtsausschusses gehört:

1) die Kontrole sämmtlicher und die Bewilligung derjenigen Ausgaben der Amtsverwaltung, welche vom Amtsbezirke aufgebracht werden (§§. 69 und 70 Absatz 4)[117]);
2) die Beschlußfassung über diejenigen Polizeiverordnungen, welche der Amtsvorsteher unter Mitwirkung des Amtsausschusses zu erlassen befugt ist (§. 62);
3) die Aeußerung über Abänderung des Amtsbezirkes (§. 49);
4) die Bestellung, sowie die Wahl besonderer Kommissionen oder Kommissarien zur Vorbereitung und Ausführung von Beschlüssen des Amtsausschusses;
5) die Beschlußfassung über sonstige Angelegenheiten, welche der Amtsvorsteher aus dem Kreise seiner Amtsbefugnisse dem Amtsausschusse zu diesem Zweck unterbreitet.

(**§. 53**)[102]).

§. 54. Der Amtsvorsteher beruft den Amtsausschuß und führt den Vorsitz mit vollem Stimmrechte[118]). Die Sitzungen des Amtsausschusses sind öffentlich. Für einzelne Gegenstände kann durch einen in geheimer Sitzung zu fassenden Beschluß die Oeffentlichkeit ausgeschlossen werden.

Der Amtsausschuß kann nur beschließen, wenn mehr als die Hälfte der Mitglieder anwesend ist. Eine Ausnahme hiervon findet statt, wenn die Mit-

---

[117]) Über die durch § 69 u. 70 Abs. 4 gezogenen Grenzen hinaus kann der Amtsausschuß Ausgaben auch unter Zustimmung der Gemeinden u. Gutsbezirke nicht übernehmen OV. 11. April 88 (XVI 44). — Für große Ämter können Amtssekretäre — die die Amtsvorstehergeschäfte nicht übernehmen dürfen Vf. 14. Nov. 78 (MB. 79 S. 2) — u. Amtskassenrendanten (Vf. 3. April 74 MB. 101) als Privatbeamte des Amtsvorstehers, dem die Benutzung unzuverlässiger Kräfte von der Aufsichtsbehörde untersagt werden kann OV. 8. April 85 (XII 423), oder in besonderen vom Amtsausschusse bewilligten Stellen angestellt werden. In letzterem Falle sind sie stets mittelbare Staatsbeamte OV. 2. Juni 80 (VI 119), stehen aber, wenn der Amtsbezirk nicht nur aus einer Gemeinde besteht, unter der Disziplinargewalt der Regierungen (nicht der Verwaltungsgerichte) 6. Nov. 03 (XLIV 426), in ersterem nur, wenn sie vom Landrat bestätigt u. vereidigt sind U. RGer. (St. XXIX 230). Die Anstellung der Amtsdiener erfolgt im Neben- oder Hauptamte als Boten oder — unter Bestätigung der Staatsregierung PolVerwG. 11. März 50 (GS. 265) § 4 Abs. 2 — zugleich als Polizeibeamte. Als Abzeichen dürfen die Amtsdiener auf der Brust einen Metallschild mit dem preuß. Adler u. der Umschrift „Amtsdiener des Amtsbezirks . . . .“ tragen Vf. 20. März 74 (MB. 99). Anstellung, Besoldungen u. Pensionen der Beamten der Amtsverbände KBG. (Nr. I 4) § 18 u. (Berücksichtigung der Militäranwärter gem. Nr. I 4 Anl. C) Vf. 23. Mai 93 (MB. 129).

[118]) Neben dem ihm etwa als Vertreter eines Guts- oder Gemeindebezirks zustehenden Vf. 9. Okt. 74 (MB. 257).

glieder, zum zweiten Male zur Verhandlung über denselben Gegenstand berufen, dennoch in nicht beschlußfähiger Anzahl erschienen sind. Bei der zweiten Berufung muß auf diese Bestimmung ausdrücklich hingewiesen werden.

Die Beschlüsse des Amtsausschusses werden nach Mehrheit der Stimmen gefaßt. Bei Stimmengleichheit gilt der Antrag als abgelehnt.

§. 54a. Beschlüsse des Amtsausschusses, welche dessen Befugnisse überschreiten oder die Gesetze verletzen, hat der Amtsvorsteher, entstehenden Falles auf Anweisung der Aufsichtsbehörde, unter Angabe der Gründe mit aufschiebender Wirkung zu beanstanden[119]).

Gegen die Verfügung des Amtsvorstehers steht dem Amtsausschusse innerhalb einer Frist von zwei Wochen die Klage bei dem Kreisausschusse zu[120]). Zur Wahrnehmung seiner Rechte im Verwaltungsstreitverfahren kann der Amtsausschuß einen besonderen Vertreter wählen.

§. 55. Für die nach näherer Vorschrift dieses Gesetzes den Gemeinden und Gutsbezirken gemeinsamen Angelegenheiten[111]) stehen dem Amtsverbande die Rechte einer Korporation zu. Die Korporation wird nach Außen durch den Amtsvorsteher vertreten[121]).

Urkunden, welche das Amt verpflichten sollen, sind von dem Amtsvorsteher und mindestens einem Mitgliede des Amtsausschusses unter Anführung des betreffenden Beschlusses des Amtsausschusses zu vollziehen.

§. 55a. Beschlüsse der Amtsverbände, betreffend die Veräußerung von Grundstücken oder Immobiliarrechten, oder die Aufnahme von Anleihen, durch welche der Amtsverband mit einem Schuldenbestande belastet oder der bereits vorhandene Schuldenbestand vergrößert werden würde, bedürfen der Bestätigung des Kreisausschusses. Ohne diese Genehmigung sind die bezeichneten Rechtsgeschäfte nichtig.

Bis zum Erlass einer Landgemeindeordnung. Es ist zur Aufnahme von Anleihen durch den Amtsausschuß die Zustimmung sämmtlicher zu dem Amtsbezirke gehörigen Gemeinden und Gutsbezirke nothwendig[112]).

§. 55b. Der Kreisausschuß beschließt an Stelle der Aufsichtsbehörde:

1) über die Art der gerichtlichen Zwangsvollstreckung wegen Geldforderungen gegen Amtsverbände (§. 15 zu 4 des Einführungsgesetzes zur Deutschen Civilprozeßordnung vom 30. Januar 1877, Reichs-Gesetzbl. S. 244) [122]);
2) über die Feststellung und den Ersatz der bei Kassen und anderen Verwaltungen der Amtsverbände vorkommenden Defekte nach Maßgabe der Verordnung vom 24. Januar 1844 (Gesetz-Samml. S. 52)[123]);

---

[119]) Nr. II 2 Anm. 272 u. 273 Satz 2.

[120]) Das. Anm. 274.

[121]) Auch in Prozessen bedarf es keiner Genehmigung des Amtsausschusses. Wird sie erteilt, so sichert sie den Amtsv. gegen Rückanspruch OV. 23. Mai 91 (VB. XIII 135).

[122]) Nr. II 2 Anm. 245.

[123]) Das. Anm. 243.

3) über die verweigerte Abnahme oder Entlastung von Rechnungen der rechnungsführenden Beamten.

Der Beschluß zu 2 und 3 ist, vorbehaltlich des ordentlichen Rechtsweges[124]), endgültig.

§. 55c. Die Aufsicht des Staates über die Verwaltung der Angelegenheiten der Amtsverbände wird unbeschadet der vorstehenden Bestimmungen in erster Instanz von dem Landrath als Vorsitzenden des Kreisausschusses, in höherer und letzter Instanz von dem Regierungspräsidenten geübt[125]).

Beschwerden sind bei den Aufsichtsbehörden in Angelegenheiten der Amtsverbände in allen Instanzen innerhalb zwei Wochen anzubringen.

Amtsvorsteher[126]).

a. Berufung desselben.

§. 56. Der Amtsvorsteher wird von dem Ober-Präsidenten ernannt.

Die Ernennung erfolgt auf Grund von Vorschlägen des Kreistages, in welche aus der Zahl der Amtsangehörigen die zu Amtsvorstehern befähigten Personen aufzunehmen sind[127]).

Lehnt ein Kreistag die Aufforderung des Ober-Präsidenten zur Vervollständigung dieser Vorschläge ab, so hat der Provinzialrath auf Antrag des Ober-Präsidenten darüber zu beschließen, ob und welche Personen nachträglich in die Vorschlagsliste aufzunehmen sind.

Die Ernennung erfolgt auf sechs Jahre[128]). Der Amtsvorsteher wird von dem Landrathe vereidigt[129]).

In denjenigen Amtsbezirken, welche nur aus einer Gemeinde oder einem selbstständigen Gutsbezirke bestehen, ist der Gemeinde- beziehungsweise Gutsvorsteher zugleich Amtsvorsteher[130]).

b. Stellvertretung desselben.

§. 57. Für jeden Amtsbezirk wird nach den für die Ernennung des Amtsvorstehers geltenden Bestimmungen (§. 56) ein Stellvertreter des letzteren ernannt[131]).

---

[124]) Das. Anm. 244.

[125]) Abs. 1 ist neugefaßt ZustG. § 5; verb. Nr. II 2 Anm. 269 Satz 1 u. 3 u. Anm. 270. — Der Landrat soll darüber wachen, daß das Kassen- u. Rechnungswesen ordnungsmäßig besorgt u. dem Amtsausschusse regelmäßig Rechnung gelegt wird Vf. 3. April 74 (MB. 101).

[126]) In betreff des Amtsvorstehers wird Bestimmung getroffen über die Bestellung § 56—58, die Dienstobliegenheiten § 59—63, die dienstliche Stellung zu anderen Behörden § 65—67 u. die Dienstvergehen § 68.

[127]) Instr. (Anl. B) Art. 4 1 u. 5.

[128]) Ohne Rücksicht auf die Amtsdauer des Vorgängers Vf. 5. März 76 (MB. 110). — Verb. § 8 Abs. 3.

[129]) Nr. II 2 Anm. 184.

[130]) Der Stellvertreter des stellvertretenden Gutsvorstehers (LGO. § 123 Abs. 1) hat nicht ohne weiteres dessen Vertretung als Amtsv.; diese ist vielmehr nach § 57 Abs. 1 u. 4 zu regeln Instr. (Anl. B) Art. 4 6 nebst Zus. 10 u. Vf. 21. Dez. 87 (MB. 88 S. 102).

[131]) Nach Bedürfnis auch für kommissarische Amtsv. (§ 58) Instr. Art. 4 6.

Ist der Amtsvorsteher an der Wahrnehmung seiner Amtsgeschäfte verhindert, so hat der Stellvertreter[132]) dieselben zu übernehmen; der Landrath ist hiervon zu benachrichtigen, sobald die Verhinderung länger als drei Tage dauert.

Erledigt sich das Amt des Amtsvorstehers, so tritt bis zur Ernennung seines Nachfolgers der Stellvertreter für ihn ein.

Findet sich im Amtsbezirke keine zur Ernennung als Stellvertreter geeignete Person, so hat der Kreisausschuß die Stellvertretung einstweilen einem der benachbarten Amtsvorsteher, oder, nach vorherigem Einvernehmen mit der städtischen Vertretung, dem Bürgermeister einer benachbarten Stadt zu übertragen[133]). Eine gleiche Anordnung erfolgt für den Fall des gleichzeitigen Abganges oder der gleichzeitigen Behinderung des Amtsvorstehers und seines Stellvertreters.

Ist der Amtsvorsteher bei der Erledigung eines Amtsgeschäftes persönlich betheiligt[134]), so hat der Kreisausschuß[135]) den Stellvertreter[132]) oder einen der benachbarten Amtsvorsteher, beziehungsweise Bürgermeister, damit zu betrauen[136]).

In den Gemeinden, welche einen eigenen Amtsbezirk bilden, vertritt nach der Bestimmung des Kreisausschusses einer der Schöffen den Gemeindevorsteher in seiner Eigenschaft als Amtsvorsteher[130]).

In den Fällen der Absätze 5 und 6 ist der Beschluß des Kreisausschusses endgültig.

Bestellung kommissarischer Amtsvorsteher.

§. 58. Ist nach der Erklärung des Kreistages für einen Amtsbezirk weder eine zum Amtsvorsteher geeignete Person zu ermitteln, noch die zeitweilige Wahrnehmung der Amtsverwaltung durch den Vorsteher eines benachbarten Amtsbezirkes oder durch den Bürgermeister einer benachbarten Stadt thunlich[137]), so bestellt der Oberpräsident auf Vorschlag des Kreisausschusses einen kommissarischen Amtsvorsteher[137a]).

---

[132]) Der Landrat, der in Fällen persönlicher Beteiligung nach früheren Vorschriften einzutreten hatte, ist nicht zuständig OV. 20. März 84 (X 357).

[133]) Benachbart bedeutet nicht unmittelbar angrenzend, sondern in der Nähe wohnend, daselbst. Die Berufenen sind zur Übernahme verpflichtet Vf. 14. März 74 (MB. 98) u. haben nur Anspruch auf Entschädigung für tatsächliche Auslagen, nicht für persönliche Mühewaltung OV. 22. April 85 (XII 35).

[134]) Wenn auch nur objektiv, d. h. wenn das Privatinteresse für ihn in keiner Weise maßgebend war OV. 3. Feb. 02 (XLI 250). Es muß jedoch ein von dem allgemeinen Interesse verschiedenes besonderes Privatinteresse vorliegen 10. April 80 (VI 359).

[135]) In dringenden Fällen dessen Vorsitzender (LVG. § 117) OV. 20. März 84 (Anm. 132).

[136]) Ohne Auftrag ist der ordentliche Stellvertreter in diesem Falle nicht ermächtigt OV. 8. Okt. 84 (XI 219). Der Auftrag endet mit dem Hauptamte OV. 23. Mai 87 (XV 328) u. geht nicht ohne weiteres auf den Stellvertreter oder Nachfolger über OV. 20. Feb. 93 (XXIV 250).

[137]) Instr. (Anl. B) Art. 4[3] nebst Zus. 9.

[137a]) Instr. Art. 4[4]. — Remuneration § 69 Abs. 2.

Für die Uebernahme der Verwaltung eines benachbarten Amtsbezirkes durch einen Bürgermeister ist die Zustimmung der städtischen Vertretung erforderlich.

Sofern die Verhältnisse es gestatten, kann ein kommissarischer Amtsvorsteher mit der Verwaltung zweier oder mehrerer Amtsbezirke gleichzeitig beauftragt werden.

Obliegenheiten des Amtsvorstehers.

§. 59. Der Amtsvorsteher verwaltet:

1) die Polizei, insbesondere die Sicherheits-, Ordnungs-, Sitten-, Gesundheits-, Gesinde-, Armen-, Wege-, Wasser-, Feld-, Forst-, Fischerei-, Gewerbe-, Bau-, Feuerpolizei u. s. w., soweit sie nicht durch besondere Gesetze dem Landrathe oder anderen Beamten übertragen ist[138]);
2) die sonstigen öffentlichen Angelegenheiten des Amtes nach näherer Vorschrift dieses Gesetzes[139]).

Unter der nach Ziffer 1 dem Amtsvorsteher übertragenen Wasserpolizei ist die Strom-, Schiffahrts- und Hafenpolizei nicht begriffen.

§. 60. Der Amtsvorsteher hat das Recht und die Pflicht, da, wo die Erhaltung der öffentlichen Ordnung, Ruhe und Sicherheit sein Einschreiten nothwendig macht, das Erforderliche anzuordnen und auszuführen zu lassen.

§. 61. Der Kreisausschuß[140]) bestimmt endgültig denjenigen Amtsvorsteher[141]), beziehungsweise Bürgermeister, welcher die in Bezug auf die öffentlichen Wege nothwendigen Anordnungen[142]) zu treffen hat, wenn die Betheiligten verschiedenen Amtsbezirken, beziehungsweise Amts- und Stadtbezirken angehören[143]).

Diese Bestimmung findet gleichmäßig Anwendung auf die in Vorfluths- und anderen polizeilichen Angelegenheiten zu treffenden Anordnungen[144]).

---

[138]) Dieses ist die Ortspolizei im Gegensatz zur Landespolizei (Abs. 2), der dem Landrat überwiesenen Polizeigebiete (Anm. 181) u. der den eigenen Behörden vorbehaltenen Bergpolizei BergG. 24. Juni 65 (GS. 705) § 196 (mit Ergänzung G. 24. Juni 92 (GS. 131) Art. IV u. Eisenbahnpolizei G. 3. Nov. 38 (GS. 505) § 23. Die Ausübung bildet ein selbständiges Recht, das weder der Landrat — unbeschadet seines Aufsichtsrechts u. abgesehen von dringenden Fällen — an sich ziehen kann Anm. 181, noch auf den Gemeindevorsteher (§ 65) übertragen werden darf Nr. II 2 Anm. 197. Der Amtsv. kann seine Anordnungen durch die gesetzlichen Zwangsmittel durchsetzen LVG. § 132, 133 u. ist Hilfsbeamter der Staatsanwaltschaft Vf. 15. Sept. 79 (Nr. III 2 d. W. Anm. 187).

[139]) § 54, 54a, 55.

[140]) Bei Beteiligung mehrerer Kreise der Bezirksausschuß, mehrerer RegBez. das OVGer. LVG. § 58 Abs. 1[1].

[141]) Beim Tode tritt ohne weiteres der Stellvertreter oder Nachfolger ein OV. 20. Feb. 93 (Anm. 136).

[142]) ZustG. § 55—57.

[143]) Die Bestellung ist entbehrlich, wenn beide Amtsbezirke von demselben Amtsv. verwaltet werden 4. Nov. 90 (XX 220). Die Kosten sind von den beteiligten Verbänden anteilig — im Zweifel nach den Grundsätzen über zufällige Gemeinschaften (BGB. § 742) zu gleichen Anteilen — zu tragen OV. 19. Feb. 93 (XXVII 8).

[144]) ZustG. § 66.

§. 62. Das durch die §§. 5 ff. des Gesetzes vom 11. März 1850 (Gesetz-Samml. S. 265) der Ortspolizeibehörde für den Umfang einer Gemeinde ertheilte Recht zum Erlaß von Polizeistrafverordnungen wird auf den Amtsvorsteher mit der Maßgabe übertragen, daß er nicht nur für den Umfang einer einzelnen Gemeinde oder eines einzelnen Gutsbezirks, sondern auch für den Umfang mehrerer Gemeinden oder Gutsbezirke und für den Umfang des ganzen Amtsbezirks unter Zustimmung des Amtsausschusses, auch im Falle des §. 7 des Gesetzes, derartige Verordnungen zu erlassen befugt ist.

Versagt der Amtsausschuß die Zustimmung, so kann dieselbe auf Antrag des Amtsvorstehers durch Beschluß des Kreisausschusses ergänzt werden. Der Beschluß ist endgültig.

§. 63. Der Amtsvorsteher hat in den seiner Verwaltung anheimfallenden Angelegenheiten das Recht der vorläufigen Straffestsetzung nach den Vorschriften des Gesetzes vom 23. April 1883 (Gesetz-Samml. S. 65)[145].

§. 64. (Fortgefallen)[146].

Dienstliche Stellung der Gemeinde- und Gutsvorstände, sowie der Gendarmen zu dem Amtsvorsteher.

§. 65. Die Gemeinde- und Gutsvorsteher sind verbunden, den Anweisungen und Aufträgen des Amtsvorstehers, welche derselbe in Gemäßheit seiner gesetzlichen Befugnisse in Dienstangelegenheiten an sie erläßt, nachzukommen[147]), und können hierzu von ihm unter Anwendung der den Ortspolizeibehörden nach §. 132 des Gesetzes über die allgemeine Landesverwaltung vom 30. Juli 1883 (Gesetz-Samml. S. 195)[148]) zustehenden Zwangsmittel, mit Ausnahme der Haftstrafe, angehalten werden. Ein Ordnungsstrafrecht steht dem Amtsvorsteher gegen die Gemeinde- und Gutsvorsteher nicht zu.

Die Gendarmen haben den Requisitionen des Amtsvorstehers in polizeilichen Angelegenheiten zu genügen. Der Dienstaufsicht des Amtsvorstehers unterliegen sie nicht.

Dienstliche Stellung des Amtsvorstehers zu dem Landrathe und dem Kreisausschuß.

§. 66. Der Landrath und der Kreisausschuß sind befugt, für die Geschäfte der allgemeinen Landes- und Kreiskommunalverwaltung, sowie bei Beaufsichtigung der Kommunalangelegenheiten der zu dem Amtsbezirke gehörigen

---

[145]) Durch das G. 23. April 83 ist das frühere G. 14. Mai 52 (GS. 245) ersetzt.

[146]) § 64, der die polizeirichterlichen Geschäfte betraf u. durch das GVG. erledigt war, ist in die Neufassung (Anm. 1) nicht übernommen.

[147]) LGO. § 90, 91. — Auf dem Gebiete der Polizeiverwaltung ist der Amtsv. Vorgesetzter des Gemeinde- u. Gutsvorstehers u. zum Strafantrag bei dessen Beleidigung (StGB. § 196) befugt U. RGer. (St. XXI 336).

[148]) An Stelle des § 68 des G. 26. Juli 80 (GS. 291) getreten.

Gemeinden und Gutsbezirke die vermittelnde und begutachtende Thätigkeit des Amtsvorstehers in Anspruch zu nehmen[149]).

§. 67. Der Kreisausschuß beschließt über Beschwerden gegen Verfügungen der Amtsvorsteher in nicht polizeilichen Angelegenheiten[150]).

Die Aufsicht über die Geschäftsführung der Amtsvorsteher führt der Landrath als Vorsitzender des Kreisausschusses[151]).

Dienstvergehen des Amtsvorstehers.

§. 68. Bezüglich der Dienstvergehen der Amtsvorsteher finden die Bestimmungen des Gesetzes vom 21. Juli 1852, betreffend die Dienstvergehen der nicht richterlichen Beamten (Gesetz-Samml. S. 465), mit folgenden Maßgaben Anwendung[152]):

1) Ueber die Verhängung von Ordnungsstrafen gegen die Amtsvorsteher beschließt im Umfange des den Provinzialbehörden beigelegten Ordnungsstrafrechtes der Kreisausschuß[153]) und im Umfange des dem Minister beigelegten Ordnungsstrafrechtes der Regierungspräsident. Dem Landrathe steht das Recht zur Verhängung von Ordnungsstrafen gegen die Amtsvorsteher nicht zu.

   Gegen den Beschluß des Kreisausschusses findet innerhalb zwei Wochen die Beschwerde[154]) an den Bezirksausschuß[7]), gegen die Strafverfügungen des Regierungspräsidenten innerhalb gleicher Frist die Beschwerde an den Ober-Präsidenten statt.

   Gegen den auf die Beschwerde ergehenden Beschluß des Bezirksausschusses[7]) beziehungsweise des Ober-Präsidenten findet innerhalb zwei Wochen die Klage bei dem Oberverwaltungsgerichte statt.

2) In dem auf Entfernung aus dem Amte gerichteten Verfahren wird die Einleitung des Disziplinarverfahrens von dem Landrathe oder von dem Regierungspräsidenten verfügt und von demselben der Untersuchungskommissar, sowie der Vertreter der Staatsanwaltschaft für die erste Instanz ernannt.

   Die entscheidende Behörde erster Instanz ist der Kreisausschuß, die entscheidende Behörde zweiter Instanz das Oberverwaltungsgericht.

---

[149]) Auch zur Revision der Gemeindekassen, wenn sie nicht mit besonderen technischen Schwierigkeiten verbunden ist Vf. 13. Juni 74 (MB. 158), nicht aber zur Entbürdung der landrätlichen u. Kreisausschußverwaltung von laufenden, namentlich bureaumäßigen Geschäften Vf. 3. Feb. 75 (MB. 61), OV. 15. Okt. 79 (VI 77).

[150]) In polizeilichen Angelegenheiten ist das Verfahren besonders geregelt LVG. § 127—130.

[151]) Nr. II 2 Anm. 269.

[152]) Nr. II 2 Anm. 278.

[153]) Das. Anm. 279. — Die Geldstrafen — einschließlich der vom Bezirksausschuß festgesetzten Vf. 23. März 78 (MB. 46) — fließen zur Kreiskom.-Kasse Vf. 12. Dez. 74 (MB. 75 S. 2), der auch etwaige Kosten des Disziplinarverfahrens zu entnehmen sind Vf. 26. März 80 (MB. 167).

[154]) Diese steht — da es sich um Landesverwaltungs-, nicht um Kreiskom.-Angel. handelt OV. (III 55) — aus Gründen des öffentlichen Interesses auch dem Vorsitzenden zu LVG. § 123.

Der Vertreter der Staatsanwaltschaft bei dem Oberverwaltungsgerichte wird von dem Minister des Innern ernannt[155]).

Kosten der Amtsverwaltung.

§. 69[156]). Der Amtsvorsteher ist berechtigt, eine Amtsunkostenentschädigung zu beanspruchen, welche nach Anhörung der Betheiligten von dem Kreisausschusse als ein Pauschquantum festgesetzt wird[157]).

In gleicher Weise erfolgt die Festsetzung der einem kommissarischen Amtsvorsteher zu gewährenden Remuneration[157a]).

§. 70. Als Beitrag zu den Kosten der Amtsverwaltung überweist der Staat den Kreisen diejenigen Summen, welche er in Folge des gegenwärtigen Gesetzes durch das Eingehen der Königlichen Polizeiverwaltungen, durch den Wegfall der Schulzenremunerationen und anderer Polizeiverwaltungskosten an den im Staatshaushalts-Etat für das Jahr 1873 für ebengenannte Zwecke veranschlagten Ausgaben fernerhin ersparen wird[158]).

Die Vertheilung des für jede Provinz festzustellenden Betrages auf die einzelnen Kreise erfolgt nach Massgabe des Bedürfnisses durch die Provinzialvertretung beziehungsweise durch eine von dieser zu erwählende Kommission.

Ausserdem wird der Staat für die den Kreisen beziehungsweise Amtsbezirken durch die Wahrnehmung von Geschäften der Staatsverwaltung erwachsenden Ausgaben besondere Fonds überweisen. Das hierüber zu erlassende Gesetz wird über den Betrag und die Vertheilung dieser Fonds nähere Anordnungen treffen[159]).

---

[155]) Nr. II 2 Anm. 280.

[156]) Die Amtsunkostenentschädigung (Abs. 1) bildet den Entgelt für sächliche Ausgaben, die Remuneration (Abs. 2) für persönliche Mühewaltung OV. 22. April 85 (Anm. 133).

[157]) Die Festsetzung erfolgt durch Beschluß gem. LVG. § 115—126 Besch. OV. 4. Okt. 98 (VB. XX 277) u. bestimmt zugleich, welche sachlichen Verbandsausgaben (Anm. 117) der Amtsv. dafür zu übernehmen hat OV. 8. Jan. 81 (VII 121). Auf Reisekosten — für die allgemeine Tarifsätze nicht wie für die Staatsbeamten bestehen — haben sie Anspruch in Eisenbahn-Enteignungssachen OV. 22. April 85 (Anm. 133) u. für bare Auslagen beim Erscheinen in der mündlichen Verhandlung im Streitverfahren 22. Dez. 80 (VII 400). Auch gebührt ihnen eine Chausseegeldfreikarte Vf. 4. Juni 74 (MB. 173). — Zur Rechnungslegung über das Pauschquantum ist der Amtsvorsteher nicht verbunden. Eine Herabsetzung während der Amtsdauer gegen den Willen des Amtsv. ist nur zulässig, wenn ein Vorbehalt gemacht ist oder die maßgebenden sachlichen Verhältnisse sich ändern OV. 9. Feb. 78 (IV 77).

[157a]) Instr. (Anl. B) Art. 4 ⁴ Abs. 2 u. KVG. (Nr. I 4 d. W.) Anm. 56.

[158]) Vom 1. April 03 ab auf 750 000 M. festgesetzt G. 2. Juni 02 (Nr. V 2 Anl. A d. W.) § 11.

[159]) An Stelle der Verteilung durch die Provinzialvertretung (Abs. 2) wird der Betrag jetzt je zur Hälfte nach dem Flächeninhalt u. der Zivilbevölkerung den Landkreisen überwiesen G. 30. April 73 (Nr. V 2 d. W.) § 3 Satz 2; die in KrO. § 70 Abs. 3 verheißene Überweisung ist inzwischen erfolgt, die in gleicher Weise verteilt wird das. § 1², 2 u. 3 Satz 1.

Soweit die Kosten der Amtsverwaltung durch die vom Staate überwiesenen Beträge ihre Deckung nicht finden, trägt dieselbe das Amt[160]).

In den zusammengesetzten Amtsbezirken gilt für die Aufbringunng der Verwaltungskosten in Ermangelung einer Vereinbarung unter den Betheiligten[161]) der nach Maßgabe dieses Gesetzes in dem Kreise für die Kreisabgaben festgestellte Maßstab[162]).

§. 70a. Auf Beschwerden und Einsprüche[87]), betreffend:

1) das Recht zur Mitbenutzung der öffentlichen Einrichtungen und Anstalten des Amtsbezirkes[88]),
2) die Heranziehung oder die Veranlagung[163]) zu den Kosten der Amtsverwaltung oder zu anderen Amtsabgaben,

beschließt — in zusammengesetzten Amtsbezirken — der Amtsausschuß.

Beschwerden und Einsprüche der zu 2 gedachten Art sind innerhalb einer Frist von zwei Monaten[164]) nach Bekanntmachung der Abgabebeiträge bei dem Amtsvorsteher anzubringen. Einsprüche gegen die Höhe von Amtszuschlägen zu den direkten Staatssteuern, welche sich gegen den Prinzipalsatz der letzteren[95]) richten, sind unzulässig.

Gegen den Beschluß des Amtsausschusses[96]) findet innerhalb zwei Wochen die Klage bei dem Kreisausschusse statt. Hierbei finden die Vorschriften des §. 19 Absatz 3 Satz 2 Anwendung.

Die Beschwerden und die Einsprüche, sowie die Klage, haben keine aufschiebende Wirkung[165]).

§. 71. In denjenigen Gemeinden und Gutsbezirken, welche einen Amtsbezirk für sich bilden, werden die Kosten der Amtsverwaltung gleich den übrigen Kommunalbedürfnissen aufgebracht. Solche Amtsbezirke haben keinen Anspruch auf die vom Staate gewährten Fonds[166]).

---

[160]) Der Kreis leistet nur Beihilfen u. ist nicht Träger der Last OV. 14. Mai 79 (V 61). Jedes Amt trägt nur die Kosten für den eigenen, nicht für einen seinem Amtsv. etwa übertragenen fremden Bezirk 19. Feb. 95 (XVII 8). — Übersicht der Amtsausgaben Vf. 10. Juni 73 (MB. 137). Das Amt trägt das Porto für dienstliche Sendungen an den Landrat Vf. 15. April 76 (MB. 101). In gerichtlichen Strafsachen wird es aus Justizfonds erstattet Vf. JustMin. 31. Aug. 75 (MB. 230). Die Annahme nicht freigemachter Schreiben von Privatpersonen kann der Amtsv. verweigern OV. 15. Dez. 83 (X 399). Von den Polizeikosten trägt der Amtsverband nur die unmittelbaren Nr. II 1 Anl. A Anm. 16. Dazu gehören die Kosten der nötigen technischen Beihilfe, die die Aufsichtsbehörde anordnen kann OV. 2. Juli 79 (V 68).

[161]) Beteiligte sind die Gemeinden und Gutsbezirke, die ihren Anteil als Kommunallast — die Gutsbezirke ohne Heranziehung der Gutsinsassen — aufzubringen haben OV. 13. Okt. 76 (I 119), 30. Juni 77 (II 71) u. 3. Juli 78 (IV 139).

[162]) Maßgebend sind § 10, 12, 14—18; das Einkommen des Fiskus aus Grundbesitz, Gewerbe- u. Bergbaubetrieb bleibt nach § 14 Abs. 2 frei OV. 11. Jan. 01 (XXXVIII 23).

[163]) Nr. I 3 Anm. 257.

[164]) Das. Anm. 259.

[165]) Das. Anm. 281.

[166]) Unter besonderen Umständen kann ihnen eine Beihilfe aus diesem Fonds bewilligt werden Instr. (Anl. B) Art. 2

§. 72. Unterläßt oder verweigert ein Amtsverband die ihm gesetzlich obliegenden, von der Behörde innerhalb der Grenzen ihrer Zuständigkeit festgestellten Leistungen auf den Haushaltsetat zu bringen oder außerordentlich zu genehmigen, so verfügt der Landrath unter Anführung der Gründe die Eintragung in den Etat, beziehungsweise die Feststellung der außerordentlichen Ausgabe[167]).

Gegen die Verfügung des Landraths steht dem Amtsverbande innerhalb zwei Wochen die Klage[168]) bei dem Bezirksausschuß[7]) zu. Zur Ausführung der Rechte des Amtsverbandes kann der Amtsausschuß einen besonderen Vertreter bestellen[169]).

Einnahmen aus Geldbußen und Konfiskaten[170]).

§. 73. Die von den Amtsvorstehern in Gemäßheit des Gesetzes vom 23. April 1883 (Gesetz-Samml. S. 65)[145]) endgültig festgesetzten Geldbußen und Konfiskate[170]), sowie die von denselben festgesetzten Exekutivgeldbußen werden — soweit nicht in Ansehung gewisser Uebertretungen besonders bestimmt ist, wohin die durch dieselben verwirkten Geldbußen oder Konfiskate fließen sollen — zur Amtskasse, beziehungsweise zu den Kassen der einen eigenen Amtsbezirk bildenden Gemeinden und Gutsbezirke vereinnahmt und zur Deckung der Kosten der Amtsverwaltung mitverwendet.

Fünfter Abschnitt.

Von dem Amte des Landraths[171]).

Landrath.

a. Ernennung desselben.

§. 74. Der Landrath wird vom Könige ernannt.

Der Kreistag ist befugt, für die Besetzung des erledigten Landrathsamtes geeignete Personen, welche seit mindestens einem Jahre dem Kreise durch Grundbesitz oder Wohnsitz angehören[172]), in Vorschlag zu bringen.

Zus. 4. Aus mehreren Gütern bestehende Amtsbezirke gelten, auch wenn sie sich in einer Hand befinden, als zusammengesetzte; ob sie Anspruch auf die staatlichen Fonds haben, ist zuvörderst dem Beschluß der Beteiligten zu überlassen Vf. 31. Mai 74 (MB. 158).

[167]) Nr. II 2 Anm. 275, 276.

[168]) Ein Streit, wem von mehreren Beteiligten die Leistungen obliegen, kann damit nicht verbunden werden OV. 6. Nov. 86 (XIV 31).

[169]) Anderenfalls vertritt ihn der Amtsv. § 55 Abs. 1.

[170]) Eingezogene Gegenstände.

[171]) Der fünfte Abschnitt betrifft den Landrat, seine Ernennung § 74, Stellvertretung § 75, und — im wesentlichen nur unter Hinweis auf die bestehenden Vorschriften — seine amtliche Stellung § 76 u. Rechte u. Pflichten § 77. Der § 78, der das Polizeiverordnungsrecht betraf u. durch LVG. § 142 ersetzt war, ist in die Neufassung (Anm. 1) nicht übernommen.

[172]) Gilt auch für die nach Abs. 3 2a Geeigneten.

Geeignet zur Bekleidung der Stelle eines Landrathes sind diejenigen Personen, welche

1) die Befähigung zum höheren Verwaltungs- oder Justizdienste erlangt haben[173]), oder

2) dem Kreise seit mindestens einem Jahre durch Grundbesitz oder Wohnsitz angehören, und zugleich mindestens während eines vierjährigen Zeitraumes, entweder

a) als Referendare im Vorbereitungsdienste bei den Gerichten und[174]) Verwaltungsbehörden

oder

b) in Selbstverwaltungsämtern des betreffenden Kreises, des Bezirkes oder der Provinz[175]), — jedoch nicht lediglich als Stellvertreter oder als Mitglieder von Kreiskommissionen[176])

thätig gewesen sind.

Auf den Zeitraum von vier Jahren kann den zu 2 b bezeichneten Personen eine Beschäftigung bei höheren Verwaltungsbehörden bis zur Dauer von zwei Jahren in Anrechnung gebracht werden.

b. Stellvertretung desselben.

§. 75. Behufs Stellvertretung des Landrathes[177]) werden von dem Kreistage aus der Zahl der Kreisangehörigen zwei Kreisdeputirte[178]) auf je sechs Jahre[128]) gewählt. Dieselben bedürfen der Bestätigung des Ober-Präsidenten. Sie sind von dem Landrathe zu vereidigen.

---

[173]) Bedingt durch das Bestehen der Staatsprüfung als Regierungsassessor G. 11. März 79 (GS. 160) § 2, 10, oder Gerichtsassessor GVG. § 2 u. G. 24. April 78 (GS. 230) § 1.

[174]) Die Beschäftigung bei einer dieser Behörden genügt nicht.

[175]) Dazu gehören die Ämter der Amtsv., der gewählten Mitglieder der Kreis-, Bezirks- u. Provinzialausschüsse u. Provinzialräte. Die Befähigung gilt nur für Landratsämter innerhalb der Kreise, Provinzen u. Bezirke, in denen diese Tätigkeit ausgeübt ist.

[176]) § 167.

[177]) Die Stellvertretung tritt nur in Behinderungsfällen ein; bei Erledigung des Amtes ist § 75 nicht anwendbar u. die Bestellung des Landratsamtsverwalters (Verwesers) dem Min. vorbehalten Vf. 25. Nov. 36 (KA. 805). Auch die Bestellung eines Stellvertreters durch die Staatsbehörde wird durch § 73 nicht ausgeschlossen OV. 17. Mai 83 (X 24). Die Verwaltung kann Referendarien übertragen werden Reg. 30. Nov. 83 (MB. 84 S. 1) § 8; vorzugsweise kommen dafür die den Landräten zugeteilten Regierungsassessoren in Betracht. — Vertretung des Landrats im Kreistage § 118 Abs. 1 Satz 2, im Kreisausschusse § 136 Abs. 2 Satz 2.

[178]) Die Kreisdeputierten sind als gesetzliche Vertreter des Landrats während der Vertretung Polizeibeamte OV. 3. Nov. 93 (XXV 20). Den Disziplinargesetzen unterliegen sie nur während der Verwaltung des Landratsamts Vf. 17. Nov. 65 (MB. 297). — Sie erhalten Vergütung von 6 M. täglich Vf. 29. Okt. 74 (MB. 75 S. 65) u. bei Geschäften außerhalb des Kreises Tagegelder u. Reisekosten nach den Sätzen der 4. Rangklasse der Staatsbeamten Vf. 26. Feb. 03 (MB. 33).

Für kürzere Verhinderungsfälle[179]) kann der Kreissekretär als Stellvertreter eintreten[180]).

c. Amtliche Stellung desselben.

§. 76. Der Landrath führt als Organ der Staatsregierung die Geschäfte der allgemeinen Landesverwaltung im Kreise und leitet als Vorsitzender des Kreistages und des Kreisausschusses die Kommunalverwaltung des Kreises.

d. Rechte und Pflichten desselben.

§. 77. Soweit die Rechte und Pflichten des Landrathes nicht durch das gegenwärtige Gesetz abgeändert sind, behält es bei den darüber bestehenden Vorschriften auch ferner sein Bewenden[180a]).

Demgemäß hat der Landrath auch ferner die gesammte Polizeiverwaltung im Kreise und in dessen einzelnen Amtsbezirken, Gemeinden und Gutsbezirken zu überwachen[181]).

§. 78. (Fortgefallen)[171]).

Sechster Abschnitt.

Von dem Zwangsverfahren der Behörden des Kreises.

§§. 79 bis 83. (Fortgefallen)[102]).

---

[179]) In der Regel bis zu 2 Wochen Vf. 10. Mai 31 (MB. 41 S. 314). In der westf. u. der rhein. KrO. § 31 Abs. 2 ist dieses ausdrücklich bestimmt.

[180]) Ausgeschlossen ist diese Vertretung beim Vorsitz im Kreistage u. Kreisausschusse Anm. 177 Schlußsatz, in Ersatz- u. in Flurschädenangelegenheiten Vf. 17. Dez. 96 u. 22. Jan. 97 (MB. 30), OV. 25. April 90 (XIX 132). — Während der Vertretung ist der Kreissekretär Polizeibeamter OV. 27. Jan. 86 (XIII 78) u. zur Empfangnahme der dienstlich an die Landräte gerichteten Geldsendungen berechtigt Vf. 28. Juni 52 (MB. 201). Die Erstattung der vom Landrat persönlich verauslagten Portokosten an die Gendarmen fällt nicht darunter Vf. 4. Okt. 88 (MB. 177).

[180a]) Vollziehung der Unterschrift durch Stempel Nr. III 2 Anm. 169.

[181]) Die Vorschrift gibt im wesentlichen den § 36 der V. 30. April 15 (GS. 85) wieder u. gilt auch für die kreisangehörigen Städte, obwohl sie der Kommunalaufsicht des RPr. unterstehen ZustG. § 7 u. in Städten mit mehr als 10000 Einwohnern, obwohl in diesen die Beschwerden gegen polizeiliche Verfügungen an den RPr. gehen LVG. § 127. Der Landrat kann demgemäß den städtischen Polizeiverwaltern Anweisungen erteilen u. Disziplinarstrafen auferlegen OV. 4. Dez. 96 (XXXI 433). — Der Landrat kann die den Unterbehörden zugewiesene Tätigkeit nicht an sich ziehen, es sei denn, daß ohnedem die Zwecke der gesetzlichen Aufsicht nicht erfüllt werden können (besondere Dringlichkeit oder in der Person des Amtsvorstehers liegende sachliche Gründe) OV. 9. Juni 77 (II 415), Vf. 15. März 74 (MB. 103). Insbesondere darf der Amtsv. keine Anordnungen treffen, die denen der Aufsichtsbehörden entgegenstehen 10. Juli 78 (IV 410). Bei Viehseuchen kann der Landrat die ortspolizeilichen Verrichtungen im einzelnen Seuchenfalle übernehmen G. 12. März 81 (GS. 128) § 2. Er handhabt ferner die Jagdpolizei ZustG. § 103 u. die Chausseepolizei OV. 3. Sept. 84 (XI 204) nebst Vf. 17. Juni 74 (MB. 161) u. 5. Juli 97 (MB. 134). Für die polizeiliche Tätigkeit des Landrats gelten bezüglich der Rechtsmittel LVG. § 127—129, der Zwangsbefugnisse § 132, 133, des Polizeiverordnungsrechts § 142.

Dritter Titel.

Von der Vertretung und Verwaltung des Kreises[182]).

Erster Abschnitt.

Von der Zusammensetzung des Kreistages[183]).

Zahl der Mitglieder des Kreistages.

§. 84. Die Kreisversammlung (der Kreistag) besteht in Kreisen, welche unter Ausschluß der im aktiven Militärdienste stehenden Personen 25000 oder weniger Einwohner[184]) haben, aus 25 Mitgliedern. In Kreisen mit mehr als 25000 bis zu 100000 Einwohnern tritt für jede Vollzahl von 5000 und in Kreisen mit mehr als 100000 Einwohnern für jede über die letztere Zahl überschießende Vollzahl von 10000 Einwohnern je ein Vertreter hinzu.

Bildung von Wahlverbänden für die Wahl der Kreistagsabgeordneten.

§. 85. Zum Zwecke der Wahl der Kreistagsabgeordneten werden drei Wahlverbände gebildet und zwar:

a) der Wahlverband der größeren ländlichen Grundbesitzer,

b) der Wahlverband der Landgemeinden und

c) der Wahlverband der Städte.

---

[182]) Der dritte Titel bildet den eigentlichen Kern der KrO. Er behandelt die ordentlichen Organe des Kreises, den zu seiner Vertretung berufenen Kreistag in der Zusammensetzung Abschn. 1 (§ 83—114) u. den Versammlungen u. Geschäften Abschn. 2 (§ 114—126), an die die Best. über den Kreishaushalt angeschlossen werden Abschn. 3 (§ 127 bis 129), u. den die Kreiskommunalangelegenheiten verwaltenden u. zugleich Geschäfte der allg. Landesverwaltung wahrnehmenden Kreisausschuß Abschn. 4 (§ 130—166). Als außerordentliche vom Kreise nur nach Bedürfnis zu bestellende Organe fügt er die Kreiskommissionen an Abschn. 5 (§ 167, 168).

[183]) Der erste Abschnitt betrifft die Vorbereitungen zur Wahl (Zahl der Kreistagsmitglieder § 84, Verteilung auf die drei Wahlverbände § 85—90 u. innerhalb dieser § 91—93, Aufstellung der Verzeichnisse der Wahlberechtigten § 110 u. des Verteilungsplans § 111—112a), die Vollziehung der Wahl (im Wahlverbande der größeren Grundbesitzer § 94—97, der Städte § 98—103, der Landgemeinden § 104, 105, gemeinsame Best. § 106—108, insbes. Entscheidung über die Gültigkeit § 113) u. die Kreistagsmitglieder (Einführung § 114, Ausschluß von Reisekosten u. Tagegeldern § 115). — Zur Ausführung erging die Instr. 10. März 73, Anlage C; die Vollziehung der Wahl betrifft außerdem das der KrO. angefügte Wahlreglement. — Nach ihrer rechtlichen Bedeutung sind die in dem Wahlreglement u. der Instruktion gegebenen Vorschriften über das Wahlverfahren entweder unerläßliche Bedingung für die Gültigkeit der Wahl, oder nur Sicherungsmittel zur Klarlegung u. Feststellung des Ergebnisses; über Bedeutung der Nichtbeachtung der letzteren hat der Verwaltungsrichter im Einzelfalle zu entscheiden OV. 5. Sept. 78 (IV 5). Fälle der ersteren Art — zu denen auch Bestimmungen der mit gesetzlicher Ermächtigung (KrO. § 200) erlassenen Instr. gehören können OV. 6. Nov. 88 (XVII 4) — enthalten Anm. 218—220 u. 222, Fälle der letzteren Anm. 229.

[184]) Nach der letzten Volkszählung OV. 13. Juni 93 (VB. XV 13); verb. Anm. 194.

In Kreisen, in welchen keine Stadtgemeinde vorhanden ist, scheidet der Wahlverband der Städte aus.

Für Kreise, welche nur aus einer oder mehreren Stadt bestehen, gelten die Vorschriften der §§. 169 und 171 bis 175 dieses Gesetzes[184a]).

Bildung des Wahlverbandes der größeren ländlichen Grundbesitzer.

§. **86.** Der Wahlverband der größeren ländlichen Grundbesitzer besteht aus allen denjenigen zur Zahlung von Kreisabgaben verpflichteten Grundbesitzern, mit Einschluß der juristischen Personen, Aktiengesellschaften und Kommanditgesellschaften auf Aktien, welche von ihrem gesammten, auf dem platten Lande innerhalb des Kreises belegenen Grundeigenthume[185]) zum Betrag von mindestens 225 Mark an Grund- und Gebäudesteuer[186]) veranlagt sind[187]).

Nach Erlaß der Provinzialordnung bleibt den Provinzialvertretungen überlassen, für ihre Provinz oder auch für einzelne Kreise derselben den Betrag von 225 Mark auf den Betrag von 300 Mark zu erhöhen oder bis auf den Betrag von 150 Mark zu ermäßigen.

Für einzelne Kreise der Provinz Sachsen darf diese Erhöhung bis zu dem Betrage von 450 Mark erfolgen[188]).

Dem Wahlverbande der größeren ländlichen Grundbesitzer treten diejenigen Gewerbetreibenden und Bergwerksbesitzer hinzu, welche wegen ihrer auf dem platten Lande innerhalb des Kreises betriebenen gewerblichen Unternehmungen in den Klassen I oder II[189]) der Gewerbesteuer mit dem Steuerbetrage von 300 Mark[189]) veranlagt sind (§. 14 Absatz 4)[190]).

[184a]) Kreise, die nur aus mehreren Städten bestehen, sind zur Zeit nicht vorhanden. Vergl. Anm. 286.

[185]) Nur das Grundeigentum, nicht eigentumsähnliche Nutzungsrechte OV. 13. Jan. 88 (XVI 13), dieses aber gleichviel welchem u. auch wenn es keinem Gemeinde- oder Gutsverbande angehört 8. Nov. 76 (I 113). Wenn es grundbuchmäßig ist (BGB. § 873), gilt es auch ohne Besitz OV. 24. Jan. 02 (XL 11). Von dem teils in einem städtischen, teils in einem ländlichen Kommunalbezirke belegenen Grundbesitz kommt nur der letztere in Betracht Instr. (Anl. C) Art. 2 Zus. 6.

[186]) In den Kreisen Teltow und Niederbarnim muß wenigstens die Hälfte auf die Grundsteuer entfallen G. 6. Juni 00 (GS. 147) § 1.

[187]) G. 14. Juli 93 (Nr. I 3 Anl. C) § 5 Abs. 1 (im Texte stand: entrichten, bez. zu entrichten haben würden, wenn sie nach Maßgabe der Gesetze v. 21. Mai 61 GS. 253 u. 317 zur Grund- bez. Gebäudesteuer veranlagt wären).

[188]) Zu Abs. 2 u. 3 Sondervorschrift f. d. RBez. Stralsund u. die Prov. Sachsen § 180.

[189]) GewerbestG. 24. Juni 91 (GS. 205) § 80, wonach an Stelle der früheren Klasse A 1 die Kl. I u. II u. an Stelle des Mittelsatzes der Steuerbetrag von 300 M. getreten sind.

[190]) Für die Bergwerksbesitzer ist dieses die vom Kreisausschuß zum Zweck der Steuerveranlagung vorgenommene Einschätzung OV. 23. Juni 99 (XXXV 15).

Bildung des Wahlverbandes der Landgemeinden.

§. 87. Der Wahlverband der Landgemeinden[191]) umfaßt:

1) sämmtliche Landgemeinden des Kreises;
2) sämmtliche Besitzer selbstständiger Güter[192]) mit Einschluß der juristischen Personen, Aktiengesellschaften und Kommanditgesellschaften auf Aktien, welche nicht zu dem Verbande der größeren Grundbesitzer (§. 86) gehören;
3) diejenigen Gewerbtreibenden und Bergwerksbesitzer, welche wegen ihrer auf dem platten Lande innerhalb des Kreises betriebenen gewerblichen Unternehmungen in den Klassen I oder II mit dem Steuerbetrage von 300 Mark[189]) veranlagt sind.

Bildung des Wahlverbandes der Städte.

§. 88. Der Wahlverband der Städte umfaßt die Stadtgemeinden[193]) des Kreises.

Vertheilung der Kreistagsabgeordneten auf die einzelnen Wahlverbände[194]).

§. 89. Die nach §. 84 dieses Gesetzes jedem Kreise nach Maßgabe seiner Bevölkerungsziffer zustehende Zahl von Kreistagsabgeordneten wird auf die drei Wahlverbände der größeren Grundbesitzer, der Landgemeinden und der Städte nach folgenden Grundsätzen vertheilt:

1) Die Zahl der städtischen Abgeordneten wird nach dem Verhältnisse der städtischen und ländlichen Bevölkerung, wie dasselbe durch die letzte allgemeine Volkszählung festgestellt worden ist[195]), bestimmt. Die Zahl der städtischen Abgeordneten darf die Hälfte, und in denjenigen Kreisen, in welchen nur eine Stadt vorhanden ist, ein Drittel der Gesammtzahl aller Abgeordneten nicht übersteigen.
2) Von der nach Abzug der städtischen Abgeordneten übrig bleibenden Zahl der Kreistagsabgeordneten erhalten die Verbände der größeren Grundbesitzer und der Landgemeinden ein jeder die Hälfte.

---

[191]) Einschließlich der Flecken, soweit ihnen nicht die StO. mit oder ohne die Maßgaben des Tit. VIII verliehen ist, aber ausschließlich der nicht als Gemeinden anerkannten Kolonien Instr. (Anl. C) Art. 4 Zus. 10.

[192]) Das sind selbständige Gutsbezirke. — Besitzer von Teilstücken solcher Bezirke oder von kommunalfreien Grundstücken sind nicht wahlberechtigt Instr. (Anl. C) Art. 3 Abs. 3 u. Zus. 8, OV. 13. Okt. 76 (I 102).

[193]) In den Kreisen Teltow und Niederbarnim auch Landgemeinden mit mehr als 6000 Einwohnern G. 6. Juni 00 (Anm. 186) § 2; zur Wahl berechtigt (KrO. § 104) ist die Gemeindevertretung § 3, wählbar im Wahlverbande der Städte (KrO. § 106) jeder Einwohner der im Kreise belegenen Städte, der sich im Besitz des Bürgerrechts befindet, sowie jedes Gemeindeglied der als Städte geltenden Landgemeinden § 4.

[194]) Instr. (Anl. C) Art. 5.

[195]) Endgültig OV. 15. März 01 (XXXIX 3). — Instr. Art. 5 Zus. 11.

§. 90. Bleibt die vorhandene Zahl der in dem Wahlverbande der größeren Grundbesitzer Wahlberechtigten (§. 86) in einem Kreise unter der ihrem Verbande nach §. 89 zukommenden Abgeordnetenzahl, so wählt dieser Verband nur so viele Abgeordnete, als Wähler[196]) vorhanden sind, und fällt die demselben hiernach abgehende Zahl von Abgeordneten dem Wahlverbande der Landgemeinden zu.

Vertheilung der vom Wahlverbande der Landgemeinden zu wählenden Abgeordneten auf die einzelnen Wahlbezirke.

§. 91. Zum Zwecke der Wahl der von dem Verbande der Landgemeinden zu wählenden Abgeordneten werden, unter möglichster Anlehnung an die Amtsbezirke, in räumlicher Abrundung und nach Maßgabe der Bevölkerung Wahlbezirke gebildet, deren jeder die Wahl von einem bis zwei Abgeordneten zu vollziehen hat[197]).

Vertheilung der vom Wahlverbande der Städte zu wählenden Abgeordneten auf die einzelnen Stadtgemeinden, beziehungsweise Bildung von Städtewahlbezirken.

§. 92[198]). Die Zahl der vom Wahlverbande der Städte überhaupt zu wählenden Kreistagsabgeordneten wird auf die einzelnen Städte des Kreises nach Maßgabe der Seelenzahl[184]) vertheilt.

Sind in einem Kreise mehrere Städte vorhanden, auf welche hiernach nicht je ein Abgeordneter fällt, so werden diese Städte behufs der Wahl mindestens eines gemeinschaftlichen Abgeordneten zu einem Wahlbezirke vereinigt[199]).

Ist in einem Kreise neben anderen großen Städten nur eine Stadt vorhanden, welche nach ihrer Seelenzahl nicht einen Abgeordneten zu wählen haben würde, so ist derselben gleichwohl ein Abgeordneter zu überweisen.

Ausgleichung der sich bei der Vertheilung der Kreistagsabgeordneten ergebenden Bruchtheile.

§. 93[198]). Ergeben sich bei den nach Maßgabe der §§. 89 bis 92 des Gesetzes vorzunehmenden Berechnungen[200]) Bruchtheile, so werden dieselben nur insoweit berücksichtigt, als sie $^1/_2$ erreichen oder übersteigen.

Uebersteigen sie $^1/_2$, so werden sie für voll gerechnet, kommen sie $^1/_2$ gleich, so bestimmt das Loos, welchem der bei der Vertheilung betheiligten Wahlverbände und Wahlbezirke, beziehungsweise welcher Stadtgemeinde der Bruchtheil für voll gerechnet werden soll.

---

[196]) Das sind Wahlberechtigte nach § 86, auch wenn sie den Voraussetzungen des § 96 nicht entsprechen OV. 25. Sept. 88 (XVII 8).

[197]) Instr. Art. 6. Die Wahlbezirke können mehrere, müssen aber mindestens eine Landgemeinde umfassen OV. 16. Okt. 00 (XXXVIII 1).

[198]) Instr. Art. 7.

[199]) Auf die Feststellung der Voraussetzung ist die Berechnung in § 93 nicht anwendbar OV. 26. Juni 88 (XVI 10). Verteilung der Abgeordneten Instr. Art. 7[a] nebst OV. 10. Mai 01 (XXXIX 10).

[200]) Abweichung Instr. Art. 5 Abs. 5 bis 8 u. Anm. 199.

Vollziehung der Wahlen in den Wahlverbänden der größeren Grundbesitzer.

§. **94.** Zur Wahl der von dem Wahlverbande der größeren Grundbesitzer zu wählenden Kreistagsabgeordneten treten die zu diesem Verbande gehörigen Grundbesitzer, Gewerbtreibenden und Bergwerksbesitzer in der Kreisstadt unter dem Vorsitze des Landraths zusammen[201]).

§. **95.** Bei dem Wahlakte hat jeder Berechtigte nur Eine Stimme.

Auch als Stellvertreter können Personen, welche bereits eine Stimme führen, ein ferneres Stimmrecht nicht ausüben[202]). Ausgenommen sind die im §. 97 Nr. 7 bezeichneten Vertreter.

§. **96.** Das Recht zur persönlichen Theilnahme an den Wahlen (§. 94) steht vorbehaltlich der nachfolgenden besonderen Bestimmungen (§. 97) denjenigen Grundbesitzern, Gewerbtreibenden und Bergwerksbesitzern zu, welche

a) Angehörige des Deutschen Reiches und selbstständig sind.

Als selbstständig wird derjenige angesehen, welcher das 21. Lebensjahr vollendet hat, sofern ihm das Recht, über sein Vermögen zu verfügen und dasselbe zu verwalten, nicht durch gerichtliche Anordnung entzogen ist;

b) sich im Besitze der bürgerlichen Ehrenrechte befinden[203]).

Das Wahlrecht geht verloren, sobald eins der vorstehenden Erfordernisse bei dem bis dahin Wahlberechtigten nicht mehr zutrifft[204]). Es ruht während der Dauer eines Konkurses[205]), ferner während der Dauer einer gerichtlichen Untersuchung, wenn dieselbe wegen Verbrechen oder wegen solcher Vergehen, welche den Verlust der bürgerlichen Ehrenrechte nach sich ziehen müssen oder können, eingeleitet[206]) oder wenn die gerichtliche Haft[207]) verfügt ist.

§. **97.** Durch Stellvertretung können sich an den Wahlen betheiligen[208]):

1) der Staat durch einen Vertreter aus der Zahl seiner Beamten, seiner Domänenpächter oder der ländlichen Grundbesitzer des Kreises;

---

[201]) Die Bestellung eines Vertreters für den Landrat ist ausgeschlossen u. nur der gesetzliche Vertreter zuständig OV. 23. Jan. 78 (III 60) u. 17. Mai 83 (X 24). — Für die Wahl ist § 105, obwohl unter anderer Überschrift stehend, gleichfalls anwendbar.

[202]) In demselben Wahlverbande OV. 18. Dez. 95 (XXIX 1); für die Wahl in anderen Verbänden besteht nur die Beschränkung in § 100 Abs. 4.

[203]) Ehrenrührigkeit ist kein Ausschließungsgrund 25. Feb. 87 (VB. VIII 265).

[204]) Aus der Niederlegung anderer Kreisämter kann die stillschweigende Niederlegung des Amtes als Wahlmann nicht gefolgert werden OV. 13. Feb. 82 (VIII 42).

[205]) Ausübung durch Stellvertreter (§ 97) ist nicht ausgeschlossen OV. 13. Jan. 97 (VB. XVIII 435).

[206]) Die Einleitung erfolgt erst mit Eröffnung des Hauptverfahrens OV. 13. Sept. 89 (XVIII 1).

[207]) Das ist Untersuchungshaft OV. 11. Mai 85 (XII 11).

[208]) Die Best. über Stellvertretung bilden eine Ausnahme u. sind nicht auf ähnliche Fälle sinngemäß anwendbar OV. 25. März 86 (XIII 29). — Vollmacht Instr. (Anl. C) Art. 13 Abs. 4 Nr. 1 Satz 2; Wählbarkeit der Stellvertreter zu Kreistagsabgeordneten das. Nr. 3.

2) juristische Personen, Aktiengesellschaften und Kommanditgesellschaften auf Aktien durch einen Pächter oder mit Generalvollmacht versehenen Administrator eines im Kreise belegenen größeren Gutes[209]), oder durch einen Vertreter aus der Zahl der ländlichen Grundbesitzer des Kreises; Korporationen sind befugt, sich nach Maßgabe ihrer Statuten oder Verfassungen vertreten zu lassen[210]);
3) Eltern durch ihre Söhne, welchen sie die Verwaltung[211]) selbstständiger Güter[209]) dauernd übertragen haben;
4) unverheirathete Besitzerinnen[212]) durch Vertreter aus der Zahl der ländlichen Grundbesitzer des Kreises;
5) die Mitglieder regierender Häuser[212a]) durch ein Mitglied ihrer Familie oder einen Vertreter aus der Zahl ihrer Beamten, ihrer Gutspächter oder der ländlichen Grundbesitzer des Kreises;
6) die gemeinschaftlichen Besitzer[213]) eines größeren Grundeigenthums (§. 86) durch einen Mitbesitzer, beziehungsweise die Theilnehmer eines gewerblichen Unternehmens durch einen derselben;
7) Ehefrauen, sowohl groß- wie minderjährige, können durch ihren Ehemann[214]), Kinder unter väterlicher Gewalt durch ihren Vater, bevormundete Personen durch ihren Vormund oder Pfleger vertreten werden. Wird die Vormundschaft oder Pflegschaft von weiblichen Personen geführt, so kann deren Vertretung nach Maßgabe der Bestimmung unter 4 erfolgen,

insofern die unter Nr. 2 genannten Berechtigten im Deutschen Reiche ihren Sitz haben und die unter Nr. 3 bis 7 genannten Berechtigten Angehörige des Deutschen Reiches sind und sich im Genusse der bürgerlichen Ehrenrechte befinden.

Die Vertreter, mit Ausnahme der unter Nr. 7 bezeichneten, müssen in dem Kreise entweder einen Wohnsitz haben oder in demselben Grundeigenthum besitzen. Außerdem gelten für die Vertreter die Grundsätze, welche der §. 96 für die Wahlberechtigung vorschreibt.

---

[209]) Größeres Gut ist ein wirtschaftlich geschlossenes größeres Grundeigentum; die Eigenschaft als Gutsbezirk oder der Steuersatz für den größeren Grundbesitz (§ 86) ist nicht erforderlich OV. 23. Jan. 79 (V 1). Eine Mühlenanlage, deren Wert hauptsächlich in gewerblichen Einrichtungen besteht, gehört nicht dazu 18. Feb. 90 (VB. XII 14).

[210]) Die Vertreter müssen den Voraussetzungen des Abs. 2 entsprechen, Städte können sich nach Nr. 2 Satz 1 oder 2 vertreten lassen OV. 7. Feb. 93 (XXIV 23).

[211]) Der ganzen Verwaltung OV. 22. April 93 (VB. XV 71). Verpachtung fällt nicht darunter OV. 16. Feb. 78 (III 64) u. 25. März 86 (XIII 29).

[212]) Auch Witwen OV. 25. März 86 (XIII 29).

[212a]) Desgl. die Grafen zu Stolberg Anm. 299.

[213]) Instr. (Anl. C) Art. 2 Zus. 5 u. Art. 3 Zus. 8. — Besitzer sogen. adliger Anteilsgüter gehören nicht dazu OV. 8. Nov. 76 (Anm. 185).

[214]) Nicht durch andere Stellvertreter OV. 25. März 86 (Anm. 211).

Vollziehung der Wahlen in den Wahlbezirken des Verbandes der Landgemeinden.

§. 98. In jedem Wahlbezirke des Wahlverbandes der Landgemeinden wird die Wahlversammlung gebildet:

1) durch Vertreter der einzelnen Landgemeinden;
2) durch die Besitzer der in dem Bezirke liegenden selbstständigen Güter[192]), welche nicht zu den größeren Grundbesitzern (§. 86) gehören;
3) durch diejenigen Gewerbtreibenden und Bergwerksbesitzer, welche wegen ihrer auf dem platten Lande innerhalb des Kreises betriebenen gewerblichen Unternehmungen in den Klassen I und II[189]) der Gewerbesteuer mit dem Steuerbetrage von 300 Mark[189]) veranlagt sind.

Auf die in den Nummern 2 und 3 erwähnten Wahlberechtigten finden die Bestimmungen der §§. 95 bis 97 Anwendung.

§. 99. Befinden sich in einem Wahlbezirke zwei oder mehrere Güter (§. 98 Nr. 2), deren jedes zu weniger als 60 Mark Grund- und Gebäudesteuer veranlagt ist, so werden die Besitzer derselben nach Anordnung des Kreisausschusses[215]) dergestalt zu Gesammt- (Kollektiv-) Stimmen vereinigt, daß auf jede Stimme, soweit möglich, ein Grund- und Gebäudesteuerbetrag von 60 Mark entfällt.

Der Kreisausschuß regelt die Art, in welcher das Kollektivstimmrecht ausgeübt wird[215]).

§. 100. Die Vertretung der Landgemeinden erfolgt bei Gemeinden:

1) von weniger als 400 Einwohnern durch einen Wahlmann,
2) von 400 und weniger als 800 Einwohnern durch zwei,
3) von 800 und weniger als 1200 Einwohnern durch drei,
4) von 1200 und weniger als 2000 Einwohnern durch vier,
5) von 2000 und weniger als 3000 Einwohnern durch fünf Wahlmänner, und für jede fernere Vollzahl von 1000 Seelen durch einen ferneren Wahlmann.

Die Wahlmänner der Landgemeinden werden von der Gemeindeversammlung, in denjenigen Landgemeinden aber, in welchen eine gewählte Gemeindevertretung besteht oder eingeführt wird, von der letzteren und dem Gemeindevorstande aus der Zahl der stimmberechtigten Gemeindemitglieder[216]) durch absolute Stimmenmehrheit gewählt.

Die Wahlen erfolgen nach näherer Vorschrift des diesem Gesetze beigefügten Wahlreglements[217]).

---

[215]) Der Kreisausschuß beschließt im Falle des § 99, 101 u. 110 Abs. 2 als Kreiskommunal-, nicht als Staatsbehörde; die Rechtsmittel bestimmen sich daher — abgesehen von § 110 Abs. 2 — nach § 178, nicht nach LVG. § 123 OV. 11. Juni 83 (X 44).

[216]) Wählbarkeit § 106.

[217]) Weitere Ausführungsbestimmungen enthält Instr. (Anl. C) Art. 12.

Ausgeschlossen von der Theilnahme an der Wahl in der Gemeindeversammlung sind diejenigen, welche zum Wahlverbande der größeren Grundbesitzer gehören.

§. 101. Befinden sich in einem Wahlbezirke zwei oder mehrere Gemeinden, deren jede zu weniger als 60 Mark Grund- und Gebäudesteuer veranlagt ist[40]) und weniger als 100 Einwohner zählt, so werden dieselben nach Anordnung des Kreisausschusses[215]) in gleicher Weise, wie die Besitzer der im §. 99 gedachten Güter, zu Gesammt- (Kollektiv-) Stimmen vereinigt.

§. 102. Wer als Besitzer eines selbstständigen Guts[192]), als Gewerbtreibender oder Bergwerksbesitzer zur Theilnahme an den Wahlen im Verbande der Landgemeinden persönlich berechtigt ist (§. 98 Nr. 2 und 3), darf die auf ihn gefallene Wahl als Wahlmann einer Landgemeinde ablehnen. Nimmt er die Wahl an, so ist er zur Ausübung seines persönlichen Wahlrechts nicht befugt[218]).

Dagegen wird durch die Ausübung eines Wahlrechts als Wahlmann einer Landgemeinde die Ausübung des persönlichen Wahlrechts im Verbande der größeren Grundbesitzer nicht ausgeschlossen.

§. 103. Die Vertreter der Gemeinden des Wahlbezirks, die Besitzer der zu dem letzteren gehörigen selbstständigen Güter[192]) und die wahlberechtigten Gewerbtreibenden und Bergwerksbesitzer treten unter der Leitung des Landraths oder in dessen Auftrage eines Amtsvorstehers[219]) an dem von dem Kreisausschusse zu bestimmenden Wahlorte[220]) behufs der Wahl der Kreistagsabgeordneten zusammen.

Vollziehung der Wahlen in den Städten beziehungsweise Städtewahlbezirken.

§. 104. Die Wahl der städtischen Kreistagsabgeordneten erfolgt in denjenigen Städten, welche für sich einen oder mehrere Abgeordnete zu wählen haben, durch den Magistrat und die Stadtverordnetenversammlung, beziehungsweise das bürgerschaftliche Repräsentantenkollegium[221]), welche zu diesem Behufe unter dem Vorsitze des Bürgermeisters zu einer Wahlversammlung vereinigt werden[222]).

In denjenigen Städten, welche mit anderen Städten des Kreises zu einem Wahlbezirke vereinigt sind, haben der Magistrat und die Stadtverordneten beziehungsweise die bürgerschaftlichen Repräsentanten[221]) in vereinigter Sitzung

---

[218]) Er darf in diesem Falle das Wahlrecht im Wahlverbande der Landgemeinden weder selbst, noch durch einen Stellvertreter ausüben OV. 18. Dez. 95 (XXIX 1).

[219]) Die Leitung durch andere Personen macht die Wahl ungültig OV. 13. Feb. 82 (VIII 42); verb. OV. 23. Jan. 78 (Anm. 201).

[220]) Die Bestimmung ist Voraussetzung für die Rechtsgültigkeit der Wahl OV. 11. Mai 85 (XII 11).

[221]) In Neuvorpommern u. Rügen.

[222]) Instr. Art. 15. — Ohne Anordnung der Wahl durch den Landrat (Instr. Art. 15 Abs. 1) ist diese ungültig OV. 16. März 95 (VB. XVI 448). — Anm. 201.

auf je 250 Einwohner einen Wahlmann zu wählen. Durch statutarische Anordnung des Kreistages kann jene Zahl erhöht werden.

Die Wahlmänner des Wahlbezirks treten unter Leitung des Landraths[222]) an dem von dem Kreisausschusse zu bestimmenden Wahlorte[220]) zur Wahl der Abgeordneten zusammen.

§. 105. Die nach den vorstehenden Bestimmungen vorzunehmenden Wahlen erfolgen nach näherer Vorschrift des diesem Gesetze beigefügten Wahlreglements.

Wählbarkeit zum Wahlmanne und zum Kreistagsabgeordneten.

§. 106. Wählbar zum Mitgliede des Kreistages und beziehungsweise zum Wahlmanne ist:

1) im Wahlverbande der Städte jeder Einwohner der im Kreise belegenen Städte, welcher sich im Besitze des Bürgerrechts befindet[223]);
2) in den Wahlverbänden der größeren Grundbesitzer, sowie der Landgemeinden, ein jeder seit einem Jahr in dem Kreise angesessene ländliche Grundbesitzer[224]), sowie ein Jeder, welcher in einer Versammlung dieser Verbände ein Wahlrecht ausübt[225]), und seit einem Jahre in dem Kreise einen Wohnsitz hat.

Für die Wählbarkeit zum Wahlmanne und zum Abgeordneten gelten die im §. 96 für die Wahlberechtigung gegebenen Bestimmungen[226]).

Dauer der Wahlperiode der Kreistagsabgeordneten.

§. 107. Die Kreistagsabgeordneten werden auf sechs Jahre gewählt. Alle drei Jahre scheidet die Hälfte der Abgeordneten eines jeden Wahlverbandes aus und wird durch neue ersetzt. Ist diese Zahl nicht durch 2 theilbar, so scheidet das erste Mal die nächstgrößere Zahl aus. Die das erste Mal Ausscheidenden[227]) werden durch das Loos bestimmt, welches der Landrath auf dem Kreistage zu ziehen hat.

Die Ausscheidenden können wiedergewählt werden.

Ergänzungs- und Ersatzwahlen der Kreistagsabgeordneten[228]).

§. 108. Die Wahlen zur regelmäßigen Ergänzung des Kreistages finden alle drei Jahre im Monat November[229]) statt, sofern nicht durch statuten-

---

[223]) Auch der Bürgermeister, der kein Bürgerrecht besitzt, ist nicht wählbar OV. 17. Feb. 79 (V 11).

[224]) Wohnsitz ist nicht erforderlich Instr. (Anl. C) Art. 13 Abs. 4 [3] Abs. 2 u. OV. 19. Dez. 77 (III 31). — Nießbraucher sind nicht wählbar 13. Feb. 03 (VB. XXIV 548).

[225]) Auch als Stellvertreter OV. 28. Nov. 77 (III 21) u. Instr. Art. 13 Abs. 4[3].

[226]) Staatsbeamte bedürfen keiner Genehmigung, nur des Urlaubs zu den Sitzungen, der auch nur unter besonderen Umständen zu versagen ist Vf. 24. Nov. 73 (MB. 74 S. 94); die Genehmigung ist auf andere Kommunalämter nicht auszudehnen Vf. 25. Mai 93 (MB. 126).

[227]) Desgl. die bei Änderung der Zahl der Abg. der Wahlverbände (§ 112) nach 6 Jahren Auszuscheidenden OV. 14. Juni 80 (VI 71).

[228]) Für diese gilt die Instr. (Anl. C) gem. Art. 17. Die Ersatzwahlen erfolgen auf Grund der für die Ergänzungswahlen gem. § 10 aufgestellten Verzeichnisse.

[229]) Die spätere Vornahme macht die

mäßige Anordnung seitens des Kreistages ein anderer Termin bestimmt wird. Die Wahlen in dem Verbande der Landgemeinden erfolgen vor den Wahlen in dem Verbande der größeren Grundbesitzer.

Ergänzungs- und Ersatzwahlen werden von denselben Wahlverbänden, Stadtgemeinden und Wahlbezirken vorgenommen, von denen der Ausscheidende gewählt war[230]).

Wo in städtischen oder ländlichen Wahlbezirken die Wahl von Wahlmännern durch dieses Gesetz vorgeschrieben ist (§§. 100 und 104), erfolgt dieselbe aufs Neue vor jeder Wahl, mit Ausnahme der Ersatzwahlen, bei welchen die früheren Wahlmänner fungiren[231]).

Der Ersatzmann bleibt nur bis zum Ende derjenigen sechs Jahre in Thätigkeit, für welche der Ausgeschiedene gewählt war.

Einführung der Kreistagsabgeordneten.

§. 109. Die bei der regelmäßigen Ergänzung neugewählten Kreistagsabgeordneten treten, sofern nicht durch statutarische Anordnung ein anderer Termin bestimmt wird, ihr Amt mit dem Anfange des nächstfolgenden Jahres an; die Ausscheidenden bleiben bis zur Einführung der neugewählten Mitglieder in Thätigkeit. Die Einführung der Gewählten erfolgt durch den Vorsitzenden des Kreistages.

Aufstellung von Verzeichnissen der Wahlberechtigten.

§. 110. Für jeden Kreis werden alle drei Jahre vor jeder neuen Wahl der Kreistagsabgeordneten:

1) ein Verzeichniß der zum Wahlverbande der größeren Grundbesitzer gehörigen Grundbesitzer, Gewerbtreibenden und Bergwerksbesitzer unter Angabe der in dem §. 86 enthaltenen Merkmale,
2) ein Verzeichniß der zum Wahlverbande der Landgemeinden gehörigen Besitzer selbstständiger Gutsbezirke und wahlberechtigten Gewerbtreibenden und Bergwerksbesitzer unter Angabe der in den §§. 87, 98 und 99 enthaltenen Merkmale,
3) ein Verzeichniß der Landgemeinden unter Angabe der Zahl der von jeder einzelnen Gemeinde oder von den zu einer Kollektivstimme vereinigten Gemeinden zu wählenden Wahlmänner (§§. 100 und 101)

durch den Kreisausschuß aufgestellt[232]) und durch das Kreisblatt, oder wo ein solches nicht besteht, durch das Amtsblatt zur öffentlichen Kenntniß gebracht.

Wahlen nicht notwendig ungültig OV. 16. Feb. 92 (XXII 1).

[230]) Eine Änderung des Verteilungsplans zwischen der früheren u. der Neuwahl ist zulässig OV. 5. Dez. 93 (XXVI 9).

[231]) Bei Ersatzwahlen sind neue Wahlmänner nur zu wählen, wenn die früheren ausgeschieden oder die Wahlen nicht zustande gekommen oder für ungültig erklärt sind Vf. 10. Aug. 77 (MB. 209) OV. 23. Nov. 88 (XVII 28).

[232]) Instr. (Anl. C) Art. 2—4. — Die im Verzeichnis zu 1 aufgenommenen Großgrundbesitzer sind, wenn sie nach dessen Abschluß diese Eigenschaft ver-

Anträge auf Berichtigung dieses Verzeichnisses[233]) sind binnen einer Frist von vier Wochen nach Ausgabe des Blattes, durch welches das Verzeichniß veröffentlicht worden ist, bei dem Kreisausschusse anzubringen, welcher darüber beschließt[215]). Gegen den Beschluß findet innerhalb zwei Wochen die Klage[234]) bei dem Bezirksausschusse[7]) statt[235]).

Aufstellung des Vertheilungsplanes.

§. 111. Die Vertheilung der Kreistagsabgeordneten auf die einzelnen Wahlverbände (§§. 89 und 90), die Bildung von Wahlbezirken für die Landgemeinden und die zum Verbande derselben gehörigen selbstständigen Gutsbezirke, Gewerbtreibenden und Bergwerksbesitzer, sowie die Vertheilung der Abgeordneten der Landgemeinden auf dieselben (§. 91), ingleichen die Vertheilung der städtischen Abgeordneten auf die einzelnen Städte, beziehungsweise die Bildung von Städtewahlbezirken (§. 92), erfolgt auf den Vorschlag des Kreisausschusses durch den Kreistag[236]), und ist durch das Kreis- beziehungsweise Amtsblatt zur öffentlichen Kenntniß zu bringen.

§. 112[237]). Die nach den Vorschriften des §. 111 festgestellte Vertheilung der Abgeordneten bleibt das erste Mal für drei Jahre, sodann für einen Zeitraum von je zwölf Jahren maßgebend. Nach dessen Ablauf wird sie durch den Kreisausschuß einer Revision unterworfen und der Beschluß des Kreistages über die etwa nach Maßgabe der Vorschriften der §§. 84, 89 bis 93 nothwendigen Abänderungen eingeholt. In der Zwischenzeit erfolgt eine Revision nur:

1) wenn die Zahl der Städte des Kreises sich vermehrt oder vermindert, oder wenn eine Stadt in Gemäßheit des §. 4 aus dem Kreisverbande ausscheidet. In diesen Fällen ist alsbald eine anderweite Vertheilung

---

lieren, zur Ausübung des Wahlrechts nicht mehr befugt OV. 2. Juli 88 (XVI 1).

[233]) Anträge auf Vertagung zwecks Berücksichtigung der endgültigen Volkszählung sind unzulässig OV. 15. März 01 (Anm. 195). — Eine Firma ist zum Einspruch gegen das nach § 86 aufgestellte Verzeichnis nur berechtigt, wenn sie eine Aktiengesellschaft oder eine Kommanditgesellschaft auf Aktien bezeichnet OV. (Rheinprov.) 23. Juni 03 (XLIV 1).

[234]) Gegen den Kreisausschuß, nicht gegen den, dessen Löschung beantragt wird OV. 2. Nov. 88 (XVII 24). — Rechtsmittel § 112a Abs. 2 u. (Beanstandung) § 178.

[235]) Erst nach Ablauf der Frist oder Entscheidung über Anträge u. Klagen ist die Abgeordnetenwahl vorzunehmen Instr. Art. 11.

[236]) Ansetzung des Kreistages Vf. 2. Mai 88 (MV. 103) Nr. II 2, Reihenfolge für Erledigung der Geschäfte Nr. III.

[237]) Wie bei der ordentlichen Revision (Satz 2) ist auch bei der außerordentlichen (Satz 3) zu prüfen, ob infolge veränderter Einwohnerzahl des Kreises oder der Städte — nach endgültiger Feststellung der Zählung OV. 22. Nov. 01 (VV. XXIV 807) — die Zahl der im ganzen oder von den Städten zu wählenden Abgeordneten sich geändert hat OV. 30. Juni 94 (XXVI 10). Die etwa versäumte ordentliche Revision kann nachgeholt werden; eine Ausdehnung des Verteilungsplans für weitere 12 Jahre folgt aus der Versäumnis nicht OV. 5. Dez. 93 (XXVI 7).

der Abgeordneten auf die einzelnen Wahlverbände und eine Neuwahl sämmtlicher Kreistagsabgeordneten vorzunehmen;

2) wenn die Zahl der Berechtigten in dem Verbande der größeren Grundbesitzer sich dergestalt vermehrt oder vermindert, daß nach §. 90 die Zahl der diesem Verbande zukommenden Abgeordneten eine größere oder geringere wird, als bei der letzten Vertheilung[238]). In diesem Falle ist vor den nächsten regelmäßigen Ergänzungswahlen (§. 108) von dem Kreistage eine Berichtigung des Vertheilungsplans vorzunehmen und sind sodann nach diesem berichtigten Vertheilungsplan die erforderlichen Ergänzungs- beziehungsweise Neuwahlen zu vollziehen.

§. 112a. Gegen die von dem Kreistage gemäß §§. 111 und 112 wegen Vertheilung der Kreistagsabgeordneten gefaßten Beschlüsse steht den Betheiligten[239]) innerhalb einer Frist von zwei[240]) Wochen nach Ausgabe des Blattes, durch welches die Vertheilung bekannt gemacht worden ist, die Klage bei dem Bezirksausschusse[7]) zu.

Gegen die Endurtheile des Bezirksausschusses[7]) findet sowohl in diesen, wie in den Fällen des §. 110 Absatz 2 nur das Rechtsmittel der Revision statt[241]).

Entscheidung über die Gültigkeit der Wahlen der Kreistagsabgeordneten.

§. 113. Gegen das zum Zwecke der Wahl der Kreistagsabgeordneten stattgehabte Wahlverfahren kann jedes Mitglied einer Wahlversammlung[242]) innerhalb zwei Wochen Einspruch bei dem Vorsitzenden des Wahlvorstandes erheben. Die Beschlußfassung über den Einspruch, über welchen die Betheiligten vorab zu hören sind[243]), steht dem Kreistage zu.

Im Uebrigen prüft der Kreistag die Legitimation seiner Mitglieder von Amtswegen und beschließt darüber[244]).

---

[238]) Die bei Verringerung etwa auszuscheidenden Mitglieder sind im Notfalle durch das Los zu bestimmen OV. 30. Juni 94 (Anm. 237).

[239]) Klageberechtigt sind nur solche Kreisangehörige, die die Beseitigung eines Eingriffs in ihre subjektiven Rechte beabsichtigen OV. 25. Sept. 88 (XVII 8). Dies sind in Stadtgemeinden diese selbst, nicht der Magistrat oder die Stadtv.-Versammlung, da sie nicht einzeln zu wählen haben 22. Nov. 01 (Anm. 237).

[240]) LVG. § 51 (im Text stand: vier).

[241]) Nach Fristablauf oder Erledigung der eingelegten Rechtsmittel bilden die Wahlberechtigten-Verzeichnisse u. der Verteilungsplan die bindende — weder von Amts wegen, noch auf Antrag der Beteiligten abzuändernde — Grundlage für das Wahlverfahren wie für die Prüfung der Legitimationen (§ 113 Abs. 2) OV. 7. April 79 (V 20).

[242]) Dazu gehört jeder, der sich tatsächlich in Person oder durch Stellvertreter an der Versammlung beteiligt hat, auch wenn er nicht zur Stimmabgabe zugelassen ist OV. 7. Feb. 93 (XXIV 23).

[243]) Aus der Unterlassung kann die Aufhebung des Beschlusses nicht gefolgert werden OV. 25. Feb. 87 (XIV 41).

[244]) Der Beschluß — der an eine Frist nicht gebunden ist OV. 14. Dez. 85 (XII 18) — betrifft nur die von den Wahlvorständen als gewählt bezeichneten Abgeordneten; bei Ungültigkeitserklärung ist eine Neuwahl anzuordnen, nicht ein

Jede Wahl verliert dauernd oder vorübergehend ihre Wirkung, wenn sich ergiebt, daß die für die Wählbarkeit vorgeschriebenen Bedingungen nicht vorhanden gewesen sind, oder wenn diese Bedingungen gänzlich oder zeitweise aufhören. Der Kreistag hat darüber zu beschließen, ob einer dieser Fälle eingetreten ist.

Gegen die nach Maßgabe der vorstehenden Bestimmungen gefaßten Beschlüsse findet innerhalb zwei Wochen die Klage bei dem Bezirksausschusse[7]) statt[245]). Die Klage hat keine aufschiebende Wirkung; jedoch dürfen bis zur rechtskräftigen Entscheidung Ersatzwahlen nicht stattfinden.

Für das Streitverfahren kann der Kreistag einen besonderen Vertreter bestellen.

Die Namen der Gewählten sind durch das Kreis- beziehungsweise Amtsblatt bekannt zu machen.

§. 114. Die Kreistagsabgeordneten erhalten weder Diäten noch Reisekosten.

Zweiter Abschnitt.

Von den Versammlungen und Geschäften des Kreistages[246]).

Geschäfte des Kreistages.

a. Im Allgemeinen.

§. 115. Der Kreistag ist berufen, den Kreiskommunalverband zu vertreten[247]), über die Kreisangelegenheiten nach näherer Vorschrift dieses Gesetzes, sowie über diejenigen Gegenstände zu berathen und zu beschließen, welche ihm zu diesem Behufe durch Gesetze oder Königliche Verordnungen überwiesen sind oder in Zukunft durch Gesetz überwiesen werden[247a]).

---

anderer als gewählt zu erklären OV. 10. Nov. 77 (III 15). — Der Wahlvorstand kann einen Wahlmann nicht wegen Ungültigkeit seiner Wahl von der Wahl des Kreistagsabg. ausschließen. Letztere wird jedoch, wenn es gleichwohl geschehen ist, dadurch nicht ungültig OV. 23. Nov. 88 (XVII 28).

[245]) Die Klage steht nicht jedem einzelnen Kreistagsmitglied zu OV. 13. Okt. 77 (III 6), sondern nur dem, dessen Wahl für ungültig erklärt ist — auch wenn es sich um einen Wahlmann handelt 11. Nov. 80 (VII 54) — u. im Fall des Abs. 1 auch dem, der Einspruch erhoben hat 20. Okt. 91 u. 16. März 95 (VB. XIII 157 u. XVI 448). Sie ist gegen den Kreistag zu richten 25. März 86 (XIII 29); das Klagerecht entsteht, sobald der Beschluß gefaßt ist; ein Bescheid ist nicht erforderlich 24. Jan. 02 (XL 11). Der Verwaltungsrichter kann auch Tatsachen in Betracht ziehen, die nicht Gegenstand der Beschlußfassung waren 4. Sept. 82 (IX 15). Die Entscheidung hat die Gültigkeit oder Ungültigkeit der Wahl — nicht nur die Aufhebung des Beschlusses — auszusprechen 25. Feb. 87 (XIV 41).

[246]) Der zweite Abschnitt behandelt die Geschäfte (die Zuständigkeit) des Kreistags § 115—117 u. enthält die förmlichen Vorschriften über seine Versammlungen § 118—121.

[247]) Vertretung ist nicht die (anderweit geregelte) Vertretung nach außen, sondern die Bestimmung des Willens des Kreisverbandes. Diese Machtbefugnis wird durch § 116 nicht begrenzt, sondern nur in ihren hauptsächlichen Anwendungen bestimmt OV. 25. Sept. 00 (XXXVII 3).

[247a]) Nr. 1 Anm. 3.

b. Im Besonderen.

§. 116. Insbesondere ist der Kreistag befugt:

1) nach Maßgabe des §. 20 statutarische und reglementarische Anordnungen zu treffen;

2) zu bestimmen, in welcher Weise Staatspräſtationen, welche kreisweise aufzubringen sind, und deren Aufbringungsweise nicht schon durch das Gesetz vorgeschrieben ist, repartirt werden sollen.

Bei der Bestimmung in §. 5 Nr. 3 des Gesetzes wegen der Kriegsleistungen vom 11. Mai 1851 (Gesetz-Samml. S. 362) behält es sein Bewenden[248]);

3) Ausgaben zur Erfüllung einer Verpflichtung oder im Interesse des Kreises zu beschließen, und zu diesem Behufe

über das dem Kreise gehörige Grund- beziehungsweise Kapitalvermögen zu verfügen, Anleihen aufzunehmen und die Kreisangehörigen mit Kreisabgaben zu belasten;

4) innerhalb der Vorschriften der §§. 10 bis 18 den Vertheilungs- und Aufbringungsmaßstab der Kreisabgaben zu beschließen;

5) den Kreishaushalts-Etat festzustellen und hinsichtlich der Jahresrechnung Decharge zu ertheilen (§§. 127 und 129);

6) die Grundsätze festzustellen, nach welchen die Verwaltung des dem Kreise gehörigen Grund- und Kapitalvermögens, sowie der Kreiseinrichtungen und Anstalten zu erfolgen hat;

7) die Einrichtung von Kreisämtern zu beschließen, die Zahl und Besoldung der Kreisbeamten zu bestimmen[249]);

8) die Wahlen zum Kreisausschusse (§. 130) und zu den durch das Gesetz für Zwecke der allgemeinen Landesverwaltung angeordneten Kommissionen zu vollziehen, sowie besondere Kommissionen und Kommissare für Kreiszwecke zu bestellen (§. 167).

---

[248]) G. 11. Mai 51 § 5:

Die Vertheilung des Bedarfes erfolgt:

3. innerhalb der Kreise auf die Gemeinden durch die Landräthe unter Zuziehung eines von der Kreisvertretung gewählten Ausschusses.

Die Vorschrift, die im RKriegsleistG. 13. Juni 73 (RGB. 129) § 17 Abs. 3 aufrecht erhalten ist, fordert keinen besonderen Ausschuß; der Kreisausschuß kann damit vom Kreistage ein für allemal beauftragt werden OV. 17. April 79 (V 28) a. E. — Dem Kreisausschuß ist ferner die Entscheidung über Unterstützungsbedürftigkeit der Familien einberufener Reserve- u. Landwehrmannschaften (G. 28. Feb. 88 RGB. 59 § 7 u. G. 10. Mai 92 RGB. 661 § 1 Abs. 4) übertragen Vf. 21. Juni 92 (MB. 277) Nr. 5.

[249]) Die Besetzung gebührt dem Kreisausschuß § 134[a]. — KVG. (Nr. I 4 d. W.) § 21. — Amtstitel, die mit Rangstellung oder ähnlichen Vorrechten verbunden sind, können nur von Staatswegen verliehen werden, wogegen die nur die Dienststellung bezeichnenden (Titel i. w. S.) auch von den Organen der Kreisverwaltung beigelegt werden können OV. 5. April 80 (VI 52). Den von den Kreisen angestellten Baubeamten darf der Titel: Kreisbaumeister beigelegt werden Vf. 19. April 75 (MB. 99).

Für die Vollziehung dieser Wahlen gelten die Vorschriften des diesem Gesetze beigefügten Reglements. Gegen das stattgehabte Wahlverfahren kann jedes Mitglied des Kreistages bis zum Schlusse des Kreistages Einspruch bei dem Vorsitzenden erheben[250]). Die endgültige Beschlußfassung über den Einspruch steht dem Kreistage zu;

9) Gutachten über alle Angelegenheiten abzugeben, die ihm zu diesem Behufe von den Staatsbehörden überwiesen werden;

10) die durch Gesetz oder Königliche Verordnung (§. 115) ihm übertragenen sonstigen Geschäfte wahrzunehmen.

Verfügung über Fonds einzelner Kreistheile.

§. 117. Ueber Fonds, welche der Gesammtheit des platten Landes oder der Städte gehören, steht den Kreistagsabgeordneten des platten Landes beziehungsweise der Städte die Verfügung allein zu[251]).

Insbesondere haben über diejenigen Fonds, welche in der Kur- und Neumark Brandenburg aus den Kontributionsüberschüssen angesammelt sind, die Kreistagsabgeordneten des platten Landes allein zu verfügen.

Berufung des Kreistags und Leitung der Verhandlungen auf demselben.

§. 118. Der Landrath beruft die Kreistagsabgeordneten zum Kreistage durch besondere Einladungsschreiben[252]), unter Angabe der zu verhandelnden Gegenstände, führt auf demselben den Vorsitz, leitet die Verhandlungen und handhabt die Ordnung in der Versammlung. In Behinderungsfällen[177]) übernimmt der dem Dienst- beziehungsweise Lebensalter nach älteste anwesende Kreisdeputirte den Vorsitz[253]).

Mit Ausnahme dringender Fälle, in welchen die Frist bis zu drei Tagen abgekürzt werden darf, muß die Einladung sämmtlichen Kreistagsabgeordneten mindestens 14 Tage vorher zugestellt werden. Gegenstände, die nicht in die Einladung zum Kreistage aufgenommen sind, können zwar zur Berathung gelangen, die Fassung eines bindenden Beschlusses über dieselben darf jedoch erst auf dem nächsten Kreistage erfolgen.

Anträge von Kreistagsabgeordneten auf Berathung einzelner Gegenstände sind bei dem Landrathe anzubringen und in die Einladung zum nächsten Kreistage aufzunehmen, insofern sie vor Erlaß der Einladungsschreiben eingehen. Der Landrath ist verpflichtet, jährlich wenigstens zwei Kreistage anzuberaumen, außerdem aber ist er hierzu berechtigt, so oft es die Geschäfte erfordern. Die

[250]) Die Wahl ist kein Beschluß u. deshalb der Beanstandung (§ 178) nicht unterworfen OV. 6. Jan. 93 (XXIV 29).

[251]) Die etwaige Genehmigung bestimmt sich nach der KrO., die ältere Sondervorschriften darüber aufgehoben hat Begr. (Anm. 1) zu § 96.

[252]) Die statutarische Bestimmung des Orts für Versammlung des Kreistags ist zulässig OV. 1. Juli 78 (IV 1).

[253]) Die Wahl eines Vorsitzenden ist ausgeschlossen Vf. 29. Mai 74 (MB. 126).

Zusammenberufung des Kreistages muß erfolgen, sobald dieselbe von einem Viertel der Kreistagsabgeordneten oder von dem Kreisausschusse verlangt wird.

Von einem jeden anzusetzenden Kreistage hat der Landrath dem Regierungspräsidenten unter Einsendung einer Abschrift des Einladungsschreibens Anzeige zu machen.

Abfassung besonderer Propositionen für den Kreistag und Zustellung derselben an die Kreistagsmitglieder.

§. 119. Soll auf dem Kreistage Beschluß gefaßt werden:

1) über die Festsetzung des Abgabenvertheilungsmaßstabes in Gemäßheit des §. 12,
2) über Mehr- und Minderbelastungen einzelner Kreistheile in Gemäßheit des §. 13,
3) über solche Gegenstände, welche Kreisausgaben nothwendig machen, die nicht auf einer gesetzlichen Verpflichtung des Kreises beruhen,

so ist ein ausführlicher Vorschlag zu dem Beschlusse, welcher über

a) den Zweck desselben,
b) die Art der Ausführung,
c) die Summe der zu verwendenden Kosten,
d) die Aufbringungsweise

das Nöthige enthält, von dem Kreisausschusse[254]) auszuarbeiten und jedem Abgeordneten mindestens 14 Tage vor Abhaltung des Kreistages schriftlich zuzustellen. Die Frist darf bis zu drei Tagen abgekürzt werden, wenn einem Nothstande vorgebeugt oder abgeholfen werden soll.

Oeffentlichkeit der Kreistagssitzungen.

§. 120. Die Sitzungen des Kreistages sind öffentlich. Für einzelne Gegenstände kann durch einen in geheimer Sitzung zu fassenden Beschluß der Versammlung die Oeffentlichkeit ausgeschlossen werden.

Beschlußfähigkeit des Kreistages.

§. 121. Der Kreistag kann nur beschließen, wenn mehr als die Hälfte der Mitglieder anwesend ist[255]). Eine Ausnahme hiervon findet statt, wenn die Mitglieder des Kreistages, zum zweiten Male zur Verhandlung über denselben Gegenstand berufen, dennoch nicht in beschlußfähiger Anzahl erschienen sind. Bei der zweiten Zusammenberufung muß auf diese Bestimmung ausdrücklich hingewiesen werden.

Ausschluß von den Verhandlungen des Kreistages wegen persönlichen Interesses.

§. 122. An Verhandlungen über Rechte und Verpflichtungen des Kreises darf derjenige nicht Theil nehmen, dessen Interesse mit dem des Kreises in Widerspruch steht.

---

[254]) Oder von einer besonderen Kommission (§ 134[1] u. 167) Vf. 28. Juni 75 (MB. 267).

[255]) Nr. III 2 Anm. 132.

Theilnahme der Mitglieder des Kreisausschusses an den Kreistagsversammlungen.

§. 123. Die Mitglieder des Kreisausschüsses, welche nicht Mitglieder des Kreistages sind, werden zu den Versammlungen des Kreistages eingeladen und haben in denselben berathende Stimme.

Fassung der Kreistagsbeschlüsse nach einfacher und zwei Drittel Stimmenmehrheit.

§. 124. Die Beschlüsse des Kreistages werden nach Mehrheit der Stimmen gefaßt.

Bei Stimmengleichheit gilt der Antrag als abgelehnt.

Zu einem Beschlusse, durch welchen eine neue Belastung der Kreisangehörigen ohne eine gesetzliche Verpflichtung[256]) oder eine Veräußerung vom Grund- oder Kapitalvermögen des Kreises bewirkt oder eine Veränderung des festgestellten Vertheilungsmaßstabes für die Kreisabgaben (§. 12)[257]) eingeführt werden soll, ist jedoch eine Stimmenmehrheit von mindestens zwei Drittel der Abstimmenden erforderlich.

Abfassung und Veröffentlichung der Kreistagsprotokolle.

§. 125. Ueber die Beschlüsse des Kreistages ist eine besondere Verhandlung aufzunehmen, in welcher die Namen der dabei anwesend gewesenen Mitglieder aufgeführt werden müssen. Diese Verhandlung wird von dem Vorsitzenden und von wenigstens drei Mitgliedern des Kreistages vollzogen, welche zu diesem Behufe von der Versammlung vor dem Beginne der Verhandlung zu bestimmen und in letzterer aufzuführen sind.

Ueber die Wahl eines Protokollführers und die Formen der Verhandlung bestimmt im Uebrigen die von dem Kreistage zu beschließende Geschäftsordnung[258]).

Der Inhalt der Kreistagsbeschlüsse ist, sofern der Kreistag nicht in einem einzelnen Falle etwas Anderes beschließt, in einer von dem Kreistage zu bestimmenden Weise zur öffentlichen Kenntniß zu bringen[101]).

Dem Regierungspräsidenten ist eine Abschrift des Protokolls einzureichen.

Abfassung von Petitionen und Eingaben des Kreistages.

§. 126. Petitionen und Eingaben, welche Namens des Kreistages in Bezug auf die seiner Beschlußnahme unterliegenden Angelegenheiten (§§. 115 und 116)[259]) überreicht werden sollen, müssen auf dem Kreistage selbst berathen und vollzogen werden. Daß dies geschehen, ist in dergleichen Eingaben ausdrücklich zu bemerken.

---

[256]) § 119⁸ u. 176⁶. — Der Beschluß ein Kreishaus zu bauen fällt nicht darunter Bf. 30. Okt. 90 (MB. 241).

[257]) Nicht eine erste oder eine — nach Fortfall der älteren erfolgende — neue Festsetzung OV. 2. Okt. 95 (XXVIII 1) u. nicht eine Mehr- oder Minderbelastung (§ 13) OV. 12. Nov. 85 (Anm. 59).

[258]) Muster zur GeschO. Anlage D.

[259]) Nr. III 2 Anm. 47.

Dritter Abschnitt.
Von dem Kreishaushalte.

Aufstellung und Feststellung des Kreishaushalts=Etats.

§. 127. Ueber alle Einnahmen und Ausgaben, welche sich im Voraus bestimmen lassen, entwirft der Kreisausschuß jährlich einen Haushaltsetat, welcher von dem Kreistage festgestellt[260]) und demnächst in derselben Weise, wie die Kreistagsbeschlüsse, veröffentlicht wird.

Bei Vorlage des Haushaltsetats hat der Kreisausschuß dem Kreistage über die Verwaltung und den Stand der Kreiskommunalangelegenheiten Bericht zu erstatten.

Eine Abschrift des Etats und des Verwaltungsberichtes wird nach erfolgter Feststellung des ersteren sofort dem Regierungspräsidenten überreicht.

Ausgaben, welche außer dem Etat geleistet werden sollen, bedürfen der Genehmigung des Kreistages.

Revision der Kreiskommunalkasse.

§. 128. Die Kreiskommunalkasse muß an einem bestimmten Tage in jedem Monate regelmäßig und mindestens einmal im Jahre außerordentlich revidirt werden. Die Revisionen werden von dem Vorsitzenden des Kreisausschusses vorgenommen. Bei den außerordentlichen Revisionen ist ein von dem Kreisausschusse zu bestimmendes Mitglied desselben zuzuziehen.

§. 128a. Der Bezirksausschuß[7]) beschließt, an Stelle der Aufsichtsbehörde, über die Feststellung und den Ersatz von Defekten der Kreisbeamten nach Maßgabe der Verordnung vom 24. Januar 1844[261]).

Der Beschluß ist, vorbehaltlich des ordentlichen Rechtsweges, endgültig.

Legung, Prüfung, Feststellung und Entlastung der Jahresrechnung.

§. 129. Die Jahresrechnung ist von dem Rendanten der Kreiskommunalkasse innerhalb der ersten vier Monate nach Schluß des Rechnungsjahres zu legen und dem Kreisausschusse einzureichen. Dieser hat die Rechnung zu revidiren, solche mit seinen Erinnerungen und Bemerkungen dem Kreistage zur Prüfung, Feststellung und Entlastung einzureichen und demnächst einen Rechnungsauszug zu veröffentlichen. Der Kreistag ist befugt, diese Prüfung durch eine hiermit zu beauftragende Kommission bewirken zu lassen.

Eine Abschrift des Feststellungsbeschlusses ist sofort dem Regierungspräsidenten vorzulegen.

---

[260]) Die Feststellung ist nur im Wege der Beanstandung (§ 178), nicht in dem der Klage anfechtbar OV. 5. Jan. 78 (III 42).

[261]) Nach dieser V. sind Defekte nach Betrag u. Ersatzpflicht durch Beschluß festzustellen, der sofort vollstreckbar ist.

Vierter Abschnitt.

Von dem Kreisausschusse, seiner Zusammensetzung und seinen Geschäften in der Kreiskommunal- und allgemeinen Landesverwaltung[262]).

Die Stellung des Kreisausschusses im Allgemeinen.

§. 130. Zum Zwecke der Verwaltung der Angelegenheiten des Kreises und der Wahrnehmung von Geschäften der allgemeinen Landesverwaltung wird ein Kreisausschuß bestellt.

Die Zusammensetzung desselben.

§. 131. Der Kreisausschuß besteht aus dem Landrathe und sechs Mitgliedern, welche von der Kreisversammlung aus der Zahl der Kreisangehörigen nach absoluter Stimmenmehrheit gewählt werden. Für die Wählbarkeit gelten die im §. 96 für die Wahlberechtigung gegebenen Bestimmungen.

Geistliche, Kirchendiener und Elementarlehrer können nicht Mitglieder des Kreisausschusses sein; richterliche Beamte, zu denen jedoch die technischen Mitglieder der Handels-, Gewerbe- und ähnlicher Gerichte[263]) nicht zu zählen sind, nur mit Genehmigung des vorgesetzten Ministers.

Bestellung eines Syndikus.

§. 132. Der Kreistag kann nach Bedürfniß einen Syndikus bestellen[264]), welcher die Befähigung zum höheren Richteramte besitzt. Derselbe nimmt an den Sitzungen mit berathender Stimme Theil.

Amtsdauer, Vereidigung und Dienstvergehen der Ausschußmitglieder[265]).

§. 133. Die Wahl der Ausschußmitglieder erfolgt auf sechs Jahre mit der Maßgabe, daß bei Ablauf der Wahlperiode die Mitgliedschaft im Ausschusse bis zur Wahl des Nachfolgers fortdauert. Alle zwei Jahre scheidet ein Drittel der Mitglieder aus. Die das erste und zweite[266]) Mal Ausscheidenden werden durch das Loos bestimmt. Die Ausgeschiedenen können wiedergewählt werden. Jede Wahl verliert ihre Wirkung mit dem Aufhören einer der für die Wählbarkeit vorgeschriebenen Bedingungen. Der Kreisausschuß hat darüber zu beschließen, ob dieser Fall eingetreten ist. Gegen den Beschluß des Kreisausschusses findet innerhalb zwei Wochen die Klage

---

[262]) Der dritte Abschnitt betrifft den Kreisausschuß, dessen Zweck § 130, Zusammensetzung § 131—133 u. (Vorsitz) 136, 137 u. das Verfahren vor dieser § 138, 139, 164, 166. — Die die Zuständigkeit u. das Verfahren in Angelegenheiten der Landesverwaltung betreffenden § 135, 140—163 u. 165 sind in das ZustG. u. das LVG. übernommen u. in der Neufassung der KrO. (Anm. 1) fortgelassen.

[263]) Als Handelsgerichte kommen jetzt die bei einzelnen Landgerichten bestehenden Kammern für Handelssachen (GVG. § 100—118) in Betracht.

[264]) Bei Geschäftsrevisionen ist im Bedarfsfalle auf die Anstellung von Syndiken hinzuwirken Vf. OV. 14. Juni 76 (I 446).

[265]) Entschädigung § 164 Abs. 2.

[266]) Ergänzt Vf. 20. März 76 (MB. 98).

bei dem Bezirksausschusse[7]) statt. Die Klage steht auch dem Vorsitzenden des Kreisausschusses zu. Dieselbe hat keine aufschiebende Wirkung; jedoch dürfen bis zur rechtskräftigen Entscheidung Ersatzwahlen nicht stattfinden. Für das Streitverfahren kann der Kreisausschuß einen besonderen Vertreter bestellen.

Die Ausschußmitglieder werden vom Vorsitzenden vereidigt. Sie können nach Maßgabe der Bestimmungen des §. 39 des Gesetzes über die allgemeine Landesverwaltung[267]) im Wege des Disziplinarverfahrens ihrer Stellen enthoben werden.

Die Geschäfte des Kreisausschusses in der Kreiskommunal- und in der allgemeinen Landesverwaltung.

§. 134[268]**).** Der Kreisausschuß hat:

1) die Beschlüsse des Kreistages vorzubereiten und auszuführen, soweit damit nicht besondere Kommissionen, Kommissarien oder Beamte durch Gesetz oder Kreistagsbeschluß beauftragt werden;
2) die Kreisangelegenheiten nach Maßgabe der Gesetze und der Beschlüsse des Kreistages, sowie in Gemäßheit des von diesem festzustellenden Kreishaushalts-Etats zu verwalten[269]);
3) die Beamten des Kreises zu ernennen[270]) und deren Geschäftsführung zu leiten und zu beaufsichtigen.

   Hinsichtlich der Besetzung der Kreisbeamtenstellen mit Militärinvaliden gelten die Grundsätze des Bundesrats vom 18. Juni 1899[271]); hinsichtlich der Dienstvergehen der Kreisbeamten finden die Bestimmungen des §. 68 mit der Maßgabe Anwendung, daß das Recht zur Verhängung von Ordnungsstrafen auch dem Landrathe zusteht[272]);
4) sein Gutachten über alle Angelegenheiten abzugeben, welche ihm von den Staatsbehörden überwiesen werden;
5) diejenigen Geschäfte der allgemeinen Landesverwaltung zu führen, welche ihm durch Gesetz übertragen werden[272a]).

§. 135. (Fortgefallen.)

---

[267]) An Stelle des Organisations-G. § 32 getreten. Nach LVG. § 156² findet das DiszG. 21. Juli 52 (GS. 463) mit einigen Maßgaben Anwendung.

[268]) Der Kreisausschuß ist zugleich Organ des Kreises (Nr. 1—3) u. des Staates (Nr. 4, 5). In ersterer Eigenschaft verwaltet er die Kreiskommunalangelegenheiten (Anm. 215), zu denen jedoch die Ausübung des Disziplinarstrafrechts über Kreisbeamte nicht gehört OV. 23. Jan. 78 (III 55), in letzterer bildet er in den gesetzlich bestimmten Fällen die Beschlußbehörde LVG. § 4 u. das Verwaltungsgericht erster Instanz § 7 Abs. 1, das in Waldschutzsachen Waldschutzgericht heißt G. 6. Juli 75 (GS. 416) § 31 Abs. 2.

[269]) Er ist damit zur Klageerhebung ohne besondere Ermächtigung des Kreistags befugt OV. 27. Juni 88 (XVII 69).

[270]) Führung von Amtstiteln Anm. 249. — Die Impfärzte bestellt der Kreisausschuß Vf. 19. April 75 (MB. 99).

[271]) Nr. I 4 Anl. C. (Der Text verwies auf die in Ansehung der Städte erlassenen Vorschriften.)

[272]) Diese Strafen fließen zur Kreiskommunalkasse Vf. 23. März 78 (MB. 46).

[272a]) Anm. 248; Beschlußfassung über

Der Landrath als Vorsitzender des Kreisausschusses.

§. 136. Der Landrath leitet und beaufsichtigt den Geschäftsgang des Ausschusses und sorgt für die prompte Erledigung der Geschäfte.

Der Landrath beruft den Kreisausschuß und führt in demselben den Vorsitz mit vollem Stimmrechte. Ist der Landrath verhindert, so geht der Vorsitz auf seinen Stellvertreter über. Ist dies der Kreissekretär, so führt nicht dieser, sondern das hierzu vom Ausschusse gewählte Mitglied den Vorsitz[273]).

§. 137[274]). Der Landrath führt die laufenden Geschäfte der dem Ausschusse übertragenen Verwaltung. Er bereitet die Beschlüsse des Ausschusses vor und trägt für die Ausführung derselben Sorge. Er kann die selbstständige Bearbeitung einzelner Angelegenheiten einem Mitgliede des Kreisausschusses übertragen.

Er vertritt den Kreisausschuß nach Außen, verhandelt Namens desselben mit Behörden und Privatpersonen, führt den Schriftwechsel und zeichnet alle Schriftstücke Namens des Ausschusses.

Urkunden über Rechtsgeschäfte, welche den Kreis gegen Dritte verbinden sollen[275]), ingleichen Vollmachten, müssen unter Anführung des betreffenden Beschlusses des Kreistages beziehungsweise Kreisausschusses von dem Landrathe und zwei Mitgliedern des Kreisausschusses beziehungsweise der mit der Angelegenheit betrauten Kommission unterschrieben und mit dem Siegel des Landraths versehen sein.

Das Verfahren vor dem Kreisausschusse[276]).

§. 138. Die Anwesenheit[277]) dreier Mitglieder mit Einschluß des Vorsitzenden genügt für die Beschlußfähigkeit des Kreisausschusses.

Die Beschlüsse werden nach Stimmenmehrheit gefaßt. Ist eine gerade Zahl von Mitgliedern anwesend, so nimmt das dem Lebensalter nach jüngste gewählte Mitglied an der Abstimmung keinen Antheil[278]).

Armenstreitigkeiten im schiedsgerichtlichen oder sühneamtlichen Verfahren u. über Unterstützung Hilfsbedürftiger durch ihre Angehörigen ZustG. § 43.

[273]) Die Wahl kann besonders oder auch im voraus für bestimmte Zeit erfolgen Vf. 17. Dez. 75 (MB. 76 S. 13). Auch die Bestellung eines zweiten stellvertretenden Vorsitzenden ist nicht ausgeschlossen; auf den Kreisdeputierten geht die Vertretung nur über, wenn er den Landrat vertritt OV. 23. Juni 94 (VB. XV 570).

[274]) Geschäfte der allg. Landesverw. LVG. § 55. — Tagegelder u. Reisekosten stehen dem Landrat bei Erledigung der Kreisausschußgeschäfte nicht zu Vf. 6. Jan. 76 (MB. 14).

[275]) Für Kreissparkassenbücher genügen die in den Statuten vorgeschriebenen Formen Vf. 11. Nov. 95 (MB. 246).

[276]) Im Gebiete der Landesverwaltung bestimmt sich die Beschlußfähigkeit (§ 138) nach LVG. § 40 u. das Ausscheiden von Mitgliedern (§ 139) im Streitverfahren nach LVG. § 61, 62, im Beschlußverfahren nach LVG. § 115, 116.

[277]) Die Beschlußfassung durch Einfordern schriftlicher Erklärungen (Umlauf) ist danach unzulässig OV. 12. Juni 90 (XIX 4).

[278]) Wenn das jüngste Mitglied stellvertretender Vorsitzender wird, dem volles Stimmrecht gebührt (§ 136 Abs. 2), so stimmt das zweitjüngste Mitglied nicht mit Vf. 15. Sept. 78 (MB. 238).

§. 139. Betrifft der Gegenstand der Verhandlung einzelne Mitglieder des Kreisausschusses oder deren Verwandte und Verschwägerte in auf- oder absteigender Linie oder bis zu dem dritten Grade der Seitenlinie, so dürfen dieselben an der Berathung und Entscheidung nicht Theil nehmen.

Ebensowenig dürfen die Mitglieder des Kreisausschusses bei der Berathung und Entscheidung solcher Angelegenheiten mitwirken, in welchen sie in anderer als öffentlicher Eigenschaft ein Gutachten abgegeben haben oder in anderer als öffentlicher Eigenschaft thätig gewesen sind.

Wird dadurch ein Kreisausschuß beschlußunfähig, so erfolgt, soweit es sich um Kreiskommunalangelegenheiten handelt, die Beschlußfassung durch den Kreistag, im Uebrigen nach Massgabe des §. 54 des Gesetzes über die Organisation der allgemeinen Landesverwaltung[279]).

§§. 140 bis 163. (Fortgefallen.)

§. 164. Soweit die eigenen Einnahmen des Kreisausschusses und die vom Staate hierzu nach §. 70 zu überweisenden Beiträge nicht ausreichen, werden die Kosten, welche die Geschäftsverwaltung desselben verursacht, von dem Kreise getragen[280]).

Die Mitglieder des Kreisausschusses erhalten eine ihren baaren Auslagen entsprechende Entschädigung[281]). Ueber die Höhe derselben beschließt der Kreistag.

§. 165. (Fortgefallen.)

§. 166. Im Uebrigen wird der Geschäftsgang bei den Kreisausschüssen durch ein von dem Minister des Innern zu erlassendes Regulativ geordnet[282]).

Fünfter Abschnitt.

Von den Kreiskommissionen.

§. 167. Für die unmittelbare Verwaltung und Beaufsichtigung einzelner Kreisinstitute, sowie für die Besorgung einzelner Kreisangelegenheiten kann der Kreistag nach Bedürfniß besondere Kommissionen oder Kommissare aus der Zahl der Kreisangehörigen bestellen[283]), welche ebenso, wie die durch das

[279]) Im übrigen sind jetzt für das Streitverfahren LVG. § 62 Abs. 3, für das Beschlußverfahren § 116 maßgebend.

[280]) Dazu gehören die Entschädigung eines nach LVG. § 74 Abs. 3 zur Wahrnehmung des öffentlichen Interesses bestellten Kommissars OV. 14. Okt. 93 (XXV 1) u. Vf. 21. Sept. 90 (MB. 205) u. die Kosten, die bei Aufhebung einer vom Landrat als Vors. des Kreisausschusses erlassenen Verfügung auferlegt werden Vf. 15. Okt. 78 (MB. 91 S. 49). — Der Erlös aus vernichteten Kreisausschußakten gebührt der Kreiskommunalkasse Vf. 8. März 92 (MB. 190).

[281]) Die Gewährung von Tagegeldern auch an die am Orte wohnenden Mitglieder ist nicht ausgeschlossen OV. 17. April 91 (VB. XIII 217).

[282]) Dies ist das gem. LVG. § 56 auch für die Landesverwaltung u. das Streitverfahren erlassene Reg. 28. Feb. 84 (MB. 41). — Die dienstliche Aufsicht über die Geschäftsführung des Kreisausschusses führt der RegPr., der auch Geschäftsrevisionen anordnen kann LVG. § 48.

[283]) Der Kreistag unterliegt — unbeschadet des staatlichen Aufsichtsrechts — in der Einrichtung dieser Kommissionen keiner Beschränkung, kann auch die Geschäfte bestehender älterer Kommissionen auf den Kreisausschuß übertragen OV. 17. April 79 (V 28).

Gesetz für Zwecke der allgemeinen Landesverwaltung angeordneten Kommissionen, ihre Geschäfte unter der Leitung des Landraths besorgen.

Der Landrath ist befugt, jederzeit den Berathungen der Kreiskommissionen beizuwohnen und dabei den Vorsitz mit vollem Stimmrechte zu übernehmen, soweit nicht hierüber hinsichtlich der für Zwecke der allgemeinen Landesverwaltung angeordneten Kommissionen etwas Anderes gesetzlich bestimmt ist.

§. 168. Ueber die Gewährung von Diäten und Reisekosten an die Mitglieder der Kreiskommissionen zu bestimmen, bleibt dem Kreistage überlassen.

Vierter Titel.

Von den Stadtkreisen.

§. 169. In denjenigen Kreisen, welche nur aus einer Stadt bestehen (Stadtkreise), werden die Geschäfte des Kreistages und des Kreisausschusses, die des letzteren, soweit sich dieselben auf die Verwaltung der Kreiskommunalangelegenheiten beziehen, von den städtischen Behörden nach den Vorschriften der Städteordnung wahrgenommen[284]).

Die Bestimmungen des zweiten Abschnittes des ersten Titels finden auf Stadtkreise keine Anwendung[285]).

§. 170. In den Stadtkreisen, mit Ausnahme des Stadtkreises Magdeburg[286]), tritt an die Stelle des Kreisausschusses zur Wahrnehmung von Geschäften der allgemeinen Landesverwaltung in den durch die Gesetze bezeichneten Fällen der nach den Vorschriften der §§. 30 ff. des Gesetzes über die Organisation der allgemeinen Landesverwaltung gebildete Stadtausschuß.

(Besondere Bestimmungen für den Stadtkreis Magdeburg. **§§. 171** bis **175**)[286]).

Fünfter Titel.

Von der Oberaufsicht über die Kreisverwaltung[287]).

Genehmigung der Kreistagsbeschlüsse.

§. 176. Beschlüsse des Kreistages, welche folgende Angelegenheiten betreffen:

1) statutarische Anordnungen nach Maßgabe des §. 20 Nr. 1,

---

[284]) Die Kreis- werden damit zu städtischen Kommunalangelegenheiten u. Tit. 3 der KrO. ist danach auf Stadtkreise nicht anwendbar Vf. 15. März 85 (MB. 107).

[285]) Damit soll nur ausgesprochen werden, daß Stadtkreise Kreissteuern nur nach den Vorschriften über Gemeindebesteuerung erheben dürfen OV. 16. Sept. 87 (XV 39).

[286]) Die Ausnahmebestimmungen haben keine Bedeutung mehr, nachdem der frühere Stadt- u. Landkreis infolge Einverleibung der Vororte Sudenburg, Neustadt-Magdeburg u. Buckau in die Stadt Magdeburg fortgefallen ist.

[287]) Der fünfte Titel umfaßt die Genehmigung der Beschlüsse § 176, die Aufsichtsbehörden (Bezeichnung § 177, Befugnisse § 177a, insbesondere Beanstandungsrecht § 178), die Auflösung der Kreistage § 179 u. die Zwangseintragung in den Voranschlag § 180. — Bedeutung der Staatsaufsicht Nr. III 2 Anm. 227 Satz 1.

2) Mehr- oder Minderbelastung einzelner Kreistheile (§. 13),
3) eine Belastung der Kreisangehörigen durch Kreisabgaben über 50 Prozent des Gesammtaufkommens der direkten Staatssteuern[288]),
4) Veräußerungen von Grundstücken und Immobiliarrechten des Kreises,
5) Anleihen, durch welche der Kreis mit einem Schuldenbestande belastet oder der bereits vorhandene Schuldenbestand vergrößert werden würde, sowie die Uebernahme von Bürgschaften auf den Kreis[289]),
6) eine neue Belastung der Kreisangehörigen ohne gesetzliche Verpflichtung, insofern die aufzubringenden Leistungen über die nächsten fünf Jahre hinaus fortdauern sollen[290]),

bedürfen in den Fällen zu 1 der landesherrlichen Genehmigung, in den Fällen zu 2 der Bestätigung des Ministers des Innern, in den Fällen zu 3 der Bestätigung der Minister des Innern und der Finanzen, in den übrigen Fällen der Bestätigung des Bezirksausschusses[7]).

Ohne die vorgeschriebene Bestätigung sind die betreffenden Beschlüsse des Kreistages nichtig[291]).

Aufsichtsbehörden.

§. 177. Die Aufsicht des Staates über die Verwaltung der Angelegenheiten der Landkreise und des Stadtkreises Magdeburg[286]) wird von dem Regierungspräsidenten, in höherer und letzter Instanz von dem Ober-Präsidenten geübt, unbeschadet der in den Gesetzen geordneten Mitwirkung des Bezirksausschusses[7]) und des Provinzialrathes.

Beschwerden an die Aufsichtsbehörde in Kreisangelegenheiten sind in allen Instanzen innerhalb zwei Wochen anzubringen.

§. 177a. Die Aufsichtsbehörden haben mit den ihnen in den Gesetzen zugewiesenen Mitteln darüber zu wachen, daß die Verwaltung den Vorschriften der Gesetze gemäß geführt und in geordnetem Gange erhalten werde.

Die Aufsichtsbehörden sind zu dem Ende befugt, über alle Gegenstände der Verwaltung Auskunft zu erfordern, die Einsendung der Akten, insbesondere auch der Haushaltsetats und der Jahresrechnungen zu verlangen, sowie Geschäfts- und Kassenrevisionen an Ort und Stelle zu veranlassen.

§. 178. Beschlüsse des Kreistages, der Kreiskommissionen, sowie in Kommunalangelegenheiten[292]) des Kreises gefaßte Beschlüsse des Kreisausschusses,

---

[288]) Dazu gehören die gesamten Kreisabgaben, einschl. etwaiger Mehrbelastungen Vf. 1. Nov. 79 (MB. 80 S. 11) A 7. — Die Genehmigung ist für das betreffende, nicht schon für das folgende Etatsjahr zu beantragen Vf. 12. März 98 (MB. 61).

[289]) Nr. III 2 Anm. 149.

[290]) § 119[8] u. 124 Abs. 3. — Gesichtspunkte für die Bestätigung Vf. 18. Mai 98 (MB. 106).

[291]) Ist die Bestätigung mehrerer Behörden erforderlich, so hat die der in der Hauptsache beschließenden Behörde voranzugehen Vf. 1. Nov. 79 (Anm. 288) B IV.

[292]) Anm. 215 u. 268. — Für Landesverwaltungssachen besteht die Anfechtung LVG. § 126.

welche deren Befugnisse überschreiten oder die Gesetze verletzen[293]), hat der Landrath, entstehenden Falles auf Anweisung der Aufsichtsbehörde, unter Angabe der Gründe, mit aufschiebender Wirkung zu beanstanden[294]).

Gegen die Verfügung des Landraths steht dem Kreistage, der Kreiskommission beziehungsweise dem Kreisausschusse innerhalb zwei Wochen die Klage bei dem Bezirksausschusse[7]) zu[295]). Dieselben können zur Wahrnehmung ihrer Rechte im Verwaltungsstreitverfahren einen besonderen Vertreter bestellen.

Auflösung des Kreistages durch Königliche Verordnung.

§. 179. Auf den Antrag des Staatsministeriums kann ein Kreistag durch Königliche Verordnung aufgelöst werden. Es sind sodann Neuwahlen anzuordnen, welche binnen sechs Monaten, vom Tage der Auflösung an, erfolgen müssen.

Im Falle der Auflösung eines Kreistages bleiben die von demselben gewählten Mitglieder des Kreisausschusses und der Kreiskommissionen so lange in Wirksamkeit, bis der neu gebildete Kreistag die erforderlichen Neuwahlen vollzogen hat.

Zwangsweise Etatisirung gesetzlicher Leistungen durch die Regierung.

§. 180. Unterläßt oder verweigert ein Kreis die ihm gesetzlich obliegenden, von der Behörde innerhalb der Grenzen ihrer Zuständigkeit festgestellten Leistungen[296]) auf den Haushaltsetat zu bringen oder außerordentlich zu genehmigen, so verfügt der Regierungspräsident, unter Angabe der Gründe, die Eintragung in den Etat, beziehungsweise die Feststellung der außerordentlichen Ausgaben[297]).

Gegen die Verfügung des Regierungspräsidenten steht dem Kreise innerhalb zwei Wochen die Klage bei dem Oberverwaltungsgerichte zu.

Zur Ausführung der Rechte des Kreises kann der Kreistag einen besonderen Vertreter bestellen[298]).

---

[293]) Nr. II 2 Anm. 272.

[294]) Voraussetzungen u. Form Nr. II 2 Anm. 273; Verb. Nr. IV 2 Anm. 250.

[295]) Gegenstand der verwaltungsgerichtlichen Entscheidung Nr. II 2 Anm. 274. — Die Kosten bei Aufhebung der Beanstandung fallen — als in der Staatsaufsicht begründet — der Staatskasse zur Last OV. 3. Jan. 81 (VII 88).

[296]) Nr. II 2 Anm. 275. Die einem Kreistierarzt vom Kreise bewilligten Besoldungszuschüsse gehören nicht dazu OV. 9. Feb. 89 (XVII 33).

[297]) Nr. II 2 Anm. 276. Die Verfügung ist an den Kreisausschuß zu richten, der diese ohne Ermächtigung des Kreistages anfechten kann OV. 23. Juni 84 (XI 15).

[298]) Die Fassung der Abs. 2 u. 3 beruht auf ZustG. § 4 (nach der früheren Fassung ging die Klage an das Bezirksverwaltungsgericht).

Sechster Titel.

Besondere Bestimmungen für die Provinz Sachsen.

§. 181. Für den Umfang der in der Provinz Sachsen belegenen Grafschaften Wernigerode, Stolberg-Stolberg mit dem vormaligen Amte Heringen, und Stolberg-Roßla mit dem vormaligen Amte Kelbra kommt dieses Gesetz mit den Maßgaben des Gesetzes vom 18. Juni 1876 (Gesetz-Samml. S. 245) zur Anwendung[299]).

§. 182. (Fortgefallen)[300]).

Siebenter Titel.

Allgemeine, Uebergangs- und Ausführungs-Bestimmungen.

§. 183. Bis zu einer anderweiten Beschlußfassung der Provinzialvertretungen tritt an die Stelle des im §. 86 festgestellten Betrages von 225 Mark Grund- und Gebäudesteuer für die Kreise der Provinz Sachsen der Betrag von 300 Mark und für die Kreise des Regierungsbezirks Stralsund der Betrag von 750 Mark.

§. 184. Für die ersten nach Massgabe dieses Gesetzes vorzunehmenden Vertheilungen und Wahlen der Kreistagsabgeordneten sind die dem Kreisausschusse beziehungsweise dem Kreistage übertragenen Befugnisse von dem Landrathe wahrzunehmen. Ingleichen liegt für diese ersten Wahlen dem Landrathe die Prüfung der Wahlprotokolle an Stelle des Kreisausschusses ob.

§. 185. Für jeden Kreis wird die erfolgte Bildung der Amtsbezirke und die Ernennung der Amtsvorsteher durch eine von dem Ober-Präsidenten durch das Amtsblatt zu erlassende Bekanntmachung zur öffentlichen Kenntniss gebracht. Bis zu diesem Zeitpunkte bleiben die rücksichtlich der örtlichen Polizeiverwaltung bestehenden Vorschriften in Kraft.

§. 186. Die Amtsthätigkeit der jetzigen Gemeindevorsteher und Schöffen erlischt am 30. Juni 1874. Die schon jetzt gewählten Gemeindevorsteher und Schöffen bleiben jedoch in Funktion bis zum Ablauf der in dem gegenwärtigen Gesetze vorgeschriebenen sechsjährigen Amtsdauer, vom Tage ihrer Bestätigung gerechnet, sofern nicht eine Gemeinde eine frühere Wahl ausdrücklich beantragt[301]).

---

[299]) Die Ernennung der Amtsvorsteher (§ 56—58) in den Grafschaften — im Kreise Wernigerode auch die des Landrats (§ 74) — erfolgt nach Anhörung der Besitzer der Grafschaft; letztere können sich auch im Wahlverbande der größeren Grundbesitzer gleich den Mitgliedern der regierenden Häuser (§ 97⁵) vertreten lassen G. 18. Juni 76 § 1 (§ 2—4 enthalten nur Übergangsbest.).

[300]) § 182 sah die Einführung der KrO. in die Prov. Posen durch Kön. V. vor. Inzwischen ist das G. 19. Mai 89 (Nr. 3 Anl. A) ergangen.

[301]) § 184—186 enthalten erledigte Übergangsbest.

§§. **187** bis **198.** (Fortgefallen)[302].

§. **199.** Alle dem gegenwärtigen Gesetze zuwiderlaufenden Bestimmungen[303]) werden aufgehoben und treten, mit Vorbehalt der Vorschriften der §§. 12, 185 und 186, mit dem 1. Januar 1874 außer Kraft. Die bisherigen kreisständischen Kommissionen bleiben bis zur anderweitigen Beschlußnahme des Kreistages über ihren Fortbestand und ihre Zusammensetzung in Wirksamkeit.

§. **200.** Der Minister des Innern ist mit der Ausführung des gegenwärtigen Gesetzes beauftragt und erläßt die hierzu erforderlichen Anordnungen und Instruktionen[1]).

Inhalt.

Erster Titel.

Von den Grundlagen der Kreisverfassung.

Zweiter Titel.

Von der Gliederung und den Aemtern des Kreises.

Dritter Titel.

Von der Vertretung und Verwaltung des Kreises.

---

[302]) Zusammensetzung u. Verfahren der Bezirksverwaltungsgerichte werden jetzt durch LVG. § 28—35 u. 50—114 geregelt.

[303]) Provinzialrechtliche OV. 17. April 79 (Anm. 283) u. ältere Privilegien (Kreisabgabenfreiheit) 19. Jan. 80 (VI 33).

Anmerkung. Die §§. 35, 64, 78, 79 bis 83, 135, 140 bis 163, 165, 182, 187 bis 198 sind fortgefallen.

Wahlreglement[304]).

§. 1. Acht Tage vor der Wahl werden die Wähler zu den Wahlen mittels schriftlicher Einladung oder durch ortsübliche Bekanntmachung berufen. Die Einladung und Bekanntmachung muß das Lokal, den Tag und die Stunde der Wahl genau bezeichnen. Hinsichtlich der von dem Kreistage vorzunehmenden Wahlen bewendet es bei den für die Berufung des Kreistages vorgeschriebenen Fristen.

§. 2. Der Wahlvorstand besteht[305]) aus dem nach den bestehenden Vorschriften zur Leitung des Wahlaktes berufenen Beamten[306]) als Vorsitzenden und aus zwei oder vier von der Wahlversammlung aus der Zahl der Wähler zu wählenden Beisitzern[307]). Der Vorsitzende ernennt einen der Beisitzer zum Protokollführer. In den Fällen der §§. 23, 51 Nr. 1 und 100 der Kreisordnung kann auch eine nicht zur Wählerversammlung gehörige Person zum Protokollführer ernannt werden.

§. 3. Während der Wahlhandlung dürfen im Wahllokale weder Diskussionen stattfinden, noch Ansprachen gehalten, noch Beschlüsse gefaßt werden. Ausgenommen hiervon sind Diskussionen und Beschlüsse des Wahlvorstandes, welche durch die Leitung des Wahlgeschäftes bedingt sind.

---

[304]) Das Wahlregl. ist maßgebend für die Wahlen zum Amtsausschuß KrO. § 51 1 Abs. 2, zum Kreistag im Verbande der größeren Grundbesitzer § 94 nebst Anm. 201, der Landgemeinden § 100 Abs. 3, der Städte § 105 u. zum Kreisausschuß § 116 Nr. 8 Abs. 2. — Rechtliche Bedeutung Anm. 183 a. E.

[305]) Von der vorgeschriebenen Zusammensetzung ist die Gültigkeit der Wahl abhängig OV. 22. Okt. 81 (VIII 120).

[306]) Dies sind bei Wahlen zum Amtsausschuß u. der Wahlmänner der Landgemeinden der Gemeindevorsteher oder ein Schöffe KrO. § 51 u. 100, zum KreistAbg. im Wahlverbande der Landgemeinden der Landrat, sein Vertreter oder ein von ihm bezeichneter Amtsvorsteher § 103, im Wahlverb. der größeren Grundbesitzer u. der Städte der Landrat oder sein Vertreter § 94 u. 104 Abs. 3.

[307]) Diese Wahl kann mündlich oder durch Zuruf erfolgen OV. 22. Okt. 81 (Anm. 305).

§. 4. Jede Wahl erfolgt in einer besonderen Wahlhandlung durch Stimmzettel[308]).

§. 5. Die Wähler werden in der Reihenfolge, in welcher sie in der Wählerliste verzeichnet sind, aufgerufen. Jeder Aufgerufene legt seinen Stimmzettel uneröffnet in die Wahlurne.

Die während der Wahlhandlung erscheinenden Wähler können an der nicht geschlossenen Wahl Theil nehmen[309]).

Sind keine Stimmen mehr abzugeben, so erklärt der Wahlvorstand die Wahl für geschlossen; der Vorsitzende nimmt die Stimmzettel einzeln aus der Wahlurne und verliest die darauf verzeichneten, von einem Beisitzer, welchen der Vorsitzende ernennt, laut zu zählenden Namen.

§. 6. Ungültig sind

1) Stimmzettel, welche nicht von weißem Papier, oder welche mit einem äußeren Kennzeichen versehen sind,
2) Stimmzettel, welche keinen oder keinen lesbaren Namen enthalten,
3) Stimmzettel, aus welchen die Person des Gewählten nicht unzweifelhaft zu erkennen ist[310]),
4) Stimmzettel, auf welchen mehr als ein Name, oder der Name einer nicht wählbaren Person verzeichnet ist,
5) Stimmzettel, welche einen Protest oder Vorbehalt enthalten.

§. 7. Alle ungültigen Stimmzettel werden als nicht abgegeben betrachtet. Ueber die Gültigkeit der Stimmzettel entscheidet vorläufig der Wahlvorstand[311]).

Die Stimmzettel sind dem Wahlprotokolle beizufügen und so lange aufzubewahren, bis über die gegen das Wahlverfahren erhobenen Einsprüche rechtskräftig entschieden ist.

§. 8. Als gewählt ist derjenige zu betrachten, welcher die absolute Stimmenmehrheit (mehr als die Hälfte der Stimmen) erhalten hat.

Ergiebt sich keine absolute Stimmenmehrheit, so kommen diejenigen zwei Personen, welche die meisten Stimmen erhalten haben, auf die engere Wahl. Haben mehr als zwei Personen die meisten und gleich viel Stimmen erhalten, so entscheidet das durch die Hand des Vorsitzenden zu ziehende Loos darüber, wer auf engere Wahl zu bringen ist; in gleicher Weise erfolgt die Entscheidung, wenn auch die engere Wahl keine Stimmenmehrheit ergiebt[312]).

---

308) Abweichung § 11 u. Anm. 307.

309) Die engere Wahl bildet eine neue Handlung, an der auch beim ersten Wahlgange nicht beteiligte Wähler teilnehmen können OV. 14. Nov. 77 (III 18).

310) Die Frage ist eine tatsächliche, die vorläufige Entscheidung des Wahlvorstandes daher auch weiterhin zu beachten, soweit sie nicht irrtümlich erfolgt ist OV. 2. Mai 76 (I 8). Unvollständigkeit macht den Stimmzettel nicht ungültig, sobald der Gewählte unzweifelhaft erkennbar ist OV. 6. Dez. 01 (XL 23).

311) Vor. Anm. — Ohne unbedingte Feststellung durch den Wahlvorstand erscheint die Wahl überhaupt als nicht abgeschlossen OV. 24. Feb. 81 (VII 94).

312) Die engere Wahl muß in allen Fällen erfolgen, in denen eine absolute Mehrheit nicht erreicht ist OV. 2. Mai 76 (Anm. 310).

§. 9. Die Wahlprotokolle sind von dem Wahlvorstande zu unterzeichnen[313]).

§. 10. Der Vorsitzende des Wahlvorstandes hat die Gewählten von der auf sie gefallenen Wahl mit der Aufforderung in Kenntniß zu setzen, sich über die Annahme oder Ablehnung innerhalb längstens fünf Tagen zu erklären. Wer diese Erklärung nicht abgiebt, wird als ablehnend betrachtet.

§. 11. Wahlen, welche auf dem Kreistage vorzunehmen sind, können auch durch Akklamation stattfinden, sofern Niemand Widerspruch erhebt.

Anlagen zur Kreisordnung.

Anlage A (zu Anmerkung 36).

Allgemeine Verfügung des Ministers des Innern, betreffend Grundsätze für die Vertheilung der Kreisabgaben. Vom 31. Dezember 1897 (MB. 1898 S. 8).

Die Prüfung der gemäß meiner Verfügung vom 30. Juli 1896 eingereichten Uebersichten hat ergeben, daß die Kreisabgaben-Vertheilungsmaßstäbe nicht überall den gesetzlichen Bestimmungen und den zu ihrer Ausführung erlassenen Anweisungen entsprechen. Ich bitte daher, den Landräthen die nachstehenden wesentlichsten Grundsätze für die Vertheilung der Kreisabgaben zur Pflicht zu machen und dahin zu wirken, daß diejenigen Maßstäbe, welche diesen Grundsätzen nicht entsprechen, abgeändert werden.

I. Der Vertheilung der Kreisabgaben sind die direkten Staatssteuern und die nach den §§. 14 und 15 der Kreisordnung zu ermittelnden fingirten Beiträge der Forensen, juristischen Personen u. s. w. für dasjenige Jahr zu Grunde zu legen, für welches die Kreisabgaben erhoben werden sollen. Als direkte Staatssteuern kommen außer der Einkommensteuer in Betracht die vom Staate veranlagte Grund-, Gebäude- und Gewerbesteuer derjenigen Liegenschaften, Gebäude und stehenden Gewerbebetriebe einschließlich des Bergbaues, welche der Gemeindebesteuerung unterliegen. Zu der Gewerbesteuer gehört auch die Betriebssteuer[1]), aber nicht die Hausirgewerbesteuer.

Die Ergänzungssteuer kommt nicht in Betracht[2]).

II. Die Grund-, Gebäude- und die Gewerbesteuer der Klassen I und II sind in der Regel mit dem gleichen Betrage desjenigen Prozentsatzes heranzuziehen, mit welchem die Staatseinkommensteuer (von dem Einkommen über 900 Mark) belastet wird (vergl. Nr. VII). Die Unterscheidung zwischen der Gewerbesteuer vom Gewerbebetriebe auf dem platten Lande und der Gewerbesteuer vom Gewerbebetriebe in den Städten (§. 10, 12 der KO.) ist durch die Bestimmung in §. 91 Nr. 2 der KO. beseitigt.

III. Mit Genehmigung des Bezirksausschusses kann der Betrag, mit welchem die Grund-, Gebäude- und die Gewerbesteuer der Klassen I und II heranzuziehen sind, bis auf das Anderthalbfache des Prozentsatzes, mit welchem die Einkommensteuer (Nr. II) belastet wird, erhöht oder bis auf die Hälfte desselben herabgesetzt werden. Letzteres ist nur dann für zulässig zu erachten, wenn besondere Verhältnisse die Herabsetzung begründen, da vom Standpunkte der Staatssteuerreform

---

[313]) Nr. II 2 Anm. 135.

[1]) Die Betriebssteuer (Nr. 13 Anm. 97a) bildet eine Unterart der Gewerbesteuer.

[2]) Nr. 2 Anm. 44.

Werth darauf gelegt werden muß, daß die Belastung der Einkommensteuer mit Kreisabgaben nicht unvermindert fortbesteht.

IV. Im Verhältniß zu einander sind die Grund=, Gebäude= und die Gewerbesteuer der Klassen I und II stets mit gleich hohen Prozentsätzen heranzuziehen.

V. Innerhalb der einzelnen Steuerarten müssen alle Stufen, Klassen und Steuersätze — abgesehen von den Ausnahmen unter Nr. VI und VII — gleichmäßig belastet werden. Dies gilt auch von den fingirten Steuersätzen der Forensen, juristischen Personen u. s. w.

VI. Die Gewerbesteuer der Klassen III und IV und die Betriebssteuer (Gewerbesteuer, „im Uebrigen" — §. 10 Absatz 2 der KO. —) können von der Heranziehung zu den Kreisabgaben ganz freigelassen oder mit einem geringeren Prozentsatze als die sonstigen Realsteuern bezw. die Einkommensteuern (Nr. II) belastet werden; keinenfalls dürfen sie höher als die Grund=, Gebäude= und die Gewerbesteuer der Klassen I und II und höchstens mit demselben Prozentsatze herangezogen werden, mit welchem die Einkommensteuer belastet wird. Werden demnach z. B. die Grund=, Gebäude= und die Gewerbesteuer der Klassen I und II mit 75, die Einkommensteuer mit 100 Prozent herangezogen, so dürfen die Gewerbesteuer der Klassen III und IV und die Betriebssteuer, sofern sie nicht ganz freigelassen werden, zwar niedriger, aber nicht höher als mit einem Zuschlage von 75 Prozent belastet werden. Sind dagegen die Grund=, Gebäude= und die Gewerbesteuer der Klassen I und II mit 125, die Einkommensteuer aber nur mit 100 Prozent zu belasten, so dürfen die Gewerbesteuer der Klassen III und IV und die Betriebssteuer höchstens mit 100 Prozent herangezogen werden. Hat der Kreistag nicht ausdrücklich beschlossen, die Gewerbesteuer der Klassen III und IV und die Betriebssteuer freizulassen oder mit einem geringeren Prozentsatze heranzuziehen, so sind sie gleich hoch zu belasten, wie die übrigen Realsteuern bezw. wie die Einkommensteuer, wenn diese niedriger belastet wird als jene.

VII. Personen mit einem Einkommen bis einschließlich 900 Mark sind an sich kreissteuerpflichtig (Erk. d. OVG. vom 18. September 1897 II 1543); sie können jedoch, wenn die Deckung des Kreisbedarfs ohne ihre Heranziehung gesichert ist, von der Beitragspflicht entbunden oder mit einem geringeren Prozentsatze als das höhere Einkommen herangezogen werden. Ihre Freilassung bezw. Heranziehung mit einem geringeren Prozentsatze erfordert einen ausdrücklichen Beschluß des Kreistages. Sie müssen freigelassen werden, wenn sie im Wege der öffentlichen Armenpflege fortlaufende Unterstützung erhalten.

Daß der für die einzelnen Steuerarten, insbesondere auch für die Gewerbesteuer „im Uebrigen" geltende Grundsatz, wonach alle Stufen, Klassen und Steuersätze stets gleichmäßig zu behandeln sind (vergl. Nr. V, VI a. E.), auch auf die fingirten Normalsteuersätze für die Einkommensteuer bis einschließlich 900 Mark Anwendung finden müsse, ist aus dem Wortlaute des §. 74 des Einkommensteuergesetzes nicht zu entnehmen. Es erscheint daher zulässig, z. B. die Einkommensteuer bis einschließlich 420 Mark freizulassen, die Einkommen von mehr als 420 bis einschließlich 900 Mark dagegen heranzuziehen, auch die Einkommen bis einschließlich 420 oder 660 Mark mit einem geringeren Prozentsatze zu belasten als diejenigen von mehr als 660 bis einschließlich 900 Mark.

VIII. Abgesehen von der Sonderbestimmung für Personen, welche im Wege der öffentlichen Armenpflege fortlaufende Unterstützung erhalten, finden die Vorschriften über die Heranziehung der Personen mit Einkommen bis einschließlich 900 Mark auch auf juristische Personen, Kommanditgesellschaften auf Aktien, Aktiengesellschaften und Berggewerkschaften Anwendung, welche im Kreise Grundeigenthum besitzen oder ein stehendes Gewerbe oder Bergbau betreiben und aus diesen Quellen Einkommen von nicht mehr als 900 Mark beziehen. Dieses ergiebt sich aus §. 15 der KO., wonach die juristischen Personen u. s. w. von dem Kreisausschusse nach den für die Veranlagung der Einkommensteuer bestehenden gesetzlichen Vorschriften, einerlei ob sie sich auch auf juristische oder — wie das bisher maßgebende Gesetz vom 25. Mai 1873 — nur auf physische Personen beziehen, einzuschätzen sind.

IX. Der Kreistag ist befugt, neben dem allgemeinen Vertheilungsmaßstabe einen besonderen Maßstab für Verkehrsanlagen dahin zu beschließen, daß die Grund-, Gebäude- und Gewerbesteuer der Klassen I und II zu den Kreisabgaben für diese Zwecke mit einem höheren Prozentsatze als zu den übrigen Kreisabgaben herangezogen werden. Dieses kann jedoch, wie sich aus der Fassung des §. 12 Abs. 1 und 3 der KO. ergiebt, nur gleichzeitig mit der Feststellung des allgemeinen Maßstabes geschehen. Hat der Kreistag einen besonderen Maßstab beschlossen, so ist derselbe bei der Vertheilung aller Kreisabgaben für Verkehrsanlagen gleichmäßig zur Anwendung zu bringen. Die Grund-, Gebäude- und die Gewerbesteuer der Klassen I und II dürfen auch nach dem besonderen Maßstabe nur innerhalb der in §. 91 Nr. 2 Abs. 2 festgesetzten Grenzen zu einem höheren Prozentsatze als zu den übrigen Kreisabgaben herangezogen werden.

Der allgemeine bezw. besondere Maßstab ist auch bei der Mehrbelastung einzelner Kreistheile mit Kreisabgaben maßgebend.

Eine von dem geltenden — allgemeinen oder besonderen — Maßstabe abweichende Heranziehung der vorhin bezeichneten Realsteuern bei der Mehrbelastung einzelner Kreistheile würde dem der KO. zu Grunde liegenden Grundsatze der Vertheilung der Kreisabgaben nach einem ein für allemal feststehenden Maßstabe widersprechen. Eine Abänderung des besonderen Maßstabes ist nur gleichzeitig mit der Revision des allgemeinen Maßstabes von 5 zu 5 Jahren zulässig.

X. Der Fiskus kann zu den Kreisabgaben wegen seines aus Grundbesitz, Gewerbe- oder Bergbaubetrieb fließenden Einkommens nicht herangezogen, dagegen mit der Grund- und Gebäudesteuer um die Hälfte desjenigen Prozentsatzes stärker belastet werden, mit welchem die Einkommensteuer dazu herangezogen wird. Wird z. B. die Einkommensteuer mit 100, die Grund-, Gebäude- und die Gewerbesteuer der Klassen I und II mit 150 Prozent belastet, so kann demnach die Grund- und Gebäudesteuer des Fiskus mit $150 + {}^{100}/_{2} = 200$, nicht aber, wie es vorgekommen ist, mit $150 + {}^{150}/_{2} = 225$ Prozent herangezogen werden.

Die Cirkularverfügung vom 10. Juni 1874 (MinBl. 1874 S. 155) wird aufgehoben.

Anlage B (zu Anmerkung 103).

Instruktion des Ministers des Innern zur Ausführung der Bestimmungen der Kreisordnung über die Bildung der Amtsbezirke, die Berufung der Amtsvorsteher und deren Stellvertreter, sowie die Bestellung kommissarischer Amtsvorsteher. Vom 18. Juni 1873 (MB. S. 153)[1].

Auf Grund des §. 200 der Kreisordnung ergeht für die Provinzen Preußen, Brandenburg, Pommern, Schlesien und Sachsen zur Ausführung der Bestimmungen des zweiten Titels, vierten Abschnitts, §§. 46 bis 49, 56 bis 58 dieses Gesetzes nachstehende Instruktion über die Bildung der Amtsbezirke, die Berufung

---

[1]) Artikel 1 u. 3 haben keine Bedeutung mehr. — Die in der Einführungs-Vf. des Min. d. Inn. 18. Juni 73 (MB. S. 150) gegebenen erläuternden Bemerkungen sind den Artikeln angefügt.

der Amtsvorsteher und deren Stellvertreter, sowie über die Bestellung kommissarischer Amtsvorsteher.

Artikel 2.

Für die Bildung der Amtsbezirke gelten die im §. 48 des Gesetzes aufgestellten Grundsätze.

Diesen Grundsätzen entsprechend ist bei der Abgrenzung der Amtsbezirke

1. zu beachten, daß jeder Amtsbezirk thunlichst ein räumlich zusammenhängendes und abgerundetes Flächengebiet umfaßt[2]).

Bei den bisherigen Polizeibezirken war dies oft nicht der Fall; es kam beispielsweise vor, daß eine einzelne Ortschaft, getrennt durch verschiedene, zu anderen Polizeibezirken gehörige Ortschaften, von dem Sitze ihrer Polizeiobrigkeit mehrere Meilen entfernt war. Um die aus einem solchen Zustande für eine wirksame Handhabung der Polizei erwachsenden Unzuträglichkeiten in Zukunft zu beseitigen, erscheint eine sorgfältige Durchführung des Grundsatzes der räumlichen Zusammenhängigkeit geboten und müssen Abweichungen von demselben eingehend motivirt werden. Bei der Anwendung dieses Grundsatzes ist jedoch mit Rücksicht auf die Vorschriften in den §§. 51 ff. des Gesetzes eine Zerreißung von Gemeinde- und Gutsbezirken möglichst zu vermeiden.

In Bezug auf Gemeindebezirke wird dies voraussichtlich überall unschwer zu erreichen sein. Wohl die meisten derselben bilden schon für sich — wenigstens ohne wesentliche Unterbrechungen — räumlich zusammenhängende Flächengebiete; wo dies aber nicht der Fall ist, wird es ausführbar sein, die zwischen den von einander getrennten Theilen eines Gemeindebezirkes liegenden Gemeinde- und Gutsbezirke mit dem ersteren zu einem und demselben Amtsbezirke zu vereinigen. Sollte aber ausnahmsweise die Zerreißung eines Gemeindebezirkes nicht zu umgehen sein — ein Fall, der beispielsweise eintreten kann, wenn zu einem Gemeindebezirke ein mehrere Meilen davon entferntes Wiesen- oder Forstterrain gehört, welches von anderen Gemeinden oder Gutsbezirken umschlossen ist, deren Zusammenlegung mit dem ersteren Gemeindebezirke zu einem und demselben Amtsbezirke unausführbar erscheint — so wird demnächst, soweit dies die hierbei in Betracht kommenden kommunalen Interessen gestatten, darauf Bedacht zu nehmen sein, auf dem in dem Gesetze über die Landgemeindeordnung vom 3. Juli 1891[3]) vorgezeichneten Wege die Abtrennung eines solchen entfernten Grundstückskomplexes von seinem bisherigen Gemeindebezirke und die Zulegung desselben zu einem Kommunalbezirke herbeizuführen, welcher demjenigen Amtsbezirke angehört, mit dem jener Grundstückskomplex seiner Lage nach vereinigt werden muß.

Was die Gutsbezirke anbetrifft, so wird sich die Vereinigung der einzelnen Theile eines Gutsbezirkes mit verschiedenen Amtsbezirken nicht immer vermeiden lassen. Nicht selten bilden mehrere, meilenweit von einander entfernte, aber einem und demselben Besitzer gehörige, in wirthschaftlicher Beziehung selbstständige Güter oder ein Hauptgut mit mehreren von einander weit entfernten Vorwerken beziehungsweise Wiesen- oder Forstkomplexen nur einen einzigen selbstständigen Gutsbezirk[4]).

Wollte man die sämmtlichen Theile eines solchen Gutsbezirkes mit den dazwischen belegenen andern Guts- und Gemeindebezirken zu einem und demselben Amtsbezirke vereinigen, so würde der letztere unter Umständen einen zu großen Umfang erhalten. In solchen Fällen wird sich daher die Zulegung der einzelnen

---

[2]) Die in der Instr. angeführten Vorschriften der Kreisordnung sind mit gesperrter Schrift gedruckt.

[3]) An Stelle des G. 14. April 56 getreten.

[4]) Zusatz Nr. 2.

Theile eines Gutsbezirkes zu verschiedenen Amtsbezirken bisweilen nothwendig machen; es wird sich alsdann aber auch empfehlen, entweder die einzelnen Theile des betreffenden Gutsbezirkes auf dem in der Landgemeindeordnung vom 3. Juli 1891[3]) vorgeschriebenen Wege zu besonderen selbstständigen Gutsbezirken zu erheben oder die Einverleibung der hierzu nicht geeigneten Theile in andere Guts- oder Gemeindebezirke herbeizuführen. Wo dies wegen entgegenstehender kommunaler Rücksichten nicht ausführbar sein sollte, wird im Interesse einer geordneten Amtsverwaltung nach Maßgabe der Bestimmung im §. 32[5]) letzter Absatz für die von dem Hauptgute entfernt belegenen, verschiedenen Amtsbezirken angehörigen Theile eines selbstständigen Gutsbezirkes die Bestellung besonderer Gutsvorsteher anzuordnen sein[4]).

2. Die Größe und Einwohnerzahl der Amtsbezirke ist dergestalt zu bemessen, daß einerseits die Erfüllung der durch das Gesetz der Amtsverwaltung auferlegten Aufgaben gesichert, andererseits die Unmittelbarkeit und die ehrenamtliche Ausübung der örtlichen Verwaltung nicht erschwert wird[2]).

Es müssen daher die Amtsbezirke so komponirt werden, daß die Amtsangehörigen die Kosten der Amtsverwaltung, soweit dieselben nicht aus den vom Staate gewährten Beiträgen gedeckt werden (§§. 52 Nr. 1, 69 und 70 Absatz 4), ohne Ueberbürdung aufzubringen, sowie die etwa in Gemäßheit des §. 53 auf den Amtsbezirk zu übernehmenden kommunalen Leistungen zu erfüllen[6]) im Stande sind.

Diese Rücksicht weist auf die Bildung größerer Amtsbezirke hin; gleichwohl wird denselben doch nur ein solcher Umfang gegeben werden dürfen, daß den Amtsvorstehern die Möglichkeit einer überall örtlich und persönlich eingreifenden Thätigkeit gewahrt wird und das Ehrenamt eines Amtsvorstehers von den hierzu Befähigten ohne Vernachlässigung ihrer eigenen Angelegenheiten gern und willig übernommen werden kann.

Behufs einheitlicher und gleichmäßiger Durchführung der Organisation der Amtsbezirke hatte das Abgeordnetenhaus bei der Berathung des ihm auf Grund der Allerhöchsten Ermächtigung vom 20. Dezember 1871 vorgelegten Kreisordnungs-Entwurfs beschlossen, in das Gesetz die Bestimmung aufzunehmen,

> daß die aus mehreren Gemeinden bezw. Gutsbezirken zusammengesetzten Amtsbezirke in der Regel nicht unter 800 und nicht über 3000 Einwohner umfassen, sowie
>
> daß einzelne Gemeinden, unter Erfüllung der sonstigen im Gesetze aufgestellten Bedingungen, nur dann zu Amtsbezirken erklärt werden sollen, wenn sie entweder mindestens 500 Einwohner zählen, oder wenn sie bei geringerer Einwohnerzahl den Nachweis führen, daß besondere Verhältnisse die Erklärung zum Amtsbezirke im Sinne des Gesetzes rechtfertigen.

Die Aufnahme dieser Bestimmung in die auf Grund der Allerhöchsten Ermächtigung vom 15. November 1872 dem Landtage gemachte, nunmehr zum Gesetze gewordene Vorlage ist jedoch unterblieben, weil dieselbe nicht eine unabänderliche Norm, sondern nur eine Instruktion für die Bildung der Amtsbezirke sein sollte und konnte, um deshalb aber nicht sowohl in das Gesetz selbst, als vielmehr in die zur Ausführung desselben zu erlassende Anweisung gehört.

Wenn demgemäß an dieser Stelle auf die von dem Abgeordnetenhause beschlossenen Zahlenbestimmungen hingewiesen wird, so wird dieser Hinweis den Be-

---

[5]) Jetzt § 124 der LGO., der § 32 der KrO. ersetzt hat.

[6]) KO. § 53 ist aufgehoben LGO. § 146 Abs. 2.

hörden als ein Fingerzeig dienen, welchem zu folgen sie sich werden angelegen sein lassen, soweit die lokalen Verhältnisse es gestatten. Da, wo die Bildung von Amtsbezirken mit einer, die niedrigste Zahlengrenze nicht erreichenden oder mit einer, die höchste überschreitenden Einwohnerzahl sollte vorgeschlagen werden, sind die hierfür maßgebenden Verhältnisse darzulegen. So wird beispielsweise die Bildung kleinerer, als 800 Einwohner umfassender Amtsbezirke in dünn bevölkerten Gegenden zulässig sein, damit die Unmittelbarkeit und die ehrenamtliche Ausübung der örtlichen Verwaltung nicht durch eine zu weite Ausdehnung des Bezirks erschwert wird. Andererseits wird es kein Bedenken haben, in dichter bevölkerten Gegenden bei der Bemessung der Einwohnerzahl der Amtsbezirke auch über die Maximalzahl von 3000 hinauszugehen, wenn zur Uebernahme der Verwaltung solcher größeren Bezirke geeignete Personen vorhanden sind; es wird sich jedoch die Einwohnerzahl auch dieser Amtsbezirke noch immer innerhalb solcher Grenzen halten müssen, daß die Amtsvorsteher im Bereiche ihrer Amtsbezirke eine überall örtlich und persönlich eingreifende Thätigkeit zu entwickeln vermögen.

Wo es in einer Gegend an Personen, welche zu Amtsvorstehern befähigt sind, zur Zeit gänzlich fehlt, und demgemäß nach §. 58 die Bestellung kommissarischer Amtsvorsteher erfolgen muß, wird es um deswillen nicht erforderlich sein, zur Bildung von Amtsbezirken mit einer die Maximalzahl von 3000 übersteigenden Einwohnerzahl zu schreiten. Denn nach der Bestimmung im letzten Absatze des §. 58 kann ein kommissarischer Amtsvorsteher mit der Verwaltung zweier oder mehrerer Amtsbezirke gleichzeitig beauftragt werden. Freilich setzt dies voraus, daß die Lage der betreffenden Amtsbezirke zu einander eine solche ist, daß die gemeinsame Verwaltung derselben durch einen einzigen Beamten mit Erfolg geführt werden kann. (Siehe Artikel 4 Nr. 3 der gegenwärtigen Instruktion)[7]).

3. Nach §. 48 Nr. 2 sollen Gemeinden, welche eine den Bestimmungen des Gesetzes entsprechende Amtsverwaltung aus eigenen Kräften herzustellen vermögen, wenn nicht die örtliche Lage die Zuschlagung anderer Gemeinde- oder Gutsbezirke nothwendig macht, auf ihren Antrag zu einem Amtsbezirke erklärt werden[2]).

Auch für die Ausführung dieser Bestimmung wird der vorgedachte Beschluß des Abgeordnetenhauses in Betreff der Einwohnerzahl der zu eigenen Amtsbezirken zu erklärenden Gemeinden als Anhalt zu dienen haben. Die Einwohnerzahl und die Fähigkeit der betreffenden Gemeinde, die Kosten der Amtsverwaltung zu tragen, wird aber nicht ohne Weiteres entscheidend sein dürfen: es wird auch die Frage erwogen werden müssen, ob der Stand der allgemeinen Bildung der Einwohner einer solchen Gemeinde für eine stets ordnungsmäßige Führung der Amtsverwaltung durch den jeweiligen Vorsteher derselben eine ausreichende Gewähr bietet.

Dem Antrage einer Gemeinde auf Konstituirung zu einem eigenen Amtsbezirke ist stattzugeben, wenn die vorstehend erläuterten Bedingungen zutreffen, und nicht die örtliche Lage die Zuschlagung anderer Gemeinden oder Gutsbezirke nothwendig macht. Andererseits wird auch ohne einen solchen Antrag eine hierzu an und für sich geeignete Gemeinde zu einem besonderen Amtsbezirke erklärt werden dürfen, wenn die lokalen Verhältnisse dies erfordern.

Bei der Bildung besonderer Amtsbezirke aus einzelnen Gemeinden kommen noch insbesondere die im Stande der Städte auf den Provinzial-Landtagen nicht vertretenen, zu den Städten im Sinne des Artikels 1 dieser Instruktion nicht gehörigen Ortschaften (Flecken) in Betracht, deren Gemeindeverhältnisse eine Regelung nach Maßgabe der Bestimmungen des §. 1 Absatz 2 der Städteordnung vom

---

[7]) Zusatz Nr. 3.

30. Mai 1853 erfahren haben. Sind solche Ortschaften schon bisher einer gutsherrlichen Polizeigewalt nicht mehr unterworfen gewesen, so hat die Erklärung derselben zu besonderen Amtsbezirken auf den Antrag ihrer verfassungsmäßigen Vertreter zu erfolgen, wenn nicht die örtliche Lage die Zuschlagung anderer Gemeinde- oder Gutsbezirke unabweislich nothwendig macht. Auch den Anträgen solcher Fleckensgemeinden, welche bisher noch einer gutsherrlichen Polizeigewalt unterworfen waren, auf Konstituirung zu besonderen Amtsbezirken ist stattzugeben, wenn auf sie die Voraussetzungen des §. 48 Nr. 2 des Gesetzes zutreffen.

4. Nach der Bestimmung unter Nr. 3 des §. 48 können Gutsbezirke von abgesonderter Lage, welche ohne wesentliche Unterbrechung ein räumlich zusammenhängendes Gebiet von erheblichem Flächeninhalt umfassen, auf Antrag ohne Rücksicht auf ihre Einwohnerzahl unter den übrigen Voraussetzungen der Nummern 1 und 2 des § 48 zu Amtsbezirken erklärt werden[2]).

Die Voraussetzungen für die Konstituirung einzelner Gutsbezirke zu besonderen Amtsbezirken sind hiernach:

a) Der betreffende Gutsbezirk muß eine abgesonderte Lage haben und ein räumlich zusammenhängendes Flächengebiet ohne wesentliche Unterbrechung umfassen. Es darf demgemäß ein Gutsbezirk, dessen Gebäude oder Grundstücke mit denen eines anderen Gutsbezirkes oder eines Gemeindebezirkes eine örtlich verbundene Lage haben, beziehungsweise im Gemenge liegen, nicht zu einem eigenen Amtsbezirke erklärt werden.

   Der §. 48 bestimmt im zweiten Satze der Nr. 4 ausdrücklich: daß Gemeinden und Gutsbezirke, welche eine örtlich verbundene Lage haben, zu einem und demselben Amtsbezirke gehören sollen.

   Unwesentliche Unterbrechungen des Flächengebietes eines Gutsbezirkes durch Grundstücke eines anderen Guts- oder Gemeindebezirkes, wie beispielsweise das zungenförmige Hineingreifen einer kleineren Fläche einer benachbarten Gemeindefeldmark in die Feldmark des betreffenden Gutsbezirkes, sind kein Hinderniß für die Konstituirung des letzteren zu einem besonderen Amtsbezirke.

b) Der Flächeninhalt des Gutsbezirkes muß ein erheblicher sein.

   Läßt sich auch ein für alle Kreise gleichmäßig anwendbares Minimalmaß nicht wohl normiren, so wird doch im Allgemeinen nur der Flächeninhalt solcher Gutsbezirke als ein erheblicher erachtet werden können, welche mehrere Tausend Morgen umfassen.

c) Es muß ein Antrag des Inhabers des betreffenden Gutsbezirkes vorliegen.

   Wo es an einem solchen Antrage fehlt, wird die Erklärung einzelner Gutsbezirke zu besonderen Amtsbezirken zu vermeiden sein, soweit die lokalen Verhältnisse es gestatten.

   Aber auch Anträge, welche an sich den Voraussetzungen unter Littr. a und b entsprechen, werden nicht berücksichtigt werden dürfen, wenn dadurch eine zweckmäßige Bildung der übrigen Amtsbezirke gehindert wird.

   Als im Allgemeinen geeignet zur Bildung besonderer Amtsbezirke lassen sich beispielsweise bezeichnen: größere Forstbezirke, größere, aus mehreren Gütern, bezw. Vorwerken bestehende Herrschaften, sowie auch einzelne durch ihre Größe hervorragende Güter, sofern sie die vorgedachten Bedingungen erfüllen.

   Auf die Einwohnerzahl kommt es hierbei nicht an. Es werden deshalb auch solche Gutsbezirke, welche die Minimalzahl von 500 Einwohnern nicht erreichen, zu besonderen Amtsbezirken erklärt werden können.

Bei sehr großen Gutsbezirken kann der Fall eintreten, daß sich das Hauptstück desselben, welches eine abgesonderte Lage hat und ein räumlich zusammenhängendes Gebiet von erheblichem Flächeninhalt ohne wesentliche Unterbrechung umfaßt, zu einem besonderen Amtsbezirke eignet, während der kleinere, räumlich getrennte Theil nach Artikel 2 Nr. 1 Absatz 5 mit einem anderen Amtsbezirke zu vereinigen ist.

5. Alle übrigen Gemeinden und Gutsbezirke sind nach §. 48 Nr. 4 des Gesetzes zu gemeinsamen Amtsbezirken zu vereinigen[2]).

Bei der Abgrenzung der zusammengesetzten Amtsbezirke ist unter Beobachtung der unter Nr. 1 und 2 näher erläuterten Grundsätze die natürliche Zusammengehörigkeit, die Bequemlichkeit des nachbarlichen Verkehres, die Gemeinsamkeit der Interessen der zu einem Amtsbezirke zu vereinigenden Ortschaften zu berücksichtigen und zugleich möglichst darauf zu achten, daß die innerhalb der Kreise bestehenden Verbände (Kirchspiele, Schulverbände, Wegebaubezirke, Spritzenverbände u. s. w.) nicht zerrissen werden[2]).

Es ist daher einerseits die Zusammenlegung solcher Ortschaften zu einem gemeinsamen Amtsbezirke zu vermeiden, welche durch größere Flüsse, Seen, Gebirge von einander geschieden und dadurch in ihrem nachbarlichen Verkehre behindert sind, andererseits dahin zu streben, daß die zu einem und demselben Kirchspiele gehörigen Ortschaften, und wo die Kirchspiele einen zu großen Umfang haben sollten, wenigstens die zu einem und demselben Schulverbande gehörigen Ortschaften, sowie auch in denjenigen Landestheilen, in welchen Gesammtarmenverbände bestehen (§§. 9 ff. des Gesetzes vom 8. März 1871, Ges.-Samml. S. 130), die zu einem und demselben Gesammtarmenverbande gehörigen Ortschaften zu Einem Amtsbezirke gelegt werden. Dabei wird sich in vielen Fällen zugleich die Vereinigung der zu einem und demselben Spritzenverbande und, wo die Wegebaubezirke nicht zu umfangreich sind, auch der zu einem und demselben Wegebaubezirke gehörigen Ortschaften zu einem gemeinsamen Amtsbezirke erreichen lassen.

Ebenso werden die bestehenden Grabenschauverbände nicht selten bei der Bildung der Amtsbezirke eine geeignete Berücksichtigung finden können.

Zu Artikel 2.

2. Wie sich aus den Bestimmungen der Absätze 4 und 5 der Nr. 1 dieses Artikels ergiebt, würde die Bildung eines einzigen Amtsbezirks aus einem größeren fiskalischen Forstbezirke, dessen einzelne Theile von einander getrennt liegen, dem Gesetze nicht entsprechen, sofern es nicht ausführbar sein sollte, auch die zwischen den einzelnen Theilen des Forstbezirkes belegenen anderen Gemeinde- und Gutsbezirke demselben Amtsbezirke anzuschließen. Da es jedoch in vielen Fällen aus Rücksichten des öffentlichen Interesses wünschenswerth sein wird, die sämmtlichen Theile eines Forstbezirkes unter der Verwaltung eines und desselben Amtsvorstehers (des Oberförsters) zu vereinigen, so wird darauf Bedacht zu nehmen sein, aus den einzelnen getrennt liegenden Theilen eines Forstbezirkes, event. unter Anschluß angrenzender fremder Gemeinden und Gutsbezirke, zwei oder mehrere besondere Amtsbezirke zu bilden und die Verwaltung derselben nach Maßgabe der Vorschriften der §§. 56 und 58 des Gesetzes einem und demselben Amtsvorsteher (dem Oberförster) zu übertragen. Für die von dem Hauptkomplexe entfernt liegenden Forsttheile werden in solchen Fällen in der Person eines dort wohnenden Försters oder anderen Forstbeamten nach §. 32 letzter Absatz des Gesetzes[5]) besondere Gutsvorsteher zu bestellen sein.

   In ähnlicher Weise wird in Betreff größerer Herrschaften, deren einzelne Theile von einander getrennt liegen, verfahren werden können.

3. Die Bestimmung im letzten Absatze der Nr. 2 wird auch für diejenigen bisherigen Domänen-Rentamtsbezirke zu beachten sein, in denen es an

Personen fehlt, welche zu Amtsvorstehern ernannt werden können. Wollte man die sämmtlichen Ortschaften eines Domänen-Rentamtsbezirks, welche meistens eine die Maximalzahl von 3000 weit übersteigende Einwohnerzahl enthalten und ein Flächengebiet von 4, 5 und mehr Quadratmeilen umfassen, zu einem einzigen Amtsbezirke vereinigen, so würde dadurch die im Gesetze vorgeschriebene Mitwirkung des Amtsausschusses bei der Verwaltung der Amtsangelegenheiten sehr erschwert werden.

4. Nach §. 71 des Gesetzes steht zwar denjenigen Gemeinden, welche einen Amtsbezirk für sich bilden, ein Anspruch auf die vom Staate gewährten Fonds nicht zu. Unter besonderen Umständen kann es jedoch gerechtfertigt erscheinen, auch solchen Gemeinden eine Beihülfe aus Kreisfonds zur Bestreitung der Kosten der Amtsverwaltung zu bewilligen, wenn sie ohne ihren Antrag zu besonderen Amtsbezirken erklärt worden sind (Nr. 3 Abs. 3).

Artikel 4.

1. Die erfolgte Bildung der Amtsbezirke wird dem Kreistage bekannt gemacht und derselbe aufgefordert, in Gemäßheit der §§. 56 und 57 des Gesetzes aus der Zahl der Amtsangehörigen jedes Amtsbezirkes (d. h. der innerhalb des Amtsbezirkes wohnhaften Personen, §. 6 des Gesetzes) die zu Amtsvorstehern und deren Stellvertretern befähigten Personen vorzuschlagen[2]).

Behufs thunlichster Beschleunigung der Einrichtung der Amtsverwaltungen wird es sich empfehlen, dass die Kreistage schon bei Gelegenheit der Berathung über die Bildung der Amtsbezirke den Kreisausschuss, bezw. eine besondere Kommission mit der Ermittelung der zu Amtsvorstehern und deren Stellvertretern befähigten Personen beauftragen[8]).

Das Vorschlagsrecht des Kreistages ist übrigens kein Wahlrecht. Derselbe ist deshalb verpflichtet, dem Oberpräsidenten alle in den einzelnen Amtsbezirken vorhandenen befähigten Personen vorzuschlagen. (Vergl. die stenographischen Berichte des Abgeordnetenhauses pro 1872/73. Protokoll der sechsten Sitzung am 22. November 1872 Seite 86—88.)

Der Kreistag hat in seine Vorschläge auch diejenigen Personen aufzunehmen, welchen einer der im §. 8 unter Nr. 1—4 angeführten, zur Ablehnung des Amtes eines Amtsvorstehers berechtigenden Entschuldigungsgründe zur Seite steht; zur Vermeidung von Weiterungen ist jedoch zugleich von dem Landrathe durch Rückfrage bei diesen Personen festzustellen, ob sie im Falle einer Ernennung den Entschuldigungsgrund geltend zu machen beabsichtigen.

Die Vorschläge des Kreistages sind für jeden Kreis, amtsbezirksweise geordnet, aufzustellen und dem Oberpräsidenten von dem Landrathe mittelst Berichtes unter Vermittelung des Regierungs-Präsidenten einzureichen.

Vor Ablauf der sechsjährigen Periode, für welche die Amtsvorsteher und deren Stellvertreter ernannt werden, ist der Kreistag von dem Oberpräsidenten zu neuen Vorschlägen aufzufordern. In der Zwischenzeit bleibt es dem Ermessen des Oberpräsidenten überlassen, ob er bei einer nöthig werdenden neuen Ernennung seine Auswahl auf die vorhandene Vorschlagsliste beschränken oder den Kreistag zu deren Vervollständigung veranlassen will.

(2)[9]).

3. Ist nach der Erklärung des Kreistages für einen Amtsbezirk eine zum Amtsvorsteher geeignete, d. h. hierzu befähigte und verpflichtete bezw. bereite

---

[8]) Übergangsbestimmungen.

[9]) Nr. 2 betraf die erstmalige Festsetzung der Amtsunkostenentschädigung (KrO. § 69) u. hat keine Bedeutung mehr.

Person (vergl. stenographische Berichte des Abgeordnetenhauses a. a. O. Seite 88) nicht zu ermitteln, so hat sich derselbe zugleich darüber zu äußern, ob die zeitweilige Wahrnehmung der Verwaltung eines solchen Amtsbezirkes durch den Vorsteher eines benachbarten Amtsbezirkes oder durch den Bürgermeister einer benachbarten Stadt thunlich ist. Fällt diese Aeußerung im bejahenden Sinne aus, so ist zunächst die Bereitwilligkeit des von dem Kreistage bezeichneten Amtsvorstehers bezw. Bürgermeisters zur einstweiligen Wahrnehmung der Verwaltung des betreffenden benachbarten Amtsbezirkes von dem Landrathe festzustellen, sowie auch event. die Zustimmung der städtischen Vertretung einzuholen.

Ergiebt sich hiernach die zeitweilige Wahrnehmung der Verwaltung eines Amtsbezirkes, für welchen eine zum Amtsvorsteher geeignete Person nicht zu ermitteln ist, durch den Vorsteher eines benachbarten Amtsbezirkes oder durch den Bürgermeister einer benachbarten Stadt als ausführbar, so ist hierüber dem Oberpräsidenten behufs weiterer Anordnung von dem Landrathe Bericht zu erstatten[10]).

4. Im anderen Falle hat der Kreisausschuß wegen Bestellung eines kommissarischen Amtsvorstehers dem Oberpräsidenten die geeigneten Vorschläge zu machen. Im Interesse der Kostenersparniß ist hierbei darauf Bedacht zu nehmen, daß, sofern die Verhältnisse es gestatten, einem solchen kommissarischen Amtsvorsteher die Verwaltung zweier oder mehrerer Amtsbezirke gleichzeitig übertragen wird. Daß die von einem kommissarischen Amtsvorsteher gleichzeitig zu verwaltenden zwei oder mehreren Amtsbezirke ein zusammenhängendes Flächengebiet umfassen, erscheint nicht unbedingt erforderlich. Nur muß der Amtssitz für den kommissarischen Amtsvorsteher so gewählt werden, daß der amtliche Verkehr zwischen ihm und den Bewohnern der einzelnen Ortschaften der unter seiner Verwaltung vereinigten Amtsbezirke leicht und ohne Belästigung für den einen wie den anderen Theil stattfinden kann. Mit Rücksicht hierauf wird es sich beispielsweise empfehlen, als Amtssitz für den kommissarischen Amtsvorsteher eine Stadt zu bestimmen, welche zu den unter seiner Verwaltung zu vereinigenden Amtsbezirken eine centrale Lage hat und zugleich den Mittelpunkt des Verkehrs für die Bewohner der letzteren bildet. Auch wird es unter Umständen ebenfalls im Interesse der Kostenersparniß rathsam und auch an sich zweckmäßig sein, das Amt eines kommissarischen Amtsvorstehers einem Staats- oder Kommunalbeamten als ein Nebenamt zu übertragen.

Bei der Auswahl der kommissarischen Amtsvorsteher wird mit besonderer Sorgfalt zu verfahren und werden hierbei nur solche Personen zu berücksichtigen sein, deren geschäftliche Vorbildung, Integrität und soziale Stellung zu Bedenken keine Veranlassung giebt. Auf die Meldung tüchtiger Bewerber wird aber nur dann mit Sicherheit gerechnet werden können, wenn die den kommissarischen Amtsvorstehern zu gewährende Remuneration angemessen normirt wird. Die Festsetzung dieser Remuneration steht nach §. 69 des Gesetzes dem Kreisausschusse nach Anhörung der Betheiligten zu. Dieselbe wird der Auswahl der zu kommissarischen Amtsvorstehern in Vorschlag zu bringenden Personen voraufgehen müssen, da definitive Bewerbungen um ein solches Amt füglich erst nach Festsetzung des damit verbundenen Einkommens erfolgen können.

In Betreff der zur Remunerirung kommissarischer Amtsvorsteher und zu den sonstigen Kosten der Amtsverwaltung aus Staatsfonds zu gewährenden Beihülfen wird auf die zur Ausführung des Gesetzes, betreffend die Dotation der Provinzial- und Kreisverbände, vom 30. April d. J. an die Herren Oberpräsidenten erlassene Cirkularverfügung vom 10. Juni d. J.[11]) Bezug genommen.

---

[10]) Zusatz Nr. 9.

[11]) Nr. 2 d. W. Anm. 117.

5. Auf Grund der vom Kreistage bezw. dem Kreisausschusse gemachten Vorschläge vollzieht der Oberpräsident die Ernennung der Amtsvorsteher und deren Stellvertreter, bezw. die Bestallung der kommissarischen Amtsvorsteher und fertigt für jeden derselben (nach den unter B anliegenden Formularen) eine besondere Ernennungs- bezw. Bestallungsurkunde aus. Die Ausfertigung der Ernennungsurkunden für die Amtsvorsteher und deren Stellvertreter geschieht nach dem Stempeltarif zu dem Gesetze vom 31. Juli 1895[12]) stempelfrei.

Die Ernennung der Amtsvorsteher und deren Stellvertreter erfolgt nach §. 56 Absatz 4 des Gesetzes auf sechs Jahre; jedoch steht es nach §. 8 Absatz 3 dem Ernannten zu, das Amt nach Ablauf von drei Jahren niederzulegen[2]).

Was die Bestellung der kommissarischen Amtsvorsteher anbetrifft, so wird nach den in jedem Falle obwaltenden Verhältnissen auf Vorschlag des Kreisausschusses zu bestimmen sein, ob dieselbe auf Kündigung, auf eine bestimmte Zeit oder auf Lebenszeit zu erfolgen hat, und ob in dem letzteren Falle, event. nach welchen Grundsätzen ein Anspruch auf Pension zu gewähren ist. Ein solcher Pensionsanspruch darf jedoch nur unter Zustimmung der Betheiligten eingeräumt werden.

Die Ernennungs- bezw. Bestallungsurkunden werden durch Vermittelung des Regierungspräsidenten dem Landrathe zugefertigt, welcher dieselben den Ernannten aushändigt und nach Maßgabe der Verordnung vom 6. Mai 1867 (GS. S. 715) deren Vereidigung vornimmt, sofern sie den in dieser Verordnung vorgeschriebenen Diensteid noch nicht geleistet haben.

Zugleich vermittelt der Landrath die Uebergabe der auf die Polizeiverwaltung der zu den einzelnen Amtsbezirken gehörigen Ortschaften bezüglichen Akten und Schriftstücke, soweit dieselbe für die Amtsverwaltung erforderlich ist.

6. In denjenigen Amtsbezirken, für welche in Ermangelung hierzu geeigneter Personen Stellvertreter der Amtsvorsteher nicht haben ernannt werden können, wird durch den Kreisausschuß nach Maßgabe des §. 57 Absatz 4 des Gesetzes die Stellvertretung einstweilen einem der benachbarten Amtsvorsteher oder, nach vorherigem Einvernehmen mit der städtischen Vertretung, dem Bürgermeister einer benachbarten Stadt übertragen[2]).

Bezüglich der Ernennung von Stellvertretern für kommissarische Amtsvorsteher enthält das Gesetz keine ausdrückliche Vorschrift. Soweit sich ein Bedürfniß hierzu ergiebt, werden die Bestimmungen des §. 57 Absatz 1 und 4 des Gesetzes analog zur Anwendung zu bringen sein. In denjenigen Amtsbezirken, welche nur aus einer Gemeinde oder einem selbstständigen Gutsbezirke bestehen, ist nach §. 56 Absatz 5 des Gesetzes der Gemeinde- beziehungsweise Gutsvorsteher zugleich Amtsvorsteher. Einer ausdrücklichen Ernennung derselben zu Amtsvorstehern bedarf es nicht.

Für die betreffenden Gemeinden bestimmt der Kreisausschuß nach §. 57 Absatz 6 einen der Schöffen, welcher den Gemeindevorsteher in seiner Eigenschaft als Amtsvorsteher zu vertreten hat[2]).

Für die betreffenden Gutsbezirke ist die Stellvertretung des Gutsvorstehers nach Maßgabe des §. 31[13]) bezw. des §. 57 Absatz 1 und 4 des Gesetzes zu ordnen.

(7)[14]).

---

[12]) An Stelle des G. 7. März 22 getreten.

[13]) Jetzt § 123 der LGO., der an Stelle der betreffenden Bestimmung des § 31 der KrO. getreten ist.

[14]) Übergangsbest. betr. Ausf. d. KrO. § 185.

Zu Artikel 4.

9. Die Uebertragung der zeitweiligen Wahrnehmung der Verwaltung eines Amtsbezirkes, für welchen eine zum Amtsvorsteher geeignete Person nicht zu ermitteln ist, durch den Vorsteher eines benachbarten Amtsbezirkes oder durch den Bürgermeister einer benachbarten Stadt (Nr. 3 Abs. 2) erfolgt durch eine Verfügung des Ober-Präsidenten; der Ausfertigung einer besonderen Bestallungs-Urkunde bedarf es nicht.

10. Nach §. 123 der Landgemeindeordnung kann[15]) die Bestellung eines Stellvertreters für den Inhaber eines selbstständigen Gutsbezirkes sowohl in der Art erfolgen, daß demselben die Wahrnehmung sämmtlicher Gutsvorstehergeschäfte dauernd und ausschließlich übertragen wird, als auch in der Art, daß er für den Gutsbesitzer nur im Falle der Behinderung desselben so weit und so lange eintritt, als ihm dies aufgetragen wird. Selbstverständlich ist alsdann sowohl der Gutsbesitzer, wie der Stellvertreter als Gutsvorsteher in Gemäßheit des §. 33[16]) zu bestätigen und zu vereidigen.

In dem letzteren Falle wird, sofern der Gutsbezirk einen besonderen Amtsbezirk bildet (Nr. 6 Abs. 4 des Artikels 4), der Gutsbesitzer selbst als Amtsvorsteher und der Stellvertreter desselben als stellvertretender Amtsvorsteher[17]), in dem ersteren Falle dagegen der Stellvertreter des Gutsbesitzers als Amtsvorsteher zu fungiren haben, während für die Bestellung eines Stellvertreters des Amtsvorstehers, soweit sich ein Bedürfniß hierzu ergiebt, nach Maßgabe der Vorschriften des §. 57 Abs. 1 und 4 des Gesetzes von Seiten des Ober-Präsidenten auf Vorschlag des Kreistages, bezw. von Seiten des Kreisausschusses Sorge zu tragen sein wird.

Formulare.

B (zu Art. 4 5 Abs. 1) Ernennungs- und Bestallungsurkunden für Amtsvorsteher[18]).

Anlage C (zu Anmerkung 183).

Instruktion des Ministers des Innern zur Ausführung der die Zusammensetzung des Kreistages betreffenden Vorschriften des ersten Abschnittes, dritten Titels der Kreisordnung für die Provinzen Ost- und West[1])-Preußen, Brandenburg, Pommern, Posen, Schlesien und Sachsen vom 13. Dezember 1872. Vom 10. März 1873 (MB. S. 81)[2]).

Auf Grund des §. 200 der Kreisordnung vom 13. Dezember 1872 wird zur Ausführung der die Zusammensetzung des Kreistages betreffenden Vorschriften des ersten Abschnitts, dritten Titels dieses Gesetzes für die Provinzen Ost- und West[1])-Preußen, Brandenburg, Pommern, Schlesien und Sachsen die nachstehende Instruktion ertheilt.

---

[15]) Im Text war auf den aufgehobenen § 31 der KrO. u. die dazu zu erlassende Instr. verwiesen.

[16]) Jetzt § 125 der LGO., der an Stelle des § 33 der KrO. getreten ist.

[17]) Für den Stellvertreter ist die besondere Ernennung gem. KrO. § 57 Abs. 1 u. 4 erforderlich Nr. 2 d. W. Anm. 130.

[18]) Nicht abgedruckt. A betraf die Übersichten der Amtsbezirke u. bezog sich auf den Art. 3, der nicht mehr anwendbar ist (Anm. 1).

[1]) Die frühere Prov. Preußen ist in die Provinzen Ost- u. Westpreußen geteilt G. 19. März 97 (GS. 107).

[2]) Die zunächst für die erstmaligen Wahlen (1873) ergangene Instruktion gilt auch für die späteren Ergänzungs- u. Ersatzwahlen Instr. Art. 17 Abs. 1 u. hat dieserhalb (gem. Art. 17 Abs. 2) wiederholte Ergänzungen erfahren; die dazu ergangene Vf. 2. Mai 88 (MB. 103) — durch welche die bis dahin für Ladung der Wähler, Anberaumung des Wahltermins u. das zeitliche

(Artikel 1)[3].

Artikel 2. Das erste Verzeichniß zerfällt in zwei Abtheilungen:

In die Abtheilung A sind alle diejenigen, nach §§. 10 und 14 zur Zahlung von Kreisabgaben verpflichteten Grundbesitzer mit Einschluß der juristischen Personen, Aktien-Gesellschaften und Kommandit-Gesellschaften auf Aktien aufzunehmen, welche von ihrem gesammten, auf dem platten Lande innerhalb des Kreises belegenen Grundeigenthume — es mag dasselbe in Ritter-, Köllmer-, Bauer- oder sonstigen Gütern, in Kossäthen-, Käthner-, Gärtner-, Büdner- und Eigenthümerstellen, beziehungsweise in Trennstücken solcher Besitzungen, oder sonstigen Liegenschaften bestehen, in einer oder in verschiedenen Gemarkungen belegen sein, — den Betrag von zusammen mindestens 225 Mark (in den Kreisen der Provinz Sachsen zum Betrag von zusammen mindestens 300 Mark und in den Kreisen des Regierungsbezirkes Stralsund den Betrag von zusammen mindestens 750 Mark[4]) — §. 183) an Grund- und Gebäudesteuer veranlagt sind[5]).

(Abs. 3)[6]).

Zu Artikel 2.

4. Wer von seinem ländlichen Grundeigenthume an Grund- und Gebäudesteuer zu dem in dem §. 86 Absatz 1 bezw. §. 183 vorgeschriebenen Mindestbetrag veranlagt ist[5]) und zugleich als Gewerbetreibender oder Bergwerksbesitzer in der Klasse I oder II mit wenigstens 300 Mark[7]) veranlagt ist, wird zwar sowohl in dem Verzeichnisse I. Abtheilung A wie in dem Verzeichnisse II. Abtheilung B aufzunehmen sein. Derselbe ist jedoch nur befugt, entweder in dem Wahlverbande der größeren ländlichen Grundbesitzer oder in dem der Landgemeinden ein Wahlrecht auszuüben, wie sich durch analoge Anwendung der Schlußbestimmung des §. 100 ergiebt.

Das Gleiche gilt von den Besitzern selbstständiger Güter (§§. 87 Nr. 2 und 98 Nr. 2), welche zugleich Gewerbetreibende oder Bergwerksbesitzer und als solche in der Klasse I oder II mit 300 Mark[7]) mit dem Mittel- oder einem höheren Satze veranlagt sind.

5. Besitzen zwei Personen, von denen die eine schon wegen des ihr allein gehörigen Grundeigenthums dem Wahlverbande der größeren Grundbesitzer

---

Verhältnis zu den Wahlen im Verbande der Landgemeinden durch ministerielle AusfAnw. angeordneten Termine u. Fristen beseitigt sind OV. 3. Dez. 89 (XIX 1) — ist, soweit sie noch gilt, in den Anm. nachgewiesen. Die außerdem in der die Instr. begleitenden Rund-Verf. gegebenen Erläuterungen sind (in kleinerem Druck) den einzelnen Artikeln angefügt. — Inhalt. Die Instr. behandelt die Vorbereitungen zur Wahl (Verzeichnisse der Wahlberechtigten Art. 1 bis 4; Verteilung der letzteren auf die Wahlverbände Art. 5 u. innerhalb dieser auf die Wahlbezirke der Landgemeinden Art. 6 u. der Städte Art. 7) u. die Vollziehung der Wahl (überhaupt Art. 11, im Verbande der Landgemeinden Art. 12, 13, der größeren Grundbesitzer Art. 14 u. der Städte Art. 15); dieser zweite Teil ist durch das der KrO. angehängte, bei deren Ergänzung (Nr. 2 Anm. 1) neugefaßte Wahlregl. teilweise abgeändert. — Rechtliche Bedeutung Anm. 183 a. E.

[3]) Art. 1 schreibt für die drei nach KrO. § 110 aufzustellenden Verzeichnisse die Formulare A—C vor, deckt sich aber übrigens samt seiner Ergänzung durch Vf. 88 (Anm. 2) Nr. I 2 vollständig mit diesem §.

[4]) Die Beträge, die auf Taler lauteten, sollen in Reichswährung angegeben werden Vf. 88 Nr. I 2b.

[5]) An Stelle der zu entrichtenden sind die veranlagten Beträge getreten G. 14. Juli 93 (Nr. I 3 Anl. C) § 5 Abs. 1.

[6]) Abs. 3 gibt die Befreiungen der Liegenschaften u. Gebäude an, wie sie schon in KrO. § 17 u. 18 u. den daselbst in Bezug genommenen, in Anm. 81 u. 82 abgedruckten, Gesetzen aufgeführt sind.

Alle übrigen von der Staats-Grund- und Gebäudesteuer befreiten Grundstücke und Gebäude — selbstverständlich mit Ausschluß der im §. 3 unter Nr. 7 und 8 des Gebäudesteuergesetzes aufgeführten unbewohnten Gebäude[8]) — sind der Verpflichtung zur Zahlung von Kreisabgaben unterworfen, und sind demgemäß die Besitzer derselben in das Verzeichniß der größeren Grundbesitzer mit aufzunehmen, sofern sich für ihre auf dem platten Lande innerhalb des Kreises belegenen, von der Staats-Grund- und Gebäudesteuer befreiten, nach Massgabe der Gesetze vom 21. Mai 1861 fingirt zu veranlagenden Realitäten, eventuell unter Hinzurechnung der Grund- und Gebäudesteuer-Beträge, welche sie von ihren nicht befreiten Liegenschaften und Gebäuden entrichten[9]), ein Gesammtbetrag von mindestens 225 Mark (bezw. in Sachsen von 300 und in Neuvorpommern von 750 Mark)[4]) an Grund- und Gebäudesteuer ergiebt.

(Abs. 5 und 6)[9]).

Die Grund- und Gebäudebesitzer sind in das Verzeichniß, geordnet nach der Höhe der wirklichen bezw. fingirten[9]) Grund- und Gebäudesteuerbeträge, beginnend mit dem zu den höchsten Beträgen veranlagten Besitzer, einzutragen.

---

angehört, die andere aber nicht, gemeinschaftlich ein größeres Grundeigenthum (§. 86 Absatz 1), so sind sie befugt, für letzteres ein Wahlrecht durch den nicht schon anderweit dem Wahlverbande der größeren Grundbesitzer angehörigen Gutsbesitzer (§. 97 Nr. 6) selbst in dem Falle auszuüben, wo der auf den ideellen Antheil des letzteren an dem gemeinschaftlichen Grundeigenthume entfallende Grund- und Gebäudesteuerbetrag den im §. 86 bezw. §. 183 vorgeschriebenen Mindestbetrag nicht erreicht. Denn bei gemeinschaftlich besessenem Grundeigenthume kommt es nur darauf an, daß für dieses im Ganzen der gesetzlich vorgeschriebene Mindestbetrag an Grund- und Gebäudesteuer veranlagt ist[5]). Es würde sich daher nicht rechtfertigen lassen, dem nicht schon anderweit zum Wahlverbande der größeren Grundbesitzer gehörigen Mitgliede das ihm in Gemeinschaft mit einem Andern zustehende Wahlrecht lediglich deshalb zu entziehen, weil dieser Andere schon wegen seines ihm allein gehörigen Grundeigenthumes in dem Wahlverbande der größeren Grundbesitzer wahlberechtigt ist.

Ein Gleiches gilt von den Theilnehmern eines in der Klasse I oder II mit 300 Mark[7]) oder einem höheren Satze veranlagten gewerblichen Unternehmens.

Gehören die Mitbesitzer eines gemeinschaftlichen größeren Grundeigenthumes oder die Theilnehmer eines gewerblichen Unternehmens sämmtlich schon wegen des von jenem allein besessenen Grundeigenthumes, bezw. allein betriebenen gewerblichen Unternehmens dem Wahlverbande der größeren Grundbesitzer an, so können sie nach §. 95 ein besonderes Wahlrecht für ihr gemeinschaftliches Grundeigenthum bezw. gewerbliches Unternehmen nicht ausüben. Dabei macht es keinen Unterschied, ob die Mitbesitzer bezw. Theilnehmer physische oder juristische Personen sind. Es ist jedoch auch ein solches gemeinschaftliches Grundeigenthum bezw. gewerbliches Unternehmen in das Verzeichniß I mit einem entsprechendem Vermerke in der Kolumne 10 mit aufzunehmen.

6. Es ist von einer Seite die Frage aufgeworfen worden, wie es sich mit dem Besitzer eines selbstständigen Gutes verhalte, dessen castrum innerhalb einer städtischen Feldmark, dessen Areal zum Theil auf dem platten Lande,

---

[7]) Nr. 2 Anm. 189.

[8]) Anm. 82 *.

[9]) Die Staatssteuerveranlagung ist auf die staatssteuerfreien, aber kommunalsteuerpflichtigen Steuergegenstände ausgedehnt G. 93 (Anm. 5) § 4; die fingierte Veranlagung der letzteren durch den Kreisausschuß, auf die sich auch Abs. 5 u. 6 bezogen, ist damit fortgefallen.

Der Fiskus ist hierbei in Bezug auf seinen gesammten, auf dem platten Lande innerhalb des Kreises belegenen Besitz von Domänen, Forsten und sonstigen kreisabgabenpflichtigen fiskalischen Liegenschaften und Gebäuden nur als Ein Besitzer zu betrachen.

In die Abtheilung B sind nach derselben, aus der Höhe der wirklichen, bezw. fingirten[9]) Gewerbesteuerbeträge sich ergebenden Reihenfolge alle diejenigen Gewerbetreibenden und Bergwerksbesitzer, mit Einschluß der juristischen Personen, Aktien-Gesellschaften und Kommandit-Gesellschaften auf Aktien, aufzunehmen, welche wegen ihrer auf dem platten Lande innerhalb des Kreises betriebenen gewerblichen Unternehmungen in den Klassen I oder II[7]) der Gewerbesteuer mit einem Steuerbetrage von 300 Mark veranlagt sind oder mindestens diesen Satz zu entrichten haben würden, wenn sie lediglich von ihren auf dem platten Lande innerhalb des Kreises betriebenen gewerblichen Unternehmungen zur Gewerbesteuer veranlagt wären.

(Abs. 10)[10]).

(Abs. 11, 12)[11]).

---

zum Theil in einem städtischen Gemeindebezirke gelegen ist, für dessen Gesammtareal aber ein Grund- und Gebäudesteuerbetrag veranlagt ist[5]), welcher den Besitzer an sich zur Ausübung eines Wahlrechts im Wahlverbande der größeren Grundbesitzer befähigen würde?

Die Frage ist dahin zu beantworten: Erreicht die Grund- und Gebäudesteuer, welche von den auf dem platten Lande belegenen Ländereien zu entrichten ist, den im §. 86 Abs. 1 bezw. §. 183 vorgeschriebenen Mindestbetrag, so steht dem Besitzer ein Wahlrecht im Wahlverbande der größeren Grundbesitzer zu. Anderenfalls ist er nur befugt, nach §§. 87 Nr. 2 und 98 Nr. 2 ein Wahlrecht im Wahlverbande der Landgemeinden auszuüben, sofern die auf dem platten Lande belegenen Ländereien einen selbstständigen Gutsbezirk bilden.

7. Daß die den Königlichen Forstbeamten angewiesenen Wohnungen als Dienstwohnungen anzusehen und demgemäß nach §. 17 der Kreisordnung von Kreisabgaben befreit sind[12]), kann nach der Fassung des Artikels 2 der Instruktion keinem Zweifel unterliegen.

Zu Artikel 3.

8. Von mehreren Seiten ist eine Abänderung bezw. Ergänzung der Bestimmungen im dritten Absatze beantragt worden:

> daß da, wo in Folge von Abverkäufen und Zerstückelungen in einem selbstständigen Gutsbezirke mehrere Besitzer vorhanden sind, in das Verzeichniß II nur der Besitzer des Restgutes aufgenommen werden soll.

Wenngleich ich nicht verkenne, daß die Ausführung dieser Bestimmungen in vielen Fällen auf Schwierigkeiten stoßen wird, so sehe ich mich doch nicht in der Lage, eine Abänderung derselben eintreten zu lassen.

Es ist nicht die Absicht des Gesetzgebers gewesen, durch die Vorschriften der §§. 87 Nr. 2 und 98 Nr. 2 den Besitzern aller außerhalb des Gemeindeverbandes stehender Güter, deren Grund- und Gebäudesteuer den im §. 86 Absatz 1 bezw. §. 183 vorgeschriebenen Mindestbetrag nicht erreicht, ein Wahlrecht im Wahlverbande der Landgemeinden einzuräumen, es hat vielmehr ein solches Recht nur den Besitzern derjenigen Güter beigelegt werden sollen, welche neben und gleich den Gemeinden eine selbstständige kommu-

---

[10]) Die in Abs. 10 bestimmten Mittelsätze sind nicht mehr maßgebend Anm. 9.

[11]) Die hier vorausgesetzte fingierte Einschätzung findet nicht mehr statt Anm. 8.

[12]) GebäudestG. § 3[2] (Nr. 2 Anm. 82).

Artikel 3. Das zweite Verzeichniß zerfällt gleichfalls in zwei Abtheilungen: In die Abtheilung A sind sämmtliche nicht zu dem Verbande der größeren Grundbesitzer gehörenden Besitzer selbstständiger Güter (d. h. solcher, welche einen selbstständigen Gutsbezirk bilden), mit Einschluß der juristischen Personen, Aktien-Gesellschaften und Kommandit-Gesellschaften auf Aktien, geordnet nach der Reihenfolge der für diese Güter veranlagten[8]) Grund- und Gebäudesteuer-Beträge, aufzunehmen.

Sind in Folge von Abverkäufen und Zerstückelungen in einem selbstständigen Gutsbezirke mehrere Besitzer vorhanden, so ist in das Verzeichniß nur der Besitzer des Restgutes mit der auf das letztere entfallenden Grund- und Gebäudesteuer aufzunehmen.

Die eventuelle Vereinigung der Besitzer der zu weniger als sechszig Mark[4]) Grund- und Gebäudesteuer veranlagten Güter zu Gesammt- (Kollektiv-) Stimmen erfolgt, sobald die Bildung der Wahlbezirke beendigt ist (Artikel 6 Nr. 4).

In die Abtheilung B sind in derselben, aus der Höhe der wirklichen bezw. fingirten[9]) Gewerbesteuerbeträge sich ergebenden Reihenfolge diejenigen

---

nale Existenz führen. Daß mit den Worten „selbstständige Güter“ nicht die wirthschaftliche, sondern die kommunale Selbstständigkeit hat ausgedrückt werden sollen, ergiebt sich schon daraus, daß im Gesetze die Ausdrücke „selbstständige Güter“ und „selbstständige“ Gutsbezirke promiscue gebraucht worden (§§. 87, 98, 110, 111).

Der Begriff eines selbstständigen Gutsbezirkes beruht auf der Einheit des Besitzes. Wo diese Einheit in Folge von Abverkäufen und Zerstückelungen verloren gegangen ist, da lag und liegt noch jetzt die Veranlassung vor, in Gemäßheit der Vorschriften der Landgemeindeordnung vom 3. Juli 1891[13]) eine anderweite Regelung der kommunalen Verhältnisse solcher Gutsbezirke vorzunehmen, — sei es in der Weise, daß ein völlig dismembrirter Gutsbezirk aufgehoben und die in Folge dessen kommunalfrei gewordenen Trennstücke zu einem selbstständigen Gemeindebezirke erklärt oder mit einer oder mehreren benachbarten Gemeinden vereinigt, sei es daß ein oder mehrere von einem selbstständigen Gute abveräußerte größere Besitzungen (Vorwerke rc.), welche zur Führung einer eigenen kommunalen Existenz befähigt sind, zu besonderen selbstständigen Gutsbezirken erhoben werden.

Die Abveräußerung einzelner kleinerer Parzellen von einem Gutsbezirke an dritte Personen wird, wenn neben denselben noch ein größers leistungsfähiges Restgut bestehen bleibt, die anderweite Regelung der kommunalen Verhältnisse eines solchen Gutsbezirkes noch nicht nothwendig machen. In derartigen Fällen ist der Begriff des Gutsbezirks: „Die Einheit des Besitzes“ noch im Wesentlichen aufrecht erhalten: es kann ein Zweifel, wer als Inhaber des selbstständigen Gutsbezirkes anzusehen ist, nicht wohl bestehen, und auch die Ausführung der Bestimmungen der §§. 87 Nr. 2 und 98 Nr. 2 der Kreisordnung wird irgend welche Schwierigkeiten nicht bereiten. Der Restgutsbesitzer, welcher dem Staate gegenüber die Verpflichtung für die Erfüllung der kommunalen Leistungen des Gutsbezirkes trägt, ist zugleich der Repräsentant des Gutsbezirkes, bezw. der angesessenen und nicht angesessenen Einwohner desselben in der Ausübung öffentlicher Rechte, also insbesondere auch des Wahlrechtes zum Kreistage.

Dagegen wird dort, wo Zerstückelungen von Gutsbezirken in größerem Umfange stattgefunden haben, die Ermittelung dessen, wer als Restgutsbesitzer und Träger der öffentlichen Rechte und Pflichten des Gutsbezirkes an-

---

[13]) An Stelle des im Text angeführten LandgemeindeG. 14. April 56 ist die LGO. 3. Juli 91 getreten.

Gewerbetreibenden und Bergwerksbesitzer, mit Einschluß der juristischen Personen, Aktien-Gesellschaften und Kommandit-Gesellschaften auf Aktien aufzunehmen, welche wegen ihrer auf dem platten Lande innerhalb des Kreises betriebenen gewerblichen Unternehmungen in der Klasse I oder II unter 300 Mark[7]) veranlagt sind oder diesen Satz zu entrichten haben würden, wenn sie lediglich von ihren auf dem platten Lande innerhalb des Kreises betriebenen gewerblichen Unternehmungen zur Gewerbesteuer veranlagt wären.

(Abs. 6)[11]).

Artikel 4. In das dritte Verzeichniß der Landgemeinden sind in der Reihenfolge ihrer durch die letzte allgemeine Volkszählung[14]) festgestellten Civil-Einwohnerzahl alle diejenigen Gemeinden aufzunehmen, welche nicht nach der Städteordnung vom 30. Mai 1853 verwaltet werden.

Bei jeder Gemeinde ist die Zahl der von ihr zu wählenden Wahlmänner nach Maßgabe der Vorschriften des §. 100 anzugeben[15]).

Am Schlusse des Verzeichnisses sind diejenigen Gemeinden aufzuführen, welche zu weniger als 60 Mark[4]) Grund- und Gebäudesteuer veranlagt sind und

---

zusehen ist, unter Umständen Schwierigkeiten bereiten. Es lassen sich indeß hierüber allgemeine Anweisungen nicht wohl geben, vielmehr wird die Entscheidung nach den in jedem konkreten Falle obwaltenden besonderen Verhältnissen getroffen werden müssen.

In keinem Falle kann es jedoch für gesetzlich zulässig erachtet werden, den sämmtlichen Besitzern eines zerstückelten Gutsbezirkes, in welchem ein einzelner Träger der öffentlichen Rechte und Pflichten desselben nicht mehr zu ermitteln ist, das Recht beizulegen, einen besonderen Repräsentanten für die Ausübung des Wahlrechtes zum Kreistage zu wählen; es würde dies gleichbedeutend sein mit der Umwandlung eines solchen Gutsverbandes in eine Gemeinde in einer bestimmten öffentlich rechtlichen Beziehung, welche nur nach Maßgabe der Vorschriften der Landgemeindeordnung vom 3. Juli 1891[13]) und mit der Wirkung vollzogen werden darf, daß davon der gesammte öffentliche Rechtszustand des betreffenden Gutsbezirkes ergriffen wird.

Wenn hiernach in Folge der noch nicht gehörig geordneten kommunalen Verhältnisse dismembrirter selbstständiger Güter den Besitzern derselben das Recht der Theilnahme an den vorzunehmenden ersten Kreistagswahlen vielleicht hier und da wird vorenthalten werden müssen, so darf doch erwartet werden, daß die Behörden es sich nunmehr werden angelegen sein lassen, binnen kürzester Frist überall da, wo ein Bedürfniß dazu vorliegt, die erforderlichen kommunalen Regulirungen vorzunehmen und dadurch für die späteren Kreistagswahlen ähnliche Unzuträglichkeiten zu vermeiden, wie sie für die erstmalige Bildung der Kreistage an einzelnen Orten hervorzutreten scheinen.

Das vorstehend Gesagte gilt auch von den, im Stralsunder Bezirke durch das Zusammenlegen mehrerer bis dahin kommunalfreier Besitzungen neu geschaffenen Gutsbezirken, sowie von den in Ostpreußen, Westpreußen[1]) und in dem Kösliner Regierungsbezirke vorkommenden, noch aus polnischer Zeit herrührenden sogenannten Antheilsgütern, soweit nicht den einzelnen Gütern die Eigenschaft selbstständiger Gutsbezirke beiwohnt. Eine analoge Anwendung der Vorschrift im §. 97 Nr. 6 auf diese Güter ist deshalb ausgeschlossen, weil dieselben nicht von zwei oder mehreren Personen gemeinschaftlich zu ideellen Antheilen, sondern realiter und rechtlich getheilt besessen werden.

---

[14]) Diese tritt an Stelle der im Texte erwähnten Zählung v. 1. Dez. 71.

[15]) Hier folgt der Wortlaut der KrO. § 100 Abs. 1.

zugleich weniger als 100 Einwohner zählen. Bei der Berechnung der Einwohnerzahl und der Steuersumme sind auch diejenigen Grundbesitzer und die auf sie veranlagten[5]) Grund- und Gebäudesteuerbeträge zu berücksichtigen, welche zum Wahlverbande der größeren ländlichen Grundbesitzer oder zu den im §. 98 Nr. 2 bezeichneten Besitzern selbstständiger Güter gehören.

Die eventuelle Vereinigung dieser letzteren Gemeinden zu Kollektivstimmen und die Bestimmung der Zahl der von ihnen zu wählenden Wahlmänner erfolgt, sobald die Bildung der Wahlbezirke beendigt ist (Artikel 6, Nr. 5).

Artikel 5. Nach erfolgter Anfertigung der Verzeichnisse der Wahlberechtigten (Artikel 1) ist von dem Kreistage auf den Vorschlag des Kreisausschusses[16]) die Feststellung der Zahl der Mitglieder des Kreistages, sowie die Vertheilung der Kreistagsabgeordneten auf die einzelnen Wahlverbände nach Maßgabe der Vorschriften der §§ 84, 89, 90 und 93 vorzunehmen.

Es sind hierbei die Ergebnisse der letzten allgemeinen Volkszählung[14]) zu Grunde zu legen; die im aktiven Militärdienste stehenden Personen bleiben überall und insbesondere auch bei der nach §. 89 Nr. 1 vorzunehmenden Vertheilung außer Berechnung.

Ebensowenig dürfen einzelne Besitzungen, welche ungeachtet der Vorschriften des Gesetzes über die Landgemeindeverfassungen vom 14. April 1856[13]) und des Ausführungsgesetzes zum Bundesgesetze über den Unterstützungswohnsitz vom 8. März 1871, sowie der zu diesen Gesetzen erlassenen Ausführungs-Anweisungen noch keinem Kommunalbezirke angeschlossen worden sind, als selbstständige Güter im Sinne der §§. 87 Nr. 2 und 98 Nr. 2 behandelt werden. Auch erscheint es nicht zulässig, derartige Besitzungen lediglich zum Zwecke der Wahl von Wahlmännern für die Vollziehung der Wahl der Kreistagsabgeordneten einem benachbarten Gemeindebezirke einzuverleiben; vielmehr hat die Inkommunalisirung derselben — und zwar mit thunlichster Beschleunigung — auf dem in der Landgemeindeordnung vom 3. Juli 1891[13]) vorgeschriebenen Wege zu erfolgen.

Indem ich im Uebrigen in Betreff der Frage, was unter einem selbstständigen Gute zu verstehen[17]) ist, auf den Erlaß vom 14. April 1859 (MBl. S. 172) Bezug nehme, bemerke ich, daß ebensowenig wie das bisherige Recht der Standschaft das bisherige Recht der polizeiobrigkeitlichen Gewalt als ein ausschließliches Kriterium der kommunalen Selbstständigkeit eines Gutes betrachtet werden darf.

9. Sollten einzelne selbstständige Güter vorkommen, deren Liegenschaften nach den Vorschriften der §§. 10 ff. nicht kreisabgabepflichtig sein würden, so sind dieselben in das Verzeichniß II nicht mit aufzunehmen, wie sich aus §. 90 in Verbindung mit §. 86 ergiebt.

Zu Artikel 4.

10. In das Verzeichniß der Landgemeinden sind auch diejenigen Flecken mit aufzunehmen, deren Gemeindeverhältnisse nach den Vorschriften im Absatze 2 der Städteordnung vom 30. Mai 1853 geregelt worden sind, es sei denn, daß den letzteren die Städteordnung mit oder ohne die Maßgaben des Titels VIII ausdrücklich verliehen worden ist.

Dagegen sind von der Aufnahme in das Verzeichniß der Landgemeinden diejenigen Kolonien ausgeschlossen, welche erst nach Emanation des Allgemeinen Landrechts entstanden und wenn auch schon bisher thatsächlich als Gemeinden behandelt, so doch rechtlich zu solchen noch nicht konstituirt worden sind.

---

[16]) KrO. § 111 (der die erstmalige Wahl betreffende Text entsprach dem § 184).

[17]) Nr. II 1 Abs. 2b d. W.

Ergeben sich bei der Berechnung der auf die einzelnen Wahlverbände entfallenden Zahl von Abgeordneten Bruchtheile, so werden dieselben nach §. 93 nur insoweit berücksichtigt, als sie $^1/_2$ erreichen oder übersteigen.

Uebersteigen sie $^1/_2$, so werden sie für voll gerechnet, kommen sie $^1/_2$ gleich, so bestimmt das durch die Hand des Landrathes zu ziehende Loos, welchem der bei der Vertheilung der betheiligten Wahlverbände der Bruchtheil für voll gerechnet werden soll.

Die Bestimmungen des §. 93 finden jedoch auf diejenigen Fälle keine Anwendung, in denen dem Wahlverbande der Städte, bezw. der in einem Kreise vorhandenen einzigen Stadt nach der Bevölkerungszahl in Gemäßheit des §. 89 Nr. 1 Satz 2 die Hälfte, bezw. ein Drittel der Gesammtzahl aller Abgeordneten zufällt. Denn die Anwendung jener Bestimmungen würde unter Umständen dahin führen, daß der Wahlverband der Städte bezw. die in einem Kreise vorhandene einzige Stadt mehr als die Hälfte, bezw. ein Drittel sämmtlicher Abgeordneten erhalten würde, während nach der dispositiven Vorschrift im §. 89 Nr. 1 Satz 2 die Zahl der städtischen Abgeordneten die Hälfte, bezw. ein Drittel der Gesammtzahl aller Abgeordneten nicht übersteigen darf.

Wenn also beispielsweise in einem Kreise, in welchem nur eine Stadt vorhanden ist, die Zahl der Abgeordneten 26 beträgt und die Stadt nach ihrer Bevölkerungszahl ein Drittel der Gesammtzahl der Abgeordneten zu erhalten hat, so würden auf die Stadt $8^2/_3$, auf das platte Land $17^1/_3$ Abgeordnete entfallen. Gleichwohl erhält die Stadt nur 8 und das platte Land 18 Abgeordnete. Denn wollte man der ersteren 9 Abgeordnete überweisen, so würde die Zahl der städtischen Abgeordneten ein Drittel der Gesammtzahl aller Abgeordneten übersteigen.

Ebenso erhalten in dem Falle, wo auf den Wahlverband der Städte und auf das platte Land beispielsweise je $16^1/_2$ Abgeordnete entfallen, die Städte zusammen nur 16, das platte Land 17 Abgeordnete.

Von der letzteren Zahl entfallen hinwiederum auf jeden der beiden Wahlverbände der größeren Grundbesitzer und der Landgemeinden je $8^1/_2$ Abgeordnete und hat demgemäß das Loos zu entscheiden, welcher von den beiden Verbänden 9 und welcher 8 Abgeordnete zu erhalten hat.

Ueber das Ergebniß der Feststellung der Zahl der Mitglieder des Kreistages, sowie über die Vertheilung der Kreistagsabgeordneten auf die einzelnen Wahlverbände ist eine besondere Verhandlung aufzunehmen und von dem Landrathe, den drei Mitgliedern des Kreistags und dem vereideten Protokollführer zu vollziehen[16]).

Artikel 6. 1. Sobald die Zahl der von dem Verbande der Landgemeinden zu wählenden Abgeordneten feststeht, werden durch den Kreistag auf den Vorschlag des Kreisausschusses[16]) in räumlicher Abrundung und nach Maßgabe der Bevölkerung Wahlbezirke dergestalt gebildet, daß jeder die Wahl von einem bis zwei Abgeordneten zu vollziehen hat (§. 91).

Es ist hierbei die Civil-Bevölkerungszahl aller derjenigen selbstständigen Gutsbezirke und Gemeinden zu Grunde zu legen, welche in den Verzeichnissen II

Zu Artikel 5.

11. Der Feststellung der Zahl der Mitglieder des Kreistages, sowie der Vertheilung der Kreistagsabgeordneten auf die einzelnen Wahlverbände u. s. w. ist überall die durch die letzte allgemeine Volkszählung[14]) ermittelte ortsanwesende Bevölkerung mit Ausschluß der im aktiven Militärdienste stehenden Personen zu Grunde zu legen. Die Wohnbevölkerung kann hierzu nicht benutzt werden, da dieselbe von dem statistischen Büreau aus den Zählkarten nicht besonders zusammengestellt worden ist.

und III (Art. 1) aufgeführt sind, mit Einschluß der in demselben wohnenden Grundbesitzer, Gewerbetreibenden und Bergwerksbesitzer, welche zum Wahlverbande der größeren Grundbesitzer gehören.

2. Der §. 91 enthält bezüglich der Bildung der Wahlbezirke die fernere Bestimmung, daß dieselbe unter möglichster Anlehnung an die Amtsbezirke erfolgen solle. Die über die Bildung der Amtsbezirke ergehende besondere Instruktion[18]) wird den Landräthen die Aufstellung eines vorläufigen Tableaus für die Amtsbezirke übertragen, auf Grund dessen demnächst nach Maßgabe des §. 49 die Verhandlung mit den Betheiligten zu erfolgen hat.

Soweit dieses Tableau alsdann bereits aufgestellt sein wird, ist dasselbe bei der Abgrenzung der Wahlbezirke möglichst zu berücksichtigen.

3. Ferner ist darauf zu achten, daß die einzelnen Wahlbezirke eine solche Bevölkerungszahl enthalten, bei welcher für die demnächstige Vertheilung der Abgeordneten auf dieselben die Anwendung der Bestimmungen des §. 93 Absatz 2, und insbesondere die Entscheidung durch das Loos möglichst vermieden wird.

Ob die Wahlbezirke so abzugrenzen sind, daß jeder derselben nur einen oder zwei Abgeordnete zu wählen hat, wird von den besonderen Verhältnissen eines jeden Kreises abhängen. Es wird hierbei insbesondere in Betracht kommen: die größere oder geringere Zahl der von dem Wahlverbande der Landgemeinden insgesammt zu wählenden Abgeordneten, die größere oder geringere Einwohnerzahl und räumliche Ausdehnung der einzelnen Wahlbezirke. Im Allgemeinen wird es sich zur Erleichterung des Wahlgeschäfts empfehlen, die Größe der Wahlbezirke so zu bemessen, daß auf einen jeden nur ein Abgeordneter entfällt.

4. Befinden sich in einem Wahlbezirke zwei oder mehrere selbstständige Güter, deren jedes zu weniger als 60 Mark[4]) Grund- und Gebäudesteuer veranlagt ist, so sind die Besitzer derselben durch den Kreisausschuß[16]) in Gemäßheit des §. 99 dergestalt zu Gesammt- (Kollektiv-) Stimmen zu vereinigen, daß auf jede Stimme, so weit möglich, ein Grund- und Gebäudesteuerbetrag von 60 Mark[4]) entfällt. Auch hat der Kreisausschuß[16]) die Art zu regeln, in welcher das Kollektiv-Stimmrecht auszuüben ist.

Diese Regelung wird, wenn nur zwei selbstständige Güter in einem Wahlbezirke vorhanden sind, am zweckmäßigsten in der Art erfolgen, daß das Kollektiv-Stimmrecht abwechselnd von dem einen und dem anderen Besitzer derselben aus-

---

Zu Artikel 6.

13. Wie sich aus der Bestimmung Nr. 1 Absatz 2 ergiebt, ist bei der Bildung der Wahlbezirke für den Verband der Landgemeinden die Bevölkerungszahl derjenigen selbstständigen Gutsbezirke außer Betracht zu lassen, deren Besitzer zum Wahlverbande der größeren ländlichen Grundbesitzer gehören, während andererseits diejenigen Grundbesitzer, Gewerbetreibenden und Bergwerksbesitzer dabei zu berücksichtigen sind, welche zwar dem Wahlverbande der größeren Grundbesitzer angehören, ihren Wohnsitz jedoch in Landgemeinden oder in solchen Gutsbezirken haben, welche zu dem Wahlverbande der Landgemeinden gehören.

14. Es ist von einer Seite gewünscht worden, es möge bei der Bildung der Wahlbezirke auch auf die Zahl der für dieselben sich ergebenden Wahlstimmen Rücksicht genommen werden. Dies darf jedoch nur insoweit geschehen, als dadurch der Grundsatz, daß die Wahlbezirke in räumlicher Abrundung und nach Maßgabe der Bevölkerung gebildet werden sollen, nicht verletzt wird.

---

[18]) Anl. B Art. 2.

geübt, die Reihenfolge, in welcher dasselbe auszuüben ist, aber durch das Loos bestimmt wird.

Sind drei oder mehrere selbstständige Güter in einem Wahlbezirke vorhanden, so wird zu bestimmen sein, daß die Besitzer derselben vor jeder Wahl einen aus ihrer Mitte durch absolute Stimmenmehrheit zu wählen haben, welcher das Wahlrecht für alle auszuüben hat.

Wenn in dem letztgedachten Falle auf die betheiligten Güter an Grund- und Gebäudesteuer zusammen der Betrag von 120 Mark[4]) oder mehr veranlagt ist[5]), so haben die Besitzer zur Ausübung des Wahlrechts zwei oder mehrere aus ihrer Mitte zu wählen, so daß auf jede Stimme, soweit möglich, ein Grund- und Gebäudesteuerbetrag von 60 Mark[4]) entfällt.

Befindet sich in einem Wahlbezirke nur ein selbstständiges Gut, welches zu weniger als 60 Mark[4]) Grund- und Gebäudesteuer veranlagt ist, so ist der Besitzer desselben gleich den übrigen Besitzern selbstständiger Güter bei der Abgeordnetenwahl für sich allein eine Stimme zu führen berechtigt.

5. In gleicher Weise, wie die Besitzer der im §. 99 gedachten Güter sind in Gemäßheit des §. 101 durch den Kreisausschuß[16]) auch diejenigen in einem Wahlbezirke vorhandenen zwei oder mehrere Gemeinden zu Gesammt- (Kollektiv-) Stimmen zu vereinigen, deren jede zu weniger als 60 Mark[4]) Grund- und Gebäudesteuer (vergl. Art. 4, Absatz 3) veranlagt ist[5]) und zugleich weniger als 100 Einwohner zählt.

Behufs Regelung der Ausübung dieses Kollektivstimmrechtes wird anzuordnen sein, daß jede der Gemeinden nach Maßgabe der Vorschriften des §. 100 einen Wahlmann zu wählen hat, und daß demnächst, wenn drei oder mehrere Gemeinden in einem Wahlbezirke vorhanden sind, die Wahlmänner derselben einen oder, sofern die Einwohnerzahl der Gemeinden zusammen 400 und mehr beträgt, zwei beziehungsweise drei u. s. w. Kollektiv-Wahlmänner aus ihrer Mitte durch absolute Stimmenmehrheit zu wählen haben, welchen die Vertretung der Gemeinden bei der Abgeordnetenwahl obliegt; daß dagegen, wenn nur zwei Gemeinden vorhanden sind, das Kollektivstimmrecht derselben abwechselnd durch den von der einen und den von der anderen Gemeinde gewählten Wahlmann ausgeübt, die Reihenfolge, in welcher dasselbe auszuüben ist, aber durch das Loos bestimmt wird.

Befindet sich in einem Wahlbezirke nur eine Gemeinde, welche zu weniger als 60 Mark[4]) Grund- und Gebäudesteuer veranlagt ist[5]) und zugleich weniger als 100 Einwohner zählt, so ist dieselbe gleich den übrigen Gemeinden von weniger als 400 Einwohner berechtigt, für sich allein einen Wahlmann zur Abgeordnetenwahl zu entsenden.

6. Die Vertheilung der Abgeordneten auf die einzelnen ländlichen Wahlbezirke (§. 91) erfolgt nach Maßgabe der Bevölkerung durch den Kreistag auf den Vorschlag des Kreisausschusses[16]). Das Ergebniß derselben ist in einem besonderen Protokolle niederzulegen.

7. Auf Grund dieser Vorarbeiten ist unter Benutzung des unter D beigefügten Formulares ein Verzeichniß (IV) der Wahlbezirke aufzustellen, in welchem die zu jedem Wahlbezirke gehörigen einzelnen Gemeinden und selbstständigen Güter nebst ihrer Einwohnerzahl, sowie die zu demselben gehörigen Gewerbetreibenden und Bergwerksbesitzer, ingleichen die Zahl der von jedem Wahlbezirke zu wählenden Abgeordneten anzugeben sind. Bei den nach §§. 99 und 101 zu Gesammt- (Kollektiv-) Stimmen vereinigten Gütern und Gemeinden ist zu vermerken, in welcher Art von ihnen das Kollektivstimmrecht auszuüben ist.

Artikel 7. 1. Gleichzeitig hat in derselben Weise, wie die Vertheilung der von dem Wahlverbande der Landgemeinden zu wählenden Abgeordneten auf die einzelnen ländlichen Wahlbezirke (Art. 6 Nr. 6) nach §§. 92 und 93 die Vertheilung der von dem Wahlverbande der Städte zu wählenden Abgeordneten auf die einzelnen Städte des Kreises zu erfolgen.

2. Sind in einem Kreise mehrere Städte vorhanden, auf welche nach Maßgabe ihrer Seelenzahl nicht je ein Abgeordneter fällt, so werden diese Städte behufs der Wahl mindestens eines gemeinschaftlichen Abgeordneten zu einem Wahlbezirke vereinigt.

3. Ist in einem Kreise neben anderen großen Städten nur eine Stadt vorhanden, welche nach ihrer Seelenzahl nicht einen Abgeordneten zu wählen haben würde, so ist derselben gleichwohl ein Abgeordneter zu überweisen.

4. Die Feststellung der auf einzelne Städte bezw. Städte-Wahlbezirke entfallenden Zahl von Abgeordneten geschieht in der Weise, daß zunächst durch Division mit der Zahl der städtischen Abgeordneten in die Gesammteinwohnerzahl aller Städte die auf einen Abgeordneten fallende Einwohnerzahl und sodann durch Division mit dieser Zahl in die Bevölkerungszahlen der einzelnen Städte bezw. Städtewahlbezirke die jeder bezw. jedem der letzteren zukommende Zahl von Abgeordneten ermittelt wird. Ergeben sich bei dieser Berechnung für die einzelnen Städte bezw. Städtewahlbezirke neben ganzen Theilen Bruchtheile, so ist in Betreff der letzteren nach den Bestimmungen des §. 93 mit folgenden Maßgaben zu verfahren:

a) Wenn der im §. 93 vorgeschriebene Ausfall der $1/2$ nicht erreichenden Bruchtheile zur Folge hat, daß die Zahlen der auf die einzelnen Städte bezw. Städtewahlbezirke zu vertheilenden Abgeordneten zusammengenommen die Gesammtzahl der nach §. 89 Nr. 1 auf die städtische Bevölkerung fallenden Abgeordneten nicht erreichen, so erhält diejenige Stadt bezw. derjenige

---

Zu Artikel 7.

16. Die Bestimmungen unter Nr. 4a und b beruhen auf folgender Erwägung:

Ermittelt man behufs der Untervertheilung der städtischen Abgeordneten auf die einzelnen Städte durch Division mit der Zahl der letzteren in die Gesammt-Einwohnerzahl aller Städte die auf einen Abgeordneten fallende Einwohnerzahl und dividirt dann mit dieser in die Bevölkerungszahlen der einzelnen Städte, so liegt es in der Natur der Sache, daß nur eine genaue Addition der dabei sich ergebenden Brüche wieder genau die Abgeordnetenzahl ergeben kann, von welcher man ausgegangen ist. Verändert man die Brüche, indem man diejenigen, welche unter $1/2$ betragen, streicht, und die übrigen zu vollen Einheiten ergänzt, so ist es Zufall, wenn die Addition gleichwohl noch dasselbe Resultat liefert; sie kann eben so gut mehr als weniger ergeben. Das Verfahren des §. 93 der Kreisordnung läßt sich daher nur da strikt anwenden, wo die resultirende Gesammtzahl der Abgeordneten oder doch wenigstens die in Berechnung zu ziehenden Bevölkerungszahlen nicht schon im Voraus anderweitig als feststehend angegeben sind. Da bei der Untervertheilung der städtischen Abgeordneten auf die einzelnen Städte beziehungsweise Städte-Wahlbezirke weder das eine noch das andere der Fall ist, so bedurfte es zur Ausführung der Bestimmungen des §. 92 einer Ergänzung der im §. 93 vorgeschriebenen Berechnungsweise. Die zu diesem Behufe unter Nr. 3a und b des Artikels 7 der Instruktion getroffenen Bestimmungen entsprechen der ratio legis.

Eine ähnliche Vervollständigung der Vorschriften über die Untervertheilung der auf die Wahlbezirke der Landgemeinden entfallenden Abgeordneten erschien entbehrlich, da man es hier nicht mit feststehenden Bevölkerungszahlen zu thun, es vielmehr in der Hand hat, die Wahlbezirke so zu bilden, daß auch bei strikter Anwendung der im §. 93 vorgeschriebenen Berechnungsweise die gesetzliche Zahl von Abgeordneten herauskommt.

Städtewahlbezirk den übrig bleibenden Abgeordneten, für welche bezw. für welchen die Berechnung den größesten, ${}^1/_2$ sich am meisten nähernden Bruchtheil ergeben hat.

b) Wenn die Anrechnung der ${}^1/_2$ erreichenden oder übersteigenden Bruchtheile für voll zur Folge hat, daß die Zahl der auf die einzelnen Städte bezw. Städtewahlbezirke zu vertheilenden Abgeordneten zusammengenommen die Gesammtzahl der nach §. 89 Nr. 1 auf die städtische Bevölkerung fallenden Abgeordneten übersteigen, so erhält, unbeschadet der Bestimmungen im 2. und 3. Absatze des §. 92, diejenige Stadt bezw. derjenige Städtewahlbezirk einen Abgeordneten weniger, für welche bezw. für welchen die Berechnung den kleinsten, hinter einem ganzen Theile am weitesten zurückbleibenden Bruchtheil ergeben hat.

Haben also beispielsweise die 7 Städte eines Kreises mit einer Gesammteinwohnerzahl von 40392 Seelen im Ganzen 17 Abgeordnete zu wählen, so entfällt auf eine Zahl von 2376 städtischen Einwohnern 1 Abgeordneter.

Die Stadt B. hat 24365 Einwohner, R. 8176, Fr. 3342, Fl. 1932, Pr. 1532 und Rh. 1045.

Da keine der drei Städte Fl., Pr. und Rh. die Zahl von 2376 für sich erreicht, so sind dieselben zu einem Wahlbezirke zu vereinigen.

Es berechnet sich dann die Zahl der Abgeordneten für

die Stadt B. auf $10\,{}^{605}/_{2376}$ (weniger als ${}^1/_2$) also 10,
" " R. auf $3\,{}^{1038}/_{2376}$ (desgl.) " 3,
" " Fr. auf $1\,{}^{966}/_{2376}$ (desgl.) " 1,
für die Städte Fl., Pr. und Rh. mit zusammen 4509 Einwohnern auf $1\,{}^{2133}/_{2376}$ (mehr als ${}^1/_2$), also auf 2,

Sa. 16.

Da aber der Wahlverband der Städte 17 Abgeordnete zu erwählen hat, so erhält die Stadt R., welche den größten, ${}^1/_2$ sich am meisten nähernden Bruchtheil aufzuweisen hat, 4 Abgeordnete.

Hätte jedoch bei gleicher Gesammtzahl der städtischen Bevölkerung und bei gleicher Gesammtzahl der von derselben zu erwählenden Abgeordneten

B.	24965,
R.	8376,
Fr.	3642,
Fl., Pr. und Rh. zus. . .	3409,
	49392 Einwohner,

so würde zu erhalten haben:

B.	$10\,{}^{1205}/_{2376}$	(über ${}^1/_2$)	also 11,
R.	$3\,{}^{1239}/_{2376}$	(desgl.)	" 4,
Fr.	$1\,{}^{1266}/_{2376}$	(desgl.)	" 2,
Fl., Pr. und Rh.	$1\,{}^{1033}/_{2376}$	(unter ${}^1/_2$)	" 1,
			Summa 18 Abgeordnete;

es würde also 1 Abgeordneter zu viel vertheilt sein, und würden demgemäß, da Fl., Pr. und Rh. mindestens einen gemeinschaftlichen Abgeordneten erhalten müssen, der Stadt B., welche von den übrigen Städten den kleinsten Bruchtheil aufzuweisen hat, statt 11 nur 10 Abgeordnete zu überweisen sein.

5. Unter Benutzung des unter E beigefügten Formulares ist ein Verzeichniß (V) der Städtewahlbezirke aufzustellen, in welchem die zu jedem Wahlbezirke gehörigen Städte nebst ihrer Einwohnerzahl und der Zahl der von jeder Stadt in

Gemäßheit des §. 104 Abs. 2 zu wählenden Wahlmänner (je einer auf 250 Einwohner) anzugeben sind.

(Artikel 8—10)[19].

Artikel 11. Nach Ablauf der Fristen (Abschnitt I Nr. 3 und Abschnitt IV Nr. 3), beziehungsweise nach Erledigung der gegen die Verzeichnisse I bis V erhobenen Anträge oder nach Entscheidung der Klagen und Revisionen, welche gegen diese Verzeichnisse oder gegen die vom Kreistage bewirkten Vertheilungen und Feststellungen angebracht worden sind, sowie nach event. vorheriger Berichtigung der Verzeichnisse und Vertheilungspläne durch den Kreisausschuß ist zur Vollziehung der Ergänzungs- beziehungsweise Neuwahlen zum Kreistage zu schreiten[20].

(Abs. 2)[21].

Artikel 12. Zunächst wählt jede Landgemeinde die ihr nach dem Verzeichnisse III zukommende Zahl von Wahlmännern.

Bezüglich der Wahl der von den zu einer Kollektivstimme vereinigten Landgemeinden zu wählenden Wahlmänner wird auf die Bestimmungen in Artikel 6 Nr. 5 verwiesen.

Die Wahlmänner der Landgemeinden werden in Gemäßheit des §. 100 von der Gemeindeversammlung, in denjenigen Landgemeinden aber, in welchen eine gewählte Gemeindevertretung besteht, von der letzteren und dem Gemeindevorstande

---

Zu Artikel 12.

18. Es findet sich nichts dagegen zu erinnern, daß den Gemeindevorstehern zur Erleichterung der Aufstellung der Wählerlisten nach Formular F gestattet wird, die stimmberechtigten Gemeindemitglieder in derselben, statt in alphabetischer Ordnung, in einer anderen ortsüblichen Reihenfolge, z. B. nach der Reihenfolge der Hausnummern zu verzeichnen.

19. Empfiehlt es sich nach den örtlichen Verhältnissen in dem Formulare F oder in einem der anderen Formulare andere als die gewählten Beispiele aufzuführen, so findet sich auch hiergegen nichts zu erinnern.

(20)[22].

21. Wenn auch die unter Nr. 8—27 enthaltenen Bestimmungen über das Wahlverfahren etwas komplizirt erscheinen mögen, so ist doch eine Vereinfachung derselben nicht wohl ausführbar, ohne ausdrückliche Vorschriften des Gesetzes zu verletzen. Sie entsprechen übrigens im Wesentlichen den für die Reichstags- bezw. Landtagswahlen bestehenden Bestimmungen und darf erwartet werden, daß, da die Gemeindevorsteher in der Handhabung der letzteren schon einigermaßen geübt sind, es ihnen gelingen wird, auch die Bestimmungen der Instruktion über die Kreistagswahlen richtig zur Anwendung zu bringen.

Zur möglichsten Verhütung formell ungültiger Wahlen wird es sich empfehlen, daß die Landräthe die Gemeindevorsteher über das Wahlverfahren persönlich belehren, und wollen die Herren Regierungs-Präsidenten dies den Landräthen zur besonderen Pflicht machen.

---

[19]) Art. 8 nebst ErgVf. 88 (Anm. 2) Nr. I 3 wiederholt die Vorschrift der KrO. § 110 u. Art. 9 nebst ErgVf. 88 Nr. II 1 die der KrO. § 111 u. 112a über Veröffentlichung u. Rechtsmittel mit dem Hinzufügen, daß die Klage bei dem Bezirksausschuß einzureichen (LVG. § 63) u. hierauf in der öffentlichen Bek. ausdrücklich hinzuweisen ist. — Art. 10 hat keine Bedeutung mehr. — Verb. Nr. 2 Anm. 236.

[20]) Die Fassung ist die der Vf. 88 (Anm. 2) Nr. V.

[21]) Wiederholt nur KrO. § 108 Abs. 1 Satz 2.

[22]) Der in Nr. 20 behandelte Ausschluß aller nicht angesessenen Einwohner aus der Gemeindeversammlung findet nach LGO. § 41 nicht mehr statt.

aus der Zahl der stimmberechtigten Gemeindemitglieder durch absolute Stimmenmehrheit gewählt. Für die Wahlen sind folgende Bestimmungen maßgebend:

1. Für jede Gemeinde, mit Ausnahme derjenigen, in welchen eine gewählte Gemeindevertretung besteht, ist nach Anleitung des unter F beigefügten Formulars von dem Gemeindevorsteher, (Schulze, Scholze, Richter, Dorfrichter) eine Wählerliste aufzustellen[23]).

In derselben sind alle stimmberechtigten Mitglieder der Gemeinde in alphabetischer Ordnung[24]) zu verzeichnen.

Ausgeschlossen von der Theilnahme an der Wahl in der Gemeindeversammlung und demgemäß in die Wählerliste nicht mitaufzunehmen sind Diejenigen, welche nach dem durch das Kreis- bezw. Amtsblatt bekannt gemachten Verzeichnisse I zum Wahlverbande der größeren Grundbesitzer gehören (§. 100 letzter Absatz).

Die Theilnahme an dem Stimmrechte und die Art der Ausübung desselben in der Gemeindeversammlung wird durch die in der Gemeinde bestehende Ortsverfassung bestimmt (§. 39 bis 48 der Landgemeindeordnung vom 3. Juli 1891)[13]). Abänderungen und Ergänzungen der bestehenden Ortsverfassung, sowie die Einführung einer gewählten Gemeindevertretung haben, sofern sich hier ein Bedürfniß ergiebt, auf dem in dem §. 49 der Landgemeindeordnung vom 3. Juli 1891[13]) vorgeschriebenen Wege zu erfolgen.

Sind in einer Gemeinde in Gemäßheit der Bestimmungen des §. 48 a. a. O.[13]) den Besitzern solcher Grundstücke, welche die übrigen an Werth und Größe übersteigen, mehr als eine Stimme beigelegt, oder sind die Gemeindemitglieder in Ansehung ihrer Theilnahme am Stimmrechte in verschiedene Klassen getheilt, so ist bei jedem Gemeindemitgliede in einer besonderen Rubrik zu vermerken, wie viel Stimmen dasselbe zu führen berechtigt ist (z. B. der Lehnschulzengutsbesitzer zwei Stimmen, die Bauern je 1, die Halbbauern je $^1/_2$, Kossäthen je $^1/_4$ Stimme)[25]).

In denjenigen Gemeinden, in welchen gemäß §. 48 Nr. 1 a. a. O.[13]) eine Vertretung der zu Gesammt- (Kollektiv-) Stimmen verbundenen[26]) durch, aus ihrer Mitte gewählte Abgeordnete stattfindet, werden die letzteren in die Wählerliste aufgenommen und dabei vermerkt, wie viele Stimmen jeder Abgeordnete zu führen berechtigt ist.

2. Die Wählerliste ist mindestens drei Tage lang öffentlich auszulegen. Der Tag, an welchem die Auslegung beginnt, sowie das Lokal, in welchem die Auslegung stattfindet, ist vor dem Beginne der letzteren in ortsüblicher Weise bekannt zu machen.

Einsprüche gegen die Richtigkeit der Wählerliste sind während der Dauer der Auslegung der letzteren bei dem Gemeindevorstande anzubringen. Der Gemeindevorstand hat darüber binnen drei Tagen zu beschließen und den Beschluß dem Antragsteller mitzutheilen[27]).

4. Im Falle einer Berichtigung der Wählerliste sind die Gründe der Streichungen und Nachtragungen in derselben unter Angabe des Datums kurz zu vermerken.

Die etwaigen Belagsstücke sind der Liste beizufügen.

---

[23]) LGO. (Nr. II 2) § 39.

[24]) Zusatz Nr. 18.

[25]) Das hier gewählte Beispiel trifft nach Erlaß der LGO. nicht mehr zu.

[26]) LGO. § 48¹ (der Text enthielt den weiteren, jetzt nicht mehr zutreffenden Zusatz: Besitzer kleiner nicht spannfähiger Grundstücke).

[27]) Die vorgenommenen Änderungen ergeben sich aus LGO. § 56—66; in Gemeinden mit Gemeindevertretung beschließt diese, nicht der Gemeindevorstand. — Rechtsmittel § 67.

Nach Erledigung der gegen die Wählerliste erhobenen Einwendungen ist dieselbe von dem Gemeindevorsteher abzuschließen und, nachdem von ihm der Wahltermin bekannt gemacht worden ist, mit der am Schlusse des Formulares angegebenen Bescheinigung zu versehen.

5. Für diejenigen Gemeinden, in welchen eine gewählte Gemeindevertretung besteht, erfolgt die Aufstellung der Wählerliste nach dem unter G anliegenden Formulare. In dieselbe sind die Mitglieder des Gemeindevorstandes und der Gemeindevertretung in alphabetischer Ordnung zu verzeichnen und unter derselben die erfolgte rechtzeitige Einladung derselben zu bescheinigen. Einer Auslegung dieser Liste bedarf es nicht.

6. Der Wahltermin für die Wahl der Wahlmänner der Landgemeinden wird von dem Landrathe anberaumt.

(Nr. 7)[28]).

8. Die Wahlhandlung wird von dem Gemeindevorsteher als Wahlvorsteher durch Vorlesung des Wahlreglements und Mittheilung des wesentlichen Inhalts des Art. 12 Nr. 8—27 der gegenwärtigen Instruktion eröffnet[29]).

Alsdann werden die Namen aller stimmberechtigten Gemeindemitglieder in der Reihenfolge verlesen, wie sie in der Wählerliste verzeichnet sind.

Nach erfolgter Verlesung der Liste haben sich bei dem Wahlvorsteher diejenigen Personen zu melden, welche als Vertreter solcher Gemeindemitglieder erschienen sind, die in der persönlichen Ausübung des Stimmrechts ortsverfassungsgemäß durch dritte Personen vertreten werden können (z. B. Minderjährige durch ihren Vater, Stiefvater oder Vormund, die Ehefrau durch ihren Ehemann u. s. w. cfr. §. 46 der Landgemeindeordnung vom 3. Juli 1891[13]).

Der Wahlvorsteher prüft die Legitimation dieser Personen und trägt diejenigen derselben, deren Legitimation er anerkennt, in die Wählerliste neben den Namen der durch sie vertretenen Personen in die Rubrik Bemerkungen ein.

Ueber Einwendungen, welche gegen die Entscheidungen des Wahlvorstehers erhoben werden, hat der Wahlvorstand nach seiner erfolgten Konstituirung zu beschließen.

Alle anwesenden in die Wählerliste nicht aufgenommenen Personen werden mit Vorbehalt der späteren Wiederzulassung bezw. Ausschließung derjenigen Personen, hinsichtlich deren Legitimation auf die Entscheidung des Wahlvorstandes provozirt worden ist, zum Abtreten veranlaßt und wird so die Versammlung konstituirt.

Später erscheinende stimmberechtigte Gemeindemitglieder bezw. deren Vertreter (Nr. 8 Absatz 3) melden sich bei dem Wahlvorsteher und können — letztere, sofern ihre Legitimation anerkannt wird — an den noch nicht geschlossenen Wahlen Theil nehmen (§. 5 Abs. 2 des Wahlreglements).

In Gemeinden, in welchen eine gewählte Gemeindevertretung besteht, dürfen auch diejenigen Mitglieder des Gemeindevorstandes und der Gemeindevertretung, deren Name etwa aus Versehen in die Wählerliste nicht mit aufgenommen worden ist, an der Wahl Theil nehmen. Dieselben sind in der Wählerliste nachzutragen.

9. Nach Konstituirung der Wahlversammlung erfolgt die Bildung des Wahlvorstandes.

(Abs. 2—4)[30]).

---

[28]) Die Einberufung bestimmt jetzt das Wahlregl. § 1.

[29]) Zusatz Nr. 21.

[30]) Die Bildung des Wahlvorstandes bestimmt jetzt das Wahlregl. § 2.

10. Der Tisch, an welchem der Wahlvorstand Platz nimmt, ist so aufzustellen, daß derselbe von allen Seiten zugänglich ist. Auf diesen Tisch wird ein verdecktes Gefäß (Wahlurne) zum Hineinlegen der Stimmzettel gestellt. Vor dem Beginne der Abstimmung hat sich der Wahlvorstand davon zu überzeugen, daß dasselbe leer ist.

11. Der Wahlvorsteher verpflichtet die Beisitzer und den Protokollführer und die Stimmzähler[31]) mittelst Handschlages an Eidesstatt und konstituirt so den Wahlvorstand.

12. Während der Wahlhandlung dürfen im Wahllokale weder Diskussionen stattfinden, noch Ansprachen gehalten, noch Beschlüsse gefaßt werden.

Ausgenommen hiervon sind die Diskussionen und Beschlüsse des Wahlvorstandes, welche durch die Leitung des Wahlgeschäftes bedingt sind.

13. Der Wahlvorstand beschließt zunächst über die nach Nr. 8 seiner Entscheidung vorbehaltene Zulassung bezw. Ausschließung der Vertreter stimmberechtigter Gemeindemitglieder[32]).

Nachdem den Beschlüssen desselben gemäß die Wählerliste berichtigt, und die Zulassung bezw. Ausschließung der betreffenden Personen erfolgt ist, beginnt die Wahl.

(Nr. 14)[33]).

15. Vor jedem Wahlgange wird einem jeden anwesenden Wähler durch die Stimmzähler[31]) ein mit dem Amtssiegel des Gemeindevorstehers abgestempelter[34]) Stimmzettel eingehändigt, auf welchen er den Namen desjenigen zu schreiben hat, dem er seine Stimme geben will. Schreibensunkundigen steht es frei, sich den Namen des Kandidaten durch einen anderen schreibenskundigen Wähler im Wahllokale selbst schreiben zu lassen.

Sind in einer Gemeinde bestimmte Klassen von Gemeindemitgliedern oder einzelne Gemeindemitglieder zur Führung von mehr als einer Stimme in der Gemeindeversammlung berechtigt, so erhalten dieselben so viele Stimmzettel, wie sie Stimmen zu führen berechtigt sind.

(Abs. 3)[25]).

16. Wählbar zum Wahlmanne ist nach §. 100 Absatz 2, bezw. §. 106 Nr. 2 der Kreisordnung jedes stimmberechtigte Gemeindemitglied, welches seit einem Jahre auf dem platten Lande des Kreises mit Grundbesitz angesessen ist, sowie ein Jeder, welcher zwar nicht mit eigenem Grundbesitze angesessen, in der Gemeindeversammlung aber ortsverfassungsgemäß ein Stimmrecht auszuüben befugt ist (cfr. §. 46 der Landgemeindeordnung vom 3. Juli 1891[13])) und seit einem Jahre in dem Kreise einen Wohnsitz hat.

Außerdem gelten für die Wählbarkeit zum Wahlmanne die im §. 96 für die Wahlberechtigung gegebenen Bestimmungen, d. h. der zu Wählende muß:[35])

17. Der Protokollführer ruft die Wähler, wie sie in der Wählerliste verzeichnet sind, auf, jeder Aufgerufene tritt an den Tisch, an welchem der Wahlvorstand sitzt, und wirft seinen Stimmzettel uneröffnet in die Wahlurne.

Der Stimmzettel muß derart zusammengefaltet sein, daß der auf ihm verzeichnete Name verdeckt ist.

---

[31]) Stimmzähler sind im Wahlregl. (§ 2) nicht mehr vorgesehen.

[32]) Vollmachten mit dem Auftrage, für eine bestimmte Person zu stimmen, sind gem. Nr. 17 Abs. 2 unzulässig OV. 12. Nov. 81 (VIII 130).

[33]) Über Ausführung der Wahl bestimmt jetzt das Wahlregl. § 4 u. 6.

[34]) Abstempelung der Stimmzettel ist im Wahlregl. (§ 4) nicht mehr vorgesehen.

[35]) Hier folgt der Wortlaut der KrO. § 96.

Stimmzettel, bei welchen hiergegen verstoßen ist, hat der Wahlvorsteher zurückzuweisen. Insbesondere hat derselbe auch darauf zu achten, daß — mit Ausnahme der unter Nr. 15 zweiter und dritter[25]) Absatz gedachten Fälle — nicht statt eines mehrere Stimmzettel abgegeben werden.

18. Der Protokollführer vermerkt die erfolgte Stimmabgabe jedes Wählers, bezw. die Zahl der von ihm abgegebenen Stimmzettel (Nr. 15 Absatz 2 und 3)[25]) neben dem Namen desselben in der dazu bestimmten Rubrik der Wählerliste.

19. Sind keine Stimmzettel mehr abzugeben, so erklärt der Wahlvorstand die Wahl für geschlossen. Der Wahlvorstand nimmt die Stimmzettel aus der Wahlurne und läßt dieselben zunächst uneröffnet durch einen der Beisitzer[36]) zählen. Ergiebt sich dabei auch nach wiederholter Zählung eine Verschiedenheit von der ebenfalls festzustellenden Zahl der nach dem Abstimmungsvermerke in der Wählerliste (Nr. 18) abgegebenen Stimmzettel, so ist dieses nebst dem etwa zur Aufklärung Dienlichen in dem Protokolle anzugeben.

20. Sodann eröffnet der Wahlvorsteher die Stimmzettel einzeln, verliest die darauf verzeichneten Namen und ein Beisitzer[36]) zählt dieselben laut.

Der Protokollführer nimmt den Namen jedes Kandidaten in das Protokoll auf und vermerkt neben demselben jede dem Kandidaten zufallende Stimme. In gleicher Weise führt einer der Beisitzer[36]) eine Gegenliste, welche ebenso wie die Wählerliste beim Schlusse der Wahlhandlung von dem Wahlvorstande, den Stimmzählern[31]) und dem Protokollführer zu unterschreiben und dem Protokolle beizufügen ist.

(21—24)[37]).

(25)[38]).

26. Der gewählte Wahlmann muß sich, wenn er im Wahltermin anwesend ist, sofort, sonst binnen fünf[39]) Tagen, nachdem ihm die Wahl angezeigt worden ist, erklären, ob er dieselbe annehmen will.

Annahme unter Protest oder Vorbehalt, sowie das Ausbleiben der Erklärung binnen fünf[39]) Tagen gilt als Ablehnung.

27. Erfolgt die Ablehnung sofort im Wahltermine, so hat der Wahlvorsteher alsbald eine neue Wahl vorzunehmen.

Erfolgt die Ablehnung später oder geht binnen fünf[39]) Tagen (Nr. 26) keine Erklärung des Gewählten ein, so hat der Wahlvorsteher die Wähler, unter Beobachtung der unter Nr. 7 gegebenen Bestimmungen, unverzüglich zu einer neuen Wahl zusammenzurufen.

28. Ueber die Wahlhandlung ist nach Anleitung des unter H beigefügten Formulars ein Protokoll aufzunehmen.

Das Wahlprotokoll ist von dem Wahlvorsteher, den Beisitzern, den Stimmzählern[31]) und dem Protokollführer zu unterzeichnen und sogleich nach Abhaltung des Wahltermines nebst sämmtlichen Belagstücken dem Landrathe einzureichen.

Artikel 13. Nach Vollzug der Wahlmänner-Wahlen in den Landgemeinden stellt der Landrath auf Grund der Wahlprotokolle und der nach den Formularen B und D angefertigten Verzeichnisse der einzelnen Wahlbezirke (Artikel 6 Nr. 7), der zum Wahlverbande der Landgemeinden gehörigen Besitzer selbstständiger

---

[36]) Wahlregl. § 5 Abs. 3 (im Text stand: Stimmzähler).

[37]) Über Ungültigkeit der Wahl u. Aufbewahrung der Stimmzettel bestimmt jetzt das Wahlregl. § 6 u. 7.

[38]) Über Wahlfeststellung und engere Wahl desgl. § 8.

[39]) Wahlregl. § 10 (im Text stand: drei).

Gutsbezirke, Gewerbetreibenden und Bergwerksbesitzer (Artikel 1 Nr. II) für jeden einzelnen Wahlbezirk nach Anleitung des unter J beigefügten Formulares eine Wählerliste auf, in welche die von den Gemeinden des Wahlbezirkes gewählten Wahlmänner, die zu demselben gehörigen Besitzer selbstständiger Gutsbezirke, bezw. die Vertreter der zu Kollektivstimmen vereinigten selbstständigen Gutsbezirke, sowie die wahlberechtigten Gewerbetreibenden und Bergwerksbesitzer in alphabetischer Ordnung, der Wahlort und der Wahlvorsteher einzutragen sind.

Die Wählerlisten sind in dem Geschäftslokale des Landrathes zu Jedermannes Einsicht auszulegen und die erfolgte Auslegung derselben durch das Kreisblatt bekannt zu machen.

Die in der Liste verzeichneten Personen werden durch den Landrath oder den von diesem hierzu ernannten Wahlvorsteher[40]), mittelst schriftlicher Einladung gegen Empfangsbescheinigung, zur Wahl des bezw. der Kreistagsabgeordneten an dem von dem Landrathe zu bestimmenden Tage und Wahlorte[41]) und zwar mindestens acht Tage vor dem Wahltermine zusammengerufen. Die Einladung muß das Lokal, den Tag und die Stunde der Wahl genau bestimmen[42]).

Auf die Wahl selbst finden die Bestimmungen des Artikels 12 mit folgender Maßgabe Anwendung:

1. Die Prüfung der Legitimation der als Stellvertreter von Besitzern selbstständiger Gutsbezirke, Gewerbetreibenden und Bergwerksbesitzer erschienenen Personen erfolgt nach Maßgabe der Vorschriften des §. 98 letzter Absatz, bezw. der §§. 96 und 97 der Kreisordnung. Die Vollmachten müssen schriftlich ausgestellt sein[43]).
2. Bei dem Wahlakte hat nach §§. 95 und 102 Absatz 1 jeder Berechtigte nur Eine Stimme. Auch als Stellvertreter können Personen, welche bereits eine Stimme führen, ein ferneres Stimmrecht nicht ausüben. Ausgenommen sind die im §. 97 Nr. 7 bezeichneten Vertreter.
3. Wählbar zum Kreistagsabgeordneten ist ein jeder, seit einem Jahre in dem Kreise angesessene ländliche Grundbesitzer, sowie ein Jeder, welcher in einer Versammlung der Verbände der größeren Grundbesitzer und der Landgemeinden ein Wahlrecht ausübt (cfr. §. 86 letzter Absatz, 97 und 98 Nr. 3 der Kreisordnung und §. 46 der Landgemeindeordnung vom 3. Juli 1891)[13]) und seit einem Jahre in dem Kreise einen Wohnsitz hat.

   Für die ländlichen Grundbesitzer ist sonach der persönliche Wohnsitz im Kreise nicht erforderlich.

   Außerdem gelten für die Wählbarkeit zum Abgeordneten die in §. 96 für die Wahlberechtigung gegebenen Bestimmungen.
4. Die Wahl zum Kreistagsabgeordneten darf von einem Kreisangehörigen (d. h. demjenigen, welcher innerhalb des Kreises einen Wohnsitz hat — §. 6 des Gesetzes) nur aus den im §. 8 des Gesetzes angegebenen Gründen abgelehnt werden.

Zu Artikel 13.

(22)[44]).

23. Die Einladung sowie die Wahl erfolgen selbstverständlich für jeden Wahlbezirk besonders.

---

[40]) Dies darf nur ein Amtsvorsteher sein KrO. § 103.

[41]) Der Wahlort ist jetzt vom Kreisausschuß zu bestimmen, das.

[42]) Zusatz Nr. 23.

[43]) Beglaubigung ist nicht unbedingt erforderlich OV. 18. Dez. 95 (XXIX 4).

[44]) Betraf die Leitung der erstmaligen Wahlen.

Lehnt ein Gewählter die Wahl ab und bleibt ungeachtet des Hinweises auf die Folgen einer ungerechtfertigten Ablehnung bei dieser Erklärung stehen, so ist, wenn die Erklärung im Wahltermine selbst erfolgt, von dem Wahlvorsteher sofort die Vornahme einer anderweiten Wahl zu veranlassen. Erfolgt die Ablehnung später, so ordnet der Landrath die Neuwahl an.

Artikel 14. Nach Beendigung der Wahlen in dem Verbande der Landgemeinden werden zur Wahl der von dem Wahlverbande der größeren Grundbesitzer zu wählenden Kreistagsabgeordneten die zu diesem Verbande gehörigen, in dem Verzeichnisse I (Artikel 1 Nr. 1) aufgeführten Grundbesitzer, Gewerbetreibenden und Bergwerksbesitzer durch den Landrath mindestens acht Tage vor dem Wahltermine, mittelst schriftlicher Einladung gegen Empfangsbescheinigung, nach der Kreisstadt zusammenberufen. Die Einladung muß das Lokal, den Tag und die Stunde der Wahl genau bestimmen.

Zur Benutzung bei der Wahlhandlung wird auf Grund des Verzeichnisses I nach Anleitung des unter K beigefügten Formulares eine Wählerliste angefertigt, in welcher die wahlberechtigten Grundbesitzer, Gewerbetreibenden und Bergwerksbesitzer in alphabetischer Ordnung zu verzeichnen, auch der Wahlort und der Wahlvorsteher anzugeben sind.

Die Liste ist in dem Geschäftslokale des Landrathes zu Jedermannes Einsicht auszulegen und die erfolgte Auslegung durch das Kreisblatt bekannt zu machen.

Auf die Wahl selbst finden die Bestimmungen des Artikels 13 sinngemäße Anwendung.

Artikel 15. Gleichzeitig mit den Wahlen der Wahlmänner in dem Wahlverbande der Landgemeinden ist von dem Landrathe die Vornahme der Wahlen der städtischen Kreistagsabgeordneten anzuordnen.

(Abs. 2)[45].

Die Einladung der Wahlmänner erfolgt nach den Bestimmungen im Artikel 14.

Zur Benutzung bei der Wahlhandlung wird nach dem unter L beigefügten Formulare eine Wählerliste angefertigt, in welcher die von den einzelnen Städten gewählten Wahlmänner in alphabetischer Ordnung zu verzeichnen, auch der Wahlort und der Wahlvorsteher anzugeben sind.

Die Liste ist in dem Geschäftslokale des Landrathes zu Jedermanns Einsicht auszulegen und die erfolgte Auslegung durch das Kreisblatt bekannt zu machen.

(Abs. 6)[46].

Auch auf die Vollziehung der Wahlen im Wahlverbande der Städte finden die Bestimmungen des Artikel 12 sinngemäße Anwendung.

(Artikel 16)[47].

Artikel 17[2]. Die in den vorstehenden Artikeln 1—16 für die ersten Wahlen der Kreistagsabgeordneten gegebenen Bestimmungen gelten auch für die späteren nach §§. 108 und 112 vorzunehmenden Ergänzungs- und Ersatzwahlen mit der

---

Zu Artikel 14.

24. Die von einer Seite vorgeschlagene Bildung besonderer Wahlbezirke für den Wahlverband der größeren Grundbesitzer erscheint mit der Vorschrift des §. 94 der Kreisordnung nicht vereinbar und hat deshalb von der Aufnahme einer hierauf bezüglichen Bestimmung in die Instruktion abgesehen werden müssen.

---

[45]) Abs. 2 u. 3 Satz 1 u. 2 bilden nur die Wiedergabe der KrO. § 104.

[46]) Wiederholung der KrO. § 106[1].

[47]) Art. 16 wiederholt bezüglich der Prüfung u. Veröffentlichung des Wahlergebnisses die KrO. § 113.

Maßgabe, daß die in dem ersten Abschnitte des dritten Titels dem Kreisausschusse bezw. dem Kreistage übertragenen, für die ersten Wahlen aber an Stelle dieser nach §. 184 von dem Landrathe wahrzunehmenden Befugnisse bei den späteren Wahlen von dem Kreisausschusse bezw. dem Kreistage selbst wahrzunehmen sind.

Weitere Instruktion für die Vornahme der späteren Wahlen bleibt vorbehalten.

Formulare A—L[48]).

Anlage D (zu Anmerkung 258).

Entwurf zur Geschäftsordnung für den Kreistag des Kreises N. N.[1])

Zusammentritt des Kreistags.

§. 1. Der Kreistag tritt auf die schriftliche Berufung des Landrathes zusammen (§. 118 der Kreisordnung).

Prüfung der Wahlen.

§. 2. Bei dem ersten Zusammentritte des neugebildeten Kreistages, sowie bei dem jedesmaligen künftigen Eintritte der zur gesetzlichen Ergänzung des Kreistages neu gewählten Mitglieder (§. 108 a. a. O.) werden der Versammlung die Wahlprotokolle nebst dem Berichte über das Ergebniß der das erste Mal von dem Landrathe, bei den späteren Ergänzungs- und Ersatzwahlen von dem Kreisausschusse vorzunehmenden Vorprüfung vorgelegt.

(Abs. 2 u. 3)[2]).

§. 3. Bis zur Ungültigkeitserklärung einer Wahl hat der Gewählte Sitz und Stimme im Kreistage.

Mitglieder, deren Wahl beanstandet wird, dürfen in Beziehung auf ihre Wahl jede ihnen nöthig scheinende Aufklärung geben, nicht aber an der Abstimmung Theil nehmen.

Beschlußfähigkeit.

§. 4. Der Kreistag ist nur beschlußfähig, wenn mehr als die Hälfte der Mitglieder anwesend ist.

Eine Ausnahme hiervon findet statt, wenn die Mitglieder des Kreistages zum zweiten Male zur Verhandlung über denselben Gegenstand berufen, dennoch nicht in beschlußfähiger Anzahl erschienen sind, und wenn auf diese im §. 121 der Kreisordnung enthaltene Bestimmung bei der zweiten Zusammenberufung ausdrücklich hingewiesen worden ist.

Oeffentlichkeit der Sitzungen.

§. 5. Die Sitzungen des Kreistages sind öffentlich. Für einzelne Gegenstände kann auf Antrag des Vorsitzenden oder dreier Mitglieder durch einen in

---

[48]) Die Formulare betreffend Verzeichnisse (Anm. 3) A—C, der Wahlbezirke der Landgemeinden D u. Stadtgemeinden E, Wählerlisten F, G, J—L u. Wahlverhandlung H sind nicht abgedruckt.

[1]) Als Anhalt für die nach KrO. § 125 Abs. 2 vom Kreistage zu beschließende GeschO., mitgeteilt durch Vf. 7. Juli 73 (MB. 215).

[2]) Das formelle Verfahren bei Prüfung der Legitimation der Kreistagsmitglieder ist durch die neue Fassung der KrO. § 113 neu geregelt.

geheimer Sitzung zu fassenden Beschluß die Oeffentlichkeit ausgeschlossen werden (§. 120 der Kreisordnung).

Vorsitz.

§. **6.** Der Landrath führt auf dem Kreistage den Vorsitz, leitet die Verhandlungen und handhabt die Ordnung in der Versammlung. Die Kreisdeputirten vertreten den Landrath in Behinderungsfällen nach der Reihenfolge ihres Dienst- beziehungsweise Lebensalters (§. 118 Absatz 1 der Kreisordnung).

Eröffnung der Sitzung. Wahl des Protokollführers.

§. **7.** Nachdem durch den Vorsitzenden die Sitzung eröffnet und die Einführung der etwa neu eingetretenen Mitglieder erfolgt ist (§. 109 der Kreisordnung), wird auf Vorschlag des Vorsitzenden entweder für die betreffende Sitzung oder für einen bestimmten Zeitraum ein Protokollführer gewählt.

Der Protokollführer braucht nicht zu den Mitgliedern des Kreistages zu gehören, er muß jedoch, sofern er nicht Mitglied des Kreistages ist, vereidet sein.

Nachdem die Wahl des Protokollführers erfolgt ist, sind zur Vollziehung des Protokolls wenigstens drei Mitglieder zu wählen (§. 125 a. a. O.).

Prüfung der Einberufung.

§. **8.** Der Vorsitzende legt dem Kreistage die Empfangsscheine über die Behändigung der Einladungsschreiben und der Propositionen vor.

Eine zu diesem Behufe niederzusetzende Kommission prüft die Form der Einberufung, die Richtigkeit der Einladung und die Innehaltung der vorgeschriebenen Fristen nach Maßgabe der Bestimmungen der §§. 118 und 119 der Kreisordnung und hält dem Kreistage über das Ergebniß dieser Prüfung Vortrag, welches sodann im Protokoll vermerkt wird.

Tagesordnung.

§. **9.** Die auf die Tagesordnung gesetzten Gegenstände gelangen in derselben Reihenfolge zur Berathung, in welcher sie in dem Einladungsschreiben aufgeführt sind.

Die Versammlung kann durch einstimmigen Beschluß diese Reihenfolge abändern, sowie einzelne Gegenstände von der Tagesordnung absetzen.

Gegenstände, welche nicht in die Einladung zum Kreistage aufgenommen sind, können zwar auf Beschluß des Kreistages zur Berathung gelangen, die Fassung eines bindenden Beschlusses über dieselben darf jedoch erst auf dem nächsten Kreistage erfolgen (§. 118 Absatz 2 der Kreisordnung).

In geeigneten Fällen darf Mitgliedern des Kreistages von dem Vorsitzenden auch vor der Tagesordnung das Wort ertheilt werden.

Einleitung der Berathung.

§. **10.** Die Berathung der einzelnen Gegenstände wird durch einen Vortrag des Vorsitzenden oder des von ihm zum Referenten bestimmten Mitgliedes des Kreisausschusses oder Kreistages eingeleitet.

Abänderungsvorschläge.

§. **11.** Abänderungsvorschläge zu den Anträgen der Tagesordnung (Amendements) können zu jeder Zeit vor dem Schlusse der Diskussion gestellt werden. Dieselben müssen mit der Hauptfrage in wesentlicher Verbindung stehen und schriftlich eingereicht werden. Die Begründung derselben darf nur in der Reihenfolge der Redner stattfinden.

Redeordnung.

§. **12.** Kein Mitglied darf sprechen, ohne vorher das Wort verlangt und von dem Vorsitzenden erhalten zu haben.

Die Anmeldung zum Worte erfolgt bei dem Vorsitzenden, welcher die Rednerliste führt.

§. **13.** Das Recht, sich an der Diskussion zu betheiligen, steht auch denjenigen Mitgliedern des Kreisausschusses beziehungsweise dem Syndikus zu, welche nicht Mitglieder des Kreistages sind (§. 123 der Kreisordnung).

Der Vorsitzende muß jederzeit gehört werden.

§. **14.** Sofortige Zulassung zum Worte können nur diejenigen Mitglieder verlangen, welche zur Geschäftsordnung reden wollen.

Nach dem Schlusse der Debatte sind nur noch persönliche, nicht aber faktische Bemerkungen statthaft.

§. **15.** Der Vorsitzende ist berechtigt, die Redner auf den Gegenstand der Verhandlungen zurückzuweisen und zur Ordnung zu rufen. Ist das eine oder das andere in der nämlichen Rede zwei Male ohne Erfolg geschehen und fährt der Redner fort, sich von dem Gegenstande oder von der Ordnung zu entfernen, so kann der Kreistag auf die Anfrage des Vorsitzenden ohne Debatte beschließen, daß ihm das Wort über den vorliegenden Gegenstand genommen werden solle, wenn er zuvor auf diese Folge von dem Vorsitzenden aufmerksam gemacht ist.

Schluß der Diskussion.

§. **16.** Der Schluß der Diskussion erfolgt durch den Vorsitzenden nach Erschöpfung der Rednerliste oder auf Beschluß des Kreistages.

§. **17.** Der Antrag auf Schluß der Debatte kann von jedem Mitgliede gestellt werden. Nachdem die Rednerliste von dem Vorsitzenden verlesen worden ist, wird ohne Diskussion über den Antrag abgestimmt.

Fragestellung.

§. **18.** Nach geschlossener Diskussion stellt der Vorsitzende die Fragen. Ueber die Stellung derselben kann das Wort begehrt werden; der Kreistag beschließt darüber. Sind mehrere Fragen vorhanden, so hat der Vorsitzende solche sämmtlich der Reihenfolge nach vorzulegen. Die Fragen sind so zu stellen, daß sie einfach durch Ja oder Nein beantwortet werden können.

§. **19.** Die Theilung der Frage kann jedes Mitglied des Kreistages verlangen. Wenn über deren Zulässigkeit Zweifel entstehen, so entscheidet bei Anträgen der Antragsteller, in anderen Fällen der Kreistag.

Abstimmung.

§. **20.** Unmittelbar vor der Abstimmung ist die Frage zu verlesen.

§. **21.** Die Abstimmung geschieht durch Aufstehen oder Sitzenbleiben (oder durch Aufheben der Hände). Die absolute Stimmenmehrheit entscheidet. Bei Stimmengleichheit gilt der Antrag als abgelehnt.

Betrifft der Antrag eine neue Belastung der Kreisangehörigen ohne gesetzliche Verpflichtung oder eine Veräußerung von Grund- oder Kapitalvermögen des Kreises oder eine Veränderung des festgestellten Vertheilungs-Maßstabes für die Kreisabgaben, so gilt derselbe nur dann als angenommen, wenn sich mindestens zwei Drittel der Abstimmenden für ihn erklärt haben (§. 124 der Kreisordnung).

Die Feststellung des Stimmenverhältnisses geschieht durch Zählung.

§. **22.** Die namentliche Abstimmung muß erfolgen, wenn auf Antrag des Vorsitzenden oder dreier Mitglieder die Mehrheit der Versammlung sich dafür erklärt.

Wahlen.

§. **23.** Für die von dem Kreistage zu vollziehenden Wahlen gelten die Vorschriften des der Kreisordnung beigefügten Wahlreglements (§. 116 Nr. 8 der Kreisordnung).

Nach §. 11[8]) des Reglements können Wahlen auch durch Akklamation stattfinden, sofern Niemand Widerspruch erhebt.

Protokoll.

§. **24.** Nach Erledigung sämmtlicher Gegenstände der Tagesordnung erfolgt die Verlesung des Protokolles.

Dasselbe muß enthalten:

1. die Namen des Vorsitzenden, sowie der anwesenden Mitglieder des Kreistages und des Kreisausschusses, sowie des Protokollführers,
2. die amtlichen Anzeigen des Vorsitzenden,
3. einen kurzen Bericht über den Gang der Debatte bei den wichtigeren Gegenständen der Tagesordnung,
4. die gefaßten Beschlüsse in wörtlicher Anführung unter Angabe des Stimmenverhältnisses,
5. das Ergebniß der vollzogenen Wahlen, gleichfalls unter Angabe des Stimmenverhältnisses.

§. **25.** Wird gegen die Fassung des Protokolles Einspruch erhoben, welcher sich durch die Erklärung des darüber zu hörenden Protokollführers nicht heben läßt, so entscheidet auf Befragen des Vorsitzenden die Versammlung.

Nachdem hierauf von dem Vorsitzenden die Sitzung geschlossen worden, erfolgt die Vollziehung des Protokolles durch den Vorsitzenden, die dazu bestimmten Mitglieder des Kreistages (§. 7 Absatz 2) und den Protokollführer.

Bekanntmachung der Kreistagsbeschlüsse.

§. **26.** Der Inhalt der Kreistagsbeschlüsse mit Ausnahme der in geheimer Sitzung gefaßten (§. 5) ist, sofern der Kreistag nicht in einem einzelnen Falle etwas Anderes beschließt, von dem Kreisausschusse durch das Kreisblatt zur öffentlichen Kenntniß zu bringen (§. 125 Absatz 3 der Kreisordnung).

Ordnungsbestimmungen.

§. **27.** Wenn in der Versammlung störende Unruhe entsteht, so kann der Vorsitzende die Sitzung auf bestimmte Zeit aussetzen oder ganz aufheben.

§. **28.** Wer von dem Zuhörerraume aus Zeichen des Beifalles oder Mißfallens giebt, oder sonst die Ordnung oder den Anstand verletzt, wird auf der Stelle entfernt.

§. **29.** Entsteht in dem Zuhörerraume eine störende Unruhe, so kann der Vorsitzende anordnen, daß Alle, die sich zur Zeit darin befinden, denselben räumen.

---

[8]) Im Text stand mit Bezug auf das ältere Wahlregl.: § 9.

3. Kreisordnung für die Provinz[1]) Posen. Vom 20. Dezember 1828 (GS. 1829 S. 3)[2]).

Wir u. s. w. ertheilen wegen Einrichtung der Kreistage in Unserer Provinz[1]) Posen in Gemäßheit des §. 56 Unseres Gesetzes vom 27. März 1824, nachdem Wir die Vorschläge Unserer getreuen Stände darüber vernommen haben, folgende Vorschriften:

§. 1. Die Kreisversammlungen haben den Zweck, die Kreisverwaltung des Landraths in Kommunalangelegenheiten zu begleiten und zu unterstützen. Diese Verwaltung innerhalb der bestehenden Gesetzgebung macht den Gegenstand ihrer Berathungen und Beschlüsse aus[3]).

§. 2. Die bestehenden landräthlichen Kreise[4]) bilden die Bezirke der Kreisstände.

§. 3. Die Kreisstände vertreten die Kreiskorporationen in allen den ganzen Kreis betreffenden Kommunal-Angelegenheiten, ohne Rücksprache mit den einzelnen Kommunen oder Individuen. Sie haben Namens derselben verbindende Erklärungen abzugeben. Sie haben Staats-Prästationen, welche kreisweise aufzubringen sind und deren Aufbringung nicht durch das Gesetz auf eine bestimmte Weise vorgeschrieben ist, zu repartiren. Bei allen Abgaben, Leistungen und Naturaldiensten zu den Kreisbedürfnissen sollen sie zuvor mit ihrem Gutachten gehört werden, auch von allen Geldern, welche dahin verwendet, sollen ihnen die Rechnungen alljährlich zur Abnahme vorgelegt werden[5]). Wo eine ständische Verwaltung der Kreis-Kommunal-Angelegenheiten stattfindet, verbleibt den Kreisständen das Recht, die Beamten dazu zu wählen.

§. 4. Die kreisständische Versammlung besteht

A. aus dem Fürsten von Thurn und Taxis und dem Fürsten Sulkowski, in den Kreisen, in welchen ihre Besitzungen liegen, ingleichen aus allen Rittergutsbesitzern des Kreises[6]), welchen die im §. 6 auf-

---

[1]) Jetzige Bezeichnung (im Text stand: Großherzogthum).

[2]) Die beabsichtigte Einführung der neuen KrO. für die östl. Prov. in Posen (Nr. 2 Anm. 300) ist aus politischen Gründen nicht zur Ausführung gelangt u. die ältere auf ständischer Grundlage ruhende KrO. (Nr. 1 Abs. 1) nebst ihren Ergänzungen daher noch in Kraft geblieben. Diese hat jedoch in dem G. 19. Mai 89, Anlage A erhebliche Änderungen erfahren, insbes. durch Einführung eines Kreisausschusses (Art. IV u. V B 2) u. Neuordnung der Kreisabgaben (Anm. 5). — Bearbeitung von Haase (Berl. 89).

[3]) Erweiterte Aufgaben Nr. 1 Anm. 3.

[4]) Die Kreise sind mehrfach abgeändert Nr. V 4 Anl. B Anm. 3—9. — Auseinandersetzung bei solchen Veränderungen G. 89 (Anl. A) Art. V B 1.

[5]) Befugnis Ausgaben zu beschließen u. die Kreiseingesessenen dadurch zu verpflichten V. 25. März 41, Anlage B. — Petitionsrecht KO. 27. Jan. 30 (GS. 7); verb. Nr. III 2 Anm. 47. — Für Verteilung der Kreisabgaben sind § 10—18 der KrO. maßgebend G. 89 (Anl. A) Art. V B Nr. 3, Beschwerden u. Einsprüche das. Nr. 4, Erfordernis der Bestätigung der Beschlüsse das. Nr. 5.

[6]) Voraussetzungen der Rittergutseigenschaft V. 15. Dez. 30 (Nr. V 4 Anl. B) Art. V—VII. — Die Löschung

geführten Bestimmungen nicht entgegenstehen und welche in Unserer Monarchie ihren Wohnsitz haben.

B. Aus Deputierten der Städte.

Jede Stadt entsendet einen Deputierten. Wenn eine Stadt jedoch nach der letzten allgemeinen Volkszählung mehr als 4000 Einwohner, mit Ausschluß der aktiven Militärpersonen, hat, entsendet sie für je 4000 Einwohner einen Deputierten, wobei Bruchteile von mehr als einhalb für voll gerechnet werden.

C. Aus drei Deputierten der Landgemeinden.

Durch Königliche Verordnung kann die Zahl der Deputierten der Landgemeinden in einzelnen oder allen Kreisen bis auf sechs erhöht werden[7]).

§. 5. Vertretungen sind gestattet[8]):

a) unmündigen Rittergutsbesitzern durch ihren Vater oder Vormund[9]);
b) Ehefrauen durch ihre Ehegatten;
c) Vätern oder Müttern durch ihre volljährigen Söhne;
d) unverheiratheten Besitzerinnen;
e) allen qualifizirten Besitzern, insofern sie verhindert sind, persönlich zu erscheinen.

Die Vertreter müssen jederzeit selbst Besitzer landtagsfähiger Rittergüter im Preußischen Staate sein, und die Bedingungen des §. 6 ihnen nicht entgegenstehen. Auch ist es gestattet, einen andern beim Kreistage erscheinenden Gutsbesitzer zur Abgabe der Stimme besonders zu bevollmächtigen.

§. 6. Zur persönlichen Ausübung des Stimmrechts auf den Kreistagen ist bei allen Ständen und gestatteten Vertretern erforderlich:

a) die Gemeinschaft mit einer der christlichen Kirchen[10]);
b) die Vollendung des 24. Lebensjahres[11]);
c) unbescholtener Ruf.

---

der Rittergüter in der Matrikel erfolgt, nachdem der Besitzer gehört ist u. die Ritterschaft des Kreistags ihr Gutachten abgegeben hat, durch den Min. des Inn. u. ist auf dem Kreistag unter Aufnahme einer Verhandlung vorzunehmen KO. 11. Jan. 35 (GS. 9). — Dem Fiskus, dem bis dahin auch als Besitzer von Rittergütern ein Stimmrecht nicht zustand, ist solches gem. § 1 des G. 4. Aug. 04, Anlage C gewährt worden.

[7]) Die eine Vermehrung der Abgeordneten zulassende Neufassung beruht auf G. 4. Aug. 04 (Anl. C) § 2. Wegen bestandener weitergehender Rechte siehe daselbst.

[8]) Vertretung des Fiskus Anl. C § 1 Abs. 3.

[9]) Der die gesetzlichen Voraussetzungen nicht erfüllende Vormund kann zur Vertretung einen anderen Rittergutsbesitzer bevollmächtigen Vf. 31. Okt. 85 (MB. 244).

[10]) Mit Gleichberechtigung der Konfessionen in bürgerlicher u. staatsbürgerlicher Beziehung (G. 3. Juli 69 BGBl. 292) fortgefallen.

[11]) Durch G. über das Alter der Großjährigkeit 9. Dez. 69 (GS. 1177) — das jetzt durch BGB. § 2 ersetzt ist — nicht abgeändert Vf. 31. Okt. 85 (vor. Anm.).

Wo dieser Ruf von der Versammlung bestritten wird, ist auf den Bericht des Ober-Präsidenten von Unserm Staatsministerio zu entscheiden[12]).

§. 7. Rittergutsbesitzer, geistliche oder milde Stiftungen, sowie Städte, welche mehr als ein Rittergut im Kreise besitzen, sind jederzeit nur zur Führung einer Stimme berechtigt.

§. 8. Städte, welche als solche die Berechtigung haben, auf dem Kreistage durch einen Abgeordneten zu erscheinen, und sich im Besitz eines Ritterguts befinden, sind ebenfalls nur zur Führung einer Stimme berechtigt.

Wenn sie aber noch in einem anderen Kreise Rittergüter besitzen, beschicken sie auch die dortigen ständischen Versammlungen.

§. 9. Zu städtischen Abgeordneten auf den Kreistagen können alle diejenigen Personen gewählt werden, welche die einem Landtagsdeputirten dieses Standes nothwendige Befähigung[13]), jedoch in Beziehung auf das Alter unter der §. 6b ausgesprochenen Modifikation, besitzen.

§. 10. Unter derselben Modifikation sind zu Abgeordneten der Landgemeinen die zu Deputirten dieses Standes auf dem Provinziallandtage qualifizirten Grundbesitzer wählbar[14]).

§. 11. Für einen jeden Abgeordneten der Städte und Landgemeinen wird ein Stellvertreter erwählt, welcher ebenfalls die §§. 6, 9 und 10 angegebenen Eigenschaften haben muß.

§. 12. In den Städten erwählen der Magistrat und die Gemeinevertreter, welche zu diesem Behufe zu einem Wahlkollegio vereinigt werden, die Kreistagsabgeordneten.

§. 13. Bei der Wahl der drei Abgeordneten und Stellvertreter der Landgemeinen wird wie bei der Wahl der Bezirkswähler verfahren[15]). Ein jeder Landrath hat behufs dieser Wahlen seinen Kreis in drei[16]) Bezirke

---

[12]) Jetzt kommt G. über die Entziehung oder Suspension ständischer Rechte wegen bescholtenen oder angefochtenen Rufes 23. Juli 47 (GS. 279) in Betracht, nach dem die Ausübung dieser Rechte — mit Verlust der Ehrenrechte, der Fähigkeit zur Bekleidung öffentlicher Ämter, des Gemeinde- oder Bürgerrechts, mit der Entfernung aus dem Offiziersstande oder der Aberkennung des Rechtes zum Tragen der Militäruniform (jetzt V. für das Heer 2. Mai 74 § 51—53, für die Marine 26. Juli 95 § 52—54) — von selbst fortfällt oder in einem besonderen Verfahren durch die Standesgenossen entzogen werden kann.

[13]) G. 27. März 24 (Nr. V 4) §§ 5, 6, 10 nebst V. 15. Dez. 30 (Nr. V 4 Anl. B) Art. IX. Magistratsmitglieder u. Stadtverordnete sind auch ohne Grundbesitz wählbar V. 21. Nov. 37 (GS. 217).

[14]) G. 27. März 24 §§ 5, 6, 11 nebst V. 15. Dez. 30 Art. XIII.

[15]) Wahlrecht G. 27. März 24 § 12 nebst V. 15. Dez. 30 Art. X. — Die wahlberechtigten Grundbesitzer treten nicht mehr in Distrikten zu unmittelbarer Wahl der Abgeordneten, sondern in den einzelnen Gemeinden zur Wahl je eines Ortswählers unter Leitung des Landrats oder eines von ihm ernannten Kommissars zusammen, worauf die Ortswähler mit den Besitzern der größeren (V. 15. Dez. 30 Art. X), weder zu den Rittergütern noch zu den Dorfgemeinden gehörigen Güter bezirksweise die Kreistagsabgeordneten wählen V. 19. Dez. 45 (GS. 46 S. 18).

[16]) Eintretendenfalls (Anm. 7) in mehrere.

einzutheilen, in deren jedem ein Deputirter und ein Stellvertreter zu wählen ist.

§. 14. Die Wahlen stehen unter Aufsicht des Landraths.

§. 15. Die Wahl der Deputirten der Städte und Landgemeinen erfolgt auf sechs Jahre, dergestalt, daß von drei zu drei Jahren die Hälfte, das erste Mal nach dem Loose ausscheidet[17]).

§. 16. Der Landrath, oder wenn derselbe behindert ist, der älteste Kreisdeputirte beruft die Stände zum Kreistage, führt daselbst den Vorsitz, leitet die Geschäfte und ist verpflichtet, die Ordnung in den Berathungen zu erhalten. Wenn seine Erinnerungen kein Gehör finden, ist er befugt, die ordnungsstörenden Mitglieder der Versammlung auszuschließen; jedoch hat er darüber sofort an den Oberpräsidenten der Provinz zur weiteren Verfügung zu berichten.

§. 17. Der Landrath ist verpflichtet, alljährlich wenigstens einen Kreistag anzusetzen; außerdem aber ist er hierzu berechtigt, so oft als er es den Bedürfnissen der Geschäfte für angemessen hält. Er hat dem ihm vorgesetzten Regierungspräsidenten[18]) von einem jeden anzusetzenden Kreistage Anzeige zu machen.

§. 18. Solange Kommunalgegenstände früherer Kreisverbände abzuwickeln sind, ist die Vereinigung mehrerer Kreise, oder der Theile verschiedener Kreise, zu diesem Zwecke gestattet[19]). Gegenstände, welche nur eine Klasse der Stände treffen, können auf besonderen Konventen dieser Stände verhandelt werden.

§. 19. Die Stände verhandeln auf dem Kreistage gemeinschaftlich. Die Beschlüsse werden nach einfacher Stimmenmehrheit gefaßt[20]). Der Landrath hat als solcher keine Stimme. Er stimmt mit, wenn er zugleich Kreisstand ist, kann jedoch auch ohne Stimme den Vorsitz führen.

Bei gleichen Stimmen entscheidet die Stimme des Vorsitzenden, und, wenn derselbe nicht stimmfähig ist, die Stimme des ältesten Kreisdeputirten. Er hat alle Kreistagsbeschlüsse zur Kenntniß des ihm vorgesetzten Regierungspräsidenten[18]) zu bringen, zu denjenigen Beschlüssen aber, durch welche neue Verwaltungsnormen festgesetzt, und den Kreiseinsassen neue Verbindlichkeiten auferlegt werden sollen die Bestätigung[21]) besonders einzuholen und bis zu deren Eingang mit der Ausführung Anstand zu nehmen.

§. 20. Findet ein ganzer Stand durch einen Kreistagsbeschluß in seinen Interessen sich verletzt, so steht ihm mittelst Einreichung eines Separats-

---

[17]) Das Verfahren bei ständischen Wahlen bestimmt sich nach V. 22. Juni 42 Nr. V 4 Anl. C.

[18]) LVG. § 18 (im Text stand: der ihm vorgesetzten Regierung).

[19]) Erledigte Übergangsbestimmung.

[20]) Ausnahme Anl. B § 8.

[21]) Zuständig sind in ersterem Fall der RegPr. (vor. Anm.), in letzterem die Minister Anl. A Art. V B 5 (im Text stand: der Regierung).

voti der Rekurs an diejenige Behörde zu, von welcher die betreffende Angelegenheit ressortirt.

Bei Zusammenberufung der Kreisstände hat der Landrath in der Kurrende die zu verhandelnden Gegenstände anzugeben.

Die Erscheinenden sind dann befugt, einen Beschluß zu fassen und durch solchen die Außenbleibenden wie die Abwesenden zu verbinden.

§. 21. Der Landrath führt die Beschlüsse der Kreisstände aus, insofern die Regierung nicht eine andere Behörde mit der Ausführung ausdrücklich beauftragt, oder die Sache als ständische Kommunalangelegenheit nicht besonders gewählten Beamten übertragen ist[22]).

§. 22. Der Oberpräsident der Provinz hat die zu dem Zusammentritte der Kreisstände nach vorstehenden Vorschriften erforderlichen Verfügungen ungesäumt zu veranlassen[17]).

Anlagen zur Kreisordnung für Posen.

Anlage A (zu Anmerkung 2).

Gesetz über die allgemeine Landesverwaltung und die Zuständigkeit der Verwaltungs- und Verwaltungsgerichtsbehörden in der Provinz Posen. Vom 19. Mai 1889 (GS. 108)[1]).

Art. I. Das Gesetz über die allgemeine Landesverwaltung vom 30. Juli 1883 (Gesetz-Samml. S. 195) sowie die Titel I und IV bis einschließlich XXV des Gesetzes über die Zuständigkeit der Verwaltungs- und Verwaltungsgerichtsbehörden vom 1. August 1883 (Gesetz-Samml. S. 237) treten für die Provinz Posen, mit den aus den nachstehenden Artikeln sich ergebenden Maßgaben, in Kraft.

Art. II. Wählbar zum Mitgliede des Provinzialrathes und des Bezirksausschusses ist jeder selbständige Angehörige des Deutschen Reiches, welcher das dreißigste Lebensjahr vollendet hat, sich im Besitze der bürgerlichen

[22]) Diese Übertragungen kommen nicht mehr in Frage.

[1]) Inhalt. Das G. führt die neue Gesetzgebung über die Landesverwaltung in die Prov. Posen ein Art. I, unter besonderen durch die politischen Verhältnisse dieser Provinz gebotenen Einschränkungen, die sich auf die Bildung des Prov.rats u. Bezirksausschusses Art. II u. III u. des Kreisausschusses Art. IV beziehen. Art. V ergänzt dann unter:

A. die Verwaltung der Prov.-Verbände (abgedruckt unter Nr. V 4 Anl. A);

B. die Verwaltung der Kreisverbände, die auf die Kreisausschüsse (Art. IV) übertragen werden kann Nr. 2, während die allgemeinen Grundsätze eingeführt werden über Auseinandersetzung bei Grenzveränderungen Nr. 1, Verteilung der Kreisabgaben Nr. 3 u. 4, Genehmigung finanzieller Kreistagsbeschlüsse Nr. 5, Feststellung von Defekten Nr. 6 u. Zwangseinstellung in den Etat Nr. 7.

Die Art. VI u. VII enthalten Übergangs- u. Ausführungsbest.

Ehrenrechte befindet und seit mindestens einem Jahre der Provinz durch Grundbesitz oder Wohnsitz angehört[2]).

Als selbständig gilt derjenige, welchem das Recht, über sein Vermögen zu verfügen und dasselbe zu verwalten, nicht durch gerichtliche Anordnung entzogen ist.

Art. III. Die gewählten Mitglieder des Provinzialrathes und des Bezirksausschusses bedürfen der Bestätigung.

Die Bestätigung steht zu:

dem Minister des Innern hinsichtlich der gewählten Mitglieder des Provinzialrathes und deren Stellvertreter;

dem Oberpräsidenten hinsichtlich der gewählten Mitglieder des Bezirksausschusses und deren Stellvertreter.

Wird die Bestätigung versagt, so wird zu einer neuen Wahl geschritten. Wird auch diese Wahl nicht bestätigt, so hat die zur Bestätigung berufene Behörde das Mitglied beziehungsweise den Stellvertreter zu ernennen.

Dasselbe findet statt, wenn die Vornahme der Wahl verweigert werden sollte.

Die hiernach ernannten Mitglieder und Stellvertreter müssen den für die Wählbarkeit gesetzlich vorgeschriebenen Erfordernissen entsprechen.

Art. IV. An Stelle des §. 36 des Gesetzes vom 30. Juli 1883[3]) treten folgende Bestimmungen:

§. 1. An der Spitze der Verwaltung des Kreises steht der Landrath.

Der Kreisausschuß besteht aus dem Landrathe als Vorsitzenden und sechs Mitgliedern, welche von dem Oberpräsidenten aus der Zahl der Kreisangehörigen ernannt werden.

Die Ernennung erfolgt auf Grund von Vorschlägen des Kreistages, in welche aus der Zahl der Kreisangehörigen die zu Mitgliedern des Kreisausschusses befähigten Personen aufzunehmen sind.

Lehnt ein Kreistag die Aufforderung des Oberpräsidenten zur Vervollständigung dieser Vorschläge ab, so hat der Provinzialrath auf Antrag des Oberpräsidenten darüber zu beschließen, ob und welche Personen nachträglich in die Vorschlagsliste aufzunehmen sind.

Personen, welche in die Vorschlagsliste nicht aufgenommen sind, können vom Oberpräsidenten zu Mitgliedern des Kreisausschusses nur unter der Zustimmung des Provinzialrathes ernannt werden. Lehnt der Provinzialrath die Zustimmung ab, so kann dieselbe auf Antrag des Oberpräsidenten durch den Minister des Innern ergänzt werden.

Geistliche, Kirchendiener und Elementarlehrer können nicht Mitglieder des Kreisausschusses sein; richterliche Beamte, zu denen jedoch die technischen

---

[2]) Nr. V 3 Anm. 22.

[3]) § 36 enthält den § 1 Abs. 1 des Art. IV, verweist aber bezüglich der Zusammensetzung des Kreisausschusses auf die Kreisordnungen.

Mitglieder der Handels-, Gewerbe- und ähnlicher Gerichte[4]) nicht zu zählen sind, nur mit Genehmigung des vorgesetzten Ministers.

§. 2. Zu Mitgliedern des Kreisausschusses können nur solche Kreisangehörige ernannt werden, welche

a) selbständige (Art. II Abs. 2) Angehörige des Deutschen Reiches sind und das 21. Lebensjahr vollendet haben,

b) sich im Besitze der bürgerlichen Ehrenrechte befinden[5]).

Das Recht zur Mitgliedschaft geht verloren, sobald eins der vorstehenden Erfordernisse bei dem Mitgliede nicht mehr zutrifft[6]). Es ruht während der Dauer eines Konkurses[7]), ferner während der Dauer einer gerichtlichen Untersuchung, wenn dieselbe wegen Verbrechen oder wegen solcher Vergehen, welche den Verlust der bürgerlichen Ehrenrechte nach sich ziehen müssen oder können, eingeleitet[8]) oder wenn die gerichtliche Haft[9]) verfügt ist.

§. 3. Die Ernennung der Kreisausschußmitglieder erfolgt auf sechs Jahre mit der Maßgabe, daß bei Ablauf dieser Periode die Mitgliedschaft im Ausschusse bis zur Ernennung des Nachfolgers fortdauert. Alle zwei Jahre scheidet ein Drittel der Mitglieder aus. Die das erste und zweite Mal Ausscheidenden werden durch das Loos bestimmt. Die Ausgeschiedenen können wiederernannt werden. Jede Ernennung verliert ihre Wirkung mit dem Aufhören einer der im §. 2 vorgeschriebenen Bedingungen. Der Kreisausschuß hat darüber zu beschließen, ob dieser Fall eingetreten ist. Gegen den Beschluß des Kreisausschusses findet innerhalb zwei Wochen die Klage bei dem Bezirksausschusse statt. Die Klage steht auch dem Vorsitzenden des Kreisausschusses zu. Dieselbe hat keine aufschiebende Wirkung; jedoch darf bis zur rechtskräftigen Entscheidung die Ernennung eines Ersatzmannes nicht stattfinden. Für das Streitverfahren kann der Kreisausschuß einen besonderen Vertreter bestellen.

Die Ausschußmitglieder werden vom Vorsitzenden vereidigt.

Die Ausschußmitglieder können nach Maßgabe der Bestimmungen des §. 39 des Gesetzes über die allgemeine Landesverwaltung im Wege des Disziplinarverfahrens ihrer Stellen enthoben werden.

§. 4. Bei Behinderung des Landrathes geht der Vorsitz im Kreisausschusse auf seinen Stellvertreter über. Ist dies der Kreissekretär, so führt nicht dieser, sondern das hierzu vom Kreisausschusse gewählte Mitglied den Vorsitz[10]).

§. 5. Soweit die eigenen Einnahmen des Kreisausschusses nicht ausreichen, werden die Kosten, welche die Geschäftsverwaltung desselben verursacht, von dem Kreise getragen[11]).

---

4) Nr. IV 2 Anm. 263.
5) Das. Anm. 203.
6) Das. Anm. 204.
7) Das. Anm. 205.
8) Das. Anm. 206.
9) Das. Anm. 207.
10) Das. Anm. 273.
11) Das. Anm. 280.

Die Mitglieder des Kreisausschusses erhalten eine ihren baaren Auslagen entsprechende Entschädigung[12]). Ueber die Höhe derselben beschließt der Bezirksausschuß.

§. 6. Der Kreisausschuß ist befugt, behufs der örtlichen Erledigung der zu seiner Zuständigkeit gehörigen Geschäfte die Mitwirkung der Polizeidistriktskommissarien, sowie der Gemeinde- und Gutsvorsteher in Anspruch zu nehmen.

Art. V. Im Uebrigen werden hinsichtlich der Angelegenheiten der Provinz und der Kreise folgende Bestimmungen getroffen:

A. Angelegenheiten der Provinz[13]).

B. Angelegenheiten der Kreise.

1. In den Fällen der Veränderung der Kreisgrenzen und der Bildung neuer Kreise, sowie des Ausscheidens großer Städte aus dem Kreisverbande beschließt der Bezirksausschuß über die Auseinandersetzung der betheiligten Kreise, vorbehaltlich der den letzteren gegen einander zustehenden Klage bei dem Bezirksausschusse[14]).

2. Durch Beschluß des Kreistages kann dem Kreisausschusse die Verwaltung der Angelegenheiten des Kreises übertragen werden. Hinsichtlich dieser Verwaltung gelten die Bestimmungen der §§. 123 und 134, 1 bis 4 der Kreisordnung für die Provinzen Ostpreußen, Westpreußen, Brandenburg, Pommern, Schlesien und Sachsen vom $\frac{\text{13. Dezember 1872}}{\text{19. März 1881}}$ (Gesetz-Samml. 1881 S. 179).

3. In Beziehung auf die Vertheilung der Kreisabgaben treten die §§. 10 bis einschließlich 18 der Kreisordnung für die Provinzen Ostpreußen, Westpreußen, Brandenburg, Pommern, Schlesien und Sachsen vom $\frac{\text{13. Dezember 1872}}{\text{19. März 1881}}$ (Gesetz-Samml. 1881 S. 179) auch in der Provinz Posen mit der Maßgabe in Kraft[15]), daß die in §. 12 festgesetzten Termine

vom 30. Juni 1874 auf
den 31. Oktober 1891,
vom 31. Dezember 1875 auf
den 31. März 1893 und
vom 1. Januar 1876 auf
den 1. April 1893

verlegt werden.

---

[12]) Das. Anm. 281.

[13]) Abschn. A, der sich nur auf den Provinzialverband bezieht, ist als V 4 Anl. A abgedruckt.

[14]) Gleichlautend mit ZustG. § 2 u. entsprechend der KrO. (Nr. IV 2) § 3 Abs. 2; vgl. das. Anm. 8, 9 u. 19.

[15]) Auch in Posen sind die nichtangesessenen servisberechtigten Militärpersonen kreisabgabenfrei OV. 7. Feb. 02 (XLI 4).

4. Auf Beschwerden und Einsprüche[16]), betreffend die Heranziehung oder die Veranlagung[17]) zu den Kreisabgaben[18]), beschließt der Kreisausschuß[19]).

Beschwerden und Einsprüche der gedachten Art sind innerhalb einer Frist von zwei Monaten[20]) nach erfolgter Bekanntmachung[21]) der Abgabebeträge bei dem Kreisausschusse anzubringen. Einsprüche gegen die Höhe von Kreiszuschlägen zu den direkten Staatssteuern, welche sich gegen den Prinzipalsatz der letzteren[22]) richten, sind unzulässig[23]).

Gegen den Beschluß des Kreisausschusses[24]) findet innerhalb zwei Wochen die Klage bei dem Bezirksausschusse statt[25]). Hierbei ist die Zuständigkeit der Verwaltungsgerichtsbehörden auch insoweit begründet, als bisher durch §. 79 Titel 14 Theil II des allgemeinen Landrechts, beziehungsweise §§. 9, 10 des Gesetzes über die Erweiterung des Rechtsweges vom 24. Mai 1861 (Gesetz-Samml. S. 241) oder sonstige bestehende Vorschriften der ordentliche Rechtsweg für zulässig erklärt war[26]).

Die Beschwerden und die Einsprüche, sowie die Klage haben keine aufschiebende Wirkung[27]).

Gegen die Entscheidung des Bezirksausschusses ist nur das Rechtsmittel der Revision zulässig[25]).

5. Beschlüsse des Kreistages, welche folgende Angelegenheiten betreffen:

a) Mehr- oder Minderbelastung einzelner Kreistheile,
b) eine Belastung der Kreisangehörigen durch Kreisabgaben über 50 Prozent des Gesammtaufkommens der direkten Staatssteuern[28]),
c) Veräußerung von Grundstücken und Immobiliarrechten des Kreises,
d) Anleihen, durch welche der Kreis mit einem Schuldenbestande belastet oder der bereits vorhandene Schuldenbestand vergrößert werden würde, sowie die Uebernahme von Bürgschaften auf den Kreis[29]),
e) eine neue Belastung der Kreisangehörigen ohne gesetzliche Verpflichtung, insofern die aufzubringenden Leistungen über die nächsten fünf Jahre hinaus fortdauern sollen[30]),

bedürfen in den Fällen zu a der Bestätigung des Ministers des Innern, in den Fällen zu b der Bestätigung der Minister des Innern und der Finanzen, in den übrigen Fällen der Bestätigung des Bezirksausschusses.

Ohne die vorgeschriebene Bestätigung sind die betreffenden Beschlüsse des Kreistages nichtig[31]).

[16]) Nr. I 3 Anm. 258 u. Nr. IV 2 Anm. 87.
[17]) Nr. I 3 Anm. 257.
[18]) Nr. IV 2 Anm. 90.
[19]) Das. Anm. 91.
[20]) Nr. I 3 Anm. 259.
[21]) Nr. IV 2 Anm. 93.
[22]) Das. Anm. 94.
[23]) Das. Anm. 95.
[24]) Das. Anm. 96.
[25]) Das. Anm. 97 Satz 1. Der das weitere Rechtsmittel behandelnde § 3 des ZustG. hat in G. 89 Art. V B 4 Abs. 5 Aufnahme gefunden.
[26]) Nr. IV 2 Anm. 98.
[27]) Nr. I 3 Anm. 281.
[28]) Nr. IV 2 Anm. 288.
[29]) Nr. III 2 Anm. 149.
[30]) Nr. IV 2 Anm. 290.
[31]) Das. Anm. 291.

6. Der Bezirksausschuß beschließt, an Stelle der Aufsichtsbehörde, über die Feststellung und den Ersatz von Defekten der Kreisbeamten nach Maßgabe der Verordnung vom 24. Januar 1844 (Gesetz-Samml. S. 52)[32]. Der Beschluß ist vorbehaltlich des ordentlichen Rechtsweges endgültig.

7. Unterläßt oder verweigert ein Kreis, die ihm gesetzlich obliegenden, von der Behörde innerhalb der Grenzen ihrer Zuständigkeit festgestellten Leistungen[33] auf den Haushaltsetat zu bringen oder außerordentlich zu genehmigen, so verfügt der Regierungspräsident, unter Angabe der Gründe, die Eintragung in den Etat, beziehungsweise die Feststellung der außerordentlichen Ausgaben[34].

Gegen die Verfügung des Regierungspräsidenten steht dem Kreise innerhalb zwei Wochen die Klage bei dem Oberverwaltungsgerichte zu. Zur Ausführung der Rechte des Kreises kann der Kreistag einen besonderen Vertreter bestellen[35].

Art. VI. Das gegenwärtige Gesetz tritt hinsichtlich der Bestimmungen im Artikel V A Nr. 1 bis 4 sofort, im Uebrigen am 1. April 1890 in Kraft.

Noch vor dem 1. April 1890 ist zur Bildung des Provinzialrathes, der Bezirksausschüsse, der Kreis- und Stadtausschüsse in Gemässheit der Vorschriften des gegenwärtigen Gesetzes zu schreiten.

Auf die vor dem 1. April 1890 bereits anhängig gemachten Sachen finden in Beziehung auf die Zuständigkeit der Behörden, das Verfahren und die Zulässigkeit der Rechtsmittel die Bestimmungen der früheren Gesetze, jedoch mit den im §. 7 Absatz 3 und im §. 18 des Gesetzes über die allgemeine Landesverwaltung vom 30. Juli 1883 bezeichneten Abänderungen Anwendung[36].

Bei der Vorschrift des §. 13 des Gesetzes, betreffend Ergänzung und Abänderung einiger Bestimmungen über Erhebung der auf das Einkommen gelegten direkten Kommunalabgaben, vom 27. Juli 1885 (Gesetz-Samml. S. 327) behält es auch für die Provinz Posen sein Bewenden[37].

Art. VII. Der Minister des Innern ist mit der Ausführung dieses Gesetzes beauftragt und erläßt die hierzu erforderlichen Anordnungen und Instruktionen.

---

32) Nach dieser V. sind Defekte nach Betrag und Ersatzpflicht durch Beschluß festzustellen, der sofort vollstreckbar ist.

33) Nr. II 2 Anm. 275 u. Nr. IV 2 Anm. 296.

34) Nr. II 2 Anm. 276 u. Nr. IV 2 Anm. 297.

35) Gleichlautend mit ZustG. § 4.

36) Abs. 2 u. 3 enthalten erledigte Übergangsbestimmungen.

37) Das G. 27. Juli 85, das nach § 13 auch auf Kreis- und Provinzialabgaben vom Einkommen der juristischen usw. Personen u. der natürlichen in mehreren Kreisen oder Provinzen pflichtigen Personen Anwendung finden sollte, ist durch das KAG. (Nr. I 3 d. W.) ersetzt.

Anlage B (zu Anmerkung 5).

Verordnung über die Befugnisse der Kreisstände in der Provinz[1]) Posen, Ausgaben zu beschließen und die Kreiseingesessenen dadurch zu verpflichten. Vom 25. März 1841 (GS. 58).

Wir u. s. w. verordnen nach Anhörung des Gutachtens Unserer getreuen Stände des Großherzogthums Posen zur Ergänzung der §§. 3 und 19 der Kreisordnung vom 20. Dezember 1828 auf den Antrag Unseres Staats-Ministerii, was folgt:

§. 1. Die Kreisstände sind ermächtigt, zu nachstehenden Zwecken mit der Wirkung, daß die Kreiseingesessenen dadurch verpflichtet werden, Ausgaben zu beschließen:

a) zu gemeinnützigen Einrichtungen und Anlagen, welche in den Interessen des gesammten Kreises[2]) beruhen,

b) zur Beseitigung eines Notstandes.

(**§. 2, 3**)[3]).

§. 4. Zulagen für Unser Kreis-Beamtenpersonale und Zuschüsse zu den Büreaukosten des Landraths[4]) können von den Kreisständen überall nicht bewilligt werden.

(**§. 5, 6**)[3]).

§. 7. Bei jeder in Gemäßheit der Bestimmungen dieser Verordnung an die Kreisstände zu bringenden Proposition soll ein ausführlicher Vorschlag zu dem Beschlusse, welcher

a) über den Zweck desselben,

b) die Art der Ausführung,

c) die Summe der zu verwendenden Kosten und

d) die Aufbringungsweise

das Nöthige enthält, ausgearbeitet und jedem Mitgliede des Kreistages vier Wochen vor dem zur Berathung und Beschlußnahme darüber anberaumten Termine in Abschrift zugefertigt werden.

§. 8. Zur Gültigkeit eines nach den Bestimmungen dieser Verordnung zu fassenden Beschlusses soll überhaupt eine Stimmenmehrheit von zwei Dritteln der anwesenden Mitglieder des Kreistages erforderlich sein, jedoch wenn auch diese vorhanden sein sollte, ein Beschluß für nicht zu Stande gekommen erachtet werden, sofern die Kreisstände in Theile gegangen sind, und zwei Stände sich gegen denselben ausgesprochen haben.

---

[1]) Jetzige Bezeichnung (im Text stand: dem Großherzogtum).

[2]) Mehr- oder Minderbelastung bei Einrichtungen, die in besonders hervorragendem oder geringem Maße einzelnen Kreisteilen zugute kommen KrO. (Nr. II 2) § 13 (in Posen anwendbar Anl. A Art. V B 3).

[3]) § 2, 3, 5 u. 6 betrafen die Genehmigung der Beschlüsse, die jetzt durch G. 89 (Anl. A) Art. V B 5 geregelt wird.

[4]) Die Übernahme der Geschäftskosten des Kreisausschusses durch den Landrat gegen Vergütung erscheint nach G. 89 Art. IV § 5 Abs. 1 zulässig.

Wenn nur ein Stand in der durch die Kreisordnung festgesetzten Form eine abweichende Ansicht erklärt hat, bleibt die Entscheidung Unsern Ministern des Innern und der Finanzen vorbehalten.

Anlage C (zu Anmerkung 6).

Gesetz, betreffend Abänderung der Vorschriften über die Zusammensetzung der Kreistage und über die Wahlen zum Provinziallandtag in der Provinz Posen. Vom 4. August 1904 (GS. 241)[1].

§. 1. Der Staat ist berechtigt, in der Provinz Posen für jedes ihm gehörende ländliche Gut[2]), welches den für Rittergüter im Artikel VI der Verordnung vom 15. Dezember 1830 (Gesetz-Samml. 1832 S. 9)[3]) vorgeschriebenen Erfordernissen in bezug auf Größe und Kulturzustand entspricht, die Kreisstandschaft und bei den Wahlen zum Provinziallandtage das Wahlrecht im Stande der Ritterschaft mit je einer Stimme auszuüben.

Die Zahl der Stimmen des Staates darf in einem Kreise ein Achtel der Gesamtzahl der Kreistagsmitglieder und in einem Wahlbezirke für die Wahlen zum Provinziallandtag ein Drittel der Zahl der Wahlberechtigten im Stande der Ritterschaft nicht übersteigen[4]).

Bei Ausübung der Kreisstandschaft und bei den Wahlen zum Provinziallandtage kann sich der Staat durch einen oder mehrere der im Kreise oder Wahlbezirke wohnhaften Domänenpächter, angestellten Oberförster oder angesessenen Rittergutsbesitzer vertreten lassen[5]).

§. 2. Die Vorschriften des §. 4 B und C der Kreisordnung für die Provinz Posen vom 20. Dezember 1828 (Gesetz-Samml. 1829 S. 3) erhalten folgende Fassung:

B. Aus Deputierten der Städte.

Jede Stadt entsendet einen Deputierten. Wenn eine Stadt jedoch nach der letzten allgemeinen Volkszählung mehr als 4000 Einwohner,

---

[1]) Inhalt. Das G. gewährt dem Fiskus, der in der Prov. Posen einen umfangreichen durch Erwerb zum Zwecke der Ansiedelung fortgesetzt wachsenden Grundbesitz hat, das ihm bis dahin fehlende Stimmrecht im Kreistage § 1 u. schafft in dem (vom Abgeordnetenhause zugefügten) § 2 den Städten u. Landgemeinden eine der Einwohnerzahl u. Steuerleistung entsprechendere Vertretung. — Zur Ausführung erging Vf. 4. Okt. 04 (MB. 238). — Quellen: AH. Drucks. Nr. 48 (Entw. u. Begr.), 338 (KB.).

[2]) Ländliche Güter sind Domänengüter, Oberföstereien u. einheitlich bewirtschaftete Güter der Ansiedelungskommission u. sonstigen fiskalischen Stationen in den Kreisen, in denen der Sitz der Verwaltung sich befindet u. die Erfordernisse an Größe u. Kulturzustand (Anm. 3) vorliegen AusfVf. (Anm. 1) Nr. II Abs. 2.

[3]) Nr. V 4 Anl. B.

[4]) Ruhende Stimmen sind nicht einzurechnen, wohl aber vorübergehend erledigte AusfVf. (Anm. 1) Nr. II Abs. 3. Die Zahl der Stimmen setzt der RegPräs. fest. Über Beschwerden entscheidet der ObPräs. Abs. 4.

[5]) Die Namhaftmachung erfolgt durch den RegPräs., das.

mit Ausschluß der aktiven Militärpersonen, hat[6]), entsendet sie für je 4000 Einwohner einen Deputierten, wobei Bruchteile von mehr als einhalb für voll gerechnet werden.

C. Aus drei Deputierten der Landgemeinden.

Durch Königliche Verordnung kann die Zahl der Deputierten der Landgemeinden in einzelnen oder in allen Kreisen bis auf sechs erhöht werden[7]).

Die bestehenden Vorschriften, wonach einzelnen Städten und den Landgemeinden einzelner Kreise eine größere Zahl von Deputierten zusteht, bleiben unberührt[8]).

§. 3. Dieses Gesetz tritt mit dem 1. Oktober 1904 in Kraft. Der Minister des Innern erläßt die zur Ausführung erforderlichen Bestimmungen.

---

[6]) Erhöhungen, die seit der letzten Volkszählung durch Eingemeindungen eingetreten sind, kommen dabei in Betracht AusfVf. Nr. I Abs. 1.

[7]) Form der Anträge das. Nr. III.

[8]) Die Zahl hatte bei Einführung der Kr.-, Bezirks- u. ProvO. 11. März 50 (Nr. 1 Anm. 1) eine Verstärkung erfahren, bei der es auch bei deren Aufhebung verblieben ist G. 24. Mai 53 (GS. 238) Art. 6 Abs. 2.

V. Provinzen.

1. Einleitung.

Die Bezirke der Provinzialverbände fallen regelmäßig mit denen der staatlichen Verwaltung zusammen[1]). Gleiches gilt für den Stadtkreis Berlin[2]), die neben dem Provinzialverband von Hessen-Nassau bestehenden Bezirksverbände Kassel und Wiesbaden und den Kommunalverband für Hohenzollern. Eine Abweichung findet sich nur in Schleswig-Holstein, in der der Kreis Herzogtum Lauenburg und die Insel Helgoland gesonderte Verbände bilden[3]). Auch die Verwaltung der Provinzialverbände befindet sich regelmäßig am Sitze des Oberpräsidenten; nur die von Brandenburg hat ihren Sitz in Berlin, die von Sachsen in Merseburg, die von Schleswig-Holstein in Kiel und die der Rheinprovinz in Düsseldorf. Die Verwaltungen führen Wappen; auch sind — abgesehen von Schleswig-Holstein — Provinzialfarben vorgeschrieben[4]).

Bei ihrer ersten Einführung war den Provinzialvertretungen die doppelte Aufgabe gestellt, neben der Verwaltung ihrer Kommunalangelegenheiten alle Provinzial- und gewisse allgemeine Gesetze vorzuberaten[5]). Die letztere Tätigkeit hat mit Einführung der Landesvertretung ihre Bedeutung verloren. Sie erscheint nicht mehr als Mitwirkung bei der Gesetzgebung, sondern nur als Begutachtung der provinziellen Gesetzentwürfe, deren Einholung und Berücksichtigung im Einzelfalle der Staatsregierung überlassen ist[6]). Der Umfang der kommunalen Tätigkeit der Provinzen[7]) hat sich dagegen erheblich erweitert, indem ihnen unter Zuweisung besonderer Renten aus der Staatskasse (Provinzialfonds) eine Reihe von Verwaltungszweigen und Anstalten zu eigener Verwaltung übertragen wurde DotationsG. 30. April 73 (Nr. 2) nebst Ergänzungsgesetzen (Nr. 2 Anl. A u. B). — Den Prov.-Verbänden sind ferner übertragen die Erhebung der Entschädigungen und Verwaltungskosten für die bei Bekämpfung der Viehseuchen auf polizeiliche Anordnung getöteten oder nach dieser gefallenen Tiere[8]), die Verwaltung der Feuersozietäten[9]) und der land- und forstwirtschaftlichen Berufsgenossenschaften und Invalidenversicherungsanstalten[10]).

---

[1]) PrO. (Nr. 3) § 1 Abs. 2 u. 3.

[2]) Das. § 2.

[3]) Schl.-Holst. PrO. § 1a u. G. 18. Feb. 91 (GS. 11) § 3.

[4]) Für Ostpreußen schwarz-weiß, Westpreußen weiß-schwarz, Brandenburg rot-weiß, Pommern blau-weiß, Posen weiß-schwarz-weiß, Schlesien weiß-gelb, Sachsen schwarz-gelb, Hannover gelb-weiß, Westfalen rot-weiß-blau, Bez.-Verband Kassel rot-weiß, Wiesbaden blau-orange, Rheinprov. grün-weiß, Hohenzollern weiß-schwarz KO. 22. Okt. 82, 28. April 84 u. 3. Juni 93 (Staats-Anz. Nr. 264, 110 u. 143).

[5]) G. 5. Juni 23 (GS. 129).

[6]) Nr. 3 Anm. 31.

[7]) Privatrechtliche Sonderbestimmungen für die Provinzen Nr. II 1 Anl. A unter I 1a, c, d u. 2a—c.

[8]) G. 12. März 81 (GS. 128) § 12 [1], 14, 15 u. 18. Juni 94 (GS. 115) § 4 u. 6. Verb. Nr. 3 Anm. 94.

[9]) Das. Anm. 64.

[10]) Bek. 17. März 90 (MB. 120) C.

Die Entwickelung der Provinzialverfassung ist im allgemeinen die der Kreisverfassung gewesen[11]). Auch sie war auf der Wahl der Abgeordneten durch die drei Stände aufgebaut, auch sie wurde nach Aufhebung der für den ganzen Staat berechnet gewesenen Einrichtung in der ursprünglichen Gestalt wieder in Kraft gesetzt. Die Notwendigkeit, die Provinzialverfassung der neuen Verwaltungsorganisation und den erweiterten Aufgaben ihrer kommunalen Verwaltung (Abs. 2) anzupassen, hat dann zu einer völligen Umgestaltung geführt. Nach dieser erfolgt die Wahl der Abgeordneten nicht mehr durch die Stände, sondern — mit Rücksicht darauf, daß die Provinz sich als Zusammenfassung der Kreise darstellt — durch die Land- und Stadtkreise[12]). Dementsprechend wurde auch die Verteilung der Provinzialabgaben auf die Kreise vorgesehen (Kontingentierung)[13]).

Die Provinzialordnungen ergingen gesondert für die einzelnen Landesteile. Zunächst wurde die PrO. für die östl. Prov. 29. Juni 75 erlassen (Nr. 3). Von dieser blieb die Prov. Posen ausgeschlossen, in der die ständische Verfassung (Abs. 1) zwar beibehalten, mit Rücksicht auf die Einführung der die Landesverwaltung betreffenden Teile der neuen Verwaltungsgesetzgebung aber erheblich umgestaltet wurde (Nr. 4). — Die Provinzialordnungen für die übrigen Provinzen haben sich dagegen der ProvO. für die östl. Prov. eng angeschlossen[14]).

---

2. Gesetz, betreffend die Dotation der Provinzial- und Kreisverbände. Vom 30. April 1873. (GS. 187)[1]).

§. 1. Aus den Einnahmen des Staatshaushalts wird

1. zur Ausstattung der Provinzialverbände von Ostpreußen, Westpreußen[2]), Brandenburg, Pommern, Posen, Schlesien, Sachsen, Schleswig-Holstein, Westfalen und der Rheinprovinz, sowie des Stadt-

---

[11]) Nr. IV 1 Abs. 1.

[12]) Nr. 3 Anm. 16.

[13]) Nr. 3 Anm. 68.

[14]) PrO. für Schl.-Holstein 27. Mai 88 (Neufassung G.S. 194), Hannover 7. Mai 84 (desgl. GS. 243), Westfalen 1. Aug. 86 (desgl. GS. 256), Hess.-Nassau 8. Juni 85 (desgl. GS. 247), die Rheinprov. 1. Juni 87 (desgl. GS. 252); Amts- u. LandesO. für Hohenzollern Nr. IV 1 Anm. 5.

[1]) Bei Gewährung von Dotationen an die Prov. Hannover G. 7. März 68 (GS. 223) u. die Kommunalverbände Kassel G. 16. Sept. 67 (GS. 1528) u. Wiesbaden G. 11. März 72 (GS. 257) war die Überweisung ähnlicher Fonds an die übrigen Provinzen verheißen. Außerdem waren den Kreisen u. Amtsbezirken für Wahrnehmung von Geschäften der Staatsverwaltung besondere Fonds in Aussicht gestellt KrO. (Nr. IV 2) § 70 Abs. 3. Diese Zusagen erfüllt das obige G., das den durch die Prov.-Ordnungen geschaffenen Gestaltungen erst den gehörigen Inhalt verliehen, bezüglich der Verwendung aber erst durch das ErgänzungsG. 8. Juli 75, Anlage A die erforderliche Ausführung u. durch das G. 2. Juni 02, Anlage B eine wesentliche Erweiterung erfahren hat. Inhalt: Das G. unterscheidet Prov.Fonds § 1[1] u. Kreisfonds § 1[2], 3 u. 4, bestimmt den Maßstab für ihre Verteilung § 2 u. verheißt weitere Bestimmungen über die Verwendung § 5 u. 6. Quellen: Drucks. AH. $7^2/_3$ Nr. 15 (Entw. u. Begr.), 171 (KB.); HH. Nr. 112 (KB.).

[2]) Die Prov. Preußen ist in die Prov. Ostpreußen u. Westpreußen geteilt G. 19. März 77 (GS. 107). Verteilung des Prov.Fonds das. § 5.

kreises Frankfurt a. M., der Hohenzollernschen Lande und des Jadegebietes mit Fonds zur Selbstverwaltung,

die Summe von jährlich zwei Millionen Thaler,

und

2. zur sofortigen und unmittelbaren Gewährung von Fonds für die Durchführung der Kreisordnung, insbesondere zur Bestreitung der Kosten des Kreisausschusses und der Amtsverwaltung in den Provinzen Ostpreußen, Westpreußen[2]), Brandenburg, Pommern, Schlesien und Sachsen, sowie zur Ausstattung der übrigen Provinzen und Landestheile mit gleichartigen Fonds für die Durchführung der zu erlassenden ähnlichen Gesetze,

die Summe von jährlich einer Million Thaler,

vom 1. Januar 1873 ab zur Verfügung gestellt[3]).

§. 2. Die Vertheilung der im §. 1 bestimmten Summen unter die ebendaselbst genannten kommunalen Verbände und Landestheile erfolgt zur einen Hälfte nach dem Maßstabe des Flächeninhalts, zur anderen Hälfte nach dem Maßstabe der durch die Zählung vom 1. Dezember 1871 festgestellten Zahl der Civilbevölkerung[4]).

§. 3. Diejenigen Fonds, welche nach §. 1 Nr. 2 auf jede der Provinzen Ostpreußen, Westpreußen[2]), Brandenburg, Pommern, Schlesien und Sachsen entfallen, werden nach demselben Maßstabe (§. 2) auf die einzelnen Landkreise dieser Provinzen vertheilt und denselben zur Durchführung der Kreisordnung, insbesondere für die Kosten des Kreisausschusses und der Amtsverwaltung (§. 1 Nr. 2) vom 1. Januar 1873 ab dauernd überwiesen. In gleicher Weise und nach gleichem Maßstabe wird der Gesammtbeitrag, welchen der Staat nach §. 70 Abs. 1 der Kreisordnung vom 13. Dezember 1872 zu den Kosten der Amtsverwaltung zu leisten hat, den gedachten Landkreisen überwiesen, sobald und insoweit die in §. 70 a. a. O. bezeichneten Aufwendungen für den Fiskus erspart werden[5]).

§ 4[6]). Ausserdem werden vom 1. Januar 1873 ab bis zu dem Tage, an welchem die Provinzialordnung in Kraft tritt, aus den Antheilen der Provinzen Preußen, Brandenburg, Pommern, Schlesien und Sachsen an der Dotation von 2 Millionen Thaler (§. 1 Nr. 1) jährlich 480 000 Thaler entnommen und den einzelnen Landkreisen

---

[3]) Der Betrag wurde erhöht um 7 440 000 M. G. 75 (Anl. A) § 1 u. zur Unterhaltung der Chausseen um 19 Mil. M. das. § 20, weiter um 7 Mil. M. G. 02 (Anl. B) § 1.

[4]) Der entsprechende Verteilungsmaßstab gilt für die erste Erhöhung des Fonds (vor. Anm.) G. 75 § 2, ein abweichender dagegen für die zweite G. 02 § 2 u. 3.

[5]) Die ersparten Kosten beliefen sich nach dem Etat 1873 auf 745 500 M.

[6]) Abs. 1 ist mit Einführung der ProvO. (1. Jan. 76) erledigt; die Dotation von 6 Mil. M. ist von da ab den Provinzen überwiesen G. 75 (Anl. A) § 1 u. 17, die dafür den Kreisen Beihilfen zur Durchführung der KrO. gewähren können das. § 5[1] u. ProvO. § 37 Abs. 2[1].

dieser Provinzen nach dem Maßstabe des §. 2 für die Zwecke der Kreisordnung (§. 1 Nr. 2) vorläufig überwiesen.

Ein Anspruch auf dauernde Belassung der vorläufig überwiesenen Summe steht den Kreisen nicht zu. Die spätere Verwendung derselben erfolgt nach näherer Vorschrift der Provinzialordnung.

§. 5. Soweit über die im §. 1 bezeichneten Summen nicht bereits durch die Vorschriften der §§. 2, 3 und 4 Verfügung getroffen ist, erfolgt die Bestimmung über die Verwendung und die Ueberweisung durch besondere Gesetze[1]).

Bis zum Erlasse derselben sind die Jahresbeträge der zur Verfügung gestellten Summen, soweit dieselben jeweilig noch nicht ihre bestimmungsmäßige Verwendung gefunden haben, zu einem für Rechnung der betheiligten Verbände zu verwaltenden und zinsbar zu belegenden Fonds zu vereinnahmen[7]).

Eine Nachweisnng über die Bestände des Fonds ist dem Landtage alljährlich vorzulegen.

§. 6. Die Ueberweisung weiterer Summen aus dem Staatshaushaltsetat, unter Uebertragung der entsprechenden Ausgabeverpflichtungen, bleibt vorbehalten[3]).

§. 7. Der Minister des Innern und der Finanzminister sind mit der Ausführung dieses Gesetzes beauftragt.

Anlagen zum Dotationsgesetze.

Anlage A (zu Anmerkung 1).

Gesetz, betreffend die Ausführung der §§. 5. und 6. des Gesetzes vom 30. April 1873, wegen der Dotation der Provinzial- und Kreisverbände. Vom 8. Juli 1875.
(GS. 497)[1]).

Wir u. s. w. verordnen zur Ausführung der Vorschriften in den §§. 5. und 6. des Gesetzes vom 30. April 1873., betreffend die Dotation der Provinzial- und Kreisverbände (Gesetz-Samml. S. 187.), mit Zustimmung beider Häuser des Landtages, was folgt:

---

[7]) Überweisung an die Prov.Verbände G. 75 § 3 u. 26 Abs. 2.

[1]) Das für den gesamten Staat erlassene G. hat einen zweifachen Inhalt:
I. Es überweist — in Verfolg des DotationsG. § 6 — den Prov.Verbänden weitere Fonds § 1 u. 20 u. regelt deren Verteilung § 2 u. 3;
II. Es bestimmt — gem. DotG. § 5 Abs. 1 — über die Verwendung
a) der Prov.Fonds § 4—25,
b) der Kreisfonds § 26, 27.

Den Hauptinhalt bildet der Teil II a, der den Prov.Verbänden gewisse Verwaltungszweige als eigene Angelegenheiten übertragen hat u. damit zum Ausgangspunkt für ihre verwaltende Tätigkeit geworden ist. Im einzelnen sind zu den in § 4—6 angegebenen Zwecken überwiesen: verschiedene Anstalten § 7, einzelne Fonds § 8—17 (insbesondere Prov.-Hilfskassen § 8, für Hebeammenunterstützung nebst Lehranstalten § 12, 13, Ackerbau-, Wiesen- u. Obstbauschulen § 14), die Staatschausseen § 18—24, Verwaltung dieser Gebiete § 25. — Quellen: Drucks. AH. 75 Nr. 28 (Entw. u. Begr.), 144 (KB.); HH. Nr. 101 (KB.).

Ueberweisung einer Summe von (4,480,000 Thaler) 13,440,000 Mark jährlich an die neu auszustattenden Provinzialverbände und Landestheile.

§. 1. Behufs Ausstattung mit Fonds zur Selbstverwaltung wird den Provinzialverbänden von Ostpreußen, Westpreußen[2]), Brandenburg, Pommern, Posen, Schlesien, Sachsen, Schleswig-Holstein, Westfalen und der Rheinprovinz, den Stadtkreisen Berlin und Frankfurt a. M., dem Landes-Kommunalverbande der Hohenzollernschen Lande und dem Provinzialverbande von Hannover für das demselben durch die beiden Gesetze vom 23. März 1873. (Gesetz-Samml. S. 107. und 119.) einverleibte Jadegebiet, außer der zu diesem Zwecke durch das Gesetz vom 30. April 1873. zur Verfügung gestellten Summe von jährlich 6,000,000 Mark (2 Millionen Thaler) eine fernere Summe von jährlich 7,440,000 Mark (2,480,000 Thaler) aus den Einnahmen des Staatshaushalts, unter Uebertragung der entsprechenden Ausgabeverpflichtungen, überwiesen[3]).

§. 2[4]). Die Vertheilung der im §. 1. gedachten Gesammtsumme von 13,440,000 Mark erfolgt zu einer Hälfte nach dem Maßstabe des Flächeninhaltes, zur anderen Hälfte nach dem Maßstabe der Zahl der Civilbevölkerung, wie solche durch die Volkszählung im Dezember 1875. festgestellt wird. Die hiernach auf die einzelnen Kommunalverbände entfallenden Jahresrenten werden durch Königliche Verordnung festgestellt[5]).

Ueberweisung der in den Jahren 1873., 1874. und 1875. zinsbar belegten Dotationsfonds an die neu auszustattenden Provinzialverbände und Landestheile.

§. 3. Außer den im §. 2. festgestellten Jahresrenten werden den ebendaselbst gedachten Kommunalverbänden aus den Kapitalbeständen des gemäß §. 5. des Gesetzes vom 30. April 1873. gebildeten Fonds folgende Summen nebst den auf dieselben entfallenden Antheilen an den, den Kapitalien bis zu dem Zeitpunkte ihrer Ueberweisung (§. 17.) zugewachsenen Zinsen überwiesen:

1)	dem Provinzialverbande von Ostpreußen und Westpreußen[2])	2,085,696	Mark,
2)	= = = Brandenburg	1,172,106	=
3)	= = = Pommern	990,513	=
4)	= = = Posen	1,546,011	=
5)	= = = Schlesien	1,748,493	=

---

[2]) Nr. 2 Anm. 2.

[3]) Nr. 2 Anm. 3. — Mit der Überweisung werden die bezeichneten Landesteile den bereits früher ausgestatteten Verbänden (Nr. 2 Anm. 1) gleichgestellt.

[4]) Nr. 2 Anm. 4.

[5]) Nr. I der V. 12. Sept. 77, Unteranlage A 1. — Der folgende Schlußsatz des § 2 bestimmte die Jahresrenten bis zu der nach Maßgabe dieser V. zu bewirkenden Ausgleichung u. ist, da er keine praktische Bedeutung mehr hat, fortgelassen.

6)	dem Provinzialverbande von Sachsen	1,037,646 Mark,
7)	= = = Schleswig-Holstein . .	952,929 =
8)	= = = Westfalen	1,363,284 =
9)	= = der Rheinprovinz	2,326,635 =
10)	= Stadtkreise Berlin	345,519 =
11)	= = Frankfurt a. M.	47,079 =
12)	= Landeskommunalverbande der Hohenzollernschen Lande	62,433 =
13)	= Provinzialverbande von Hannover für das Jadegebiet	1,656 =

Verwendungszwecke der den neu auszustattenden Provinzialverbänden und Landestheilen zu gewährenden Summen.

§. 4. Die Ueberweisung der in den §§. 2. und 3. gedachten Summen an die im §. 2. unter Nr. 1—12. genannten Kommunalverbände erfolgt zur Verwendung für folgende Zwecke:

1) Fürsorge für den Neubau von chaussirten Wegen und Unterstützung des Gemeinde- und Kreiswegebaues[6]),
2) Beförderung von Landesmeliorationen, soweit sie nach Zweck und Umfang eine nicht über das provinzielle Interesse hinausgehende Bedeutung haben[7]),
3) Bestreitung der Kosten des Landarmen-[8]) und Korrigendenwesens[9]), beziehungsweise Gewährung von Beihülfen hierzu an die Landarmenverbände[10]),
4) Fürsorge beziehungsweise Gewährung von Beihülfen für das Irren-, Taubstummen- und Blindenwesen[11]),
5) Unterstützung milder Stiftungen, Rettungs-, Idioten-, und anderer Wohlthätigkeitsanstalten,

---

[6]) Abs. 2 u. 3. — Zum Gemeindewegebau gehört auch der von größeren Wegeverbänden unternommene Wegebau KB. AH. (Anm. 1). — Die Gewährung von Beihilfen bewirkt keine Veränderung der öffentlich-rechtlichen Unterhaltungspflicht OV. 19. Jan. 99 (XXXV 238). — Einen weiteren Verkehrszweck bildet die Förderung der Kleinbahnen G. 28. Juli 92 (GS. 225) § 41.

[7]) § 10. — Der Zusatz schließt die Beteiligung der Provinz an Meliorationen nicht aus, an denen zwei oder mehrere Provinzen Interesse haben KB. AH. (Anm. 1). — Meliorationsfonds in Pommern G. 18. Jan. 81 (GS. 7) § 8, in der Rheinprov. A. E. 20. Feb. 56 (MB. 159). — Landeskulturrentenbanken können von den Prov.Verbänden als Prov.Anstalten errichtet werden G. 12. Mai 79 (GS. 367) § 2, 3; zur Zeit bestehen solche für Posen, Schlesien, Schl.-Holstein u. Westfalen.

[8]) Verwaltung der Angelegenheiten der Landarmenverbände G. 8. März 71 (GS. 130) § 28. — Nr. 3 Anm. 98.

[9]) Dazu tritt die Unterbringung der zur Fürsorgeerziehung überwiesenen Minderjährigen, insbes. die Errichtung von Erziehungs- u. Besserungsanstalten G. 2. Juli 00 (GS. 264) § 9, 14, 15, 17.

[10]) Nr. 3 Anm. 93.

[11]) Nr. 3 Anm. 85.

6) Leistung von Zuschüssen für Vereine, welche der Kunst und Wissenschaft dienen, desgleichen für öffentliche Sammlungen, welche diese Zwecke verfolgen, Erhaltung und Ergänzung von Landesbibliotheken, Unterhaltung von Denkmälern,

7) für ähnliche im Wege der Gesetzgebung festzustellende Zwecke[12]).

Soweit ad. 1. die Staatsregierung zur Ausführung von Chausseebauten für Rechnung der Staatskasse oder zur Unterstützung von anderen als Staats-Chausseebauten sich verpflichtet hat, muß der betreffende Kommunalverband auf Verlangen der Staatsregierung in diese Verpflichtungen eintreten.

Ergeben sich bei den zu Neu- und Umbauten der Staatschausseen, sowie zu Prämien für Chaussee-Neubauten im Staatshaushalts-Etat ausgesetzten Fonds Ersparnisse, so sind dieselben unter die im §. 2. genannten Kommunalverbände nach dem daselbst angegebenen Maßstabe zu vertheilen.

§. 5. Außerdem sind zugleich bestimmt:

I. die den Provinzialverbänden (§. 2. Nr. 1. bis 9.) überwiesenen Summen:
zur Bestreitung der Kosten des Provinziallandtages und der Provinzialverwaltung mit Einschluss der Kosten der Verwaltungsgerichte, beziehungsweise der Deputationen für das Heimathswesen, soweit diese Kosten den Provinzialverbänden zur Last fallen[13]). Auch können daraus Beihülfen an die Kreise zur Durchführung der Kreisordnung vom 13. Dezember 1872. gewährt werden[14]);

II. die dem Landeskommunalverbande der Hohenzollernschen Lande überwiesenen Summen:
zur Bestreitung der Kosten des Kommunallandtages und der Landeskommunalverwaltung mit Einschluss der Kosten des Verwaltungsgerichts, soweit die letzteren dem Landeskommunalverbande zur Last fallen[11]).

§. 6. Die dem Provinzialverbande von Hannover für das Jadegebiet durch die §§. 2. und 3. überwiesenen Summen sind zu den in dem §. 1. des Gesetzes vom 7. März 1868., betreffend die Ueberweisung einer Summe von jährlich 500,000 Thalern an den provinzialständischen Verband der Provinz Hannover (Gesetz-Samml. S. 223.), aufgeführten Zwecken[15]) zu verwenden.

---

[12]) Anl. B § 1.

[13]) An Stelle dieser Verwaltungsgerichte einschließlich der Deputationen für das Heimatwesen sind die Bezirksausschüsse getreten LVG. § 153 u. ZustG. § 39, deren Kosten die Staatskasse trägt LVG. § 34.

[14]) Die Vorschrift wird durch G. 2. Juni 02 (Anl. B) nicht berührt, das. § 8. — Die Kreise sind durch die Gewährung bezüglich der Verwendung von Ersparnissen aus diesen Geldern nicht gebunden OV. 25. Nov. 80 (VII 61).

[15]) Diese betreffen die Kosten der Prov.Landtage u. Landschaften, Kunst u. Wissenschaft, Wohlfahrtsanstalten, Landstraßen u. Gemeindewege u. Landesmeliorationen.

Uebertragung der Verwaltung und Unterhaltung mehrerer bisher von den Staatsbehörden verwalteten Irren-, Taubstummen-, Waisen- und anderer Anstalten an die Provinzialverbände.

§. 7. Folgende Institute werden, unter Uebertragung aller dem Staate bezüglich derselben und der dazu gehörigen Vermögensobjekte zustehenden Rechte und obliegenden Verpflichtungen, den nachstehend genannten Provinzialverbänden zur Verwaltung und Unterhaltung überwiesen:

I. dem Provinzialverbande von Preußen:
1) die Taubstummenanstalt zu Königsberg,
2) das Königliche große Hospital im Löbenicht zu Königsberg[16]);

II. dem Provinzialverbande von Pommern:
1) das Hospital St. Petri zu Stettin,
2) das Königliche Waisenhaus zu Stargard,
3) das Gertruder Hospital zu Treptow a. d. Tollense,
4) das Hospital St. George zu Treptow a. d. Tollense;

III. dem Provinzialverbande von Sachsen:
die Landwaisenanstalt bei Langendorf;

IV. dem Provinzialverbande von Schleswig-Holstein:
1) die Irrenanstalt zu Schleswig,
2) das Taubstummeninstitut zu Schleswig;

V. dem Provinzialverbande von Westfalen:
die Taubstummenanstalten zu Büren, Soest, Langenhorst und Petershagen.

Uebereignung des Hülfskassenfonds an die Provinzialverbände der acht älteren Provinzen[17]).

§. 8. Die durch die Königliche Botschaft am 7. April 1847. und den Abschied an die zum vereinigten Landtage versammelten Stände vom 24. Juli desselben Jahres zur Errichtung von Hülfskassen in den Provinzen Preußen, Brandenburg, Pommern, Posen, Schlesien, Sachsen, Westfalen und der Rheinprovinz zinsfrei gewährten Fonds von zusammen zwei Millionen Thaler in Staatsschuldscheinen und 500,000 Thaler baar werden unter Aufhebung des bei der Gewährung gemachten Vorbehalts wegen Zurückziehung derselben bei nicht statutenmäßiger Verwendung oder nach erfolgtem Anwachsen derselben auf das Doppelte, den betreffenden Provinzialverbänden, vorbehaltlich der zwischen einzelnen Provinzialverbänden wegen Nichtübereinstimmung ihrer Grenzen mit den Grenzen der jetzigen kommunalständischen Verbände vor-

---

[16]) § 25 Abs. 5.

[17]) Durch § 8 u. 9 sind die Prov.-Hilfskassen-Statuten in betreff der Verwaltung aufgehoben; nur die Best. über Zweck u. Verwendung der Fonds gelten fort KB. AH. (Anm. 1). — Mit den Prov.Hilfskassenfonds vereinigt sind die besonderen Fonds für die Neumark G. 19. Jan. 81 (GS. 10) u. für Alt- u. Neuvorpommern G. 18. Jan. 81 (GS. 7).

zunehmenden Auseinandersetzung, als ein ihnen gehöriges Vermögen überwiesen. Für die Auseinandersetzung gelten die Bestimmungen des §. 3. der Provinzialordnung.

Die Verwaltung dieser Fonds verbleibt bis auf Weiteres den jetzt mit der Verwaltung beauftragten Kommunal- und Provinzialverbänden.

§. 9. Den Vertretungen der im §. 8. Abs. 2. genannten Verbände steht die freie Verfügung über den gesammten Zinsgewinn der Hülfskassen zu gemeinnützigen Zwecken im Interesse dieser Verbände zu, während die ursprünglichen Dotationsfonds, sowie die denselben bisher hinzugewachsenen Kapitalbestände, als Kapitalbestand zur Gewährung von Darlehen zu erhalten sind.

Uebereignung der Provinzialmeliorationsfonds an mehrere Provinzialverbände der älteren Provinzen.

§. 10. Die für die Provinzen Preußen, Brandenburg, Pommern, Westfalen und die Rheinprovinz beziehungsweise für einzelne Theile derselben gegründeten Provinzial-Meliorationsfonds werden den Verbänden dieser Provinzen, soweit ihnen dieselben noch nicht eigenthümlich gehören, übereignet.

Ebenso geht die Verwaltung und Verwendung dieser Fonds, soweit dieselbe bisher den Behörden des Staates zustand, auf die gedachten Provinzialverbände über. Die Fonds sind zu Darlehnen für dauernde Bodenverbesserungen aller Art in denjenigen Landestheilen zu verwenden, für welche sie nach den zur Zeit bestehenden Einrichtungen bestimmt sind.

Außerdem dürfen Bewilligungen erfolgen zu Waldanlagen, Obstbaumplantagen und sonstigen Baumpflanzungen, zu Verbesserungen des Wirthschaftsbetriebes u. s. w.

Ueber den Zinsgewinn der Meliorationsfonds steht den Provinzialverbänden die freie Verfügung zu.

Uebereignung der Schlesischen Vieh-Assekuranzfonds an den Provinzialverband von Schlesien.

§. 11. Die in Ausführung des Gesetzes vom 30. Juni 1841. (Gesetz-Samml. S. 285.) in der Provinz Schlesien angesammelten Fonds werden, unter Aufhebung der für die drei Regierungsbezirke dieser Provinz bestehenden Viehversicherungs-Gesellschaften, dem Provinzialverbande von Schlesien zur Verwaltung und Verwendung im Interesse der Rindviehzucht derjenigen Bezirke, für welche diese Fonds angesammelt sind, überwiesen.

Ueberweisung von Zuschüssen für das Hebammenwesen an einzelne Provinzialverbände[18]).

§. 12. Die bisher vom Staate zu Beihülfen und Prämien für Hebammen und Hebammenzöglinge geleisteten Zuschüsse werden den betheiligten

[18]) Unterstützung hilfsbedürftiger Hebeammenbezirke durch die Kreise Nr. IV 1 Anm. 3.

Kommunalverbänden überwiesen. Demgemäß erhöhen sich die diesen Kommunalverbänden nach §. 2. dieses Gesetzes, beziehungsweise nach §. 1. des Gesetzes vom 7. März 1868. (Gesetz-Samml. S. 223.) aus den Einnahmen des Staatshaushalts zu gewährenden Jahresrenten für den Provinzialverband von Ostpreußen und von Westpreußen[2]) um die Summe von jährlich 1641 Mark, für den Provinzialverband von Hannover um die Summe von jährlich 60 Mark, für den Provinzialverband der Rheinprovinz um die Summe von jährlich 930 Mark, für den Stadtkreis Frankfurt a. M. um die Summe von jährlich 1200 Mark, für den Landeskommunalverband der Hohenzollernschen Lande um die Summe von jährlich 258 Mark.

Uebertragung der Verwaltung und Unterhaltung der Hebammenlehrinstitute an die Provinzialverbände.

§. 13. Folgende Hebammenlehrinstitute werden unter Uebertragung aller dem Staate bezüglich derselben und der dazu gehörigen Vermögensobjekte zustehenden Rechte und obliegenden Verpflichtungen und unter Gewährung der aus der Staatskasse bisher geleisteten Zuschüsse, den nachstehend genannten Provinzialverbänden zur Verwaltung und Unterhaltung überwiesen:

1) dem Provinzialverbande von Ostpreußen und von Westpreußen[2]):
die Hebammenlehrinstitute zu Gumbinnen und Danzig mit einem Zuschusse von jährlich 18,645 Mark;
2) dem Provinzialverbande von Brandenburg:
das Hebammenlehrinstitut zu Frankfurt a. d. O. mit einem Zuschusse von jährlich 7548 Mark;
3) dem Provinzialverbande von Pommern:
das Hebammenlehrinstitut zu Stettin mit einem Zuschusse von jährlich 9090 Mark;
4) dem Provinzialverbande von Posen:
das Hebammenlehrinstitut zu Posen mit einem Zuschusse von jährlich 6819 Mark;
5) dem Provinzialverbande von Schlesien:
die Hebammenlehrinstitute zu Breslau und Oppeln mit einem Zuschusse von jährlich 18,663 Mark;
6) dem Provinzialverbande von Sachsen:
die Hebammenlehrinstitute zu Magdeburg, Wittenberg[18a]) und Erfurt mit einem Zuschusse von jährlich 17,317 Mark;
7) dem Provinzialverbande von Hannover:
die Hebammenlehrinstitute zu Hannover, Hildesheim[18a]), Celle, Osnabrück und Aurich[18a]) mit einem Zuschusse von jährlich 38,214 Mark;

[18a]) Jetzt aufgehoben.

8) dem Provinzialverbande von Westfalen:
das Hebammenlehrinstitut zu Paderborn mit einem Zuschusse von jährlich 3,342 Mark.

Die den vorgenannten Provinzialverbänden nach §. 2. dieses Gesetzes, beziehungsweise nach §. 1. des Gesetzes vom 7. März 1868. (Gesetz-Samml. S. 223.) aus den Einnahmen des Staatshaushalts zu gewährenden Jahresrenten werden demgemäß um die angegebenen Beträge der bisher zur Unterhaltung der Hebammenlehrinstitute aus der Staatskasse geleisteten Zuschüsse erhöht.

Ebenso erhöht sich die dem Provinzialverbande der Rheinprovinz nach §. 2. dieses Gesetzes zu gewährende Jahresrente um den Betrag desjenigen Zuschusses, welcher bisher in Höhe von 4972 Mark 50 Pfennigen zur Unterhaltung des Provinzial-Hebammenlehrinstituts zu Cöln aus der Staatskasse geleistet worden ist.

Uebertragung der Verwaltung und Unterhaltung der Ackerbau-, Wiesen- und Obstbauschulen an die Provinzialverbände.

§. **14.** Die Unterstützung niederer landwirthschaftlicher Lehranstalten (Ackerbau-, Obstbau-, Wiesenbau- u. s. w. Schulen) erfolgt unter Ueberweisung der aus der Staatskasse im Jahre 1875. geleisteten Zuschüsse vom 1. Januar 1876. ab durch die im §. 20. aufgeführten Kommunalverbände.

Zugleich erhöhen sich die den einzelnen Verbänden nach §. 2. dieses Gesetzes beziehungsweise §. 1. des Gesetzes vom 7. März 1868. und des Gesetzes vom 11. März 1872. zu gewährenden Jahresrenten um diejenigen Beträge, welche im Jahre 1875. zur Unterstützung derartiger Schulen innerhalb der einzelnen Kommunalverbände aus der Staatskasse gezahlt worden sind, wogegen die für diese Schulen vertragsmäßig bestehenden Verpflichtungen des Staates auf die betreffenden Kommunalverbände übergehen.

Ueberweisung von Staatsnebenfonds an die Provinzialverbände.

Den Provinzialverbänden von Ostpreußen, Westpreußen[2]), Brandenburg, Schlesien, Sachsen, Hannover, Westfalen und der Rheinprovinz, sowie dem Kommunalverbande des Regierungsbezirks Wiesbaden werden die in der Anlage verzeichneten Staatsnebenfonds des Ministeriums des Innern zur Verwaltung und Verwendung mit allen bisher der Staatsverwaltung hinsichtlich dieser Fonds zustehenden Rechten und obliegenden Verpflichtungen überwiesen.

Erhöhung der Renten des Provinzialverbandes von Hannover und des Kommunalverbandes des Regierungsbezirks Wiesbaden[18b]) zu Wohlthätigkeitszwecken.

§. **16.** Es erhält ferner aus den Einnahmen des Staatshaushalts:
1) der Provinzialverband von Hannover zur Gewährung von Zuschüssen

[18b]) In der Überschrift fehlt versehentlich der Kommunalverband Kassel.

für Armen- und Wohlthätigkeitsanstalten eine Summe von jährlich 1170 Mark,

2) der Kommunalverband des Regierungsbezirks Kassel für Zwecke der Armenpflege eine Summe von jährlich 2850 Mark,

3) der Kommunalverband des Regierungsbezirks Wiesbaden zur Gewährung von Zuschüssen für Blinden- und Krankenanstalten eine Summe von jährlich 2400 Mark.

Die dem Provinzialverbande von Hannover und dem Kommunalverbande des Regierungsbezirks Wiesbaden nach dem Gesetze vom 7. März 1868. (Gesetz-Samml. S. 223.), beziehungsweise dem Gesetze vom 11. März 1872. (Gesetz-Samml. S. 257.), zu gewährenden Jahresrenten werden demgemäß um die vorangegebenen Beträge erhöht.

Zeitpunkt der Ueberweisung der Fonds und Renten.

§. 17. Die Ueberweisung sämmtlicher Fonds und Renten an die in den §§. 1. ff. gedachten Kommunalverbände erfolgt am 2. Januar 1876, beziehungsweise vom 1. Januar 1876. ab.

Vom letzteren Zeitpunkte ab gehen zugleich auf die betreffenden Kommunalverbände die ihnen durch dieses Gesetz auferlegten Verpflichtungen über.

Die bei dem im §. 3. gedachten Fonds vorhandenen Effekten werden in Anrechnung auf die für jeden der betheiligten Kommunalverbände sich ergebende Summe nach dem Kurs der Berliner Börse vom 2. Januar 1876. überwiesen.

Uebertragung der Verwaltung und Unterhaltung der Staats-Chausseen an die Provinzialverbände 2c.

§. 18. Den Provinzialverbänden von Ostpreußen, Westpreußen[2]), Brandenburg, Pommern, Posen, Schlesien, Sachsen, Schleswig-Holstein, Hannover, Westfalen und der Rheinprovinz, den Kommunalverbänden der Regierungsbezirke Kassel und Wiesbaden, den Stadtkreisen Berlin und Frankfurt a. M. und dem Landeskommunalverbande der Hohenzollernschen Lande wird ferner die Verwaltung, einschließlich der technischen Bauleitung[19]), sowie die Unterhaltung der bereits ausgebauten Staatschausseen und derjenigen chaussirten Straßen übertragen[20]), welche aus den den betreffenden Kommunalverbänden durch dieses Gesetz, beziehungsweise durch die früheren Dotationsgesetze überwiesenen Fonds ausgebaut werden und nicht in die Verwaltung und Unterhaltung an Dritte übergehen.

---

[19]) Die landespolizeiliche Aufsicht verbleibt der Staatsbehörde Vf. 8. Jan. 78 (MB. 19).

[20]) Die Verbände haben auf diesen Straßen den durch Beschl. des Bundesrates 25. Juni 69 im Interesse der Telegraphenverwaltung festgestellten Anforderungen zu genügen, was bezüglich des Kommunalverbandes Kassel besonders ausgesprochen wird durch G. 16. März 79 (GS. 225) § 9.

Zugleich mit der Unterhaltung der bereits ausgebauten Staatschausseen geht das Eigenthum an denselben nebst allen Nutzungen und Pertinenzien[21]) einschließlich der Chausseewärter- und Einnehmerhäuser auf die Kommunalverbände über.

Den Provinzialverbänden bleibt es überlassen, die Verwaltung und Unterhaltung der ihnen überwiesenen Staatschausseen auf engere Kommunalverbände nach Maßgabe der mit denselben zu treffenden Vereinbarung zu übertragen[22]).

Eine solche Uebertragung muß erfolgen hinsichtlich derjenigen Straßenstrecken, welche der Staat auf Grund des §. 9. der Verordnung vom 16. Juni 1838. (Gesetz-Samml. S. 353.)[23]) übernommen hat, sofern es die betheiligte Stadtgemeinde verlangt. Kommt über den zu diesem Zweck auszusondernden Antheil an der Provinzialdotation zwischen dem Provinzialverband und der betreffenden Stadtgemeinde eine Vereinbarung nicht zu Stande, so entscheidet das Oberverwaltungsgericht über die Höhe der zu gewährenden jährlichen Geldrente nach Verhältniß der aufzuwendenden Kosten[24]).

Die Verwaltung und Unterhaltung derjenigen Staatschausseen, deren Kosten bisher aus berg- oder forstfiskalischen Fonds bestritten sind, verbleibt auch fernerhin dem Staate.

§. 19. Die der Staatsbauverwaltung nach gesetzlichen Bestimmungen obliegenden Verpflichtungen zur Leitung der Neu- und Unterhaltungsbauten hinsichtlich der chaussirten oder unchaussirten Straußen außer den Staatschausseen[25]) gehen gleichfalls auf die betreffenden Kommunalverbände über. Dasselbe gilt von den der Staatsbauverwaltung den Provinzial- und Bezirksstraßen gegenüber obliegenden Verpflichtungen.

§. 20. Für die Uebernahme der Verwaltung und Unterhaltung der Staatschausseen einschließlich der Kosten der Besoldung und Pensionirung des für die obere Leitung der Neu- und Unterhaltungsbauten, sowie für die Beaufsichtigung der Chausseen neu anzustellenden, beziehungsweise schon vorhandenen Beamtenpersonals wird den im §. 18. genannten Kommunalverbänden eine Jahresrente von 19 Millionen Mark gewährt. Von dieser Rente erhalten:

---

[21]) Dazu gehören diejenigen Brücken, die vordem aus dem Chausseebaufonds unterhalten sind OV. 14. Feb. 81 (VII 1).

[22]) Die Provinzen bleiben auch im Fall solcher Übertragung für die übernommenen Verpflichtungen verantwortlich KB. AH. (Anm. 1).

[23]) Dies sind die Straßenstrecken, auf denen die Erhebung von Pflaster- u. ähnlichen Abgaben aufgehoben worden ist.

[24]) Dies sind die der Stadtgemeinde durch die Unterhaltung u. Verwaltung erwachsenden Kosten; die einem Dritten (Straßenbahnunternehmer) obliegende Unterhaltung kommt dabei nicht in Rechnung OV. 23. Jan. 82 (VIII 1).

[25]) Diese Verpflichtungen beziehen sich kraft Gesetzes auf die Nebenwege in Schl.-Holstein (§ 21 Abs. 1 u. 2) u. die Landwege im vorm. Kurf. Hessen u. laut Regl. auf die Bezirks- u. Prov.Straßen in Posen, Westfalen u. der Rheinprov. KB. AH. (Anm. 1).

1)	der Provinzialverband von Ostpreußen und von Westpreußen[2]) . .	1,581,840	Mark,
2)	= = = Brandenburg	940,400	=
3)	= = = Pommern	656,540	=
4)	= = = Posen	401,520	=
5)	= = = Schlesien	1,522,170	=
6)	= = = Sachsen	1,549,510	=
7)	= = = Schleswig-Holstein . .	1,001,690	=
8)	= = = Hannover (einschließlich des Jadegebiets) . .	1,896,890	=
9)	= = = Westfalen	1,746,340	=
10)	= Kommunalverband des Regierungsbezirks Kassel	1,071,110	=
11)	= = = = Wiesbaden	639,598	=
12)	= Stadtkreis Frankfurt a. M.	114,072	=
13)	= Provinzialverband der Rheinprovinz	1,605,850	=
14)	= Stadtkreis Berlin	160,500	=
15)	= Landeskommunalverband der Hohenzollernschen Lande	111,970	=
		15,000,000	Mark.

Der Rest der 4 Millionen Mark wird auf die vorgenannten Kommunalverbände nach dem Massstabe und den Vorschriften im §. 2. dieses Gesetzes vertheilt; bis zu dem Erlass der hierin vorgesehenen Königlichen Verordnung wird der Vertheilung vorläufig die Volkszählung vom Dezember 1871. zum Grunde gelegt[26]).

Die den Kommunalverbänden nach §. 2. dieses Gesetzes, beziehungsweise nach §. 1. des Gesetzes vom 7. März 1868. (Gesetz-Samml. S. 223.) und des Gesetzes vom 11. März 1872. (Gesetz-Samml. S. 157.) zu gewährenden Jahresrenten werden demgemäß um die angegebenen Beträge erhöht.

§. 21. Die dem Staate nach dem Patente vom 27. Dezember 1865., betreffend verschiedene Abänderungen der Vorschriften der Wegeordnung über die Instandsetzung und Unterhaltung der Nebenlandstraßen und die Beaufsichtigung der Nebenwege (Verordnungsblatt für das Herzogthum Holstein, 1866. S. 1 ff.), obliegenden Verpflichtungen zur theilweisen Erstattung der Baukosten und zur Uebernahme der ausgebauten Nebenlandstraßen im früheren Herzogthum Holstein gehen auf den Provinzialverband von Schleswig-Holstein über. Demselben wird hierfür, unter Anrechnung auf die ihm nach §. 20. zufallende Rente, der von dem früheren Herzogthum Holstein aufzubringende Landesbeitrag zur Unterhaltung der Staatschausseen und der auf die Staatskasse übergehenden Nebenlandstraßen im Betrage von 66,300 Mark überwiesen.

Bis zu einer Auseinandersetzung zwischen den Herzogthümern Schleswig und Holstein mit Bezug auf das aus dem erwähnten Patent entspringende

---

[26]) Erledigt durch V. 12. Sept. 77 (Unteranl. A 1) Nr. II.

Verhältniß ruht die Verpflichtung des Provinzialverbandes zur theilweisen Erstattung der Baukosten und zur Uebernahme solcher neu ausgebauten Nebenlandstraßen im Herzogthum Holstein, deren Baupläne nicht bereits bei Erlaß dieses Gesetzes die regierungsseitige Genehmigung erhalten haben.

Desgleichen werden dem Landeskommunalverbande der Hohenzollernschen Lande die Beiträge, welche von den Gemeinden und Markungsbesitzern zur Anlegung und Unterhaltung der unmittelbaren, bezw. der Staatsstraßen nach dem §. 2. des Sigmaringischen Gesetzes über die Theilnahme an den Straßenbaukosten vom 6. Juni 1840. (Sammlung der Sigmaringischen Gesetze 1840. S. 228. ff.) und dem §. 1. des Hechingischen Gesetzes vom 16. August 1842., betreffend die Uebernahme sämmtlicher mit der Anlage und Unterhaltung der Staatsstraßen verbundenen Kosten auf die Fürstliche Staatskasse (Verordnungs- und Intelligenzblatt 1842. S. 321 ff.), zu zahlen sind, im Betrage von 21,160,8 Mark, gleichfalls unter Anrechnung auf die im §. 20. angegebene Rente überwiesen.

Die dem Staate nach dem §. 11. des Gesetzes vom 2. Oktober 1862., betreffend die Erbauung chaussirter Verbindungsstraßen (Verordnungsblatt für Nassau 1862. S. 176. ff.), obliegende Verpflichtung zur Unterhaltung der dem Verkehr übergebenen Straßen geht auf den Kommunalverband des Regierungsbezirks Wiesbaden über.

§. **22.** Die Verwaltung und Unterhaltung der Staatschausseen geht auf die im §. 18. aufgeführten Kommunalverbände vom 1. Januar 1876. ab über.

Von demselben Zeitpunkte ab erfolgt die Ueberweisung der im §. 20. angegebenen Renten. Desgleichen gehen von diesem Zeitpunkte die sämmtlichen Verpflichtungen, welche dem Staate gegenüber dem angestellten Chaussee-Aufsichtspersonale obliegen[27]), auf die betreffenden Kommunalverbände über.

§. **23.** Sofern die erforderlichen administrativen und technischen Organe von den betreffenden Kommunalverbänden bis zum 1. Januar 1876. nicht beschafft werden können, wird die Verwaltung der im §. 22. gedachten Chausseen einstweilen, jedoch längstens bis zum 1. Januar 1878., durch den Staat fortgeführt[28]).

Die Kosten der Verwaltung, einschließlich der Unterhaltung der Chausseen, werden aus den den einzelnen Kommunalverbänden durch den §. 20. überwiesenen Renten bestritten.

Ebenso wird in dem vorbezeichneten Zeitraum bis zum Uebergange der Chausseebauverwaltung auf die Kommunalverbände die Ausführung derjenigen Chausseebauten, zu denen die Staatsregierung sich verpflichtet hat, (§. 4. Alin. 2.) oder die von den Vertretungen der im §. 18. gedachten Kommunalverbände neu beschlossen worden sind, durch die staatlichen Organe bewirkt.

---

[27]) Das sind rechtliche Verpflichtungen; der Anspruch auf Gehaltsverbesserung fällt nicht darunter OV. 6. März 82 (VIII 48).

[28]) Erledigte Übergangsbestimmung.

Die Kosten dieser Chausseebauten, ingleichen die Unterstützungen von anderen als Staatschausseebauten, welche bereits zugesichert sind oder neu zugesichert werden, sind aus den Summen zu bestreiten, welche den betreffenden Kommunalverbänden zu diesen Zwecken überwiesen worden sind.

§. **24.** Die durch §. 8. des Hannoverschen Chausseebaugesetzes vom 20. Juni 1851. dem Königlichen Ministerium des Innern gewährte Ermächtigung, andere Straßen in die Klasse der Staatschausseen aufzunehmen und aufgenommene aus dieser zu entfernen, wird aufgehoben.

§. **25.** Die näheren Bestimmungen über die Verwaltung der in diesem Gesetze genannten Provinzialinstitute und Verwaltungszweige werden durch besondere von den Vertretungen der betreffenden Kommunalverbände zu erlassende Reglements getroffen[29]).

Diese Reglements bedürfen der Genehmigung der zuständigen Minister nach Maßgabe der Bestimmungen des §. 120. der Provinzialordnung für die Provinzen Preußen, Brandenburg, Pommern, Schlesien und Sachsen.

Bis zum Erlasse dieser Reglements bleiben die bestehenden Verwaltungsvorschriften in Kraft.

Die Verwaltung der den Stadtkreisen Berlin und Frankfurt a. M. durch dieses Gesetz übertragenen Fonds und Verwaltungszweige erfolgt nach Maßgabe der Städteordnung vom 31. Mai 1853. beziehungsweise der Verordnung vom 26. September 1867., betreffend die Kreisverfassung im Gebiet des Regierungsbezirks Wiesbaden.

An der Zuständigkeit wegen der Verleihung und Festsetzung der Präbenden in dem mit dem Königlichen großen Hospital im Löbenicht zu Königsberg verbundenen Marienstift wird durch die Uebertragung der Verwaltung dieses Hospitals an den Provinzialverband von Preußen nichts geändert.

Ueberweisung der für die Kreise außerhalb des Geltungsbereichs der Kreisordnung vom 13. Dezember 1872. zur Verfügung gestellten Kreisfonds an die betreffenden Provinzial- und Kommunalverbände.

§. **26.** Von der durch den §. 1. Nr. 2. des Gesetzes vom 30. April 1873. für die Durchführung der Kreisordnung und der zu erlassenden ähnlichen Gesetze aus den Einnahmen des Staatshaushalts zur Verfügung gestellten Summe von jährlich einer Million Thaler werden vom 1. Januar 1876. ab alljährlich:

1) dem Provinzialverbande von Posen	220,317	Mark,
2) = = = Schleswig-Holstein	135,819	=
3) = = = Hannover	284,076	=
4) = = = Westfalen	194,874	=
5) = = der Rheinprovinz	333,411	=

[29]) Der chaussierte Ausbau nach Vorschrift der Reglements macht einen Weg nicht zur Kunststraße (Chaussee) im Rechtssinn OV. 19. Jan. 99 (Anm. 6).

6) dem Kommunalverbande des Regierungsbezirks Kassel . 91,428 Mark,
7) = = = = Wiesbaden 55,146 =
8) = Stadtkreise Frankfurt a. M. . . . . 6,798 =
9) = Landeskommunalverbande der Hohenzollernschen Lande 8,898 =

überwiesen, um dieselben bis zum Erlasse weiterer gesetzlicher Bestimmungen[30]) über deren Verwendung zinsbar zu belegen, oder zu den in den §§. 4. 13. 14. und 20. angegebenen Zwecken zu verwenden.

Zu gleichem Zwecke werden den genannten Kommunalverbänden aus den Kapitalbeständen des gemäß §. 5. des Gesetzes vom 30. April 1873. gebildeten Fonds am 2. Januar 1876. folgende Summen nebst den auf dieselben entfallenden Antheilen an den, den Kapitalien bis dahin zugewachsenen Zinsen überwiesen:

1) dem Provinzialverbande von Posen . . . . 660,951 Mark,
2) = = = Schleswig-Holstein . . . 407,457 =
3) = = = Hannover . . . . . . 852,228 =
4) = = = Westfalen . . . . . . 584,622 =
5) = = der Rheinprovinz . . . . . 1,000,233 =
6) = Kommunalverbande des Regierungsbezirks Kassel . 274,284 =
7) = = = = Wiesbaden 165,438 =
8) = Stadtkreise Frankfurt a. M. . . . . 20,394 =
9) = Landeskommunalverbande der Hohenzollernschen Lande 26,694 =

Die Ueberweisung der bei den Fonds vorhandenen Effekten erfolgt in Anrechnung auf die für jeden dieser Verbände sich ergebende Summe nach dem Kurs der Berliner Börse vom 2. Januar 1876.

§. 27. Scheidet gemäß §. 4. der Kreisordnung vom 13. Dezember 1872. eine Stadt aus einem Landkreise aus[31]), so ist derjenige Theil der dem letzteren auf Grund der §§. 3. und 4. des Gesetzes vom 30. April 1873. zur Durchführung der Kreisordnung überwiesenen Summe, welcher nach dem im §. 2. jenes Gesetzes vorgeschriebenen Maßstabe auf die ausscheidende Stadt entfallen würde, nach eben diesem Maßstabe auf sämmtliche Landkreise der betreffenden Provinz zu vertheilen und um den hiernach auf jeden Landkreis entfallenden Betrag die Dotation desselben zu erhöhen.

Diese Bestimmung findet auch auf die seit Erlaß des Gesetzes vom 30. April 1873. bereits ausgeschiedenen Städte Anwendung.

§. 28. Die Minister der Finanzen, des Innern, der geistlichen, Unterrichts- und Medizinalangelegenheiten, für Handel und Gewerbe und[32]) der öffentlichen Arbeiten und für die landwirthschaftlichen Angelegenheiten sind mit der Ausführung dieses Gesetzes beauftragt.

---

[30]) KrO. f. Schl.-Holstein § 146, Hannover § 109, Westfalen § 97, Hessen-Nassau § 110, die Rheinprov. § 97; Hohenzollern G. 19. Mai 85 (GS. 169).

[31]) Verteilung bei Auseinandersetzungen anläßlich sonstiger Grenzveränderungen Nr. 3 Anm. 6.

[32]) Dieser Teil der Bezeichnung ist mit Abzweigung des Min. für Handel u. Gewerbe (G. 13. März 79 GS. 123 Art. II) fortgefallen.

Anlage zu §. 15.

Staats-Nebenfonds des Ministeriums des Innern.

Es erhält:	Nr.	folgende Staats-Nebenfonds	mit einem Kapital-bestande von Thalern	mit einem Jahres-betrage von Thalern
I. Der Provinzialverband von Preußen,	1.	den Pferde-Demobilmachungsfonds für den Kreis Memel im Regierungsbezirke Königsberg zur Beihülfe der Provinzial-Armenpflege für invalide Krieger und für Wittwen und Waisen der im Kriege Gebliebenen . .	1,525 Thlr. in Staatsschuldscheinen.	53 Thlr. 11 Sgr. 3 Pf.
	2.	den zu gleichem Zwecke bestimmten Demobilmachungsfonds im Regierungsbezirke Gumbinnen	21,564 Thlr. 17 Sgr. 4 Pf. theils in Hypotheken, theils in Staatspapieren, theils baar.	1,100 Thlr.
	3.	den aus der Vermögensmasse des aufgehobenen Klosters der barmherzigen Brüder zu Alt-Schottland gebildeten Krankenpflegefonds zur Unterbringung unvermögender Kranken des Regierungsbezirks Danzig in dem städtischen Hospital zu Danzig und zur Unterstützung solcher Kranken in ihrer Heimath	15,100 Thlr.	549 Thlr. 2 Sgr. 6 Pf.
II. Der Provinzialverband von Brandenburg,	4.	den aus Beständen der ehemaligen Kursächsischen Generalbrandkasse gebildeten Fonds zur Unterstützung Hülfsbedürftiger, deren Gebäude ihrer Feuergefährlichkeit wegen abgerissen werden müssen und solcher, welche durch Brandunglück oder durch Gewitterschläge an ihren Gebäuden Schaden erlitten haben, sowie zur Unterstützung armer Gemeinden bei Anschaffung von Schlauchspritzen und Löschgeräthschaften im Regierungsbezirke Potsdam	6,250 Thlr. in Staatsschuldscheinen, 44 Thlr. 7 Sgr. 9 Pf. baar.	190 Thlr.

Es erhält:	Nr.	folgende Staats-Nebenfonds	mit einem Kapitalbestande von Thalern	mit einem Jahresbetrage von Thalern
	5.	den aus Beständen der ehemaligen Kursächsischen Generalbrandkasse für gleiche Zwecke gebildeten Fonds im Regierungsbezirke Frankfurt a. d. O. . .	1,400 Thlr. in Staatspapieren.	54 Thlr.
	6.	den Buderschen Stiftungsfonds zur Unterstützung armer Wenden im Regierungsbezirke Frankfurt a. d. O.	Thlr. Sgr. Pf. 4,950 — — in Staatspapieren, 18,318 1 2 in Hypotheken-Dokumenten, 760 16 9 baar. 24,028 17 11	1,183 Thlr.
III. Der Provinzialverband von Schlesien,	7.	den Fonds zu Unterstützungen bei Brandschäden und Epidemien im Regierungsbezirke Oppeln	450 Thlr. in Staatsanleihen.	17 Thlr.
	8.	den Fonds zur Unterstützung durch Ueberschwemmung Verunglückter daselbst	—	118 Thlr.
IV. Der Provinzialverband von Sachsen,	9.	den aus den Beständen der ehemaligen Kursächsischen Generalbrandkasse gebildeten Fonds zu den unter Nr. 4 angegebenen Zwecken im Regierungsbezirke Magdeburg	1,475 Thlr. in Staatspapieren, 53 Thlr. 21 Sgr. 3 Pf. baar.	47 Thlr.
	10.	den aus den Beständen der ehemaligen Kursächsischen Generalbrandkasse gebildeten Fonds zu den unter Nr. 4 angegebenen Zwecken im Regierungsbezirke Merseburg	34,375 Thlr.	1,314 Thlr. 3 Sgr. 9 Pf.
	11.	desgleichen im Regierungsbezirke Erfurt	6,875 Thlr. in Staatspapieren.	265 Thlr. 8 Sgr.
	12.	den General-Armenfonds zu Heiligenstadt im Regierungsbezirke Erfurt zur Unterstützung armer Bewohner des Eichsfeldes .	—	722 Thl.
	13.	den Fonds zu außerordentlichen Unterstützungen im Regierungsbezirke Merseburg, soweit die Verwaltung desselben bisher der Abtheilung des Innern der Regierung zu Merseburg zustand	10,300 Thlr.	466 Thlr. 7 Sgr. 6 Pf.

…es erhält:	Nr.	folgende Staats-Nebenfonds	mit einem Kapitalbestande von Thalern	mit einem Jahresbetrage von Thalern
	14.	den Stifts-Merseburger-Ueberschußfonds zu Unterstützungen für die Armenkassen und Schulen, sowie an Hülfsbedürftige im Stifte Merseburg . . .	24,456 Thlr. 29 Sgr. 2 Pf.	757 Thlr.
V. Der Provinzialverband von Hannover,	15.	den Eichsfeldschen General-Armenfonds der Provinz Hannover zur Unterstützung hülfsbedürftiger Bewohner des Eichsfeldes	3,500 Thlr.	127 Thlr. 15 Sgr.
	16.	den Osnabrückschen Kornmagazinfonds zur Beförderung gemeinnütziger und wohlthätiger Anstalten im Fürstenthum Osnabrück	33,850 Thlr. Kurant.	960 Thlr.
	17.	den Bentheimschen Bataillonsunterstützungsfonds für Hülfsbedürftige in der Grafschaft Bentheim	1,650 Thlr. Kurant.	71 Thlr.
	18.	den Lingenschen Waisenkassenfonds zur Unterstützung von Waisen in der Niedergrafschaft Lingen	10,850 Holländische Gulden, 1,000 Thlr. Gold und 17,200 Thlr. Kurant.	1,111 Thlr. 26 Sgr. 2 Pf.
	19.	den Fonds des von Dankelmannschen Legats in Osnabrück zur Unterstützung einer reformirten Predigerwittwe der Stadt und Grafschaft Lingen und zweier anderer Wittwen .	3,200 Holländische Gulden und 2,200 Thlr. Kurant.	142 Thlr. 4 Sgr.
VI. Der Provinzialverband von Westfalen,	20.	den allgemeinen Unterstützungs- und Wohlthätigkeitsfonds für den Regierungsbezirk Arnsberg	52,825 Thlr. in Hypotheken und Werthpapieren.	2,154 Thlr. 18 Sgr. 9 Pf.
	21.	den Waisenhausfonds zur Unterstützung armer Waisenkinder reformirter Konfession im Kreise Siegen des Regierungsbezirks Arnsberg	7,316 Thlr. 6 Sgr. 6 Pf. in Hypotheken und Werthpapieren.	247 Thlr. 4 Sgr. 5 Pf.

Es erhält:	Nr.	folgende Staats-Nebenfonds	mit einem Kapitalbestande von Thalern	mit einem Jahresbetrage von Thalern
VII. Der kommunalständische Verband des Regierungsbezirks Wiesbaden,	22.	den Fonds der Adolfstiftung in Wiesbaden zur Unterstützung armer Waisenkinder beiderlei Geschlechts Behufs ihrer Ausbildung in einem Handwerke oder Gewerbe	13,580 Thlr.	585 Thlr. 3 Sgr.
VIII. Der Provinzialverband der Rheinprovinz,	23.	den Ehrenbreitsteiner allgemeinen Armenfonds im Regierungsbezirke Coblenz	15,150 Thlr.	575 Thlr.
	24.	den Polizeistrafgelderfonds zur Unterstützung verlassener Findel- und verwaister Kinder 2c. für den rechtsrheinischen Theil des Regierungsbezirks Coblenz	8,000 Thlr.	3,874 Thlr. 28 Sgr.
	25.	für den linksrheinischen Theil des Regierungsbezirks Coblenz .	4,500 Thlr.	4,485 Thlr. 25 Sgr.
	26.	für den rheinisch-rechtlichen Theil des Regierungsbezirks Düsseldorf	4,800 Thlr. rentbar angelegt und 2,612 Thlr. 29 Sgr. baar (am Schlusse des Jahres 1872.).	17,236 Thlr. 8 Sgr. 1 Pf.
	27.	für den landrechtlichen Theil des Regierungsbezirks Düsseldorf .	21,916 Thlr. 20 Sgr. rentbar angelegt und 2,097 Thlr. 15 Sgr. 7 Pf. baar (am Schlusse des Jahres 1872.).	7,509 Thlr. 14 Sgr.
	28.	für den Regierungsbezirk Cöln .	13,190 Thlr. in Effekten, 10,968 Thlr. 21 Sgr. 5 Pf. baar.	17,998 Thlr. 4 Sgr. 9 Pf.
	29.	für den Regierungsbezirk Trier .	22,400 Thlr. (am Schlusse des Jahres 1872.).	13,558 Thlr. 22 Sgr. 6 Pf.
	30.	für den Regierungsbezirk Aachen	16,300 Thlr. in Staatspapieren und Eisenbahn-Prioritäten.	10,810 Thlr. 19 Sgr.

Unteranlage A 1 (zu Anmerkung 5).

Verordnung, betreffend die Feststellung der nach §. 2 und §. 20 des Gesetzes vom 8. Juli 1875 über die Ausführung der §§. 5 und 6 des Gesetzes vom 30. April 1873 wegen der Dotation der Provinzial- und Kreisverbände zu vertheilenden Jahresrenten. Vom 12. September 1877 (GS. 227).

Wir u. s. w. verordnen in Gemäßheit der §§. 2 und 20 des Gesetzes, betreffend die Ausführung der §§. 5 und 6 des Gesetzes vom 30. April 1873 wegen der Dotation der Provinzial- und Kreisverbände, vom 8. Juli 1875 (Gesetz-Samml. S. 497 ff.), was folgt:

§. 1. Nach dem Maßstabe und nach den Vorschriften des §. 2 des vorbezeichneten Gesetzes vom 8. Juli 1875 haben an Jahresrenten zu erhalten:

I. von der nach §. 1 und §. 2 a. a. O. behufs Ausstattung mit Fonds zur Selbstverwaltung überwiesenen Summe von 13,440,000 Mark:

1)	der Provinzialverband von Preußen	2,435,714	Mark,
2)	der Provinzialverband von Brandenburg . . .	1,549,077	=
3)	der Provinzialverband von Pommern	1,156,487	=
4)	der Provinzialverband von Posen	1,139,700	=
5)	der Provinzialverband von Schlesien	2,070,111	=
6)	der Provinzialverband von Sachsen	1,223,613	=
7)	der Provinzialverband von Schleswig-Holstein .	697,693	=
8)	der Provinzialverband von Westfalen	1,033,501	=
9)	der Provinzialverband der Rheinprovinz . . .	1,756,736	=
10)	der Stadtkreis Berlin	289,155	=
11)	der Stadtkreis Frankfurt a. M.	39,453	=
12)	der Landeskommunalverband der Hohenzollernschen Lande	46,021	=
13)	der Provinzialverband von Hannover für das demselben einverleibte Jadegebiet	2,739	= ;

II. von denjenigen 4 Millionen Mark, welche den Rest der nach §. 20 a. a. O. für die Uebernahme der Verwaltung und Unterhaltung der Staatschausseen gewährten Jahresrente von 19 Millionen Mark bilden:

1)	der Provinzialverband von Preußen	620,171	Mark,
2)	der Provinzialverband von Brandenburg . . .	394,647	=
3)	der Provinzialverband von Pommern	294,331	=
4)	der Provinzialverband von Posen	290,409	=
5)	der Provinzialverband von Schlesien . . .	529,403	=
6)	der Provinzialverband von Sachsen	312,700	=
7)	der Provinzialverband von Schleswig-Holstein .	177,856	=
8)	der Provinzialverband von Hannover (einschließlich des Jadegebiets)	375,400	=
9)	der Provinzialverband von Westfalen	264,290	=
10)	der Kommunalverband des Regierungsbezirks Kassel	119,120	=

11) der Kommunalverband des Regierungsbezirks Wiesbaden . . . . 74,549 Mark,
12) der Stadtkreis Frankfurt a. M. . . . . 10,195 „
13) der Provinzialverband der Rheinprovinz . . . 450,383 „
14) der Stadtkreis Berlin . . . . 74,815 „
15) der Landeskommunalverband der Hohenzollernschen Lande . . . . 11,731 „

§. 2. Der Finanzminister, der Minister des Innern und der Minister für Handel, Gewerbe und öffentliche Arbeiten haben hiernach das Weitere zu veranlassen.

Anlage B (zu Anmerkung 1).

Gesetz, betreffend die Ueberweisung weiterer Dotationsrenten an die Provinzialverbände. Vom 2. Juni 1902 (GS. 107)[1].

§ 1. Den Provinzialverbänden von Ost- und Westpreußen, Brandenburg, Pommern, Posen, Schlesien, Sachsen, Schleswig-Holstein, Westfalen und der Rheinprovinz, den Bezirksverbänden der Regierungsbezirke Cassel und Wiesbaden, dem Stadtkreise Berlin, dem Lauenburgischen Landeskommunalverbande und dem Landeskommunalverbande der Hohenzollernschen Lande werden

1. zur Erleichterung ihrer Armenlasten,
2. — abgesehen von dem Stadtkreise Berlin — zur Unterstützung von leistungsschwachen Kreisen (Amtsverbänden) und Gemeinden auf den Gebieten des Armen- und Wegewesens[2]) sowie bei dem Bau und der Unterhaltung von Brücken[3])

---

[1]) Inhalt. Das G. erhöht die Dotation der Provinzen mit Rücksicht auf die gestiegenen Anforderungen um 10 Mil. M. Von diesen sind bestimmt: 7 Mil. für Armen- u. Wegelasten § 1, 8 u. 3 Mil. zum Neubau u. zur Unterhaltung von Kunststraßen § 9. Die Verwendung wurde auf Armen- u. Wegelasten beschränkt, weil diese neben den Volksschullasten — die, weil sie vielfach Sozietäts- nicht Kommunallasten u. eintretendenfalls vom Staate aushilfsweise zu tragen sind, unberücksichtigt bleiben mußten — die Hauptbelastung der Kommunalverbände bilden. Die Verteilung, die nach Bedürftigkeit, Belastung u. Einwohnerzahl erfolgt § 2—7, 10 u. 12, weicht von der seitherigen nach Fläche u. Einwohnerzahl zu bewirkenden (Nr. 2 d. W. § 2) ab u. soll den östl. Prov. — die früher bei weniger ausgebildetem Kunststraßennetze mit geringeren Beträgen für die Unterhaltung der Kunststraßen bedacht u. mit deren Ausbau zurückgeblieben waren (§ 9 Abs. 2), auch bei Verschiebung der Bevölkerung nach den großen Städten u. Industriemittelpunkten viele Arbeits- u. Steuerkräfte verloren hatten, ohne von der Fürsorge für die auswärts wohnenden entbunden zu sein — ein Ausgleich gegenüber den westlichen Landesteilen gewähren. — Zur Ausführung erging Vf. 5. Juli 02 (MB. 147). — Quellen Verh. 02 AH. Nr. 36 (Entw. u. Begr.) 83 (KB.).

[2]) G. 75 (Anl. A) § 4 Abs. 1[1]. — Die Unterstützung des kunstmäßigen Wegebaues ist nicht ausgeschlossen, falls die für diesen bestimmten Mittel nicht ausreichen, Begr. zu § 1.

[3]) Die Erwähnung der Brücken ist erfolgt, weil diese in einzelnen Landesteilen nicht Teile der Wege, sondern selbständige Verkehrsanlagen bilden, Begr. zu § 1.

Renten im Jahresbetrage von insgesammt sieben Millionen Mark aus den Einnahmen des Staatshaushalts überwiesen.

§ 2. Die Vertheilung der im § 1 bezeichneten Gesammtsumme auf die berechtigten Verbände — mit Ausnahme der im § 3 genannten — erfolgt nach den nachstehenden Grundsätzen:

zu einem Drittel nach dem umgekehrten Verhältnisse der Staatseinkommensteuer,

zu einem Drittel nach dem Prozentverhältnisse der kommunalen Abgaben zur Staatseinkommensteuer,

zu einem Drittel nach der Zahl der Civilbevölkerung.

Bei Berechnung der ersten beiden Drittel ist das auf den Kopf der Civilbevölkerung in dem Verband entfallende Soll der Staatseinkommensteuer einerseits und der kommunalen Abgaben andererseits zu Grunde zu legen. Die kommunalen Abgaben umfassen die in dem Provinzialverbande (Bezirksverbande), den Kreisen und den Gemeinden zur Erhebung gelangenden direkten Steuern einschließlich der Naturalleistungen und einschließlich der kommunalen Leistungen in Gutsbezirken, aber ausschließlich der gesammten Volksschullasten.

Für die Vertheilung wird die Civilbevölkerung nach der Volkszählung des Jahres 1900, das Soll an Staatseinkommensteuer und kommunalen Abgaben nach den Verhältnissen des Etatsjahrs 1899 bestimmt.

Auf den Stadtkreis Berlin finden die vorhergehenden Bestimmungen mit der Maßgabe entsprechende Anwendung, daß die Rente gemäß § 1 und § 5 Abs. 1 auf ein Drittel festgesetzt wird[4]).

§ 3. Die dem Lauenburgischen Landeskommunalverband und dem Landeskommunalverbande der Hohenzollernschen Lande zu überweisenden Renten werden auf diejenigen Beträge festgesetzt, welche auf diese Verbände entfallen würden, wenn die im § 1 bezeichnete Summe auf alle daselbst genannten Provinzen u. s. f. zu einer Hälfte nach dem Maßstabe des Flächeninhalts, zur anderen Hälfte nach dem Maßstabe der durch die Volkszählung des Jahres 1900 ermittelten Civilbevölkerung vertheilt würde[5]).

§ 4. Die auf die einzelnen Verbände entfallenden Jahresrenten (§§ 1 bis 3) werden durch Königliche Verordnung festgestellt[6]).

---

[4]) Für **Berlin** kommen nur die Armenlasten in Betracht, Begr. zu § 2.

[5]) Im Kom.Verband **Lauenburg** kommen nur Gemeinden in Betracht. Dieser Verband ist — abweichend von den älteren Dotationsgesetzen (Nr. 2 u. Anl. A) infolge seiner Vereinigung mit Preußen (G. 23. Juni 76 GS. 169) als selbständiger Verband (Nr. 1 Anm. 3) hinzugetreten, wogegen der **Stadtkreis Frankfurt a. M.**, der inzwischen dem Kom.Verband Wiesbaden einverleibt war Hess.Nass. Pr.O. § 1, als selbständiger Verband fortgefallen ist. — Die Gemeinde **Helgoland** ist eintretendenfalls vom Prov.Verband Schl.-Holstein zu unterstützen AusfVf. (Anm. 1) Abs. 16.

[6]) § 1 der V. 22. Juni 02, **Unteranlage B 1.** — Der zweite Satz des § 4 bestimmte die Jahresrente bis zu der nach Maßgabe dieser V. zu bewirkenden Ausgleichung u. ist, da er keine praktische Bedeutung mehr hat, fortgelassen.

§ 5. Die Verwendung der Renten zur Erleichterung der eigenen Armenlasten in den dotirten Verbänden (§ 1 Ziffer 1) soll ein Drittel der Jahresbeträge nicht übersteigen; weitergehende Verwendungen für diese Zwecke bedürfen der Genehmigung der Aufsichtsbehörde[7]).

An diesen Renten (Abs. 1) können die Kreise, welche Landarmenverbände sind, und besondere Landarmenverbände[8]) entsprechend betheiligt werden.

Die übrigbleibenden Summen sind zur Unterstützung von leistungsschwachen Kreisen (Amtsverbänden) und Gemeinden[9]), und zwar lediglich für Zwecke des Armen- und Wegewesens[2]) und zur Deckung von Kosten des Baues und der Unterhaltung von Brücken[3]) zu verwenden.

§ 6. Die Vertheilung (§ 5 Abs. 2 und 3) erfolgt nach Maßgabe von Reglements, welche von dem Provinziallandtage (Kommunallandtage) — im Lauenburgischen Landeskommunalverbande von dem Kreistage — zu beschließen sind[10]) und der Genehmigung durch die Minister des Innern, der Finanzen und der öffentlichen Arbeiten unterliegen[7]). Die Genehmigung kann auf eine zu bestimmende Reihe von Jahren beschränkt werden.

In den Reglements sind auch Vorschriften für die Perioden der Neuvertheilungen zu treffen. Die Neuvertheilungen sollen in längstens dreijährigen Perioden erfolgen.

§ 7. In Gemäßheit des Reglements ist der Vertheilungsplan von dem Provinzialausschusse (Landesausschuß, Kreisausschuß) im Einvernehmen mit dem Oberpräsidenten, in den Hohenzollernschen Landen dem Regierungspräsidenten, aufzustellen.

Kommt ein gültiger Beschluß nicht zu Stande, so setzen die Minister des Innern, der Finanzen und der öffentlichen Arbeiten den Plan fest.

§ 8. Durch die Vorschriften der §§ 1 bis 7 werden diejenigen gesetzlichen Bestimmungen, welche eine Unterstützung von Gemeinden (Gutsbezirken) durch die übergeordneten Kommunalverbände auf den Gebieten des Armen- und Wegewesens vorsehen, insbesondere § 36 des Gesetzes, betreffend die Ausführung des Reichsgesetzes über den Unterstützungswohnsitz, vom 8. März 1871 (Gesetz-Samml. S. 130), § 4 Abs. 1 Nr. 1 des Gesetzes, betreffend die Ausführung der §§ 5 und 6 des Gesetzes vom 30. April 1873 wegen der Dotation der Provinzial- und Kreisverbände, vom 8. Juli 1875 (Gesetz-

[7]) Diese ist nur zu erteilen, wenn das Unterstützungsbedüfnis der Prov. das der zugehörigen engeren Kommunalverbände übersteigt AusfBf. Abs. 15.

[8]) Abs. 3. betrifft die Prov. Ostpreußen u. den Landarmenverband Breslau Nr. 3 Anm. 98.

[9]) Die Verteilung erfolgt nach Bedürfnis auf Kreise u. auf Gemeinden unmittelbar durch die Prov. AusfBf. Abs. 6. — Die Gutsbezirke sind ausgeschlossen, weil es für diese an einem Maßstabe für Feststellung der Leistungsschwäche fehlt.

[10]) § 12. — Grundsätze für Aufstellung der Reglements enthält die AusfBf. (Anm. 1). Danach soll die Unterverteilung insbes. den Steuerdruck überlasteter Kom. Verbände mildern u. die wegen Leistungsunfähigkeit rückständig gebliebene kommunale Wirksamkeit fördern.

Samml. S. 497), § 20 der Wegeordnung für die Provinz Sachsen vom 11. Juli 1891 (Gesetz-Samml. S. 316) nicht berührt.

§ 9. Die im § 10 bezeichneten Verbände erhalten für den Neubau und die Unterhaltung von Kunststraßen in der Provinz (Bezirksverband, Landeskommunalverband), Kreisen (Amtsverbänden) oder Gemeinden (Gutsbezirken)[11]) sowie zur Erleichterung der durch den Bau solcher Straßen entstandenen Schuldenlasten Renten im Jahresbetrage von zusammen 3 Millionen Mark. Von dieser Summe wird ein Theilbetrag von 1 Million Mark auf alle Verbände, ein solcher von 2 Millionen Mark außerdem auf die Provinzialverbände von Ost- und Westpreußen, Brandenburg, Pommern, Posen und Schlesien nach Maßgabe der §§ 2 Abs. 1 bis 3 und 3 vertheilt.

§ 10. Die auf die einzelnen Verbände entfallenden Jahresrenten (§ 9) werden durch Königliche Verordnung festgestellt[12]).

§ 11. Der gemäß § 70 Absatz 1 der Kreisordnung vom $\frac{\text{13. Dezember 1872}}{\text{19. März 1881}}$ $\frac{\text{(Gesetz-Samml. S. 661)}}{\text{(Gesetz-Samml. S. 155, 179)}}$ seitens des Staates den Landkreisen der Provinzen Ost- und Westpreußen, Brandenburg, Pommern, Schlesien und Sachsen zu den Kosten der Amtsverwaltung überwiesene Gesammtbeitrag wird vom 1. April 1901 ab auf die Jahressumme von 750000 Mark festgesetzt.

§ 12. Die im § 6 gedachten Reglements sind in dem ersten nach Inkrafttreten dieses Gesetzes zusammentretenden Provinziallandtage (Kommunallandtage, Kreistage) zu beschließen.

Bis zur Genehmigung dieser Beschlüsse erfolgt die Vertheilung nach Grundsätzen, welche von dem Provinzialausschusse (Landesausschusse, Kreisausschusse) mit Genehmigung der im § 6 genannten Minister festgesetzt werden.

Dabei findet § 7 entsprechende Anwendung.

§ 13. Dieses Gesetz tritt, unbeschadet der Bestimmung im § 11, am 1. Oktober 1902 in Kraft.

Der Minister des Innern, der Finanzminister und der Minister der öffentlichen Arbeiten sind mit der Ausführung des Gesetzes beauftragt.

Unteranlage B 1 (zu Anmerkung 6).

Verordnung wegen Feststellung der nach dem Gesetze, betreffend die Ueberweisung weiterer Dotationsrenten an die Provinzialverbände, vom 2. Juni 1902 zu gewährenden Jahresrenten. Vom 22. Juni 1902 (GS. 258).

Wir u. s. w. verordnen gemäß §§ 4 und 10 des Gesetzes, betreffend die Ueberweisung weiterer Dotationsrenten an die Provinzialverbände, vom 2. Juni 1902, was folgt:

---

11) Welche dieser Kom.Verbände zu berücksichtigen sind, bestimmt sich nach den verschiedenen Chausseebauverfassungen in den einzelnen Provinzen AusfBf. (Anm. 1) Abs. 17.

12) § 2 der V. 22. Juni 02 (Unteranl. B 1). — Von dem zweiten Satze des § 10 gilt das in Anm. 6 Gesagte.

§ 1. Von der durch § 1 des vorbezeichneten Gesetzes überwiesenen Summe im Jahresbetrage von sieben Millionen Mark haben nach Maßgabe der §§ 2 und 3 desselben an Jahresrenten zu erhalten:

1.	der Provinzialverband von Ostpreußen	710980	Mark,
2.	= = = Westpreußen	701661	=
3.	= = = Brandenburg	487186	=
4.	= = = Pommern	490613	=
5.	= = = Posen	653253	=
6.	= = = Schlesien	658689	=
7.	= = = Sachsen	475277	=
8.	= = = Schleswig-Holstein	463164	=
9.	= = = Hannover	503267	=
10.	= = = Westfalen	547301	=
11.	= = der Rheinprovinz	647825	=
12.	= Bezirksverband des Regierungsbezirks Cassel	316766	=
13.	= = = = Wiesbaden	221893	=
14.	= Stadtkreis Berlin	86687	=
15.	= Lauenburgische Landeskommunalverband	17133	=
16.	= Landeskommunalverband der Hohenzollernschen Lande	18305	=

§ 2. Von der durch § 9 des Gesetzes überwiesenen Summe im Jahresbetrage von drei Millionen Mark haben nach Maßgabe der §§ 2, Absatz 1 bis 3, 3 und 9 desselben an Jahresrenten zu erhalten:

1.	der Provinzialverband von Ostpreußen	479746	Mark,
2.	= = = Westpreußen	470010	=
3.	= = = Brandenburg	345798	=
4.	= = = Pommern	332835	=
5.	= = = Posen	437119	=
6.	= = = Schlesien	470071	=
7.	= = = Sachsen	68752	=
8.	= = = Schleswig-Holstein	67000	=
9.	= = = Hannover	72801	=
10.	= = = Westfalen	79171	=
11.	= = der Rheinprovinz	93713	=
12.	= Bezirksverband des Regierungsbezirkes Cassel	45823	=
13.	= = = = Wiesbaden	32098	=
14.	= Lauenburgische Landeskommunalverband	2448	=
15.	= Landeskommunalverband der Hohenzollernschen Lande	2615	=

§ 3. Der Finanzminister, der Minister der öffentlichen Arbeiten und der Minister des Innern haben hiernach das Weitere zu veranlassen.

3. Provinzialordnung für die Provinzen Ost- und Westpreußen, Brandenburg, Pommern, Schlesien und Sachsen. Von 1881 (GS. 234)[1].

Wir usw. verordnen mit Zustimmung beider Häuser des Landtages, für die Provinzen Ost- und Westpreußen, Brandenburg, Pommern, Schlesien und Sachsen, was folgt:

Erster Titel.

Von den Grundlagen der Provinzialverfassung.

Erster Abschnitt.

Von dem Umfange und der Begrenzung der Provinzialverbände.

§. 1. Jede Provinz bildet einen mit den Rechten einer Korporation ausgestatteten Kommunalverband[2]) zur Selbstverwaltung seiner Angelegenheiten[3]).

Zum Kommunalverbande der Provinz (Provinzialverband) gehören alle innerhalb der Grenzen derselben belegenen Kreise und alle zu diesen Kreisen gehörenden Ortschaften.

Diejenigen Kreise und einzelnen Ortschaften, welche bisher zu einem anderen provinzialständischen Verbande gehört haben, treten aus diesem Verbande aus und in den Kommunalverband derjenigen Provinz ein, innerhalb deren Grenzen sie belegen sind[4]).

§. 2. Die Haupt- und Residenzstadt Berlin scheidet aus dem Kommunalverbande der Provinz Brandenburg aus[5]).

---

[1]) Entstehung Nr. 1 Abs. 1 d. W. Die unterm 29. Juni 75 (GS. 335) erlassene ProvO. ist — im Anschluß an die Ergänzung der KrO. (Nr. IV 2 Anm. 1) — durch G. 22. März 81 (GS. 176) ergänzt u. auf Grund der dem Min. des Inn. durch Art. III Abs. 2 des letzteren erteilten Ermächtigung in neuer Fassung veröffentlicht Bek. 22. März 81 (GS. 233). — Nach dem Inhalt (Übersicht am Schluß) zerfällt die ProvO. in 4 Titel. Tit. I (§ 1—8) enthält die Grundlagen in 3 Abschnitten über Gebiet, Angehörigkeit u. Statuten u. Reglements. Der Tit II (§ 9—113) betrifft die Verwaltung u. Vertretung (Anm. 15), Tit. III (§ 114—122) die Aufsicht, während Tit. IV (§ 123—130) Schluß- und Übergangsbest. enthält. — Quellen der ProvO. Verh. 75 Drucks. AH. Nr. 14 (Entw. u. Begr.), 170 (KB.), HH. Nr. 99 (KB.); des ErgänzungsG. Verh. 80/1 Drucks. AH. Nr. 10 (Entw. u. Begr.) 177 (KB.), HH. Nr. 88 (KB.). — Bearbeitung wie Nr. IV 2 Anm. 1.

[2]) Der Gerichtsstand bestimmt sich nach dem Ort, wo die Verwaltung geführt wird (Nr. 1 Abs. 1) CPO. § 17 (Nr. II 1 Anl. A unter I 2a). — Die Vorschrift gilt auch für das Verwaltungsstreit- u. Beschlußverfahren; für den Prov.verband Brandenburg, der seinen Sitz in Berlin hat, sich aber über die Bezirke der Bezirksausschüsse Potsdam u. Frankfurt a. O. erstreckt, ist der Bezirksausschuß in Potsdam zuständig LVG. § 57.

[3]) Nr. 1 Abs. 2.

[4]) Vordem gehörten insbes. die in der Prov. Pommern belegenen Kreise Dramburg u. Schievelbein als Teile der früheren Neumark sowie die zu der Prov. Sachsen gelegte Altmark zum Prov.Verbande Brandenburg.

[5]) Als Verwaltungsbezirk war Berlin schon durch G. 26. Juli 80 (GS. 291) § 1 aus der Prov. Brandenburg ausgeschieden.

§. 3. Die in Folge der Ausführung der Vorschrift des §. 1 erforderliche Regelung der Verhältnisse ist, unbeschadet aller Privatrechte Dritter, durch den Minister des Innern zu bewirken.

Streitigkeiten, welche hierbei entstehen, unterliegen der Entscheidung des Oberverwaltungsgerichts[6]).

Veränderung der Provinzialgrenzen.

§. 4. Die Veränderung bestehender Provinzialgrenzen erfolgt durch Gesetz. Die in Folge einer derartigen Veränderung erforderliche Regelung der Verhältnisse ist auf dem im §. 3 bezeichneten Wege zu bewirken[6]).

Veränderungen solcher Gemeinde- oder Gutsbezirksgrenzen, welche zugleich Provinzialgrenzen sind, ziehen die Veränderung der letzteren ohne Weiteres nach sich[7]).

Eine jede Veränderung der Provinzialgrenzen, welche nicht durch Gesetz erfolgt, ist durch die Amtsblätter der betheiligten Provinzen bekannt zu machen.

Zweiter Abschnitt.

Von den Provinzialangehörigen, ihren Rechten und Pflichten.

§. 5. Provinzialangehörige sind alle Angehörigen der zu der Provinz gehörigen Kreise[8]).

Rechte der Provinzialangehörigen.

§. 6. Die Provinzialangehörigen[9]) sind berechtigt:

1) zur Theilnahme an der Verwaltung und Vertretung des Provinzialverbandes nach näherer Vorschrift dieses Gesetzes;
2) zur Mitbenutzung der öffentlichen Einrichtungen und Anstalten des Provinzialverbandes nach Maßgabe der für dieselben bestehenden Bestimmungen[10]).

Beitragspflicht zu den Provinzialabgaben.

§. 7. Die Provinzialangehörigen sind verpflichtet, nach näherer Vorschrift dieses Gesetzes[11]) zu den Provinziallasten beizutragen.

---

[6]) Eine Auseinandersetzung im Verwaltungswege — wie sie bei Kreisgrenzveränderungen (KrO. § 4 Abs. 5) vorgesehen ist — erfolgt sonach nicht. Auf Ansprüche auf Anteil an den Dotationsfonds (Nr. 2 d. W.) sind jedoch die für Kreise ergangenen Entscheidungen (Nr. IV 2 Anm. 18 Satz 1) anwendbar, wonach eine im öffentlichen Interesse erfolgte Grenzveränderung zwar an sich keine Entschädigungsansprüche begründet, dagegen für die fortlaufende Unterhaltung einer bestimmten Sache (Chausseen) bemessene Fonds entsprechend zu teilen sind OV. (Westf.) 7. Feb. 87 (VB. VIII 242).

[7]) Entsprechend KrO. § 3 Abs. 3.

[8]) KrO. § 6.

[9]) Von den Rechten steht das zu 1 genannte, das aktive u. passive Wahlrecht umfassende — wie im Kreise (Nr. IV 2 Anm. 27) — auch den nur mit Grundbesitz in der Prov. Angesessenen zu § 17 u. 47 Abs. 4, die gem. § 106—108 auch zu den Prov.abgaben beizutragen haben.

[10]) Dies sind die Ordnungen für die Anstalten (§ 8² u. 120), die auch für einzelne Teile der Prov. bestimmt sein können Begr. z. PrO. (Anm. 1).

[11]) § 106—113.

Dritter Abschnitt.
Von den Provinzialstatuten und Reglements.

§. 8. Die Provinzialverbände sind befugt:

1) zum Erlasse besonderer statutarischer Anordnungen über solche ihre Verfassung betreffenden Angelegenheiten, hinsichtlich deren das Gesetz auf statutarische Regelung verweist oder keine ausdrücklichen Vorschriften enthält. Das Statut darf den bestehenden Gesetzen nicht widersprechen[12]);

2) zum Erlasse von Reglements über besondere Einrichtungen des Provinzialverbandes[13]).

Die Provinzialstatuten und Reglements sind auf Kosten der Provinzialverbände durch die Amtsblätter der Provinz bekannt zu machen[14]).

Zweiter Titel.
Von der Vertretung und Verwaltung der Provinzialverbände[15]).

Erster Abschnitt.
Von der Zusammensetzung der Provinziallandtage.

§. 9. Die Provinzialversammlung (der Provinziallandtag) besteht aus Abgeordneten der Land- und Stadtkreise der Provinz[16]).

Zahl der Mitglieder der Provinziallandtage.

§. 10. In den Provinzen Ost- und Westpreußen, Brandenburg, Pommern und Sachsen werden für jeden Kreis zwei Abgeordnete, in der Provinz Schlesien für jeden Kreis mit weniger als 40 000 Einwohnern ein Abgeordneter, für jeden Kreis mit 40 000 oder mehr Einwohnern zwei Abgeordnete gewählt. Erreicht die Einwohnerzahl eines Kreises

1) in der Provinz Schlesien 80 000,
2) in den Provinzen Ost- und Westpreußen 60 000,
3) in den Provinzen Brandenburg und Sachsen 50 000,
4) in der Provinz Pommern 40 000 Einwohner,

so werden drei Abgeordnete gewählt.

---

[12]) § 35 u. 119[1]; Einzelfälle § 11 Abs. 1, 38, 46 Abs. 1, 47 Abs. 3, 91 Abs. 2, 93. — Verb. Nr. II 2 Anm. 46.

[13]) § 35, 95 u. 120 u. G. 8. Juli 75 (Nr. 2 Anl. A) § 25 Abs. 1. u. 2.

[14]) Die Veröffentlichung ist Sache der Organe des Prov.verbandes u. darf erst erfolgen, wenn die erforderliche Genehmigung erteilt ist Vf. 17. Jan. 77 (MB. 83).

[15]) Der zweite Titel handelt von der Organisation des Prov.verbandes. Seine Organe sind der Prov.landtag, der Prov.ausschuß u. der als Prov.beamter angestellte Landeshauptmann (§ 90). Der Tit. behandelt die Zusammensetzung des Prov.landtags Abschn. 1 (§ 9—24), dessen Versammlungen Abschn. 2 (§ 25 bis 33) u. Geschäfte Abschn. 3 (§ 34 bis 44), den Prov.ausschuß Abschn. 4 (§ 45—61), die Prov.beamten Abschn. 6 (§ 87—98), die Prov.kommissionen Abschn. 7 (§ 99 u. 100) u. den Prov.-haushalt einschl. der Prov.abgaben Abschn. 8 (§ 101—113). Der Abschn. 5 (§ 62—86) ist fortgefallen.

[16]) Jeder Kreis bildet einen Wahlkreis, in dem regelmäßig 2 oder 3 Abgeordnete durch den Kreistag gewählt werden.

Für jede fernere Vollzahl von 50000 Einwohnern tritt ein Abgeordneter hinzu.

§. 11[17]. Den Provinziallandtagen bleibt es überlassen, durch statutarische Anordnung in geeigneten Fällen zwei derjenigen angrenzenden Landkreise, welche nur je zwei Abgeordnete zu wählen haben, unter Zustimmung der betreffenden Kreistage zu Wahlbezirken zu verbinden und die Wahlorte zu bestimmen.

In der Provinz Schlesien können außerdem in gleicher Weise zwei Landkreise, deren einer nur einen und der andere nur zwei Abgeordnete zu wählen hat, sowie zwei oder drei derjenigen Landkreise, welche nur je einen Abgeordneten zu wählen haben, zu Wahlbezirken verbunden werden.

Die Wahlbezirke wählen diejenige Zahl der Abgeordneten, welche gemäß §. 10 auf die zusammengelegten Kreise trifft.

§. 12. Die Feststellung der Zahl der von den einzelnen Kreisen beziehungsweise Wahlbezirken zu wählenden Abgeordneten erfolgt vor jeder neuen Wahl (§§. 20 und 122) durch den Provinzialausschuß und wird durch die Amtsblätter der Provinz zur öffentlichen Kenntniß gebracht.

Der Feststellung ist die durch die jeweilige letzte Volkszählung ermittelte Einwohnerzahl der Kreise[18]) beziehungsweise Wahlbezirke, mit Ausschluß der aktiven Militärpersonen, zu Grunde zu legen.

§. 13. Anträge auf Berichtigung der Feststellung sind innerhalb vier Wochen nach Ausgabe des Amtsblatts, durch welches die Feststellung veröffentlicht worden ist, bei dem Provinzialausschusse anzubringen, welcher darüber endgültig beschließt.

Vollziehung der Wahlen.

§. 14. Die Abgeordneten der Landkreise werden von den Kreistagen[19]) gewählt.

Erfolgt die Bildung von Wahlbezirken, so treten die Kreistage der zu dem Wahlbezirke gehörigen Landkreise unter dem Vorsitze des von dem Ober-Präsidenten zu ernennenden Wahlkommissars zu einer Wahlversammlung zusammen.

§. 15. Die Abgeordneten der Stadtkreise werden von dem Magistrate und der Stadtverordnetenversammlung beziehungsweise dem bürgerschaftlichen Repräsentantenkollegium in gemeinschaftlicher Sitzung unter dem Vorsitze des

---

[17]) Von der Befugnis (§ 11) ist seither kein Gebrauch gemacht.

[18]) Dies ist die endgültig ermittelte Einwohnerzahl Vf. 30. Jan. 01 (MB. 35). — Von der ortsanwesenden Zivilbevölkerung kommen Nichtpreußen, da sie zu den Einwohnern gehören, nicht in Abzug Vf. 8. Sept. 75 (MB. 227).

[19]) Richtiger von den aus den Kreistagsmitgliedern gebildeten, nach der abweichenden Best. des WahlRegl. (PrO. § 16) verfahrenden Wahlversammlungen. Ihre Tätigkeit ist mit der Wahl beendet. Dem Kreistag steht deshalb die Klage gegen Ungültigkeitserklärungen (§ 24) nicht zu OV. (Rheinprov.) 6. Nov. 88 (XVII 1).

Bürgermeisters, die Abgeordneten des Stadtkreises Magdeburg werden von dem Kreistage[20]) gewählt.

§. 16. Die Vollziehung der Wahlen der Provinziallandtagsabgeordneten erfolgt nach näherer Vorschrift des diesem Gesetze beigefügten Wahlreglements.

Wählbarkeit zum Abgeordneten.

§. 17. Wählbar zum Mitgliede des Provinziallandtages ist jeder selbstständige Angehörige des Deutschen Reichs, welcher das dreißigste Lebensjahr vollendet hat, sich im Besitze der bürgerlichen Ehrenrechte befindet und seit mindestens einem Jahre der Provinz durch Grundbesitz oder Wohnsitz[21]) angehört[22]).

Als selbstständig gilt derjenige, welchem das Recht, über sein Vermögen zu verfügen und dasselbe zu verwalten, nicht durch gerichtliche Anordnung entzogen ist.

Verlust der Wählbarkeit.

§. 18. Die Wählbarkeit geht verloren, sobald eines der im §. 17 gedachten Erfordernisse bei dem bis dahin Wählbaren nicht mehr zutrifft. Sie ruht während der Dauer eines Konkurses, ferner während der Dauer einer gerichtlichen Untersuchung, wenn dieselbe wegen Verbrechen oder wegen solcher Vergehen, welche den Verlust der bürgerlichen Ehrenrechte nach sich ziehen müssen oder können, eingeleitet, oder wenn die gerichtliche Haft verfügt ist.

Dauer der Wahlperiode der Abgeordneten.

§. 19. Die Abgeordneten zum Provinziallandtage werden auf sechs Jahre gewählt.

Jede Wahl verliert dauernd oder vorübergehend ihre Wirkung mit dem gänzlichen oder zeitweisen Aufhören einer der für die Wählbarkeit vorgeschriebenen Bedingungen. Der Provinziallandtag hat darüber zu beschließen, ob einer dieser Fälle eingetreten ist[23]).

Anordnung der Wahlen.

§. 20. Die Vornahme der Wahlen zum Provinziallandtage wird durch den Oberpräsidenten angeordnet.

§. 21. Die Namen der neugewählten Abgeordneten sind von dem Ober-Präsidenten durch die Amtsblätter der Provinz bekannt zu machen.

Die Einführung derselben erfolgt durch den Vorsitzenden des Provinziallandtages.

Ersatzwahlen.

§. 22. Die Ersatzwahlen für die im Laufe der Wahlperiode Ausgeschiedenen werden von denjenigen Land- und Stadtkreisen beziehungsweise

[20]) Nr. IV 2, Anm. 286.

[21]) Das. Anm. 26.

[22]) Die Angehörigkeit wird solange nicht unterbrochen, als nicht Wohnsitz u. Grundbesitz in der Prov. aufhören OV. 25. April 76 (I 15).

[23]) Rechtsmittel § 24.

Wahlbezirken vorgenommen, von denen die Ausgeschiedenen gewählt waren [24]).

Die Vollziehung der Ersatzwahlen muß innerhalb längstens sechs Monaten und womöglich vor dem Zusammentritte des nächsten Provinziallandtages erfolgen. Die Ersatzmänner bleiben nur bis zum Ende desjenigen Zeitraums in Thätigkeit, für welchen die Ausgeschiedenen gewählt waren.

Einspruch gegen das stattgehabte Wahlverfahren und Entscheidung über die Gültigkeit der Wahlen.

§. **23.** Gegen das stattgehabte Wahlverfahren [25]) kann jedes Mitglied der Wahlversammlung innerhalb zwei Wochen Einspruch bei dem Vorsitzenden des Wahlvorstandes erheben. Die Beschlußfassung über den Einspruch, über welchen die Betheiligten vorab zu hören sind, steht dem Provinziallandtage zu [23]). Im Uebrigen prüft der Provinziallandtag die Legitimation seiner Mitglieder von Amtswegen und beschließt darüber.

§. **24.** Gegen die nach Maßgabe der §§. 19 und 23 gefaßten Beschlüsse des Provinziallandtages [26]) findet innerhalb zwei Wochen die Klage bei dem Oberverwaltungsgerichte statt [27]). Die Klage hat keine aufschiebende Wirkung, jedoch dürfen bis zur Entscheidung des Oberverwaltungsgerichts Ersatzwahlen [28]) nicht stattfinden.

Zweiter Abschnitt.

Von den Versammlungen der Provinziallandtage.

Einberufung des Provinziallandtages.

§. **25.** Der Provinziallandtag wird von dem Könige alle zwei Jahre wenigstens ein Mal berufen, außerdem aber so oft es die Geschäfte erfordern.

§. **26.** Die Ladung der Mitglieder, die Eröffnung und Schließung des Provinziallandtages erfolgt durch den Ober-Präsidenten der Provinz als Königlichen Kommissarius oder den für ihn in dieser Eigenschaft ernannten Stellvertreter.

Königlicher Kommissarius bei dem Provinziallandtage.

§. **27.** Der Königliche Kommissarius ist die Mittelsperson bei allen Verhandlungen der Staatsbehörden mit dem Provinziallandtage.

Der Kommissarius theilt dem Provinziallandtage die Vorlagen der Staatsregierung mit und empfängt die von ihm abzugebenden Erklärungen und Gutachten.

---

[24]) Die Ersatzwahl steht, wenn eine Stadt aus einem Landkreise ausgeschieden ist, nur dem letzteren zu Bf. 13. Dez. 86 (MB. 87 S. 9).

[25]) Proteste vor der Wahl bilden keinen Einspruch OV. (Hannov.) 26. Nov. 85 (XII 1).

[26]) Dieser wird hierbei nicht durch seinen Vorsitzenden oder den Landeshauptmann, sondern durch den Prov.-ausschuß vertreten OV. 2. Mai 76 (I 8).

[27]) Anm. 19 u. Nr. IV 2 d. W. Anm. 245.

[28]) Dies sind Wahlen zum Ersatz für ungültig erklärte Wahlen, nicht Ersatzwahlen i. S. des § 22 OV. 17. Sept. 86 (XIV 56).

Der Königliche Kommissarius, sowie die zu seiner Vertretung oder Unterstützung abgeordneten Staatsbeamten sind befugt, den Sitzungen des Provinziallandtages und der von ihm zur Vorbereitung seiner Beschlüsse gewählten Kommissionen beizuwohnen; dieselben müssen auf Verlangen zu jeder Zeit gehört werden[29]).

Oeffentlichkeit der Sitzungen des Provinziallandtages.

§. 28. Die Sitzungen des Provinziallandtages sind öffentlich. Für einzelne Gegenstände kann durch besonderen, in geheimer Sitzung gefaßten Beschluß die Oeffentlichkeit ausgeschlossen werden.

Beschlußfähigkeit des Provinziallandtages.

§. 29. Der Provinziallandtag kann nur beschließen, wenn mehr als die Hälfte der im §. 10 vorgeschriebenen Mitgliederzahl anwesend ist[30]).

Als anwesend gelten auch diejenigen Mitglieder, welche sich der Abstimmung enthalten.

Fassung der Beschlüsse nach absoluter Stimmenmehrheit.

§. 30. Der Provinziallandtag faßt seine Beschlüsse nach Stimmenmehrheit. Die Stimmenmehrheit wird ohne Mitzählung derjenigen festgestellt, die sich der Abstimmung enthalten haben. Bei Stimmengleichheit gilt der gestellte Antrag als abgelehnt.

Teilnahme der Mitglieder des Provinzialausschusses, des Landesdirektors und der oberen Beamten an den Sitzungen des Provinziallandtages.

§. 31. Die Mitglieder des Provinzialausschusses, sowie der Landesdirektor (Landeshauptmann) und die ihm zugeordneten oberen Beamten (§§. 87 und 93) können, sofern sie nicht selbst Mitglieder des Provinziallandtages sind, den Sitzungen desselben mit berathender Stimme beiwohnen.

Der Provinziallandtag kann jedoch beschließen, einzelne, die Mitglieder des Provinzialausschusses, den Landesdirektor oder die ihm zugeordneten oberen Beamten persönlich berührende Gegenstände in deren Abwesenheit und in geheimer Sitzung zu verhandeln, sofern dieselben nicht Mitglieder des Provinziallandtages sind.

Wahl des Vorsitzenden des Provinziallandtages und seines Stellvertreters.

§. 32. Unter dem Vorsitze des an Jahren ältesten Mitgliedes, welchem die beiden jüngsten Mitglieder als Schriftführer und Stimmzähler zur Seite stehen, wählt der Provinziallandtag nach näherer Vorschrift des diesem Gesetze beigefügten Wahlreglements einen Vorsitzenden und einen Stellvertreter.

---

[29]) Hierdurch sollen Staats- u. Selbstverwaltung, die sich gegenseitig zu unterstützen u. zu ergänzen haben, in fortgesetzter Verbindung mit einander erhalten werden Begr. z. PrO. (Anm. 1).

[30]) Nr. III 2 Anm. 132.

Dieselben fungiren während der Sitzungsperiode und in der darauf folgenden Zwischenzeit bis zum Zusammentritte des nächsten Provinziallandtages.

Geschäftsordnung des Provinziallandtages.

§. 33. Der Vorsitzende leitet die Verhandlungen. Er eröffnet und schließt die Sitzungen und handhabt die Ordnung in denselben. Er kann jeden Zuhörer entfernen lassen, welcher Zeichen des Beifalls oder des Mißfallens giebt oder sonst eine Störung verursacht.

Im Uebrigen regelt der Provinziallandtag seinen Geschäftsgang durch eine Geschäftsordnung.

Dritter Abschnitt.

Von den Geschäften des Provinziallandtages.

a. Im Allgemeinen.

§. 34. Der Provinziallandtag ist berufen:

I. über diejenigen die Provinz betreffenden Gesetzentwürfe sowie sonstigen Gegenstände sein Gutachten abzugeben, welche ihm zu dem Ende von der Staatsregierung überwiesen werden[31]);

II. den Provinzialverband zu vertreten, und nach näherer Vorschrift dieses Gesetzes über die Angelegenheiten desselben[32]), sowie über diejenigen Gegenstände zu berathen und zu beschließen, welche ihm durch Gesetze oder Königliche Verordnungen überwiesen sind oder in Zukunft durch Gesetz überwiesen werden.

b. Im Besonderen.

§. 35. Zu den Befugnissen und Obliegenheiten des Provinziallandtages gehören insbesondere folgende:

I. Der Provinziallandtag beschließt über den Erlaß von Statuten und Reglements gemäß §. 8.

§. 36. II. Der Provinziallandtag beschließt, in welcher Weise Staatsprästationen, welche von dem Provinzialverbande aufzubringen sind, und deren Aufbringungsweise nicht schon durch das Gesetz vorgeschrieben ist, vertheilt werden sollen.

§. 37. III. Der Provinziallandtag beschließt über die zur Erfüllung von Verpflichtungen oder im Interesse der Provinz erforderlichen Ausgaben.

Er beschließt zu dem Ende:

1) über die Verwendung der dem Provinzialverbande aus der Staatskasse überwiesenen Jahresrenten und Fonds nach näherer Vorschrift des

---

[31]) Provinzielle Gesetzentwürfe sollen den Prov.landtagen der Regel nach vorgelegt werden; eine entscheidende Mitwirkung ist als mit der VU. unvereinbar ausgeschlossen Begr. z. PrO. (Anm. 1).

[32]) § 1 Abs. 1. Der Prov.verband kann seine Zuständigkeit nicht über die gesetzliche Vorschrift hinaus ausdehnen; doch hat die PrO. die Zuständigkeit nicht auf bestimmte Gegenstände beschränkt u. die Worte „nach näherer Vorschr. dieses G.“ sind auf „zu beraten u. zu beschließen“, nicht auf „Angelegenheiten“ zu beziehen KB. AH. z. PrO. (Anm. 1).

Gesetzes, betreffend die Ausführung der §§. 5 und 6 des Gesetzes vom 30. April 1873 wegen der Dotation der Provinzial- und Kreisverbände[33]),

2) über die Verwendung der Einnahmen aus sonstigem Kapital- und Grundvermögen des Provinzialverbandes, sowie über die Verwendung des Kapitalvermögens selbst,

3) über die Aufnahme von Anleihen und die Uebernahme von Bürgschaften[34]),

4) über die Ausschreibung von Provinzialabgaben[35]).

§. 38. IV. Der Provinziallandtag beschließt über die Veräußerung von Grundstücken und Immobiliarrechten. Durch Provinzialstatut kann dem Provinzialausschusse für einzelne Verwaltungszweige und Anstalten die Befugniß zur Veräußerung von Grundstücken minderen Werthes beigelegt werden[36]).

§. 39. V. Der Provinziallandtag beschließt über die Einrichtung des Rechnungs- und Kassenwesens, über die Feststellung des Haushaltsetats, sowie über die Dechargirung der Jahresrechnungen (§§. 101 und 104).

§. 40. VI. Der Provinziallandtag stellt die Grundsätze fest, nach denen die Verwaltung der Angelegenheiten des Provinzialverbandes zu erfolgen hat.

§. 41. VII. Der Provinziallandtag beschließt über die Einrichtung von Provinzialämtern, er bestimmt die Zahl, die Besoldung, sowie die Art der Anstellung der Beamten und wählt den Landesdirektor (Landeshauptmann), die demselben nach §. 93 zugeordneten oberen Beamten, sowie die sonstigen im Provinzialstatute zu bezeichnenden leitenden Beamten einzelner Verwaltungszweige.

§. 42. VIII. Der Provinziallandtag vollzieht die Wahlen zum Provinzialausschusse[37]), sowie nach Maßgabe der besonderen Gesetze die Wahlen zu den für Zwecke der allgemeinen Landesverwaltung angeordneten Behörden und Kommissionen[38]); er bestellt besondere Kommissionen oder Kommissare für Zwecke der kommunalen Provinzialverwaltung (§. 99).

Für die Vollziehung dieser Wahlen gelten die Vorschriften des diesem Gesetze beigefügten Reglements. Gegen das stattgehabte Wahlverfahren kann jedes Mitglied des Provinziallandtages innerhalb vier und zwanzig Stunden Einspruch bei dem Vorsitzenden erheben. Die endgültige Beschlußfassung über den Einspruch steht dem Provinziallandtage zu.

---

[33]) Nr. 2 d. W.

[34]) § 119[3].

[35]) § 119[2, 4, 5].

[36]) Der Zusatz soll — ähnlich wie § 91 Abs. 2 — die Verwaltung insbes. die der Anstalten u. Chausseen im Interesse rascher Geschäftsführung vereinfachen KB. AH. z. ErgG. (Anm. 1).

[37]) § 47.

[38]) Bürgerliches Mitglied der OberersatzKom. MilG. 2. Mai 74 (RGB. 45) § 30[4]. Kom. zur Mitwirkung u. Kontrolle bei den Rentenbanken G. 2. März 50 (GS. 112) § 5 Abs. 2 u. § 47. — Der Prov.ausschuß wählt die Mitglieder des Prov.rats u. der Bezirksausschüsse LVG. § 10 u. 28 u. der EinkommensteuerBerufungsKom. G. 24. Juni 91 (GS. 175) § 41 Abs. 1.

§. 43. IX. Der Provinziallandtag ist befugt, Anträge und Beschwerden, welche der Provinz oder einzelne Theile derselben betreffen, an die Staatsregierung zu richten[32]).

§. 44. X. Der Provinziallandtag nimmt die ihm durch Gesetz übertragenen sonstigen Geschäfte wahr[39]).

Vierter Abschnitt.

Von dem Provinzialausschusse, seiner Zusammensetzung und seinen Geschäften[40]).

Stellung des Provinzialausschusses im Allgemeinen.

§. 45. Zum Zwecke der Verwaltung der Angelegenheiten des Provinzialverbandes wird für jede Provinz ein Provinzialausschuß bestellt[41]).

Zusammensetzung des Provinzialausschusses.

§. 46. Der Provinzialausschuß besteht aus einem Vorsitzenden und einer durch das Provinzialstatut festzusetzenden Zahl von mindestens sieben bis höchstens dreizehn Mitgliedern[42]).

Außerdem ist der Landesdirektor von Amtswegen Mitglied des Provinzialausschusses[43]).

Wahl des Vorsitzenden und der Mitglieder des Provinzialausschusses.

§. 47. Der Vorsitzende, die Mitglieder des Provinzialausschusses und aus der Zahl der letzteren der Stellvertreter des Vorsitzenden werden von dem Provinziallandtage gewählt.

Für die Mitglieder ist in gleicher Weise eine mindestens der Hälfte derselben gleichkommende Zahl von Stellvertretern zu wählen.

Die Zahl der Stellvertreter, sowie die Reihenfolge, in welcher dieselben einzuberufen sind, wird durch das Provinzialstatut bestimmt.

Wählbar ist jeder zum Provinziallandtage wählbare Angehörige des Deutschen Reiches (§. 17).

Von der Wählbarkeit ausgeschlossen sind der Oberpräsident, die Regierungspräsidenten und Vizepräsidenten[44]), sowie sämmtliche Provinzialbeamte.

Der Landesdirektor kann zum Vorsitzenden oder stellvertretenden Vorsitzenden des Provinzialausschusses nicht gewählt werden.

---

[39]) Nr. 2 Anl. A Anm. 1.

[40]) Der Abschnitt 3 umfaßt die Zusammensetzung des Prov.ausschusses § 45 bis 51 u. seine Geschäftsführung § 52—61.

[41]) Der Prov.ausschuß ist — abweichend vom Kreisausschuß (KrO. § 130) — nur kommunales Verwaltungsorgan, das zu keiner unmittelbaren staatlichen Wirksamkeit berufen ist (mittelbare Anm. 38) u. deshalb auch nicht der Leitung eines Staatsbeamten untersteht.

[42]) Die statutenmäßige Zahl der Mitglieder u. Stellvertreter beträgt für Schlesien, Hess.-Nassau u. die Rheinprov. je 13, für Westfalen 12, für Ostpreußen 11, für Westpreußen, Brandenburg u. Posen (Nr. 4 Unteranl. A 1 § 1) je 9, während für Sachsen 13 Mitgl. u. 7 Stellvertr., für Schl.-Holstein 10 Mitgl. u. 5 Stellvertr., für Hannover 12 Mitgl. u. 6 Stellvertr. vorgeschrieben sind.

[43]) § 88 Abs. 2. — Abweichung für Hannover Han. PrO. § 46 u. 47.

[44]) Fortgefallen LVG. § 17.

§. **48.** Die Wahl des Vorsitzenden, der Mitglieder des Provinzialausschusses und deren Stellvertreter erfolgt auf sechs Jahre.

Jede Wahl verliert dauernd oder vorübergehend ihre Wirkung mit dem gänzlichen oder zeitweisen Aufhören einer der für die Wählbarkeit vorgeschriebenen Bedingungen.

Der Provinzialausschuß hat darüber zu beschließen, ob einer dieser Fälle eingetreten ist. Gegen den Beschluß des Provinzialausschusses findet nach Maßgabe des §. 24 die Klage bei dem Oberverwaltungsgerichte statt[45]).

§. **49.** Alle drei Jahre scheidet die Hälfte der gewählten Mitglieder und Stellvertreter aus und wird durch neue Wahlen ersetzt. Die Ausscheidenden bleiben jedoch in allen Fällen bis zur Einführung der neu Gewählten in Thätigkeit.

Ist die Zahl der gewählten Mitglieder beziehungsweise Stellvertreter nicht durch zwei theilbar, so scheidet das erste Mal die nächst größere Zahl aus.

Die das erste Mal Ausscheidenden werden durch das Loos bestimmt. Die Ausscheidenden sind wieder wählbar.

§. **50.** Für die im Laufe der Wahlperiode ausscheidenden Mitglieder und Stellvertreter haben Ersatzwahlen stattzufinden. Die Vollziehung der Ersatzwahlen muß durch den Provinziallandtag bei dessen nächstem Zusammentritt erfolgen. Die Ersatzmänner bleiben nur bis zum Ende desjenigen Zeitraums in Thätigkeit, für welchen die Ausgeschiedenen gewählt waren.

§. **51.** Der Vorsitzende des Provinzialausschusses wird vom Ober-Präsidenten, die Mitglieder des Provinzialausschusses werden von dem Vorsitzenden vereidigt und in ihre Stellen eingeführt. Sie können aus Gründen, welche die Entfernung eines Beamten aus seinem Amte rechtfertigen (§. 2 des Gesetzes vom 21. Juli 1852, Gesetz-Samml. S. 465), im Wege des Disziplinarverfahrens ihrer Stellen enthoben werden.

Für das Disziplinarverfahren gelten die Vorschriften, welche nach Maßgabe des §. 98 Nr. 5 gegen den Landesdirektor zur Anwendung kommen.

Berufung des Provinzialausschusses.

§. **52.** Der Provinzialausschuß versammelt sich, so oft es die Geschäfte erfordern. Die Berufung zu den Versammlungen erfolgt durch den Vorsitzenden; sie muß erfolgen auf schriftlichen Antrag des Landesdirektors oder der Hälfte der Mitglieder des Provinzialausschusses.

Durch Beschluß des Provinzialausschusses können regelmäßige Sitzungstage festgesetzt werden.

Geschäftsordnung des Provinzialausschusses.

§. **53.** Der Provinzialausschuß kann nur beschließen, wenn mehr als die Hälfte der Mitglieder, mit Einschluß des Vorsitzenden, anwesend ist.

---

[45]) Ebenso bezüglich der Mitglieder des Prov.rats u. der Bezirksausschüsse Anm. 38.

Die Beschlüsse werden nach Stimmenmehrheit gefaßt. Bei Stimmengleichheit giebt die Stimme des Vorsitzenden den Ausschlag.

§. 54. Betrifft der Gegenstand der Verhandlung einzelne Mitglieder oder deren Verwandte und Verschwägerte in auf- und absteigender Linie oder bis zu dem dritten Grade der Seitenlinie, so dürfen dieselben an der Berathung und Abstimmung nicht Theil nehmen.

Ebensowenig darf ein Mitglied bei der Berathung und Beschlußfassung über solche Angelegenheiten mitwirken, in welchen es in anderer als öffentlicher Eigenschaft ein Gutachten abgegeben hat oder als Geschäftsführer, Beauftragter oder in anderer als öffentlicher Stellung thätig gewesen ist.

§. 55. Wird in Folge des gleichzeitigen Ausscheidens von mehr als der Hälfte der Mitglieder gemäß §. 54 ein Provinzialausschuß beschlußunfähig und kann die Beschlußfähigkeit auch nicht durch Einberufung unbetheiligter Stellvertreter hergestellt werden, so erfolgt die Beschlußnahme durch den Provinziallandtag.

Kann die Beschlußnahme nicht bis zum Zusammentritte des Provinziallandtages ausgesetzt bleiben, so ist durch den Ober-Präsidenten aus den unbetheiligten Mitgliedern des Provinzialausschusses beziehungsweise deren Stellvertretern, sowie aus Mitgliedern des Provinziallandtages eine besondere Kommission zu bestellen; dieselbe hat aus einer gleichen Anzahl von Mitgliedern, wie der Provinzialausschuß, zu bestehen.

§. 56. Der Vorsitzende des Provinziallandtages und die dem Landesdirektor zugeordneten oberen Beamten (§§. 87 und 83) können den Sitzungen des Provinzialausschusses mit berathender Stimme beiwohnen. Der Provinzialausschuß kann jedoch beschließen, einzelne den Landesdirektor oder die ihm zugeordneten oberen Beamten persönlich berührende Gegenstände in deren Abwesenheit zu verhandeln.

§. 57. Der Provinzialausschuß regelt seinen Geschäftsgang durch eine Geschäftsordnung. Dieselbe bedarf der Genehmigung des Provinziallandtages.

Geschäfte des Provinzialausschusses.

§. 58. Dem Provinzialausschusse liegt die Erledigung folgender Geschäfte ob:

I. Der Provinzialausschuß hat die Beschlüsse des Provinziallandtages vorzubereiten und auszuführen, soweit damit nicht besondere Kommissionen, Kommissarien oder Beamte durch Gesetz oder Beschluß des Provinziallandtages beauftragt sind.

§. 59. II. Der Provinzialausschuß hat die Angelegenheiten des Provinzialverbandes, insbesondere das Vermögen und die Anstalten desselben nach Maßgabe der Gesetze, der auf Grund von Gesetzen erlassenen Königlichen Verordnungen und der von dem Provinziallandtage beschlossenen Reglements (§. 8 Nr. 2), sowie des von diesem festgestellten Haushaltsetats zu verwalten.

§. **60.** III. Der Provinzialausschuß hat die Provinzialbeamten zu ernennen[46]), soweit die Ernennung derselben nicht dem Provinziallandtage vorbehalten ist (§. 41) und deren Geschäftsführung zu leiten und zu beaufsichtigen.

§. **61.** IV. Der Provinzialausschuß hat sein Gutachten über alle Angelegenheiten abzugeben, welche ihm von den Ministern oder dem Ober-Präsidenten überwiesen werden.

Fünfter Abschnitt.

Von den Provinzial- und Bezirksräthen (Behörden des Staates), ihrer Zusammensetzung und ihren Geschäften.

§§. **62** bis **86.** (Fortgefallen)[47]).

Sechster Abschnitt.

Von den Provinzialbeamten.

Landesdirektor (Landeshauptmann)[48]).

§. **87.** Zur Wahrnehmung der laufenden Geschäfte der kommunalen Provinzialverwaltung wird ein Landesdirektor (Landeshauptmann) bestellt, welcher von dem Provinziallandtage auf mindestens sechs bis höchstens zwölf Jahre zu wählen ist.

Der Landesdirektor (Landeshauptmann) bedarf der Bestätigung des Königs. Wird die Bestätigung versagt, so schreitet der Provinziallandtag zu einer neuen Wahl. Wird auch diese Wahl nicht bestätigt, so kann der Minister des Innern die kommissarische Verwaltung der Stelle auf Kosten des Provinzialverbandes anordnen. Dasselbe findet statt, wenn der Provinziallandtag die Wahl verweigert oder den nach der ersten Wahl nicht Bestätigten wieder wählt. Die kommissarische Verwaltung dauert so lange, bis die Wahl des Provinziallandtages, deren wiederholte Vornahme ihm jederzeit zusteht, die Bestätigung erlangt hat.

Der Provinzialausschuß ist berechtigt, zur Uebernahme der kommissarischen Verwaltung geeignete Personen in Vorschlag zu bringen.

§. **88.** Für den Fall einer Behinderung[49]) des Landesdirektors, sowie im Falle der Erledigung der Stelle desselben bestellt der Provinzialausschuß einen Stellvertreter bis zur Aufnahme der Geschäfte durch den Landesdirektor, beziehungsweise bis zum Eintritte einer kommissarischen Verwaltung nach Maßgabe des §. 87.

---

[46]) Eine staatliche Bestätigung ist im allgemeinen, insbes. auch für Lehrer an den Prov.Taubstummenanstalten nicht vorgeschrieben OV. 22. April 93 (XXIV 11).

[47]) Die entsprechenden Vorschriften enthält jetzt das LVG. (§ 10—15, 28—35).

[48]) Die Landesdirektoren führen, abgesehen von Brandenburg u. Hannover den Titel „Landeshauptmann" u. haben den Rang der Räte dritter Klasse. — Für Hannover ist ein aus drei Oberbeamten zusammengesetztes Landesdirektorium bestellt Hann. PrO. § 87—92.

[49]) Also im voraus KV. HH. z. PrO. (Anm. 1).

Weder der kommissarische Vertreter, noch der Stellvertreter des Landesdirektors sind als solche stimmberechtigte Mitglieder des Ausschusses.

§. 89. Der Landesdirektor (Landeshauptmann) wird von dem Ober-Präsidenten in sein Amt eingeführt und vereidigt.

§. 90. Der Landesdirektor (Landeshauptmann) führt unter der Aufsicht des Provinzialausschusses die laufenden Geschäfte der kommunalen Provinzialverwaltung. Er bereitet die Beschlüsse des Provinzialausschusses vor und trägt für die Ausführung derselben Sorge[50]).

Er ist der Dienstvorgesetzte sämmtlicher Provinzialbeamten.

Der Landesdirektor vertritt den Provinzialverband nach Außen in allen Angelegenheiten, insbesondere auch da, wo die Gesetze eine Spezialvollmacht verlangen[51]). Er verhandelt Namens des Provinzialverbandes mit Behörden und Privatpersonen, führt den Schriftwechsel und zeichnet alle Schriftstücke[52]).

§. 91. Urkunden, mittelst deren der Provinzialverband Verpflichtungen übernimmt, müssen unter Anführung des betreffenden Beschlusses des Provinziallandtages beziehungsweise des Provinzialausschusses von dem Landesdirektor (Landeshauptmann) und von zwei Mitgliedern des Provinzialausschusses unterschrieben und mit dem Amtssiegel des Landesdirektors versehen sein. In denjenigen Fällen, in denen es der Genehmigung der Staatsaufsichtsbehörde bedarf, ist dieselbe der Ausfertigung in beglaubigter Form beizufügen.

Dem Provinziallandtage bleibt vorbehalten, für einzelne Verwaltungszweige und Anstalten in Betreff der Vollziehung von Urkunden und Vollmachten zur Vereinfachung der Geschäfte anderweite statutarische Bestimmung zu treffen.

§. 92. Der Landesdirektor (Landeshauptmann) ist befugt, für die Geschäfte der kommunalen Provinzialverwaltung die vermittelnde und begutachtende Thätigkeit der Kreis-, Amts- und Gemeindebehörden in Anspruch zu nehmen[53]).

Andere obere Beamte[54]).

§. 93. Dem Landesdirektor (Landeshauptmann) können nach näherer Bestimmung des Provinzialstatuts zur Mitwirkung bei Erledigung der Geschäfte der gesammten oder einzelner Zweige der kommunalen Provinzialverwaltung noch andere vom Provinziallandtage zu wählende obere Beamte mit

---

[50]) Zur laufenden Verwaltung gehört alles, worüber der Prov.ausschuß nicht selbst Beschluß faßt. Letzterer hat das Recht, die Tätigkeit des Landesdirektors zu beaufsichtigen u. kann dessen Anordnungen auf Beschwerde oder von Amtswegen aufheben.

[51]) Auch zur Prozeßführung OV. 22. Dez. 86 (XIV 1).

[52]) § 91 Abs. 2.

[53]) Die Best. soll ein lebendiges Zusammenwirken mit den Kreisen u. Gemeinden ermöglichen Begr. z. PrO. (Anm. 1).

[54]) Sie führen den Titel „Landesrat" oder bei juristischer oder technischer Wirksamkeit „Landessyndikus" oder „Landesbaurat" AE. 20. Jan. 77 (MB. 37). — Disziplinarverhältnis § 90 Abs. 2 u. 98².

berathender oder beschließender Stimme[55]) zugeordnet werden. Sie werden von dem Landesdirektor in ihre Aemter eingeführt und vereidigt.

Werden dem Landesdirektor obere Beamte mit beschließender Stimme zugeordnet, so hat das Provinzialstatut auch darüber Bestimmung zu treffen, welche der durch dieses Gesetz dem Landesdirektor allein überwiesenen Geschäfte von demselben unter Mitwirkung jener Beamten zu erledigen sind.

Bureau-, Kassen- rc. Beamte der kommunalen Provinzialverwaltung.

§. 94. Die Stellen der zur Wahrnehmung der Bureau-, Kassen- und sonstigen Geschäfte der kommunalen Provinzialverwaltung erforderlichen Beamten werden von dem Provinziallandtage nach Zahl, Diensteinnahme und Art der Besetzung (auf Lebenszeit, auf Zeit, auf Kündigung) auf Vorschlag des Provinzialausschusses durch den Haushaltsetat bestimmt.

Die Besetzung dieser Stellen erfolgt vorbehaltlich der Bestimmung des §. 41 durch den Provinzialausschuß. Die Beamten werden von dem Landesdirektor (Landeshauptmann) in ihre Aemter eingeführt und vereidigt. Sie erhalten ihre Geschäftsinstruktionen von dem Provinzialausschusse.

Beamte der Provinzialinstitute rc.

§. 95. Ueber die an den einzelnen Provinzialinstituten und in der Provinzial-Chaussee- und Wegeverwaltung anzustellenden Beamten, sowie über die Art der Anstellung derselben wird durch die für jene Institute und jenen Verwaltungszweig zu erlassenden Reglements beziehungsweise die für dieselben festzustellenden Etats bestimmt.

Bis zum Erlasse neuer Reglements bleiben die bestehenden Reglements in Geltung.

Dienstliche Verhältnisse der Provinzialbeamten.

§. 96. Sämmtliche Provinzialbeamte haben die Rechte und Pflichten mittelbarer Staatsbeamten. Die besonderen dienstlichen Verhältnisse derselben werden durch ein von dem Provinziallandtage zu erlassendes Reglement geordnet[56]).

§. 97. Hinsichtlich der Besetzung der Stellen von Provinzialbeamten mit Militärinvaliden gelten die Grundsätze des Bundesrats vom 28. Juni 1899[57]).

§. 98. In Betreff der Dienstvergehen der Provinzialbeamten finden die Vorschriften des Gesetzes vom 21. Juli 1852 (Gesetz-Samml. S. 465) mit folgenden Maßgaben Anwendung[58]):

---

[55]) Die Zuordnung mit beschließender Stimme die — wie in Hannover (Anm. 48) — eine kollegialische Verfassung begründet, besteht nur in der Prov. Sachsen.

[56]) Genehmigung § 120 Abs. 3, Sonderreglements für Anstaltsbeamte § 95. — Außer den Reglements kommt das KBG. (Nr. I 4) in seiner allgemeinen Best. (§ 1—7) zur Anwendung das. § 22 nebst Anm. 66.

[57]) Nr. I 4 Anl. C.

[58]) Nr. II 2 Anm. 278.

1) Gegen den Landesdirektor (Landeshauptmann) und die im §. 41 gedachten Provinzialbeamten ist die Festsetzung von Ordnungsstrafen nur in dem auf Entfernung aus dem Amte gerichteten Verfahren zulässig.

2) Gegen die übrigen Provinzialbeamten steht die den Ministern und den Provinzialbehörden beigelegte Befugniß zur Verhängung von Ordnungsstrafen dem Landesdirektor zu; jedoch dürfen die von ihm festzusetzenden Geldbußen den Betrag von dreißig Mark nicht übersteigen[59].

Außerdem steht

3) den Vorstehern von Provinzialanstalten die Befugniß zu, gegen die ihnen nachgeordneten Anstaltsbeamten, mit Ausnahme der oberen Anstaltsbeamten, Geldbußen bis zu zehn Mark festzusetzen[59].

4) Gegen die Disziplinarverfügungen des Landesdirektors und der Vorsteher von Provinzialanstalten findet innerhalb zwei Wochen die Klage bei dem Bezirksausschusse[60] statt.

5)[61] In dem auf Entfernung aus dem Amte gerichteten Verfahren tritt an die Stelle des Regierungspräsidenten der Landesdirektor und, sofern das Verfahren gegen den letzteren selbst oder einen der im §. 41 gedachten Provinzialbeamten gerichtet ist, der Minister des Innern, an die Stelle der Bezirksregierung beziehungsweise des Disziplinarhofes der Bezirksausschuß[60] und an die Stelle des Staatsministeriums das Oberverwaltungsgericht.

Die Vertreter der Staatsanwaltschaft bei dem Bezirksausschusse[60] und dem Oberverwaltungsgerichte werden vom Minister des Innern ernannt. Die Verhandlung vor dem Bezirksausschusse[60] und dem Oberverwaltungsgerichte findet im mündlichen Verfahren statt. Das Gutachten des Disziplinarhofes ist nicht einzuholen.

Das Verfahren kann mit Rücksicht auf den Ausfall der Voruntersuchung durch Beschluß des Bezirksausschusses[60] eingestellt werden.

6) Die Bestimmung des §. 16 Nr. 1 des Gesetzes vom 21. Juli 1852[62] findet auch auf die Provinzialbeamten, mit Ausnahme der im §. 41 gedachten, Anwendung.

Siebenter Abschnitt.

Von den Provinzialkommissionen.

§. 99. Für die unmittelbare Verwaltung und Beaufsichtigung einzelner Anstalten, sowie für die Wahrnehmung einzelner Angelegenheiten des Provinzialverbandes können besondere Kommissionen oder Kommissare bestellt werden. Die Einsetzung, die Begrenzung der Zuständigkeit und die Art und

[59]) Das. Anm. 279.

[60]) An Stelle des Bezirksverwaltungsgerichts getreten LVG. § 153.

[61]) Nr. II 2 Anm. 280.

[62]) Betrifft die Zulässigkeit der strafweisen Versetzung in ein anderes Amt unter Verminderung des Diensteinkommens u. Verlust der Umzugskosten.

Weise der Zusammensetzung derselben hängt von dem Beschlusse des Provinziallandtages ab[63]). Die Wahl der Mitglieder steht dem Provinzialausschusse zu, sofern sich nicht der Provinziallandtag dieselbe für einzelne Kommissionen oder Kommissare[64]) selbst vorbehält.

Die Kommissionen oder Kommissare empfangen von dem Provinzialausschusse ihre Geschäftsanweisung und führen ihre Geschäfte unter der Aufsicht desselben.

Schlußbestimmung.

§. **100.** Die Mitglieder des Provinziallandtages, des Provinzialausschusses und der Provinzialkommissionen, sowie die gewählten Mitglieder der Provinzial- und Bezirks[65])räthe erhalten eine ihren baaren Auslagen entsprechende Entschädigung[66]).

Ueber die Höhe derselben beschließt der Provinziallandtag.

Achter Abschnitt.

Von dem Provinzialhaushalte.

Aufstellung und Feststellung des Provinzialhaushalts-Etats.

§. **101.** Ueber alle Einnahmen und Ausgaben entwirft der Provinzialausschuß einen Haushaltsetat für ein oder mehrere Jahre. Derselbe wird vom Provinziallandtage festgestellt und durch die Amtsblätter der Provinz veröffentlicht.

§. **102.** Bei Vorlegung des Haushaltsetats hat der Provinzialausschuß über die Verwaltung und den Stand der Angelegenheiten des Provinzialverbandes. Bericht zu erstatten.

§. **103.** Der Provinzialausschuß beziehungsweise in Ausführung der Beschlüsse desselben der Landesdirektor (Landeshauptmann) haben dafür zu sorgen, daß der Haushalt nach dem Etat geführt werde.

Der Landesdirektor erläßt die Einnahme- und Ausgabeanweisungen an die Provinzial- (Landes-) Hauptkasse.

Etatsüberschreitungen und außeretatsmäßige Ausgaben dürfen nur unter Verantwortung des Provinzialausschusses stattfinden und bedürfen der Genehmignng des Provinziallandtages.

§. **104.** Die Jahresrechnungen der Provinzial-Hauptkasse sowie der Kassen der einzelnen Provinzialanstalten sind von dem Rendanten derselben innerhalb

---

[63]) Dieser kann die Einsetzung dem Prov.ausschusse übertragen KB. AH. z. PrO. (Anm. 1).

[64]) Einem solchen für eine Prov.anstalt (Feuersozietät) bestellten Kommissar können die Befugnisse des Landesdirektors nicht beigelegt werden U. RGer. 14. Dez. 93 (XXXII 267).

[65]) Die gewählten Mitglieder der — an Stelle der Bezirksräte getretenen (Anm. 60) — Bezirksausschüsse erhalten jetzt Tagegelder u. Reisekosten aus der Staatskasse nach den für Staatsbeamte der 4. Rangklasse maßgebenden Sätzen LVG. § 34.

[66]) Die Entschädigung, die den am Orte wohnenden Mitgliedern nicht gewährt zu werden braucht, kann, abgesehen von Reisekosten, in einem Pauschquantum (Tagegeldern) bestehen KB. HH. z. PrO. (Anm. 1).

vier Monaten nach Schluß des Rechnungsjahres zu legen und dem Provinzialausschusse einzureichen.

Letzterer hat die Revision der Rechnungen zu veranlassen und dieselben mit seinen Bemerkungen dem Provinziallandtage zur Prüfung, Feststellung und Entlastung vorzulegen. Nach erfolgter Entlastung sind Auszüge aus den Rechnungen durch die Amtsblätter der Provinz zur öffentlichen Kenntniß zu bringen.

Ausschreibung von Provinzialabgaben.

§. 105. Der Provinziallandtag kann die Ausschreibung von Provinzialabgaben beschließen.

Bis zum Erlasse eines besonderen Gesetzes über die Kommunalbesteuerung[67]) gelten hierüber folgende Bestimmungen:

Grundsätze über die Vertheilung und Aufbringung der Provinzialabgaben.

§. 106. Die Vertheilung der Provinzialabgaben erfolgt auf die einzelnen Land- und Stadtkreise[68]) nach dem Maßstabe der in ihnen aufkommenden direkten Staatssteuern[69]) mit Ausschluß der Gewerbesteuer vom Hausirgewerbe[70]).

§. 107. Bei dieser Vertheilung kommen die behufs Aufbringung der Kreis- beziehungsweise der städtischen Kommunalabgaben in den einzelnen Land- und Stadtkreisen nach den Vorschriften der §§. 14 bis 16 der Kreisordnung vom 13. Dezember 1872 beziehungsweise der §§. 91 und 92 des Kommunalabgabengesetzes[71]) besonders veranlagten Steuerbeträge auf Höhe der Staatssteuern, welche von dem ihnen zu Grunde liegenden Einkommen, Grundsteuerreinertrage, Gebäudesteuernutzungswerthe oder nach dem Umfange des Gewerbe- oder Bergbaubetriebes zu entrichten wären, mit in Anrechnung[72]). Dagegen bleiben die von einer Belastung mit Kreis- und Gemeindeabgaben ganz oder theilweise befreiten Steuerbeträge (§§. 17 und 18

---

[67]) Das KAG. (Nr. I 3) enthält nur einzelne Änderungen der bestehenden Vorschriften (Anm. 69, 78, 79, 81).

[68]) Für die Prov.abgaben findet — abweichend von den Kreisabgaben (Nr. IV 2 Anm. 46) — die Kontingentierung auf die Kreise statt. Diese u. nicht die Einzelpersonen sind steuerpflichtig (§ 112 Abs. 1) OV. 4. April 81 (VIII 16) u. die Prov.abgaben sind mit den Kreis- oder Gemeindebedürfnissen u. nicht durch besondere Umlagen aufzubringen 13. März 03 (XXIV 548).

[69]) Dabei findet G. 24. Juli 03 (Nr. I 3 Anl. C) § 4 Abs. 1 u. § 5 Abs. 1 Anwendung. — Für die Verteilung ist das Sollaufkommen des laufenden Jahres maßgebend. Ausfälle u. Änderungen kommen — soweit sie nicht auf Grund der Einlegung von Rechtsmitteln erfolgt sind (KAG. § 91 Abs. 2) — nicht in Betracht OV. 9. Okt. 82 (IX 1). — Eine nur vorläufige Verteilung ist unstatthaft OV. 3. März 91 (XX 1).

[70]) Ebenso der Ergänzungssteuer G. 24. Juni 93 (GS. 134) § 51.

[71]) Durch diese Best., insbes. KAG. (Nr. I 3) § 91 Abs. 1[4] ist StO. § 4 Abs. 3, auf den der Text verwies, ersetzt.

[72]) Gleiches gilt von den nach Einkst. G. § 74 (Nr. IV 2 Anm. 45) fingiert zu veranlagenden Steuersätzen für Einkommen von nicht mehr als 900 M. OV. 18. Sept. 97 (XXXII 1). Die Freilassung dieses Einkommens kann nicht vom Prov.ausschuß (§ 111 Abs. 1), sondern nur vom Prov.landtag beschlossen werden OV. 29. März 04 (MB. 148).

der Kreisordnung, §§. 24, 26, 28, 30, 41, 42 des Kommunalabgabengesetzes)[73]) mit Einschluß der Steuerbeträge der Militärpersonen außer Ansatz[74]).

§. **108.** In den einzelnen Land- und Stadtkreisen erfolgt die Aufbringung der auf sie treffenden Antheile an den Provinzialabgaben gleich den übrigen Kreis- und beziehungsweise Gemeindebedürfnissen nach den Vorschriften der Kreisordnung vom 13. Dezember 1872 beziehungsweise des Kommunalabgabengesetzes[75]).

(§. **109**)[76]).

Mehr- und Minderbelastung einzelner Theile der Provinz.

§. **110**[77]). Sofern es sich um Provinzialeinrichtungen handelt, welche in besonders hervorragendem oder in besonders geringem Maße einzelnen Theilen der Provinz zu Gute kommen, kann der Provinziallandtag beschließen, für die betreffenden Kreise eine nach Quoten der direkten Staatssteuern zu bemessende[78]) Mehr- oder Minderbelastung eintreten zu lassen.

Die Mehrbelastung kann nach Maßgabe der Beschlüsse des Provinziallandtages durch Naturalleistungen ersetzt werden.

§. **111.** Die Vertheilung der Provinzialabgaben auf die einzelnen Land- und Stadtkreise liegt dem Provinzialausschusse ob[79]).

Der Betrag der von dem Provinziallandtage ausgeschriebenen Provinzialabgaben, sowie die Vertheilung desselben auf die Kreise sind durch die Amtsblätter der Provinz öffentlich bekannt zu machen. In dem Ausschreiben ist der Bedarf für Verkehrsanlagen besonders anzugeben. In Betreff der Aufbringung dieses Theils der Provinzialabgaben von Seiten der Landkreise gelten die Vorschriften des §. 12 Absatz 1 Satz 2 der Kreisordnung vom 13. Dezember 1872[80]).

Reklamationen gegen die Veranlagung zu den Provinzialabgaben.

§. **112.** Reklamationen der Kreise gegen die Vertheilung der Provinzialabgaben[81]) unterliegen der Beschlußfassung des Provinzialausschusses.

---

[73]) Der Text verwies auf den durch obige Best. aufgehobenen § 4 Abs. 7 ff. der StO.

[74]) Die „teilweise befreiten Steuerbeträge" (richtiger „Steuerobjekte") bleiben nicht ganz, sondern nur mit dem von den Kreis- u. Gemeindeabgaben befreiten Teile außer Ansatz OV. 16. Dez. 92 (XXIV 1).

[75]) Der Text verwies auf die in betreff der Gemeindeabgaben durch das KAG. ersetzten StO. für die östl. Prov. u. für Neuvorpommern u. Rügen.

[76]) § 109 erhielt bestehende besondere Verteilungsarten bis zum 31. Dez. 79 aufrecht.

[77]) Nr. IV 2 Anm. 59—63.

[78]) KAG. (Nr. I 3) § 91 Abs. 1[2].

[79]) Zuständigkeit bezüglich des dem Besteuerungsrecht mehrerer Provinzen unterliegenden Einkommens KAG. § 92 Abs. 1[2].

[80]) Demgemäß sind die Kreise befugt, zu diesem Teil der Prov.abgaben die Realsteuern stärker u. die untersten Einkommensteuern geringer oder überhaupt nicht heranzuziehen.

[81]) Die Herabsetzung infolge der Einlegung von Rechtsmitteln gegen die Staatssteuerveranlagung (KAG. § 91 Abs. 2) ist von Amts wegen zu bewirken Anw. (Nr. I 3 Anl. A) Art. 59 II Abs. 2,

Die Reklamationen sind innerhalb einer Frist von vier Wochen nach erfolgter Bekanntmachung der Abgabenbeträge bei dem Provinzialausschusse anzubringen.

Gegen den auf die Reklamation eines Kreises wegen Vertheilung der Provinzialabgaben erlassenen Beschluß des Provinzialausschusses findet innerhalb zwei Wochen die Klage bei dem Oberverwaltungsgerichte statt[82]).

§. **113.** Die Zahlung der Provinzialabgabe darf durch die Reklamation beziehungsweise Klage nicht aufgehalten werden, muß vielmehr mit Vorbehalt der späteren Rückerstattung des etwa zu viel Bezahlten zu den bestimmten Terminen erfolgen[83]).

Dritter Titel.

Von der Aufsicht über die Verwaltung der Angelegenheiten der Provinzialverbände[84]).

§. **114.** Die nach Maßgabe dieses Gesetzes zu handhabende Aufsicht über die Verwaltung der Angelegenheiten der Provinzialverbände[85]) wird von dem Ober-Präsidenten, in höherer Instanz von dem Minister des Innern geübt.

Die Beschwerde an die höhere Instanz ist innerhalb zwei Wochen zulässig.

§. **115.** Die Aufsichtsbehörden haben mit den ihnen in diesem Gesetze zugewiesenen Mitteln darüber zu wachen, daß die Verwaltung den Bestimmungen der Gesetze gemäß geführt und in geordnetem Gange erhalten werde.

§. **116.** Die Aufsichtsbehörden sind zu dem Ende befugt, über alle Gegenstände der Verwaltung Auskunft zu erfordern, die Einsicht der Akten, insbesondere auch der Haushaltsetats und Jahresrechnungen zu verlangen und Geschäftsrevisionen, sowie in der Verbindung mit denselben Kassenrevisionen an Ort und Stelle zu veranlassen.

§. **117.** Der Ober-Präsident ist befugt, an den Berathungen des Provinzialausschusses und der Provinzialkommissionen entweder selbst oder durch einen zu seiner Vertretung abzuordnenden Staatsbeamten Theil zu nehmen.

---

kann aber auch durch Reklamation von den Kreisen geltend gemacht werden OV. 9. Jan. 94 (XXVI 1).

[82]) Abs. 3 ist durch ZustG. § 1 Abs. 1 gemäß dessen Abs. 2 ersetzt. — Die Zuständigkeit des OVG. ist auch insoweit begründet, als bisher der Rechtsweg zulässig war ZustG. § 160. — Durch die Klage kann nur das mit der Reklamation Geforderte erreicht werden OV. 3. März 91 (Anm. 69). — Für Lasten der Landarmenverbände ist gem. ZustG. § 44 das Bundesamt für Heimatwesen zuständig OV. 29. März 04 (Anm. 72).

[83]) Nr. I 3 Anm. 281.

[84]) Der dritte Titel betrifft nach den allgemeinen Best. § 114—117, das Beanstandungsrecht § 118, das Erforderniß der Genehmigung § 119, 120, die Zwangseintragung in den Voranschlag § 121 u. die Auflösung der Prov.landtage § 122.

[85]) Die gesundheitspolizeiliche Aufsicht über die Provinzial- u. die Schulaufsicht über die Zwangserziehungsanstalten führt der Oberpräsident AE. 12. Mai 97 (GS. 227), die Schulaufsicht über die öffentlichen Blinden- u. Taubstummenanstalten das Prov.schulkollegium AE. 27. Juli 85 (GS. 350). — Die Anstellung der Taubstummenlehrer fordert keine staatliche Bestätigung OV. 22. April 93 (XXIV 11).

§. 118. Beschlüsse des Provinziallandtages, des Provinzialausschusses oder einer Provinzialkommission, welche deren Befugnisse überschreiten oder die Gesetze verletzen[86]), hat der Ober-Präsident, entstehenden Falles auf Anweisung des Ministers des Innern, unter Angabe der Gründe, mit aufschiebender Wirkung zu beanstanden[87]).

Gegen die Verfügung des Ober-Präsidenten steht dem Provinziallandtage, dem Provinzialausschusse beziehungsweise der Provinzialkommission innerhalb zwei Wochen die Klage bei dem Oberverwaltungsgerichte zu[88]). Dieselben können zur Wahrnehmung ihrer Rechte im Verwaltungsstreitverfahren einen besonderen Vertreter bestellen.

§. 119. Beschlüsse des Provinziallandtages, welche folgende Angelegenheiten betreffen:

1) den Erlaß von Statuten gemäß §. 8 Nr. 1 und §. 35,
2) Mehr- oder Minderbelastungen einzelner Theile der Provinz gemäß §. 110,
3) Aufnahme von Anleihen, durch welche der Provinzialverband mit einem Schuldenbestande belastet oder der bereits vorhandene Schuldenbestand vergrößert werden würde, sowie Uebernahme von Bürgschaften auf den Provinzialverband[89]),
4) eine Belastung des Provinzialverbandes durch Beiträge über fünfundzwanzig Prozent des Gesammtaufkommens an direkten Staatssteuern[90]).
5) eine neue Belastung des Provinzialverbandes ohne gesetzliche Verpflichtung, insofern die aufzulegenden Leistungen über die nächsten fünf Jahre hinaus fortdauern sollen[91]),

bedürfen in den Fällen zu 1 der landesherrlichen Genehmigung, in den Fällen zu 2 und 3 der Bestätigung des Ministers des Innern, in den Fällen zu 4 und 5 der Bestätigung der Minister des Innern und der Finanzen.

§. 120. Der Genehmigung der zuständigen Minister bedürfen ferner die von dem Provinziallandtage gemäß §. 8 Nr. 2, §§. 35 und 95 für folgende Provinzialinstitute und Verwaltungszweige zu beschließenden Reglements[92]):

1) Landarmen- und Korrigendenanstalten,
2) Irren-, Taubstummen-, Blinden- und Idiotenanstalten,
3) Hebammenlehrinstitute,
4) Provinzialhülfs- und Darlehnskassen,
5) Versicherungsanstalten.

---

[86]) Nr. II 2 Anm. 272.

[87]) Voraussetzungen u. Form das. Anm. 273.

[88]) Gegenstand der verwaltungsgerichtlichen Entscheidung das. Anm. 274.

[89]) Nr. III 2 Anm. 149.

[90]) Nr. IV 2 Anm. 288.

[91]) Die Übernahme einer Chaussee in das Eigentum u. die Unterhaltung der Prov. bedarf keiner Bestätigung Vf. 22. März 93 (MB. 109).

[92]) Da der Prov.landtag nur in längeren Zwischenräumen zusammentritt, empfiehlt es sich, die Entwürfe vor dessen Beschlußnahme dem Min. zur Vorprüfung einzureichen.

Dieser Genehmigung unterliegen jedoch die gedachten Reglements nur insoweit, als sich die Bestimmungen derselben beziehen:

in Betreff der zu 1 und 2 gedachten Anstalten auf die Aufnahme, die Behandlung und Entlassung der Landarmen, Korrigenden, Irren, Taubstummen, Blinden und Idioten beziehungsweise auf den Unterricht derselben,

in Betreff der Hebammenlehrinstitute zu 3 auf die Aufnahme, den Unterricht und die Prüfung der Schülerinnen,

in Betreff der Provinzialhülfs- und Darlehnskassen zu 4 auf die Grundsätze, nach denen die Gewährung von Darlehnen zu erfolgen hat,

in Betreff der Versicherungsanstalten zu 5 auf die Organisation und die Verwaltungsgrundsätze.

Ingleichen bedarf das im §. 96 vorgeschriebene Reglement über die dienstlichen Verhältnisse der Provinzialbeamten der Genehmigung des Ministers des Innern in Betreff der Grundsätze über die Anstellung, Entlassung und Pensionirung der Beamten.

§. 121. Unterläßt oder verweigert ein Provinzialverband die ihm gesetzlich obliegenden, von der Behörde[93]) innerhalb der Grenzen ihrer Zuständigkeit festgestellten Leistungen[94]) auf den Haushaltsetat zu bringen oder außerordentlich zu genehmigen[95]), so verfügt der Ober-Präsident, unter Angabe der Gründe, die Eintragung in den Etat, beziehungsweise die Feststellung der außerordentlichen Ausgaben[96]).

Gegen die Verfügung des Ober-Präsidenten steht dem Provinzialverbande innerhalb zwei Wochen die Klage bei dem Oberverwaltungsgerichte zu. Zur Ausführung der Rechte des Provinzialverbandes kann der Provinziallandtag einen besonderen Vertreter bestellen.

Auflösung der Provinziallandtage.

§. 122. Auf den Antrag des Staatsministeriums kann ein Provinziallandtag durch Königliche Verordnung aufgelöst werden. Es sind sodann Neuwahlen anzuordnen, welche innerhalb drei Monaten vom Tage der Auflösung an erfolgen müssen. Der neugewählte Landtag ist innerhalb sechs Monaten nach erfolgter Auflösung zu berufen.

---

[93]) Zuständig zur Beschlußnahme über die einem Ortsarmenverbande vom Prov.-verbande als Landarmenverband zu gewährende Beihilfe ist der Prov.rat ZustG. § 42 u. OV. 26. Juni 86 (XIII 1).

[94]) Nr. II 2 Anm. 275. — Nicht dazu gehören Entschädigungsansprüche, die der Viehbesitzer oder der für ihn eingetretene Fiskus an den Prov.verband für das wegen Seuchenverdachts getötete oder gefallene Vieh erhebt, da diese nicht durch die Verwaltungsbehörde sondern im Rechtswege festzustellen sind OV. 22. Dez. 86 (XIV 1).

[95]) Ein Beschluß des Prov.landtags ist keine notwendige Voraussetzung; eine Erklärung des Landesdirektors erscheint ausreichend OV. (Anm. 94).

[96]) Nr. II 2 Anm. 276. Die Vf. ist dem Landesdirektor zu behändigen OV. (Anm. 94) u. 23. Juni 84 (XI 15).

Im Falle der Auflösung eines Provinziallandtages bleiben die von demselben gewählten Mitglieder des Provinzialausschusses und der Provinzialkommissionen bis zum Zusammentritte des neu gebildeten Provinziallandtages in Wirksamkeit.

Vierter Titel.

Schluß-, Uebergangs- und Ausführungsbestimmungen.

§. 123. Die gegenwärtige Provinzialordnung tritt mit dem 1. Januar 1876 in Kraft.

§. 124. In allen Provinzen ist noch im Laufe des Jahres 1875 zur Wahl der Mitglieder der Provinziallandtage gemäß den Bestimmungen des gegenwärtigen Gesetzes zu schreiten.

Für diese ersten Wahlen sind die Obliegenheiten des Provinzialausschusses (§§. 12 und 13) von dem Ober-Präsidenten wahrzunehmen.

§. 125. Von dem im §. 123 gedachten Zeitpunkte ab gehen die Rechte und Pflichten der bisherigen provinzialständischen Verbände auf die nach §. 1 dieses Gesetzes gebildeten Provinzialverbände über.

Die bisherigen provinzialständischen Ausschüsse und Kommissionen bleiben bis zur anderweitigen Beschlußnahme der nach diesem Gesetze gewählten Provinziallandtage über ihren Fortbestand und ihre Zusammensetzung in Wirksamkeit.

§. 126. (Fortgefallen.)

§. 127. (Fortgefallen)[97].

§. 128. Die Verwaltung der zur Zeit bestehenden besonderen kommunalständischen Verbände, soweit sie die Fürsorge für Landarme, Geisteskranke, Taubstumme, Blinde und Idiote betrifft, ist spätestens bis zum 1. Januar 1878 mit allen Rechten und Pflichten auf die Provinzialverbände zu übertragen[98].

Soweit die betreffende Regelung in der obigen Frist nicht durch Uebereinkommen zwischen den gegenwärtigen Vertretungen der kommunalständischen Verbände und der nach diesem Gesetze zu bildenden Provinzialvertretung, unter Genehmigung des Ministers des Innern, zu Stande kommt, erfolgt dieselbe, unbeschadet aller Privatrechte Dritter, durch Königliche Verordnung.

Streitigkeiten, welche bei der Ausführung entstehen, unterliegen der Entscheidung des Oberverwaltungsgerichts.

Im Uebrigen erfolgt die Umbildung beziehungsweise Aufhebung der kommunalständischen Verbände und ihrer Organe durch besondere Gesetze[99].

---

[97]) Die Sonderbestimmung für Berlin in § 126 ist jetzt in das EinkstG. 24. Juni 91 § 41 Abs. 2 u. die in § 127 enthaltene Best. über Berechnung u. Wirkung der Fristen in das LVG. § 52 übernommen.

[98]) Die Provinzial- decken sich mit den Landarmenverbänden mit der Maßgabe, daß in Ostpreußen die Kreise, u. ferner Berlin, Breslau, Kreis Herz. Lauenburg, die Kommunalverbände Kassel u. Wiesbaden u. Hohenzollern besondere Landarmenverbände bilden G. 8. März 71 (GS. 130) § 26.

[99]) Nr. I 1 Anm. 3.

§. 129. Mit dem Tage des Inkrafttretens des gegenwärtigen Gesetzes treten alle mit den Vorschriften desselben im Widerspruch stehenden oder mit denselben nicht zu vereinigenden gesetzlichen Bestimmungen außer Geltung.

§. 130. Der Minister des Innern ist mit der Ausführung des gegenwärtigen Gesetzes beauftragt und erläßt die hierzu erforderlichen Anordnungen und Instruktionen.

Inhalt.

Erster Titel.

Zweiter Titel.

Dritter Titel.

Vierter Titel.

Wahlreglement[100]).

§. 1. Der Wahlvorstand besteht aus dem Vorsitzenden des Provinziallandtages beziehungsweise dem vom Ober-Präsidenten ernannten Wahlkommissar, dem Landrathe, dem Bürgermeister oder deren Stellvertreter als

---

[100]) § 16. — Bedeutung Nr. IV 2 Anm. 183 a. E.

Vorsitzenden und aus zwei oder vier Beisitzern, welche von der Wahlversammlung aus der Zahl der Wähler zu wählen sind[101]). Der Vorsitzende ernennt einen der Beisitzer zum Protokollführer.

§. 2. Während der Wahlhandlung dürfen im Wahllokale weder Diskussionen stattfinden, noch Ansprachen gehalten, noch Beschlüsse gefaßt werden.

Ausgenommen hiervon sind die Diskussionen und Beschlüsse des Wahlvorstandes, welche durch die Leitung des Wahlgeschäfts bedingt sind.

§. 3. Die Wahl erfolgt durch Stimmzettel.

§. 4. Die Wähler werden in der Reihenfolge, in welcher sie in der Wählerliste verzeichnet sind, aufgerufen.

Jeder aufgerufene Wähler legt den Stimmzettel uneröffnet in die Wahlurne.

§. 5. Die während des Wahlakts erscheinenden Wähler können an der nicht geschlossenen Wahl Theil nehmen[102]).

Sind keine Stimmen mehr abzugeben, so erklärt der Wahlvorstand die Wahl für geschlossen; der Vorsitzende nimmt die Stimmzettel einzeln aus der Wahlurne und verliest die darauf verzeichneten, von einem Beisitzer, welchen der Vorsitzende ernennt, laut zu zählenden Namen.

§. 6. Ungültig sind:

1) Stimmzettel, welche keinen oder keinen lesbaren Namen enthalten;
2) Stimmzettel, aus welchen die Person des Gewählten nicht unzweifelhaft zu erkennen ist[103]);
3) Stimmzettel, auf welchen mehr Namen, als zu wählende Personen[104]) oder der Name einer nicht wählbaren Person verzeichnet ist;
4) Stimmzettel, welche einen Protest oder Vorbehalt enthalten.

§. 7. Alle ungültigen Stimmzettel werden als nicht abgegeben betrachtet. Ueber die Gültigkeit der Stimmzettel entscheidet vorläufig der Wahlvorstand[105]). Die Stimmzettel sind dem Wahlprotokolle beizufügen und so lange aufzubewahren, bis über die gegen das Wahlverfahren erhobenen Einsprüche rechtskräftig entschieden ist.

§. 8. Als gewählt sind diejenigen zu betrachten, welche die absolute Stimmenmehrheit (mehr als die Hälfte der Stimmen) erhalten haben.

Ergiebt sich keine absolute Stimmenmehrheit, so wird zu einer engeren Wahl zwischen denjenigen zwei Personen geschritten, welche die meisten Stimmen erhalten haben. Bei Stimmengleichheit entscheidet das von dem Vorsitzenden zu ziehende Loos darüber, wer auf die engere Wahl zu bringen, beziehungsweise wer als schließlich gewählt zu betrachten ist.

---

[101]) Nr. IV 2 Anm. 307.
[102]) Das. Anm. 309.
[103]) Das. Anm. 310.
[104]) Mehrere Abgeordnete können — abweichend vom Wahlregl. z. KrO. § 6[4] — in einer Wahlhandlung gewählt werden OV. 17. Mai 82 (VIII 11).
[105]) Nr. IV 2 Anm. 311.

§. 9. Die Wahlprotokolle sind von dem Wahlvorstande zu unterzeichnen[106]).

§. 10. Der Vorsitzende des Wahlvorstandes hat die Gewählten von der auf sie gefallenen Wahl mit der Aufforderung in Kenntniß zu setzen, sich über die Annahme oder Ablehnung innerhalb längstens fünf Tagen zu erklären. Wer diese Erklärung nicht abgiebt, wird als ablehnend betrachtet.

§. 11. Wahlen, welche auf dem Provinziallandtage selbst vorzunehmen sind, können auch durch Akklamation stattfinden, sofern Niemand Widerspruch erhebt.

---

4. Gesetz wegen Anordnung der Provinzialstände für die Provinz[1]) Posen. Vom 27. März 1824. (GS. 141)[2]).

Wir u. s. w. ertheilen, in Folge des wegen Anordnung der Provinzialstände in Unserer Monarchie am 5. Juni vorigen Jahres erlassenen allgemeinen Gesetzes, für den ständischen Verband in der Provinz[1]) Posen nachstehende besondere Vorschriften.

I. Bestimmung der in diesem Verbande begriffenen Landestheile.

§. 1. Dieser Verband umfaßt alle diejenigen Landestheile, welche nach der Verordnung von 30. April 1815 die Provinz Posen bilden[3]).

II. Benennung der Provinzial-Stände.

§. 2. Die Stände dieses Verbandes bestehen, und zwar

I. Der erste Stand[4]).

a) Aus dem Fürsten von Thurn und Taxis, wegen des Fürstenthums Krotoszyn;

b) aus dem Fürsten von Sulkowski, wegen seines Familien-Majorats Reisen;

c) aus der Ritterschaft.

II. Der zweite Stand.

Aus den Städten.

III. Der dritte Stand.

Aus den übrigen Gutsbesitzern, mit Grundeigenthum versehenen Bauern und Erbzinsmännern[5]).

---

[106]) Nr. II 2 Anm. 135.

[1]) Jetzige Bezeichnung (im Text stand: das Großherzogthum).

[2]) Wie in der Kreisverfassung (Nr. IV 3 Anm. 2) ist es in Posen auch bezüglich der Provinzialverfassung bei der älteren ständischen Ordnung verblieben. Auch diese ist aber mit Einführung der neuen Gesetzgebung über die Landesverwaltung (Nr. IV 3 Anl. A d. W. Art. I) abgeändert u. erweitert durch G. 19. Mai 89 Art. V A, abgedruckt als Anlage A. — Die in dem Prov.ständeG. vorbehaltenen Bestimmungen sind in der V. 15. Dez. 30, Anlage B erlassen.

[3]) Die daselbst aufgeführten damaligen Kreise sind inzwischen wesentlich verändert. Die jetzt zur Prov. gehörigen Kreise ergibt Anl. A Art. II.

[4]) V. 15. Dez. 30 (Anl. B) Art. I.

[5]) Das Erbzinsrecht besteht nicht mehr G. 2. März 50 (GS. 77) § 2[2].

III. Ernennung der Mitglieder des Landtags.

§. 3. Auf dem Landtage kann sich der Fürst von Thurn und Taxis durch einen dazu geeigneten Bevollmächtigten aus der Ritterschaft vertreten lassen. Der Fürst von Sulkowski führt aber, sobald er die Majorennität erreicht hat, die ihm zugewiesene Stimme in Person.

Alle übrigen Stände erscheinen durch Abgeordnete, welche von ihnen durch Wahl bestimmt werden, und wenn der Fürst von Sulkowski behindert ist, auf dem Landtage zu erscheinen, so tritt ein von der Ritterschaft gewählter Abgeordneter an seine Stelle.

IV. Bestimmung der Anzahl der Mitglieder des Landtages.

§. 4. Die Anzahl der Mitglieder eines jeden der im §. 2. benannten Stände bestimmen Wir

I. Für den ersten Stand:		
1) Den Fürsten von Thurn und Taxis auf .	1	
2) Den Fürsten von Sulkowski auf . . .	1	
2a) Den Grafen Raczynski	1	
2b) Den Fürsten Radziwill	1[6])	
3) Die Ritterschaft auf	22	
	//26	Mitglieder[7]).
II. Für den zweiten Stand auf	16	Mitglieder.
III. Für den dritten Stand auf	8	Mitglieder.

Hieraus ergiebt sich die Gesammtzahl von fünfzig[8]) Mitgliedern für diesen ganzen ständischen Verband.

Die speziellere Vertheilung der Abgeordneten jedes Standes, so wie die Bildung der hierzu erforderlichen Wahlbezirke, wird eine besondere Verordnung festsetzen[9]).

V. Bedingungen der Wählbarkeit.

1) Der Abgeordneten aller Stände.

§. 5. Bei der Wählbarkeit der Abgeordneten aller Stände zum Provinzial-Landtage, werden folgende Bedingungen vorausgesetzt[10]):

1) Grundbesitz[11]), in auf- und absteigender Linie[12]) ererbt, oder auf andere Weise erworben, und zehn Jahre lang nicht unterbrochen. Im Vererbungsfalle wird die Zeit des Besitzes des Erblassers und des Erben zusammengerechnet;

[6]) Anl. B Anm. 2.
[7]) Im Text stand: 24 Mitglieder.
[8]) Im Text stand: Acht und Vierzig.
[9]) Anl. B Art. II—IV.
[10]) Entziehung oder Suspension ständischer Rechte Nr. IV 3 Anm. 12.
[11]) Nießbraucher u. Verwalter sind nicht wählbar StMin. Bf. 12. Okt. 26.
[12]) Die Beschränkung auf Vererbung in auf- u. absteigender Linie ist aufgehoben. Der Vererbung steht die Abtretung an einem ehelichen Nachkommen bei Lebzeiten — nicht aber die Zuwendung durch Vermächtnis — gleich V. 29. Nov. 44 (GS. 706). — Anl. B Art. XIX.

2) die Gemeinschaft mit einer der christlichen Kirchen[13]);
3) die Vollendung des dreißigsten Lebensjahres;
4) der unbescholtene Ruf; und
5) daß der zu Wählende nach dem Staatsvertrage vom 3. Mai 1815[14]) für einen Preußischen Unterthan zu halten sey.

§. 6. Von der Bedingung des zehnjährigen Besitzes zu dispensiren, behalten Wir uns Allerhöchstselbst vor. In Ansehung der übrigen Bedingungen findet keine Dispensation statt.

2) Der Abgeordneten der einzelnen Stände und zwar

a) des ersten Standes[15]).

§. 7. Das Recht zu dem ersten Stande für die Ritterschaft als Abgeordneter gewählt zu werden, wird durch den Besitz eines Ritterguts in der Provinz, ohne Rücksicht auf die adelige Geburt des Besitzers, begründet. Wir behalten Uns jedoch vor, den Besitz bedeutender Familien-Fideikommiß-Güter auf angemessene Weise hierbei zu bevorrechten.

§. 8. Der Besitz eines Ritterguts in einer andern Unserer Provinzen wird auf die bestimmte Dauer von zehn Jahren angerechnet.

§. 9. Wenn Geistliche, Militair- und Zivilbeamte, die durch den mit vorstehenden Bedingungen verknüpften Besitz eines Ritterguts dem ersten Stande angehören, als Abgeordnete desselben gewählt werden, so bedürfen sie der Beurlaubung ihrer Vorgesetzten.

b) des zweiten Standes.

§. 10. Als Abgeordnete des zweiten Standes können nur städtische Grundbesitzer gewählt werden, welche entweder zeitige Magistrat-Personen sind, oder ein bürgerliches Gewerbe treiben, welches eine Korporation, Innung oder Meisterschaft erheischt[16]). Bei den letztern muß der Grundbesitz mit dem Gewerbe zusammen, einen nach der Verschiedenheit der Städte abzumessenden Werth haben, welchen die §. 4. vorbehaltene besondere Verordnung bestimmen wird[17]).

c) des dritten Standes.

§. 11. Bei dem dritten Stande wird zu der Eigenschaft eines Landtags-Abgeordneten der Besitz eines als Hauptgewerbe selbst bewirthschafteten Landguts erfordert, dessen Größe ebenfalls die besondere Verordnung (§. 4.) festsetzen wird[18]).

VI. Bedingungen des Wahlrechts.

§. 12. Die vorbemerkten Bedingungen der Wählbarkeit treten auch für die Befugniß zur Wahl ein, mit dem Unterschiede, daß für die Wählenden,

[13]) Nr. IV 3 Anm. 10.
[14]) Fortgefallen.
[15]) Anl. B Art. V—VII.
[16]) Mit der Gewerbefreiheit fortgefallen.
[17]) Anl. B Art. IX.
[18]) Das. Art. XIII.

oder Wahlmänner, die Vollendung des vier und zwanzigsten Lebensjahres genügt; und nicht zehnjähriger, sondern nur eigenthümlicher Besitz erforderlich ist.

In den Städten wird das Wahlrecht von den mit Grundeigenthum angesessenen Bürgern ausgeübt.

Bei dem dritten Stande wird dasselbe durch den Besitz eines Landguts von einer gewissen, durch die Verordnung (§. 4.) zu bestimmenden Größe bedungen[19]).

§. 13. Das Wahlrecht und die Wählbarkeit ruhen, wenn über das Vermögen dessen, dem diese Befugnisse zustehen, der Konkurs eröffnet ist, imgleichen während eines nicht einer moralischen Person zuständigen gesellschaftlichen Besitzes.

Bei dem ersten Stande hören Wählbarkeit und Wahlrecht auf, wenn durch Zerstückelung die Eigenschaft eines Rittergutes vernichtet wird[20]).

§. 14. In mehreren Wahlbezirken Angesessene können in jedem derselben, in welchem sie ansässig sind, wählen und gewählt werden. In letzterm Falle bleibt es dem Gewählten überlassen, für welchen Bezirk er eintreten will.

§. 15. Ein Abgeordneter kann auch Mitglied des Landtages einer anderen Provinz seyn, wenn die Zeit der Versammlung es zuläßt.

VII. Ausübung des Rechts der Standschaft.

a) Von den gewählten Abgeordneten.

§. 16. Wer durch Wahl bestimmt ist, als Abgeordneter auf dem Landtage zu erscheinen, kann keinen andern für sich bevollmächtigen.

b) Von den Wählern.

§. 17. Auch das Wahlrecht muß in Person ausgeübt werden[21]).

c) Bei Vollziehung des Wahl-Akts.

1) Vom ersten Stande.

§. 18. Die Wahlen der Abgeordneten zum Landtage werden von dem ersten Stande nach den, durch die Verordnung (§. 4.) zu bestimmenden Bezirken vollzogen[9]).

2) Vom zweiten Stande.

§. 19. Jede einzelne derjenigen Städte, welche durch die besondere Verordnung (§. 4.) Virilstimmen erhalten, wählt ihre Abgeordneten zum Landtage in sich; alle übrigen Städte ohne Unterschied, ob sie Immediat- oder Mediat-Städte sind[22]), wählen in sich Wähler. Diese treten kollektiv in

---

[19]) Das. Art. X.

[20]) Das. Art. VI.

[21]) Körperschaften mit Rittergutsbesitz können sich durch einen geeigneten Rittergutsbesitzer oder durch ein Mitglied, das kein Rittergut zu besitzen braucht — Städte durch ihren Bürgermeister — vertreten lassen Vf. 9. Juli 46.

[22]) Die Unterscheidung besteht nach der jetzt geltenden StO. nicht mehr.

Wahlversammlungen nach Bezirken zusammen, und wählen die Landtags-Abgeordneten[23]).

Die bemerkte Verordnung wird sowohl die Zahl der Wähler nach dem Umfange der Städte, als die Größe des Grundbesitzes, welches bei einem solchen Wähler erforderlich ist, bestimmen[24]).

3) Vom dritten Stande.

§. 20. Bei dem dritten Stande wird jeder landräthliche Kreis in Bezirke getheilt, in welchen die zur Wahl berechtigten Grundbesitzer (§. 12.) den Bezirkswähler wählen[25]). Diese Wähler treten dann zusammen und wählen den Landtags-Abgeordneten.

§. 21. Die Zusammenlegung der Bezirke, sowohl für die kollektiv wählenden Städte, als für den dritten Stand, wird die besondere Verordnung (§. 4.) festsetzen[26]).

4) In Ansehung aller drei Stände[27]).

§. 22. Die Wahlen der Abgeordneten zum Landtage geschehen auf Sechs Jahre, dergestalt, daß alle drei Jahre die Hälfte der Abgeordneten eines jeden Standes ausscheidet, und alle drei Jahre zu neuen Wahlen geschritten wird[28]).

§. 23. Die für das erstemal Ausscheidenden werden nach drei Jahren durch das Loos bestimmt. Alle Ausscheidenden sind wieder wählbar.

§. 24. Für jeden Abgeordneten wird gleichzeitig ein Stellvertreter gewählt[29]).

§. 25. Wenn bei den Wahlen zu Wählern, Bezirkswählern und Landtags-Abgeordneten gleiche Stimmen entstehen, so giebt die Stimme des Aeltesten der Wählenden den Ausschlag.

§. 26. Alle Wahlen stehen unter der Aufsicht des Landraths, in dessen Kreise sie vorgenommen werden. Die Wahlen der Bezirkswähler und der Landtagsabgeordneten leitet er unmittelbar, oder durch einen von ihm zu ernennenden Stellvertreter; die Wahlen in den einzelnen Städten aber werden zunächst von der Ortsbehörde geleitet[30]).

§. 27. Die geschehene Wahl der Bezirkswähler und Landtagsabgeordneten ist dem Landtagskommissarius mit Einsendung der Wahlprotokolle

---

23) Bei den Kollektivwahlen der Städte sind die Grundsätze der KO. 27. Feb. 30 (Anm. 28) anwendbar Vf. 20. Dez. 42.

24) Anl. B Art. VIII.

25) Der Zusammentritt der Wähler erfolgt jetzt in den einzelnen Gemeinden wie bei den Kreistagswahlen Nr. IV 3 Anm. 15. — Anl. B Art. XI u. XII.

26) Anl. B Art. III u. IV.

27) Das Verfahren bei ständischen Wahlen bestimmt sich nach der V. 22. Juni 42, Anlage C.

28) Nach Ablauf der sechsjährigen Wahlperiode sind neue Bezirkswähler zu wählen, welche während der folgenden Wahlperiode Abgeordnete u. Stellvertreter zu wählen haben. Für ausscheidende Bezirkswähler sind für die Dauer der Wahlperiode andere zu wählen KO. 27. Feb. 30 (GS. 46). Auch für ausscheidende Abgeordnete u. Stellvertreter findet die Ersatzwahl nur für die Dauer der Wahlperiode statt Vf. 4. Mai 49.

29) Anl. B Art. XV.

30) Das. Art. XIV.

anzuzeigen. Er hat zu prüfen, ob solche in der Form, und nach den Eigenschaften der Abgeordneten der Vorschrift gemäß geschehen sind.

Nur wenn derselbe in dieser Beziehung Mängel findet, ist er berechtigt, eine andere Wahl zu verlangen.

5) Ernennung des Landtags-Marschalls und dessen Stellvertreter.

§. 28. Den Vorsitzenden auf dem Landtage, welchem Wir den Charakter eines Landtagsmarschall beilegen, so wie dessen Stellvertreter, wollen Wir für die Dauer eines jeden Landtags aus den Mitgliedern des ersten Standes Selbst ernennen.

VIII. Berufung und Dauer des Provinzial-Landtags.

§. 29. Für die ersten sechs Jahre werden Wir die Stände zum Provinzial-Landtage alle zwei Jahre berufen, nach Ablauf dieses Zeitraums aber ferner hierüber bestimmen.

§. 30. Die Dauer des Landtags wird jedesmal nach den Umständen von Uns festgesetzt werden.

§. 31. Die Ladung der Mitglieder zu dem für die Eröffnung des Landtags bestimmten Tage geschieht zu gehöriger Zeit durch Unsern Kommissarius.

§. 32. Die Abgeordneten müssen sich spätestens an dem Tage vor der Eröffnung des Landtags einfinden, und sich sowohl bei dem Kommissarius, als dem Landtagsmarschall, melden.

A. Eröffnung desselben durch den Landtags-Kommissarius und sonstige amtliche Bestimmungen des letztern.

§. 33. Der Provinzial-Landtag wird nach gehaltenem Gottesdienste von Unserm Kommissarius eröffnet.

§. 34. Derselbe ist die Mittelsperson aller Verhandlungen; an ihn allein haben sich daher die Stände wegen jeder Auskunft, oder wegen der Materialien, deren sie für ihre Geschäfte bedürfen, zu wenden. Er theilt den Ständen in Gemäßheit Unserer Instruktion die Propositionen mit, und empfängt die von ihnen abzugebenden Erklärungen und Gutachten, so wie ihre sonstigen Vorstellungen, Bitten und Beschwerden [31]).

§. 35. Den Berathungen wohnt er nicht bei, er kann aber den Eintritt zu mündlichen Eröffnungen verlangen, oder eine Deputation zu sich entbieten, so wie die Stände Deputationen an ihn absenden können [32]).

§. 36. Er schließt den Landtag, reicht Uns die Verhandlungen desselben ein, und publizirt den hierauf zu ertheilenden Landtagsabschied den Ständen.

---

[31]) Der Landtagskommissar ist bis zum Widerruf des Auftrags auch für die zwischen den Landtagen vorkommenden Geschäfte zuständig Vf. 4. Mai 29.

[32]) Ersetzt durch V. 5. Nov. 89 (Unteranl. A 1) § 39.

B. Geschäftsgang.

§. 37. Bei Eröffnung des Landtags sowohl, als zur Fassung gültiger Beschlüsse, müssen wenigstens drei Viertheile der Gesammtheit der Abgeordneten auf demselben gegenwärtig seyn.

§. 38. In der Versammlung nehmen die Mitglieder der drei Stände ihren Sitz nach der §. 2. bestimmten Reihefolge.

§. 39. Sobald die Propositionen mitgetheilt sind, ernennt der Landtags-Marschall in der Plenarversammlung, mit Beobachtung des Stimmverhältnisses, nach Verschiedenheit der Gegenstände, besondere Ausschüsse, welche die an den Landtag gelangenden Angelegenheiten zur Berathung und Beschlußnahme gehörig vorzubereiten haben. Das Direktorium dieser Ausschüsse führt dasjenige Mitglied aus dem ersten Stande, welches der Landtagsmarschall dazu bestimmt.

§. 40. Den Geschäftsgang auf dem Landtage leitet überhaupt der Landtagsmarschall. Von seiner Anordnung hängt auch zunächst alles ab, was auf Ruhe und Ordnung in den Versammlungen Beziehung hat. Besonders hat er darauf zu sehen, daß die Berathungen und Arbeiten der Stände möglichst beschleunigt werden.

§. 41. Ohne gültige Ursachen und Vorwissen des Landtagsmarschalls darf kein Mitglied aus der Versammlung wegbleiben; Verhinderung der fernern Theilnahme an dem Landtage durch Krankheit oder andere dringende Ursachen, fordert die Anzeige des Landtagsmarschalls bei dem Landtags-kommissarius, welcher alsdann sofort den Stellvertreter einberuft[29]).

§. 42. Wenn ein Mitglied über einen besonderen Gegenstand einen Antrag an die Versammlung richten will, so hat dasselbe solches vor der Versammlung schriftlich mit Bemerkung des Gegenstandes dem Landtagsmarschall anzuzeigen. Letzterer ruft dann den Abgeordneten zur Haltung des Vortrags auf. Der Inhalt desselben muß schriftlich zum Protokoll gegeben werden.

§. 43. Die Abfassung der ständischen Schriften trägt der Landtagsmarschall den hierzu geeigneten Mitgliedern des Landtages auf. Jede solche Schrift wird in der Versammlung verlesen, und, nach der Vereinigung über die Fassung, die Reinschrift von dem Landtagsmarschall und den Ständen vollzogen.

§. 44. Alle Schriften, welche nicht einen Antrag an den Kommissarius enthalten, sind an Uns zu richten, und demselben durch eine ständische Deputation zu übergeben.

§. 45. Die Mitglieder aller Stände der Provinz[1]) Posen bilden eine ungetheilte Einheit, sie verhandeln die Gegenstände gemeinschaftlich.

Zu einem gültigen Beschlusse über solche Gegenstände, welche von Uns zur Berathung an sie gewiesen, oder ihrem Beschlusse mit Vorbehalt Unserer Sanktion überlassen, oder sonst zu Unserer Kenntniß zu bringen sind, wird eine Stimmenmehrheit von zwei Drittheilen erfordert; ist diese bei einer Sache, worüber von den Ständen das Gutachten erfordert worden, nicht vorhanden, so wird solches mit Angabe der Verschiedenheit der Meinungen ausdrücklich bemerkt.

Alle andere ständische Beschlüsse können durch die einfache Mehrheit ihre Bestimmung erhalten.

§. 46. Bei Gegenständen, bei denen das Interesse der Stände gegen einander geschieden ist, findet Sonderung in Theile statt, sobald zwei Drittheile der Stimmen eines Standes, welcher sich durch einen Beschluß der Mehrheit verletzt glaubt, darauf dringen.

In einem solchen Falle verhandelt die Versammlung nicht mehr in Gesammtheit, sondern nach den §. 2. bestimmten Ständen.

Die auf diese Weise hervorgehende Verschiedenheit der Gutachten der einzelnen Stände wird dann zu Unserer Entscheidung vorgelegt.

§. 47. Bitten und Beschwerden der Stände können nur aus dem besonderen Interesse der Provinzen und der mit ihnen verbundenen einzelnen Theile hervorgehen. Individuelle Bitten und Beschwerden hat der Landtag gleich an die betreffenden Behörden, oder an Uns unmittelbar zu verweisen; wenn aber Mitglieder des Landtags von Bedrückungen einzelner Individuen bestimmte Ueberzeugung erhalten, so können sie bei dem Landtage, mit gehörig konstatirter Anzeige, darauf antragen, daß derselbe sich für die Abstellung bei Uns verwende.

§. 48. Alle bei dem Landtage eingehenden, so wie von demselben ausgehenden Anträge müssen schriftlich eingegeben werden. Sind die letztern einmal zurückgewiesen, so dürfen sie nur alsdann, wenn wirklich neue Veranlassungen oder neue Gründe eintreten, und immer nur erst bei künftiger Berufung des Landtags, erneuert werden.

C. Verhältniß der Provinzial-Stände:

a) Zu den Kommunen- und Kreisständen.

§. 49. Die Stände stehen als berathende Versammlung eben so wenig mit den Ständen anderer Provinzen, als mit den Kommunen und Kreisständen ihrer Provinz in Verbindung; es finden daher keine Mittheilungen unter ihnen statt.

b) Zu den Abgeordneten.

§. 50. Die einzelnen Stände können ihren Abgeordneten keine bindende Instruktionen ertheilen, es steht ihnen aber frei, sie zu beauftragen, Bitten und Beschwerden anzubringen.

D. Schließung des Landtags.

§. 51. Sobald der Kommissarius den Landtag geschlossen hat, ist das ständische Amt des Landtagsmarschalls beendigt[33]), die landständischen Be-

---

[33]) Abweichung das. § 10.

rathungen hören auf und die Stände gehen auseinander; auch bleibt kein fortbestehender Ausschuss zurück [34]). Für solche Gegenstände der laufenden ständischen Verwaltung aber, welche Wir den Ständen künftig übertragen werden, können sie die geeigneten Personen wählen und bestellen, in sofern die Geschäfte solches fordern.

§. 52. Das Resultat der Landtagsverhandlungen wird durch den Druck bekannt gemacht.

E. Versammlungsort.

§. 53. Zum Versammlungsorte des Landtags bestimmen Wir die Stadt Posen.

F. Reisekosten und Tagegelder.

§. 54. Die Landtagsabgeordneten sollen angemessene Reisekosten und Tagegelder erhalten.

Das Weitere hierüber, so wie wegen der allgemeinen durch den Landtag veranlaßten Kosten, wird die besondere Verordnung (§. 4.) festsetzen [35]).

(IX. Kommunallandtage §. 55

X. Kreisständische Versammlungen §. 56) [36]).

Anlagen zum Provinzialständegesetz.

Anlage A (zu Anmerkung 1).

Gesetz über die allgemeine Landesverwaltung und die Zuständigkeit der Verwaltungs- und Verwaltungsgerichtsbehörden in der Provinz Posen. Vom 19. Mai 1889 (GS. 108). **Art. V A** [1]).

Art. V. Im Uebrigen werden hinsichtlich der Angelegenheiten der Provinz und der Kreise folgende Bestimmungen getroffen:

A. Angelegenheiten der Provinz.

1. Zum Zwecke der Verwaltung der Angelegenheiten des provinzialständischen Verbandes wird ein Provinzialausschuß bestellt, welcher aus 7 bis 13 von dem Provinziallandtage zu wählenden Mitgliedern und dem Landes-

[34]) Durch Einsetzung des Prov.ausschusses (Anl. A Nr. 1) fortgefallen.

[35]) Anl. B Art. XVI—XVIII.

[36]) § 55 hat keine Bedeutung mehr, da Kommunal-Verbände nicht mehr bestehen u. § 56, der die Kreisordnung verhieß, ist mit deren Erlaß (Nr. IV 3 d. W.) erledigt.

[1]) Durch das G. 19. Mai 89 (Nr. IV 3 Anl. A d. W.), das die neue Organisation der Landesverwaltung mit einigen Maßgaben auf die Prov. Posen übertragen hat Art. I—IV, ist auch die Verwaltung der Prov.verbände abgeändert Art. V A. Für diese werden in dem Prov.ausschuß u. Landesdirektor neue Organe geschaffen Nr. 1—4, während die Grundsätze der übrigen Prov.ordnungen eingeführt werden bezüglich der Regelung bei Grenzveränderungen Nr. 5, bei Verteilung der Prov.abgaben Nr. 6 u. bei Zwangseinstellungen in den Etat Nr. 7. — Zur Ergänzung erging auf Grund der Nr. 4 die Kön. V. 5. Nov. 89, Unteranlage A 1.

direktor besteht. Für die Mitglieder hat der Provinziallandtag eine gleiche Zahl von Stellvertretern zu wählen[2]).

Für die Wählbarkeit gelten die im Artikel II getroffenen Bestimmungen[3]). Von der Wählbarkeit ausgeschlossen sind der Oberpräsident, die Regierungspräsidenten, sowie sämmtliche Provinzialbeamte.

Die gewählten Mitglieder und deren Stellvertreter bedürfen der Bestätigung des Ministers des Innern.

Der Provinzialausschuß wählt aus seiner Mitte einen Vorsitzenden und einen Stellvertreter desselben[4]). Der Landesdirektor kann zum Vorsitzenden oder zum Stellvertreter desselben nicht gewählt werden.

2. Zur Wahrnehmung der laufenden Geschäfte der provinzialständischen Verwaltung wird ein Landesdirektor bestellt, welcher von dem Provinzialausschusse auf mindestens sechs bis höchstens zwölf Jahre zu wählen ist und der Bestätigung des Königs bedarf[5]).

Der Landesdirektor vertritt den provinzialständischen Verband nach außen in allen Angelegenheiten, insbesondere auch da, wo die Gesetze eine Spezialvollmacht verlangen[6]).

Er ist der Dienstvorgesetzte sämmtlicher Provinzialbeamten[7]).

3. Wird in den Fällen zu 1 und 2 die Bestätigung versagt, so schreitet der Provinziallandtag beziehungsweise der Provinzialausschuß zu einer neuen Wahl. Wird auch diese Wahl nicht bestätigt, so kann der Minister des Innern die kommissarische Verwaltung der Stelle auf Kosten des provinzialständischen Verbandes anordnen. Dasselbe findet statt, wenn der Provinziallandtag beziehungsweise der Provinzialausschuß die Wahl verweigert oder den nach der ersten Wahl nicht Bestätigten wiederwählt.

Die kommissarisch bestellten Mitglieder des Provinzialausschusses müssen den für die Wählbarkeit in diesen getroffenen Bestimmungen entsprechen.

Die kommissarische Verwaltung dauert so lange, bis die Wahl des Provinziallandtages beziehungsweise des Provinzialausschusses, deren wiederholte Vornahme jederzeit zulässig ist, die Bestätigung erlangt hat.

4. Die näheren Bestimmungen über die Zusammensetzung des Provinzialausschusses und dessen Geschäfte, über die Wahl, die dienstliche Stellung und die Befugnisse des Landesdirektors und der übrigen Provinzialbeamten, sowie hinsichtlich der Aufsicht über die Verwaltung der Angelegenheiten des provinzialständischen Verbandes werden durch eine nach Anhörung des Provinzial-

---

[2]) Unteranl. A 1 § 1—4 nebst Anm. 2; Verhältnisse der Mitglieder § 6, 34, 35.

[3]) Abgedruckt Nr. IV 3 Anl. A.

[4]) Unteranl. A 1 § 5—20 nebst Anm. 2.

[5]) Das. § 21—23.

[6]) Das. § 24—26. Teilnahme an den Landtagssitzungen § 35.

[7]) Provinzialbeamte § 30—32, obere § 27, Bureau-, Kassen- u. Unterbeamte § 28, Anstaltsbeamte § 29. — Bestellung von Kommissionen und Kommissaren § 33, 34.

landtages zu erlassende Königliche Verordnung getroffen[8]). Dieselbe bestimmt auch,

a) inwieweit der Königliche Landtagskommissarius, die zu seiner Vertretung oder Unterstützung abgeordneten Staatsbeamten, die Mitglieder des Provinzialausschusses und die oberen Provinzialbeamten an den Berathungen des Provinziallandtages theilzunehmen befugt sind,

b) mit welchen Maßgaben die Vorschriften des Gesetzes vom 21. Juli 1852 (Gesetz-Samml. S. 465) in Betreff der Dienstvergehen der Mitglieder des Provinzialausschusses und der Provinzialbeamten Anwendung finden.

5. Die in Folge einer Veränderung der Provinzialgrenze erforderliche Regelung der Verhältnisse ist, unbeschadet aller Privatrechte Dritter durch den Minister des Innern zu bewirken[9]). Streitigkeiten, welche hierbei entstehen, unterliegen der Entscheidung des Oberverwaltungsgerichts.

6. In Beziehung auf die Vertheilung der Provinzialabgaben finden die Bestimmungen der §§. 106 bis 108 und 110 bis 113 der Provinzialordnung vom $\frac{\text{29. Juni 1875}}{\text{22. März 1881}}$ (Gesetz-Samml. 1881 S. 233)[10]) Anwendung.

7[11]). Unterläßt oder verweigert der provinzialständische Verband, die ihm gesetzlich obliegenden, von der Behörde[12]) innerhalb der Grenzen ihrer Zuständigkeit festgestellten Leistungen[13]) auf den Etat zu bringen oder außerordentlich zu genehmigen[14]), so verfügt der Oberpräsident, unter Angabe der Gründe, die Eintragung in den Etat, beziehungsweise die Feststellung der außerordentlichen Ausgabe[15]).

Gegen die Verfügung des Oberpräsidenten steht dem Provinzialverbande innerhalb zwei Wochen die Klage bei dem Oberverwaltungsgerichte zu. Die Rechte des provinzialständischen Verbandes werden hierbei von dem Provinzialausschusse wahrgenommen, sofern nicht der Provinziallandtag einen besonderen Vertreter bestellt hat.

Unteranlage A 1 (zu Anmerkung 1).

Verordnung, betreffend die Verwaltung des provinzialständischen Verbandes der Provinz Posen. Vom 5. November 1889 (GS. 177)[1]).

Wir u. s. w. verordnen auf Grund des Artikels V. A Ziffer 4 des Gesetzes über die allgemeine Landesverwaltung und die Zuständigkeit der Verwaltungs- und Verwaltungsgerichtsbehörden in der Provinz Posen vom 19. Mai 1889

---

[8]) Anm. 1 letzter Satz.
[9]) Nr. 3 Anm. 6 d. W.
[10]) Nr. 3 d. W.
[11]) Weitere Bestimmungen über die Aufsicht Unteranl. A 1 § 36—43.
[12]) Nr. 3 Anm. 93.
[13]) Das. Anm. 94.
[14]) Das. Anm. 95.
[15]) Das. Anm. 96.

[1]) Die V. trifft — nach dem Vorbilde der übrigen Prov.Ordnungen — auf Grund der im G. 19. Mai 89 Art. V A Nr. 4 erteilten Ermächtigung nähere Bestimmungen über die in diesem Gesetze nicht geregelten Gegenstände.

(Gesetz-Samml. S. 108) für diese Provinz, nach Anhörung des Provinziallandtages, was folgt:

I. Von dem Provinzialausschusse, seiner Zusammensetzung und seinen Geschäften[2]).

§. 1. Die Zahl der nach Artikel V. A Ziffer 1 des Gesetzes von dem Provinziallandtage zu erwählenden Mitglieder des Provinzialausschusses beträgt neun.

Für jedes zu wählende Mitglied ist ein bestimmter Stellvertreter zu wählen.

Bei gleichzeitiger Behinderung eines Mitgliedes und seines Stellvertreters ist ein anderer Stellvertreter seitens des Vorsitzenden des Provinzialausschusses zu berufen.

§. 2. Die Wahl der Mitglieder des Provinzialausschusses und deren Stellvertreter erfolgt auf sechs Jahre.

Jede Wahl verliert dauernd oder vorübergehend ihre Wirkung mit dem gänzlichen oder zeitweisen Aufhören einer der für die Wählbarkeit vorgeschriebenen Bedingungen.

Der Provinzialausschuß hat darüber zu beschließen, ob einer dieser Fälle eingetreten ist. Gegen den Beschluß des Provinzialausschusses findet innerhalb zwei Wochen die Klage bei dem Oberverwaltungsgerichte statt. Die Klage hat keine aufschiebende Wirkung, jedoch dürfen bis zur Entscheidung des Oberverwaltungsgerichtes Ersatzwahlen nicht stattfinden.

§. 3. Nach je drei Jahren scheiden das eine Mal fünf, das andere Mal vier der gewählten Mitglieder und Stellvertreter aus und werden durch neue Wahlen ersetzt. Die Ausscheidenden bleiben in allen Fällen bis zur Einführung der neu Gewählten in Thätigkeit.

Die das erste Mal Ausscheidenden werden durch das Loos bestimmt. Die Ausscheidenden sind wieder wählbar.

§. 4. Für die im Laufe der Wahlperiode ausscheidenden Mitglieder und Stellvertreter haben Ersatzwahlen stattzufinden. Die Vollziehung der Ersatzwahlen muß durch den Provinziallandtag bei dessen nächstem Zusammentritte erfolgen. Die Ersatzmänner bleiben nur bis zum Ende desjenigen Zeitraumes in Thätigkeit, für welchen die Ausgeschiedenen gewählt waren.

§. 5. Die Wahl des Vorsitzenden des Provinzialausschusses und des Stellvertreters desselben (Artikel V. A Ziffer 1 Absatz 4 des Gesetzes) erfolgt auf die Dauer ihrer Wahlperiode für den Provinzialausschuß.

Wenn der Vorsitzende und auch dessen Stellvertreter ausgeschieden oder behindert sind, geht der Vorsitz auf ein anderes Mitglied in der Reihen-

---

[2]) Abschnitt I ergänzt Anl. A Nr. 1 u. umfaßt die Zusammensetzung des Prov.ausschusses § 1—4, den Vorsitz § 5, die Vereidigung, Einführung u. das Disziplinarverhältnis der Mitglieder § 6 (verb. § 34, 35), die Versammlungen u. Beschlüsse § 7—11, den Geschäftsgang § 12, die Geschäfte § 13—16, insbes. den Haushaltsetat § 17—19 u. die Jahresrechnung § 20.

folge über, in welcher die Wahl der Mitglieder vom Provinziallandtage erfolgt ist.

§. 6. Die Mitglieder des Provinzialausschusses werden vom Oberpräsidenten vereidigt und in ihre Stellen eingeführt. Sie können aus Gründen, welche die Entfernung eines Beamten aus seinem Amte rechtfertigen (§. 2 des Gesetzes vom 21. Juli 1852, Gesetz-Samml. S. 465), im Wege des Disziplinarverfahrens ihrer Stellen enthoben werden.

Für das Disziplinarverfahren gelten die Vorschriften, welche nach Maßgabe des §. 32 Nr. 5 gegen den Landesdirektor zur Anwendung kommen.

§. 7. Der Provinzialausschuß versammelt sich, so oft es die Geschäfte erfordern. Die Berufung zu den Versammlungen erfolgt durch den Vorsitzenden; sie muß erfolgen auf schriftlichen Antrag des Landesdirektors oder der Hälfte der Mitglieder des Provinzialausschusses.

Durch Beschluß des Provinzialausschusses können regelmäßige Sitzungstage festgesetzt werden.

§. 8. Der Provinzialausschuß kann nur beschließen, wenn mehr als die Hälfte der Mitglieder, mit Einschluß des Vorsitzenden anwesend ist.

Die Beschlüsse werden nach Stimmenmehrheit gefaßt. Bei Stimmengleichheit giebt die Stimme des Vorsitzenden den Ausschlag.

§. 9. Betrifft der Gegenstand der Verhandlung einzelne Mitglieder oder deren Verwandte und Verschwägerte in auf- und absteigender Linie oder bis zu dem dritten Grade der Seitenlinie, so dürfen dieselben an der Berathung und Abstimmung nicht theilnehmen.

Ebensowenig darf ein Mitglied bei der Berathung und Beschlußfassung über solche Angelegenheiten mitwirken, in welchen es in anderer als öffentlicher Eigenschaft ein Gutachten abgegeben hat oder als Geschäftsführer, Beauftragter oder in anderer als öffentlicher Stellung thätig gewesen ist.

§. 10. Wird in Folge des gleichzeitigen Ausscheidens von mehr als der Hälfte der Mitglieder gemäß §. 9 der Provinzialausschuß beschlußunfähig und kann die Beschlußfähigkeit auch nicht durch Einberufung unbetheiligter Stellvertreter hergestellt werden, so erfolgt die Beschlußnahme durch den Provinziallandtag.

Kann die Beschlußnahme nicht bis zum Zusammentritte des Provinziallandtages ausgesetzt bleiben, so ist durch den Oberpräsidenten aus den unbetheiligten Mitgliedern des Provinzialausschusses beziehungsweise deren Stellvertretern, sowie aus Mitgliedern des Provinziallandtages eine besondere Kommission zu bestellen; dieselbe hat aus einer gleichen Anzahl von Mitgliedern, wie der Provinzialausschuß, zu bestehen.

§. 11. Der Landtagsmarschall des versammelten, beziehungsweise des vorangegangenen Provinziallandtages und die dem Landesdirektor zugeordneten oberen Beamten (§. 27) können den Sitzungen des Provinzialausschusses mit berathender Stimme beiwohnen. Der Provinzialausschuß kann jedoch beschließen, einzelne den Landesdirektor oder die ihm zugeordneten oberen Beamten persönlich berührende Gegenstände in deren Abwesenheit zu verhandeln.

§. 12. Der Provinzialausschuß regelt seinen Geschäftsgang durch eine Geschäftsordnung. Dieselbe bedarf der Genehmigung des Provinziallandtages.

§. 13. Dem Provinzialausschusse liegt die Erledigung folgender Geschäfte ob:

I. Der Provinzialausschuß hat die Beschlüsse des Provinziallandtages vorzubereiten und auszuführen, soweit dazu nicht besondere Kommissionen, Kommissarien oder Beamte berufen sind.

§. 14. II. Der Provinzialausschuß hat die Angelegenheiten des Provinzialverbandes, insbesondere das Vermögen und die Anstalten desselben nach Maßgabe der Gesetze, Königlichen Verordnungen und Reglements, sowie des von dem Provinziallandtage festgestellten Haushaltsetats zu verwalten[3]) und in Angelegenheiten der Provinzial-Feuersozietät diejenigen Geschäfte wahrzunehmen, welche ihm durch ein Sozietäts-Reglement werden übertragen werden.

Auch kann dem Provinzialausschusse für einzelne Verwaltungszweige und Anstalten die Befugniß zur Veräußerung von Grundstücken durch Provinzialstatut beigelegt werden.

§. 15. III. Der Provinzialausschuß hat die Provinzialbeamten, soweit nicht durch die nach §§. 29 und 30 zu erlassenden Reglements etwas anderes bestimmt werden sollte, zu ernennen[4]), sowie deren Geschäftsführung zu leiten und zu beaufsichtigen.

§. 16. IV. Der Provinzialausschuß hat sein Gutachten über alle Angelegenheiten abzugeben, welche ihm von den Ministern oder dem Oberpräsidenten überwiesen werden.

§. 17. Ueber alle Einnahmen und Ausgaben entwirft der Provinzialausschuß einen Haushaltsetat für ein oder mehrere Jahre. Derselbe wird vom Provinziallandtage festgestellt und durch die Amtsblätter der Provinz veröffentlicht.

§. 18. Bei Vorlegung des Haushaltsetats hat der Provinzialausschuß über die Verwaltung und den Stand der Angelegenheiten des Provinzialverbandes Bericht zu erstatten.

§. 19. Der Provinzialausschuß, beziehungsweise in Ausführung der Beschlüsse desselben der Landesdirektor, haben dafür zu sorgen, daß der Haushalt nach dem Etat geführt werde.

Der Landesdirektor erläßt die Einnahme- und Ausgabeanweisungen an die Provinzial-Hauptkasse.

Etatsüberschreitungen und außeretatsmäßige Ausgaben dürfen nur unter Verantwortung des Provinzialausschusses stattfinden und bedürfen der Genehmigung des Provinziallandtages.

---

[3]) Übergangsbest. § 45.

[4]) Nr. 3 Anm. 46.

§. 20. Die Jahresrechnungen der Provinzial-Hauptkasse, sowie der Kassen der einzelnen Provinzialanstalten sind von den Rendanten derselben innerhalb vier Monaten nach Schluß des Rechnungsjahres zu legen und dem Provinzialausschusse einzureichen.

Letzterer hat die Revision der Rechnungen zu veranlassen und dieselben mit seinen Bemerkungen dem Provinziallandtage zur Prüfung, Feststellung und Entlastung vorzulegen. Nach erfolgter Entlastung sind Auszüge aus den Rechnungen durch die Amtsblätter der Provinz zur öffentlichen Kenntniß zu bringen.

II. Von den Provinzialbeamten[5]).

§. 21. Der nach Artikel V. A Ziffer 2 zur Wahrnehmung der laufenden Geschäfte der provinzialständischen Verwaltung zu bestellende Landesdirektor[6]) ist auf zwölf Jahre zu wählen.

§. 22. Für den Fall einer Behinderung[7]) des Landesdirektors, sowie im Falle der Erledigung der Stelle desselben bestellt der Provinzialausschuß einen Stellvertreter bis zur Aufnahme der Geschäfte durch den Landesdirektor, beziehungsweise bis zum Eintritte einer kommissarischen Verwaltung nach Maßgabe des Artikels V. A Ziffer 3 des Gesetzes.

Der vom Provinzialausschuß bestellte Stellvertreter des Landesdirektors bedarf der Bestätigung des Ministers des Innern und ist, ebenso wie der kommissarische Stellvertreter, auch zur Stellvertretung des Landesdirektors in dessen Eigenschaft als Mitglied des Provinzialausschusses berufen.

§. 23. Der Landesdirektor wird von dem Oberpräsidenten in sein Amt eingeführt und vereidigt.

§. 24. Der Landesdirektor führt unter der Aufsicht des Provinzialausschusses die laufenden Geschäfte der kommunalen Provinzialverwaltung[8]). Er bereitet die Beschlüsse des Provinzialausschusses vor und trägt für die Ausführung derselben Sorge.

Er ist nach Artikel V. A Ziffer 2 des Gesetzes der Dienstvorgesetzte sämmtlicher Provinzialbeamten und vertritt, gemäß jener Bestimmung, den Provinzialverband nach Außen in allen Angelegenheiten, insbesondere auch da, wo die Gesetze eine Spezialvollmacht verlangen[9]). Er verhandelt Namens des Provinzialverbandes mit Behörden und Privatpersonen, führt den Schriftwechsel und zeichnet alle Schriftstücke.

§. 25. Urkunden, mittelst deren der Provinzialverband Verpflichtungen übernimmt, müssen unter Anführung des betreffenden Beschlusses des Pro-

[5]) Abschnitt II ergänzt Anl. A Nr. 2 u. behandelt die Bestallung des Landesdirektors § 21—23 (Wirkungskreis § 24 bis 26), der oberen Beamten § 27, Bureau-, Kassen- u. unteren Beamten § 28, Anstaltsbeamten § 29, der Beamten überhaupt § 30, 31, von Kommissionen u. Kommissaren § 33 u. die Verhältnisse der Prov.landtagsmitglieder § 34, 35.

[6]) Nr. 3 Anm. 48.

[7]) Das. Anm. 49.

[8]) Das. Anm. 50.

[9]) Das. Anm. 51.

vinziallandtages beziehungsweise des Provinzialausschusses von dem Landesdirektor und von zwei Mitgliedern des Provinzialausschusses unterschrieben und mit dem Amtssiegel des Landesdirektors versehen sein. In denjenigen Fällen, in denen es der Genehmigung der Staatsaufsichtsbehörde bedarf, ist dieselbe der Ausfertigung in beglaubigter Form beizufügen.

Urkunden und Vollmachten, welche das Chaussee- und Wegewesen, das Landarmen-, Korrigenden- und Zwangerziehungswesen, die Kranken- und Unfallversicherung der Bauarbeiter des provinzialständischen Verbandes, die land- und forstwirthschaftliche Berufsgenossenschaft der Provinz Posen, die Provinzial-Wittwen- und Waisenkasse, sowie den Viehseuchenfonds, das Landesmeliorationswesen und die Provinzialanstalten betreffen, jedoch mit Ausschluß der Urkunden über Veräußerung von Grundstücken und Immobiliarrechten, werden von dem Landesdirektor und einem der oberen Provinzialbeamten rechtsgültig vollzogen.

Auch können für einzelne Verwaltungszweige und Anstalten in Betreff der Vollziehung von Urkunden und Vollmachten, zur Erleichterung der Geschäfte, noch weiter gehende Bestimmungen durch Provinzialstatut getroffen werden.

§. 26. Der Landesdirektor ist befugt, für die Geschäfte der kommunalen Provinzialverwaltung die vermittelnde und begutachtende Thätigkeit der Kreis- und Gemeindebehörden in Anspruch zu nehmen[10]).

§. 27. Dem Landesdirektor werden zur Mitwirkung bei Erledigung der Geschäfte der provinzialständischen Verwaltung zwei obere Beamte mit berathender Stimme zugeordnet, von denen der eine zum Richteramte oder zum höheren Verwaltungsdienste (Landesrath), der andere zu den höheren Staatsämtern im Baufache (Landesbaurath) befähigt sein muß. Auch können demselben, nach näherer Bestimmung eines Provinzialstatutes, für die Geschäfte der gesammten oder einzelner Zweige der provinzialständischen Verwaltung noch andere obere Beamte (Landesräthe) mit berathender Stimme zugeordnet werden.

Die Anstellung dieser Beamten erfolgt auf Lebenszeit. Sie werden von dem Landesdirektor in ihre Aemter eingeführt und vereidigt.

§. 28. Die Stellen der zur Wahrnehmung der Büreau-, Kassen- und sonstigen Geschäfte der kommunalen Provinzialverwaltung erforderlichen Beamten werden von dem Provinziallandtage nach Zahl, Diensteinnahme und Art der Besetzung (auf Lebenszeit, auf Zeit, auf Kündigung) auf Vorschlag des Provinzialausschusses durch den Haushaltsetat bestimmt.

Die Besetzung dieser Stellen erfolgt durch den Provinzialausschuß. Die Beamten werden von dem Landesdirektor in ihre Aemter eingeführt und vereidigt. Sie erhalten ihre Geschäftsinstruktionen von dem Provinzialausschusse.

§. 29. Ueber die an den einzelnen Provinzialinstituten und in der Provinzial-Chaussee- und Wegeverwaltung anzustellenden Beamten, sowie über

---

[10]) Das. Anm. 53.

die Art der Anstellung derselben wird durch die für jene Institute und jenen Verwaltungszweig zu erlassenden Reglements beziehungsweise die für dieselben festzustellenden Etats bestimmt.

Bis zum Erlasse neuer Reglements bleiben die bestehenden Reglements in Geltung.

§. 30. Sämmtliche Provinzialbeamte haben die Rechte und Pflichten mittelbarer Staatsbeamten. Die besonderen dienstlichen Verhältnisse derselben werden durch ein von dem Provinziallandtage zu erlassendes Reglement geordnet[11]).

§. 31. Hinsichtlich der Besetzung der Stellen von Provinzialbeamten mit Militärinvaliden gelten die Grundsätze des Bundesrats vom 28. Juni 1899[12]) erlassenen gesetzlichen Vorschriften.

§. 32. In Betreff der Dienstvergehen der Provinzialbeamten finden die Vorschriften des Gesetzes vom 21. Juli 1852 (Gesetz-Samml. S. 465) mit folgenden Maßgaben Anwendung[13]):

1) Gegen den Landesdirektor und die demselben nach §. 27 zugeordneten oberen Beamten ist die Festsetzung von Ordnungsstrafen nur in dem auf Entfernung aus dem Amte gerichteten Verfahren zulässig.

2) Gegen die übrigen Provinzialbeamten steht die den Ministern und den Provinzialbehörden beigelegte Befugniß zur Verhängung von Ordnungsstrafen dem Landesdirektor zu; jedoch dürfen die von ihm festzusetzenden Geldbußen den Betrag von dreißig Mark nicht übersteigen[14]).

Außerdem steht

3) den Vorstehern von Provinzialanstalten die Befugniß zu, gegen die ihnen nachgeordneten Anstaltsbeamten, mit Ausnahme der oberen Anstaltsbeamten, Geldbußen bis zu zehn Mark festzusetzen.

4) Gegen die Disziplinarverfügungen des Landesdirektors und der Vorsteher von Provinzialanstalten findet innerhalb zwei Wochen die Klage bei dem Bezirksausschusse statt.

5)[15]) In dem auf Entfernung aus dem Amte gerichteten Verfahren tritt an die Stelle des Regierungspräsidenten der Landesdirektor und, sofern das Verfahren gegen den letzteren selbst oder einen der im §. 27 gedachten Provinzialbeamten gerichtet ist, der Minister des Innern, an die Stelle der Bezirksregierung beziehungsweise des Disziplinarhofes der Bezirksausschuß und an die Stelle des Staatsministeriums das Oberverwaltungsgericht.

---

11) Genehmigung § 42 Abs. 3. Sonderreglements für Anstaltsbeamte § 29. — Außer den Reglements kommt das KBG. (Nr. I 4) in seinen allgemeinen Best. (§ 1—7) zur Anwendung das. § 22 nebst Anm. 66.

12) Nr. I 4 Anl. C.

13) Nr. II 2 Anm. 278.

14) Das. Anm. 279.

15) Das. Anm. 280.

Die Vertreter der Staatsanwaltschaft bei dem Bezirksausschusse und dem Oberverwaltungsgerichte werden vom Minister des Innern ernannt. Die Verhandlung vor dem Bezirksausschusse und dem Oberverwaltungsgerichte findet im mündlichen Verfahren statt. Das Gutachten des Disziplinarhofes ist nicht einzuholen.

Das Verfahren kann mit Rücksicht auf den Ausfall der Voruntersuchung durch Beschluß des Bezirksausschusses eingestellt werden.

6) Die Bestimmung des §. 16 Nr. 1 des Gesetzes vom 21. Juli 1852[16]) findet auch auf die Provinzialbeamten, mit Ausnahme der im §. 27 gedachten, Anwendung.

§. 33. Für die unmittelbare Verwaltung und Beaufsichtigung einzelner Anstalten, sowie für die Wahrnehmung einzelner Angelegenheiten des Provinzialverbandes können besondere Kommissionen[17]) oder Kommissare bestellt werden. Die Einsetzung, die Begrenzung der Zuständigkeit und die Art und Weise der Zusammensetzung derselben hängt von dem Beschlusse des Provinziallandtages ab. Die Wahl der Mitglieder steht dem Provinzialausschusse zu, sofern sich nicht der Provinziallandtag dieselbe für einzelne Kommissionen oder Kommissare selbst vorbehält.

Die Kommissionen oder Kommissare empfangen von dem Provinzialausschusse ihre Geschäftsanweisung und führen ihre Geschäfte unter der Aufsicht desselben.

Die Verwaltung der Provinzialhülfskasse geschieht auch fernerhin durch eine Kommission, welche aus dem Landesdirektor, als Vorsitzenden, und sechs Mitgliedern besteht. Eins dieser Mitglieder, welches zugleich Stellvertreter des Vorsitzenden ist, wird vom Provinzialausschusse aus den oberen Beamten der Provinzialverwaltung entnommen, vier Mitglieder werden durch den Provinziallandtag gewählt und ein Mitglied wird von dem Oberpräsidenten ernannt. Im Uebrigen bleibt es für die Provinzialhülfskasse, bis zu einer Abänderung des Statutes, bei den geltenden Bestimmungen.

§. 34. Die Mitglieder des Provinzialausschusses und der Provinzialkommissionen, sowie die gewählten Mitglieder des Provinzialrathes erhalten eine entsprechende Entschädigung[18]).

Ueber die Höhe derselben beschließt der Provinziallandtag.

§. 35. Die Mitglieder des Provinzialausschusses, sowie der Landesdirektor und die ihm zugeordneten oberen Beamten (§§. 21 und 27) können, sofern sie nicht selbst Mitglieder des Provinziallandtages sind, den Sitzungen desselben mit berathender Stimme beiwohnen.

Der Provinziallandtag kann jedoch beschließen, einzelne, die Mitglieder des Provinzialausschusses, den Landesdirektor oder die ihm zugeordneten oberen

---

[16]) Betrifft die Zulässigkeit der strafweisen Versetzung in ein anderes Amt unter Verminderung des Diensteinkommens u. Verlust der Umzugskosten.

[17]) Nr. 3 Anm. 64.

[18]) Vgl. das. Anm. 66.

Beamten persönlich berührenden Gegenstände in deren Abwesenheit und in geheimer Sitzung zu verhandeln, sofern dieselben nicht Mitglieder des Provinziallandtages sind.

III. Von der Aufsicht über die Verwaltung der Angelegenheiten des Provinzialverbandes[19]).

§. 36. Die Aufsicht über die Verwaltung der Angelegenheiten des Provinzialverbandes[20]) wird von dem Oberpräsidenten, in höherer Instanz von dem Minister des Innern geübt.

Die Beschwerde an die höhere Instanz ist innerhalb zwei Wochen zulässig.

§. 37. Die Aufsichtsbehörden haben mit den ihnen in dieser Verordnung zugewiesenen Mitteln darüber zu wachen, daß die Verwaltung den Bestimmungen der Gesetze gemäß geführt und in geordnetem Gange erhalten werde.

§. 38. Die Aufsichtsbehörden sind zu dem Ende befugt, über alle Gegenstände der Verwaltung Auskunft zu erfordern, die Einsicht der Akten, insbesondere auch der Haushaltsetats und Jahresrechnungen zu verlangen und Geschäftsrevisionen, sowie in der Verbindung mit denselben Kassenrevisionen an Ort und Stelle zu veranlassen.

§. 39. Der Königliche Landtagskommissarius (§. 35 der Provinzialordnung vom 27. März 1824), sowie die zu seiner Vertretung oder Unterstützung abgeordneten Staatsbeamten sind befugt, den Sitzungen des Provinziallandtages und der von ihm zur Vorbereitung seiner Beschlüsse gewählten Kommissionen beizuwohnen; dieselben müssen auf Verlangen zu jeder Zeit gehört werden.

Der Oberpräsident ist befugt, an den Berathungen des Provinzialausschusses und der Provinzialkommissionen entweder selbst oder durch einen zu seiner Vertretung abzuordnenden Staatsbeamten theilzunehmen.

§. 40. Beschlüsse des Provinziallandtages, des Provinzialausschusses oder einer Provinzialkommission, welche deren Befugnisse überschreiten oder die Gesetze verletzen[21]), hat der Oberpräsident, entstehendenfalls auf Anweisung des Ministers des Innern, unter Angabe der Gründe, mit aufschiebender Wirkung zu beanstanden[22]).

Gegen die Verfügung des Oberpräsidenten steht dem Provinziallandtage, dem Provinzialausschusse beziehungsweise der Provinzialkommission innerhalb zwei Wochen die Klage bei dem Oberverwaltungsgerichte zu[23]). Dieselben können zur Wahrnehmung ihrer Rechte im Verwaltungsstreitverfahren einen besonderen Vertreter bestellen.

---

[19]) Der III. Abschnitt betrifft nach allgemeinen Best. § 36—39 das Beanstandungsrecht § 40, das Erfordernis der Genehmigung § 41, 42 u. die Auflösung des Prov.landtages § 43 (Zwangseintragung in den Etat Anl. A Nr. 7).

[20]) Nr. 3 Anm. 85.

[21]) Nr. II 2 Anm. 272.

[22]) Voraussetzungen u. Form das. Anm. 273.

[23]) Gegenstand der verwaltungsgerichtlichen Entscheidung das. Anm. 274.

§. 41. Beschlüsse des Provinziallandtages, welche folgende Angelegenheiten betreffen:

1) den Erlaß von Statuten,
2) Mehr- oder Minderbelastungen einzelner Theile der Provinz,
3) Aufnahme von Anleihen, durch welche der Provinzialverband mit einem Schuldenbestande belastet oder der bereits vorhandene Schuldenbestand vergrößert werden würde, sowie Uebernahme von Bürgschaften auf den Provinzialverband[24]),
4) eine Belastung des Provinzialverbandes durch Beiträge über fünfundzwanzig Prozent des Gesammtaufkommens an direkten Staatssteuern[25]),
5) eine neue Belastung des Provinzialverbandes ohne gesetzliche Verpflichtung, insofern die aufzulegenden Leistungen über die nächsten fünf Jahre hinaus fortdauern sollen[26]),

bedürfen in den Fällen zu 1 der landesherrlichen Genehmigung, in den Fällen zu 2 und 3 der Bestätigung des Ministers des Innern, in den Fällen zu 4 und 5 der Bestätigung des Ministers des Innern und der Finanzen.

§. 42. Der Genehmigung der zuständigen Minister bedürfen ferner die von dem Provinziallandtage für folgende Provinzialinstitute und Verwaltungszweige zu beschließenden Reglements[27]):

1) Landarmen- und Korrigendenanstalten,
2) Irren-, Taubstummen-, Blinden- und Idiotenanstalten,
3) Hebammenlehrinstitute,
4) Provinzialhülfs- und Darlehnskassen,
5) Versicherungsanstalten.

Dieser Genehmigung unterliegen jedoch die gedachten Reglements nur insoweit, als sich die Bestimmungen derselben beziehen:

in Betreff der zu 1 und 2 gedachten Anstalten auf die Aufnahme, die Behandlung und Entlassung der Landarmen, Korrigenden, Irren, Taubstummen, Blinden und Idioten beziehungsweise auf den Unterricht derselben,

in Betreff der Hebammenlehrinstitute zu 3 auf die Aufnahme, den Unterricht und die Prüfung der Schülerinnen,

in Betreff der Provinzialhülfs- und Darlehnskassen zu 4 auf die Grundsätze, nach denen die Gewährung von Darlehnen zu erfolgen hat,

in Betreff der Versicherungsanstalten zu 5 auf die Organisation und die Verwaltungsgrundsätze.

Ingleichen bedarf das im §. 30 vorgeschriebene Reglement über die dienstlichen Verhältnisse der Provinzialbeamten der Genehmigung des Ministers

---

24) Nr. III 2 Anm. 149.
25) Nr. IV 2 Anm. 288.
26) Nr. 3 Anm. 91.
27) Das. Anm. 92.

des Innern in Betreff der Grundsätze über die Anstellung, Entlassung und Pensionirung der Beamten.

Bis zu einer anderweiten Beschlußnahme bleiben die zur Zeit bestehenden bezüglichen Reglements in Geltung.

§. 43. Auf den Antrag des Staatsministeriums kann ein Provinziallandtag durch Königliche Verordnung aufgelöst werden. Es sind sodann Neuwahlen anzuordnen, welche innerhalb drei Monaten vom Tage der Auflösung an erfolgen müssen. Der neugewählte Landtag ist innerhalb sechs Monaten nach erfolgter Auflösung zu berufen.

Im Falle der Auflösung eines Provinziallandtages bleiben die von demselben gewählten Mitglieder des Provinzialausschusses und der Provinzialkommissionen bis zum Zusammentritte des neu gebildeten Provinziallandtages in Wirksamkeit.

IV. Schluß-, Uebergangs- und Ausführungsbestimmungen.

§. 44. Noch im Laufe des Jahres 1889 ist zur Wahl der Mitglieder des Provinzialausschusses und deren Stellvertreter zu schreiten.

Nach Bestätigung der Wahlen schreitet der Provinzialausschuss, auf Einladung und unter Leitung des Oberpräsidenten, zur ersten Wahl des Vorsitzenden und eines Stellvertreters desselben und sodann, unter Leitung des Vorsitzenden, zur Wahl des Landesdirektors, sowie der demselben zuzuordnenden oberen Beamten[28]).

§. 45. Die provinzialständische Verwaltungskommission, die provinzialständische Kommission für den Chaussee- und Wegebau und die provinzialständische Landarmendirektion werden aufgehoben. Die Zuständigkeiten derselben gehen auf den Provinzialausschuß beziehungsweise den Landesdirektor über und die Bureaubeamten derselben treten in das Büreau der Provinzialverwaltung.

Der Zeitpunkt des Ueberganges der Geschäfte der genannten Kommissionen auf den Provinzialausschuß beziehungsweise den Landesdirektor wird von dem Oberpräsidenten bestimmt und durch die Amtsblätter der Provinz zur öffentlichen Kenntniß gebracht.

Die provinzialständische Kassenverwaltung verbleibt, bis zu der, der Genehmigung des Oberpräsidenten bedürfenden Errichtung einer eigenen provinzialständischen Kasse, wie bisher, der Provinzial-Institutenkasse.

§. 46. Die gegenwärtige Verordnung tritt mit dem Tage ihrer Verkündigung in Kraft.

Der Minister des Innern ist mit der Ausführung dieser Verordnung beauftragt und erläßt die hierzu nöthigen Anordnungen und Instruktionen.

---

[28]) Erledigte Übergangsbestimmung.

Anlage B (zu Anmerkung 2).

Verordnung, wegen der nach dem Gesetze vom 27. März 1824., die Anordnung der Provinzialstände in der Provinz[1]) Posen betreffend, vorbehaltenen Bestimmungen. Vom 15. Dezember 1830 (GS. 9).

Wir u. s. w. haben über die einer besondern Verordnung vorbehaltenen näheren Festsetzungen einiger in Unserm Gesetze vom 27. März 1824., wegen Anordnung der Provinzialstände in der Provinz[1]) Posen enthaltenen Vorschriften die gutachtlichen Vorschläge Unserer getreuen Stände vernommen und ertheilen nunmehro darüber die nachstehenden besonderen Bestimmungen:

Artikel I. Nachdem Wir dem von dem Grafen Athanasius von Raczynski gestifteten Majorate in Verbindung mit den künftig noch zu stiftenden Majoraten eine Kollektivstimme im ersten Stande verliehen haben, besteht nunmehr dieser Stand:

a) aus dem Fürsten von Thurn und Taxis, wegen des Fürstenthums Krotoszyn;

b) aus dem Fürsten von Sulkowski, wegen seines Familien-Majorats Reisen;

c) aus den Besitzern der zu einer Kollektivstimme zu vereinigenden Majorate, welche Stimmen einstweilen, und bis zu Errichtung anderer Stiftungen dieser Art, der Graf Athanasius von Raczynski allein zu führen hat[2]);

d) aus der Ritterschaft.

Artikel II. Die von der Ritterschaft nach dem Gesetze vom 27. März 1824. zu bestellenden zwei und zwanzig Abgeordneten werden dergestalt vertheilt, daß zu wählen hat die Ritterschaft der landräthlichen Kreise[3]):

1)	Posen (West) und Posen (Ost)[3]), einschließlich der von letzterem an die Stadt Posen abgetretenen und ausschließlich der ihm vom Kreise Schroda zugelegten Teile[4])	1 Abgeordneter
2)	Schrimm nebst den mit den Kreisen Gostyn und Jarotschin vereinigten Teile dieses Kreises[3]) .	1 "
3)	Schroda nebst den dem Kreise Posen (Ost) zugelegten Teilen[4])	1 "
4)	Wreschen nebst den mit dem Kreise Jarotschin vereinigten Teile dieses Kreises[3])	1 "
5)	Pleschen desgleichen[3])	1 "
6)	Adelnau und Ostrowo[3])	1 "
7)	Schildberg und Kempen[5])	1 "
8)	Krotoszyn und Koschmin[3])	1 "
9)	Rawitsch und Gostyn außer den letzterem zugelegten Teilen des früheren Kreises Schrimm[6])	1 "

[1]) Jetzige Bezeichnung (im Text stand: im Großherzogthum).

[2]) Dem Grafen Athanasius v. Raczynski u. seinen standesmäßigen männlichen Nachkommen, so lange sie sich im Besitze des von ihm gestifteten Majorats befinden, ist statt des Anteils an der Kollektiv- eine Virilstimme bewilligt AE. 10. Sept. 40. Eine solche führt ferner Fürst Radziwill als Besitzer der Herrschaft Przygodzice AE. 10. Sept. 40 u. 23. März 47.

[3]) Infolge der Neueinteilung der Kreise der Prov. Posen G. 6. Juni 87 (GS. 197) sind auch die Wahlbezirke abgeändert.

[4]) Die Änderung erfolgte durch G. 31. März 00 (GS. 94).

[5]) In diese beiden Kreise ist der frühere Kr. Ostrzeszow zerlegt Anm. 3.

[6]) Desgl. der frühere Kr. Kröben Anm. 3.

10)	Fraustadt und Lissa[3])	1	Abgeordneter
11)	Kosten und Schmiegel[3])	1	„
12)	Samter	1	„
13)	Inowraclaw und Strelno[7])	1	„
14)	Gnesen und Witkowo[3])	1	„
15)	Wongrowiecz nebst den mit dem Kreise Znin vereinigten Teilen dieses Kreises[3])	1	„
16)	Schubin nebst den mit dem Kreise Znin vereinigten Teilen dieses Kreises[3])	1	„
17)	Wirsitz	1	„
18)	Birnbaum und Schwerin a. W.[3])	1	„
19)	Bomst und Meseritz	1	„
20)	Grätz, Neutomischel[8]) und Obornik	1	„
21)	Bromberg und Mogilno nebst den mit dem Kreise Znin vereinigten Teilen dieses Kreises[3])	1	„
22)	Czarnikau, Kolmar i. P. und Filehne[9])	1	„

Artikel III. Von den dem Stande der Städte zugestandenen sechszehn Deputirten haben zu wählen:

1)	die Stadt Posen	2	Deputirte
2)	„ „ Rawicz	1	„
3)	„ „ Lissa	1	„
4)	„ „ Fraustadt	1	„
5)	„ „ Meseritz	1	„
6)	„ „ Bromberg	1	„
7)	„ „ Gnesen	1	„
8)	die kleinen mit Virilstimmen nicht betheiligten Städte in den Kreisen Birnbaum, Schwerin a. W.[3]), Bomst und Meseritz	1	„
9)	in den Kreisen Obornik, Samter, Grätz, Neutomischel[8]), Posen (Ost) und Posen (West)[3])	1	„
10)	in den Kreisen Wreschen, Jarotschin[3]), Schroda, Schrimm nebst den mit dem Kreise Gostyn vereinigten Teilen dieses Kreises[3]) und Pleschen	1	„
11)	in den Kreisen Schildberg und Kempen[5]), Adelnau, Ostrowo[3]), Krotoszyn und Koschmin[3])	1	„
12)	in den Kreisen Fraustadt, Lissa[3]), Rawitsch und Gostyn außer den letzterem zugelegten Teilen des früheren Kreises Schrimm[6]), Kosten und Schmiegel[3])	1	„
13)	in den Kreisen Bromberg, Schubin nebst den mit dem Kreise Znin vereinigten Teilen dieses Kreises[3]) und Wirsitz	1	„
14)	in den Kreisen Mogilno nebst den mit dem Kreise Znin vereinigten Teilen dieses Kreises[3]), Gnesen und Wittkowo[3]), Inowraclaw und Strelno[7])	1	„
15)	in den Kreisen Czarnikau, Kolmar i. P. und Filehne[9]) und Wongrowiecz nebst den mit dem Kreise Znin vereinigten Teilen dieses Kreises[3])	1	„

[7]) Kr. Strelno ist vom Kr. Inowraclaw abgezweigt G. 26. Mai 86 (GS. 158).

[8]) In diese beiden Kreise ist der frühere Kr. Buk zerlegt Anm. 3.

[9]) Der frühere Kr. Chodziesen, der die Benennung „Kolmar i. P.“ erhalten hatte, ist in die Kreise Kolmar i. P. u. Filehne zerlegt Anm. 3.

Artikel IV. Zur Wahl der vom Stande der Landgemeinden abzusendenden acht Abgeordneten bestehen dieselben Wahlbezirke, welche Artikel III. unter 8 bis 15 zur Wahl der Deputirten der mit Kollektivstimmen versehenen Städte geordnet worden sind.

Artikel V. Im Stande der Ritterschaft sind, die sonstigen gesetzlichen Erfordernisse vorausgesetzt[10]), wahlberechtigt und wählbar die Besitzer derjenigen Güter, welche in den Grundbüchern der Amtsgerichte der Provinz Posen[11]) als Rittergüter aufgeführt sind[12]). Hierüber soll eine Matrikul angefertigt und Uns zur Vollziehung vorgelegt werden.

Artikel VI. Die Landtagsfähigkeit eines Guts geht durch Zerstückelung verloren[13]):

a) bei Gütern, welche 255,30 ha[14]) und darunter enthalten, bei jeder Verminderung der Substanz;

b) bei größern Gütern, wenn sie bis auf weniger als 255,30 ha[14]) verkleinert werden. Unter diesen 255,30 ha[14]), welche zur Erhaltung der Ritterguts-Qualität erforderlich sind, müssen wenigstens 177,66 ha urbaren Landes verbleiben.

Artikel VII. Wenn im Grundbuche[11]) mehrere vormals getrennt gewesene Güter auf einem Grundbuchblatte[11]) eingetragen sind, so behalten Wir Uns für den Fall der Trennung, wegen Beilegung der Ritterguts-Qualität an die einzelnen Theile, auf besondere Anzeige, Entschließung vor.

Artikel VIII. Behufs der Wahlen der Landtags-Deputirten im Stande der Städte ist zunächst, und bis zu anderweiter Bestimmung nach Regulirung des Kommunal-Wesens in denjenigen Städten, welche Virilstimmen haben, nach der bei der ersten Wahl beobachteten Weise zu verfahren[15]).

In denjenigen Städten dagegen, welche nach Artikel III. ad 8—15. zu Kollektivstimmen vereinigt sind, wählt die Bürgerschaft auf je 150 von Christen bewohnte[16]) Feuerstellen einen Wähler[17]), welcher, um wählbar zu seyn, wenigstens ein Grundeigenthum von 900 Mark[18]) an Werthe besitzen muß.

Artikel IX. Bei denjenigen städtischen Grundbesitzern, welche aus der Klasse der städtischen Gewerbetreibenden zu Landtags-Abgeordneten gewählt werden sollen, muß der Grundbesitz und das Gewerbe zusammen

bei Städten mit Virilstimmen einen Werth von 12000 Mark[18]),
bei den übrigen Städten einen Werth von 4500 Mark[18])

haben.

Der Betrieb des Ackerbaues auf städtischen Grundstücken ist für ein städtisches Gewerbe zu achten. Die auf städtischer Feldmark wohnenden Grund-Besitzer werden den städtischen gleichgestellt.

Auch sollen städtische Grundbesitzer, die zum mindesten zehn Jahre lang ein städtisches Gewerbe betrieben, von demselben aber sich zurückgezogen haben, gleich den wirklichen Gewerbetreibenden wählbar seyn.

---

[10]) Nr. 4 § 12.

[11]) Im Texte stand: Hypothekenbücher und (statt Grundbuchblatt): Folium.

[12]) Wahlrecht des Staates als Besitzers von Rittergütern Nr. IV 3 Anl. C § 1.

[13]) Löschung der Rittergüter in der Matrikel Nr. IV 3 Anm. 6.

[14]) Im Text standen: 1000 und 500 Morgen.

[15]) Die Abgeordneten werden nach Einführung der StO. von der Stadtv.-Versammlung gewählt.

[16]) Nr. IV 3 Anm. 10.

[17]) Städte mit weniger als 150 Feuerstellen wählen einen Wähler StMin. Bf. 9. April 33.

[18]) Der Text enthielt die Beträge in Talern.

Artikel X. Diejenigen ländlichen Grundeigenthümer, welche das Wahlrecht ausüben (§. 12. des Gesetzes vom 27. März 1824.), sollen zum wenigsten ein ländliches Grundstück von 7,66 ha[19]) besitzen.

Artikel XI. Ein Besitz von demselben Umfange wird auch für die Bezirkswähler erfordert.

Artikel XII. Behufs der Wahlen der Bezirkswähler ist jeder landräthliche Kreis[20]) in drei Bezirke zu theilen, und von jedem derselben ein Bezirkswähler zu ernennen.

Artikel XIII. Als Deputirte der Landgemeinden selbst sind aber nur diejenigen wählbar, welche ein ländliches Grundstück von wenigstens 15,32 ha[21]) besitzen.

Artikel XIV. Zu den Wahlen der Abgeordneten der kollektivwählenden Städte und der Landgemeinden ist vom Landtags-Kommissarius eine möglichst in der Mitte jedes Wahlbezirks gelegene Stadt zu bestimmen, wobei jedoch zugleich auf Zugänglichkeit des Wahlorts und auf das Vorhandenseyn eines schicklichen Lokals für die Wahlversammlung Rücksicht zu nehmen ist. Auch hat derselbe denjenigen Landrath zu ernennen, welcher die Wahl zu leiten hat.

Artikel XV. Damit die Landtags-Versammlungen immer möglichst vollzählig bleiben, sind für jeden Landtags-Abgeordneten zwei Stellvertreter zu wählen, von welchen derjenige zuerst einberufen wird, welcher die meisten Stimmen für sich gehabt hat.

Der einberufene Stellvertreter bleibt, wenn ein Landtags-Abgeordneter bei der Eröffnung des Landtags bis zu Ablauf der ersten von diesem Zeitpunkte an laufenden Woche zu erscheinen behindert ist, für die ganze Dauer des Landtags Mitglied desselben, der Abgeordnete geht aber unterdeß in die Stellung des ersten Stellvertreters über.

Artikel XVI. Die Landtags-Abgeordneten der Ritterschaft, Städte und Landgemeinden erhalten für jeden Tag neun Mark[18]) täglicher Diäten und für je $7\frac{1}{2}$ Kilometer[22]) der Hin- und Rückreise fünf Mark[18]) an Reisegeldern.

Artikel XVII. Jeder Wahlbezirk und jeder Stand hat abgesondert die Entschädigung der von ihm gewählten Abgeordneten in sich aufzubringen.

Auf die Rittergüter jedes Wahlbezirks werden diese Kosten nach der Grundsteuer oder Ofiara vertheilt.

Die mit Virilstimmen versehenen Städte decken die Kosten gleich andern Kommunual-Bedürfnissen.

Auf die kollektivwählenden Städte werden die Kosten für den Abgeordneten des Bezirks auf die einzelnen zum Bezirke gehörigen Städte nach der Bevölkerung vertheilt. Der hiernach jeder Stadt zufallende Beitrag aber ist demnächst wie andere Kommunal-Bedürfnisse zu decken.

Die Kosten für die Deputirten der Landgemeinden sind von sämmtlichen nicht zu der Ritterschaft oder den Städten gehörenden Einsassen des Wahlbezirks nach dem Fuße der Einkommensteuer[23]) aufzubringen.

Artikel XVIII. Die allgemeinen Kosten des Landtags sind auf sämmtliche Mitglieder des Landtags gleichmäßig zu vertheilen, wobei der auf jeden Ab-

---

[19]) Im Text stand: dreißig Magdeburger Morgen.

[20]) Einschließlich der bei Neueinteilung der Kreise (Anm. 3—9) abgetrennten Teile.

[21]) Im Text stand: sechzig Magdeburger Morgen.

[22]) Im Text stand: jede Meile.

[23]) Die Einkommensteuer ist an Stelle der Klassensteuer getreten G. 24. Juni 91 (GS. 175) § 85 Abs. 4.

geordneten fallende Betrag von dem Bezirke und Stande gleich den Diäten und Reisekosten aufzubringen ist.

Artikel XIX. Endlich bestimmen Wir zu Erläuterung des Gesetzes vom 27. März 1824. §. 5., 1, daß die Abtretung eines Grundstücks vom Vater an den Sohn bei Lebzeiten des Ersteren, und in der Ritterschaft die Sukzession der Seitenverwandten in einem Stamm- und Fideikommiß-Gute, welches von einem gemeinschaftlichen Stammvater herrührt, der Vererbung in absteigender Linie gleich gehalten werden soll.

Anlage C (zu Anmerkung 27).

Reglement über das Verfahren bei den ständischen Wahlen. Vom 22. Juni 1842 (GS. 213).

Wir u. s. w. verordnen zur Beförderung eines gleichmäßigen Verfahrens bei den ständischen Wahlen, nach eingeholtem Gutachten Unserer getreuen Stände sämmtlicher Provinzen, was folgt:

§. **1.** Die Wahl jedes Landtags-Abgeordneten und jedes Stellvertreters erfolgt in einer besonderen Wahlhandlung.

§. **2.** Wenn die für die verschiedenen Stände gebildeten Wahlbezirke oder einzelne Städte mehrere Abgeordnete und Stellvertreter zu wählen haben, so wird, um deren Reihenfolge unzweifelhaft festzustellen, jede einzelne Wahl-Handlung ausdrücklich auf die Wahl des ersten, zweiten u. s. w. Abgeordneten, beziehungsweise ersten, zweiten u. s. w. Stellvertreters, gerichtet.

§. **3.** Ein Stellvertreter der in der Reihenfolge eine Stelle einnimmt, welche hinter der zur Zeit erledigten steht, ist zu der letzteren wählbar und findet, wenn er für dieselbe gewählt wird, und die auf ihn gefallene Wahl annimmt, eine anderweitige Wahl in Beziehung auf die von ihm zuvor eingenommene Stelle Statt.

§. **4.** Alle Wahlen erfolgen durch absolute Stimmenmehrheit in der Art, daß der Gewählte mehr als die Hälfte der Stimmen der erschienenen Wähler, oder zwar nur die Hälfte, aber darunter die Stimme des — nach den Lebensjahren — ältesten Mitgliedes der Wahlversammlung erhalten haben muß. Befindet sich indeß das älteste Mitglied unter denen, welche gleiche Stimmen erhalten haben, so entscheidet die Stimme des nächstältesten, bei der Entscheidung nicht persönlich betheiligten Wählers.

§. **5.** Finden sich die Stimmen zwischen Mehreren in der Art getheilt, daß sich für keinen derselben eine absolute Mehrheit ausgesprochen hat, so sind diejenigen beiden Personen, welche die meisten Stimmen erhalten haben, auf eine engere Wahl zu bringen.

§. **6.** Sind die Stimmen zwischen Dreien oder mehreren gleich getheilt, so findet eine Vorwahl unter ihnen Statt, um diejenigen beiden Personen zu bestimmen, welche auf die engere Wahl zu bringen sind.

Ergiebt die zweite Abstimmung kein anderes Resultat als die erste, so ist die Wahl nochmals zu wiederholen, und wenn auch dann noch die Stimmen in derselben Weise getheilt bleiben, so sind von denen, welche die gleiche Stimmenzahl erhalten haben, die beiden den Lebensjahren nach Aeltesten auf die engere Wahl zu bringen.

§. **7.** Ist zwar für Einen die relative Stimmenmehrheit vorhanden; haben aber nächst ihm mehrere andere eine gleiche Stimmenzahl erhalten, so ist durch eine weitere Vorwahl nach dem im §. 6. vorgeschriebenen Verfahren festzustellen, welcher von ihnen mit jenem auf die engere Wahl gebracht werden soll.

§. 8. Bei allen Vorwahlen, welche nur zu dem Zweck geschehen, um die beiden Personen zu ermitteln, welche auf die engere Wahl zu bringen sind, entscheidet die relative Stimmenmehrheit.

§. 9. Die auf eine engere Wahl gebrachten Personen haben sich des Mitstimmens bei derselben zu enthalten.

§. 10. Die Wahlstimmen werden mittelst verdeckter Stimmzettel abgegeben, wobei jederzeit die beiden jüngsten Mitglieder die Stimmzettel einsammeln, welche sie demnächst gemeinschaftlich mit dem Wahl-Kommissarius zu eröffnen haben.

§. 11. Im Wahltermin, zu welchem die Wahl-Berechtigten mindestens 14 Tage zuvor einzuberufen sind, legt der Wahl-Kommissarius den Anwesenden zuvörderst die Bescheinigungen über die Insinuation der Einladungen vor, und wird, daß dies geschehen, im Wahlprotokoll ausdrücklich bemerkt.

Demnächst sind in diesem Protokoll sämmtliche erschienene Wähler, mit Angabe des Gutes, auf welchem die Stimme ruht, beziehungsweise des Wahlbezirks, der Kommune oder Korporation, welche von ihnen vertreten wird, genau aufzuführen.

Aus demselben müssen ferner die Stellen, zu deren Wiederbesetzung die Wahlen erfolgt sind, die Periode, für welche sie Statt gefunden, die Art und Weise der Abstimmung, der Gang der Wahlhandlungen in Beziehung auf etwanige Anwendung der Vorschriften der §§. 4—7. und die Resultate derselben deutlich hervorgehen. Insbesondere ist zu letzterm Zweck in dem Protokoll nicht nur auszudrücken, mit wie viel Stimmen die betreffenden Abgeordneten, beziehungsweise Stellvertreter, gewählt sind; sondern es sind auch die Namen aller derer, welche außer den Gewählten, Stimmen erhalten haben, mit Angabe der Zahl der letztern, darin vollständig zu verzeichnen.

§. 12. Fällt die Wahl auf ein Mitglied des betreffenden ständischen Verbandes, bei dem die Bedingung des zehnjährigen Grundbesitzes nicht vollständig erfüllt wird, so ist jederzeit noch eine zweite subsidiarische Wahl für den Fall vorzunehmen, daß die erforderliche Dispensation nicht ertheilt werden sollte.

§. 13. Diese Vorschriften gelten nicht nur für die Wahlen von Abgeordneten und Stellvertretern der verschiedenen Stände zu Provinzial-Kommunal-Landtagen und Kreistagen; sondern auch für die anderen von den Ständen auf denselben zu vollziehenden Wahlen (mit Ausnahme der Landraths-Wahlen)[1], imgleichen für die Wahlen der Bezirkswähler durch die Ortswähler im Stande der Landgemeinden.

Die Dom-Kapitel ernennen auch künftig ihre Abgeordneten und Stellvertreter nach den bei ihnen bestehenden Observanzen.

Die Wahlen der Ortswähler in den zu Kollektiv-Stimmen berechtigten Städten und den Landgemeinden erfolgen nach den rücksichtlich ihrer, wegen der Gemeindewahlen, bestehenden Gesetzes-Vorschriften oder Observanzen.

§. 14. Dagegen werden alle bisher gültige Bestimmungen und Observanzen, welche diesem Reglement entgegenstehen, hierdurch aufgehoben.

---

[1]) Die Mitwirkung der Kreisstände bei Berufung des Landrats in Posen ist aufgehoben KO. 2. Feb. 33 (KAnn. XVII 33).

Verzeichnis der aufgenommenen Bestimmungen.

(Im Wortlaut aufgenommene Bestimmungen sind gesperrt gedruckt; die Zahlen bezeichnen die Seiten, die eingeklammerten die Anmerkungen.)

Bis 1800.

1801—1849.

1850—1859.

Sachverzeichnis.

(Die Zahlen bedeuten die Seiten, die eingeklammerten die Anmerkungen.)

E.

L.

R.

S.

Z.

Buchdruckerei E. Buchbinder, Neu-Ruppin.